Studien zur jüdischen Geschichte 6

Studien zur jüdischen Geschichte
Für die Stiftung Institut für die Geschichte der deutschen Juden, Hamburg,
hrsg. von Stefanie Schüler-Springorum und Andreas Brämer

Bibliografische Information Der Deutschen Bibliothek
Die Deutsche Bibliothek verzeichnet diese Publikation in der
Deutschen Nationalbibliografie; detaillierte bibliografische Daten
sind im Internet über http://dnb.ddb.de abrufbar.

Impressum
© Copyright 1999 Dölling und Galitz Verlag GmbH München · Hamburg
E-Mail: dugverlag@mac.com
www.dugverlag.de
Friedensallee 26, 22765 Hamburg, Tel. 040/389 35 15
Schwanthalerstraße 79, 80336 München, Tel. 089/23 23 09 66
Umschlagabbildung vorne: „Jüdische" Mutter mit ihren als „Mischlinge"
eingestuften Kindern, ca. 1940 (Galerie Morgenland/privat);
Umschlagabbildung hinten: Jugendgruppe der „Vereinigung 1937"
(vormals Paulusbund) auf Fahrt, 1939 (FZH/WdE/privat)
Druck: Books on Demand GmbH
ISBN 978-3-933374-22-6
3. Auflage Hamburg 2007

Beate Meyer

„Jüdische Mischlinge".
Rassenpolitik und Verfolgungserfahrung
1933–1945

Studien zur jüdischen Geschichte Band 6
Hrsg. von Monika Richarz und Ina Lorenz

Dölling und Galitz Verlag

Inhalt

9 Einleitung

Erster Teil
Die Verfolgung der Mischehen im Nationalsozialismus

24 Kap. I. Das Ende des Integrationsprozesses

    24 1. Die quantitative Entwicklung der Mischehen
    26 2. Mischehen aus nationalsozialistischer Perspektive
    29 3. Die Einbeziehung in die Judenverfolgung 1933–1942

32 Kap. II. Der Verfolgungsprozeß aus der Sicht der Betroffenen

    33 1. „Mein Mann hat sich wieder der Jüdischen Gemeinde zugewandt"
    36 2. „Diese Leute legen ihre Stammesgenossen herein"
    44 3. „Den einen Großvater habe ich unterschlagen"

51 Kap. III. Verstärkung des Verfolgungsdrucks ab 1942

    52 1. Wohnraumpolitik
    57 2. Die Verhaftungsaktion 1943
    62 3. Porträt: Der „Judenkommissar" Willibald Schallert

68 Kap. IV. Scheidungen von Mischehen

    68 1. Das Eherecht im Nationalsozialismus
    72 2. Judenverfolgung und Geschlechterrollen im Spiegel der Hamburger Scheidungspraxis bei Mischehen 1937–1945
    76 3. Die rassistische Aufladung der Eheaufhebungs- und Scheidungsparagraphen
    86 4. Scheidungsgründe aus der Perspektive der Geschiedenen

91 Zwischenresümee

Zweiter Teil
Vom „Nichtarier" zum „Ehrenarier"?
(Schein)-Möglichkeiten zur Veränderung des Verfolgtenstatus

96 Kap. I. „Nichtarier", „Volljuden", „Mischlinge" – Die Auseinandersetzungen um den Judenbegriff 1933–1943

105 Kap. II. Befreiung von den Vorschriften des Reichsbürgergesetzes?

109 Kap. III. Abstammungsverfahren vor Zivilgerichten

    109 1. Rechtsgrundlagen und reichsweite wie regionale Rechtspraxis
    113 2. „Der gesetzliche Vater ist nicht der Erzeuger" – Prozesse in Hamburg 1938–1944
    125 3. „Jüdisch erscheinende Merkmale" – Die erb- und rassebiologischen Gutachten
    131 4. Porträt: Der Naturwissenschaftler – Dr. Hans Koopmann
    137 5. „Wir wurden der arischen Rasse zugeschlagen" – Ein Abstammungsverfahren aus der Sicht „jüdischer Mischlinge"
    143 6. Porträt: Der Rasseanthropologe – Prof. Dr. Hans Weinert

152 Kap. IV. Andere „Ehrenarier"

157 Zwischenresümee

Dritter Teil
Die nationalsozialistische „Mischlingspolitik" in der Praxis – Maßnahmen und Reaktionen

162 Kap. I. Die „Mischlinge" – Zahlen, Altersgruppen und soziales Profil

166 Kap. II. Die Zerstörung der Privatsphäre

    166 1. Die Behandlung der Ehegenehmigungsanträge auf Regional- und Reichsebene
    174 2. „In meinen Kreisen ist es nicht üblich, ohne Ehering zusammenzuleben" – Die Perspektive der Betroffenen
    180 3. Legale Heiratsmöglichkeiten
    185 4. Druck auf bestehende Ehen

192 Kap. III. Von der „freien wirtschaftlichen Betätigung" zur Zwangsarbeit

    192 1. Bildungs- und Ausbildungsbeschränkungen
    202 2. Berufsbezogene Maßnahmen
    209 3. Umgangsstrategien selbständiger „Mischlinge"
    215 4. Der „Halbarier" Rudolf Petersen (1878–1962) – Durch Anpassung und kaufmännische Tüchtigkeit unbehelligt
    226 5. Umgangsstrategien lohnabhängiger „Mischlinge"
    230 6. „Mischlinge" in der Wehrmacht
    237 7. Dienstverpflichtung zur Zwangsarbeit

248 Kap. IV. „Mischlinge" als Opfer von Zwangsmaßnahmen

252 Kap. V. „Mischlinge" in der NSDAP und ihren Unterorganisationen

257 Zwischenresümee

Vierter Teil
Der Verfolgungsprozeß und seine Auswirkungen im Spiegel lebensgeschichtlicher Interviews

262 Methodische Vorüberlegungen

266 Kap. I. „Mischling zweiten Grades"

    266 „Du darfst nicht darüber sprechen" – Ada Köhlermann

276 Kap. II. „Mischlinge ersten Grades"

    276 1. „Die Angst werde ich nie wieder los" – Nachkriegsemigrantin Erika Fülster
    282 2. „Ich habe versucht, das Beste draus zu machen" – Verbandsfunktionär Gert Wildenhahn
    291 3. Typisches und Individuelles – die Interviews im Vergleich
    296 4. Kein „Blutsbruder" – Dennis Berend
    308 5. „Positiv Denken" – Lydia Schiele
    316 6. Typisches und Individuelles – die Interviews im Vergleich

320 Kap. III. „Geltungsjuden"

    320 1. Mit dem Kindertransport in Sicherheit – Cathrin Smith
    333 2. „Ich bin da eigentlich gewachsen" – KZ-Überlebender Günther Levy
    346 3. Verdeckt überlebt – Freimut Duve
    354 4. Vergleich der Interviews mit „Geltungsjuden"

356 Zwischenresümee

359 Ausblick: Die Situation der als „Mischlinge" Verfolgten nach 1945

373 Zusammenfassung

384 Anmerkungen

462 Tabellen

472 Quellen und Literatur

    472 1. Verzeichnis der Archivalien
    474 2. Literaturverzeichnis

488 Abkürzungen

490 Personenregister

Einleitung

„Mag (...) ihre Zahl nicht so groß sein, – die Tragik ihrer Lage ist es um so mehr. Bis zum Einbruch der Barbaren galt ihnen die Ehe ihrer Eltern, die Beziehung zu Vater oder Mutter als behütetes Stück Privatleben, mit Achtung und Zärtlichkeit oder auch persönlichen Widersprüchen besetzt, ganz wie sich in Zeiten wirtschaftlicher Schwierigkeiten das Leben zwischen Kindern und Eltern eben zu enthüllen pflegt. Und nun reckt sich plötzlich eine Nazihand aus, blättert im Standesregister und drückt den Kindern aus einer solchen Ehe den Stempel auf, der sie von der Mehrheit ihrer Volksgenossen scheiden und zu einer Minderheit verstoßen soll, mit der sie bewußt und der Erziehung nach nur in den seltensten Fällen etwas zu tun hatten."[1]

So umriß der Schriftsteller Arnold Zweig 1934 die nach der nationalsozialistischen Machtübernahme entstandene unsichere Situation der „Halbjuden", die später in „Mischlinge ersten Grades" und „Geltungsjuden" differenziert wurden. Sie unterlagen einem diskriminierenden Sonderrecht, wurden teilweise in die Verfolgung ihrer jüdischen Elternteile einbezogen und mußten gegen Kriegsende nach Zwangsarbeit und Internierung ihre Deportation befürchten. Doch obwohl die Forschungs- wie auch die Erinnerungsliteratur über die Vertreibung und Ermordung der Juden im nationalsozialistischen Deutschland mittlerweile kaum noch zu überblicken ist, finden sich keine systematischen oder regionalen Monographien zum Verfolgungsschicksal der „Mischlinge". Bestenfalls wurden deren Erfahrungen als Appendix der Judenverfolgung behandelt.[2] Auch die so Eingestuften unternahmen bis in die 1980er Jahre hinein kaum Versuche, die öffentliche Aufmerksamkeit auf sich zu lenken.[3] Wenn sie als Zeitzeugen auftraten, ging es meist um die in Mischehe lebenden Eltern und deren bedrückende Erfahrungen. Rund vierzig Jahre lag das Schicksal der „Mischlinge" im Schatten des alles überlagernden, grauenhaften Geschehens in den Ghettos, den Konzentrations- und Vernichtungslagern. Da die „Mischlinge" letztlich nicht in den Judenmord einbezogen wurden, schien ihr eigenes Verfolgungsschicksal marginal. Selbst die während der zwölf Jahre nationalsozialistischer Herrschaft anhaltende, mehr oder weniger heftig geführte Diskussion um ihre Gleichsetzung mit den „Volljuden" fand kaum Beachtung, denn die „Mischlinge" blieben Teil der deutschen Gesellschaft, durch verwandtschaftliche Beziehungen zum Teil sogar mit wirtschaftlichen und militärischen Eliten verbunden.

Untersuchungen über die Politik des NS-Staates gegenüber „jüdischen Mischlingen" nahmen vor allem in der internationalen Forschung zur nationalsozialistischen Judenverfolgung lediglich einen untergeordneten Stellenwert ein, weil die NS-Politik der Sondergesetzgebung „nur" deutsche „Nichtarier" betraf. In den besetzten (Ost-) Gebieten wurden „Mischlinge" in der Regel den Juden gleichgestellt. So herrschte auch bei Historikern lange Zeit die Meinung vor, diese Gruppe sei kaum von Verfolgungsmaßnahmen betroffen gewesen. Raul Hilberg etwa urteilte: „Die Diskriminierung der Mischlinge war vergleichsweise gering."[4] Lediglich die Auseinandersetzungen um die Einbeziehung der „Mischlinge" in die Vernichtungspolitik fanden ein stärkeres Interesse[5], da sich an ihnen anschaulich demonstrieren ließ, welche wechselnden Institutionen sich zur Durchsetzung weltanschaulicher Prinzipien zusammenfanden bzw. welche Kräfte in Staat und Partei diese Versuche behinderten, die Verwirklichung radikalerer Maßnahmen blockierten oder sie vorantrieben. Wenn das Schicksal der „Mischlinge" in den Debatten um Judenpolitik und „Endlösung" Beachtung findet, geht es zumeist um das Verhältnis von Partei und Staat, die strukturellen Voraussetzungen des NS-Staates für die „Realisierung des Utopischen" (Hans Mommsen) und die Bedeutung Hitlers und seiner „Weltanschauung" im Prozeß der „Endlösung".

Hilberg behandelt in seiner großen Darstellung über die Vernichtung der europäischen Juden die „Mischlingspolitik" als ein Randproblem, mit dem die Bürokratie des NS-Staates aus unterschiedlichen Gründen nicht fertiggeworden sei, obwohl sie – ebenso wie in der Judenpolitik – die „Endlösung" angestrebt habe.[6] Tatsächlich gingen jedoch Bestrebungen, den Judenbegriff auf die „Mischlinge" auszudehnen, in erster Linie von der NSDAP und ihren Gliederungen aus, nicht aber von der „Bürokratie des NS-Staates". Hilberg bewertet die Rettung der „Mischlinge ersten Grades" nicht als Verdienst, sondern als „Versagen" der deutschen Bürokratie im nationalsozialistischen Sinne. Für ihn stellen Parteiapparat und Verwaltung keine getrennten Machtblöcke dar, deren interne Differenzen und deren Konkurrenz zueinander herausgearbeitet werden müssen. Deshalb listet er zwar die Einwände der „Beamten" auf und konstatiert die Verzögerungen, die so entstanden, kommt aber trotzdem zu dem Schluß, daß es ein gemeinsames Ziel beider gewesen sei, die „Mischlinge" in den Vernichtungsprozeß einzubeziehen.[7]

Albrecht Götz von Olenhusen, der – ebenfalls bereits in den 60er Jahren – die Auseinandersetzungen zwischen Reichserziehungsministerium und Parteigliederungen auf dem begrenzten Feld der Hochschulpolitik gegenüber „nichtarischen" Studenten untersucht, kommt zu einem entgegengesetzten Urteil: Er ortet die Konflikte im Hochschulbereich, die mit „wachsender Schärfe und Erbitterung" geführt wurden, als einen der Schauplätze, „auf welchen unter der täuschenden Oberfläche des nach außen geschlossenen totalitären Staates mit wechselndem Nachdruck und unterschiedlichem Ausgang der Kampf um die Vorherrschaft in der zivilen Verwaltung ausgetragen wurde, welcher seit Beginn des „Dritten Reiches" zwischen Partei und Bürokratie schwelte."[8] Damit weist er als einer der ersten auf die vorhandenen und sich verschärfenden Widersprüche zwischen Bürokratie und Partei bei der Umsetzung antisemitischer Politik hin, die vor allem Uwe Dietrich Adam wenige Jahre später umfassend erforscht hat. Dieser hebt insbesondere die Anstrengungen des Reichssicherheitshauptamtes hervor, in Absprache mit der Partei ab Sommer 1941 die Ministerialbürokratie durch einen „neuen Judenbegriff" zu „überrumpeln".[9] Darüber hinaus geht er der Rolle Hitlers in der Diskussion um die „Mischlinge ersten Grades" nach.[10] Einen einheitlichen „Führerwillen" zur „Mischlingsfrage" habe Hitler nie artikuliert. Adam führt Hitlers Unschlüssigkeit hinsichtlich einer definitiven Entscheidung darauf zurück, daß „er sicher sein konnte, daß im Gefolge der Ausrottung eine spezielle Vorschrift zur gesetzesförmigen Regelung dieses Fragenkomplexes über kurz oder lang überflüssig werden würde."[11] Diese Untätigkeit – so Adam – habe sich dann jedoch ungewollt gegen Hitlers Intention gekehrt, denn die Vorstellungen der Ministerialbürokratie seien darauf ausgerichtet gewesen, ein Mindestmaß an Rechtssicherheit als Handlungsgrundlage zu erhalten. Die Bürokratie habe keineswegs ohne Anweisungen immer radikalere Auslegungen der antijüdischen Gesetze und Verordnungen entwickelt, sondern abgewartet. Die daraus resultierende Verzögerungshaltung bzw. der Rückfall in ein „traditionelles Schema" von Verwaltungshandeln beendete nach Adam die „unmittelbare Gefährdung" der „Mischlinge ersten Grades" ab Herbst 1943[12] und rettete schließlich den Betroffenen das Leben.

John Grenville hingegen geht intentionalistisch von einem bereits vor 1933 feststehenden Vernichtungsplan Hitlers aus, der – in „Mein Kampf" öffentlich verkündet – stufenweise verwirklicht werden sollte: Nach der Ermordung der „Volljuden" sei die der „Mischlinge ersten" und schließlich eventuell die der „zweiten Grades" vorgesehen gewesen.[13] In diesem Erklärungsmodell waren es nicht widerstrebende Interessen oder sich blockierende Institutionen, die die Diskussion um die „Mischlinge" bestimmten, Maßnahmen zeitigten oder verhinderten und schließlich das Überleben der Betroffenen ermöglichten. Nach Grenvilles Interpretation hätte Hitler lediglich abgewartet, bis der geeignete Zeitpunkt zum Handeln gekommen wäre und das deutsche Volk die Ermordung einer weiteren Gruppe hingenommen hätte.[14]

Jeremy Noakes wiederum, der 1988 einen grundlegenden Aufsatz über die „Mischlingspolitik" vorlegt, stellt nicht nur die Verfolgungsetappen differenzierter dar, sondern kommt nach eingehender Untersuchung zu dem Ergebnis, daß zwar die entscheidende Rolle der Bürokratie im Prozeß der „kumulativen Radikalisierung", durch die der Judenmord beschleunigt wurde, nicht geleugnet werden könne.[15] Die „Mischlinge" aber hätten dem aktiven Handeln derselben Bürokratie ihr Überleben zu verdanken – was allerdings gleichzeitig bedeutete, daß die Vernichtung der „Volljuden" um so reibungsloser vonstatten gehen konnte. Es habe in der Absicht der Bürokratie gelegen, die unkontrollierbare Ausdehnung des Judenbegriffs an dieser Stelle zu verhindern und deshalb habe sie sich zur Lobby der „Halbjuden" gemacht. Hitlers widersprüchliche und zögernde Haltung erklärt Noakes mit der Angst vor Unruhe oder Protesten.[16] Hitler – darin stimmen Noakes, Adam oder Grenville überein – hätte das „Mischlingsproblem" ohne Zweifel nach dem Krieg im Sinne der „Endlösung" aus der Welt geschafft.

Doch trotz der Detailgenauigkeit, die Noakes Untersuchung zur „Mischlingspolitik" aufweist, und der akribischen Nachzeichnung der Diskussionsprozesse bei Adam bleibt eine Erklärungslücke: Angesichts der Radikalität der anvisierten Maßnahmen – von der Zwangssterilisation über die Aussiedlung bis hin zur Deportation – muten die tatsächlichen Repressionen gegen die „Mischlinge" eher gering an. Auch Begründungen wie die, daß die ärztlichen Kapazitäten angesichts des Kriegsverlaufes nicht zur Verwirklichung der Sterilisations"lösung" ausgereicht hätten, vermögen die Verschiebung und damit Aussetzung der Eingriffe auf die Zeit nach dem Krieg kaum zu erklären. So wurden Sterilisationen aus erbgesundheitlichen oder rassenhygienischen Gründen während der Kriegsjahre nicht ausgesetzt[17] und die Ermordungen von Geisteskranken weitergeführt.[18] Nach dieser Argumentation hätte auch der Holocaust mangels personeller und sonstiger Kapazitäten nicht stattfinden können.

Seltsam unscharf bleibt in den Untersuchungen auch die Rolle Hitlers, der nachweislich immer wieder in die Vorbereitung und Formulierung der Maßnahmen eingriff, sie verzögerte, abmilderte oder Anstöße zu neuen Verschärfungen gab. Einerseits stand er unbestritten auf Seiten derer, die glaubten, jeder jüdische Blutstropfen in einer Ahnenreihe würde diese für immer „infizieren". Andererseits widersprachen die meisten seiner Entscheidungen dieser Überzeugung. Daß Hitler ein gutes Gespür dafür hatte, wann die zeitliche Umsetzung einer Maßnahme angebracht war oder zugunsten dieser taktischen Überlegungen weltanschauliche Prinzipien zurückzustellen waren, erklärt nur teilweise, warum er Vorschläge zunächst ablehnte, dann doch billigte, jedoch die Umsetzung in die Tat verhinderte. Auch Himmlers weitgehend eingehaltenes Stillhalteabkommen mit dem späteren Justizminister Thierack von 1943, „Mischlinge" nicht in die Deportationen einzubeziehen, kann mit einer geplanten Verschiebung der „Endlösung" des „Mischlingsproblems" auf die Zeit nach dem Krieg kaum erklärt werden, beschleunigte Himmler doch die Mordmaschinerie in den Vernichtungslagern im Osten gerade im Hinblick auf die sich abzeichnende militärische Niederlage.

Ein Katalog der konkreten Verfolgungsmaßnahmen gegen „Mischlinge" steht ebenfalls noch aus. Eine erste, von Bruno Blau 1954 herausgegebene Gesetzes- und Verordnungssammlung[19] erfaßt nur einen Teil der Bestimmungen, die Juden und „Mischlingen" gegenüber angewendet wurden. Auch der später von Joseph Walk zusammengestellte umfangreichere Nachfolgeband enthält etliche gegen „Mischlinge ersten Grades" gerichtete Maßnahmen, erhebt jedoch keinen Anspruch auf Vollständigkeit[20] und berücksichtigt regionale Sonderbestimmungen ebenso wenig wie die Modifizierung einzelner Maßnahmen.

Aus Sicht der Täter wurden die „Mischlinge" immer als eine „Gruppe" definiert. Diese fiktive Gruppe war Objekt ihres politischen Handelns und Adressat der vielfältigen Verfolgungsmaßnahmen. Die Forschungsliteratur hat diese Perspektive größtenteils übernommen. Offen blieb dabei die Frage, um welchen Personenkreis es sich eigentlich handelte. Aus Sicht der politischen Akteure waren die „Mischlinge" genetisch bedingte Gegner der „Volksgemeinschaft", weil „jüdisches Blut" in ihren Adern floß, und zudem eine Gruppe, die schon deswegen eine staatsfeindliche Einstellung entwickeln mußte, weil sie aufgrund ihrer Abstammung ausgegrenzt und diskriminiert wurde. Wie der betroffene Personenkreis tatsächlich zusammengesetzt war, ob er wirklich eine Gruppe bildete, die gemeinsame Merkmale aufwies und kollektive Handlungsstrategien entwickelte, geriet dabei nicht in den Blick. Eine Studie von Aleksandar-Saša Vuletić[21] über den 1933 gegründeten, mehrfach umbenannten und 1939 zwangsweise aufgelösten „Reichsverband christlich-deutscher Staatsbürger nichtarischer oder nicht rein arischer Abstammung e.V." verbleibt auf der organisationsgeschichtlichen Ebene.[22] Nun stellte der Verband zwar den einzigen Versuch der „christlichen Nichtarier" dar, eine organisierte Interessenvertretung zu etablieren, erreichte jedoch nur einen Bruchteil der Betroffenen: In seiner Hochphase, kurz vor dem Ausschluß der „volljüdischen" Mitglieder, gehörten ihm reichsweit ca. 6.000 Personen an.[23] Andere Arbeiten streifen das Schicksal „nichtarischer Christen" im Rahmen der Kirchengeschichtsschreibung.[24]

Werden Erfahrungen der „Mischlinge" geschildert, so bleiben sie häufig illustrativ[25] oder werden nicht systematisiert.[26] Noakes beschränkt sich darauf, ein Sozialprofil aus statistischen Unterlagen zu erarbeiten, verzichtet aber auf erfahrungsgeschichtliche Fragestellungen, deren Beantwortung es ermöglichen würde, die subjektive Sicht einzelner oder die Binnenperspektive der „Gruppe" zu beschreiben. Die Verfolgungserfahrungen wurden bisher nur in einer einzigen Untersuchung thematisiert: Der Psychologe und Soziologe Franklin A. Oberlaender befaßt sich in seiner aufschlußreichen sozialpsychologischen Studie mit den „Prozessen des Identitätsmanagements" bei „christlichen Nichtariern" und ihren Kindern in Deutschland.[27] Er wertet lebensgeschichtliche Interviews und biographische Materialien von insgesamt 44 Personen aus, die fünf Familien angehören. Aus diesem Fundus analysiert er exemplarisch fünf Biographien. Als zentrale Kategorie für die Erfahrungen getaufter Juden und „Mischlinge" legt er den Stigma-Begriff des Soziologen Goffman an.[28] Nach diesem Ansatz wurden die „christlichen Deutschen jüdischer Herkunft" durch das Etikett „Nichtarier" Stigmaträger, d.h. sie waren mit einem „Brandmal" gekennzeichnet, das sie aus der Mehrheitsgesellschaft ausgrenzte und sie nötigte, ihre Identität zwischen den Polen „out-group" und „in-group" neu zu definieren. Gegenüber der „in-group" geht es um die Haltung zu Mitbetroffenen, die von Selbsthaß bis zur Überidentifikation reichen kann, gegenüber der out-group um die Einstellung zur Mehrheitsgesellschaft, wobei der Stigmabegriff impliziert, daß Stigmatisierte und „Normale" Teile eines Ganzen sind.[29] Innerhalb dieses begrifflichen Rahmens geht Oberlaender altersgruppenspezifisch und transgenerationell vor und mißt den christlichen Konfessionen als „Subidentitäten" große Bedeutung zu. Er kommt zu dem Ergebnis, daß die älteren Verfolgten ihre vor dem Nationalsozialismus erworbene Identität weitgehend erhalten konnten[30], während diejenigen, die in der NS-Zeit aufwuchsen, ein Nebeneinander verschiedener Identitätsmodelle entwickelten.[31] Die jüngeren in dieser zweiten Gruppe bezeichnet Oberlaender als „Interims-Generation", deren große psychische Belastung in späteren Lebensjahren bzw. in der transgenerationellen Übertragung zu schwerwiegenden Krankheiten, Suchtanfälligkeiten oder psychosomatischen Störungen im Alter führen könne. Auch bei der nach dem Krieg geborenen Generation findet er die Nachwirkungen der Stigmaerfahrung ihrer Eltern wieder, ohne daß die Interviewpartner diese selbst erlebt haben.[32] Trotz interessanter Einzelergebnisse ist die Quellenbasis von Oberlaenders sozialpsychologischer Studie zu schmal, um die Erfahrungsgeschichte der „christlichen Nichtarier" zu beschreiben und zu bewerten. Sie bezieht zu wenige Einzelfälle ein und berücksichtigt die verfolgungs- und kriegsbedingten Veränderungen der Lebens- und Arbeitsbedingungen zu wenig. Vor allem aber blendet sie die Wechselwirkungen zwischen Verfolgungsprozeß, dessen Rezeption in der Bevölkerung und den Umgangsstrategien der Betroffenen weitgehend aus.

Hier setzt meine Arbeit an. Sie befaßt sich in erster Linie mit den „Mischlingen", die als „Gruppe" – zumindest bis kurz vor Kriegsende – ein rein gedankliches Konstrukt ihrer Verfolger waren. Was hatte dieses Konstrukt mit der realen Personengruppe zu tun? Wie war die soziale Zusammensetzung des über die jüdische Herkunft eines Elternteils definierten Personenkreises? Welches Selbstverständnis zeigten diejenigen, die in die Verfolgtenkategorie „Mischling" eingestuft wurden? Von welchen Maßnahmen waren sie tatsächlich betroffen? Welche Umgangsstrategien entwickelten sie kurz- oder längerfristig? Waren diese Umgangsstrategien geeignet, Verfolgungssituationen zumindest begrenzt abzumildern oder ihnen gar ganz zu entkommen? Welche Wirkung hatten Ausnahmeregelungen auf die Betroffenen?

Die in der Regel zwischen 1870 und 1935 geborenen „Mischlinge ersten Grades" erlebten Stigmatisierung und Ausgrenzung als Erwachsene, Jugendliche oder Kinder. Je nach Lebensphase geriet dabei ihr Selbstverständnis ins Wanken, Lebensentwürfe konnten nicht verwirklicht werden, Positionen in der gesellschaftlichen Hierarchie gingen verloren, das Gefühl für den Wert ihres Wissens und ihrer Leistung wurde erschüttert, die Chancen auf eine selbstgestaltete Zukunft schwanden dahin. Im Längsschnitt individueller Lebensläufe akkumulierten sich diese Verfolgungserfahrungen anders als in der sachthematischen Betrachtung, die immer nur einen einzelnen Lebens- oder Arbeitsbereich analysiert. Vor allem endeten diese Erfahrungen nicht 1945 mit der deutschen Kapitulation, sondern gingen neben der allgemeinen Lebenserfahrung der so Stigmatisierten in die Erinnerungskonstruktion und die Selbstdefinition des Subjektes ein. In der vorliegenden Arbeit werden neben lebensgeschichtlichen Interviews umfangreiche Aktenbestände verschiedenster Archive ausgewertet, die gezielt Auskunft etwa über Abschulungen, Ehegenehmigungen und -scheidungen oder berufliche Beschränkungen geben. Erst so wird es möglich, innerpsychische und innerfamiläre Prozesse mit historischen Fragestellungen zu verbinden.

Unberücksichtigt blieben in der bisherigen Forschung auch Fragestellungen, die sich auf regionale Verfolgungsprofile beziehen. Während – vor allem bei Noakes oder Adam – die Ressortkämpfe um Kompetenzen und Führungsansprüche, um die Durchsetzung weltanschaulicher Positionen sowie die zeitlichen Abläufe der Entscheidungen auf Reichsebene sorgfältig untersucht werden, erhielt die Umsetzung dieser politischen Entscheidungen auf regionaler Ebene – und noch eine Stufe darunter: durch die einzelnen Entscheidungsträger – keine systematische Aufmerksamkeit. Sie diente allenfalls dazu, Schlaglichter auf scheinbar anarchisches Handeln der Behörden und Institutionen im NS-Staat zu werfen. Dabei kann gerade die Auswertung der regionalen Praxis in zwei Richtungen fruchtbar sein: Einerseits erlaubt sie Aussagen über ein Verfolgungsprofil, das sich sowohl im „normalen" Verwaltungshandeln wie auch in der explizit gegen „Mischlinge" gerichteten Politik niederschlug, d.h. die Erfahrungsseite der „Gruppe" „Mischlinge" kann konkretisiert werden. Andererseits entsteht erst dann ein vollständiger Eindruck von der „Mischlingspolitik", wenn die unteren Ebenen und die Entscheidungsträger vor Ort mit in den Blick genommen werden. Denn Herrschaft als soziale Praxis impliziert nicht nur die Anordnungen „von oben", sondern immer auch die Zustimmung, das Mitmachen, das Hinnehmen, Sich-Distanzieren oder Sich-Widersetzen der Subjekte.[33] Erst die Wechselwirkungen der reichsweiten und der regionalen antisemitischen Politik zusammen bestimmten die Realität des Verfolgungsprozesses, seiner Radikalisierungsschübe von oben und unten. Nur durch Betrachtung der regionalen Ebene kann beurteilt werden, ob Stagnationen der „Mischlingspolitik" „von oben" Freiräume und Chancen für die Betroffenen schufen, oder ob die regional Verantwortlichen diese Spielräume für Verschärfungen ausnutzten. Darüber hinaus wären Vergleiche der regionalen Verfolgungspraxis wünschenswert, die im Rahmen dieser Arbeit aber nicht geleistet werden können. Insofern versteht sie sich auch als Appell zu verstärkter komparatistischer Regionalforschung.

Die Debatte um Daniel Jonah Goldhagens Thesen vom „eliminatorischen Antisemitismus"[34] hat die öffentliche Aufmerksamkeit zu Recht auf diejenigen gelenkt, die den Judenmord ausführten. Die vorliegende Untersuchung versucht den Blick auf andere, schillernde Spielarten des Antisemitismus zu richten, die das Alltagshandeln in der rassistisch definierten „Volksgemeinschaft" bestimmten, denn die tatsächliche Behandlung der „Mischlinge" in der Zeit zwischen 1933 und 1945 kann auch als Testfall dafür gesehen werden, wie tief der Rassenantisemitismus in die deutsche Gesellschaft hineinreichte. Dabei geht es einerseits darum, wie weit er behördliche, richterliche, schulische oder andere Entscheidungsträger prägte, aber auch das gesellschaftliche Verhalten von Arbeitgebern, Nachbarn, Kunden oder Verwandten beeinflußte. Darüber hinaus stellt sich die Frage, ob es bei Entscheidungsträgern außer diesem Leitmotiv noch andere nachvollziehbare Motive für Handlungen, Entscheidungen oder Unterlassungen gegeben hat. Eine Antwort darauf kann die Perspektive der „Mischlinge" nicht geben. Diese verbleibt notwendigerweise im Bereich der Vermutungen oder des nachträglich Angelesenen. Die Motive der Akteure müssen aus anderen Quellen erschlossen werden. Die Täterforschung versucht, in Kollektivbiographien gemeinsame Merkmale und Erfahrungen der NS-Täter herauszuarbeiten. Dies ist bezogen auf die „Mischlinge" nicht möglich, weil keine Verfolgergruppe speziell für sie zuständig war und sie selbst im Tätigkeitsfeld der Gestapo immer nur eine unter vielen Gruppen blieb. Es geht mir statt dessen darum, die punktuellen Widersacher der „Mischlinge" dort kenntlich zu machen, wo diese ihnen begegneten: Als Verfolger der Eltern, vor Gericht, bei der rassenbiologischen Untersuchung, beim Gestapoverhör oder beim Arbeitsamt. Es liegt am Gegenstand dieser Untersuchung, daß die Porträts der Akteure auf Verfolgerseite leichter zu erstellen sind, wenn diese höhere oder gehobene Funktionen im Staatsapparat einnahmen, schriftliche Quellen hinterließen oder nach dem Krieg in Gerichtsprozessen für ihre Handlungen zur Rechenschaft gezogen wurden. Je mehr sich das Verfolgungshandeln im Alltag der „Volksgemeinschaft" vollzog, desto schwieriger wird es, etwas über die Verantwortlichen zu erfahren: Hausmeister, Arbeitsvermittler, Verwandte oder die Putzfrau traten kurzzeitig als Akteure auf, die den Lebensweg eines „Mischlings" nicht unwesentlich beeinflußten, und kehrten dann wieder in die Unauffälligkeit zurück.

Alle hier genannten Themenkreise durchziehen die vier Hauptteile der vorliegenden Arbeit. In jedem wird versucht
– die politischen Auseinandersetzungen auf der Reichsebene nachzuzeichnen und dabei auch den angedeuteten offenen Forschungsfragen nachzugehen,
– die Umsetzung der beschlossenen Maßnahmen auf regionaler Ebene und das daraus entstehende Verfolgungsprofil zu untersuchen
– und die Wirkung der Bestimmungen und deren Ausführung auf die Betroffenen sowie deren Umgangs- und Gegenstrategien aus erfahrungsgeschichtlicher Sicht zu beschreiben und zu analysieren.

Hamburg als regionales Beispiel zu wählen, bot sich schon deshalb an, weil in der Hansestadt – nach Wien und Berlin – die meisten „Mischlinge" lebten.

Diese vier Ebenen – Reichsebene, regionale Ebene, Betroffene und Akteure auf Verfolgerseite – bestimmen den Aufbau der Hauptteile meiner Arbeit, denen inhaltlich vier Fragen zugrunde liegen:

Der erste Teil befaßt sich mit der Situation der Mischehen zwischen 1933 und 1945. Die „Mischlinge" waren von der Verfolgung der Eltern direkt oder indirekt betroffen, sie beeinflußte ihre Lebensbedingungen als Kinder und Jugendliche, ihre Stellung als Erben und nicht zuletzt ihr psychisches Gleichgewicht. Welchen Verfolgungsmaßnahmen unterlag nun die Elterngeneration? Hier geht es um die Auseinandersetzungen zwischen Vertretern der NSDAP, des Reichssicherheitshauptamtes und den Ministerien um die Einbeziehung der in Mischehe lebenden Juden in Zwangsmaßnahmen und Deportationen. Es werden die Lebensbedingungen in Hamburg skizziert, die sukzessiv verschärft wurden: Nach der wirtschaftlichen Enteignung folgten Zwangsarbeit, Kriminalisierungen, Einweisungen in „Judenhäuser" und schließlich Deportationsbefehle. Am Porträt des Leiters des jüdischen Zwangsarbeitseinsatzes wird aufgezeigt, welchen Einfluß ein einzelner Verantwortlicher auf die Lebens- und Arbeitsbedingungen, auf Überleben oder Tod in Vernichtungslagern hatte. Zentral ist die Frage nach der Bewältigung des Verfolgungsdrucks. Drei Fallbeispiele verdeutlichen die innerfamiliären Veränderungen ebenso wie die Haltung des (aus Sicht der Nationalsozialisten) jüdischen Ehepartners der jüdischen Gemeinschaft gegenüber: Während sich die einen dieser wieder annäherten, hielten die anderen doppelte Distanz zu den „Stammesgenossen", um keine Anlässe für Anfeindungen zu bieten. Obwohl die Beispiele Paare betreffen, die dem äußeren Druck gemeinsam standhielten, zeigen sie auch, daß dies noch keine Überlebensgarantie für den jüdischen Partner war. Das letzte Kapitel im Teil I befaßt sich mit den Mischehen, die geschieden wurden, einem Thema, dem in der bisherigen Forschung kaum Aufmerksamkeit gewidmet wurde.[35] Am Beispiel der Rechtsprechung der Hamburger Ziviljustiz wird herausgearbeitet, welche Motive die scheidungswilligen Ehepartner vorbrachten und inwieweit rassistische Prinzipien auf die Scheidungspraxis Einfluß nahmen.

Im Teil II werden die legalen Möglichkeiten untersucht, der „rassischen" Verfolgung innerhalb Deutschlands zu entkommen. Einem Überblick über die „Mischlingspolitik" während des Nationalsozialismus folgt die Erläuterung der Verfolgtenkategorien „Volljuden", „Geltungsjuden" und „Mischlinge ersten und zweiten Grades". Die jeweiligen Definitionen wiesen so viele innere Widersprüche auf, daß tausende versuchten, Ausnahmeregelungen für sich in Anspruch zu nehmen und damit aus der Verfolgung „auszusteigen" oder zumindest in einen minder hart betroffenen Status zu wechseln. Untersucht wird, wie erfolgsträchtig Anträge nach dem Reichsbürgergesetz oder aufgrund von Kriegsverdiensten waren, wie gerichtliche Abstammungsverfahren verliefen und welche Nebenwege die Betroffenen ansonsten beschritten, um ihre Einstufung zu verändern. Das zivilrechtliche Verfahren fußte in den meisten Fällen auf erb- oder rassenbiologischen Gutachten, die für das Hamburger Landgericht von einem Gerichtsmediziner oder einem Rasseanthropologen von der Universität Kiel erstellt wurden. Diese beiden Männer, die über das weitere Schicksal der Untersuchten maßgeblich mit entschieden, werden porträtiert. Beide retteten durch ihre Gutachten Juden vor der Deportation und erklärten „Mischlinge" zu „Deutschblütigen". Dennoch lagen ihre Motive nicht im Antirassismus begründet, sondern resultierten teilweise gerade aus den inneren Widersprüchen der Rassentheorien.

Von den „Gleichstellungen" konnten letztlich nur wenige „Mischlinge" profitieren, und auch diese mußten immer gewärtigen, den privilegierten Status wieder zu verlieren. Dennoch bewirkte die Aussicht auf mögliche Sonderregelungen bei den vereinzelten „Mischlingen" immer wieder die Hoffnung auf Besserstellung bei individuellem Wohlverhalten.

Im Teil III werden die Veränderungen zentraler Lebensbereiche der „Mischlinge" und die Umgangsstrategien reflektiert, die die Betroffenen entwickelten. In dieser sachthematischen Analyse geht es vor allem um die Restriktionen bei der Eheschließung und um die Möglichkeiten beruflicher Betätigung einschließlich des Bildungs- und Ausbildungsbereichs. So sind die Hamburger Anträge auf Ehegenehmigungen, ihre regionale wie überregionale Behandlung im „Reichsausschuß zum Schutze des deutsches Blutes" ebenso Gegenstand der Untersuchung wie die Strategien der Betroffenen, mit den Ablehnungen umzugehen. Die „Mischlinge", emotional an die Konventionen ihrer bürgerlichen Herkunft gebunden, standen vor dem Dilemma, zur Einhaltung gesellschaftlicher Normen notgedrungen illegale Wege beschreiten zu müssen. Die wenigen erlaubten Heiratsmöglichkeiten erwiesen sich in der Praxis als ähnlich aussichtslos oder wenig glücksverheißend. Die Liebesbeziehungen zu „Deutschblütigen" waren auch der Hauptgrund für die gefürchteten Gestapokontakte. Während die gesetzlichen Einschränkungen neue Eheschließungen fast ganz verhinderten, entfaltete der Druck auf bestehende Ehen relativ wenig Wirkung, wie die nachfolgende Untersuchung der Scheidungspraxis zeigt.

Die im „Dritten Reich" vielfach betonte freie wirtschaftliche Betätigung der „Mischlinge" unterlag ebenfalls Einschränkungen und willkürlichen Beschneidungen, die auf der Maßnahmenebene und an Beispielen untersucht werden. Dennoch ermöglichte diese Freiheit den „Mischlingen" das Verbleiben innerhalb der deutschen Gesellschaft, bis der Primat der Rassenideologie Oberhand gewann und sie zur Zwangsarbeit verpflichtet wurden. Selbständige konnten den Repressionen oft länger ausweichen als lohnabhängig Beschäftigte, wie die Umgangsstrategien zeigen. Das Beispiel des ersten Hamburger Nachkriegsbürgermeisters Rudolf Petersen präsentiert auf den ersten Blick sogar einen Unternehmer, der bis zum Kriegsende erfolgreich tätig sein konnte. Erst genaues Hinsehen fördert die Mischung aus Vermeidungsverhalten, Anpassung und kaufmännischer Tüchtigkeit zutage, die nach dem Krieg ihre Fortsetzung in dem Bemühen fand, den Wiederaufbau ohne Verzögerung und lästige Vergangenheitsbewältigung anzupacken.

Kurzzeitige Hoffnungen auf gesellschaftliche Reintegration hatten die Einberufungen zur Wehrmacht geweckt. Hoffnungen, die allerdings bald zerstoben. Dennoch zeigt die Auswertung der Fallbeispiele, daß eine Reihe von „Mischlingen" mit Ausnahmegenehmigung oder getarnt das Ende des Nationalsozialismus als Soldaten erlebte. Den Abschluß des Kapitels stellt die Untersuchung der Zwangsarbeit in Hamburg dar. Ab April 1943 wurden die „Mischlinge" unter dem Deckmantel der „Dienstverpflichtung" erneut eingezogen. Sie sollten in Arbeitsbataillonen zusammengefaßt und „kaserniert" werden. Während dies reichsweit geschah, kam es in Hamburg nur in Ansätzen zu einer Lagereinweisung. Dennoch fürchteten die „Mischlinge", ihre Deportation stehe unmittelbar bevor. Die Zwangsarbeit, so angstbesetzt und demütigend viele Betroffene sie darstellen, bewirkte doch in Ansätzen einen Gruppenbildungsprozeß, der sich nach dem Kriegsende fortsetzte. Ein weiteres Kapitel im Teil III befaßt sich mit den „Mischlingen", die sich als NSDAP-Mitglieder mit der Verfolgerseite politisch identifizierten oder versuchten, die Parteimitgliedschaft als privates Schutzschild zu benutzen, ein anderes widmet sich der Einbeziehung von „Mischlingen" in Zwangsmaßnahmen, die vom Gestapoverhör bis zur KZ-Einweisung reichen konnten. Die Porträts eines Arbeitsvermittlers und eines Gestapobeamten sind in den Text integriert. Beide Personen hinterließen zu wenig Spuren, um mehr als eine ausschnitthafte biographische Skizze zu erstellen.

Im Teil IV werden die individuellen Auswirkungen der Verfolgung untersucht. Die Lebensgeschichten der als „Mischlinge zweiten Grades", „Mischlinge ersten Grades" und „Geltungsjuden" Eingestuften zeigen, daß nicht jede Verfolgungsmaßnahme gleichermaßen traumatisierende Wirkungen hatte. Welche Möglichkeiten zur Bewältigung den Betroffenen zur Verfügung standen, variierte nach Alter, Geschlecht, Schichtenzugehörigkeit und familiärer Konstellation. Die acht ausführlich dargestellten und interpretierten Lebensläufe werden in einem zweiten Schritt daraufhin untersucht, inwieweit sie für die Gesamtgruppe der insgesamt 60 Interviewten als typisch gelten können.

Ein kurzer Ausblick skizziert abschließend, mit welcher Haltung und unter welchen Belastungen die als „Mischlinge" Eingestuften ihre Lebensbedingungen in der Nachkriegszeit gestalteten. Dabei stehen die je nach Altersgruppe verschiedenen Anstrengungen im Mittelpunkt, wieder in ein bürgerliches Leben in der Mitte der Gesellschaft zurückzukehren, so zum Beispiel der Aufbau einer neuen wirtschaftlichen Existenz oder die Rückdatierung nun möglicher Eheschließungen. Jugendliche holten in Sonderförderkursen versäumte Schulabschlüsse und Ausbildungen nach. Neben der materiellen Wiedergutmachung, für deren Gewährung die neugegründete Selbsthilfeorganisation, die Notgemeinschaft der durch die Nürnberger Gesetze Betroffenen, jahrelang kämpfte, ging es um die Bewältigung seelischer Verletzungen, die nicht nur Individuen erlitten hatten. Auch Familien waren durch Emigration und Deportation der jüdischen Verwandten zerrissen und dezimiert, die „deutschblütigen" Familienzweige hatten sich zum Teil als überzeugte Nationalsozialisten von Mischehen und „Mischlingen" abgewandt. Diese Risse zu kitten, gelang nicht immer und schon gar nicht reibungslos.

Die Quellenlage ist insgesamt als gut zu bewerten. Das Anliegen dieser Arbeit, verschiedene Perspektiven auf die „Mischlingspolitik" in ihrer Wechselwirkung zu betrachten, erfordert es, sehr heterogene Quellen heranzuziehen und miteinander in Beziehung zu setzen. Dabei handelt es sich einerseits um die Aktenbestände verschiedener Reichsministerien[36], der NSDAP[37] und die im Hamburger Staatsarchiv befindlichen Hamburger Senats- und Behördenüberlieferungen.[38] Während ein Großteil der Bestände im Bundesarchiv in der vorgestellten Forschungsliteratur schon ausgewertet worden ist, war es möglich, neues Material einzubeziehen, das erst nach Übernahme der Bestände des Zentralen Staatsarchivs der DDR zur Verfügung steht, so beispielsweise die Protokolle des „Reichsausschusses zum Schutze des deutschen Blutes".

Außerdem wurden Urteile ausgewertet, die Hamburger Zivil- und Strafgerichte während und nach der NS-Zeit gefällt haben. Die Akten der Justizbehörde, des Amts- und Landgerichts, die für diese Arbeit gesichtet werden konnten, sind noch nicht an das Staatsarchiv abgegeben und deshalb bisher kaum für Forschungsvorhaben genutzt worden. Sie lagern in Kellern und auf Dachböden der Gerichte und sind lediglich durch knappe Registereintragungen erschlossen. Während die Scheidungsakten – mit wenigen Ausnahmen – bis auf die Urteilstexte ausgedünnt und zudem bereits bis Ende 1937 kassiert worden sind, waren die Akten der Abstammungsverfahren (Statusverfahren), die erst nach der Neufassung des Familienrechts

1938 möglich waren, in der Regel vollständig und bis zum Jahr 1945 erhalten. Teilweise korrespondierten Scheidungs- und Abstammungsunterlagen mit den Akten der Justizbehörde, die nach dem Krieg angelegt wurden, als Scheidungen annulliert und Eheschließungen nachgeholt wurden, die während des Nationalsozialismus verboten waren. Neben vereinzelten Strafprozeßunterlagen konnten so 146 Scheidungsurteile (Mischehen- und „Mischlingsscheidungen"), 66 Abstammungsprozesse und 212 Einzelfallakten nach dem Eheanerkennungsgesetz (Rückdatierung von Eheschließungen, an denen Juden oder „Mischlinge" beteiligt waren und Scheidungsannullierungen) ausgewertet werden. Schließlich zog ich auch die Unterlagen der Bezirksstelle Nordwest der damaligen Reichsvereinigung der Juden in Deutschland heran, die von der Jüdischen Gemeinde Hamburgs 1993 an das Staatsarchiv abgeliefert wurden. Sie geben einen genauen Einblick in die Lebensbedingungen der Mischehen in den letzten beiden Jahren des Krieges. Einzelakten oder kleinere Bestände aus anderen Archiven oder in Privatbesitz ergänzen diesen Quellenbestand.

Die Erfahrungsgeschichte der Betroffenen kann aus vielen dieser Archivmaterialien, insbesondere denen der staatlichen Institutionen, nur punktuell, indirekt oder gar nicht erschlossen werden. Um sie zu rekonstruieren, bedurfte es anderer Quellen, die Aufschlüsse über die Erfahrungsseite der als „Mischlinge" Verfolgten geben:

1. lebensgeschichtliche Interviews und schriftliche Selbstzeugnisse;
2. Einzelfallakten des Amtes für Wiedergutmachung und Korrespondenzen der Notgemeinschaft der durch die Nürnberger Gesetze Betroffenen, die in der Forschungsstelle für Zeitgeschichte archiviert sind.

So führte ich im Rahmen meiner Tätigkeit im Oral-history-Projekt „Hamburger Lebensläufe – Werkstatt der Erinnerung" 60 lebensgeschichtliche Interviews mit Personen, die während des Nationalsozialismus als „Mischlinge ersten Grades", „Mischlinge zweiten Grades" oder „Geltungsjuden" eingestuft waren.[39] Die Interviewten gehören den Jahrgängen 1908 bis 1940 an. Dokumente aus ihrem Privatbesitz (Briefwechsel, Aufzeichnungen, Korrespondenz mit Behörden) konnten ebenfalls herangezogen werden. Die Interviews werden in dieser Arbeit zum einen ausschnittweise genutzt, um die Perspektive Betroffener auf einen Sachverhalt zu verdeutlichen (Teile I-III), zum anderen geht es – vor allem im Teil IV – um die Auswertung der lebensgeschichtlichen „Folgen der Verfolgung" (Niederland). Die Oral history, in Deutschland erst in den letzten zwanzig Jahren als Methode der Geschichtswissenschaft etabliert, geht davon aus, daß die Lebenserinnerungen der Interviewten Konstruktionen bzw. Rekonstruktionen der Erfahrungen sind. Die Zeitzeugen ordnen in ihrer Erzählung Erlebnisse der Vergangenheit im Hinblick auf ihre gegenwärtige Situation, ihr heutiges Selbstverständnis und die Deutung des Erlebten. Sie geben also nicht die historischen Gegebenheiten „an sich" wieder, sondern sind beeinflußt durch die Gruppen- und Milieuzugehörigkeit, die spezielle Interaktion während des Interviews oder die aktuelle Berichterstattung der Medien.[40] Während die Tonbandaufzeichnungen überwiegend zwischen 1990 und 1995 entstanden, stammen die ausgewerteten schriftlichen Selbstzeugnisse aus größerer zeitlicher Nähe zum Verfolgungsgeschehen.[41] Einige Nachlässe boten die Möglichkeit, die Lebensgeschichten verstorbener Personen zu rekonstruieren.[42] Dies bezieht sich einerseits auf die Biographien der als „Mischlinge" Verfolgten, andererseits auch auf die Lebensläufe derjenigen, die als Entscheidungsträger oder Repräsentanten des NS-Staates gegenüber den Verfolgten handelten.[43]

Für die Einzelfallauswertung beantragte ich die Einsicht in 100 Akten, die im Amt für Wiedergutmachung lagern.[44] Es handelte sich dabei überwiegend um Akten über Personen, die vor 1910 geboren wurden und die aus biologischen Gründen kaum als Interviewpartner zur Verfügung standen. In den Wiedergutmachungsakten finden sich entschädigungsrelevante Vorgänge, jedoch auch allgemeine Schilderungen der Verfolgungssituation während der NS-Zeit (und die Prüfung dieser Vorgänge durch das Amt). Die erste Ablieferung des oft korrespondierenden Aktenbestandes der Notgemeinschaft – diese übernahm die rechtliche Beratung bei den Wiedergutmachungsanträgen – war zum Zeitpunkt meiner Archivrecherchen gerade an die Forschungsstelle für Zeitgeschichte abgegeben worden. Da die Selbsthilfeorganisation oft die erste Anlaufstelle für Verfolgte war, enthalten die Akten teilweise sehr lange, nicht nur auf Entschädigungsaspekte ausgerichtete Lebenserinnerungen und Abschriften von Dokumenten aus der NS-Zeit. Zusammen mit den Einzelfällen des Amtes für Wiedergutmachung konnte ich so 359 Einzelfallakten von „Mischlingen" auswerten. Außerdem sichtete ich Unterlagen über 137 Kinder, die zwischen 1936 und 1944 als „Mischlinge" geboren, in der Nachkriegszeit in den Genuß von Erholungskuren kamen.[45] Alle Einzelfallakten unterliegen strengen Datenschutzauflagen, denen in dieser Arbeit durch Anonymisierung Rechnung getragen werden mußte. Auch die Namen der Interviewpartner sind – wenn die Zeitzeuginnen und Zeitzeugen eine Anonymisierung gewünscht haben – geändert worden.

Einige zentrale Aktenbestände, die Einblick in Entscheidungsfindungs- und Verfolgungsprozesse geben könnten, sind leider nicht erhalten. So fehlen beispielsweise die Akten des Reichsarbeitsministeriums ebenso wie ein Großteil der Akten des Reichssippenamtes. Vor allem aber sind die regionalen Aktenbestände der Gestapo im Mai 1945 vollständig zerstört worden. Sie hätten einen detaillierten Einblick in die Verfolgungspraxis ermöglicht.

Abschließend sei auf einige begriffliche Probleme verwiesen: Die für die Verfolgung der „Mischlinge" und Mischehen zentralen Begriffe, die in dieser Untersuchung notwendigerweise verwendet werden, zählte Victor Klemperer sämtlich in seiner Analyse der LTI auf, der Lingua Tertii Imperii, der Sprache des Dritten Reiches.[46] Sie sind die nationalsozialistischen Umwertungen von Begrifflichkeiten, die vor 1933 andere Bedeutungsinhalte hatten und diese nach 1945 wieder bekamen, wenn sie nicht in Vergessenheit gerieten:

– Mischehen bezeichneten seit dem 19. Jahrhundert insbesondere konfessionsverschiedene Ehen, nach 1933 jedoch eheliche Gemeinschaften, in denen ein Partner nach NS-Definition „jüdisch", einer „deutschblütig" war.

– „Jüdisch" war vor 1933 eine Person, die einer Jüdischen (Israelitischen) Gemeinde angehörte; 1935 definierten die Nürnberger Gesetze diese Zugehörigkeit als „rassisch", wobei das religiöse Bekenntnis nur in eine Richtung wirkte: Getaufte Juden wurden ebenso wie diejenigen als Juden behandelt, die zur jüdischen Religion konvertiert waren.

– Als „privilegiert" konnte sich in der Ständegesellschaft eine Person begreifen, die verbriefte Sonderrechte besaß, die nicht zu ihrem Nachteil angewendet werden durften. Bezogen auf Mischehen bedeutete das Adjektiv, daß der jüdische Ehepartner einer „privilegierten Mischehe" keinen Stern tragen mußte und nicht deportiert wurde.

– Der Begriff „Mischling" stammt aus der Rassentheorie und bezeichnet die Vermischung verschiedener Rassen (auch: Bastard) und wies – je nach Rassentheoretiker – eine beschreibende, meist aber eindeutig negative Konnotation auf. Heute ist er in der Tier- und Pflanzenzucht gebräuchlich, und dort gehört er – wenn überhaupt – auch hin.

Friedlander erinnert in den „Anmerkungen zur Sprache", die er seinen Forschungen zur Euthanasie voranstellt, daran, daß jede Gruppe ein Recht auf eine kollektive Selbstdefinition hat.[47] Dies gilt selbstverständlich auch für Individuen. Im nationalsozialistischen Staat wurde Einzelnen wie Gruppen dieses Recht aberkannt, sie wurden in die oben genannten rassistischen Kategorien eingestuft, die ihre Selbstdefinition außer Kraft setzten. Dennoch ist die Verwendung dieser Begrifflichkeiten unabdingbar für eine wissenschaftliche Arbeit, die sich mit dem Verfolgungsschicksal der Personen befaßt, die so etikettiert wurden. Wenn im folgenden also von Juden die Rede ist, bezieht sich der Begriff nicht auf das Selbstverständnis der Betroffenen, sondern meint die Verfolgtenkategorie; Mischehen bezeichnen hier die Ehen, die die Nationalsozialisten unter diesem Begriff subsumierten; mit „Mischlingen ersten Grades" sind die als „vorläufige Reichsbürger" anerkannten „Halbjuden" gemeint, mit „Mischlingen zweiten Grades" die den „Deutschblütigen" zugeschlagenen „Vierteljuden". Ich hoffe, daß nicht nur die Anführungszeichen meine Distanz zu dieser Terminologie verdeutlichen, sondern daß auch die vielen zitierten Selbstzeugnisse der so Verfolgten von ihrem anhaltenden Bemühen um eine Selbstdefinition jenseits der rassistischen Kategorien zeugen.

Dieses Buch ist die überarbeitete Fassung meiner Dissertation, die der Fachbereich Philosophie und Sozialwissenschaften der Universität Hamburg im Sommersemester 1998 unter dem Titel „Verfolgung und Verfolgungserfahrungen ‚jüdischer Mischlinge' in der NS-Zeit. Mischehen, ‚Mischlinge' und nationalsozialistische Rassenpolitik 1933 bis 1945" angenommen hat. Für die Betreuung des vorangegangenen Forschungsprojektes und der Doktorarbeit danke ich Frau Prof. Dr. Monika Richarz, Prof. Dr. Peter Reichel und Prof. Dr. Ulrich Herbert herzlich. Dr. Frank Bajohr und Dr. Birthe Kundrus haben die Entstehung des Manuskriptes mit viel Engagement, Diskussionsbereitschaft und wichtigen Hinweisen begleitet.

Zu besonderem Dank bin ich den Zeitzeuginnen und Zeitzeugen verpflichtet, die mir in vielstündigen Interviews ihre Lebensgeschichten erzählten. Während der Archivarbeit habe ich von vielen Kollegen wichtige Hinweise erhalten. Namentlich danke ich besonders Thomas Jersch, PD Dr. Ina Lorenz, Prof. Dr. Uwe Danker, Klaus Bästlein, Konrad Stein-Stegemann, Dr. Christiane Rothmaler, Friederike Littmann und Dr. Michael Wildt ebenso wie den Archivaren, vor allem Herrn Jürgen Sielemann vom Hamburger Staatsarchiv und dessen Leiter, Prof. Dr. Hans Dieter Loose. Hervorheben möchte ich auch die keineswegs selbstverständliche freundliche und kompetente Betreuung in den Archiven des Landgerichts, der Justizbehörde und des Amtes für Wiedergutmachung.

Die an der heutigen Forschungsstelle für Zeitgeschichte im Rahmen des Projektes „Hamburger Lebensläufe – Werkstatt der Erinnerung" begonnene Arbeit konnte ich am Institut für die Geschichte der deutschen Juden fortsetzen. Die überaus freundliche Aufnahme, die mir die Kolleginnen und Kollegen dort bereitet haben, ist dieser Arbeit sehr zugute gekommen. Gisela Groenewold danke ich für Ermutigung, Unterstützung und Anregungen, Ilany Kogan für die Supervision, Prof. Dr. Benno Müller-Hill und Dr. Jochen Walther gaben mir Feedbacks zu einzelnen Teilen der Arbeit. Urs Schiller und Klaus Hannes machten sich redaktionell um das Manuskript verdient, wobei letzterer die Entstehung des Gesamtprojektes engagiert und stets hilfs- und gesprächsbereit begleitete.

Ohne die finanzielle Unterstützung der Wissenschaftlichen VW-Stiftung und der Behörde für Wissenschaft und Forschung der Freien und Hansestadt Hamburg, für die ich besonders Dr. Walter Schindler zu Dank verpflichtet bin, hätte ich das Forschungsprojekt nicht durchführen können.

Erster Teil
Die Verfolgung der Mischehen

I. Das Ende des Integrationsprozesses

1. Die quantitative Entwicklung der Mischehen

Das im September 1935 erlassene Gesetz zum Schutze des deutschen Blutes und der deutschen Ehre zog mit dem Eheverbot zwischen Juden und „Deutschblütigen" einen Schlußstrich unter eine fast 100 Jahre anhaltende Entwicklung. Die Zahl der Mischehen war Indikator für den Assimilationsprozeß[1], den die deutschen Juden vollzogen hatten. Dieser wird auch als extremer Modernisierungsschub interpretiert, den die jüdische Gesellschaft im Zuge ihrer Verbürgerlichung erfuhr.[2] Andere äußerliche Kennzeichen dieses Prozesses waren die angestiegenen Zahlen der Taufen oder die Änderungen jüdischer Familiennamen, um der „stigmatisierenden Kraft des Namens" (Bering) bei der Integration in die Mehrheitsgesellschaft zu entkommen.[3]

Im Februar 1849 war den Hamburger Juden erstmals gestattet worden, interkonfessionelle Mischehen einzugehen, wenn der jüdische Mann das Bürgerrecht erworben hatte.[4] Zu dieser Zeit lebten in Hamburg ca. 10.000 Juden bei einer Gesamtbevölkerung von 150.000 Personen.[5] 1861 bzw. 1865 wurden dann die gesetzlichen Grundlagen geschaffen, die uneingeschränkt Zivilehen zuließen.[6] Preußen zog 1874 nach. Doch erst im 20. Jahrhundert wuchs die Zahl der Mischehen – gemessen an den Eheschließungen der Juden – im Deutschen Reich so rapide, daß die jüdischen Gemeinden diese Entwicklung als „immer unheilvoller" empfanden, da sie nicht nur gegenwärtige, sondern – mit dem meist getauften Nachwuchs – auch zukünftige Mitglieder verloren.[7] Die Zahl der Mischehen stieg in Deutschland zwischen 1901 und 1910 auf 8.225, bis 1924 dann auf 20.266 an. Zu dieser Zeit verzeichnete (Groß-)Berlin mit 3.215 die meisten Mischehen, gefolgt von Hamburg mit 1.407 und Frankfurt a.M. mit 922.[8] Prozentual erhöhte sich in Hamburg der Anteil gar bis auf 57,6% der Eheschließungen von Juden und sank 1934 trotz restriktiver Maßnahmen der Standesämter nur auf 32%, während er im Reichsdurchschnitt 1934 15% betrug.[9]

Jüdische Männer heirateten eher nichtjüdische Frauen als Jüdinnen nichtjüdische Männer, alteingesessene Hamburger Juden gingen häufiger Mischehen ein als religiös stärker gebundene Ostjuden.[10] Heiratete eine Jüdin einen Nichtjuden, verlor sie bei dieser Eheschließung prinzipiell ihre Gemeindeangehörigkeit, eine Regelung, die für jüdische Männer nicht galt.[11] Lediglich die Kultusverbände legten hier zum Teil strenge Maßstäbe an[12]: So schloß der orthodoxe Synagogenverband auch den jüdischen Mann wegen einer Mischehe aus, während der gemäßigte Tempelverband sowie die Neue Dammtor-Synagoge eine solche Heirat akzeptierten. Ein kleinerer Teil nichtjüdischer Ehefrauen trat zum Judentum über.[13] In der Regel aber behielten die nichtjüdischen Partner ihre Religionszugehörigkeit. Ina Lorenz weist in diesem Zusammenhang auf die zunehmende Entkonfessionalisierung hin, die eine wichtige Voraussetzung für die großstädtische Mischehe war.[14] Trat der jüdische Partner zur christlichen Glaubensgemeinschaft über, wurde er in Hamburg in der Regel Mitglied der evangelischen Kirche.[15] Der aufkommende Nationalsozialismus verstärkte die Tendenz bei jüdischen Dissidenten, die christliche Taufe in der Hoffnung auf Schutz vollziehen zu lassen. So stieg die Anzahl der „Proselytentaufen" in den Hauptwohngegenden der Hamburger Juden im Jahr 1933 sprunghaft an.[16] Die nach nationalsozialistischer Definition in Mischehe lebenden Juden stuften sich bezogen auf ihren Glauben also selbst höchst unterschiedlich ein.

In der jüdischen Gemeinde wurde 1940/41 – aufgrund der finanziellen Not – die Diskussion geführt, ob die in Mischehe lebenden Jüdinnen nicht als Mitglied betrachtet werden könnten, was in mehrfacher Hinsicht Probleme aufwarf. Zum einen konnten religiöse Grundsätze nicht ohne weiteres dispensiert werden, zum anderen zeitigten Versuche, diese Frauen zur Beitragszahlung heranzuziehen, kaum praktische Erfolge. Der Religionsverband beschloß deshalb, den „Frieden in den Mischehen" nicht zu stören, zumal diese Familien ohnehin oft in bescheidensten Verhältnissen lebten. Aber auch in vermögenden Familien konnte die Ehefrau kaum belangt werden – und der nichtjüdische Ehemann eignete sich nicht als Schuldner.[17] So sah die jüdische Gemeinschaft diese Frauen weiterhin als Nichtjüdinnen an, während sie von den Nationalsozialisten als Jüdinnen behandelt wurden.

Gegenüber anderen Ehen waren Mischehen auffällig kinderarm, 30% sogar kinderlos. Waren Töchter oder Söhne vorhanden, wurden sie meist nicht jüdisch erzogen, wobei gerade die in den 1920er Jahren Geborenen oft später selbst die Religionszugehörigkeit wählen sollten.

Insgesamt wurden im Deutschen Reich etwa 120.000 Mischeheschließungen im 19. und 20. Jahrhundert registriert, davon rund 53.000 zwischen 1875 und 1932.[18] Die reichsweite Zahl der Mischehen am Vorabend der nationalsozialistischen Machtübernahme wird auf 35.000 geschätzt.[19] Diese Zahlen berücksichtigten nur Eheschließungen, wenn ein Partner bei der Heirat noch einer jüdischen Gemeinde angehörte. Waren sie oder er zuvor ausgetreten oder hatten sich taufen lassen, zählte die Ehe – im Unterschied zur späteren nationalsozialistischen Definition – nicht als Mischehe. Die Volkszählung von 1939 – nun erstmals nach NS-Definition – ergab, daß 56.327 „volljüdische" Ehepaare und 20.454 Mischehen im Deutschen Reich lebten.[20] In den sechs Jahren nationalsozialistischer Herrschaft hatte also bereits ein beträchtlicher Teil der Mischehepaare das Land verlassen. Im Dezember 1942 gab es 16.760 Mischehen, im April 1943 – nahezu unverändert – 16.658, im September 1944 nur noch 12.487 Mischehen.[21] Diese Differenz ist zum einen auf das rigidere Vorgehen der Gestapo gegen jüdische Partner aus aufgelösten Mischehen zurückzuführen, zum anderen auf Verhaftungsaktionen gegen kleinere Gruppen und Kriminalisierungen von Einzelpersonen, die ebenfalls die Deportation der Betroffenen zur Folge hatten.

Die Ergebnisse der Volkszählung von 1939 veranlaßten die Statistiker zu der Feststellung, in Hamburg hätten sich die Juden weit stärker mit der übrigen Bevölkerung vermischt als in anderen Großstädten oder Teilen des Reiches.[22] Leo Lippmann, Vorstandsmitglied des „Jüdischen Religionsverbandes Hamburg", gab für 1940 die Zahl von 972 Mischehen[23] an, bei denen in 623 Fällen der Ehemann und in 349 die Ehefrau jüdischer Herkunft waren. Für November 1941 führte er 1.036 Mischehen und 198 Juden aus aufgelösten Mischehen mit Kindern auf.[24] Am Stichtag 31. Oktober 1941 waren es 1.290 Personen, 699 Männer und 591 Frauen, die in Hamburg in Mischehen lebten oder gelebt hatten.[25] Zu diesem Zeitpunkt war die Emigration nicht mehr möglich, und Mischehepaare aus dem Umland waren vor den antisemitischen Anfeindungen in die Großstadt gezogen. Deshalb stieg die Zahl der Mischehen in Hamburg. Ende 1942 war bereits ein Teil der Jüdinnen und Juden aus aufgelösten „nichtprivilegierten" Mischehen deportiert worden, die Zahl der in Hamburg verbliebenen wurde mit 1.262 angegeben, davon 1.032 in „privilegierten" und 230 in „nichtprivilegierten" Mischehen.[26] Von nun an sank die Zahl wegen der Deportationen der jüdischen Personen aus aufgelösten und schließlich auch der aus noch bestehenden Mischehen auf 650 im Mai 1945: „Es lebten zur Zeit der Okkupation der Stadt durch die britische Armee noch etwa 650 Juden, die alle jüdische Teile von Mischehen waren."[27] So hatte von den in Hamburg in Mischehen verheirateten Juden – „natürliche" Todesfälle nicht berücksichtigt – ungefähr die Hälfte überlebt.

2. Mischehen aus nationalsozialistischer Perspektive

Die Nationalsozialisten bezeichneten Lebensgemeinschaften als Mischehen, wenn ein Partner nach ihrer „rassischen" Definition Jude war. Damit gaben sie dem Begriff der Mischehe, der vor 1933 zur Bezeichnung interkonfessioneller Ehen gebräuchlich war, eine neue Definition. Als Folge entstanden immer wieder Unklarheiten, weil die Kirchen am alten Gebrauch festhielten, im Behördenverkehr aber „die Ehe zwischen Personen, die verschiedenen Rassen angehören" als „gemischte Ehen" oder „Mischehen" im Unterschied zu „konfessionsverschiedenen" oder „religionsverschiedenen" bezeichnet werden sollte.[28] Die katholische Kirche wies angesichts dieser Begriffsverwendungen frühzeitig darauf hin, daß sie bei glaubensgleichen Ehen die „Rassenverschiedenheit" niemals als indispensables Ehehindernis anerkennen würde.[29]

Aus nationalsozialistischer Perspektive waren sowohl die getauften Juden als auch die in Mischehen lebenden Ehepartner jüdischer Herkunft in den deutschen „Volkskörper" eingesickert und ihre Kinder zum personifizierten Ausdruck der gefürchteten „Blutsmischung" geworden, die – wenn irgend möglich – aufgespürt, rückgängig gemacht und für die Zukunft unterbunden werden sollte. Bereits in den 1920er Jahren unterbreiteten (nicht nur) spätere nationalsozialistische Amtsinhaber wie beispielsweise der Bevölkerungsexperte und Rassenhygieniker Arthur Gütt Vorschläge in diesem Sinne. Als die NSDAP im Reichstag vertreten war, brachte ihre Fraktion unter Federführung des späteren Reichsinnenministers Frick einen Gesetzesentwurf ein, der für die „Vermischung" mit Farbigen und Juden den Straftatbestand des „Rassenverrats" vorsah.[30] Das katholische Votum gegen die Auflösung der Ehen, an denen getaufte Juden beteiligt waren, stellte jedoch die Weichen, in der künftigen Gesetzgebung Ehen nicht rückwirkend für ungültig zu erklären, aber für die Zukunft zu verbieten.

Die Nürnberger Gesetze von 1935, deren Entstehungsprozeß der Rassereferent im Reichsinnenministerium, Bernhard Lösener, als überstürzt und mit offenem Ausgang beschreibt[31], hatten von diesem Traditionsstrang her gesehen eine lange Vorgeschichte. Auch war in der Zeitspanne zwischen der nationalsozialistischen Machtübernahme und dem Parteitag eine Verwaltung und Justiz irritierende Rechtsunsicherheit herbeigeführt worden.[32] Das Innenministerium bereitete seit Juli 1935 einen entsprechenden Gesetzentwurf vor. Da aber die verschiedenen beteiligten Stellen keine Einigung über die Einbeziehung der Ehen von „Mischlingen" erzielten, zogen sich die Beratungen in die Länge: Der Stellvertreter des Führers (StdF) und der Reichsärzteführer als Sprachrohre der NSDAP forderten, einen weitestmöglichen Personenkreis zu erfassen, bestehende Mischehen aufzulösen oder deren „arische" Teile den Juden gleichzustellen, während die Ministerialbürokratie des Innenministeriums bestrebt war, die neuen Regelungen auf „Volljuden" zu begrenzen.[33] Der hier (nicht erstmalig) aufgebrochene und mit den Ausführungsverordnungen zu den „Nürnberger Gesetzen" nur zu einem vorläufigen Abschluß gekommene Konflikt erfuhr bis zum Ende nationalsozialistischer Herrschaft immer wieder Neuauflagen in wechselnden Konstellationen. Repräsentanten der NSDAP, insbesondere der StdF, die Rassenhygieniker sowie SS und Gestapo forderten die Einbeziehung der „Halb-", „Viertel-" oder gar „Achteljuden" in antijüdische Maßnahmen, die Todesstrafe für „Rassenschänder" sowie Zwangsscheidungen *aller* „Rassenmischehen", während vor allem das Innenministerium mit wechselnder Unterstützung auf klarer Begrenzung und definierbarem und überschaubarem Personenkreis beharrte.

Der nationalsozialistische Gesetzgeber ging davon aus, daß die Judenemanzipation mit der napoleonischen Besetzung Deutschlands um 1800 begonnen hatte und damit dieser Zeitpunkt auch als Anfangsdatum der „Rassenmischung" gelten konnte.[34] Deshalb mußten NSDAP-Mitglieder die Ahnenforschung bis zum Jahr 1800 zurück betreiben. Für die radikalen Verfechter der „Rassenhygiene" bedeutete jeder Jude in der Ahnenreihe ein bleibendes Verderbnis des „deutschen Blutes". So formulierte beispielsweise der „Sachverständige für Rasseforschung im Reichsinnenministerium", Achim Gercke, im Jahre 1933:

> „Allen Erbgesetzen würde es widersprechen, wollte man unbedenklich jüdische Beimischung in zweiter, dritter oder vierter zurückliegender Geschlechterfolge als nicht vorhanden oder ohne Bedeutung ansehen. Die Erfahrung sagt vielmehr, daß keine Zahl von Geschlechterfolgen angegeben werden kann, die notwendig ist, um den Einfluß der stattgehabten Mischung ausgeschaltet zu wissen."[35]

Aus dieser Sicht mußten aus dem „deutschen Volkskörper" alle ausscheiden, die irgendwann einen jüdischen Vorfahren gehabt hatten. Da die meisten Mischehefamilien der Mittelschicht, etliche auch der Oberschicht angehörten und teilweise über weitverzweigte Verwandtschaften bis in wirtschaftliche oder militärische Eliten hinein verfügten, sahen sich die Nationalsozialisten allerdings zu innenpolitischen Rücksichtnahmen gezwungen.

Besonders Rassenhygieniker beschäftigten sich mit der Frage, welche Motivation eigentlich diesen Eheschließungen zugrunde lag und welche erbbiologischen Auswirkungen die „Blutsmischung" hätte. Otmar Freiherr von Verschuer:

> „Was für Menschen waren es auf deutscher wie auf jüdischer Seite, die Mischehen geschlossen haben? Kann das Erbgut dieser Menschen etwa aus ihrem eigenen Leben und aus dem ihrer Eltern und anderen Familienangehörigen erschlossen werden? Welche Eigenschaften zeigen sich bei den Kindern und Enkeln dieser Mischlinge? Worin unterscheiden sich diese Eigenschaften von denjenigen der deutschen Familien auf der einen Seite und der jüdischen Familien auf der anderen Seite, die sich miteinander gekreuzt haben?"[36]

Von Verschuer plädierte dafür, diesen 1937 noch immer unbeantworteten Fragen gründlich nachzugehen und aus den Ergebnissen allgemeine Regeln für die Judenpolitik abzuleiten. Drei Jahre später legte der „Sozialbiologe" Alexander Paul die geforderte Studie vor. Er hatte Material ausgewertet, das ihm das Innenministerium zur Verfügung gestellt hatte. Dabei handelte es sich vermutlich um Anlagen zu den Anträgen auf Ehegenehmigung von „jüdischen Mischlingen".[37] Bezogen auf die Mischehen ging er folgenden Leitfragen nach: „Welcher Art waren die Juden und die Jüdinnen, die eheliche oder außereheliche Beziehungen zum deutschen Volk suchten? Welcher Art waren diejenigen Deutschen, die sich ehelich oder außerehelich mit jüdischen Menschen verbanden?"[38]

Paul untersuchte zum einen die Schichtzugehörigkeit der jüdischen und nichtjüdischen Elternteile sowie – mit den fragwürdigen Kriterien der Erbgesundheitsforscher – die angeblichen erblichen „Belastungen" dieser Generation. Er verfügte über Daten von 1.115 Juden und 670 Jüdinnen. Von diesen waren 593 Männer und 594 Frauen Mischehen eingegangen, 522 Juden sowie 76 Jüdinnen hatten uneheliche Kinder gezeugt.[39] Paul kam zu dem Ergebnis, daß von den 593 jüdischen Vätern ehelich geborener „Mischlinge" 40,8% Kaufleute und Händler waren, die Mehrheit davon aus „Kaufmannssippen".[40] „Das Gesamtbild (...) bleibt im Rahmen eines guten Durchschnitts des jüdischen Volkes. Die Männer entstammen überwiegend den wirtschaftlich günstig gestellten Schichten; die erbbiologische Belastung bleibt durchaus im Rahmen des guten Durchschnitts", so daß sich für Paul der Eindruck ergab, „daß sich an der jüdisch-deutschen Blutsmischung ein recht günstiger Ausschnitt aus der gesamten jüdischen Männerschaft beteiligt hat."[41]

Die zahlenmäßig sehr viel weniger Jüdinnen, ebenfalls aus sozial mittleren wie oberen Schichten kommend[42], hätten hingegen Ehepartner geheiratet, die zu knapp 50% aus „körperlich arbeitenden Schichten" stammten. Paul resümierte: Juden wählten „überwiegend deutsche Frauen aus Berufsschichten, die sozial unter ihrer eigenen Schicht lagen, während für die deutschen Frauen die artfremde Ehe meist mit einem sozialen Aufstieg oder doch mit einem vermeintlichen Aufstieg verbunden war."[43] Nichtjüdische Männer heirateten in gleiche oder höhere Schichten ein, jüdische Frauen verblieben in der Herkunftsschicht oder sanken sozial ab.[44] Jüdische Männer hätten häufig sehr viel jüngere Partnerinnen gewählt, während nichtjüdische Männer meist mit einer gleichaltrigen oder älteren jüdischen Partnerin „vorliebnahmen". Paul klassifizierte diese Gattenwahl in der jüdisch-männlichen Variante als „sinnengeleitet" und in der „deutsch"-männlichen als von materiellen Interessen bestimmt.[45] Von der jüdischen Seite her wäre zwar das „dieser Rasse bestmögliche Erbgut" in die „Blutsmischung" eingeflossen, von der weiblichen „deutschen" Seite hingegen hätten „erblich minderwertige deutsche Frauen" ihr im höchsten Maße unerwünschtes Erbgut vermehrt, insbesondere mit den unehelich geborenen „Mischlingen".[46] Paul plädierte vor diesem Hintergrund für weitere Verschärfungen der Eheverbote.

Daß der oft wohlhabende jüdische Mann eine Nichtjüdin „häufig unter seinem Stande" heiratete, ging seit längerem aus den Statistiken hervor.[47] Doch Pauls Untersuchung deutete – trotz ihrer problematischen Implikationen – erstmals auf breiter Datenbasis mögliche Motivationen zur Mischeheschließung an: Für jüdische Männer bedeutete eine solche Heirat die Chance zur Integration in die Mehrheitsgesellschaft, für ihre oft sehr viel jüngeren Partnerinnen die Möglichkeit zum sozialen Aufstieg. Die Ehen zwischen Jüdinnen und meist gleichaltrigen oder sogar jüngeren nichtjüdischen Männern scheinen hingegen in der Regel nicht aus materiellen, sondern aus emotionalen Gründen geschlossen worden zu sein.

In der praktischen Politik gegenüber den in Mischehen lebenden Juden standen die Nationalsozialisten nach 1933 vor einem Dilemma: Einerseits wollten sie diese und ihre Nachkommen wie alle anderen Juden aus Deutschland vertreiben und diejenigen strikt isolieren, die dennoch blieben. Wegen der erwähnten engen verwandtschaftlichen Bindungen zu „Deutschblütigen" schien es aber taktisch klüger, die Verfolgungsmaßnahmen gegen die Mischehen zeitverschoben zu den antijüdischen Maßnahmen anzuordnen oder Ausnahmeregelungen für einzelne Betroffene und deren Familien zuzulassen.[48]

Ursula Büttner veröffentlichte 1988 die erste grundlegende Abhandlung über die Verfolgung der Mischehen als Einleitung zur Verfolgungsgeschichte des Schriftstellers Robert Brendel und seiner Familie.[49] Sie unterscheidet drei antisemitische Verfolgungswellen, von denen die Mischehen und „Mischlinge" unterschiedlich betroffen waren:

– In der Zeit von 1933 bis 1935, als in erster Linie Berufs- und Bildungschancen beschränkt wurden, waren alle „Nichtarier" (bis zum „Vierteljuden") – bis auf wenige Ausnahmen[50] – denselben Repressionen ausgesetzt.

– Zwischen 1935 und 1938, als es neben der Verschärfung dieser Regelungen vor allem um die Separierung von Juden und „Deutschblütigen" ging, wurden die „Mischlinge" dann bessergestellt.

– Im Winter 1938 unterschieden die Machthaber zwischen „nichtprivilegierten" und „privilegierten" Mischehen. Bei jedem weiteren Verfolgungsschritt gegen die jüdische Bevölkerung in Deutschland wurde fortan vermerkt, ob die neuen Bestimmungen auch für diesen Personenkreis gelten sollten. Die zeitliche Verzögerung etlicher Verfolgungsschritte rettete die Masse der jüdischen Ehepartner letztlich vor der Einbeziehung in den Vernichtungsprozeß, wenngleich unter die politische Diskussion dieses Zieles der Rassenideologen nie ein Schlußstrich gezogen wurde.[51]

3. Die Einbeziehung der Mischehen in die Judenverfolgung im Zeitraum 1933–1942

Unmittelbar nach der nationalsozialistischen Machtübernahme wurde hinsichtlich der „Nichtarier" noch nicht differenziert: Ohne an dieser Stelle alle einschneidenden Maßnahmen zur Existenzvernichtung und Ausgrenzung der Juden abhandeln zu können, sei nur darauf verwiesen, daß sich der Boykott vom 1. April 1933 unterschiedslos gegen alle „jüdischen" Geschäftsleute richtete. Zwangspensionierungen bzw. Entlassungen aus dem Staatsdienst nach dem Gesetz zur Wiederherstellung des Berufsbeamtentums vom 7. April 1933 trafen alle „Nichtarier", soweit sie als solche bekannt waren. Der in der Folgezeit geforderte „Ariernachweis" filterte die bis dahin unbekannten heraus. Immer neue Ausführungsverordnungen bestimmten, daß eine „nichtarische" oder mit einer solchen verheiratete Person nicht Reichsbeamter, Beamter, Arbeiter oder Angestellter im Staatsdienst oder in gemischtwirtschaftlichen Betrieben werden konnte.⁵² Da auch die Mitgliedschaft in den Kammern für die Ausübung vieler Berufe unabdingbare Voraussetzung war, bedeuteten Nichtaufnahme oder Ausschluß gleichzeitig ein Berufsverbot. Die staatlichen und kirchlichen Archive, in denen die für den Abstammungsnachweis notwendigen Urkunden lagerten, meldeten Hochkonjunktur.⁵³

Das „Blutschutzgesetz" legte 1935 im §1 ein Eheverbot für künftige Mischehen fest, enthielt aber keine Sonderregelungen für die bestehenden. Dennoch förderte es nach Auffassung seiner Protagonisten die „Erziehung zu einem gesunden rassemäßigen Empfinden" und destabilisierte die bestehenden Mischehen eindrucksvoller, „als eine Strafbestimmung es vermocht hätte".⁵⁴

Bis Ende 1938 waren Juden in Mischehen ebenso wie andere Juden von den einschneidenden Verfolgungsmaßnahmen betroffen: Sie mußten ihr Vermögen von mehr als RM 5.000 anmelden⁵⁵ und wurden nach der Pogromnacht zur „Sühneabgabe" von RM 1,1 Milliarden mit herangezogen. Die in Mischehe lebenden jüdischen Männer wurden in die Verhaftungen nach dem 9./10. November 1938 einbezogen. Von der durchgehenden „Arisierung" jüdischer Vermögen waren noch sämtliche „Volljuden" ungeachtet ihrer persönlichen Lebensumstände betroffen. Für die Mischehen allerdings begann nach der Pogromnacht die Phase der Ausnahmen und der zeitlich versetzten Repressionen, als Hitler im Dezember 1938 die Kategorien der „privilegierten" und der „nichtprivilegierten" Mischehen schuf⁵⁶, die allerdings nie rechtlich fixiert wurden. In welche Kategorie eine Ehe fiel, hing vom Geschlecht des jüdischen Ehepartners und der Existenz sowie der konfessionellen Erziehung der Kinder ab.

Als „privilegiert" galten nun Paare
– in der die Frau jüdisch, der Mann nichtjüdisch war, wenn sie keine oder nichtjüdisch erzogene Kinder hatten;
– in der der Mann jüdisch, die Frau nichtjüdisch war, wenn nichtjüdisch erzogene Kinder existierten. Familien in diesen Konstellationen durften in der bisherigen Wohnung verbleiben, das Vermögen konnte auf den nichtjüdischen Partner bzw. die Kinder übertragen werden.

Als „nichtprivilegiert" wurden alle anderen Paare eingestuft, in denen
– der Mann Jude und die Ehe kinderlos war;
– ein Ehepartner Jude war und die Kinder jüdisch erzogen wurden oder der nichtjüdische Partner (meist die Frauen) bei Eheschließung zur jüdischen Religion konvertiert war.

In diesen Familien durfte weder das Vermögen auf Ehepartner oder Kinder übertragen werden noch bestand ein Anspruch auf Verbleib in der angestammten Wohnung. Beide Gatten sollten bei Auswanderung wie Juden behandelt werden. Bei einer Scheidung allerdings, so referierte Göring in einem Schnellbrief die Position Hitlers, konnte die nichtjüdische Ehefrau in den „deutschen Blutsverband" zurückkehren.

In der Folgezeit wurden die in „privilegierten" Mischehen lebenden Juden von der Kennzeichnungspflicht mit dem „Judenstern" ausgenommen.⁵⁷ Auch die Sicherungsanordnungen für Vermögen wurden im Hinblick auf die „Privilegierung" neu geregelt: War der Ehemann Jude, sollten die Vermögenswerte seiner Frau und seiner nichtjüdischen Kinder „gesichert" werden; war aber die Ehefrau Jüdin, betraf die Sicherungsanordnung nur sie.[58] Die Devisenstelle der Hamburger Oberfinanzdirektion war vor dieser reichsweiten Regelung viel weiter gegangen: Sie hatte grundsätzlich, unabhängig vom Geschlecht des jüdischen Ehepartners, alle Familienmitglieder „mitversichert". Damit handelte sie nach eigener Einsicht restriktiver als andere „Gaue" und schuf Ungleichheit unter den Betroffenen: „Die Erfahrung hat gezeigt, daß andere Devisenstellen bei Mischehen nur den jüdischen Teil sichern, so daß teilweise die Hamburger Regelung bei den Zuziehenden zu einer erheblichen Verschärfung der Sicherungsmaßnahmen führt."[59]

Nachteile, wenn die Entfernung aus der Wehrmacht als solche gewertet werden sollen, erlitten auch die 25.000 mit Jüdinnen und „Halbjüdinnen" verheirateten Männer, die am 8. April 1940 aus der Armee entlassen wurden.[60] Verblieben sie mit einer Ausnahmeregelung doch in der Wehrmacht, konnten sich ihre jüdischen Frauen vom „geschlossenen Arbeitseinsatz" befreien lassen, in den sie wie alle Juden ab Jahreswechsel 1938/39 einbezogen waren.[61] Von den ab Oktober 1941 angeordneten Deportationen waren die in „privilegierter" Mischehe Lebenden ausgenommen, die in „nichtprivilegierter" zurückgestellt. Ab 1942 mußten diejenigen Mischehepartner, die einem Religionsverband angehörten, 1943 die übrigen im NS-Sinne als Juden definierten Personen der Zwangsorganisation der Reichsvereinigung der Juden in Deutschland (RVJD) beitreten.[62] Da dem Religionsverband nur die in Mischehe lebenden Männer angehörten, bleibt unklar, wie umfassend die mit Nichtjuden verheirateten Jüdinnen, die dem Religionsverband nie angehört hatten, nun zu Zwangsmitgliedern gemacht werden konnten.[63]

In Hamburg galten nach Aussagen des letzten „Vertrauensmannes" der RVJD einige Sonderregelungen: Für die „Privilegierung" wurde – abweichend von den Regelungen im Deutschen Reich – zusätzlich verlangt, daß mindestens ein Kind in Deutschland lebte oder sich nur zu Ausbildungszwecken im Ausland befand, andernfalls wurde eine an sich „privilegierte" Ehe zur „nichtprivilegierten". Entgegen Bestimmungen, wonach der Tod des nichtjüdischen Gatten einer vorher „privilegierten" Ehe diese nicht aufhob, wurden verwitwete Hamburger Jüdinnen und Juden wie Teile aus „nichtprivilegierten" Ehen behandelt und erlitten alle Nachteile dieser Gruppe. Selbst von der Deportation waren sie nur ausgenommen, wenn Ehemann oder Sohn im Krieg gefallen waren.[64]

Der Kriegsausbruch brachte für die Gesamtbevölkerung Lebensmittelrationierung, Wohnraumbewirtschaftung und einen gelenkten Arbeitsmarkt mit sich. Das bedeutete die sukzessive Neustrukturierung und Durchplanung aller Lebens- und Arbeitsbereiche. Die jüdische Bevölkerung reagierte darauf zunächst erleichtert, weil sie hoffte, daß im Krieg die antijüdische Politik in den Hintergrund treten würde.[65] Die dann erlassenen Sonderregelungen zerstörten diese Hoffnung sehr schnell, denn die neuen Anordnungen stellten die Juden ungleich schlechter als die übrige Bevölkerung und beschleunigten den Separationsprozeß. Wenngleich die in Mischehen Lebenden hier bessergestellt waren als andere Juden, bedeutete doch jede einzelne Regelung vermehrte Kontrolle, Verarmung und Isolation.[66] Zudem wurden ab Kriegsausbruch keine Bestimmungen mehr veröffentlicht, die verunsicherten Betroffenen konnten sich ausschließlich über die Reichsvereinigung informieren.[67]

II. Der Verfolgungsprozeß aus der Sicht der Betroffenen

Wie stellte sich dieser Prozeß nun aus der Sicht der Betroffenen dar? Tatsächlich hatten viele von ihnen, insbesondere die Frauen, einen jüdischen Ehepartner aus Gründen des sozialen Aufstiegs geheiratet. Etliche hatten die Verehelichung gegen den Willen ihrer Eltern angestrebt. Andere, die einen längst getauften oder sich als Dissidenten betrachtenden Mann heirateten, sahen in der Herkunft zumindest kein Problem mehr, waren selbst konfessionell nicht gebunden oder glaubten – bei getauften Partnern – in der nun gemeinsamen Religion eine Basis für die Ehe zu finden. In Hamburg – so ältere Zeitzeugen – galt es vor 1933 allemal als unschicklicher für eine evangelische Frau, einen Katholiken als einen Juden zu heiraten.

Jüdischen Frauen mag die Entscheidung zu einer Mischehe wegen des damit verbundenen Verlustes der Gemeindemitgliedschaft schwerer gefallen sein. Doch bei nur wenigen ergab sich nach der Hochzeit ein dauerhafter Bruch mit der christlichen oder jüdischen Verwandtschaft wegen der Eheschließung. Waren die Ehemänner jüdischer Herkunft, verließen sie das nicht nur durch Verwandte, sondern auch durch jüdische Geschäftspartner oder Arbeitgeber geprägte Umfeld in der Regel nicht. Sie erhielten die sozialen Bezüge also aufrecht, während Kontakte zur jüdischen Gemeinde einschliefen oder auch bewußt abgebrochen wurden.[68]

Die schrittweisen Maßnahmen zur ökonomischen Existenzvernichtung riefen bei den Betroffenen zunächst heftige Empörung und Proteste hervor. In einer Flut schriftlicher Einwendungen beteuerten sie Staatstreue und Vaterlandsliebe, wiesen auf ihre nationale Gesinnung hin und schöpften alle noch gangbaren Rechtswege aus. Noch zeigten sie sich als Bürger eines Staates, die stolz auf die Integrationsleistung, die erreichte berufliche Position oder die guteingeführte Firma waren, die ihre Rechte nicht nur kannten, sondern auch einforderten. Die beispielsweise in Personalakten enthaltenen Einwendungen von „Mischlingen" oder in Mischehe lebenden Juden gegen die Aberkennung von Approbationen oder Zulassungen heben neben dem Fronteinsatz im Ersten Weltkrieg besonders Leistungen für Vereine, christliche Familienbande oder politische Betätigung im nationalistischen Sinne hervor. So protestierte ein Rechtsanwalt gegen den Verlust seiner Zulassung, indem er darauf verwies, daß er bei Geburt 1903 getauft, später konfirmiert und 1927 sogar aus der evangelischen Kirche ausgetreten sei. Er habe eine Christin geheiratet und seine Schwiegereltern materiell unterstützt. Das Berufsverbot bedeute also eine Härte gerade für die christlichen Verwandten.[69] Als die Landesjustizverwaltung seine Einwände abwies[70], handelte er konsequenter und rascher als viele Mitbetroffene, die nun neue Existenzmöglichkeiten unter den eingeschränkten Verhältnissen herauszufinden suchten: Er emigrierte im Oktober 1933 nach Frankreich.[71]

Ein anderer Jurist betonte die Distanz zur jüdischen Herkunft und wies unaufgefordert darauf hin, daß keinerlei „jüdischer Verkehr" mehr bestehe. Dagegen beweise die Mitgliedschaft in der Deutschen Volkspartei (DVP) und nationalistischen Vereinen, „daß ich nicht erst seit Wochen oder Monaten, sondern schon seit vielen Jahren mich in der nationalen Bewegung betätigt habe."[72] Ein Kollege bestätigte ihm gönnerhaft seinen „Ausnahmecharakter": „Trotz unserer Empfindlichkeit in der Rassenfrage (…) waren meine Eltern und ich stets der Ansicht, daß Dr. G. in unserer

Empfindungswelt so verwurzelt und mit ihr so verbunden ist, daß man ihm Unrecht täte, wollte man auf ihn das Wort „Jude" in der Bedeutung anwenden, die eben die unüberbrückbare Scheidewand zwischen uns Ariern und den Juden kennzeichnet."[73] Doch hier wie in ähnlichen Fällen sah die Landesjustizverwaltung keinen Anlaß, die Zulassungsaberkennung zurückzunehmen[74], ein „arischer" Kollege kritisierte vier Wochen später das nicht abmontierte Kanzleischild.[75] Dies durfte erst im August 1945 wieder angebracht werden.[76]

Nicht einmal die NSDAP-Mitgliedschaft aus der Zeit vor 1933 wog die jüdische Abstammung einer Ehefrau auf, wie ein von der Gesundheitsbehörde als Bürokraft gekündigter Polizeiversorgungsanwärter erfahren mußte. In einer Eingabe führte er an, seit 1932 Parteimitglied in der Fachschaft Polizei gewesen zu sein. Seine Gesinnung sei gefestigt, die jüdische Religion habe bei seiner getauften Ehefrau keine Rolle gespielt, die Kinder würden „für das Deutsche Reich" erzogen. Er distanzierte sich sogar von seiner Frau: „Leider war auch ich, wie wohl viele deutsche Volksgenossen, rassisch unaufgeklärt. Nur so ist es zu verstehen, daß ich nach verhältnismäßig kurzer Zeit den Ehebund einging [,] ohne mich über den Stamm meiner Frau genau zu informieren."[77] Seine Eingabe beschäftigte immerhin etliche Instanzen, weil er sich an den Reichsführer SS (RFSS), Göring und Innenminister Frick gewandt hatte. Dennoch mußte er auf die in der Versorgungsanwartschaft garantierte Einstellung verzichten und erhielt lediglich eine einmalige Unterstützung in Höhe von RM 300.[78]

In der freien Wirtschaft Tätige konnten als Angestellte noch einige Zeit länger beschäftigt bleiben bzw. als Selbständige versuchen, ihr Eigentum durch Überschreibung vor dem staatlichen Zugriff zu retten. Die Formen waren vielfältig: Einige jüdische Geschäftsleute retteten das Eigentum, indem sie „arische" Teilhaber in die Firma aufnahmen, deren Namen von den Vermögensverhältnissen ablenkten, andere übertrugen es formal auf die nichtjüdische Ehefrau, die Schwiegereltern oder erwachsene Kinder.[79] So konnte in etlichen Fällen auch der Einfluß des ehemaligen Besitzers in seinem Unternehmen getarnt und diesem die Weiterarbeit dort ermöglicht werden. Doch generell war der soziale Abstieg unausweichlich. Die Auswege aus der beruflichen Beschränkung und dem Zwang zur „Arisierung" mußten fast immer die Betroffenen selbst suchen. Selten reagierten Arbeitgeber und Kunden so solidarisch und kulant wie im unten geschilderten ersten von drei Fallbeispielen. In diesen Familiengeschichten geht es um Mischehen, die nicht aufgrund des äußeren Drucks auseinandergebrochen sind. Sie geben einen Einblick in die Auswirkungen des Enteignungs- und Entrechtungsprozesses, in inner- und außerfamiliäre Beziehungsstrukturen und in die – individuell sehr unterschiedlichen – Strategien, die die Betroffenen dieser Entwicklung entgegensetzten.

1. „Mein Mann hat sich wieder der Jüdischen Gemeinde zugewandt"

1928 lernte die Hamburgerin Margarethe Moser ihren künftigen Ehemann Alfred kennen. Der wohlsituierte, 20 Jahre ältere Mann stammte aus einer Aachener jüdischen Familie, war nicht religiös und arbeitete als selbständiger Vertreter einer Textilfirma. Die Hochzeit stieß in beiden Familien wegen des Altersunterschiedes, nicht aber aus konfessionellen Gründen auf kurzzeitige Vorbehalte. Der gemeinsame Sohn wurde 1929 geboren und nach der nationalsozialistischen Machtübernahme in der Hamburger Jerusalem-Gemeinde getauft. Bei dieser Gelegenheit „bekehrte" der dort amtierende Pastor den Ehemann zum Christentum, was sich nicht auf den Familienalltag auswirkte.[80] Alfred Moser las viel, diskutierte gern und hielt sich mit seiner abschätzigen Meinung über den Nationalsozialismus auch öffentlich nicht zurück. 1934 verhaftete die Gestapo ihn erstmals, etliche weitere kurzzeitige Festnahmen folgten. Seinen Arbeitsplatz behielt er dennoch. Im Interview[81] berichtete seine Frau, daß sie zunächst mit dem Einverständnis des Arbeitgebers und der Kunden einen Teil der Aufgaben ihres Mannes übernahm und damit den Lebensunterhalt auf dem gewohnten Niveau sicherte. Als dies nicht mehr möglich war, griff sie auf die „weiblichen Fähigkeiten" zurück und schneiderte.[82] Nun sank der Lebensstandard erheblich. Die Familie mußte sich einschränken und in eine kleinere Wohnung in eine Umgebung mit niedrigerem Mietniveau ziehen.

Die neue Nachbarschaft verfolgte argwöhnisch alle Lebensäußerungen des jüdischen Familienoberhaupts. Obgleich Mosers in ein ursprünglich geschlossenes sozialdemokratisches Milieu gezogen waren, konnten sie an dem vielleicht noch vorhandenen Rest Solidarität nicht teilhaben. Nach Denunziationen bei der Hausverwaltung und der Gestapo mußte die Familie mehrfach die Wohnung wechseln. Margarethe Moser trug in diesen Jahren nicht nur die Verantwortung für die materielle Versorgung der Familie, sondern führte Verhandlungen mit neuen Vermietern und übernahm andere traditionelle Aufgaben eines männlichen Haushaltsvorstandes. Selbst Gestapo-Vorladungen an ihren Ehemann nahm sie wahr:

„Ich habe dem [Gestapobeamten, B.M.] vorgelogen: ‚Mein Mann ist momentan krank, der leidet an Rheuma, hat er sich im Ersten Weltkrieg geholt im Schützengraben und so.' Ich meine, da war auch was dran wahr! Da bin ich die ganzen Jahre, wenn ich zur Gestapo mußte, und er wurde morgens um 7.00 Uhr vorgeladen, … habe ich manchmal ein Attest vom Dr. R. bekommen und das vorgelegt: ‚Er kann nicht kommen, weil er nicht gehen kann, weil die Knie wieder so angeschwollen sind.' Dann wurde ich natürlich von den Gestapobeamten angeschrien wie sonstwas: ‚Sie haben hier nichts zu suchen. Der Brief ist an Ihren Mann gerichtet.' Da sag ich: ‚Ja, so und so ist das.' ‚Sie immer mit Ihren Attesten.' Ich sagte: ‚Dr. R. würde den Attest nicht ausgeschrieben haben (…).' Mir hat das Herz zwar immer bis oben geklopft, sage ich Ihnen ganz offen."[83]

Alfred Moser suchte ab 1938/39 Kontakt zur jüdischen Gemeinde. Das Gespräch mit Leidensgenossen, Informationen, die er nur aus Gemeindekreisen bekommen konnte und eventuell auch ein paar Stunden unverstellter Geselligkeit wurden ihm angesichts der zunehmenden Ausgrenzung immer wichtiger. Von diesen Kontakten schloß er seine Frau aus, denn parallel zur erzwungenen Trennung von jüdischer und nichtjüdischer Umgebung vollzog sich ein ebensolcher Prozeß innerhalb der jüdischen Zusammenhänge:

„M: Wie sich das immer mehr zuspitzte, da hat mein Mann sich wieder ein klein bißchen mehr der Jüdischen Gemeinde insofern zugewandt, da gab es ein jüdisches Gemeinschaftshaus in der Hartungstraße. (…) Und da ging er fast jeden Sonnabend

hin. (…) Wenn er sonnabends zurückkam, dann hatte er so viel zu erzählen, was alles passiert war.
I: Sie sind nicht mitgegangen?
M: Nein, das wollte er auch nicht gern. Nein, wissen Sie, die wußten da alle, daß er eine christliche Frau hatte und so und haben ihn immer… Verstehen Sie? Die sagten immer: ‚Herr Moser, Sie können ja gar nicht mitreden.' Das dürfen Sie nicht vergessen. Wir haben doch ein bißchen Mißgunst auch [erfahren, B.M.] (…).
I: Weil er in dieser sogenannten privilegierten Mischehe lebte?
M: Ja, eben."[84]

Dennoch überwand das Ehepaar im Gespräch die getrennten Sphären und erhielt sich so eine gemeinsame Lebenswelt, während beide in der jeweils eigenen mit einschneidenden Veränderungen konfrontiert waren: Die jüdischen Verwandten Alfred Mosers emigrierten, er verlor seinen familiären Zusammenhang, und im Gemeindehaus mußte er Vorbehalte der jüdischen Gesprächspartner gegen seine Mischehe bekämpfen. Der Vater Margarethe Mosers sympathisierte mittlerweile offen mit dem NS-Regime. Zwar hatte er seine Kritik an der Eheschließung seit langem überwunden, nun aber politisiert, äußerte er seiner Tochter gegenüber antisemitisches Gedankengut. Doch auch diese Belastungen konnte das Ehepaar gemeinsam auffangen.

Die eigene relativ sichere Situation mit der bedrohlichen anderer Juden vergleichend, war es für sie keine Frage, Hilfe zu leisten: So versteckte Frau Moser ohne Wissen ihres Vaters in dessen großer Wohnung Gepäck von jüdischen Emigranten, um es der Zollkontrolle zu entziehen, und in der Pogromnacht fanden von Verhaftung bedrohte jüdische Männer vorübergehend Unterkunft bei Mosers:

„M: Wir haben oben bei uns in der Wohnung fünf, sechs Juden beherbergt auf dem Fußboden, weil doch da so viele abgeholt wurden.
I: In der Pogromnacht?
M: Ja. Die wagten doch nicht, im Hause zu sein. Sind nachher alle weggekommen, hatte gar keinen Zweck [ins KZ, B.M.]! Nur sie hatten die Beruhigung, daß sie bei uns eine Unterkunft hatten für ein, zwei Tage. Sie sind dann wieder in ihre Wohnungen zurückgegangen."[85]

Frau Moser erinnert sich rückblickend vor allem an Wut als beherrschendes Gefühl dieser Jahre:

„Ich habe so meine Ellbogen gebrauchen müssen. Und manchmal sag ich zu Klaus [dem Sohn, B.M.]: ‚Du weißt genau, mit Samthandschuhen hat man deine Mami nicht angefaßt ab 1933 oder 1934. Im Gegenteil.'
I: Ist Ihnen das schwergefallen am Anfang?
M: Nein, ich hatte eine viel zu große Antipathie. Ich hatte eine Wut, das kann man gar nicht beschreiben. Wissen Sie, ich bin kein Gerechtigkeitsfanatiker, aber es geht mir nicht in den Kopf, weil ein Mensch einen anderen Glauben hat …, verstehen Sie?
I: Den er ja nicht einmal mehr hatte.
M: Nee, das sowieso. Ihn dann ins KZ zu stecken oder ihn zu beschimpfen, das fand ich so abnorm. Ich war böser und wütender als mein Mann."[86]

Wut gab Frau Moser Kraft und Energie zu Handlungen und Grenzüberschreitungen, die sie weder erlernt hatte, noch auf die sie psychisch vorbereitet war. Vermutlich hatte sich die 20jährige bei der Eheschließung Versorgung und Sicherheit erhofft, doch die Realität jener Jahre erforderte aktives Handeln, in das sie sich ohne Zögern hineinfand. Die gemeinsame Wut über die Behandlung der deutschen Juden schuf – zusätzlich zu der Fähigkeit zur Kommunikation – auch eine weitere gefühlsmäßige Basis für das Zusammenleben. Obwohl insbesondere die Wut des Ehemannes diesen selbst und die Familie gefährdete, versuchte die Ehefrau nicht, mäßigend auf ihn einzuwirken, indem sie das Ausmaß ihrer Angst betonte. Sie akzeptierte ihn trotz des männlichen Autoritätsverlustes nach außen innerhalb ihrer ehelichen Gemeinschaft weiterhin als souveränes männliches Gegenüber. Das führte allerdings auch dazu, die Grenzen seiner Vorgaben einzuhalten und keine eigenen Vorschläge beispielsweise für eine gemeinsame Emigration zu unterbreiten: „Auswandern – überhaupt kein Gedanke. Ich wußte auch, es hatte keinen Zweck, Frau Meyer. Er wollte nicht."[87]

Der Druck von außen führte weder zur Auswanderung noch zum Zerbrechen der Ehe, bis der Mann 1943 inhaftiert und nach Auschwitz deportiert wurde.[88] Als Grund dieser letzten Verhaftung vermutet Margarethe Moser seine immer wieder offen geäußerte Wut über die antijüdischen Maßnahmen des Regimes und das antisemitische Verhalten der Umgebung, dennoch schwingt gut 50 Jahre später kein Vorwurf an den Ehemann im Interview mit, daß er bei angepaßterem Verhalten diese letzte Verhaftung vermeiden und eventuell sein Leben hätte retten können. Da dieses Paar den äußeren Druck nicht gegeneinander richtete, gelang es der Ehefrau, auch nach der Ermordung ihres Mannes die Verantwortung dorthin zu schieben, wohin sie gehörte: auf die nationalsozialistischen Machthaber.

2. „Diese Leute legen ihre Stammesgenossen herein"

Während Alfred Moser eine Annäherung an die jüdischen Leidensgefährten vollzog, gingen andere in Mischehen lebende Personen den entgegengesetzten Weg und hielten wie Ernst Eder doppelte Distanz zu ihnen.[89]

Dieser stammte aus einer wohlhabenden Hamburger Kaufmannsfamilie, die im Im- und Exportbereich tätig war. Sein Vater erwähnt in dem 1935 verfaßten Lebensbericht[90] die jüdische Abstammung nicht ein einziges Mal, statt dessen präsentierte er als lebensgeschichtliche Höhepunkte geschäftliche Transaktionen wie gewinnbringende Getreideimporte, Consignationen und Assekuranzen. Ehefrau und Kinder komplettierten die Welt des Kaufmannes, hatten aber kaum Einfluß auf sie. Die Geschäftspartner waren zumeist nichtjüdische Kaufleute, sein Teilhaber hingegen war Jude. Der 1880 geborene Sohn wuchs über Lehrzeit und Auslandsaufenthalte am Vorabend des Ersten Weltkrieges in die Leitung der Firma hinein. Er heiratete eine christliche Frau, mit der er einen Sohn und zwei Töchter bekam. Nach 1933 verschlechterte sich die wirtschaftliche Situation der Firma: Nicht nur die auf Autarkie ausgerichtete Politik der nationalsozialistischen Machthaber und die Einschränkung der Kontingente machten Ernst Eder zu schaffen, sondern auch die überstürzte Emigration seines jüdischen Geschäftspartners, der ein verständliches Interesse daran hatte, möglichst viel liquides Vermögen mitzunehmen. Schließlich „arisierte" Eder die Handelsfirma, indem er sie seinem neuen nichtjüdischen Teilhaber übertrug, damit er selbst unauffällig dort weiterarbeiten konnte. Sein großes Vermögen an Grundbesitz und Mietshäusern sicherte er ebenso vorausschauend durch rechtzeitige Übertragungen an Familienmitglieder. Bis zur Pogromnacht am 9./10. November hatte er – durch seinen Wohlstand geschützt – die zunehmende Entrechtung der Juden zwar registriert, aber selbst immer wieder Möglichkeiten gefunden, Geschäft und Privatvermögen zu retten. Vor antisemitischen Anfeindungen schirmten ihn die eigene Stadtvilla, die Bediensteten und seine Chefposition schon räumlich weitgehend ab. Psychisch gelang es ihm, die Wahrnehmung der Ausgrenzung abzuwehren, indem er sein Augenmerk stärker auf Äußerungen der Regimekritik als auf Zustimmung richtete. „Die Unlust im Volke scheint mir viel größer zu sein, als die oben wahrhaben wollen", schrieb er seinem Sohn und schilderte ein Gespräch mit einem ihm unbekannten Mann, der am liebsten emigriert wäre. Diesem hätte er entgegnet: „Ja, warum in aller Welt denn Sie, der doch mit all den Widerwärtigkeiten gar nichts zu tun hat. Ja, ich kann den ‚deutschen Blick' (das ist erst rechts und links sehen, ob auch keiner etwas hört, wenn man was sagt) nicht länger ertragen, es ist zu ekelhaft, daß man es nicht mehr wagen kann, den Mund aufzumachen."[91]

Am 11. November 1938 war Ernst Eder wie jeden Tag ins „Bureau" gefahren, obwohl er von den Zerstörungen und Verhaftungen in der Nacht zuvor wußte. Als einzige Konzession an die Gefahr hatte er seinen jüdischen Großvater nicht mitgenommen. In der Firma verhaftete ihn die Gestapo:

> „(...) traten zwei Zivilisten ein mit der Frage, ob die Firma rein arisch, nein, Sie Inhaber, kommen Sie mit. Entleeren Sie sämtliche Taschen, nehmen Sie allenfalls bis M 10 mit, Uhr, Bleistift, alles da lassen. Ab zum Stadthaus. Dort warten, Befragen, sie bleiben verhaftet, herunter in ein dunkles Loch mit Pritsche und Pissoir. 1/2 Stunde, dann kommt ein ziemlich mieser Portokassenjüngling dazu. Eine weitere Stunde, Herr C., der uns seinerzeit eingerichtet hatte und in meinem Alter ist. Dann allmählich Abtransport im grünen August. Im Hof des Stadthauses zwei baumlange SS. Und nun ging die Mißhandlung los. Los, los, ihr Judenschweine (...) Und immer kamen mehr Juden in den Wagen – insgesamt 31. Teilweise waren sie blutig zusammengeschlagen. Und dann ins Gefängnis Fuhlsbüttel. Dort mit derselben nie schnell genug werden könnenden Geschwindigkeit raus aus dem Wagen mit Tritten, Knuffen und Geschimpfe, dann mit dem Gesicht gegen die Wand des Ganges stramm dagestanden, einer neben dem andern. Ich kann Dir sagen, das war eine Qual (...) Und nachdem nach endlosen Warten und Registrieren (...) in einem Raum hinuntergejagt und gestoßen (...) Hatte sich (...) eine buntgemischte Gesellschaft von 36 Menschen dort zusammengefunden, von denen ich C., einen gewissen L. von der Getreidebörse, (...) H. von C., H. von L. und F. kannte, bessere Leute wie z.B. Dr. Fritz Warburg und Dr. C.A.C., die sich beide (...) in einem Raum über uns befanden, wie auch einfache Leute wie Diener, Zeitungsverkäufer, Handwerker, Menschen von 17 Jahren bis zu 68."[92]

Ein Mithäftling, der zuvor wegen „Rassenschande" bereits verhaftet gewesen war, führte die Neulinge in die Gefängnisgepflogenheiten ein. Sie wählten einen „Vormann" und Eder als dessen Stellvertreter. Im Laufe des Abends trafen weitere verhaftete Juden ein, bis die Gruppe auf 90 Personen angewachsen war. Die folgenden

Tage waren von Beschimpfungen und Schikanen der jungen SS-Leute, Hunger und Ungewißheit über die nahe Zukunft bestimmt. Die am 9. und 10. November Verhafteten waren ins KZ Sachsenhausen/Oranienburg verbracht worden. Würden die später Verhafteten diesen Weg auch gehen müssen? Die sadistischen Scherze der SS-Leute führten Ernst Eder, der bis dahin offenkundig keine Ahnung von der inzwischen entstandenen Welt der Lager gehabt hatte, erstmalig in das KZ-System ein. Zudem erhielt er zwei briefliche Mitteilungen: Daß ein Treuhänder in die Firma eingesetzt sei und daß er auszuwandern habe. In den drei Wochen „Kolafu" nahm er sieben Kilogramm ab, und seine Welt brach zusammen: Inhaftiert wurden in seiner Vorstellung nur kriminelle Elemente. Er hatte nun realisieren müssen, daß Wohlstand, Verdienste und Status nichts mehr galten und allein der Umstand, „Jude" zu sein, ihn mit Kriminellen auf eine Stufe stellte.

Zwei weitere Momente machten ihm zu schaffen: Der Wandel der traditionellen Normen und Werte, symbolisiert von der Ablösung der lebenserfahrenen, verdienstvollen Honoratioren durch „22/23"jährige SS-Leute, die mit absoluter Machtfülle ausgestattet waren. Zum zweiten schockierte es ihn zutiefst, in der Haft mit einem „Portokassenjüngling" und Ex-Häftlingen gleichbehandelt zu werden, denn die jüdische Herkunft stellte für ihn kein verbindendes Moment mit diesen Personen dar.

Nach der Freilassung rissen die demütigenden Erfahrungen nicht ab, wenn etwa Freunde, bevor sie das Ehepaar Eder einluden, ihr Personal nach der Zumutbarkeit von Tischreichungen an Juden befragten. Außerdem verlor er mit seiner Firma auch den stabilisierenden Faktor Arbeit. Emigrationsgedanken verwarf er aufgrund seines Alters und der Bindung der Familie an Hamburg.[93]

Bei Kriegsausbruch vermietete er sein Wohnhaus möbliert an einen Offizier und zog mit beiden Töchtern in das Haus der jüdischen Stiefmutter, das diese der Enkelin überschrieben hatte.[94] Die vorher in die Firma investierte Energie kam nun seinem Garten zugute, den er in ein von Passanten und Nachbarn bestauntes Schmuckstück verwandelte. Doch als diese – auf welchen Wegen auch immer – von der Abstammung Ernst Eders erfuhren, rissen die „Chikanen, Stiche und Unannehmlichkeiten, teils größerer, teils kleinerer Art, aber immer gleich verletzend und entehrend, (…) nie wirklich ab."[95] Dennoch sah Eder sich nicht als isolierte, gefährdete Einzelperson oder als Teil einer Verfolgtengruppe, sondern er fügte seine Bedrohung gedanklich in die Vorstellung eines viel größeren, ungleich bedrohlicheren Zustands der Gesamtgesellschaft ein. Er fürchtete um die soziale Hierarchie der deutschen Gesellschaft wegen der nivellierenden Tendenzen einer „Volksgemeinschaft im Kriegszustand", in der oben und unten, reich und arm durcheinandergewürfelt wurden. Ausgebombte aus dem Arbeiterviertel Rothenburgsort, die im vornehmen Harvestehude einquartiert wurden, waren ihm gleichermaßen Zeichen eines Wertezerfalls wie „Damen", die Arbeitsdienst leisteten.

Um so mehr ermutigte er seine Familie, im privaten Raum Gegengewichte durch die Einhaltung bürgerlicher Konventionen zu setzen: Bei der Weihnachtsfeier strahlte ein Tannenbaum, am Hochzeitstag erfreute sich die Ehefrau an mühsam aufgetriebenen Blumen, an Geburtstagen gelang es, den Herren nach dem Essen weiterhin die Havanna und ein Gläschen Wein anzubieten. Eder wußte, wie privilegiert er im Vergleich zu anderen Juden lebte. Verwandte hatten bereits in „Judenhäuser" umziehen müssen oder waren deportiert worden. Über die Deportationen war er recht gut informiert. So notierte er am 11. Januar 1945:

> „Angeblich sind sie [Verwandte, B.M.] dann nach Riga abtransportiert worden, von wo sie weiter nach Minsk. Nie wieder hat irgendjemand von diesem Transport, dem entsetzlichsten all der vielen Transporte, die stattgefunden haben, gehört. Denn nur dieser eine Transport soll nach Riga gegangen sein. Und keiner von diesen Menschen, so wird gesagt, soll noch am Leben sein. Die anderen Transporte waren (...) immer nach Litzmannstadt gegangen (...) Später sind die Transporte dann alle nach Theresienstadt (...) gegangen (...). Über den Minsker Transport und über die Art, wie die Armen umgebracht worden sein sollen, werden die furchtbarsten Schauergeschichten unter den ‚Ariern' erzählt."[96]

Ein protestantischer Pastor hatte sich schriftlich beim Reichssicherheitshauptamt eingesetzt, um die Deportation einer 93jährigen Verwandten von Eder zu verhindern.

> „6 Monate nach Abgang seines Gesuchs erhielt er Antwort in Form einer Vorladung zur Gestapo in Hamburg. Dort saß in einem Klubsessel ein junger S.S.Mann, der dem alten, mit Orden und Ehrenzeichen so reich dekorierten Herrn nicht einmal einen Stuhl anbot. Man hat ihn furchtbar zusammengeschnauzt und ihm gesagt, daß es für einen Deutschen unfasslich sei, daß er sich für Juden einsetzen könne. Auf seine Bemerkung, daß die alte ‚Dame' nun doch wirklich niemandem etwas getan habe, wurde ihm erwidert, daß das keine Dame, sondern ein ‚Judenweib' sei. Da Pastor Seyfarth Gott sei Dank sein Gesuch einen Tag vor der Rede Dr. Göbbels abgesandt habe, in welcher die Juden als Staatsfeind No.1 erklärt wurden, so wolle man es dieses Mal mit einem Verweis und dem Hinweis belassen, daß er nie wieder mit Juden in Berührung kommen dürfe, so weit solche noch vorhanden, andernfalls er unweigerlich sofort in ein Konzentrationslager verbracht werden würde."[97]

Auch an dieser Episode wird wieder deutlich, daß ein Machtwechsel von erworbener, verdienstvoller Autorität zu jugendlicher, auf brutaler Macht beruhender Autorität stattgefunden hatte. Die zusätzlich schmerzliche Lektion für Eder bestand in der Erkenntnis der Wirkungslosigkeit von Solidarität, die nur den Effekt hatte, ihre Protagonisten in Gefahr zu bringen. Wer konnte noch etwas für Juden erreichen, wenn nicht ein hochbetagter Geistlicher, der zudem ein mit Orden ausgezeichneter Frontkämpfer war?

Ende 1942 forderte die Bezirksstelle Nordwestdeutschland der RVJD Eder zu einem Besuch auf, da seine jüdische Stiefmutter bis dahin dort nicht registriert war, nun aber auf der Deportationsliste stand. Sie hatte jahrelang wie selbstverständlich die allgemeinen, nicht gekennzeichneten Lebensmittelkarten bezogen. Eder über seinen ersten Kontakt zu „diesem jüdischen Verein":

> „Ich verstand es, mit den Leuten dieses ‚Vereins' mich gut zu stellen. Und trotzdem: Diese Leute sind es ja gerade, die ihre Stammesgenossen hereinlegen. Konnten sie nicht gerade so gut weiter nichts wissen, nachdem sie 3 Jahre lang nichts von meiner Mutter gewußt hatten. Aber nein, das war ja gerade der Eifer dieser Leute da, sich bei der Gestapo lieb Kind zu machen, indem sie diese Vergessenen aufspürten."[98]

Nun waren die Verantwortlichen in der ehemaligen jüdischen Gemeinde der Gestapo weder freiwillig untergeordnet noch stellten sie Vorschlagslisten für Deportationen auf, wenngleich sie bei deren Durchführung maßgeblich einbezogen waren. Eders Bemerkungen zeigen in erster Linie, wie weit entfernt er von allen Vorgängen innerhalb der jüdischen Gemeinschaft war. Anders als der im vorangegangenen Fallbeispiel beschriebene Moser bezog er seine Informationen über Ereignisse oder bedrohliche Neuerungen von „Ariern" und hatte nicht vor, sich aufgrund der Notwendigkeit, neueste Regelungen zu kennen, zwangsweise wieder zum Juden machen zu lassen. Seine Abgrenzungstendenzen gingen so weit, daß er das Bild, das die Verfolger von Juden konstruiert hatten, ohne Einschränkungen übernahm: Unterwürfige, auf den eigenen Vorteil bedachte Verräter der Leidensgenossen meinte er vor sich zu haben.

Seine 82jährige Stiefmutter wurde nicht mehr deportiert, sie verübte Selbstmord. Seit der Kennzeichnungspflicht für Juden hatte sie das Haus nicht mehr verlassen, um den Stern nicht tragen zu müssen und beinahe alle Kontakte zu Freunden eingebüßt, „eine Gefangene in ihrem eigenen Hause und voll Angst, sobald es klingelte."[99] Nun hielt ein evangelischer Pastor die Trauerrede an ihrem Sarg.

Im Jahr 1943 wurde die Zwangsarbeitspflicht auf Juden bis zum 65. Lebensjahr ausgedehnt. Ernst Eder, 61 Jahre alt, wurde der Chemischen Fabrik Heldmann zugewiesen, wo er aus Tierkadavern Rattengift produzierte und abpackte. Der Fabrikbesitzer war sein bester Jugendfreund gewesen. Nun mußte Eder ihm dankbar für die Arbeit in der Giftproduktion sein, denn andernfalls – so sein Bericht – wäre er als Straßenfeger eingesetzt worden. Offen muß die Frage bleiben, ob er nicht wußte, daß sein Name neben anderen auf einer Einsatzliste des RSHA für ein Arbeitskommando in Berlin stand.[100] Zumindest erwähnt er diese bedrohliche Tatsache nicht.

Neben der gefährlichen Arbeit in der Chemischen Fabrik bereitete ihm wiederum das zwangsweise Zusammensein mit Juden aus anderen sozialen Schichten Probleme: „Und dann der Ton unter diesen Juden, so etwa Steinstraße und Konfection. O, es war schon ein Genuß! Aber man mußte ja gute Miene zum bösen Spiel machen und sich sagen, daß es Ewigkeiten nicht dauern würde."[101] Auch fünf Jahre nach der Pogromnacht hatte Ernst Eder seine Einstellung zu den Mitbetroffenen nicht geändert, soziale Unterschiede waren nach wie vor gewichtiger als das gleiche Verfolgungsschicksal.

Die Luftangriffe auf Hamburg im Sommer 1943 verbrachte die Familie im eigenen Keller. Am 27. Juli 1943 wurde das Wohnhaus leicht getroffen, das Nachbarhaus stürzte zusammen. Eder notierte:

„Ich sofort heraus. Ich war ja der einzige Mann im Hause. (…) Über die Brücke (…), wo das schöne, große Etagenhaus zum Hermann Göringhaus für Flieger umgebaut worden war. Dort 10 Mann anfordern, um die Leute herauszuholen. Diese wollten erst wegen der Schießerei gar nicht heraus und mit. Also schließlich kamen sie zaudernd, als ich davon sprach, morgen Meldung zu machen, da es sich um die Rettung von Menschenleben handle. (…) [In der Heilwigstraße] fand ich einen voll besetzten Feuerwehrwagen: Jungs, wollt Ihr denn nicht löschen, es brennt doch überall?! Sie: Wir haben keinen Befehl! Echt! Wer hat hier Befehlsgewalt? Sie: der Feldwebel. – Wo ist der? Sie: Da hinten (…) So. Befehl werde ich Euch sofort beschaffen (…) Herr von Hütz, Sie haben die Befehlsgewalt, lassen Sie sofort jene Leute absitzen und einen Schlauch zur Isebek verlegen. Ich nehme ein Tau und klettere durch das Nebenhaus auf das Dach des brennenden Hauses (…) Genug, wir haben das Haus gehalten und gerettet, und mit ihm die ganzen 5 Häuser dieser Reihe, vor allem auch das unsrige."[102]

Ernst Eder faßte mit an, stundenlang half er bei Lösch- und Bergungsarbeiten. Dies blieb Nachbarn und Parteifunktionären nicht verborgen. Seine Frau erfuhr auf der Straße von den Heldentaten ihres Mannes, und ausgerechnet der NSDAP-Ortsgruppenleiter, der ihm als Juden zwei Jahre zuvor den Zuzug in „sein" Gebiet nicht gestatten wollte, machte seine Aufwartung, um zu danken:

„Jedenfalls war es für mich eine ganz ungeheure Genugtuung, diese Rehabilitierung so unverhofft zu erleben. Andere haben das Kriegsverdienstkreuz mit Schwertern für weniger Leistung erhalten. Ich als Nichtarier komme, selbst wenn ich mehr leiste, dafür ja nicht in Frage. Dessen bin ich ja nicht würdig!!! Aber mir war dies mehr als so ein Orden. Und Nachbarn kamen mit Gebäck, Wein etc. um sich zu bedanken. Auf offener Straße hielt plötzlich ein von einem Offizier gesteuerter Wagen an. Heraus sprang eine bildhübsche, junge Frau. Sie sind Herr Eder? Ich wollte Ihnen nur herzlich danken für das, was Sie getan haben."[103]

Die Krisensituation hatte zum sichtbaren Versagen der neuen, jugendlichen Autorität geführt und der „natürlichen" eines erfahrenen Mannes wieder zum Durchbruch verholfen. Dieser Wiedergewinn von Männlichkeit und Autorität unter den Augen einer Umgebung, die vorher selbst den Gruß verweigert hatte, ließ Eder leistungsmäßig über sich selbst hinauswachsen. Endlich war er wieder wer, durfte dazugehören und war sogar einer, dem Dank und Anerkennung gebührte, dem Geschenke gebracht wurden und den „bildhübsche" Frauen ansprachen. Daß die eigene Frau seine Taten von fremden Menschen erfuhr, vermehrte seinen neuen Glanz weiter. Eder nahm den Opportunismus seiner Umgebung, die kurzzeitig befürchtete, das NS-Regime habe abgewirtschaftet und man müsse sich nun mit dessen Opfern gutstellen, nicht zur Kenntnis. Für ihn offenbarte diese vorübergehende Verschmelzung mit der Umgebung eher, daß unter der pauschalisierenden antisemitischen Maske, die Bevölkerung wie Parteifunktionäre sich auferlegt hatten, nun wieder der Wille zum Differenzieren zum Vorschein kam: Die Bereitschaft, verdiente Personen als Gleichwertige wieder in die Gemeinschaft aufzunehmen, wenn sie eine Härteprobe bestanden hatten. Er konnte sich als Mitglied der Gemeinschaft fühlen, der eine militärische Niederlage als schlimme Zukunftsaussicht erschien.

Der bald zurückkehrende Alltag zerstörte diese Hoffnungen sehr schnell. Gas- und Stromsperren, Flüchtlingselend, abgerissene Postverbindungen oder nicht passierbare Straßen beschäftigten seine Nachbarn weit mehr als das Schicksal der wenigen noch in Hamburg verbliebenen Juden. Im Januar 1945 erhielt Ernst Eder eine Gestapovorladung. Bevor er sie befolgte, erfuhr er zu seiner Beruhigung von „geeigneter Stelle", daß es (noch?) nicht um die Deportation, sondern um die Registrierung und Befragung der nicht in Arbeit stehenden, in Mischehen lebenden Juden gehe.

„Aber etwas Anderes erfuhr ich bei dieser Gelegenheit: 31 Menschen, meist Frauen, kommen morgen hier fort. Erst einmal nach Berlin. Es heißt, nach Theresienstadt? Es handelt sich um solche Juden, die teils in privilegierter Mischehe lebten, deren arischer Teil aber inzwischen verstorben, oder, wo die Ehe geschieden ist, trotzdem mit dem nicht arischen Teil noch jüngere Kinder zusammenleben. Bisher hatte man diese Personen aus letzterem Grunde noch geschont. Und dann waren noch einige Mischlinge hier, die als Juden gelten (…) Ich wundere mich nur deswegen über diesen Transport, weil ja ansonsten keine Waggons und keine Begleitmannschaften zu haben sind, und weil doch gerade in diesen schrecklichen Tagen das Flüchtlingselend derartig gewaltig und groß ist."[104]

Offensichtlich hatte Ernst Eder immer noch zuverlässige Informationsquellen in Behörden, denen er mehr traute als den Repräsentanten der Reichsvereinigung. Die Hinweise auf beginnende Deportationen des Mischehen-Personenkreises hätten ihn beunruhigen müssen, hätte er sie auf sich selbst bezogen.[105] Er aber sah die Transporte als Teil der allgemeinen Flüchtlingsströme, die vom derzeitigen Niedergang Deutschlands zeugten. Aus dieser Perspektive waren sowohl Flüchtlinge wie auch Deportierte obdach-, heimat- und eigentumslose Menschen, denen geholfen werden mußte, und es ist sicher kein Zufall, daß er sich hilfsbereit den „Volksgenossen" und nicht den Leidensgenossen zuwandte. Voller Mitleid hätte er gern ein paar (zu ihnen passende) Flüchtlinge aufgenommen. Hier aber gewinnt in dem Bericht seine Ehefrau erstmals aktive Funktionen. Bis dahin war sie in dem Bericht als frag- und klaglos treue Gefährtin beschrieben worden, die ihm zur Seite stand, seine Ansichten teilte und in seinem Sinne handelte. Ihre Kontakte mit der RVJD erwähnte er nicht, vielleicht waren sie ihm nicht bekannt. Nun aber, als er Flüchtlinge aufnehmen wollte, befürchtete sie zu Recht, diese Einquartierten könnten im Konfliktfall die Sicherheit der Familie bedrohen.[106]

Fast schizophren mutet es angesichts der sich abzeichnenden militärischen Niederlage an, wenn er am 31. Januar 1945 notiert:

„Im übrigen sprach gestern der Führer über Rundfunk anläßlich der am 30. Januar wiederkehrenden, nunmehr 12jährigen Machtübernahme. Die Rede war kurz, dieses Mal aber wieder im Gegensatz zu einer kürzlichen markant und hat zweifelsohne auf das Volk sehr überzeugend gewirkt! Sie ging wie immer davon aus, daß der Führer aus dem Nichts heraus zur Macht gelangte durch eisernen Willen und Gottes Fügung. (…) Er verkenne keineswegs die furchtbare Not, den Kummer, das Leid und Elend, das der, so sagte er, uns aufgezwungene Krieg über Deutschland gebracht habe (…) Aber alles Leid, das schon ertragen sei, und alles Leid, das noch kommen wird, selbst wenn es das Unvorstellbare noch übertreffe, müsse ertragen werden, um diesen Krieg siegreich für uns zu beenden (…) Ja, daß das Ende, wenn wir den Krieg verlieren, für das arme Deutschland unvorstellbar furchtbar sein wird, daß noch auf lange Jahre hinaus in weit verschärftem Maße Hunger, Krankheit und Elend (…) kommen werden, davon bin auch ich überzeugt!"[107]

Kann aus dieser Berichtspassage eine Zustimmung zur Politik Hitlers herausgelesen werden? Vielleicht nicht, auf jeden Fall aber eine Verknüpfung des eigenen Schicksals mit dem siegreichen oder unterlegenen Deutschland, und zwar nicht vom Standpunkt eines Opfers dieser Politik aus, sondern aus der Perspektive eines „Volksgenossen", dessen Land zerstört ist und vermutlich noch Jahre unfähig sein wird, die Bevölkerung zu ernähren. Wie Deutschland insgesamt, hatte inzwischen auch die Familie Eder die materiellen Ressourcen durch Bombenschäden weitgehend eingebüßt. Er reagierte um so dankbarer auf markante Worte.

Seltsamerweise erwähnt Eder die Deportation der 194 in Mischehen lebenden Juden am 14. Februar 1945 ebensowenig wie einen Hinweis, wie es ihm gelungen war, die Zwangsmitgliedschaft bei der Reichsvereinigung zu umgehen. Auch über Auswirkungen des äußeren Drucks auf die eheliche Gemeinschaft verlor er kein Wort, während aus den Akten der jüdischen Gemeinde immerhin deutlich wird, daß die Ehefrau zumindest hier eine aktive Mittlerrolle spielte.[108]

In den Notizen zur Übergabe Hamburgs am 3. Mai 1945 flossen noch einmal zwei Momente ineinander: Das Befreiungsgefühl und die hier von der Ehefrau zum Ausdruck gebrachte starke Identifizierung mit Deutschland.

> „Frei, frei, wirklich frei! Kein Gestapobeamter hinter der Tür, wenn es klingelt, keine neue, ins kleinste ausgedachte Gemeinheit, uns neu zu schikanieren und zu peinigen, kein Heil Hitler der Andern mehr, auf das man nicht antworten durfte und wollte, kein zaghaftes Vorfühlen bei Dritten, wie sie noch eingestellt sein mochten (…) Und dennoch: Mutti hat an jenem Tage bittere Tränen vergossen: So tief, so unendlich tief, so mit Schmach und Schande bedeckt mußte unser armes Deutschland sinken (…), damit wir, und mit uns ganz Deutschland, diese Nazipest los werden konnte, dieses Verbrechertum, über deren volles Treiben wir erst jetzt richtig hören aus den Konzentrationslagern wie Auschwitz, Dachau, Buchenwald …"[109]

Schlagartig erfaßte Ernst Eder nach Kriegsende das Ausmaß des Judenmords und das Schicksal von Millionen Zwangsarbeitern, als dürfte er diese Verbrechen in ihren bis dahin so bedrohlichen Dimensionen erst jetzt wahrnehmen. Gleichzeitig registrierte er die geistige Flucht der Parteifunktionäre aus der Verantwortung: „Aufgelöst in Dunst, verschwunden wie ein Phantom in ein Nichts. Wo sind die Einrichtungen, wo die Leute. Nichts, nichts mehr auffindbar. Keiner war überhaupt Parteigenosse je jetzt. Und wenn, ja dann natürlich nur ‚Muss' P.G. Ja, diese Helden. (…) Das ist schön einfach. Etwas Gift und es ist vorbei."[110]

Aber immerhin – er hatte überlebt, wenn er auch um ermordete jüdische Verwandte trauerte und Jahre ohne Verbindung zu seinem emigrierten Sohn war. Sein Vermögen hatte er mittlerweile ebenso wie seine Gesundheit eingebüßt, aber die Ehe war intakt geblieben. Was blieb weiter aus der Sicht des Kaufmannes Ernst Eder übrig? Das, was einen Kaufmann schon vor 1933 auszeichnete: Unternehmerische Fähigkeiten und ein fester Wille. „Alles, was ich an Werten hatte, ist entweder zerstört oder wird keinen Wert mehr haben. Nur von dem, was ich werde verdienen können, wird meine Familie leben können. (…) Aber mein Wille war nie so hart wie jetzt. Und ich werde es schaffen."[111] Seine materielle Ausgangsposition in den ersten Nachkriegstagen unterschied sich nicht so sehr von der seiner „deutschblütigen" Nachbarn. Aber im Gegensatz zu ihnen hatte er etwas zurückgewonnen: Männlichkeit und Handlungsfähigkeit, eine gute Ausgangsbasis für den Wiederaufbau der Firma und die Wiedervereinigung der zerrissenen Familie.

3. „Den einen Großvater habe ich unterschlagen"

Martha Kadisch, 1903 geboren, stammte von einem „volljüdischen" Vater und einer „halbjüdischen" Mutter englischer Herkunft ab. Sie und ihre Schwester waren mithin in der nationalsozialistischen Definition „Geltungsjüdinnen". Der Vater starb 1926 und hinterließ seine Familie wohlversorgt. Die Töchter absolvierten das Lyzeum, besuchten danach eine Hauswirtschaftsschule und heirateten beide Anfang der 30er Jahre.[112] Die kurze Ehe der Schwester mit einem höheren Beamten wurde 1935 geschieden.

Martha, die 1933 einen Sohn gebar, entschloß sich in Absprache mit ihrem „arischen" Ehemann Erwin, die jüdische Herkunft ihrer Mutter fortan zu verschweigen. Dies schien wegen der englischen Herkunft und längerer Auslandsaufenthalte der Mutter möglich, warf aber familiäre Probleme auf: Die ängstliche Mutter fürchtete, ihre Abstammung auf amtliche Rückfragen hin nicht leugnen zu können. Zum anderen bestand die nach der Scheidung 1935 nach Hamburg zurückgekehrte Schwester aus moralischen Gründen auf wahrheitsgemäßen Angaben. Damit gefährdete sie die sorgfältige Tarnung Martha Kadischs, die darauf beruhte, daß der jüdische Vater bereits gestorben war, Mutter und Schwester schwiegen und ihr Mann das Vorgehen unterstützte. Erst als Mutter und Schwester 1939 nach England emigrierten, war die Gefahr gebannt. „Den einen Großvater habe ich unterschlagen, weil es nicht aus meinen Papieren hervorging. Aber wenn meine Schwester nicht weggegangen wäre, hätte ich das ja sagen müssen. Die hat gesagt: ‚Nein, ich tue das nicht. Sag' die Wahrheit.' Und wie sie dann auswanderte, haben wir das umgedreht und habe ich gesagt: ‚Ich bin nur halb.'"[113] „Mischling habe ich ja zugegeben, das mußte ich ja. Etwas mußte ich ja zugeben. Aber das durfte ich ja auch. Halb durfte ich ja sein, weil ich einen ‚arischen' Mann hatte."[114]

Günstig für die Familie waren die einträgliche selbständige Tätigkeit des Ehemannes als Textilvertreter, die er bis zum Kriegsausbruch ausüben konnte[115], und die Tatsache, daß Martha Kadisch Hausbesitzerin war, so daß kein Vermieter ihnen die Wohnung kündigen konnte. 1939 zur Wehrmacht eingezogen, sollte der Ehemann zu seiner Empörung 1941 als „jüdisch Versippter" wieder entlassen werden. Seine Frau riet zur Besonnenheit:

> „Ich sag: ‚Nun keine Panik. Geh' zu deinem Spieß.' Der hatte einen sehr netten Spieß. Ich sag: ‚Berede das mit ihm.' Er wollte gegenan gehen. ‚Das laß ich mir nicht gefallen. Ersten Weltkrieg mitgemacht. Jetzt bin ich wehrunwürdig.' Und da ist er zu dem Spieß gegangen. Hat der gesagt: ‚Hör mal zu, Erwin, du bringst dich ins Unglück. Das hat keinen Zweck, was du auch unternimmst. Laß es. Freu dich, geh nach Hause, genieß deine Freiheit, daß du wehrunwürdig bist.'"[116]

Einsichtig geworden, konnte Erwin Kadisch fast zwei Jahre bei seiner Familie sein, bis er 1943 zur Hamburger Feuerwehr eingezogen wurde und 1944 schließlich doch noch an die Front kam.

Zwei schwerwiegende Probleme kamen in den Kriegsjahren zur zeitweiligen Abwesenheit des Ehemannes hinzu: Zum einen war Martha Kadisch es gewohnt, ihre Meinung überall lautstark und ohne Rücksicht auf mithörende Denunzianten zu verkünden, insbesondere wenn es aus ihrer Sicht um Ungerechtigkeiten ging.

Zum anderen war durch ihre Tarnung als „Mischling ersten Grades" der Sohn Peter zum „Mischling zweiten Grades" geworden und somit berechtigt wie verpflichtet, ins Jungvolk einzutreten.

Martha Kadisch differenzierte in Momenten der Empörung kaum zwischen Gedanken und deren Äußerung vor Dritten, was sich auch in ihrer Sprachstruktur widerspiegelt. In den Assoziationsketten vermischt sie Begebenheiten, Gedanken, ihre damalige und nachträgliche Bewertung der Ereignisse und wechselt auch die imaginären Adressaten der Rede wie in der Erzählung über die häufigen Geld- oder Sachsammlungen während des Krieges:

> „Dieser mein Mann, der hat den Ersten Weltkrieg mitgemacht (…) der darf kein Telefon haben?! Es ist richtig makaber. Sie hätten lieber sehen sollen, daß sie den Krieg gewinnen, statt rumzufummeln, wer Telefon haben soll oder nicht! Ist doch entsetzlich. Mit diesen kleinen Sachen haben die sich abgegeben. Aber die Rußlandkämpfer hatten kein Zeug anzuziehen! Da klingeln die eines Tages und fragen, ob ich Winterzeug hätte, ob ich Ski hätte. Ich sag: ‚Mit meinen Ski wollen Sie den Krieg gewinnen? Sie sind wohl ein bißchen bekloppt.' Mit diesem Kram hat er [Hitler, B.M.] sich das Genick gebrochen [gemeint: die unzureichende Ausrüstung, B.M.]. Nur, es haben so viele Menschen dran glauben müssen! Dann kamen kurz nach der Kristallnacht die Hitlerjungen und sagten: ‚Haben Sie…?' Ich sag: ‚Holt euch doch die Sachen aus dem Fleet wieder raus. Was wollt ihr mit meiner Zahnpastatube?' Wenn man das mal überlegt!"[117]

Solche Äußerungen – in diesem Fall vor HJ-Sammlern – zogen nicht immer Folgen nach sich, vielleicht weil Martha Kadisch die Zuhörer als „Frau aus dem Volke" amüsierte, wenn sie mit „gesundem Menschenverstand" auf Widersprüche aufmerksam machte. Doch als sie in einem Geschäft die Judendeportationen kommentierte, begab sie sich ernsthaft in Gefahr:

> „Da habe ich zur Frau von dem Elektriker gesagt: ‚Haben Sie schon gehört, da sind auf der Moorweide wieder so viele Juden zusammengetrieben worden. Ist ja schrecklich, wenn man das so hört.' Kommen wir so ins Gespräch, gibt sie mir aber keine Antwort. Und inzwischen sind Kunden reingekommen, und wie ich nach Hause komme, … da ruft sie an: ‚Frau Kadisch, tun Sie mir bloß einen Gefallen. Führen Sie doch im Laden nicht solche Reden. Die hinter Ihnen waren, die haben das mitgehört. Wie Sie raus waren, haben die zu mir gesagt: ‚Geben Sie mir mal die Adresse von der Frau, die eben gesagt hat, daß sie so viele Juden auf der Moorweide zusammengetrieben haben.' Da habe ich natürlich gesagt: ‚Die Dame ist eine Laufkundschaft, ich kenne sie nicht.' So haben die das gemacht! In Geschäfte gegangen, rumgehorcht!"[118]

Einen anderen Vorfall schildert sie so:

> „Hier hat mal einer bei mir gesessen auch, der wollte sammeln, da stand ich gerade vor der Tür, hatte unten aus dem Keller so'n paar Konserven geholt. Guckt der mich so an, sag ich: ‚Ja, ein bißchen vorsorgen muß man ja.' Und da kamen wir auch auf die Juden. Und da sagt er: ‚Ja, und mit den Juden, das muß man ja verstehen …' Ich sag: ‚Nee, nee, verstehe ich nicht. Wenn ich Ihnen jetzt Ihre goldene Uhr wegnehme, wie nennen Sie das denn? Den Juden haben sie doch alles weggenommen.' ‚Sagen Sie das bloß nicht so

laut. Mir können Sie es ja sagen, aber sagen sie es bloß nicht so laut.' Man kam ja manchmal an die Richtigen. Ist doch so gewesen. Da schob er dann ab."[119]

Aus den Episoden wird deutlich, daß Martha Kadisch, die keinen Kontakt zur RVJD hatte, die antijüdischen Maßnahmen sehr genau verfolgte. Wenn sie ihrer Empörung vor fremden Personen Ausdruck verlieh, suchte sie gleichzeitig immer auch heimliche Verbündete. Jedes Wort über die Ungerechtigkeit, die Juden zuteil wurde, war ein verborgenes Sprechen über die eigene Situation, der sie sich durch die Tarnung entzog. Angezeigt wurde sie dann aber schließlich nicht wegen ihrer projüdischen Äußerungen, sondern wegen Feindsenderhörens:

> „Dann haben sie mich angezeigt, ich würde einen Auslandsender hören. Ich sag: ,Ich weiß gar nicht, wie ich den hören soll.' Natürlich habe ich den immer gehört!
> M: Wer hat Sie da angezeigt?
> K: Das war wohl im Hause. (…) Wir mußten da ja Evakuierte aufnehmen. (…) Aber die haben natürlich alle gesagt, sie wären es nicht. (…) Die Nachbarn hätten einen vielleicht nicht umgebracht oder was weiß ich. Sie waren alle sehr nationalsozialistisch, alle im Schnitt."[120]

Martha Kadisch kam mit einer Verwarnung davon. Trotz ihrer Forschheit muß sie sich der Gefahr, die von der nichtjüdischen Umwelt ausging, sehr genau bewußt gewesen sein. Wenn sie über die Nachbarn sagte, daß diese sie wohl nicht umgebracht hätten, so meinte sie damit, daß die Nachbarn sie oder andere Juden sicher nicht persönlich ermordet hätten. Doch sie hätten es weder zu verhindern versucht noch irgendwelche antisemitischen Reden oder Handlungen unterlassen, die unterhalb der Schwelle von körperlicher Gewalt lagen, diese aber initiieren konnten. An anderer Stelle betonte sie, „aber ich sag immer, solange sie niemanden totgeschlagen haben! Diese Nadelstiche hat man ja vergessen gegen dieses Morden."[121] Während des Krieges konnte die tödliche Gefährdung von überall ausgehen: Als Denunziation von Einquartierten, Kunden beim Kaufmann, Sammlern oder auch einfach als Provokation der Gestapo, alles schien möglich, nichts bot mehr Sicherheit.

Der Ehemann, selbst eher introvertiert, beschwor sie zu schweigen. Allerdings stellte er – was im Hinblick auf die familiäre Verarbeitung des äußeren Drucks wichtig war – nie die Berechtigung ihrer Empörung in Frage. Er zeigte auf seine stille Art dieselbe Entschlossenheit wie sie, wenn es darum ging, mit Hilfe von Tarnung, Verstellung, Falschangaben oder Desertion zu überleben. Das Paar war sich einig in folgender Einsicht: „In der Zeit mußte man ganz entschlossen sein: Entweder tot oder raus oder irgendetwas [tun, B.M.]. Nicht glauben, es kommt anders."[122]

Das zweite oben benannte Problem Martha Kadischs war, dafür zu sorgen, daß der Sohn Peter nicht als Außenseiter aufwuchs, jedoch auch nicht rassistische Einstellungen der Mehrheitsgesellschaft übernahm. Dies erforderte immer wieder Balanceakte. Sie hatte dem Sohn ihre Abstammung lange verschwiegen und gleichzeitig versucht, ihm ein Gefühl der Solidarität mit Juden zu vermitteln. Antijüdischen Äußerungen wich sie in seiner Gegenwart demonstrativ aus, wenn sie diese schon nicht zurückweisen konnte:

> „Mein Sohn und ich fuhren einmal mit dem Zug (…) Da ist ein Herr in Uniform, sitzt uns gegenüber, schlägt die Zeitung auf und sagt zu seiner Freundin: ,Gott sei Dank,

jetzt müssen die Juden endlich einen Stern tragen.' Da habe ich zu meinem Sohn gesagt: ‚Peter, komm!' ‚Nee, Mutti. Wir sitzen hier jetzt gerade so gemütlich.' Ich sag: ‚Trotzdem. Ich möchte in den Speisewagen gehen.'
M: Haben Sie bei Ihrem Sohn nicht mal Angst gehabt, wenn der in der Hitlerjugend ist, daß es Probleme geben könnte?
K: Ja. Da habe ich zu ihm gesagt: ‚Hör mal zu, Peter, ich bin auch halb. So und so ist es. Überall sagst du Heil Hitler, wo du auch bist – nur nicht im Hause – aber in der Schule und wenn du in den Laden gehst. Sonst kriegst du nichts.' Das hat er mitgekriegt.
M: War das nicht zu schwer für so ein Kind?
K: Nein. Ich wollte ihm erst kein braunes Hemd kaufen. Ich sage: ‚Zieh man deine Hemden an.' ‚Och, Mutti, die haben alle ein braunes Hemd. Und wenn ich kein braunes Hemd habe, dann muß ich als Letzter hinterhermarschieren.' (...) Dann hatte meine Freundin noch ein braunes Stück Stoff, ich sag': ‚Dann will ich es mal selber zusammenschustern.'"[123]

Bei der Uniform gab sie nach, nächtliche Ausflüge hingegen verbot sie. Als der achtjährige Peter erfuhr, daß seine Mutter „Mischling" war, hatte er aufgrund seines Aussehens bereits etliche Zusammenstöße auf dem Spielplatz, in der Schule und beim Sammeln für das Rote Kreuz erlebt, bei denen andere ihn als Juden ausgegrenzt oder zurückgewiesen hatten.[124] Die Mutter versuchte, ihm die Doppelrolle zu erleichtern und ihm trotzdem Prinzipien für ein künftiges Leben mitzugeben, in dem er zwar das Notwendige einsehen und einhalten mußte, aber – wenn dies nicht mit seinen Werten übereinstimmte – keine Anpassungsleistung darüber hinaus erbringen sollte. Unterwürfigkeit war ihr ein Greuel und sollte es auch für den Sohn sein.[125] In all diesen Überlegungen drückt sich noch heute das Bemühen aus, den Sohn in vielfacher Weise zu schützen, ihm ein Rüstzeug für eigene Immunität gegen nationalsozialistisches Gedankengut mitzugeben, andererseits aber auch zu verhindern, daß er in eine Abseitsposition geriet.

1943 beschloß sie, das Chaos der Großangriffe auf Hamburg nutzend, den Jungen in die Sicherheit eines ländlichen Internates in Thüringen zu bringen. Bei der Anmeldung verschwieg sie ihre Abstammung. Bis Kriegsende gelang es ihr, den Direktor damit zu beruhigen, den „Ariernachweis" bald einzureichen. Der 10jährige bewahrte sein Geheimnis. Welche Probleme das Verschweigen mit sich brachte, wird aus dem Interview mit der Mutter nicht deutlich. Sie selbst zog in die Nähe des Internats, und lebte dort bis Mai 1945 nicht mehr als „Mischling", sondern als „Arierin".

Das Kriegsende vereinte die Familie wieder: Der Ehemann war desertiert und hatte sich nach Hamburg durchgeschlagen, Mutter und Sohn kehrten ebenfalls zurück. Inzwischen waren in die Wohnung Mieter eingewiesen worden, die über die Rückkehr der rechtmäßigen Besitzer alles andere als erfreut waren. Sie änderten ihre Meinung, als die britische Besatzungsmacht wegen der Abstammung Martha Kadischs das zur Beschlagnahmung vorgesehene Haus freigab.

Um ein zugunsten des Deutschen Reiches beschlagnahmtes Grundstück aus dem Erbe ihres Vaters zurückzuerhalten, mußte Martha Kadisch nach dem Krieg die jüdische Abstammung amtlich nachweisen, denn eine Enteignung aus anderen Gründen wäre zu diesem Zeitpunkt nicht erstattungsfähig gewesen:

„Da mußte ich wieder beweisen, daß ich nun doch drei jüdische Großeltern hatte. Da mußte ich den Paß von meiner Schwester aus England beantragen. Da brauchte ich eine eidesstattliche Erklärung von dem und dem und dem, daß das stimmt, weil es ja nicht aus meinen Papieren hervorging. Die haben mir nicht glauben wollen. Und ich sag: ‚Es hat in den Nürnberger Gesetzen gestanden…'. ‚Ja, die Nürnberger Gesetze…' Ich sag: ‚Ich habe die Nürnberger Gesetze.' Mußte ich dem Rechtsanwalt die Nürnberger Gesetze bringen, damit er die mal wieder durchliest! Da hatten sie alle plötzlich Gedächtnisschwund. Das war wirklich schon makaber."[126]

Bis das Grundstück wieder der Familie gehörte und der Ehemann ein Geschäft aufgebaut hatte, ernährte Martha Kadisch die Familie, indem sie aus umgefärbten Militärmänteln Kinderkleidung nähte, die sie mit dem Stoff von Hakenkreuzfahnen fütterte.

Vergleich der Fallbeispiele

Alle drei Mischehepaare verstanden es, dem äußeren Druck miteinander standzuhalten – jedenfalls bis die Gestapo – wie bei der Familie Moser – einen Vorwand zur Kriminalisierung des jüdischen Ehemannes konstruierte. Die Diskriminierung und schrittweise Ausgrenzung der Familien erfolgte vor dem Hintergrund einer jeweils langjährigen, erfolgreichen Integration des jüdischen Ehepartners in die Mehrheitsgesellschaft vor 1933, die sich im materiellen Wohlstand dokumentierte. Dieser schirmte – in Form einer eigenen Firma, eines eigenen Hauses und Autos – die Familien auch nach der nationalsozialistischen Machtübernahme noch eine Zeitlang vor Diskriminierungen ab. In dem Maße, in dem dieser Schutz versagte, veränderten sich die innerfamiliären Aufgaben und die Repräsentation der Familien nach außen. Am schnellsten und gravierendsten läßt sich dies in der Familie Moser nachweisen. Hier fand ein partieller Rollentausch statt, indem die Ehefrau – neben den ihr verbliebenden hausfraulichen und mütterlichen Aufgaben – die traditionell männliche Außenvertretung der Familie übernahm und schließlich ihren Mann selbst vor Gestapovorladungen schützte. Die spätere Heimarbeit der Ehefrau ging mit einem sozialen Abstieg einher, dokumentiert durch Umzüge in immer kleinere Wohnungen.

In der Familie Eder verhinderte der frühzeitig durch kluge finanzielle Transaktionen gesicherte Wohlstand einen ähnlichen Prozeß. Lange allerdings hätte dieser Zustand nicht mehr aufrechterhalten werden können, da die Ressourcen dahingeschmolzen und große Teile des Immobilienbesitzes den Zerstörungen durch Luftangriffe zum Opfer gefallen waren. Der Rollentausch hingegen fand auf den ersten Blick nicht statt. Wahrscheinlicher ist aber, daß das Ehepaar über die von außen aufgezwungenen faktischen Veränderungen schwieg. Denn die Kontakte der Ehefrau zur RVJD, die Streichung des Ehemannes von der Zwangsarbeiter- und später der Deportationsliste deuten darauf hin, daß auch hier die Ehefrau die Interessen ihres jüdischen Mannes wahrte.

Martha Kadisch war zum einen durch die getarnte Abstammung, zum anderen durch ihren „arischen" Ehemann geschützt. Ihr oblag die materielle Reproduktion der Familie ohnehin nicht. Zwar wurde der Grundbesitz aus der jüdischen Herkunftsfamilie enteignet, doch den Lebensunterhalt sicherte der Ehemann durch seine selbständige Tätigkeit. Martha Kadisch mußte erst nach dem Krieg die Familie mit ihren Näharbeiten ernähren. Während des Krieges bezog sie zeitweise den Familienunterhalt wie andere Soldatenfrauen. Diese Familie erlebte aufgrund der Tarnung der Abstammung ein Schicksal, das dem der „jüdischen Mischlinge" ähnelte, gemildert durch die Eheschließung vor 1933 und den Hausfrauenstatus der Betroffenen. Wie in der Mehrheitsbevölkerung kennzeichneten jahrelange Trennungen (Wehrmacht und Evakuierung, Internatszeit des Sohnes) die Situation dieser Familie, wobei – ähnlich wie bei Juden oder Mischehen – die von den emigrierten jüdischen Familienmitgliedern hinzukam. Auch hier verhinderte der Hausbesitz – ähnlich wie bei Eder – Wohnraum- und Mietprobleme, wenngleich er vor Denunziationen der Nachbarn oder der Einquartierten nicht schützte.

Innerfamiliär waren in den Familien Moser und Kadisch Wut und gemeinsame Empörung über die antisemitischen Maßnahmen und die gesellschaftliche Ausgrenzung ein verbindendes Element, das die Beziehungen stabilisierte und zudem Widerstandskraft gab. In der Familie Eder hingegen war es das beharrliche Festhalten an den Konventionen der bürgerlichen Gesellschaft in der Zeit vor der nationalsozialistischen Machtübernahme, das es der Familie ermöglichte, die eigene Position abweichend von der Klassifikation durch die Machthaber zu bestimmen. Während sich die ersten beiden Paare explizit über den Verfolgungsprozeß verständigten, übernahm im dritten die Ehefrau die unauffällige psychische Stabilisierung des Ehemannes, indem sie seine innerfamiliäre Autorität stützte.

Auf die jüdischen Ehemänner hatte die Verfolgung, die sie – längst aus der Jüdischen Gemeinde ausgetreten – wieder zwangsweise zu dieser Gruppe rechnete, eine uneinheitliche Wirkung, die auch bei anderen in Mischehe lebenden Juden erkennbar wird: Während die einen eine neue Bindung an die jüdische Gemeinschaft entwickelten, hielten sich die anderen um so betonter von ihr fern. Sie wollten die Distanz vor der Umwelt dokumentieren.

Ernst Eder und seine Frau sorgten sich kaum um die Zukunft ihrer Töchter. Die bei Kriegsende jungerwachsenen Frauen schienen – zumindest nach dem Bericht ihres Vaters – keine Selbstwertprobleme oder Zukunftsängste entwickelt zu haben. Eine hatte sich sogar „verlobt", was allerdings aufgrund der Gesetzeslage nie zu einer Eheschließung hätte führen können. Dagegen mußten Margarethe Moser und Martha Kadisch ihren sehr viel jüngeren Kindern mehr Aufmerksamkeit schenken, wuchsen diese doch erst in der NS-Zeit heran, waren mit Ausgrenzung in Schule und Nachbarschaft konfrontiert, mußten sich zur Herkunft von Mutter bzw. Vater verhalten oder erlebten gar im Jungvolk die Faszination nationalsozialistischen Jugendkults. Angesichts der Neigung von Kindern, in kritischen Phasen ihrer Entwicklung eine Disposition zu radikalen und gewaltsamen Lösungen zu entwickeln[127], mußten die Mütter Vorsorge treffen, daß ihre Kinder sich weder mit den Positionen der Verfolger noch mit dem Status der Ausgegrenzten identifizierten. Dabei beschritten sie unterschiedliche Wege: Margarethe Moser bezog ihren Sohn von Beginn an in alle Überlegungen ein und erklärte ihm frühzeitig, daß in ihrem Fall öffentliche Anforderungen von den privaten differierten. Martha Kadisch verschwieg ihrem Sohn, der vier Jahre jünger als der Margarethe Mosers war, lange Zeit die Konflikte, die sich aus ihrer und damit auch seiner Herkunft ergaben, verlangte jedoch von ihm geschärfte Aufmerksamkeit für die Verfolgung und Parteinahme für die Verfolgten. Beide Söhne aber erlebten ausgesprochen starke, couragierte Mütter, die ihre Handlungsfähigkeit nicht verloren und von ihren Ehemännern als Handelnde akzeptiert wurden.

Durch die Familie Eder ging kein Riß, der den „arischen" vom jüdischen Teil trennte: Die „arische" Schwiegermutter lebte nach ihrer Ausbombung bei den Kindern, die Enkelin als „Mischling ersten Grades" zog zeitweise zur jüdischen Stiefmutter Ernst Eders, um sie zu versorgen. Zur Aufrechterhaltung der Konventionen, an denen Ernst Eder, seine Frau und seine Töchter festhielten, gehörten auch die Pflichten gegenüber der älteren Generation, gleich ob diese sich auf die jüdische oder die nichtjüdische Herkunftsfamilie bezog. Das Ehepaar Moser dagegen erlebte, wie sich der „arische" Vater zum Nationalsozialisten entwickelte und den jüdischen Schwiegersohn ablehnte. Die Schwester dagegen half Margarethe Moser selbst bei so exponierten Handlungen wie dem Verstecken von Umzugsgut jüdischer Emigranten. Aufgrund der Tarnung Martha Kadischs ging der Riß durch die jüdische Herkunftsfamilie, es gab keine Verwandten des Ehemannes, die zusätzliche Komplikationen hätten schaffen können. Innerhalb der jüdischen Familie sorgte die verschwiegene Abstammung für Konfliktstoff. Nur die Emigration von Mutter und Schwester verhinderte eine Eskalation des Streits um die Offenlegung, die die Verwandten aus Legalismus und Angst forderten.

Die drei dargestellten Familien bewältigten den Verfolgungsdruck innerfamiliär erfolgreich, so daß die Ehen daran nicht zerbrachen. Dennoch überlebten nicht alle jüdischen Partner die NS-Zeit: Alfred Moser wurde 1943 deportiert und ermordet. Ernst Eder war von der Deportation am 14. Februar 1945 nur freigestellt. Bei länger andauerndem Kriegsverlauf hätte er trotz seiner Anpassungsleistungen mit dem „Arbeitseinsatzbefehl" rechnen müssen. Martha Kadischs Tarnung blieb unentdeckt. Doch es bleibt fraglich, ob dies auf Dauer hätte aufrechterhalten werden können. Selbst wenn also eine „privilegierte" Mischehe dem äußeren Druck standhielt, schützte sie den jüdischen Teil immer nur bedingt und vorläufig, so lange dieser nicht die Aufmerksamkeit der staatlichen Verfolgungsorgane auf sich zog oder Denunzianten auf den Plan rief.

III. Verstärkung des Verfolgungsdrucks ab 1942

Im Januar 1942 erörterten die Teilnehmer der Wannsee-Konferenz „im Zuge der Endlösungsvorhaben" auch das weitere Schicksal der „Mischlinge" sowie der 28.000 Mischehen im Reichs- und Protektoratsgebiet.[128] Diese sollten in die Vernichtungspolitik einbezogen werden, doch sollte von Einzelfall zu Einzelfall entschieden werden, ob ein jüdischer Mischehepartner zu „evakuieren" oder mit Rücksicht auf die „deutschen Verwandten" in ein Altersghetto zu überstellen war.[129] Abgesehen von der unerwünschten Öffentlichkeit, die ein solches Unternehmen gefunden hätte, wenn tausende Ehepartner mit ungewissem Schicksal getrennt worden wären, sah Staatssekretär Stuckart unendliche Verwaltungsarbeit auf das Innenministerium zukommen und forderte eine einfachere Problemlösung im Vorfeld, „daß der Gesetzgeber etwa sagt: ,Diese Ehen *sind* geschieden.'"[130]

Auf der ersten Nachfolgesitzung zur Konferenz zeichneten sich zwei mögliche Wege ab: Alle Mischehen – darunter wurden hier sowohl die mit „volljüdischem" wie auch die mit „halbjüdischem" Partner verstanden – sollten zwangsweise geschieden werden, oder aber der „deutschblütige" Teil – respektive der Staatsanwalt – eine Scheidung beantragen. Um nach außen den Eindruck des Zwangs zu vermeiden, setzte sich der Vertreter des Propagandaministeriums für die zweite Möglichkeit ein.[131] Den „deutschblütigen" Ehegatten könnte eine Frist zur Einreichung der Klage gewährt werden, nach deren Ablauf dann der Staatsanwalt aktiv würde.[132] Ein solches Vorgehen unterstützte der Staatssekretär im Reichsjustizministerium, Franz Schlegelberger: „Schließlich ist ein Festhalten des deutschblütigen Teils an der Ehe wohl nur bei älteren Ehen, die lange Jahre hindurch bestanden haben, zu erwarten."[133] In solchen Fällen sollten die „deutschblütigen" Gatten ebenfalls im Ghetto „Aufnahme finden".[134] Doch gegen die zwangsweise Eheaufhebung meldete er gewichtige Bedenken an.[135] Eine abschließende Entscheidung wurde nicht getroffen: Hitler, angerufen einen Weg zu weisen, verschob diese auf die Zeit nach dem „Endsieg". Ein Vorstoß der Gestapo, die im März 1943 „wilde Deportationen" von jüdischen Mischehepartnern initiierte, um die Einbeziehung in den Vernichtungsprozeß zu beschleunigen, lief ins Leere.[136]

Zwar erarbeitete das Innenministerium im Frühjahr 1943 mit Verweis auf den Wunsch des „Führers", daß „Mischehen ohne weiteres geschieden werden" sollten, einen Entwurf.[137] Von den „vorhandenen rd. 19000 Mischehen würden auf die Ausnahmen rd. 4 – 5000 entfallen. Hierbei macht die Gruppe der vor 1919 geschlossenen Ehen unter ungefährer Berücksichtigung der seit 1939 erfolgten Abgänge etwa 3500 – 4000 aus", präzisierte Innenminister Frick den Personenkreis, der von der Zwangsscheidung betroffen sein sollte.[138] Doch da Hitler den Entwurf nicht entgegennahm, scheiterte der Anlauf ebenso wie ein Vorstoß der Partei-Kanzlei im Januar 1944.[139] Adam weist darauf hin, daß Hitlers Verweigerung einer Entscheidung mit seinem Verbot zusammenhing, die Judenfrage öffentlich zu diskutieren. Auf dem Höhepunkt der „Endlösung" vertraute Hitler offensichtlich darauf, daß sich „so oder so" eine Lösung in seinem Sinne ergeben würde und daß „im Gefolge der Ausrottung eine spezielle Vorschrift zur gesetzesförmigen Regelung dieses Fragenkomplexes über kurz oder lang überflüssig werden würde."[140] Auch Hilberg bewertet die Verschonung der Mischehen als Zugeständnis der Nationalsozialisten, die zu dieser Zeit nicht den gesamten Vernichtungsprozeß durch öffentliches Aufsehen gefährden wollten.[141]

Während die Vertreter der einzelnen Ministerien und der Partei um die Einbeziehung der Mischehen in die „Endlösung" stritten, versuchten die regionalen Organisationen der Reichsvereinigung, den Verfolgungsalltag der noch in Deutschland verbliebenen Juden zu regeln.[142] Der Verband, der 1942/43 zur Zwangsorganisation auch für die in Mischehe lebenden Juden geworden war, wurde am 10. Juni 1943 in seiner ursprünglichen Form aufgelöst.[143] Dennoch existierte er als „Neue Reichsvereinigung" (Benz) weiter, die als „Werkzeug der Gestapo bei der Deportation und Vernichtung der deutschen Juden mißbraucht"[144] wurde.

Eine Sichtung der Akten des Jüdischen Religionsverbandes und der Hamburger Bezirksstelle Nordwest der RVJD"[145], die beide von Max Plaut[146] vertreten wurden, öffnet den Blick auf ein extrem vielfältiges Aufgabengebiet in den Jahren 1942 bis 1945. Der Gestapo direkt unterstellt, war sie dieser in allen Fragen berichtspflichtig und verantwortlich. Sie verhandelte mit allen Behörden, hatte nicht nur das Informationsmonopol auf die Verbreitung staatlicher antijüdischer Maßnahmen, sondern war letztlich auch für deren Einhaltung verantwortlich. Als Vollstreckerin der staatlichen Verfolgungsmaßnahmen mußte die RVJD den von diesen Maßnahmen Betroffenen oft genug Zwang androhen oder auf ihr Handlungsmonopol pochen. Immer die Abwendung der schlimmsten Bedrohungen für die Gesamtgruppe im Auge, geriet sie oft genug mit einzelnen in Konflikt oder doch in den Verdacht, gegen deren Interessen zu handeln. Da jedwede Eingaben von Juden ausschließlich über die RVJD gestellt werden mußten, war die Organisation Anlaufstelle für jedes im Verfolgungsalltag anfallende Problem. Sie vermittelte Adressen sowie Post- und Paketbestimmungen der Konzentrationslager, mußte von der Zensur retournierte Briefe zurück- oder Todesnachrichten weiterleiten wie auch die Ehepartner Inhaftierter oder Deportierter beraten.

Sowohl die Zwangsmitglieder der RVJD wie die für diese Organisation Tätigen lebten überwiegend in Mischehe, ebenso wie die als „Krankenbehandler" praktizierenden Ärzte oder die als „Konsulenten" tätigen Rechtsanwälte.

Innerhalb der Hamburger Behörden war die Behandlung von „Judenangelegenheiten" inzwischen aus etlichen Ämtern in „Sonderdienststellen J." verlagert worden: So in der Sozialverwaltung, wenn es um Kostenübernahmen beispielsweise für Krankenhaus- und Heimkosten ging; im Haupternährungsamt, wenn es die Lebensmittelkarten betraf und beim Arbeitsamt, weil der „Arbeitseinsatz" auch auf jüdische Männer und Frauen aus Mischehen ausgeweitet worden war. Die Behördenvertreter dieser Sonderdienststellen gingen teilweise extrem rücksichtslos mit ihrer jüdischen Klientel um.

1. Wohnraumpolitik

Eine der zentralen Aufgaben der Hamburger RVJD war die Beschaffung und Verteilung von Wohnraum in der Zeitspanne von 1942 bis 1945. Das Reichsgesetz über Mietverhältnisse mit Juden vom 30. April 1939[147] hatte die Voraussetzungen geschaffen, die jüdische Bevölkerung zu isolieren, zu konzentrieren und zu ghettoisieren.[148] Besonders als die alliierten Luftangriffe auf deutsche Großstädte zunahmen, wurde der Wohnraum von Juden als Manövriermasse der Sozialpolitik für ausgebombte „Volksgenossen" betrachtet. Was scheinbar alle Mischehen in gleicher Weise betraf, entpuppt sich bei näherem Hinsehen als besondere Härte gegenüber denjenigen, in denen der Ehemann als Jude galt.

In Hamburg war die RVJD bereits vor den Deportationen von 1941/42 angewiesen worden, Wohnraum von „Volljuden" durch Zusammenlegungen freizumachen. Wer in seiner angestammten Wohnung verbleiben konnte, mußte Einquartierungen hinnehmen. Die Umgesiedelten wurden in jüdische Wohnstifte, Alters- und Pflegeheime eingewiesen. Nach den „Volljuden" verloren die in „nichtprivilegierten" Mischehen Lebenden ihre bisherigen Wohnungen. Die Paare, deren Männer „Sternträger" waren, wurden in sechs „Judenhäuser" einquartiert, die im Grindelviertel lagen, dem Hauptwohngebiet der Hamburger Juden.[149] Grundsätzlich mußte sich ein Ehepaar, manchmal eine Familie ein Zimmer teilen. Diese Aktion war bis Mitte 1942 weitgehend abgeschlossen, doch das Problem der Wohnraumbeschaffung und -verteilung beschäftigte die RVJD bis zum Kriegsende: Einerseits wurden immer wieder Wohnungen für ausgebombte „Deutschblütige" gefordert, andererseits verfügte die Reichsvereinigung durch Zwangsverkäufe von Häusern und Grundstücken über immer weniger Belegungsmöglichkeiten, bei deren Ausschöpfung sie sich obendrein noch streng an die vorgegebenen „rassischen" Kategorien halten mußte.

Der Wohnraumverlust durch die großen Luftangriffe auf Hamburg im Sommer 1943 betraf die Mischehefamilien prozentual in derselben Weise wie die übrige Bevölkerung.[150] Dennoch wirkten sich die Zerstörungen noch verheerender aus, weil die „privilegierten" Mischehen mit jüdischem Ehemann nur bei ebensolchen untergebracht werden durften. So war der entsprechende Wohnraum bald stark überbelegt.

Zu den Mischehepaaren mit jüdischer Ehefrau hingegen quartierten die Ortsämter häufig andere Ausgebombte ein. Manchmal hatten diese auch ohne Weisungen Bombengeschädigte aufgenommen. In solchen Fällen konnte die Reichsvereinigung nicht über die Unterkünfte verfügen – und im übrigen konnte sie vor dieser Situation auch nur warnen: „Mischehen, die Arier aufgenommen haben, sollen darauf hingewiesen werden, daß wenn sie diese nicht gütlich loswerden, sie ihre Wohnung verlieren können."[151]

Auch Wohneigentum schützte nicht vor Ein- und Umquartierungen: Im Oktober 1943 wurde festgelegt, daß in Eigenheime in den Außenbezirken, die einem Mischehepaar mit jüdischem Mann gehörten, ebensolche Paare eingewiesen werden dürften, Einquartierungen bei Familien mit „arischem" Haushaltsvorstand hingegen nur dann vorzunehmen seien, wenn derselbe eingewilligt hatte. Verwitwete oder geschiedene Jüdinnen sollten bei Mischehen mit jüdischer Ehefrau wohnen. Wenn nichtjüdisch erzogene Kinder in diesen Familien lebten, sollten diese allerdings nicht von den Eltern getrennt werden.[152]

Im September/Oktober 1943 forderte die Gestapo Räumungen von zweimal 200 Zimmern[153] trotz inzwischen hoffnungslos überfüllter „Judenhäuser" und Privatwohnungen.[154] Widersetzten sich die Bewohner oder versuchten sie, die Zuweisungen zu verzögern, so kam es durchaus vor, daß Max Plaut als Verantwortlicher der RVJD drohte: „Wir behalten uns vor, falls Sie wiederum die Erlaubnis zur Besichtigung der Wohnung ablehnen, Ihre Wohnung unserer Aufsichtsbehörde [der Gestapo, B.M.] zur Kündigung vorzuschlagen."[155]

Überbelegung und Enge bei rationiertem Strom und eingeschränkter Gasversorgung schlugen sich hausintern in Streit, Nörgelei und endlosen Kämpfen um Küchen- und Badbenutzung nieder, die von der RJVD als Vermieterin geschlichtet werden mußten. Erschien ein Beauftragter der Reichsvereinigung in der Absicht, Zimmer zu vermessen, und verhielt sich dabei nicht ganz korrekt, kam es bisweilen sogar zu Handgreiflichkeiten.[156] Immer wieder erhoben Mieter heftigen Einspruch gegen neue Zuweisungen in ihren Wohnraum, so daß sich die RVJD veranlaßt sah, ihnen mit Einschaltung der Gestapo zu drohen.[157] Da die Betroffenen sich nicht mehr selbst an Behörden oder Entscheidungsträger wenden durften, fühlten sie sich der RVJD ausgeliefert.[158]

Teilweise hatten ausgebombte Juden – wie andere Bevölkerungsgruppen auch – Hamburg im Juli/August 1943 panikartig verlassen. Während ein kleiner Teil Sicherheit in der Evakuierung suchte und dort die Identität manchmal erfolgreich verbergen konnte, waren andere verunsichert, ob sie dem Arbeitseinsatz fernbleiben durften. Örtliche Stellen konnten ihnen oft keine Auskunft geben. So regelte die RVJD von Hamburg aus auch die Angelegenheiten der nun auswärts Lebenden und mußte Lösungen finden, wenn beispielsweise die Gestapo des Evakuierungsortes einen weiteren Aufenthalt nicht duldete, aber „grundsätzlich eine Rückkehr von Juden nach Hamburg unerwünscht (war), insbesondere auch von Frauen und Kindern."[159] Hatten die „privilegierten" Mischehen in Hamburg die volle Lebensmittelzuteilung erhalten, so wollten örtliche Behörden oft nur eingeschränkte Rationen ausgeben. Die RVJD konnte aus der Ferne nur darauf hinweisen, daß diesen Familien zwar „sinngemäß" die vollen Karten sowie Sonderrationen zustünden, mußte „jedoch raten, keinerlei Beschwerde zu erheben, da Gemeinden, die nicht ausgesprochene Aufnahmegaue für Ausgebombte sind, schon öfters auch in „privilegierten" Mischehen lebenden Juden die Aufenthaltserlaubnis entzogen haben."[160]

Wie die staatlichen Stellen hatte auch die Bezirksstelle Nordwestdeutschland der RVJD in dem Evakuierungs-, Untertauch- und Rückkehrgewirr die Übersicht über ihre Mitglieder verloren, die die Luftangriffe überlebt hatten. Um die „Judenkartei" wieder auf den Stand zu bringen, wurden Registrierung und Lebensmittelkartenausgabe gekoppelt.[161] Im Oktober 1943 notierte Max Plaut:

> „Am 25. Juli 1943 waren in Hamburg karteimäßig 1257 Juden gezählt.
> Von diesen sind durch die Terrorangriffe etwa 600 Juden ausgebombt.
> Am 23.10.43 sind laut Kartei noch 900 Juden in Hamburg anwesend.
> In dieser Zahl sind etwa 200 Juden enthalten, die vorübergehend außerhalb Hamburgs waren und zum Arbeitseinsatz zurückgekehrt sind. Sämtliche in dieser Statistik gezählten Juden sind in Mischehe verheiratet (...)"[162]

Der RVJD „fehlten" also 357 Juden, die tot, vermißt oder versteckt sein konnten.[163] Als hochproblematisch stellen sich rückblickend die Anstrengungen der RVJD dar, Nachforschungen nach untergetauchten bzw. versteckt lebenden Juden anzustellen, um eine neue „Judenkartei" für die Gestapo anzufertigen. Die Beauftragten der Reichsvereinigung suchten zu diesem Zweck Vermieter auf und fragten bei Verwandten nach.[164] Allerdings versuchte die Bezirksstelle Nordwestdeutschland auch, die Weitergabe von Unterlagen über einzelne Mitglieder an die Zentrale der RVJD in Berlin – und damit sozusagen ins Vorzimmer des RSHA – zu verhindern, was ihr nicht gelang. Detaillierte Fragebögen über rund 900 noch in Hamburg lebende Juden und ihre Familien wurden weitergegeben.[165]

Je mehr sich die Wohnraumsituation Ende 1943/Anfang 1944 zuspitzte, desto rüder wurden (notgedrungen) die Methoden der RVJD, wollte sie die Anforderungen der Gestapo erfüllen. So kündigte sie den „arischen" Witwen nach dem Tod ihrer Ehemänner die Unterkunft, die vorher gezwungenermaßen mit ihren jüdischen Ehegatten in ein „Judenhaus" gezogen waren.[166] Angesichts des knappen Wohnraums in Hamburg und erbost über diese Behandlung, protestierten die Frauen gegen die Zwangsmaßnahmen, wenn auch nicht immer mit den geeigneten Mitteln. Eine Witwe: „Teile Ihnen ergebenst mit, daß ich mit dem heutigen Datum an den Führer Adolf Hitler geschrieben habe. Es ist noch nicht das letzte Wort in der Wohnungsangelegenheit gesprochen und ehe [nicht, B.M.] eine Antwort des Führers in meinen Händen ist, räume ich meine jetzige Wohnung nicht (...).“[167] Die Gestapo wiederum drohte der RVJD bei Nichträumung der geforderten Wohnungen die Verlegung aller Mischehen in „einwandige Baracken" bei Elmshorn an.[168]

Hatten die Maßnahmen 1942/43 vor allem „nichtprivilegierten" und dann „privilegierten" Mischehen mit jüdischen Ehemännern gegolten, so setzten ab Oktober 1944 dann verstärkt Kündigungen und Zusammenlegungen „privilegierter" Paare mit jüdischen Frauen ein und hielten bis März 1945 an. In dieser Zwangssituation übte der zuständige Beamte des Amtes für Raumbewirtschaftung, Hubenthal, besonderen Druck aus.[169] Rückblickend bewertete Max Heinemann, der als Vertreter der RVJD mit Wohnraumfragen befaßt war, das Vorgehen dieses Beamten:

> „Ausführende Organe waren auf Seiten der Staatspolizei Kommissar Göttsche, später Kriminalsekretär Stephan, auf Seiten des Amtes für Raumbewirtschaftung der Beamte Hubenthal. Teils gingen die Anforderungen von der Staatspolizei aus, teils von den Beamten des Amts für Raumbewirtschaftung. Man kann sagen, daß im letzten halben Jahr bis einschließlich März 1945 durchweg der Beamte Hubenthal der treibende und drängende Teil gewesen ist, während objektiv zu bestätigen ist, daß der Kriminalsekretär Stephan vielfach bemüht gewesen ist, zu bremsen und besondere Härten abzumildern, wenigstens hat sich uns die Sache so dargestellt."[170]

Neben Hubenthal besichtigte auch der Gestapobeamte Stephan[171] Wohnungen, die er dann zur Kündigung vorschlug. Besonders erbittert vermerkten die Ausquartierten, daß die freigewordenen Wohnungen nach Gutdünken an Gestapobeamte, Parteifunktionäre und deren Freunde vergeben wurden, wobei selbstredend keine Raumbegrenzungen galten.[172]

Selbst die noch nicht in „Judenhäuser" eingewiesenen Mischehefamilien lebten in einem Zustand permanenter Verunsicherung, weil Beamte der Gestapo, des Amts für Raumbewirtschaftung und Vertreter der RVJD regelmäßig ihre Wohnungen aufsuchten, begingen, vermaßen und verplanten. Auch drangen immer wieder Gerüchte über kleinere Deportationstransporte zu ihnen, die Personen aus aufgelösten Mischehen betrafen.

Hinzu kam die Einbeziehung der „jüdisch versippten" Männer in den Zwangsarbeitseinsatz „Sonderkommando J".[173] Die Aktion begann offiziell im April 1944[174], für die meisten Hamburger jedoch erst ab Oktober 1944. Die einberufenen Männer wurden 1944 zum Aufräumungsamt „dienstverpflichtet", dessen Leiter der Architekt Herbert Sprotte war. Diesem Amt oblagen Trümmerräumungen, die Beseitigung einsturzgefährdeter Ruinen und die Aufrechterhaltung von Verkehr und Versorgung. Der Arbeitseinsatz betraf in Hamburg insgesamt 1.088 Männer, von denen 197 mit Jüdinnen verheiratet waren.[175] Verantwortlich war wiederum der Gestapobeamte Stephan. Eine kleine Gruppe von 67 Männern wurde „kaserniert", d.h. in ein Lager auf dem Ohlsdorfer Friedhof eingewiesen.

Die „jüdisch versippten" Männer hatten sich Diskriminierungen bzw. Verfolgungsmaßnahmen eher als „jüdisch versippte" Frauen entziehen können. Aus einigen Berichten der Ohlsdorfer Lagerinsassen wird deutlich, welchen Einschränkungen sie unterlagen und welche sie nicht trafen: Einem Buchhalter wurde der Arbeitsplatzverlust angedroht, wenn er sich nicht scheiden ließe. Der private Arbeitgeber verwirklichte die Drohung jedoch nicht.[176] Ein selbständiger Kaufmann, der nach dem 1. April 1933 (Boykott jüdischer Geschäfte) das Geschäft seines jüdischen Schwagers weiterführte, hatte nach Aktionen der Parteistellen Umsatzrückgänge zu verzeichnen und erhielt mit Verweis auf seine Frau keine Erlaubnis zum Wiederaufbau des Geschäftes nach der Ausbombung.[177] Ein Arzt verlor die Kassenzulassung, konnte jedoch bis September 1944 praktizieren.[178] Einem Schiffszimmerer wurde, während er im Lager Ohlsdorf kaserniert war, im Dezember 1944 sein Wohnhaus gekündigt.[179] Waren diese Beschneidungen der beruflichen und privaten Freiheit verglichen mit denen der Familien mit jüdischen Ehemännern nicht so gravierend, so traf die Zwangsarbeiter um so härter, daß ihre Ehefrauen am 14. Februar 1945 in ihrer Abwesenheit deportiert wurden.

Diese als „auswärtiger Arbeitseinsatz" bezeichnete Deportation der jüdischen Männer und Frauen aus Mischehen war auch eine der letzten Aufgaben, die die Hamburger Bezirksstelle der RVJD organisatorisch zu bewältigen hatte. Auf Anordnung des RFSS sollten nunmehr alle arbeitsfähigen, in Mischehe lebenden Juden und Jüdinnen einschließlich der „Geltungsjuden" nach Theresienstadt überstellt werden. Als Konsequenz aus der unerwünschten Aufmerksamkeit, die die Berliner „Fabrik-Aktion" erregt hatte, sollte bei dieser Deportation darauf geachtet werden, daß Personen, deren Abtransport „eine gewisse Unruhe" hervorrufen konnte, ausgenommen blieben.[180] Um die Illusion eines „auswärtigen Arbeitseinsatzes" aufrechtzuerhalten, fanden ärztliche Untersuchungen statt. Die Frauen und Männer, die danach als nicht arbeitsfähig frei- oder zurückgestellt wurden, erhielten ihre Lebensmittelkarten von Schallerts Sonderdienststelle J. zurück.[181] Von den auf mehreren Listen verzeichneten Männern und Frauen wurden nach Frei- und Rückstellungen 128 Männer und 66 Frauen deportiert. 11 Männer und 10 Frauen waren nicht erschienen. Wenn die Befreiung nicht krankheitsbedingt war, resultierte sie daraus, daß Söhne oder Ehemänner bei der Wehrmacht dienten, Frauen schwanger waren, Kleinkinder zu versorgen hatten oder Männer reklamiert wurden.[182] Die 194 Deportierten überlebten bis auf vier Personen diesen späten Transport und konnten im Sommer 1945 nach Hamburg zurückkehren.[183]

2. Die Verhaftungsaktion 1943

Am 27. Februar 1943 wurden in Berlin, Breslau, Dresden und anderenorts Juden verhaftet, die in der Rüstungsproduktion Zwangsarbeit leisteten.[184] Die „deutschblütigen" Ehefrauen und Verwandte der Berliner „Rüstungsjuden" protestierten lautstark und öffentlich in der Berliner Rosenstraße, wo die Inhaftierten untergebracht waren. Ein vom Historiker Wolf Gruner erst kürzlich gefundener Gestapo-Erlaß erhellt das Geschehen. In dem Dokument wurde für Ende Februar 1943 eine reichsweite Groß-Razzia angekündigt: Nachdem die im „Altreich" lebenden Juden fast ausnahmslos umgesiedelt worden seien, wollte das RSHA nunmehr „sämtliche noch in Betrieben beschäftigten Juden zum Zweck der Erfassung aus den Betrieben entfernen", vor allem „die in Mischehe lebenden Juden."[185] In der Reichshauptstadt waren jedoch entgegen den Anordnungen die Mischehepartner nicht nur erfaßt, sondern ebenso wie andere Juden verhaftet worden, die aufgrund von Sonderregelungen noch im Altreich verbleiben durften. Während diese deportiert wurden, brachte die Gestapo die Mischehepartner und internierten „Mischlinge" in Gebäuden der Jüdischen Gemeinde in der Rosenstraße unter. In dieser Straße kam es in den folgenden Tagen zu lautstarken Protesten der „deutschblütigen" Ehefrauen und anderer Verwandter.[186] Die ungefähr 1.700 in Mischehe lebenden Berliner wurden freigelassen. In der Forschungsliteratur wurde diese einmalige Protestaktion der Frauen bisher als Lehrbeispiel dafür gewertet, daß öffentliche Gegenwehr die verantwortlichen nationalsozialistischen Institutionen sehr schnell zum Zurückweichen gezwungen hätte. „Der erfolgreiche Ausgang des öffentlichen Protestes legt die Vermutung nahe, daß ähnliche Aktionen den Kurs der nationalsozialistischen Judenpolitik in andere Bahnen hätten leiten können"[187], urteilt beispielsweise Konrad Kwiet. Der amerikanische Historiker Nathan Stoltzfus geht noch einen Schritt weiter, wenn er in seiner Abhandlung über den Protest in der Rosenstraße gar die Möglichkeit erörtert, die Transporte in die Vernichtungslager hätten generell gestoppt werden können, hätten die Deutschen gegen die Isolierung der Juden protestiert und die politischen Kosten so weit in die Höhe getrieben, daß die Machthaber zurückgewichen wären.[188] Gruner, gestützt auf den Gestapo-Erlaß, hält solchen Argumenten entgegen, daß die Deportation dieser Männer gar nicht beabsichtigt gewesen war, sondern nur eine Registrierung. Insofern hätten die Ehefrauen und „deutschblütigen" Verwandten offene Türen eingerannt.[189] Dies mindert zwar die Zivilcourage der Beteiligten keineswegs, lenkt aber den Blick vom vermeintlichen Erfolg mehr auf den Protest selbst.

Die Verantwortlichen für die Verhaftungen, allen voran Goebbels, der in seiner Eigenschaft als Gauleiter von Berlin die Aktion vorangetrieben hatte, beabsichtigten – nachdem sie auf den „Endlösungskonferenzen" gescheitert waren – die Einbeziehung der Mischehen in die Vernichtungspolitik nun gleichsam „von unten" zu initiieren. Ihr Vorgehen ähnelte dem in den besetzten Ostgebieten: Lastwagen fuhren vor und transportierten tagsüber in aller Öffentlichkeit die in Zwangsarbeit stehenden Juden ab.[190] Doch die Geheimhaltung war mißlungen, etliche Arbeitgeber hatten von der Aktion Kenntnis erhalten und die Zwangsarbeiter gewarnt, so daß ca. 4.000 entflohen waren. Zudem befanden sich ungewöhnlich viele Angehörige der Eliten, besonders aus „Künstlerkreisen", unter den Betroffenen.[191] Erst dieses Zusammenspiel, so vermutet der Historiker Christof Dipper, hätte den Berliner Protest bewirkt.

Goebbels selbst zeigte sich wenig beeindruckt:

> „Die Verhaftungen von Juden und Jüdinnen aus privilegierten Ehen hat besonders in Künstlerkreisen stark sensationell gewirkt. Denn gerade unter Schauspielern sind ja diese privilegierten Ehen noch in einer gewissen Anzahl vorhanden. Aber darauf kann ich im Augenblick nicht übermäßig viel Rücksicht nehmen. Wenn ein deutscher Mann es jetzt noch fertigbringt, mit einer Jüdin in einer legalen Ehe zu leben, dann spricht das absolut gegen ihn, und es ist im Kriege nicht mehr an der Zeit, diese Frage allzu sentimental zu beurteilen."[192]

Allerdings zog das RSHA aus dem Protest bei späteren Deportationen – wie weiter unten ausgeführt – die Konsequenz, Personen, deren Abtransport Unruhe erwarten ließ, vorerst zurückzustellen.

Auch in Hamburg kam es zu Verhaftungen, die im Zusammenhang mit der „Fabrik-Aktion" standen. Im Februar 1943 nahm die Gestapo siebzehn jüdische Ehemänner fest, die mehrheitlich in „privilegierten" Mischehen lebten, darunter den ehemaligen Modehausbesitzer Benno Hirschfeld. Kriminalkommissar und SS-Hauptsturmführer Claus Göttsche, Leiter des „Judenreferats" der Staatspolizeileitstelle Hamburg, hatte zuvor Willibald Schallert, den Leiter der „Sonderdienststelle J." beim Arbeitsamt Hamburg, Dienststelle Sägerplatz, angewiesen, eine Personenliste unter dem Titel „Jüdische Sabotage am Arbeitseinsatz" zu erstellen. Daß es sich um eine „Berliner Aktion" handelte, erfuhren die Ehefrauen der Verhafteten, als sie bei der Gestapo nach Verbleib und künftigem Schicksal ihrer Männer fragten. „Ihr Mann kommt nach Auschwitz, tun Sie man jetzt schon so, als wenn sie keinen Mann mehr haben", antwortete Schallert einer hilfesuchenden Ehefrau. Einer anderen riet er, sich nicht weiter zu bemühen, ihr Mann käme nicht mehr wieder, aus Auschwitz käme keiner zurück. Auf seinen Karteikarten hatte er zu diesem Zeitpunkt schon „Auschwitz" vermerkt.[193]

Der jüngste Verhaftete war 45, die meisten zwischen 50 und 60, der älteste 67 Jahre alt. Er unterlag dem Zwangsarbeitseinsatz für Juden damit altersmäßig gar nicht mehr. Allerdings wurden parallel zum Vorgehen gegen die Mischehen zwischen Jahresende 1942 und dem offiziellen Auflösungsdatum der RVJD, dem 10. Juni 1943, die Berliner Mitarbeiter der Organisation deportiert. Den Hamburgern wurde dasselbe Schicksal angedroht.[194] Zwei der Deportierten arbeiteten tatsächlich ehrenamtlich beim Jüdischen Religionsverband bzw. der RVJD und könnten aus diesem Grund auf die Liste gelangt sein.[195] So flossen in der Hamburger Aktion offensichtlich zwei Motive zusammen: Die Helfer der RVJD zu beseitigen und einen Angriff auf die „privilegierten" Mischehen zu starten. Die Betroffenen vermuteten schnell, daß es der Gestapo nicht nur um die Beseitigung bestimmter Personen, sondern auch um das übergeordnete Ziel ging, die „privilegierten" Mischehen schrittweise in die Deportationen einzubeziehen.

Die Angehörigen und die Verhafteten, denen keine Begründungen mitgeteilt wurden, erklärten sich den Vorgang meist damit, daß ihr Name wegen persönlicher Differenzen mit Willibald Schallert oder aufgrund von Denunziationen auf die Liste geraten war. Der einzige Überlebende der Gruppe, Rudolf Hamburger, sagte nach dem Krieg aus, sein Meister habe ihn kurz zuvor der Gestapo gemeldet, weil er den Kollegen geraten habe, ihre Pflicht zu tun, aber nicht mehr als nötig zu arbeiten, das verlängere nur den Krieg.[196] Daraufhin hätte Schallert ihn als Querulanten auf die Liste gesetzt. Aus den Aussagen der Ehefrauen im Prozeß gegen Schallert nach Kriegsende werden die Erklärungsversuche der Häftlinge bzw. ihrer Frauen deutlich: Einen Mann hatte Schallert zu Besprechungen grundsätzlich in Lokale beordert, die er als Jude gar nicht hätte betreten dürfen. Schallert bestellte sich dort auf die Lebensmittelmarken von dessen Ehefrau Speisen. Dieser Inhaftierte vermutete, jemand habe den Lokalbesuch angezeigt. Außerdem wußte er um Schallerts sexuelle Kontakte zu Jüdinnen. Ein anderer schließlich erklärte sich seine Verhaftung damit, daß Schallert einer Frau seinen Posten in der Kleiderkammer des Jüdischen Religionsverbandes verschaffen wollte, ein weiterer war in Bereicherungsaktionen Schallerts eingeweiht und glaubte, ein Mitwisser sollte beiseite geschafft werden. Einige Männer sahen im Gestapoquartier einen Vermerk auf ihrer Akte: „Hat durch sein Verhalten bewiesen, daß er nicht länger im jüdischen Arbeitseinsatz belassen werden kann".[197] Die Aussagen des Überlebenden und der Ehefrauen vor den Ermittlungsbeamten geben keinen Aufschluß über die Hintergründe der Aktion, die den Betroffenen nicht bekannt waren. Sie zeugen vor allem davon, daß Menschen in Verfolgungssituationen versuchen, sich die Vorgänge, denen sie mehr oder weniger willkürlich ausgeliefert waren, aus einer Einzelfallperspektive zu erklären und ihnen einen „Sinn" zu unterlegen, der aus ihrem persönlichen Verhalten resultiert oder aus der Beziehung zu Verantwortlichen hergeleitet ist.

In Hamburg ging die Gestapo – anders als in Berlin – in pseudolegaler Weise vor: Die Männer erhielten Aufforderungen, sich bei der Gestapo zu melden, andere waren einzeln unauffällig abgeholt worden. Die Aktion erstreckte sich auf zwei Tage und betraf in erster Linie ehemals selbständige Kaufleute, die zwar in Hamburg relativ bekannt waren, nicht aber Verbindungen zu einflußreichen Gruppierungen hatten. Die individuellen Bemühungen ihrer Angehörigen, die – wie aus dem folgenden hervorgeht – ebenso wie die der Berliner Protestlerinnen – aus „elementarer Familiensolidarität" (Stoltzfus) resultierten, waren weder aufsehenerregend noch erfolgreich. Dipper verweist auf zeitgleiche Verhaftungen in Darmstadt, die ebenfalls nicht in einen öffentlichen Protest mündeten.[198] Auch dort waren die Verantwortlichen anders als in Berlin vorgegangen: Sie verteilten die Verhaftungen der zwölf jüdischen Ehemänner aus „privilegierten" Mischehen auf den Zeitraum März bis Mai 1943. Den Arretierungen waren jeweils einzelne Anzeigen von Seiten des SD oder des RSHA vorausgegangen. Der Leiter des Darmstädter „Judenreferats" hatte angeblich von seinem Vorgesetzten die Auskunft erhalten, daß „aufgrund einer neuen Weisung gegen die jüdischen Partner in Mischehen unbegrenzte Lagerhaft beantragt werden könne".[199] Er wurde – wie Schallert auch – nach dem Krieg wegen dieser Verhaftungen angeklagt und der schweren Freiheitsberaubung im Amt für schuldig befunden.

Die meisten Hamburger Verhafteten wurden am 1. oder 2. März 1943 in das Konzentrationslager Fuhlsbüttel eingewiesen und verblieben dort bis Ende April/Anfang Mai 1943.[200] Ein Mann wurde freigelassen, einer „verstarb" noch in Fuhlsbüttel, einer konnte fliehen, als er in einem Außenkommando arbeitete. Die restlichen Männer wurden in kleinen Transporten nach Auschwitz gebracht. Keiner überlebte das Vernichtungslager. Sie starben im September und Oktober 1943, einzig Benno Hirschfeld überstand die Haft bis kurz vor Kriegsende. Er stand mit seiner Familie im schriftlichen Kontakt, der über den Jüdischen Religionsverband bzw. die RVJD abgewickelt werden mußte.[201] Sohn und Ehefrau unternahmen mehrere nicht ganz ungefährliche Versuche, seine Freilassung oder wenigstens Hafterleichterungen zu erreichen.[202] 1944 wandte sich der Sohn, der als Ingenieur in einem kriegswichtigen Betrieb arbeitete, mit einer Eingabe – erfolglos – an Göring. Den Vater rettete er damit nicht, sondern wurde im Betrieb gemaßregelt:

> „Ich bin (...) furchtbar von dem Leiter des Personalbüros angeschnauzt worden, wie ich dazu käme, einen Antrag zu stellen und ein Schreiben an den Generalfeldmarschall Göring, den ich nämlich seinerzeit gebeten hatte, es sei so unvereinbar für mich als Mensch auf der einen Seite – ich habe bewußt jetzt folgende heuchlerische Worte gewählt – ‚für das Großdeutsche Reich in einem Rüstungsbetrieb Flugmotoren zu schaffen und nach bestem Gewissen zu bauen und einzufahren auf den Prüfständen und kann es nicht begreifen, daß man einem ehrwürdigen Vater, der eine korrekte deutsche Familie hat ...'– Ich habe diese Worte wählen müssen, um auch in der Dialektik [gemeint ist: Diktion, B.M.] dieser Leute zu sprechen – ‚in ein KZ sperrt und bitte augenblicklich gnädigst, ihn aus diesem Lager zu entlassen. Schließlich sind wir seine Familie, und ein Verbrechen ist ihm nicht vorzuwerfen. Ich bitte hiermit, diesem Antrag und diesem Gesuch wohlwollendst stattzugeben.'"[203]

Nach diesem Fehlschlag fuhren Mutter und Sohn persönlich nach Auschwitz in der Hoffnung, vor Ort etwas zu erreichen:

> „Ich selber bin einmal, es muß im Jahre 1944 gewesen sein, in einer Blitzaktion mit meiner Mutter von Berlin (...) mit einem Zug ganz schnell nach Oberschlesien bis nach Liegnitz gefahren, also letzte Station vor Auschwitz, den Rest mit der Straßenbahn mit einem Riesenpaket mit der Hoffnung, daß ich irgendwo vielleicht doch am Lagertor einen Kontakt mit meinem Vater aufnehmen kann. Das war eine irrsinnig mutige – wenn ich es heute sage – und vermessene Aktion, aber sie ist wahr. Ich sehe heute noch das riesenhafte Lager vor mir und diese riesenhafte Eisenbahnbrücke, die über die gesamten gebündelten Eisenbahngleise hinwegging, die alle in Richtung Osten nach Krakau und Lodz führten. Auf dieser Brücke begegnete mir ein Trupp KZ-Häftlinge in der typischen KZ-Kleidung mit bewaffneter SS, so daß die alle natürlicherweise guckten, was die beiden Zivilisten, meine Mutter und ich, auf dieser Brücke wollten. Aber ich ging mit einem Paket zum nächsten Lagertor (...) und fragte, ob es eine Möglichkeit gäbe, daß ich meinen Vater sprechen könnte: Ich sei in einem Rüstungsbetrieb tätig und müßte ja nun doch mal einmal Guten Tag sagen dürfen, ich hätte hier ein Paket für ihn. Ich habe das sehr höflich gesagt, habe hinzugefügt: ‚Schießlich bin ich ja ein Flugmotorenbauer, alles, was hier oben fliegt, das baue ich, und Ihr müßt ja mal irgendwo Einsehen haben.' Ich habe erstaunlicherweise keine Ablehnung, kein Grinsen, noch irgendwie eine barsche Anfeindung erlebt, sondern ich habe eine sehr sachliche Entgegennahme dieses Paketes erfahren können. Es hat mich wahnsinnig gewundert. Man hat mir versprochen, daß dieses Paket auch an meinen Vater ausgehändigt werde. Ich habe gesagt: ‚Selbstverständlich dürfen Sie das in seiner Gegenwart kontrollieren. Es ist nichts Verwerfliches darin.' Das haben wir fertigge-

bracht! Wir haben uns danach angeguckt und haben gesagt: ‚Und das ist die Reise schon wert gewesen, daß wir dieses Paket hier abgegeben haben.'"[204]

Tatsächlich hätte diese Reise beide in große Schwierigkeiten bringen können. Vielleicht hat jedoch gerade das ungewohnt selbstsichere Auftreten der Bittsteller die beiden vor den üblichen Reaktionen der SS-Wachmannschaften, Einschüchterung und der Demonstration absoluter Machtbefugnisse, gerettet. Der Vater soll sogar das Paket bekommen und dies schriftlich bestätigt haben. Gegen Ende des Krieges wurde er mit anderen Häftlingen in das KZ Buchenwald transportiert, wo er kurz vor der Befreiung erschossen wurde.

Der Sohn eines anderen Verhafteten, Dennis Berend, damals 16 Jahre alt, erinnert sich genau an die Reaktionen seiner Mutter auf die Verhaftung des Vaters. Seine Beobachtungen werfen ein Schlaglicht auf die Ohnmacht und Hilflosigkeit der meisten Ehefrauen:

„Und auf dem Küchentisch liegt ein Zettel – ich habe den lange aufbewahrt, jetzt existiert er nicht mehr – von meiner Mutter, ganz hastig hingekritzelt: ‚Vati ist abgeholt worden. Ich bin hinterhergefahren. Ich komme wieder, sobald ich kann.' Also irgendwann hatte es an der Tür geklingelt, und sie haben ihn abgeholt. Meine Mutter ist mit der Straßenbahn hinterhergefahren, weil man ihr sagte, wo er hinkommt, in die Rothenbaumchaussee. Hat ihn aber nicht zu sehen gekriegt. Sie haben meiner Mutter den Eintritt verweigert. Sie kam wieder nach Hause, natürlich in Tränen. Am nächsten Tag ist sie wieder hingegangen, da hat sie ihn zu sehen bekommen, mit ihm gesprochen. Sie hat erzählt, wie er versucht hat – unter den Augen der Gestapo natürlich – ihr irgendeinen Hinweis zu geben: ‚Geh' zu Schallert, geh' zu Schallert.' Mehr konnte er nicht sagen. Sie sagte, er war ein Wrack, nervös und aufgeregt. Das kann man verstehen. Er wußte ja, wo er war. Aber das war das letzte Mal, wo einer von uns ihn wenigstens gesehen hat. Meine Mutter natürlich hat das ganze Leben lang daran gedacht: Was wollte er ihr sagen? Und hätte das was genützt oder nicht. So hatte sie die zwei Lasten, die eine, daß sie sich geweigert hatte zu emigrieren, und die andere, daß sie vielleicht hätte was tun können, wenn sie nur verstanden hätte, was er ihr sagen wollte."[205]

Die Ehefrau konnte Alfred Berend nicht helfen. Nun suchte der ältere Sohn, zu dieser Zeit noch Soldat der deutschen Wehrmacht[206], die Gestapo in Uniform auf:

„Mein Bruder ging rein und war zehn Minuten später wieder da, leichenblaß in seiner Uniform, und sagte, man hätte ihn – erstmal hat er die Worte gar nicht rausgekriegt, der war so aufgeregt – ... einfach rausgeschmissen und ihm gedroht, wenn er nicht sofort verschwindet, kommt er nicht mehr raus. Seine Uniform würde ihm nichts nützen. Und das hatte er nicht erwartet ... Er glaubte, sie würden sagen: ‚Oh, entschuldigen Sie. Wir haben einen Fehler gemacht. Hier ist Ihr Vater.' So ging es nicht. Nur das haben wir da erst gemerkt."[207]

Der Schock über die Erkenntnis der absoluten Rechtlosigkeit saß tief und bestimmte (nicht nur) bis zum Kriegsende das Verhalten der Familienmitglieder. Hinzu kamen, zumindest bei der Mutter, Schuld- und Versagensgefühle, die – nach Aussagen ihres Sohnes – selbst nach dem Auftritt als Zeugin im Nachkriegsprozeß gegen

Schallert nicht verschwanden. Der inzwischen siebzigjährige Sohn, nach dem Krieg in die USA ausgewandert, arbeitet immer noch an der Aufklärung dieses letzten Kapitels der Familiengeschichte.[208]

Andere Angehörige zeigten den Mut der Verzweiflung. Während eines Besuches im KZ Fuhlsbüttel hatte der bereits erwähnte Alfred Moser seine Ehefrau darauf vorbereitet, daß ein Mithäftling, Rudolf Hamburger, eventuell fliehen und sie aufsuchen würde. Dieser gehörte zu einem Außenarbeitskommando für die Firma Hugo Stolzenberg & Co und nutzte eine Gelegenheit zu entkommen. Hilfesuchend wandte er sich zunächst an Verwandte, die ihn abwiesen, und dann an die Ehefrauen der Mitverhafteten. Die unvorbereitete Frau Berend half ihm trotz großer Angst mit Zivilkleidung aus, Margarethe Moser nahm ihn auf:

> „Ich habe nur die Tür aufgemacht – und das werde ich nie vergessen und ihm in die Augen [gesehen], ich kannte ihn ja nicht – da sage ich: ‚Sind Sie Herr Hamburger?' ‚Ja.' ‚Sind Sie geflohen?' ‚Ja.' ‚Haben Sie gut gemacht.' Habe ich mir gar nichts bei gedacht. Und dieses: ‚Das haben Sie gut gemacht', ... hat er mir am nächsten Morgen erzählt: ‚Bei meinen ganzen Verwandten habe ich gehört: ‚Was hast du bloß gemacht, Rudi. Hier nimm meine Freßkarten, mein letztes Geld. Alles sollst du haben, aber Rudi, geh! Geh!' Und ich habe die Tür aufgemacht und habe gesagt: ‚Das haben Sie gut gemacht.'"[209]

Unwissentlich hatte Margarethe Moser mit ihrer Begrüßung eine wichtige psychologische Hilfestellung gegeben, die Rudolf Hamburger über den Schock hinweghalf, daß bis dahin solidarische Verwandte (seiner nichtjüdischen Frau) durch die Verhaftung offensichtlich so abgeschreckt waren, daß sie ihm Hilfe verweigerten. Eine Woche versteckte Margarethe Moser den Entflohenen in der kleinen 2-Zimmer-Wohnung, in der sie auch ihre Kundinnen für die in Heimarbeit geschneiderten Kleidungsstücke empfing. Der Sohn verständigte unauffällig die Ehefrau Hamburgers, die ein nächstes Versteck bei einem sozialdemokratischen Tischler organisieren konnte, das bis zu den großen Luftangriffen auf Hamburg Schutz bot. Danach nutzte er die Evakuierungen, um Hamburg Richtung Osten verlassen zu können. Nach Kriegsende kehrte er zurück und gründete ein Fuhrunternehmen. Im Verfahren gegen Willibald Schallert trat er, der einzige Überlebende der Aktion, als einer der wichtigsten Belastungszeugen auf. Margarethe Moser hingegen erhielt im Dezember 1943 über die Reichsvereinigung die Nachricht vom Tod ihres Mannes.[210]

3. Porträt: Der „Judenkommissar" – Willibald Schallert

Willibald Schallert, der die „Arbeitssaboteure" auf die Verhaftungsliste der Gestapo gesetzt und damit ihren Tod in Auschwitz verschuldet hatte, wurde am 2. April 1896 in Berlin-Charlottenburg geboren.[211] Sein Vater war Lagerist gewesen, er selbst erlernte nach dem Besuch der Volksschule den Beruf des Schaufensterdekorateurs, den er später allerdings nie ausübte. Während des Ersten Weltkrieges meldete er sich freiwillig zur Marine, danach kämpfte er in einem Freikorps im Baltikum.[212] Er erlitt eine Schußverletzung und zog sich 1916 in der Türkei Malaria zu. Dennoch müssen diese Jahre von 1914 bis 1921, in denen er weit herumkam und in „Männerbünden" für eine „gerechte Sache" kämpfen konnte, sehr prägend gewesen sein. So prägend, daß er sich nicht von den Erinnerungsstücken an diese Zeit trennen mochte und in den folgenden Jahren zweimal wegen „Aufbewahrung von Kriegsgerät" zu kleineren Strafen verurteilt wurde.[213] 1921 nach Deutschland zurückgekehrt, lebte er in Altona und versuchte sich als Werftarbeiter, Hausdiener und Geschäftsführer in einem Restaurant. Taxifahrer, Kellner und Schuhmacher soll er ebenfalls gewesen sein. Von 1930 bis 1933 war er erwerbslos.[214] Er hatte bis dahin in keinem Beruf Fuß fassen können, nie umfassende Kenntnisse in einem Arbeitsgebiet erworben, nie langfristig Verantwortung übernommen, nie das Rollenverständnis eines Dienstboten, Angestellten oder gar das eines Amtsinhabers entwickelt. Gleichwohl muß er die Fähigkeit besessen haben, schnell mit Menschen in Kontakt zu kommen und im fremden Arbeitsgebiet zu improvisieren.

Daß der Beginn seiner Erwerbslosigkeit mit dem Eintritt in die NSDAP (Mitglieds-Nr. 341.597) und die SA zusammenfiel, ist sicher kein Zufall.[215] Bis 1933 verbrachte er seine Zeit vor allem in SA-Gruppen, wo er bis zum Sturmführer aufstieg.[216] Die rauhe, alkoholgetränkte Geselligkeit und die unkonventionellen, allenfalls militärisch ausgerichteten Verkehrsformen der Männer untereinander, auch die Einheit von Dienst und Freizeit ließen die Kriegs- und Freikorpserfahrungen wieder aufleben. Gewohnheiten aus dieser Zeit legte Schallert auch später nicht ab. Beispielsweise erschien er häufig in SA-Uniform im Arbeitsamt, obwohl er seit Jahren vom aktiven Dienst der Formation befreit war.[217]

Im August 1933 zahlte sich das Engagement in der braunen Bewegung aus: Über das Sonderprogramm für „Alte Kämpfer" der NSDAP erhielt Schallert eine Stelle beim Arbeitsamt Altona als Außendienstmitarbeiter, später als Sachbearbeiter. Als solcher wäre der 37jährige, der keinerlei Verwaltungserfahrungen aufweisen konnte, zu anderen Zeiten nie eingestellt worden. 1939 zog die Marine ihn ein, stellte ihn aber schon nach einem halben Jahr im Januar 1940 dem Arbeitsamt wieder zur Verfügung. Dort übernahm er nun die Leitung des Arbeitseinsatzes für Juden, der zu diesem Zeitpunkt noch nicht sehr umfangreich war: Er betraf nur erwerbslose Juden, die Erd-, Meliorations- (Bodenverbesserung) oder andere beschwerliche Arbeiten verrichten mußten.[218]

Im Mai 1940 wurde Schallert zum Leiter des Arbeitsamtes Ozorkow berufen, einer Nebenstelle des Arbeitsamtes „Litzmannstadt" im Gau Wartheland. Dort warb er Arbeiter für den Einsatz im „Altreich" an. Was der Beginn einer steilen Karriere hätte werden können, endete aufgrund eines Zwischenfalls bei nächtlichen Sauftouren „nur" als kurzer Ausflug in den Osten: Im betrunkenen Zustand legte Schallert, der bewaffnet war, auf einen polnischen Kneipengast an. Zwar war der Schuß nicht tödlich, doch erregte dieser Vorfall unliebsames Aufsehen, das dem Gaugericht Wartheland gemeldet wurde. Schallert wurde nach Hamburg zurückbeordert. Ab 1. Januar 1941 arbeitete er wieder beim Arbeitsamt Hamburg. Im April desselben Jahres verurteilte ihn das Hanseatische Sondergericht zu drei Monaten Gefängnis wegen versuchter Tötung, die gleichzeitig auf dem Gnadenwege erlassen wurden. Schallert hatte den Vorfall auf einen Malariaschub zurückgeführt und Trunkenheit geltend gemacht.[219] Verurteilungen von SA-Leuten mußten dem Verband gemeldet werden, und dieser leitete in der Regel ein Ausschlußverfahren ein. So stellte die SA-Gruppe Hansa am 17. Juni 1942 beim Gericht des obersten SA-Führers den Antrag, Schallert „wegen Ungeeignetheit" aus der SA zu entlassen.[220] Schallert trat am 15. August 1942 aus.[221]

Seinen Dienst im Arbeitsamt beeinträchtigten weder die Vorstrafe noch der SA-Austritt. Sein Arbeitsgebiet hatte sich im Gegenteil erheblich ausgedehnt, denn der Arbeitseinsatz für Juden war auf Männer zwischen 14 und 65 und Frauen zwischen 15 und 55 Jahren erweitert worden.[222] Bis auf Kinder und Greise mußten alle Hamburger Jüdinnen und Juden bei Schallert registriert werden. Die kleine Dienststelle war disziplinär, aber nicht fachlich dem Arbeitsamt unterstellt.[223] Ein untergeordneter Mitarbeiter erledigte die anfallende Arbeit, während Schallert nur selten am Schreibtisch anzutreffen war. Der „Judenkommissar", wie er sich nun gern nennen ließ, stolzierte in seiner braunen Uniform lieber durch die Wohngebiete der Juden, suchte sie am Arbeitsplatz auf oder inspizierte das jüdische Krankenhaus. Die RVJD mußte ihre Karteien mit seinen Daten abgleichen, so daß er über den Aufenthalt jeder Person stets auf dem laufenden war.[224] Auch andere Verwaltungsarbeiten übernahm die Reichsvereinigung, so beispielsweise die Beschaffung von Fahrtausweisen für die im Arbeitseinsatz beschäftigten Männer.[225] Die Arbeitseinsätze stimmte er im persönlichen Gespräch mit dem Leiter des Judenreferats Claus Göttsche ab[226], dem er regelmäßig Listen über Firmen, Arbeitseinsätze oder -befreiungen zu erstellen hatte. Von der Gestapo erhielt er auch die Todesmeldungen aus den Konzentrationslagern zur Berichtigung seiner Kartei. Die von der letzten Deportation aus Hamburg frei- und zurückgestellten Personen erhielten von seiner Dienststelle ihre eingezogenen Lebensmittelkarten zurück.[227]

In der Gestapo-Dienststelle ging er ein und aus wie in der eigenen.[228] Einen einzuhaltenden Dienstweg zur Klärung anstehender Probleme gab es für ihn ebensowenig wie den Weg über das Vorzimmer Göttsches. Schallert konnte jederzeit zu Besprechungen erscheinen und regelte die Angelegenheiten – wie es ihm lag – von Mann zu Mann ohne großen Schriftverkehr. Seine Kontaktfähigkeit und das Improvisationsvermögen bewährten sich auch hier. Sein Verhältnis zu Göttsche muß das eines Kumpels gewesen sein, der selbstverständlich zu dessen Dienstjubiläumsfeier eingeladen wurde.

Die zum Arbeitseinsatz verpflichteten Jüdinnen und Juden machten mit ihm sehr unterschiedliche Erfahrungen: Selbstherrlichkeit und Leutseligkeit wechselten in rascher Folge, Anbiederung und vertrauliche Mitteilungen schlugen in unverhüllte Erpressungen um. So befragte er einen Juden, ob dieser Schallplatten besitze und forderte ihn dann auf, die umfangreiche Sammlung in seinem Privathaus abzuliefern.[229] Er eignete sich vom Gasboiler bis zum Fahrrad alle möglichen Gegenstände an, die bei Hausbesuchen seine Begehrlichkeit geweckt hatten.[230] Frauen bedrängte er sexuell, wenn er sie überraschend in ihren Wohnungen besuchte. Anderen stellte er bei Gefälligkeit Arbeitserleichterungen in Aussicht. Unter den von ihm abhängigen Juden sprach sich dieses Verhalten schnell herum: Einerseits erweckte es große Angst, denn Schallert konnte ohne jede übergeordnete Instanz schalten und walten – und die Gestapo stellte keine Kontrollinstanz dar, die gegenüber Juden auf das Einhalten von Regeln pochte. Andererseits erwuchs aus dem Wissen um seine Bestechlichkeit die Möglichkeit, sich Erleichterungen im Arbeitseinsatz zu verschaffen, von einer „Evakuierungsaktion" zurückgestellt oder bei einem „Vergehen" nicht gemeldet zu werden. Auch die Reichsvereinigung nutzte die Tatsache, daß man bei Schallert „mit Geld etwas machen (könne)", um über ihn als „Zwischenträger" (Plaut) gezielte Informationen zur Gestapo gelangen zu lassen.[231]

Die Gerüchte um Schallerts Bestechlichkeit besagten auch, daß es keineswegs nur auf große, wertvolle „Geschenke" ankam. Dies deutete darauf hin, daß er neben materiellen Bedürfnissen, die er befriedigte, gleichzeitig seine Macht demonstrierte, indem er wie ein Fürst Gaben entgegennahm: Wein, aber auch Zigaretten, Zigarren, Kunsthonig, Marzipan, Fett oder anderes. Etliche legten ihm ihre „Gaben" über Jahre regelmäßig unaufgefordert auf den Schreibtisch. Meist arrangierte er dann die „Gefälligkeit", um die er sich trotzdem unterwürfigst bitten ließ. Ging es um Arbeitserleichterungen, sicherte er sich durch Atteste ab, wobei er dem Amtsarzt vorher telefonisch das gewünschte Ergebnis der Untersuchung durchgab.[232]

War eine Person zur „Evakuierung" bestimmt, so konnte es geschehen, daß Schallert sie vorher zu Hause aufsuchte und den Besitz in Augenschein nahm. Die Betroffenen wußten, daß es für zurückbleibende Verwandte günstiger war, ihm den begehrten Gegenstand „spontan zu schenken", denn Schallert galt als rachsüchtig und nachtragend, wenn jemand ihm nicht zu Gefallen war. Frauen, die ihm ausweichen wollten und die Unterkunft wechselten, liefen Gefahr, wegen Nichteinhaltung der Meldepflicht bestraft zu werden. In Gespräche streute der „Judenkommissar" kleine Hinweise darauf ein, daß er Herr über Leben und Tod war.[233]

Allein materielle „Geschenke" reichten ihm oft nicht, zunehmend forderte er mehr als Unterwerfung. Er wollte Freundschaft oder gar Liebe. Hatte er diese bekommen, ließ er die betreffenden Personen fallen. Eine Frau, die er zum Geschlechtsverkehr gedrängt hatte, wurde von ihrer nichtjüdischen Zimmernachbarin wegen „Rassenschande" denunziert.[234] Obwohl Schallert namentlich genannt war, ging gegen ihn niemand vor – hier schützten die guten Beziehungen zu Göttsche. Die Frau hingegen war einem Kesseltreiben ausgesetzt, bis sie schließlich Selbstmord beging. Schallert hatte für sie keinen Finger gerührt. Auch nach dem Krieg wies er jede Mitverantwortung an dem Freitod weit von sich.

Wie aus den Beispielen deutlich wurde, suchte Schallert die räumliche wie emotionale Nähe zu den von ihm abhängigen Personen und forderte immerfort persönliche Bestätigung. Er war maßlos und gefährdete mit dieser Maßlosigkeit sich und andere. Jeder „Schutz", den er gewährte, konnte – mit dem entsprechenden Paragraphen wie beispielsweise „Rassenschande" oder „Korruption" belegt – auch zur tödlichen Bedrohung werden. Darüber hinaus pflegte er den privaten Verkehr mit Mischehepaaren[235] – ohne dabei auf die regelmäßigen Zuwendungen zu verzichten.

Für Personen, die Schallert bestachen, und sich ansonsten von ihm fernhielten, war die von Schallert ausgehende Grenzverletzung deutlich. „Gehe nie zu deinem Fersch [gemeint: Fürst, B.M.], wenn du nicht gerufen werscht", war die Devise dieser Juden.[236] Für diejenigen jedoch, die eine solche „Freundschaft" eingingen, verwischten sich auch nach dem Krieg Fragen nach Freiwilligkeit, Schuld und Täterschaft völlig.[237]

Schallert war überzeugter Nationalsozialist. Seine Gesinnung hatte ihm die zum Schluß mit 325 RM dotierte Stellung eingetragen[238] und ihm eine Machtposition verschafft, die er in Friedenszeiten ohnehin nie und als Arbeitsamtsleiter im Osten nur vielleicht erreicht hätte. Die Leitung des Arbeitseinsatzes entsprach seinen Fähigkeiten: Sie war nicht in Verwaltungsabläufe eingebunden, konnte im Gespräch mit Gestapo und Verpflichteten geregelt werden, erforderte immer neue Improvisation und verschaffte ihm Freiräume in der Arbeitszeitgestaltung.

Zu Juden hatte Schallert ein sehr eigenartiges Verhältnis. Die Zeit als Leiter des Arbeitseinsatzes ermöglichte ihm umfassende Bedürfnisbefriedigung auf Kosten der Juden: Was immer er Begehrenswertes sah, es würde ihm gehören, wenn er es denn wollte. Die zum Arbeitseinsatz Verpflichteten sicherten nicht nur seinen Arbeitsplatz, sondern versorgten ihn mit Essen, Trinken, Tabak, Sex sowie mit Zuwendung und Bestätigung, von denen er offensichtlich nie genug bekommen konnte.[239] Hinzu kam, daß er in der Hamburger Gesellschaft der 20er Jahre aus Gründen des sozialen Gefälles mit etlichen von ihnen nicht hätte verkehren können. Während der NS-Zeit hatten sich die Vorzeichen geändert: Sie waren sozial sehr tief abgestiegen, ihn hatten günstige Zeitumstände in eine Position gelangen lassen, die ihm Macht über sie gab. Ein Antisemit im Sinne einer tiefgehenden Ablehnung der Juden war Schallert nicht. Aber daß er wegen seiner Freundschaft zu Juden in der SA kritisiert worden sei, wie er nach 1945 geltend machen wollte, und deshalb die SA verlassen hatte, war eine bewußte taktische Lüge.

Am 9. Juli 1945 wurde er wegen seiner NSDAP-Mitgliedschaft entlassen und kurz darauf (mit Hilfe eines vorher von ihm erpreßten Juden) verhaftet. Es folgten zehn Monate Internierung in Neuengamme. Aus gesundheitlichen Gründen wieder in Freiheit, handelte er nun mit Textilien, seine Frau verdiente mit Heimarbeit hinzu.[240]

Ein erstes, seit 1947 geführtes Ermittlungsverfahren wurde 1948 eingestellt.[241] Zwar gab es jüdische und nichtjüdische Belastungszeugen, aber kaum Personen, die über Zuständigkeiten und Abläufe Angaben machen konnten. Gestapobeamte hatten – wie Göttsche und Mecklenburg – Selbstmord begangen oder waren – wie Wohlers – unauffindbar.[242] Max Plaut, der als Vertreter der Reichsvereinigung mit der Gestapo, aber auch mit Schallert zu tun hatte, lebte noch in Israel.[243] Erst im zweiten Anlauf konnte das Verfahren 1950 vor dem Schwurgericht beim Landgericht Hamburg eröffnet werden. Obwohl Schallert jede Schuld vehement abstritt und beispielsweise die Erstellung der Verhaftungsliste vom Februar 1943 einer Angestellten der jüdischen Gemeinde zuordnete, fügten sich die Beweise nun zusammen.[244] Auch ein Schlaganfall mit „völligem Gedächtnisverlust" Schallerts und ein ärztliches Attest über progressive Paralyse[245] (Endstadium der Syphilis, Gehirnerweichung) verhinderten nicht, daß ihn das Gericht wegen „Unmenschlichkeitsverbrechen" zu einer Zuchthausstrafe von 3 1/2 Jahren und der Aberkennung der bürgerlichen Ehrenrechte für fünf Jahre verurteilte.[246] Er hatte im übrigen kein Bedauern oder gar Trauer über den Tod derer gezeigt, die er auf die Verhaftungsliste gesetzt hatte. Er selbst lebte bis zu seinem Tod am 9. September 1961 in einem kleinen schleswig-holsteinischen Ort.[247]

Willibald Schallert verkörperte einen nationalsozialistischen Tätertypus, der sowohl vom Schreibtischtäter als auch vom ideologischen Überzeugungstäter unterschieden werden muß. Der Schreibtischtäter hätte die räumliche und erst recht die emotionale Nähe zu Juden vermieden, sondern vom Dienstzimmer aus die Arbeitseinsätze geplant. Ein ideologischer Überzeugungstäter hätte den Antisemitismus im Arbeitsalltag durch Schikanen, Überwachungen oder Strafsysteme in die Praxis umgesetzt. Schallert, der Schreibtisch wie Schriftverkehr mied, suchte hingegen die Nähe der ihm Ausgelieferten. Aber er wollte sie nicht als Juden erniedrigen oder vernichten, sondern dachte ausschließlich in personalen Beziehungen, die ihm aus der Kameraderie der NS-Bewegung vertraut waren und die der Stabilisierung seiner Persönlichkeit dienten. Er benutzte die Jüdinnen und Juden als ein geradezu unerschöpfliches Reservoir für seine Bedürfnisse. Er konnte sie gebrauchen, austauschen und entfernen. Dabei verletzte er über Jahre Gesetze, Regeln und politische wie „rassische" Prinzipien. Es ist bezeichnend für die Struktur des nationalsozialistischen Herrschaftssystems, daß jemand, der gegen grundlegende Normen so offensichtlich verstieß, dennoch unangefochten in dieser Machtposition verbleiben konnte, weil jegliche Kontrollinstanzen abgeschafft worden waren.

Schallert und die Gestapobeamten handelten den Mischehefamilien gegenüber als „die" Vertreter des NS-Regimes. Dies wird vor allem aus den Interviews mit „Mischlingen" deutlich. Für die Repräsentanten der RVJD bedeutete Schallerts Bestechlichkeit die Gewißheit, ihren Mitgliedern Erleichterungen verschaffen zu können. Sie war ein durchaus positives Moment. Was bedeutete es aber für die einzelnen Verfolgten, wenn ein Mann wie Schallert mit Macht über Leben und Tod ausgestattet war? Mit Schallert trat ihnen ein Amtsinhaber entgegen, der sich weder von antisemitischen Ideen leiten ließ noch sich die Pflicht zur buchstabengetreuen Umsetzung reichsweiter Anordnungen auferlegt hatte. Er führte seine Anweisungen nicht erbarmungslos aus, sondern war scheinbar auf einer Beziehungsebene erreichbar. Er hatte Verständnis, hörte zu, bedachte die persönliche Situation der Bittsteller, verschaffte Erleichterungen und lud Auserwählte sogar zum Kaffee ein. Daß all dies seinen Preis hatte, sprach sich schnell herum. Viele waren notgedrungen bereit, den Gegenwert zu zahlen, zumal Schallert diesen ihren persönlichen Verhältnissen anpaßte. Letztlich blieben den Abhängigen nur zwei Verhaltensmöglichkeiten: Entweder sie hielten strikt Distanz – mit allen Komplikationen, die aus einer Kränkung Schallerts entstehen konnten – oder sie waren ihm zu Willen. Im zweiten Fall verwischte sich für sie langfristig die Scheidelinie zur Verfolgerseite. Freundschaft, Sexualität, Dankbarkeit und Unterwerfung mit Dauerangst im Hintergrund über Jahre zu bieten, war ohne innere Beteiligung und ohne Auswirkung auf das Selbst- und Weltbild kaum möglich.

IV. Scheidungen von Mischehen

1. Das Eherecht im Nationalsozialismus

Die eheliche Gemeinschaft hatte nach Auffassung der Nationalsozialisten in erster Linie der „Volksgemeinschaft" zu dienen und deren Fortbestand in erbgesundheitlicher sowie „rassischer" Hinsicht zu sichern. Aus dieser Perspektive war es nach der Machtergreifung dringend geboten, bereits bestehende Mischehen aufzuheben bzw. – wenn dies aus politischen Rücksichten nicht möglich war – deren Auflösung auf Antrag des nichtjüdischen Partners erheblich zu erleichtern. Bis zur Verabschiedung des Ehegesetzes von 1938, das entsprechende Paragraphen enthielt, trieben nationalsozialistische Juristen eine Wandlung der bisherigen Rechtsprechung sowohl „von unten" wie auch „von oben" voran: Auf der unteren Ebene präjudizierten die Kammergerichte in ihren Urteilen und deren Veröffentlichung in den entsprechenden juristischen Zeitschriften eine weitgehende Auslegung bisher anders definierter Paragraphen des Bürgerlichen Gesetzbuches. Auf der „oberen Ebene" wurde um die Formulierung eines einheitlichen Familienrechts gestritten, das als neuer Gesetzeskomplex rassisch-völkische Kriterien (nicht nur) in das Scheidungsrecht einführen sollte.

Die Versuche, die Rechtsprechung „von unten" zu radikalisieren, setzten am § 1333 BGB an, der eine Anfechtung der Ehe zuließ, wenn sich ein Gatte in der Person des anderen oder über dessen persönliche Eigenschaften geirrt hatte, die ihn, in Kenntnis der Sachlage, von einer Heirat abgehalten hätten. Bis 1933 war damit allerdings nicht die „rassische" Zugehörigkeit einer Person gemeint. Zudem konnte ein Irrtum nur binnen sechs Monaten nach seiner Aufdeckung geltend gemacht werden, und wer die Ehe mündlich, schriftlich oder durch Geschlechtsverkehr bestätigte, verlor sein Anfechtungsrecht nach den §§ 1339 und 1337 BGB. Nationalsozialistische Richter definierten nun die Zugehörigkeit zur „jüdischen Rasse" als „persönliche Eigenschaft". Da aber kaum ein Scheidungswilliger behaupten konnte, diese sei ihm jahrelang verborgen geblieben, wurde dieser „Irrtum über die Person" durch den „Bedeutungsirrtum" ergänzt: Erst durch Aufklärung nach der nationalsozialistischen Machtübernahme hätte die Bedeutung des Irrtums erkannt und geltend gemacht werden können, was wiederum die Anfechtungsfrist auf die Zeit nach dem 30. Januar 1933 verschob.[248] Später wurde die Anfechtungsfrist auf eine „angemessene Zeit", deren Anlaufdatum noch bestimmt werden mußte, erweitert.[249]

Diese Auslegung stieß nicht auf die Zustimmung aller Juristen, forcierte aber reichsweit Urteilsbegründungen der Kammergerichte, die sich auf einzelne Teile oder die Gesamtargumentation bezogen, bis Roland Freisler, zu diesem Zeitpunkt Staatssekretär im Justizministerium, in einer Stellungnahme vor „Anarchie" und einer „Sprengung des Staates" durch Richter warnte, die eine entsprechende Gesetzgebung nicht abwarteten.[250] Marius Hetzel, der jüngst eine rechtshistorische Arbeit zur „Anfechtung der Rassenmischehen" vorlegte, in der er unveröffentlichte Urteile aus den Jahren 1933 bis 1939 auswertet, bezeichnet die Rechtsprechung folgerichtig als ambivalent.[251]

Auch die Vorbereitung des am 6. Juli 1938 verkündeten „Gesetzes zur Vereinheitlichung des Rechts der Eheschließung und der Ehescheidung im Lande Österreich und im übrigen Reichsgebiet"[252] war von jahrelangen Auseinandersetzungen gekennzeichnet. Bereits am 26. Juni 1933 hatte Hans Frank[253] die Akademie für Deutsches Recht ins Leben gerufen, deren Familienrechtsausschuß, ein hochkarätig besetztes wissenschaftliches Diskussionsgremium, über eine zukünftige Rechtsprechung nachdachte. Der Ausschußvorsitzende, Ferdinand Mößmer, definierte die Ehe als „Lebensgemeinschaft zweier rassegleicher, erbgesunder Personen verschiedenen Geschlechts zum Zweck der Wahrung und Förderung des Gemeinwohls (...) und der Erzeugung rassegleicher, erbgesunder Kinder und ihrer Erziehung zu tüchtigen Volksgenossen."[254] Von diesem Zweck ausgehend sollten sich Scheidungen nicht mehr am Schuldprinzip, sondern am Zerrüttungsprinzip orientieren. War die Ehe so zerrüttet, daß das „rassegleiche" Paar keine Kinder mehr erzeugte, sollte sie geschieden werden. Damit wurde der individualistisch-liberale Kern des Zerrüttungsprinzips in sein Gegenteil verkehrt, es drohte „zum Instrument der Entmündigung der Eheleute (...) gegenüber dem familienpolitischen Generalplan eines totalitären Staates"[255] zu werden. Das Justizministerium, geleitet von Franz Gürtner, geriet durch die Vorlage der Akademie in Handlungszwang. Der ehemals deutschnationale Minister wollte Wesen und Bedeutung der Ehe nicht verringern und auf keinen Fall im Bewußtsein der Volksgenossen die grundsätzliche Unauflöslichkeit verwischen.[256] Er fürchtete zudem die Ausbeutung staatlichen Rechts durch Egoismen. Hitler, vorab um seine grundsätzliche Meinung zum Scheidungsrecht gebeten, plädierte für eine „Mittellinie".[257] Der erste, 1937 vom Justizministerium vorgelegte Entwurf öffnete sich dem Zerrüttungsprinzip nur minimal: Nur wenn die Ehepartner wenigstens fünf Jahre getrennt gelebt hatten, sollte dieses – ohne das Verschulden zu prüfen – als Scheidungsgrund gelten. Vermutlich hätten die Beratungen noch längere Zeit beansprucht, wenn nicht der „Anschluß" Österreichs die Verabschiedung des neuen Gesetzes beschleunigt hätte. Die Vereinheitlichung der konfessionsbeherrschten, äußerst zersplitterten Rechtslandschaft Österreichs wurde mit einer Neuregelung des Scheidungsrechts in Deutschland verknüpft. Hitler intervenierte persönlich, um Unfruchtbarkeit als Scheidungsgrund zu etablieren (Kinderlosigkeit hingegen nicht) und die Möglichkeit zu schaffen, auch beim Scheidungsgrund Ehebruch eine spätere Ehe einzugehen. Das neue Gesetz hielt zwar am Ehehindernis Ehebruch fest, aber nur bei mangelnder Erbgesundheit oder zu großem Altersunterschied.[258] Zur Trennung von „Rassenmischehen" wurde der politische §37 EheG geschaffen, die Aufhebungsklage aus „rassischen" Gründen. Im weiteren kombinierte das Ehegesetz Verschuldens- und Zerrüttungsprinzip: Bei Ehebruch (§47 EheG), Verweigerung der Fortpflanzung (§48 EheG) und anderen schwerwiegenden Eheverfehlungen (§49 EheG) galt das Schuldprinzip. Hinzu kamen „eugenische" Scheidungsgründe.[259] Neu waren die §§Unfruchtbarkeit (§53 EheG) und „Auflösung der häuslichen Gemeinschaft" (§55 EheG). Die im Entwurf noch geforderten fünf Jahre Trennung waren auf drei reduziert worden. Danach galt die Ehe als so zerrüttet, daß ihre Wiederherstellung entsprechend dem „Wesen der Ehe" nicht erwartet werden konnte. Die Nichtigkeitserklärung einer Ehe – beispielsweise bei einer nach den Nürnberger Gesetzen verbotenen Eheschließung – galt im Gegensatz zur Aufhebung rückwirkend.[260] Zum Teil hatten „generalklauselartige unbestimmte

Rechtsbegriffe" wie „das Wesen der Ehe", das im Gesetz nicht definiert wurde, Eingang in das neue Eherecht gefunden[261], die den Richtern große Freiräume ermöglichten.[262]

Bezogen auf die Aufhebung von Mischehen zeichnete sich die Rechtsprechung der Instanzgerichte nach dem neuen Ehegesetz durch großzügige Anwendung des § 37 EheG (Bedeutungsirrtum) aus, dessen Frist sie auch 1939 noch nicht als abgelaufen ansah. Das Reichsgericht präzisierte 1940 seine Rechtsprechung zu Mischehen dahingehend, daß es nun die Aufhebung stets für sittlich gerechtfertigt hielt und zwar auch dann, wenn der „jüdische" Teil kein „Volljude" war.[263] Es wies zudem auf die Möglichkeit hin, Mischehen nach dem § 55 EheG (Zerrüttung) unproblematisch zu scheiden – in juristischer Terminologie: Diese Ehen genossen geringen Bestandsschutz, weil die Volksgemeinschaft kein Interesse an ihrer Aufrechterhaltung hatte.[264] Dennoch entwickelte der Zerrüttungsparagraph in der Praxis nicht die Schärfe eines „schrankenlos wütenden Nazi-Paragraphen" (Blasius), der er nach Intention seiner rassenhygienisch und bevölkerungspolitisch denkenden Befürworter hätte werden sollen.[265]

Die Teilnehmer der Wannsee-Konferenz 1942 hatten sich nicht auf eine gesetzliche Vorgabe zur Zwangsscheidung der Mischehen einigen können. Somit galt das Ehegesetz von 1938 bis zum Kriegsende. „Die gerichtliche Auflösung deutschjüdischer Mischehen kann, da besondere gesetzliche Vorschriften hierüber bisher nicht ergangen sind, nur auf der Grundlage der Vorschriften des Ehegesetzes über die Eheaufhebung und Ehescheidung stattfinden"[266], bedauerte der Justizminister 1944 und wies darauf hin, daß kein geschiedener Ehemann seiner jüdischen Frau die Weiterführung des Namens versagen könne. Da das Drängen der Rassenpolitiker auf neue Instrumentarien zur Trennung der Mischehen von seiten des Gesetzgebers nicht erfüllt wurde – so meine im folgenden ausgeführte These –, suchten Richter und Gerichte ihre eigenen Lösungen, radikalisierten die Rechtsprechung also „von unten", wie sie es zwischen 1933 und 1938 schon einmal praktiziert hatten.

Die aus Deutschland emigrierten Mischehepaare stellten den Gesetzgeber vor Sonderprobleme. Waren sie beispielsweise nach Frankreich, in die Niederlande oder in die östlichen Nachbarländer ausgewandert, wurden sie dort von den deutschen Truppen und den nachfolgenden Zivilverwaltungen eingeholt. Während diese einheimische Mischehen zumeist wie Juden behandelten, zeigten sie bei der Behandlung der Mischehen mit einem „deutschblütigen" Partner Unsicherheit. So wies das Auswärtige Amt für die westlichen besetzten Länder darauf hin, daß diese Ehepaare und bei ihnen lebende Kinder ausgebürgert werden, d.h. wie staatenlose Juden behandelt werden sollten. Bei getrennt lebenden Paaren sollte Scheidung „angestrebt" werden.[267]

Der Oberlandesgerichtspräsident von Kattowitz, Reichsgau Wartheland, wählte einen einfacheren Weg, als er im Februar 1943 an die Landgerichtspräsidenten schrieb:

> „Seit dem Sommer 1942 sind im größerem Umfang von der Geheimen Staatspolizei früher im hiesigen Bezirk ansässig gewesene Juden ausgesiedelt worden. Sie haben zum Teil in Mischehen mit Deutschblütigen gelebt. Es ist damit zu rechnen, daß – wie es in mehreren Fällen bereits geschehen ist – die zurückgebliebenen arischen Ehefrau-

en in zunehmenden Maße Klage auf Ehescheidung erheben werden, ohne jedoch häufig zur Begründung etwas anderes vorbringen zu können, als daß der Beklagte als Jude das Reichsgebiet habe verlassen müssen. Es dürfte nicht nur im Interesse des arischen Eheteils, sondern auch der Allgemeinheit liegen, daß diese Mischehen alsbald gelöst werden."[268]

Im Gegensatz zu den Regelungen in den besetzten Niederlanden hatte die Existenz einer („privilegierten") Mischehe in Kattowitz keinen Schutz vor der Deportation geboten. Es ging nicht darum, die „deutschblütigen" Partner *vor* der Deportation zur Scheidung zu bewegen, um diese durchführen zu können, sondern nur darum, die zwangsweise vollzogene Trennung post festum rechtlich zu fixieren. Deshalb schlug der Oberlandesgerichtspräsident den Landgerichten eine klare Rechtsbeugung vor. Sie sollten den §55 des Ehegesetzes anwenden, auf die darin vorgeschriebene dreijährige Trennungszeit hingegen verzichten:

> „Wenn der Gesetzgeber beim Ehegesetz den Fall einer Aussiedlung von Juden und anderer ähnliche Fälle, in denen Trennung, gleichviel ob freiwillig oder erzwungen, von vornherein als eine dauernde sicher zu erkennen ist, vorausgesehen hätte, dann hätte er von dem Erfordernis der dreijährigen Trennung abgesehen. (...) Unter den augenblicklichen Kriegsverhältnissen soll man nicht abwarten, (...) sondern jetzt schon durch entsprechende Gesetzesauslegung helfen."[269]

Das Justizministerium selbst verwies darauf, daß Regelungen ausstünden[270] und ließ den Gerichten damit immense Spielräume.

Nach der Besetzung Polens wandten die dort eingesetzten Gerichte ohne formelle Einführung das deutsche Eherecht zur Auflösung deutsch-polnischer Mischehen an, das die Richter aber zu sehr an Kriterien band, um „den völkischen Belangen in jedem Fall die ihnen gebührende Beachtung zu verschaffen."[271] Deshalb wurde ein Scheidungsentwurf ausgearbeitet, der diese „Belange" berücksichtigte: Die künftige Schließung deutsch-polnischer Mischehen wurde per Gesetzesakt verboten. Für bereits bestehende Ehen wurden „Scheidungserleichterungen" ausgearbeitet, nach denen ohne Schuldprüfung einem Scheidungsbegehren des „deutschblütigen" Partners stattgegeben werden sollte. Diese Regelung erstreckte sich ausdrücklich auch auf „Deutschblütige", die vor der Besetzung Polens dort oder in Danzig mit einem jüdischen Partner verheiratet waren.[272]

Die hier nur ausschnitthaft dargestellte Scheidungspraxis der Gerichte in den besetzten Gebieten bedarf dringend weiterer Forschungen. Aber selbst über die Scheidungspraxis im „Altreich" ist letztlich wenig bekannt. Während die Strafjustiz aufgrund ihrer Instrumentalisierung und der inneren Radikalisierung Gegenstand von Untersuchungen geworden ist[273], blieb die Ziviljustiz weitgehend unbeachtet. Obwohl der große Spielraum, den das Ehegesetz von 1938 den Richtern gab, in der juristischen wie auch in der historischen Literatur hervorgehoben wird, fehlt es bis heute an einer Auswertung der tatsächlichen Rechtsprechung, die sich nicht nur auf einzelne publizierte Fälle der Instanzgerichte stützt, sondern die Scheidungs- bzw. Aufhebungspraxis für Mischehen im zeitlichen Längsschnitt untersucht, wie es in dieser Arbeit am Beispiel der Urteile des Hamburger Landgerichtes geschehen soll. Marius Hetzels Untersuchung über die Rolle der Ziviljustiz gibt immerhin Aufschluß über die Anfechtungsmöglichkeiten der Mischehen bis 1938. Hetzel kommt zu der Schlußfolgerung, daß die Rechtsprechung, anfangs an unterschiedlichen Maßstäben orientiert, in der NS-Zeit mit zunehmender Dauer immer radikaler und immer stärker vom Wunsch geleitet wurde, solche Ehen zu trennen.[274] Der Jurist Reginald Puerschel wies für Hamburg anhand etlicher Entscheidungen aus den Jahren 1933 bis 1939 nach, daß bis zur Neufassung des Eherechts die Rechtsprechung hinsichtlich der Anfechtung von Mischehen nicht einheitlich war[275]: So wurden Klagen abgewiesen, während andere Richter über „rassisch" motivierte Entscheidungen des Reichsgerichts hinausgingen. Bei einigen Klagen war zwar die Anfechtung nicht erfolgreich, wohl aber ein alternativer Scheidungsantrag. Aus den von Puerschel untersuchten Urteilen[276] ergibt sich das Bild einer Gemengelage aus Rechtsunsicherheit, Bemühungen um Radikalisierung der Auslegungen oder Festhalten am Althergebrachten. Eine große Bandbreite traditioneller Entscheidungen mit geschlechtsspezifischen Argumentationen stand Urteilen gegenüber, die rassistisch begründet oder als „Rechtsprechung contra legem" einzuordnen waren.[277]

Doch Puerschel wie Hetzel untersuchen die Anfechtungspraxis lediglich für jene Zeitspanne, als die Judenverfolgung in Deutschland vom Ziel der Auswanderung und Vertreibung bestimmt war. Sie blenden die Zeit nach der Einführung des neuen Ehegesetzes weitgehend aus. Dieses fixierte mit dem §37 die vormalige Anfechtung nun als Aufhebung erstmals rechtlich und hätte eine einheitliche Rechtsprechung ermöglicht, zu der es jedoch nicht kam. Inzwischen hatte sich die Situation der Mischehen ebenfalls geändert: Sie waren nun in „nichtprivilegierte" und „privilegierte" unterschieden worden. Der jeweilige Status sorgte für Rück- bzw. Freistellung von den Deportationen, die ab Herbst 1941 anliefen. Eine Scheidung erhielt damit ab Ende 1941, als die Emigration nicht mehr möglich war und die Deportationen bereits angelaufen waren, eine neue Dimension: Sie konnte für den jüdischen Partner tödlich enden, weil sie dessen Einbeziehung in die Vernichtungspolitik bedeutete.

Hinzu kommt, daß die Aufhebungsverfahren nur einen kleinen Teil – nach meiner Auswertung der Hamburger Urteile ungefähr ein Viertel – der Scheidungsprozesse darstellten. Die Mehrheit der scheidungswilligen Mischehepartner reichte die Klage – ebenso wie Angehörige der Mehrheitsbevölkerung – wegen (oder unter dem Vorwand) der Verletzung ehelicher Pflichten ein. Erst wenn dieser vermeintlich unpolitische Bereich der Rechtsprechung ebenfalls zum Gegenstand der Auswertung wird, ergibt sich ein Gesamtbild der Zivilrechtsprechung bezogen auf Mischehen im NS-Staat.

2. Judenverfolgung und Geschlechterrollen im Spiegel der Scheidungspraxis bei Mischehen

Als Puerschel Anfang der 1990er Jahre die Rechtsprechung der Landgerichte Hamburg und Altona in Ehe- und Familiensachen von 1933 bis 1939 untersuchte, beinhaltete das Archiv des Landgerichts Hamburg „die fast komplette Überlieferung der Entscheidungen (...) aus der Zeit des Dritten Reiches."[278] 1995 war dieser Bestand bereits erheblich durch Kassation reduziert. Dennoch gelang es, insgesamt

130 Scheidungs- oder Aufhebungsurteile für die folgende Auswertung zu erschließen, die überwiegend aus den Jahren 1938 bis 1945 stammen.[279]

Die 130 Scheidungs- bzw. Aufhebungsurteile sollen vor einer inhaltlichen Auswertung zunächst quantitativ aufgeschlüsselt werden. Die im Anhang abgedruckten Tabellen 1 bis 5 geben darüber detailliert Auskunft. Bei der Mehrheit der geschiedenen Mischehepaare war der Mann der jüdische Teil: 103 Männer gegenüber nur 27 jüdischen Ehefrauen. Dies bedeutet nicht nur, daß sich der höhere Anteil der Ehen mit jüdischem Ehemann im Scheidungsanteil widerspiegelt, sondern daß diese Ehen darüber hinaus weit häufiger geschieden wurden. Gab es – gemessen an der von Lippmann für Hamburg angegebenen Zahl der Mischehen von 972 im Jahr 1940 fast doppelt so viele Mischehen mit jüdischem Ehemann wie mit jüdischer Ehefrau (623:349), so wurden diese Ehen fast vier Mal häufiger geschieden als Ehen mit jüdischen Ehefrauen.

Auffällig an der zeitlichen Verteilung der Scheidungen ist zunächst, daß die Zahl der Anträge zwischen 1938 und 1943 kaum abfällt.[280] Erst 1944 sinkt sie deutlich. Die Gesamtzahl der Mischehescheidungen zwischen 1933 und 1938 ist nicht bekannt. Bisher wurde – ohne zeitliche Differenzierung – davon ausgegangen, daß im „Altreich" insgesamt 7-10% der Mischehen geschieden wurden.[281] Es ist aber zu vermuten, daß – bedingt durch den sozialen Abstieg, den die Judenverfolgung gerade in den ersten sechs Jahren nach der nationalsozialistischen Machtübernahme verursachte – die Anzahl der Scheidungen in diesem Zeitraum wesentlich höher zu veranschlagen ist als die hier für den Zeitraum 1938 bis 1945 erfaßten Urteile. Selbst wenn berücksichtigt wird, daß die Scheidungsrate in der Stadt Hamburg höher als im übrigen Reich lag[282], muß wohl entgegen den bisherigen Annahmen von einer Scheidungsrate von über 20% ausgegangen werden.[283]

Aus der Tabelle 2 wird deutlich, daß der §37 EheG (Aufhebung) keineswegs der dominierende Scheidungsparagraph war. Er wurde lediglich in ungefähr einem Viertel der Verfahren angewendet. Fast die Hälfte der Paare hingegen wurde nach dem §49 EheG geschieden, der unterschiedliche Formen ehewidrigen Verhaltens umfaßte und den Richtern zudem individuelle wie gemeinsame Schuldzuweisung ermöglichte. Der neugeschaffene §55 EheG, der eine dreijährige Trennung voraussetzte und Scheidungen ohne Schuldzuweisungen ermöglichte, wurde insbesondere bei Emigration oder Abwesenheit des jüdischen Ehepartners zur Begründung herangezogen.

Entsprechend dem Scheidungsverhalten der nichtjüdischen deutschen Bevölkerung waren es auch bei den Mischehen in erster Linie die bis zu fünf Jahren geführten Ehen, die geschieden wurden (Tabelle 3). Da Mischehen nach 1935 nicht mehr geschlossen werden durften, drückt sich dies verlagert in den Scheidungszahlen der Ehen aus, die bis zu zehn Jahre gedauert hatten. Auch für den Zeitraum von 1933 bis 1938 darf vermutet werden, daß angesichts der ökonomischen Existenzvernichtung die Ehen mit bis zu fünf Jahren Dauer ebenfalls den größten Anteil an den Scheidungen ausmachten. Für die Zeit von 1938 bis 1945 fällt auf, daß der Anteil der 10 bis 25 Jahre bestehenden Ehen an den Scheidungsverfahren ebenfalls nicht gerade niedrig ist, d.h. daß selbst Ehepaare, die den Verarmungs- und Ausgrenzungsprozeß noch miteinander ertragen hatten, sich angesichts der befürchteten schrittweisen Einbeziehung in den Vernichtungsprozeß trennten.

Ein Blick auf die in den Urteilen angegebenen Aufenthalts- bzw. Wohnorte der Ehepartner (Tabelle 4) läßt auf den gesteigerten Verfolgungsdruck schließen, dem beide Partner ausgesetzt waren. Nur von knapp der Hälfte der Paare wohnte der jüdische Partner zum Zeitpunkt der Scheidung noch in Deutschland und war dort nicht inhaftiert oder ins „Judenhaus" eingewiesen worden. Rund ein Viertel der Ehen wurde während einer KZ- oder Gefängnishaft geschieden. Auch die hohe Zahl der Emigranten wirft ein erstes Schlaglicht darauf, daß viele Paare zunächst die faktische, dann die juristische Trennung vollzogen. War ein Paar zusammen emigriert und ausgebürgert worden, galten beide Teile in ihrem Aufnahmeland oftmals als Staatenlose. Scheiterte eine Ehe dann, mußten sie – jedenfalls bis Kriegsbeginn – vor einem deutschen Gericht die Scheidung einreichen, das betraf sechs gemeinsam emigrierte Paare.

Nach dem Ehegesetz von 1938 war – wie oben kurz beschrieben – die Schuldverteilung teilweise durch das Zerrüttungsprinzip abgelöst (§55), teilweise aber auch mit ihm kombiniert worden (§49/§60). In der Praxis der Scheidungsurteile ergibt sich – wenn nicht auf Zerrüttung oder Aufhebung erkannt wurde – daß zwischen 1937 und 1945 Schuldzuweisungen überwiegend an die jüdischen Ehemänner ergingen (Tabelle 5): Von 79 Scheidungen mit Schuldspruch waren dies 45. Die geschiedene jüdische Ehefrau war nur in 4 Fällen schuldig.

Geschieden wurden 59 Mischehen, aus denen Kinder hervorgegangen waren, und 56 ohne Kinder, bei 15 Fällen ist dies nicht ersichtlich. Die Gerichtsentscheide geben keine Auskunft darüber, ob die Kinder jüdisch erzogen wurden, d.h. ob die geschiedenen Ehen als „privilegiert" oder „nichtprivilegiert" anzusehen waren. Da aber – wie am Anfang des Kapitels ausgeführt worden ist – der Nachwuchs aus Mischehen überwiegend nichtjüdisch erzogen wurde, kann aus diesen Zahlen geschlossen werden, daß „privilegierte" Ehen im ähnlichen Umfang wie „nichtprivilegierte" geschieden wurden – ungeachtet des lebenserhaltenden Schutzes der „Privilegierung". Von 130 Geschiedenen waren 33 emigriert (gemeinsam oder getrennt). Von den restlichen 97 Personen wurden 69 deportiert und/oder ermordet.[284] Davon waren 63 Männer und 6 Frauen.

Die Begründungen für Scheidungsklagen und -urteile unterlagen im Laufe der NS-Herrschaft einem extremen Wandlungsprozeß:

1937 begründete die Ehefrau Bertha H. ihre Scheidungsklage mit der Lieblosigkeit und den außerehelichen sexuellen Beziehungen ihres Ehemannes.[285] Weil sie ihre Vorwürfe nachweisen konnte, entsprach die Zivilkammer 4 dem Wunsch der „mosaischen" Ehefrau und schied die Ehe aus Verschulden des Mannes.[286] Im selben Jahr forderte ein jüdischer Ehemann die Scheidung, weil seine Frau durch „vollkommen unwirtschaftliches Verhalten, durch Versetzen von persönlichen Sachen des Klägers, durch Schuldenmachen" und persönliche Beleidigungen wie „Judenpack" oder „alter Jidd" die Ehe zerrüttet habe. Das Gericht wertete dieses Verhalten als Verstoß gegen die weiblichen Pflichten und sprach die Ehefrau schuldig.[287] In beiden Fällen urteilten Richter, die ihre Rechtsprechung an klaren Vorstellungen von weiblichen und männlichen Pflichten und der Nachweisbarkeit von Verstößen ausrichteten – wenn auch die Art der Beschimpfungen zeigt, daß die Diskriminierung der Juden längst Einzug in die eheliche Gemeinschaft gehalten hatte. Gleichwohl hatte aus Sicht der Scheidungsrichter eine Ehefrau ihren Mann weder zu beschimpfen, wenn dieser seinerseits die ehelichen Pflichten erfüllte, noch relativierte die „Rassenzugehörigkeit" des Ehepartners per se vorgebrachte Vorwürfe. Auch der jüdische Ehepartner reichte noch die Scheidung ein, wenn ihr oder ihm der Ehealltag unerträglich schien und mußte diese Belastung noch nicht gegen die Angst abwägen, deportiert zu werden.

Andere Scheidungsklagen zeugen vom Wunsch nach einer schnellen und einvernehmlichen Scheidung und dem Bemühen, ohne Schuldzuweisung an den jüdischen Partner die amtliche Trennung herbeizuführen, wenn die Ehe denn schon zerrüttet oder der Druck von Arbeitgebern, Vorgesetzten, Gestapo oder auch von Eltern oder der Nachbarschaft nicht mehr auszuhalten war. Eine solche in den Vorkriegs- und ersten Kriegsjahren wiederkehrende Begründung ist die, der jüdische Ehemann habe sich sexuell immer mehr von der Ehefrau zurückgezogen, ihren Unterhalt vernachlässigt und damit die Zerrüttung der Ehe verschuldet.[288] So hatte er zwar traditionelle ehemännliche Pflichten verletzt, dem „Rasseempfinden" der Richter aber durch vorauseilende Enthaltsamkeit Genüge getan und schließlich auch die Ehefrau entlastet.

Eine andere Argumentationsfigur lautete auf Zerrüttung der Ehe aus beider Verschulden, wenn sich beispielsweise Eheleute wechselseitig Verfehlungen wie Streitsucht oder mangelnde Rücksichtnahme vorwarfen.[289]

In solchen Fällen forschten die Richter weder nach Einzelheiten noch urteilten sie nach „rassischen" Gesichtspunkten. Manche fügten der Begründung, die sich auf innereheliche Vorgänge bezog, dann allerdings hinzu, von dieser Lebensgemeinschaft sei „auch angesichts des Rassen- und Glaubensunterschiedes (…) eine Wiederherstellung einer dem Wesen der Ehe entsprechenden Lebensgemeinschaft nicht zu erwarten."[290] Andere Ehen wurden in diesem Zeitraum geschieden, weil ein Partner gegen Pflichten verstoßen hatte, beispielsweise hatte eine Ehefrau ihren jüdischen Mann nicht nur verlassen, sondern ihm vorher auch die Wohnung ausgeräumt, eine Handlung, die ihr die Schuldzuweisung bei der Scheidung eintrug.

Schließlich gab es – wie zu allen Zeiten – Ehen, deren tiefe Zerrüttung im beiderseitigen Bedürfnis zum Ausdruck kam, ausführlich die Verfehlungen von Partnerin oder Partner darzustellen. In diese Scheidungsurteile flossen ebenfalls keine „rassischen" Gesichtspunkte ein, wenngleich Momente der Judenverfolgung als alltagsbestimmend auftauchten. So hatte ein jüdischer Ehemann argumentiert, er hätte seine Familie nicht versorgen können, da ihm als Juden der Gewerbeschein und damit die Existenzgrundlage entzogen worden wäre. Sein beleidigendes Verhalten der Ehefrau gegenüber begründete er aber damit, daß er ihren Ehebruch entdeckt hatte. Das Gericht folgte dem, wertete den Ehebruch als schwerwiegender und schied die Ehefrau schuldig.[291]

Diese kurze Darstellung der Scheidungsbegründungen zwischen 1937 und 1939 gibt einen Eindruck von der Vielfältigkeit der Trennungsgründe. In den Jahren 1937 bis 1939 zeichnen sich die Begründungen der Kläger wie auch die richterlichen Urteile immer noch durch ein ungeregeltes Nebeneinander von geschlechtsspezifischen Pflichtverletzungen und bereits dem rassistischen Gedankengut Rechnung tragenden Argumentationen aus. 16 von 130 Urteilen zeugen von dieser noch nicht normativ veränderten Scheidungsrechtspraxis. Die Urteilsbegründungen der Richter zeigen, daß die Mehrheit von ihnen zwischen 1937 und 1939 versuchte, die Auswirkungen der Judenverfolgung als vom Ehepaar gemeinsam zu ertragende Belastungen zu behandeln, die die geschlechtsspezifischen Pflichten neu definierten.

Ab 1939 allerdings änderten sie ihre Rechtsprechung sukzessive dahingehend, die Auswirkungen der Judenverfolgung nun als ein Verschulden des Verfolgten zu werten. Das befreite den „deutschblütigen" Partner von seinen ehelichen Verpflichtungen – in der Ehe und auch nach der Scheidung. Gab es dennoch bis 1942 vereinzelte Urteile nach anderen Kriterien, so brach diese Praxis 1942 abrupt ab. Eine Analyse der Urteile ergibt, daß sich sowohl die Vorwürfe der Kläger als auch die Entscheidungsgründe der Richter im rassenpolitischen Sinne radikalisierten. Dies betraf nicht nur die einzelnen Richter, sondern den gesamten Ziviljustizbereich. In Lenkungsbesprechungen, die bisher vor allem aus der Strafjustiz bekannt sind, wurde die Rechtsprechung vereinheitlicht. Von diesem Zeitpunkt an wurden „unpolitische" Urteile allenfalls im Bereich des §55 EheG gefällt, der Zerrüttung nach mindestens dreijähriger Trennung, oder bei Tatbeständen wie dem §47 EheG, nachgewiesenem Ehebruch. Doch selbst hier fehlte die Eindeutigkeit. Dieser Gleichklang zerfiel erst im Jahr 1944 wieder, als der Kriegsverlauf bewirkte, daß ein Teil der Richter zur alten Form der geschlechtsspezifischen ehelichen Pflichtverletzungen zurückkehrte, während andere die Radikalität auf die Spitze trieben.

Die Scheidungswilligen waren in der Mehrheit die „deutschblütigen" Frauen. Ihre Begründungen und korrespondierende Aktenbestände geben einen Einblick in die vielfältigen Motive, die dazu führten, die Trennung von ihren jüdischen Ehepartnern herbeizuführen und damit willentlich oder unwissentlich zu Akteurinnen im Prozeß der Judenverfolgung zu werden.

3. Die rassistische Aufladung der Eheaufhebungs- und Scheidungsparagraphen

Scheidungsgrund Ehebruch

Ehebruch war nach altem und neuem Eherecht ein Scheidungsgrund, wenn auch die Folgen für den schuldig geschiedenen Teil bei einer späteren Eheschließung nicht mehr so gravierend waren wie vor 1938. Vier Urteile des Hamburger Landgerichts in den Jahren 1939 bis 1944 zeugen davon, daß die Kammern in Fällen von Ehebruch schnell und ohne weitere Recherchen entschieden. Wesentlich war dabei, daß der Seitensprung mit einer „gleichrassigen" Person begangen worden sein mußte. Andernfalls entstand aus dem „harmlosen" Ehebruch ein Strafverfahren wegen „Rassenschande", denn durch die Nürnberger Gesetze war die Strafverfolgung von außerehelichem Sexualverkehr zwischen Juden und „Deutschblütigen" bekanntlich ein Offizialdelikt. So finden sich in dem untersuchten Sample neben vier Scheidungsurteilen wegen Ehebruchs mit „Gleichrassigen" fünf weitere aus den Jahren 1937 bis 1942, die an ein „Rassenschandeverfahren"[292] anknüpften und mit einem Schuldspruch gegen die jüdischen Ehepartner (vier Männer, eine Frau) endeten.

Weitere zwei „deutschblütige" Ehefrauen hatten befürchtet, mit anderen Scheidungsgründen nicht anerkannt zu werden und den jüdischen Ehemann „vorsorglich" der „Rassenschande" bezichtigt. In beiden Fällen erwiesen sich die Anzeigen als haltlos, doch wurde einer der Ehemänner in Untersuchungshaft genommen. Die

Klägerin zog nun die Anzeige zurück und führte als Scheidungsgrund Zerrüttung aus „rassischen" Gründen an. Das Gericht folgte ihr, denn „sie habe sich vom Kläger getrennt, weil sie zu spät erkannt habe, daß ihre Ehe als Mischehe und durch das ehebrecherische Verhalten des Klägers unhaltbar geworden sei"[293], und bewertete neben der „Rassenverschiedenheit" auch den Altersunterschied von 16 Jahren als eheabträglich.

In dem zweiten Fall hingegen sah die zuständige Zivilkammer in der Anzeige der Ehefrau, die „an der jüdischen Abstammung des Beklagten bis dahin Anstoß nicht genommen" hatte, einen Verstoß gegen deren eheliche Treuepflicht. Es wies darauf hin, dieses Vorgehen sei ein Grund, sie schuldig zu scheiden, wenn das Gericht nicht zu ihren Gunsten annähme, daß sie eine leicht erregbare Frau sei, die im übrigen über die Folgen ihrer Anzeige nicht im Bilde gewesen sei. Als die Klägerin jedoch ein halbes Jahr später – immer noch vier Monate vor Inkrafttreten des neuen Eherechts – Revision gegen das Urteil beim Oberlandesgericht (OLG) einlegte, folgte diese Instanz ihren „Belegen" für ehebrecherische Aktivitäten des Ehemannes. Auch die Anzeige erschien plötzlich in anderem Licht. Das Gericht mahnte zwar, Strafanzeigen seien im allgemeinen mit der ehelichen Treuepflicht nicht vereinbar. Auch verwunderte es das OLG, „wenn die arische Klägerin, die nach fünfundzwanzigjähriger Ehe mit einem Juden keinen Anspruch auf Rassegefühl machen kann, an den Beziehungen ihres Mannes zu einer Arierin so schwer Anstoß nimmt", dennoch billigte das Gericht der Frau zu, sich als „Rechtsunkundige" zunächst an die Polizei gewendet zu haben, zumal

> „wenn die Strafanzeige nicht erstattet worden wäre, doch der Scheidungsprozeß zur Strafverfolgung geführt haben (würde). Schließlich ist nicht außer Acht zu lassen, daß eine im guten Glauben und nicht leichtfertig erstattete Strafanzeige wegen Rassenschande im öffentlichen Interesse liegt (...). Mag daher die Klägerin gegen die eheliche Treuepflicht verstoßen haben, so hat sie doch andererseits, wenn vielleicht auch unbewußt, im öffentlichen Interesse gehandelt."[294]

Der Scheidung wurde stattgegeben, der jüdische Ehemann schuldig gesprochen. Zwar meinte das OLG, auch die Klägerin rügen zu müssen, aber es wird deutlich, daß sie nicht länger an weiblichen ehelichen Pflichten gemessen wurde, weil die Strafanzeige im öffentlichen Interesse lag. Noch bevor das neue Eherecht in Kraft getreten war, hatte das OLG also seine Prinzipien nicht nur im „politischen" Paragraphen des Bedeutungsirrtums, sondern auch bei Scheidungen nach dem Schuldprinzip etabliert, eine Linie, die es fortan bei allen zur Revision vorgelegten Fällen anwandte.

Scheidungsgrund Zerrüttung (Langjährige Trennung)

Der Paragraph 55 des Ehegesetzes vom 6. Juli 1938 ermöglichte eine Scheidung ohne Schuldzuweisung nach dreijähriger Trennung. Einige Paare sahen hier offensichtlich eine Möglichkeit der einvernehmlichen Scheidung.[295] In der Vorkriegszeit machten davon Mischehepaare Gebrauch, die ohnehin nachweisbar seit Jahren nicht mehr zusammenlebten, wenn auch der Entschluß, diese Trennung formal zu vollziehen, wohl selten ohne äußeren Druck entstanden war. So verwehrte beispielsweise eine Ehefrau ihrem jüdischen Mann nach der KZ-Entlassung Ende 1938 den Zugang zur gemeinsamen Wohnung. Als Getrenntlebender aus „nichtprivilegierter" Mischehe erhielt er 1942 den Deportationsbefehl, Anlaß für seine Ehefrau, nun die Scheidung einzureichen. Offensichtlich hatte er seine Frau gebeten, mit der Klage abzuwarten, um die „Evakuierung" hinauszuzögern. Er widersprach dem Scheidungsbegehren und trug schließlich vor, sie habe ihn betrogen. Das Gericht verwarf seine Interventionen, da „der Beklagte Volljude ist und damit einer Rasse angehört, die zu den geschworenen Feinden des neuen Deutschlands gehört und jetzt im Kriege auf Seiten der Gegner steht."[296] Es sei der Ehefrau nach der KZ-Entlassung nicht zuzumuten gewesen, „wegen des Judentums des Beklagten (...) mit ihm erneut wie Mann und Frau zusammenzuleben"[297], und den Ehebruch habe sie erst viel später begangen, so daß er diesen nicht als ehezerstörend habe empfinden können. Um die anstehende Deportation nicht zu verzögern, zog das Gericht die Tatsache der langjährigen Trennung und nicht die zeitaufwendige Prüfung einer schuldhaften Zerrüttung für die Scheidung heran. Damit hatte es alle an geschlechtsspezifische Pflichten gebundenen Scheidungsgründe verworfen, nach denen der Scheidung entweder nicht stattgegeben oder die Ehefrau schuldig geschieden worden wäre.[298]

Doch in der Regel fehlt in den auf dem §55 EheG fußenden Urteilen jede „rassische" Begründung, die hier auch nicht erforderlich war. Selten schimmert wie im dargestellten Fall die Realität einer Ehe durch die knappen Begründungen hindurch.[299] Oft weist nur die Adresse des jüdischen Ehepartners, die als KZ, Haftanstalt oder unbekannter Aufenthaltsort angegeben ist, oder eine Hamburger Hausnummer, die als „Judenhaus" identifizierbar ist, auf die „Gründe" des Auseinanderlebens hin.

Scheidungsgrund schwerwiegende Eheverfehlungen

Sehr viel deutlicher hingegen schlagen sich in den Scheidungen nach §49 EheG, die – wie die Statistik gezeigt hat – die Mehrheit der Fälle ausmachten, die Auswirkungen nationalsozialistischer Judenverfolgung im Ehealltag sowie der richterliche Paradigmenwechsel von der ehelichen Pflichterfüllung zur „rassischen" Begründung nieder.

Wie eingangs bereits an einem Fall demonstriert, galten Beleidigungen als schuldhaftes Verhalten für eine Ehefrau, auch wenn diese sich auf das Judentum des Ehemannes bezogen. In einem anderen Scheidungsverfahren warf die Klägerin ihrem Mann vor, sie hätte, weil er Jude wäre, ihre Arbeitsstelle verloren, was um so schwerer wöge, als er aufgrund seiner beruflichen Diskriminierung nicht für ihren Unterhalt sorgen könnte. Außerdem habe er Geld verwettet. Das Gericht hingegen wertete ihre solchermaßen im Ehealltag häufig in liebloser Weise vorgebrachten Vorwürfe als grobe Pflichtverletzung ihrerseits und schied die Ehe aus beiderseitigem Verschulden.[300]

In den Jahren 1937 bis 1939 werden in allen urteilenden Zivilkammern Bemühungen deutlich, Anforderungen zu formulieren, wie Eheleute im Rahmen männlicher und weiblicher ehelicher Pflichten mit dem äußeren Druck durch die Verfolgungsmaßnahmen umgehen sollten: Wer keinen Antrag auf Aufhebung der Ehe gestellt habe, könne „rassische" Gründe im Scheidungsverfahren nicht anführen.[301] Die Richter versuchten, männliche und weibliche Pflichten in der Ehe angesichts der Verfolgungsmaßnahmen neu zu definieren: Sie untersuchten, ob beide Eheleute die Auswirkungen der Judenverfolgung solidarisch, mit gegenseitigem Verständnis und

Rücksichtnahme ertragen hatten. Dahinter stand die Vorstellung, ein Paar hätte in guten wie in schlechten Tagen zusammenzuhalten.

In anderen Fällen mischten sich geschlechtsspezifische Kriterien mit dem gar nicht so heimlichen Auftrag, diese Ehen zu scheiden. Als beispielsweise eine „deutschblütige" Klägerin geltend machte, ihr jüdischer, staatenloser Ehemann sei aus dem gemeinsamen Haushalt ausgezogen, habe den Geschlechtsverkehr verweigert, trage sich mit Auswanderungsgedanken und sorge nicht für das gemeinsame Kind, lehnte die Kammer eine Alleinschuld des Mannes trotzdem ab. „Sie hat jedoch jahrelang zu dem Beklagten gehalten. Ihre Gesinnungsänderung gereicht ihr daher zum Verschulden."[302] In diesem wie ähnlichen Fällen wiesen die Richter nicht etwa die Klagen zurück, sondern sprachen beide Partner schuldig.

Waren diese Urteile vom Bemühen getragen, eine Vermittlung von geschlechtsspezifischen Kriterien und rassischer Verfolgung zu finden, so traten ab 1939 in den Begründungen für schwerwiegende Eheverfehlungen antijüdische Maßnahmen stark in den Vordergrund. War ein Ehepartner von einer derartigen Maßnahme betroffen, hatte er damit bereits die Ehe schuldhaft zerrüttet:
– Vorbestrafte Juden, die teilweise in Mischehen lebten, waren in der Juni-Aktion[303], andere nach der Pogromnacht verhaftet und in das KZ Sachsenhausen verbracht worden. Etliche Ehefrauen leiteten 1939 die Scheidung ein. Die Zivilkammern werteten generell Verhaftungen als schuldhafte Zerrüttung der Ehe durch den Verhafteten.[304]
– Verlor ein jüdischer Ehemann seinen Arbeitsplatz und brachte dadurch die Familie in Schwierigkeiten, wurde er schuldig geschieden.[305]
– Waren jüdische Ehemänner wegen des Verstoßes gegen die antijüdischen Vorschriften im Polizeigefängnis Fuhlsbüttel inhaftiert, urteilte die Zivilkammer: „Der Beklagte hat sich durch sein zugegebenes staatsfeindliches Verhalten einer ehrlosen Handlung schuldig gemacht und dadurch die Ehe unheilbar zerrüttet."[306]

Aus diesen Urteilen der Jahre 1939 bis 1942/43 wird deutlich, daß Verstöße gegen geschlechtsspezifisch verteilte Ehepflichten längst keine Rolle mehr spielten, wenn es darum ging, eine Mischehe zu scheiden.[307] In diesen Jahren war es für zurückgewiesene „deutschblütige" Klägerinnen und Kläger auch nicht mehr notwendig, zur Korrektur eines vielleicht zu sehr an diesen alten geschlechtsspezifischen Kriterien orientierten Urteils das OLG anzurufen, vielmehr hatte das Landgericht seine eigene Linie gefunden.

Wie oben bereits angedeutet, wurde auch die Tatsache der beabsichtigten oder schon erfolgten Emigration als Scheidungsgrund des „arischen" Ehepartners herangezogen. Dieses Scheidungsmotiv durchlief einen ähnlichen Wandlungsprozeß, der sich in den Jahren 1938/39 in gegensätzlichen Entscheidungen niederschlug: Einerseits besaß der Ehemann das Wohnortsbestimmungsrecht, und es herrschte die Erwartung, daß die Ehefrau seine Entscheidung respektieren und unterstützen müsse. So klagte beispielsweise ein jüdischer Ehemann auf Scheidung, weil seine Frau ihm weder den Haushalt ordentlich führte noch ihm in die Emigration hätte folgen wollen. Die Ehefrau wurde wegen dieser Verfehlungen schuldig geschieden.[308] Andererseits urteilte eine Kammer, das Ansinnen einer gemeinsamen Emigration wäre an sich grob ehewidrig[309] oder die Wahl eines Einwanderungslandes mit unverträglichem Tropenklima eine schwere Eheverfehlung.[310] Eine Zivilkammer hingegen wies die Klage einer „deutschblütigen" Ehefrau ab, die nach 25jähriger Ehe ihrem Mann Pflichtverletzungen vorwarf, die in seinen Auswanderungsplänen gipfelten. Das Gericht jedoch wertete die Tatsache, daß er ihr vor der Emigration das gesamte Vermögen zur Absicherung der Zukunft übertragen hatte, als Pflichterfüllung[311] und verlor kein Wort über die Absicht, Deutschland und die Ehefrau zu verlassen.

Etliche Mischehepaare gingen offensichtlich davon aus, ein Leben in unbekannter Umgebung und ökonomisch unsicheren Verhältnissen nicht gemeinsam bewältigen zu können. So emigrierte der jüdische Partner – meist der Ehemann – und die zurückgebliebene Ehefrau reichte als „verlassener" Ehepartner dann in Hamburg die Scheidung ein. Zu diesem Zeitpunkt lebte das Paar also faktisch bereits getrennt. Vor Kriegsbeginn – oder bis zum Kriegseintritt des Emigrationslandes – wurden solche Klagen den Emigranten über die deutschen Botschaften zugestellt, damit sie oder ein Anwalt reagieren konnten. Später erfolgte die „öffentliche Zustellung", d.h. der Betroffene erfuhr von seiner Scheidung nur, wenn er den Reichs- und Staatsanzeiger studierte, in dem die beabsichtigte Scheidung „eingerückt" und das ergangene Urteil abgedruckt wurde.

Wenn nicht ehewidrige Beziehungen der Zurückgebliebenen nachgewiesen werden konnten[312], wurde bei der Mehrzahl dieser Scheidungsfälle der emigrierte Ehepartner schuldig gesprochen, der den vorgebrachten Gründen in diesen Fällen meist nicht widersprach oder widersprechen konnte. Die Emigration, die die „deutschblütige" Partnerin nicht hatte teilen wollen oder können, galt nun ebenso als Pflichtverletzung bzw. „schwere Eheverfehlung" bei vierzehn jüdischen Ehemännern wie bei den drei Emigrantinnen.[313] In der Regel fielen die Begründungen dieser Fälle sehr kurz aus. Wenn durch die Emigration eine mehr als dreijährige Trennungszeit verflossen war, konnte die Ehe – wie oben bereits angeführt – nach dem §55 EheG geschieden werden.

Ehefrauen von jüdischen Emigranten gerieten nach deren Auswanderung nicht nur in wirtschaftliche Bedrängnis und immer wieder in einen Erklärungsnotstand, weshalb sie immer noch mit einem Juden verheiratet waren. Für etliche tat sich ein noch anderes, ebenfalls existentielles Problem auf: Sie hatten durch die Eheschließung mit einem inzwischen staatenlosen oder ausgebürgerten Ehemann auch ihre Staatsangehörigkeit verloren: „Da der Ehemann seinen gewöhnlichen Aufenthaltsort ins Ausland verlegt hat, so hat er damit als Jude nach der 11. VO zum Reichsbürgergesetz v. 25.11.41, RBGl S. 722, seine Reichszugehörigkeit verloren. Mit ihm ist auch die Ehefrau staatenlos geworden."[314]

Andere Ehefrauen waren ihren jüdischen Männern in die Emigration gefolgt, erlebten aber, wie ihre Ehe dort zerbrach und reichten die Scheidung ein – vor deutschen Gerichten, die sie teilweise als Staatenlose behandelten.[315] Diese Ehefrauen mußten von Brasilien, Argentinien oder Palästina aus Gerichte an ihrem letzten deutschen Wohnort um die Scheidung ersuchen und diese sprachen – nach Prüfung der Zuständigkeit – Recht: Sie schieden Ehen wegen Zerrüttung, Ehebruch oder mehr als dreijähriger Trennung, als handele es sich nicht um ehemalige Staatsbürger, die vertrieben worden waren.[316]

Die mit Juden aus Osteuropa verheirateten Frauen befanden sich in besonders bedrohlicher Lage, wie die folgenden Fälle zeigen: Eine Hamburgerin und ihr ungarischer jüdischer Ehemann zogen 1938 mit drei Kindern nach Budapest. Nachdem ihnen dort die ungarische Staatsbürgerschaft aus unbekannten Gründen aberkannt worden war, mußte die Familie in einem Internierungslager leben, bis sie nach einem Jahr über die serbische Grenze abgeschoben wurde. Der Ehemann entfloh, die Ehefrau kehrte mit den Kindern nach Hamburg zurück und reichte die Scheidung wegen Verlassens ein. Erst nach der Scheidung erhielt sie die deutsche Staatsbürgerschaft zurück.[317]

Auch die Frauen ehemals polnischer Juden hatten ihre Staatsangehörigkeit verloren. Als die „deutschblütige" Ehefrau eines aus Polen zugewanderten Juden nach jahrelangem Krankenhaus- und Heimaufenthalt ihres Mannes die Scheidung einreichte, wurden beide als Staatenlose behandelt.[318] Die Scheidung von ihrem gelähmten Ehemann wurde aufgrund der krankheitsbedingten Trennung und der „Rassenverschiedenheit" ausgesprochen. Diese Ehefrau war bei der Heirat zum jüdischen Glauben übergetreten und hatte der Israelitischen Gemeinde bis 1938 angehört. Durch die veränderte Scheidungspraxis der Richter, die die Mischehenscheidung höher ansetzten als andere Prinzipien, konnte sie die Staatsbürgerschaft zurückerlangen und nach der Scheidung und dem Austritt aus der jüdischen Gemeinde in den „deutschen Blutsverband zurücktreten". Ihre Kinder jedoch blieben als „Geltungsjuden" eingestuft.

Aufhebungen der „Rassenmischehen"

Der explizit politische Paragraph 37 EheG zur Aufhebung der „Rassenmischehen" wurde beim Hamburger Landgericht sehr viel häufiger von Klägerinnen und Klägern bemüht, als Richter dann tatsächlich nach ihm entschieden. Während die Richter unsicher waren, wann die Frist, in der die Bedeutung des Irrtums über die Rassezugehörigkeit des jüdischen Ehepartners erkannt worden war, begonnen hatte, beantragten die Scheidungswilligen, die Ehe entweder aufzuheben oder sie wegen Zerrüttung zu scheiden.

Doch auch die Auslegung des §37 EheG unterlag in den Jahren 1938 bis 1945 einem ähnlichen Wandlungsprozeß wie die der oben behandelten anderen Paragraphen des Ehegesetzes: Beispielsweise wies die Zivilkammer die Klage einer „deutschblütigen" Frau ab, die 1938 ihre Ehe aufheben lassen wollte, weil sie „mit der Verschlechterung der Wirtschaftsverhältnisse, wie sie für den Beklagten wie für alle Juden in letzter Zeit eingetreten ist, (…) nicht gerechnet (hatte)."[319] Die Kammer verfügte, die Klägerin hätte die Folgen ihres in Kenntnis der „rassenbiologischen und rassenpolitischen Gesichtspunkte" eingegangenen Ehebündnisses zu tragen – eine Maßregelung der „deutschblütigen" Ehepartner, der etliche Kammern in der Vorkriegszeit nicht widerstehen konnten.[320]

Im Gegensatz zur Anforderung an diese Klägerin entschied eine andere Kammer, die „deutschblütige" Ehefrau sei 1933 zu eigener Erkenntnis über die Bedeutung des „Rassenunterschiedes" gar nicht fähig gewesen. „Auch seit der Zeit der Machtergreifung sei sie infolge ihrer unkomplizierten Denkweise noch zu sehr in jüdische Beziehungen verstrickt gewesen (…) Erst in allerletzter Zeit habe sich bei ihr ein wirkliches Verständnis für die Tragweite der Arierfrage durchgesetzt."[321] Die Verhaftung ihres Ehemannes und Inhaftierung im KZ Sachsenhausen hätte ihr Aufschluß über die Bedeutung gegeben, die die Abstammung ihres Mannes für sie persönlich habe, zumal die jüdischen Eltern des Verhafteten sich geweigert hatten, sie materiell zu versorgen. So hatte sie erwerbstätig werden müssen, was wiederum durch den jüdischen Familiennamen erschwert worden war. In dieser Situation – dies erkannte die Kammer an – habe sie sofort Klage erhoben und damit die geforderte Frist individuell gewahrt.

Die Argumentation, ein sozialer Abstieg wäre nicht zumutbar, war allerdings in parallelen Scheidungsverfahren nicht anerkannt worden. Es herrschte also auch hier bis in die Kriegsjahre hinein eine sehr uneinheitliche Rechtspraxis. Ein Richter wollte selbst die „Rassereinheit" des „englischen Volkes" wahren und gab einer Klage mit dieser Begründung statt: „Auch in Kreisen des englischen Volkes hat der Rassegedanke immer mehr an Boden gewonnen. Die Kammer nimmt es daher der Klägerin ab, daß sie als reinblütige Engländerin niemals in Kenntnis des Sachverhaltes einen Volljuden zu ihrem Ehemann gewählt hätte."[322]

Besonders problematisch war der Umgang der Richter mit der Frist, innerhalb derer eine Aufhebungsklage einzureichen war. Nach 1933 hatten etliche Juristen sie für ein Jahr erneut anlaufen lassen, nach der Einführung des neuen Eherechts sollte sie wiederum ein Jahr gelten. Die Richter gingen mehrheitlich davon aus, daß der Zeitpunkt neu bestimmt würde, wenn genau zu datierende antijüdische Maßnahmen den „deutschblütigen" Partner mit den Auswirkungen der Ehe mit einem Juden konfrontiert hatten. Einige Juristen erweiterten allerdings auch diesen großzügigen Umgang mit den Fristen noch: Sie bestanden darauf, daß der Zeitpunkt einer persönlichen Erkenntnis fristeröffnend werden sollte. Damit existierte in der Beurteilung der Fristen eine uneinheitliche Rechtspraxis unter den Zivilkammern, die bis 1945 fortbestand.

In den Aufhebungsurteilen werden folgende Gründe für Fristeröffnungen akzeptiert: 1. Emigrationsabsichten des jüdischen Ehemannes;
2. die Kennzeichnungspflicht für Juden;
3. die Deportationen;
4. die Definition von Juden als Kriegsgegner.

Das OLG begründete die Neueröffnung der Frist angesichts der Deportationen in einem veröffentlichten Grundsatzurteil so:

> „Wenn diese Maßnahme auch für Mischehen in der Regel nicht gilt, so zeigt sie doch die stärkere Verfemung der Angehörigen der jüdischen Rasse. Im weiten Umfang sind im letzten Jahre Evakuierungen von Juden ausgeführt worden. Die Beklagte selbst ist, wie eine Auskunft der Polizeibehörde ergibt, noch vor der Berufungsverhandlung evakuiert. Es ist dem Kläger zu glauben, daß sich bei ihm die Erkenntnis durchgesetzt habe, daß die Fortdauer der Ehe mit seiner jüdischen Ehefrau für ihn unerträglich sei."[323]

Das betroffene Paar hatte als „privilegierte" Mischehe gegolten. Der Ehemann hatte bereits 1941 die Trennung von seiner jüdischen Frau verlangt, doch seine Klage war abgewiesen worden. Danach hatte er die gemeinsame Wohnung mit den Kindern verlassen. Seine immer noch mit ihm verheiratete jüdische Ehefrau wurde noch vor dem Aufhebungsverfahren deportiert, was zwar nicht der Regelfall war, aber doch im Einzelfall vorkam.

Absurd wirkt in einer zivilrechtlichen Auseinandersetzung die Subsumierung eines Ehepartners unter die Kriegsgegner des Deutsches Reiches:

> „Besonders seit dem Eintritt Amerikas in den Krieg ist dem deutschen Volk klar geworden, daß das Weltjudentum der geschworene Feind des neuen Deutschlands ist und die Hauptschuld am Kriege trägt. Das ist dem deutschen Volke seitdem immer wieder eingeprägt worden, zuletzt noch eindringlich durch die Führerrede vom 8. Nov. 1942. Die Einstellung des deutschen Volkes zum Judentum und dessen allgemeine ‚Diffamierung' hat sich gerade im letzten Jahre so verschärft, daß es heute grundsätzlich keinem Deutschen mehr zugemutet werden kann, gegen seinen Willen die Ehe mit einer Jüdin fortzusetzen, auch wenn er noch vor einem Jahr keinen oder nur geringen Anstoß an dem Judentum genommen hat."[324]

Waren dies die an antijüdische Maßnahmen geknüpften Fristeröffnungen, so gestatteten die Gerichte daneben an die individuelle Erkenntnis geknüpfte Fristeröffnungen: So wollte eine „deutschblütige" Ehefrau die Auswirkungen des Rassenunterschiedes erst mit zunehmender Verfolgung und durch den Kriegsbeginn bemerkt haben:

> „Die Klägerin ist dadurch, daß der Beklagte Volljude ist und sich auch jetzt eng an seine Rasse- und Glaubensgenossen hält, als deutsche Frau in eine immer schwierigere Lage und immer größere Gewissensnöte gekommen. Ihre Töchter aus erster Ehe sind beide mit Soldaten verheiratet, die im Felde stehen. Ihre Verwandten haben sich jetzt wegen des Judentums ihres Mannes von ihr zurückgezogen."[325]

Eine andere Ehefrau, deren jüdischer Mann 1939 vom KZ Gurs aus deportiert worden war, hätte bis zur Klageinreichung 1942 – so das Gericht – vermutlich als getrenntlebende Frau weniger unter antijüdischen Maßnahmen gelitten, als wenn sie mit ihrem Gatten zusammengelebt hätte, und daher die Aufhebungsklage so spät eingereicht.[326]

Dennoch waren die Richter 1942 mit der eigenen widersprüchlichen Auslegungspraxis unzufrieden, zumal Vorgaben „von oben" ausblieben: Weder das Reichsgericht noch der Gesetzgeber führten die Einheitlichkeit herbei, die sie in ihren Urteilen einforderten[327], und die Teilnehmer der Wannsee-Konferenz einigten sich nicht auf Zwangsscheidungen von Mischehen. Im Prinzip stand das Hamburger Landgericht 1942 also wieder an einem ähnlichen Punkt wie 1934/35: Durch Dynamisierung und Radikalisierung hatte sich die Auslegung der Gesetze so weit von deren Wortlaut entfernt, daß dieser der Rechtspraxis hätte angepaßt werden müssen oder die Richter von den dort festgelegten Beschränkungen hätten befreit werden müssen. 1934/35 hatte Roland Freisler die Richter davor gewarnt, dem Willen des nationalsozialistischen Gesetzgebers durch eigene Rechtsauslegung zum Ausdruck zu verhelfen, und schließlich hatte das Eherecht von 1938 später neue Bestimmungen eingeführt. Doch 1942 blockierten sich die konkurrierenden Machtblöcke des nationalsozialistischen Staatsapparates gegenseitig, ein Gesetzesvorhaben zur Vereinheitlichung der Rechtsprechung war nicht in Sicht. So erfolgte eine Radikalisierung der Rechtsprechung „von unten": Die Hamburger Landgerichtsdirektoren schritten zur Selbsthilfe und formulierten Richtlinien für die künftige erleichterte Scheidungspraxis.[328] Fortan gingen sie davon aus, daß die Frist für Aufhebungen jederzeit anlaufen könne und daß der jüdische Ehepartner zwar nicht generell schuldig gesprochen werden dürfe, ihm aber auf keinen Fall Unterhalt zustünde.

Das Ergebnis dieser Lenkungsbesprechung und der Urteils-Nachschauen[329] war ein neuer Anstieg der Aufhebungsklagen im Jahr 1943, die nun einheitlich behandelt wurden und sich manchmal bis in die Formulierungen hinein glichen. Die Richter fühlten sich im Recht: „Denn wenn der Staat bisher auch davon abgesehen hat, die Mischehen durch Gesetzesakt zur Aufhebung zu bringen, so kann doch kein Zweifel bestehen, daß derartige Ehen nationalpolitisch unerwünscht sind. Demgegenüber haben alle von der Beklagten vorgetragenen Gesichtspunkte zurückzutreten."[330]

Die Mehrzahl der im Jahr 1943 entschiedenen Aufhebungsklagen richteten sich gegen einen inhaftierten oder im „Judenhaus" lebenden jüdischen Ehepartner. Einer Ehefrau wurde etwa zugebilligt, daß sie durch die U-Haft ihres jüdischen Mannes Probleme bei Arbeits- und Wohnungssuche bekommen habe, auch sei Aussicht auf Haftentlassung nicht gegeben.[331] Andere Ehefrauen führten die bevorstehende Deportation des Ehemannes an oder äußerten die Furcht, selbst einen „Evakuierungsbefehl" zu erhalten.[332] Die meisten Begründungen waren allerdings knapper: Die „Rassenverschiedenheit" sei der Partnerin erst jetzt bewußt geworden, oder: Man habe die Einstellung des jetzigen Staates Juden gegenüber nicht voraussehen können.[333]

Während die Mehrheit der Klagen von den Ehefrauen ausgingen, wurden drei der Aufhebungsklagen in diesem Zeitraum von nichtjüdischen Ehemännern gestellt: In einem Fall war die Ehefrau wegen Nichtbefolgens der Vorschriften gegen Juden im Polizeigefängnis Fuhlsbüttel inhaftiert. In den beiden anderen Fällen handelte es sich um Ehen, die 27 und 31 Jahre bestanden hatten. In einem Fall lebte die Ehefrau bereits im „Judenhaus" und hatte den Deportationsbefehl bekommen, im anderen machte der Ehemann gegen die Mutter seiner sieben Kinder (!) geltend, er hätte die Maßnahmen gegen Juden nicht voraussehen können. Geschlechtsspezifische Argumentationen traten in diesen Klagen und den Urteilsbegründungen also völlig hinter dem staatlichen Interesse zurück, die Ehen zu scheiden.[334]

Auffällig an diesen Aufhebungsklagen ist, daß etliche der verhafteten oder im „Judenhaus" lebenden jüdischen Männer (sowie eine Frau) den Deportationsbefehl bereits erhalten hatten, als die Aufhebung der Ehe beantragt wurde. Dabei handelte es sich nur zum Teil um „nichtprivilegierte" Mischehen. Im Text der Scheidungsurteile wird implizit deutlich, daß – wenn ein jüdischer Mischehepartner kriminalisiert und verhaftet wurde – der Schutz der Mischehe spätestens ab 1942 nicht länger galt. Die Untersuchungshaft bzw. Haftverbüßung hatte keine deportationsaufschiebende Wirkung[335], wobei der von der Gestapo ausgeübte Druck auf die Ehepartner nicht in den Urteilen zum Ausdruck kam.

In den Jahren 1944/45 sank die Anzahl der Aufhebungsklagen – wie die Statistik zeigt – rapide ab. Auch inhaltlich ist von einem einheitlichen Kurs der Richter nichts mehr zu bemerken. Die noch ungeschiedenen Ehepaare waren offensichtlich durch Erhöhung des Drucks nur noch selten zur Scheidung zu bewegen. Nun ging es meistens um Sonderfälle wie eine im Ausland geschlossene Mischehe. Konnte nachgewiesen werden, daß das Paar nur wegen der Heirat ins Ausland gefahren war, griff die in den Nürnberger Gesetzen festgelegte Nichtigkeitserklärung. Lebte es aber ständig dort, mußte eine derartige Ehe in einem ordentlichen Verfahren aufgehoben oder geschieden werden[336], so bei einem 1940 in Paris verhafteten Ehepaar, das der „Rassenschande" angeklagt wurde. Das Gericht verurteilte den jüdischen Ehemann, der als Polizeigefangener bis zum Ende des Krieges eine schwere Krankheit simulieren und deshalb im Israelitischen Krankenhaus in Hamburg überleben konnte. Seine freigesprochene Frau beantragte 1944 die Aufhebung ihrer Ehe. Das Landgericht „billigte" die Klage scheinheilig, denn aufgrund des Auslandsaufenthalts und der anschließenden Haft habe sie länger gebraucht, sich über die Auswirkungen der „Rassenverschiedenheit" Klarheit zu verschaffen.[337]

Einige späte Klagen waren von nichtjüdischen Ehemännern eingereicht. Sie demonstrieren den Zerfall einheitlicher richterlicher Radikalität: Ein bei Cholm/Lublin stationierter Feldwebel begründete sein Trennungsbegehren von der jüdischen Ehefrau:

> „Er habe sein Amt als Politischer Leiter [der NSDAP, B.M.] wegen der Rassezugehörigkeit der Beklagten niederlegen müssen und als Kriegsteilnehmer erlebt, wie seine Kameraden auf bestialische Weise von Juden hingemordet wurden, wobei er selbst leicht verwundet wurde. Durch diese Erlebnisse sei ihm klar geworden, daß er die Ehe mit ihr nicht fortsetzen könne."[338]

Nun war es im Gebiet Lublin keineswegs so, daß Juden deutsche Soldaten mordeten. Im Gegenteil fanden gerade in diesem Gebiet, das ursprünglich als riesiges Ghetto geplant war, über Jahre Mordaktionen der SS, der Polizeibataillone und der Wehrmacht statt, denen tausende jüdischer Einwohner oder dorthin verschleppter Arbeitssklaven zum Opfer fielen. Erschießungsaktionen, Mord in Gaswagen und schließlich Massendeportationen nach Sobibor und Treblinka kennzeichneten den örtlichen Alltag des Vernichtungskrieges. Die Begründung dieses Soldaten, dessen Leiterfunktion darauf hinwies, daß er überzeugter Nationalsozialist war, könnte gegen den Strich so interpretiert werden: In Anbetracht meines Wissens um den Judenmord kann ich es nicht ertragen, mit einer Angehörigen dieser Gruppe verheiratet zu sein, deren Anblick mir täglich diese ungeheure Schuld in Erinnerung rufen würde.

Vielleicht waren die Gründe aber viel banaler: Eventuell hielt ihn die Minderjährigkeit seines Sohnes, 1922 geboren, in den 30er Jahren von einer Scheidung ab. Inzwischen war dieser volljährig und als Besatzungsmitglied eines deutschen Schiffes im fernen Mexico interniert.[339] Der Kläger bekleidete den Rang eines Feldwebels und hatte damit die höchste Beförderungsstufe erreicht, die für „jüdisch Versippte" möglich war.[340] Es könnte auch sein, daß er diesmal nicht auf eine Karriere, wie seinerzeit im Parteiapparat, verzichten wollte und sich vom Hindernis der jüdischen Ehefrau befreite. Nach der Scheidung verweigerte er der schwer erkrankten Frau jegliche Unterhaltszahlung, weil „es nicht der Billigkeit entsprechen würde, daß er seiner früheren Ehefrau als Volljüdin weiteren Unterhalt zahlt."[341]

Ein anderer „deutschblütiger" Ehemann, sicher durch die Praxis der Gerichte zur Klage ermutigt, reichte ebenfalls 1944 Aufhebungs-, hilfsweise Scheidungsklage wegen Zerrüttung ein. Er war wegen seiner Ehefrau 1937 von der Reichspost, 1943 aus der Wehrmacht entlassen worden. Zudem habe die Ehefrau ständig gegen den Nationalsozialismus gehetzt. Nun machte er den „Rassenunterschied" geltend – und erlebte, daß seine Klage abgewiesen wurde. Die Frist für eine Anfechtung – so die Richter – sei abgelaufen, im übrigen hätte er die Nachteile einer Ehe mit einer Jüdin längst erfahren. Ehewidriges Verhalten wäre seiner Frau nicht nachzuweisen, im Gegenteil war zu vermuten, er wolle eine andere Frau heiraten.[342] Die Klage wäre noch ein Jahr zuvor sicher anders entschieden worden.

Diese späten Urteile zeugen vom Zerfall nationalsozialistischer Weltanschauung auch auf dem Gebiet des Zivilrechts: Anarchisch und schubweise hatte sich eine Radikalisierung von unten in den Jahren bis 1942 vollzogen, die in einheitlicher Rechtsauslegung 1943 gipfelte. Dann zerbröselte die Einheitlichkeit: Neben einem Urteil wie dem obigen, das die Verkehrung der Verhältnisse als Ausgangspunkt der Argumentation akzeptiert, kamen plötzlich wieder alte Kriterien zur Geltung, nämlich die, ob eine jüdische Frau sich ehewidrig verhalten habe und ob ein Ehemann nicht vielleicht aus sehr egoistischen Gründen die Scheidung verlange.

Auf der politischen Ebene hingegen verschärfte sich teilweise der Umgang mit den geschiedenen Mischehepartnern: Das 1938 formulierte „Angebot" an die „deutschblütigen" Frauen, in den „deutschen Blutsverband" zurückzukehren, wurde in den Folgejahren eingeschränkt. 1943 wurde per Runderlaß geregelt, daß Beamte – männlichen wie weiblichen Geschlechts – Partner, die einmal mit einem Juden verheiratet gewesen waren, nicht ehelichen durften.[343] Begründet wurde dies mit der „Achtung und dem Vertrauen", das den Beamten entgegengebracht würde.

Nichtigkeitserklärungen

Unter den 130 ausgewerteten Urteilen befand sich nur eine Nichtigkeitserklärung einer Ehe, die unter Umgehung der Nürnberger Gesetze geschlossen worden war.[344] Das Paar hatte im 26. Oktober 1939 vor einem Hamburger Standesamt die Ehe geschlossen, wobei der jüdische Mann falsche Papiere vorgelegt hatte. Zunächst verhaftet, weil er sich als Lebensmittelgroßhändler rechtswidrig Bedarfsscheine verschafft hatte, wurde auch die illegale Eheschließung offenkundig. Am 2. August 1940 verurteilte das Hanseatische Sondergericht den Ehemann wegen Kriegswirtschaftsverbrechen in Tateinheit mit Urkundenfälschung und wegen Verbrechens gegen das Blutschutzgesetz zum Tode.[345] Ein „Rassenschandeverfahren" gegen die Ehefrau wurde abgetrennt. Sie mußte eine zweijährige Zuchthausstrafe in Lübeck-Lauerhof verbüßen. Gegen die „verwitwete" inhaftierte Frau beantragte dann der Oberstaatsanwalt beim Landgericht Hamburg die Nichtigkeit der Ehe. Wohlgemerkt: Es ging nicht um eine existierende Ehe oder um Erbschaftsansprüche, die abgewehrt werden sollten. Auch versorgungsberechtigte Kinder waren nicht vorhanden. Dennoch bestand der nationalsozialistische Staat darauf, posthum diese gesetzeswidrige Ehe zu annullieren, als wäre niemals seinem Verbot zuwider gehandelt worden.

4. Scheidungsgründe aus der Perspektive der Geschiedenen

Die Bundesrepublik Deutschland ermöglichte es mit dem „Gesetz über die Anerkennung freier Ehen rassisch und politisch Verfolgter" vom 23. Juni 1950[346], verhinderte Eheschließungen posthum nachzuholen und vollzogene Scheidungen, die nachweislich unter dem Druck der Verfolgung zustande gekommen waren, zu korrigieren. Die zunächst auf ein Jahr bemessene Frist zur Beantragung wurde 1957 nochmals eröffnet.[347] Im Schriftwechsel mit der Landesjustizverwaltung legten die Antragsteller ihre Gründe für die Scheidung dar.

Zunächst fällt auf, daß kein geschiedener Ehemann – weder jüdisch noch nichtjüdisch – ein solches Anerkennungsverfahren angestrebt hat. Nun hatten die jüdischen Männer meist nicht überlebt, und die Gruppe der „deutschblütigen" Ehemänner geschiedener Jüdinnen war nicht sehr groß. Auch war ein Teil zur Wehrmacht eingezogen und vermutlich gefallen. Zudem hatten die Männer, wenn die geschiedene jüdische Frau ermordet worden war, wahrscheinlich keinen materiellen Grund zur nachträglichen Eheschließung, denn die Frauen dürften über kein nennenswertes Vermögen mehr verfügt haben. Selbst wenn die jüdische Frau überlebt hatte, taten sich die Paare nicht wieder zusammen. Die Scheidungen, auch wenn sie unter äußerem Druck entstanden waren, hatten doch langfristig das Vertrauen in den Partner zerstört. Die meisten hatten neue Familien gegründet.

Von den 22 Antragstellerinnen (darunter nur eine Jüdin)[348], die ein Verfahren nach dem Eheanerkennungsgesetz initiierten, hatten die meisten handfeste materielle Gründe, sich an die Landesjustizverwaltung zu wenden. Es ging um Renten, Wiedergutmachung oder Erbansprüche für sich und die Kinder. Insofern sind diese Quellen komplementär problematisch zu den Scheidungsurteilen: In der Scheidungsklage vor 1945 ging es darum, die innere Zerrüttung einer Ehe mit einem Juden so glaubwürdig und widerspruchsfrei zu begründen, daß die Richter die Argumentation akzeptierten und das erwünschte Urteil sprachen, um die Nachteile einer Mischehe für die Ehefrau abzuwenden. In den Eheanerkennungsverfahren nach Kriegsende ging es darum, ebenso glaubwürdig und widerspruchsfrei den äußeren Druck auf die überlebende Partnerin zu schildern und mit Dokumenten und Zeugenaussagen zu belegen, um die Vorteile einer posthumen Mischehe zu erlangen.

Die meisten Antragstellerinnen hatten sich zwischen 1941 und 1943 scheiden lassen.[349] Werden die Unterlagen zu den 22 Anträgen verglichen, so fällt auf, daß in den Begründungen der bis 1940 erfolgten Scheidungen die Existenzsicherung in den Mittelpunkt gestellt wurde: Die Frauen machten geltend, angesichts der Diskriminierung ihrer Ehemänner hätten sie die Familie ernähren und versuchen müssen, das Vermögen zu retten. Ohne Scheidung vom jüdischen Ehemann sei kaum ein Arbeitsplatz zu bekommen gewesen.

Eine Ehefrau hatte sich beispielsweise scheiden lassen, um ihren ambulanten Blumenstand zu behalten, nachdem die Standkarte des jüdischen Ehemannes nicht verlängert worden war. Ihr Anwalt wies glaubhaft nach, daß wirtschaftliche Sanktionen nicht – wie die Juristen der Landesjustizverwaltung anführten – erst ab November 1938 begonnen hätten, sondern auf der Ebene antisemitischer Politik der Kammern und Berufsverbände sehr viel früher eingesetzt hatten.[350] Im nächsten Schritt prüften die Juristen in der Landesjustizverwaltung, ob die Frau nach der Scheidung „zu ihrem Mann gehalten habe". Dieser war 1938 in der Pogromnacht verhaftet und ins KZ Sachsenhausen verbracht worden. Zwei Besuche im KZ Fuhlsbüttel konnte die Ehefrau nachweisen, weiteren Kontakt nach Sachsenhausen jedoch nicht. Vor allem aber konnten die Urteilenden keine Anhaltspunkte finden, daß sie ihm in die von seinen Eltern (!) vorbereitete Emigration hätte folgen wollen. Jüdische Verwandte, die ihr Erbe bedroht sahen, legten zudem Widerspruch gegen die Annullierung der Scheidung ein. So erhielt die Antragstellerin folgenden Bescheid:

„Zusammenfassend kann festgestellt werden, daß die Antragstellerin zwar unter normalen Verhältnissen sich kaum von ihrem Mann getrennt hätte, unter dem Druck der nationalsozialistisch-rassischen Verfolgungsmaßnahmen hatte sie aber nicht genug

Kraft, standzuhalten. Man kann sich des Eindrucks nicht erwehren, daß die Antragstellerin etwas erleichtert war, durch die Scheidung von ihrem jüdischen Mann befreit zu sein (wenn sie auch ein schlechtes Gewissen hatte). Für eine Anerkennung reicht der festgestellte Sachverhalt nicht aus."[351]

Diese harte und moralisierende Ablehnung revidierten die Juristen nach einer persönlichen Vernehmung. Sie bescheinigten der Frau zwar weiterhin mangelndes Problembewußtsein, sie habe nur „in den Tag hineingelebt" und einen „geistigen Habitus von nur geringer Höhe", doch die Annullierung der Scheidung wurde nun anerkannt.[352]

Neben dem angeführten Motiv der Existenzsicherung begründete die Mehrzahl der nach 1941 geschiedenen Frauen ihre Initiative mit dem Druck, der durch Maßnahmen der Judenverfolgung, insbesondere durch die Deportationsandrohungen, entstanden sei. Wie in den Scheidungsurteilen angeführt, hatten etliche jüdische Ehemänner bereits Deportationsbefehle erhalten oder – seltener – beiden Partnern war dieses Schicksal angedroht worden. Das wirft die Frage auf, warum sich die „deutschblütigen" Ehefrauen, die so lange an der Seite ihrer diskriminierten, ausgegrenzten und verfolgten Ehemänner ausgehalten hatten, angesichts des nun zu erwartenden Schicksals trennten und warum nicht diejenigen in „privilegierter" Mischehe versuchten, diesen fragwürdigen Schutz aufrechtzuerhalten oder wenigstens Verzögerungen bei der Deportation anstrebten.

In einigen Eheanerkennungsverfahren werden diese Fragen angesprochen.[353] Ein in („nichtprivilegierter"?) Mischehe lebendes Paar hatte nach dem Bericht der überlebenden Ehefrau bereits 1941 einen gemeinsamen Deportationsbefehl erhalten. Sie wandte sich daraufhin an einen Bekannten mit guten Beziehungen zur Gestapo. Dieser riet zur schnellen Scheidung, dann würden die Befehle aufgehoben, was auch geschah. Nach dem Bericht der Ehefrau erfolgte die Scheidung einvernehmlich, und das Paar lebte weiterhin zusammen – bis der Ehemann 8 Monate später einen erneuerten „Evakuierungsbescheid" erhielt, dem er Folge leisten mußte.[354] Die Landesjustizverwaltung hielt der Frau vor, sie habe für die Einvernehmlichkeit keinen Beweis angetreten, sondern „die Scheidung angestrebt, um persönlichen Schwierigkeiten zu entgehen. Durch die Scheidung sei E. der damals noch mögliche Schutz der Mischehe verloren gegangen, so daß sich die Scheidung offenbar zu seinem Nachteil ausgewirkt habe."[355] Auch hier wurde die Scheidung erst im zweiten Versuch annulliert, wobei nicht geklärt wurde, ob von einem „Schutz" durch die Ehe überhaupt die Rede sein konnte.

In anderen Fällen hatten sich die Ehefrauen sogar im eigenen Interesse um Beschleunigung des Verfahrens bemüht: Ein jüdischer Ehemann hatte gleich nach der Verhaftung im Mai 1943 einen „Evakuierungstermin" genannt bekommen. Der Anwalt seiner Frau fürchtete, ohne Scheidung würde er „zwangsweise verschleppt". Im Verein mit dem jüdischen „Rechtskonsulenten" des Ehemannes gelang es, „in kürzester Frist die Aufhebung der Ehe herbeizuführen, was (…) aus dem angegebenen Grunde notwendig war."[356] Eine andere Ehefrau fürchtete „Zustellungsschwierigkeiten" bei der Übermittlung des Scheidungsurteils nach einer Deportation.[357]

Etliche von der Gestapo unter Druck gesetzte Ehefrauen erbaten in ihrer heiklen Situation Rat von der RVJD, deren Vorsitzender Max Plaut ihnen bestätigte, daß sie mit ihrer Entscheidung Einfluß auf das weitere Schicksal ihres Mannes nehmen und per Scheidung die bessere Variante herbeiführen könnten. An wen hätten sie sich sonst wenden können? Unisono rieten Anwälte, Bekannte und der Vertreter der Reichsvereinigung zur schnellen Scheidung und bemühten sich mit vereinten Kräften, diese noch vor dem gesetzten Termin abzuwickeln – und trugen damit gemeinsam dazu bei, der Deportation den Anstrich der milderen Lösung zu geben. Auch nach dem Krieg revidierte Plaut seine Ratschläge nicht, sondern bestätigte im einzelnen rückblickend:

> „Nur wenige Frauen haben sich so opfermutig unter persönlicher Gefahr eingesetzt wie Sie für Ihren Mann. Daß Sie sich damals scheiden ließen, geschah auf Veranlassung des Gestapobeamten Wohlers, der Ihnen den Tod Ihres Mannes als Folge der Einweisung in das KZ Auschwitz androhte, falls Sie sich nicht scheiden ließen. Andernfalls bestand Hoffnung, daß er lebend durchkäme (...). Darüber hinaus erkenne ich noch heute dankbar an, daß Sie und ihre Freundin unter Gefahr bis zum Schluß regelmäßig Lebensmittel aller Art zu uns (d.h. zum Gemeindebüro) brachten, die wir nach Theresienstadt geschickt haben und mit denen Sie dazu beigetragen haben, das Schicksal von Gefangenen zu mildern und vielleicht deren Leben zu retten (...)."358

Der Gestapobeamte Wohlers359 hatte dieser Frau versprochen, daß nach erfolgter Scheidung „nur" Theresienstadt, sonst aber Auschwitz Ziel der Deportation sei. Ähnlich gelagert war der Fall eines anderen Paares, wo der jüdische Ehemann ebenfalls verhaftet war. Deren Tochter faßte die Vorgänge, die zur Scheidung führten, zusammen:

> „Viele Bemühungen meiner Mutter und von mir, die Freilassung meines Vaters zu erreichen, schlug[en] fehl. Meine Mutter wurde vielfach allein und einige Male mit mir gemeinsam sowohl bei der Gestapo als auch bei den Betreuungsstellen für jüdische Inhaftierte [gemeint: Gemeindebüro, B.M.] vorstellig, jedoch waren alle Schritte zur Freilassung erfolglos. Wiederholt wurde meiner Mutter damals von Gestapo-Angehörigen, von jüdischen Betreuungsstellen sowie von anderen Verfolgten nahe gelegt, daß die Aufrechterhaltung der Ehe meinem Vater besonders schwere Verfolgungen verursachen würde. Wenn der damals als „Blutschande" [gemeint: Rassenschande, B.M.] hingestellte Zustand bestehen bliebe, werde mein Vater in ein Konzentrationslager kommen, in welchem [sie] mit seinem Tode rechneten. Bei Trennung der Ehe sei mit einer günstigeren Behandlung meines Vaters zu rechnen. Dann würde er äußerstenfalls evakuiert werden. Von den Angehörigen Evakuierter hatten wir damals gehört, daß es sich bei der Evakuierung mehr um eine Umquartierung handele und daß die Betroffenen bereits seit vielen Monaten Postverbindung hatten, sowie daß Evakuierte Paketsendungen empfangen durften."360

Nun waren zwar nicht alle, aber doch die meisten geschiedenen Juden nach Theresienstadt transportiert worden, insofern stimmte die Mitteilung, die Plaut und die Gestapobeamten übereinstimmend weitergaben. Nur sagten sie nicht, wie die Zustände in dem „Altersghetto" selbst waren, wo etliche geschiedene Männer den Tod fanden, und daß Theresienstadt die Durchgangsstation nach Auschwitz war.

Während einige geschiedene Ehefrauen oder Ehemänner den Kontakt zum deportierten Partner nicht aufrecht erhielten, bemühten sich andere darum, ihnen die Situation im KZ zu erleichtern. So schrieb ein geschiedener Anwalt an Plaut, seine

Frau hätte einen vertraglichen Unterhaltsanspruch und fragte an, ob er ihr Unterhaltsgelder nach Theresienstadt überweisen könne.[361] Plaut riet ihm, Lebensmittelpäckchen zu schicken: „Zweifelsohne würde Ihre Frau sich sehr freuen, wenn sie regelmäßig von Ihnen oder Ihrem Sohn Sendungen erhält."[362]

Einem besonderen Druck unterlagen die „deutschblütigen" Ehefrauen von Ostjuden. Hier spielte neben der Existenzsicherung und der Deportationsandrohung auch der Verlust der deutschen Staatsbürgerschaft eine große Rolle. Bei Abschiebungen der Ehemänner waren Frauen und Kinder mitbetroffen. So reichte eine geschiedene Frau einen Eheanerkennungsantrag ein, die mit einem Ehemann polnischer Herkunft verheiratet war, der später staatenlos wurde.[363] Sie war bei der Eheschließung zum jüdischen Glauben konvertiert und erzog beide Söhne jüdisch. 1938 erfolgte die Deportation der Familie im Rahmen der „Polen-Aktion". In Abwesenheit wurden die beiden Einzelhandelsgeschäfte in Hamburg „arisiert". 1939 kehrte die Familie, die in Polen keinen Fuß fassen konnte, illegal zurück. Der Ehemann wurde gefaßt und 1939/40 im KZ Fuhlsbüttel inhaftiert, am 25. Oktober 1941 nach Lodz und am 25. April 1942 weiterdeportiert. Er galt nach Kriegsende als verschollen.[364] Die staatenlose Familie war indes mittellos und auf die Wohlfahrt angewiesen. So gab die Ehefrau als offiziellen Scheidungsgrund einen Ehebruch des Mannes mit einer inzwischen emigrierten Jüdin an. „Mein Mann, welcher inzwischen krankheitshalber aus der Haft entlassen worden war, und ich nahmen an, daß diese wirtschaftliche Not wohl kaum als Scheidungsgrund gelten würde und so sind wir übereingekommen, Ehebruch anzugeben."[365] Vor der Scheidung war es der Ehefrau nicht gelungen, einen Arbeitsplatz zu bekommen. Erst danach konnte sie die beiden minderjährigen Kinder ernähren. Nach ihrer Aussage trat sie nie aus der jüdischen Gemeinde aus, wurde aber trotzdem nicht weiter als Jüdin geführt oder behandelt.[366] Ihre Kinder hingegen bekamen als „Geltungsjuden" 1943 den Deportationsbefehl nach Theresienstadt, von wo sie nicht zurückkehrten.[367] Die Landesjustizverwaltung erkannte ohne Vorbehalte die rückwirkende Eheschließung an.[368]

Während diese Familie nach Hamburg zurückgekehrt war, versuchten andere Abgeschobene, sich in die Herkunftsländer der jüdischen Ehemänner zu integrieren – und gerieten dort nach der deutschen Besetzung in die Verfolgung der einheimischen Juden, die von keinerlei Rücksicht auf „deutschblütige" Verwandte oder wichtige Beziehungen gemildert war. So hatte eine Ehefrau fast ein Jahr mit Mann und Kleinkind im Niemandsland zwischen Deutschland und Polen gelebt. Nach Ausbruch des Krieges gingen sie nach Lemberg. Die deutschen Truppen und der Gestapoapparat holten sie dort ein. Die überlebende Ehefrau legte der Landesjustizverwaltung das vom 17. März 1942 datierte „Scheidungsurteil" des Lemberger deutschen Sondergerichts vor, das – nach ihrer Version – ohne Initiative von einer der Ehepartner gesprochen worden war. Dem Paar war nach Vorladung lediglich formell die Tatsache der Scheidung eröffnet worden.[369] Das Sondergericht hingegen hielt schriftlich fest, die Ehefrau habe die Klage eingereicht. Nach der Scheidung versteckte die Ehefrau ihren nun „geschiedenen" Mann mehrere Monate in ihrer Wohnung im „arischen" Viertel Lembergs, bis Nachbarn sie im Juli 1943 denunzierten. Beide wurden verhaftet, das Kind in ein polnisches Waisenhaus gebracht, der jüdische Ehemann deportiert.[370] Der Vorwurf des Sondergerichts gegen die Ehefrau lautete „Judenbeherbergung" und zog ein Todesurteil nach sich.[371] Ein Gnadengesuch ihrer Familie reduzierte die Strafe auf ein Jahr Gefängnis. Als die Todeskandidatin von der Begnadigung erfuhr, hatte sie dieses Jahr beinahe abgesessen. Eine Woche später befreite die Rote Armee die Frau, die „seelisch und körperlich vollkommen erschöpft" nach Hamburg zurückkehrte.[372] Die Landesjustizverwaltung insistierte angesichts dieses Schicksals nicht auf der Klärung einiger Widersprüche, sondern erkannte die Ehe rückwirkend an.[373]

Die Familie eines aus Ungarn stammenden Juden war nach der Pogromnacht im November 1938 ausgewiesen worden. In Budapest gelang es ihr nicht, eine neue Existenz aufzubauen. Zudem gab es Probleme mit der ungarischen Staatsangehörigkeit aufgrund der jahrelangen Abwesenheit des Ehemannes. Das nun staatenlose Ehepaar zog mit zwei minderjährigen Kindern ins damalige Agram (Jugoslawien). Nach der Besetzung Jugoslawiens wurden beide verhaftet und getrennt in Lager eingewiesen. Auch diese Ehefrau war anläßlich der Heirat zur jüdischen Religion übergetreten und damit stark gefährdet.[374] Im Lager Draganice (Kroatien), einem „Lager für Juden und Mischehen", gebar sie ihr drittes Kind. Vor die Entscheidung gestellt – so die Version der Antragstellerin – in die Scheidung einzuwilligen und das Lager dann mit den Kindern verlassen zu können, kehrte sie nach Hamburg zurück.[375] Dort reichte sie die Scheidung ein, um erwerbstätig sein und die deutsche Staatsangehörigkeit zurückerlangen zu können.[376] Während sie sich 1942 scheiden ließ, liquidierten Wehrmacht, Gestapo und Ustascha das Lager und töteten die Insassen in Gaswagen. Auch hier billigte die Landesjustizverwaltung den Antrag.[377]

Zwar hatte die nationalsozialistische Regierung ein Interesse daran, die „deutschblütigen" Frauen zur Scheidung zu veranlassen und sie als Mütter erwünschter Kinder, die sie in zweiter Ehe gebären sollten, wieder in die Volksgemeinschaft aufzunehmen. Doch die deutsche Staatsbürgerschaft erhielten geschiedene, ehemals deutsche Frauen von staatenlosen Juden nicht wie selbstverständlich zurück. Stellten sie nach der Scheidung einen entsprechenden Antrag, wurde dieser gründlichst geprüft und die Wiedereinbürgerung durchaus bisweilen verweigert.[378]

Zwischenresümee

Eine Analyse der Scheidungsurteile und der Eheanerkennungsverfahren gibt Einblick, von welchen Seiten Druck auf die „deutschblütigen" Ehefrauen ausgeübt wurde: Von Vorgesetzten, Vermittlern im Arbeitsamt, mittelständischen Berufsvereinigungen, Fürsorgerinnen, Vermietern, Gestapo und Nachbarn. Die Vertreter der RVJD unterstützten Scheidungsüberlegungen ebenso wie die Anwälte (einschließlich der jüdischen „Konsulenten") und oft auch die eigene Familie. Bei den nichtjüdischen Ehemännern kamen die militärischen Vorgesetzten hinzu.

Insbesondere, wenn zum sozialen Abstieg, der schlechten Versorgungslage während des Krieges und anderen materiellen Momenten noch die Inhaftierung des Ehemannes und das ohnehin scheinbar kaum abwendbare, nur leicht verbesserbare Schicksal der „Evakuierung" kam, dürften äußere Bedingungen die Entscheidung präjudiziert haben. Zudem standen die Frauen oftmals subjektiv vor der „Wahl", nach den bedrückenden Jahren von 1933 bis 1942/43 nun auch den Weg in die Konzentrationslager mitzugehen. Die Scheidung schien die letzte Möglichkeit, das eigene Überleben zu gewährleisten und gleichzeitig, wenn sie auf die Auskunft der RVJD und der Gestapo vertrauten, auch dem Ehemann eine entsprechende Chance zu verschaffen. Die Richter wirkten eifrig im Sinne einer „Rassentrennung" an diesem Prozeß mit. Dennoch: Getroffen wurde die Entscheidung, sich vom Partner loszusagen, in der Mehrzahl von nichtjüdischen Frauen, die so zwar nicht zu Täterinnen, aber doch zu Akteurinnen im Prozeß der Ausgrenzung und Verfolgung wurden und damit eine Rolle einnahmen, an die sie nach dem Krieg nicht gern erinnert werden wollten.

Jahrzehnte später können die Motive der Frauen nicht mehr eindeutig geklärt werden. Dennoch liegt die Vermutung nahe, daß der rasante soziale Abstieg bis hin zur Verarmung eine nicht unwesentliche Rolle bei der Entscheidung gespielt hat, die Scheidungsklage einzureichen. (Nicht nur) diese Frauen hatten die Ehe meist aus Versorgungsgründen geschlossen, sie waren in eine höhere soziale Schicht aufgestiegen und in der Regel wesentlich jünger als ihr Ehemann. Zudem sahen sich die Ehefrauen mit expliziten und unausgesprochenen Forderungen konfrontiert, von denen sie sich überfordert fühlten, die sie nicht erfüllen konnten oder wollten. Auch hatten sich die Beziehungsstrukturen und teilweise die Persönlichkeit der Ehepartner unter dem äußeren Druck verändert.

Dies betraf die Mischehen mit jüdischen Frauen weniger. Der Verfolgungsdruck war zunächst geringer und setzte sehr viel später ein. Die Verbindungen der relativ altersgleichen Eheleute, deren Hochzeit keinen Wechsel der Herkunftsschicht mit sich gebracht hatte, erwiesen sich dem äußeren Druck gegenüber als stabiler.

Das nationalsozialistische Regime hatte bezogen auf die Mischehen seine Verfolgung geschlechtsspezifisch ausgerichtet: Diejenigen, in denen der Mann jüdisch war, unterlagen stärkeren Repressionen als diejenigen mit jüdischer Ehefrau. Nach einer – vom Regime intendierten, mit allen Mitteln forcierten und in der Rechtsprechung später „geschlechtsneutral" gehandhabten – Scheidung war die jüdische Frau weiterhin bedingt geschützt, wenn sie minderjährige, nicht jüdisch erzogene Kinder versorgte.[379] Der jüdische Mann genoß diesen Schutz nicht. Von den geschiedenen Juden wurden prozentual weit mehr Männer als Frauen ermordet. Andererseits ging es hier um die zahlenmäßig relativ kleine Gruppe der in Deutschland in Mischehe lebenden Jüdinnen und Juden. In den besetzten östlichen Gebieten wurden beide Teile von Mischehen, ob jüdisch oder nicht, in die Mordpolitik einbezogen, in den westlichen die jüdischen Partner, da dort eine gesetzliche Mischehen-Definition fehlte[380] – wie ja im „Altreich" eigentlich auch.

Die Historikerin Gisela Bock fordert, im Zentrum einer angemessenen Analyse der nationalsozialistischen Rassenpolitik müßten ihre Akteure und ihre Opfer stehen, wenngleich sie diesen Anspruch nicht auf die Gruppe der in Mischehe lebenden Frauen und Männer bezieht.[381] Doch ihr auf der Betrachtung der Sterilisations- und Vernichtungspolitik beruhendes Ergebnis, daß die nationalsozialistische Rassenpolitik weder geschlechterneutral noch die nationalsozialistische Geschlechterpolitik rassenneutral war[382], gilt auch für die Mischehenverfolgung, allerdings mit Abweichungen: Die rassenpolitisch gleiche Behandlung der Opfer ist hier zwar im Prinzip gegeben, in der Praxis jedoch zeigt sich im „Altreich" eine Tendenz zur stärkeren Verfolgung des jüdischen Mannes. Diese reichte von der Strafverfolgung in „Rassenschandeurteilen" bis zur Deportationspraxis geschiedener Mischehepartner.

Akteure der Verfolgung sind neben den aufgezählten Instanzen die nichtjüdischen Ehefrauen und – im weit geringeren Maße – die nichtjüdischen Ehemänner.[383] Dies muß auch Nathan Stoltzfus entgegengehalten werden, wenn er – in dem Bemühen, Widerstandspotentiale im deutschen Volk zu orten – die geringe Scheidungsziffer von Mischehen generell und den vielbeachteten Berliner Protest der Ehefrauen der in der „Fabrik-Aktion" verhafteten Juden im besonderen als „Akt politischer Opposition" definiert. „Die mit Juden verheirateten Deutschen trotzten der Gestapo an einem den Nationalsozialisten besonders wichtigen Punkt. Für ihre Ehe riskierten sie ihr Leben, ein öffentlicher Dissens, der dem nationalsozialistischen Mythos der makellosen deutschen ‚Volksgemeinschaft' abträglich war. Ihre Verweigerung bedrohte die soziale und politische Einheit der Nation."[384] Die alltägliche Tatsache, daß aus einem Teil der Mischehen Kinder hervorgegangen waren, verbucht Stoltzfus ebenfalls auf der Widerstandsseite und meint damit, daß diese Paare der deutschen Bevölkerungsplanung Gebärfähigkeit entzogen hätten. Er gesteht zwar zu, daß die meisten Paare eine Scheidung aus „der alten sozio-religiösen Tradition des Respekts vor dem Ehegelöbnis" nicht erwogen, konstatiert bei ihnen aber dennoch „lebensgefährlichen zivilen Ungehorsam".[385] In der Protestaktion der Frauen gegen die vermeintliche Deportation ihrer Ehemänner, die nachweislich zur Beunruhigung der Nationalsozialisten führte, sieht er dann den Kulminationspunkt, an dem ziviler Ungehorsam, Dissens, Verweigerung und private Opposition ineinanderflossen. „Dies war das folgerichtige Ergebnis einer Kette von Handlungen, die sich gegen die nationalsozialistischen Maßnahmen richteten."[386] Die „Belege" der Stoltzfus'schen Argumentation bestehen weniger in der erschließenden Bearbeitung neuer Quellen als in einer radikalen Neubewertung von aktivem und passivem Verhalten. Das gemeinsame Erdulden der Verfolgung wird zum aktiven Widerstandsverhalten umgedeutet – und der aktive Ausstieg aus diesem Prozeß ignoriert. Semantische Herleitungen wie: die „arischen Mischehepartner widersetzten sich", „trotzten", „riskierten", „blockierten" oder „zerstörten den blinden Gehorsam" suggerieren auf semantischer Ebene Aktivität dort, wo Treue und gemeinsames Erleiden, also eher passivische Momente, oder auch Trennung den Verfolgungsalltag bestimmten. So wirft Dipper Stoltzfus zu Recht vor, rückblickend die Dinge objektiv – die „Mischehe" bedeutete immerhin einen gewissen Schutz für Juden – wie subjektiv – die Protestierenden wollten ihre Männer nicht verlieren und konnten einflußreiche Verwandte und Bekannte mobilisieren – auf den Kopf zu stellen.[387]

Ein „Bollwerk Familie"[388] waren die Mischehen nicht, sondern sie spiegelten die gesellschaftlichen Prozesse im privaten Bereich wider: Ab- und Ausgrenzung, Angst, Gleichgültigkeit, die hilflose Suche nach Auswegen und manchmal fast übermenschliche Anstrengungen, als Individuen einem übermächtigen gesellschaftlichen Druck standzuhalten oder ihn gar emotional auszugleichen. So wünschenswert es dem nachgeborenen Forscher erscheinen mag: Weder die jüdischen noch die nichtjüdischen Partner in Mischehen bildeten ein Widerstandspotential, wenngleich die bloße Tatsache der Existenz dieser Ehen – und darauf hat Bruno Blau bereits Ende der vierziger Jahre hingewiesen – für Nationalsozialisten provokativ genug war. Allein das Wissen um diese Ehen und deren Nachkommenschaft führte auch die Verfolger zu Fragestellungen, die Grenzbereiche von Eigenem und Fremdem berührten, und deren Antwort, wenn sie Vernichtung hieß, bedeutete, daß „arisches Blut" mit vernichtet werden würde.

Daß Mischehen bis zum Ende der NS-Diktatur bestanden, beruhte auch nach Blau auf der Standhaftigkeit ihrer nichtjüdischen Teile, die dem Vernichtungswillen immer wieder getrotzt hätten.[389] Allerdings will diese Beurteilung ebenfalls nichts von den tatsächlichen Auswirkungen auf die innere Verfassung dieser Ehen bis hin zu deren Zerfall wissen.

Die Elterngeneration der „Mischlinge" war – wie aus dem vorangegangenen deutlich wird, einem starken Druck ausgesetzt. In den Jahren 1933–1938 wurde sie mit anderen Juden gleichbehandelt, d.h. sie verlor Besitz und bürgerliche Rechte. Danach galten Ausnahmen bis zur zeitlich versetzten, schrittweisen Einbeziehung in die verschärften Maßnahmen. Da ihre von den Rassenideologen beabsichtigte Einbeziehung in die „Endlösung" 1942 scheiterte, waren die letzten zweieinhalb Jahre der NS-Herrschaft für sie durch mehrere Prozesse gekennzeichnet:

– Gegen die Mischehen mit jüdischen Ehemännern verschärften sich die regionalen Repressionsmaßnahmen stetig, obwohl reichsweit die Verfolgung stagnierte. Dies wurde durch die Wohnraum- und Lebensmittelknappheit sowie den Arbeitskräftemangel in den Endkriegsjahren verstärkt. Besitz und Arbeitskraft von Juden wurden von regionalen Behörden und einzelnen Verantwortlichen zunehmend als staatliche Reserven und Manövriermasse behandelt, wobei nichtjüdische Familienmitglieder mitbetroffen waren. Dennoch kristallisierte sich kein regionales Verfolgungsprofil heraus, obwohl einzelne in der Stadt Hamburg praktizierte Regelungen weit von den reichseinheitlichen Vorgaben abwichen. Die örtlichen Repräsentanten der RVJD waren in fast jeden Verfolgungsschritt einbezogen, sorgten für reibungslose Abläufe, organisierten aber auch Rettungsaktionen und versuchten, Härten zu verhindern oder im Einzelfall zu intervenieren. Vor allem gewährleistete die Organisation einen Gruppenzusammenhang, der nach der Deportation der nicht in Mischehe lebenden Juden nicht mehr existiert hätte.

– Die Gestapo verunsicherte durch eigene Verhaftungsaktionen und Kriminalisierung einzelner Personen die in Mischehen Lebenden, die als Folge besonderen Wert auf Gesetzestreue und Unauffälligkeit legten. Aus den Quellen wird immer wieder deutlich, daß im Einzelfall weder das Fehlen reichsweiter Anordnungen noch der angebliche Schutz der „Privilegierung" einer Mischehe Sicherheit boten.

– Die späte Einbeziehung der Mischehen, in denen die Ehefrau jüdischer Herkunft war, schützte diese Gruppe bis Ende 1944/Anfang 1945 vor den Repressionen, denen Mischehen in anderer Konstellation bereits seit 1942/43 ausgesetzt waren.

– Der jahrelange Druck auf die Mischehen hatte insofern Erfolg, als er zu einer sehr viel höheren als bisher angenommenen Scheidungsrate führte, die ich aufgrund meiner Quellenauswertung für Hamburg mit ungefähr 20% ansetze. Scheidungen und Aktionen der Gestapo zusammen ermöglichten die partielle Einbeziehung der jüdischen Mischehepartner in den Judenmord immer dann, wenn der jüdische Ehepartner durch Scheidung oder Verhaftung aus dieser Verbindung herausgelöst war.

Zweiter Teil
Vom „Nichtarier" zum „Ehrenarier"? (Schein)-Möglichkeiten zur Veränderung des Verfolgtenstatus

I. „Nichtarier", „Volljuden", „Mischlinge" – Die Auseinandersetzungen um den Judenbegriff 1933–1943

Nicht erst im Vorfeld der berüchtigten Wannsee-Konferenz[1], sondern seit 1933 und auch bei der Formulierung der Nürnberger Gesetze waren heftige Auseinandersetzungen um die Stellung der „Mischlinge ersten Grades"[2] geführt worden. Die Rassenideologen der NSDAP, bei den Gesetzesvorbereitungen durch Walter Sommer vom Stab des Stellvertreters des Führers (StdF) vertreten, wollten die Mischehen zwangsweise scheiden oder beide Partner wie Juden behandeln und die „Halbjuden" den Juden zurechnen. Das Eheverbot zwischen „Ariern" und Juden sollte auf die „Halbjuden" ausgedehnt werden. Im Gegensatz zu dieser Position sahen die Vertreter des Reichsinnenministeriums im „Halbjuden" immer auch den „Halbdeutschen", wie der Ministerialrat des Innenministeriums, Bernhard Lösener später formulierte.[3] Diese beschützende Haltung, die insbesondere Lösener über viele Jahre zeigte, entsprang vermutlich einer Mischung aus Sorge um die Personen, die als unschuldige Opfer der Rassenpolitik angesehen wurden, und dem Bemühen, die außenpolitischen Auswirkungen der antijüdischen Gesetzgebung gering zu halten. Aus diesem Grunde gewannen die Vertreter des Innenministeriums auch die Unterstützung des Wirtschafts- und Außenministeriums.[4] Zudem antizipierte das Innenministerium nicht unerhebliche bürokratische Schwierigkeiten und befürchtete Proteste der „deutschblütigen" Verwandtschaft, sollten keine klaren Grenzen zwischen den einzelnen Gruppen gezogen werden. Die Vielzahl von Protestbriefen, Petitionen und anderen Interventionen in den ersten zwei Jahren nationalsozialistischer Herrschaft hatten darauf bereits einen Vorgeschmack gegeben. Da die „jüdische Versippung" bis in militärische und künstlerische Eliten reichte, war dieser Faktor nicht zu unterschätzen. Solche Erwägungen gaben den Ausschlag, daß Hitler den in den Ausführungsverordnungen zu den Nürnberger Gesetzen formulierten Kompromiß der radikaleren Parteilinie vorzog. „Mischlinge ersten Grades" und solche „zweiten Grades" zählten fortan nicht zu den Juden, sondern wurden als Sondergruppe definiert. Wichtig war dem Innenministerium in diesem Zusammenhang auch, daß die Ahnenforschung nur bis zu den Großeltern zurückgehen durfte und daß auf keinen Fall arithmetische Berechnungen mit Bruchteilen „jüdischen Blutes" immer neue Unklarheiten heraufbeschwören sollten.[5] Eheschließungen wurden stark eingeschränkt, ein ausdrückliches Verbot wünschte Hitler hingegen nicht.[6]

Trotz der Einschränkungen, die den „Mischlingen" auf Gesetzes- und Verordnungswegen auferlegt worden waren, unternahmen die Verfechter eines harten Kurses in den nächsten zehn Jahren immer wieder neue Anstrengungen, diesen Personenkreis den Juden faktisch und rechtlich gleichzustellen, um sie in die Repressions- und Vernichtungsmaßnahmen einbeziehen zu können, wobei sie durchaus auch an die „Mischlinge zweiten Grades" dachten. So versuchten sie zwischen 1936 und 1938 vergeblich, die Ausführungsverordnungen zum Reichsbürgergesetz so zu fassen, daß „Mischlinge ersten Grades" den „Reichsbürgerbrief" nur in Ausnahmefällen erhalten sollten. Dieser Vorstoß wurde von einer Allianz des Reichskriegsministeriums und des Finanzministeriums verhindert.[7] Der Reichskriegsminister Blomberg hatte verständlicherweise ein Interesse daran, tausende „Mischlinge" zur Wehrmacht einziehen zu können, was er auch verwirklichen konnte, als die Verteilung der „Reichsbürgerbriefe" ausgesetzt worden war. Später setzte sich das Tauziehen dann um die Frage fort, ob „Mischlinge" in der Wehrmacht Vorgesetzte werden durften. In diesem nebenrangigen Streitpunkt erlangte der damalige Stabsleiter beim StdF, Martin Bormann, die Zustimmung Hitlers zum klaren Verbot.

In den Jahren 1941 und 1942 erreichte die Gefährdung der „Mischlinge" ihren Höhepunkt: Der massivste Vorstoß um die Ausdehnung des Judenbegriffs nach Inkrafttreten der Nürnberger Gesetze wurde 1941 von Walter Groß eingeleitet, dem Leiter des Rassenpolitischen Amtes der NSDAP.[8] Dieser argumentierte in einer programmatischen Rede damit, daß die faktische Behandlung von Juden und „Mischlingen" ohnehin gleich sei. Deshalb sollten sie auch rechtlich gleichbehandelt werden. Nach Groß' Rede konstituierte sich eine aus Vertretern des Instituts zur Erforschung der Judenfrage und solchen des Rassenpolitischen Amtes getragene Arbeitsgemeinschaft, die diese Gleichstellung forderte und entsprechende Einzelmaßnahmen auflistete. Auf einer von Adolf Eichmann im August 1941 einberufenen Sitzung koordinieren die Partei-Kanzlei, das Rassenpolitische Amt der NSDAP und das Reichssicherheitshauptamt ihre Forderungen. Vor allem beabsichtigten sie eine definitorische Einbeziehung der „Mischlinge" in die Judenpolitik in den besetzten Ostgebieten. Als Lösener von diesem Vorstoß erfuhr, befürchtete er, daß nun auf dem Weg über die besetzten Gebiete der Status der „Mischlinge" im Reichsgebiet aufgeweicht werden sollte.[9] In Erwartung einer entscheidenden Auseinandersetzung listete er in einem fünfseitigen Papier die Gründe auf, mit denen das Innenministerium dem Versuch einer Gleichstellung der „Mischlinge" mit den Juden begegnen sollte: Die „Mischlinge" seien zahlenmäßig und durch faktische Eheverbote „biologisch bedeutungslos"; die jüdischen unter ihnen waren als „Geltungsjuden" bereits anders eingestuft, jede weitere Sortierung würde „unerträgliche Zustände" und zerrissene Familien bewirken.[10] Lösener schreckte nicht vor Argumentationen zurück, die direkt an die Phobien der Rassenideologen anknüpften: Die „Mischlinge" lehnten das Judentum innerlich ab, würden sie diesem jedoch zugeschlagen, wären sie um so gefährlichere Feinde, denn ihre „deutsche Erbmasse" käme dann dem Judentum zugute. Außerdem müsse die Mitbetroffenheit und Belastung der „vollarischen" Verwandten und Freunde berücksichtigt und der Stellung der „Mischlinge" in der Kriegswirtschaft Rechnung getragen werden. Ihre Leistungen dort sollten weder dem Feinde zugute kommen noch durch stete Verunsicherung gemindert werden. Auch als Soldaten hätten sie sich so bewährt, daß eine größere Anzahl Offiziere oder deren Ehefrauen „Deutschblütigen" und 263 „Geltungsjuden" „Mischlingen ersten Grades" gleichgestellt worden waren. Diese könnten nun nicht wieder „zu Juden gestempelt" (Lösener) werden. Auch seien sie die Elterngeneration der „Mischlinge zweiten Grades", die den „Deutschblütigen" zugeschlagen werden sollten. Hier könnten sich die Probleme fortsetzen, wenn „Mischlinge ersten Grades" sterilisiert oder deportiert würden.[11] Bezogen auf die Mischehen sei während des Krieges ebenfalls besondere Rücksicht geboten, damit nicht die Situation entstünde, daß jüdische Elternteile deportiert würden, während die Söhne, „Mischlinge ersten Grades" an der Front kämpften.[12]

Insgesamt konnte Groß die Zustimmung Hitlers für die Pläne der Partei nicht erlangen. Daraufhin schlug er in einer Unterredung mit dem Chef der Reichskanzlei, Hans Heinrich Lammers vor, durch Zwangssterilisationen der „Mischlinge ersten Grades" die Fortpflanzung der unerwünschten Gruppe zu verhindern. Auch müsse ein deutlicher Unterschied zwischen Deutschen und „Mischlingen" rechtlich fixiert werden. Die Idee der Zwangssterilisation fand Lammers Zustimmung, der darüber hinausgehend anregte, auch Eheschließungen von „Mischlingen zweiten Grades" der Genehmigungspflicht zu unterwerfen und Heiraten von „Mischlingen" untereinander zu verbieten. Das gesamte Maßnahmenpaket wollte er Hitler unterbreiten.[13] Nach diesem Vorlauf wurde am 20. Januar 1942 unter der Leitung Reinhard Heydrichs neben der Ermordung der europäischen Juden die „Lösung der Mischehen- und Mischlingsfragen" auf der Wannsee-Konferenz (erste „Endlösungskonferenz") diskutiert. Heydrich forderte unter Bezugnahme auf Lammers die Gleichstellung der „Mischlinge" mit Juden.[14] Davon sollten nur „privilegierte" Mischehen oder durch Ausnahmebestimmungen Geschützte ausgenommen sein. Diese Ausnahmegruppe könnte zwischen „Evakuierung" und Sterilisation „wählen".[15] Staatssekretär Wilhelm Stuckart vom Innenministerium fürchtete allerdings einen immensen Verwaltungsaufwand und tendierte zur „Lösung" des Problems durch Zwangssterilisation aller „Mischlinge ersten Grades".[16] Mischehen wollte er zwangsweise scheiden lassen, wie er später noch einmal schriftlich präzisierte.[17] Der Vertreter der Partei-Kanzlei beharrte demgegenüber darauf, jeder einzelne „Mischling" solle geprüft werden, bevor die Entscheidung über den Verbleib im Deutschen Reich gefällt würde. Nur eine verschwindende Minderheit bliebe dann übrig.[18] Nach der Konferenz verbündeten sich der das Justizministerium leitende Staatssekretär Schlegelberger und Stuckart und beharrten auf der Sterilisationslösung. Schlegelberger schlug vor, die „Halbjuden" auszunehmen, die als „Mischlinge zweiten Grades" eingestufte Nachkommen hatten. Generelle Zwangsscheidungen der Mischehen wollte er allerdings nicht mit tragen, wenn auch vereinfachte Verfahren seine Unterstützung finden würden.[19] Wenige Tage später bekräftigten Vertreter der Partei-Kanzlei, des Reichssicherheitshauptamtes und der „Judenreferent" des Ostministeriums ihre Position der Gleichbehandlung der „Mischlinge" mit den Juden in den besetzten Gebieten.[20] Lösener führte dagegen ins Feld, man habe im Reichsgebiet die Abgrenzungen getroffen, um den Juden nicht „deutsches Blut" und Führungsqualitäten zuzuführen. Diese Argumentation konnte aber den Einwänden nicht standhalten, daß in den Adern der „Mischlinge" aus den unterjochten Völkern schließlich kein wertvolles deutsches Blut flösse. So wurde für die Ostgebiete eine neue Definition des Begriffs „Jude" in Kraft gesetzt.[21]

In der „Mischlingsfrage" konnte auf der Wannsee-Konferenz keine Einigung erzielt werden. Heydrich verbuchte dennoch einen großen Erfolg: Der Ermordung der „Volljuden" hatte kein Konferenzteilnehmer widersprochen, sie konnte unter seiner Federführung fortgesetzt werden. Dem weiteren Vollzug der „Endlösung" stand nichts mehr im Wege.[22]

Über die „Mischlinge" diskutierten die Teilnehmer einer Folgekonferenz auf Referentenebene am 6. März 1942 (zweite „Endlösungskonferenz") weiter. Ihnen leuchtete die „biologische Lösung" durch Unfruchtbarmachung zwar ein, weil sie die zukünftige Fortpflanzung der „Mischlinge" – und damit eine Fortschreibung des Problems in die Zukunft – verhindert hätte. Der Aufwand in der praktischen Durchführung schreckte die Teilnehmer allerdings. Die Sterilisation hätte zudem keine Trennung der „Mischlinge" von ihren „deutschblütigen" Verwandten herbeigeführt. Statt dessen wurde nun eine „Evakuierung" in ein grenznahes Getto erwogen. Die Vertreter der Partei plädierten weiterhin für die Einbeziehung der „Mischlinge ersten Grades" in die „Endlösung". Eine abschließende Einigung konnten die Vertreter der verschiedenen Positionen nicht erzielen.[23] So sollten beide Positionen an „höchster Stelle" vorgetragen werden. Nach der Referentenbesprechung wandte sich der Staatssekretär Schlegelberger gegen die Zwangsscheidung der Mischehen und die Einbeziehung der „Mischlinge ersten Grades" in die Endlösung.[24] Auch Staatssekretär Stuckart wurde nach der Konferenz noch einmal tätig und wies alle Teilnehmer darauf hin, daß der jüdische Teil der „Halbjuden" bereits ausgesiebt sei. Der Rest sei in die „Volksgemeinschaft" integriert, ein Teil diene sogar in der Wehrmacht. Auch habe Hitler in 3.000 Fällen Anträgen von „Geltungsjuden" auf Veränderung ihres Status in den eines „Mischling ersten Grades" stattgegeben.[25] Schon deshalb sei eine Wende in der Politik gegenüber „Mischlingen ersten Grades" unlogisch und werfe zudem erhebliche bürokratische Probleme auf. Besser sei abzuwarten, bis die noch lebenden Angehörigen der Gruppe gestorben seien.[26] Ein Schreiben Schlegelbergers unterstützte seine Position.[27] Damit kamen die Bemühungen der Vertreter von Partei und SS um eine Ausdehnung des Judenbegriffs zunächst zum Stillstand.[28] Eine erneute Diskussion stoppte Himmler selbst, der sich mit Definitionen und Regeln nicht den Bewegungsspielraum für die besetzten Ostgebiete nehmen lassen wollte.[29] Auf der Alltagsebene hingegen folgte eine deutliche Verschärfung des Sonderrechts: Eine eher beiläufige Bemerkung Hitlers bei Tisch über „Mischlinge ersten Grades" in der Wehrmacht hatte eine Kettenreaktion zur Folge, in der die obersten Reichsbehörden darauf hingewiesen wurden, „Mischlinge" würden zu „weichherzig" behandelt. Die Bearbeitung von Ehegenehmigungs- und Ausnahmeanträgen entfielen kurz darauf ganz, das Beamtengesetz wurde streng angewendet, das Erziehungsministerium zog nach und verbot „Mischlingen ersten Grades" ab Juni 1942 den Besuch weiterführender Schulen. Das OKW, das bereits 1940/1941 entsprechende Erlasse umgesetzt hatte, entfernte weitere „Mischlinge" aus der Wehrmacht.

Die Teilnehmer der dritten „Endlösungskonferenz" am 27. Oktober 1942, zu der das RSHA einlud, einigten sich dann darauf, daß „Mischlinge ersten Grades" im Falle ihrer Sterilisation im Reichsgebiet verbleiben, während „Mischlinge zweiten Grades" ausnahmslos wie Deutsche behandelt werden sollten. Doch angekündigte neue Verfahren zur Massensterilisation ließen auf sich warten.[30] So gewährte der Beschluß den „Mischlingen ersten Grades" eine Schonfrist, die letztlich ihr Überleben ermöglichte, obwohl Himmler seine Anstrengungen um ihre Einbeziehung in den Judenmord fortsetzte und auch neue Vorstöße gegen die unangetastete Situation der „Mischlinge zweiten Grades" unternommen wurden.[31]

Der Kriegsverlauf erzwang jedoch andere Prioritäten, und Hitler wich einer definitiven Handlungsanweisung immer wieder aus. Dennoch wurde die Sondergesetzgebung weiter verschärft[32], vor allem erhielten die „Mischlinge ersten Grades" und „jüdisch Versippten" den Einberufungsbefehl zur Organisation Todt (OT), um Zwangsarbeit zu leisten.

Die Partei-Kanzlei, seit Februar 1942 ohnehin für alle „Mischlinge" betreffende Angelegenheiten in der Partei zuständig, sicherte sich nun auch formal die entscheidende Mitsprache bei allen „Mischlingsangelegenheiten" in den Ministerien und der Wehrmacht, um auf eine einheitlich restriktive Handhabung der Entscheidungen Einfluß zu nehmen. Sie hielt die Parteidienststellen dazu an, das Ziel, die „Mischlinge" wie Juden zu behandeln, nicht aus den Augen zu verlieren: „Dadurch, daß eine gesetzliche Regelung in einem bestimmten Sinne erfolgte (oder bis heute noch nicht erfolgt ist), darf für die Partei nicht der Schluß gezogen werden, der augenblickliche Rechtszustand gebe das wider, was politisch notwendig und erwünscht sei."[33] Ziel der Partei sei es, auch „Mischlinge 3., 4., 5. und geringeren Grades", deren Definition dem Staatsrecht „noch fremd" sei[34], aus den eigenen Reihen auszugrenzen. „Deutschblütigkeitserklärungen" begriff die Partei-Kanzlei lediglich als Tarnung „von staatswegen" und frühere Ausnahmegenehmigungen als Ausdruck einer überholten „weichen Linie", die keineswegs Anlaß zu weiteren Sonderregelungen sein dürfte.[35]

Das Attentat auf Hitler vom 20. Juli 1944 bewirkte letzte Verschärfungen in der Behandlung derjenigen „Mischlinge", die mit Sondergenehmigungen oder „Deutschblütigkeitserklärungen" in der Wehrmacht oder den Behörden verblieben waren.[36] Mit gewaltigem bürokratischen Aufwand wurde in allen Behörden in den letzten Wochen vor der Kapitulation noch einmal die Frage der Abstammung im Staatsdienst verbliebener „Mischlinge" geklärt.

Bei dem Versuch, eine möglichst weitgehende Ausgrenzung „rassisch" belasteter Personen zu erreichen bzw. zu verhindern, konkurrierten die beteiligten Ressorts bis zur Wannsee-Konferenz immer auch um Kompetenzerhaltung und -ausweitung, um Sondervollmachten und den Führungsanspruch in „Judenfragen". Dies hebt vor allem Hans Mommsen hervor, der die Triebkraft antijüdischer Initiativen nicht primär auf ideologische Faktoren zurückführt, sondern vor allem auf andere Interessen (Prestigefragen, Konkurrenz, Ausweitung der Kompetenzen) verweist[37], während die gleichzeitige Fragmentierung der Zuständigkeiten die Akteure – so zumindest empfanden sie es subjektiv – von der Verantwortung für diesen Prozeß entband.[38]

Zwei Jahre nach Inkrafttreten der Nürnberger Gesetze hatte die Reichskanzlei die Behandlung der Ausnahmegenehmigungen an sich gezogen, nachdem diese zuvor über einzelne Behördendienststellen an den „Führer" weitergereicht worden waren. Die Reichskanzlei als Sammelstelle wollte „Einheitlichkeit der Entscheidungen auf diesem Gebiete (...) gewährleisten und die vom Führer bewilligten Ausnahmen in zuverlässiger Weise listenmäßig (...) erfassen."[39] Die Meinung der betroffenen Ressorts oder der Partei wurden vom Chef der Reichskanzlei, Hans Heinrich Lammers eingeholt, bevor er Hitler Anträge zur Entscheidung vorlegte. Zwischen 1937 und 1943 wurde die Reichskanzlei so zu einer Art Clearing-Stelle bzw. „Oberministerium" (Diehl-Thiele).[40] Um diese Position konkurrierte der StdF (bzw. die Partei-Kanzlei), die sich – wie ausgeführt – 1944 das entscheidende Votum in allen „Mischlingsangelegenheiten" sichern konnte, nachdem sie zuvor bereits massive Mitspracherechte erwirkt hatte. Das Innenministerium wiederum, in dem nach der nationalsozialistischen Machtübernahme die antijüdischen Gesetzgebungsvorhaben zusammenliefen, büßte im Laufe der jahrelangen Auseinandersetzungen und Konkurrenzkämpfe fast sämtliche Kompetenzen ein.

In der alltäglichen Anwendung warfen die Verfolgtenkategorien immer wieder neue Probleme auf. Der Begriff „Mischling" wurde in den ersten beiden Jahren der nationalsozialistischen Herrschaft kaum verwendet. Wohl war von „Judenstämmlingen", „Halb"- und „Vierteljuden", „Mischlingen" oder „Judenabkömmlingen" in der Öffentlichkeit die Rede, doch im amtlichen Sprachgebrauch herrschte die Bezeichnung „Nichtarier" vor[41], die alle Personen umfaßte, die jüdischer oder teilweise jüdischer Herkunft waren: „Es genügt, wenn ein Elternteil oder ein Großelternteil nicht arisch ist. Dies ist insbesondere dann anzunehmen, wenn ein Elternteil oder ein Großelternteil der jüdischen Religion angehört hat"[42], lautete die entsprechende Durchführungsverordnung des Gesetzes zur Wiederherstellung des Berufsbeamtentums. Ungeachtet ihrer Konfessionszugehörigkeit, ihrer familiären Verhältnisse und ihres Selbstverständnisses wurden diese Personen aus dem öffentlichen Dienst entfernt. Differenzierungen unter den „Nichtariern" erfolgten erst mit den Ausführungsverordnungen zu den Nürnberger Gesetzen. Die dort niedergelegten Definitionen waren das Ergebnis des beschriebenen zähen Ringens zwischen Vertretern der Ministerialbürokratie und der NSDAP. Nun wurde zwischen „Volljuden" und „Mischlingen" unterschieden. Letztere wurden in „Mischlinge ersten Grades" („Halbjuden" mit zwei jüdischen Großelternteilen) und solche „zweiten Grades" („Vierteljuden" mit einem jüdischen Großelternteil) eingestuft. Gehörte aber ein „Halbjude" der jüdischen Religionsgemeinschaft an oder war mit einem Juden oder einer Jüdin verheiratet, sollten sie oder er den „Volljuden" gleichgestellt sein.[43] Später wurde der Begriff „Geltungsjude" für diese „Sonderfälle" benutzt. Als Juden wurden auch Kinder aus Mischehen behandelt, die – gesetzeswidrig – nach dem 17. September 1935 geschlossen waren, oder uneheliche Kinder aus einer – nun verbotenen – Verbindung zwischen einem Juden und einer „Deutschblütigen" (bzw. umgekehrt), die nach dem 31. Juli 1936 geboren worden waren.

Die Konstruktion der Begriffe „Juden" und „Mischlinge", die Klarheit über die auszugrenzende Gruppe schaffen sollte, enthielt innere Widersprüche, vermischte sie doch die „blutsmäßige" Abstammung mit der formalen Religionszugehörigkeit. In der Verwaltungspraxis ergaben sich aus diesen Definitionen immer wieder neue Unklarheiten bei der Feststellung „der Eigenschaft als ‚Jude'", für die auch im Laufe der Jahre keine abschließenden Regelungen gefunden werden konnten. Saul Friedländer greift in diesem Zusammenhang eine „mysteriöse rassische Mutation" auf, die Stuckart-Globke in ihrem Kommentar zu den Nürnberger Gesetzen aufführen: Wenn eine zur jüdischen Religion konvertierte Ehefrau als Witwe rekonvertierte und in zweiter Ehe mit einem „Arier" Kinder bekomme, hätten diese eine jüdische Vorfahrin im Stammbaum.[44]

Das Reichsinnenministerium wies in einem Erlaß darauf hin, ausschlaggebend seien

„grundsätzlich objektive Gesichtspunkte, d.h. bestimmte äußere Merkmale, zu denen z.B. die unwidersprochene Führung in den Listen einer jüdischen Gemeinde, Bezeichnung als ‚mosaisch' in Haushaltslisten oder polizeilichen Melderegistern, Teilnahme am jüdischen Religionsunterricht usw. zu rechnen sind. Eines besonderen Aufnahmeaktes in die jüdische Religionsgemeinschaft bedarf es daher bei Vorliegen solcher Merkmale zur Annahme einer Zugehörigkeit zur jüdischen Religionsgemeinschaft nicht. Trotz Vorliegens solcher Merkmale kann eine andere Beurteilung dann am Platze sein, wenn die polizeiliche Anmeldung mit mosaischer Religion nachweislich auf Unkenntnis über die Zugehörigkeit einer Person zu einer Religionsgemeinschaft oder auf einen Irrtum zurückzuführen ist und nach Prüfung der Sachlage unter Berücksichtigung der sonst vorliegenden Umstände nicht angenommen werden kann, daß die Person selbst oder der Erziehungsberechtigte durch die Anmeldung eine Verbindung mit der jüdischen Religionsgemeinschaft nach der Art eines Mitgliedes dieser in irgendeiner Form äußerlich hatte zum Ausdruck bringen oder zum mindesten dulden wollen."[45]

Die regionalen Behörden verwiesen in Ermangelung widerspruchsfreier Regelungen bald auf die Gestapo als „Klärungsstelle":

„Die Entscheidungen sind daher zum Teil recht schwierig, und es besteht die Möglichkeit, daß sie nicht nach einheitlichen Gesichtspunkten getroffen werden. Dies kann sowohl für die Verwaltung wie auch für die Betroffenen zu Unerträglichkeiten führen. Die Ämter und Verwaltungen werden daher gebeten, im Interesse der gleichmäßigen Behandlung der einschlägigen Fragen sich in Zweifelsfällen an die Geheime Staatspolizei (...) zu wenden. (...) Solange nicht eine andere Stelle befugt wird, Entscheidungen mit allgemein verbindlicher Wirkung zu treffen, empfiehlt es sich, die Auskunft der Geheimen Staatspolizei der Beurteilung des Einzelfalles zugrunde zu legen."[46]

Als die Nürnberger Gesetze die Differenzierung des „rassischen" Verfolgungsprozesses ermöglichten, lagen nur grobe Schätzungen über die Größe der betroffenen Gruppe vor. Die Volkszählung von 1933 hatte Juden erfaßt, die sich zu dieser Religion bekannten, wenngleich die Zählkarten dieser Gruppe bereits zu einer Sonderzählung zusammengelegt wurden, die einen „Überblick über die biologischen und sozialen Verhältnisse des Judentums im Deutschen Reich" geben sollte.[47] Gerade die Personen aber, deren Erfassung als eheliche oder uneheliche Nachkömmlinge aus einer „Blutsmischung" den nationalsozialistischen Rassenpolitikern besonders wichtig war, wurden über das Merkmal der Religionszugehörigkeit nicht ermittelt: Getaufte und atheistische Juden fielen aus der Sonderzählung ebenso heraus wie ihre aus Mischehen stammenden Nachkommen – abgesehen davon, daß unter den Vertretern der NSDAP und ihrer Organisationen nach wie vor Uneinigkeit herrschte, bis zu welcher „blutsmäßigen Beimischung" eine Person als Jude gelten und als solche erfaßt werden sollte. Auch die ab 1935 bestehende regelmäßige Meldepflicht der jüdischen Gemeinden gab über diese Gruppe keine Auskunft.[48] So gingen die Schätzungen des Reichsministeriums des Innern, der Reichsstelle für Sippenforschung und des Rassenpolitischen Amtes der NSDAP weit auseinander. Der Durchschnitt ihrer Annahmen lag bei etwa 750.000 „Mischlingen ersten und zweiten Grades" im Deutschen Reich.[49] Das Innenministerium war von 308.000 Wehrdienstfähigen ausgegangen, die je zur Hälfte Juden oder „Mischlinge ersten und zweiten Grades" sein sollten.[50] Der Statistiker Friedrich Burgdörfer behauptete 1938 aufgrund einer Hochrechnung, es lebten ca. 200.000 „Mischlinge ersten" und 100.000 „zweiten Grades" in Deutschland.[51] Erst das Ergebnis der Volkszählung von 1939 korrigierte diese Zahlen, denn diese differenzierte auf den Ergänzungskarten die Erfaßten nach „rassischem Status". Um die einmal gewonnenen sicheren Angaben fortschreiben zu können, gab das Statistische Reichsamt sie nach der quantitativen Auswertung an die polizeilichen Melderegister weiter. Außerdem wurde aus den Daten eine „Reichskartei der Juden und jüdischen Mischlinge" aufgebaut, die sogenannte Volkstumskartei, die auch dem Reichssippenamt zur Verfügung gestellt wurde.[52] So sollte einerseits sichergestellt werden, daß das nun endlich vorliegende Zahlenmaterial immer auf dem neuesten Stand war. Andererseits sollte der Verfolgtenstatus der einzelnen Personen festgehalten und deren Wohnorts- oder Familienstandsveränderungen notiert werden.

Die Betroffenen ihrerseits hatten ein verständliches Interesse daran, den stigmatisierenden Status zu verbergen, zu verschleiern oder ihn – wenn dies möglich war – auf legalem Wege abzulegen, weil aufgrund der vielfältigen Diskriminierungen in fast allen Arbeits- und Lebensbereichen sukzessive Ausschlüsse oder Nichtaufnahmen verfügt wurden. „Volljuden" unterlagen einer strikteren Ausgrenzung als „Mischlinge ersten Grades", die wiederum schlechter als „Mischlinge zweiten Grades" gestellt waren. Der Zwang für jeden Deutschen, den Abstammungsnachweis zu erbringen, führte bei vielen „Nichtariern" dazu, jede Chance zu ergreifen, eine amtlich bestätigte Verbesserung des „rassischen" Status zu erlangen oder – wie der Volksmund bald formulierte – zu „Ehrenariern" ernannt zu werden.[53]

In der Regel formulierten sie Petitionen oder Bittbriefe an Behörden oder hochrangige Würdenträger, um Ausnahmeregelungen in Anspruch zu nehmen, die in Gesetzen, Verordnungen oder Statuten niedergelegt waren. Dabei kam diesem überwiegend aus der Mittelschicht stammenden Personenkreis einerseits die höhere Schulbildung zugute, die nicht nur das Aufspüren solcher Ausnahmeregeln, sondern auch das Abfassen entsprechender Schreiben ermöglichte. Zum anderen konnten sie die weitverzweigte „deutschblütige" Verwandtschaft oder deren Verbindungen zu einzelnen hochrangigen Nationalsozialisten in Anspruch nehmen, die befürwortende Stellungnahmen verfaßten oder die Gesuche weiterleiteten. Wenn es keine in Verordnungen oder Gesetzen niedergelegte Ausnahmeregelung gab, versuchten viele Antragsteller, individuelle Sonderregelungen zu erreichen.

Eine zweite Möglichkeit, Statusverbesserungen zu erlangen, war die gerichtliche Anfechtung der zugeschriebenen „rassischen" Einstufung. Der dritte – und offensichtlich für die Antragsteller unsicherste – Weg führte über die Reichsstelle für Sippenforschung[54], die Bescheide über die Abstammung ausstellte, wenn diese aus irgendeinem Grunde zweifelhaft erschien.[55]

Wehrmachtsangehörigen jüdischer Herkunft schließlich gelang es besonders in der zweiten Kriegshälfte, durch den Nachweis besonderer Tapferkeit vorläufig für „deutschblütig" erklärt zu werden. Auch Künstler oder andere für den NS-Staat als unverzichtbar geltende Personen konnten eine Besserstellung erreichen.

Die Verfahrenswege waren unterschiedlich:
– Befreiungen vom Reichsbürgergesetz wurden über die regionalen Behörden an das Reichsministerium des Innern geleitet, das sie Hitler vorlegte. Ab Oktober 1937 wurden die Gesuche vorher in der Reichskanzlei zusammengefaßt.[56] Ein mit den Jahren immer größeres Gewicht in diesem Entscheidungsprozeß beanspruchte der StdF bzw. die Partei-Kanzlei, mit dem sich jedes Ministerium bzw. die Reichskanzlei einigen mußten, bevor Gesuche Hitler vorgelegt wurden.[57] Während die Ablehnun-

gen den Antragstellern ohne Prüfung der nächsthöheren Instanz zugingen, bestand Hitler auf persönlicher Entscheidung bei Anträgen, die positiv vorentschieden worden waren.

– Das zivilrechtliche Verfahren führte über den Staatsanwalt und vom Gericht eingeschaltete Gutachter.

– Die Reichsstelle für Sippenforschung riefen Antragsteller selbst an, sie konnte aber auch von Gerichten eingeschaltet werden.

– Parteimitglieder, die sich um die NSDAP Verdienste erworben hatten, wurden von Hitler persönlich durch „Gnadenakt" gleichgestellt.[58]

– Anträge von Soldaten wurden vom Oberkommando der Wehrmacht (OKW) bearbeitet und weitergeleitet,

– alle übrigen Gesuche liefen über die Kanzlei des Führers.[59]

Viele Petitionen nahmen allerdings nicht diesen vorgeschriebenen Weg, sondern erreichten ihr Ziel auf Umwegen über protegierende Personen wie Minister, hochrangige Parteiführer oder auch deren Ehefrauen.

Neben diesen legalen schöpfte ein Teil der Betroffenen auch die illegalen Möglichkeiten aus: So lebten einige verdeckt, versteckt oder unter falschem Namen, andere fälschten Abstammungsurkunden. Beispielsweise radierte ein „Geltungsjude" das „mosaisch" auf seiner Geburtsurkunde aus, ließ eine Abschrift des gefälschten Dokuments anfertigen und wies sich die folgenden zwölf Jahre mit dieser aus. Zudem verdingte sich der Artist als Tagelöhner auf Bauernhöfen und wechselte die Arbeitsstelle, sobald amtliche Nachfragen gestellt wurden. Es gelang ihm auf diese Weise, nicht als Jude erfaßt zu werden, wobei ihm zugute kam, daß er unehelich geboren und aus Ostpreußen zugewandert war. Er wurde während des Krieges als Soldat eingezogen und enttarnte sich erst in amerikanischer Kriegsgefangenschaft.[60]

Im folgenden sollen die verschiedenen legalen Möglichkeiten, um den Status zu wechseln, näher untersucht werden.

II. Befreiung von den Vorschriften des Reichsbürgergesetzes?

Die erste Verordnung zum Reichsbürgergesetz definierte den „vorläufigen Reichsbürger" als Träger der vollen politischen Rechte, der „das Stimmrecht in politischen Angelegenheiten ausüben und ein öffentliches Amt bekleiden"[61] konnte. Juden waren lediglich „Staatsangehörige", „jüdische Mischlinge" hingegen durften sich als „vorläufige Reichsbürger" betrachten.[62] Der §7 der Verordnung bestimmte, daß der „Führer und Reichskanzler" Befreiungen von den Vorschriften der Ausführungsverordnungen erteilen konnte. Diese Möglichkeit nutzten mehr oder minder erfolgreich „Voll-" oder „Geltungsjuden", die zu „Mischlingen ersten Grades" oder zu „Deutschblütigen" erklärt werden wollten, ebenso wie „Mischlinge ersten Grades", die zu solchen „zweiten Grades" oder zu „Deutschblütigen" „aufzusteigen" versuchten. Als 1942 die Einbeziehung der Mischehen und „Mischlinge" in den Vernichtungsprozeß diskutiert wurde, hielt der Staatssekretär des RMdI, Wilhelm Stuckart, dieser Absicht unter anderem entgegen, daß Hitler mittlerweile 3.000 als „Geltungsjuden" eingestufte „Halbjuden" zu „Mischlingen ersten Grades" erklärt habe. Eine Gleichsetzung der „Mischlinge" mit Juden – so der Staatssekretär – würde diese Entscheidungen rückwirkend ad absurdum führen.[63]

Noakes gibt die Zahl der von 1935 bis zum Mai 1941 eingereichten Petitionen mit 9.636 an, von denen 263 positiv entschieden wurden.[64] Parallel zur Verfolgung der Juden stieg auch die Zahl der Anträge. Offensichtlich wurden sowohl generelle Gleichstellungen wie auch eingeschränkte ausgestellt, „und zwar auf dem Gebiet, für das die Befreiung erteilt" wurde.[65] Galten die Gleichstellungen zunächst nur für die Antragsteller und schufen damit innerfamiliär zusätzlich zu den ohnehin vorhandenen verschiedenen Einstufungen zwischen Eltern und Kindern neue Ungleichheiten, so wurden sie ab 1939 auch auf die Nachkommen ausgedehnt.[66] Die Gleichgestellten konnten Abstammungsbescheide als „Deutschblütige" beim Reichssippenamt beantragen, die allerdings auf blauem Papier ausgestellt wurden und sich damit von denen anderer unterschieden. 1942 schließlich wurde im Zuge der „Vereinfachung der Verwaltung" die Bearbeitung der Anträge eingestellt: „Bis auf weiteres unterbleibt grundsätzlich die Bearbeitung der Gesuche von Juden und jüdischen Mischlingen (…) Die Bearbeitung laufender Sachen ist sofort einzustellen (…) Neue Gesuche sind den Einsendern unter Hinweis auf diese Anordnung zurückzugeben. Bescheide auf mir bereits vorgelegte Sachen sind in der Regel nicht mehr zu erwarten."[67]

Im Juli 1944 versandte der RFSS eine „Zusammenstellung der Gesichtspunkte", von denen sich die Partei-Kanzlei bei der Bearbeitung von „Mischlingsfragen" leiten ließ. Über die „Gleichstellung mit Deutschblütigen" heißt es dort, ausgehend von Ausnahmebestimmungen des §7 des Reichsbürgergesetzes habe sie sich im Laufe der Jahre durch fortschreibende Definition zur Befreiung von allen Einschränkungen entwickelt, obwohl sie in keiner gesetzlichen Bestimmung ausdrücklich definiert sei. Mit Ausnahme der Bauernfähigkeit, der NSDAP-Mitgliedschaft sowie der Heiratsvorschriften für Berufssoldaten gelte die Gleichbehandlung in allen Lebensbereichen, wobei sie auf den Antragsteller und seine Nachkommen, nicht aber auf andere Familienmitglieder wie etwa Geschwister, bezogen sei. Auch nachdem Anträge nicht mehr bearbeitet würden, könne einem Gleichstellung „begehrenden" „Mischling" Gelegenheit zur Bewährung vor dem Feinde gegeben werden, die allerdings keinen Anspruch auf spätere Gleichstellung beinhalte. In den Jahren vor 1942 habe das RMdI zeitweise Anträge von Personen, die sich um die nationalsozialistische Bewegung verdient gemacht hätten, zwar abgelehnt, doch einigen Antragstellern Gleichstellungen im beruflichen Leben gewährt. Derartige Teilgleichstellungen seien dann aber unterblieben.[68]

Der RFSS mißbilligte die Praxis der Gleichstellungen aufs Schärfste. Aus seiner Perspektive „tarnten" sich erfolgreiche Antragsteller mit höchster Erlaubnis: Sie durften sich als „deutschblütig" ausgeben, ohne es schließlich „blutsmäßig" zu sein. Nach all den Anstrengungen, die Juden aus der deutschen Gesellschaft auszugrenzen, könne trotzdem kein

> „Volksgenosse, auch der in politisch führender Stellung stehende, mehr davor sicher [sein], daß er oder seine Kinder eines Tages im Vertrauen auf die abgegebenen Erklärungen über die Deutschblütigkeit, oder auf den amtlichen Abstammungsbescheid des Reichssippenamtes (...) in verwandtschaftliche Beziehungen zu verjudeten Sippen [zu] geraten, die sich bekanntlich nur schwer lösen lassen, wenn eine Eheschließung bereits vollzogen wurde."[69]

Am 21. Oktober 1943 übergab das nunmehr von Himmler geleitete Innenministerium die Anträge dem RSHA, so daß dessen ablehnende Haltung verbindlich wurde.[70] Von den in Hamburg eingereichten Befreiungsgesuchen sind lediglich die aus den Jahren 1934–1938 erhalten.[71] Sie wurden in der Innen- und Polizeibehörde gesammelt, mit Unterschrift der jeweiligen Senatoren Richter, Prützmann und von Allwörden an das Staatsamt weitergegeben, das den Verkehr mit den Reichsbehörden zu dieser Zeit regelte. Von dort wurden sie als Schreiben des Reichsstatthalters in Hamburg, Senat, an den Reichs- und Preußischen Minister des Innern, später das Reichsministerium des Innern, weitergeleitet. Zuvor war die Polizeibehörde, Abteilung Melde- und Paßpolizei, eingeschaltet worden, die Angaben zur Person und Familie sammelte sowie das Strafregister heranzog. Auskünfte über die politische Zuverlässigkeit wurden von der Gestapo, der NSDAP-Ortsgruppe sowie der Gauleitung der NSDAP eingeholt. Für bisher im Staatsdienst befindliche Personen wurden auch Gutachten des Staatlichen Gesundheitsamtes hinzugezogen, das auf körperliche und charakterliche Auswirkungen der „rassischen" Abstammung untersucht hatte. Eine Zusammenfassung des Antrages mit – in der Regel ablehnender – Empfehlung der für die Polizei zuständigen Senatoren bzw. des Leiters des Staatsamtes, Senator Ahrens, gelangte an das Innenministerium. Der bürokratische Aufwand dieses Verfahrens war also bereits auf regionaler Ebene erheblich.

Die Anträge stammten von „Voll-" und „Geltungsjuden" sowie „Mischlingen ersten und zweiten Grades". Die Männer und Frauen, die Gleichstellung begehrten, begründeten das Gesuch mit konkreten Fakten oder stellten es vorsorglich, um vor eventuellen Verschärfungen in der Rassenpolitik geschützt zu sein. Zur Untermauerung ihres Anliegens führten sie in erster Linie den nicht vorhandenen Bezug zur jüdischen Religion oder zur geistigen oder kulturellen Lebenswelt ihrer jüdischen Vorfahren an. Meist verwiesen sie auf die Familiengeschichte, die durch Taufen und Mischehen einen Bruch mit dem Judentum dokumentierte. Andere vertrauten auf die Honorierung ihrer Verdienste um das Vaterland, die sich Männer wie Frauen im Ersten Weltkrieg durch freiwillige Meldungen und Tätigkeiten erworben hatten. So versuchte eine geschiedene 52jährige Krankenhausfürsorgerin, die als „Mischling ersten Grades" galt, durch die Gleichstellung ihre Arbeitsstelle im AK St. Georg zu behalten. Ihr Vater hatte sich 1892 evangelisch taufen lassen. Im Ersten Weltkrieg erwarb er hohe Auszeichnungen. Der 1933 verstorbene Bruder war als Kaufmann gleichzeitig deutscher Konsul in Süd-Afrika und später während des Ersten Weltkrieges Offizier gewesen. Auch sie habe freiwillig in einer Kriegsküche gearbeitet. Dem Judentum stünde sie „völlig fremd und ablehnend" gegenüber.[72] Ähnlich gelagert war der Fall einer angehenden Volksschullehrerin, deren männliche Vorfahren ebenfalls über Generationen militärische Verdienste erworben hatten und die selbst das „Judentum verabscheut und bekämpft habe". Das Staatliche Gesundheitsamt beurteilte sie überwiegend positiv, wenngleich ihm eine „gewisse Überheblichkeit" im Auftreten aufgefallen war.[73]

Andere Antragsteller betonten ihre Übereinstimmung mit der nationalsozialistischen Bewegung oder hatten dieselbe aktiv unterstützt. Einer erhoffte die Besserstellung vom „Volljuden" zum „Mischling ersten Grades", weil er sich als Wahlhelfer für die NSDAP betätigt hatte[74], eine weitere „lebte ganz im Sinne des Nationalsozialismus"[75], ein „Mischling zweiten Grades" verwies auf seine Mitgliedschaft in der Hitlerjugend.[76] Referenzen von Nationalsozialisten konnte ein Fischereidirektor aus Altona vorlegen, der als „Mischling ersten Grades" mütterlicherseits aus einer Offiziersfamilie stammte. Der Regierungspräsident von Schleswig befürwortete den Antrag „warm", und der Reichsbeauftragte für das Winterhilfswerk bescheinigte ihm vorbildliche Mitarbeit.[77]

Ein Teil derer, die ein Gesuch einreichten, befand sich in besonders prekärer Situation: Durch den Übertritt zur jüdischen Gemeinde anläßlich der Heirat oder wegen Konversion des nichtjüdischen Elternteils wurden sie als „Geltungsjuden" und damit als „Volljuden" eingestuft. Nun versuchten sie, dieser Einstufung zu entgehen wie eine „halbjüdische" Witwe, die mit einem „Volljuden" verheiratet gewesen war und deren Mutter zur jüdischen Religion konvertiert war. Sie wurde als „Volljüdin" betrachtet, und es half auch nichts, daß sie diese durch Tod beendete Ehe als „keine im eigentlichen Sinne" charakterisierte.[78] Einer der wenigen Männer, die anläßlich ihrer Heirat mit einer Jüdin Mitglied der DIGH geworden waren, trat aus derselben 1933 wieder aus, mußte jedoch erkennen, daß seinen Kindern der „Geltungsjuden"-Status anhaftete. Deshalb stellte er den Antrag, sie als „Mischlinge ersten Grades" einzustufen. Die Polizeibehörde sah darin „rein persönliche Interessen. Er will damit spätere Schwierigkeiten, welche sich bei Eheschließungen, Einstellungen in den Arbeits- und Militärdienst usw. herausstellen, aus dem Wege räumen."[79] Ein anderer „halbjüdischer" Antragsteller, ebenfalls konvertiert, war erst nach Erlaß der Nürnberger Gesetze aus der DIGH ausgetreten und wurde somit ungeachtet dieses Schrittes als „Volljude" behandelt.[80]

Alle hier kurz skizzierten Anträge wurden zwar weitergeleitet, doch mit einer Ablehnungsempfehlung versehen. Enthielt das Strafregister der Antragsteller Eintragungen, führten diese ungeachtet des jeweiligen Tatbestands zur sofortigen Ablehnung eines Antrages.[81] Auf die Argumentation der Antragsteller gingen die Stellungnahmen nur selten ein. Hier wurden andere Maßstäbe angelegt: Arbeitete eine „volljüdische" Offizierswitwe kurzzeitig bei einem jüdischen Arzt als Hausdame, reichte diese Tatsache aus, ihr Anliegen nicht weiter zu bearbeiten.[82] Ein in „privilegierter" Mischehe lebender Arzt wollte nach Ansicht der Prüfenden „vorwiegend sein Interesse [wahren], um den arischen Ärzten gleichgestellt zu werden"[83], ein anderer Arzt habe den Antrag aus „rein familiären Gründen" gestellt, was ebenfalls zur Ablehnungsempfehlung führte.[84]

In der Regel wurden Anträge jedoch nicht deshalb verworfen, weil Zweifel an den angeführten Verdiensten der Beantragenden gehegt wurden, sondern weil das Verfahren auf einem grundsätzlichen Mißverständnis beruhte: Die Antragsteller nahmen an, daß ihre – vielleicht im Unterschied zu anderen Personen, mit denen sie vom Status her gleich eingestuft waren – überragenden individuellen Fähigkeiten und persönlichen wie familiären Verdienste um das Vaterland oder die NS-Bewegung gewürdigt werden sollten. Die Polizeibehörde hingegen prüfte die Gesuche unter dem Aspekt, ob es – so die Standardbegründung für die Ablehnungsempfehlung – „schwerwiegende Gründe aus der Sicht der Allgemeinheit" gebe, die einen Antrag „gerechtfertigt" erscheinen ließen. Solche Gründe aber sah sie nur in ganz seltenen Fällen.

Einer der wenigen Erfolgreichen war ein Polizeimeister, der für seine minderjährige Tochter, die als „Mischling zweiten Grades" galt, den Antrag stellte. Auch hier hatte das Gesundheitsamt eine Untersuchung vorgenommen und ihr attestiert, ein „Prototyp des nordischen Mädchens" zu sein; sie sei „nicht artfremd, sondern mache einen netten, freundlichen, bescheidenen und intelligenten Eindruck." Die Gauleitung der NSDAP beurteilte den Vater – ebenso wie die Ortsgruppe der Partei – außerordentlich günstig. „Durch seine Stellung als Polizeibeamter steht er außerdem in einem ganz besonderen Vertrauensverhältnis zum Staat", begründete Senator Ahrens seine Befürwortung.[85] Ob die höheren Instanzen dieser folgten, geht aus den Akten nicht hervor. Die Tochter eines anderen Antragstellers wäre vermutlich nicht so günstig beurteilt worden, die Polizeibehörde dankte hier einem ihrer Beamten für zuverlässige Dienste inner- und außerhalb seines Amtes.

Die Maßstäbe des SA-Standartenführers Richter, des Höheren SS- und Polizeiführers Prützmann oder des SS-Gruppenführers Ahrens stellten sich durchweg als unerfüllbar für die Antragsteller heraus: Sie waren weder berühmte Schauspieler noch hochdekorierte Offiziere, keine wichtigen Wissenschaftler oder Patentinhaber, und das Ausland würde ihretwegen nicht intervenieren. So war die Regelentscheidung von Beginn bis Beendigung der Bearbeitungszeit für derartige Gesuche die Ablehnung, denn das „Interesse der Allgemeinheit" bestand in den Augen der nationalsozialistischen Amtsinhaber darin, keine Ausnahmegenehmigungen zu erteilen.

Steiner/Cornberg schätzen die insgesamt positiv beschiedenen Anträge auf ca. 1.300.[86] Angesichts der von Stuckart genannten, wenngleich vermutlich aus taktischen Gründen überhöhten Zahl von 3.000 mit „Mischlingen ersten Grades" gleichgestellten „Geltungsjuden" ist das vermutlich zu niedrig gegriffen. Außerdem berücksichtigt diese Zahl weder diejenigen, die in Abstammungsverfahren vor Zivilgerichten ihren Status veränderten noch die unbestimmbare Zahl derer, die auf keines der möglichen Antragsverfahren vertrauten, sondern sich auf Protektion verließen.

III. Abstammungsverfahren vor Zivilgerichten

1. Rechtsgrundlagen und reichsweite wie regionale Rechtspraxis

Neben dem Eherecht ordneten die Nationalsozialisten auch das Familienrecht neu.[87] Unter anderem wurden die Möglichkeiten erweitert, die Ehelichkeit eines Kindes anzufechten. Konnte bis dahin lediglich ein Vater innerhalb einer einjährigen Frist die Ehelichkeit des Kindes anfechten oder – bei unehelichen Kindern – die „Zahlvaterschaft" abzuwenden versuchen, so dehnten die Nationalsozialisten dieses Recht auf den Staatsanwalt aus, ohne diesen an eine Frist zu binden. Dabei gingen sie davon aus, daß die „blutsmäßige" Abstammung einerseits für jeden Deutschen im nationalsozialistischen Staat lebensbestimmende Relevanz besaß, aber auch der Staat seinerseits ein größtes Interesse daran hätte, diese Abstammung zu kennen. Deshalb sollte der Staatsanwalt im öffentlichen oder im Kindesinteresse die Vaterschaft vor Gericht (Vaterschaftsfeststellungsklagen oder Statusklagen genannt) anfechten dürfen. Die ungewöhnlich anmutende Konstruktion machte den Oberstaatsanwalt zum Kläger und die betroffene Person, das „Kind", zum Beklagten, wobei diese oder ihr Anwalt oder Vormund oftmals den Staatsanwalt zuvor mit dem Material versorgte, auf dessen Grundlage das Verfahren beantragt wurde.

Der gesetzlichen Regelung war ein Kompetenzstreit um die Rechte der Reichsstelle für Sippenforschung vorausgegangen, die beim Innenministerium angesiedelt war und darauf pochte, „in den Fällen, in denen eine verschiedene *rassische* Einordnung eines Kindes in Frage steht", angerufen zu werden. Auch bei „vermutlicher Rassenverschiedenheit" in familienrechtlichen Streitigkeiten wollte die Stelle einbezogen werden.[88] So wurden ihr Befugnisse eingeräumt, die Betroffenen „zwangsweise biologischen Untersuchungen" zu unterziehen.[89]

Hatte der Staatsanwalt sich für die Beantragung einer Feststellungsklage entschieden, konnte ein Gericht das Verfahren nicht ablehnen. Auch das betreffende Kind, selbst wenn es inzwischen zu einer hochbetagten Person herangewachsen war, hatte dann kein Recht, die Anfechtung der Vaterschaft abzulehnen. Hier hatten „Wunsch und Wille des einzelnen zurückzustehen (...) hinter der von Gesichtspunkten des Volkswohles geleiteten Entscheidung des Staates."[90] Der Tod der oder des Betroffenen stand dem Anfechtungswillen des Staatsanwaltes ebenfalls nicht im Wege: Mußten die Rassenzugehörigkeit oder wichtige vermögensrechtliche Belange geklärt werden, die im öffentlichen Interesse lagen, so konnte der „rassische" Status posthum angefochten werden.[91] Der Tod des angeblichen Erzeugers schloß eine Anfechtungsklage ebenfalls nicht aus. Klagen gegen die Mutter wegen falscher Angaben wurden in der Regel nicht zugelassen.[92] Die Alternative zum Zivilverfahren war die Beantragung eines Abstammungsbescheides über das Reichssippenamt.

Die Prüfung der Abstammung umfaßte bei den beteiligten Personen (Mutter, Kind und mögliche Erzeuger) die Merkmale, die als vererbbar galten: Blutgruppen, Blutfaktoren, Merkmale des Haares, des Auges, der Nase, des Ohres, sonstige Merkmale des Gesichts, der Haut, der Finger, der Füße etc.[93] Experten warnten davor, Kategorien wie den „Rassetypus" als ausschlaggebendes Beweismittel zu verwenden.[94]

Alle Merkmale wurden akribisch notiert und mit Hilfe von Fotos verglichen. War der benannte Erzeuger bereits verstorben, nahmen einige Gutachter Vergleiche anhand von Aufnahmen aus Familienalben vor.[95]

Unehelich Geborene mußten ohnehin einen abgesicherten „Ariernachweis" erbringen. Der Weg über das Zivilverfahren eröffnete ihnen die Möglichkeit, den bisherigen eingetragenen Erzeuger „wegzuklagen" und gegen einen „arischen" Vater auszutauschen. War der eigene Vater verstorben, was bei Erwachsenen häufig der Fall war, entstand auch kein moralischer Schaden, wenn sie bzw. der Oberstaatsanwalt vor Gericht Zweifel an seiner Vaterschaft geltend machten. Bei unehelich geborenen und aufgewachsenen Kindern hatten die Mütter oft einen „Zahlvater" angegeben, der – hatte er die Vaterschaft anerkannt – seinen Alimentenverpflichtungen nachkommen mußte. Zwischen den unehelichen Kindern und den Zahlvätern existierten in der Regel keine engen Beziehungen. Oft kannten die Kinder ihn nicht einmal. Dies erleichterte ihnen vermutlich den Weg zum Zivilgericht, um einen jüdischen Zahlvater per Gerichtsentscheid aus den Abstammungspapieren tilgen zu lassen.

Lebte die Mutter noch, mußte sie im Interesse des Kindes eine Falschaussage vor Gericht treffen und eventuell falsche Zeugen herbeischaffen. Angesichts der Nachteile, vor allem im beruflichen Bereich, die dem Kind – das oft genug auch Ernährer der verwitweten oder alleinstehenden Mutter war – durch den bisherigen Status entstanden, fanden sich viele Mütter dazu bereit. Einige Anwälte spezialisierten sich auf Vaterschaftsfeststellungsklagen oder regten diese sogar an, auch wenn der Staatsanwalt nicht jedes Verfahren einleitete. Unter den Betroffenen kursierten Gerüchte über gute Chancen, ein solches Verfahren erfolgreich durchzustehen.

So mehrten sich – wie der Deutsche Verein für öffentliche und private Fürsorge vermerkte – die Klagen von betroffenen Personen, die von einer „deutschblütigen" Mutter geboren und einem Juden oder „Mischling ersten Grades" als uneheliches Kind anerkannt waren. Sie beriefen sich in erster Linie auf das Zeugnis der Mutter, die „sich vom Bestreben leiten läßt, ihr Kind vor den Nachteilen seiner jüdischen Abstammung zu bewahren"[96], und oft früheren Angaben widersprach. In solchen Fällen wurde die rechtzeitige Einbeziehung der Staatsanwaltschaft gefordert. Doch auch ordnungsgemäße Verfahren endeten häufig mit Ergebnissen, die unter „rassischen" Gesichtspunkten keineswegs wünschenswert waren.

> „In Zukunft wird eine Verseuchung des deutschen Blutes durch das Judentum verhindert werden. Für die Nachprüfung der Abstammungsverhältnisse aus der Vergangenheit ist jedoch nicht minder große Vorsicht geboten. Die Sorge um die Reinerhaltung des deutschen Blutes erfordert, daß Abstammungsklagen, mit denen Juden oder jüdische Mischlinge die Feststellung ihrer Zugehörigkeit zum deutschen Volk erreichen wollen, vom Gericht ganz besonders gewissenhaft behandelt werden"[97],

mahnte der Reichsminister der Justiz 1943 und kritisierte mehrere richterliche Entscheidungen, die aus seiner Sicht ohne gründliche Beweiserhebung vorschnell getroffen worden waren.

In der Bevölkerung stießen gelungene Vorstöße, über Abstammungsverfahren eine andere Statuseinordnung zu erlangen, auf „völliges Unverständnis", wie der Sicherheitsdienst der SS feststellte:

> „Meldungen der letzten Zeit lassen den Schluß zu, daß Juden neuerdings in verstärktem Maße versuchen, ihre jüdische Abstammung durch die Behauptung einer außerehelichen Zeugung zu verschleiern. (...) Entsprechende Beobachtungen meldet auch Prag, das für das Gebiet des Protektorates die allgemeine Feststellung trifft, daß mit Juden verheiratete oder auch bereits von Juden geschiedene Frauen arischer Abstammung vor Gericht eidesstattliche Erklärungen des Inhaltes abgegeben hätten, die von ihnen geborenen Kinder seien nicht von ihrem jüdischen Gatten gezeugt worden, sondern stammten aus einem außerehelichen Verhältnis mit einem Arier. Außerdem versuchten mit Juden verheiratete Jüdinnen nachzuweisen, daß ihre Kinder nicht von ihrem jüdischen Ehegatten, sondern von irgendeinem heute nicht mehr auffindbaren oder bereits verstorbenen Arier herrührten."[98]

Auch ein Jahr später registrierte der Sicherheitsdienst „Verwunderung und z.T. Empörung" der Bevölkerung, wenn allgemein als Juden bekannte Personen amtliche Stellen zur Überprüfung der Abstammung anriefen.[99] Aufgrund spektakulärer Fälle seien

> „schon weite Kreise der Ansicht, daß es außerordentlich leicht sei, sich zum Arier erklären zu lassen. Man müsse nur über die richtigen Zeugen verfügen. Aus mehreren hier vorliegenden Berichten ergibt sich, daß aufgrund derartiger Entscheidungen bereits das Vertrauen in die Entscheidungen der zuständigen Stellen zu schwinden beginne und es daher dringend erforderlich sei, die hier bestehende Lücke in der Gesetzgebung zu schließen."[100]

Ein vielbeachteter Fall, der „weiten Kreisen" sicher manchen Gesprächsstoff geboten hat, war beispielsweise der des in den zwanziger Jahren bekannten Schriftstellers Arnolt Bronnen, dessen Vater ein Wiener Jude war.[101] Der in Berlin lebende Literat war Ende der zwanziger Jahre eng mit Goebbels befreundet, der über ihn die rechte Intelligenz an die NSDAP zu binden hoffte. Nach der nationalsozialistischen Machtübernahme gingen Bronnens literarische Weggefährten in die Emigration, der „Sonnenwendarier"[102] blieb in Deutschland. Die jüdische Herkunft hatte er bereits 1930 angezweifelt, doch auf gerichtlichem Wege konnte zu dieser Zeit keine Klärung erzielt werden.[103] Bronnen, von Goebbels protegiert und von Alfred Rosenberg bekämpft, der in ihm den Zeitgeist der verdorbenen zwanziger Jahre verkörpert sah, geriet nach 1933 in einen innenpolitischen Machtkampf. 1937 schloß ihn die Reichskulturkammer aus, 1939 wurde diese Entscheidung bestätigt, und er verlor seine Arbeit als Rundfunkredakteur.[104] Nun leitete er das Abstammungsverfahren über die Reichsstelle für Sippenforschung in Wien ein. Er bezichtigte seine Mutter, ihren noch lebenden Ehemann betrogen zu haben. Im Mai 1941 wurde er zum Sohn eines „arischen" Erzeugers erklärt und wieder in die Reichsschrifttumskammer aufgenommen.[105] Sogar seine Werke sollten öffentlich aufgeführt werden, was große Aufmerksamkeit bei Kritikern und Kulturpolitikern erregte. Rosenberg intervenierte direkt bei Hitler und monierte, daß Schriftsteller wie Bronnen, Kästner und Glaeser immer noch veröffentlichen könnten.[106] Daraufhin wurde die Aufführung abgesetzt und Bronnen wieder aus der Reichskulturkammer ausgeschlossen. Durch die Debatte aufmerksam geworden, forderte nun die Partei-Kanzlei seine Akten an, und die Gestapo lud ihn vor. Goebbels konnte ihn nicht länger schützen. Bronnen verließ Berlin 1943 und kehrte nach Österreich zurück, wo er sich einer Widerstandsgruppe anschloß[107], bis er 1944 – ungeachtet der „rassischen" Vorbehalte – zur Wehrmacht eingezogen wurde. Nach Kriegsende fungierte er einige Wochen als „unbelasteter" Bürgermeister seines Ortes, ausgewiesen durch seine Widerstandstätigkeit.

Die Reichsstelle für Sippenforschung beklagte bereits 1936 ihre Überlastung, weil zu viele Behörden unnötigerweise Abstammungsgutachten einforderten[108], wies jedoch gleichzeitig auf ihre alleinige Kompetenz für deren Ausstellung hin.[109] Ein von ihr ausgestellter Bescheid sollte von den Ämtern als endgültig betrachtet werden.[110]

Die genaue Zahl der rassenbiologischen Gutachten bei fraglicher jüdischer Abstammung ist nicht bekannt.[111] Allein das Frankfurter Institut für Erbbiologie und Rassenhygiene erstellte zwischen 1935 und 1941 insgesamt 448 Vaterschaftsgutachten.[112] Die Gerichte folgten den Gutachten in fast 90% aller Fälle.[113]

Als ab Herbst 1941 die Deportationen nicht nur aus dem „Altreich" anliefen, häuften sich einerseits die zivilrechtlichen Aktivitäten (potentiell) Betroffener, andererseits verstärkten sich die Schwierigkeiten der Gerichte, den vermeintlich falschen jüdischen Erzeuger oder Vater vorladen und begutachten zu lassen – zumal wenn der als Vater bezeichnete „arische" Mann nicht mehr lebte, ausgewandert oder nicht näher bekannt war. Ein Gutachter stand also vor dem Problem, Mutter und (erwachsenes) Kind, nicht aber die möglichen Väter in Augenschein nehmen zu können, er mußte sich mit Fotos begnügen. Um dies zu vermeiden, forschen die Gerichte zum Ärger der Gestapo nach deportierten Juden. Die Erfüllung eines normierten zivilrechtlichen Verfahrens war nur möglich, wenn Beteiligte vorübergehend vom Mordgeschehen in den Ghettos und Vernichtungslagern ausgenommen wurden. Damit geriet die Justiz in Konflikt mit der Gestapo. Diese wies den Justizminister schließlich darauf hin,

> „daß derartigen Anfragen sowie Anträgen um Zulassung solcher Juden als Zeugen vor Gericht bzw. zu erbbiologischen Untersuchungen aus sicherheitspolizeilichen Gründen nicht stattgegeben werden kann (…) Abgesehen davon, daß die Juden jahrelang Zeit und Gelegenheit hatten, ihre Abstammungsverhältnisse zu klären, handelt es sich bei [von] den Juden bzw. ihren Angehörigen angestrengten Abstammungsprüfungsverfahren erfahrungsgemäß im allgemeinen nur darum, ihre Abstammung zu verschleiern, um sich den für sie vorgesehenen bzw. bereits durchgeführten sicherheitspolizeilichen Maßnahmen zu entziehen."[114]

Der Justizminister leitete dieses ursprünglich gegen die Bemühungen des Landgerichts Wien gerichtete Schreiben an alle Oberlandesgerichtspräsidenten weiter und fügte hinzu:

> „Bei Juden, die nach Theresienstadt oder anderen Orten abgeschoben worden sind, ist eine Vernehmung als Zeuge oder eine erbbiologische Untersuchung aus sicherheitspolizeilichen Gründen nicht möglich, da Begleitpersonen und Transportmittel nicht zur Verfügung stehen. Teilt das Einwohnermeldeamt oder eine andere Polizeidienststelle mit, daß ein Jude abgeschoben worden ist, so erübrigen sich deshalb weitere Ermittlungen nach seinem Aufenthaltsort ebenso wie Ersuchen um seine Vorfüh-

rung, Vernehmung oder Untersuchung. Vielmehr ist davon auszugehen, daß der Jude für die Beweisaufnahme nicht erreichbar ist."[115]

In Hamburg sollten erbbiologische Untersuchungen eigentlich im Rassenbiologischen Institut der Hansischen Universität vorgenommen werden. Wieviele Gutachten dessen Leiter, Prof. Dr. Walter Scheidt, letztlich erstellte, ist ungeklärt.[116] Der Präsident des Hanseatischen OLG teilte dem Justizminister 1939 mit:

> „Als einzige Stelle, die in der Lage ist, erb- und rassenbiologische Gutachten zu erstatten, kommt hier das Rassenbiologische Institut der Hansischen Universität in Frage. Dieses Institut hat auch in verschiedenen Prozessen Gutachten erstattet. Es hat jedoch mit Schreiben vom 17. Dezember 1938 nunmehr mitgeteilt, es sei zur Erstattung erbbiologischer Gutachten nicht in der Lage und würde auch künftig nicht mehr in der Lage sein, derartige Untersuchungen gutachtlich durchzuführen. (…) Beim Institut seien in den letzten Wochen bis zu 20 Gutachten wöchentlich von den Gerichten angefordert worden. (…) Der Umfang der gewünschten Gutachtertätigkeit und der Mangel an Mitarbeitern gestatte daher die Durchführung einer Gutachtenerstattung durch das Institut nicht mehr, da das Institut in erster Linie Lehr- und Forschungsaufgaben habe."[117]

So wurde in Hamburg der Hauptteil der Abstammungsgutachten in zivil- und strafrechtlichen Prozessen vom Gerichtsmediziner Dr. Hans Koopmann angefertigt, der für dieses Verfahren allerdings nicht durch Zulassung von der Deutschen Gesellschaft für Rasseforschung qualifiziert war. Auch er beklagte bald seine Überlastung. Koopmann hatte allerdings noch ein anderes Handicap: Er war mit einer Frau verheiratet, die „Mischling zweiten Grades" war. Seine vom Innenministerium angemahnte offizielle Zulassung, die die jahrelang geübte Hamburger Praxis legalisiert hätte[118], wäre bei genauer Aktenprüfung nicht möglich gewesen.[119] Außer Koopmann war der nächstgelegene zugelassene Sachverständige Prof. Dr. Hans Weinert vom Rasseanthropologischen Institut der Universität Kiel als Gutachter in Hamburger Abstammungsverfahren tätig.[120]

Auch die Auswahl derjenigen, die die forensischen Blutuntersuchungen in diesen Verfahren vornahmen, war reichseinheitlich geregelt. In Hamburg war das Serologische Institut des Krankenhauses St. Georg damit beauftragt[121], dessen leitender Oberarzt Dr. Lauer sich auf der Liste der zugelassenen Sachverständigen für Blutgruppenuntersuchungen befand.[122] Dieser wurde bei fast allen Vaterschaftsfeststellungsverfahren in Hamburg herangezogen.

2. „Der gesetzliche Vater ist nicht der Erzeuger" – Prozesse in Hamburg 1938–1944

Im folgenden werden die Verfahren genauer untersucht, die das Hamburger Landgericht entschied.[123] Grundlage der Auswertung sind 66 Verfahren, die 68 Personen betrafen. Von diesen waren 32 männlich, 36 weiblich. Wie die Aufschlüsselung der Gerichtsentscheidungen (Tabelle 6) zeigt, endete der überwiegende Teil der Verfahren (54) mit einer Statusverbesserung der Betroffen. In der juristischen Terminologie: Es wurde entschieden, die „beklagte" Person sei nicht Kind seines/ihres bisher angenommenen (jüdischen oder „halbjüdischen") Vaters. Die Urteile der Hamburger Richter fielen also in der Regel zugunsten der „Beklagten" aus.

Überwiegend, d.h. in 42 Fällen, wurden „Mischlinge ersten Grades" zu „Deutschblütigen" erklärt (Tabelle 7). Die zweite, mit neun Personen deutlich kleinere Gruppe, ist die derjenigen, die von zwei jüdischen Elternteilen bzw. von einer nichtverheirateten Jüdin und einem Juden abstammten. Die übrigen Konstellationen sind von der Anzahl her bedeutungslos.

Die Verteilung der Statusverfahren auf die Jahre 1938 bis 1944 (Tabelle 8) zeigt, daß die größte Zahl der Klagen (26) im Jahre 1942 angestrengt wurde. Dies liegt vermutlich in den ab Ende 1941 angelaufenen Deportationen der Juden und in der deutlichen Gefährdung der „Mischlinge ersten Grades" 1942 begründet. Ähnliche Motivationen dürften für die 1943 eingeleiteten Verfahren verantwortlich sein. Daß 1940 ein erster Anstieg der Statusverfahren erfolgt war, hängt vermutlich mit den Einberufungen der männlichen „Mischlinge" und der Steigerung des allgemeinen Bedrohungsgefühls nach Kriegsbeginn zusammen. Allerdings ist bei der Interpretation der zeitlichen Verteilung Vorsicht geboten, denn die Gerichtsentscheidungen fielen nicht unbedingt in dem Jahr der Klageinreichung.

Von den „Beklagten" waren 46 Personen Erwachsene und 22 Minderjährige, die durch Eltern oder Vormund vertreten wurden. 41 Verfahren wurden vom Oberstaatsanwalt gegen den „Beklagten" eröffnet, der Rest von den Betroffenen – nun als „Kläger" – gegen Mutter oder Vater. In 24 Verfahren entschied das Gericht, ohne Gutachter hinzuzuziehen, d.h., es vertraute auf die Aussagen der Zeugen und die Beweiskraft eingereichter Dokumente. In 42 Fällen berief es einen oder mehrere Sachverständige für Blutgruppen- und rasse- und erbbiologische Untersuchungen.

Wie Tabelle 9 zeigt, zogen die Zivilkammern in der Regel Hamburger Sachverständige hinzu oder beauftragten den nächstgelegenen zugelassenen Experten, den Kieler Professor Hans Weinert. Das Reichssippenamt spielte bei den Begutachtungen eine untergeordnete Rolle.

Das staatliche Interesse an der Klärung einer „rassisch" einwandfreien Abstammung eröffnete den als „Volljuden" oder „Mischlingen" eingestuften Personen die legale Möglichkeit, nachträglich den Stammbaum zu „bereinigen". Zusammen mit der Tatsache, daß die NS-Rassenlehre auf äußerst dehnbaren Kategorien aufbaute, entstand so in den Statusverfahren die paradoxe Situation, daß sich die NS-Rassenlehre gerade in den rassebiologischen Gutachten selbst ad absurdum führte und den „Beklagten" die Chance bot, die Verfolgtenkategorie zu wechseln oder ganz zum „Arier" erklärt zu werden. Gerüchteweise sprach sich dies unter den Betroffenen herum, denn die Möglichkeit, der Verfolgung auf diesem Wege zu entkommen, war immerhin größer als die eines Antrages auf Befreiung vom Reichsbürgergesetz. Auch legten die auf diesen Rechtsweg spezialisierten Anwälte ihren Mandanten nahe, denselben zu beschreiten.

Zwei Drittel der „Beklagten" waren Erwachsene, die aus beruflichen Gründen, wegen ihrer Heiratsabsichten oder auf Verlangen der Wehrmacht den „Ariernachweis" erbringen mußten. Die für alle Verfahren grundlegende Argumentationsfigur war die Behauptung eines verheimlichten Seitensprungs der Mutter bzw. – bei unehelichen Geborenen – des „Mehrverkehrs" der Mutter. Nur einmal versuchte ein Soldat, seine Mutter „wegzuklagen" mit der Begründung, er sei ein im Krankenhaus vertauschter Säugling. Diese Behauptung zog er aber schnell zugunsten der vom „Mehrverkehr" der Mutter zurück.[124]

Wurden „Mehrverkehr" oder Seitensprung angeführt, mußte der „tatsächliche" Erzeuger nicht unbedingt genannt werden. Um aber zu vermeiden, die „Arität" in einem weiteren Verfahren erneut prüfen zu lassen, war es im Sinne der „Beklagten" günstiger, einen alternativen Vater namentlich zu präsentieren, dessen Abstammung gesichert „deutschblütig" war. Dies war in vielen Fällen ein verstorbener entfernter Verwandter, Untermieter, Kollege oder Vorgesetzter, der gegen die Benennung nicht mehr protestieren konnte und keine Nachkommen hatte, die vielleicht Einspruch erhoben hätten.

Ehelich Geborene gingen diesen Weg in der Regel nur dann, wenn der leibliche Vater bereits tot war. Manchmal nutzten die Kinder von emigrierten jüdischen Vätern diese Möglichkeit. Einige Verfahren erfolgten im Anschluß an die elterlichen Scheidungen von Mischehen.[125]

Lebten die Mütter noch, wurden ihre Aussagen meist zur Grundlage der Verfahren. Dieser Unterstützung hatten sich die Betroffenen zuvor versichert. Belegt wurden die mütterlichen Angaben – wenn vorhanden – durch Dokumente wie Soldbücher, Reisepässe oder Zeugenaussagen angeblich „eingeweihter" Personen.[126] In einigen Fällen geschiedener Mischehen beeideten auch die „deutschblütigen" zweiten Ehemänner, sie hätten bereits zur Zeit ihres jüdischen Vorgängers Geschlechtsverkehr mit der späteren Ehefrau gehabt und seien der tatsächliche Erzeuger des Kindes.[127]

Seltener – und sicherlich für alle Beteiligten bedrückender – war die Verfahrenseinleitung, wenn beide Eltern noch lebten. In einem Prozeß widerrief beispielsweise ein jüdischer Vater, der sein Kind zwei Jahre nach dessen Geburt legitimiert und die Mutter geheiratet hatte, der Erzeuger des Kindes zu sein. Dieser sei ein inzwischen verstorbener „deutschblütiger" Mann. Obwohl das Verfahren im Interesse ihres Kindes lag und sicherlich vom Vater deswegen initiiert worden war, mochte die nichtjüdische Mutter diese Aussage zunächst vor Gericht nicht stützen. Erst später schloß sie sich der Argumentation ihres Mannes an. Ihr Zögern hatte allerdings die Aufmerksamkeit des Reichssippenamtes auf den Fall gezogen, das die Akten anforderte, so daß das „erfolgreiche" Urteil nicht als endgültiges betrachtet werden konnte und die Angst vor einer Revision blieb.[128]

Außerehelich Geborene nahmen weniger Rücksicht auf ihre jüdischen Zahlväter, hier waren die Bindungen nicht eng. Oft wuchsen die „Beklagten" in Pflegefamilien oder Heimen auf und wußten, bis sie den Abstammungsnachweis erbringen mußten, gar nicht, wer als ihr Vater eingetragen war. Waren die „Beklagten" noch minderjährig, leitete meist ihr Vormund bzw. das Landesjugendamt die Abstammungsklage über den Staatsanwalt ein.[129] Viele Betroffene hatten weder eine reale Beziehung zur leiblichen Mutter noch zum Vater, dafür aber Phantasien über die Eltern entwickelt, die nun mit der Realität eines diskriminierten oder gar inhaftierten jüdischen Vaters konfrontiert wurden. Hinzu kam, daß ihre Mütter nach der Geburt – in strittigen Fällen sogar unter Eid – den Erzeuger genannt und von ihm jahrelang Alimente erhalten hatten. Die Mütter waren nun nicht unbedingt willig, ihre damaligen Aussagen zu widerrufen und sich als meineidig und polygam zugleich zu präsentieren. Immerhin hatten etliche Frauen inzwischen geheiratet und lebten in ehelicher Gemeinschaft mit einem anderen Mann und später geborenen Kindern.

Einige Personen gaben zur Begründung an, der jüdische Ehemann habe wegen einer längeren Reise, Kriegseinsatz, Impotenz oder vorübergehender Trennung gar nicht der Erzeuger des Kindes sein *können*. In diesen Fällen konnte alternativ ein anderer Vater benannt werden. Bezogen sich diese Argumentationen bei erwachsenen „Beklagten" meistens auf den Ersten Weltkrieg oder Vorgänge um die Jahrhundertwende[130], so wurden bei Minderjährigen die Auswirkungen der Judenverfolgung in den Begründungen für die Unmöglichkeit der Vaterschaft herangezogen: Die Mütter hätten nach ihren Aussagen von den jüdischen Vätern jahrelang getrennt gelebt, diese hatten sich während der Empfängniszeit im Konzentrationslager befunden, wären im Rahmen der Polen-Aktion im Oktober 1938 abgeschoben worden oder emigriert.[131] Waren die jüdischen Väter während eines Vaterschaftsfeststellungsverfahrens inhaftiert, führten Gestapobeamte sie dem Gericht vor oder vernahmen sie im KZ.[132] Das Zivilverfahren verzögerte selbst Deportationen nicht.[133]

Eine Analyse der Hamburger Verfahren von 1938 bis 1944 zeigt, daß die Gerichte zwischen 1938 und 1941 häufig genau in der vom Reichsgericht kritisierten Weise entschieden, nämlich ohne Sachverhalte weiter zu überprüfen oder Gutachter hinzuzuziehen: So urteilte 1938 die Zivilkammer 9b, lediglich auf die Zeugenaussage der Mutter gestützt, der jüdische Ehemann sei nicht der Erzeuger des Kindes gewesen.[134] In diesem wie in anderen Fällen gingen die Richter offensichtlich davon aus, daß eine glaubwürdige Person unter Eid unbezweifelbar die Wahrheit sagte. Erst nach diversen Mahnungen, die Mütter würden im Interesse ihrer Kinder falsche Angaben machen, zogen die Gerichte ab etwa 1942 regelmäßig Sachverständige hinzu, während sie in den Jahren zuvor oft darauf verzichtet hatten.

Fiel bereits die Blutgruppen- und -merkmalsuntersuchung so aus, daß der jüdische Vater nicht ausgeschlossen werden konnte, hatte die Klage keine Aussicht auf Erfolg.[135] War nach dieser jedoch ein anderer Erzeuger möglich, wurden erb- und rassebiologische Gutachten angefordert, die in der Regel zugunsten der Untersuchten ausfielen.

Für zurückgewiesene „Beklagte" war die Gerichtsentscheidung lebensgeschichtlich oft eine Katastrophe. So schrieb Lotte S., deren jüdischen Vater Gutachter Koopmann „als Erzeuger nicht ausschließen konnte":

> „Sie, verehrter Herr Doktor müssen schon verzeihen, daß ich Ihnen, nachdem die Angelegenheit für Sie nun erledigt ist, noch einmal komme, doch Sie sind der einzige Mensch, dem ich mit der Frage kommen mag, was soll ich tun? Das Leben liebe ich zu sehr und bin ich außerdem nicht feige, sonst würde es mir eine Leichtigkeit sein Schluß mit allem zu machen, doch weiß ich wofür ich noch einmal zu gebrauchen bin? Doch ich bin vollkommen ratlos, was Sie ja wohl auch verstehen werden. Kann ich mich noch an irgendeine Instanz werden, denn sehen Sie, es muß mir doch geholfen werden. Sie müssen versuchen mich zu verstehen und hoffe ich bestimmt, daß Sie mir ein Wort des Trostes schreiben d.h. daß ich nicht alles aufgeben brauch. In Erwartung einer Antwort zeichne ich mit deutschem Gruß Lotte S."[136]

Eine Antwort findet sich nicht in den Akten.

Bis Kriegsende nicht abgeschlossene Klagen wurden nicht weiter verfolgt, weil – so die zuständigen Richter, als urteilten sie über eine in ferner Vergangenheit liegende Zeit – das Feststellungsinteresse der Vaterschaft nur in einer „Zeit zu bejahen [war], als auf Grund der sogenannten Ariergesetzgebung die blutsmäßige Abstammung für das uneheliche Kind im öffentlich-rechtlichen Leben eine erhebliche Rolle spielte. Durch die Aufhebung der Ariergesetze ist dieses Feststellungsinteresse weggefallen."[137]

Die nun ausführlich beschriebenen Fälle sollen einen exemplarischen Einblick in die Problematik dieses Rettungsweges geben. Sie umfassen verschiedenste Aspekte: Zum einen geht es um Argumentationsstrukturen, Prozeßabläufe und Entscheidungskriterien der Juristen. Es geht aber auch um die Dynamik, die der Gerichtsprozeß innerhalb der Familien auslöste und um psychologische Auswirkungen, die sich bei den – je nach Verfahrenskonstruktion – „Beklagten" oder „Klägern" und ihren Familien zwangsläufig einstellten. Das erste Fallbeispiel zeigt den Ablauf eines sehr typischen, unspektakulären Falles, in dem die oben dargestellten Argumentationsfiguren zum erwünschten Ergebnis der Statusverbesserung führten. Dieses Verfahren öffnet jedoch auch den Blick für die Haltung der Zivilrichter gegenüber dem Rassenantisemitismus und weist auf die innerfamiliäre Problematik hin, die solche Prozesse auslösen konnten. Das zweite Fallbeispiel illustriert anschaulich das Nebeneinander von Normenstaat und Maßnahmenstaat, das die nationalsozialistische Herrschaft – auf die „Mischlingspolitik" bezogen – auszeichnete: Während einerseits das gesetzlich garantierte Recht der Abstammungsprüfung mit den langwierigen Zeugenvernehmungen, Blut- und rassenbiologischen Untersuchungen seinen festgelegten Verlauf nahm, wurden die beteiligten Juden bereits in den Ghettos und Vernichtungslagern in den besetzten Ostgebieten massenhaft ermordet. Zum Zeitpunkt der Blutuntersuchung war der Vater des Klägers bereits tot. Die zivilrechtliche „Eingangsprüfung" der „Mischlinge" in die „Volksgemeinschaft" und der Holocaust fanden parallel statt. Im dritten Fallbeispiel geht es darum, wie zersetzend der Rassismus auf alle zwischenmenschlichen Beziehungen wirken konnte. Es betrifft eine unehelich geborene junge Frau, die nicht um ihre jüdische Abstammung wußte, sondern erst, als sie Heiratsabsichten hegte, mit dieser Tatsache konfrontiert wurde. Das vierte Fallbeispiel schließlich gibt Einblick in psychologische Probleme und die innerfamiliäre Dynamik, die – mit „rassischen" Gesichtspunkten vermischt – in einem Abstammungsverfahren zum Ausdruck kommen konnte.

Fallbeispiel 1:
Ein 1907 geborener kaufmännischer Angestellter, während des Verfahrens als Soldat eingezogen, verklagte 1941 seinen jüdischen Vater, einen Artisten, der seit 1901 mit der „deutschblütigen" Mutter in Mischehe verheiratet war. Das Reichssippenamt hatte den Kläger als „Mischling ersten Grades" eingestuft. Nun argumentierte er, seine Mutter habe während der fraglichen Zeit ein Verhältnis mit einem inzwischen verstorbenen Theaterdirektor gehabt, als der Vater auf Tournee gewesen sei. Bezeugt wurde dieses Verhältnis von der Mutter, einem früheren Kollegen und einer Freundin. Die Blutgruppenuntersuchung schloß allerdings den jüdischen Vater ebensowenig aus wie das erbbiologische Gutachten Dr. Koopmanns, der auf der Grundlage von Lichtbildern des Theaterdirektors und Körperuntersuchungen des Klägers die Wahrscheinlichkeit von dessen Vaterschaft jedoch als nicht hoch ein-

schätzte. Das Gericht entschied trotz der bleibenden Zweifel, der Kläger sei nichtjüdischer Herkunft und begründete dies ebenso kunstvoll wie verschlungen:

> „Es fällt zunächst auf, daß der Beklagte [der jüdische Vater, B.M.] unter diesen Umständen die Ehelichkeit des Klägers nicht angefochten hat. Der Verdacht lag nicht fern, daß der Kläger *im Zusammenwirken* mit dem Beklagten und seiner Mutter von der ihm und den Eltern lästig gewordenen Vermutung loskommen wollte, daß er von einem jüdischen Vater stamme, und daß insbesondere die Mutter es deshalb zu Gunsten des Sohnes mit der Wahrheit nicht genau nehmen wolle. Dieser Verdacht hat sich jedoch als nicht begründet erwiesen. Frau R. und Frau L. haben beide einen offenen, glaubwürdigen Eindruck gemacht. (…) [Der jüdische Vater] konnte sich nach der Aussage seiner Frau damals zunächst noch als Vater betrachten, weil das Kind durch Krankheit zurückgeblieben war und er den Geburtstag nicht wußte (…) Schließlich hat er – aus Gleichgültigkeit oder aus Zuneigung zu seiner Frau, mit der er noch jetzt zusammenlebt – die Sache laufen lassen. Die Tatsache, daß der Beklagte die Ehelichkeit nicht angefochten hat, kann die Glaubwürdigkeit der Zeugen hiernach nicht erschüttern."[138]

Diese Entscheidung beruhte allein auf der Aussage der Mutter und ihrer Zeugen, während sich der jüdische Vater nicht mit Beweisanträgen in das Verfahren eingemischt hatte.

In der Regel folgten die Hamburger Richter den Vorgaben der Gutachter. In diesem Fall hatten die Gutachten der Zivilkammer beide Entscheidungsmöglichkeiten offengelassen, und sie schöpfte ihren Spielraum voll zugunsten des Betroffenen aus. Sie wählte für den unbescholtenen Kläger, der zudem noch zur Wehrmacht einberufen war, die positivste Möglichkeit: „Es wird festgestellt, daß der Kläger nicht von dem Beklagten abstammt."[139] Damit hatten die Richter, vermutlich um die Falschaussagen wissend, zugunsten des Klägers entschieden. In diesem wie auch in ähnlichen Verfahren zeigte mancher Zivilrichter, daß er den Rassenantisemitismus der Nationalsozialisten nur bedingt teilte. Die Mischehen hatten diese Kammern – auch unter Rechtsbeugung – aufgehoben und geschieden. Ging es aber um deren Nachkommen, um Zweifelsfälle oder bloße Verdachtsmomente, so waren sie nicht bereit, zu Lasten einer unbescholtenen Person zu entscheiden, um die „Volksgemeinschaft" vor möglichen weiteren „Blutsmischungen" zu schützen.

Zu Komplizen waren auch die Zeugen geworden. Der jüdische Vater hatte durch Stillschweigen (notgedrungen?) sein Einverständnis gegeben, daß ihm nach 40jähriger Ehe öffentlich „Hörner aufgesetzt" wurden und seine Frau zudem zur Untermauerung des Seitensprungs in ihrer Aussage seine sexuelle Potenz infrage gestellt hatte. Er hatte hören und sehen müssen, wie sich sein Sohn von ihm distanzierte. Die Verfahrensakten geben keinen Aufschluß darüber, wie das Familienleben nach dem Prozeß ausgesehen haben mag. Doch ist zu vermuten, daß ein derartiger Prozeß, in den Mutter, Vater, Sohn und Freunde involviert waren, Auswirkungen auf das Ehe- und Familienleben hatte. Selbst wenn vorher Absprachen getroffen worden waren, veränderten sich die Beziehungen der beteiligten Personen untereinander. Für den jüdischen Vater bedeutete der Gerichtsentscheid zunächst „nur" eine Minderung seines Ansehens im Bekanntenkreis und in der Familie, im nächsten Schritt aber – und das mag der Sohn zum Zeitpunkt der Klageeinreichung noch nicht übersehen haben – den Verlust der „Privilegierung" seiner Mischehe. So fiel er unter die Kennzeichnungspflicht und erhielt wahrscheinlich auch den Deportationsbefehl.[140] Während der Sohn als „Arier" weiterlebte und als Soldat für Deutschland kämpfte, hatte der Vater jeden Schutz verloren. Mutter und Sohn hatten den Vater geopfert und dieser vielleicht auch sich selbst, damit der Sohn vom Verfolgungsprozeß befreit wurde.

Fallbeispiel 2:
Ein 1914 unehelich geborener Mann reichte 1941 gegen seinen jüdischen Zahlvater Klage ein.[141] Dieser hatte nach der Geburt des Kindes zwar versucht, Unterhaltszahlungen abzuwenden, indem er auf „Mehrverkehr" der Kindesmutter hinwies, schließlich aber die Vaterschaft akzeptiert und seine Zahlungspflicht erfüllt. Zu Beginn des Verfahrens lebte er in einem Hamburger „Judenhaus", der Sohn mit Mutter und Stiefvater außerhalb der Stadt. Der Zahlvater hatte „nicht die Absicht, dem Kläger seine Bemühungen für den Nachweis der arischen Abstammung zu erschweren."[142] Er wiederholte schriftlich, die Vaterschaft immer bestritten zu haben und wies auf die Vormundschaftsakte hin.[143]

Die Mutter, an ihrem Wohnort in öffentlicher Sitzung als Zeugin vernommen, war im Gegensatz zu der überwiegenden Mehrheit der Mütter nicht willig, im Interesse ihres Sohnes falsche Angaben zu machen und wies die Vermutung des „Mehrverkehrs" weit von sich: „Wegen dieser Sache habe ich mich mit meinem Sohn vollkommen verzürnt. Ich kann aber nur die reine Wahrheit sagen. Vater des Klägers ist der Jude I.S. Ich kann nicht entgegen der Wahrheit behaupten, daß ich mich noch mit anderen Männern während der gesetzlichen Empfängniszeit abgegeben hätte. Das ist die reine Wahrheit."[144]

Das Gericht ordnete eine Blutuntersuchung der Beteiligten an. Die Aufforderung an den Zahlvater überschnitt sich mit dem Deportationsbefehl.[145] Die Post vermerkte: „Zurück, evakuiert".[146] Damit stockte zunächst die Anfertigung des Gesamtgutachtens. Der Sohn forschte nach und ließ über seinen Anwalt mitteilen, „daß der Beklagte am 8.11.1941 nach Minsk evakuiert ist."[147] Vier Wochen später wußte er, „daß der Beklagte wie ihm der Stadtkommissar in Minsk Gebiet 20 mitgeteilt hat, sich in Minsk im deutschen Sonderghetto für Juden befindet. Ich bitte, das Gesundheitsamt zu veranlassen, daß nunmehr die Blutgruppenuntersuchung des Beklagten erfolgt."[148] Der Stadtkommissar von Minsk beauftragte schließlich den „Amtsarzt für Weißruthenien", der die Blutprobe am 11. Juni 1942 entnahm.[149] Sie wurde dem Hamburger Gutachter Dr. Lauer im Juni mit ordnungsgemäß ausgefülltem Begleitschein überbracht.[150] Im Vergleich der Blutgruppen konnte der deportierte Zahlvater nicht als Erzeuger ausgeschlossen werden.[151]

Auch die Blutprobe der Mutter war nur unter Schwierigkeiten zu erhalten. Sie zog sich auf ein Verbot ihres jetzigen Ehemannes zurück. Außerdem legte sie ein Foto des Deportierten vor und erklärte, der Sohn habe „mit dem Erzeuger eine außerordentliche Ähnlichkeit. Man sieht ohne weiteres, daß er von einem Juden abstammt. Auch seine Kinder sehen ganz offensichtlich wieder jüdisch aus."[152]

Um einen Verhandlungstermin mit beiden Elternteilen abhalten zu können, beantragte der Rechtsanwalt des Klägers nun, den Beklagten aus dem Ghetto Minsk vorzuladen, wobei er sich „für diese Zustellung nicht der hiesigen Gerichtsvollzieherei bedienen"¹⁵³ konnte. Formal korrekt lud der Landgerichtsdirektor den Beklagten im „Sonderghetto in Minsk".¹⁵⁴

Inzwischen brachte der Kläger den verstorbenen Arbeitgeber seiner Mutter als tatsächlichen Vater ins Spiel und benannte Zeuginnen für einen Seitensprung, darunter seine Großmutter.¹⁵⁵ Der zuständige Landgerichtsdirektor überlegte, ob die Erstellung eines erbbiologischen Gutachtens möglich sei, „etwa so, daß der Kläger hier untersucht und dann der Beklagte in Minsk nach bestimmten von hier zu gebenden Weisungen untersucht und sodann das Gutachten erstattet wird, bezw. können sonstige Ratschläge zur Herbeiführung eines erbbiologischen Gutachtens gemacht werden?"¹⁵⁶

Der Landgerichtspräsident hingegen „glaub(t)e nicht, daß es möglich sein wird, einen nach Minsk evakuierten Juden für ein Ähnlichkeitsgutachten untersuchen zu lassen."¹⁵⁷ Dr. Koopmann wies als bestellter Gutachter das Ansinnen von sich, erbbiologische Untersuchungen ohne die zu untersuchenden Personen durchzuführen und empfahl, das Gerichtsmedizinische Institut in Posen bzw. das Rassenbiologische Institut in Königsberg einzuschalten.¹⁵⁸

Der Anwalt des Klägers legte nun ein Foto des vermeintlichen Erzeugers sowie ein Schreiben der Großmutter vor, indem diese mit sehr vagen Angaben ihren Enkel unterstützte, ohne ihrer Tochter direkt zu widersprechen.¹⁵⁹ Trotz der unterdessen eingetroffenen Nachricht, daß „der betreffende Jude hier in Minsk nicht auffindbar ist"¹⁶⁰, begann nun die Zeuginnenvernehmung. Diese ergab, daß eine Zeugin nur von Gerüchten berichten und die andere das genaue Gegenteil der erhofften Aussage machen konnte, nämlich daß nach dem „Volksgerede" der Beklagte von einem Juden abstamme.¹⁶¹ Die 79jährige Großmutter hielt sich bedeckt, sie hätte von der Verbindung ihrer Tochter zum Arbeitgeber gewußt, nicht aber von dessen Vaterschaft.¹⁶² Damit stockte das Verfahren erneut. Ein letzter Versuch des klägerischen Anwalts, die Adresse des Deportierten ausfindig zu machen, scheiterte im Juni 1944.¹⁶³ Nach drei Verhandlungsjahren wurde der Prozeß ausgesetzt, bis die Adresse des Beklagten vorliegen würde. Dazu kam es jedoch nicht, weil der jüdische Zahlvater wie andere Ghettoinsassen in Minsk ermordet worden war.¹⁶⁴ Für sein Schicksal interessierte sich keiner der Prozeßbeteiligten. In die Beschaffung der Blutproben und Zustellung von Vorladungen flossen allerdings Zeit, Energie und Ressourcen. Keinem der Beteiligten, weder der Mutter, dem Sohn, dem Richter, dem Gutachter, dem Amtsarzt von Weißruthenien oder anderen scheint das Makabre ihres Tuns und des hohen bürokratischen Aufwandes aufgefallen zu sein. Die Parallelität von normiertem Rechtsweg und Judenmord wurde nicht thematisiert. Alle beteiligten Institutionen, Land- und Amtsgericht, das Serologische Institut, der Stadtkommissar von Minsk und der Generalkommissar von Weißruthenien handelten wie bei einem Verwaltungsakt üblich: Amtswege wurden eingehalten, Amtshilfe gewährt und Auskünfte gegeben, während die einen – im Osten – wußten, daß der Beklagte nicht mehr lange zu leben hatte oder vielleicht schon ermordet war und die anderen – in Hamburg – es sich angesichts des Kriegsverlaufs und der über das Schicksal der Juden durchsickernden Gerüchte hätten denken können.

Daß der Sohn das Verfahren gegen den Willen der Mutter anstrengte, ist im Vergleich zu den anderen Fällen eher ungewöhnlich und weist darauf hin, daß die Mutter doch schwerwiegende Gründe hatte, die erwartete Unterstützung zu versagen. Vielleicht wollte sie ihre später geschlossene Ehe nicht gefährden oder den Sohn aus tiefverwurzelten moralischen oder religiösen Gründen davon abhalten, seinen Vater, der immerhin jahrelang seiner Unterhaltspflicht nachgekommen war, zu verleugnen. Aufschluß über ihre Motivation zur Verweigerung der Falschaussage kann aus den Vernehmungen nicht gewonnen werden. Offensichtlich brachte sie aber mit ihrer Handlungsweise auch ihre Mutter in Verlegenheit, deren vage Aussagen von der Absicht zeugen, dem Enkel helfen und gleichwohl die Tochter nicht desavouieren zu wollen. Der jüdische Zahlvater – so geht es zumindest aus seinen Äußerungen hervor – stand dem Verfahren vergleichsweise indifferent gegenüber: Er wollte es weder verhindern noch forcieren. Er hatte jahrelang seiner Unterhaltspflicht genügt. Daß dies nicht honoriert wurde, konnte er offensichtlich verstehen, aber angesichts des eigenen Schicksals kümmerte es ihn allenfalls peripher, ob der uneheliche Sohn, der ausschließlich an seiner Blutprobe und erbbiologischer Begutachtung, nicht aber an seinem Schicksal Interesse zu hegen schien, „Mischling ersten Grades" oder „deutschblütig" war.

Fallbeispiel 3:
Eine unehelich geborene Verkäuferin, Jahrgang 1912, wuchs von ihrem 7. Lebensjahr an bei Pflegeeltern auf, die sie für ihre leiblichen hielt und deren Namen sie führte. 1933, als sie 21 Jahre alt wurde, adoptierten die Pflegeeltern sie. Nun wußte sie zwar um die Unehelichkeit, nicht aber darum, daß ihre Mutter nach der Geburt einen Juden als Erzeuger angegeben hatte, der zwar mit dem Hinweis auf „Mehrverkehr" die Alimentenzahlung verweigern wollte, dann aber seine Unterhaltspflicht anerkannt hatte. Sie erfuhr erst, daß sie als „Mischling ersten Grades" einzustufen sei, als sie sich 1938 verlobte und die Heiratspapiere beschaffen wollte. Als Folge wurde sowohl die Adoption wie auch das Verlöbnis gelöst.[165] In der Hoffnung, bei erfolgreichem Prozeß wenigstens letzteres wieder herstellen zu können, klagte sie mit Hilfe des Armenrechts gegen den jüdischen Zahlvater.[166] Dieser verbüßte zu Verfahrensbeginn 1941 bereits seit vier Jahren eine 15jährige Haftstrafe im Zuchthaus Fuhlsbüttel wegen „Rassenschande" mit der Aussicht auf anschließende Sicherungsverwahrung.[167] Er hatte seinerzeit die Vaterschaft nicht anerkennen wollen und wiederholte in seiner schriftlichen Stellungnahme seine Einwände.[168]

Die Mutter war inzwischen geschieden und hatte einen erwachsenen Sohn. Obschon sie den Zahlvater nach wie vor für den Erzeuger hielt, war sie wenigstens zur Aussage bereit, sie könne sich nicht mehr erinnern, ob sie mit anderen Männern sexuellen Verkehr gehabt hatte.[169] Die Blutuntersuchung schloß den Zahlvater nicht als Erzeuger aus, deshalb wurde ein erbbiologisches Gutachten vom Gerichtsmediziner Koopmann angefordert. Dieser begutachtete Mutter und Tochter, während der inhaftierte Zahlvater von einem Kollegen untersucht wurde. Koopmann prüfte nach den „streng vertraulichen" Richtlinien des Reichs- und Preußischen Ministers des Innern vom 27. April 1936 „Merkmale fremdrassigen Einschlags" bei Haut, Fingernägeln, Augen, Haar, Nase, Lippen und Untergesicht. Er kam zum Ergebnis: „Der Allgemeineindruck der E.K. ist nicht gerade auffällig jüdisch; immerhin ist aber das allgemeine Aussehen der E.K. auf fremdrassigen Einschlag hin nicht ganz unverdächtig, insbesondere was die Stellung der Augen anbetrifft. Nach der Untersuchung auf Einzelmerkmale und auf allgemeinen Eindruck besteht demnach ein gewisser Verdacht darauf, daß E.K. fremdrassigen Einschlag hat."[170] Im Vergleich der Fotos von Händen und Füssen sowie einzelnen körperlichen Merkmalen, beispielsweise der Muster an Hand und Fuß, wollte er den Zahlvater ebenfalls nicht als Erzeuger ausschließen, zumal er ein seltenes „Fingerbeerenmuster" bei Vater und Tochter gefunden hatte: „1. Es ist offenbar nicht unmöglich, daß der Beklagte der Erzeuger der Klägerin ist. 2. Es ist vielmehr sehr wahrscheinlich, daß er die Klägerin erzeugt hat."[171] Das Landgericht wies die Klage ab.[172]

Das Leben der Klägerin war bis 1938 in großer Kontinuität verlaufen: Sie fügte sich so harmonisch in das Familienleben bei den Pflegeeltern ein, daß diese sie adoptierten. Da sie bereits vor der nationalsozialistischen Machtübernahme bei demselben Arbeitgeber tätig war, hatte sie bis zur Heiratsabsicht die Abstammung nicht nachweisen müssen. Sie war verlobt, wollte heiraten und eine Familie gründen. Durch die Rassengesetzgebung hatte sie alles verloren, und konnte es durch die Klage auch nicht wiedergewinnen: Ihr Elternhaus, ihren Verlobten, vermutlich auch ihren Arbeitsplatz und ihren Seelenfrieden dazu. Die Aussicht auf ein privates Glück war zerstört.

Fallbeispiel 4:

Eine andere Motivation, den Gerichtsweg zu beschreiten, hatte ein Gefreiter, der ebenfalls gegen den jüdischen Vater klagte. Auch er war unehelich geboren, die Eltern hatten einander später jedoch geheiratet und lebten in bestehender Mischehe. Der Vater hatte ein zweites Kind der Mutter adoptiert, das von einem anderen Mann stammte. Das Sorgerecht für den Kläger hingegen war der Mutter entzogen worden. Verbittert faßte er seine Kindheit zusammen:

> „Von meiner Geburt an war ich in Pflegestellen und Heimen untergebracht. Ich bin niemals in Obhut meiner Mutter oder meines Vaters gewesen. Im Alter von 10 Jahren war ich bereits in 12 Pflegestellen. Nirgends wurde ich heimisch. Meine Eltern haben sich abgesehen vom Zahlen, niemals um mich gekümmert. 1923, also 7 Jahre nach meiner Geburt, heiratete mein Vater (...) meine Mutter. Obgleich sie doch einen gemeinsamen Haushalt führten, nahmen sie mich nicht zu sich. Ich ging weiter von einer Pflegestelle in die andere. Dass das für die Entwicklung eines Kindes nicht gerade förderlich ist, bedarf wohl keines besonderen Hinweises. (...) Erst nach weiteren 7 Jahren, im Jahre 1930, als ich 14 Jahre den Namen Meyer geführt hatte, wurde ich von N. legitimiert und erlangte erst die rechtliche Stellung eines ehelichen Kindes. Im übrigen wurde ich weiter fremder Erziehung überlassen. In all diesen Jahren hat sich weder mein Vater noch meine Mutter um mich gekümmert. Besonders meine Mutter hat mich von klein auf an verleugnet, aber auch mein Vater lehnte immer wieder jedes Eintreten für mich ab."[173]

Aus dieser anhaltenden Verletzung und Kränkung resultierte schließlich die im psychologischen Sinne entlastende Erkenntnis: „Ein leiblicher Vater hätte das wohl nie zugelassen."[174] Ohne um die jüdische Abstammung des Vaters zu wissen, war er 1932 in die HJ eingetreten und hatte 1933 im nationalsozialistischen Verlag Hamburger Tageblatt eine Lehrstelle bekommen. Im April 1938 zog der Reichsarbeitsdienst (RAD) ihn ein, ein halbes Jahr später die Wehrmacht. Dort aufgefordert, die Abstammungspapiere vorzulegen, traf ihn die Eintragung der jüdischen Abstammung seines Vaters „unerwartet und niederschmetternd", zumal dies in der Konsequenz auch die Entlassung aus der Wehrmacht bedeutete. Er reichte zum Entsetzen seiner Eltern eine Vaterschaftsfeststellungsklage ein.[175] Die Wehrmacht setzte seine Entlassung bis zu deren Entscheidung aus und erkundigte sich während der Laufzeit mehrfach nach dem Stand des Vorhabens.[176]

Der jüdische Vater bestritt dem Gericht gegenüber nicht, Erzeuger zu sein. Die Eltern erklärten, die damals noch alleinstehende Mutter habe den Sohn als Fabrikarbeiterin nicht versorgen können und die Großeltern hatten bereits den Halbbruder aufgenommen. Später habe sich das Paar um den schwererziehbaren, unehrlichen Jungen nicht kümmern wollen. Beispielsweise habe dieser einen Schrank aufgebrochen, daraus HJ-Armbinden gestohlen und weiterverkauft. Auch hatte er die Mutter auf offener Straße bedroht „in Hitlerkleidung mit einem Revolver"[177], wie der Vater schrieb. Er fügte hinzu: „Daß durch den Arier§ ihm, dem Kläger, das evtl. Verbleiben im Heeresdienst erschwert wird, bedauere ich außerordentlich, doch kann ich an dieser Sache nichts ändern, es ist nicht meine Schuld. (…) Mein einzigster Fehler ist der, daß ich nicht arisch bin."[178] Der Vater befand sich offensichtlich in einer zwiespältigen Situation: Er wäre diesen Sohn gern losgewesen, hatte ihn – aus welchen Gründen auch immer – nie haben wollen, ihn vor Verwandten und Bekannten verleugnet und nur widerwillig materiell für ihn gesorgt. Dennoch war er sich sicher, der Erzeuger zu sein. So ließ er es auch seinen Anwalt formulieren: „Es soll ihm [dem Vater, B.M.] aber durchaus recht sein, wenn das Gericht das Gegenteil feststellen sollte. Er denkt nicht daran und hat auch kein Interesse daran, dem Kläger seinen Lebensweg zu erschweren. Im Interesse des Klägers würde er es also nur begrüßen, wenn das Gericht feststellen würde, daß der Kläger nicht sein Sohn ist."[179] Die Mutter erklärte: „Es ist doch nun mal nicht zu ändern, daß er der Vater ist."[180] Mit Blutuntersuchungen und erbbiologischem Gutachten erklärten sich beide Eltern unter der Bedingung einverstanden, daß der Sohn die Kosten trüge.[181] Sie lieferten die Blutprobe in Hamburg ab, ein Truppenarzt entnahm dem Sohn dieselbe, ein Meldefahrer überbrachte sie zur vergleichenden Untersuchung nach Hamburg. Das Ergebnis schloß den beklagten Vater als Erzeuger nicht aus.[182] Das von Dr. Koopmann erstellte Gutachten kam ebenfalls zu einem anderen als vom Kläger gewünschten Ergebnis: Ein Vergleich „des äußeren Allgemeineindrucks von Gesicht, Händen und Füssen" ergab: „Die Aufnahmen des Klägers zeigen in rassischer Hinsicht auffällige jüdische Merkmale", einen „jüdischen Einschlag"[183], wenngleich der Sohn als „ausgesprochenes Mischkind (…) in rassebiologischer Hinsicht jüdische Anteile" aufweise, überwiege die Ähnlichkeit mit der Mutter. Es sei nicht unmöglich, daß der Beklagte der Vater sei.[184] Das Landgericht wies die Klage ab. Hier schöpfte es also keinen Ermessensspielraum zugunsten des Klägers aus.

Mochten andere Kläger es sich lange überlegt haben, ob sie ihre Eltern in ein solches Verfahren hineinziehen sollten, so lag der Fall hier anders: Die Eltern hätten die „Blutsbande" ohnehin am liebsten gelöst. Der Sohn hatte während der jahrelangen Erfahrungen des Alleingelassenwerdens, der Kränkung, die die Bevorzugung des Halbbruders darstellte, und der Wut über das mangelnde Interesse der Eltern, die selbst das Sorgerecht für ihn nicht wollten, die Phantasie eines „arischen", besseren Vaters entwickelt, an deren Realitätsgehalt er offensichtlich glaubte. Eine in dem Verfahren nicht weiter verfolgte Möglichkeit deutete er an: Der Vater des Halbbruders könnte es gewesen sein! Das allerdings weist nicht auf den Wunsch nach Befreiung von Familienbanden hin, sondern verrät beim näheren Hinsehen doch eher den trotz aller Wut immer noch vorhandenen Wunsch, in die Familie aufgenommen zu werden. Denn den Halbbruder, obwohl er nicht vom Vater gezeugt war, hatte dieser nach eigener Aussage liebgewonnen, er durfte bei den Eltern leben und wurde auch von den Großeltern verwöhnt. Die Vaterschaftsfeststellungsklage, die vordergründig den Verbleib in der Wehrmacht sichern sollte, erwies sich so als öffentliche Anklage der vernachlässigenden Eltern und enthielt den verborgenen Wunsch, im Ergebnis gerade das Gegenteil des angestrebten Urteils zu erreichen.

Die vier geschilderten Verfahren, so unterschiedlich sie im einzelnen verliefen, geben einen Eindruck von den hohen moralischen Kosten für die Beteiligten: Mütter mußten einen früheren unmoralischen Lebenswandel nachweisen. Waren sie bereits verstorben, behaupteten die klagenden oder vom Staatsanwalt beklagten Kinder einen solchen. Eheliche Beziehungen wurden in Abrede gestellt. Im Interesse einer Abstammungsverbesserung galten Werte wie Treue und Wahrheit nicht länger. Eine verzerrte Version des privatesten, intimsten Lebensbereichs wurde in öffentlichen Gerichtssitzungen zur Beurteilung vorgelegt. Gerade bei den unehelich Geborenen waren um die Unterhaltsverpflichtungen häufig gerichtliche Auseinandersetzungen geführt worden. Die alleinstehenden Mütter hatten unter Eid andere Möglichkeiten der Vaterschaft ausgeschlossen. Sie mußten diese Aussagen nun zurücknehmen. Im Interesse ihrer Kinder entwerteten sie sich selbst und ihre Ehepartner. Nur in wenigen Verfahren verweigerten Mütter oder Väter den klagenden Kindern die Unterstützung. Und nur in einem einzigen Fall wies ein vierzehnjähriges Mädchen, zu dessen „rassischer" Aufwertung ein Verfahren angestrengt werden sollte, diese Zumutung zurück. Trotz bester Ausgangsposition bat die Minderjährige um Abweisung der Klage.[185] Ihre Gründe gehen aus der Akte nicht hervor, so muß offen bleiben, ob sie aus jugendlichem moralischen Rigorismus heraus an der Wahrheit festhielt, den Vater nicht verraten wollte oder ganz andere Motive hatte. Vielleicht konnte sie mit vierzehn Jahren das Ausmaß der Bedrohung noch nicht ermessen und hatte die Diskriminierung noch nicht erfahren, der Erwachsene oftmals ausgesetzt waren, die diesen Weg des „Ausstiegs" aus dem Verfolgungsprozeß trotz seiner hohen moralisch-psychischen Kosten beschritten.

Die unehelichen jüdischen oder „halbjüdischen" Väter, die jahrelang Alimente gezahlt hatten, erlebten nun, daß diese Form von Anstand und Pflichterfüllung nichts mehr galt. In den Verfahren wurde von der Mutter oft genug zur Unterstützung des Kindes vorgebracht, den Juden habe sie nur wegen seiner Vermögenslage als Zahlvater benannt. Auch wenn die Bindungen solcher Väter an ihre unehelichen Kinder nicht eng gewesen sein mögen, so mußten die Vaterschaftsfeststellungsverfahren, die mit der Ausgrenzung, Verfolgung und Ermordung der Juden einhergingen, ihnen wie eine Wiederholung des gesellschaftlichen Prozesses im privatesten Bereich erscheinen.

3. „Jüdisch erscheinende Merkmale" – die erb- und rassebiologischen Gutachten

Zum erfolgreichen Abschluß eines Verfahrens war zunächst der Blutgruppentest zu bestehen. Außerdem benötigten die Kläger bzw. Beklagten (je nach Konstruktion der Klage) möglichst nichtjüdische Zeugen, die Sympathie des Richters und ein Sachverständigengutachten zu ihren Gunsten. Wie die statistische Auswertung gezeigt hat, war dies bei einem Großteil der Gutachten der Fall, die am Anthropologischen Institut in Kiel von Prof. Weinert und im Gesundheitsamt Hamburg von Dr. Koopmann angefertigt wurden.

Der NS-Rassismus verfügte über keine einheitlichen Kriterien, wie eine „Rasse" zu bestimmen war, welche körperlichen oder psychischen Merkmale diese auszeichneten und wie die Zugehörigkeit eines einzelnen Menschen zu bestimmen war. Die rasse- und erbbiologischen Annahmen, die – in den Expertisen angewendet – über Leben und Tod bestimmten, waren wissenschaftlich selbst im Sinne ihrer Urheber kaum nachprüfbar. So gutachteten auch Weinert und Koopmann nach sehr unterschiedlichen Kriterien und kamen zu stark differierenden Beurteilungen, was allerdings später – wenn das Gericht eine solche Expertise zur Grundlage seiner Entscheidung machte – keine weiteren Auswirkungen hatte. Beide Gutachter nahmen nur ungern Aufträge an, bei denen nicht alle Beteiligten oder wenigstens aussagekräftige Fotografien von ihnen zur Verfügung standen, verweigerten deren Erfüllung aber nicht grundsätzlich.

Als Beispiel für die Gutachterpraxis Weinerts sei der Fall einer zwanzigjährigen Frau geschildert: Das Verfahren hatte der Oberstaatsanwalt gegen eine junge Frau als „Beklagte" eröffnet, deren Mutter sich 1938 von ihrem inzwischen emigrierten jüdischen Ehemann hatte scheiden lassen. Nun machte die Mutter geltend, die Tochter stamme aus einem Seitensprung mit einem inzwischen verstorbenen „Arier", sei mithin nicht „Mischling ersten Grades", sondern „rein arisch". Weinert, im Mai 1943 mit der Begutachtung beauftragt, erstellte seine Beurteilung auf der Grundlage zweier Fotos von beiden Männern und einer Ganzkörperuntersuchung beider Frauen. Die Festellungen zur Tochter sollen einen Eindruck über Umfang und Art von Weinerts Untersuchungen geben:

> „Der Prüfling ist mittelgroß, 163 cm hoch und von schlanker Gestalt. R. hat braune Haare (Haarfarbe Nr. R) von flachwelliger Form. Die Augen sind blau (blauer als Nr. 3). Im Gesicht sind Sommersprossen vorhanden, ohne daß sonst ein deutlicher Roteinschlag erkennbar wäre. Die Körperumfänge entsprechen der Norm, sind z.Teil sogar etwas höher. Aber es ist kein weiches Unterhautfett vorhanden, wie wir es sonst wohl bei Jüdinnen finden. Auch sonst zeigt sich nichts Jüdisches. Die Nase ist gerade, mit ganz leicht gewelltem Rücken. Die Nasenspitze gerade, eher etwas erhoben; die Nasenflügel schmal und anliegend. Der Mund hat geschwungene Lippenform mit normalen Lippen. Diese sind also nicht verdickt, besonders die Unterlippe ist nicht vorhängend. Die Ohren sind etwas abstehend, aber nicht in jüdischer Weise. Einzelheiten am Ohr könnten vielleicht Hinweise auf die Abstammung geben, aber die Bilder der Männer sind nicht so, daß man daraufhin Schlüsse ziehen kann (…). Der Körper wurde schon als schlank genannt, auch die Brust ist klein; nicht so, wie man es

bei jüdischem Einfluß erwarten würde. Die Haltung ist aufrecht; Rücken, Schultern und Beine sind gerade; Plattfüße sind nicht vorhanden. Man würde also nie auf den Verdacht kommen, daß bei dem Prüfling jüdischer Einfluß vorliegt – was auch niemals passiert ist."[186]

Dieser Auszug aus dem Gutachten verweist bereits ein erstes Mal darauf, daß Weinert mit unhaltbaren Konstruktionen des weiblichen (und männlichen) „jüdischen Körpers" und seiner Glieder arbeitete, die dann folgerichtig der praktischen Überprüfung nicht standhielten. Gleichzeitig ging er jedoch ohnehin davon aus, daß diese „Reinform" des jüdischen Körpers durch „Rassenmischung" nicht mehr existierte.

Über die beiden möglichen Väter konnten kaum Aussagen getroffen werden. Trotzdem kam Weinert zur Antwort „im Sinne des Reichssippenamtes":

„1. Der Prüfling zeigt keine jüdischen Rassemerkmale oder Hinweise auf jüdische Beimischung. 2. Es hat sich nichts finden lassen, was auf eine Abstammung von H. [dem jüdischen Vater, B.M.] hindeutet. Wenn auch dieser nicht jüdisch aussieht, so finden sich doch die auf seinen Bildern erkennbaren Merkmale beim Prüfling nicht wieder."[187]

Die Zivilkammer urteilte, die Beklagte sei nicht das Kind des bisher angenommenen Vaters. „Zweifel (…) werden durch das Gutachten des Prof. Weinert ausgeräumt. (…) Eine absolut sichere Feststellung läßt sich auf Grund erbbiologischer Untersuchungen fast in keinem Fall treffen. Es muß daher genügen, wenn eine so große Wahrscheinlichkei für das Ergebnis der Prüfung besteht, daß das Gericht von der Richtigkeit des Gutachtens gewonnen hat."[188]

In einem anderen Fall monierte Weinert, die Begutachtung sei „völlig unmöglich", da von der gesamten Elterngeneration niemand mehr lebe. Er nehme den Auftrag nur an, um dies zu beweisen. Zudem sei unklar, worauf die Klage eigentlich abziele: Ob der jüdische Vater eigentlich „Arier" sei oder ob die jüdische Mutter beim vierten von elf Kindern einen Seitensprung mit einem „Arier" begangen habe. Er könne sich die Beklagte nur auf „jüdische Merkmale" hin ansehen. „Aber auch das kann in diesem Fall nicht viel besagen. Einmal gibt es ja keine ‚jüdischen Merkmale'; d.h. Merkmale, die nur bei Juden vorkommen. Außerdem bleibt der Prüfling auch im günstigen Falle Mischling ersten Grades. Mischlinge kann man aber durch persönliche Untersuchung erst recht nicht feststellen."[189]

Die Frau – so Weinert – mache keinen „auffällig jüdischen Eindruck", auch würden „jüdische Merkmale" eben auf die jüdische Mutter hinweisen, die man allerdings „nach den drei vorliegenden Bildern (…) überhaupt nicht für eine Jüdin halten"[190] würde. Weinert kam aufgrund seiner Untersuchung zum Ergebnis, daß weder der jüdische Vater noch ein „arischer Mann" als Erzeuger auszuschließen seien[191], „wir müssen ja damit rechnen, daß viele Menschen bei uns, die gesetzlich als Juden gelten, biologisch keine reinen Juden sind."[192] Hier entlarvte der „Rassenbiologe" unfreiwillig die Unhaltbarkeit der Rassetheorien und der Begutachtungspraxis, indem er implizit auf die Widersprüchlichkeit des Rassebegriffs hinwies, der eben kein biologischer war. In seinem Selbstverständnis distanzierte sich Weinert damit allerdings keineswegs von der Rassentheorie generell, sondern nur von einer möglichen Variante derselben: Nämlich der, jüdische Anteile aus ansonsten rein

„arischem" Blut herausfiltern zu können. Er ging vielmehr auf der Grundlage seiner Forschungen von einer längst stattgefundenen generellen Vermischung aus, die ohnehin nur tendenzielle Aussagen ermögliche, was zudem in der konjunktivisch ausgerichteten Sprache seiner Gutachten zum Ausdruck kommt.

Das hier zitierte Gutachten Weinerts ist von besonderem Interesse, weil das Gericht in diesem Fall zunächst Koopmann, dann Weinert und schließlich wieder Koopmann beauftragte. Weinert kritisierte dieses Verfahren denn auch:

> „Die Gesundheitsämter sind nicht befugt, solche Gutachten auszustellen. Das Reichssippenamt hat vielmehr die betreffenden Institute und einige Persönlichkeiten genau bezeichnet. Ich weiß nicht, ob der Leiter des Hauptgesundheitsamtes Hamburg mit dazugehört. (Die untersuchten Merkmale beziehen sich z.T. auf Neger- und Mongolenmerkmale. Mongolenfleck bei Judenuntersuchungen!; schließlich wird festgestellt, daß keine jüdischen Merkmale vorliegen, wohl aber ein ‚jüdischer Blick'!)."[193]

Koopmann gutachtete aber bei allen Aufträgen streng nach den Richtlinien des RuPrMdI vom 27. April 1936, die auch den von Weinert oben monierten „Mongolenfleck" beinhalteten:

> „1) Haut gelblich, keine Pigmentreste in den Nasolabialfalten. Kein blauer Fleck am oberen Ende der Gesäßspalte.
> 2) Möndchen der Fingernägel: rosafarben.
> 3) Keine Marmorierung, keine fleckige Färbung des Augenweiß; keine mediale Augenfalte des Oberlides. Stellung der Augen und Blick der Untersuchten rufen jüdischen Eindruck hervor.
> 4) Haare glatt, dunkelbraun, ergraut.
> 5) Nase 5,5 cm lang, 3,3 cm brt., leicht gebogen. Nüstern wenig entwickelt. Nasenlöcher lang und schmal, sie messen re.1,5:0,5, li. 1,5:0,6. Nasenwurzel mittelhoch und mittelschmal.
> 6) Lippen nicht aufgeworfen und verdickt.
> 7) Untergesicht nicht vorgebaut. Keine wesentliche Verbreiterung der Gegend der Backenknochen. Keine auffällige Flachheit des Gesichts in Nase- und Augengegend. Nasen- und Augengegend rufen aber einen jüdischen Eindruck hervor. (…)
> Es befinden sich demnach an der Untersuchten keine einzelnen Merkmale rassefremden Einschlags, dennoch besteht nach dem Eindruck der Augenstellung, des Blicks, der Nasen- und Augengegend der dringende Verdacht auf fremdrassigen Einschlag."[194]

Koopmann wollte sich nicht darauf festlegen, einen möglichen Erzeuger auszuschließen. In seinem Urteil folgte das Gericht diesmal keinem Gutachten, sondern glaubte den Zeugen, und die Beklagte „verbesserte" sich von einer Volljüdin zum „Mischling ersten Grades". Das Zivilgericht schöpfte seinen Spielraum zugunsten der Beklagten voll aus.

Auch in einem anderen Fall stritten sich die beiden Gutachter. Weinert erkannte die Tochter einer als „Volljüdin" eingestuften Frau, sogar als „Vollarierin" an.[195] Dem Gericht reichte jedoch seine Beurteilung nicht aus, sondern es zog ein halbes Jahr später Koopmann, der durch Erstellung eines rassebiologischen Gutachtens klären sollte, ob und mit welchem Grad der Wahrscheinlichkeit der jüdische Vater ausgeschlossen werden konnte. Wie immer verglich Koopmann die sieben, nach dem Innenministerium auschlaggebenden Merkmale und kam dann für die Mutter zum Befund: „Allgemeiner Eindruck der Frau D. zweifellos jüdisch."[196] Anhand von Fotos aus verschiedenen Lebensphasen befand er, Frau D. hätte in ihrer Jugend jüdisch ausgesehen, in mittleren Jahren nicht und im Alter wieder.[197] Die Vermessung der Tochter ergab hingegen jenen seltsamen Befund:

> „Allgemeiner Eindruck der L. nicht jüdisch und der Mutter nicht ähnlich, im übrigen aber Ähnlichkeit der L. mit der Mutter (…), was Merkmale anbetrifft, die auf rassefremden Einschlag hinweisen sollen: Andeutung einer medialen Augenfalte des Oberlids. Prognathie und Flachheit des Gesichts in Nasen- und Augengegend. Dazu kommen an Merkmalen, die für rassefremden Einschlag sprechen sollen, und die an der Frau D. nicht vorhanden sind: Geblähte Nüstern, dreieckige Nasenlöcher und aufgeworfene Lippen. Diese Merkmale könnten auch von dem Vater D. stammen."[198]

Im krassen Gegensatz zu Weinerts Ausführungen, der eine „Vollarierin" konstatiert hatte, sah Koopmann in der Mutter eine Frau, die nach dem gesamten Befund als „Volljüdin" gelten könnte.[199] Deutlicher als in diesen beiden Befunden können Untersuchungsergebnisse vorgeblicher Fachwissenschaftler kaum voneinander abweichen. Im nationalsozialistischen Staat war die Wissenschaft, Vererbungslehre oder Rassenbiologie, zum Bezugsrahmen nicht nur der politischen Argumentation, sondern auch der Einstufung aller Personen innerhalb der „rassischen" Hierarchie geworden. In der praktischen Anwendung der Wissenschaft erwies sich diese als Pseudowissenschaft, die weder eindeutige Kriterien kannte noch im empirischen Sinne nachprüfbar war. Die Gutachten im vorliegenden Fall zeigen, daß „wissenschaftliche" Untersuchungen sowohl ergeben konnten, daß eine untersuchte Person „Jüdin", „Mischling" oder aber „Arierin" war. Doch die Konsequenz aus der Pseudowissenschaft konnte im rassistischen Staat nicht die Abschaffung derselben sein, sondern deren fragwürdige Ergebnisse entschieden über das weitere Schicksal der Untersuchten. Für die Betroffenen in Abstammungsverfahren war es ein Glücksspiel, an welchen Gutachter oder Richter sie gerieten, wobei im Regelfall nicht zwei so gegensätzliche Expertisen die Entscheidungsfindung erschweren.

Auch bei der Tochter, nach Weinert „Vollarierin", hegte Koopmann den Verdacht, daß sie zu Recht als „Mischling" eingestuft sei: „Die Frage, ob Mischling 1. oder 2. Grades, läßt sich aus ihrem Befund nicht entscheiden. Daß sich aber an ihr Merkmale finden, die aus rassefremdem Einfluß hergeleitet werden können, spricht mehr dafür, daß es sich bei Lieselott [eher, B.M.] um einen Mischling 1. Grades als um einen Mischling 2. Grades handelt."[200]

Damit hatte Koopmann ein Gutachten erstellt, das den Prozeßausgang negativ beeinflussen konnte. Koopmann neigte sonst eher zu Befunden, die das Anliegen der „Beklagten" unterstützten und band „jüdische Merkmale" oftmals in konjunktivische Formulierungen ein oder distanzierte sich auf andere Weise sprachlich, weil er offensichtlich die Richtlinien des Innenministerium streng abprüfte, sie aber fachlich nicht für besonders aussagekräftig hielt. Hier aber wollte er einen Kontrapunkt zu Weinerts Gutachten setzen, das er für unwissenschaftlich hielt. Weinerts ausufernde Untersuchungspraktiken und unpräzisen Schlußfolgerungen müssen ihn herausgefordert haben. Obwohl beide Gutachter regelmäßig ihre innere Distanz in den schriftlichen Befunden sprachlich zu Ausdruck brachten und implizit Ausformungen der Rassenanthropologie kritisierten, scheint ihnen die Fragwürdigkeit ihres Tuns erst im Spiegel der Tätigkeit des anderen bewußt geworden zu sein, der jeweils die „wahre" Wissenschaft anzuwenden beanspruchte.

Die aus dem neuen Gutachten resultierende Gefahr für die Beklagte sah auch deren Anwalt und schaltete Weinert ein.[201] Erbost wurde dieser persönlich beim Reichssippenamt vorstellig und erfuhr, daß Koopmann nicht auf der Liste der zugelassenen Gutachter stand. Er forderte, erneut mit der Angelegenheit befaßt zu werden.[202] Das Landgericht versuchte nun, das Kaiser-Wilhelm-Institut für Anthropologie, menschliche Erblehre und Eugenik in Berlin, als dritten Gutachter heranzuziehen.[203] Jetzt stockte das Verfahren, denn dieses war überlastet. Am 2. März 1945 (!) wurde dem Landgericht mitgeteilt, der vorgesehene Gutachter könne wegen eines Unfalles vorläufig keine Expertise erstellen.[204] Am 6. Oktober 1945 zog der Oberstaatsanwalt seine Klage zurück, „nachdem die Beklagte erklärt hat, sie habe mit Rücksicht auf die Aufhebung der Rassengesetze an der Durchführung des Prozesses selbst kein Interesse mehr."[205]

Ein Vergleich der Gutachtertätigkeiten in Zivilverfahren ergibt, daß die einzelnen Sachverständigen bei Anwendung ihrer eigenen oder vorgegebener Kriterien oft eine jüdische Herkunft mit mehr oder weniger großer Wahrscheinlichkeit ausschlossen. Dies mag im Einzelfall auf Gefälligkeitsarbeiten schließen lassen. Insgesamt aber lagen die Gründe dafür in der Sache selbst. Exakte genetische Analysen waren beim damaligen Stand der Wissenschaft noch nicht möglich. Phänotypische Einstufungen hingegen waren beliebig und beruhten auf – dazu noch unterschiedlichen – pseudowissenschaftlichen Konstruktionen einheitlicher „Rassemerkmale". Für Rassenhygieniker führten die Resultate derartiger Begutachtungen zu haarsträubenden Ergebnissen: Indem die Pseudowissenschaft sich selbst ernst nahm und auf ihre ausschlaggebende Funktion in den Gerichtsverfahren pochte, verpflichtete sie andere Institutionen – oft gegen deren rassistische Einstellung – auf die Anerkennung ihrer Argumente. Gerade das Bemühen um Rassentrennung wirkte hier zugunsten derer, die wegen ihrer Abstammung stigmatisiert werden sollten. Die Richter, froh über die vermeintlich wissenschaftlichen Beweismittel, schöpften ihre Spielräume in den Verfahren meist voll zugunsten der Beklagten aus. Indem der nationalsozialistische Staat die Rassentheorie für allgemeinverbindlich erklärte und die Gewährung staatsbürgerlicher Rechte von ihren Ergebnissen abhängig machte, eröffnete er paradoxerweise legale Möglichkeiten für Personen, die in eine der Verfolgtenkategorien „Mischling" oder „Volljude" eingestuft waren, diese ernst zu nehmen und mit ihrer Hilfe der rassistischen Verfolgung zu entkommen oder zumindest einen „besseren" Status zu erlangen.

Diese Gutachter- und Gerichtsentscheidungspraxis zugunsten der „Beklagten" galt ausschließlich für den Bereich der Zivilverfahren. Erb- und rassenbiologische Untersuchungen waren jedoch ebenso in der Strafjustiz relevant. Sie entschieden bei unklaren Abstammungsverhältnissen darüber, ob der Tatbestand „Rassenschande" vorlag oder nicht. Gerichtsmediziner Koopmann wurde auch in diesen Fällen eingeschaltet. Sein Gutachterurteil entschied dann nicht mehr über zusätzliche Lebenschancen, sondern letztendlich – zumindest ab 1942 – über das Überleben selbst[206], zumal in den Strafverfahren die Ermessensspielräume für Richter (wenn sie sie denn hätten ausschöpfen wollen) sehr begrenzt waren, wenn der oder die Angeklagte als „Volljude" eingestuft war. Als beispielsweise ein Frankfurter Gericht einen den Papieren nach „volljüdischen" Angeklagten aufgrund eines eidlich eingestandenen Seitensprungs seiner Mutter als „Mischling ersten Grades" ansah und ihn freisprach, protestierte Otmar Freiherr von Verschuer beim Reichsjustizministerium:

> „Die Abstammung eines Menschen wird beurkundet durch die üblichen standes- oder pfarramtlichen Dokumente und in Zweifelsfällen durch den Abstammungsbescheid der Reichsstelle für Sippenforschung (...) Diese Dokumente haben Gültigkeit bis zum Beweis des Gegenteils. Sie können nur durch einen anderslautenden Abstammungsbescheid der Reichsstelle für Sippenforschung geändert werden. Die derart festgelegte Abstammung eines Menschen ist grundlegend und bindend auf allen Gebieten des Lebens. Es wird dadurch auch für den Strafrichter ein Tatbestand festgelegt."[207]

Im Nachlaß Koopmanns befinden sich insgesamt 21 Gutachten, die zur Klärung der Abstammung von Angeklagten in Strafprozessen angefertigt wurden, davon zwölf in „Rassenschandeverfahren", während aus sieben die Anklage nicht hervorgeht.[208] Sie konnten also sehr wohl ebenfalls der „Rassenschande" angeklagt worden sein. Fünf Untersuchte waren ausländische Zwangsarbeiter. In der Regel bestätigten die Untersuchungsergebnisse die Vorannahmen, wegen derer die Betroffenen in Untersuchungshaft genommen worden waren. Sie wurden dann auf der Grundlage der Expertisen verurteilt.[209]

Koopmann stand den Aussagen der Angeklagten, die er im Untersuchungsgefängnis begutachtete, sehr viel skeptischer gegenüber als denen in Zivilverfahren. So formulierte er in seinem Gutachten über einen „Geltungsjuden", der einen „arischen" Vater haben wollte:

> „Er hat sich (...) offenbar in dem Streben, nicht unter die Nürnberger Gesetze zu fallen, während der Dauer dieser Haft zunehmend in die Idee hineingelebt, nicht von seinem gesetzlichen Vater abzustammen. Er will den Untersucher glauben machen, daß er auf dem Standpunkt gestanden habe, er sei im Sinne der Nürnberger Gesetze kein Jude. Diese Versuche sind aber wenig überzeugend, und man hat durchaus den Eindruck, daß L. sich zur Zeit der vorliegenden Strafhandlungen darüber klar gewesen ist."[210]

Koopmann attestierte dem Untersuchungshäftling „mit an Sicherheit grenzender Wahrscheinlichkeit" den „jüdischen Einschlag".[211]

In einem anderen – eher ungewöhnlichen Fall – argumentierte der Angeklagte nach mehreren Vernehmungen, während derer er auf seine „deutschblütige" Abstammung verwiesen hatte, er sei selbst jüdischer Herkunft. Koopmann bestätigte dies durch seine Untersuchung: „Gesicht macht jüdischen Eindruck", „seinen Blick kann man wohl mit jüdisch bezeichnen", „muß der Verdacht auf fremdrassigen Einschlag besonders hoch gewertet werden."[212] Das Verfahren endete mit einem Freispruch, allerdings verhehlte Koopmann seine Mißbilligung der Verteidigungsstrategie des Angeklagten nicht: „Für die Zukunft ergibt sich für den Angeklagten daraus die Folgerung, daß er von nun ab mit volljüdischer Abstammung rechnen muß. Der Angeklagte würde, wenn er sich mit deutschblütigen Frauen geschlechtlich einläßt, zum mindesten der versuchten Rassenschande schuldig werden."[213] Der Freispruch war mit dem langfristigem Stigma der Zurechnung zu den Juden erkauft.

In fünf Fällen wurden ausländische Zwangsarbeiter auf ihre jüdische Herkunft hin begutachtet. Hier sind die Endergebnisse noch am ehesten heterogen, zumal wenn die Untersuchten aus Gebieten stammten, in denen die Einwohner oft dunkles Haar und braune Augen haben. Koopmann bestätigte immerhin zwei Polen, einem Griechen und einem Russen die „nichtarische" Abstammung.[214] Die auf Frauen bezogenen Gutachten betrafen zwei inhaftierte Jüdinnen, die anderen vier „deutschblütige" Frauen, deren tatsächliche oder vermeintliche Sexualpartner vor Gericht standen. Alle Gutachten bestätigten mit der Feststellung der „rassischen" Zugehörigkeit die jeweilige Anklage.

Im Vergleich der Gutachten, die für zivil- oder strafgerichtliche Prozesse angefertigt wurden, fällt auf, daß derselbe Gutachter, der immer dasselbe Verfahren anwendete, zu sehr gegensätzlichen Ergebnissen kam: Fielen Gutachten in Statusverfahren in der Regel zugunsten der „Beklagten" aus, so bestätigten sie in Strafprozessen zumeist die Anklage. Die Mehrheit oder alle von Koopmann untersuchten sieben Merkmale nach den Richtlinien des RMdI wiesen dann auf „fremdrassige (jüdische)" Abstammung hin. Da nicht zu vermuten ist, daß 21 Begutachtete beispielsweise einen deutlichen „blauen Fleck oberhalb der Gesäßspalte" aufwiesen, muß das Ergebnis in der Voreinstellung des Sachverständigen zu den begutachteten Personen liegen, aus der eine – vermutlich nicht einmal bewußte – schärfere Beurteilung resultierte. Die in den Zivilgerichtsverfahren zugunsten der „Beklagten" wirkenden inneren Widersprüche und Ungereimtheiten des Rassismus allein reichten für die Betroffenen nicht aus. Es mußte die individuelle Sympathie der Sachverständigen hinzukommen, die offenbar jedoch nur jenen zugute kam, die sich – am persönlichen Normen- und Wertesystem des Gutachters gemessen – als „würdig" erwiesen, beispielsweise durch einen sexuell untadeligen Lebenswandel oder dem Bedürfnis, für Deutschland als Soldat zu kämpfen.

4. Porträt: Der Naturwissenschaftler – Dr. Hans Koopmann

Hans Koopmann, Mediziner, verstand sich als Naturwissenschaftler. Als Universitätslehrer wie als Gerichtsmediziner wollte er der exakten Wissenschaft, deren Ergebnisse anhand offengelegter Kriterien gewonnen, „objektiv" und jederzeit nachprüfbar waren, zur Anwendung verhelfen. Dies galt insbesondere für die Rassen- und Vererbungslehre. Nicht in der Heilung (oder Vernichtung) kranker Menschen sah er seine Aufgabe, sondern im vorgelagerten Selektionsprozeß: Seine Gutachten trennten verantwortliche von unzurechnungsfähigen Tätern in Strafprozessen und in Zivilprozessen „rassisch" unerwünschte Personen, die den „Volkskörper" bedrohten, von anderen, die in ihm verbleiben konnten. Bis auf wenige Ausnahmen hatte er mit den Folgen seiner Begutachtungen nichts mehr zu tun, dennoch war er in den komplizierten Prozeß des Heilens und Vernichtens involviert. Gleichzeitig befand er sich in einem persönlichen Interessenkonflikt, weil die jüdische Abstammung seiner Ehefrau die Karrieremöglichkeiten im NS-Staat stark einschränkte, was sich durchaus auf den Inhalt seiner Expertisen auswirkte.

Hans Koopmann wurde am 13. August 1885 in Breitenberg/Krs. Steinburg als Sohn eines Pastors geboren. 1888 zog er mit seinen Eltern nach Hamburg, wo er die

Eliteschulen Wilhelmgymnasium und Christianeum besuchte. Nach dem Abitur studierte er in Tübingen, Kiel, München und Heidelberg Medizin. 1909 legte er das Physikum ab, 1923 promovierte er. Von 1914 bis 1918 diente er als Truppenarzt und erhielt die Auszeichnungen des Eisernen Kreuzes Erster und Zweiter Klasse. Nach dem Ersten Weltkrieg übernahm er 1920 die Leitung des Diakonissenkrankenhauses Bethlehem in Hamburg. Außerdem arbeitete er als Lungenfürsorgearzt und betrieb von 1920–1928 eine eigene Praxis. Ab 1922 leitete er die Krankenpflegerschule. 1923 bis 1928 übernahm er die Anatomie im Hafenkrankenhaus, 1928 erfolgten seine Verbeamtung und die Ernennung zum Gerichtsphysikus in Hamburg. 1928 heiratete er Ruth Ellerbrook, mit der er drei Kinder bekam.[215] Koopmann befaßte sich nicht nur beruflich mit Erbbiologie, sondern betrieb Ahnenforschung auch in eigener Sache und regte für seine Familie die Gründung eines „Familienvereins" (Koopmann) an, um das „Auseinanderdriften der Sippe" zu verhindern.[216]

1929 und 1934 nahm er einen Lehrauftrag für Gerichtliche Medizin an der Hansischen Universität wahr. 1934 erhielt er für dieses Fach die venia legendi[217], am 28. Mai 1934 genehmigte die Landesunterrichtsbehörde seine Habilitierung.[218] Koopmann beabsichtigte, den aus etattechnischen Gründen unbesetzten Lehrstuhl für Gerichtliche Medizin an der Hansischen Universität erst vertretungsweise und dann voll zu übernehmen. Als die Kompetenzen zur Besetzung von Lehrstühlen auf das Reich übergingen, fiel die Entscheidung, in Hamburg kein Ordinariat für diesen Bereich einzurichten.[219] Aufgrund dieser unsicheren Perspektive legte Koopmann seinen Lehrauftrag demonstrativ nieder[220] und erhielt dann zwei Monate später nicht nur die Erlaubnis, den Lehrstuhl zu vertreten, sondern auch Sitz und Stimme in der Medizinischen Fakultät.[221] Koopmanns tägliche Verpflichtungen als Syndikus im Krankenhaus, Gerichtsmediziner und Hochschullehrer weisen auf einen 14-16stündigen Regelarbeitstag hin.[222] Im Hinblick auf die vorrangige Lehrtätigkeit entlastete die Gesundheitsbehörde ihn von Gutachterverpflichtungen, und die Landesunterrichtsbehörde stellte ihm eine Stenotypistin.[223] Solchermaßen bestärkt, die akademische Laufbahn einzuschlagen, bemühte sich Koopmann gerade um Entlastung von seiner Krankenhaustätigkeit, als die „nichtarische Abstammung" seiner Ehefrau offenkundig wurde.[224] Sie galt als „Mischling zweiten Grades". Von der Staatsverwaltung angewiesen, einen anderen Berufungsvorschlag für den Lehrstuhl zu unterbreiten, hielt die Universität an Koopmann fest.[225] Mit Zustimmung der NSDAP wurde er 1938 zum nebenamtlichen außerordentlichen Professor ernannt.[226] Als kurz darauf diese Bezeichnung abgeschafft und statt dessen der „außerplanmäßige Professor" eingeführt wurde, mußte er einen neuen Antrag stellen. Inzwischen hatte er ein Gesuch „an den Führer und Reichskanzler, um die Anerkennung der Arität meiner Ehefrau"[227] eingereicht, über das offensichtlich nie entschieden wurde. Ironisch-distanziert korrespondierte Koopmann in dieser Zeit über die neuesten „arischen Nachrichten", denn in seinem Freundeskreis wurde die antisemitische Politik zwar grundsätzlich gebilligt, aber die uferlose Ausweitung deutlich kritisiert. Ein Freund schrieb ihm: „Ja, wenn Sie nicht arisch wären, so könnte ich es [die verweigerte Berufung, B.M.] aufgrund Ihrer bisherigen Leistungen und Ämter zwar nicht begrüßen, würde mir aber sagen, daß die heutige Zeit nun einmal so denkt."[228]

Die Universität traf angesichts der neuen Situation Vorkehrungen. So fragte der Syndikus vorsorglich beim Dozentenbundführer der NSDAP an, ob man Koopmann, dessen politische Einstellung man allerdings nicht kenne, als Ausnahmefall behandeln könne. Der Dozentenbundführer monierte zwar die fehlende Parteizugehörigkeit[229], stimmte aber letztlich ebenso zu wie die Gesundheitsverwaltung.[230] Trotz dieser vorab gegebenen Einverständniserklärungen schlug der Versuch fehl, Koopmanns Berufung über eine Ausnahmeregelung zu erreichen.[231] Verzögerungen bei der Antragsbearbeitung führten zum Erlöschen der Lehrbefugnis. Dem Rektor war es zumindest ein Anliegen, Koopmann nicht sang- und klanglos fallenzulassen, sondern ihm einen offiziellen Dank der Universität auszusprechen, den dieser aber selbstbewußt zurückwies, weil „die Universität sich mir gegenüber in einer schweren Schuld befindet, die sie nicht mit einem ‚üblichen' Dankeswort sühnen kann."[232] Ein Jahr später ersuchte die Universität ihn harsch, den Hinweis auf die Hochschultätigkeit aus seinem Fernsprecheintrag zu streichen.[233]

Koopmanns Beamtenstatus, seine leitende Funktion in der Hauptgesundheitsverwaltung und seine Tätigkeit als vielbeschäftigter Gerichtsmediziner hingegen blieben zwischen 1933 und 1945 unberührt. Als Gerichtsmediziner widmete er sich vorwiegend der Verbrechensbekämpfung. So wies er in „Leichenversuchen" beispielsweise Selbstverstümmelungen nach oder schulte Mitarbeiter des Hauptgesundheitsamtes in dienstinternen Veröffentlichungen. Über „geborene Verbrecher" führte er aus:

„1) Es gibt den „Typ" des „geborenen Verbrechers".
2) Er ist unter Umständen durch körperliche und physische Merkmale gekennzeichnet.
3) Er ist strafrechtlich verantwortlich, wenn auch unverbesserlich.
4) Es ist im Interesse des Schutzes der Volksgemeinschaft notwendig, den „geborenen Verbrecher" unschädlich zu machen."[234]

Mit seinen erb- und rassenbiologischen Gutachten entschied er über das Schicksal vieler Erwachsener und Minderjähriger. Wie im vorangegangenen ausgeführt, orientierte er seine Untersuchungen streng an den Richtlinien des Innenministers, wobei er davon ausging, daß die bisherigen Methoden der erbbiologischen Untersuchungen „recht primitiv" seien und keine wissenschaftlich exakten Tatsachen über einzelne Erbgänge existierten.[235] Dennoch – stimmten vier der sieben Merkmale mit den als jüdisch formulierten überein, war das Ergebnis seiner Gutachtens die Feststellung der jüdischen Abstammung. Ab 1941 konnte dieses bei „Volljuden" die Deportation bedeuten, ab 1942 verhieß eine „halb- oder volljüdische" Abstammung bei Straftätern die Verbringung aus einer Haftanstalt nach Auschwitz.

Vereinzelt kam es allerdings vor, daß Koopmanns Forschungsinteresse an Erbgängen so stark in den Vordergrund trat, daß er die nachprüfbare, naturwissenschaftliche Ausrichtung seiner Untersuchungen verließ und beipielsweise in einem Vaterschaftsgutachten eine mögliche jüdische Abstammung, von der nie die Rede gewesen war, erst in Spiel brachte. Der Untersuchte hatte nach Koopmanns Eindruck auffallende Ähnlichkeit mit einem – nicht verwandten – Mann, der zwar als 5jähriger keineswegs jüdisch ausgesehen habe, als 25jähriger hingegen „einen typisch jüdischen Gesamteindruck" machte. Koopmann zog das Foto dieses unbeteiligten Dritten als Beweis heran, um eine jüdische Herkunft zu attestieren.[236]

Ähnlich gelagert war der Fall einer 25jährigen Frau, deren jüdischer Zahlvater verstorben war. Ihre Mutter hatte inzwischen „Mehrverkehr" zugegeben. Die junge Frau benötigte die Abstammungspapiere für ihre Heirat. Koopmann kam nach Begutachtung zu dem Ergebnis, daß Mutter und Tochter von einem „artfesten Stamm" seien und es keine Anhaltspunkte für „artfremden Rasseeinschlag" gäbe. Aber, so fügte er hinzu, „bei der Auswertung dieses Ergebnisses für die Fragestellung des Gutachtens darf nicht unberücksichtigt bleiben, daß es weibliche Mischlinge ersten Grades, also Personen mit fremdrassigen Bluteinschlag gibt, die in ihrem Erscheinungsbild keine Anklänge für einen fremdrassigen Einschlag zeigen, aber eben doch genotypisch als mit fremdrassigem Einschlag versehen angesehen werden müssen."[237]

In einem anderen Fall begutachtete Koopmann einen „Mischling ersten Grades", der verschiedentlich aufgrund von Verstößen gegen den §175 verurteilt und 1936 „entmannt" worden war. Der außereheliche „arische" Erzeuger bezweifelte die Vaterschaft ebensowenig wie Koopmann. Doch wollte dieser den „Mischling ersten Grades" nicht einfach als „Halbjuden" behandelt wissen, sondern führte in seinem Gutachten aus: „Offenbar handelt es sich bei L. um einen Menschen, der in seinem Gesamterscheinungsbild mehr von der Rasse der Mutter, als von der Rasse des Vaters abbekommen hat; d.h. wenn auch L. nach dem Gesetz Mischling I. Grades ist – also 50% Nichtarier – so müßte er erbbiologisch als noch höherwertiger Nichtarier gelten."[238]

Diese drei Fälle verdeutlichen, daß Koopmann sehr eigenwillige und im Detail bisweilen über die der NS-Rassenhygieniker sogar hinausgehende Vorstellungen von „Blutsmischung" hatte. Meinte er diese aufzuspüren, scheute er keine Analogieschlüsse, auch wenn deren Befolgung durch das Gericht für die Betroffenen weit schlimmere Konsequenzen als seine eigenen Untersuchungsergebnisse zeitigten. Ähnlich weitreichende Beurteilungen anderer hingegen bedachte er mit süffisanter Kritik wie beispielsweise eine von Eugen Fischer erstellte Expertise:

> „Wenn das Kaiser-Wilhelm-Institut zu einem solchen Gutachten kommt, kann es dies nur auf Grund sehr reicher Erfahrung abgegeben haben. Meine Erfahrungen auf dem Gebiete der erbkundlichen Begutachtungen sind noch gering und nicht mit den Erfahrungen des Kaiser-Wilhelm-Instituts zu vergleichen. Nach meinen Erfahrungen würde ich nicht wagen, einen fraglichen Vater auf Grund von allgemeinen Merkmalen (ausgenommen Blutgruppen) auszuschließen."[239]

Koopmann hatte seine Karriereträume als Hochschulprofessor aufgrund der Abstammung seiner Ehefrau nicht verwirklichen können, obwohl er viel Zeit und Energie in dieses Zukunftsziel investiert hatte. Vermutlich ist dies der Grund, warum er etlichen seiner in Zivilverfahren klagenden bzw. beklagten Untersuchten ein ähnliches oder schlimmeres Schicksal ersparte. Diese Gutachten sind von Milde und Nachsicht gekennzeichnet, was in den „Vorgeschichten" zum Ausdruck kommt, in die deutlich der Eindruck des Gutachters von der Person einfließt. Sicherlich hätte Koopmann sich kaum zu bewußten Falschbegutachtungen hinreißen lassen. Dem stand sein Wissenschaftlerethos entgegen. Doch die Voreinstellung zu diesen Untersuchten war eindeutig anders als zu jenen, die als angebliche Kriminelle vor einem Straf- oder Sondergericht standen, und präjudizierte ein anderes Endergebnis.

Reformansätze der 20er Jahre waren an Koopmann abgeprallt. Mörder, Kommunisten, psychisch kranke Kriminelle oder verurteilte Juden wie „Mischlinge" mußten aus seiner Sicht unschädlich gemacht werden. Selbst bei geringfügigen Vergehen sogenannter Volksschädlinge wog er nicht zwischen unangemessen hohen Strafen und einem Gutachten ab, das vielleicht die Tatverantwortlichkeit in Frage stellte. So sprach er einer an progressiver Paralyse erkrankten Frau, die der Plünderung angeklagt war, die volle Schuldeinsichtsfähigkeit zu und stellte eine fatale Zukunftsprognose: „Die kriminalbiologische Prognose ist zweifelhaft bis ungünstig. Nach früheren Strafhandlungen und den jetzt vorliegenden diebischen Plünderungen der Untersuchten muß damit gerechnet werden, daß sie in Zukunft wieder rechtsbrüchig werden wird."[240] Die Frau wurde aufgrund des Gutachtens zum Tode verurteilt und nur durch die Hartnäckigkeit ihres Anwalts in Verbindung mit einer weniger rigide urteilenden Sachverständigen gerettet.

Der Jurist Wolfgang Sarodnik zog für seine Untersuchung über die Rolle der Gutachten zehn von Koopmann verfaßte heran. Davon hatte dieser in neun Fällen auf „voll verantwortlich" erkannt und damit die Urteilsgrundlage für die Todesstrafe geliefert.[241] Die Medizinhistorikerin Christiane Rothmaler berichtet von einem systematisch unter Alkohol gesetzten Sinto, den Koopmann – laut minutiösem Verlaufsprotokoll dieses Menschenversuchs – als Mörder überführte.[242] Seine generell zustimmende Haltung zu Hinrichtungen revidierte er auch nach der NS-Zeit nicht: „Ich bin für die Todesstrafe", bekannte er 1955 öffentlich.[243] Als Gerichtsmediziner wohnte er nach eigener Aussage während des Nationalsozialismus zwei Hinrichtungen bei, die er nicht als Unrecht oder Unmenschlichkeit ansah: der eines Vatermörders und der eines Kommunisten.[244]

Koopmann bedauerte vermutlich nicht, wegen seiner Ehefrau nicht in die NSDAP eintreten oder sich im wissenschaftlichen Wettstreit nicht mit Rasseanthropologen wie Eugen Fischer messen zu können. Das Auftreten der Rasseanthropologen war ihm zu sehr auf propagandistische Wirkung ausgerichtet und zu unwissenschaftlich. Hatte er mit ihnen Berührung, focht er ihre Urteile leise und süffisant an – wie oben – oder verwarf ihre Begutachtungen wie in den Auseinandersetzungen mit Hans Weinert.

Es verwundert allerdings, daß Weinerts Interventionen beim Innenministerium nicht den Erfolg hatten, Koopmann von Begutachtungen in Statusverfahren zu entbinden. Auch fiel offensichtlich keinem der Hamburger Verantwortlichen auf, daß der Mediziner aufgrund seiner „jüdischen Versippung" in einem Interessenkonflikt lebte, der sich in den Untersuchungsergebnissen niederschlug. Vielleicht war der Gutachterengpaß so groß oder der gerichtliche Rahmen, in dem Koopmann tätig war, für das Ministerium zu unwichtig, um zu intervenieren. Die Kammern hingegen griffen vermutlich lieber auf eine schnelle und scheinbar exakt wissenschaftlich ausgerichtete Begutachtung zurück als auf weitschweifige, unscharfe Ausführungen, die oft wenig zur Entscheidungsfindung beitrugen. Ging es nicht um Statusverfahren, entsprachen Koopmanns wissenschaftliche Positionen durchaus der NS-Ideologie[245]: Er hielt die Anlage zum Verbrechen für erblich; er stellte Leichenversuche an, um Soldaten der Selbstverstümmelung zu überführen; er attestierte „Volksschädlingen" volle Einsicht in ihre strafbaren Handlungen; es gibt Hinweise darauf, daß er durch die Histologie der Hoden zwangsweise Kastrierter deren Abnormität beweisen wollte.²⁴⁶ Koopmann war Opfer und Täter zugleich: Als Opfer (des Karriereknicks) zeigte er – vom Ergebnis seiner Gutachten her – solidarisch mit anderen Opfern, als Täter schickte er andere in den Tod.

Walter Wuttke bietet für die Haltung, die Koopmann und andere Mediziner während der NS-Zeit entwickelten, den Begriff der „aktiven Unterwerfung unter die Macht" an.²⁴⁷ Er geht davon aus, daß die medizinischen Ideologien des Nationalsozialismus die Gegensätze „Heilen" und „Vernichten" ebenso integrierten wie die Interessen der Ärzte und Patienten sowie die diversen sozialen, politischen und ökonomischen Interessen des Staates. Diese ideologischen Arrangements produzierten einen „Subjekt-Effekt", der es den einzelnen Akteuren ermöglichte, „die Herrschaft von innen heraus als Freiheit zu leben".²⁴⁸ Wenn Wuttke dafür die Leitbegriffe des Arztes als Priester, Führer, Soldat oder Richter entwickelt, so wäre dies für Koopmann (und andere) mit dem Begriff des „Naturwissenschaftlers" zu ergänzen, der – zumindest vom Selbstbild her – unbestechlich, exakt mit Messungen und Experimenten „objektive" Ergebnisse erzielte. Seine Täterschaft vollzog sich im vermeintlich unproblematischen Tätigkeitsfeld der Gerichtsmedizin, das nach 1945 keiner grundlegenden Revision unterzogen wurde. Hans Koopmann mußte nicht als Täter in die bundesrepublikanische Gesellschaft reintegriert werden, er war nie desintegriert. Am 20. September 1945 erhielt er die Lehrbefugnis zurück, am 8. Mai 1946 ernannte Bürgermeister Rudolf Petersen ihn zum außerordentlichen Professor.²⁴⁹ 1950 wurde er in den Ruhestand versetzt. Am 15. Februar 1956 befürwortete die Medizinische Fakultät der Universität seinen Antrag, ihm Anspruch auf Behandlung nach dem Gesetz zur Regelung der Wiedergutmachung nationalsozialistischen Unrechts für Angehörige des Öffentlichen Dienstes zuzugestehen. Ihm wurde die Rechtsstellung eines ordentlichen entpflichteten Professors zuerkannt, der 1935 berufen worden wäre, was zusätzlich zu seinen nicht gerade geringen Bezügen eine bedeutende Nachzahlung entgangener Gehälter beinhaltete.²⁵⁰

Koopmann war im Nachkriegs-Hamburg ein wohlhabender und vielgeachteter Mann, den ehemalige Nationalsozialisten um „Persilscheine" baten²⁵¹ und der „trotz vielfältiger Nöte und Sorgen der schweren Nachkriegszeit freiwillig und selbstlos zum Wiederaufbau Hamburgs" beitrug, indem er 100 Steine klopfte.²⁵² Anläßlich seines 70. Geburtstages veröffentlichte die Bild-Zeitung ein Interview mit ihm, in dem er als Glanzstücke seiner Berufskarriere die Entlarvung eines Kindesmörders und des Frauenmörders, den er unter Alkohol gesetzt hatte, bezeichnete.²⁵³ In Arbeiten über die Universität während der NS-Zeit wird er als einer derer genannt, die aus „rassischen Gründen" benachteiligt waren.²⁵⁴ Seine rassistischen Auffassungen als Gerichtsmediziner und Erbbiologe, seine umfangreichen Tätigkeitsfelder, die konkreten Untersuchungsergebnisse und auch sein maßgeblicher Einfluß auf Entscheidungen über Leben und Tod blieben unbeachtet. Aus Koopmann wurde ein Opfer des NS-Regimes. Während andere „rassisch" Verfolgte, die beispielsweise zeitweise Mitglied der SA gewesen waren, als „nicht wiedergutmachungswürdig" galten, wurde hier die Diskriminierung aufgrund der „jüdischen Versippung" bei einem Mediziner entschädigt, der der NS-Justiz wichtige Dienste geleistet hatte. Und indem Koopmann den Verfolgtenstatus erhielt, attestierte sich die Universität gleichzeitig das Verdienst, zwar vergeblich, aber hartnäckig an seiner Berufung festgehalten zu haben und damit das NS-Unrecht vermeintlich zeitweise nicht mitgetragen zu haben.

5. „Wir wurden der arischen Rasse zugeschlagen". Ein Abstammungsverfahren aus der Sicht „jüdischer Mischlinge"

Ingrid und Hubert Riemann, 1924 und 1928 geboren, hatten eine jüdische Mutter und einen nichtjüdischen Vater[255], der seinen Dienst als Polizeioffizier bereits vor 1933 quittiert hatte.[256] Ein Umzug in die Einsamkeit der Lüneburger Heide sollte beruhigende Wirkung auf den frühverrenteten, psychisch angeschlagenen Mann ausüben, bewirkte aber eher das Gegenteil. Sein seelischer Zustand verschlechterte sich nach 1933, die Ehe drohte zu zerbrechen. Mutter und Kinder kehrten nach Hamburg zurück und fanden bei der jüdischen Großmutter Unterkunft. Als der Vater ankündigte, die Familie zu erschießen und sich bewaffnet auf den Weg nach Hamburg machte, alarmierte die Mutter seine ehemaligen Kollegen. Er wurde festgenommen und als psychisch Kranker 1936 ins Universitätskrankenhaus Eppendorf eingeliefert, später nach Lüneburg verlegt und im Frühjahr 1941 im Rahmen der „Euthanasie-Aktion" in Sonnenstein bei Pirna ermordet.[257] Kurz zuvor war die jüdische Großmutter eines natürlichen Todes gestorben.

Die Familie kannte die ärztliche Diagnose der väterlichen Krankheit nicht und befürchtete, diese könnte auf die als Erbkrankheit geltende „Schizophrenie" lauten und zur Sterilisation der Kinder führen, was jedoch nicht geschah. Abgesehen von der psychischen Belastung für Frau und Kinder durch Krankheit und Tod des Vaters, verloren diese auch die materielle Lebensgrundlage: Das Haus wurde zwangsweise verkauft, um die Anstaltskosten zu decken, die Pension gekürzt. Die „arische" Verwandtschaft verweigerte jeden weiteren Kontakt und erst recht Unterstützung. Regelmäßige Einnahmen erbrachte nur die Vermietung der großmütterlichen Wohnung. Drei bis vier jüdische Untermieter belegten zeitweise alle Zimmer, so daß die Familie zusammenrücken mußte. Die räumliche Enge hatte aber auch einen großen Vorteil: Auf informellem Wege waren die Familienmitglieder nicht nur schnell über Vorgänge in der jüdischen Gemeinde, die Abschiebung der polnischen und später die „Evakuierungen" der Hamburger Juden im Bilde, sondern diskutierten über mögliche Auswege und Hilfestellungen. Als ab Oktober 1941 die Deportationen aus Hamburg anliefen, meldeten sich Mutter und Tochter als freiwillige Helferinnen der Gemeinde. So sahen sie jüdische Freunde und Bekannte ein letztes Mal, erlebten, wie Bewohner eines Altenstifts und schwangere Frauen deportiert wurden. Sie begannen, sich um die eigene Zukunft zu sorgen. Die Mutter fürchtete, als Witwe den Schutz der „privilegierten" Mischehe zu verlieren, wenn die Kinder nicht mehr schulpflichtig wären. Über die Freundin eines Untermieters erfuhr sie von der Möglichkeit, mit einem Gerichtsprozeß den Status der „Volljüdin" zu verändern. Der Mutter wurde die Einleitung eines solchen Prozesses nicht leicht. Sie zog die 17jährige Tochter ins Vertrauen und erörterte mit ihr, ob und wie ein gerichtliches Verfahren angestrengt werden könne: „Sie hat sehr geweint und zu mir gesagt: (...) ‚Meine Mutter wird es mir vergeben, wenn ich jetzt vor Gericht gehe und behaupte, ich bin das uneheliche Kind.'"[258] Zu Lebzeiten der Großmutter, davon ist die Zeitzeugin überzeugt, hätte ihre Mutter diesen Weg nicht beschritten. Nun aber konstruierte sie einen Seitensprung der Großmutter Karoline mit einem inzwischen verstorbenen Untermieter, einem Kapitän, aus dem sie, die Tochter Wilma, hervorgegangen sei.[259] Im nächsten Schritt suchte sie Zeugen, die bereit waren, unter Eid ihr „Wissen" um diese Abstammung preiszugeben, und einen in Zivilverfahren versierten Anwalt. Zeugen fand sie unter den Nachbarn im ehemaligen Wohnhaus ihrer Eltern, den jetzigen Mitbewohnern[260] und der jüdischen Verwandtschaft, „die wußte, was gespielt wurde, aber die das trotzdem gewagt haben."[261]

Rückblickend erinnern Ingrid und Hubert im Interview die „arischen" Zeugen – bis auf einen – allesamt als „Kommunisten". Das mag im Einzelfall auch so gewesen sein, in der Häufung deutet es allerdings eher darauf hin, daß Zivilcourage, Mut und Widerstandsgeist auch retrospektiv nicht in der eigenen Herkunftsschicht, dem höheren Beamtentum, angesiedelt werden, sondern bei denen, denen man eine Widerstandshaltung gegenüber dem Nationalsozialismus zuerkannte.[262] Ein letzter Zeuge war den Antragstellern selbst ein wenig suspekt: Ein alter Bekannter, der inzwischen mit Stolz die Uniform der Marine-SA trug und damit auf das Gericht einen guten Eindruck machen würde. Max Plaut stellte der Mutter eine Bescheinigung aus, sie sei nie Mitglied der DIGH gewesen.[263] Als Anwalt gewann die Mutter Alwin Gerson.[264] Ob dieser nun für seine Dienste kein Geld berechnete, wie Hubert Riemann annimmt, mag dahingestellt bleiben.[265] Dies könnte auch eine unbewußte Würdigung der erfahrenen professionellen Hilfe ausdrücken.

Nachdem der Anwalt die Todesurkunde des vermeintlichen Vaters beschafft und dem Staatsanwalt sein Material übergeben hatte, beantragte dieser tatsächlich die Eröffnung des Verfahrens. Das Gericht bestellte Prof. Hans Weinert als rassenbiologischen Gutachter. Mutter und Kinder liehen Geld, um zur Untersuchung nach Kiel fahren zu können.

Weinert, so Hubert Riemann, „hat meiner Mutter unter vier Augen nachher gesagt, das wäre alles sowieso Blödsinn, denn seit der Völkerwanderung ist das sowieso nicht mehr festzustellen. Aber das war natürlich nur unter der Hand. Und der hätte sich im anderen Fall, wenn meine Mutter das benutzen hätte wollen, sofort darauf berufen, daß es dummes Zeug war, daß er das nie gesagt hätte."[266] Ingrid Riemann hat detailliertere Erinnerungen an den von der Mutter wiedergegebenen Dialog:

> „Der sagte: ‚Frau Riemann, Sie sind eigentlich nur so schnell an die Reihe gekommen, weil viele der Menschen, die ich hätte untersuchen sollen, deportiert worden sind. Und da ich ein Mensch bin wie Sie auch, und ich weiß, was los ist – ich kann ja mit Ihnen deutsch reden – weiß ich, wie wichtig das für Sie ist. Bevor sie drankommen, habe ich gedacht, diese Familie holst Du jetzt her. Und wenn ich jetzt dumme Fragen stelle, oder ich muß Aufnahmen von Ihnen machen, die peinlich sind, möchte ich Sie bitten, das zu verstehen. Ich muß hier mein Gesicht wahren, sonst bin ich selber dran.' Und dann hat er zu meiner Mutter noch gesagt: ‚Es gibt überhaupt keine rein arischen Familien mehr. Und es gibt keine reinen Juden mehr. Inzwischen ist hier bei uns in Deutschland so viel vermischt worden (…) aufgrund der Tatsache, daß ich mich damit ja befassen muß, habe ich herausbekommen, daß z.B. in Ostfriesland ganze Dörfer von Christen zum Judentum übergetreten sind. (…) Juden sind für mich keine Rasse, sondern eine Religionszugehörigkeit. Und ich weiß nicht, was die da oben damit erreichen wollen.'"[267]

Der zum Untersuchungszeitpunkt 14jährige Bruder behielt von der mütterlichen Erzählung nur die beiden Kernpunkte: Daß die entwürdigende Prozedur keinen wissenschaftlichen Beweiswert beanspruchen könne und daß der Rassenanthropologe ein heimliches Bündnis mit den zu Untersuchenden herstellte. Gleichzeitig behielt er die Androhung des Gutachters, das Bündnis in dem Moment aufzukündigen, in dem es öffentlich würde. Diese Kernaussagen finden sich auch in der Erzählung Ingrid Riemanns wieder, bereichert um weitere Momente: Die explizite Rettungsabsicht des Anthropologen, seine vorgebliche Gefährdung, wenn er nicht „das Gesicht wahrte", das gemeinsame Wissen um die Bedrohung der zu Untersuchenden durch Deportationen, und – neben dem Bündnis über die Geheimhaltung der Untersuchungsfarce – ein implizites Versprechen, ein positives Untersuchungsergebnis zu liefern, wenn peinliche Fragen und Fotos nicht moniert würden. Langfristig haben die vom Experten geäußerten Zweifel an seiner „Wissenschaft" es den Untersuchten ermöglicht, Distanz zu dem entwürdigenden Geschehen herzustellen. Wenn selbst Fachleute die Feststellbarkeit der „Rassenmischung" anzweifelten, warum sollten sie dann einer minderwertigen Gruppe angehören?

> „Wir mußten uns splitterfasernackt ausziehen, und dann wurden wir vermessen, z.B. die Haare wurden anhand eines Haarbüschels kartoniert, und er verglich unsere Haare, was am „arischsten" war. Unsere Augen – er kam mit einer ganzen Kartei von Glasaugen an und hat unsere Augen damit verglichen. Und dann hat er gesagt, was an meiner Mutter jüdisch ist und was an mir jüdisch ist. Ich sag' es Ihnen einfach, es gehört einfach mit zu der Geschichte dazu. Meine Mutter war eine Tiernärrin und hat als kleines Mädchen immer so 'nem Hund an den Schwanz gefaßt und gestreichelt. Ein großer Hund hat sie angesprungen und hat sie an der Unterlippe zu fassen gekriegt und hat sich festgebissen, und meine Mutter hat dadurch eine Narbe gehabt. Und dadurch hing die Unterlippe ein bißchen herunter. Und die herunterhängende Unterlippe war bei meiner Mutter ein jüdisches Kennzeichen. Jetzt kommt meines. Jeder Mensch hat eine Art Narbe hier unten von der Schamstelle herauf zum Nabel, ist eine Narbe, Geburtsnarbe, und da sind Haare drauf (...) Und da sagte er, das ist mein jüdisches Kennzeichen, was jeder Mensch hat. So etwas Hirnverbranntes, was der Mann von sich gegeben hat, habe ich nie wieder gehört! (...)
> M: Wie lange hat diese Prozedur gedauert?
> W: Das hat einen ganzen Tag in Anspruch genommen, dieses Ausmessen und Abwiegen und Arme hochheben und den Busen vermessen und den Bauch vermessen. Es war menschenunwürdig. Aber wie gesagt, was wir nachher über die KZs gelesen haben, dagegen war das nichts, wirklich nichts. Und wir haben die Zähne zusammengebissen, und wir haben immer gesagt: ,Es dient dazu, uns zu tarnen.'"[268]

Nach der Untersuchung kündigte der Rassenanthropologe das heimliche Bündnis auf. An dieser Stelle muß offen bleiben, ob er damit wahrheitsgemäß seine innere Distanz zu rassenbiologischen Begutachtungen zum Ausdruck gebracht hatte, oder ob er – was mit den in seinem Porträt beschriebenen sexuellen Interessen an der Untersuchung der Frauen übereinstimmen würde – mit diesen Äußerungen die Willfährigkeit der Frauen erreichen wollte. Nach der Untersuchung attestierte er Mutter und Tochter jedenfalls nicht nur zum Schein, sondern in voller Ernsthaftigkeit jüdische Merkmale. Lediglich der Vierzehnjährige sollte keine solchen aufweisen. Ingrid Riemanns Ärger über den „Blödsinn" ist verständlich. Hilfreich war für alle drei Begutachteten, daß die Restfamilie diese Prozedur gemeinsam durchstand und sich darüber verständigte, daß diese ihnen im Vergleich zu offen gewaltsamen Verfolgungsmaßnahmen immer noch als das kleinere Übel erschien.

Nachdem das Gutachten dem Hamburger Landgericht vorlag, wurde ein Verhandlungstermin festgesetzt. Ingrid Riemanns Angst äußerte sich in heftigen Magenschmerzen, als deren Folge sie später die ersten Magengeschwüre bekam. Die Geschwister warteten mit den Zeugen auf dem Gerichtsflur, während die Mutter im Verhandlungszimmer um die Anerkennung als „Mischling ersten Grades" und damit implizit um die der Kinder als „Mischlinge zweiten Grades" kämpfte. Ingrid Riemann, obwohl „im Grund Heidin", erinnert sich, daß sie betete. Später erzählte die Mutter, der Richter habe ihr nach dem positiven Entscheid im Hinausgehen gesagt – und während sie die Worte wiedergeben, senken die Geschwister im Interview ebenfalls die Stimme – die jüdische Tante könne er aber nun nicht noch für „arisch" erklären. Daß der Richter diesen leisen, Zustimmung signalisierenden Zusatz wagte, hatte ähnliche, sogar noch nachhaltigere Auswirkungen als die Ausführungen des Rasseanthropologen, der seine Bemerkungen durch das Gutachten zwar nicht im Endergebnis, aber doch partiell relativierte. Nun gab ein Repräsentant des Justizapparates eine heimliche Distanz zum Rassismus zu verstehen, eine ranghohe Unterstützung, die auch in fünfzig Jahren ihren Wert nicht verlor und in allen vier Interviews erzählt wird.

Obwohl die Mutter sofort neue Papiere beantragte, verschaffte der Prozeß doch keine dauerhafte Sicherheit: Das Reichssippenamt erkannte die Hamburger Gerichtsentscheidung nicht an. Ende 1941 hatte die Mutter begonnen, Zeugen zu suchen, 1942 das Verfahren angestrengt, 1943 erging das Urteil. Das Reichssippenamt, zunächst scheinbar bereit, dem Gerichtsurteil folgend einen entsprechenden Abstammungsbescheid auszustellen[269], forderte bis ins Jahr 1945 hinein immer wieder Unterlagen zur Überprüfung des Falles an.

> „Die haben das angefochten. Es wurde ja immer der Anschein des Rechtsweges gewahrt. Dieses Reichssippenamt saß in Berlin, das war eine SS-Organisation, ich glaube, dem SD unterstellt, und die haben das Urteil angefochten, wollten es für nicht erklärt haben. Da hat der Gerson nachher – das wurde ja kritisch mit den Bombenangriffen – als erstes wurde das Amt in Berlin ausgebombt, das war günstig für uns, da kam eine ganze Weile nichts mehr. Bis das erste Schreiben wieder eintrudelte. Da hat der Dr. Gerson gesagt, gar nicht drauf reagieren (...) Nachher kam immer Post aus Leipzig."[270]

Tatsächlich war das Reichssippenamt nicht der SS oder dem SD unterstellt, sondern dem Innenministerium, das allerdings seit August 1943 von Heinrich Himmler geleitet wurde. Der Irrtum ist so einerseits verständlich, andererseits zeigt er an, welche Bedrohung die aus Berlin und später aus Leipzig eintreffenden Briefe darstellten. Der Rat des Anwalts konnte nicht verhindern, daß der Oberreichsanwalt schließlich am 21. Januar 1945 Einspruch gegen das Hamburger Urteil einlegte.[271] Die Ungewißheit über das künftige Schicksal hielt also bis Kriegsende an, obwohl Mutter und Kinder im Alltag wie „Mischlinge ersten und zweiten Grades" behandelt wurden. Trotz dieser bleibenden Gefährdung erlegten sich alle drei Familienmitglieder weder Zurückhaltung auf noch mieden sie Zusammenhänge, die potentiell gefährlich werden konnten. Während Hubert Zwangsarbeitern bei Blohm &

Voss gestohlenes Brot zusteckte und dafür von seinem Vorgesetzten eine Ohrfeige empfing, ermöglichte es die Mutter französischen Kriegsgefangenen, die das Dach des Mietshauses reparierten, in ihrer Wohnung Radiomeldungen in der Heimatsprache zu hören. Zum besseren Empfang der „Feindsender" hatte Hubert eine Kupferantenne gebaut und auf dem Dach installiert. Ingrid wiederum half der Gemeinde bei späteren, kleineren Deportationstransporten. So ordnete sie beispielsweise nach Gepäckkontrollen der Gestapo den Inhalt von Koffern und übernahm damit eine Aufgabe, die sie sehr exponierte, zumal sie versuchte, beschlagnahmte Gegenstände wieder zurückzulegen. Jede dieser Handlungen konnte die Aufmerksamkeit der Verfolgungsorgane auf sich ziehen oder stellte bereits einen Straftatbestand (Heimtücke, Feindsenderhören etc.) dar. Andererseits machten Mutter und Kinder immer wieder die bestärkende Erfahrung, von Personen ihres direkten Umfeldes geschützt zu werden. So wehrten beispielsweise Nachbarn einen weiblichen Gestapospitzel ab, als die Familie bei Bombenalarm den nahegelegenen Bunker aufsuchte. Ingrid und ihre Mutter wurden Ende 1944 – wie andere Frauen auch – in die Rüstungsindustrie dienstverpflichtet, Hubert – wie viele Siebzehnjährige – im Januar 1945 zur Wehrmacht eingezogen. Er geriet in Gefangenschaft. Ingrid Riemann erinnert sich: „Nur – als der Krieg zu Ende war, und mein Bruder kam nicht, da hat meine Mutter gesagt: ‚Wenn ich (...), um mein Leben zu retten, jetzt meinen Jungen verloren habe, nehme ich mir das Leben.'"[272]

Aus dieser Bemerkung der Mutter wird deutlich, daß aufgrund des vielfältigen, aber immer mit Todesdrohungen verbundenen Verfolgungsschicksals der Familie Leben und Tod zu einer Art Verrechnungseinheit geworden waren. Schützte die Mutter sich und die Kinder vor dem Morddrohungen ausstoßenden Vater, setzte sie unwillentlich und unwissentlich eine Aktionskette in Gang, die mit dem väterlichen Tod endete. Initiierte sie ein Zivilgerichtsverfahren, das eine Statusänderung ermöglichte, schuf sie – ebenso unwillentlich und unwissentlich – die Voraussetzungen dafür, daß ihr Sohn wie tausende anderer jugendlicher Soldaten fiel. Jeder Versuch, in dem unmenschlichen Regime, das ihresgleichen die Opferrolle zugedacht hatte, Spielräume und Handlungskompetenzen zu gewinnen, konnte eine Entwicklung auslösen, in der auch sie zur indirekten Täterin werden mußte. Als die Angst um den vermißten Sohn kurz vor dem Kriegsende ihren Höhepunkt erreichte, hielt die Tochter ihre Mutter gewaltsam davon zurück, den britischen Truppen entgegenzulaufen, was angesichts der Tieffliegerangriffe einem Selbstmord gleichgekommen wäre. Es scheint fast, als hätte die Mutter auf diese Weise noch einmal ihr Leben vorauseilend für das des Sohnes anbieten wollen. Die Todesfurcht um die Kinder, besonders den Sohn, überdauerte das Kriegsende in den Träumen. Vor allem aber erwachten Furcht und Phantasien noch einmal kurz vor ihrem Tod, als sie wochenlang phantasierte. Die Tochter erinnert sich: „Wenn ich reinkam, dann schrie sie mir solche Dinge entgegen: ‚Da in der Ecke hängt Hubert. Jetzt hat die Gestapo ihn doch gekriegt. Du siehst ihn doch hängen. Du mußt ihn abnehmen.'"[273]

Im Unterschied zur Mutter, die die Gefahren abwägen konnte, gingen die Kinder fast unbekümmert hohe Risiken ein. Erst im Alter stellte sich bei ihnen nachträglich die Angst ein, welche Folgen ihre Handlungen hätten haben können. Und diese Angst drückt sich auch darin aus, daß die Verrechnungseinheiten Leben und Tod nach wie vor gelten: „Im Grund hat unsere Mutter uns zweimal das Leben geschenkt. Und ich weiß noch, wie sie sich fast umgebracht hätte, als mein Bruder nicht zurückkam. Das hat man ja alles im voraus gar nicht gedacht"[274], faßt die Tochter die familiäre Logik zusammen, die während der NS-Zeit entstand.

Ein weiteres Moment, das sich in den persönlichen Briefen anderer „Beklagter" in Gerichtsakten zu den Abstammungsprozessen bereits andeutete, erwies sich auch hier – mit zeitlicher Verzögerung – als lebenslänglich belastend: Die hohen moralischen Kosten, die ein solcher Abstammungsprozeß den Familienmitgliedern aufbürdete. Schien es während des Handlungszeitraums notwendig, aussichtsreich und durch den Tod der Großmutter auch vertretbar, diesen anzustrengen, so veränderte sich die Beurteilung der Handlungen nach dem Krieg, als die akute Bedrohung durch Deportation gebannt war.

> „W: Meine Mutter mußte den Staat verklagen, daß er sie so behandelt hat, daß sie gezwungen war, sich zu tarnen. (…)
> M: Das hat ihre Mutter aus emotionalen Gründen getan, daß sie es rückgängig machen wollte?
> W: Natürlich, ja. Sie hat ja gesagt: ‚Ich bin es nicht.' Denn wir hatten – mein Bruder und ich – bevor Sie kamen, ein Gespräch, und da haben wir gesagt: ‚Es kann gar nicht sein.' Denn zu der Zeit, wo meine Mutter hätte entstanden sein müssen – meine Mutter ist 1905 geboren, mein Großvater ist 1913 gestorben – da hatten sie überhaupt noch keine Wohnung, um zu vermieten. (…) Wir denken uns ja auch etwas dabei. Nur ich weiß, daß meine Mutter schwer darunter gelitten hat.
> M: Das heißt, Sie haben trotzdem nochmal überlegt, ob es nicht vielleicht doch so wäre?
> W: Ja, man stößt ja immer wieder auf neue Sachen. Man sagt sich immer: ‚Das paßt alles ja wie die Faust auf's Auge.' Denn meine Mutter ist ja sehr verwöhnt worden von diesem Kapitän. (…)
> M: Ja. Trotzdem erstaunt mich das, weil Sie vorhin erzählt haben, daß Ihre Mutter Sie ins Vertrauen zog. Ich dachte, das sei eigentlich von Anfang an klar gewesen, daß das ein reines Gedankenspiel ist.
> W: Ja. Trotzdem man hat ja bei manchen Dingen so Bedenken. Überhaupt – ich sagte Ihnen ja schon – wenn man älter wird, gräbt man mehr nach. Und dann hat man schon eine gewisse Lebenserfahrung, die noch dazukommt. Und man sagt sich immer: ‚Es hätte ja fast sein können.' Oder man sagt sich aber auch: ‚Verdammt, hat die Mutti Glück gehabt.'"[275]

Das aufgrund der Gefahrenabwehr widerspruchsfrei und nachvollziehbar gestaltete Gedankenkonstrukt des großmütterlichen Seitensprungs, das im Zivilprozeß Bestätigung fand, bewirkte lebensgeschichtlich eine grundlegende Verunsicherung bei den Geschwistern. Es hatte Mutter und Kinder gerettet, aber nun stellte es ihre Identität in Frage. Sie grübelten, wie ihre Großmutter wirklich gewesen war, ob sie ein Kind hatte, das nicht vom Ehemann stammte, ob eventuell eine Lüge den ehelichen Alltag bestimmt hatte. Die Unklarheit schloß auch die Person der Mutter ein, über die sie doch alles zu wissen geglaubt hatten. Wo lag die Wahrheit, was war Lüge? Sicherheiten über die Familiengeschichte und die eigene Identität gerieten ins Wanken durch das Gift der Lüge, auf der der Prozeß basierte.

Die Nachkriegsgesellschaft machte es der Familie nicht einfach. Sie war zwischen alle Raster gefallen. Die Mutter mußte in einem Zivilprozeß die Notwendigkeit der

Tarnung nachweisen. Auch Wiedergutmachungsansprüche konnten nur im geringfügigen Umfang geltend gemacht werden.[276] „Alle Juden, die im Grunde genommen hier unter Lebensgefahr ausgeharrt haben, die es durch Tricks durchgestanden hatten durchzukommen, wir sind bestraft worden", resümiert Ingrid Riemann, „meine Mutter ist dadurch eine verbitterte Frau geworden."[277] Neben der materiellen blieb auch die ideelle Wiedergutmachung aus. Besonders Ingrid und ihre Mutter, die 1948 wieder Mitglied der Jüdischen Gemeinde wurde, hatten versucht, ihren besseren Status zugunsten einzelner Deportierter und der Gemeinde einzusetzen. Nun erlebten sie, wie ihre Überlebensstrategie auch von dieser Seite kritisiert wurde:

> „Herr Goldstein [Vorsitzender der Jüdischen Gemeinde, B.M.] hat es ja meiner Mutter sehr übelgenommen, daß sie sich sogar getarnt hat. ‚Aber so was! So eine Chuzpe!' Aber in dem Ton hat er es gesagt! Wissen Sie, er fand es eine Frechheit, daß meine Mutter das gemacht hat. Also er hat keine Lobeshymne gesungen [oder] hat gesagt: ‚Mensch, Frau Riemann, ist ja toll, daß Sie sowas geschafft haben.' Der hat zu ihr gesagt: ‚Das ist aber eine Chuzpe!' Die waren noch beleidigt."[278]

Die Verurteilung durch Funktionsträger der Jüdischen Gemeinde wog bei weitem schwerer als die Ungläubigkeit der Richter, die ausbleibende Wiedergutmachung oder das Desinteresse der sonstigen Umgebung, denn die Restgemeinschaft der Hamburger Juden war jahrelang fester Bezugspunkt der Aktivitäten von Mutter und Tochter gewesen. Nun, da sich die Gemeinde neu konstituierte, galten wieder andere Maßstäbe, vielleicht ein Grund, daß weder Hubert noch Ingrid in der Nachkriegszeit dort heimisch wurden.

6. Porträt: Der Rasseanthropologe – Prof. Dr. Hans Weinert

Die Familie Riemann hatte ihre Rettung unter anderem dem Gutachten des Kieler Rasseanthropologen Hans Weinert zu verdanken. Weinert hatte der zu untersuchenden Mutter gegenüber ausgeführt, er ginge davon aus, daß es keine „rein arischen" Menschen mehr gäbe und daß ganze „Judendörfer" biologisch gesehen keine Juden waren. Weiter hatte er – so zumindest die Erinnerung der Betroffenen – explizit geäußert, er wollte diese Familie vor der Deportation retten. Handelt es sich um einen bisher unbekannten „Judenretter", setzt Weinert die Feststellung außer Kraft, daß „wohl niemand unter den Anthropologen ohne Schuld geblieben ist"?[279]

Hans Weinert wurde am 14. April 1887 in Braunschweig als Sohn eines Mittelschullehrers geboren.[280] 1905 legte er am dortigen Wilhelm-Gymnasium das Abitur ab und begann im Oktober desselben Jahres, in Leipzig zu studieren. Am 2. Juli 1909 promovierte er in Göttingen über „Wachstum und tropistische Bewegungserscheinungen der Rhizioden thallöser Lebermoose." Am 27. April 1910 bestand er in Leipzig die Lehramtsprüfung für Botanik, Zoologie, Physik und Mathematik mit dem Gesamtprädikat gut.[281] Er arbeitete zunächst am Gymnasium Leipzig, dann am Lyzeum Eisleben. Vom Oktober 1910 bis Oktober 1911 diente er der Reichswehr als Einjährig-Freiwilliger (Offiziersanwärter) in Torgau. Ein Jahr später heiratete er die Tochter eines Großkaufmannes. Das Ehepaar bekam zwei Kinder, die 1918 und 1920 geboren wurden.

Der Einstieg in die Beamtenlaufbahn stellte sich schwieriger als gedacht dar. Das Lyzeum monierte eine „Reihe von Mängeln beim Unterricht" und forderte eine Verlängerung der Probezeit, von der das Ministerium aber Abstand nahm. Am Ersten Weltkrieg nahm Weinert ab 1914 als Leutnant und Führer eines Flugabwehrkommandos teil, erlitt aber „infolge der Strapazen einen Nervenzusammenbruch" und kehrte 1917 wieder in den Schuldienst zurück, entschied sich dann jedoch, die wissenschaftliche Laufbahn einzuschlagen und zog wegen der Nähe zur Berliner Universität nach Potsdam. Im Januar 1927 wurde er als Privatdozent für Anthropologie zugelassen und teilte seinem Dienstherrn mit, er werde „besonders über menschliche Stammesgeschichte mit Einschluß der nötigen Hilfswissenschaften lesen." Bald darauf begann er mit der Materialsammlung für sein Habilitationsvorhaben. Mit Befürwortung der Rasseanthropologen Eugen Fischer und Theodor Mollison vermaß er – finanziert durch ein Stipendium – Münchner Schulkinder. Im Januar 1928 ließ er sich ein Jahr beurlauben, um in Fischers Kaiser-Wilhelm-Institut für Anthropologie zu lehren und dort eine Schädelsammlung einzurichten. Fischers Protektion ermöglichte seinem Schüler auch die Fortsetzung der Beurlaubung, als Ministerium und das Kollegium sich sträubten. 1931 stand Weinert auf der Mitgliederliste des Deutschen Biologen-Verbandes u.a. neben dem Münchner Psychiater Rüdin und Hans F.K. Günther („Rasse-Günther").[282] Wie seine Förderer Eugen Fischer und Theodor Mollison begrüßte Weinert die nationalsozialistische Machtübernahme 1933, verhalf sie doch seiner Wissenschaft zur politischen Relevanz. Während seine inhaltlichen Ausführungen gleich blieben, huldigte er dem neuen Regime meist in den Einleitungen seiner Schriften wie in folgendem Beispiel: „Wir stehen damit auch auf diesem Gebiet am Beginn einer neuen Zeit; mit der Annahme des von der Rassenhygiene längst geforderten Gesetzes ‚zur Verhütung erbkranken Nachwuchses' (…) hat sich die Staatsregierung dazu bekannt, den Menschen biologisch, als Lebewesen aufzufassen und die von der Forschung erkannten biologischen Gesetze sinngemäß auch auf den Menschen anzuwenden."[283]

Am 23. Dezember 1932 wurde er zum außerordentlichen Professor ernannt. Den „Ariernachweis" erbrachte er 1933 problemlos. Am 1. Oktober 1933 trat er in die NSDAP ein und blieb bis zur Berufung nach Kiel Mitglied im Gau Kurmark. Als diese dann 1935 erfolgte, meldete er sich nicht etwa um, sondern trat aus der Partei aus.[284] Die Akten gegen keine Auskunft darüber, wie er trotz Mitgliedersperre in die Partei hineingekommen und warum er nach seiner Berufung wieder ausgetreten ist. Der Reichs- und Preußische Minister für Wissenschaft, Erziehung und Volksbildung beauftragte Weinert mit der zunächst vertretungsweisen, dann planmäßigen Wahrnehmung einer Professur an der Universität Kiel. Gleichzeitig wurde er zum Direktor des dortigen Anthropologischen Instituts (nach dem Krieg: Institut für menschliche Erblehre und Eugenik) ernannt, wo er bis 1955 lehrte.[285] Vom abgelegenen Kiel aus bemühte er sich in den folgenden Jahren immer wieder, wissenschaftliche Akzente in der Rassenanthropologie zu setzen. Er hielt Vorträge, nahm an Fachtagungen teil[286] und versuchte, in den wichtigsten Fachzeitschriften zu publizieren. Trotz der bestehenden Kontakte zu den führenden Köpfen seines Fachs mißlangen diese Versuche. Am 1. Dezember 1937 trat er wieder in die NSDAP ein.[287]

Weinert unternahm in den folgenden Jahren ausgedehnte Forschungsreisen nach Frankreich und Italien, um Ausgrabungen zu beaufsichtigen, die Aufklärung über die Entwicklung der „Urmenschen" und der „Neger" geben sollten. Zeitweise hoffte er offensichtlich auf materielle und publizistische Unterstützung seiner Forschungen durch die SS-Organisation „Ahnenerbe", deren Vorsitz Himmler 1937 übernommen hatte. Sicher war es kein Zufall, daß er den Hauptschriftleiter der Zeitschrift „Germanien", Josef Otto Plaßmann, darum bat, ein Foto von dessen Vater „als gutes Beispiel für einen nordischen Männerkopf" in seinem Bändchen „Volk und Wissen" veröffentlichen zu dürfen.[288] Plaßmann, der sich selbst als Vertreter einer „völkischen Wissenschaft" bezeichnete[289], hatte Weinerts Buch „Entstehung der Menschenrassen" positiv in „Germanien" rezensiert. Andere SS-Anthropologen, mit deren Weltbild Weinerts Forschungspositionen nicht vereinbar waren, kritisierten gerade diese Veröffentlichung scharf, da Weinert „die Menschenaffen sehr nahe den Menschen stellt und die Cro-Magnonrasse sich aus der Neanderthalrasse entstanden denkt. Das ist nicht nur wissenschaftlich vollkommen falsch, sondern auch für die Menschen sehr beleidigend, wie der Reichsführer [SS, B.M.] sagte."[290] Nachdem diese Einschätzung Himmlers[291] bekannt wurde, verständigten sich die Vertreter der SS-Forschungsförderungsorganisation darauf, Weinerts Arbeiten nicht mehr positiv zu rezensieren.[292]

Das Reichserziehungsministerium hatte mehrfach Weinerts ordnungswidriges Verhalten in finanziellen Dingen mißbilligt.[293] Sein Finanzgebaren trug ihm neben den inhaltlichen Konflikten nun auch das Mißtrauen des „Ahnenerbes" in dieser Hinsicht ein: Der Ahnenerbe-Reichsgeschäftsführer monierte, daß Weinert die Finanzierung seiner Italienreise zunächst überall beantragt und schließlich von der Kolonialwissenschaftlichen Abteilung des Reichsforschungsrates erschlichen habe. Weinert wollte angeblich im Hinblick auf künftige deutsche Kolonien „negroide Einflüsse in Italien" erforschen. Bei seinen Anträgen hatte er – zu Recht – auf die Unkenntnis der wissenschaftlichen Literatur beim Reichsforschungsrat gesetzt – dies aber dann prahlend verlauten lassen.

> „Einen sehr ungünstigen Eindruck machte es, daß er seine Tochter als Sekretärin mitgebracht hatte und seine Frau, weil er sie ja nicht gut alleine zu Hause lassen könne. Bei den Grabungen hat sich Weinert nur kurze Zeit aufgehalten. Er hat offensichtlich die Gelegenheit wahrgenommen, um einen billigen Sommeraufenthalt in Italien zu erreichen. Das paßt ganz zu dem Bild, das wir von Weinert aus früheren Erfahrungen haben."[294]

Erbost kündigte der Obersturmbannführer an, er werde überall vor Weinerts Gelderschleichungsversuchen warnen.

Im Sommer 1944, nachdem in Kiel sowohl die Privatwohnung als auch Institutsräume durch Luftangriffe zerstört waren, bereitete Weinert seine Übersiedelung nach Göttingen vor und versuchte, unter Umgehung des offiziellen Weges die Lehrerlaubnis an der dortigen Universität zu bekommen. Er empfahl sich dem Gauleiter des Gaus Hannover: „Ich habe eine der wenigen Stellen im Reich, die erb- und rassenbiologische Untersuchungen zur Feststellung fraglicher Vaterschaft und fraglicher arischer Abstammung vorzunehmen hat. Da diese sich besonders über die Gaue Nordwestdeutschlands erstrecken, bin ich an meine alte Universität Göttingen gegangen."[295]

Weinert nahm zudem in Anspruch, „wissenschaftlicher Mitarbeiter der SS" zu sein, eine vernebelnde Formulierung, denn weder war er Mitglied der Organisation noch stand er in einem Dienstverhältnis zu ihr. Um seinen in diesem Schreiben als Tatsache bereits vorweggenommenen Wunsch der Übersiedelung zu unterstreichen, bat er auch den zuständigen NSDAP-Kreisleiter um unterstützende Intervention bei der Universität Göttingen. Ihm gegenüber versuchte er den Eindruck eines strammen Nationalsozialisten zu erwecken. Doch der Rektor der Universität Göttingen hatte bereits einen eigenen Eindruck gewonnen:

> „Übrigens hat Herr Weinert an verschiedenen Stellen mit einem über die Schicklichkeit hinausgehenden Nachdruck den Wunsch vorgebracht, in Göttingen Vorlesungen halten zu dürfen. Nach Anhörung der Dekane der mathematisch-naturwissenschaftlichen und medizinischen Fakultät, und auch aufgrund meines persönlichen Eindrucks von Herrn Weinert, der keineswegs ein positiver war, habe ich dieses abgelehnt und gleichzeitig den Herrn Reichsminister für Wissenschaft, Erziehung und Volksbildung gebeten, Herrn Weinert keinen Lehrauftrag in Göttingen zu erteilen."[296]

Über Weinerts Tätigkeit an der Universität Kiel in den Jahren 1935 bis 1945 ist wenig bekannt, weil die entsprechende Personalakte verlorenging. Es ist zu vermuten, daß er im Nebenerwerb hunderte rassenbiologischer Untersuchungen vornahm, zumal er 1942 mit dem Leiter der Hauptabteilung Inneres der deutschen Verwaltung der besetzten Niederlande, Hans-Georg Calmeyer, ins Geschäft kam.[297] Calmeyer entschied über Zweifelsfälle bei jüdischer Abstammung und rettete zwischen 300 und 500 Juden das Leben[298], was unter den Betroffenen bald als „calmeyern" bezeichnet wurde. „Gecalmeyert" war ein Jude oder „Mischling", der nach einer rassenbiologischen Untersuchung eine andere, amtlich bestätigte Einstufung erhielt. Zur Absicherung seiner Statuseinordnungen suchte Calmeyer einen vom Reichssippenamt zugelassenen Sachverständigen, den er in Weinert fand.[299] Ob diesem der Ruf der Bestechlichkeit vorausging oder der, in der Regel zugunsten der zu Untersuchenden zu gutachten? Zumindest war Calmeyer die Bestellung Weinerts so wichtig, daß er dessen deutlich überzogene Honorarforderungen von 1.000 RM pro Gutachten – bei mehreren Fällen pro Besuch gewährte er „Mengenrabatt" – widerwillig akzeptierte.[300] Zum Vergleich: In Hamburg kosteten die Gutachten in der Regel weniger als 100 RM. Daß zwischen Calmeyer und Weinert Absprachen bestanden, wird aus der Korrespondenz deutlich. So wies Weinert nach „erstem Hineinsehen in das neue Probanden-Material" darauf hin, er habe ein Gutachten so abgefaßt, „daß Ihnen alle Entscheidungsmöglichkeiten möglich sind. Die übrigen Fälle sind meistens im Sinne der Antragsteller zu entscheiden oder wenigstens als möglich anzusehen."[301]

Die äußerst knappen Gutachten beschränkten sich, so Weinert, auf „das Wesentliche". Umfangreiche Messungen seien ohnehin nur „scheinwissenschaftliche Spielerei".[302] Diese Beschränkungen erlaubten es Weinert, bei jedem Besuch zwischen 4 und 12 „Fälle" zu begutachten[303], die manchmal bis zu acht Personen betrafen.[304] Nach der bruchstückhaft erhaltenen Korrespondenz erstellte Weinert mindestens 53 Gutachten, vermutlich aber die doppelte Anzahl. Ob er nun sogar bis zu 10.000 Gulden für eines nahm oder sich mit den ausgehandelten Beträgen zufriedengab, ist schriftlich nicht festgehalten.[305] Niederländische Zeitzeugen erinnern jedenfalls, daß er „für Kaffee alles tat".[306]

Trotz der beidseitigen Vorteile ergaben sich bald Unstimmigkeiten: Weinert überschritt offensichtlich seine Befugnisse, indem er seine Gutachten als „Entscheidungen" bezeichnete und diese den zahlenden Probanden persönlich aushändigte, statt sie an die Verwaltung weiterzugeben. So war es vorgekommen, daß Begutachtete dann den Verwaltungsakt nicht abwarteten, sondern unter Berufung auf diese „Entscheidung" Weinerts den Judenstern ablegten und Behörden gegenüber als „arisch" auftraten. Die dadurch hervorgerufene Aufmerksamkeit gefährdete die stille Rettung der Juden[307], auf die bald darauf, im Frühjahr 1944, auch das RSHA aufmerksam wurde. Es ordnete eine Überprüfung der von Calmeyers Stelle entschiedenen Fälle an, um den „Abstammungsschwindel" aufzuklären. Zu diesem Zeitpunkt erstellte Weinert immer noch Gutachten.[308] Doch da die eingesetzte Kommission ihre Arbeit nicht mehr aufnahm, behielten die „Ariererklärungen" ihre Gültigkeit.[309]

Weinerts wissenschaftlicher Output war enorm hoch: Er veröffentlichte 25 Bücher und mehr als 250 Einzelarbeiten. Thematisch befaßten sich die meisten mit der „Stammesgeschichte der Menschheit" oder – in Weinerts noch nicht bereinigter Terminologie – den „Rassen der Menschheit".[310] Weinerts „Rassenforschung" umfaßte in der zeitlichen Dimension Jahrtausende und war in der geographischen weltumspannend. Über die aufgrund seiner rassenbiologischen Untersuchungen hier besonders interessierende Einordnung der „jüdischen Rasse" geben seine Schriften wenig Aufschluß: Von seinen Forschungspositionen her gesehen stellte sie allenfalls einen Nebenaspekt dar, dem Weinert keine besondere Bedeutung beimaß. Er ging davon aus, daß „Rassen Erbgemeinschaften sind, die sich durch Auslese und Isolierung gebildet haben"[311], aber nicht mehr deckungsgleich mit Sprachräumen oder Völkern seien. Menschheitsgeschichtlich sollte seines Erachtens die lange Entwicklung von einem „rattenähnlichen Säugetier"[312] zum „Menschenäffischen" bis hin zur Spaltung und Wiedervermischung aller heutigen Menschenrassen aufgearbeitet werden. Analog zu dieser Aufarbeitung sollte auch die Entstehung und Entwicklung der Blutgruppen erforscht werden, die mittlerweile jedoch nicht mehr einzelnen Rassen zugeordnet werden könnten.[313] Der gegenwärtige Zustand der Menschheit sei eher als Rassenvermischung zu beschreiben, denn „Rassenbastarde haben also sowohl untereinander wie auch mit anderen Rassen Nachkommen."[314] Um einen „Rassenstammbaum" konstruieren zu können, müsse weit in die Vorzeit und zu den Entwicklungsstufen der Affen zurückgegangen werden. Die „nordische Rasse der Europäer" sei die am höchsten entwickelte, die „australische"[315] dagegen die niedrigste. Von dieser hätten sich „Neger" und „Mongolen" als seitliche Entwicklungslinien herausgebildet.[316] Innerhalb der „Europiden" hätten sich mehrere Entwicklungsstränge abgezeichnet, darunter auch die Juden, die wiederum verschiedenen „Unterrassen" angehörten: „Kleinwüchsige, schlanke und zarte Juden mit langem Kopf, dunklem Haar, dunklen, mandelförmig geformten Lidspalten sind deutlich Abkömmlinge mediterraner Ursprungsrasse"[317], die „orientalischen" Juden hingegen zeichneten sich nach Weinert durch gebogene Nasen und fleischigem Mund, ihre Frauen durch helle Hautfarbe und „Neigung zu stärkerem Fettansatz" aus, beide neigten zur stärkeren Behaarung.[318] Durch Vermischung mit „Negern" seien auch dunkle Haut und Haare bei den Juden zu finden. Ihre Wanderungsbewegungen hätten die Juden in westliche (Spaniolen, Sephardim), die eine höhere geistige und kulturelle Stufe einnähmen, und östliche (Ostjuden und Aschkenasim) geteilt.³¹⁹ Weinerts Gesamtbetrachtung der „Rassen" ist aus heutiger Sicht insgesamt abwegig und selbstverständlich auch ein rassistisch wertendes, hierarchisches Modell, aber – verglichen mit anderen Positionen – nicht vom Antisemitismus oder gar Vernichtungswillen durchdrungen. Aus diesem Grund sah Weinert nach Kriegsende kaum Veranlassung, Schriften zurückzuziehen oder Positionen zu revidieren. 1949 verabschiedete die Unesco eine Deklaration, in der als Lehre aus den nationalsozialistischen Verbrechen das „Rassenvorurteil" wissenschaftlich verabschiedet werden sollte. Neben anderen wurde auch Weinert um eine Stellungnahme gebeten. Er schrieb: „Selbstverständlich sind alle Menschen als ‚Menschen' gleich, und keiner hat das Recht, einen anderen wegen Rasse, Religion oder Politik zu verfolgen. Aber solche Verfolgungen sind nicht nur von 1933 bis 1945 und ebenso nicht nur in Deutschland vorgekommen. Sie bestehen wohl, seitdem die Menschheit die genannten Begriffe kennt, und werden vermutlich trotz aller Erklärungen weiter bestehen bleiben."³²⁰ Auf die Passage gegen Eheverbote stellte er als Antwort die aufschlußreiche rhetorische Frage, „welcher von den Herren, die die Deklaration unterschrieben haben, geneigt wäre, seine Tochter mit einem Buschmann, einem Australier o.a. zu verheiraten?"³²¹

Nach dem Krieg versuchte Weinert, eine Arbeitsmöglichkeit in den Niederlanden zu bekommen, weil „man in anderen Ländern andere Verhältnisse und Personen kennenlernt, sich selber neue Kenntnisse erwirbt und dadurch der Forschung selbst weiterhilft."³²² Daß die Niederländer ihn aufgrund seiner bisherigen Tätigkeit in ihrem Land nicht mit offenen Armen empfingen, mag ihn verwundert haben. Zum Trost blieben ihm die Professur an der Universität Kiel und die gutachterliche Tätigkeit. Doch auch hier stellten sich Schwierigkeiten ein: Im August 1948 erhob der Ehemann einer von Weinert erbbiologisch begutachteten Frau schriftlich den Vorwurf, dieser habe seine Frau während der Untersuchung sexuell stimuliert.³²³ Die durch den Kurator der Universität Kiel eingeleitete Ermittlung ergab, daß diese Klientin keineswegs die einzige war, der sich Weinert so genähert hatte. Auch seine weiblichen Angestellten hatte Weinert unter dem Deckmantel der Wissenschaft und mit Verweis auf ihre Schweigepflicht regelmäßig aufgefordert, sich gemeinsam oder einzeln zu entkleiden, um sie zu vermessen oder ihre Geschlechtsorgane zu zeichnen.³²⁴ Aufgrund dieser Ansinnen hatte bereits eine Angestellte gekündigt. Unterzogen sich Klientinnen der erbbiologischen Untersuchung, schickte er seine Mitarbeiterinnen grundsätzlich aus dem Zimmer.³²⁵ Nachdem mehrere Zeuginnen Weinert schwer belasteten, leitete die Kieler Landesregierung ein Dienststrafverfahren ein. Ein von Weinert hinzugezogener Anwalt wirkte massiv auf das Verfahren ein in der Absicht, den Leumund der Zeuginnen zu zerstören. Die eine wurde aufgrund ihrer Scheidungsakten (!) für unglaubwürdig erklärt. Von der zweiten hieß es, sie sei früher im BDM gewesen und im übrigen mit einem steckbrieflich gesuchten Mann verheiratet. Die Rufmordkampagne wirkte: Nachdem die Kriminalpolizei nach gezieltem Hinweis die Fahndung nach dem Ehemann aufnahm, flüchtete das Ehepaar in die SBZ. Damit waren die beiden wichtigsten Zeuginnen disqualifiziert bzw. nicht mehr erreichbar. Gleichzeitig wurde von seiten der Universität immer wieder betont, daß Weinert ein Anthropologe von Weltruf sei, der es gar nicht nötig habe, sich Frauen in dieser Weise zu nähern. Dabei leugnete Weinert die Vorwürfe keineswegs, er bestritt nur sein *sexuelles* Interesse an den von ihm ansonsten offen zugegebenen Handlungen. Alle an die Frauen herangetragenen Wünsche seien im Einverständnis mit den Frauen und im Dienste der Wissenschaft erfüllt worden. Sollten, so fragte er rhetorisch, anthropologische Fragen nur außerhalb Kiels erforscht werden dürfen? Sein Hamburger Kollege Prof. Dr. Keiter, „Deutschlands anderer großer Erbbiologe", entlastete ihn zudem als Sachverständiger:

> „Bei einer erbbiologischen Untersuchung ist die Untersuchung des entkleideten ganzen Körpers prinzipiell erforderlich. Bei Vaterschaftsprozessen, wenn mehrere Väter in Betracht kommen, sind Wahrscheinlichkeitsunterschiede gegeben. Zur vollständigen Begutachtung gehöre daher ohne Zweifel auch die Erkundung der Orgasmusverhältnisse. Es sei reichlich vorschnell und kühn, daraus auf ein Sexualdelikt zu schließen. (...) Andernfalls [bei Nichtstimulierung, B.M.] hätte er (...) pflichtwidrig gehandelt."[326]

Das Dienststrafverfahren wurde nach dreijähriger Ermittlung niedergeschlagen. Das Landesministerium für Volksbildung sah keine Gründe, Weinert zur Rechenschaft zu ziehen, sondern rügte den ermittelnden Kurator. Ganz so sicher aber schienen sich die Herren wohl doch nicht, denn sie warnten Weinert schriftlich:

> „Ich nehme vorsorglich Veranlassung, Sie auf folgendes aufmerksam zu machen: Bei Untersuchungen zur Erstattung erbbiologischer Gutachten darf bei den untersuchten Personen nicht der irrtümliche Eindruck entstehen, daß Beobachtungen und Untersuchungen über den begrenzten Untersuchungszweck hinaus vorgenommen werden. Die (...) erforderliche Belehrung über das Recht, die Beantwortung von Fragen zu verweigern oder die Vornahme einer bestimmten Untersuchung nicht zu gestatten, bitte ich mit peinlichster Sorgfalt vorzunehmen."[327]

Weinert starb am 7. März 1967. Die Kieler Nachrichten priesen das Verdienst eines großen Wissenschaftlers:

> „Mit ihm schied ein lebendiges Bindeglied zwischen der sich – etwa im Haeckelschen Sinne – weltanschaulich engagiert fühlenden Biologenepoche der Jahrhundertwende und der von jenem emotionalen Druck glücklicherweise befreiten heutigen Anthropologengeneration, die jenen verbindenden, den Weg zu einer mehr ausgeglichenen Atmosphäre durch ihre Leistung einst frei machenden Kräften, unter denen Hans Weinert hervorragt, dankbares Gedenken bewahrt."[328]

Es kennzeichnet den Umgang der Nachkriegsöffentlichkeit mit der Verantwortung der „Rassenanthropologen", die nun nur noch „Anthropologen" waren, den Rassismus als „emotionalen Druck" zu verniedlichen. Diese Verharmlosung ignoriert darüber hinaus, daß das „weltanschauliche Engagement" dieser Berufsgruppe nicht erzwungen werden mußte, sondern im Gegenteil durch den Nationalsozialismus zum allgemein verbindlichen Bezugsrahmen erklärt wurde. Auch ein „Bindeglied" im Sinne eines kritisch reflektierenden Wissenschaftlers war Weinert nicht, eher ein in seiner Zunft zweitklassiger Außenseiter. Sein Lebenslauf ist von einem starken Aufstiegswillen gekennzeichnet, dem er aber mit seinen Verhaltensweisen offensichtlich immer wieder selbst im Wege stand. Die Lehrerlaufbahn genügte ihm nicht, sein Ehrgeiz richtete sich auf die Wissenschaft. Auch dort reichte ihm die Bearbeitung eines Teilthemas nicht, sondern er wollte die Menschheitsgeschichte bis in ihre Verästelungen umfassend erklären. Als Anthropologe im nationalsozialistischen Deutschland mit besten Berufsaussichten ausgestattet, katapultierte er sich mit seinen inhaltlichen Ansätzen immer wieder in die Außenseiterposition zurück. Seine berühmten Lehrer förderten ihn nach kurzer Zeit nicht mehr, seine zahlreichen Veröffentlichungen fanden nur hier und dort Anklang. Er konnte nie, wie beispielsweise sein Lehrer Eugen Fischer, eine Schule bilden. Im „Ahnenerbe", wo ansonsten die abenteuerlichsten Positionen nebeneinander existierten, galten seine Forschungen als unerwünscht.

Ein zweites Moment kam hinzu, das ihn immer wieder in die zweite Reihe verwies: Seine stete Suche nach dem eigenen Vorteil, die sich meist in Geldgier bis hin zur Bestechlichkeit ausdrückte. Frank Bajohr hat jüngst in einer Abhandlung über Korruption im Nationalsozialismus darauf hingewiesen, daß diese sich auf die Vernichtungspolitik in dreierlei Weise auswirken konnte: Als begleitender „Mitnahmeeffekt" bei der Aneignung jüdischer Vermögen, als Beschleunigung des Mordgeschehens, wenn Zeugen der Bereicherung beseitigt werden sollten und – wie im Fall Weinert – als „hemmendes Moment", wenn es den Verfolgten gelang, durch Bestechung ihr Leben zu retten.[329] Daß seine Motivation aber nicht primär in der Rettung der Juden, sondern in der persönlichen Bereicherung lag, wird aus seinem sonstigen Verhalten deutlich: Nie ging er in der Zeit wissenschaftlicher Qualifikation einen Schritt ohne finanzielle Absicherung, schlug immer die höchstmögliche Förderung heraus, hantierte mit schwarzen Kassen in seiner Professorenzeit und ließ sich – für seine Umgebung nur allzu deutlich – keinen privaten Vorteil entgehen. Die SS-Leute vom „Ahnenerbe", selbst in finanziellen Angelegenheiten nicht gerade die penibelsten, nahmen Anstoß an der Offenheit, mit der Weinert sich bediente.

Weinert war in die NSDAP eingetreten, als diese die Macht übernommen hatte und die Parteizugehörigkeit Vorteile erbringen konnte. Als er endlich den Ruf nach Kiel erhalten hatte, trat er aus. Da über andere Austrittsgründe auf seiner Mitgliedskarte kein Vermerk existiert, ist zu vermuten, daß er glaubte, die Parteimitgliedschaft sei nach Erreichen seines Zieles ohne Wert. 1937 mag er zum Wiedereintritt aufgefordert worden sein und diesen auch vollzogen haben. Funktionen in der Partei oder Unterorganisationen hat er nie übernommen. Sich als „Mitarbeiter der SS" zu bezeichnen, erforderte keinen Einsatz, war kostenlos und machte trotzdem Eindruck. Wenn er sich einem NSDAP-Kreisleiter als Evakuierter andiente, wählte er exakt den Tonfall, in dem Parteigenossen untereinander verkehrten, um sein Ziel zu erreichen.

Die wiederholte Erfahrung, keinen Erfolg in der Wissenschaft zu haben, zeitigte den Rückzug auf die Gutachtertätigkeit in Abstammungsfragen, die Weinert dann für sich offensichtlich als Forschungsfeld definierte und die zudem materiell überaus ertragreich war. Kein Klient durfte Widerstand gegen die Untersuchung leisten, denn Weinert hatte Macht über Leben und Tod. Diese Position gab ihm das Recht, den menschlichen, insbesondere den weiblichen Körper nach seinen kruden Kriterien zu vermessen, zu katalogisieren, zu zeichnen, kurz: sich anzueignen, auch im sexuellen Sinn. Bezogen auf die holländischen Juden war diese Tätigkeit noch äußerst einträglich. Weinert behandelte die zu Untersuchenden höflich, glitt offensichtlich verbal nie aus der Rolle des Anthropologen, wenn er Antworten auf seine sexuell gefärbten Fragestellungen suchte – und stellte den Betroffenen Gutachten aus, die ihnen nützten. Dabei mußte er nicht einmal gegen seine Kriterien verstoßen, denn er ging ja ohnehin von jahrtausendelanger „Rassenvermischung" aus, in der ein „jüdischer Einschlag" nur untergeordnete Bedeutung hatte. Das positive Ergebnis eines Gutachtens hatte aber mit Sicherheit den Effekt, daß die untersuchten Frauen keine Beschwerde einreichten. Weinert war kein Antisemit, er war aber besessen von dem Willen, die „Rassenmischung" zu erforschen. Er hätte gern auch „Australier(innen)", „Maleien- und Negermischlinge" untersucht, hätten sie ihm zur Verfügung gestanden.[330] Erst nach dem Krieg wagte eine Frau sich gegen seine Praktiken zu wehren und ermöglichte einen Blick auf die wie selbstverständlich praktizierte sexuelle und vorgeblich wissenschaftliche Mischung, die Weinerts Gutachterpraxis ausmachte. Hatte sich während der NS-Zeit kein „Untersuchungsobjekt" wehren können, fand der Professor in der veränderten Situation Ende der vierziger Jahre Rückhalt in einer Männergesellschaft, die die sexuelle Belästigung von Frauen unter dem Vorwand der wissenschaftlichen oder medizinischen Untersuchung für ein Phantasieprodukt hielt. Dennoch – mit der Anzeige gegen die Praktiken deutete sich ein Machtverlust von Wissenschaftlern wie Weinert an, den dieser in seinem Berufsleben bis 1955 aber nur andeutungsweise erfuhr.

IV. Andere „Ehrenarier"

Um Statusverbesserungen zu erreichen, betraten Antragstellerinnen und Antragsteller auch informelle Wege und nutzten Verbindungen zu hochrangigen Beamten oder Parteifunktionären. „Ich bekomme waschkörbeweise solche Ansuchen von Ihnen, meine Parteigenossen. Sie kennen offenbar mehr anständige Juden, als Juden überhaupt im Deutschen Reich vorhanden sind. Das ist ein Skandal! Ich verbitte mir solche Gesuche ganz energisch", soll Hitler seine Anhänger kritisiert haben.[331]

Anträge von Nationalsozialisten mit jüdischer Herkunft wurden Hitler direkt von der Partei-Kanzlei vorgelegt, hier handelte es sich also um einen parteiinternen Sonderweg.[332] Die „alten Weggefährten" konnten durchaus im Einzelfall aufgrund ihrer Verdienste auf Hilfe rechnen. So wurde ein Polizeidirektor, Parteigenosse seit 1930, trotz eines jüdischen Urgroßvaters von Hitler nicht nur in der Partei belassen, sondern Ende 1938 sogar zum Polizeipräsidenten befördert.[333]

Der Hamburger Vorsitzende der RVJD, Max Plaut, berichtete von einem getauften „Volljuden", der – als Kriegskamerad Görings und Milchs im Ersten Weltkrieg – höchste Protektion genoß, ohne durch irgendein Dokument abgesichert zu sein. Der ehemalige Offizier hatte seinen Namen „Oppenheimer" in einen „unverdächtigen" umwandeln lassen, leitete als Direktor ein größeres Unternehmen, bewohnte standesgemäß eine Villa und beschäftigte ungeachtet der Nürnberger Gesetze ein nichtjüdisches Dienstmädchen. Als die Bremer Gestapo die Hamburger Dienststelle auf diesen Fall hinwies, drohte der Gestapochef Claus Göttsche, diesen Mann sofort erschießen zu lassen. Doch dem Vorgeladenen gelang es, rechtzeitig die telefonische Intervention Görings zu erreichen. Nach dieser kurzen Begegnung mit den Verfolgungsbehörden und der Reichsvereinigung, mit der er zuvor nie etwas zu tun gehabt hatte, setzte er sein bisheriges Leben als angesehener Bürger fort.[334]

Auch die Fliegerin Melita Gräfin Schenk von Stauffenberg, die 1936 ein Gesuch auf Gleichstellung eingereicht hatte, stand unter dem Schutz Görings. Zum Flugkapitän ernannt, führte sie jahrelang als Testpilotin der Luftwaffe Sturzflüge durch, war mit höchsten Orden ausgezeichnet, hatte eine Eheerlaubnis sowie eine Staatsanstellung erhalten. 1944 bescheinigte ihr dann auch ein Dokument die Gleichstellung.[335]

Der Generalbevollmächtigte für deutsche Roh- und Werkstoffe, Keppler, verwandte sich bei Göring für den „Haupterfinder auf dem Gebiet der Fettsäure und des Speisefettes", Artur Imhausen. Imhausen, ein „Halbjude", hatte synthetische Seife und Speisefett aus Kohle entwickelt, war mithin als Forscher für die deutsche Industrie unverzichtbar. Hitler hatte Keppler bereits zugesagt, „wenn der Mann die Sache wirklich erfunden hat, machen wir ihn zum Arier."[336] Göring verständigte, nachdem er Hitler ebenfalls konsultiert hatte, die Kanzlei des Führers von der Entscheidung und teilte Imhausen mit, daß er zum „Vollarier" ernannt sei.[337] Innerhalb von vier Wochen erhielt Imhausen das Dokument über die Gleichstellung, auf das andere Protegierte oft Jahre warten mußten, wie der vom Justizminister geschützte Hans von Dohnanyi und seine mit Dietrich Bonhoeffer verheiratete Schwester Grete. Sie erhielten nach zweijährigem Warten eine schriftliche Versicherung, sie seien „in jeder Hinsicht als deutschblütig zu behandeln."[338] Dohnanyi war persönlicher Referent des Reichsjustizministers Franz Gürtner und bereits seit 1929 im Ministerium tätig. Gürtners Protektion verdankte Dohnanyi, nach den Kriterien der Nationalsozialisten „Vierteljude", daß er nicht bereits am Berufsbeamtengesetz gescheitert war, sondern trotz mangelhafter Abstammungsnachweise als Frontkämpfer behandelt wurde.[339] Auch den 1936 verlangten „Ariernachweis" hatte er nicht erbracht. Gürtner erwirkte die persönliche Zustimmung Hitlers im Oktober 1936, daß seinem Protegé kein Nachteil aus den Zweifeln an seiner Abstammung erwachsen sollte. Die mündliche Zusage Hitlers ermöglichte nicht nur Dohnanyis Verbleib im Ministerium, sondern auch eine außerordentliche Beförderung. Als Bormann begann, den regimekritischen jungen Juristen immer mehr zu attackieren, gelang es Gürtner ein letztes Mal, Dohnanyi aus der Schußlinie zu nehmen, indem er ihn mit Heß' Zustimmung auf den Posten eines Reichsgerichtsrats „wegbefördern" ließ.[340]

Im Herbst 1942 wurde die Bearbeitung der Gesuche auf Gleichstellung offiziell eingestellt. Der Rassereferent im RMdI, Bernhard Lösener, bezifferte die Zahl der bis zum Frühjahr 1942 erfolgten „Gnadenentscheidungen" auf 991[341]: Hitler hatte 394 Personen, deren Gesuche die Kanzlei des Führers bearbeitet hatte, 258 „Mischlinge", die zur Wehrmacht oder dem öffentlichen Dienst zugelassen worden waren und 330 „Geltungsjuden" mit „Mischlingen ersten Grades" gleichgestellt. Steiner/Cornberg schätzen die positiv beschiedenen Anträge – wie unten erwähnt – auf ca. 1.300.[342] Angesichts der von Stuckart genannten Zahl von 3.000 mit „Mischlingen ersten Grades" gleichgestellten „Geltungsjuden" ist das vermutlich zu niedrig gegriffen, zumal andere Institutionen wie beispielsweise die Reichskulturkammer Möglichkeiten schufen, Personen in vergleichbarer Weise zu protegieren.

Die Partei-Kanzlei hingegen ließ in ihren Bemühungen nicht nach, die aus diesen Erklärungen resultierenden „Privilegien", beispielsweise Beschäftigungen im Staatsdienst oder gar Beförderungen, rückgängig zu machen. Diese Anstrengungen wurden nach dem Attentat auf Hitler vom 20. Juli 1944 verstärkt. Die Partei-Kanzlei wies die Reichskanzlei im November 1944 darauf hin, daß auch bisher in ihren Ämtern belassene und zum Teil gleichgestellte Beamte entfernt werden müßten.[343] Zwei Wochen später intervenierte Bormann gegen die Tätigkeit des Ministerialrats Killy, der, 1936 für „deutschblütig" erklärt, seinen Dienst als hoher Beamter in der Reichskanzlei versah.[344] Die Partei-Kanzlei nahm den Fall Killy darüber hinaus zum Anlaß, die Reichskanzlei zu einer Bestandaufnahme der „Mischlinge" und „jüdisch Versippten" wie auch der zu „Deutschblütigen" erklärten Beamten in den Reichsbehörden aufzufordern. Die Mehrzahl der daraufhin im November 1944 gemeldeten Staatsdiener in höheren Positionen waren „Mischlinge zweiten Grades" oder mit ihnen Verheiratete. Es befanden sich nur wenige „Mischlinge ersten Grades" oder für „deutschblütig" Erklärte unter ihnen, wie ein vom Generalgouverneur von Krakau benannter Ministerialrat, der der NSDAP auf dem „Gnadenweg" trotz seiner Ehefrau, die „Mischling ersten Grades" war, angehören und als dessen Folge auch als höherer Beamter seinen Dienst verrichten durfte.[345] Auch der Reichsarbeitsführer meldete einen mit einer gleichgestellten Ehefrau verheirateten Beamten, die „Mischling zweiten Grades" gewesen war[346], das Auswärtige Amt hatte gleich drei Gesandtschaftsräte bzw. Botschafter in derselben Position[347], das Oberkommando des Heeres zwei im technischen Bereich Beschäftigte.[348] Andere Dienststellen meldeten Ausnahmefälle unterhalb der „Deutschblütigenerklärung".[349]

Das Reichspropagandaministerium protegierte besonders beliebte Künstler wie beispielsweise Hans Moser, dessen „volljüdische Ehefrau" seit 1940 in Budapest lebte und aufgrund dieses Auslandsaufenthaltes ausgebürgert worden war. „Hans Moser, der zu den bekanntesten Filmschauspielern zählt, gehört zu denjenigen Personen, die aufgrund *allerhöchster Entscheidung* unbehindert im Deutschen Reichsgebiet tätig sein können. (…) Ich bitte daher, die Wiedereinbürgerung und damit die Aushändigung eines Passes an Frau Moser in die Wege zu leiten."[350]

Das Propagandaministerium wies weiter darauf hin, daß der Schauspieler Paul Henckels, der Kammersänger Max Lorenz und der Schauspieler Georg Alexander in Mischehen lebten und ebenfalls aufgrund allerhöchster Entscheidung deswegen weder angegriffen oder behindert werden dürften.

Ende 1943 sah sich das Propagandaministerium veranlaßt, beim Publikum beliebten oder von lokalen Parteigrößen protegierten Künstlern nicht mehr nur Sonder- und Ausnahmegenehmigungen zu erteilen, sondern sie auch vor Maßnahmen zu schützen, in die sie als „Mischlinge" oder „jüdisch Versippte" hätten einbezogen werden können. Damit waren die Geschützten den „Deutschblütigen" nicht vom Status her und auch nicht per Dokument, doch aber faktisch gleichgestellt. So enthalten die Akten der RKK Listen von zu schützenden Personen mit der Anweisung, sie von „möglicherweise beabsichtigten Maßnahmen zur weiteren Säuberung unseres Volkes von Angehörigen der jüdischen Rasse und vor einer beabsichtigten Unternehmung zur Planung besonderer OT-Einheiten auszunehmen, auch die nächsten Familienangehörigen sind vor diesen Maßnahmen zu bewahren."[351]

Von 275 mit reichsweiten Sondergenehmigungen versehenen Künstlern wurden 29 mit Familienangehörigen, 27 nur für die eigene Person „vor der Heranziehung zu den geplanten Maßnahmen bewahrt. Alle übrigen Personen sind, ebenso wie ihre Familienangehörigen, nicht geschützt."[352] Eine rote oder blaue Markierung wies auf den Umfang des Schutzes hin. Von den Hamburger Künstlern waren lediglich zwei gekennzeichnet: Der Schriftsteller Ewald Seeliger, der als „jüdisch versippt" galt und nur für seine Person von Zwangsmaßnahmen ausgenommen war, und die Sängerin Hedy Gura, die samt Familienangehörigen geschützt werden sollte.

Hedy Gura arbeitete als „Halbjüdin" an der Staatsoper in Hamburg. 1894 in Wien geboren, hatte sie ihren jüdischen Vater bereits im Alter von zehn Jahren verloren und war bei der Mutter und einem Stiefvater aufgewachsen, der Offizier war. Ihre Eltern zogen später auch ihren Sohn auf. Als der Generalintendant der Hamburgischen Staatsoper, Strohm, sie im August 1933 als Spielaltistin einstellte, hatte er gerade eine Reihe „jüdischer Kräfte" entlassen. Hedy Gura hatte er bereits andernorts unter Vertrag genommen. Er schätzte die fleißige, vielseitig verwendbare Sängerin sehr, so daß er sich weit über die Maßen für sie verwandte, als während der Einstellungsverhandlungen ihre Abstammung offenkundig wurde. Zu ihren Gunsten konnte die Künstlerin immerhin anführen, daß ihr Sohn bereits 1931 der HJ beigetreten war, seit 1932 dem 11. Sturm der SS in Österreich angehörte und wegen dieser Betätigung im Juni 1933 des Landes verwiesen worden war. Als Angehöriger der KZ-Wachmannschaft in Dachau und der Politischen Abteilung der SS in München setzte er seine nationalsozialistische Weltanschauung in die Tat um.[353] Nachdem Hedy Gura mehrere Sondergenehmigungen der Reichstheaterkammer für jeweils eine Spielzeit erhalten hatte, fuhr Strohm persönlich nach Berlin, um eine generelle Ausnahmegenehmigung zu erwirken. Er konnte Befürwortungen der Hamburger Gauleitung der NSDAP, insbesondere des Gauleiters Kaufmann, sowie des Senators von Allwörden und des Verbindungsreferenten Becker vorlegen.[354] Diesem massiven Einsatz verdankte die Sängerin ihre Weiterbeschäftigung bis Kriegsende. Der Schutz für Familienangehörige beschränkte sich allerdings auf Ehemann und Sohn, nicht aber auf die Geschwister: Ihre Schwester hatte drei Jahre im Konzentrationslager überlebt, der Bruder war dort ermordet worden, der elterliche Grundbesitz enteignet.[355] Hedy Guras Familie vereinte beide Seiten: KZ-Wächter und KZ-Häftlinge. In dieser extremen Situation suchte die beliebte Künstlerin, die ja ihrerseits im Licht der Öffentlichkeit stand, Schutz und Protektion. Sie zeigte ihre Dankbarkeit mit unermüdlichem Einsatzeifer bei relativ geringem Gehalt. Nach 21 Jahren Zugehörigkeit an der Hamburger Staatsoper ging sie 1954 in den Ruhestand und verstarb am 18. März 1967.

Ebenfalls protegiert, nicht aber mit besonderen Privilegien ausgestattet, war der ehemalige Hamburger Rundfunkregisseur Hans Freund, dessen Sendungen vor 1933 wegen NSDAP-Nähe kritisiert worden waren. Er wandte sich 1938/39 an den Obersenatsrat Dr. Siemssen, nachdem er vier Jahre wegen seiner jüdischen Ehefrau „tiefsten Demütigungen und Ehrverletzungen" ausgesetzt gewesen sei.[356] Dieser hatte guten Grund, sich für Freund zu verwenden, hatte der doch als Rundfunkregisseur 1932 ein von sozialdemokratischer Seite heftig kritisiertes Hörspiel Siemssens gesendet. Nun bat er den Hamburger Gesandten in Berlin, Eiffe, um Hilfe. Freund erhielt eine Sondergenehmigung: „Das Reichspropagandaamt Hamburg, ebenso der Landesleiter der Reichstheaterkammer und die Gauleitung Hamburg der NSDAP stellen Freund ein gutes Zeugnis aus, zumal er in der System-Zeit als Nazi-Freund angegriffen wurde. Freund war vier Jahre lang an der Front und erwarb das EK I und II."[357] Nachdem Eiffes Bemühungen, in Köln oder Frankfurt eine Anstellung für Freund zu finden, gescheitert waren, wurde dieser beim Hamburger Thalia-Theater untergebracht, wo er bis Kriegsende arbeiten konnte.[358]

Nicht nur die hochrangigen Nationalsozialisten wie Göring oder Goebbels protegierten „Nichtarier", sondern auch einige Gauleiter. So erklärte der Hamburger Reichsstatthalter und Gauleiter Karl Kaufmann die „halbjüdischen" Stiefkinder eines Kaufmannes für „arisch". Im Gegenzug kassierte er eine großzügige Spende für seine „Hamburger Stiftung von 1937", deren Finanzmittel er persönlich kontrollierte und einsetzte.[359]

Aus der Wehrmacht waren „Mischlinge ersten Grades" 1940 entlassen worden bzw. nicht mehr einberufen worden – bis auf die vom „Führer" als „Gnadenfall" zugelassenen Ausnahmen.[360] Eine Reihe von Offizieren war bereits frühzeitig für „deutschblütig" erklärt worden.[361] Bei Mannschaftsgraden galt hierfür als Voraussetzung eine überragende Tat, die von entscheidender Bedeutung für Kampfhandlungen war. Die Partei-Kanzlei achtete streng darauf, daß nicht etwa Auszeichnungen wie die Verleihung des Eisernen Kreuzes bereits zu solchen Voraussetzungen erhoben wurden.[362] Auch das RSHA wies darauf hin, daß es

> „bei der Beurteilung von Judenmischlingen den schärfsten Maßstab angelegt wissen will. Dies ist von besonderer Bedeutung, da verständlicherweise viele Judenmischlinge durch Eintritt in die Wehrmacht Gleichstellung mit Deutschblütigen erreichen

wollen (…) Mischlinge werden nur noch in ganz besonderen Ausnahmefällen in die Wehrmacht aufgenommen, nämlich nur dann, wenn z.B. ein Mischling, dem seine Mischlingseigenschaft unbekannt war, als Parteigenosse schwere Verletzungen erlitt, längere Zeit im Kerker oder Anhaltelager verbüßte oder dergleichen. Zugehörigkeit allein zur Partei, einer ihrer Gliederungen und Verbände wird vom Führer keinesfalls als ausreichende Voraussetzung für Aufnahme in die Wehrmacht – damit praktisch Gleichstellung mit Deutschblütigen – angesehen."[363]

Erlitt ein auf dem Gnadenweg in der Wehrmacht belassener „Mischling" Kriegsverletzungen, die zu dauerhafter Wehrdienstunfähigkeit führten, war er berechtigt, die Gleichstellung mit „Deutschblütigen" zu beantragen.[364]

Für viele „Mischlinge ersten Grades" schien der Weg über die Wehrmacht eine realistische Möglichkeit, Rechte wiederzuerlangen, die sie als Zivilist nie erreichen konnten, später aber in einer zivilen Gesellschaft würden wahrnehmen dürfen. Die Gleichstellung mit „Deutschblütigen" nach erwiesener Tapferkeit vor dem Feind, so hofften gerade jüngere Männer, würde vielleicht später eine Heirats- oder Studienerlaubnis nach sich ziehen. Einen Studienplatz mit dieser Begründung hatten 1940 rund 90 Männer beantragt. Der StdF machte seine Zustimmung davon abhängig, daß diese bereits für „deutschblütig" erklärt sein sollten, wofür aber noch kein Verfahrensweg geschaffen worden war.[365] Am Jahresende 1940 entschied der „Führer" dann, „daß diejenigen Mischlinge, die infolge persönlicher Tapferkeit vor dem Feind mit Kriegsauszeichnungen bedacht oder befördert wurden, für deutschblütig zu erklären sind. Diese Mischlinge müssen daher auch ohne weiteres zum Hochschulstudium zugelassen werden."[366] Im Dezember 1942 bestätigte das Erziehungsministerium auf Drängen des OKW, dem verständlicherweise daran lag, die Soldaten zu motivieren, daß die für „deutschblütig" erklärten „Mischlinge" von Studieneinschränkungen ausgenommen seien.[367] Waren für „deutschblütig" erklärte „Mischlinge" aus der Wehrmacht entlassen, konnten sie auch im öffentlichen Dienst „Sonderförderung" in Anspruch nehmen.[368]

Angesichts der Gefährdung der jüdischen Elternteile konnte eine Aussicht auf Erteilung der „Deutschblütigkeitserklärung" eine wichtige Funktion erlangen, wie ein Zeitzeuge im Interview beschrieb:

„Wenn ich da noch eine Geschichte erzählen darf: Mein ältester Bruder (…) wurde 1937 zur Wehrmacht eingezogen und diente in einem hamburgischen Regiment, hat denn dort seinen Dienst abgeleistet und wurde bei Kriegsausbruch auch sofort wieder eingezogen, kam an die Front nach Frankreich. Er war in einer Nachrichtenabteilung. Und nach Ende des Frankreichfeldzuges (…), indem man alle ‚Nichtarier' aus dem Heer entfernte, (…) wurde (er) entlassen. Meinem Bruder hat das nicht gefallen und gesagt: ‚Wir müssen was tun, wir müssen durchkommen.' Er hat ein Reaktivierungsgesuch eingereicht, was über viele Dienststellen lief, über Hamburg und Berlin. Und er hatte einen Regimentskameraden, der in einer sehr hohen Funktion in der Hamburger Verwaltung gestanden hat. Der hat ihm dann die entsprechenden Hinweise gegeben und ihn vielleicht auch gefördert. 1941 wurde durch einen Offizier ein Schreiben ins Haus gebracht. Darin stand in etwa: ‚Ich befehle, daß der Gefreite, Wilhelm Simon, mit sofortiger Wirkung wieder in seinen alten Dienstgrad eingesetzt und sofort zur deutschen Wehrmacht eingezogen wird. Er ist bei Bewährung zu befördern und auszuzeichnen wie ‚deutschblütige' Personen. Über seine endgültige Gleichstellung zu ‚deutschblütigen' Personen, werde ich nach dem siegreichen Ende des Krieges persönlich entscheiden. Berlin, den soundsovielten (...) Adolf Hitler.' Und dieses Schreiben hat meinem [jüdischen, B.M.] Vater das Leben gerettet. Denn wenn die Gestapo ins Haus kam, und er dieses Schreiben vorzeigte, haben die gesagt: ‚Hier sind wir verkehrt.' Das Schreiben existiert noch."[369]

Dieser Fall verdeutlicht, daß die ersehnte Erklärung nicht nur dem eigenen Vorteil diente, sondern auch als eine Art Schutzbrief für den jüdischen Elternteil, in diesem Fall den Vater, angesehen wurde. Es fällt auf, daß der Interviewte den Wortlaut des Schreibens noch fünfzig Jahre später auswendig hersagen kann.[370] Er selbst aber war zu eben der Zeit, als sein Vater durch dieses Schreiben geschützt wurde, wegen wehrkraftzersetzender Äußerungen in einem Außenlager des Konzentrationslagers Sachsenhausen inhaftiert. Ein dritter jüngerer Bruder hatte Hamburg verlassen und verbarg seine Abstammung in der neuen Umgebung.[371] Die Gedächtnisleistung ist wohl einerseits auf die immense Bedeutung zurückzuführen, die das Schreiben angesichts der Unfähigkeit des Interviewten und seines jüngeren Bruders, den Vater vor Gefahren zu bewahren, bekommen hatte. Der jüngere Bruder erinnert sich, daß die Mutter andererseits das Schreiben auch eingesetzt habe, wenn sie sich bei der Gestapo nach dem inhaftierten Bruder erkundigte, das Dokument diesem also auch genützt habe.[372]

Zwischenresümee

Angesichts der Gesamtzahl der eingereichten Gleichstellungsgesuche von „Volljuden", „Geltungsjuden", „Mischlingen ersten und zweiten Grades" und der Anzahl der bewilligten Anträge wird deutlich, daß nur ein geringer Teil derjenigen, die „jüdisches Blut" in sich hatten, positive Bescheide erlangen konnte. Unter diesen Erfolgreichen befanden sich sehr wenige „Volljuden". Die Gleichstellungen betrafen eher „Geltungsjuden", die zu „Mischlingen ersten Grades" ernannt wurden, oder „Mischlinge" beider Grade, die als „deutschblütig" anerkannt wurden. Steiner/Cornberg werten die Praxis der Gleichstellungsanträge als „Willkür in der Willkür", die offenbare, wie „ungerecht, inkonsequent und menschenverachtend auch diese Seite des NS-Regimes war."[373] Dem ist zweifelsohne zuzustimmen. Doch wenngleich es im Endergebnis stimmt, daß nur ein Bruchteil der Antragsteller erfolgreich war, so muß dennoch darauf hingewiesen werden, daß das Antragsvolumen vermutlich noch sehr viel größer war, als von Steiner/Cornberg angenommen: Sie blenden den regionalen Vorlauf, den die Verfahren hatten, ebenso wie die anarchische Praxis einzelner NS-Führer oder Ministerien aus, die Gleichstellungen nicht unbedingt über die Kanzlei des Führers absicherten, sondern andere Formen wählten oder mit mündlichen Absprachen protegierten. Die Zahl von knapp 10.000 eingereichten Anträgen ist also zu niedrig angesetzt. Vor allem aber verstellt die auf Entscheidungskriterien fixierte Sicht den Blick auf die Bedeutung, die allein die *Möglichkeit*, derartige Gesuche sowie die im Teil III dieser Arbeit dargestellten Ausnahmegenehmigungen einzureichen, für die „rassisch Verfolgten" gewann. Bezogen auf die Masse der Anträge handelte es sich zwar um Scheinmöglichkeiten, die aber gleichwohl suggerierten, der „Ausstieg" aus der „rassischen" Verfolgung wäre möglich. Sowohl gegenüber dem Ausland, auf dessen Reaktionen vor dem Krieg noch Rücksicht genommen wurde, wie auch bei ihnen selbst schien der „rassisch" begründete Ausschluß aus der „Volksgemeinschaft" angesichts der Ausnahme- und Sonderregelungen nicht so durchgängig, lückenlos und unmenschlich, wie sie es vielleicht im März 1933 befürchtet hatten. Verdiente und für die „Volksgemeinschaft" wertvolle Personen konnten scheinbar von individuellen Erleichterungen bis zur (Re)Integration in die deutsche Umgebung alles erreichen, wenn sie sich anstrengten. Daß dies bei „deutschblütigen Volksgenossen" bisweilen zu Irritationen führte oder Empörung auslöste, wie die Berichte des Sicherheitsdienstes zeigen, wurde durch die Positiva des Verfahrens aufgewogen. Während die Ausgrenzung der Gesamtgruppe unbestritten und überdeutlich war, schien der Einzelne die Möglichkeit des Wiedereinstiegs in die „Volksgemeinschaft" zu haben – wenn er sich wohlverhielt und sich von der Gruppe absetzte, der er ursprünglich zugerechnet wurde. Die Betroffenen wußten bald: Es gab immer Ausnahmeregelungen, auch wenn diese gerade abgeschafft waren. Die Nationalsozialisten erzielten so Loyalität und spalteten die Gruppe der „rassisch" Verfolgten. Dennoch wurde diese Strategie nicht bewußt und zielgerichtet eingesetzt. Loyalitätsgewinn und Spaltung waren eher willkommene Nebenwirkungen der Entwicklung denn politisches Kalkül.

Die Antragsteller kamen aus verschiedenen Bevölkerungsschichten: Während nach dem Reichsbürgergesetz vorwiegend erwachsene Selbständige oder akademisch Gebildete die Anträge stellten, konnten den Weg über gerichtliche Abstammungsverfahren auch „kleine Leute" gehen. Vom „Führer" ausgesprochene Gleichstellungen als „Gnadenakt" betrafen in erster Linie Mitglieder der Eliten, insbesondere aus der Wehrmacht und Künstlerkreisen, oder Mitglieder der NSDAP. Der Weg, über Tapferkeitsauszeichnungen der Wehrmacht eine „Deutschblütigkeitserklärung" zu erlangen, stand dann wieder jedermann – im Sinne von Mann – offen. Manchen kostete er das Leben, manchen „nur" die Gesundheit.

Die Erfolgschancen der Wege waren höchst unterschiedlich, die Verfahren willkürlich und beliebig: Während einige, wie die nach dem Reichsbürgergesetz, von Beginn an für die Mehrheit der Antragsteller eine aussichtslose Farce waren, hatten andere, wie die Statusverfahren vor dem Zivilgericht, Aussicht auf Erfolg. Dies lag daran, daß – bezogen auf die Anträge nach dem Reichsbürgergesetz – die Genehmigungsinstanzen durchweg von überzeugten Nationalsozialisten besetzt waren. Die damit befaßten Hamburger Entscheidungsträger, „alte Kämpfer", SA- und SS-Führer, verstanden ihre Aufgabe ebenso wie die in der Partei-Kanzlei mit diesen Vorgängen befaßten Nationalsozialisten in erster Linie so, diese Antragsteller aus „rassischen" Gründen von der „Volksgemeinschaft" fernzuhalten, nicht aber, sie aufgrund irgendwelcher Verdienste zu integrieren. Solange sie ihre Vorstellung des Rassenantisemitismus, der „jüdisches Blut" auch im „Mischling dritten, vierten oder fünften Grades" registrieren und aus dem „deutschen Volk" „ausmerzen" wollte, nicht allgemeinverbindlich durchsetzen konnten – und dies war bis zum Kriegsende nicht der Fall – handelten sie dort besonders konsequent, wo sie Entscheidungskompetenz besaßen.

Die zivilgerichtlichen Verfahren hingegen boten den Betroffenen aus zweierlei Gründen eine Chance, die (in Hamburg) zu den überwiegend positiven Entscheidungen führte: Zum einen hatte der nationalsozialistische Staat mit der Rassenlehre ein ungereimtes und widersprüchliches Bezugssystem für verbindlich erklärt, das es ermöglichte, den Rassismus mit seiner eigenen Terminologie und seinen eigenen Kriterien zu schlagen. Die „Phraseologie beim Wort genommen" (Broszat) konnte lebensrettend sein, wenn die vermeintlich objektiven Körpervermessungen und Seelenprüfungen keines der absurden „jüdischen Merkmale" zutage förderten und dies dann zum Beweis der „arischen" Abstammung wurde. Hinzu kam bei Verfahren in Hamburg, daß die „Sachverständigen" aus Gründen, die ihnen nicht unbedingt bewußt gewesen sein müssen, dazu neigten, in Zivilverfahren die „Arität" der Begutachteten zu attestieren. Die Ursachen dafür waren sehr unterschiedlich: Koopmann befand sich im Interessenkonflikt wegen der jüdischen Abstammung seiner Ehefrau (wobei offen bleiben muß, warum dies keinem Verantwortlichen auffiel), Weinert handelte vermutlich aus Geldgier und dem „Interesse" am weiblichen Körper, wahrscheinlich spielten auch Zweifel an der eigenen „Wissenschaft" eine Rolle. Dieser gegen sich selbst gekehrte Rassismus traf – zumindest regional – auf Zivilrichter, deren Anliegen es zwar war, „Volljuden" von „Ariern" zu trennen, wie sie es in der Praxis der Mischehenscheidungen zum Ausdruck gebracht hatten. Sie zogen jedoch eine Scheidelinie zu den Rassenideologen, die Personen mit jedem „jüdischen Blutsanteil" ausgrenzen wollten. Wenn ein Gutachten untermauerte, daß der bisher unbekannte Vater ebensogut ein „Arier" sein konnte oder höchstwahrscheinlich einer war, fällten die Richter in der Regel Urteile, die den Betroffenen den angestrebten besseren Status verschafften.

Der Weg, Gleichstellungen auf dem Wege der Protektion von hochrangigen Nationalsozialisten zu erlangen, war zwar unwägbar, weil die Partei-Kanzlei ein Mitsprache- bzw. Entscheidungsrecht besaß, doch den Parteigenossen sehr vertraut. Die NSDAP war nach dem „Führerprinzip" aufgebaut, Diskussionen um politische Inhalte oder Mehrheitsentscheidungen waren ebensowenig vorgesehen wie ein Ausgleich divergierender Interessen oder Wahlen zur Besetzung politischer Ämter. Das „Führerprinzip" beruhte auf der persönlichen Bindung zum nächsthöheren Parteiführer, vor allem aber zu Adolf Hitler, und der Einbindung in parteiinterne Personalgeflechte. Diese personale Bindung führte nach der nationalsozialistischen Machtübernahme zur Belohnung „alter Kämpfer" für Treue oder Verdienste mit Ämterpatronage, Rechten oder Geschenken finanzieller Art.[374] In die Reihe derer, die für die Opfer der „Kampfzeit" entschädigt werden wollten, fügten sich auch die ein, die nun wegen jüdischer Vorfahren ausgeschlossen werden sollten, sich nach eigener Einschätzung und der ihrer Parteigenossen jedoch ebenfalls Verdienste um „die Bewegung" erworben hatten. Nichtmitglieder bewogen Parteigenossen, sich für sie einzusetzen. Je nachdem, ob im Einzelfall der Rassenantisemitismus oder die personale Bindung obsiegte, wurden die Antragsteller abgewiesen oder erlangten Protektion. Insbesondere Göring scheint die alten Fliegerkameraden aus dem Ersten Weltkrieg durch Gleichstellungen geschützt zu haben. Auch Goebbels schuf in seinem Machtbereich eigene, gleichwertige Protegierungen. Wenn allerdings die Bittsteller in Konkurrenzkämpfe der rivalisierenden Parteiführer einbezogen wurden, gerieten sie in Gefahr, daß die Auseinandersetzungen auf ihrem Rücken ausgetragen wurden.

Hitler als Entscheidungsinstanz befaßte sich mit tausenden von Einzelfällen persönlich und hielt an dieser Entscheidungspraxis auch lange fest. Er muß diese Tätigkeit, die einen nicht unbedeutenden Teil seiner Regierungszeit in Anspruch genommen hat, entsprechend hoch gewertet haben. Die Prüfung der bis zu ihm gelangten Einzelfälle ermöglichte es ihm offensichtlich, sich selbst eine „Fairneß" der Entscheidungspraxis vorzutäuschen, die im direkten Zusammenhang mit dem rigorosen Vernichtungswillen zu sehen ist. Zwar stand Hitler unbestritten auf der Seite derer, die noch im geringsten Tropfen „jüdischem Blut" einen Gefahrenherd sahen, doch die Befassung mit den Anträgen erlaubte es ihm wohl auch, sich selbst zu bestätigen, daß er bei großen Verdiensten um Partei, Staat, Wissenschaft oder Kunst vom Rassenantisemitismus abzusehen und die Leistungen anzuerkennen bereit war. Besonders, wenn es um bekannte und beliebte Künstler oder um konservative Offizierskreise ging, auf deren Unterstützung er angewiesen war, neigte er dazu, die „Deutschblütigkeitserklärung" ausstellen zu lassen. Als Stuckart in den Auseinandersetzungen um die Ausweitung des Judenbegriffs auf Hitlers Gleichstellungen hinwies, konnte er darauf vertrauen, daß die nachträgliche Rücknahme dieser sorgfältigen Entscheidungen die Tätigkeit des „Führers" aus dessen Sicht desavouieren würde, schließlich hatte er jeden Einzelfall gründlich geprüft. Diese innenpolitischen Motive verflüchtigten sich nach dem Attentat vom 20. Juli 1944 allerdings. Zu diesem Zeitpunkt erfolgten keine Gleichstellungen mehr.

Die Gleichgestellten zahlten einen hohen Preis in moralisch-psychischer Hinsicht, der vor allem im Leugnen innerfamiliärer Beziehungen und im Kontaktabbruch zum jüdischen Teil der Familie bestand. Im Extremfall entzog ein „Mischling ersten Grades", der seinen jüdischen Vater „wegklagte", diesem den Schutz vor der Deportation. Zudem bot keine „Deutschblütigkeitserklärung" dauerhafte Sicherheit. Sie konnte jederzeit eingeschränkt oder zurückgenommen werden und war von der Willkür oder der zufälligen Erreichbarkeit der Gewährenden abhängig.

Die unüberschaubaren Regeln, welche Rechte Gleichgestellte und ihre Nachkommen zugestanden bekamen, schürten auch die paranoide Angst der Rassenideologen, überall in der „Volksgemeinschaft" auf getarnte Juden oder „Mischlinge" stoßen zu können. Daraus erklären sich die nicht nachlassenden Vorstöße der Partei-Kanzlei, derlei Gleichstellungen einheitlich streng zu handhaben und – sollte die Gelegenheit günstig sein – den Prozeß der Aberkennung wieder einzuleiten. Statusverbesserungen waren in ihren Augen immer nur vorläufig. Komplementär zu dieser Hoffnung der Rassenideologen stieg gegen Kriegsende das Bedrohungsgefühl der so Privilegierten, die sich nicht sicher fühlen konnten. Doch immerhin verschafften ihnen die Gleichstellungsurkunden den Aufschub, der mit fortschreitendem Kriegsverlauf nicht wenigen das Leben rettete.

Dritter Teil
Die nationalsozialistische
„Mischlingspolitik" in der Praxis –
Maßnahmen und Reaktionen

I. Die „Mischlinge" –
Zahlen, Altersverteilung und soziales Profil

Die Schätzungen, wieviele „Halbjuden "in Deutschland lebten, klafften bis zur Volkszählung am 17. Mai 1939 weit auseinander. Die vom Zensus ermittelte Zahl von 72.738 bzw. 71.126 „Halbjuden" (inklusive der „Geltungsjuden") und 42.811 bzw. 41.456 „Mischlingen zweiten Grades" lag zur Erleichterung der Rassenhygieniker recht niedrig.[1] Abzüglich der „Geltungsjuden" verblieben noch ca. 64.000 „Mischlinge ersten Grades".[2] Die jüdische Bevölkerung, die 1933 noch über 500.000 „Glaubensjuden" betragen hatte, war zu diesem Zeitpunkt auf 330.539 Personen geschrumpft, die nach NS-Definition als Juden galten.[3] Die Volkszählungsergebnisse konnten keine Aufschlüsse darüber geben, wie weit die „Rassenmischung" in Deutschland vorangeschritten war, denn sie erfaßte die bereits vor 1939 emigrierten „Mischlinge" und Mischehen nicht mehr. Zudem muß von einer Dunkelziffer durch verschleierte oder falsche Angaben ausgegangen werden. Doch selbst wenn dies berücksichtigt wird, erreichte die tatsächliche Zahl der „Mischlinge" die geschätzten Größenordnungen nicht annähernd. „Es kann die durchaus erfreuliche Tatsache festgestellt werden, daß die Zahl der Juden durch Auswanderung erheblich abgenommen hat und daß die Zahl der jüdischen Mischlinge doch nicht so groß ist, als nach den bisherigen Schätzungen angenommen wurde", konstatierte die Zeitschrift Der Erbarzt.[4]

Die Daten der Volkszählung von 1939 brachten genaue Hinweise auf Wohnortverteilungen, Alters-, Berufsstruktur und Familienstand der Bevölkerung. Gesondert ausgewiesen wurden diese Angaben zu den „Glaubensjuden", „Nichtglaubensjuden" (Blau) und „Mischlingen beider Grade". Die Ergebnisse wurden in der Forschungsliteratur zur Judenverfolgung und zur „Mischlingspolitik" bereits mehrfach ausgewertet.[5]

Bezogen auf die Gesamtbevölkerung machten die „Mischlinge ersten Grades" 0,09%, die „zweiten Grades" 0,05% aus.[6] Allerdings konzentrierten sich die Nachkommen aus den Mischehen in den Großstädten[7] und bestätigten damit die ideologischen Vorbehalte der nationalsozialistischen Machthaber, die die urbanen Zentren als Horte sexueller Freizügigkeit und Unmoral, der „Rassenmischung" und politischer Unzuverlässigkeit ansahen. Auf Hamburg entfielen 4.428 „Mischlinge ersten Grades" und 3.359 „Mischlinge zweiten Grades". Ihr Anteil an der Hamburger Gesamtbevölkerung betrug 0,3 bzw. 0,2 v.H., lag also wesentlich höher als im Reichsdurchschnitt.[8] Damit verzeichnete Hamburg nach Wien und Berlin reichsweit die dritthöchste Zahl der „Mischlinge", während es in der Zahl der Juden erst an fünfter Stelle lag.[9]

Über neunzig Prozent der „Mischlinge" gehörten einer christlichen Konfession an.[10] Auch dies zeigte, daß die Mischehen Ausdruck der Assimilation der Juden waren und zur Integration in die Mehrheitsgesellschaft geführt hatten. Nur 9,9% der „Halbjuden" und 1,2% der „Vierteljuden" waren von ihrer Religionszugehörigkeit her Juden und wurden als „Geltungsjuden" behandelt.

Unter den erfaßten „Mischlingen 1. Grades" befanden sich Geburtsjahrgänge von 1845 bis 1939.[11] Während für das Jahr 1845 nur eine einzige Person angegeben war, stiegen die Geburtenzahlen nach 1900 – mit kriegs- und politisch bedingten Schwankungen – auf über 1.000 monatlich an. Erst das Verbot der Mischehen 1935 ließ sie wieder unter die Tausendermarke fallen.

Die Alterspyramiden der jüdischen Bevölkerung und der „Mischlinge ersten Grades" waren 1939 sehr unterschiedlich aufgebaut (Tabelle 10). Bei den „Mischlingen" dominierten zwei Altersgruppen: Kinder zwischen 10 und 14 und Erwachsene zwischen 25 und 40 Jahren. Die höheren Altersgruppen hingegen, vor allem die der Rentner, waren eher klein. Dies hängt mit der Entwicklung der Mischehen zusammen, die erst im 20. Jahrhundert zu einer häufigen Erscheinung wurden. Auch wenn die – vermutlich nicht sehr große – Zahl der emigrierten „Mischlinge" nicht festgestellt werden kann, wird aus der Altersgruppenverteilung deutlich, daß sich die „Mischlinge" im Mai 1939 größtenteils im schulpflichtigen Alter bzw. in der Ausbildung befanden oder mitten im Erwerbsleben standen.

Zur selben Zeit hatte sich die Altersverteilung der jüdischen Bevölkerung bereits völlig verändert: Sinkenden Kinder- und Jungerwachsenenzahlen stand eine große Gruppe von über 50jährigen gegenüber, die 1939 zudem – das wird an der Erwerbstätigkeitsstatistik abzulesen sein – nicht nur altersbedingt, sondern vor allem durch die Verfolgungsmaßnahmen aus dem Berufsleben weitgehend ausgegrenzt war. Jüngere, leistungsstarke Jüdinnen und Juden hingegen waren emigriert, so daß eine ungleichgewichtige Altersverteilung mit einer großen Zahl zu versorgender Personen entstanden war.

Die Volkszählungsergebnisse wiesen neben 56.327 jüdischen Ehepaaren 19.114 Mischehen (im Sinne der Nationalsozialisten) aus. Zudem waren 1.098 Ehen zwischen Juden und „Mischlingen ersten Grades" und 242 mit solchen „zweiten Grades" erfaßt worden.[12]

Unter den „Mischlingen ersten Grades" waren Frauen stärker vertreten als Männer. Beide Geschlechter weisen einen überproportional großen Anteil Lediger auf (siehe Tabelle 11). Dieser Anteil lag bei den Frauen – vermutlich wegen des niedrigeren Heiratsalters – etwas unter dem der Männer. Während – der Alterspyramide entsprechend – bei den „Glaubensjuden" und den „Nichtglaubensjuden" die Verheirateten überwogen[13], waren dies bei den „Mischlingen" die Unverheirateten, eine Folge der restriktiven Handhabung der Ehegenehmigungen. Zur Zahl der Geschiedenen kann keine Vergleichszahl herangezogen werden, da keine Angaben über die Daten der Scheidung vorliegen.[14] Allerdings liegt ebenso bei „Mischlingen zweiten Grades" die Ledigenrate relativ hoch, obwohl auch bei ihnen die Altersgruppe der 25 bis 40jährigen in der Alterspyramide am stärksten vertreten war (gefolgt von den unter 14jährigen).[15]

Von den verheirateten „Mischlingen ersten Grades" hatten 10.008 Ehen mit „Deutschblütigen" geschlossen, 1.420 „Mischlinge ersten Grades" hatten untereinander geheiratet. Die Mehrzahl der „Mischlinge zweiten Grades", 4.910 Personen, hatte ebenfalls „Deutschblütige" geheiratet.[16]

34,2% der „Mischlinge ersten Grades" hatten keine Kinder, 30% ein Kind, 19,6% zwei Kinder, 16,2% mehr als zwei Kinder.[17] Zwischen 1933 und 1939 wurden 5.289 „Mischlinge zweiten Grades" geboren, von denen 779 jüdischen Gemeinden angehörten. Im selben Zeitraum hatten „Mischlinge zweiten Grades" als Eltern 6.238 Kinder gezeugt, von denen nur 29 vom Religionsbekenntnis her jüdisch waren.[18] In Mischehen war der Trend registriert worden, wenig oder keine Kinder zu zeugen, der vermutlich aus gewollter Geburtenbeschränkung resultierte: 42,2% waren kinderlos, 25,6% hatten ein Kind, 17,2% zwei und 15% drei und mehr Kinder.[19] Im Gegensatz dazu lag die Zahl der Kinder bei den „Mischlingsehen" höher: 34% waren kinderlos, 30% hatten ein Kind, 19,6% zwei, 16,2 drei oder mehr Kinder.[20]

Die „Mischlinge zweiten Grades" wiesen von der Alterspyramide her – ähnlich wie die „ersten Grades" die 25- bis 40jährigen als Hauptgruppe aus, gefolgt von den jünger als Vierzehnjährigen. Ihre Kinderzahl war fast deckungsgleich mit der der „Mischlinge ersten Grades".[21]

Über die Erwerbstätigkeit der „Mischlinge" kann nach der Volkszählung von 1933 (Tabelle 12) keine Aussage getroffen werden, weil diese nicht erfaßt wurden. Ihre Ergebnisse geben jedoch genaue Aufschlüsse über die Berufsverteilung der jüdischen Bevölkerung – mit einigen Einschränkungen im öffentlichen Dienst und den freien Berufen, die am 16. Juni 1933, als der Zensus durchgeführt wurde, bereits in Kraft getreten waren: Juden arbeiteten vorwiegend im Bereich Handel und Verkehr, gefolgt vom Sektor Industrie und Handwerk. An dritter Stelle lag – bis dahin noch – der öffentliche Dienst. In der Gruppe der Selbständigen ohne Beruf, die 1933 prozentual größer als die entsprechende Gruppe in der Gesamtbevölkerung war, waren vom eigenen Vermögen Lebende, Rentner, andere Leistungsempfänger, Heim- und Anstaltsinsassen und andere Berufslose zusammengefaßt. Diese Verteilung hatte sich am Stichtag 17. Mai 1939 (Tabelle 13) auffällig verändert: Hatte diese Gruppe 1933 ca. 20% der jüdischen Erwerbstätigen umfaßt, so stieg sie bis 1939 auf mehr als das Dreifache an, während die Zahl der erwerbstätigen Juden auf weniger als die Hälfte absank. In der Gesamterwerbsbevölkerung hingegen waren zwischen 1933 und 1939 nur leicht rückgängige Tendenzen im Bereich Forst- und Landwirtschaft und Handel und Verkehr zugunsten der an erster Stelle stehenden Abteilung Industrie und Handwerk auszumachen, doch bei den jüdischen „Erwerbstätigen" dominierte 1939 die Gruppe derer ohne Beruf. Die Ausgrenzung der Juden aus Berufen und Wirtschaftszweigen sowie die Enteignung ihrer Unternehmen war 1939 weitgehend abgeschlossen. Der Anteil der Juden im Bereich Handel und Verkehr war prozentual auf ein Sechstel gefallen, in Industrie und Handwerk auf die Hälfte. Dennoch arbeiten immer noch 6,1% der jüdischen Erwerbstätigen im öffentlichen Dienst, hier handelt es sich vor allem um die in Mischehen Lebenden sowie die zugelassenen Ausnahmen.[22] Prozentual leicht gestiegen waren die Zahlen der in Forst- und Landwirtschaft sowie der im Haushalt Beschäftigten. In diesen Bereichen war es möglich, ungelernte, saisonal bedingte oder kurzzeitige Tätigkeiten auszuüben.

Die erwerbstätigen „Mischlinge ersten Grades" (Tabelle 13) hingegen waren 1939 nicht durch den Verfolgungsdruck ausgegrenzt. Im Gegenteil deckt sich ihre prozentuale Verteilung auf die Wirtschaftsbereiche weitgehend mit der der Mehrheitsbevölkerung, vor allem im Bereich Industrie und Handwerk und öffentlicher Dienst, obwohl sie diesem nur noch mit Ausnahmegenehmigung angehören durften. In der Abteilung Handel und Verkehr lag ihr prozentualer Anteil höher, ein erster Hinweis auf die im folgenden ausgeführte Kanalisierung in Berufe der freien Wirtschaft. Einzig im Bereich Land- und Forstwirtschaft waren die „Mischlinge" unterrepräsentiert. Auch bei ihnen lag allerdings der Anteil der Berufslosen höher als in der Gesamtbevölkerung. Die „Mischlinge ersten Grades" waren zu 77,9% Arbeiter und Angestellte, 15,3% arbeiteten als Selbständige.[23] Damit ist der Anteil der Selbständigen zwar signifikant, weicht aber nicht dramatisch von der Berufsverteilung des gesamten Deutschen Reiches ab. Noakes konstatiert nach Auswertung der statistischen Daten zu Recht, daß das soziale Profil der „Mischlinge ersten Grades" – wie zu erwarten war – zwischen dem der jüdischen und dem der nichtjüdischen Bevölkerung angesiedelt war.[24]

II. Die Zerstörung der Privatsphäre

1. Die Behandlung der Ehegenehmigungsanträge auf Regional- und Reichsebene

Schlossen die auf und nach der Wannsee-Konferenz diskutierten Vorschläge der Zwangsscheidung von Mischehen – zumindest nach dem Verständnis der RSHA-Vertreter – auch die Ehen von „Mischlingen ersten Grades" ein[25], so kam es doch nicht zur Auflösung bereits bestehender Ehen. Neue Eheschließungen hingegen unterlagen gesetzlichen Einschränkungen, die faktisch einem Verbot gleichkamen.

Wie bereits erwähnt, war den „Mischlingen ersten Grades" nach der Ersten Verordnung zur Ausführung des „Blutschutzgesetzes" die Heirat mit „Deutschblütigen" und „Mischlingen zweiten Grades" seit 1935 nur mit Ausnahmegenehmigung erlaubt. Untereinander konnten sie im Gegensatz zu den „Mischlingen zweiten Grades" heiraten, denen diese „Zufuhr jüdischen Blutes" untersagt war, weil sie im „deutschen Blutsverband" aufgehen sollten. Wählten „Mischlinge ersten Grades" einen jüdischen Ehepartner, wurden sie selbst zu „Geltungsjuden" erklärt. Eheschließungen mit Ausländern – auch ausländischen Juden – waren ihnen erlaubt. Ausländische „Mischlinge ersten Grades" konnten „Deutschblütige" wie „Mischlinge zweiten Grades" heiraten.[26]

Das Innenministerium wollte vermeiden, daß die Ehegesetze zu viel Aufmerksamkeit im Ausland fanden, was immer dann zu erwarten war, wenn Ehen mit Ausländern geschlossen wurden. Deshalb wies es die nachgeordneten Behörden an, das erforderliche Ehefähigkeitszeugnis auszustellen, auch wenn Auslandsdeutsche eine ausländische Jüdin oder einen Juden zu heiraten beabsichtigten. Prinzipienverstöße wögen weniger als öffentliches Aufsehen:

> „Wenn ich auch grundsätzlich der Auffassung bin, daß die Rücksichtnahme auf die Einstellung des Auslandes zur deutschen Rassengesetzgebung die Durchführung notwendiger Maßnahmen vor allem innerhalb der Reichsgrenzen nicht hindern sollte, so muß es auf der anderen Seite doch vermieden werden, ohne zwingenden Grund das Ausland zu veranlassen, sich mit dieser Gesetzgebung in ablehnendem Sinne auseinanderzusetzen. (…) Demgegenüber kann es m.E. in Kauf genommen werden, daß die Eheschließung mit den im Blutschutzgesetz niedergelegten Grundsätzen nicht übereinstimmt"[27],

warnte der Innenminister den StdF vor allzu enger Auslegung der neuen Gesetze dort, wo der deutsche Staat ohnehin das Heiratsverhalten seiner Bürger kaum beeinflussen konnte.

Wie weit diese „Großzügigkeit" das Verwaltungshandeln bestimmte und den „Mischlingen" den Ausweg der Eheschließung mit einem ausländischen Staatsbürger ermöglichte, soll später an einigen Beispielen geprüft werden.

Neben den allgemeinen Vorschriften galten Sonderregelungen für bestimmte Gruppen: Beamte und Wehrmachtsangehörige mußten grundsätzlich Anträge auf Heiratsgenehmigungen bei ihren Vorgesetzten einreichen. Sie wurden also doppelt geprüft: vom Standesamt und ihrer Dienststelle.[28] Nach §25 des Beamtengesetzes war den Staatsdienern nicht nur die Ehe mit einem „Mischling ersten Grades" verboten, sondern auch die mit einem solchen „zweiten Grades" genehmigungspflichtig.[29] Der Reichsinnenminister begründete diese Sonderregelung für Beamte damit, daß von Staatsdienern erwartet werden könne, in der weltanschaulichen Haltung so gefestigt zu sein, daß sie solche Eheschließungen ohnehin nicht anstrebten. Allenfalls bei Beamten in untergeordneten Stellen könnte zugestimmt werden.[30] Hatte der Ehegatte gewußt, daß der oder die Verlobte „Mischling" war, wurden grundsätzlich keine Ausnahmen zugelassen, es sei denn einer der beiden war in der NSDAP belassen oder in diese aufgenommen worden.[31] Das OKW hatte dieselbe Regelung für die Wehrmacht verfügt, die auch Ferntrauungen, Leichentrauungen etc. einschlossen. Wehrmachtsbeamte fielen ebenfalls unter das Beamtengesetz. Bei Berufssoldaten wurde geprüft, ob die Braut nicht in weiter zurückliegender Geschlechterfolge „jüdisch versippt" war.[32] Als Hitler 1942 verfügte, daß Soldaten keine Frau heiraten dürften, die einmal mit einem Juden verheiratet gewesen war, zogen die NSDAP für die Parteimitglieder und das Innenministerium mit einem solchen Verbot für Beamte nach.[33] SS-Angehörige unterlagen besonders strengen Bestimmungen. Sie hatten die Erlaubnis des RFSS einzuholen, bevor sie sich verlobten oder heirateten.[34] Bereits verehelichte SS-Männer, deren Frauen den „rassischen" Bestimmungen nicht genügten, wurden entlassen.

In Hamburg mußten „Mischlinge ersten Grades", die „Deutschblütige" oder „Mischlinge zweiten Grades" heiraten wollten und keiner Sonderbestimmung unterlagen, ihre Anträge auf Ehegenehmigung bei der Innenbehörde einreichen, die sie beim Staatsamt sammelte. Bevor die Anträge dort beurteilt und weitergeleitet wurden, war bereits eine Reihe von Instanzen damit befaßt gewesen: Zunächst mußten die Verlobten eine ausführliche Untersuchung bei der Staatlichen Gesundheitsbehörde über sich ergehen lassen. Über die physische Untersuchung hinaus gehörten dazu Nachfragen „bei Verwandten, Behörden, Gesundheitsämtern und Einziehung des nötigen Aktenmaterials"[35], was wegen Personalmangels der Behörde zu großen Verzögerungen der Antragsbearbeitung führte. Dann wurden die Stellungnahmen des Leiters des Gauamtes für Volksgesundheit und der NSDAP-Gauleitung eingeholt und geprüft, ob polizeiliche Vorstrafen vorhanden waren. Hatte das Staatsamt im nächsten Schritt auf der Grundlage des gesammelten Materials eine Empfehlung ausgesprochen, leitete der Innensenator die Anträge an den „Reichsausschuß für Ehegenehmigungen" weiter, später umbenannt in „Reichsausschuß zum Schutze des deutschen Blutes", der beim Innenministerium angesiedelt war. Hatte der Ausschuß seinerseits eine Empfehlung ausgesprochen, sollten der Innenminister und der StdF endgültig entscheiden. Die Bescheide wurden den Antragstellern dann von dort oder aber über die örtliche Polizeibehörde zugestellt.

Die NSDAP-Gauleitung meldete im Mai 1936, es seien aus Hamburg drei abschließend bearbeitete und 30 laufende Anträge anhängig.[36] Im Juni 1936 lagen bei allen NSDAP-Gauleitungen insgesamt 184 Anträge vor.[37] Bis 1942 stieg die Zahl der Anträge auf Tausende an.[38]

Von den im Hamburger Staatsamt eingereichten Anträgen sind diejenigen erhalten geblieben, die zwischen Ende 1935 und 1938 gestellt wurden[39], zu einer Zeit also, in der die „Mischlinge" noch annehmen mußten, das Bewilligungsverfahren sei zwar eine strenge Ausleseprüfung, verspreche aber durchaus Erfolg. Die 94 Anträge von „Mischlingen ersten Grades"[40] verteilten sich je zur Hälfte auf Paare, in denen die Frauen bzw. die Männer jüdischer Herkunft waren. 88 von 94 Anträgen scheiterten bereits an der Beurteilung der ersten Instanz, der Staatlichen Gesundheitsbehörde. Diese begutachtete die Verlobten körperlich, charakterlich und erbbiologisch. Die Beurteilungen fielen sehr unterschiedlich aus, da die untersuchenden Ärzte keine verbindlichen Bewertungsmaßstäbe anlegten. Die Gesundheitsämter versuchten zwar, vergleichbare Ergebnisse dadurch zu erzielen, daß sie ein mehrseitiges Formular vorgaben. Auch Lösener berichtet, daß die Gesundheitsabteilung des Innenministeriums einen großen Fragebogen entworfen hatte, dem Fotos der Antragsteller – möglichst im nackten Zustand – beigefügt werden sollten.[41]

Der Leiter der Abteilung Volksgesundheit im Innenministerium wies die Gesundheitsämter auch darauf hin, daß sie nicht nur nach gesundheitlichen Aspekten gutachten sollten, sondern berücksichtigen müßten, daß „eine Eheschließung zwischen einem jüdischen Mischling (...) und einem Staatsangehörigen deutschen oder artverwandten Blutes (...) vom Standpunkt der Erb- und Rassenpflege aus unerwünscht ist und daher von diesem Gesichtspunkt aus nur in den seltensten Fällen befürwortet werden kann."[42] So flossen in die Stellungnahmen je nach Präferenz des Gutachters rassen- und erbbiologische oder erbgesundheitliche Kriterien ein.[43] Trotz dieser unterschiedlichen Ausgangspositionen kamen die Mediziner fast immer zum gleichen Ergebnis: Der Antrag konnte nicht befürwortet werden. Die Begründungslogik ging grundsätzlich zu Lasten des Paares. Entweder hob die Argumentation auf den jüdischen Partner ab, dem dann ein „jüdischer Einschlag" in Aussehen oder Verhalten attestiert wurde, oder aber der nichtjüdische Teil des Paares gab Anlaß zur Ablehnung, weil „erbhygienische" Mängel[44] festgestellt wurden, er „schizoide Züge" zeige[45] oder die Ehe „bevölkerungspolitisch unerwünscht"[46] sei. Davon ausgehend, daß die „arische Rasse" ebenfalls eine „Mischrasse"[47] mit mehr oder weniger wertvollen Teilen sei, wurden auch die „deutschblütigen" Antragsteller kategorisiert: War der eine kein „vollwertiger" Mensch[48], so wies der andere „vorderasiatische"[49] Merkmale, ein dritter solche der „ostischen" Rasse auf[50] oder war polnischer Herkunft.[51] War der „arische Teil" zu „nordisch" und damit zu wertvoll, als daß sein „Erbgut" dem „deutschen Blutsverband" verlorengehen sollte, führte dies zum selben Ergebnis.[52] War er es von seiner „rassischen" Zusammensetzung gerade nicht, hatte der deutsche Staat an seiner Vermehrung ohnehin kein Interesse.

Mehrere Antragsteller hatten – offensichtlich in der Hoffnung, damit ihre Aussichten zu verbessern – betont, daß sie Mitglieder der NSDAP (gewesen) waren. Zwei waren schon aus der Partei wegen der „Schwäche, einen Judenmischling heiraten zu wollen" ausgeschlossen worden[53], einem drohte dieses Schicksal wegen „geringen Rassebewußtseins".[54] Andere Antragsteller schienen den Gutachtern über „rassische Unterschiede" schlicht nicht aufgeklärt zu sein oder mußten mit Rücksicht auf ihren Arbeitsplatz in einem „behördenähnlichen" Betrieb von dieser Verehelichung abgehalten werden.[55]

Den „Mischlingen" wurden „jüdischer Einschlag", ein „ungünstiger Gesamteindruck", ein „wesensfremder Eindruck", „Arroganz", „Dumpfheit", „süßliche Zuvorkommenheit", „Unterwürfigkeit", „Verschlagenheit", „Primitivität", „Unbeholfenheit" oder „Überheblichkeit" bescheinigt. Das Gesundheitsamt unterstellte ihnen materielle Absichten bei der Eheschließung oder einen „starken Willen", mit dem sie den „deutschblütigen" Partner unterjochten.⁵⁶ Einige galten als „negroid" und gehörten somit nach Ansicht der Gutachter zu den besonders unerwünschten Personen, bei denen sich „Negerblut" mit „jüdischen" Erbanlagen verbunden hatte.⁵⁷ Aber auch das soziale Verhalten oder Verfehlungen anderer Familienmitglieder wurde den „Mischlingen" angelastet.⁵⁸

Die Gutachter waren sich dessen bewußt, daß für die Paare, die doch mit dieser Prozedur das Gegenteil erreichen wollten, eine Trennung emotional schwer zu verkraften sein würde. Dennoch erwarteten sie beispielsweise von einem Akademiker, „da er sein Studium auf Kosten seines Volkes durchführen konnte (…) mit Recht (…) persönliche Opfer."⁵⁹ Weder jahrelanges Zusammenleben noch eine bestehende Schwangerschaft oder die biologische Aussichtslosigkeit einer solchen konnten die Sachverständigen dazu bewegen, einen Antrag zu befürworten. Auch die zehn Paare mit gemeinsamen Kindern wurden abgewiesen.

Die wenigen nicht abgelehnten Gesuche unterteilen sich in diejenigen, in denen der NS-Staat ein Desinteresse an den Verlobten bekundete und diejenigen, von deren Ehebefürwortung er sich einen Gewinn versprach bzw. einen Verlust abzuwenden hoffte. Zu den ersteren gehörten drei Paare im vorgerückten Alter, von denen kein Nachwuchs mehr zu erwarten war.⁶⁰ Ein Antrag wurde ins „Ermessen" gestellt, d.h. bei der Verlobten waren keine jüdischen Merkmale gefunden worden – und sie war auch nur „Mischling zweiten Grades", d.h. der Antrag war eigentlich nicht notwendig. Dennoch wies das Staatsamt ihn nicht etwa zurück und stellte dem Paar die Heirat frei, sondern begutachtete die Verlobten, wobei es zum günstigen Ergebnis kam.⁶¹ In „wohlwollende Erwägung" sollte ein Gesuch gezogen werden, dessen „halbjüdischer" Antragsteller sich Verdienste um die Luftfahrt erworben hatte, wenngleich das Gesundheitsamt monierte, die Braut könne bei ihrem Aussehen „einen gleich wertvollen deutschen Volksgenossen" finden.⁶² Auch ein weiteres Paar befanden die Gutachtenden für so günstig, daß sie ausnahmsweise Zustimmung empfahlen.⁶³ Ein in Bombay lebender Auslandsdeutscher hatte gedroht, bei Nichterteilung seiner Heiratserlaubnis um die britische Staatsbürgerschaft zu ersuchen. Diese Ehegenehmigung wurde aus „außenpolitischen" Gründen befürwortet.⁶⁴

Insgesamt verfuhr die Innenbehörde – ähnlich wie bei den Anträgen nach dem Reichsbürgergesetz – äußerst restriktiv bei der Bearbeitung der Ehegenehmigungen. Immerhin waren es dieselben Gutachter, die die Untersuchungen durchführten, und derselbe Innensenator, der die ablehnenden Stellungnahmen weiterleitete.

Der „Reichsausschuß zum Schutzes des deutschen Blutes"

War bereits auf regionaler Ebene die überwiegende Mehrheit der Anträge ausgesiebt, so hatten die wenigen Antragsteller, deren Gesuche mit Zustimmungsempfehlung zum „Reichsausschuß zum Schutze des deutschen Blutes" gelangten, ebenfalls kaum Chancen.

Die Geschäftsordnung des Reichsausschusses bestimmte, daß demselben sieben Mitglieder sowie deren Stellvertreter angehören sollten. Dieses Gremium hatte die Anträge zu erörtern und abzustimmen. Stimmenthaltung war nicht vorgesehen.⁶⁵ Die sieben Ausschußmitglieder setzten sich aus drei Vertretern des StdF, einem des Reichsjustizministeriums, einem des Reichswirtschaftsministeriums und zwei des Innenministeriums zusammen. Als ordentliche Mitglieder wurden benannt: Staatssekretär Wilhelm Stuckart, der zum Vorsitzenden bestimmt wurde, SA-Sanitätsgruppenführer Brauneck, der Leiter des Gesundheitsamtes Bremen, Arthur Gütt, Reichsärzteführer Gerhard Wagner, der Leiter des Rassenpolitischen Amtes der NSDAP, Walter Groß, und die Ministerialdirektoren Pohl und Erich Volkmar. Stellvertreter waren Bürgermeister Schiffer (Lauenburg), Oberstaatsanwalt Schliz, Oberregierungsrat Herbert Linden, Reichsamtsleiter Kurt Blome, der Abteilungsleiter im Stabsamt des Reichsbauernführers, Bruno Kurt Schulz, Regierungsrat Paul Müller und Ministerialrat Ernst Brandis.[66] Die meisten ordentlichen Mitglieder erschienen nur zur ersten Sitzung und ließen sich dann vertreten. Der Ausschuß tagte erstmalig am 9. Juni 1936.[67] Nach zwölf Sitzungen, die zwischen Juni 1936 und Mai 1937 stattfanden, stellte er seine Tätigkeit ein.

Als „Richtschnur" verkündete Stuckart in der ersten Sitzung, man wolle prüfen „1. Was ist notwendig zum Schutz des deutschen Blutes und der deutschen Ehre und 2. welche Folgen für das deutsche Volk können sich aus einer Ablehnung oder Genehmigung ergeben?"[68]

Stuckart ging erklärtermaßen davon aus, daß die im Gesetz festgelegte Möglichkeit einer Ehegenehmigung in erster Linie „den Zweck verfolgt, eine Ehe eines Mischlings mit einer deutschblütigen Person zu verhindern"[69], wollte aber – darauf bezog sich die zweite Frage – außen-, finanz-, wirtschafts- und arbeitsmarktpolitische Aspekte in die Entscheidungsfindung einbeziehen.[70] Auch argumentierte er damit, daß man sich den Antragsteller nicht zum Feind machen wolle. Diese Position wurde von den Vertretern der NSDAP heftig kritisiert, die weder auf das Ausland Rücksicht nehmen wollten (Blome: „Wenn wir auf das Ausland Rücksicht nehmen würden, gäbe es in Deutschland keine Rassegesetze"[71]) noch auf die Stimmung unter den Betroffenen (Groß: „Man habe sich bereits 120.000 Menschen zum Feind gemacht, auf einen käme es nicht mehr an."[72]) oder gar Verdienste anderer Familienmitglieder um den nationalsozialistischen Staat anerkennen wollten.[73] Stuckart formulierte bereits auf der ersten Sitzung, der Ausschuß solle „erzieherische Arbeit leisten. Wenn erst ein paar solcher Anträge entschieden sind, so wird es sich schnell herumsprechen und dann werden Deutschblütige fremdrassigen Menschen ihre Gefühle nicht mehr zuwenden."[74] Ihm ging es letztlich bei seinen Vorschlägen nicht darum, die Antragsteller ernsthaft zu begutachten, sondern die oben genannten Kriterien danach durchzugehen, ob Schaden für das Deutsche Reich bei Ablehnung entstehen könnte.

Bereits aus dieser Zielbestimmung wird eines deutlich: Individuelle Wünsche oder Bedürfnisse der Antragsteller waren in dieser Logik grundsätzlich bedeutungslos. Es sollte auch keine Auslese der Antragsteller im positiven Sinn getroffen werden. Diese „Selektion der negativen Weltanschauungselemente"[75] (Broszat) forcierte – nicht zuletzt durch polykratische Konkurrenz der Ressorts und der ideologischen Positionen – in einem die prinzipielle Einigkeit unter den Ausschußmitgliedern: Sie konnten auf einen rassistischen Konsens aller Beteiligten rekurieren, wenn auch die Argumentation manchmal aufeinanderprallte. Dieser antisemitische Konsens garantierte, daß die Verschiedenheit der objektiven Interessen nicht aufbrach[76], sondern die Vertreter der Strömungen gemeinschaftlich handelten und beim „Führer" – in Konkurrenz zueinander um die Vorherrschaft ihrer jeweiligen Position – Einfluß nahmen und damit die Ausprägung der antisemitischen Politik beeinflußten. Hitler wiederum fungierte als Legitimationsinstanz (Mommsen) für die kumulative Verschärfung der Verfolgung, indem er keine konkreten Schritte vorgab, sondern im Einzelfall intervenierte, wenn Vorschläge an ihn herangetragen wurden.

In den Beratungen und Beschlußfindungen des „Reichausschusses zum Schutz des deutschen Blutes" komprimierten sich diese Grundelemente nationalsozialistischer Politik. Wollte Stuckart die Anträge ablehnen, um Schaden vom „deutschen Volk" abzuwenden, so ging er mit dem Ziel, nicht aber in der Begründung mit Blome einig, der – unter Berufung auf Hitler – das Verfahren ausschließlich vom Zweck der Eheverhinderung her definierte: „Der Reichausschuß ist dazu da abzulehnen."77 Die Unterschiede zwischen den Positionen bestanden darin, daß Stuckart vereinzelte Ausnahmen aus taktischen Gründen zulassen wollte. Gegen diese Front konnte der Vertreter des Justizministeriums, Brandis, nichts ausrichten, der im Namen seines Ministers auf der achten Sitzung (!) ein einziges Mal Opposition anmeldete. Er vertrat die angesichts der Ausschußdiskussionen antiquiert anmutende Position:

> „Bei der Entstehungsgeschichte dieses §3 wäre man davon ausgegangen, daß jeder einzelne Fall auf seine Besonderheit hin geprüft werden soll. Es wäre nicht so gedacht, von vornherein zu sagen, die Sache ist unerwünscht (...) Der Führer hätte sich dahin entschieden, daß beim Halbjuden ein Ausleseprinzip stattfinden sollte, er hat es nicht den Ministern überlassen. Sein Minister ist der Meinung, daß wenn ein Ergebnis (...) nämlich 1: 80 [Befürwortung zu Ablehnung, B.M.] vorliegt, dann könne die Auslese nicht in der richtigen Weise getroffen worden sein. Er könne nur (...) herauslesen, daß der Ausschuß versuche, das, was gesetzgeberisch damit erstrebt, aber nicht erreicht worden ist, nun auf verwaltungsrechtlichem Gebiet erreicht werden soll. Er ist dafür, in allen Fällen, in denen (...) man sagen kann, hier sprechen starke Momente für die Genehmigung, diese auch auszusprechen."78

Brandis fand zwar in der Situation die Unterstützung des Innenministeriums, konnte aber auf die Entscheidungspraxis des Ausschusses keinen Einfluß nehmen. Quer durch die Ressorts hatten sich die Argumentationslinien im Sinne eines völkisch-rassistischen Konsens' verfestigt: Entweder sprach etwas gegen die Antragsteller, oder es sprach nichts für sie. In beiden Fällen wurden die Anträge abgelehnt. Die Mehrzahl der Bewerber zeigte nach Meinung der Ausschußmitglieder „jüdischen Einschlag". Einige wurden als „minderwertig" in erbgesundheitlicher Hinsicht eingestuft. In solchen Fällen wurden Amtsärzte verständigt und Sterilisationen vorgeschlagen.79

Als Stuckart sich für die Ehegenehmigung eines Freikorpsmannes mit der Begründung einsetzte, man solle nicht nur vermögenden „Halbjuden" eine Genehmigung erteilen (was bisher keineswegs vorgekommen war), „von denen wir wirtschaftlich unter Druck gesetzt werden", sondern denjenigen belohnen, der sich „nachweislich über den Durchschnitt hinaus national betätigt hat"80, merkte er außerdem an, daß ähnlich gelagerte Fälle sehr selten seien. Man würde also keinen Präzedenzfall schaffen:

> „Praktisch tritt durch die Genehmigung sehr, sehr weniger Anträge keine Gefährdung des deutschen Blutes ein. Ich schätze die Zahl der Halbjuden im Deutschen Reich auf 200-220.000. Davon mögen 100-120.000 unverheiratet sein – die Zahlen sind viel-

leicht etwas hochgegriffen. Es ergibt sich also daraus, daß, wenn sämtliche Ehegenehmigungsanträge zwischen Mischlingen und Deutschblütigen nicht abgelehnt würden, jüdisches Blut von 50-60.000 Volljuden in die Erbmasse des deutschen Volkes aufgenommen werden würde. Diese 50-60.000 Volljuden stellen aber, gemessen an dem gesamten deutschen Volkstum 0,075 v.H. dar, (…). An dieser Tatsache kann man nicht vorbeigehen. Die Genehmigung von einigen wenigen Fällen ändert nicht die grundsätzliche Stellungnahme des Ausschusses, daß 98 v.H. der übrigen Anträge abgelehnt werden. Wir sollten vielmehr dankbar sein, daß uns einmal Gelegenheit gegeben wird, einen Antrag zu genehmigen, ohne unser Gewissen damit zu belasten. Denn nur zu bald wird sich die Öffentlichkeit mit der Tätigkeit des Reichsausschusses befassen."[81]

Weiter betonte Stuckart, daß der „Reichsbund nichtarischer Christen", also die Betroffenen, derartige Entscheidungen aufmerksam registrieren und in ihren Mitteilungsblättern verbreiten würden.[82] Aufgrund dieser Argumentation wurde der Antrag mit vier zu drei Stimmen zur Annahme empfohlen.[83] Waren die Verdienste des Freikorpsmannes schon umstritten (Blome, selbst ehemaliger Freikorpskämpfer wandte offensichtlich aus Erfahrung ein, dort seien auch nicht immer die besten Männer versammelt gewesen[84]), so fanden NSDAP-Mitglieder unter den Antragstellern gar keine Fürsprache. Sie wurden abgelehnt, um anderen Parteigenossen zu zeigen, daß ihre Anträge nicht bewilligt würden.[85]

Von den Hamburger Anträgen wurden im Ausschuß zwei beraten: Einer Braut attestierte der Ausschuß, „rassisch hochwertig" zu sein und verbrämte seine Ablehnung als fürsorgliche Handlung, weil sie „durch einen abschlägigen Bescheid sicher von einer übereilten Bindung an einen Partner abgehalten wird, demgegenüber sie wahrscheinlich seit der eingehenden Befassung mit der beiderseitigen Sippengeschichte bereits innere rassische Bedenken hegt."[86] Im zweiten Antrag, befürwortet vom Hamburger Gutachter Holzmann, kamen die Beratenden zum Schluß, die Ehe müsse unbedingt verhindert werden, da „minderwertige Nachkommenschaft" zu erwarten sei.[87]

Bis März 1937 waren beim Reichsausschuß 712 Anträge eingegangen, davon hatte er 140 beraten – und in 111 Fällen eine Empfehlung ausgesprochen: 98 wurden abgelehnt, 13 als Zweifelsfälle eingestuft, d.h. die wenigen strittigen Abstimmungen waren in der Regel 4:3 ausgegangen.[88]

Die Ausschußmitglieder wollten verhindern, daß die Paare nach der Ablehnung ihres Antrages „im Konkubinat" oder in „wilder Ehe" zusammenlebten.[89] Als diese Frage diskutiert wurde, konnte Stuckart die Anwesenden mit Verweis auf eine Anweisung Heydrichs beruhigen. Dieser hatte im Januar 1937 die Staatspolizeileitstellen aufgefordert, abgelehnte Antragsteller zu überwachen.

„Die Praxis hat ergeben, daß in diesen Fällen die abschlägigen Bescheide von den Betroffenen durchweg nicht verstanden, sondern als Härte empfunden werden, die sie zwangsläufig zu einer gewissen ablehnenden Haltung gegenüber dem nationalsozialistischen Staat führt. Um diesen Personen von vornherein jede Möglichkeit zu nehmen, sich in einer ihrer inneren Einstellung entsprechenden staatsfeindlichen Weise zu betätigen, ist es erforderlich, sie polizeilich zu überwachen (…), wobei insbesondere dafür Sorge zu tragen ist, daß diese Personen den ihnen erteilten abschlägigen Bescheid nicht etwa dadurch umgehen, daß sie mit dem in Aussicht genommenen Ehepartner in wilder Ehe zusammen leben."⁹⁰

Die Entscheidung der Ausschußmitglieder hatte keine bindende Wirkung. Sie war nur eine Station auf dem Weg der Verhinderung der „Rassenmischung", die – sollte eine Instanz unvorhergesehenerweise einen Antrag befürworten – dann auf der nächsthöheren Ebene abgelehnt wurde. Selbst die gelegentlichen Befürwortungen der Vertreter des Innenministeriums unter Leitung von Stuckart waren ausschließlich taktisch bestimmt und wichen vom rassistischen Grundkonsens nicht ab. Ein Schreiben des Innenministers an den StdF bemängelte denn auch die umständliche Entscheidungsfindung, die sich nicht bewährt habe.

„Der Reichsausschuß (...) habe bisher, von ganz verschwindenden Ausnahmen abgesehen, immer die Ablehnung der vorgelegten Anträge vorgeschlagen. Diese Praxis des Reichsausschusses, gegen die vor allem der Reichsjustizminister und der Reichswirtschaftsminister Bedenken geltend gemacht hätte, sei nach einer mündlichen Mitteilung von MinDir. Sommer auf Vortrag des Reichsärzteführers vom Führer gebilligt worden. (...) Bei Beibehaltung der bisherigen Praxis des Reichsausschusses erschien es nicht vertretbar, das bisherige langwierige Verfahren beizubehalten."⁹¹

Die Lektüre der Reichsausschuß-Protokolle legt den Schluß nahe, daß die Sitzungen den Teilnehmern von Beginn an zur Farce gerieten. Die männlichen Entscheidungsträger steigerten sich bei jedem vorgetragenen Fall in die Rolle vorgeblich sachkompetenter Rasse- und vor allem Frauenbegutachter hinein, doch niemandem ging es um die ernsthafte Prüfung von Anträgen, sondern nur darum, immer neue Argumente zu deren Ablehnung zu finden, weil nicht die individuellen Interessen der Antragsteller als Maßstab galten, sondern die „Blutsreinheit" der „Volksgemeinschaft". Von der rassistischen Logik her gesehen, lag der Wert der Ausschußtätigkeit daher nicht im Prozeß einer sorgfältigen Entscheidungsfindung, sondern bestand darin, daß die Beratungen des Ausschusses die Integration der verschiedenen rassistischen Positionen ermöglichten, bis diese auf einer radikaleren Stufe Konsens waren. Hatte bei der Formulierung der Nürnberger Gesetze und ihrer Ausführungsverordnungen 1935 noch keine Einigung über ein im Gesetz fixiertes Eheverbot geherrscht, so ermöglichte die Beratungspraxis des Ausschusses es den Vertretern der verschiedenen Positionen, Übereinstimmung in der übergeordneten Zielsetzung Eheverhinderung zu finden. Als hier Konsens bestand, war der Ausschuß überflüssig geworden und konnte abgeschafft werden.

Hitler hatte die grundsätzlich ablehnende Praxis des Ausschusses nach Vortrag des Reichsärzteführers Conti im Winter 1936 gebilligt. So hatte „der Führer" als Legitimationsinstanz diesmal einer radikalen Position allgemeine Verbindlichkeit zugesprochen. Versuche des „Rassereferenten" im Innenministerium, Lösener, Innenminister Frick dazu zu bewegen, die Initiative Contis zu neutralisieren, schlugen fehl. Lösener hatte gehofft, wenigstens eine partielle Offenheit der Entscheidungen erreichen zu können, wenn Frick Hitler eine Reihe konkreter Anträge vorstellte, die von Parteigenossen gestellt worden waren. Frick setzte sich jedoch nicht für eine Änderung des Verfahrens ein.⁹²

So wurde die Tätigkeit des Ausschusses 1937 klammheimlich eingestellt.[93] Am 16. Dezember 1938 wurde der Verfahrensweg wegen mangelnder Erfolgsaussichten vereinfacht.[94] Die Gesuche wurden nun Lösener im Innenministerium zugeleitet, der sie mit seinem Beurteilungsvermerk an eben jenen Kurt Blome[95] im Hause des StdF weiterreichen mußte, der schon im Ausschuß seinen durchgängigen Unwillen deutlich gemacht hatte, auch nur einen einzigen Antrag zu genehmigen. Blome ermächtigte Lösener sogar, Ablehnungen ohne Rücksprache auszusprechen, da sich sein Votum von selbst verstand.[96] Lösener erinnert sich an insgesamt ungefähr ein Dutzend Zustimmungen bei tausenden von Anträgen.[97] Am 23. Januar 1940 forderte das Innenministerium die regionalen Behörden nochmals auf, von den bisher üblichen umfangreichen Prüfungen abzusehen und nur die „allgemeine Persönlichkeit" der Verlobten sowie die „rassische Einordnung" zu beurteilen. Außerdem sollten die Antragsteller von der Aussichtslosigkeit ihres Unternehmens informiert werden[98], ab 3. März 1942 wurden Gesuche „mit Rücksicht auf die kriegsbedingte Notwendigkeit, die Verwaltungsarbeit einzuschränken" nicht mehr bearbeitet.[99]

2. „In meinen Kreisen ist es nicht üblich, ohne Ehering zusammenzuleben"[100] – Die Perspektive der Betroffenen

Die „Mischlinge ersten Grades" der vor 1900 geborenen Jahrgänge waren in der Regel bereits verheiratet oder bewußt ledig geblieben. Stark betroffen von den Einschränkungen der Ehemöglichkeiten waren hingegen die Jahrgänge zwischen 1900 und 1920, wie aus der Tabelle 14 hervorgeht, die auf der Auswertung von 307 Einzelfällen beruht.[101]

Danach hatten 53 „Mischlinge ersten Grades" einen Ehegenehmigungsantrag gestellt. Vermutlich lag die Zahl der Anträge höher, denn die verhinderte Eheschließung war ein immaterielles Unrecht, das nicht allen Betroffenen erwähnenswert schien.

Als das Nachkriegsgesetz über die „Anerkennung freier Ehen rassisch und politisch Verfolgter" u.a. die Rückdatierung derjenigen Eheschließungen erlaubte, die während der NS-Zeit nicht möglich gewesen und bis zum Inkrafttreten des Gesetzes nachgeholt worden waren, stellten 94 Hamburger „Mischlinge ersten Grades" einen entsprechenden Antrag.[102] Die meisten verwiesen dabei auf offiziell abgelehnte Ehegenehmigungsanträge, die sie zwischen 1936 und 1942 eingereicht hatten.[103] Diese Paare waren ungeachtet der Ablehnung ihrer Gesuche zusammengeblieben und lebten oft – unter schwierigen Bedingungen – zusammen.

Doch viele Paare stellten keine Anträge, weil sie die Ablehnung antizipierten oder Angst hatten, durch den Vorgang aufzufallen. Manche versuchten, vom Hamburger Reichsstatthalter und Gauleiter Karl Kaufmann eine Erlaubnis zu bekommen. Auch in diesem Fall war sehr schnell die Gestapo informiert.[104] Es ist jedoch davon auszugehen, daß der Großteil der „Mischlinge", insbesondere die Frauen, schon aufgrund ihrer Herkunft und Erziehung die Heirat und die daran anschließende Familiengründung eher anstrebten als lockere Verhältnisse, „wilde Ehen", freie Liebe oder den Status einer ledigen Mutter mit unehelichen Kindern.

Viele Paare wurden, um die eigenen bürgerlichen Moralvorstellungen zu erfüllen, vom nationalsozialistischen Staat zu illegalen Schritten genötigt. Aus der Sicht eines Antragstellers sollen im folgenden die Normen und Werte, denen sich die Verlobten verpflichtet fühlten, der Ablauf des Ehegenehmigungsverfahrens und schließlich die illegalen Schritte beschrieben werden, die das Paar unternahm, um legale Verhältnisse zu erreichen. In diesem Fall war der Bräutigam der „Mischling". Das betroffene Paar stellte 1937 einen Heiratsantrag, als die Braut schwanger war. Der heutige Ehemann A.L. schilderte seine damalige Situation mit folgenden Worten:

> „Meine damalige Verlobte und ich (...) gaben uns der Hoffnung hin, die Heiratserlaubnis zu erhalten, wenn der Nachweis erbracht wurde, daß ein Kind zu erwarten war (...) mit dem Erfolg, daß unser schriftlicher Antrag bei der Hamburger Gestapo landete (...), wir eine Vorladung erhielten und bei der Gestapo erklärt wurde, daß die Heiratserlaubnis mit Sicherheit nicht erteilt würde, daß man aber seitens der Gestapo verpflichtet sei – dem Wortlaut des Gesetzes entsprechend – den Antrag zu bearbeiten. Diese Bearbeitung sah wie folgt aus: Getrennt mußten wir, meine Verlobte und ich, zur ärztlichen Untersuchung im Haus der Ärzte, die dem Zweck dienen sollte, jüdische Merkmale festzustellen. Es wurden alle möglichen Messungen vorgenommen, insbesondere an sämtlichen Kopfteilen einschließlich des Gaumens. Der mich untersuchende Arzt erklärte, ebenso wie der Arzt, der meine Verlobte zu untersuchen hatte, daß er keinerlei solcher Merkmale feststellen könne, erwähnte aber ausdrücklich, daß er mir dies eigentlich nicht sagen dürfe. Er ließ auch durchblicken, daß er die ganze Untersuchung für überflüssig halte, zumal die von ihm zu beantwortenden Fragen vier Schreibmaschinenseiten füllten. Anders der Arzt meiner Verlobten. Er fragte rundheraus, warum sie denn ein Judenkind in die Welt setzen wolle? Ihre Antwort war klar und einfach, daß sie ein gesundes Kind erhalten wolle und überhaupt nicht daran interessiert sei, wie man ihr Kind rassisch einstufen wolle. Daraufhin überwies der Arzt meine Verlobte einer Ärztin zur weiteren körperlichen Untersuchung. Diese Untersuchung erfolgte, ohne daß ein Wort fiel, mit Instrumenten, die dann Blutungen zur Folge hatten."[105]

Der erste hier zitierte Satz verweist auf die Normen, die das Handeln der Verlobten bestimmten: Zu anderen Zeiten hätten sie zunächst geheiratet und dann ein Kind gezeugt. Sie wußten, daß die Nürnberger Gesetze die Eheschließung nicht mehr zuließen. Dennoch glaubten sie, daß die gesellschaftliche Konvention, eine „wilde Ehe" mit unehelichem Kind zu legalisieren, nicht nur für sie, sondern auch für die nationalsozialistischen Machthaber galt: Spätestens bei einer Schwangerschaft mußte doch geheiratet werden. Daß dieses Begehren die Gestapo auf den Plan rief, die ihnen unverblümt die Aussichtslosigkeit ihres Vorhabens verdeutlichte, hatten sie nicht geahnt. Die Vorladung war ein Schock, der bewirkte, daß A.L. alle weiteren Ereignisse der Gestapo zuschreibt, auch wenn eine Reihe von anderen Institutionen daran verantwortlich beteiligt war. Er beschreibt die entwürdigende rassenbiologische Untersuchung im Ärztehaus.[106] Daß der Fötus dabei verletzt wurde, war nicht die Regel und vielleicht keine bewußte Absicht der Ärztin. Das Risiko einer die Fruchtblase oder den Fötus verletzenden Untersuchung ging diese allerdings ein. Die Tochter der L.s wurde dauerhaft geschädigt, war als Erwachsene zu 70% körperbehindert und an den Rollstuhl gefesselt.[107]

Auch nach offizieller Ablehnung des Antrages gaben die Verlobten nicht auf:

„Im Sommer 1938 bot sich mir die Gelegenheit, nach England zu fahren (...) Ich schlug meiner Verlobten vor mitzufahren, um bei dieser Gelegenheit den Versuch zu machen, in England zu heiraten und – falls dies gelingen sollte – später mit Hilfe des Trauscheins in Deutschland die Ehelicherklärung unseres am 19. Januar 1938 geborenen Kindes zu erreichen. Die Heirat bereitete keine Schwierigkeiten, da (...) wir nichts weiter zu unternehmen brauchten, als uns 21 Tage in London aufzuhalten. Am 11. November 1938 wurde die Heiratsurkunde (...) ausgefertigt. Nach unserer Rückkehr warteten wir einige Wochen und ließen uns dann bei einer Hamburger Polizeibehörde einen Meldeschein ausstellen, der auf das Ehepaar A. und G.L. (...) lautete (...). Wir waren nun zwar eine Etappe weiter gekommen, aber unser nächstes Ziel war, jetzt die Ehelichkeitserklärung des Kindes zu erreichen."[108]

Nach der Rückkehr aus London hatte das Paar sich polizeilich gemeldet, eine gemeinsame Wohnung bezogen und wollte nun den unehelichen Status des Kindes in geordnete Verhältnisse überführen. Ohne dieses zutiefst in der bürgerlichen Normenwelt verankerte Bedürfnis hätte die Familie vielleicht unbehelligt weiterleben können. Doch mit dem Antrag auf eine Ehelichkeitserklärung[109] erregte sie die Aufmerksamkeit der Vormundschaftsbehörde, die die Staatsanwaltschaft informierte.

„Das erste und einzige Mal während der Zeit des Dritten Reiches aber erlebten wir nun einen Mann, den zuständigen Oberstaatsanwalt, der – obgleich in voller Kenntnis der Vorgänge – ein Verfahren gegen uns ablehnte. Nun jedoch traf uns der nächste Schlag. Trotz der Einsicht der Staatsanwaltschaft wurde die Ehelichkeitserklärung mit der Begründung abgelehnt, es läge kein öffentliches Interesse vor. Um nicht Gefahr zu laufen, daß erneut alles bei der Gestapo landete, unterließen wir vorerst alle weiteren Versuche. Bis August 1939 lebten wir dann gemeinsam bescheiden von meinem kleinen Einkommen als Handelsvertreter in unserer Wohnung, die wir bereits vor der Fahrt nach England gemietet hatten. Am 21. August 1939 wurde ich eingezogen (...) Heiratserlaubnis versagt, Kriegsdienst genehmigt, was im Klartext heißt: Rechte keine, Pflichten alle."[110]

Die Meinung, daß Staatsbürgerrechte und -pflichten aneinander gekoppelt seien, teilte A.L. mit hohen Ministerialbeamten und Militärs.[111] Nun erfuhr er, daß er in der NS-Zeit tendenziell rechtlos war.

Bei der Wehrmacht blieb er nicht lange. Weil er erkrankte und dauerhaft wehruntauglich wurde, konnte er zu seiner Familie zurückkehren. Nach kurzer Zeit jedoch verhaftete ihn die Gestapo aufgrund einer Denunziation und lieferte ihn ins Polizeigefängnis Fuhlsbüttel ein.

„Jeden Morgen wurde ich mit anderen, teils kriminellen Häftlingen zusammengekoppelt zum Verhör (...) gefahren. (...) Meine Bitte, einen Anwalt hinzuziehen zu dürfen, wurde schroff abgelehnt mit dem (...) Satz: ‚(...) Wir sind stärker als jedes sogenannte Recht.' Das stimmte zwar, aber daß die Beamten sich nicht scheuten, es laut zu sagen, und sich nicht bewußt waren, in welches Licht sie ihre vorgesetzte Behörde damit setzten, bewies zugleich ihr geistiges Niveau. Diese Verhöre dauerten acht Tage."[112]

Die Konfrontation mit der Gestapo wurde diesmal durch die Verhaftung doppelt bedrohlich. Zudem stellte sie A.L. mit Kriminellen auf eine Stufe, was er auch in einem Unrechtstaat nicht hinnehmen wollte. Wohl hatte er die Ahnung, daß die Repräsentanten des NS-Staates sich nicht an Recht und Gesetz hielten, aber der von ihm benutzte Begriff der „vorgesetzten Behörde", auf die kein Schatten fallen sollte, weist darauf hin, daß er sich nach wie vor weigerte, die tendenzielle Ablösung des Normenstaates durch den Maßnahmenstaat zu akzeptieren. Oder hatte er nicht gewußt, daß seit 1936 der RFSS Heinrich Himmler Chef der deutschen Polizei war?

Nachdem er ein Protokoll unterschrieben hatte, drohte ihm der Gestapobeamte, „daß meine Ehe nach Kriegsende auf jeden Fall für ungültig erklärt würde und ich für unbestimmte Zeit im KZ bleiben müßte."[113] Doch dessen Kollege gab der Ehefrau heimlich den Rat, nach Berlin zum Gestapohauptquartier zu fahren und um Freilassung ihres Mannes zu bitten. Offensichtlich war die Verhaftung eine eigenmächtige Aktion der Hamburger Gestapo, und die Reise hatte insofern Erfolg, als A.L. drei Wochen später freigelassen wurde. Dem Paar wurde jedoch ein Strafverfahren angedroht, und A.L. erhielt die Auflage, sich zweimal in der Woche bei der Gestapo zu melden. Die Ehe sollte „nach dem Krieg" für ungültig erklärt werden.[114] Allerdings wurde kein Nichtigkeitsverfahren eingeleitet, obwohl dies gesetzlich möglich war und sich sicher ein Kollege des widerstrebenden Staatsanwaltes dazu bereitgefunden hätte.[115] Auch intervenierte die Gestapo nicht gegen die Fortsetzung des Zusammenlebens, insoweit respektierte sie ihr eigenes Diktum, die Ehe erst später aufzulösen.[116] Dennoch hatte A.L. das Vertrauen zu „Ärzten, Richtern und vor allem Gutachtern" verloren und vermutete selbst nach dem Krieg in allen Behörden und höchsten Ämtern ehemalige Nationalsozialisten, die nach wie vor „stärker sind als jedes ‚Recht'."[117]

A.L. und seine Verlobte hatten den Ablehnungsbescheid bereits nach einem Jahr erhalten. Andere mußten bis zu drei Jahre auf eine entsprechende Mitteilung warten.[118] Bei Paaren, die gemeinsame Kinder hatten, kamen finanzielle Probleme hinzu, da ihnen die Kinderbeihilfe verweigert wurde. Diese sollte

> „ausschließlich der wirtschaftlichen Förderung erwünschten (d.h. gesunden, gemeinschaftswürdigen, deutschblütigen) Nachwuchses dienen. Jüdische Mischlinge sind ohne Rücksicht auf den Grad des jüdischen Blutanteils *immer* unerwünschter Nachwuchs. Aus diesem Grunde wurden von der Gewährung der Kinderbeihilfe auch *alle* jüdischen Mischlinge 1. und 2. Grades ausgenommen."[119]

Selten wählten Paare den Ausweg, im Ausland die Ehe zu schließen.[120] Die meisten versuchten, unauffällig zusammenzubleiben – wenn ihre Beziehung die Belastung aushielt, nicht öffentlich anerkannt zu werden und in ständiger Gefahr zu schweben, denunziert zu werden. Einige versuchten – vor allem während des Krieges – unauffällig in Wochenendhäusern, als Untermieter oder in angemieteten Wohnungen zu leben.[121] Die Gestapo, wenn nicht durch die den Ehegenehmigungsantrag bearbeitenden Institutionen alarmiert, erfuhr meist durch Hinweise aus der Bevölkerung von dem illegalen Zusammenleben.

Gestapovorladungen wegen der „wilden Ehe" waren keine Seltenheit.[122] In der Regel mußte die gemeinsame Wohnung dann aufgelöst werden.[123] Eine Reihe von männlichen „Mischlingen" wurde unter dem Vorwurf der „Rassenschande" verhaftet, einige ohne Gerichtsverfahren in Konzentrationslager überstellt und andere, weil „Mischlinge" nicht unter den „Rassenschande-Paragraphen" fielen, nach Verwarnungen mit oder ohne Meldeauflagen entlassen. Ein Großteil der KZ-Aufenthalte, Haussuchungen und Gestapoverhöre beruhte darauf, daß die Betroffenen nicht akzeptierte Beziehungen pflegten. Auch wenn eine Gestapovorladung „harmlos" ausging und die Beschuldigten „nur" wegen „Rassenunehre" verwarnt wurden, schüchterte dieses Vorgehen die Verlobten ein. Im Maßnahmenstaat füllte die Gestapo die vermeintliche Gesetzeslücke mit willkürlichen Initiativen aus. Jenseits eines gesetzlich fixierten Straftatbestandes konnte die verbotene Liebesbeziehung entweder wie „Rassenschande" geahndet, unter schwere Androhungen gestellt oder aber wie ein harmloses Vergehen behandelt werden.

Die Verfolgungssituation hob übrigens ein konventionelles geschlechtsspezifisches Rollenverhalten nicht auf, sondern bewirkte, daß dieses unter erschwerten Bedingungen fortgesetzt wurde. So machte ein verhinderter Bräutigam nach dem Krieg geltend: „Meiner heutigen Gattin war es (…) mit Strafe untersagt worden, irgendwelche persönlichen Beziehungen mit mir aufrechtzuerhalten. Unter Anbetracht dieser Verhältnisse war ich gezwungen, mich nachts mit meiner heutigen Frau auf dem Grundstück der Gärtnerei Möller (…) heimlich zu treffen, um mich beköstigen zu lassen."[124]

Wenn unehelich geborene Kinder vorhanden waren, wurde oft die „Betreuung" durch Fürsorgerinnen zum Problem. Eine Frau hatte ihre „Mischlingseigenschaft" lange erfolgreich vor Behörden und am Arbeitsplatz verbergen können. Im Wochenbett brachte sie die Kraft zur Lüge und Verschleierung nicht länger auf:

> „Wenige Tage nach der Geburt meines Sohnes [Juli 1943, B.M.] besuchte mich eine Fürsorgerin vom Jugendamt im Krankenhaus, um die üblichen Auskünfte einzuholen. Ich ‚gestand' dieser Dame meine jüdische Abstammung. Seit diesem Besuch der Fürsorgerin im Krankenhaus hatte ich keine ruhige Minute mehr, denn nun wußte das Jugendamt, daß ich Halbjüdin bin. (…) Ich bekam zunächst in kurzen Abständen Vorladungen, die ich stets ignorierte, und zwar an die Adresse meiner Mutter, (…) wo ich gemeldet war. Schließlich kamen mehrere Male zwei Herren zu meiner Mutter und fragten nach meinem Aufenthalt (…) Meine Mutter verleugnete aber stets unseren Aufenthalt."[125]

Das Paar verließ Hamburg und wechselte mehrfach den Wohnort. Schließlich wandte sich der Kindsvater an einen örtlichen Bürgermeister und weihte ihn in das Problem ein. Dieser „nahm meine Karteikarte und zerriß sie vor den Augen meines Mannes. Das war meine Rettung."[126]

Manche Verlobte gaben sich einfach als Ehepaare aus.[127] Andere nutzten die Wirren der Bombenangriffe auf Hamburg im Sommer 1943 und heirateten am Evakuierungsort, wo sie falsche Papiere vorlegten oder die Abstammung nicht angaben.[128] Einige führten einen Abstammungsprozeß in der Hoffnung, den Status des „Mischlings" zugunsten des oder der „Deutschblütigen" wechseln zu können.[129]

Wehrmachtsangehörigen drohte Frontversetzung oder Degradierung, wenn sie sich uneinsichtig zeigten, ihre Ehegenehmigungsanträge zurückzuziehen.[130] Daß ein Militärpfarrer einen Offizier mit einer Adligen, die „Mischling ersten Grades" war, im Jahr 1944 traute und so seine Kompetenzen weit überschritt, war die Ausnahme. Der Major war in Frankreich stationiert, und seiner Verlobten war es unter Tarnung ihrer Abstammung gelungen, als Wehrmachtsangestellte ebenfalls dorthin versetzt zu werden. Die schwangere Frau mußte allerdings nach der Zeremonie untertauchen und sah ihren Ehemann nie wieder, der im Frühjahr 1945 von der SS erschossen worden sein soll.[131]

Auch bei verdienten Beamten wurden keinerlei Ausnahmen von den Eheverboten zugelassen, wie an dem folgenden Fallbeispiel verdeutlicht werden soll:

Der Polizist Paul W. lernte 1932 eine Friseuse kennen und lieben, die als „Mischling zweiten Grades" eingestuft worden war. Zwei Jahre später verlobte sich das Paar.[132] Zwischen 1936 und 1939 wurden beide mehrfach bei der Gestapo vorgeladen und intensiv nach ihrem Sexualleben befragt. Paul W. war seit 1925 nichtplanmäßiger Beamter der Hamburger Ordnungspolizei. Nach den Gestapovorladungen verstärkten seine direkten Vorgesetzten regelmäßig die Vorhaltungen und rieten ihm dringend, das Verlöbnis zu lösen. 1937, kurz vor Ablauf seiner 12jährigen Dienstzeit bei der Polizei, absolvierte er eine Prüfung. Bei dieser Gelegenheit wurden die Anwesenden aufgefordert, der NSDAP beizutreten, sobald die Mitgliedersperre aufgehoben werde, andernfalls bestünde kein Anspruch auf eine planmäßige Beamtenstelle. „Da ich mein ganzes Leben darauf aufgebaut hatte, einmal Beamter zu werden, ließ ich mich verleiten, in die Partei einzutreten, obgleich ich durch die ewigen Verfolgungen durch den Nationalsozialismus ein innerer Gegner war", begründete er seinen Entschluß später.[133] Im Oktober 1937 trat er dann in die Dienste der Reichspost und richtete sein Ehegenehmigungsgesuch an das Reichspostministerium. Er erhielt einen abschlägigen Bescheid sowie die Aufforderung, das Verlöbnis zu lösen, was er jedoch nicht befolgte. Paul W. schilderte die Vorgänge nach dem Krieg so:

> „Durch irgend einen Umstand hatte die Reichspost erfahren, daß mein Verlöbnis immer noch bestand. Hierauf wurde ich von Mitte bis Ende Januar 1939 fast täglich, manchmal zwei- und dreimal zur Vernehmung beordert, wo man mir Vorhaltungen machte und immer wieder mit meiner Entlassung drohte. Nach meinem Bemerken, daß ich mich weder durch ein Gesetz noch durch wiederholte Vernehmungen zum Lumpen machen lasse, wurde ich bei der nächsten Vernehmung vor die Wahl gestellt, entweder mein Verlöbnis sofort zu lösen oder aber meinen Dienst bei der Deutschen Reichspost zu quittieren. Ich wählte hierauf das Letzte und schied mit dem 31. Januar 1939 aus dem Dienst der Deutschen Reichspost aus."[134]

Nicht mehr im Staatsdienst, durfte Paul W. als „Deutschblütiger" einen „Mischling zweiten Grades" heiraten – nicht ohne daß zuvor der Standesbeamte versuchte „mich in Gegenwart meiner Verlobten zu überzeugen, von der Trauung mit einem Mischling abzusehen."[135] Aus der NSDAP wurde er ausgeschlossen. Schwerer wog allerdings, daß seinen nachfolgenden Bewerbungsgesprächen, in denen die Arbeitgeber nach dem Grund fragten, warum er den Dienst quittiert hatte, regelmäßig eine Absage folgte. Schließlich fand er eine Anstellung als Lagerbuchhalter, die er die kurze Zeit bis zu seiner Einberufung zur Wehrmacht innehatte. Auch bei der Wehrmacht verhinderte die Abstammung seiner Frau die Beförderung. Die berufliche Diskriminierung aufgrund der unerwünschten Ehe endete erst im September 1946, als er wieder in den Dienst der Deutschen Reichspost treten konnte. Dieser Mann entschied sich, vor die „Wahl" gestellt, sein Eheversprechen zu brechen oder seine berufliche Laufbahn aufzugeben, für sein privates Glück. Eine solche Haltung zeigten die unter Druck Geratenen allerdings selten.

3. Legale Heiratsmöglichkeiten

Suchten „Mischlinge ersten Grades" einen Partner, den sie – weil er denselben „rassischen" Status hatte – unproblematisch heiraten konnten, so standen sie vor dem Problem, einen solchen kennenzulernen.[136] In ihren Wohnorten und an den Arbeitsplätzen waren sie vereinzelt und, wenn sie sich doch begegneten, woran sollten sie sich erkennen? Der Reichsverband nichtarischer Christen e.V.[137] reservierte deshalb einen Teil seines Mitteilungsblattes für Heirats- und Kontaktanzeigen. Nun versuchten „durch Zeitumstände Vereinsamte"[138], auf dem Wege einer Annonce einen „Schicksalskameraden", „Schicksalsgenossen" oder „Lebenskameraden" anzusprechen.[139] Um die große Liebe ging es den Inserierenden nicht, sondern darum, jemanden zu finden, der in gleicher Weise betroffen und bereit war, im kameradschaftlichen Miteinander die täglichen Herausforderungen zu meistern.

Nur wenige „Mischlinge" wählten die im Gesetz bzw. den Ausführungsverordnungen verbliebenen Auswege der Eheschließung mit einem „Mischling ersten Grades" oder einem Juden[140], wie beispielsweise die 1906 geborene U.R.. Ihre erste Verlobung mit einem Staatsanwalt, der später Landgerichtspräsident und überzeugter Nationalsozialist wurde, war 1934 zerbrochen. Sie hatte einen Bruder durch Selbstmord verloren, ihre Mutter war 1938 gestorben, die Schwester und der zweite Bruder emigrierten. Als U.R. einen Mann kennenlernte, den sie heiraten wollte, holte ihre Schwester, bevor sie in die USA ging, Auskünfte über eine Detektei ein, die – unabhängig vom Status als „Volljude" – ungünstig ausfielen. „Obgleich mich meine Schwester (…) warnte, daß er mich nur wegen meiner Erbschaft (…) heiraten wollte, zog ich diese unsichere Ehe einer völligen Einsamkeit vor, besonders da mir ja auch jede berufliche Tätigkeit versagt war", erklärte sie später ihre dann auch gescheiterte Ehe.[141] Während des Krieges betrieb sie mangels Alternative mit ihrem Mann zusammen in Wedel, vor den Toren Hamburgs, eine Geflügelzucht, deren Umfang so begrenzt war, daß sie nicht angemeldet werden mußte. „So zog ich, die ich in den großzügigsten Verhältnissen in einem der schönsten Häuser der Elbchaussee aufgewachsen war, in ein Kleinleutemilieu."[142] Ihr Vermögen war bei Kriegsende restlos aufgebraucht, der Ehemann ließ sich 1951 scheiden. Das Arbeitsamt stufte sie als „ungelernte Gartenarbeiterin" ein, sie „die Akadamikertochter [mußte] mit einfachen Frauen Unkraut hacken, Efeu stecken usw."[143] Die Wiedergutmachungsanträge für die mittlerweile psychisch erkrankte Frau wurden abgelehnt: Während der Kriegszeit und der Geldentwertung seien so manche Vermögen zusammengeschmolzen, argumentierte das Amt für Wiedergutmachung.[144] Von der Verfolgung der Angehörigen sei sie „nur mitbetroffen", diese sei nicht gegen sie persönlich gerichtet gewesen. Wenn eine Ehe geschlossen worden sei, die trotz sonstiger Ehehindernisse erlaubt war, beruhe diese auf „freier Willensentscheidung".[145] U.R. konnte tatsächlich keine Verfolgungsmaßnahmen wie Zwangsarbeit, Sicherungsanordnung oder „Arisierung" geltend machen. Was sie einklagte – und worauf die Antragsbearbeiter so heftig ablehnend reagierten – war nach den Kriterien des Wiedergutmachungsgesetzes nicht einklagbar: Es ging um den unwiederbringlich verlorenen sozialen Status, den sie vor 1933 als Tochter aus wohlsituierter Familie innegehabt hatte. Verlobt mit einem aufstiegsorientierten Juristen, schien die Zukunft einen glücklichen Lebensweg bei materiellem Wohlstand und gesellschaftlicher Anerkennung zu garantieren, bis die politischen Verhältnisse sie aus dieser vorgezeichneten Bahn warfen.

Ihre tatsächliche Lage, nämlich als „halbjüdische" Ehefrau eines Juden in einer als „jüdisch" eingestuften Ehe zu leben und damit höchst gefährdet zu sein, hatte sie offensichtlich gar nicht realisiert: Dank Vermögen, Selbständigkeit und Unauffälligkeit in ihrem Wohngebiet entgingen die Eheleute der Einweisung in ein „Judenhaus", ihr Mann mußte keinen Stern tragen und erhielt keinen Deportationsbefehl.

Die Ehe mit einem ausländischen Staatsbürger gingen nur wenige „Mischlinge" ein. Die eingangs zitierte „Großzügigkeit" im Umgang mit diesen Paaren entpuppte sich bei genauen Hinsehen als Schein. Durch die Verweigerung eines Ehefähigkeitszeugnisses[146] (auch Ehetauglichkeitszeugnis genannt) konnten unliebsame Eheschließungen auf dem Verwaltungswege unterbunden werden, obwohl das „Blutschutzgesetz" die Verbindung erlaubte. Der Reichsminister der Justiz behielt sich die persönliche Entscheidung in Fällen vor, in denen die zuständige Behörde das Befreiungsgesuch aus „rassischen" oder gesundheitlichen Gründen ablehnen wollte.[147] 1941 verfügte er die Prüfung der von ausländischen Behörden ausgestellten Ehefähigkeitszeugnisse durch deutsche Konsuln, die entscheiden durften, ob die Dokumente einer ausländischen Behörde deutschen Maßstäben gerecht wurden.[148] In den von Deutschland besetzten Ländern lag die Entscheidung bei der deutschen Zivilverwaltung.[149]

In der Praxis entschieden die Behörden unterschiedlich: Von sechs Versuchen, die in den hier ausgewerteten Akten dokumentiert sind, gelangen zwei, vier scheiterten. Die erfolgreichen bezogen sich auf die Eheschließung mit einem Dänen und eine (halblegale) mit einem Italiener. Verboten wurden Trauungen mit einem Holländer, einer Norwegerin, einer Amerikanerin und einem Jugoslawen.[150] Der holländische Ehemann schilderte später die Erfahrungen des Paares:

> „Am 21. April 1942 gingen sie zum Standesamt in der Danzigerstraße in Hamburg für das Aufgebot und wollten danach heiraten. Jetzt kamen aber die Schwierigkeiten. Meine Frau (…) ist nämlich von der Abstammung halbjüdisch. (…) Man wollte uns darum nicht [ver]heiraten und verwies uns nach dem sogenannten Aufsichtsamt für die Standesämter in Hamburg, wo die Nazibehörden uns die Ehe untersagten. Wir haben noch versucht, beim damaligen Minister des Inneren, Frick, doch die Eheschließung wurde untersagt. Bei den großen Luftangriffen im Juli 1943 sind meine Frau und ich aus Hamburg geflohen und einige Tage später in Redekin (…) angekommen, wo wir (…) geblieben sind. Wir wohnten da zusammen, weil ich meine Frau nicht verlassen wollte und am 20.2.1944 wurde uns ein Kind geboren. Erst wollten wir warten, bis der Krieg zu Ende wäre, aber unter Druck von Nachbarn usw. habe ich nochmals sämtliche Papiere aus Holland kommen lassen und haben wir nochmals versucht zu heiraten. Der Bürgermeister von der Gemeinde Redekin hat uns am 12.11.1944 doch geheiratet [gemeint: verheiratet, B.M.] und wir wurden trotz der Nürnberger Gesetzen doch ein Ehepaar. (…) Das erste Kind wurde unehelich geboren, ohne daß dies unsere Schuld war. Das war nämlich die Schuld von den Nazibehörden."[151]

Was das Aufsichtsamt über die Standesämter nicht erlaubte, wurde möglich, weil sich ein Dorfbürgermeister über Bestimmungen hinwegsetzte und auf Druck der Dorfgemeinschaft die bürgerlichen Normen über rassistische Prinzipien stellte.

Auch in einem weiteren Fall verweigerten die deutschen Behörden das notwendige Dokument. Frau M.P. war als Kind einer geschiedenen Jüdin aufgewachsen. M.P. mußte nicht nur frühzeitig sich und die Mutter ernähren, sondern fürchtete auch, ein ähnliches Schicksal wie die jüdischen Verwandten zu erleiden, die ihr Hab und Gut verloren, emigrieren mußten oder deportiert wurden. Sie berichtete:

> „1941 heiratete ich den Italiener G.P. in dem Gedanken, dass eine ausländische Staatsangehörigkeit mich evtl. schützen würde. Eine Ehe mit einem Deutschen wäre sowieso nicht möglich gewesen. Eine Verlobung mit einem Deutschen, der der richtige Partner für mein Leben gewesen wäre, musste ich abbrechen (...) Aber auch meine italienische Ehe wurde nicht anerkannt durch den damaligen Vertrag mit Italien, und ich war nur kirchlich getraut."[152]

Die standesamtliche Eheschließung war wegen des verweigerten deutschen Ehefähigkeitszeugnisses auf die Zeit „nach dem Krieg" verschoben worden.[153] M.P. fuhr nach der Eheschließung nach Deutschland zurück, um einen Weg zu suchen, ihre Mutter aus Deutschland herauszubringen. Weil der erste Versuch mißglückte, folgte ihr Mann nach, um sie zu unterstützen. Doch ein vermeintlicher Fluchthelfer verriet sie an die Gestapo, als sie auf einen Mittelsmann warteten, der sie nach Dänemark geleiten sollte. Alle drei wurden im Februar 1944 festgenommen. Der Ehemann kam ins KZ Neuengamme, die Mutter sollte nach Auschwitz deportiert werden und M.P. wurde in das Frauen-KZ Ravensbrück eingeliefert. Zusammen mit einer Gruppe anderer Frauen, die ebenso wie sie schwanger waren, wurde sie jedoch nach Hamburg entlassen. Die Gestapo – nach M.P.s Angaben nicht vorab über ihre Freilassung informiert – erlaubte ihr die Entbindung in einem „katholischen Heim für gefallene Mädchen". Dort verantwortliche Frauen ermöglichten ihr nach der Geburt die Übersiedelung ins Albertinen-Krankenhaus. Offensichtlich kümmerte sich auch der italienische Konsul um sie, so daß sie, zwar unter Gestapo-Aufsicht, aber immerhin ungefährdet, bis Kriegsende im Krankenhaus verbleiben konnte.[154] Auch der Ehemann und die Mutter, die auf dem Transport nach Auschwitz einen Selbstmordversuch unternommen hatte und seitdem gelähmt war, überlebten die NS-Zeit. Allerdings waren alle drei körperlich und psychisch schwer geschädigt. Von einem unbeschwerten Familienleben konnte nicht mehr die Rede sein. „12 Jahre hatte ich versucht, sie [die Ehe, B.M.] der Kinder wegen aufrecht zu erhalten und dadurch mein Schuldgefühl abzuzahlen, das ich meinem Mann gegenüber hatte, der unschuldig durch mich ins Konzentrationslager gekommen war", schrieb M.P.[155] Erst 1957 verließ sie ihren Mann und emigrierte nach Australien, wo entfernte Verwandte lebten.

Stellte das Herkunftsland des ausländischen Partners keine Ehefähigkeitszeugnisse aus, durften deutsche Behörden das Paar von der Vorlage „befreien", mußten dies aber nicht. Wollte ein Standesamt „keine Ausnahme von den rassischen Grundsätzen" zulassen, konnte es eine gesetzlich erlaubte Eheschließung auf dem Verwaltungsweg verhindern, wie am folgenden Beispiel deutlich wird: Im Februar 1938 hatte das zuständige Standesamt Max L. auf Anfrage mitgeteilt, daß gegen die Eheschließung mit einer Ausländerin keine Einwände bestünden.[156] So beantragten der „Mischling ersten Grades" und seine deutschstämmige Verlobte, die die US-amerikanische Staatsbürgerschaft besaß, im Mai 1939 die „Befreiung von der Beibringung des Ehefähigkeitszeugnisses für Ausländer, weil die Vereinigten Staaten von Nordamerika ein Ehefähigkeitszeugnis nicht ausstellen."[157] Die Bescheinigung wurde erteilt und kostete RM 25. Wenige Tage später jedoch mußten die Verlobten Auskunft über ihre familiären Verhältnisse geben. Der Bräutigam erklärte, daß seine Eltern seit 1922 geschieden seien. Der jüdische Vater war kurz nach der Scheidung verstorben, Max L. war bei der nichtjüdischen Mutter aufgewachsen. Inzwischen tätigte er als kaufmännischer Angestellter für seine Firma Börsengeschäfte und unternahm Auslandsreisen zum Getreidegroßeinkauf. Die Braut, eine Sprachlehrerin, hatte ihn 1937 kennengelernt und wollte mit ihm zusammen in Hamburg leben. „Wir verkehren nur mit arischen Kreisen und haben keinerlei Verbindung mit irgendwelchen jüdischen Familien", versicherte sie.[158] Nach Lektüre des Protokolls mit den Hinweisen auf die jüdische Abstammung sah sich der Oberlandesgerichtspräsident nicht mehr in der Lage, die Befreiung zu erteilen:

> „Ich kann aus rassischen Gründen dem Gesuch nicht entsprechen. Die Verlobte ist arisch und deutscher Herkunft. Sie hat einen Teil ihrer Jugend in Deutschland zugebracht und will in Deutschland bleiben. Sie muß daher in Rassefragen wie eine Deutsche behandelt werden. Ihre Verbindung mit einem Mischling ersten Grades ist daher unerwünscht. Der Verlobte macht allerdings äußerlich keinen jüdischen Eindruck und hat sich nach den hier vorgelegten (…) Zeugnissen im Leben bewährt. Es liegen jedoch keine Verdienste des Beteiligten oder sonstige Umstände vor, die eine Ausnahme von den rassischen Grundsätzen des Nationalsozialismus rechtfertigen."[159]

Der Reichsjustizminister stimmte diesen Ausführungen zu, die Verlobten erhielten einen abschlägigen Bescheid.[160] Doch die so plötzlich zur schutzwürdigen Deutschen erklärte Amerikanerin schaltete einen Anwalt ein. Dieser, selbst „Mischling ersten Grades", wies darauf hin, nach dem Gesetzeskommentar von Stuckart-Globke sei keine Genehmigung erforderlich. Der Justizbeamte entgegnete ihm, „daß die Verwaltungsbehörde (…) hieran nicht gebunden ist, sondern weitergehenden rassischen Schutzgesichtspunkten Raum geben kann."[161] Bei einer zweiten Unterredung stellte der Anwalt in Aussicht, ein Ehefähigkeitsattest vorzulegen, ausgestellt vom Gouverneur des Staates New York. Der Justizbeamte:

> „Ich habe darauf hingewiesen, daß der Gouverneur des Staates New York der Jude Lehmann ist, worauf Dr. B. zu erkennen gab, daß ihm dies bekannt sei. Ich habe ihm weiter gesagt, daß der Standesbeamte sicher auf eine solche Bescheinigung nicht reinfallen würde, denn in Amerika gäbe es keine Behörde, die Ehefähigkeitsatteste ausstelle, und infolgedessen könne er auch nie die erforderliche Bescheinigung des deutschen Konsulats dafür verlangen."[162]

Der Justizbeamte war sich seiner Sache offensichtlich gewiß: Es würde kein amerikanisches Dokument geben, und wenn doch, dann wäre der Aussteller als Jude diskreditiert, und die Eheschließung könnte trotzdem abgelehnt werden. Auch die Antragsteller schienen aufzugeben.

Doch 1939 erneuerte die Braut ihren Antrag, als der Verlobte zur Wehrmacht eingezogen werden sollte. Der hamburgische Justizsenator Rothenberger richtete daraufhin die grundsätzliche Anfrage an den Reichsjustizminister, ob „gegenüber Mischlingen, die Kriegsdienste für Deutschland leisten, die sonst gegebenen rassischen Bedenken im Rahmen der gesetzlichen Ermessensschranken zurückgestellt werden sollen."[163] Dieser teilte kurz darauf mit: „Nach der Meinungsäußerung des Führers besteht kein Anlaß, Ehegenehmigungsanträge jüdischer Mischlinge I. Grades, die Front- oder Wehrdienst leisten, günstiger zu behandeln als die Anträge anderer jüdischer Mischlinge."[164] Daraufhin wurde die Befreiungsbescheinigung verweigert, obwohl die Verlobte drängte, ihr Paß liefe ab, sie müsse Deutschland verlassen, wenn sie nicht heiraten und die deutsche Staatsbürgerschaft erwerben könne.[165] Sie folgte dann einem Rat Rothenbergers, sich mit einem Gesuch an die Kanzlei des Führers zu wenden. Ein hilfsbereiter Justizangestellter fertigte ihr – sehr zur späteren Mißbilligung seiner Vorgesetzten – Abschriften des behördeninternen Schriftwechsels an.[166] Ihr Gesuch wurde abschlägig entschieden. Sie blieb trotzdem in Deutschland. Zwei Jahre später, 1942, wandte sie sich erneut an die Landesjustizverwaltung. Inzwischen hatten sich die Rahmenbedingungen verändert: Die USA waren in den Krieg eingetreten, und ihr Verlobter war nach zweijähriger Soldatenzeit wegen seiner Abstammung aus der Wehrmacht entlassen worden. Der NS-Staat demonstrierte den „Mischlingen" immer deutlicher seine Absicht, sie künftig bestenfalls am Rand der deutschen Gesellschaft zu dulden, wenn nicht ganz aus dieser auszuschließen. Als das schweizerische Konsulat die Amerikanerin nun verständigte, sie könne auf dem Wege des Austausches mit in den USA lebenden Deutschen nach Amerika zurückkehren[167], hoffte sie auf einen Meinungswandel der Verantwortlichen. Als Ehegatte hätte ihr Verlobter sie begleiten dürfen. Deshalb beantragte sie die Befreiungsbescheinigung erneut und erhielt wiederum einen negativen Bescheid. So vor die Wahl gestellt, sich allein in Sicherheit zu bringen, entschied sie sich, beim Verlobten zu bleiben. Das Paar lebte unauffällig – und offensichtlich unbehelligt – bis Kriegsende zusammen, bekam im September 1945 sein erstes Kind und emigrierte 1946 in die USA, was beide 1939 unbedingt hatten vermeiden wollen. 24 Jahre nach der Aufgebotsbestellung genehmigte die Landesjustizverwaltung schließlich nach einigem Zögern die Eheschließung, rückdatiert auf den 3. August 1939.[168]

Die Entscheidungsfindung dieser verweigerten Eheschließung war zwar durchgängig ablehnend, doch bedurfte es vieler Rückfragen und Vergewisserungen der Beteiligten. Vom Führerentscheid über Minister- und Justizsenatorenvoten bis hinunter zur privaten antisemitischen Wertung eines Justizbeamten flossen eine Vielzahl von Argumentationen ein, die eines gemeinsam hatten: Sie liefen alle auf Ablehnung der Heirat hinaus. Ein Justizsenator fragte nach der Ausfüllung seines Ermessensspielraumes, und Beamte behandelten eine amerikanische Staatsbürgerin als dem „deutschen Blutsverband" zugehörig, ohne daß Vorgesetzte – bis hin zum Reichsjustizminister – sie korrigierten.

Ernst Fraenkel hat in seiner Analyse des NS-Staates als „Doppelstaat" die Unterscheidung zwischen dem Normenstaat, der insbesondere im Bereich der Gerichte und Verwaltungen ein gewisses Maß an Rechtssicherheit garantierte, und dem Maßnahmenstaat getroffen, der, von normativen Bindungen befreit, willkürlich im politischen Interesse agierte.[169] In diesem wie in anderen Fallbeispielen aus der „Mischlingspolitik" zeigt sich jedoch, daß auch in der Justiz der rassistische Konsens herrschte, obgleich diese doch zum Kernbereich des Normenstaates gehörte. Selbst dort setzten sich die Akteure teilweise über geltendes Recht hinweg und präjudizierten eine härtere Gangart des Antisemitismus. Die Vertreter des nationalsozialistischen Staates zeigten rassistische Prinzipientreue immer dann, wenn die Betroffenen verbliebene legale Möglichkeiten in Anspruch nehmen wollten und schafften diese ab.

4. Druck auf bestehende Ehen

Während die Anträge auf Ehegenehmigungen von „Mischlingen ersten Grades" fast durchgängig abgelehnt wurden, zeigte der Druck auf bereits bestehende Ehen wenig Wirkung. Die Anzahl der Scheidungen, an denen „Mischlinge ersten Grades" beteiligt waren, blieb minimal. Unter den Tausenden von Scheidungsurteilen, die das Landgericht Hamburg aussprach, befanden sich nur wenige, in denen die „Mischlingseigenschaft" eines Partners erwähnt wurde. Mit derselben Stichprobe, die bei den Mischehen 130 Aufhebungs- bzw. Scheidungsurteile ergab, konnten lediglich 15 solcher Urteile für „Mischlingsehen" aufgefunden werden.[170] Diese fünfzehn Urteile stammen überwiegend aus den Jahren 1937 bis 1940.[171] Schon damit unterscheiden sich die Scheidungen von „Mischlingsehen" sehr deutlich von denen der Mischehen, die immer dann einen Anstieg verzeichneten, wenn neue antijüdische Maßnahmen in Kraft traten.[172] Die „Mischlingsehen" waren – anders als die Mischehen – nicht in „privilegierte" und weitgehend rechtlose „nichtprivilegierte" eingeteilt. Die „Mischlinge" wurden nicht in dem Ausmaß wie Juden ihrer wirtschaftlichen Existenz beraubt und kriminalisiert. Sie mußten nicht in „Judenhäuser" ziehen, vor allem aber wurden sie nicht deportiert. So war der Druck auf die Ehen im wesentlichen ein wirtschaftlicher, dem viele Paare ausweichen konnten oder ihm gemeinsam standhielten. Das mochte gesellschaftliche Ausgrenzung und Verarmung beinhalten und viel individuelles Leid verursachen, war jedoch nicht lebensbedrohend. Auch der geschlechtsspezifische Aspekt, der bei den Mischehen eine große Rolle gespielt hatte, ist hier eine zu vernachlässigende Größe.[173] Waren viele nichtjüdische Frauen eine Mischehe mit einem Juden eingegangen, um sozial aufzusteigen und hatten ihrerseits dem Bräutigam die Möglichkeit geboten, sich in die Mehrheitsgesellschaft zu integrieren, so waren die „Mischlingsehen" aus anderen Motiven als die ihrer Elterngeneration entstanden. Die „Mischlinge" wuchsen ohnehin zumeist als Angehörige einer christlichen Religion auf, waren in den Stadtteilen, Schulen, Vereinen und am Arbeitsplatz integriert. Dort lernten sie auch die künftigen Ehepartner kennen, so daß die Partnerwahl vom Verhalten der Mehrheitsgesellschaft nicht abwich.

Nach der nationalsozialistischen Machtübernahme stand es scheidungswilligen Ehegatten von „Mischlingen" ebenso wie den „deutschblütigen" Mischehepartnern frei, den Irrtum über die Bedeutung der jüdischen Abstammung (§1333 BGB) und später die Möglichkeit der Eheaufhebung (§37 EheG) im 1938 neugeordneten Scheidungsrecht geltend zu machen. Dennoch entschieden sich von den fünfzehn Scheidungswilligen nur drei „Deutschblütige" für diesen Weg, von denen eine abgewiesen wurde.[174] Wie bei den Mischehen und auch der Mehrheitsbevölkerung ließen sich die meisten (sechs) Paare wegen schwerwiegender Eheverfehlungen (§49 EheG) eines Partners scheiden, je zwei wegen Ehebruchs (§47 EheG), Zerrüttung (§55 EheG), zwei aus anderen Gründen.[175] Wie bei den beiden Vergleichsgruppen wurden von den „Mischlingsehen" diejenigen Ehen häufiger geschieden, die weniger als 10 Jahre bestanden hatten.[176] Bei den Mischehen hatten die „deutschblütigen" Frauen oft auch nach 15- oder noch mehrjähriger Ehe Scheidungsklagen eingereicht, wenn die Verfolgungsmaßnahmen sie verstärkt mitbetrafen, während dies bei den „Mischlingsehen" nicht der Fall war.

Auch die Schuldzuweisungen verteilten sich anders: Waren die „Schuldigen" bei den Mischehen überwiegend die jüdischen Ehemänner gewesen, so wurden bei den „Mischlingsehen" einmal der „deutschblütige" Ehemann, zweimal die als „Mischling" eingestufte Ehefrau, viermal der so eingestufte Ehemann und dreimal beide schuldig gesprochen.[177] Es ließen sich zwar auch bei diesen Paaren mehr „deutschblütige" Frauen scheiden, aber aus den meisten Urteilen geht hervor, daß diese Ehen zerrüttet waren, was – im Gegensatz zu den Mischehescheidungen – meist in den Verfahren durch Anhörung diverser Zeugen belegt wurde.

In der Scheidungsbegründung zogen die Zivilkammern sechs Mal die jüdische Herkunft des beklagten Gatten heran, in neun Urteilen wird diese erwähnt, jedoch weder von der Klägerseite noch von den Richtern als scheidungsrelevant gewertet. Eine inhaltliche Auswertung der Urteile ergibt, daß zwar vereinzelt Scheidungen mit ähnlichen Begründungen wie bei Mischehen ausgesprochen wurden, daß aber weder Kläger noch Richter im Zeitraum von 1937 bis 1942/43 jene Radikalisierung rassistischer Rechtsprechung zeigten wie bei den Mischeheurteilen. Einzelnen Scheidungsklagen wurde stattgegeben, weil die Ehefrau keine Kenntnis von Vorstrafen des Mannes gehabt[178] oder dieser kriminelle Handlungen begangen hatte[179], weil sie im Unwissen darüber war, daß seine Geisteskrankheit als erblich galt[180], ein Partner (meistens die Frau) geschlagen worden war[181], Ehebruch begangen wurde[182] oder das Ehepaar mehrere Jahre getrennt gelebt hatte.[183] Wurde die jüdische Abstammung eines der Ehepartner zur Begründung einer Scheidung herangezogen, ging es meist um den Verlust des Arbeitsplatzes oder um die Beziehungen zu jüdischen Verwandten. So rügten die Richter 1938 einen Ehemann, der den äußeren Druck in der Familie abreagierte:

> „Der erste Anlaß ist der Erlaß der Nürnberger Gesetze gewesen, die den nicht arischen Beklagten schwer trafen. Als in deren Folge er zu Anfang des Jahres seine gute Stellung verlor, hat der Beklagte, wie er nicht in Abrede nimmt, die Klägerin dies entgelten lassen, indem er sich zu heftigen und häßlichen Beschimpfungen hinreißen ließ und selbst nicht vor Mißhandlungen zurückschreckte. Er kann nicht behaupten, daß die Klägerin ihm hierzu Veranlassung gegeben habe."[184]

Eine „deutschblütige" Ehefrau reichte 1939 eine Aufhebungsklage ein, weil sie – seit 1933 verheiratet – „keine klare Vorstellung von der Rassezugehörigkeit ihres Mannes gehabt"[185] habe, was ihr „halbjüdischer" Ehemann bestritt. Das Gericht billigte ihr dennoch zu:

> „Indessen neigen Menschen mehr oder weniger dazu, die Dinge nicht abstrakt, sondern konkret zu erfassen, und werden sich eines Ereignisses in seiner wirklichen Tragweite häufig genug erst dann bewußt, wenn sie dessen tatsächliche Folgen am eigenen Leibe spüren. Von der Klägerin hat das Gericht den Eindruck, daß sie nach ihrer

Veranlagung die Bedeutung der Rassezugehörigkeit des Beklagten in ihrer vollen Wirklichkeit erst erfahren hat, als ihr im Oktober 1938 beim Marineverpflegungsamt Dietrichsdorf gesagt wurde, wenn sie ihre Arbeitsstelle behalten wolle, müsste sie versuchen, ihre Ehe mit einem Nichtarier zu lösen. Vorher hatte sich die Klägerin damit beruhigt, daß ihr Ehemann in der DAF war."[186]

Dieses Urteil wurde im Dezember 1939 gesprochen. Zwei Monate später wies das Landgericht eine andere Aufhebungsklage mit der Begründung zurück, daß die im Ehegesetz bestimmte „einjährige Frist längst verstrichen sei"[187], wobei es diese Frist – im Gegensatz zur üblichen Praxis bei Mischehescheidungen – entweder auf den Januar bzw. März 1933 oder die Verabschiedung der Nürnberger Gesetze datieren wollte. Das Gericht sah es als erwiesen an, daß der Ehemann, ein Kriminalsekretär, von der jüdischen Abstammung seiner Frau gewußt hatte, nun jedoch die Zeitumstände nutzen und eine andere Frau ehelichen wollte.[188] Deshalb verweigerte es – ebenso wie das Oberlandesgericht – nicht nur die Aufhebung, sondern auch eine hilfsweise beantragte Scheidung der Ehe wegen Zerrüttung.[189] In der Regel hielten die Richter daran fest – selbst wenn die Begründungen der „deutschblütigen" Klägerinnen oder Kläger rassistisch waren – die Einhaltung ehelicher Pflichten stärker zu gewichten als „rassische" Gesichtspunkte, wobei beide Prinzipien manchmal nahe beieinander lagen wie in dem folgenden Beispiel: Ein „deutschblütiger" Reichsangestellter begehrte die Scheidung, weil seine Frau „sich aufs Stärkste zum Judentum hingezogen fühle. Die Beklagte habe für seine andere Weltanschauung nicht das geringste Verständnis. Sie habe hierdurch wiederholt die größten Schwierigkeiten hinsichtlich des ehelichen Zusammenlebens zwischen den Parteien verursacht."[190] Vor allem aber lastete er ihr an, sie „halte trotz seines Widerspruchs stets zu den jüdischen Mitgliedern der Familie ihres Vaters. Sie empfange auch Besuche von diesen Familienangehörigen, obwohl er das verboten habe."[191] Die Richter nahmen die anderen Vorwürfe nicht auf, sondern sprachen die Scheidung mit dem Verweis auf diesen einen Punkt aus. Die Ehefrau handle dem Willen ihres Mannes zuwider, der einen Kontaktabbruch wünsche. Zudem sei sie „nicht gewillt und nicht imstande, sich in die Weltanschauung des Klägers zu finden, sondern gibt selbst zu, dem heutigen Staate ablehnend gegenüberzustehen. Infolge dieses Verhaltens haben sich die Parteien innerlich mehr und mehr entfremdet."[192] Die Frau wurde nicht aufgrund ihrer Abstammung schuldig geschieden, sondern weil sie dem Ehemann (und dem NS-Staat) den Gehorsam verweigert hatte.

Hatten die Zivilrichter geschiedenen Jüdinnen aus einer Mischehe das Recht auf Unterhalt verweigert, so gestanden sie „Mischlingen ersten Grades" dieses zu und zwangen einen „deutschblütigen" Ehemann, einen Unterhaltsvergleich zu treffen.[193] Die Regelung – so hilfreich und entlastend sie für die Geschiedene 1944 war – war dennoch Produkt des Drucks, unter dem die „Mischlinge" zu diesem Zeitpunkt standen: „Ich hatte in dieser Zeit eine wahnsinnige Angst, auf Grund meiner Abstammung und durch Intrigen in ein KZ zu kommen und hätte wohl alles unterschrieben, was man von mir verlangt hätte"[194], focht eine geschiedene Frau nach dem Krieg die Vereinbarung an.

Aus den Scheidungsbegründungen wird deutlich, daß die Richter durchweg anders als bei Mischehescheidungen urteilten. Vor allem beugten sie nicht das Recht, um rassistischen Prinzipien zur Geltung zu verhelfen, sondern orientieren sich an der Einhaltung bzw. Verletzung geschlechtsspezifischer ehelicher Pflichten. Es gab keine Lenkungsbesprechungen mit Vorgaben zu den Entscheidungen, und den weiblichen „Mischlingen" wurde der Unterhalt nicht verweigert. Diese Urteilspraxis der Zivilrichter läßt den Schluß zu, daß diese in ihrer Mehrheit zwar die öffentliche und private Trennung der Juden von den „Deutschblütigen" für notwendig befanden und mit ihren Mitteln forcieren wollten, was sie bei Mischehescheidungen demonstrierten. Aber sie verweigerten sich in der Regel einer weitergehenden Ausdehnung des Judenbegriffs, was aus der Scheidungspraxis bei den „Mischlingsehen" deutlich hervorgeht. Ebenso verhielten sich die Ehepartner: Anders als bei den Mischehen ist hier kein Anstieg der Scheidungsklagen zu konstatieren, wenn neue gravierende antijüdische Maßnahmen ergingen. Selbst im Zeitraum 1942/43, als die Verfolgungsmaßnahmen gegen „Mischlinge" verschärft wurden, nahmen die Scheidungsbegehren nicht zu.

Wenn auch die Scheidungszahlen für „Mischlingsehen" niedrig blieben, so bedeutet dies nicht, daß die Betroffenen im Ehe- und sonstigen Alltag frei von Diskriminierung und Druck blieben. Parteifunktionäre, militärische Vorgesetzte, Arbeitgeber, Verwandte oder – wie im folgenden Beispiel – auch Nachbarn versuchten, eine Trennung herbeizuführen:

> „Es hätte nicht viel daran gefehlt, so wäre meine Ehe durch die Heranziehung zur Zwangsarbeit auseinandergegangen. Der damals zuständige Ortsgruppenleiter hatte meine Frau des öfteren dahingehend zu bewegen versucht, sich von mir scheiden zu lassen. Auch aus der Nachbarschaft kamen hin und wieder die ‚lieben Nachbarn' und beeinflußten meine Frau, von mir zu gehen. Eine Nachbarin brachte es sogar fertig, das Buch ‚Jud Süß' zu bringen, um sie entsprechend zu beeinflussen. Ich möchte jedoch drum bitten, die eben erwähnten Punkte nicht weiter aufzurühren [im Wiedergutmachungsverfahren, B.M.] und weder meine Frau noch irgendwelche Nachbarn heranzuziehen, da ich froh bin, daß diese daraus entstandenen Ehezwistigkeiten nun endlich aus der Welt geschafft sind."[195]

Bernhard H., der dies zu Protokoll gab, hatte seine Ehe retten können. Der Bericht einer anderen Zeitgenossin gibt Einblick in einen extremen Fall, in dem unüberwindbare private Zwistigkeiten sich mit politischen Differenzen verbunden hatten:

> „Mein damaliger Mann zwang mich (1933/34), die Hakenkreuzfahne auf unserem Balkon zu hissen. Mein Sohn mußte dabeistehen und mit anhören, wie ich mit Judenschwein und ähnlichen Worten tituliert wurde, er weinte immer, und bekam von meinem Mann Ohrfeigen dafür und er sagte ihm, was für eine Frau ich sei! Als der Junge etwas größer wurde, erklärte er ihm in meiner Gegenwart, dass ich keine Lebensberechtigung hätte, und nur noch kurze Zeit von ihm geduldet würde. (...) 1940 hörte er mit an, dass mein Mann mich verließ (Scheidung), um eine Parteigenossin zu heiraten, um arische Kinder zu haben (kurz nach der Scheidung heiratete er und ein paar Wochen später bekam seine Frau das 1. Kind)."[196]

Die Auswertung der Urteile von „Mischlingsscheidungen" hat gezeigt, daß rassistische Momente hier in der Regel keine entscheidende Rolle spielten. Nach einer Scheidung war der „deutschblütige" Partner von staatlichen Verfolgungsmaßnahmen befreit. Die Geschiedenen traten – wie die „arischen" Frauen bei Mischehescheidungen – in den „deutschen Blutsverband" zurück, sie hatten keine Verfolgungsmaßnahmen mehr zu gewärtigen, konnten ihren Beruf ausüben oder eine neue Ehe eingehen.

Doch obwohl dies in der Mehrheit der Fälle so war, kam es gelegentlich vor, daß eine staatliche Stelle auch einem geschiedenen „Deutschblütigen" demonstrieren wollte, daß es in ihrer Macht lag, ihm seine unerwünschte Ehe als „Rassenverrat" anzulasten und ihn – unabhängig von der erfolgten Scheidung – dafür zu bestrafen. Während andere nach der Scheidung unbehelligt ihrem Beruf und Privatleben nachgingen, wurde an Einzelnen ein Exempel statuiert, dem sie sich nicht entziehen konnten. Dies vollzog sich nicht heimlich und ohne Wissen der Behörden oder der politisch Verantwortlichen, sondern wurde unter den Entscheidungsträgern offen verhandelt, wie das Beispiel eines angehenden Lehrers für Geschichte, Deutsch und Englisch zeigt:

Heinrich B. war seit 1930 mit einer Frau verheiratet, deren Herkunft er wahrheitsgemäß als „Mischling ersten Grades" angegeben hatte. 1935 bekam das Paar einen Sohn.[197] 1937 reichte er die Scheidung ein. Seine Argumentation ähnelte den Gründen, die schon bei den Mischehescheidungen von Paaren angewendet worden war, die sich einvernehmlich trennen und gleichzeitig „Rasseempfinden" zeigen wollten:

> „Seit etwa zwei Jahren verweigert er hartnäckig jeglichen ehelichen Verkehr. Er verhält sich auch sonst der Klägerin gegenüber in jeder Weise abweisend, so daß die eheliche Lebensgemeinschaft völlig zerstört ist. Er begründet sein Verhalten damit, daß er mit der Beklagten nicht mehr zusammenleben könne, weil sie von zwei jüdischen Großeltern abstamme. Er denke nicht daran, die eheliche Gemeinschaft wiederaufzunehmen."[198]

Das Gericht schied den Studienassessor schuldig wegen Verletzung der ehelichen Pflichten, weil er „jeglichen Verkehr mit einer Halbarierin [handschriftliche Korrektur des Urteils: Halbjüdin, B.M.] ablehne."[199] Heinrich B. hatte also dokumentiert, daß er seit Erlaß der Nürnberger Gesetze seine Ehe faktisch nicht mehr fortführte. Im Jahr 1935 war er von der Liste der Beamtenanwärter gestrichen worden, was vermutlich ein wichtiger Grund für die Beendigung der Ehe gewesen war. Als er 1938 in die NSDAP eintreten wollte, wies die Partei ihn aufgrund seiner geschiedenen Ehe zurück.[200] 1939 heiratete er eine „deutschblütige" Ehefrau, mit der er ebenfalls ein Kind bekam. Bei Kriegsbeginn wurde er eingezogen. Wegen seiner günstigen Beurteilungen bei der Marine ernannte der Reichsstatthalter Karl Kaufmann ihn zum Beamten auf Widerruf unter der „ausdrücklichen Voraussetzung, daß er nicht in Fächern unterrichtet, in denen er bei Erteilung des Unterrichts im Hinblick auf seinen nicht reinblütigen Sohn in Gewissenskonflikte geraten kann (z.B. Geschichte)."[201] Damit hatte Heinrich B. bereits vorab Unterrichtsverbot in einem seiner Lehrfächer erhalten. Doch die Schulbehörde ging noch einen Schritt weiter. Sie konstatierte:

> „Bei der Verschärfung, die das Juden- und Rassenproblem in den letzten Jahren erfahren hat, stößt die Durchführung der vom Herrn Reichsstatthalter bei der Ernennung

auferlegten Beschränkung praktisch ebenso wie bei den bisher noch im Unterricht beschäftigten jüdischen Mischlingen auf immer größere Schwierigkeiten. Im Grunde gibt es kaum ein Fach, das eine weltanschauliche Beeinflussung der Schüler durch den Lehrer völlig ausschließt. Das muß schließlich nach der Entwicklung der Kriegsjahre auch vom englischen Unterricht gelten. Nachdem der Reichsstatthalter diesen Standpunkt der Schulverwaltung gegenüber den jüdischen Mischlingen ausdrücklich gutgeheißen hat, konnte auch die Weiterbeschäftigung des Dr. B. für die Zeit nach Beendigung des Krieges nicht in Aussicht gestellt werden, zumal auch nicht übersehen werden kann, daß er bis kurz vor Erlaß der Nürnberger Gesetze den ehelichen Verkehr mit der nicht deutschblütigen Frau aufrechterhalten hat."[202]

Im Dezember 1942 stellte die am Geschlechtsverkehr ihrer zukünftigen Beamten so interessierte Schulverwaltung Heinrich B. die Entlassung in Aussicht, um ihn „zu veranlassen, sich rechtzeitig auf eine andere Berufstätigkeit vorzubereiten und ihn vor späteren Enttäuschungen zu bewahren."[203] Auf seinen Einspruch teilte die Schulverwaltung dem immer noch bei der Marine dienenden B. mit, daß er „auf Grund der gegebenen Verhältnisse (erste Ehe mit einem jüdischen Mischling 1. Grades, Geburt des Kindes (...) sowie Ihre Nichtzugehörigkeit zur NSDAP)"[204] nicht zur Einstellung vorgeschlagen, sondern statt dessen zum 31. März 1943 entlassen würde. Heinrich B. fühlte sich betrogen und versuchte noch einmal, seine Anpassungsleistung zur Geltung zu bringen:

> „1.) Die erste Ehe mit einem Mischling 1. Grades (dieser Mischling hat niemals der jüdischen Religionsgemeinschaft angehört, ist deshalb Reichsbürger und wahlberechtigt, dessen Bruder m.W. wegen besonderer Bewährung noch Reichsbeamter ist!) kann kein entscheidender Hinderungsgrund sein, da solche Angestellte Beamte geworden sind, die mit einer Volljüdin verheiratet waren.
> 2.) Auch heute noch sind nicht alle Beamten Mitglieder der NSDAP, so z.B. ehemalige Freimaurer und Angehörige der früheren politischen Parteien – beides trifft bei mir nicht zu, auch ist im Beamtengesetz keine Bestimmung vorhanden, die bei Nichtmitgliedschaft die Ernennung auf Lebenszeit ausschließt.
> 3.) Auch die Tatsache, daß der ersten Ehe, die seit 1935 de facto nicht mehr besteht, ein Sohn entstammt, kann nicht entscheidend sein, da das Beamtengesetz sogar eine Eheschließung mit einem Mischling 2. Grades zuläßt (...)
> Darf ich demgegenüber auf das hinweisen, was zu meinen Gunsten spricht – so unangenehm ein solches Verfahren ist? (...) [H.B. führt seine Wehrmachttätigkeit und kurz vor der Veröffentlichung stehende Studien zur Vorgeschichte des Nationalsozialismus an, B.M.].
> 4.) Ich bin eine neue Ehe eingegangen, aus der bereits ein Kind hervorgegangen ist. Das zeigt deutlich, daß ich alle Brücken zur Vergangenheit abgebrochen habe. Nachdem ich versucht habe, mich zu bewähren, wünsche ich mir nur eines, daß endlich diese alten Dinge einmal aus der Welt geschafft werden."[205]

Er hatte tatsächlich alles getan, was in seiner Macht stand: Die Scheidung eingereicht, Kriegsauszeichnungen erworben und sich fachlich bei den Machthabern angebiedert, indem er historische Studien über die Vorgeschichte des Nationalsozialismus betrieben hatte. Sein Hinweis darauf, daß in anderen Fällen „Mischlinge ersten

Grades" oder geschiedene Mischehepartner im öffentlichen Dienst verblieben waren, war zwar nicht von der Hand zu weisen, dennoch hatte sich die Schulverwaltung ausgerechnet auf ihn kapriziert, um ein Exempel zu statuieren. Am Einzelfall wurde dokumentiert, daß mangelndes „Rasseempfinden" nicht vergeben wurde. Die Schulverwaltung war lediglich bereit, die Entlassung bis zum Ende des Krieges zurückzustellen. Der Reichsstatthalter hingegen, der aufgrund der Kriegsverdienste die Verbeamtung in Aussicht gestellt hatte, fühlte sich von dem Vorgehen der untergeordneten Behörde brüskiert, da seine Stellungnahme nicht vorab eingeholt worden war.[206] Nachdem aber die radikalere Position dem Betroffenen schriftlich mitgeteilt worden war, beließ es das Büro des Reichsstatthalters bei einer internen Rüge. Gegenüber Heinrich B. wurde die offizielle Mitteilung nicht korrigiert.[207]

Dieses Fallbeispiel steht nicht für den weiteren Lebensweg der Mehrheit der geschiedenen Partner aus Ehen mit „Mischlingen". Es demonstriert allerdings nochmals die „Selektion der negativen Weltanschauungselemente" (Broszat): Keine Behörde, kein Repräsentant des NS-Staates unterband die Maßnahmen gegen den Assessor. Nachdem die rassistische Argumentation einmal als verbindlich anerkannt worden war, konnte sie ausgeweitet werden, ohne daß Möglichkeiten zur Gegenwehr bestanden oder die Berufung auf Gleichbehandlung geholfen hätte.

III. Von der „freien wirtschaftlichen Betätigung" zur Zwangsarbeit

1. Bildungs- und Ausbildungsbeschränkungen

Am 25. April 1933 wurde das Gesetz gegen die Überfüllung deutscher Schulen und Hochschulen erlassen, weil der angeblich zu hohe Anteil der Juden unter den akademischen Berufen auf deren bessere Schulbildung zurückzuführen sei. Darüber hinaus sollte es dazu beitragen, die Segregation der Juden von der Mehrheitsbevölkerung für die nächsten Generationen zur Selbstverständlichkeit werden zu lassen. Es bestimmte, daß der Anteil „nichtarischer" Schüler und Studenten nicht höher als deren Bevölkerungsanteil liegen durfte.[208] Ausgenommen waren – im Gegensatz zum Beamtenrecht – nicht nur die Kinder von Frontkämpfern, sondern auch „Mischlinge ersten und zweiten Grades", deren Eltern die Ehe vor Inkrafttreten des Gesetzes geschlossen hatten.[209] Als „angemessenes Verhältnis" wurde es angesehen, wenn maximal 5 % der Schüler bzw. der Studierenden „Nichtarier" waren. „Nichtarier mit nachgewiesenem arischen Bluteinschlag" sollten den „Volljuden" vorgezogen und die länger in Deutschland ansässigen vorrangig gegenüber später eingewanderten „Nichtariern" behandelt werden.[210] Bei einem Anmeldeüberhang der Schulen oder Universitäten minimierten sich allerdings diese eingeschränkten Zugangsmöglichkeiten: Kinder „arischer" Abstammung sollten auch dann bevorzugt werden, wenn dies zu Lasten der begrenzten Zahl der „nichtarischen" Schüler ging.[211] Die „Herabsetzungsaktion" wurde bis Ende März 1934 durchgeführt, die nicht betroffenen Schüler und Studenten konnten ihre Ausbildungsinstitute weiterhin besuchen. Dauerhaft aber durfte der Anteil der Nichtarier 1,5 % aller Schüler und Studenten nicht übersteigen.

Die Hamburger Schulbehörde wandte das Gesetz nicht auf einzelne Schulen, sondern auf die Gesamtzahl aller öffentlichen und privaten Schulen im hamburgischen Staatsgebiet an.[212] Der Anteil der „Mischlinge" schwankte in den Jahren 1935 bis 1939 zwischen 0,89 % und 1,04 % und sank erst in den Kriegsjahren auf 0,8 %.[213] Griffen allerdings Parteigliederungen ein, wich die Behörde von dieser Linie ab. Die Jahn-Schule beispielsweise, am Rande des Hauptwohngebietes der Hamburger Juden gelegen, unterrichtete 1.331 Schülerinnen und Schüler im März 1935. Davon waren 29 „nichtarisch", d.h. mehr als zwei Prozent. Damit gehörte die Schule zu den Ausnahmen unter den Hamburger Volksschulen.[214] Nach einem intervenierenden Schreiben der NSDAP untersagte die Landesunterrichtsbehörde der Schulleitung, weitere „Nichtarier" aufzunehmen.[215]

Auch in anderen schulischen Ausbildungsbereichen wurde die Zahl der „nichtarischen" Prüflinge nach diesem Gesetz geregelt. Beispielsweise durfte bei den Prüfungen für Säuglings- und Kleinkinderpflege nur eine Anerkennung pro 100 Prüflinge auf eine „Nichtarierin" fallen.[216] Das Gesetz gegen die Überfüllung deutscher Schulen und Hochschulen galt für alle Universitäten und sämtliche privaten und öffentlichen weiterführenden Schulen.[217] Auf dem Gymnasium verbliebene „Mischlinge" konnten weiterhin die Reifeprüfung ablegen[218], doch diese berechtigte nicht mehr unbeschränkt zum Studium, sondern wurde durch das „Zeugnis der Hochschulreife" ergänzt, das die „nationale Zuverlässigkeit" und „Hingabefähigkeit im Sinne der nationalsozialistischen Staatsauffassung" beurteilte.[219] Kurzzeitig konnten auch die zuständigen NSDAP-Gauleiter und – vereinzelt – HJ-Bannführer Bedenken gegen den Hochschulbesuch eines „Mischlings" geltend machen.[220]

In der Folge der Nürnberger Gesetze wurden 1937 im Schulbereich die „Nichtarier" in „Juden" und „jüdische Mischlinge" aufgeteilt. Beide unterlagen der Schulpflicht. Während für jüdische Schüler weiterhin die bisherigen Beschränkungen galten, stand es den „Mischlingen" frei, auf jüdische Schulen zu wechseln oder Wahlschulen (mittlere Schulen/Oberbau, höhere Schulen und Fachschulen) zu besuchen.[221] Die Teilnahme an allen Schulveranstaltungen, einschließlich besonderer Gemeinschaftsveranstaltungen (Schulausflüge, Besuch von Schullandheimen, Sportfeste etc.), wurde ihnen jetzt gestattet.[222] Dennoch blieben in der Folgezeit Einschränkungen nicht aus. So durften Mädchen, die den hauswirtschaftlichen Zweig einer Oberschule besuchten, beispielsweise kein Praktikum in Heimen oder „deutschblütigen Familien" machen. Damit waren ihre Möglichkeiten extrem reduziert, den Abschluß dieses Schulzuges zu erreichen, so daß ihnen de facto dieser Schulzweig nicht länger offen stand.[223] Wie viele andere Verschlechterungen, so war auch diese auf Initiative „von unten" entstanden: Der zuständige Schulleiter hatte sich zunächst mit dem NSDAP-Kreisleiter abgestimmt, bevor er seiner Behörde die entsprechende Mitteilung machte.[224]

Als die jüdischen Schüler im November 1938 an jüdische Schulen wechseln mußten, änderten sich die Bestimmungen für „Mischlinge" nicht. Die nächsten vier Jahre konnten sie – zumindest von den allgemeinen Bestimmungen her gesehen – sowohl öffentliche als auch private Schulen besuchen. Allerdings wurde ihnen keine Schulgeldvergünstigungen (Geschwisterermäßigung) gewährt. „Mischlinge zweiten Grades" hingegen kamen in diesen Genuß, wenn ihr Vater zum Wehrdienst eingezogen „und ferner eine Erziehung des Schülers unter Ausschaltung jüdischen Einflusses gesichert" war.[225]

Das „Angebot", jüdische Schulen zu besuchen, nahmen begreiflicherweise nur wenige Eltern von „Mischlingen" an, zumeist erst dann, wenn der Schulalltag des Kindes auf einer öffentlichen Schule von extremer Diskriminierung gekennzeichnet war.[226] Eher wählten sie den Ausweg eines Privatschulbesuchs, wenn sie diesen finanzieren konnten.[227] Die Auflösung der Privatschulen im Jahr 1939, die nicht im Zusammenhang mit der Rassenpolitik stand, nahm dann etlichen „Mischlingen" diese Möglichkeit, sich in kleinen, schützenden Bildungsinstituten zu bewegen.[228]

Die Hamburger Schulbehörde selbst sah sich immer wieder vor die Schwierigkeit gestellt, zwischen „Halbjuden", die nach der Ersten Verordnung zum Reichsbürgergesetz als „Juden" galten, sowie „Mischlingen ersten Grades" zu unterscheiden. Für die vor 1933 geborenen minderjährigen „Mischlinge" war sie die erste und damit maßgebende Instanz, die den „rassischen Status" für das künftige Leben festlegte. Sie wußte um die Problematik der „objektiven Merkmale", die die Zugehörigkeit zur jüdischen Religionsgemeinschaft bestimmten. Auskünften der Eltern oder der Jüdischen Gemeinde traute sie nur sehr bedingt. Hinzu kam der Ermessensspielraum, den – gerade in Zweifelsfällen – die Amtsinhaber bei Schulverwaltungen, Hochschulen, Standesämtern, Polizeiverwaltungen, Militärbehörden, Finanzämtern oder Strafverfolgungsbehörden ausnutzen konnten:

„Keine dieser Behörden ist befugt, die Entscheidung für eine einzelne Person ein für allemal autoritativ und bindend für andere Behörden zu treffen. Es ist also durchaus möglich, daß z.B. ein Kind, das von der Schulverwaltung als Mischling anerkannt ist, von der Polizeibehörde als Jude behandelt wird (…). Das muß sich um Laufe der Zeit als ein untragbarer Übelstand auswirken." [229]

Aus diesen Gründen forderte die Hamburger Schulbehörde 1940 in einem mehrseitigen Papier die Einrichtung einer zentralen Stelle, die „mit bindender Kraft für alle anderen amtlichen Stellen zu entscheiden" befugt war.[230] Sie dachte dabei an die Gestapo, die „zunächst einmal für den Bereich der Hansestadt Hamburg (…) allgemein ermächtigt werden kann, (…) die erforderlichen Feststellungen und für alle Amtsstellen bindende Entscheidung zu treffen und zum Nachweis der getroffenen Entscheidungen eine allgemeine Kartei zu führen."[231] Später – so die Planer in der Schulbehörde – könnte dieses Modell auf das gesamte Reichsgebiet übertragen werden. Dem Vorstoß der Hamburger Schulbehörde war allerdings kein Erfolg beschieden. Es blieb bei der Auskunftserteilung der Gestapo in Zweifelsfällen. Aus der Sicht der „Mischlinge" war dies ein Glücksfall: Nur ohne die Existenz einer den Lebenslauf begleitenden Akte mit einer nicht zu revidierenden Einstufung konnten sie individuell versuchen, das „freie Ermessen" der Amtsinhaber zu ihren Gunsten zu beeinflussen.

Mit dem Erlaß vom 2. Juli 1942 wurden die „Mischlinge ersten Grades" vom Besuch der Haupt- und weiterführenden Schulen ausgeschlossen.[232] Im Gegensatz zu anderen Anordnungen veröffentlichte die Tagespresse diese.[233] Es folgten der Ausschluß am 12. Dezember 1942 vom Besuch privater Vorbereitungsschulen[234], am 21. April 1943 der von Abendkursen und ab 11. Oktober 1943 der von Berufsfach- und technischen Schulen.[235] „Mischlinge zweiten Grades" durften Schulen besuchen, wenn Platz vorhanden war.[236]

Wie konsequent einzelne Schulen die Anweisungen durchführten, kann nicht überprüft werden. Im Chaos der Luftangriffe trafen die von der Schulbehörde angeforderten Meldungen nur vereinzelt und auf Anmahnung ein, ohne offensichtlich einen Überblick zu ermöglichen.[237] Bis Oktober 1942 waren in Hamburg 26 „Mischlinge ersten Grades" abgeschult worden. Außer 357 „Mischlingen zweiten Grades", die nicht relegiert werden sollten, besuchten zu diesem Zeitpunkt noch 414 „Mischlinge ersten Grades" Hamburger Schulen. Davon waren 48 auf Oberschulen, 3 auf Mittelschulen und 10 im Oberbau der Volksschulen.[238] Die Verantwortlichen, die ausdrücklich keinerlei Ausnahmen mehr zulassen wollten und dies auch vom Reichserziehungsministerium erwarteten, verständigten sich zur gleichen Zeit ohne Probleme darauf, daß die „halbjüdische" Tochter eines spanischen Falangistenführers – ohne eine Erlaubnis des Erziehungsministers – auf der Schule verbleiben konnte, weil dies aus politischen Gründen erwünscht war.[239]

Im April 1944 verzichtete das Erziehungsministerium dann auf Abstammungsurkunden. „Für die Dauer des Krieges" genügte fortan eine einfache Erklärung der Erziehungsberechtigten, ihnen seien keine Umstände bekannt, daß die Schülerin oder der Schüler jüdischer Abstammung seien.[240]

Nicht erst während der Luftangriffe auf Hamburg gingen Schulklassen in die Kinderlandverschickung (KLV), wo sie in der Regel von den begleitenden Lehrern unterrichtet wurden.[241] „Mischlinge ersten Grades" waren von dieser Wochen, Monate oder manchmal gar länger als ein Jahr andauernden Kinderevakuierung ausgeschlossen, die gleichzeitig der „Formationserziehung" im nationalsozialistischen Sinne dienen sollte. Ging eine Schulklasse bzw. gar eine ganze Schule in die KLV, mußte der zurückbleibende „Mischling" umgeschult werden. Nach den Luftangriffen im Juli/August 1943 fiel der Unterricht in den innerstädtischen Bezirken Hamburgs aus: 110 Schulgebäude waren völlig zerstört, 118 teilweise beschädigt.[242] Nur in den Stadtrandbezirken sollte er ab September 1943 wieder durchgeführt werden. Die staatlichen Stellen nutzten den Unterrichtsausfall, um verstärkt für die KLV zu werben, und versuchten, die Anmeldungen in Stadtrandschulen ebenso zu verhindern wie Privatunterricht. Die Bemühungen, privaten Unterricht zu verhindern, zielten zwar nicht auf die „Mischlinge", bedeutete jedoch für sie, an keinem Unterricht mehr teilnehmen zu können.

Allein aus Hamburg wurden um die 150.000 Kinder im Alter von 6-14 Jahren zwischen 1940 und 1945 in die KLV verschickt.[243] Da einige Lehrerinnen und Lehrer aus Unkenntnis oder in bewußt schützender Absicht „Mischlinge" mitnahmen, ergingen an die Lager Weisungen, diese Schüler zu melden. Ihre Rückführung beschäftigte den Nationalsozialistischen Lehrerbund (NSLB), das federführende Amt für Volkswohlfahrt der NSDAP und die Schulleitungen.[244] So wurden beispielsweise zwei fünfzehnjährige Schülerinnen aus dem KLV-Lager in Bad Reichenhall „zurückgeführt", in dem sie bereits vier Monate gelebt hatten.[245]

Während Juden von der Mitgliedschaft in der Hitler-Jugend und ihren Unterorganisationen ausgeschlossen waren, konnten „Mischlinge" nach dem „Gesetz über die Hitlerjugend" und seinen ersten beiden Durchführungsverordnungen zum Dienst in der HJ verpflichtet werden.[246] „Mischlinge" beider Grade waren bis 1940 vom 10. bis 18. Lebensjahr jugenddienstpflichtig. Sie wurden in die Allgemeine HJ aufgenommen[247], während die Stamm-Hitler-Jugend als Gliederung der NSDAP galt und von ihren Angehörigen den bis zum Jahr 1800 zurückreichenden „Ariernachweis" forderte. Am 18. Oktober 1941 wurden die Bestimmungen differenziert: „Mischlinge zweiten Grades" wurden nun ab dem 10. Lebensjahr erfaßt und zum Dienst herangezogen, wobei „Deutschblütigen" allerdings der Vorzug gegeben werden sollte. „Mischlinge ersten Grades" wurden „bereitgestellt", aber nicht zugewiesen. Alle, die bereits HJ-Mitglieder waren, sollten entlassen werden.[248] Als Nichtmitglieder der HJ waren die „Mischlinge" von etlichen Veranstaltungen ausgeschlossen, beispielsweise durften sie keinen privaten Musikunterricht nehmen.[249]

Als nach Kriegsende 97 „Mischlinge ersten Grades", die während der NS-Zeit die öffentlichen Schulen „freiwillig" oder gezwungenermaßen verlassen hatten, wieder auf diese zurückkehren wollten oder Wiedergutmachung verlangten[250], ermittelte die Schulbehörde die Begründungen dieser Vorgänge in den Akten der einzelnen Ober(Real)-Schulen oder Gymnasien.[251] 38 dieser Fälle wurden in den Schulakten ausführlich dokumentiert. Danach waren insbesondere die Jahrgänge 1926 bis 1929 von den Relegationen betroffen, nämlich 24 von 38 Schülern. Während 6 Schüler 1942 – sofort nach Bekanntgabe des Abschulungserlasses – ihre Bildungseinrichtung verlassen mußten, wurde die größte Gruppe 1943 – vermutlich nach Ablauf der Übergangsfristen – relegiert. Hatten die Schüler ihre Schulen zuvor „freiwillig" verlassen, taten sie dies – soweit den Akten zu entnehmen ist – um einen Beruf zu ergreifen, weil die Versetzung nicht erfolgte, um eine Lehrstelle anzunehmen oder aus anderen Gründen. Die überwiegende Mehrheit aber mußte wegen der „jüdischen Abstammung" gehen, oder weil die Betroffenen als „Mischlinge" nicht in die KLV durften.[252] Lediglich ein Schüler war zusammen mit seiner ursprünglichen Klasse in der KLV gewesen und nicht zurückgeschickt worden – und dieser war „Mischling zweiten Grades".[253] Von den Abgeschulten erhielten einige Privatunterricht, andere besuchten Privatschulen.[254] Über diejenigen, die in die Berufstätigkeit entlassen wurden, finden sich nur wenige Angaben: Ein ehemaliger Gymnasiast absolvierte eine Autoschlosserlehre, einer wurde als ungelernter Arbeiter vermittelt.[255]

Wird ein anderer Aktenbestand ausgewertet, nämlich die Berichte von zwischen 1920 und 1931 geborenen Personen, die über die Notgemeinschaft Wiedergutmachung beantragten, so zeigt sich, daß von 60 Personen 16 abgeschult wurden, 18 unter massiven Diskriminierungen im Schulalltag zu leiden hatten, 10 das Studium verweigert wurde und 23 in der Lehrstellenwahl eingeschränkt worden waren bzw. keine Lehre antreten durften.

Wie aus dem vorangegangen deutlich wird, waren „halbjüdische" Schülerinnen und Schüler seit April 1933 von einschränkenden Maßnahmen in Schule und Hochschule betroffen. Der Jahre andauernde Prozeß ihrer sukzessiven Ausgrenzung verlief nicht geradlinig und hing – neben der offiziellen Schulpolitik – von vielen Variablen ab, nicht zuletzt vom Handeln der Verantwortlichen vor Ort: Schulleiter, Lehrer und Eltern. Regionale Einzelinitiativen vor allem von NSDAP-Parteifunktionären (aber auch von Schulleitern oder Abteilungen innerhalb einer Behörde) bewirkten, daß reichsweite Regelungen auf regionaler Ebene generell oder partiell verschärft wurden. Dies führte zu einer widersprüchlichen „Rechtslage", die alle verunsicherte, die diesen Bestimmungen im Alltag Geltung verschaffen sollten. Bei den betroffenen Schülern und ihren Eltern verstärkte das Nebeneinander unterschiedlicher Rechtsauslegungen – das immer die Tendenz einer späteren Vereinheitlichung in Form der radikalsten Lösung beinhaltete – das Gefühl der grundlegenden Rechtsunsicherheit.

Die Eltern, selbst von massiven Ängsten um ihre berufliche Existenz erfaßt, versuchten in ihrer Mehrzahl, den Kindern die bestmögliche Schulausbildung zu geben und Diskriminierungen zu verhindern. Nur ein Teil war in der Lage, ihre Töchter oder Söhne auf Internate oder zu Verwandten ins Ausland zu schicken, um Schulabschlüsse zu erreichen oder das Studium fortzusetzen. Mahnten sie zu Hause ihre Kinder, sich möglichst angepaßt und unauffällig in den Klassenverband zu fügen, so stellten sie sich doch im Fall von Ausgrenzungen und Diskriminierungen vor sie. In den Akten der Schulbehörde findet sich eine Vielzahl von Beschwerdeschreiben.

Einige Eltern appellierten an die Pädagogen, ihren Kindern die Maßnahmen schonend zu erklären, wie der Vater eines Mädchens, dem vom Klassenlehrer die Teilnahme an einer Klassenfahrt verweigert wurde, da es nicht in Jugendherbergen schlafen dürfe.[256] „Warum dies dem Kind? so habe ich mich gefragt! Warum konnte der Lehrer nicht an uns, bzw. an den Rektor der Schule herantreten und die Sachlage vorher klären, dies wäre sofort erfolgt, ohne erst einen Schaden in der Seele meines Kindes anzurichten"[257], klagte der Vater. Er beharrte nicht auf der Teilnahme seiner Tochter an der Fahrt, die nach den Bestimmungen sehr wohl möglich gewesen wäre, sondern auf pädagogischer Rücksichtnahme beim Ausschluß.

Andere Eltern kannten ihre Rechte besser. So protestierte der Vater eines Johanneum-Schülers 1938 dagegen, daß dieser trotz des gegenteiligen Erlasses, der ihm die Teilnahme an allen Schulveranstaltungen garantierte, nicht in das Orchester aufgenommen worden war, weil er der HJ nicht angehörte.[258] Die Schulbehörde fragte daraufhin bei der Gelehrtenschule an, ob die Aufführungen in HJ-Uniform stattfänden, was aus ihrer Sicht offensichtlich einen Ausschluß gerechtfertigt hätte, aber nicht der Fall war. Die Intervention des Vaters hatte dennoch keinen Erfolg. Zwar wechselte die Begründung, der Ausschluß aber blieb bestehen: Der Schüler konnte nun nicht in das Orchester aufgenommen werden, weil es dort angeblich keine freien Plätze mehr gab.[259]

Hielt die Behörde hier gegenüber dem Vater die Form ein, so war dies längst nicht immer der Fall. Einem anderen Vater, der sich gegen die Schikanierung seiner Söhne auf derselben Schule verwahrte, wurde gerade der Protest angelastet: „Der Brief in seinem unverschämten Ton und den wirren Vorstellungen über Beschwerdemöglichkeiten sowie die unerhörte Drohung sind so recht geeignet, das ungünstige Bild des Vaters und damit auch der Söhne abzurunden", kehrte die Schule die Beschwerde gegen den Beschwerdeführer.[260]

Als die Oberschule für Jungen in Blankenese im Oktober 1942 einen Schüler abschulen wollte, wandte dessen nichtjüdische Mutter ein, ihr Sohn sei vermutlich „Mischling zweiten Grades" und habe das Recht, auf der Schule zu bleiben.[261] Abstammungsbescheide des Reichssippenamtes wurden zu dieser Zeit „für die Dauer des Krieges" nicht mehr ausgestellt.[262] Statt sich mit der amtlichen Auskunft zufriedenzugeben und den Schüler, der die Schule seit Ostern 1939 besuchte[263], dort zu belassen, gerierte sich die Schulverwaltung in der Folgezeit wie eine Filiale des Reichssippenamtes: Sie forderte Unterlagen an (26.2.43), lud Mutter und Sohn vor (13.3.44), verlangte eine schriftliche Erklärung über die Abstammung (15.3.44), schickte die Mutter zum Stadtinspektor, um ihre Angaben zu wiederholen (20.3.44), und beantragte beim Bürgermeister des väterlichen Geburtsortes dessen Geburtsurkunde (23.3.44).[264] Aus dieser ging hervor, daß beide Elternteile des Vaters Juden waren.[265] Die Schulverwaltung bat nun das zuständige Standesamt um eine Abschrift der Heiratsurkunde der Eltern (23.3.44).[266] Gleichzeitig wandte sie sich um Auskunft an die Wehrmachtsstelle, bei der ein Vetter des Schülers diente. Diese reichte die Anfrage an das Wehrmeldeamt in Berlin weiter.[267] Von dort erhielt die Hamburger Behörde allerdings keine Antwort. Am 29. August 1944 entschied die Schulverwaltung dann auf der Grundlage der bisher zusammengetragenen Dokumente, der Junge sei „Mischling ersten Grades" und binnen zweier Tage abzuschulen.[268] Knapp zwei Jahre hatte die Behörde akribische Ahnenforschung betrieben, während dem Schüler nicht einmal eine Woche Zeit gelassen wurde, eine alternative Ausbildungsmöglichkeit zu finden.[269]

Einzelne Schulleiter gingen über individuelle Diskriminierungen hinaus und forderten allgemeine Verschärfungen der Maßnahmen. So appellierte der Rektor der Oberschule für Mädchen in Hamburg-Großflottbek an die Schulbehörde, „Mischlinge" generell aus den höheren Schulen zu entfernen:

„Die Erfahrung hat gelehrt, daß die Teilnahme jüdischer Mischlinge am Unterricht im Deutschen, in Geschichte und Biologie zu Schwierigkeiten führt. Gar zu leicht bleibt der Lehrer bei der Behandlung der das Judentum streifenden Fragen befangen. (...) Besondere Bedenken gegen die Belassung der jüdischen Mischlinge in den Klassengemeinschaften müssen aus folgendem Grund erhoben werden: die Schüler lernen heute fast keine Juden mehr kennen. In der ganzen Judenfrage vermittelt allein der eine Halbjude, der in der Klassengemeinschaft sitzt und der so ‚menschlich nett kameradschaftlich oder gar wertvoll' ist, den Mitschülern das Bild vom Judentum. So kommt es leicht, daß die Kinder die vom Lehrer vorgebrachten Belege zur Judenfrage für einseitig oder übertrieben ansehen und zu keiner eigenen klaren und überzeugten judengegnerischen Einstellung kommen. Aus den angeführten Gründen bitte ich zu prüfen, ob die weitere Belassung der jüdischen Mischlinge in den höheren Schulen tragbar ist bzw. ob die vorgebrachten Bedenken einer höheren Dienststelle zu unterbreiten sind."[270]

Zwar blieb diese Anregung ohne Antwort oder gar Belobigung, doch sie gibt Aufschluß über die Einstellung eines Schulleiters, der das Klima an seiner Anstalt maßgebend beeinflussen konnte. Darüber hinaus weist diese Initiative auch darauf hin, daß die soziale Nähe oftmals der Durchsetzung rassistischer Prinzipien im Wege stand. Erst wenn der stigmatisierte Personenkreis vollständig ausgegrenzt und isoliert war, konnten die Pädagogen ein stereotypes „Bild" vermitteln, ohne störende Assoziationen oder Realitätsprüfungen befürchten zu müssen.

Als während des Krieges immer wieder Jugendliche gegen den Drill in der Schule, der HJ oder am Arbeitsplatz aufbegehrten und dieser Haltung in Cliquen, Gruppen oder „Banden" Ausdruck gaben, befanden sich unter ihnen Gymnasiasten, die verbotene Swing-Musik hörten oder Diskussionen führten, die in ihrer Kriegsfeindlichkeit und England- bzw. Amerikafreundlichkeit den Machthabern Anlaß zum harten Durchgreifen gaben. Zu diesen Zirkeln gehörten auch einige „Mischlinge ersten Grades". Ihre elterliche Erziehung zur Anpassung geriet angesichts eigener Alltagserfahrungen, kombiniert mit (nach)pubertärem Verhalten, zeitweise ins Wanken und schlug in Protesthaltung um. Während ihre „deutschblütigen" Mitschüler, insbesondere wenn sie aus „guten Elternhäusern" stammten und sich einsichtig zeigten, mit milden Bestrafungen der Verfolgungsorgane rechnen konnten, führten bei den „Mischlingen" diese Proteste häufig zur Abschulung in Verbindung mit Anklagen bzw. Einlieferung in das Polizeigefängnis Fuhlsbüttel.[271] Als drei „halbjüdische" Gymnasiasten festgenommen wurden, weil sie in „einer Clubkapelle englische Musik zu Gehör gebracht" hatten, wurde ihnen vorgehalten, gerade sie als „Mischlinge ersten Grades" hätten „doppelten Grund gehabt, sich zurückhaltender zu benehmen."[272] Tatsächlich waren sie „doppelt" gefährdet: Wollte der NS-Staat schon bei anderen Jugendlichen abweichendes Verhalten nicht hinnehmen, so bei dieser Gruppe, um deren Integration in die deutsche Gesellschaft immer noch gerungen wurde, schon gar nicht. Im November 1944 trat das Justizministerium mit dem RFSS in eine „Erörterung der strafrechtlichen Behandlung jugendlicher jüdischer Mischlinge ein".[273] Obwohl es zu neuen Strafrechtsbestimmungen nicht mehr kam, gibt die Auflistung der bis dahin gehandhabten einen Einblick in die Behandlung delinquenter Jugendlicher, die dieser „Gruppe" zugerechnet wurden: In Schutzhaft konnten „Mischlinge" ab 16 Jahren genommen werden, auch für die darunter liegenden Altersgruppen sollten demnächst Möglichkeiten geschaffen werden.[274] Jugendarrest kam für sie nicht in Frage, da dort an das „Ehrgefühl" appelliert würde, das nur „an die unserer Rasse eigenen Ehrgefühle anknüpfen" könne.[275] Man könne „Mischlingen" die Wiedergutmachung eines Schadens auferlegen oder Weisungen erteilen; nichts einzuwenden sei auch gegen eine Verurteilung zu einer Jugendgefängnisstrafe, doch müßten sie von anderen Jugendlichen isoliert werden. Bei Strafen längerer Dauer hingegen würden die Jugendgefängnisse mit „Mischlingen durchsetzt", was dem Vollzug insgesamt abträglich sei.[276] Diese Formulierung dürfte die Überführung auch jugendlicher „Mischlinge" in Konzentrationslager bedeutet haben. Wie das eben erwähnte Beispiel der „halbjüdischen" Swing-Jugendlichen zeigt, erörterten Gestapo und Reichsstatthalter die Fälle mit der Schulbehörde, die durchaus informiert war und Anteil an den getroffenen Maßnahmen hatte.

Über die Einschränkungen der schulischen Laufbahn oder Relegationen hinaus erinnern sich Kinder und Jugendliche an zahlreiche Diskriminierungen. Antisemitismus schlug sich in schlechten Noten und Verwarnungen bei den geringsten Kleinigkeiten nieder, ohne daß er sich als solcher geltend machte.[277] Die im Teil IV dieser Arbeit ausgewerteten Interviews enthalten Hinweise auf derartige Erfahrungen. An dieser Stelle sollen einige Beispiele aus dem Schulalltag einen Einblick in die Möglichkeiten informeller Diskriminierung ermöglichen. Ralph Giordano wies aus eigener Erfahrung darauf hin, daß bereits ein einziger „Lehrer genügte, um den Sohn einer jüdischen Mutter zwischen dem fünfzehnten und siebzehnten Lebensjahr einige der furchtbarsten Erlebnisse seines Daseins zu bescheren."[278]

Während einige Lehrer grundsätzlich den Unterricht mit der Aufforderung an „Nichtarier" begannen, sich zu melden[279], nutzten andere deren Anwesenheit zu „rassenkundlichen" Demonstrationen. So erinnert sich eine Schülerin mit Schrecken daran, daß der Volksschullehrer ihre Nase an die Wandtafel drückte, um deren „jüdische Form" herauszustreichen.[280] Solche Handlungen gingen nicht nur von Lehrern, sondern ebenso von Mitschülern aus, die ihren „halbjüdischen" Klassenkameraden das Leben erschwerten, so daß mancher die Schule ihretwegen verließ.[281] Elisabeth E. behielt die Erinnerung an ein Ereignis aus dem Jahr 1935 lebenslang:

> „Ich habe seit meiner Schulabschlußfeier, wo man in unserer Klassenzeitung meine „Negerkrause" (das Erbteil meiner reinarischen Mutter, Ironie des Schicksals!!) zum Verkauf inserierte und bei der Feier laut vorlas, eine zittrige rechte Hand. Ich konnte die Kaffeetasse s.Zt. nicht zum Munde führen, einen solchen Schock hat mir diese Sache gegeben. Die man natürlich nur aus der seinerzeitigen Lage und der seelischen und nervlichen Belastung heraus verstehen kann. Es war vielleicht nicht einmal schlecht gemeint, aber seit dieser Zeit bin ich mit dieser Zitterhand behaftet, die besonders schlimm wird, sowie ich Aufregungen habe."[282]

Die Beispiele aus den Akten der Schulbehörde und des Wiedergutmachungsamtes – nähme man sie als einziges Indiz für das Verhalten der Lehrer, Rektoren oder Mitschüler – erwecken den Eindruck, es habe keine duldenden, widersprüchlichen, unterstützenden oder schützenden Haltungen gegeben. Daß ein solches Bild einseitig und unrichtig wäre, ergibt sich aus anderen Quellen, vor allem den lebensgeschichtlichen Interviews.

Studium

Mit den jahrelangen Auseinandersetzungen um die Zulassung bzw. den Verbleib „jüdischer Mischlinge" an den Universitäten hat sich Albrecht Götz von Olenhusen intensiv befaßt und bereits 1966 eine umfassende Fallstudie vorgelegt.[283] Deshalb kann sich diese Arbeit auf eine kurze Wiedergabe der Maßnahmen im Hochschulbereich beschränken.

Obwohl „Mischlinge ersten Grades" nach dem Gesetz gegen die Überfüllung deutscher Schulen und Hochschulen studieren durften, waren sie doch von etlichen Fächern ausgeschlossen: Aus dem Erziehungsbereich, vom Pharmaziestudium und nach einem Erlaß vom 20. Oktober 1937 von medizinischen Fächern.[284] Das 1934 gegründete Erziehungsministerium zog zunächst die Kompetenzen in „Mischlingsangelegenheiten" an sich. Nach einer Anordnung vom 15. April 1937 war den „Mischlingen" die Promotion erlaubt[285], in Zweifelsfällen allerdings konnte das Erziehungsministerium die Zulassung verweigern.[286] Aus der Deutschen Studentenschaft wurden sie 1937 zunächst ausgeschlossen, dann aber wieder aufgenommen.[287]

Bereits vor Kriegsbeginn hatten das Erziehungsministerium und der StdF gemeinsam versucht, die „Mischlinge ersten Grades" – im Gegensatz zu denen „zweiten Grades" – generell vom Studium auszuschließen, stießen aber auf den Widerstand des Innen- und Wirtschaftsministeriums. Eine Kompromißlösung sah vor, die Genehmigungskompetenz dem Erziehungsministerium zu übertragen und die Rechtsvorschrift des Ausschlusses als „Kann-Vorschrift" zu fassen.[288] Bis der Verordnungsentwurf in Kraft trat, wurde bereits entsprechend verfahren, so daß ohne ein offizielles Studienverbot die Anträge der „Mischlinge ersten Grades" fast ausnahmslos abgelehnt wurden.[289] Ab Trimesterbeginn 1940 war nicht nur der Zugang, sondern auch der Verbleib bereits studierender „Mischlinge" von der Erlaubnis des Erziehungsministeriums abhängig, es sei denn, sie erhielten aufgrund besonderer militärischer Verdienste eine Ausnahmeerlaubnis.[290] Der Erziehungsminister handhabte die Zulassungen restriktiv, um „eine Anhäufung teilweise rassefremder Elemente" zu verhindern.[291] Wie auch bei anderen Verfahren (Ehegenehmigung, Anträge nach dem Reichsbürgergesetz etc.) wurden umfangreiche Dokumente angefordert: Die betroffenen Studenten mußten einen eingehenden Lebenslauf für sich, die Eltern- und Großelternteile sowie eine ausführliche Stellungnahme des Universitätsrektors einreichen. Dieser hatte insbesondere zu beurteilen, welchen Eindruck er von Persönlichkeit und Aussehen des Bewerbers hatte und wie weit „Merkmale der jüdischen Rasse" äußerlich erkennbar waren.[292] Handhabe bereits das Erziehungsministerium die Anträge restriktiv, so verstärkte sich diese Tendenz noch einmal, als die „Mischlinge ersten Grades", die am Kriege teilgenommen hatten, ihre Zulassungen beantragten. Das Erziehungsministerium, der StdF bzw. später die Partei-Kanzlei, wie zeitweise auch das OKW, das Innenministerium und Göring verhandelten während des Krieges immer wieder um Kompetenzen und Modalitäten des Zugangs der „Mischlinge" zur Universität.[293] Das OKW plädierte gegen Studienverbote für die ehemaligen Soldaten. Auch Hitler wandte sich gegen Einschränkungen bei der Zulassung von Kriegsteilnehmern. Nach der Entlassung der „Mischlinge ersten Grades" aus der Wehrmacht sollten dann die für Tapferkeit vor dem Feind Ausgezeichneten studieren dürfen, eine Entscheidung, der sich der StdF nur anschloß, wenn diese auch für „deutschblütig" erklärt worden waren.[294] Faktisch ging es bei diesen mit großem Aufwand betriebenen Auseinandersetzungen um rd. 90 Anträge.[295] Von großer Bedeutung für die Betroffenen war allerdings, daß sich die Partei-Kanzlei das Recht erkämpfte, an allen Entscheidungen beteiligt zu werden. Jeder „halbjüdische" Studienbewerber benötigte nun eine positive politische Beurteilung, die die Partei-Kanzlei von den örtlichen Gauleitungen anforderte.[296] Damit hatte die NSDAP letztlich die Entscheidungsbefugnis. Eine andere Hürde für angehende Studenten war, daß sie einen Ausgleichsdienst für den RAD ableisten mußten. Dazu wurden sie wegen ihrer Abstammung nicht zugelassen.[297]

Mit Erlaß vom 22. Juni 1942 übertrug der Reichsminister für Wissenschaft, Erziehung und Volksbildung den Universitätsrektoren die Befugnis, über Aufnahmeanträge von „Mischlingen zweiten Grades" zu entscheiden, wobei alle medizinischen Fächer und Pharmazie sowie Landwirtschaft weiterhin nicht gewählt werden durften.[298] Die Rektoren konnten aussichtslose Fälle gleich ablehnen. „Mischlinge ersten Grades" waren nur noch in genau definierten Ausnahmefällen zum Studium zugelassen.[299] Die Regelungen galten auch für deren Ehepartner. Die Verlagerung der Zulassungsbefugnis auf die Rektoren verbesserte die Studienmöglichkeiten der „Mischlinge ersten Grades" nicht, weil auch die Universitätsdirektoren nur Genehmigungen erteilen durften, „wenn die territorial zuständige Gauleitung in politischer Hinsicht keine Einwendungen erhob."[300] Zudem legte die Partei-Kanzlei immer strengere Kriterien an: Kriegsteilnahme oder Frontbewährung waren nicht länger Gründe für eine Zulassung. Damit verschärften sich die Gegensätze zwischen Erziehungsministerium und dem „Braunen Haus", die sich in Aktenbergen um Zulassung versus Studienverboten niederschlugen.[301] Auch die Universitätszulassung von „Mischlingen zweiten Grades" wurde zunehmend mit der Begründung verweigert, sie seien schon wegen ihrer Abstammung „politisch unzuverlässig", oder einfach verschleppt, indem Anträge nicht bearbeitet wurden.

Über das politische Eignungszeugnis hatte die Partei-Kanzlei sich den maßgeblichen Einfluß auf die „Mischlingspolitik" an den Hochschulen gesichert und sorgte dafür, daß es Ausnahmefälle nicht gab. Die Mitarbeiter des Erziehungsministeriums, zu Beginn der Studieneinschränkungen Verfechter möglichst restriktiver Handhabungen, hatten unversehens ihre Position als hardliner verloren, ohne daß sich ihre Kriterien geändert hatten. Sie setzten sich nun gelegentlich über die Vorgaben der Partei-Kanzlei hinweg und erteilten vorläufige Studiengenehmigungen.[302]

Ab 13. Mai 1944 durften – nach einer Tischbemerkung Hitlers – nur noch solche „Mischlinge" studieren, die vor der nationalsozialistischen Machtübernahme – ohne um ihre Abstammung zu wissen – in der NS- Bewegung aktiv gewesen waren.[303] Erfüllte ein Bewerber auch diese Bedingung, fand die Partei-Kanzlei dennoch meist Argumente zur Ablehnung, wenn sie beispielsweise das Engagement für den Nationalsozialismus als nicht außergewöhnlich einstufte.

Für die Studienmöglichkeiten von weiblichen „Mischlingen" bedeutete diese – wenn auch extrem restriktiv gehandhabte – Konzentration auf Wehrmachtsangehörige, daß sie nicht einmal die Hoffnung zu hegen brauchten, mit einer Ausnahmegenehmigung zur Universität zugelassen zu werden. Auch als in der NS-Bewegung Aktive waren sie in verschwindender Minderzahl.

Olenhusen zieht in seiner Fallstudie zahlreiche Beispiele aus der Universität Freiburg heran. Daß diese keine Ausnahme darstellen, wird im Vergleich mit Hamburg deutlich: Als die Hansestadt nach Erlaß des Gesetzes gegen die Überfüllung der Schulen und Hochschulen die Zahl der „nichtarischen" Studentinnen und Studenten überprüfte, stellte sie 1934/35 für das Wintersemester 53 „Nichtarier" fest, im November 1938 studierten neben neun Juden noch zwölf „Mischlinge" beider Grade, im Mai 1944 waren es nur noch drei „Mischlinge zweiten Grades".[304]

In dem umfangreichen Schriftverkehr der Partei-Kanzlei um die Zulassung zum Studium finden sich auch Anträge Hamburger „Mischlinge". So bat ein „Mischling", der von April 1940 bis Februar 1943 Soldat war, nach Beendigung des Wehrdienstes um Zulassung zu einer Technischen Hochschule.[305] Er wollte Schiffsbauingenieur werden und absolvierte bereits ein Praktikum auf einer Hamburger Werft. Das Erziehungsministerium reichte seinen Antrag an die Partei-Kanzlei weiter, die jedoch „außer dem militärischen Einsatz des Antragstellers keine weiteren Tatsachen" sah, die aus ihrer Sicht eine Ausnahme rechtfertigen.[306] Als nach zehn Monaten immer noch keine Antwort erfolgt war, wiederholte der „arische" Stiefvater des Studienbewerbers dessen Bitte um Zulassung:

> „Jürgen wird seit seinem 10. Lebensjahr in meinem Hause erzogen. Er hat sich vom 1.3.1933 bis zu seinem Eintritt in den aktiven Wehrdienst im Jungvolk betätigt; wie mir seine Vorgesetzten berichteten, setzte er sich stets voll und ganz für die Bewegung ein. Nach Kriegsausbruch meldete er sich als Kriegsfreiwilliger für das Fliegende Personal und kam nach erfolgter Ausbildung – nach freiwilliger Meldung – zu einer Fallschirmjäger Kampftruppe, die im Osten im Erdeinsatz stand. Wegen Tapferkeit vor dem Feinde wurde er als Gruppenführer mit dem E.K. II. Klasse ausgezeichnet und zum Kriegsoffizier-Anwärter ernannt. (…) Seit seiner Entlassung aus dem aktiven Wehrdienst arbeitet er (…) auf der Schiffswerft. Der Inhaber der Werft, Wehrwirtschaftsführer v.D. (…) befürwortet (…) die Zulassung zum Studium."[307]

Im März 1944, über ein Jahr nach Antragstellung, lehnte das Erziehungsministerium mit der lapidaren Begründung ab, die Richtlinien hätten mittlerweile „eine wesentliche Einschränkung erfahren."[308] Daß der Ex-Soldat mittlerweile Zeit – und vermutlich auch Geld – mit einem überflüssig gewordenen Praktikum verloren hatte, interessierte die Verantwortlichen nicht.

2. Berufsbezogene Maßnahmen

Wenngleich „Mischlingen" Ausbildungsgänge im medizinischen, pädagogischen, künstlerischen Bereich verwehrt waren, so sollten ihnen doch – analog zur freien wirtschaftlichen Tätigkeit für Erwachsene – alle Berufsausbildungsmöglichkeiten in der freien Wirtschaft offenstehen, wie der Reichswirtschaftsminister anordnete.[309] Außerdem mußten sie wie alle Jugendlichen zwischen 18 und 25 Jahren – das Eingangsalter wurde später herabgesetzt – das „Pflichtjahr" beim Reichsarbeitsdienst absolvieren.[310]

Eine zusammenfassende Darstellung und Bewertung der erwerbs- und vermögensrechtlichen Situation der „Mischlinge" in der sogenannten freien Wirtschaft sieht sich vor eine Reihe von Schwierigkeiten gestellt: Deren größte ist zweifellos die Unübersichtlichkeit der Materie, die nicht nur die wissenschaftliche Rekonstruktion erschwert, sondern auch für die damals Betroffenen und die Staats- und Verwaltungsorgane kaum überschaubar war. Auf der Ebene von Gesetzen, Verordnungen oder unterhalb derer existierte eine Vielzahl von einschränkenden Bestimmungen, die immer wieder neu definiert oder verändert wurden. Sie waren jedoch nur teilweise Bestandteil der Judengesetzgebung. Die meisten Bestimmungen finden sich dort, wo die Ausführung von Gesetzen und Verordnungen konkretisiert wurde, die für die Mehrheitsbevölkerung erlassen wurden. Der „Reichsverband der nichtarischen Christen" veröffentlichte über 90 Seiten Hinweise über berufliche Einschränkungen, die allein im Zeitraum März 1933 bis Sommer 1935 verfügt worden waren.[311]

Ein weiteres Moment kommt hinzu: Aufgrund der Unübersichtlichkeit der Maßnahmen entwickelte sich darüber hinaus eine chaotische Praxis der Berufsbeschränkungen, die nur dort vereinheitlicht werden konnte, wo – wie bei den Beamten – zentrale Stellen koordinierten und – etwa in Gestalt des StdF definierbare Interessen an jeden Einzelfall herantrugen. Dies war – mit Einschränkungen – auch im Erziehungs-, Rechts-, Gesundheits- oder im Kulturbereich der Fall. Wo aber, wie in der Wirtschaft, eine „freie Betätigung" der „Mischlinge" explizit garantiert sein sollte, wurde diese in sehr unterschiedlicher Weise teils gestattet, teils durch die Verweigerung von Kontingentzuteilungen, Konzessionen oder Paßausstellungen, durch Einsprüche der Kammern bei Teilhaberschaften oder der Prokuraerteilung be- oder verhindert. Da auch die Kontrollierenden bei staatlichen Stellen oder in den Kammern kaum einen Überblick hatten, und die Vorschriften oft dann geändert wurden, wenn „Mischlinge" noch bestehende Rechte in Anspruch nehmen wollten, entstand ein widersprüchliches Nebeneinander von „Großzügigkeiten" auf der einen und rigidesten Auslegungen auf der anderen Seite. Einige der gegen Ende des Krieges erlassenen Beschränkungen erreichten zudem ihre Adressaten nie: Der Ausschluß der „Mischlinge" 1944 aus der Deutschen Arbeitsfront[312], der ihnen perspektivisch alle Berufe der Wirtschaft verschlossen hätte, wurde nicht umgesetzt. Noch bei der Zwangsarbeit 1944/45 gaben die meisten wahrheitsgemäß zu Protokoll, daß sie der DAF angehörten und dort auch ihre Schwerarbeiterzulage beantragten.[313]

Diesen Problemen Rechung tragend, sollen im folgenden nur grobe allgemeine Tendenzen skizziert und für die Alltagspraxis anhand einiger Beispiele nachgezeichnet werden.

Wie erwähnt, verloren zunächst „nichtarische" Beamte, dann Angestellte und Arbeiter ihre Stellen im öffentlichen Dienst auf der Grundlage des Gesetzes zur Wiederherstellung des Berufsbeamtentums. Davon betroffen waren die Beamten des Reichs, der Länder, der Gemeinden und Gemeindeverbände, der sonstigen Körperschaften, Anstalten und Stiftungen sowie der Reichsbank und der Deutschen Reichsbahn-Gesellschaft.[314] Ausgenommen waren Frontkämpfer sowie Bedienstete, die bereits vor 1914 zu Beamten ernannt worden waren. Im Amte verbleiben sollten Söhne, Väter und Ehefrauen von Gefallenen, wobei die Stellung der Frauen im öffentlichen Dienst zusätzlich durch die Anwendung des Allgemeinen Beamten-Besoldungs- und Versorgungsrechts (AeBG) wegen ihres Geschlechtes gefährdet war.[315] Berufsverbände, Kammern, die meisten evangelischen Landeskirchen[316], öffentlich kontrollierte Selbstverwaltungseinrichtungen und viele andere übernahmen in der

Folgezeit die Regelungen. Betroffen waren zunächst – mit den oben genannten Ausnahmen – alle Personen, die einen oder mehrere jüdische Großelternteile hatten.[317]

Obwohl der öffentliche Dienst, die Kammern und Berufsverbände strenge Maßstäbe an die Abstammung ihrer Mitglieder anlegten, war es jedoch einzelnen „Mischlingen" oder mit ihnen Verheirateten über Ausnahmeregelungen und Sondergenehmigungen möglich, befristet oder ohne zeitliche Begrenzung ihren Beruf auszuüben. Selbst in der dem Reichspropagandaministerium unterstehenden Reichskulturkammer, die in ihren sechs Einzelkammern 1935 über 100.000 Mitglieder registrierte, an deren Herkunft sie strenge, über das Beamtengesetz hinausgehende Maßstäbe anlegte, mußten die Kammerpräsidenten immer wieder lange Listen der Ausnahmen anfertigen. Dabei hatte Goebbels bereits im November 1936 verkündet, die Reichskulturkammer sei „judenfrei".[318] Dennoch verzeichnete 1938 beispielsweise allein die Reichsfilmkammer 624 Namen von „Juden, Mischlingen und jüdisch Versippten", 1943 arbeiteten dort noch 275 Personen mit Sondergenehmigungen.[319]

Als das Gesetz zur Wiederherstellung des Berufsbeamtentums 1937 auslief und durch das Deutsche Beamtengesetz abgelöst wurde, war den meisten „Nichtariern" bereits gekündigt oder sie waren in den Ruhestand versetzt worden. Ein Teil jedoch war dort verblieben, zumeist versetzt in Abteilungen ohne Publikumsverkehr. Nachdem aber der StdF dem Innenministerium eine Auflistung der trotzdem verbliebenen „jüdischen Mischlinge" oder mit ihnen Verheirateten vorgelegt hatte, wies das Ministerium die Behördenstellen an, diese Beamten in den Ruhestand zu versetzen. „Mischlinge ersten Grades" sollten nur ausnahmsweise bei besonderer Tüchtigkeit, Zuverlässigkeit, wegen schwerer Kriegsbeschädigung oder besonderer Verdienste um die NSDAP im Amt bleiben.[320] „Mischlinge zweiten Grades" oder mit ihnen Verheiratete hingegen konnten in der Regel im Dienst verbleiben[321] – sofern sie nicht schon längst aus diesem entfernt worden waren. In Hamburg – so meldete das Staatsamt – seien aufgrund des alten bzw. des neuen Beamtengesetzes zwei höhere und fünf mittlere Beamte im Bereich Kultur- und Schulbehörde pensioniert worden, somit gäbe es dort keine jüdisch versippten Beamten mehr. Der Antrag des Reichsstatthalters, auch die „Mischlinge" in den Ruhestand zu versetzen, wurde ebenfalls befolgt: Zwei höhere und sechs mittlere Beamte waren davon betroffen, über weitere zehn stand die Entscheidung noch aus. Lediglich ein „jüdischer Mischling" sollte im Dienst verbleiben.[322]

Während des Krieges erhöhte sich der Arbeitskräftebedarf wegen der Einberufungen und der Notwendigkeit, in den besetzten Ländern Verwaltungen aufzubauen. Ein (kleinerer) Teil der in den ersten Jahren nationalsozialistischer Herrschaft entlassenen Beamten, Angestellten und Arbeiter wurde wieder eingestellt, wobei nur diejenigen in Frage kamen, die die Gewähr dafür boten, jederzeit für den NS-Staat einzutreten. Dazu war in jedem Einzelfall die Zustimmung des StdF notwendig.[323] Allerdings konnten auch die Wiedereingestellten nicht sicher sein, daß sie nun ungefährdet im Staatsdienst verbleiben durften.[324]

Probleme warfen die Beförderungen der „Mischlinge zweiten Grades" oder der mit ihnen Verheirateten auf. Sie beschäftigten verschiedene Instanzen, hochrangige Vertreter von Ministerien und den StdF, der ihnen zustimmen mußte, auch wenn es sich nicht um höhere Beamte handelte. Die routinemäßige Beförderung eines Hamburger Reservelokomotivführers zum Lokomotivführer beispielsweise ging folgenden Weg: Innerhalb der für ihn zuständigen Behörde passierte der Vorgang verschiedene Abteilungen, bis er dem Reichsverkehrsministerium vorgelegt wurde. Zuvor waren Auskünfte der Gauleitung eingeholt worden. Der Reichsverkehrsminister reichte nun das Gesuch an den Innenminister, den Finanzminister und den StdF weiter.[325] Die Beförderung konnte nur dann erfolgen, wenn niemand Einwände erhob. Vor allem der StdF versuchte jedoch, in fast allen Zweifelsfällen Beförderungen zu verhindern. Ähnlich gestalteten sich die Prozeduren für den Vorbereitungsdienst, den Juristen, Ärzte, Lehrer etc. durchlaufen mußten.

Durch die Ausnahmeregelungen blieb das Problem der „Mischlinge" oder der mit solchen Verheirateten im öffentlichen Dienst trotz restriktiver Entscheidungspraxis bis Kriegsende als immer wieder neu regelungsbedürftig bestehen. Insbesondere der StdF bzw. später die Partei-Kanzlei forderte in Abständen Übersichten über die noch beschäftigten Beamten, die diesem Personenkreis zuzurechnen waren.[326] Die letzte große Offensive zur Entfernung der „Mischlinge" und „jüdisch Versippten" startete der „Sekretär des Führers", Martin Bormann, im November 1944, als er der Reichskanzlei Hitlers Wunsch mitteilte, daß in den obersten Reichsbehörden solche Beamte nicht mehr tätig sein sollten:

> „Die Ereignisse des 20. Juli haben gezeigt, wie notwendig es ist, aus den Führungsstellen des Reiches alle Männer zu entfernen, die ihrer Herkunft nach bei besonderer Belastung zu Zweifeln an ihrer nationalsozialistischen Haltung und weltanschaulichen Festigkeit Anlaß geben. Hierzu sind die Beamten zu rechnen, die als jüdische Mischlinge oder jüdisch Versippte die nationalsozialistische Weltauschauung niemals aus innerster Überzeugung bejahen können, sondern ihrer blutsmäßigen oder verwandtschaftlichen Bindungen wegen mit ihr immer wieder in Konflikt kommen müssen. Der Führer ordnete aus diesen Erwägungen an, daß Beamte, die jüdische Mischlinge und die mit Juden oder mit jüdischen Mischlingen verheiratet sind, in obersten Reichsbehörden nicht mehr tätig sein dürfen, auch wenn früher ihre oder ihrer Ehegatten Gleichstellung mit Deutschblütigen ausgesprochen wurde."[327]

Lammers forderte daraufhin Aufstellungen der Obersten Reichsbehörden an. Von 51 Institutionen meldeten 20 „Fehlanzeige", die restlichen nannten die betroffenen Beamten namentlich und fügten deren Verdienste hinzu. Die Reichsbank, die in einer Auswertung der Reichskanzlei mit „Fehlanzeige" auftaucht, verzeichnete mit 34 Personen die meisten, die übrigen Angeschriebenen in ihren Dienststellen maximal fünf Beschäftigte jüdischer Herkunft oder mit ihnen Verheiratete.[328]

Während im öffentlichen Dienst immer wieder gegen die dort verbliebenen „Mischlinge" vorgegangen wurde, sollte deren Betätigung in der Wirtschaft nicht beeinträchtigt werden. Nachdem die Nürnberger Gesetze die „Nichtarier" in „Volljuden" und „Mischlinge ersten und zweiten Grades" unterteilt hatten, nahm die DAF die „Mischlinge" wieder auf. Bei einer Besprechung am 29. September 1936, an der Vertreter des Innen-, wie des Wirtschaftsministeriums und des StdF teilnahmen, sollte – als Vorbereitung für eine spätere Chefbesprechung – die „Einheitlichkeit aller judenpolitischen Maßnahmen" mit dem Ziel sichergestellt werden, die Juden zur Auswanderung zu veranlassen.[329] Die Teilnehmer einigten sich, daß alle erörterten Maßnahmen auf Juden beschränkt bleiben sollten. „Die jüdischen Mischlinge und jüdisch versippten Personen sollen in wirtschaftlicher Beziehung den Deutschblütigen gleichgestellt sein"[330], vermerkte das Protokoll. Bezogen auf die rigide Ausschlußpolitik der Reichskulturkammer wurde beschlossen, auf das Propagandaministerium dahingehend einzuwirken, daß die „Mischlinge" zwar weiterhin aus dem „Kulturschaffen" ausgegrenzt bleiben, aber in den „kulturwirtschaftlichen Betrieben" tätig sein dürften.[331] Das Wirtschaftsministerium richtete daraufhin ein Schreiben, „Mischlinge in der gewerblichen Wirtschaft" betreffend, an die Reichswirtschaftskammer. Dort wurde der Grundsatz betont, „Mischlinge in ihrer wirtschaftlichen Betätigung den deutschblütigen Personen gleichzustellen und sie keinen besonderen Bedingungen zu unterwerfen."[332] In den folgenden Jahren wiesen das Reichswirtschaftsministerium und andere Institutionen bis hin zum StdF immer wieder auf die Freiheit wirtschaftlicher Betätigung hin[333], markierten allerdings auch deren Grenzen. Beispielsweise sollten „Mischlinge" nicht als ständige Auslandsvertreter von Firmen eingesetzt werden.[334] Doch selbst wenn ein Arbeitsgericht, das Wirtschaftsministerium und regionale Behördendienststellen einen Arbeitgeber darauf hinwiesen, daß die Kündigung eines „Mischlings" nicht im Einklang mit den Gesetzesbestimmungen erfolgt war, konnte dieser eine Wiedereinstellung mit weltanschaulicher Begründung verweigern.[335] So kam es teilweise zu paradoxen Situationen, wenn Reichs- und hamburgische Behörden, die ihrerseits massenhaft „Nichtarier" aus dem öffentlichen Dienst entließen, zugunsten der Weiterbeschäftigung von „Mischlingen" intervenierten, weil diese sich beschwerdeführend an Gerichte oder staatliche Stellen gewandt hatten.

Ab Sommer 1935 waren den „Nichtariern" oder „Teilariern" (Reichsverband der nichtarischen Christen) alle Berufe verschlossen, deren Ausübung von einer Mitgliedschaft in der Reichskulturkammer abhing (vom Architekten bis zum Zeitungshändler), alle Anwaltsberufe, die Steuerberatung, der Beruf des Arztes, Zahn- oder Tierarztes (später konnten „Mischlinge" diese Berufe zwar weiter ausüben, Kassenzulassungen erhielten jedoch nur die Frontkämpfer[336]), private Unterrichts- und sozialpädagogische Berufe oder die Tätigkeit als Landwirt.[337] „Theoretisch stehen demnach Nichtariern nur Gewerbe, Handwerk und Handel offen"[338], resümierte der „Reichsverband nichtarischer Christen", der aber – um falschen Hoffnungen vorzubeugen, darauf hinwies, daß auch in diesen Bereichen die DAF sich häufig gegen die Einstellung von „Nichtariern" wandte. Die Berufsbeschränkungen und vielfältige Verbote, sich beruflich zu qualifizieren, bewirkten zusammen – so der Verband – eine „wachsende Proletarisierung dieser Bevölkerungsgruppe auch im Wirtschaftsleben."[339] Bereits zwei Jahre später warnte die Nachfolgevereinigung ihre Mitglieder, akademische Berufe zu ergreifen und wies auf „manche Unklarheiten" in den technischen Berufen hin, deren „noch freier" Zugang bereits gefährdet war.[340] Hatte der Verband 1936 auf seiner Hamburger Mitgliederliste 80 Unternehmer aufgeführt, so waren es Mitte 1937 – nach dem erzwungenen Ausschluß der „volljüdischen" Mitglieder – gerade noch drei.[341] Im Frühjahr 1938 beklagte die Vereinigung, daß sich die Erwerbsmöglichkeiten in der freien Wirtschaft ständig erschwerten.[342] Im November 1938 informierte sie ihre selbständigen Mitglieder, wie sie sich dagegen wehren konnten, daß „Mischlingsgeschäfte" als jüdische Gewerbebetriebe verzeichnet wurden.[343]

Während die Betätigung der „Mischlinge" als Unternehmer oder Arbeitnehmer vor der Öffentlichkeit als gesichert dargestellt wurde, begannen die Gestapostellen im Zuge der Kriegsvorbereitungen, in Zusammenarbeit mit der Wehrmacht und den Arbeitsämtern, alle Arbeitskräfte in „geschützten" und der Geheimhaltung unterworfenen Betrieben zu überprüfen.[344] Für „wichtige Stellen" sollten u.a. keine „Mischlinge" eingestellt werden, auch wenn für diese Betriebe kein „Arierparagraph" verbindlich war.[345] Die Regelung ließ sich allerdings angesichts des Arbeitskräftemangels während des Krieges schon 1942 nicht mehr durchhalten: „Es müssen (...) mit Rücksicht auf die angespannte Arbeitslage und den Mangel an Arbeitskräften im gegenwärtigen Zeitpunkt die grundsätzlichen Bedenken gegen die Beschäftigung jüdischer Mischlinge in Rüstungsbetrieben im Reich zurückgestellt werden."[346]

Die Arbeitsämter vermerkten den „rassischen Status" und Vorbehalte der Gestapo gegen Arbeitnehmer in ihren Unterlagen und waren angewiesen, solche Personen in andere Stellen zu vermitteln. Beim Besuch des Arbeitsamtes registrierten die Betroffenen, daß ihre Karteikarten Vermerke trugen[347], was das Amt nach dem Krieg leugnete:

> „Während Personen volljüdischer Abstammung bereits unmittelbar nach 1933 einschränkenden Bestimmungen hinsichtlich der Arbeitsvermittlung unterworfen wurden, galten zunächst für Arbeitnehmer halbjüdischer Abstammung die auch für deutsche Arbeitnehmer damals üblichen Arbeitseinsatzbestimmungen. Erst im November 1943 wurde die Erfassung der Arbeitnehmer halbjüdischer Abstammung durch den damaligen Generalinspekteur für den Arbeitseinsatz angeordnet."[348]

Einzelne – in der Amtshierarchie eher untergeordnete – Sachbearbeiter des Arbeitsamtes avancierten so zu Entscheidungsträgern darüber, ob ein „Mischling" eine Lehrstelle bekam, ob diese im kaufmännischen oder handwerklichen Bereich angesiedelt war und ob ein Arbeitssuchender qualifizierte oder unqualifizierte Arbeit zugewiesen bekam. Obwohl „Mischlingen" Ausbildungsgänge für eine spätere Tätigkeit in der Wirtschaft offenstehen sollten, handhaben die Sachbearbeiter dies – analog zu ihrem Verhalten erwachsenen Probanden gegenüber – sehr unterschiedlich.[349] Ein Teil Ausbildungswilliger konnte die gewünschte Lehre absolvieren[350], ein anderer Teil durfte keine kaufmännische, wohl aber eine Handwerkslehre antreten.[351] Nach dem Verbot, weiterführende Schulen zu besuchen, war es aus der Sicht der Rassenideologen „nur folgerichtig, sie auch von Handwerksberufen fernzuhalten."[352] Von den abgeschulten Gymnasiasten wurde ein Teil gar nicht zu Ausbildungen zugelassen, sondern mußte bis Kriegsende als Hilfsarbeiter bzw. Dienstmädchen tätig sein.[353] Einem 14jährigen Mädchen, das 1943 den Oberbau wegen seiner Abstammung verlassen mußte, erklärte die Arbeitsvermittlerin, sie könne zu „Blohm & Voss zum Schrauben drehen gehen, zwischen arischen Kindern hätte ich nichts verloren, das müßte ich doch einsehen."[354]

Wenn sich die Gestapo oder die NSDAP einschalteten, folgten die Arbeitsvermittler deren „Anregungen" oder holten sich Rückendeckung für selbstinitiierte Verschärfungen der Bestimmungen. So wandte sich ein für den „Jugendeinsatz" verantwortlicher Mitarbeiter des Arbeitsamtes an die Kreisleitung der NSDAP, um einem „Mischling" die Elektrikerausbildung zu verbauen:

„Im Zuge schärferen Fernhaltens der Mischlinge von der Berufsausbildung, die wegen der genauen Nachwuchspläne und Eignungsvorschriften [von] manchem jungen Deutschen nicht nachwuchsgemäß erfüllt werden kann, beabsichtige ich, dem Mischling 1. Grades, H.G. (...) die Berufsausbildung zu versagen. G. ist den Anlagen nach zum Elektriker geeignet. Ich wäre dankbar für Ihre Stellungnahme zu meiner Absicht. Heil Hitler."[355]

Die NSDAP stimmte ihm zu.[356]

Hatte sich ein Betroffener eine Stelle gesucht, konnte das Arbeitsamt selbst im Nachhinein diese Eigeninitiative konterkarieren, wie das Beispiel des 1906 geborenen „Mischlings ersten Grades" Siegmund R. zeigt. Dieser trat 1929 nach einer kaufmännischen Lehre in das Gardinengeschäft seines jüdischen Vaters ein, das er 1938 übernahm.[357] Weil Gardinen während des Krieges als Luxusartikel eingestuft wurden, mußte er schließen und sich arbeitslos melden. Der zuständige Sachbearbeiter bei der Arbeitsverwaltung, Paul Stave, vermittelte ihn nicht in eine kaufmännische Stelle, sondern als Arbeiter. Siegmund R., dem wegen einer Behinderung körperliche Arbeit besonders schwerfiel, bewarb sich daraufhin selbst. Doch immer, wenn Paul Stave als zuständiger Arbeitsvermittler von einer beabsichtigten Einstellung Kenntnis erlangte, rief er beim zukünftigen Arbeitgeber an und fragte, ob die Verantwortlichen auch darüber im Bilde seien, daß der Bewerber „Halbjude" sei.[358] Derart gewarnt, schwand die Einstellungsbereitschaft der Firmenleiter schlagartig. Suchte Siegmund S. das Arbeitsamt auf, nutzte der Vermittler die Gelegenheit, ihn zu demütigen: „Herr Stave (Arbeitsamt) sagte wörtlich zu mir, es sei ‚Gottes Fügung', daß ich Halbjude sei, ich solle mich erhängen. (Ich habe mich bei dem Hamburger Gauleiter Kaufmann über die Behandlungsweise beim Arbeitsamt beschwert. Der Dienststellenleiter des Arbeitsamtes versprach mir, für Abhilfe zu sorgen. Es änderte sich aber nichts)."[359]

Das Verhalten dieses Arbeitsvermittlers gegenüber Siegmund S. war keine Ausnahme, wenn auch nicht alle Sachbearbeiter ihren Beruf auf diese Weise ausübten. 1958 bestätigte der Direktor des Arbeitsamtes Hamburg:

„Wie mir bekannt ist, haben etwa im Jahre 1950 mehrere nichtarische frühere Erwerbslose gegen Stave Beschwerden eingereicht, in denen ihm dasselbe Verhalten wie im Fall R. zur Last gelegt wurde. Stave wurde seinerzeit den Beschwerdeführern gegenübergestellt und konnte nachweisen, daß sein Verhalten auf direkte Weisung der Gestapo erfolgte. Im übrigen gelang ihm seinerzeit auch der Nachweis, daß er einigen Juden geholfen hatte. Die damaligen Beschwerdeführer sahen daraufhin von einer Weiterverfolgung der Angelegenheit ab. Ein Gerichtsverfahren hat m.W. nicht stattgefunden."[360]

Offensichtlich hatte Stave Siegmund R. nicht anders behandelt als andere „Mischlinge", die er zu betreuen hatte. Daß er in seiner Dienstzeit für „Juden" verantwortlich war, ist unwahrscheinlich, vermutlich sind auch hier „Mischlinge" gemeint, die eben nicht bei einer Sonderdienststelle des Arbeitsamtes, sondern in den allgemeinen Abteilungen erfaßt waren. Doch ein Täterporträt von Paul Stave anzufertigen, scheitert an mangelnden Informationen: Seine Personalakte im Arbeitsamt existiert nicht mehr[361], sie wurde auch im Staatsarchiv nicht verwahrt, weil Stave kein höherer Beamter, sondern nur ein mittlerer Angestellter war.[362] Nur in der NSDAP-Kartei ist seine Mitgliedsnummer verzeichnet, die Nr. 4230803.³⁶³ Stave trat erst am 1. Mai 1937 in die Partei ein, ein Hinweis darauf, daß er kein „alter Kämpfer" oder früher Anhänger der Bewegung war. Er hatte den Antrag erst nach Aufhebung der Beitrittssperre für die NSDAP gestellt, sei es aus Opportunismus, auf Druck seiner Vorgesetzten oder im gemeinsamen Schritt mit Kollegen. Er gehörte der Ortsgruppe seines Wohngebiets St. Pauli West an. Paul Stave, geboren 1892, war von 1935 bis 1951 bei der Arbeitsverwaltung tätig und schied dann wegen Berufsunfähigkeit aus dem Dienst. 1953 starb er.³⁶⁴

Paul Stave als „Täter" steht stellvertretend für viele, die die „Mischlingspolitik" im Alltag umsetzten. Sie waren in untergeordneten oder mittleren Positionen tätig und nutzten ihre Machtstellung, um die „Mischlinge" zu schikanieren, deren verbliebene Lebensräume zu beschneiden, drohten Denunziationen an oder intervenierten, wenn ein „Untermensch" einen besseren Posten einnehmen wollte, mehr Geld als sie verdiente oder über eine bessere Schulbildung verfügte etc. Die „Staves" hatten keine große Machtbefugnis, aber sie nutzten ihren Spielraum aus. Sie waren nicht planerisch tätig, sondern setzten lediglich Anweisungen um. Sie waren vielleicht zeitweilig überzeugte Nationalsozialisten, ebenso wie sie später vielleicht Demokraten waren. Sie paßten sich einfach den Verhältnissen an und agierten zeitgemäß. Persönlich hinterließen sie keine Spuren, es sei denn in der Erinnerung ihrer Opfer. Nur selten wurde ein „Täter" wie Stave nach dem Krieg zur Verantwortung gezogen. Daß sich in diesem Fall mehrere Betroffene verständigt und beim Arbeitsamt gegen die Weiterbeschäftigung dieses Angestellten protestiert hatten, ist eine der Ausnahmen. Für die meisten reihte sich das Verhalten solcher Arbeitsvermittler oder anderer Amtsinhaber in die erlittenen Verfolgungsmaßnahmen als eine von vielen Schikanen ein, die nach dem Krieg aber keinen Handlungsbedarf erzeugten, anders als es bei Tätern wie Willibald Schallert oder dem Gestapo-Judenreferenten Claus Göttsche der Fall war.

3. Umgangsstrategien selbständiger „Mischlinge"

Aus der Tabelle 15 wird deutlich, daß die Jahrgänge 1872 bis 1910 am schwersten und die zwischen 1911 und 1920 geborenen immer noch sehr stark von berufsbeschränkenden Maßnahmen betroffen waren. Sie wurden entlassen, pensioniert oder invalidisiert. Über 50% der vor 1900 Geborenen und fast 70% der zwischen 1901 und 1910 Geborenen verloren einmal oder häufiger die Arbeitsstelle.³⁶⁵ Der Ausschluß aus Kammern und Berufsverbänden betraf Selbständige wie Erwerbstätige.

Waren die „Mischlinge" jünger, befanden sie sich oft noch in der Ausbildung. Deshalb sinkt bei den jüngeren Jahrgängen die Zahl der Entlassenen. Acht von 102 Personen der Altersgruppe 1911–1920 mußten auf Anordnung der Fach-, Meister- oder Technikerschulen bzw. der Universitäten Fortbildungen bzw. das Studium abbrechen. 19 von 59 Personen der Jahrgänge 1921–1930 berichteten von Behinderungen oder Einschränkungen bei der Lehrstellensuche, 9 aus dieser Altersgruppe konnten nicht studieren. 8 von 59 wurden aufgrund ihrer Abstammung abgeschult, 14 berichteten von massiven Diskriminierungen im Unterricht oder bei schulischen Veranstaltungen.

Aus der zeitlichen Verteilung der Entlassungen (Tabelle 16) wird deutlich, daß die „Mischlinge" vorwiegend in den ersten beiden Jahren der nationalsozialistischen Herrschaft ihre qualifizierten Arbeitsplätze verloren. Nach 1935 sank die Zahl der Entlassungen, wenn auch einige „Mischlinge", die ihre Herkunft durch verzögerte Dokumentenvorlage verschleiert hatten, jetzt noch „entdeckt" und gekündigt wurden. Wehrmacht und Dienstverpflichtung zur Zwangsarbeit, von der Männer zwischen 17 und 65 Jahren betroffen waren, rissen die männlichen „Mischlinge" noch einmal aus dem Berufsleben heraus, was aus dieser Statistik nicht deutlich wird. Von beidem war ein Teil der vor 1900 Geborenen wegen ihres Alters nicht betroffen, während die Jahrgänge zwischen 1900 und 1920 die hauptsächlichen Opfer der staatlich initiierten Berufsbeschränkungen und Ausgrenzungsmaßnahmen waren. Die nach 1920 geborenen „Mischlinge" hatten Lehrstellen oder – niedriger qualifizierte – Arbeitsplätze in der freien Wirtschaft zumeist bereits unter Offenlegung ihrer Herkunft angetreten und die Probleme zu diesem Zeitpunkt bewältigen müssen.[366] Dafür hatten sie es schwerer, überhaupt im Arbeitsleben Fuß zu fassen, denn die Qualifikationen, die sie erlangen konnten, waren sehr begrenzt.

Ein Teil der „Mischlinge" war als Teilhaber in das Unternehmen der jüdischen (Schwieger)Eltern eingetreten und hatte dieses als Erbe weitergeführt. Diese sonst im Wechsel der Generationen vollzogene Ablösung bekam zwischen 1933 und 1937 eine andere Bedeutung. Mit den Maßnahmen gegen jüdische Firmeninhaber markierte sie nicht mehr das freiwillige Abtreten einer Vorgeneration und – nach Lehr- und Einarbeitungszeit – die ehrenvolle Übergabe eines Familienunternehmens, sondern stellte in den Mischehefamilien den Versuch dar, das Vermögen für die Familie zu retten, indem ein – wenigstens nach außen – deutlicher Besitzwechsel vom Familienvater auf die Ehefrau oder die Söhne vollzogen wurde. Nach 1937 war dieser Weg kaum noch gangbar, weil „Mischlinge" von den Genehmigungsinstanzen nicht mehr als Erwerber jüdischer Unternehmen akzeptiert wurden.[367]

In der Zeit nach 1933 erfuhren viele, aber nicht alle selbständigen „Mischlinge" kleinere und größere Schikanen, Anfeindungen und Denunziationen. Sie wurden als „jüdisch" bei Publikum oder Berufsverbänden angeschwärzt, waren Ziel geschäftsschädigender Aktionen oder wurden in Boykottaktionen einbezogen. Einige Zulieferer weigerten sich, sie mit Ware zu versorgen, manche Kunden wollten diese nicht mehr abnehmen, etliche „arische" Verwandte versuchten, die Unsicherheit der politischen und wirtschaftlichen Situation zu nutzen, um den Besitz zu übernehmen. Doch da sich die antijüdischen Maßnahmen konzentriert auf „jüdische" Geschäfte, Praxen oder Gewerbebetriebe richteten, blieben viele „Mischlinge" andererseits unbehelligt oder erlitten nur vorübergehend Schaden. Ein Teil, aber bei weitem nicht alle, durfte keine Lehrlinge ausbilden. Von der zwangsweisen „Arisierung" jüdischer Betriebe waren Unternehmen im Besitz von „Mischlingen" nicht betroffen.[368] Allerdings wurden Listen erstellt, die diese Betriebe verzeichneten, doch blieb die Erfassung lückenhaft und folgenlos.[369] Anders als im Zuge der „Entjudung" der deutschen Wirtschaft lassen sich hier weder die Phasen der Enteignung noch deren Verantwortliche exakt bestimmen.

Ein Teil der von „Mischlingen" geführten Geschäfte oder Betriebe geriet in den Sog der Hetze gegen jüdische Unternehmen, wie ein Tabakwarenladen, der 1938 von der NSDAP-Ortsgruppe St. Pauli boykottiert wurde.[370] In einer wochenlang andauernden Aktion ließ der NSDAP-Zellenleiter, ein Zwiebelgroßhändler, die Kunden von uniformierten Posten abschrecken, denn „ob Sie ein Vierteljud oder Halbjud sind, für mich sind Sie ein Jud!"[371] Der Boykottierte mußte bald Konkurs anmelden.

Andere „Mischlinge" schlossen unfreiwillig ihre Unternehmen, als im Zuge der Kriegswirtschaft Kontingentzuteilungen verweigert oder die Betriebe nach ihrer Kriegswichtigkeit differenziert wurden.

Unter denjenigen Personen, die selbständigen „Mischlingen" die ökonomische Existenz erschwerten bis zerstörten, befanden sich ganz unterschiedliche Akteure: sowohl nahe Verwandte als auch Angestellte oder Vertreter einzelner Fachgruppen und Berufsverbände:

K. Müller, „Mischling ersten Grades", war 1904 nach Hamburg übergesiedelt und als Gesellschafter in den Briefmarkenhandel „Markenhaus Müller & Co." eingetreten.[372] Dieser war in die „Liste jüdischer Gewerbebetriebe" eingetragen. Nach 1933 ging der Umsatz des Geschäftes zurück. Der „April-Boykott" verstärkte diese Tendenz. Die Reserven mußten in Notverkäufen in liquide Mittel umgewandelt werden, der Verdienst der Gesellschafter sank rapide. Als K. Müller das Geschäft als Alleininhaber übernahm, war es bereits zweimal kurzzeitig geschlossen gewesen. Außerdem war es Ziel offener Boykottaufrufe der Fachgruppe der Briefmarkenhändler, die ihre Anstrengungen auch nach dem Besitzerwechsel nicht einstellte. Die Fachgruppe hintertrieb außerdem – nach Informationen K. Müllers – die Zuteilung von Devisen, die zum Ankauf von Auslandsbriefmarken notwendig waren. Tauschgenehmigungen erhielt der Besitzer ebensowenig wie Sonderbriefmarkenzuteilungen der Reichspost. Im Jahre 1941 mußte er das Geschäft schließen.[373] (Nach Kriegsende bestritt der „Verband deutscher Briefmarkenhändler" als Nachfolger der Fachgruppe derartige Aktivitäten.[374]) K. Müller selbst fand eine Arbeitsstelle als kaufmännischer Angestellter, die er bis zur Dienstverpflichtung zur Zwangsarbeit behielt.[375] Nach dem Krieg war er bereits drei Jahre arbeitslos, als er – vergeblich – den Antrag stellte, sein Grundstück bevorzugt von Trümmern zu räumen und ihm ein Existenzgründungsdarlehen zu gewähren.

Am Beispiel K. Müllers wird deutlich, daß beim Existenzverlust kaum klare Grenzziehungen möglich sind: Die „Arisierung" seines Betriebes konnte er selbst vornehmen, doch damit war dieser nicht gerettet. Ob die rückläufigen Umsätze, die Intrigen der Fachgruppe oder letztlich der Kriegsverlauf ein gutgehendes Geschäft zerstört hatten, war schon Ende der vierziger Jahre nicht mehr rekonstruierbar. Auch konnten Erkundigungen, die das Amt für Wiedergutmachung in diesem oder ähnlich gelagerten Fällen einzog, nur bei den nun unter anderem Namen auftretenden Aufsichtsorganen eingeholt werden, die zuvor im nationalsozialistischen Sinne agiert hatten. Sie hatten begreiflicherweise ein ebenso großes Interesse, ihre Funktionäre und die Verbandspolitik zu schützen, wie der Geschädigte bestrebt war, die Vermögenswerte möglichst hoch anzusetzen, weil seine Wiedergutmachungsanträge bei möglichst guter Ausstattung, umfangreichen Warenbeständen und hohen Umsätzen größere Erfolgsaussichten hatten.

Ganz anders gelagert war der Vermögensverlust im zweiten Beispiel: Claire S., „Mischling ersten Grades", hatte 1930 den Hamburger Ernst H. geheiratet, ein Jahr später bekam das Paar einen Sohn.[376] Ernst H. betrieb ein Fuhrunternehmen auf dem Grundstück seines Vaters. Nach 1933 veränderte sich das Verhalten der

Familie gegenüber der Schwiegertochter merklich. Schwägerin und Schwager wurden überzeugte Nationalsozialisten und Antisemiten und nahmen Anstoß an der jüdischen Abstammung von Claire S. Als Ernst H. 1937 starb, verkaufte der Schwiegervater das Haus, auf dessen Grundstück das Fuhrunternehmen seinen Standort hatte. Claire S. verlor nicht nur unerwartet die Wohnung für sich und ihren Sohn, sondern auch die Unterstellmöglichkeit für die Fahrzeuge. Sie konnte den Betrieb nicht weiterführen, sondern mußte die Lastwagen mit Verlust verkaufen. Ihr Schwager, inzwischen als SS-Mann bei der Wachmannschaft des Konzentrationslagers Buchenwald tätig, setzte sie zudem so unter Druck, daß sie sich mit einer monatlichen Zahlung von 50 RM an ihren Sohn anstelle des Erbes zufriedengab. Dieses Unternehmen wurde nicht „arisiert", sondern sollte auf keinen Fall an die „halbjüdische" Schwiegertochter fallen. Ein Familien- und Erbschaftskonflikt, der sich auch ohne die weltanschauliche Dimension hätte entwickeln können, wirkte sich massiv auf die Existenzsicherung der Witwe aus. Die Tatsache, daß die Betrogene um ihre tendenzielle Rechtlosigkeit als „Mischling" wußte, hinderte sie, vor Gericht ihr Eigentum oder das Erbe ihres Sohnes einzuklagen, so daß die Familie „Rassebewußtsein" und Eigennutz aufs Ertragreichste miteinander verbinden konnte.

Im dritten Fallbeispiel konnte Werner L., 1903 geboren, den Textilhandel seiner jüdischen Familie 1937 als Alleininhaber übernehmen. Dennoch lehnten viele Firmen es ab, bei ihm zu kaufen. Später ergaben sich bei den Kontingentzuteilungen wiederum Schwierigkeiten.[377] Werner L. suchte einen ähnlichen Ausweg wie viele jüdische Unternehmer: Er nahm eine „arische" Teilhaberin auf, der er in den folgenden Jahren dann auch folgerichtig Gewinnanteile abtreten mußte. In seinem Wiedergutmachungsantrag machte Werner L. nicht nur diesen Gewinnanteil geltend, sondern auch Schäden, die durch Behinderungen seiner freien wirtschaftlichen Tätigkeit entstanden seien. Zudem hatte die Dienstverpflichtung zur Zwangsarbeit die Unternehmertätigkeit verhindert. Da der Textilhändler schwerpunktmäßig im Balkanhandel tätig war, wollte das Amt für Wiedergutmachung seine Forderungen nicht anerkennen, denn auch ohne nationalsozialistische Verfolgungsmaßnahmen sei „1944 Ungarn aufgegeben" und Bulgarien von der Roten Armee besetzt gewesen, und Unternehmen dort wären als Handelspartner ausgefallen.[378] Erst als die Handelskammer die Firmenakte zur Einsicht freigab, wurde deutlich, daß gerade der Krieg das nun als „arisch" geltende Handelsunternehmen nicht beeinträchtigt, sondern im Gegenteil begünstigt hatte. Die Handelskammer nahm Werner L. stets in Schutz, wenn Konkurrenten oder Fachgruppen ihn als „jüdisch" denunzierten.[379] Doch eben dieser Nachweis verhinderte dann eine nennenswerte Wiedergutmachung: Werner L. hatte zwar nachgewiesen, daß der Handel florierte, aber damit auch, daß der Firma „durch die Nationalsozialisten (...) keine Schwierigkeiten gemacht"[380] worden waren.

Die Fallbeispiele demonstrieren, daß „Mischlinge" in der NS-Zeit sowohl Opfer der „Arisierung" (im weitgefaßten Sinne) wie auch erfolgreiche Unternehmer sein konnten. Einzelne Stolpersteine, die ihnen in den Weg gelegt wurden, konnten umgangen werden, andere entpuppten sich – je nach Branche – als das „Aus" für den Betrieb. Die „halbjüdischen" Selbständigen konnten für ihre jüdische Herkunftsfamilie Vermögenswerte retten oder durch ihre „arischen" Verwandten das Erbe verlieren. Sie konnten aber auch – wie jeder nichtjüdische Unternehmer – durch die

Einschränkungen der Kriegswirtschaft und die Auswirkungen des Luftkrieges, der Produktions- und Verkaufsstätten wie Handelswege zerstörte, ihr Geschäft verlieren.

Die Mehrheit der selbständigen „Mischlinge", deren Lebenswege hier ausgewertet wurden, waren kleine Einzelhandelskaufleute, selbständige Akademiker oder auch nur ambulante Händler. Sie konnten unabhängiger und unauffälliger agieren, weil sie nicht so bekannt wie die Familie Petersen waren, deren Fallbeispiel unten ausführlich beschrieben wird. Andererseits erbrachten diese kleinen Selbständigen in den Augen der Machthaber keine unverzichtbaren Leistungen für den nationalsozialistischen Staat, die – zumindest vorübergehend – höher als ihre Ausgrenzung aus der „Volksgemeinschaft" zu bewerten waren. So mußten sie mit ungleich härterem Vorgehen von Verwaltungsbeamten, Berufsverbänden, Gestapo oder mißgünstigen Zeitgenossen rechnen.

In dieser Situation zielte eine Umgangsstrategie der Betroffenen auf die weitgehende Vermeidung jeglichen Kontaktes mit Amtsinhabern, um unberechenbaren Folgen aus dem Wege zu gehen. Eine andere Umgangsstrategie konnte es sein, den Schutz einer Person zu suchen, die unangefochten im öffentlichen Raum agieren konnte. Auch der räumliche Rückzug an den Stadtrand oder in ländliche Gegenden schien einigen „Mischlingen" geeignet, sich eine neue Existenz aufzubauen. Insbesondere während des Krieges versprachen sie sich von einem Standortwechsel einen Neubeginn, ohne daß ihnen Angaben über Herkunft und Verhalten vorauseilten. So kam es nun – gegenläufig zur verfolgungsbedingten Wanderung der Juden in die Städte – bei einem kleineren Teil der „Mischlinge" zu einer Ansiedelung am Rande oder außerhalb der Großstädte:

Die Fischhändlerin Emma S. beispielsweise hatte seit 1917 ihre Ware auf Hamburger Wochenmärkten verkauft.[381] 1933 zog sie mit ihrer jüdischen Mutter nach Neuengamme, wo die beiden Frauen ihre Herkunft verschwiegen und zwei Jahre unbehelligt lebten. Als 1935 die Erneuerung der Konzession anstand, scheute die Frau den Kontakt mit der Behörde. Sie wandte sich an den örtlichen Polizisten, der fortan ihre schriftlichen Angelegenheiten erledigte. Er begnügte sich mit der Konfirmationsbescheinigung. Bis 1940 konnte die Händlerin so weitere Behördenkontakte vermeiden. Dann war es zur Beantragung von Benzinmarken erforderlich, die Geburtsurkunde vorzulegen, was die Aufmerksamkeit auf ihre jüdische Mutter hätte lenken können. Emma S. verzichtete auf die Erneuerung ihrer Konzession und verzog stattdessen nach Rothenburgsort, wo sie ein kleines Geschäft betrieb, dessen Ware sie mit einem Ponywagen herbeischaffte.[382] Trotz der mühseligen Arbeitsbedingungen konnte sie sich und ihre Mutter so – mehr schlecht als recht – bis zum Kriegsende ernähren. Ihre wirtschaftliche Betätigung während der nationalsozialistischen Herrschaft war tatsächlich „frei" in dem Sinne, daß der Staat sie nicht eingeschränkt hatte, doch aus Gründen des Selbstschutzes war aus der gutgestellten Markthändlerin eine Hökerin geworden, die von der Hand in den Mund lebte und im Alter eine Bedürftigenrente beantragen mußte.[383]

Konnte die Fischhändlerin in Neuengamme unbehelligt leben, so gelang dies nicht jedem, der hoffte, in ländlicher Umgebung sein Auskommen zu finden. Ein Elektrofeinmechaniker aus Wandsbek beispielsweise zog mit seiner Frau, wie er „Mischling ersten Grades", und den Kindern nach Egenbüttel in Schleswig-Holstein, um dort eine Radioreparaturwerkstatt einzurichten.[384] Warum die neuen

Nachbarn sehr schnell Verdacht gegen den Mechaniker schöpften, der seine Herkunft verschwieg, muß offen bleiben. Aus den Akten wird allerdings deutlich, daß nach kurzer Zeit jeder Schritt, jede Handlung und jedes gesprochene Wort dieses Mannes beobachtet, denunziert und angezeigt wurde. In einer kollektiven Aktion wandten sich mehrere Nachbarn im August 1942 an den örtlichen Gendarmen. Sie meldeten, der Mann habe seine zehnjährige Tochter mißhandelt, Nachbarn schikaniert und ohne Erlaubnis einen Stallraum des Vermieters genutzt. Er besitze ein Motorrad, das bestimmt nicht zugelassen sei, verrichte Schwarzarbeit und abends lieferten unbekannte Männer bei ihm Viehfutter an.[385] „Trotzdem B. angeblich Halbjude ist, zeigt er ein ganz freches Auftreten und Benehmen"[386], notierte der Polizist, der von „Mischlingen" offensichtlich angepaßtes und unterwürfiges Verhalten erwartete. Er informierte die zuständige Ortspolizeibehörde und diese die Gestapo in Neumünster.[387] Während sich der Verdacht der jüdischen Herkunft bestätigte und die Gestapo ein umfangreiches Vorstrafenregister aus Bagatelldelikten zutage förderte[388], widerlegten Zeugenvernehmungen die aktuellen Vorwürfe. Kaum wieder freigelassen, begann die Treibjagd im September erneut, diesmal wegen „Fahren mit noch nicht zugelassenem Kleinkraftrad und Treibstoffvergeudung", Hehlerei mit Tierfutter und Ausübung eines Gewerbes ohne Genehmigung.[389] „Es wird höchste Zeit, daß dem B. sein schmutziges Treiben gelegt wird und die Volksgenossen von dem Halbjuden und Volksschädling befreit werden", begründeten die Dorfbewohner ihr Engagement. Andere, die von seinen Reparaturarbeiten profitiert hatten, zeigten ihn wegen schlechter Ausführungen an.[390] Als ihm gar eine Nachbarin seine Gans stahl, die angeblich ihr Gemüse abgefressen hatte, wandte er sich selbst – ohne Erfolg – an den Gendarmen.[391] Die Fülle der Anzeigen hatte vielmehr zur Folge, daß es dem Amtsvorsteher „unbedingt geboten" schien, „den B. von dort aus unverzüglich in Haft zu nehmen."[392] Die meisten Vorwürfe stellten sich in den Zeugenvernehmungen als unrichtig heraus.[393] Übrig blieben schließlich die Prügel, die er seiner Tochter verabreicht hatte (ob die Nachbarn ihre Kinder verprügelten, wurde nicht untersucht) und die Benutzung eines nicht zugelassenen Motorrades, mit dem er eine Proberunde gedreht hatte.[394] Obwohl weitere Ermittlungen zu dem Ergebnis führten: „Die Taten des Angeschuldigten stellen kein Verbrechen im Sinne der Volksschädlingsverordnung dar"[395], befahl die Gestapo Neumünster prophylaktisch seine Überstellung nach der Haftentlassung in ihre Amtsgewalt und der Staatsanwalt beim Kieler Sondergericht klagte ihn 1943 wegen Kindesmißhandlung, Vermögensvorteil und Hehlerei an.[396] M.B. wurde zu einem Jahr und drei Monaten Haft verurteilt[397], die er in Neumünster und Lübeck abbüßte. Eine Anweisung der Staatsanwaltschaft rettete ihm das Leben: Der bereits angeordnete „Sondervollzug" hätte seinen Tod bedeutet, so überlebte er die NS-Zeit im Männer-Strafgefängnis.[398] Der Fall M.B. zeigt, daß der Rückzug in ländliche Gebiete wegen der strengen Sozialkontrolle, dem dort teilweise tief verwurzelten, oft mit Fremdenfeindlichkeit gepaarten Antisemitismus und der kollektiven Ablehnung einer Person, die sich nicht den Erwartungen entsprechend verhielt, zur tödlichen Falle werden konnte.

In der Nachkriegszeit fand der Fall seine Fortsetzung: M.B. kehrte im Juli 1945 zu seiner inzwischen wieder in Hamburg lebenden Familie zurück. Prompt wurden die Kinder unter „Schutzaufsicht" gestellt, schließlich war er wegen Kindesmißhandlung inhaftiert. Eine lautstarke Auseinandersetzung mit dem Verantwortlichen trug M.B. eine Anzeige wegen Beamtenbeleidigung ein.[399]

Zeigten andere Beispiele, daß gerade Amtsinhaber auf dem Lande Verständnis und Mut zur Unterstützung von Paaren hatten, die dem Eheverbot unterlagen, so verdeutlicht dieser Fall die Kehrseite allzugroßer Nähe in Verfolgungssituationen: Die Dorfbewohner veranstalteten eine regelrechte Hetzjagd auf den „Mischling", dem die Gestapoakte auch in diese Abgeschiedenheit folgte, den keine staatliche Instanz schützte und dem keine Nische zugestanden wurde, insbesondere wenn er sich nicht angepaßt verhielt.

4. Der „Halbarier" Rudolf Petersen (1878–1962) – Durch Anpassung und kaufmännische Tüchtigkeit unbehelligt

„Mischlinge ersten Grades", die ihren Lebensunterhalt als Selbständige verdienten, mußten mit den vielfältigsten Behinderungen rechnen. Wie sie damit umgingen, hing stark von ihrer sozialen Stellung, ihrer Handlungskompetenz und den Reaktionen ihres gesellschaftlichen Umfeldes ab. Am Beispiel der Lebensgeschichte des erfolgreichen Im- und Exportkaufmannes Rudolf Petersen soll ein bei „Mischlingen" der älteren Jahrgänge häufig geübtes Verhalten aufgezeigt werden: Durch unauffälligen Rückzug aus der Öffentlichkeit und dem gesellschaftlichen Leben, bei hoher Anpassungsbereitschaft und ausschließlicher Konzentration auf wirtschaftlichen Erfolg die Zeit bis 1945 zu überstehen.

Über Lebenslauf und politisches Wirken Rudolf Hieronymus Petersens, Hamburgs ersten Nachkriegsbürgermeister, ist bereits einiges geschrieben worden.[400] Im Rahmen dieser Arbeit soll – soweit dies aus den zur Verfügung stehenden Quellen möglich ist – der Frage nachgegangen werden, wie es Petersen gelang, die NS-Zeit so zu überleben, daß er für sich bilanzieren konnte, nicht zu den „Ausgeschlossenen" gehört zu haben.[401] Um die Antwort vorwegzunehmen: Sein „Erfolgsrezept" war eine (zum Teil unbewußte) Mischung aus Anpassung, Rückzugs- und Vermeidungsverhalten und beruflicher Tüchtigkeit, kombiniert mit der besonderen Achtung, die diese Familie in Hamburg genoß, dem beachtlichen Wohlstand, über den sie verfügte, und der nach dem Krieg demonstrierten Bereitschaft zum schnellen „Vergessen".

Rudolf Petersen entstammte einer Mischehe. Sein Vater, ein promovierter Jurist, Civil-Vorsitzender der Militär-Ersatzkammer I, kannte die künftige Ehefrau, die Bankierstochter Anna Maria Behrens, bereits als kleines Mädchen, das mit seinen Schwestern spielte. Die jüdische Familie Behrens lebte in Harvestehude, „neben ihnen wohnten die Amsincks, die stets sehr freundschaftlich mit Behrens verkehrt haben sollen, obgleich die Hamburger in Bezug auf die noch nicht lange emancipierten Juden sehr zurückhaltend gewesen sein sollen"[402], notierte Rudolf Petersens ältere Schwester Clara – und verwies damit gleichzeitig auf die in Hamburger Kaufmannskreisen bedeutungsvollen Details der Wohngegend und der honorigen Nachbarschaft, mit deren Akzeptanz die Zugehörigkeit zur „Hamburger Gesellschaft" belegt wurde. Anna Maria Behrens verlor ihren Vater mit 12 Jahren.[403] 1863 verlobte sich die wohlhabende junge Frau mit Gustav Petersen. „Sie (...) sah sehr jüdisch aus"[404], erinnerte sich Clara Petersen an ihre Mutter, die anläßlich der Hochzeit getauft wurde. Die Kinder des Paares wuchsen in christlicher Tradition auf.[405] Daß sie gut 60 Jahre später von den Nationalsozialisten als „Mischlinge ersten Grades" stigmatisiert werden würden, war nicht abzusehen, denn die Zeichen der Zeit standen auf Emanzipation, Assimilation und Integration der Juden in die deutsche Gesellschaft. Clara Petersen beschrieb den daraus für die Nachkommen entstandenen Konflikt später in einem Brief an Bruder Rudolf: „Ich habe wie Du oft und viel darüber nachgedacht, warum Papa wohl Mutter geheiratet hat, und wenn ich aufrichtig sein soll, so habe ich mit Gott gehadert, daß dem so gewesen ist, denn seitdem ich denken kann, habe ich den Unterschied der Rasse gefühlt und nichts hätte mich dazu verleiten können, einen Juden zu heiraten."[406]

In Clara Petersens Erinnerungen finden sich – sehr verstreut – die drei Facetten, aus denen sich das Judenbild der Familie Petersen zusammensetzte, auch wenn die Geschwister in eine „pro"- und eine „antisemitische Fraktion" (Clara Petersen)[407] zerfielen: Als Clara 1909 Verwandte in Rumänien besuchte, geriet sie unerwartet „unter die Juden, die alle in langen Kaftanen und mit roten und schwarzen Löckchen da saßen und blitzenden Augen. Ich dachte bei mir: ‚Gott, was für ein Glück, daß ich nicht mehr ganz dazugehöre!'"[408] Neben diesen „ursprünglichen" Juden in Rumänien (ihr Bruder Rudolf lernte solche in Rußland kennen) tauchten gelegentlich an der Peripherie ihres Hamburger Lebens „Pferdejuden", „jüdisch aussehende" Maler oder Musiker auf. Die mütterliche Verwandtschaft hingegen gehörte zu den „Emancipierten", die in Hamburger Honoratiorenkreise eingeheiratet hatten. Sie hatten Vermögen, Bildung und Beziehungen eingebracht und waren bereit, sich vereinzelt und unauffällig zu integrieren:

> „Daß Carl, Du und Addi unsere Familie in Hamburg so zu Ehren gebracht habt, das liegt hauptsächlich daran, daß unsere Eltern sich geheiratet haben, denn durch die Rassenmischung ist viel Verstand und Energie in die Kinder gekommen, klares Denken und kaufmännisches Talent. (...) Durch ihr [der Mutter, B.M.] damals doch beträchtliches Vermögen haben wir ein bequemes und schönes Leben gehabt, so daß ihr studieren konntet. Deine Brüder haben in den vornehmsten Regimentern gedient, und wir hatten durch ihr Vermögen und ihren Charakter doch auch eine ausgezeichnete soziale Stellung."[409]

Rudolf Petersens Lebensweg war – wie Werner Johe betont – typisch für einen Sprößling aus den führenden Schichten Hamburgs.[410] Nach dem Besuch des Elite-Gymnasiums Johanneum absolvierte er ab 1896 eine kaufmännische Lehre, arbeitete kurz in Frankreich und gründete dann für seine Lehrfirma F. M. Wolff eine russische Niederlassung in Tomsk. Später siedelte er nach Irkutsk über. Er wurde 1901 Teilhaber der Firma, kehrte 1903 nach Hamburg zurück und ging 1904 auf eine ausgedehnte Reise, die ihn in die USA, nach China und Japan führte. 1905 heiratete er – wie es von ihm erwartet wurde – eine Frau aus einer der rund „50 ‚typisch Hamburger Familien'"[411], die Tochter des damaligen Hamburger Oberlandesgerichtspräsidenten. Mit Olga Sieveking bekam er zwei Töchter und fünf Söhne. Nach einem Zerwürfnis mit der Firma Wolff machte er sich selbständig. Während des Ersten Weltkrieges organisierte er, selbst wehruntauglich, die Rückführung deutscher Kriegsgefangener aus Rußland. Aus der persönlichen Kenntnis der Lebensverhältnisse in der Sowjetunion und ihrer Politiker wie Trotzki und Radek resultierte seine tiefverwurzelte Antipathie gegenüber kommunistischen Ideen.

In den 1920er Jahren widmete er sich wieder den Firmengeschäften. Sein Im- und Exportunternehmen expandierte, zumal er auf Vermittlung Max Warburgs eine Geschäftsverbindung mit der AEG eingegangen war. Petersen wurde Vorsitzender des Vereins Hamburger Exporteure, dessen überwiegend jüdisch zusammengesetzter Vorstand sein Mißfallen fand, so daß er „neu wählen" ließ.[412] 1932 gründete er in Berlin zusammen mit dem Warburg-Mitarbeiter Rosenthal und zehn Industriellen die „Gesellschaft für zusätzliche Ausfuhr", ein Syndikat, das Exportgeschäfte fördern sollte. Sowohl in diesem Gremium wie auch unter seinen sonstigen engen Geschäftspartnern befanden sich etliche Juden, die nach der nationalsozialistischen Machtübernahme emigrierten.[413] „Es wurde uns schwer, unter den Nazis geeignete Leute zu finden", konstatierte Petersen bald. Ebenso verließen Verwandte mütterlicherseits Deutschland, zumeist Cousins und Cousinen zweiten Grades[414], aber auch zwei Söhne Petersens[415] und Tochter Anna Maria mit ihrem Ehemann.[416] Der Teilhaber Michahelles entpuppte sich als „sehr antisemitisch", wie Rudolf Petersen in seinen Erinnerungen knapp anmerkt.[417] Sein Bruder Carl Petersen, der „der erste Halbarier im Senat"[418] Hamburgs gewesen war, mußte 1933 das Bürgermeisteramt niederlegen, um Carl Vincent Krogmann Platz zu machen, der sich bald zum dezidierten Nationalsozialisten und überzeugten Antisemiten entwickelte. Der Liberale Carl Petersen, seit 1899 in der Bürgerschaft, nahm jedoch nicht nur zwangsweise Abschied von der politischen Betätigung, sondern sorgte sich überdies um seine Existenz, weil er als „nichtarischer" Rechtsanwalt nicht wieder zugelassen wurde.[419] Petersens Bruder Alfred wurde fünf Monate inhaftiert, weil er sich weigerte, seine jüdischen Kollegen aus dem Vorstand der Metallgesellschaft in Frankfurt auszuschließen.[420]

Rudolf Petersen war vor 1933 nicht parteipolitisch organisiert.[421] Die russischen Kontakte hatten ihn zum überzeugten Antikommunisten werden lassen, auch der Sozialdemokratie stand er mehr als skeptisch gegenüber. Seine Selbstdefinition beschränkte sich auf die des Hamburger Kaufmannes. Als solcher engagierte er sich in Gremien der Wirtschaft, so als Vizepräsident des Reichsverbandes des Deutschen Groß- und Überseehandels. Als Mitglied im Vorläufigen Reichswirtschaftsrat (1929)[422], war er – wie erwähnt – Vorsitzender des Exporteursvereins und Vorstandsmitglied der Handelskammer in Hamburg. Die Ämter mußte er 1933 wegen seiner „nichtarischen" Abstammung niederlegen. Rudolf Petersen hielt den Nationalsozialisten ihren Antikommunismus zugute, erkannte aber die Tragweite ihres Antisemitismus nicht:

„Wenn ich auch das Leben der Nazis von Anfang an mit großem Unbehagen gesehen habe, so sprach doch ihre Auseinandersetzung mit den Kommunisten für sie. Ich habe die im Nazitum liegende Gefahr nicht so stark gesehen, wie sie sich später entwickelt hat. Namentlich die jüdische Frage habe ich nicht so ernst genommen. Als mein Bruder 1933 sein Bürgermeisteramt niederlegen mußte, habe ich das eingesehen. Aber als mir Nottebohm[423] sagte, daß nachdem ich mein Amt als Vorsitzender des Exporteursvereins niedergelegt hatte, auch mein Amt als Mitglied des Handelskammervorstandes vorbei sei, habe ich das zunächst doch als Überraschung empfunden. Wenn ich sage, daß ich niemals bis zum Beginn der Nazizeit wußte, daß meine Mutter von Rein [großgeschrieben, B.M.] jüdischer Abstammung [war, B.M] und ich dieses erst durch die Beschaffung der „Arier"nachweise feststellte, so wird man sich darüber verwundern. Es zeigt aber die ungeheure Sicherheit, mit der wir unsere Rolle in Hamburg spielten, ohne daß wir überhaupt irgendetwas Merkwürdiges darin sahen. (...) Natürlich erlebte ich manche sehr sehr schwere Zeit im Kriege. Die Beschneidung aller meiner Rechte wurde mir schwer. Trotzdem ließ man mir aber in der Firma Freiheit, und wir konnten auch in der Nazizeit unsere Firma fortsetzen. Wenn ich bedenke, daß mir die Herren (...) immer freundlich entgegengekommen sind, ich niemals „Heil Hitler" gesagt habe, dann wäre es verkehrt, wenn ich ein besonderes Maß an Unglück in der Nazizeit äußern wollte. Mit Kaufmann in Hamburg habe ich niemals etwas zu tun gehabt. Wenn ich bedenke, daß de la Camp, der Präses der Handelskammer, manchmal meine Ansicht befragte, daß mein Freund Michael (...) mich immer wieder um meine Ansicht bat, dann kann ich nicht feststellen, daß ich zu den Ausgeschlossenen gehörte."[424]

Wenn Petersen im weiteren angibt, erst nach dem Krieg etwas von den nationalsozialistischen Verbrechen erfahren zu haben, so fügt er – was die Biographen auslassen[425] – doch hinzu: „Wenn ich andererseits bedenke, daß mir die Gefahr, als Halbarier in Hamburg verhaftet zu werden, doch ernstlich bewußt war, so zeigt das den Ernst meiner Lage."[426] Mit dem Begriff „Halbarier" demonstriert Rudolf Petersen die Zugehörigkeit zu den „Ariern", und unter diesen zu den Familien, die „ihre Rolle in Hamburg spielten". Aus seinen Aufzeichnungen geht nicht hervor, daß er während der NS-Zeit Kontakt zu anderen „Mischlingen" oder gar Juden pflegte. Um so wichtiger schienen ihm – auch im Nachhinein – gelegentliche Gespräche mit den Hamburger Wirtschaftsvertretern, während zu führenden Nationalsozialisten keine Verbindungen bestanden. Indem er die Kaufleute auf ihre ökonomische Funktion reduzierte, d.h. ihre sonstigen Aktivitäten nicht zur Kenntnis nahm, sich von den Nationalsozialisten fernhielt und selbst den gesellschaftlichen Rückzug antrat, konnte er die Welt dreiteilen: Im politischen Raum agierten nationalsozialistische Amtsinhaber. Diese „mieden und ignorierten" ihn.[427] Im ökonomischen Raum verblieben seine Mitkaufleute, die sich zwar zurückzogen, ihn aber nicht mit antisemitischen Äußerungen oder Handlungen ausgrenzten. Einige suchten sogar gelegentlich seinen Rat und zeichneten damit seinen ökonomischen Sachverstand aus.[428] Sein privates Leben organisierte er unauffällig neu, es fand in den nächsten zwölf Jahren im abgeschiedenen Reinbek und im geschützten Raum seines Unternehmens statt.

Ein Versuch, zusammenfassend die Repressionen und Ausgrenzungen von staatlicher oder gesellschaftlicher Seite zu beschreiben, die Rudolf Petersen und seine Familie betrafen, scheitert vor allem an dem Betroffenen selbst. Denn eine solche Focussierung steht im krassen Gegensatz zum Selbstbild, das er während und nach der nationalsozialistischen Herrschaft vermitteln wollte. In seinen Aufzeichnungen aus der Nachkriegszeit finden sich – außer den zitierten Passagen – kaum Berichte über einschneidende Ereignisse und keine Ausführungen über seine Stimmungslage. Zweifellos hat er Überlegungen angestellt, wie er auf allgemeine politische Tendenzen reagieren oder welche Entscheidungen er aufgrund persönlicher Erfahrungen treffen sollte. Doch darüber geben seine Erinnerungen keine Auskunft. Im Gegenteil vermied er Hinweise auf Einschränkungen, Kränkungen oder Bedrohungen geradezu, als könne er sie damit nachträglich aus seinem Leben verbannen. Aus diesem Grund müssen die zur Beantwortung der Eingangsfrage relevanten Informationen mühsam aufgespürt und zu einem Bild zusammengefügt werden.

Rudolf Petersen besaß zwei Häuser, eines am „Rothenbaum" 41 und eines in Reinbek. Das an der Rothenbaumchaussee gelegene Stadthaus der Familie vermietete er Ende 1933. Auch wenn Petersen diesen Entschluß in seinen Aufzeichnungen nicht begründet, war es sicher kein Zufall, daß seine Familie das Haus im Hauptwohnbezirk der Hamburger Juden nicht mehr nutzte.[429] Damit hatte sich Petersen in einen privaten Raum zurückgezogen, der fernab von den Örtlichkeiten lag, an denen die Hamburger Juden unter Überfällen der SA-Schlägertrupps, Haussuchungen der Gestapo und Verhaftungen litten. In Reinbek dagegen war es möglich, auf dem alten Familienbesitz unbehelligt zu leben. Dennoch konnte Rudolf Petersen nicht verhindern, daß seine Familie von den Maßnahmen gegen „Nichtarier" betroffen wurde: Sein Sohn Edgar, als „Mischling zweiten Grades" zwar mit Ausnahmegenehmigung zum Assessor-Examen zugelassen, weigerte sich beim „Referendar-Lagerdienst", die Hakenkreuzbinde am Arm zu tragen und verlor mit dieser Begründung die Zulassung zum Vorbereitungsdienst, dessen Absolvierung die Voraussetzung war, die juristische Prüfung abzulegen.[430] Diese Entscheidung war nicht etwa ein unbedeutender Verwaltungsakt, sondern es wurde ein ausdrücklicher Beschluß des Senats herbeigeführt, ein Zeichen, daß dem Verhalten von Mitgliedern der Familie Petersen große Aufmerksamkeit geschenkt wurde. Edgar wechselte zum Theologiestudium, als ihm bewußt wurde, daß er sein Berufsziel Richter nicht würde erreichen können. 1935 mußte Rudolf Petersen sein Amt im Elternrat des Gymnasiums niederlegen, vermutlich das letzte ihm verbliebene Ehrenamt.[431] Als sein Sohn Carl-Friedrich 1938 das Abitur abgelegt hatte, bestimmte Rudolf Petersen, daß er – ebenso wie dann der Sohn Botho – die Lehre im Familienunternehmen zu absolvieren hatte, das sei sicherer und es würde nicht nach Papieren gefragt.[432] In seinen Lebenserinnerungen spart Rudolf Petersen diese Ereignisse aus. Er berichtet auch nicht, wie sich das private Leben der Familie in den zwölf Jahren gestaltete. Die Information, daß die vom Dienst suspendierte Oberschulrätin Emmy Beckmann in seinem Hause literarische Vorträge gehalten habe[433], stammt aus einem „Persilschein", den er für den zuständigen Ortsbürgermeister ausstellte.[434] Immerhin war ihm bewußt, daß derartige Kontakte und Zusammenkünfte überwacht wurden. Im Hause verkehrten Nachbarn und Freunde der älteren Kinder, die – viel später – zum Umfeld des Widerstandes vom 20. Juli 1944 gehörten.[435]

Im Dezember 1942 übertrug Petersen in seinem Testament Geld und Firmenrechte auf die in Deutschland lebenden Söhne.[436] Er selbst gibt keine Auskunft darüber, ob er diesen Zeitpunkt wählte, weil er über die neuen vehementen Vorstöße der NSDAP-Rassenideologen besorgt war, die die „Mischlinge ersten Grades" in die antijüdischen Maßnahmen bis hin zur Vernichtungspolitik einzubeziehen suchten.[437] Es kann auch sein, daß Petersen angesichts des Kriegsverlaufs und der Trennung von seinen emigrierten Kindern mit nunmehr 64 Jahren das Bedürfnis entwickelte, die Erbfolge des privaten und des Firmenvermögens zu regeln, denn inzwischen standen drei Söhne an der Front – Carl-Friedrich war zum Leutnant befördert – und es war nicht selbstverständlich, daß sie überleben würden.

Die wirtschaftliche Betätigung seines Unternehmens wurde – wie er in der Nachkriegszeit immer wieder betonte – tatsächlich nicht eingeschränkt. Die Handlungsmöglichkeiten des Unternehmers Petersen verringerten sich allerdings. Er durfte nicht mehr „offiziell auftreten", vor allem war er bei Verhandlungen mit Reichsministerien in Berlin als „Mischling" unerwünscht, wenngleich er bis in die Kriegsjahre hinein wöchentlich in die Hauptstadt fuhr, um aus dem Hintergrund Einfluß zu nehmen.[438] Bei der Paßausstellung hatte er keine Probleme, konnte für die Firma Auslandsreisen unternehmen und Geschäfte abschließen, die seine „arischen" Agenten eingefädelt hatten. In Ankara traf der deutsche Botschafter, Franz von Papen, Wegbereiter Hitlers, mehrfach mit ihm zusammen, wenn es um Im- und Exportgeschäfte ging.[439]

> „Wenn ich auf der andern Seite [im Gegensatz zur Gefahr, verhaftet zu werden, B.M.] ein großes Geschäft in Lieferung von Maschinen nach der Türkei machte, mit Rumänien und Bulgarien und Spanien Importgeschäfte machte, wenn ich weiter mit Koppelmann für die Blockadebrecher nach Ostasien durch die Gesellschaft für Außenhandel leitend herangezogen wurde, so beweist das, daß wir doch das Vertrauen der führenden Männer der Wirtschaft besaßen."[440]

Rudolf Petersen hatte sich bereits lange vor 1933 über die Tätigkeit als Kaufmann definiert. Sein Unternehmen war ihm immer der wichtigste Lebensraum gewesen, alles andere war diesem untergeordnet.[441] Nach der nationalsozialistischen Machtübernahme wurde der Lebensraum verstärkt zum Schutzraum. Dennoch war sein Geschäftskontor kein politikfreies Refugium. Es fanden dort – wie in den meisten Betrieben – vom NSBO-Obmann organisierte Gemeinschaftsveranstaltungen statt.[442] Ein ehemaliger Lehrling bestätigt, daß dieser in Uniform auftrat und in der Firma – wie sonst in der Gesellschaft auch – eine „allgemeine Stimmung" herrschte, die vom „latenten Antisemitismus" gekennzeichnet war. Eine dominierende Position allerdings erreichte der Obmann in der vom allgegenwärtigen Rudolf Petersen patriarchalisch geführten Firma nie.[443] Dieser blieb unangefochten „Herr im Hause".[444] Solange sich nationalsozialistische Realität auf einige Veranstaltungen beschränkte, konnte sich Rudolf Petersen mit ihr arrangieren. Er traf auch seine Lehrlingsauswahl weiter wie bisher: Ohne daß darüber gesprochen wurde, bildete er mehrere junge Männer aus, die „halbjüdisch" waren, einer kam gar aus sozialdemokratischem Hause.[445] Den Lehrlingen war gemeinsam, daß sie aus „guten Familien" stammten, da Petersen auf dem Standpunkt stand: „Wer bei mir Lehrling ist, muß es sich leisten können"[446], und sie schlecht bezahlte. Von dieser sozialen Auslese wich er in der NS-Zeit nicht ab, aber er paßte sich auch nicht vorauseilend an, indem er nun eine andere Auslese traf.

Rudolf Petersens Unternehmen stand auf der „Liste der Groß- und Außenhandelsfirmen", deren „halbjüdische" Inhaber zum „Sondereinsatz J", der Zwangsarbeit, herangezogen werden sollten.[447] Doch wurde er nicht wie andere „Mischlinge" dienstverpflichtet, denn mit 66 Jahren hatte er die Altersgrenze um ein Jahr überschritten. So erlebte er das Kriegsende im ruhigen Reinbek, Silber, Wein und Wäsche in einem Kellerversteck sicher untergebracht. Doch nicht vor Gestapobeamten, fanatischen Nationalsozialisten oder plündernden „Volksgenossen" fürchtete er sich, sondern vor „fremden Gefangenen (...) die beim Niederbruch mit dem Einrükken der fremden Truppen zu befürchten waren. Schützengräben im Garten sollten die einrückenden Feinde aufhalten!"⁴⁴⁸ Glücklicherweise versuchten die Gegner des Deutschen Reiches nicht, durch seinen Garten nach Hamburg einzumarschieren.

In Petersens Lebensbericht finden sich keine direkten Hinweise auf die emotionalen Auswirkungen der Ungewißheit oder Angst vor der Verhaftung. Die Einschränkungen seiner beruflichen Tätigkeit werden selten benannt, und schon gar nicht inhaltlich ausgeführt. Seine vorauseilenden Schritte des Rückzugs (Wohnort, Niederlegung der Ämter) und der Vermeidung von Konflikten (Übertragung der Handlungsvollmachten auf „arische" Prokuristen, Lehre der Söhne im eigenen Unternehmen), vor allem die Beschränkung auf den Bereich der wirtschaftlichen Betätigung werden nicht als bewußte Strategien erwähnt. Deutlich allerdings wird in seinen Berichten das tiefgehende Bedürfnis, zur „Volksgemeinschaft" zu gehören und alle Zeichen zu registrieren, die dies bestätigten.⁴⁴⁹ Das Zugehörigkeitsgefühl bestimmte auch sein Feindbild: Als bedrohlich betrachtete er die alliierten Truppen und sich rächende Verfolgte oder Gefangene. Vor Verbitterung bewahrten ihn Kontakte zu andere Kaufleuten. Sie bewirkten zusammen mit dem wirtschaftlichen Erfolg, daß neben dem Vermögen auch sein Selbstvertrauen erhalten blieb. Dies war Petersens Ausgangsbasis, das Angebot anzunehmen, Hamburgs erster Nachkriegsbürgermeister zu werden.⁴⁵⁰ Wenn der von den Nationalsozialisten zum Präses der Handelskammer ernannte Joachim de la Camp ihn schnell wieder für diese Institution vereinnahmte⁴⁵¹, so konnte das Rudolf Petersen nur recht sein, bezog er aus der Anerkennung für die kaufmännische Tüchtigkeit doch sein Selbstwertgefühl. Er selbst begründete seine Bereitschaft, das Amt anzutreten mit dem Argument, er sei „noch in Sitten groß geworden, die den Hamburger Bürger verpflichteten, seine Berufung in den Senat anzunehmen, wenn er nicht sein Bürgerrecht verlieren wollte."⁴⁵² Johe bezweifelt diese Motivation. Dennoch: Petersen hatte (im übertragenen Sinne) sein Bürgerrecht bereits einmal verloren. Das Angebot, das höchste Amt der Stadt einzunehmen, stellte auf einer sehr persönlichen Ebene auch einen demonstrativen Akt der gesellschaftlichen Reintegration dar. Und Petersens Zusage versicherte umgekehrt den Nutznießern der nationalsozialistischen Herrschaft, daß die Ausgegrenzten der vergangenen zwölf Jahre – zumindest aus Kreisen des Bürgertums, denn Sozialdemokratie und Kommunisten waren noch keine berechenbaren Größen – bereit waren, die Erfahrungen während der nationalsozialistischen Herrschaft ruhen zu lassen und gegenüber der Besatzungsmacht den Status des Unbelasteten zum Nutzen aller einzusetzen. So traten die Weggefährten von einst ohne Scheu wieder an Rudolf Petersen heran und trugen ihm – als sei nichts geschehen – die alten Ehrenämter wieder an, wie beispielsweise die Exporteure.⁴⁵³ Kaufleute und Honorationen begrüßten ihn als Bürgermeister erleichtert wieder in ihren Reihen und wurden nicht müde, die Traditionslinie Großvater Carl – Bruder Carl – Rudolf Petersen zu betonen, so als hätte es Carls Amtsniederlegung und die zwölf Jahre NS-Herrschaft gar nicht gegeben.⁴⁵⁴ Rudolf Petersen wiederum hob hervor, er habe erst nach dem Krieg von der „Niedermetzelung der Juden und Zigeuner usw." und dem „Bestand der KZs" erfahren.⁴⁵⁵ Dann konnten doch die anderen, die ihren Geschäften nachgingen, ebenfalls nichts gewußt haben! Dies mag der Hintergrund für Petersens Entwurf zur Entnazifizierung der Wirtschaft gewesen sein. Nach seinem Konzept durfte die Handelskammer die Entnazifizierung in den eigenen Reihen vornehmen[456]: Aus den Unternehmen sollten Personen, die sich unmittelbar an „Untaten oder Ungerechtigkeiten des NS-Regimes" beteiligt hatten sowie aktive Parteimitglieder, „die größere Schuld als andere" trügen, entfernt werden. Entscheidend sollte das „charakterliche Gesamtbild des Betroffenen" sein, denn „mit der Größe der Stellung" seien schließlich die Schwierigkeiten gewachsen, sich vom Nationalsozialismus fernzuhalten. Es müsse berücksichtigt werden, daß viele in der Wirtschaft Tätige im Interesse ihrer Betriebe Beziehungen zur NSDAP gepflegt hätten.[457] In diesem Tenor verfaßte Petersen auch die unzähligen „Persilscheine", um deren Ausstellung er insbesondere aus führenden (nicht nur) Hamburger Wirtschaftskreisen gebeten wurde. Die meisten von Petersen Entlasteten stammten aus dem bürgerlich-konservativen Spektrum, waren oft vor 1933 in der DVP gewesen und hatten sich später im wohlverstandenen Eigeninteresse dem Nationalsozialismus angepaßt oder doch zumindest ein Arrangement getroffen.[458] Auch Petersens Partner aus der „Gesellschaft für zusätzliche Ausfuhr" reihten sich unter die Bittsteller.[459] Die Tendenz der Entlastungsschreiben wiederholt sich: Kaufleuten attestierte Petersen, schon wegen ihrer Tätigkeit gegen alle radikalen Maßnahmen und Auffassungen des Nationalsozialismus eingestellt gewesen zu sein. Er leitete aus langjährigen Geschäftsbeziehungen eine lautere politische Haltung ab oder bescheinigte anderen, nur im Interesse ihrer Familie oder Handelsunternehmen in die NSDAP eingetreten zu sein.[460] Offenkundig informierte sich Petersen nicht über die Bittsteller.[461] Ihm genügte es, wenn er sie aus der Zeit vor 1933 kannte, sie bürgerlich-konservativen Kreisen entstammten und nicht als „Radau-Antisemiten" auffällig geworden waren.[462] Petersen plädierte dafür, NS-Belasteten Pensionen zu zahlen, um kein sicherheitsgefährdendes Potential zu schaffen.[463] Daß er nicht davor scheute, nationalsozialistisch vorbelastete Berater einzustellen, die teilweise auf Druck der britischen Besatzungsmacht entlassen wurden, ist bekannt.[464] Petersen reagierte mit Unverständnis auf diesen – aus seiner Sicht – Verlust an Erfahrung. Vor dem Hintergrund von Rudolf Petersens persönlicher Geschichte können diese Haltungen als Vorleistungen bewertet werden, die er erbrachte, um zu beweisen, daß er das „Vergessen", für das er bald öffentlich plädierte, auch selbst ernst nahm.[465]

Es ging Rudolf Petersen darum, wieder einen sozialen Konsens mit den Männern seiner Schicht zu finden. Dabei gab er die Distanz gegenüber nationalsozialistischen Funktionsträgern nur zweimal auf, dies aber bei Bittstellern, über die er informiert genug war, um die Brisanz ihres Anliegens zu erkennen: 1947 stand Curt Rothenberger, der berüchtigte ehemalige Hamburger Justizsenator und Staatssekretär im Reichsjustizministerium, in Nürnberg vor Gericht.[466] Rothenberger wandte sich an den ehemaligen Handelskammerpräses de la Camp mit der Bitte, ihm ein Affidavit von einem politisch unbelasteten Hamburger Kaufmann zu beschaffen. Dieser solle ein Urteil über die schlechte wirtschaftliche Situation Hamburgs 1929-1932 abgeben, Gauleiter Kaufmanns erfolgreiche Bemühungen um den wirtschaftlichen Aufschwung und schließlich dessen Einsatz zur Rettung Hamburgs bei Kriegsende herausstreichen. Der Hintergrund dieser Bitte war, daß Karl Kaufmann seinem alten Freund und Mitstreiter[467] Rothenberger ein „glänzendes Affidavit" gegeben hatte, das – so Rothenbergers Kalkül – um so mehr Wirkung entfalten würde, je unbelasteter Karl Kaufmann persönlich erschiene. „Ob vielleicht Petersen selbst sich bereit finden wird, jedenfalls die Haltung Kaufmanns vor der Kapitulation zu bezeugen?"⁴⁶⁸, fragte er den alten Weggefährten de la Camp. Dieser wandte sich an den Petersen-Intimus Hans E. B. Kruse, der bis 1945 Vizepräsident der Handelskammer gewesen war.⁴⁶⁹ Unter dem Motto „Hier ist ein Mensch in Not, der einer Hilfe würdig zu sein scheint"⁴⁷⁰, setzten sich nun die alten Kameraden bei Petersen für den ehemaligen Justizsenator ein, der die Hamburger Justiz mit dem „System Rothenberger", einer speziellen Mischung aus Lenkungsbesprechungen, Berichterstattung und Personalpolitik, pervertiert hatte und für Folterungen im KZ Fuhlsbüttel politisch mitverantwortlich war.⁴⁷¹ Rothenbergers Anwälte appellierten an Petersen, daß mit den Prozessen gegen Curt Rothenberger und Karl Kaufmann „auch in gewissem Sinne vor der Weltöffentlichkeit ein Urteil über die Verhältnisse in der Hansestadt unter dem Dritten Reich gesprochen werden wird. Damit dieses Urteil so ausfällt, wie es der historischen Wahrheit entspricht, kommt es uns entscheidend darauf an, darzutun und zu beweisen, daß eben die Entwicklung der Verhältnisse in Hamburg eine gänzlich andere gewesen ist."⁴⁷²

Derart von zwei Seiten in die patriotische Pflicht genommen, erfüllte Petersen die Bitte und schrieb die folgende Stellungnahme:

> „Ein Affidavit für Dr. Rothenberger zu geben bin ich nicht gewillt. Im übrigen habe ich Herrn Dr. Rothenberger persönlich nicht gekannt, so daß ich irgendwelche Angaben über sein Verhalten auch nicht zu machen in der Lage wäre. Ich bin dagegen bereit, mich über die Lage Hamburgs während der Zeit der Naziherrschaft zu äußern. In dieser Beziehung kann ich sagen, daß in Hamburg die Verhältnisse günstiger gelegen haben als in den anderen Teilen Deutschlands. So sind die Gesetzesbestimmungen gegen die Juden und Mischlinge in Hamburg fast ausnahmslos später und nicht mit solcher Brutalität durchgeführt worden wie anderswo. Auch hat man zum Teil in führenden Stellungen bewährte Kräfte belassen, ohne daß sie Parteimitglied zu werden gezwungen wurden, obgleich ihnen dieses möglich gewesen wäre. Insbesondere aber muß dem Statthalter Kaufmann zugute gehalten werden, daß er trotz der strikten Anweisung aus Berlin bei Kriegsende die Zerstörung Hamburgs unterlassen hat (…). Ich sehe dieses relativ gemäßigte Benehmen des Statthalters allerdings weniger als sein Verdienst an, als die Folge des starken Einflusses der Lebensauffassung der gesamten hamburgischen Bevölkerung. Die Verbundenheit der Hamburger Bevölkerung in allen ihren Schichten mit der Weltwirtschaft durch Handels- und Familienbeziehungen hat eine intensive Ablehnung gegenüber allen radikalen Maßnahmen im Laufe der Jahrhunderte entstehen lassen (…). Dieser Einfluß hat zweifellos auch auf den Statthalter Kaufmann eingewirkt."⁴⁷³

Vermutlich wußte Petersen sehr wohl, daß die Maßnahmen gegen Juden und „Mischlinge" im vorgegebenen Zeitrahmen und so buchstabengetreu wie anderswo vollzogen worden waren. Daß es in der „Mischlingspolitik" generell eine Fülle von Ausnahmeregeln gab, in deren Genuß unter anderen er als erfolgreicher Kaufmann gekommen war, mußte ihm ebenfalls geläufig sein. Rudolf Petersen verharmloste die nationalsozialistische Herrschaft in Hamburg. Er attestierte den Bewohnern der Stadt pauschal eine natürliche Resistenz gegenüber jeglichem Radikalismus. So hatte er zweifelsohne alle Bedenken, die die Mitläufer und Aktivisten des NS-Regimes gegen ihn hegen mochten, entkräftet: Er hatte an der Legende vom „Hamburger Sonderweg" mitgestrickt, der Exkulpation einer ganzen Stadt.⁴⁷⁴

Petersens zweiter herausragender Einsatz, sechs Jahre später, als er das Bürgermeisteramt nicht mehr bekleidete, betraf gar seinen nationalsozialistischen Vorgänger Carl Vincent Krogmann. Krogmann war in die Gruppe III (Minderbelastete) eingestuft worden.[475] Die (deutschen) Entnazifizierungsausschüsse hatten das Recht, in solchen Fällen Vermögenssperren, Berufsbeschränkungen und Einschränkungen der politischen Betätigung auszusprechen[476], was bei Krogmann offensichtlich geschehen war. Im Spätsommer 1953 sollte auf einer Sitzung darüber entschieden werden, ob der dezidierte Antisemit Krogmann in die Gruppe IV (Mitläufer) eingestuft werden konnte. Im Vorwege wandte sich Krogmanns Ehefrau Emerentia – angeblich ohne Wissen ihres Mannes – an Rudolf Petersen. Sie berief sich ebenfalls auf einen gemeinsamen Bekannten, Petersens Prokuristen.

> „Sie sind jetzt der Einzige, der günstig in unser Schicksal einzugreifen vermag! Nur Sie können jetzt noch helfen. Es ist einfach entsetzlich, daß ich bitten muß (…) den meisten Mut schöpfe ich durch die Erzählungen Claus Holthusens [des Prokuristen, B.M.], der uns sagte, daß Sie ein aufrichtiger Christ sind! und darum *werden* Sie mir doch bestimmt helfen, nicht?! Am 12.8.53 ist eine erneute Entnazifizierungs-Sitzung und hier nun kommt es darauf an, daß mein Mann (…) nun endlich nach 8jähriger Quälerei in Gruppe 4 eingestuft wird. Bis jetzt nahmen wir felsenfest an, daß alles gut gehen werde, weil das Recht auf seiner Seite ist, aber wir hörten, daß Herr [Max, B.M.] Brauer meinen Manne *schlecht* gesonnen sei und ihm die Gruppe 4 verweigern würde! – Können Sie das begreifen? Herr Brauer gibt doch auch vor, Christ zu sein! Also mein Mann geht seelisch und körperlich zugrunde, wenn ihm dieses Mal wieder ein Unrecht geschieht, nebenbei ist er auch schon 65 und hat 1948 als *Arbeiter* angefangen. Keiner unserer Freunde will es glauben, daß mein Mann noch nach 8 Jahren in Gruppe 3! ist. Auch Holthusen fiel aus allen Wolken, als er das hörte. Aus tiefstem Herzen bitte ich Sie jetzt noch vor dem 10. August fürsprechend mit Bürgermeister Brauer zu reden. Ich weiß genau, daß damals alle die Abgesetzten Pensionen bekamen."[477]

Wieder verschloß sich Rudolf Petersen der Bitte nicht. Frau Krogmann dankte ihm eine Woche später „von ganzem Herzen" für seinen Einsatz und hoffte mit ihm, „daß mein Mann einen geruhsamen Lebensabend haben kann"[478], was dann auch so geschah. Hatte Petersen indirekt in Rothenbergers/Kaufmanns und explizit in Krogmanns Fall zwei herausragende Nationalsozialisten protegiert, so kamen diese doch aus seiner Schicht und bedienten sich bürgerlich-konservativer Vermittler, was Petersen vor allem bewogen haben mag, seine Grundsätze, für wen er Entlastungsschreiben verfaßte, so weit zu dehnen. Zudem hatte Emerentia Krogmann an seine christliche Haltung appelliert, die – wie sein Biograph Stubbe-da-Luz ausführt – „ein Resultat der vorangegangenen Katastrophe und der Nachkriegsdepression" war.[479]

Als Bürgermeister berief Rudolf Petersen mit Adolph Schönfelder und Heinrich Landahl zwei sozialdemokratische bzw. der Sozialdemokratie nahestehende Senatoren, zögerlich nahm er dann auch Kommunisten in den Senat auf.[480] Als die ernannte Bürgerschaft zusammentrat und Fraktionen bildete, schloß sich Petersen der Gruppe der Parteilosen an, obwohl er im Spätsommer 1945 Mitbegründer der CDU in Hamburg war. Im Juni 1946 wechselte er zur CDU-Fraktion. Die Partei stellte ihn als Bürgermeisterkandidaten bei der ersten Nachkriegswahl zur Bürgerschaft am

13. Oktober 1946 auf. Doch so sehr die führenden Wirtschaftskreise Hamburgs Petersens Nominierung begrüßt hatten, die Bevölkerung verhalf den Sozialdemokraten zur Macht. Petersens politische Laufbahn war beendet, er widmete sich fortan wieder den Geschäften, zumal sich inzwischen auch privat für ihn die Kreise geschlossen hatten: Der Kontakt mit dem emigrierten Sohn Gustav war wieder aufgenommen, seine Söhne traten zueinander in Geschäftsverbindung, und schließlich konnte die Firmenbeteiligung des „antisemitischen" Teilhabers abgelöst und auf die Söhne übertragen werden.[481] Der Schwiegersohn, mit Tochter Anna Maria zurückgekehrt, arbeitete als Wirtschaftsberater der britischen Besatzungsverwaltung.[482]

Petersens Anstrengungen beim Wiederaufbau und seine Integrationsleistungen wurden belohnt. Spätestens die Gratulationsflut zu seinem 80. Geburtstag dokumentiert, wie erfolgreich seine Strategie war, das Vergangene herunterzuspielen und in der gemeinsamen Anstrengung des Wiederaufbaus zu „vergessen". „Sie haben sich durch Ihr Werk einen Ehrenplatz in der Geschichte unserer Vaterstadt erworben"[483], schrieb ein Gratulant stellvertretend für viele, und die Handelskammer betonte die Kontinuitätslinie von Petersens Mitarbeit in ihren Reihen.[484]

Während kein Zeitungsartikel oder Glückwunsch die jüdische Abstammung mit ihren Folgen erwähnte, wurde diese familienintern durchaus ein Thema in Gesprächen und Briefen zwischen Rudolf und Clara Petersen, die schrieb: [Heute]

> „glaube ich wie Du, daß die geistige Mischung für uns Geschwister im großen und ganzen vorteilhaft gewesen ist (...). Konflikte hat aber eine solche Mischehe doch sehr leicht zur Folge (...). Außer meiner gefühlsmäßigen Abneigung sprechen für mich zwei Dinge mit, die sehr real sind. Erstens das jüdische Äußere und zweitens das furchtbare Schicksal, dem die Juden niemals entgehen werden. Sie werden wandern müssen, so lange die Welt steht, und sie bleiben gesellschaftliche Parias, ob auch noch so viele Gesetze sie schützen."[485]

Und Parias wollten die Petersens auf keinen Fall sein. Deshalb vermieden sie auch in der Folgezeit jedes Zeichen, das darauf hindeuten könnte, daß sie sich mit der jüdischen Herkunft befaßten. Wenn Rudolf und Clara Petersen im Alter etliche Bücher über Juden, jüdische Bräuche, Palästina und dortige Ausgrabungen austauschten[486], so konnte dies als rein bildungsbürgerliches Interesse behandelt werden, denn es bezog sich auf ferne Zeiten, fremde Personen und vollzog sich im Kontext von Literatur und Sachbüchern. Das voluntaristische Vorgehen ermöglichte es den Geschwistern, sich den Wurzeln ihrer Herkunft zu nähern. Dies geschah scheinbar zufällig und war kaum einer Erwähnung wert, wie auch die Anpassungs- und Verdrängungsleistungen in den Jahren zuvor.

Wie Rudolf Petersens Beispiel zeigt, existierte unter bestimmten Bedingungen die Freiheit der wirtschaftlichen Betätigung für „Mischlinge" während des Nationalsozialismus tatsächlich. Es verdeutlicht zudem, welche punktuellen Einschränkungen dabei hingenommen werden mußten. Die Petersens waren nicht die einzige Hamburger Bürgerfamilie, in die Juden eingeheiratet hatten. Um diese wichtige Bevölkerungsschicht als Bündnispartner zu gewinnen, waren die örtlichen Nationalsozialisten zu einigen Zugeständnissen bereit[487], vorausgesetzt die Betroffenen fügten sich in die neuen Zeiten ein wie die Petersens mit ihrem „Motto": „Es war der Familie klar, daß man gefährdet war und daß man dennoch sehen mußte, daß man ein normales Leben führte. Man durfte ja auch nicht zu sehr auffallen."[488] Darüber hinaus lagen profitable Geschäfte durchaus im Interesse des „Dritten Reichs", wenngleich dieses Interesse nicht generell Priorität vor rassistischen Prinzipien genoß.

5. Umgangsstrategien lohnabhängiger „Mischlinge"

Der Großteil der entlassenen „Mischlinge" verlor seine Arbeitsplätze bereits in den ersten beiden Jahren der nationalsozialistischen Herrschaft, die meisten davon waren im öffentlichen Dienst beschäftigt. Andere scheiterten an den „Arierparagraphen" der Kammern und verloren nicht nur die Möglichkeit, in ihren Ausbildungsberufen zu arbeiten, sondern konnten sich auch nicht selbständig machen, wenn sie keinen Arbeitsplatz in der freien Wirtschaft fanden. Waren sie in einem der Betriebe oder Arbeitsbereiche beschäftigt, die zum Organisationsbereich der Reichskulturkammer gehörten, wurde ihnen gleichzeitig mit dem Berufsverbot die Eignung als Staatsbürger abgesprochen, denn der Zwangsverband forderte die politische Zuverlässigkeit im Sinne des NS-Staates.[489] Ein Ablehnungsbescheid der Reichskulturkammer lautete wie folgt:

> „Nach dem Ergebnis meiner Überprüfung der in Ihren persönlichen Eigenschaften begründeten Tatsachen besitzen Sie nicht die erforderliche Eignung und Zuverlässigkeit, an der Förderung deutscher Kultur in Verantwortung gegenüber Volk und Reich mitzuwirken. Sie erfüllen somit nicht die Voraussetzung für eine Mitgliedschaft bei der Reichskammer der bildenden Künste. Auf Grund des § 10 der ersten Verordnung zur Durchführung des Reichskulturkammergesetzes (…) lehne ich Ihre Aufnahme in die Reichskammer der bildenden Künste ab und untersage Ihnen die weitere Ausübung des Berufes als Maler und Graphiker. Ihre Betätigung im Rahmen der durch den Reichsverband nichtarischer Christen (…) gebotenen Möglichkeiten wird dadurch nicht betroffen."[490]

Der hier angebotene Ausweg einer Tätigkeit für den Reichsverband erweist sich beim näheren Hinsehen als bloße Scheinmöglichkeit. Zwar gestaltete der Reichsverband einige kulturelle Abende, doch Erwerbsmöglichkeiten, die den Lebensunterhalt sicherten, fanden Kulturschaffende dort nicht.

So war ein nicht geringer Teil der entlassenen „Mischlinge" für längere Zeiträume arbeitslos. Die „Vereinigung 1937" empfahl ihren Mitgliedern, vor einer Bewerbung Kontakt mit dem NSBO-Obmann aufzunehmen und dessen Haltung zu erkunden, um spätere Schwierigkeiten zu vermeiden.[491] Prozesse der Dequalifizierung und der beruflichen Degradierung waren an der Tagesordnung, sowohl vom leitenden zum einfachen Angestellten wie auch vom Angestellten zum Arbeiter.[492] Qualifizierungsmöglichkeiten hingegen wurden in vielen Berufssparten eingeschränkt bzw. unmöglich gemacht. Wesentlich zur Verhinderung eines beruflichen Aufstiegs trugen der Ausschluß von staatlichen Examina bei und das Verbot der Handwerkskammern, Meisterprüfungen abzulegen.[493] Dieses Verbot existierte nicht als genereller Ausschluß[494], sondern wurde offensichtlich erst anläßlich einer Prüfungsmeldung ausgesprochen. In der Seefahrt betraf dies beispielsweise Steuermanns-, Kapitäns- oder andere Patente, die nicht erworben werden konnten.[495] Als Folge verweigerter

Qualifikationsprüfungen arbeiteten eine Schneiderin, die sich als Meisterin selbständig machen wollte, als Näherin[496], eine Krankenschwester als Verkäuferin[497], ein Zahnarzt als Laborkraft[498] oder ein verhinderter Tischlermeister als Kraftfahrer.[499] Der Wechsel von der lohnabhängigen zur selbständigen Tätigkeit war durch die Verweigerung dieser Prüfungen für etliche Berufssparten nicht möglich. Zeitgleich konnten aber andere „Mischlinge" Meisterprüfungen ablegen und sich in die Handwerksrolle eintragen lassen.[500] Besonders streng waren die Regelungen im landwirtschaftlichen Bereich. So durfte beispielsweise ein Absolvent der „Bäuerlichen Werkschule" in Itzehoe, der anschließend als „erster junger Mann" und Wirtschafter Berufserfahrungen gesammelt hatte, keinen Bauernhof erwerben[501], weil „Mischlinge" nicht „bauernfähig" waren.[502] Mitglieder des Reichsnährstandes und damit im lohnabhängigen Beschäftigungsverhältnis konnten sie hingegen sein.[503]

Eine Umgangsstrategie der „Mischlinge" im Berufsleben war die Geheimhaltung der Abstammung. Sie lebten ständig in der Angst vor Entdeckung aufgrund von Zufällen, Denunziationen der Kollegen oder Informationen der Gestapo. In einigen Rüstungsbetrieben wie Blohm & Voss, deren Arbeitskräfte Sicherheitsüberprüfungen unterlagen, wurden Personen, die jüdische Vorfahren hatten, grundsätzlich nur in untergeordneten Stellungen eingesetzt. So arbeitete ein Mann dort beispielsweise von 1934 bis 1944 als Hilfskraft im Büro und wagte nicht, den Übernahmeantrag ins Angestelltenverhältnis zu stellen, weil er dann seinen Status als „Mischling ersten Grades" hätte angeben müssen.[504] Tatsächlich setzte der Rüstungsbetrieb ihn als Arbeiter ein, sobald die Abstammung bekannt wurde. Einem anderen „Mischling", der dort als Arbeiter eingestellt worden war, wurde nach Denunziation seiner Herkunft die Schwerarbeiterzulage entzogen.[505] Außerdem erhielt er regelmäßige Vorladungen beim Personalchef und wurde der Gestapo gemeldet. Ein Kolonnenführer schließlich sollte nach Auflagen der Gestapo weder als Vorgesetzter „arischer" Arbeiter noch im Flugzeugbau tätig sein dürfen, sondern körperliche Schwerarbeit leisten.[506] Währenddessen war ein Ingenieur, „Mischling ersten Grades", der die Abstammung nicht verborgen hatte und zudem aus einer bekannten Hamburger Familie stammte, in eben dieser Rüstungsfirma für die Feineinstellungen der Jagdbomber unbehelligt bis zum Kriegsende tätig – während sein Vater und Bruder in Konzentrationslagern inhaftiert waren.[507]

Ein Teil der „Mischlinge ersten Grades", die die Abstammung verbargen, wechselte den Arbeitsplatz „vorbeugend" immer dann, wenn „Ariernachweise" vorgelegt oder Fragebögen ausgefüllt werden sollten.[508] Damit wollten sie Schwierigkeiten aus dem Weg gehen. Problematisch war zudem, daß oft nicht nur der Haushaltsvorstand, sondern auch andere Familienmitglieder von beruflichen Einschränkungen betroffen wurden. Gegenseitige Protegierung der Familienmitglieder brachte Gefahren der Aufdeckung jüdischer Abstammung mit sich, wie das folgende Beispiel verdeutlicht: Ein in Mischehe lebender selbständiger Handelsvertreter verlor 1934 seine Verträge mit den Zulieferern.[509] Eine lohnabhängige Stelle fand er als Arbeiter in einer Kieler Radiowerkstatt, wo er dann als Lohnbuchhalter und schließlich am Empfang eingesetzt wurde. Seine Tochter wurde 1933 nicht als Schwesternschülerin angenommen. Sie arbeitete als Magd, Dienstmädchen und Zahnarzthelferin. 1938 vermittelte ihr Vater, zu dieser Zeit Empfangschef der Radiowerkstatt, ihr eine freiwerdende Stelle in seinem Betrieb:

„Dort wurde eine Hilfe im Sanitätsraum für den Arzt gesucht und meinem Vater versprochen, mich einzustellen. Da die Stelle für eine nicht ausgebildete Kraft sehr gut bezahlt wurde, fuhr ich sofort nach Kiel. Bei der Vorstellung im Werk wurde mir unvorhergesehener Weise ein Fragebogen mitgegeben, der unter anderem die Fragen der arischen Abstammung enthielt. Es war fraglich, ob man mich bei Beantwortung dieser Fragen eingestellt hätte. Auf jeden Fall wäre mein Vater entlassen worden. So sagte ich ohne Begründung ab."[510]

Doch die Abstammung wurde 1938 auch ohne ihre Mitwirkung bekannt und der Vater entlassen, einen neuen Arbeitsplatz fand er nicht. Er erkrankte schwer und starb 1941. „Mein Mann, der immer ein fleißiger und strebsamer Charakter war, litt unter seiner Untätigkeit unsagbar und es zermürbte ihn immer mehr, daß ich als Frau für den Lebensunterhalt zur Arbeit gehen mußte"[511], schrieb seine Frau später. Der Tochter gelang es, mit der Hilfe einer Ärztin eine Sondergenehmigung des Reichsinnenministeriums zu erlangen, um die Ausbildung als Schwesternschülerin „unter Vorbehalt" zu absolvieren.[512] Danach arbeitete sie in einer Privatklinik, bis dort ihre Abstammung bekannt wurde, „vermutlich durch die karteimäßige Erfassung durch das Arbeitsamt oder die Arbeitsfront, auch dort wurde ich in der Kartei als Halbjüdin geführt."[513] Inzwischen zur Stationsschwester befördert, mußte sie nun als Putzfrau arbeiten. Sie zog sich dabei gesundheitliche Schäden zu, die nach Kriegsende jahrelange Arbeitslosigkeit zur Folge hatten.[514]

In der Regel versuchten die „Mischlinge ersten Grades" durch Anpassung, vorauseilenden Gehorsam und Verschweigen der Abstammung ihre Arbeitsplätze zu bekommen und zu erhalten. Wurden sie gehänselt, diskriminiert, versetzt oder gekündigt, nahmen sie dies notgedrungen ohne große Proteste hin. Nur in Ausnahmefällen kam es zu aktiver Gegenwehr wie bei einem Eisenwarenhändler, der Kollegen – als sie ihn wegen seiner Abstammung als „Mischling zweiten Grades" denunzierten – tätlich angriff.[515] Einzelne „Mischlinge", die wegen „Rassenschande" inhaftiert worden waren, verloren in diesem Zusammenhang ihren Arbeitsplatz, selbst wenn die „Rassenschande" bei ihnen nicht vor Gericht angeklagt wurde. Eine solche Aktion lenkte das Interesse des Arbeitgebers auf die bisher vielleicht (absichtlich) übersehene jüdische Herkunft und führte zur Entlassung, wie bei einem leitenden Angestellten in der Rüstungsindustrie, der anschließend als Arbeiter in einen anderen Rüstungsbetrieb dienstverpflichtet wurde.[516]

Während ein nicht geringer Teil der „Mischlinge ersten Grades" mehrfach entlassen, auf schlechtere Arbeitsplätze versetzt wurde oder lange Zeiten der Arbeitslosigkeit durchlebte, gelang es anderen jedoch, ihre Stellen mit Unterstützung – oder Duldung – der Kollegen, Vorgesetzten oder Arbeitsvermittler bis zur Dienstverpflichtung zur Zwangsarbeit im Frühjahr bzw. Herbst 1944 zu halten.

Zusammengefaßt kann konstatiert werden, daß die freie wirtschaftliche Betätigung bei weitem nicht so frei war, wie gegenüber der deutschen und ausländischen Öffentlichkeit hervorgehoben, sich aber doch stark von der Stellung der Juden unterschied, die völlig aus dem Wirtschaftsleben verdrängt wurden. Neben den immer wieder veränderten staatlichen Vorgaben hing die Arbeitssituation für „Mischlinge" entscheidend davon ab, welche örtliche Praxis sich bei Behörden, Kammern, Gestapo oder Polizei herausgebildet hatte und – bei Arbeitnehmern – ob Nützlichkeitserwägungen höher als antisemitische Haltungen bewertet wurden. Die nationalsozialistischen Machthaber gestatteten Selbständigen wie Rudolf Petersen, ihrer Erwerbstätigkeit weitgehend unbehelligt nachzugehen, wenn sie sich davon Nutzen versprachen. Dieser konnte ebenso in der erfolgreichen Beruhigung des Bürgertums wie in Geschäftsabschlüssen bestehen, die die Versorgung der Stadt oder des Deutschen Reiches mit Rohstoffen oder Gütern sicherstellten – immer unter der Voraussetzung, daß der Betroffene sich unauffällig und angepaßt verhielt. Nützlichkeitserwägungen gaben auch den Ausschlag, wenn zum Teil hochqualifizierte Fachleute in Schlüsselpositionen geduldet wurden wie der erwähnte Ingenieur, der Jagdbombereinstellungen vornahm.[517] Geschickt hatte er sich den Arbeitsbereich gesucht, in dem Fachleute nicht nur knapp waren, sondern gar nicht zur Verfügung standen, er also unverzichtbar war. Dies bedeutete aber nicht, daß die Position dieser Personen unangefochten und dauerhaft sicher war. Denn die Nützlichkeitserwägungen, die Karl Kaufmann oder der Leiter der Flugzeugproduktion bei Blohm & Voss anstellen mochten, deckten sich nicht zwangsläufig mit denen anderer Amtsinhaber. Nahm ein NSDAP-Ortsgruppenleiter oder Kriminalbeamter Anstoß daran, daß ein „Jude", mochte er auch nur ein „Halber" sein, „immer noch" Betriebsführer war, ins Ausland reisen konnte oder von der Zwangsarbeit freigestellt war, konnte durchaus ein Prozeß in Gang gesetzt werden, dessen Ausgang unabsehbar war.

Ein anderer Grund, einen „Mischling" bei seiner Berufsausübung sogar zu fördern, konnten Verdienste um die NS-Bewegung sein, die auf diesem Wege honoriert wurden. Der Bergedorfer Bürgermeister Albrecht Dreves etwa, am 16. Juni 1933 „gewählt", Nationalsozialist seit 1927, Ratsherr in Bergedorf seit 1930, war „Mischling zweiten Grades".[518] Auch Dreves hatte einen typischen Hamburger Lebensweg mit kaufmännischer Ausbildung, Auslandserfahrung und Aufbau eines eigenen Betriebes hinter sich, nach dessen kriegsbedingtem Verlust er als Prokurist gearbeitet hatte.[519] Als er in der Folge die „arische" Abstammung belegen mußte[520], waren sowohl seine Eignung für das Amt wie die Parteizugehörigkeit in Frage gestellt. Weil aber Dreves ein alter Vertrauter des Hamburger Gauleiters war, wurde eine alle Seiten zufriedenstellende Regelung gefunden: Dreves legte am 31. August 1934 sein Bürgermeisteramt nieder und trat am 1. September 1934 die gutdotierte Stelle als Direktor der Hamburger Freihafen-Lagerhaus-Gesellschaft an.[521] Seine Parteiämter und die SA-Zugehörigkeit in Bergedorf beendete er mit Verweis auf die neue Tätigkeit in Hamburg, die er – gemessen mit den sonstigen Maßstäben der nationalsozialistischen Machthaber – auch nicht hätte antreten dürfen.[522]

Letztendlich spiegelt sich in der Mehrheit der Fallbeispiele die zwangsweise Atomisierung der „Mischlinge" und ihrer Handlungsmöglichkeiten: Alle Betroffenen waren vereinzelt, ganz gleich, ob sie als Selbständige gegenüber Behörden oder als Lohnabhängige gegenüber Arbeitgebern oder Kammern handelten. Es spielte auch keine Rolle, ob sie dem Bürgertum oder der Arbeiterschaft angehörten. Die Einschränkungen richteten sich gegen sie als Gruppe, mit diesen umgehen mußten sie als Einzelne, es sei denn, sie konnten auf Protektion hoffen.

6. „Mischlinge" in der Wehrmacht

Die wechselhafte Geschichte der „Mischlinge" in der deutschen Wehrmacht ist erst ansatzweise erforscht.[523] Bei den jahrelangen Auseinandersetzungen um „jüdische Mischlinge" in der deutschen Wehrmacht ging es vor allem um zwei Problembereiche, in denen die divergierenden Interessen der NSDAP und der Militärs aufeinanderstießen: Zum einen um die Behandlung der verdienten jüdischen Offiziere des Ersten Weltkrieges, die im „Friedensheer" verblieben waren, zum anderen – und dies war bezogen auf die „Mischlinge" der gewichtigere Streitpunkt – um den Zugriff auf tausende potentieller Wehrpflichtiger. Der Wehrmachtsführung war begreiflicherweise sehr daran gelegen, diese einberufen zu können. Das galt besonders für die Zeit vor der Volkszählung von 1939, als die Anzahl der „Halbjuden" noch weit überschätzt wurde. Andererseits bemühte sich der Reichswehr- und spätere Reichskriegsminister Werner von Blomberg aber auch darum, den rassenpolitischen Vorstellungen der NSDAP in der Wehrmacht Gültigkeit zu verschaffen, d.h. die „Nichtarier" auszugrenzen. So stand das Kriegsministerium einerseits im Brennpunkt eines Streites zwischen den Vertretern der NSDAP und den Beamten des Innen- und Außenministeriums, die versuchten, die Rechte der „Mischlinge" einheitlich zu definieren und in einer Form einzuschränken, die das Ansehen Deutschlands im Ausland nicht schädigte. Andererseits führte es – zum Teil gegen wertkonservative Haltungen der Militärs – Ausgrenzungsmaßnahmen gegen „Nichtarier" ein: Das Gesetz zur Wiederherstellung des Berufsbeamtentums vom 7. April 1933 betraf auch die Beamten in der Reichswehr. Reichswehrminister von Blomberg führte zudem frühzeitig Heiratsbestimmungen für Soldaten ein, die ihnen die Verehelichung mit „Nichtarierinnen" verboten. Am 28. Februar 1934 schließlich ordnete er an, das Berufsbeamtengesetz auf Soldaten anzuwenden.[524] Noch vor Erlaß der Nürnberger Gesetze hatte die Wehrmacht so „eilfertig" (Messerschmidt) die antijüdischen Maßnahmen einschließlich der Heiratsverbote eingeführt, die außerhalb des öffentlichen Dienstes erst im Herbst 1935 galten.[525] Da die „Nichtarier"-Definition des Berufsbeamtengesetzes galt, wurden alle Männer aus der Armee entlassen, in deren Abstammungsnachweisen sich mindestens ein jüdischer Großelternteil befand. Längerdienende Unteroffiziere und Mannschaften, die nicht unter die eng definierten Ausnahmeregelungen fielen, mußten gemäß Verfügung des OKH vom 8. Juni 1936 aus dem aktiven Wehrdienst entlassen werden, dienstpflichtige Soldaten betraf diese Anordnung zunächst nicht.[526] Gleichzeitig konnte das Reichswehrministerium seinen Wunsch durchsetzen, die „Mischlinge" als Wehrpflichtige einzuberufen: Die Verordnung vom 25. Juli 1935 bestimmte, daß „Halbjuden" Wehrdienst leisten mußten. Nach sechswöchigen Auseinandersetzungen zwischen Innenministerium, Reichswehr und Bormann als Vertreter der NSDAP wurde nach Entscheidung Hitlers festgelegt, daß „Mischlinge" in der Wehrmacht analog zum Reichsarbeitsdienst zwar dienen, nicht aber Vorgesetzte werden durften.[527] Für Auszeichnungen wegen ihrer militärischen Verdienste konnten ihre Vorgesetzten sie jedoch vorschlagen.[528]

Wie andere Wehrpflichtige wurden „Mischlinge ersten und zweiten Grades" bei Kriegsbeginn im September 1939 einberufen oder meldeten sich freiwillig. Die Frage, ob ihnen nun die vollen Staatsbürgerrechte zustehen sollten, beschied Hitler –

wie dargestellt – negativ. So dienten „Mischlinge" in der Wehrmacht, während ihre jüdischen Angehörigen zunehmend entrechtet und verfolgt wurden. Angesichts dieses prekären Zustandes ergriff die Partei-Kanzlei ihre Chance und warnte vor der Gefahr, die von verbitterten „Mischlingen" ausgehen könnte, die Zugang zu militärischen Geheimnissen hatten. Deshalb schlug sie deren Ausschluß aus der Wehrmacht vor.[529] Obwohl noch am 20. Januar 1940 verheiratete Soldaten, deren Frauen Jüdinnen oder „Mischlinge ersten Grades" waren, per Erlaß die Zusicherung erhielten, sie könnten in der Wehrmacht bleiben und bis zum Rang eines Feldwebels befördert werden[530], stimmte Hitler am 8. April 1940 der generellen Entlassung der „Mischlinge ersten Grades" und „jüdisch Versippter" zu.[531] „Mischlinge ersten Grades" sollten zwar weiterhin gemustert, dann aber – je nach Alter – der Ersatzsatzreserve II bzw. der Landwehr II zugewiesen werden. Ihre Wehrpässe trugen fortan den Vermerk „n.z.v." (nicht zu verwenden). Auch der mögliche Ausweg, nun Anträge auf Aufnahme in „fremdländische Freikorps" zu stellen, wurde ihnen verwehrt.[532] „Mischlinge ersten Grades" und „jüdisch Versippte" durften allerdings mit Ausnahmegenehmigung bei der Truppe bleiben, wenn sie sich durch Tapferkeit soldatisch bewährt hatten und dafür ausgezeichnet worden waren.[533] Die Gesuche wurden von Hitler persönlich entschieden. Er stellte auch in Aussicht, nach dem Krieg besonders bewährten Soldaten aus diesem Personenkreis die „Deutschblütigkeit" zu verleihen und sie bei Eignung und Frontbewährung eventuell sogar zu Offizieren zu befördern. Eine Reihe von Offizieren hatte Hitler bereits am 2. September 1939 „deutschblütigen" Personen gleichgestellt.[534] Ebenso sollte mit „Mischlingen" beider Grade verfahren werden, die im Kampf schwer verwundet oder getötet worden waren.[535] „Mischlinge zweiten Grades" im Mannschaftsrang oder mit ihnen Verheiratete verblieben in der Wehrmacht[536], sie konnten „ausnahmsweise" befördert und Vorgesetzte werden.[537] Dennoch waren auch sie häufig Stigmatisierungen und Denunziationen ausgesetzt.[538]

Der Ausschlußerlaß vom April 1940 hatte nicht alle Truppenteile rechtzeitig vor dem Frankreichfeldzug erreicht, so daß etliche Betroffene an diesem teilnahmen, hohe Auszeichnungen erhielten und anschließend Ausnahmeanträge stellten, deren Bedingungen sie im Wortlaut erfüllen konnten. Mittlerweile hatte sich jedoch Hitlers anfangs schwankende Haltung gegenüber „Mischlingen" in der Wehrmacht bis Frühjahr 1942 zu einer stark ablehnenden Position verfestigt, die Bormann in eine Anweisung an die Wehrmacht umsetzte, bei der Beurteilung von „Mischlingen" die strengsten Maßstäbe anzulegen.[539] Ausnahmegesuche der Truppenteile für „Mischlinge ersten Grades" wurden mit Verfügung des OKW vom 25. September 1942 abgelehnt, am 12. Oktober 1942 ordnete Hitler an, daß keine weiteren Ausnahmeanträge gestellt werden durften. „Mischlinge" sollten nicht länger in der Wehrmacht dienen.[540] Lediglich Gefallenen gegenüber wollte der „Führer" sich nicht undankbar zeigen und ermöglichte nicht nur deren posthume „Deutschblütigkeitserklärung", sondern räumte auch Bedenken gegen Kranzniederlegungen bei ihren Begräbnissen aus.[541] Während ihres Dienstes bei der Wehrmacht erhielten die Ehefrauen von „Mischlingen" Familienunterhalt als „Kriegerfrauen".[542] Die Witwen von „Mischlingen" wurden wie die der „arischen" Kameraden behandelt.

Inzwischen aber hatten die Kommandeure der einzelnen Truppenteile die „Mischlinge" als Soldaten kennen- und schätzen gelernt. Es lag keineswegs in ihrem

Interesse, die auf Integration, Gehorsam und Auszeichnungen fixierten Männer auszusortieren und deren Entlassung aus „rassischen" Gründen zu betreiben. Viele militärische Vorgesetzte befolgten die entsprechenden Erlasse deshalb nur zögerlich, zumal die allgemeine Personalnot der Wehrmacht seit 1941 ständig zunahm. Während des Krieges gegen die Sowjetunion setzte sich offensichtlich unabgesprochen die Haltung durch, daß das Erreichen der Kriegsziele höher zu gewichten war als rassenpolitische Zielsetzungen.

Obwohl die „Mischlinge" selbst als Einzelne agierten, hatten sie dennoch ein gemeinsames, kollektives Interesse: Nach den vielfältigen Benachteiligungen und Ausgrenzungen, denen sie bis 1939 ausgesetzt gewesen waren, hofften sie, mit der Einberufung zur Wehrmacht die Wiedereingliederung in die deutsche Gesellschaft zu erreichen und die vollen Staatsbürgerrechte zurückerlangen zu können. Hinzu kam, daß der „Ehrendienst" in der deutschen Armee gerade unter denjenigen, die aus dem Bürgertum stammten, eine hochangesehene Tradition war, um die sie sich sehr bemühten, zumal sie noch nicht lange an ihr teilhatten, wenn das Familienoberhaupt Mitglied einer jüdischen Gemeinde gewesen war.[543] Die „Mischlinge" standen – wie erwähnt – mit ihrer Erwartung auf Reintegration durch den Wehrdienst nicht allein. Auch Behördenvertreter und Bevölkerung gingen von einer selbstverständlichen Koppelung von Staatsbürgerrechten und -pflichten aus. Kurzzeitig schien also 1939 noch einmal die Frage offen, ob nicht wehrdienstleistende „Mischlinge" volle Staatsbürgerrechte genießen sollten. Hitlers gegenteilige Entscheidung zerschlug diese Spekulationen. Viele „Mischlinge" verbanden mit der Wehrpflicht zudem die Hoffnung auf Studien- und Heiratserlaubnis und wurden statt dessen – wie in anderen Lebensbereichen – auf den Weg der Ausnahmegenehmigungen verwiesen. So schwankten sie zwischen Desillusionierung und der Hoffnung, bei Bewährung vielleicht eine solche zu erhalten, und so überdies vielleicht zum Schutz der Angehörigen beizutragen.[544] In der Folgezeit nahm deshalb das Bemühen der „Mischlinge" um die Wiedergewinnung der gesellschaftlichen Anerkennung auf dem *Umweg* über die Wehrmacht immer mehr den Charakter an, um den *Verbleib* in der Wehrmacht selbst zu kämpfen. Gleichzeitig erlebten sie aber die Diskriminierung und Verfolgung der jüdischen Familienmitglieder wie den Massenmord an den Juden in den besetzten Ostgebieten. Dies stürzte sie in Konflikte, zumal ab Ende 1941 auch die deutschen Juden nach Riga, Minsk, Lodz oder in andere Ghettos und Vernichtungslager deportiert wurden. Warum sollte ein „Mischling" als Soldat für Deutschland kämpfen, wenn dessen Regierende seinen jüdischen Elternteil in ein Konzentrationslager einwiesen, zumal wenn sich das Lager in einem Gebiet befand, das mit seiner Beteiligung erobert worden war?[545] Obwohl jüdische Elternteile in der Regel mit der Argumentation, ein Sohn stünde im Feld, von Deportationen zurückgestellt wurden[546], schwebte die Gefahr weiter über den Familien. Diesen Zwiespalt wandte die Partei-Kanzlei perfide gegen die „Mischlinge", als sie erfolgreich deren Entlassung als „Wehrunwürdige" betrieb.

Für diejenigen „Mischlinge", deren Abstammung der Wehrmacht nicht bekannt war oder die mit ausdrücklicher bzw. stillschweigender Unterstützung der Vorgesetzten in ihren Einheiten verblieben waren, ging es ab 1943 – zugespitzt – darum, das Leben als Soldat an der Front einzusetzen, um nicht in lebensbedrohliche Zwangsmaßnahmen im „zivilen" Leben einbezogen zu werden.[547] Für die aus der

Wehrmacht entlassenen „Mischlinge" hingegen, mochten sie sich auch um den Verbleib dort bemüht haben, begann die Zeit der Dienstverpflichtung und Zwangsarbeit, die paradoxerweise vielen das Leben rettete.

Hatten „Mischlinge ersten Grades" Auszeichnungen für besondere, „den Gang der Kampfhandlungen nachweisbar beeinflussende" Tapferkeit erhalten, konnten sie nach ihrer Wehrmachtszeit – wie erwähnt – eine Studienerlaubnis beantragen, wobei sie jedoch von Sonderförderungen ausgeschlossen waren.[548] Die Problematik der vermeintlichen Möglichkeit, über den Umweg der Wehrmacht auf die Universität zu gelangen, wurde bereits behandelt. Hier sei nur darauf verwiesen, daß sich ähnliche Probleme offensichtlich auch dann auftaten, wenn „Mischlinge", ehrenhaft aus der Wehrmacht entlassen, in der freien Wirtschaft Fuß fassen wollten. Die Wehrmachtsfürsorgestellen sahen sich gezwungen, gegen Benachteiligungen dieser Ex-Soldaten zu protestieren.[549]

Aus der Wehrpflichtigkeit der „Mischlinge" wurde 1939 auch deren Berechtigung abgeleitet, in der Wehrwirtschaft tätig zu sein. Allerdings bezog sich dies auf einen Angestellten- oder Arbeiterstatus. In gehobenen Positionen oder gar als Betriebsführer sollten sie nicht zugelassen werden – es sei denn, nach Bewilligung einer Ausnahmeregelung.[550] Stand diese Erlaubnis angesichts der Sicherheitsüberprüfungen durch Gestapo, Wehrmacht und Arbeitsamt oft ohnehin nur auf dem Papier, so wurde „Mischlingen" ab 21. September 1944 explizit verboten, „Gefolgschaftsmitglieder" des Heeres zu sein, d.h. sie durften dort nicht länger als zivile Angestellte und Arbeiter beschäftigt werden.[551]

Vor allem die Jahrgänge zwischen 1901 und 1920 wurden – dem Alter entsprechend – zur Wehrmacht einberufen (vgl. Tabelle 17). Von den 130 männlichen „Mischlingen ersten Grades", deren Lebensläufe hier ausgewertet wurden, berichteten 43 über ihren Wehrdienst, zu dem sich einige freiwillig gemeldet hatten und andere einberufen worden waren.[552] Vier von ihnen entgingen der Entlassung. Ihr Verbleib in der Wehrmacht war auf Tarnung der Abstammung oder Protektion zurückzuführen.

Ein Großteil der vor 1900 geborenen Jahrgangsgruppe war zu alt für den Wehrdienst, aus dieser Gruppe von 88 Männern wurden nur neun eingezogen, in der Regel Offiziere. Von diesen wurden sieben entlassen, zwei verblieben in der Wehrmacht. Die Jahrgänge zwischen 1921 und 1930 wurden „ausgemustert", aus dieser Gruppe wurde von 37 jungen Männern bzw. Jugendlichen lediglich einer eingezogen, der bald wieder entlassen wurde.

Wie die Tabelle 18 zeigt, wurde der Großteil der Entlassenen (29 von 40 Personen) in den Jahren 1940 und 1941 aus der Wehrmacht entfernt. Die meisten „Mischlinge" hatten wahrheitsgemäße Angaben über ihre Abstammung gemacht, nur ein kleinerer Teil hatte diese verschwiegen. Die Entlassungen in den Jahren 1942 bis 1945 waren zum Teil auf verspätete Aufdeckung der jüdischen Abstammung (bei jüngeren Jahrgängen) zurückzuführen oder auch darauf, daß die Betroffenen in Unkenntnis der Rechtslage Anträge auf Heiratsgenehmigung oder Beförderung gestellt und damit Nachforschungen in Gang gesetzt hatten.

Die Soldatenzeit selbst wird in den ausgewerteten Einzelfallakten wenig thematisiert. Die meisten der entlassenen „Mischlinge" erwähnen den Wehrdienst in erster Linie, um unterbrochene berufliche Tätigkeiten zu erklären. Nur für wenige fiel beides zusammen, wie für einen Offizier des Ersten Weltkrieges, der aus einer „Soldatenfamilie" stammte.[553] Sein Vater war General im kaiserlichen Heer gewesen. Er selbst, Jahrgang 1898, sah in diesem „Beruf" die „Erfüllung seiner Lebensaufgabe".[554] Während des Ersten Weltkrieges schwer verwundet, beteiligte er sich dennoch ab 1927 an den Ausbildungskursen der illegalen, rechtslastigen „Schwarzen Reichswehr". Ab 1929 war er auch im Stahlhelm aktiv und wurde als Kompanieführer mit dem Rang eines Sturmführers 1933 in die SA übergeleitet. Im März 1934 mußte er diese Position wegen seiner Abstammung aufgeben.[555] Trotzdem stellte er im selben Jahr ein Gesuch auf Reaktivierung in der Reichswehr, die am „Arierparagraphen" scheiterte. „Bei Ausbruch des Krieges 1939 habe ich erneut gehofft, nunmehr wieder in meinem Beruf Verwendung zu finden. Meine wiederholten Anträge wurden jedoch wieder unter Hinweis auf meine nichtarische Abstammung abgelehnt"[556], beschrieb er seine Bemühungen später im Wiedergutmachungsverfahren – ohne mit einem Wort auf die besonderen Umstände dieses Eroberungs- und Vernichtungskrieges einzugehen. Auch nach der Zurückweisung bat er wiederholt um Einstellung in die Wehrmacht, selbst unter freiwilligem Verzicht auf seinen Dienstgrad. Doch trotz Fürsprache hochrangiger Militärs wurde seine „Karriere durch nationalsozialistisches Unrecht vernichtet".[557] Ungeachtet der Tatsache, daß bei anderen Antragstellern die Zugehörigkeit zur SA ein Ablehnungsgrund für Wiedergutmachung sein konnte, verfing die Argumentation des verhinderten Offiziers bei den Behörden. Er wurde nachträglich mit der Begründung zum Major befördert, daß er diesen Rang bis zum April 1940 (dem Ausschluß der „Mischlinge" aus der Wehrmacht) erreicht hätte. So wurde die Nichteinstellung aus „rassischen" Gründen, nicht aber die Entlassung aus denselben Gründen für nationalsozialistisches Unrecht erklärt.

Den Dienst in der Wehrmacht empfanden nur die wenigsten „Mischlinge" als Erfüllung eines „Berufswunsches". Viele jedoch genossen das männerbündische Zusammensein, das Kameradschaft, Trinkgelage und gemeinsame Heldentaten gleichermaßen umfaßte. „Wir waren ein herrlicher Haufen. Viel gegenseitige Anteilnahme an persönlichen Dingen wurde spürbar. (...) Die meisten (...) waren Mitglieder der NSDAP, fast alle in SA oder SS. Trotzdem waren es junge Männer, mit denen ich gern in normalen Zeiten engere Freundschaft geschlossen hätte und von denen ich wußte, daß sie dies auch zu tun mir gegenüber bereit waren"[558], beschrieb ein Betroffener die eineinhalb Jahre, die er sich nicht ausgeschlossen fühlte.

Hatten „Mischlinge ersten Grades" die Offizierslaufbahn einschlagen wollen und damit eine gesellschaftlich hochgeachtete Stellung angestrebt, bedauerten sie den „ehrabschneidenden" Akt.[559] Der Nachkriegs-Kultusminister Niedersachsens, Leonhard Schlüter, war ein solchermaßen verhinderter Offizier: Als Sohn eines Berufsoffiziers und einer „Volljüdin" hatte er sich freiwillig 1939 zum Wehrdienst gemeldet und war im Frankreich-Feldzug ausgezeichnet und befördert worden.[560] Der Antrag, ihn zum Kriegsoffizier-Bewerber zu ernennen, lenkte die Aufmerksamkeit auf seinen Status als „Halbjude". Schlüter wurde entlassen. Zwar durfte er wegen seiner Wehrmachtsverdienste studieren, jedoch nicht das juristische Examen ablegen.[561]

Besonders traf der „ehrabschneidende Akt" Soldaten, die – anders als Schlüter – trotz Angabe ihrer Abstammung zu Offizierslehrgängen zugelassen wurden. So erging es einem „Mischling ersten Grades", der 1933 schon sein Jura-Studium wegen seiner Abstammung hatte abbrechen müssen.[562] Von 1934 bis 1935 diente er unbehelligt bei der Reichswehr, von August 1939 bis Januar 1941 bei der Wehrmacht. Erst nachdem er einen Offizierslehrgang abgeschlossen hatte, wurde er entlassen.

Nach den Berichten der Betroffenen erfolgte die Entlassung in der Regel unauffällig. Sie betraf auch Schwerverwundete.[563] Die Kameraden wurden nicht informiert, sie hielten die Entlassung meist für eine Versetzung. So wurde beispielsweise ein Soldat nach zweimonatigem Wehrdienst entlassen. Nach dem Krieg dazu befragt, erinnerten sich seine Mitsoldaten entweder gar nicht oder nur vage an einen „Mann mit typisch jüdischem Äußeren, der nur einige Monate bei uns war und dann plötzlich verschwand. Weswegen wurde uns nicht gesagt."[564]

An Diskriminierungen erinnern sich einige „Mischlinge" im Zusammenhang mit der Musterung. Ein Betroffener verschwieg nach dieser Erfahrung – auch unter Gefahren – seine Abstammung, wo immer er konnte: „Bei der Untersuchung wurde ich als einziger anwesender jüdischer Mischling allein dabehalten. Völlig nackt liess man mich stehen und später mußte ich unter der Bemerkung ‚so sieht ein jüdischer Mischling aus' von Tisch zu Tisch gehen, bis diese Teufel eingepackt hatten."[565]

Ein anderer, im Februar 1941 vor die Kommission geladen, als die Einberufungen der „Mischlinge" bereits gestoppt waren, erinnerte sich im Interview an seine Musterung: „Da hieß es: ‚Hat irgendjemand etwas zu melden?', und als wir alle versammelt waren in dem Raum: ‚Haben wir Nichtarier unter uns?' (…) Da trat ich vor und sagte: ‚Ich bin ‚Mischling ersten Grades'. Daraufhin sagte man zu mir, man könnte es den anderen nicht zumuten, sich mit mir gemeinsam auszuziehen, und ich müßte zu einem speziellen Termin zurückkommen."[566] Trotzdem denkt der Interviewte an dasselbe Ereignis auch als Beweis für Unterstützung zurück, denn der untersuchende Arzt, ein Kollege seines Vaters, attestierte ihm beim Extratermin nur bedingte Tauglichkeit, um ihn vor besonders schwierigen Einsätzen zu schützen.

In anderen Fällen versuchten die militärischen Vorgesetzten, „Mischlinge" zu halten, indem sie ihnen abrieten, Heiratsanträge zu stellen, die eine Abstammungsüberprüfung nach sich gezogen hätten, oder selbst nach (fragwürdigen) Lösungen suchten, wie ein „Halbjude" sich „bewähren" könnte. So wurde ein Soldat, 1942 eingezogen, obwohl seine Abstammung bei verschiedenen Behörden bereits aktenkundig war, zwei Monate als „Bewährungssoldat" an die Front im Kaukasus geschickt, weil seine Vorgesetzten und er sich damit einen Erfolg seines Ehegenehmigungsgesuchs versprachen.[567]

Eine Reihe von „Mischlingen" machte bei der Musterung falsche Angaben über die Abstammung. Wurden diese nicht überprüft, hatten sie eine Chance, in der Wehrmacht zu bleiben. In der Regel jedoch wurde ihnen eine frühere Einstufung an anderer Stelle zum Verhängnis. So beorderte die Gestapo einen Soldaten, dem sie regelmäßige Meldepflichten auferlegt hatte, aus dem Frankreichfeldzug zurück.[568] Ein anderer, 1942 gemustert, hatte die jüdische Abstammung nicht eingetragen, wie es ihm die Musterungskommission nahelegte. 1944 wurde er von der Gestapo vorgeladen und zum Vorwurf verhört, er habe sich in die deutsche Wehrmacht „einschleichen" wollen.[569] Daß die Behördenstellen in der Praxis nicht immer Hand in Hand arbeiteten, zeigt das Beispiel eines Soldaten, der, 1940 eingezogen, 1941 entlassen, 1942 dann zur Arbeit an einem der Geheimhaltung unterliegenden Wehrmachtsobjekt dienstverpflichtet wurde.[570] Tatsächlich waren – wie im weiteren deutlich wird – vor und während der Zwangsarbeit „Mischlinge" trotz aller gegenteiligen Bestimmungen in kriegswichtigen Betrieben oder beim Bau von Wehrmachtsobjekten beschäftigt.

Wie sich die oben erwähnten inneren Konflikte eines „Mischlings" in der Wehrmacht äußern konnten, zeigt das besonders drastische Beispiel eines 1916 geborenen Berliners.[571] Er gab bei der ersten Meldung beim Arbeitsamt den Namen seines „arischen" Stiefvaters an und verschaffte sich damit Papiere, mit denen er im Landjahr, RAD und in der Wehrmacht seine Identität belegte. Die Beziehungen zur Familie brach er radikal ab, um die neue Identität nicht zu gefährden. Nachdem er erfolgreich eine Sanitätsschule, eine Motorschule des NSKK und eine Unteroffiziersschule durchlaufen hatte, beschloß er, Berufsoffizier zu werden und wurde zum Kampfflieger ausgebildet. 1939 erhielt er eine erste Strafe, weil er Beziehungen zu polnischen Arbeitern unterhalten hatte. Dann wurde ihm die Unterstützung von Juden zum Verhängnis. Nachdem diese entdeckt worden war, fand eine Abstammungsüberprüfung statt. Offensichtlich ohne Prozeß kam er in das KZ Buchenwald, wurde allerdings, nachdem er eine Treueerklärung abgelegt hatte, mit einem Sprengkommando an die polnische Grenze verlegt. Diese Gelegenheit nutzte er zu einer abenteuerlichen Flucht über Schweden nach Buenos Aires.[572]

Diejenigen, die bis Kriegsende bei der Wehrmacht verblieben, mußten diesen Konflikt verdrängen wie ein Soldat, dessen Vater 1938 als ehemals polnischer Jude abgeschoben und dann beim Aufstand im Warschauer Ghetto ermordet wurde.[573] Der Soldat selbst kämpfte in einer Einheit auf dem afrikanischen Kontinent. Das Wehrkommando drängte aus dem fernen Deutschland mehrfach auf seine Entlassung. Aus dem Wettlauf mit der Zeit rettete ihn die Kriegsgefangenschaft bei den Amerikanern.[574]

Bei einem anderen Soldaten verstellte die doppelte Verfolgung als Kommunist und „Halbjude" die Sicht auf die Abstammung. Von 1934 bis 1937 inhaftiert, weil er eine antifaschistische Jugendgruppe geleitet hatte, wurde er anschließend unter Polizeiaufsicht gestellt, als er in seinem Lehrbetrieb regimekritische Flugblätter hergestellt hatte. Die Wehrunwürdigkeit aus politischen Gründen wurde zurückgenommen, die Abstammung war offensichtlich gar nicht vermerkt worden, so diente er bis Kriegsende bei der Wehrmacht.[575]

Einer der „Mischlinge", die mit höchster Protektion bis Kriegsende in der Wehrmacht verbleiben konnten, war Felix H.[576] Der uneheliche Sohn eines jüdischen „Zahlvaters" wuchs in einem Heim für schwachsinnige Kinder auf, bis seinem Vormund die geistige Normalität des Jungen auffiel. Felix H., weder begütert noch aus einer angesehenen Familie stammend, hatte im Heim frühzeitig die Fähigkeit entwickelt, einflußreiche Personen für sich einzunehmen. Mit der Unterstützung seines Vormunds für mündig erklärt, beggann er 1937 eine Krankenpflegeausbildung, die er wegen seiner Abstammung abbrechen mußte. Als Luftnachrichtensoldat lernte er Robert Ritter von Greim kennen, zur damaligen Zeit erster Geschwaderkommandeur der neugegründeten Luftwaffe.[577] Als Felix H. auch die Wehrmacht wegen seiner Abstammung verlassen mußte, holte von Greim ihn ein Jahr später zurück. Felix H. absolvierte eine Sanitäterausbildung. Als Sanitätsobergefreiter diente er in mehreren Luftwaffenlazaretten bis Kriegsende.[578] Die späteren Förderer Felix H.s bezweifelten, daß der dankbare junge Sanitäter freiwillig die 208 Liter Blut spendete, die verwundete Kampfflieger für Transfusionen benötigten. Felix H. jedoch begründete darauf sein Selbstbild: „Unter seinem mutigen Schutze [des Generalfeldmarschall von Greim, B.M.] rettete ich als stets versteckter Nachpfleger in den Op. der Fliegerlazarette die jungen verblendeten fanatischen Nationalsozialisten."579 Daß ausgerechnet das als so gefährlich geltende „jüdische" Blut des „Mischlings" jungen Nationalsozialisten das Leben rettete, war für den ehemaligen Heimzögling wohl ein heimlicher Triumph. Trotz der ständigen Angst, den Schutz vielleicht zu verlieren, die sich in Herzbeschwerden äußerte, sehnte sich Felix H. später nach dieser Zeit zurück: „Bitter vermisse ich den so märchenhaft großmütigen Schutz des Generalfeldmarschalls der Flieger, Robert Ritter von Greim. Niemand ist heute für mich zuständig, das Dritte Reich überstand ich, in der Demokratie kann ich wie ein geprügelter Hund elend zu grunde gehen."580

Die Hoffnung der „Mischlinge", über die Wehrmacht wieder in die deutsche Gesellschaft eingegliedert zu werden, erfüllte sich nicht. Wohl konnte ein Teil von ihnen als Soldaten oder Offiziere – mit Duldung oder getarnt – die Zeit bis Kriegsende dort zubringen, doch diese „Sicherheit" war teuer erkauft und wurde oftmals mit dem Leben bezahlt. Den Zwiespalt, in den die Verfolgung der jüdischen Verwandten und Elternteile gerade die bei der Wehrmacht dienenden „Mischlinge" stürzte, konnten zwar die meisten von ihnen ertragen, bei einigen jedoch führte er – wie bei den beschriebenen Beispielen – zur psychischen Desintegration. Die Hoffnung auf Ausnahmegenehmigungen, die in anderen Lebensbereichen zunehmend nicht mehr erteilt wurden, erfüllte sich nur bei wenigen. Bei fast allen jedoch stellte auch die kurzzeitige Einberufung zur Wehrmacht eine Zäsur in der Erwerbsbiographie dar, denn nach der Rückkehr ins „zivile" Leben der Kriegsgesellschaft konnten viele nicht mehr beruflich dort anknüpfen, wo sie zuvor gestanden hatten, sondern wurden in kriegswichtige Betriebe dienstverpflichtet.

7. Dienstverpflichtung zur Zwangsarbeit

Aus der Sicht der Machthaber löste die Entlassung aus der Wehrmacht die mit der Duldung der „jüdischen Mischlinge" in der deutschen Gesellschaft zusammenhängenden Probleme nur vorläufig: Zum einen bekämpfte die Partei-Kanzlei nun die für „deutschblütig" Erklärten, die in der Armee verblieben waren, zum anderen entstand Entscheidungsbedarf, was mit den als „wehrunwürdig" Entlassenen geschehen sollte. Nach offiziellen Angaben handelte es sich bis Anfang 1943 um 8.330 Männer.581 Überlegt wurde, diese in Arbeitsbataillonen zusammenzufassen. Auf einer Besprechung wies die Partei-Kanzlei darauf hin, daß bei diesem Vorhaben erhebliche Unruhe des „arischen Anhangs" sowie neue Diskussionen darüber ausgelöst werden könnten, „ob die Mischlinge in Zukunft auch den Weg der Volljuden gehen müssen."582 Der Generalbevollmächtigte für den Arbeitseinsatz konzentrierte die Unterlagen über die „Mischlinge" in seinem Dienstbereich, um gemeinsam mit dem OKW Lösungen zu suchen. Es wurde kurzzeitig sogar erwogen, die Entlassenen wieder zur Wehrmacht einzuberufen, „da es sich nach den beim OKW. vorliegenden Erfahrungen durchweg um gute Soldaten handelt. Es könnte dabei argumentiert werden, daß ihnen auf diese Weise die Möglichkeit gegeben sei, unter Beweis zu stellen, inwieweit die kämpferische nordische Komponente in ihrer Blutsmischung überwiegt."583 Diese „Privatmeinung" eines Beamten wurde weder von der Partei-Kanzlei noch vom Chef der Sicherheitspolizei, Kaltenbrunner, geteilt. Letzterer befürwortete zwar die Bildung „militärischer Sonderformationen" von Wehrunwürdigen, die zu „gefährlichen und körperlich schweren Leistungen" herangezogen werden sollten, schloß aber „Mischlinge ersten Grades" und „jüdisch Versippte" davon ausdrücklich aus.584 Die Verantwortlichen legten – im Unterschied zu ihrem Verhalten politisch Verfolgten gegenüber – keinen Wert darauf, daß die „Mischlinge" die „Wehrwürdigkeit" zurückerlangten. Statt dessen überlegten sie, ob die Arbeitsämter diese „Gruppe" zur Organisation Todt (OT) dienstverpflichten könnte.585 Spätere Pläne sahen vor, sie aus der Wehrmacht und den Betrieben herauszunehmen und „bei Aufräumungsarbeiten in bombengeschädigten Gebieten unter Wehrmachtsaufsicht einzusetzen."586 Im Herbst 1943 beschloß Göring als Beauftragter des Vierjahresplans dann doch, die „Mischlinge" und „jüdisch Versippten" zu Arbeitsbataillonen der Organisation Todt einzuberufen. Es dauerte bis zum März 1944, daß sein Nachfolger Fritz Sauckel mit der Umsetzung dieses Planes begann. Am 31. März 1944 informierte der „Generalarbeitseinsatz Berlin" die Gaubezirksämter und Reichstreuhänder der Arbeit über den gemeinsamen Einsatz Wehrunwürdiger, „Mischlinge ersten Grades", „jüdisch Versippter" und „Zigeuner" beim Ausbau der Stellungen in Nordfrankreich.587 Die Arbeitsämter meldeten die betroffenen Männer, die zu „OT-Arbeitsbereitschaften" von ca. 100 Arbeitern zusammengefaßt und auf französischen Baustellen eingesetzt wurden.588 Die OT-Unterführer waren von den neuen Arbeitskräften begeistert: Sie waren willig und bei „richtiger Menschenführung sehr einsatzfähig".589 Ehemalige Wehrmachtsangehörige unter ihnen, die einen Dienstgrad zwischen Obergefreiter und Feldwebel erreicht hatten, konnten „Bereitschaftsführer" werden. Es wurde ihnen sogar in Aussicht gestellt, bei Bewährung und entsprechender Verheiratung „ihr Blut in späteren Generationen wieder als entjudet der deutschen Volksgemeinschaft zuzuführen."590

Weniger angetan von der Aktion waren die Betriebe im „Altreich". Etliche Betriebsleiter, die ihre auch in kriegswichtigen Betrieben in Schlüsselpositionen tätigen Arbeitnehmer nicht verlieren wollten, protestierten gegen Einberufungen oder stellten erfolgreich Befreiungsanträge. Im Oktober 1944 stoppte dann ein geheimes Fernschreiben des RFSS die Befreiungen:

„Der im November v. Jrs. auf Weisung höchster Stelle vom Generalbevollmächtigten für den Arbeitseinsatz angeordnete geschlossene Einsatz der jüdischen Mischlinge ist nur unvollständig durchgeführt. Außer einer großen Anzahl von den Arbeitsämtern wegen Krankheit und aus sonstigen Gründen zurückgestellter jüdischer Mischlinge I. Grades und jüdisch Versippter sind noch viele von diesen in geschützten Betrieben in verantwortungsvoller Stelle beschäftigt. Dieser Zustand ist aus Sicherheits- und abwehrpolizeilichen Gründen nicht länger tragbar. Der RFSS hat daher angeordnet, die männlichen einsatzfähigen jüdischen Mischlinge I. Grades und jüdisch Versippten nunmehr ausnahmslos binnen 3 Tagen aus den Betrieben herauszuziehen und der OT zum geschlossenen Arbeitseinsatz in Baubataillonen zu übergeben. (…) Die für den Einsatz bei der OT wegen körperlicher Ungeeignetheit (Krankheit) nicht in Frage kommenden jüdischen Mischlinge I. Grades und jüdisch Versippten sowie die weiblichen sind möglichst innerhalb ihres Wohnbereiches in geschlossenen Gruppen zu manuellen Arbeiten heranzuziehen. Eine Weiterbeschäftigung am bisherigen Arbeitsplatz ist nur zugelassen, wenn es sich bereits um körperliche Arbeit handelt."[591]

In Hamburg betraf die Anweisung 1.680 Männer, von denen 1.088 schließlich in mehreren Aktionen im Frühjahr und Herbst 1944 dienstverpflichtet wurden.[592] Der offizielle Leiter war Regierungsrat Heinrich Holm im Arbeitsamt, tatsächlich jedoch koordinierte ab Sommer 1944 der NSDAP-Gaupersonalamtsleiter Karl Fromm[593] den Arbeitseinsatz. Fromm sorgte für die Zusammenarbeit von Gauleitung, Gauwirtschaftsberater, Gestapo, Arbeitsamt, Gauwirtschaftskammer, DAF, Bauverwaltung und anderen Behördenstellen sowie den Unternehmen. Im Frühjahr 1944 war bereits ein kleinerer Teil der „Mischlinge" einberufen worden, von den zur damaligen Zeit erfaßten 775 vorgesehenen Männern allerdings nur 310.[594] Als die Gauwirtschaftskammer im Sommer 1944 die „geschützten" (kriegswichtigen) Betriebe aufforderte, „Mischlinge ersten Grades" und „jüdisch Versippte" zu melden, kamen diese der Aufforderung zwar nach, bemühten sich jedoch intensiv um Freistellungen.[595] Die in untergeordneten Positionen eingesetzten Angestellten und Arbeiter kümmerten die Betriebsleiter weniger als die nicht gerade kleine Gruppe derer, die Schlüsselpositionen innehatten. So argumentierte eine Spedition, der bei ihr beschäftigte „Mischling" sei in leitender Stellung beschäftigt, sein Ausfall würde „eine unerträgliche Störung unseres Betriebes zur Folge haben."[596] Ebenso billigte Holm in einem Betrieb den Verbleib einer „ausgesuchten Fachkraft, die z.Zt. nicht ersetzt werden kann". Dieser in der Hochfrequenzforschung tätige Angestellte durfte allerdings „von der späteren Verwendung der Röhren aus Abwehrgründen keine Kenntnis" erhalten.[597] Andere „Mischlinge" arbeiteten als Ingenieure, hatten „Überblick über die Konstruktion und das gesamte Lieferprogramm der neuen U-Boote", waren über „die Geheimproduktion vollkommen unterrichtet", hatten Handlungsvollmacht, beaufsichtigten französische Zivilarbeiter oder waren bei der Flak eingesetzt. Einer wurde reklamiert, weil er als „der letzte männliche Angestellte" unverzichtbar sei.[598] Diese Beispiele zeigen, an welchen herausragenden Stellen auch in kriegswichtigen Betrieben „Mischlinge" – entgegen allen anderslautenden Anweisungen – tätig waren. Angesichts des Arbeitskräftemangels waren die qualifizierten, arbeitswilligen und verläßlichen Angestellten nicht zu ersetzen, was offensichtlich auch dem Gaupersonalamtsleiter einleuchtete. Im September 1944 waren fünfzig Männer der befragten kriegswichtigen Großbetriebe von der Dienstverpflichtung freigestellt (8 mit Jüdinnen Verheiratete, 42 „Mischlinge ersten Grades")[599], der größte Teil wegen Frontbewährung. Andere waren aus betrieblichen Gründen unabkömmlich. Daneben gab es Freistellungen „auf Führeranweisung" (ein Schriftsteller), auf Antrag des Oberlandesgerichtspräsidenten (ein Anwalt), der Gestapo (ein Prokurist und ein selbständiger Kaufmann, die für „besondere Aufgaben" eingesetzt werden sollten) oder einer SA-Gruppe (ein Angestellter der Gauwirtschaftskammer).[600] Diese Freistellungen sollten nun einer erneuten Prüfung unterzogen werden.[601] Insbesondere – so schwenkte Fromm auf die von Kaltenbrunner vorgegebene Linie ein – war „die geschlossene Herausnahme" aus den Ölbetrieben und die Einberufung der Inhaber von Groß- und Außenhandelsfirmen schnellstens anzustreben.[602] Im öffentlichen Dienst Verbliebene hingegen waren generell von diesem Einsatz ausgenommen.[603]

Wegen der kriegsbedingten Zerstörung der Infrastruktur der Stadt Hamburg entschied die Gauleitung, die 1.088 Dienstverpflichteten nicht – wie vorgesehen – der OT-Einsatzgruppe Weimar[604] bzw. Osnabrück[605], sondern der Bauverwaltung Hamburg zur Verfügung zu stellen. Ein Austausch mit Arbeitskommandos aus anderen Städten hätte die Errichtung neuer, umfangreicher Lager erfordert. Auch wären Ortsunkundige schwerlich in der Lage gewesen, zerstörte Gebäude, verschüttete Straßen oder die Stadtrandgelände, in denen Schanzarbeiten vorgenommen werden sollten, überhaupt aufzufinden.

Die Bauverwaltung hatte die Aufgaben des nach den Luftangriffen im Sommer 1943 aufgelösten Amtes für kriegswichtigen Einsatz übernommen. Ab 1944 oblag einem innerhalb der Bauverwaltung neu geschaffenen Aufräumungsamt neben der Straßenräumung, Trümmerbeseitigung, Aufrechterhaltung des Verkehrs und Bergung Verschütteter auch die Stadtreinigung. Das Amt wurde von dem Architekten Herbert Sprotte geleitet.

Einig waren sich die Planenden, daß der „Sondereinsatz J" – der Begriff „jüdische Mischlinge" sollte nicht mehr fallen[606] – in Lagern unterzubringen war. Vorgesehen waren ein Kaischuppen am Dessauer Ufer G (500 Männer), das Barackenlager Hindenburgstraße im Stadtpark (200 Männer), ein Lager auf dem Friedhof Ohlsdorf (100 Männer), eines in der Volksparkstraße (100 Männer, davon 50 für das Garten- u. Friedhofsamt), im Moorkamp (50 Männer) und ein Gemeinschaftslager an der Horner Rennbahn (50 Männer).[607] Doch diese Lager konnten bis auf das Ohlsdorfer nicht belegt werden, weil Luftangriffe sie zerstört hatten bzw. sie als Ausweichquartiere für KZ-Außenstellen oder Zwangsarbeiterunterkünfte benötigt wurden. Dennoch hielten die Verantwortlichen bis ins Frühjahr 1945 hinein an dem Vorhaben fest, die Dienstverpflichteten zu „kasernieren"[608], obwohl die Einsicht, daß dadurch kaum zusätzlicher Wohnraum freiwerden würde, auf der Hand lag und auch formuliert wurde:

> „Es kommt hinzu, daß durch die Aktion [die versuchte Kasernierung, B.M.] nicht etwa anderweitig Wohnraum frei wird, denn die Kasernierung betrifft lediglich den berufstätigen Teil der Halbjuden-Familie, sofern diese Familien außerdem Wohnraum in Anspruch nimmt. Dieser Wohnraum wird von den Kasernierten über das Wochenende geteilt. Praktisch handelt es sich also um eine Raumausweitung zugunsten der Halbjuden. Was sich an Wohnraum von Halbjuden gewinnen läßt, ist bereits auf anderem Wege gewonnen durch äußerste Zusammendrängung der Halbjuden in bestimmten Quartieren."[609]

Als eine Schule, in der bereits 300 italienische Militärinternierte untergebracht waren, als Zwangsarbeiterlager für den „Sondereinsatz J" ausgebaut werden sollte, entstanden folgerichtig Konflikte zwischen den in der Bauverwaltung zuständigen Abteilungen: Während die eine fürchtete, die Herrichtung des Gebäudes zur Unterbringung von „Halbjuden" würde in der Bevölkerung „erhebliches Befremden erregen, da ähnliche Bauvorhaben zur Unterbringung deutscher Volksgenossen erfahrungsgemäß nicht durchführbar sind"[610], versuchte die andere der Weisung der Gestapo und des Reichsstatthalters Kaufmann nachzukommen, den „Sondereinsatz J" „schnellstens zu kasernieren".⁶¹¹ Zwei gegensätzliche Auslegungen antisemitischer Prinzipien paralysierten sich gegenseitig. Schließlich begann die Hochbauabbteilung für Lagerbau „mit Rücksicht auf die Ereignisse im Osten" einfach mit den Instandsetzungsarbeiten, ohne die Zuweisung abzuwarten.⁶¹² Im März 1945 arbeiteten die zukünftigen Lagerinsassen mit Hochdruck an der Renovierung, im April/Mai sollte das Gebäude bezogen werden.⁶¹³ Dazu kam es jedoch nicht mehr.

In die Arbeit des Aufräumungsamtes war eine Reihe privater Baufirmen einbezogen, die für die Lohnabwicklung, teilweise auch für die Bewachung zuständig waren.⁶¹⁴ Arbeitskleidung und Werkzeuge wurden vom Aufräumungsamt gestellt.⁶¹⁵ Als „Bauhelfer" erhielten die Dienstverpflichteten 0,73 RM in der Stunde. Allerdings wurde dieser Hilfsarbeiterlohn bei einem Teil – aber nicht allen – Zwangsarbeitern durch Ausgleichszahlungen des Arbeitsamtes bis zur Höhe des vorherigen Einkommens ergänzt. Der Arbeitseinsatz dauerte bis Kriegsende an. Die Trupps standen unter Bewachung, führten aber auch ihrerseits die Aufsicht über ausländische Kriegsgefangene, bis der Reichsstatthalter und der Gaupersonalamtsleiter dies beanstandeten. Wenn sie selbst nicht von älteren Soldaten, Zollbeamten, SA-Leuten, SHD- und TeNo-Männern (Technische Nothilfe), Gärtnern oder u.k.-gestellten Vorarbeitern bewacht wurden, begleiteten sie – mit einer Wehrmachts- bzw. Aufräumungsamtsbinde – als Aufsichtspersonen Arbeitstrupps italienischer und polnischer Gefangener zu den jeweiligen Einsatzorten.

> „Ich halte es für völlig untragbar, daß jüdische Mischlinge Kriegsgefangene beaufsichtigen, da die jüdischen Mischlinge sich selbst ungerecht behandelt fühlen und von ihnen eine Beaufsichtigung, wie sie sein soll, deshalb nicht zu erwarten ist. Im Gegenteil muß damit gerechnet werden, daß sie die Aufsichtstätigkeit bei jeder sich bietenden Möglichkeit zur Verhetzung benutzen werden"⁶¹⁶,

monierte der Gaupersonalamtsleiter.

Diese Einschätzung wich eklatant von der Wirklichkeit ab. Sie hatte weniger mit dem Verhalten der Mischlinge zu tun, die sich auch im Arbeitseinsatz wieder als „willig" (Aufräumungsamt) erwiesen, sondern beruhte auf ideologischen Projektionen. Der Arbeitseinsatz – so kritisierten die beteiligten Ämter – war außerdem äußerst zersplittert. Die 1.088 Männer verteilten sich auf 37 Einsatzkommandos, von denen 14 weniger als 10 Personen umfaßten.⁶¹⁷ Das erschwerte die Bewachung, minderte die Wirkung der diskriminierenden Absicht und bot den Betroffenen unkontrollierbare Freiräume.

Im Oktober 1944 hatten die auf den Listen erfaßten Männer ihre Bescheide erhalten.⁶¹⁸ Daß Söhne an der Front standen, schützte die Väter nicht vor der Zwangsarbeit.⁶¹⁹ Ein Teil der Einberufenen wurde durch die Dienstverpflichtung aus dem bisherigen Arbeitsalltag herausgerissen, Selbständige mußten ihre Praxen oder Betriebe verlassen. Andere hatten bereits nach der Wehrmachtsentlassung oder bei Eintritt der Erwerbslosigkeit eine Dienstverpflichtung erhalten, die sich äußerlich kaum von der nun zugestellten unterschied, denn nach der Verordnung zur Sicherstellung des Arbeitskräftebedarfs für Aufgaben von besonderer politischer Bedeutung vom 13. Februar 1939 und einer Ergänzung vom 2. März 1939 konnten Arbeitnehmer ohnehin nur noch zugewiesene Tätigkeiten annehmen. Einige „Mischlinge" befanden sich also bereits in den Firmen, zu denen andere nun dienstverpflichtet wurden, so bei Rud. Otto Meyer oder Blohm & Voss. Allerdings war den neuen Dienstverpflichtungen ein Fragebogen beigefügt, auf dem erklärt werden sollte, wie groß der durch Lagerunterbringung freiwerdende Wohnraum und wer der Verwalter ihres Vermögens sei. Dieses Vorgehen erinnerte an die Deportation jüdischer Verwandter oder Elternteile und löste Angst aus, zumal als Ort der Meldung in vielen Bescheiden das Dessauer Ufer genannt war, bekannt als Außenstelle des KZ Neuengamme.[620] Da das Lager kurz zuvor ausgebombt worden war, konnten die Männer jedoch nach Hause zurückkehren. Die weiblichen „Mischlinge ersten Grades" kamen ihrer Dienstverpflichtung zumeist in Rüstungsbetrieben nach. Ihre Arbeit unterschied sich nicht von denen ihrer Kolleginnen. Die Männer kamen zum Aufräumungsamt.

Über die familiäre und soziale Situation der 17- bis 65jährigen Bauhelfer geben die Personalbögen Auskunft (Tabelle 19). Hier wird zum einen deutlich, wie restriktiv die Ehepolitik gehandhabt wurde (103 von 203 Männer waren ledig) und zum anderen, daß die Männer aller vorgesehenen Altersgruppen dienstverpflichtet wurden.

Die Berufsverteilung 1944/45 (Tabelle 20) zeigt, daß die „Mischlinge" mittlerweile überwiegend in kaufmännischen Berufen tätig waren. Waren Arbeiter unter den „Mischlingen" bei der Volkszählung 1939 gegenüber der Mehrheitsbevölkerung noch leicht unterrepräsentiert gewesen, so nahm diese Gruppe jetzt den zweiten Platz der Erwerbstätigkeit ein. Dort und unter den Handwerkern verbargen sich die unterqualifiziert Arbeitenden und diejenigen, denen keine qualifizierte Ausbildung erlaubt worden war. Daß andererseits Vorschriften unbeachtet blieben oder per Ausnahmeregelung aufgehoben wurden, die „Mischlinge" von leitenden Funktionen ausschlossen, zeigen die drei Betriebsleiter oder die beiden im öffentlichen Dienst Verbliebenen.

Die Zwangsarbeit im „Sonderkommando J" war für die Einberufenen während des gesamten Zeitraums überschattet vom – oft diffusen – Wissen um die Verschärfung der Maßnahmen gegen „Mischlinge" und „jüdisch Versippte" und ihre Familien. Die Männer fürchteten, die jüdischen Ehefrauen oder Elternteile könnten in ihrer Abwesenheit verhaftet werden. Auch ihre eigene Zukunft schien ihnen gefährdet. Registriert, in Kolonnen zusammengefaßt und unter Gestapoaufsicht gestellt, hatten sie Angst, in den Osten abtransportiert zu werden. Diese Befürchtungen hatten weniger mit den konkreten Arbeitseinsätzen in Hamburg zu tun, sondern resultierten aus den immer rigideren Beschneidungen der Rechte während der letzten Kriegsjahre und der Angst, die nationalsozialistischen Machthaber könnten sie angesichts des Kriegsverlaufs als Mitwisser des Holocaust liquidieren.

Der Arbeitseinsatz begann mit morgendlichen Apellen auf den Sammelplätzen. Manchmal hielt der stellvertretende Leiter des Aufräumungsamtes, der überzeugte Nationalsozialist Röver, eine flammende Rede über den „Endsieg", gespickt mit Drohungen, Unbotmäßige in Konzentrationslager zu schicken. Danach marschierten oder fuhren die mit Werkzeugen versehenen „Bauhelfer" zum jeweiligen Einsatzort. Leerlauf durch Organisationschaos, Schwerstarbeit ohne Gerät bei unzureichender Schutzkleidung wechselten sich mit Arbeiten ab, die den Männern sinnvoll und notwendig erschienen, wie das Bergen von Mobilar aus eingestürzten Häusern. Siebzig Stunden die Woche bei häufiger Sonntagsarbeit und gelegentlichen nächtlichen Einsätzen waren die Regel. Ein Zwangsarbeiter beschrieb seine Tätigkeiten:

„Meine Zwangsarbeit im St. Katharinen-Viertel bestand im Steinebergen und -verladen, Feldbahngleisbau, Loren mit Trümmerschutt zu beladen und an Schuten zu transportieren, den Inhalt der Loren in Schuten zu kippen. Ferner mußte ich zwischendurch eiserne Träger, Geldschränke, Möbel und dergleichen mehr aus bombengeschädigten Häusern bergen. Im Spätherbst 1944 mußte ich in Hamburg-Ortkaten beim Bau einer Panzersperre Zementsäcke schleppen, Kies vom Wagen an die Baustelle schaffen, Kies und Zement mischen, Wasser schleppen, die Betonmasse an den Arbeitsplatz schaffen. An den Sonntagen mußte ich während dieser Zeit in Bergedorf tausende von 50 kg-Zementsäcken aus Kähnen herausholen und auf Lastwagen verladen, diese Wagen nach Ortkaten begleiten, um dort die Wagen zu entladen. (…) Im Winter 1944/45 mußte ich in der Norderstraße einen beschädigten Pferdestall aufmauern und an den Sonntagen für die Firma J. Hans an der Trostbrücke geborgene Eisengerüste, Fenster u.ä. Dinge auf Lastzüge laden. Dann mußte ich sehr schwere Arbeit auf einem Dampfkran im Katharinenfleet leisten bei der Trümmerbeseitigung im Fleet. (…) Als ich mich weigerte, im Februar 1945 für den leitenden Ingenieur eine Schiebkarre voll gestohlenen Koks nach Altona zu schaffen, wurde mir angedroht, mich wegen Arbeitsverweigerung der Gestapo zu melden. Ich mußte auch diese staatspolitische Aufgabe erfüllen, um nicht im KZ zu landen."[621]

Ein von den Machthabern nicht beabsichtigtes, positives Moment war die Möglichkeit zur Kommunikation mit Leidensgenossen. Viele der Zwangsarbeiter waren jahrelang isoliert gewesen, andere waren am Arbeitsplatz und in der Nachbarschaft vielleicht sogar beliebt, doch die Probleme, die die jahrelange Ausgrenzung, die Zukunftsangst und die Angst um die Eltern mit sich brachten, waren dort kaum mitteilbar gewesen. Alle Einschränkungen und Verbote hatten sie als Einzelne bewältigen müssen. Das Zusammentreffen mit ihresgleichen in den Arbeitsgruppen führte hingegen zur Integration: „Die gemeinsame Arbeit durchbrach bald die Schranken des ‚Sie' und ‚Herr Soundso', wir duzten uns, nannten uns beim Vornamen und schienen uns seit jeher gekannt zu haben".[622] Aus dem zusammengewürfelten Trupp bildete sich eine „kleine Gemeinschaft"[623], die sich vertraute, Informationen austauschte, Nachrichten weitergab und – gegen Kriegsende – Pläne für einen Zusammenschluß in der Nachkriegszeit schmiedete. Waren die „Mischlinge" als Gruppe bisher eine „nationalsozialistische Fiktion" (Grenville), so entwickelten sie während der Zwangsarbeit – abgesehen von dem kleineren Teil, der einen ähnlichen Prozeß im Paulus-Bund durchlebt hatte – erstmals ein Gruppengefühl.

Die harte körperliche Arbeit konnten die jüngeren „Mischlinge" naturgemäß besser bewältigen als die Älteren. Arbeitsunfälle oder Überbeanspruchung führten bei etlichen Zwangsarbeitern zu langfristigen gesundheitlichen Schäden. So zog sich ein ehemaliger Artist, der im Alter von 56 Jahren dienstverpflichtet wurde, einen schweren Herzschaden zu.[624] Ein vormals als Rechtsanwalt Tätiger erkrankte durch die Arbeit im Freien an einer schweren Rippenfellentzündung, deren Folgen lange über das Kriegsende hinaus in Tuberkulose-Heilstätten auskuriert werden mußten.[625] Auch die psychische Belastung zeitigte körperliche Auswirkungen. Ein Zwangsarbeiter erlitt beispielsweise nach wiederholten Gestapovorladungen einen Nervenzusammenbruch, der Berufsunfähigkeit zur Folge hatte.[626] Bei Trümmerarbeiten mit unzureichendem Gerät und ohne Schutzkleidung kam es häufig zu Unfällen. Ein

Dienstverpflichteter mußte deshalb nach einer Phosphorvergiftung jahrelang wegen eines Augenleidens ärztlich betreut werden[627], ein anderer wurde von Trümmerteilen getroffen und war nach einer Kopfverletzung zu 40% erwerbsunfähig.[628]

Das „Sonderkommando J" arbeitete für die HEW, Ölfirmen, die Wasserwerke, die Hapag ebenso wie für private Auftraggeber, deren Wohnhäuser zerstört waren. Je nach Einsatzort, Bewachung und Status der Gruppen, mit denen sie zusammen eingesetzt wurden, differierten ihre Erfahrungen. So berichtete ein Zwangsarbeiter: „Die allgemeine Behandlung war schlecht, durch Herrn M. vom Arbeitsamt, welcher mir nicht gewogen war, wurde ich selbst vom Arbeitsamt auf meinen Arbeitsstellen kontrolliert und wurde zu ständigem Arbeiten angehalten (…). Herr Röver [vom Aufräumungsamt, B.M.] duldete ein Arbeiten im Mantel nicht. Von einem anderen Vorgesetzten wurde mir mit Unterbringung im KZ gedroht."[629] Dieser Mann war schließlich so eingeschüchtert, daß er es – inzwischen Truppführer und mit seiner Arbeitsgruppe am Stadtrand von Informationen und Befehlen abgeschnitten – selbst bei Kriegsende nicht wagte, die Arbeiten einzustellen.[630]

Einige Dienstverpflichtete berichteten, sie seien schikaniert und geschlagen oder als „Judenschweine" und „Judenbrut" beschimpft worden.[631] Sie waren verzweifelt wegen der „unmenschlichen Behandlung, die jeden Tag neu herausgebrachten Parolen (die Einweisung ins KZ, Verschickung nach Rußland u.s.w.). Um uns mürbe zu machen, wurden jeden Tag neue rausgegeben. Unsere seelische Verfassung, unsere ewige Angst im Nacken, was bringt uns der nächste Tag — war unser großes Leiden! Wir waren Freiwild, rechtlos dem Terror ausgeliefert."[632] Diese Zwangsarbeiter fühlten sich den jeweiligen Bewachern und Vorgesetzten gegenüber wehrlos ausgeliefert.

Im Gegensatz zu diesen Erfahrungen verwiesen andere Männer auf Freiräume durch selbständige Arbeit[633], die auch Befriedigung mit sich bringen konnte, oder einen nicht von antisemitischen Vorurteilen geprägten Umgang, der allerdings andere Probleme zur Folge hatte. Die älteren Vorarbeiter gaben ihnen zu verstehen,

> „daß man in keiner Weise mit Hitlers Rassenpolitik einiggehe. Wir waren über so viel Vernunft, die man als Mischling im Deutschen Reich kaum noch erwartete, direkt erstaunt. Was man uns allerdings nicht verzeihen konnte, war, daß wir eine höhere Schule besucht hatten und aus anderen Verhältnissen stammten, was trotz aller Bemühungen beider Teile, sich doch zu verstehen, noch oft zu Reibereien führen sollte."[634]

Die rassistische Hierarchie hatte einerseits die alten „Klassenschranken" überlagert, so daß Arbeiter jetzt „Gebildeten" Anweisungen gaben (ihnen aber gleichzeitig die bessere Bildung übelnahmen), andererseits standen die „Mischlinge" – wurden sie als Truppführer eingesetzt – in der rassistischen Hierarchie über den ausländischen Zwangsarbeitern. Als deutschsprachige, ortskundige und äußerst gewissenhafte Truppführer „quittierten sie die ‚empfangenen' Italiener oder Polen", begleiteten sie zum jeweiligen Arbeitsort, wiesen sie an und überwachten die Arbeitsleistung. Auf einer Militärdienststelle waren sie „durch Handschlag eines Offiziers als Hilfswachmann zu diesen Polen verpflichtet"[635] und trugen eine gelbe Wehrmachtsbinde, andere hatten eine solche vom Aufräumungsamt erhalten. Sie wurden zwar „darauf hingewiesen, daß wir keineswegs etwas Besseres seien, als die uns zugeteilten Polen, daß wir vielmehr der Gestapo unterständen und daß wir insbesondere mitzuarbeiten hätten. (...) Wenn ich nicht mitarbeite, hätte ich die Konsequenzen zu tragen, d.h. die Meldung an die Gestapo, und wenn ich nicht aufpasse und etwas passiere, dann hätte ich ebenfalls die Konsequenzen zu tragen."[636] Solche Drohungen, öffentlich vorgetragen, untergruben die Autorität der Truppführer, die ihre Aufsichtspflichten durchaus ernst nahmen:

> „Die Polen fanden es nämlich seltsam, daß die „Herren" arbeiteten und nahmen, wenn es ordentliche Leute waren, einem die Schaufel aus der Hand, die arbeitsunlustigen Burschen aber amüsierten sich darüber und sahen zu. Angst, daß die Gefangenen weglaufen würden, brauchten wir im Augenblick nicht zu haben – sie waren ortsunkundig und hätten auch kaum gewußt, wohin sie sich wenden sollten, waren sie doch von ihren Angehörigen gänzlich abgeschnitten und legten keinen Wert darauf, zu den Russen zu fliehen."[637]

Das Vokabular, mit dem die polnischen Gefangenen beschrieben werden, zeugt davon, daß die Verfolgung als „Mischling" keineswegs ausschloß, rassistisches Gedankengut gegenüber anderen Völkern zu hegen. Dieser ältere Truppführer beschrieb die Polen als arbeitsscheu und undiszipliniert, verschlagen und anmaßend zugleich.[638] Sehr ähnliche Begrifflichkeiten waren bei rassekundlichen Untersuchungen auf die „Mischlinge" selbst angewendet worden. Die jüngeren Dienstverpflichteten hingegen fanden mit den durchweg ebenfalls jüngeren Polen eine gemeinsame Ebene des Austauschs von Nachrichten und Waren.[639] In fast allen Berichten wird geschildert, daß Zwangsarbeiter mit Lebensmitteln versorgt wurden. Dahinter stand bei den einen Mitleid, bei den anderen die Einsicht, daß die Arbeitsleistung andernfalls sinken und die Gefangenen stattdessen ausschwärmen und Eßbares „besorgen" würden.[640]

Das Verhalten der „Mischlinge" den ausländischen Zwangsarbeitern gegenüber differierte sehr stark, stimmte jedoch in einem überein: Sie nutzten keinesfalls – wie die Verantwortlichen annahmen – diese Gelegenheit zur Hetze gegen die nationalsozialistische Regierung. Im Gegenteil zeigten die älteren „Mischlinge" wenig Neigung, sich in einer ähnlichen Verfolgungssituation zu verorten wie die Gefangenen. Zu sehr identifizierten sie sich mit Deutschland und seinen Interessen. Wenn die Kriegsgefangenen keine oder schlechte Arbeitsleistungen vollbrachten, sahen sie darin oftmals nicht nur die Schonung der eigenen Kräfte, sondern auch Sabotage. Diese wollten die meisten der deutschen Zwangsarbeiter jedoch nicht leisten.[641]

Arbeiteten die Trupps des „Sonderkommandos J" zusammen mit KZ-Häftlingen, oftmals tschechischen oder polnischen Jüdinnen, zeigte ihnen die SS-Bewachung, unter der dann auch sie standen, eine sehr reale Zukunftsgefahr, die die Verschärfung der „Mischlingspolitik" noch mit sich bringen konnte. Sie fürchteten die Kasernierung in Hamburg oder gar auswärtige Einsätze, die unter Umständen nicht zurück zu den Familien, sondern „straßenbauend in den Osten" führen würden.

Die in einem Lager auf dem Ohlsdorfer Friedhof untergebrachten 62 Zwangsarbeiter lebten bereits unter verschärften Bedingungen.[642] Das Barackenlager auf einem abgelegenen Teil des Geländes hatte zuvor der Arbeitsfürsorge zur Unterbringung Lungenkranker gedient, bis es für den „Sondereinsatz J" notdürftig ausgerüstet wurde.[643] Die Verwaltung der Lohnzahlungen und die Verpflegung übernahm eine private Firma[644], den Lagerleiter stellte die Friedhofsverwaltung. Die neue vom

Oberbaudirektor Brands erstellte Lagerordnung definierte die Insassen zwar als „freie Arbeiter", die das Lager gleichwohl nach 20 Uhr nicht verlassen durften. Besuch war nicht erlaubt. „Bei Widersetzlichkeit ist sofort die Gestapo zu benachrichtigen."[645] Wenn sonntags keine Schichten angeordnet worden waren, durften sie bis 20 Uhr ihre Familien besuchen. Die harte körperliche Arbeit, vorwiegend Holzfällen, Erdarbeiten und Leichenbestattungen „im aufgeweichten Lehm und starkem Schmutz"[646] überforderte die Kräfte der älteren und als kaufmännische Angestellte an derartige Tätigkeiten nicht gewöhnten Zwangsarbeiter. Die Verpflegung durch eine Großküche war schlecht, die einwandigen Baracken hielten die Kälte nicht ab. Eine Inspektion der Gesundheitsverwaltung stellte die „traurige Verwahrlosung aller Gebäude", dünne Holzwände und schadhafte Dächer fest.[647] Daraufhin organisierte Brands das Lager neu[648], und das Aufräumungsamt forderte monatliche Berichte.[649] An der Arbeit selbst änderte sich jedoch nichts. Als psychisch wie physisch besonders belastend empfanden die Gefangenen, daß sie „Massengräber für verstorbene KZ-Insassen" ausschaufeln mußten[650], während die jüdischen Verwandten etlicher „Totengräber" in auswärtigen KZ-Lagern inhaftiert waren.[651] Auch wurde ständig mit Meldungen an die Gestapo gedroht.[652] Die in Ohlsdorf Internierten waren von ihren Familien getrennt. Als die jüdischen Ehefrauen oder Elternteile der Lagerinsassen im Februar 1945 deportiert wurden, wußten sie oftmals nichts über ihren Verbleib.[653] Zudem mußte mancher danach auf Gestapoanordnung die Wohnung räumen, so daß ihm tatsächlich nur noch das Lager blieb.[654]

Nur wenige „Mischlinge" versuchten, sich der Zwangsarbeit durch Flucht zu entziehen. Selbst wenn diese erfolgreich verlief, bedeutete das nicht, daß der Betreffende in Sicherheit war. So pendelte ein Einberufener immerhin von Frühjahr bis zum Dezember 1944 zwischen Hamburg und Wien, bis er dem Arbeitseinsatz zwangsweise zugeführt wurde.[655] Ein anderer floh von Hamburg nach Budapest, wo er im Dezember 1944 von der GPU unter Spionageverdacht festgenommen wurde, als die Rote Armee dort einmarschiert war. Als Deutscher erregte er automatisch Verdacht. Bis August 1945 saß er in einem GPU-Gefängnis an der ungarisch-rumänischen Grenze ein und wurde erst entlassen, als er körperlich zusammenbrach.[656] Ein anderer, im November 1944 zum OT-Ruhrstab verpflichtet, hatte bereits in den Jahren zuvor immer wieder versucht, seine Herkunft zu verschleiern. Während der Zwangsarbeit verschaffte er sich im März 1945 einen Dienstausweis sowie eine Waffe und kehrte nach Hamburg zurück. Den Monat April überstand er in Bunkern, bei seiner Freundin und in Verstecken außerhalb Hamburgs, fest entschlossen, sich einer möglichen Verhaftung mit Waffengewalt zu entziehen.[657]

Im Unterschied zu den in Hamburg eingesetzten Zwangsarbeitern wurden deren auswärtige Leidensgenossen bzw. einige Hamburger, die abweichend von der sonstigen Dienstverpflichtungspraxis behandelt wurden, in Lagern fern ihrer Heimatorte zusammengefaßt, in denen die Lebensbedingungen durchweg schlechter als in der Hansestadt waren. So berichtete ein „Mischling" vom Lager Mortier/Frankreich:

> „Das primitive Lager am Einsatzort (Waschwasser aus dem Kanal, in den auch die Abwässer sickerten, Trinkwasser überhaupt nicht vorhanden), das wir mit Russinnen, die wegen angeblicher politischer Vergehen gefangengehalten wurden, teilten, war mit Stacheldraht umgeben und bewacht. Der Weg zur Arbeit und die Arbeit

selbst erfolgte unter Bewachung durch die SKs [hier: durch Ausländer formierte Sonderkommandos, B.M.], Arbeitseinteilung durch OT-Leute. Die Arbeit (...) wurde hin und wieder mit Fußtritten gewürzt und war bei einigen Gruppen ‚zur Aufmunterung' – Loren schieben – im Laufschritt auszuführen."[658]

Ein anderer Zwangsarbeiter wurde von Mortier in ein Lager Cravant gebracht, dann zum Leichenbergen nach Wuppertal und schließlich zu Holzfällerarbeiten in Lasphe. Von dort floh er Mitte Dezember 1944 und versteckte sich bis Kriegsende bei Magdeburg in einer Gartenlaube.[659]

Die Lebens- und Arbeitsbedingungen in den Lagern differierten stark: Einige kamen Konzentrationslagern gefährlich nahe, andere unterschieden sich kaum von RAD-Lagern. Auch empfanden die Internierten je nach individuellem Hintergrund dieselbe Situation als Schikane oder als erträglich. Die Trennung der Familien löste bei den in auswärtigen Lagern Internierten noch stärkere Angst als bei den Hamburger Kasernierten aus, waren doch Kontaktaufnahmen nur sehr schwer und mit Zeitverzögerungen möglich. Furcht herrschte nicht nur vor der Deportation, sondern auch davor, daß mißgünstige Nachbarn sich die Situation der zurückgelassenen Familienmitglieder zunutze machen, diese denunzieren oder erpressen könnten. Deshalb simulierte beispielsweise die Ehefrau eines „Mischlings" in der Mietwohnung mehrere Monate die Anwesenheit ihres im „Reichsautobahnlager" in Hessen arbeitenden Mannes: „So ging sie zur gewohnten Zeit für mich zur Toilette, zog die Wasserleitung, ging später mit schwerem Schritt aus der Wohnungstür, um auf Strümpfen wieder zurückzuschleichen. (...) Abends entsprechend ein gleiches Manöver, imitierte Unterhaltung durch Stimmengemurmel mit hoher und tiefer Stimme."[660]

IV. „Mischlinge" als Opfer von Zwangsmaßnahmen

„Mischlinge ersten Grades" organisierten sich vor der nationalsozialistischen Machtübernahme – ebenso wie andere Personen – in ihren Stadtteilen, Berufs- oder Freizeitgruppen. Wie auch aus der übrigen deutschen Bevölkerung kam aus ihren Kreisen kein kollektiver Widerstand gegen den Nationalsozialismus und schon gar keiner, der sich gegen die eigene Verfolgung als „Nichtarier" richtete. Dies lag darin begründet, daß die „Mischlinge" keine Gruppe waren, keine Gruppenmerkmale zeigten und vor allem kein Gruppenbewußtsein herausgebildet hatten. Ihre Versuche, Maßnahmen abzuwehren, blieben individuell. Entwickelten sich aber aus ihren früheren Organisationszusammenhängen während der zwölf Jahre nationalsozialistischer Herrschaft politische Widerstandsgruppen, künstlerische Zirkel, die die geistige Gleichschaltung ablehnten, Gruppen, die der „Weißen Rose" nahestanden oder jugendoppositionelle Cliquen, so waren dort – in geringerer Zahl – auch „Mischlinge" zu finden. Hamburger „Mischlinge" organisierten sich in den sozialdemokratischen wie kommunistischen Gruppen der Frühphase des Widerstands[661] ebenso wie in den während des Krieges entstandenen kommunistischen Zirkeln um die Bästlein-Abshagen-Gruppe.[662] Eher (bildungs)bürgerlicher Herkunft waren etliche „halbjüdische" Angeklagte der „Weißen Rose".[663] Die „Mischlinge", die als Anhänger der verbotenen Swing-Musik verhaftet wurden, stammten ebenfalls zumeist aus Elternhäusern, die der Mittelschicht zuzurechnen sind.[664] Der Anteil der „Mischlinge" an anderen Verfolgtengruppen kann nicht systematisch festgestellt werden, zumal die „Mischlingseigenschaft" zwar überall sonst in der deutschen Gesellschaft, nicht aber in den KZ-Häftlingskategorien festgehalten war.[665] Deshalb sollen im folgenden drei exemplarische Einblicke in das Schicksal von Personen gegeben werden, bei denen sich „rassische" und andere Verfolgungszusammenhänge überschnitten.

Politisch organisierte „Mischlinge" verloren zwischen 1933 und 1935 ihre Arbeitsplätze oft nicht aus „rassischen" Gründen, sondern als SPD- oder KPD-Mitglieder.[666] Ein kleinerer Teil von ihnen emigrierte, andere wurden kurzzeitig in „Schutzhaft" genommen.[667] Fielen die Entlassenen in den Folgejahren nicht durch Fortsetzung ihrer Aktivitäten auf, so erlebten sie die Zeit der NS-Herrschaft wie andere „Mischlinge" auch: Sie hatten mehr oder weniger Probleme am Arbeitsplatz, erfuhren gesellschaftliche Diskriminierungen, Einschränkungen und Beziehungsverbote, Dienstverpflichtung bzw. Zwangsarbeit. Blieben sie in Widerstandsgruppen oder den losen Zirkeln aktiv, aus denen die Gestapo in ihren Protokollen festgefügte Organisationen konstruierte, konnte sich die jüdische Abstammung strafverschärfend auswirken, mußte es aber bis 1942 nicht unbedingt. Die bereits zitierte Anweisung des RSHA vom 5. November 1942 betreffend „Einweisung von jüdischen Häftlingen in die KL" veränderte die Situation der „Mischlinge" dann grundlegend, weil jetzt „sämtliche im Reich gelegenen Konzentrationslager judenfrei zu machen und (...) sämtliche Juden in das KL Auschwitz und in das Kriegsgefangenenarbeitslager Lublin zu überstellen sind. (...) Zu den jüdischen Häftlingen sind auch die Mischlinge I. Grades zu rechnen."[668] Der letzte Zusatz hatte auf der ersten Anweisung noch gefehlt, die einen Monat zuvor ergangen war.[669] Die nachträgliche Einbeziehung der „Mischlinge" mag dazu geführt haben, daß einige KZ-Kommandanten diesen Erlaß befolgten, während andere ihn ausschließlich auf jüdische Insassen anwendeten.

Dem verkappten Todesurteil dieses Erlasses fielen beispielsweise Hamburger Kommunisten zum Opfer, die sich während des Krieges zu einer Widerstandsgruppe zusammengefunden hatten. Zu ihnen gehörte der 1906 geborene Max Kristeller, nach NS-Definition „Mischling ersten Grades". Als er am 6. Mai 1943 festgenommen wurde, lagen bereits lange Haftzeiten hinter ihm: Wegen Vorbereitung zum Hochverrat war er am 15. Mai 1933 inhaftiert worden. Der sechswöchigen Haft in Fuhlsbüttel folgte die Untersuchungshaft, dann die Gefängnisstrafe in Lübeck, anschließend ein Zwangsaufenthalt im KZ Fuhlsbüttel bis zum März 1936.[670] Nach knapp drei Monaten in Freiheit wurde Kristeller unter dem Vorwurf der „Rassenschande" wiederum inhaftiert, kam aber – vermutlich weil er als „Mischling" nicht unter diesen Straftatbestand fiel – nicht vor Gericht, sondern saß mehr als ein Jahr im KZ Fuhlsbüttel ein. So hatte er mit kurzen Unterbrechungen die ersten vier Jahre nationalsozialistischer Herrschaft in Haft verbracht. Im Umfeld der Jacob-Bästlein-Abshagen-Gruppe, die während des Krieges in Hamburg eine Widerstandsorganisation aufgebaut hatte[671], sammelte er Gleichgesinnte, darunter ehemalige Genossinnen und Genossen, die in „privilegierten" Mischehen lebten oder wie er als „Mischlinge" eingestuft waren.[672] Beruflich versuchte er wieder Fuß zu fassen und meldete sich zur Meisterprüfung, deren Ablegung ihm jedoch wegen seiner Abstammung verwehrt wurde.[673] Er lebte mit seiner „arischen" Verlobten zusammen, was ein Gestapospitzel bereits lange, bevor Kristellers Gruppe aufgerollt wurde, gemeldet hatte.[674] Zwischen Mai und September 1943 wurde der Kreis um Max Kristeller verhaftet, er selbst als erster am 5. Mai.[675] Auf Gestaposeite war die Verhaftungsaktion federführend von Kriminalsekretär Henry Helms geleitet worden, der für das Dezernat IIa der Gestapo-Leitstelle Hamburg zur Bekämpfung der Linksopposition zuständig war.[676] Helms besonderes persönliches Anliegen war es, „Halbjuden" innerhalb der kommunistischen Zirkel zu jagen.[677] Der überzeugte Nationalsozialist hatte nach der Zerschlagung der kommunistischen Jacob-Bästlein-Abshagen-Gruppe, die zur Beschämung der Hamburger Gestapo von einem Berliner Kommissar geleitet worden war, sein Spitzelnetz ausbauen dürfen und weitgehende finanzielle Freiheiten erhalten, die er durch widerrechtliche Aneignung des Eigentums Verhafteter noch vergrößerte.[678] Kristeller gegenüber gab Helms seinem Judenhaß Ausdruck: „Dieser kleine Judenbengel, dieses kleine Häuflein wollte das Dritte Reich vernichten."[679] Während der nun folgenden Verhöre folterte Helms Kristeller persönlich auf die brutalste Weise, um Aussagen zu erpressen.[680] Für seine „Leistung" bei Ermittlung, Verhaftung und Überführung der „gefährlichen Organisation" erhielt Helms einen Monat später, am 24. Juni 1943, das Kriegsverdienstkreuz II. Klasse mit Schwertern.[681]

Während sich Kristeller monatelang in verschärfter Einzelhaft im Polizeigefängnis Fuhlsbüttel befand, wurden die anderen aus der Gruppe als „Polizeihäftlinge" in das KZ Neuengamme überstellt.[682] Später kamen die Verhafteten jüdischer oder „halbjüdischer" Abstammung, unter ihnen Max Kristeller, nach Auschwitz.[683] Weil Kristellers Folterspuren dem polnischen Lagerarzt auffielen, wies ihn dieser in die Krankenabteilung ein und rettete damit sein Leben. Die Hamburger Mithäftlinge hingegen überlebten die NS-Zeit nicht: Hugo Hecht starb auf dem Todesmarsch von Auschwitz zum KZ Groß-Rosen, Max Löwe im KZ Stutthof.[684] Im Nachkriegsverfahren gegen Helms konnte nicht geklärt werden, ob er – wie im Fall eines anderen „Halbjuden", Alfred Cohn, dem Arbeitsbummelei vorgeworfen wurde – „Sonderbehandlung" angefordert hatte.[685] Cohn war daraufhin im KZ Neuengamme erhängt worden. Bezogen auf die Gruppe der Männer jüdischer Herkunft um Kristeller verteidigte sich Helms damit, daß diese „auf Grund einer allgemeinen Anordnung einer höheren Dienststelle nach Auschwitz verschickt worden"[686] seien. Die „arischen" Hamburger Polizeihäftlinge in Neuengamme wurden kurz vor dem Kriegsende ermordet. Kristeller stellte nach seiner Rückkehr fest, daß er die Odyssee durch die Konzentrationslager Auschwitz, Melk und Ebensee überlebt hatte, während seine „deutschblütige" Verlobte in Plötzensee hingerichtet worden war.

Auch der „Ernste Bibelforscher" Johannes K. wurde als Mitglied seiner Religionsgemeinschaft (Zeugen Jehovas) und nicht als „rassisch" Verfolgter im Konzentrationslager inhaftiert.[687] Die „Mischlingseigenschaft" hatte keine Auswirkung auf das Lager, in das er eingeliefert wurde, als er im Juni 1943 denunziert und verhaftet wurde. Vom Polizeigefängnis Fuhlsbüttel wurde er in das KZ Buchenwald überstellt. Einige Zeit verbrachte er in dessen Außenstelle Halberstadt, wo er in der Kleiderkammer arbeitete. Im April 1945 wurde er befreit und kehrte als kranker Mann zurück.

Als die Gestapo 1942 den neunzehnjährigen Herbert Simon verhaftete, lautete der Vorwurf, er trage „Unruhe in die deutsche Öffentlichkeit" und sei damit eine Gefahr für den Staat.[688] Er hatte mit anderen jungen Leuten zusammen Swing-Platten gehört und mit angehenden Medizinern aus der „Studentenkompanie"[689] des Universitätskrankenhauses, die dem Regime kritisch gegenüberstanden, Diskussionen geführt. Auch sollen lose Kontakte zum Kreis um die Geschwister Scholl bestanden haben. Konkrete Taten wurden ihm offensichtlich nicht vorgeworfen. Er wurde ohne ein Gerichtsverfahren in das KZ Sachsenhausen überstellt. Der zuständige Gestapobeamte – so jedenfalls erinnert sich Herbert Simon – strich das Feld „Rassenzugehörigkeit" einfach durch. Deshalb wurde er von der Einlieferung in Sachsenhausen am 8. August 1942 an bis zur Befreiung als politischer Häftling geführt und trug den roten Winkel.[690] Seine Lagerodyssee begann im Hauptlager Sachsenhausen und führte dann über die Nebenlager Staaken und Falkensee nach Lieberose. Er nahm am Rückmarsch nach Oranienburg teil und arbeitete dort in den Klinkerwerken, bis ein berüchtigter „Todesmarsch" ihn nach Schwerin führte, wo er von der US-Armee befreit wurde. Simon verbarg die „Mischlingseigenschaft" während der knapp dreijährigen Haft konsequent. Nach dem Krieg sagte er in verschiedenen Ermittlungsverfahren und Prozessen gegen die Lagerverantwortlichen aus.[691] Er berichtete unter anderem von Transporten jugendlicher jüdischer Häftlinge in die Vernichtungslager, die er mit angesehen hatte.[692] Von diesen war er als „Politischer" verschont geblieben. Die „Rechnung" dafür wurde ihm ebenfalls präsentiert: Die Ehefrau des Gestapobeamten, der ihn 1942 verhaftet hatte, verlangte 1945 einen „Persilschein" für ihren Mann, der ihm doch das Leben durch unrichtige Angaben gerettet habe.[693]

Aus den drei skizzierten Beispielen wird deutlich, daß die Behandlung der „Mischlinge ersten Grades" in den Konzentrationslagern durchaus divergierte.

Die personenbezogenen Unterlagen der Notgemeinschaft und die hier herangezogenen Akten aus dem Wiedergutmachungsamt geben einen Einblick, inwieweit die „Mischlinge" quantitativ und qualitativ in Verfolgungsmaßnahmen einbezogen wurden, wenn nicht andere Delikte, sondern ihr „rassischer" Status selbst zum Vorwand für Kriminalisierung wurde.

Die Auswertung, wieviele „Mischlinge ersten Grades" in Zwangsmaßnahmen – abgestuft von Gestapoverhören über Haussuchungen, Zwangsarbeit, Gefängnis und Konzentrationslager – einbezogen waren (Tabellen 21-25) ergibt zunächst, daß es einem Großteil von ihnen gelang, jeglichem Kontakt mit staatlichen Verfolgungsorganen auszuweichen. Ihre Strategien (Tarnung, Anpassung, gute Leistung, vorauseilende Konfliktvermeidung etc.) sind im vorangegangenen bereits beschrieben worden. Doch der Anteil derjenigen, der von den genannten Verfolgungsmaßnahmen betroffen war, reichte aus, um Gerüchte mit einschüchterndem Effekt zu erzeugen. Immerhin berichteten 10% von Gestapoverhören (Tabelle 21), in über 90% wegen verbotener Liebesbeziehungen. Es waren mehr als 5% zeitweise im Gefängnis (Tabelle 24) oder 6,6% im KZ (Tabelle 25) inhaftiert. Haussuchungen bei „Mischlingen" hingegen (siehe Tabelle 22) standen zumeist im Zusammenhang mit der Verfolgung der Elterngeneration. Der Straftäter-Anteil von „Mischlingen" war gering (Hochverratsprozesse hier ausgenommen)[694]: Zwei wurden wegen „Heimtücke" verurteilt.[695] Dahinter verbargen sich „unwahre Behauptungen" wie die Unterstellung, der „Führer" und Robert Ley seien homosexuell. Zwei weitere hatten in unterschiedlicher Weise opponiert: Einer verweigerte den Hitler-Gruß[696], der andere unterstützte Ostarbeiter und wurde zur Strafe ins KZ Stutthof eingewiesen.[697] Neben den oben erwähnten sozialdemokratisch und kommunistisch Organisierten waren dies die einzigen, die einen sichtbaren Dissens gegenüber dem NS-Regime bekundeten.

Die Verhöre fanden in der zweiten Kriegshälfte statt, als die Gestapo die illegalen „wilden Ehen" zerschlagen und die „Mischlinge" einschüchtern wollte. In diesem Zusammenhang stand auch ein Teil der KZ-Einweisungen. Da jedoch den „Mischlingen" – bei allen Einschränkungen – die Möglichkeit geblieben war, legal für den Lebensunterhalt zu sorgen, entfielen materielle Gründe für illegale Handlungen. Weiter unterlagen sie nicht der Kennzeichnungspflicht, die zum Vorwand für viele Kriminalisierungen von Juden diente. Da sie – bis auf die mittelbare Betroffenheit, wenn es um das Erbe der jüdischen Väter ging – nicht unter die Zwangsarisierungen fielen und in ihrer Mehrheit nicht in die Emigration gingen, waren sie auch nicht gezwungen, gegen Devisengesetze zu verstoßen, wollten sie ihr Vermögen retten. So blieben in der Regel nur die Konfliktbereiche Beziehung, in dem bürgerliche Normvorstellungen und nationalsozialistische Verbotspolitik kollidierten, und „Tarnung der Abstammung". Doch eine massenhafte Kriminalisierung der „Mischlinge" war offensichtlich nicht angestrebt, und die Betroffenen selbst boten durch ihr Verhalten – bis auf die bereits erwähnten Fälle – kaum Anlässe, weitergehende Zwangsmaßnahmen zu verhängen.[698] In die Zwangsarbeit jedoch waren mehr als 56% der Männer einbezogen (Tabelle 23).

V. „Mischlinge" in der NSDAP und ihren Unterorganisationen

Die als „Mischlinge" Eingestuften waren in der Regel bestrebt, allen Anforderungen zu genügen, die Vertreter von Staat oder Gesellschaft an sie stellten. Einige gingen noch ein Stück weiter: Aus Überzeugung, in Unkenntnis ihrer Abstammung oder zur Absicherung ihrer Familie traten sie – in der Regel kurz vor oder bald nach der nationalsozialistischen Machtübernahme – in die NSDAP oder eine ihrer Gliederungen ein. Die Aufnahmebedingungen der Partei setzten die „rein arische" Abstammung bis zum 1. Januar 1800 voraus. Dennoch stellte sich immer wieder heraus, daß sich in den eigenen Reihen unentdeckt Mitglieder jüdischer Herkunft oder mit solchen Verheiratete befanden. In einem Rundschreiben wies das Oberste Parteigericht den Reichsleiter Robert Ley sowie alle Gauleiter und untergeordneten Instanzen nachdrücklich darauf hin, daß die Partei Personen, die der Abstammungsprüfung nicht genügten, fernzuhalten hätte bzw. diese ausscheiden müßten.[699] Wenn Mitglieder von ihrer jüdischen Abkunft nicht gewußt und erst nach der Machtübernahme von ihr erfahren hatten, sollten sie nicht strafweise ausgeschlossen, sondern „nur" ihre Aufnahme nachträglich für nichtig erklärt werden.[700] Diese Lösung schien den Parteiführern die unauffälligste und wünschenswerteste in dem Sinne zu sein, daß derjenige, der nicht zu ihnen gehörte, aus Einsicht in den „Rassenunterschied" den Schritt zur Trennung von sich aus vollzog. Neben „Mischlingen" durften auch Personen, die Bindungen eingegangen waren, die „aus einer Ehe mit Trägern jüdischer oder farbiger Blutsanteile herrühren"[701], nicht der Partei angehören. Deren Nachkommen seien ungeeignet für „den Kampf des deutschen Volks um seine Art."[702] Im übrigen – hier wechselte das Rundschreiben zu einer „zynisch-fürsorglichen" Haltung – sei Eltern nicht „die Zugehörigkeit zu einer Gemeinschaft zuzumuten, von der ihre Kinder aufgrund des §3 Abs.1 der Satzung ohnedies ausgeschlossen sein müssen."[703] Im Januar 1944 zog die Partei-Kanzlei alle bisher durch andere Parteidienststellen bearbeiteten Vorgänge per Verfügung an sich.[704] Zuvor hatten die Parteigliederungen ihre Mitglieder selbst überprüft und sich im zweiten Schritt an das Parteigericht gewendet. Daß einige Unterorganisationen weitergefaßte „Arierparagraphen" hatten, stiftete zusätzlich Verwirrung. So galten für die Mitgliedschaft im RDB, dem NSLB und dem NSRB die beamtenrechtlichen Vorschriften; für den NS-Ärztebund und den NS-Bund Deutscher Technik war die Mitgliedschaft eine Ermessensfrage der Leiter, während bei der DAF, der NSV und der NSKOV die Bestimmungen des Reichsbürgergesetzes galten, d.h. „Mischlinge ersten Grades" diesen Verbänden angehören durften.[705]

Trotz aller Bemühungen der Verantwortlichen, den „Blutsfeind" in den eigenen Reihen sofort und schnell aufzuspüren, waren die Parteigerichte in den zwölf Jahren nationalsozialistischer Herrschaft immer wieder mit Abstammungsüberprüfungen und folgenden Ausschlußverfahren befaßt, und die Gliederungen der Partei gingen eifrig allen Anhaltspunkten nach, die auf eine jüdische Abstammung hindeuten konnten. So wurden beispielsweise Personen überprüft, deren Namen nach landläufiger Meinung – wie zum Beispiel „Bernstein"[706] – auf jüdische Vorfahren hinweisen könnten. Im Falle eines SA-Mannes, der sich als Sturmbann-Apotheker beworben hatte, schien den Prüfenden sowohl der Vorname (Ignatz) wie auch der Nachname (Schreiber) – offensichtlich grundlos – verdächtig.[707]

Diverse Briefwechsel in den Akten der Partei-Kanzlei zeugen davon, daß die Abstammungsnachweise von Parteimitgliedern und vor allem ihrer Verlobten und Ehefrauen die NS-Parteiinstanzen ständig beschäftigten. War ein Parteimitglied, nachdem es von seiner Herkunft erfahren hatte, wie gewünscht von sich aus ausgetreten, konnte es auf Nachsicht und Unterstützung rechnen. Zum Beispiel hatte sich ein Sänger, Partei- und SA-Mitglied seit 1926, der die „Idee Adolf Hitlers mit der Faust verteidigt hatte", 1934 selbst angezeigt und war freiwillig ausgetreten. Als Nationalsozialist war er – nach seiner Aussage – vor 1933 beruflich benachteiligt gewesen, als „Mischling" war er es nach der nationalsozialistischen Machtübernahme.[708] Der StdF verwendete sich bei Goebbels für den Künstler, damit dieser in die Reichskulturkammer aufgenommen wurde.

Einige andere verdiente Parteigenossen, als „alte Kämpfer" bereits lange vor der nationalsozialistischen Machtübernahme eingetreten, beließ Hitler auf dem „Gnadenwege"[709] in der Partei, wie ein Mitglied von 1931, dessen Braut „Mischling zweiten Grades" war.[710] Allein die Bearbeitungszeit des Gesuchs hatte zwei Jahre gedauert. Die meisten „Nichtarier" hingegen wurden kurzerhand ausgeschlossen. Von diesem Akt wurden alle Instanzen der Parteihierarchie verständigt.[711]

Ausgeschlossenen Mitgliedern gegenüber hegte die Partei-Kanzlei die Befürchtung, sie könnten sich wieder „einschleichen". So warnte eine interne Mitteilung vor einem ehemaligen „Sonderführer bei einer Propaganda-Kompanie" und Empfänger des Dichterpreises des RFSS. Dieser war ausgezeichnet worden, weil er ein Lied für die Polizeitruppe geschrieben hatte. Er würde sicher „den Versuch machen, auf irgendwelchen Umwegen wieder in die Partei aufgenommen zu werden. Bezeichnend für ihn ist, daß er trotz seiner angeblichen nationalsozialistischen Gesinnung alle Jahre einen Mischling zweiten Grades in die Welt setzt. Er hat zzt. 5 oder 6 Kinder."[712] Mindestens ebenso sehr wie die Unterwanderung der Partei schien der Schreiber den Spott der Berufskollegen des Ausgeschlossenen zu fürchten. Schließlich hatte hier sozusagen die „Rassenpolitik" als Ganzes versagt und einen „Blutsfeind" öffentlich für ideologisch-künstlerische Leistungen ausgezeichnet, der sie über seine Identität getäuscht hatte.

In der Regel aber waren es – vor allem auf der lokalen Ebene – keine hochrangigen Würdenträger, die sich in die Partei „eingeschlichen" hatten. Entdeckten vorgesetzte „Führer" die Falschangaben, wurde der Betroffene zur Rede gestellt und ausgeschlossen.[713] Manche wiesen im naiven Vertrauen selbst auf sich hin, wie die „halbjüdische" Verlobte eines SA-Mannes aus Hamburg, die an den Gauleiter Karl Kaufmann schrieb:

> „Schon seit Jahren spare ich für meine Aussteuer und meine Ehe mit einem deutschen Manne, der die Ehre hat, schon vor der nationalsozialistischen Revolution der SA bescheiden dienen zu dürfen. Wir beide haben in der Notzeit der nationalsozialistischen Bewegung stets zu den Fahnen unseres heutigen Reichskanzlers gestanden, und deswegen manches Unbill ertragen. Mein SA-Freund erhielt Anstellung und Brot bei der Reichsbahn, und ist heute auf diesem Posten eingearbeitet. Dieses ist nun die

Lage, in der ich mich jetzt nicht mehr zurecht finde, ich, die ich stets deutsch denke und fühle, ich habe nur noch den einen Wunsch, als ganze nationalsozialistische Deutsche dem deutschen Volk weiter dienen zu dürfen, um dann als deutsche Frau an der Seite meines SA Mannes meiner Erdenpflicht zu genügen."[714]

Obwohl aus der Akte nicht hervorgeht, welche Maßnahmen gegen den Verlobten der Schreiberin eingeleitet wurden, ist eines klar: Eine Ausnahmegenehmigung wurde in Fällen solcher „kleinen Parteigenossen" oder SA-Männer selten erteilt. Der Verlobte stand vor der Wahl, die SA-Mitgliedschaft und Erwerbstätigkeit gegen das Fortbestehen der Verlobung abzuwägen, zumal er im öffentlichen Dienst ja ebenfalls die „arische" Herkunft der Ehefrau nachweisen mußte.

Ein „Mischling ersten Grades", 1928 in die NSDAP und die SA aufgenommen, in der er es bis zum Sturmführer brachte, mußte 1938 wegen seiner Abstammung aus der SA ausscheiden, konnte aber auf dem „Gnadenweg" in der NSDAP verbleiben.[715]

Ein anderer SA-Mann lebte als Witwer mit seinen beiden Kindern aus der früheren Mischehe zusammen, wodurch eine „Bindung fortbesteht, die von der Partei nicht gebilligt werden kann."[716] Ob eine Trennung von den Kindern die Voraussetzung geschaffen hätte, in die SA zurückzukehren, bleibt offen. Wahrscheinlicher ist aber, daß – ähnlich wie im Fall des geschiedenen Studienassessors, der mit seinem Kind nicht mehr zusammenlebte – die Bindung als unauflöslich fortbestehend angesehen wurde.

Willy R., ein „Achteljude", der bis Kriegsende „unentdeckt" der NSDAP angehört hatte, sollte im Sommer 1945 wegen der Parteimitgliedschaft aus seiner Wohnung gewiesen werden.[717] Er begründete seine Zugehörigkeit:

„Ich bin am 1.12.1931 in die Partei der N.S.D.A.P. eingetreten. (…) Ich hatte ein besonders jüdisches Aussehen. (Siehe Photographie) Von meinem Bekanntenkreise wurde ich wegen dieses Aussehens stets gehänselt und herausgefordert. In meiner Eigenschaft als Verkäufer hatte ich bei der Firma Wempe mit Publikum zu tun. Auch hier hatte ich diese Anfechtungen. Diese Beschimpfungen gingen soweit, daß ich wiederholt mit Ausdrücken wie ‚Judenlümmel' usw. benannt und auch tätlich angegriffen wurde. Es soll zum besseren Verständnis und zur Beurteilung meiner seelischen Verfassung bemerkt werden, daß man in den Jahren vor 1933 nicht wußte, wer ‚Jude' war und griff dann zufolge der systematisch betriebenen allgemein bekannten Hetze, Leute mit jüdischem Aussehen an. Durch diesen Zustand erlitt ich starke seelische Depressionen, die mir die Arbeit fast unmöglich machten. Um mich aus dieser (…) Situation zu befreien, erwarb ich auf Anraten eines Bekannten die Mitgliedschaft in der N.S.D.A.P. Ich wurde nun meinen seelischen Qualen durch Tragen des Abzeichens (…) enthoben. Meine Parteimitgliedschaft war vollkommen passiv."[718]

Von 1934 bis 1938 hatte der gelernte Uhrmacher von den Betriebszellenmitgliedern Beiträge kassiert, nach seiner Darstellung ein lediglich nominelles Amt.[719] Mutter und Onkel hatten während der NS-Herrschaft Selbstmord begangen. Auch hielt er sich zugute, daß er bei der Möglichkeit, mit deren Erbschaft ein Geschäft zu „arisieren", nicht zugegriffen habe.[720] Tatsächlich waren ihm auch keine weiteren Aktivitäten für die NSDAP nachzuweisen. Der frühe Parteieintritt zwei Jahre vor der nationalsozialistischen Machtübernahme widerlegt allerdings die Behauptung, er habe sich mit diesem Schritt vor Diskriminierung schützen wollen, und weist statt dessen auf seine politische Überzeugung als Nationalsozialist hin. Für die Jahre nach 1933 mag angesichts des Rassenantisemitismus die Weltanschauung in den Hintergrund getreten und die Schutzfunktion der Parteimitgliedschaft in den Vordergrund gerückt sein, denn die Beleidigung eines am Abzeichen identifizierbaren Parteimitglieds galt nicht mehr diesem persönlich, sondern wurde auf die Partei, den Staat oder gar den „Führer" bezogen. Doch der mögliche Wandel seiner Beweggründe wurde ihm nach dem Krieg um so heftiger angelastet: Er sollte wegen der Parteizugehörigkeit seine Unterkunft verlieren und in eine „Nissenhütte" ziehen. Der zuständige Ausschuß des Ortsamtes warf ihm vor, als Kassierer aktives Parteimitglied gewesen zu sein und zweifelte an der Diskriminierung:

> „Abgesehen von unbeachtlichen Angriffen ist Herr R. (…) nicht angegriffen worden, er hat offenbar seine Vorteile wegen seiner Abstammung und seines Aussehens bei der NSDAP suchen wollen, um Angriffen vorzubeugen. Er hat aus diesem Grunde seine eigene Abstammung verleugnet und ein Unternehmen unterstützt, das ihm und seinesgleichen den größten Schaden zufügen sollte."[721]

Die Ausschußmitglieder waren der Ansicht, daß ein Verfolgter nicht ausgerechnet in den Reihen der Verfolger hätte Schutz suchen dürfen, im weiteren aber auch, daß ihm die Leugnung der Abstammung und die – zumindest formale – Unterstützung der NSDAP nicht zugestanden hätte. Die selbstgerechte Entscheidung der Beurteilenden, deren eigenes Verhalten während der NS-Zeit nicht zur Debatte stand, wurde nicht revidiert, Willy R. verlor seine Bleibe.[722]

Willy R. ist zwar kein Einzelfall, steht jedoch auch nicht für ein Massenphänomen. Von den 359 im Rahmen dieses Kapitels ausgewerteten Einzelfällen aus den Aktenbeständen „Notgemeinschaft" und „Amt für Wiedergutmachung" sind es 17 Personen, denen die eigene Mitgliedschaft oder die der Partner in der NSDAP oder einer ihrer Unterorganisationen (DAF und NSV nicht einbezogen) vorgeworfen wurde.[723] Vier davon waren Verlobte bzw. Ehepartner von „Mischlingen", die hier offenkundig keinen Widerspruch zwischen politischer Orientierung und privaten Beziehungen gesehen hatten oder – wie sie nach dem Krieg argumentierten – dort aus Schutzgründen eingetreten waren. So war ein Mann nach einer abgelehnten Ehegenehmigung nach Kamerun gegangen, um eine Existenz aufzubauen und seine Verlobte, einen „Mischling ersten Grades", nachholen zu können. 1936 trat er in die NSDAP-Ortsgruppe Kamerun ein.[724] Eine Frau, die 1939 in den BDM eingetreten war, machte sich deshalb Hoffnungen auf die Ehegenehmigung, als sie sich 1941 mit einem „Mischling" verlobte.[725] Auch andere Eintritte standen im Zusammenhang mit (fehlgeschlagenen) Ehegenehmigungsanträgen.[726]

Ein anderes NSDAP-Mitglied argumentierte:

> „Tatsache ist, daß ich im Mai 1933 mit Hilfe eines kleinen Nazifunktionärs in der Partei eingeschrieben wurde. Dieses habe ich notgedrungen gemacht, um meine Existenz und mein Leben zu erhalten. Aber es kam alles anders durch Verordnungen und Gesetze, jedoch ein Zurück gab es nicht mehr für mich. (…) Ich habe die Sache so laufen lassen und bin über die Runden gekommen."[727]

Zwei Brüder hofften, die Parteimitgliedschaft könnte die Familie vor Nachstellungen schützen, wurden jedoch nach zwei Jahren entdeckt und ausgeschlossen.[728]

Bei einem anderen „Mischling" wurde der NSDAP-Aufnahmeantrag zurückgewiesen. Er war Mitglied der NSV, die ihn – satzungswidrig – 1944 ausschloß.[729] Auch ihm schlug nach dem Krieg heftige Ablehnung entgegen: Er habe sich in seinem „Arisierungsversuch würdeloser Äußerungen betreffend seinen jüdischen Vater bedient."[730]

Da „Mischlinge" jugenddienstpflichtig waren, war ein Teil von ihnen – legal, oft sogar auf Druck – Mitglied der HJ. Es liegt auf der Hand, daß diese Konstellation innerfamiliäre Probleme erzeugte. Nach dem Krieg allerdings wurden die Betroffenen dann von den Entnazifizierungsausschüssen in die Kategorie „Mitläufer" (IV) eingestuft. Ein junge Frau, als „Mischling zweiten Grades" von 1936 bis 1940 BDM-Mitglied, wehrte sich dagegen:

> „Wie allgemein bekannt, wurde durch die Schulen ständig ein Druck ausgeübt, dem BDM beizutreten. Es wurde uns seinerzeit erklärt, dass den Schülerinnen, die nicht Mitglieder des BDM seien, das Abitur verweigert werden würde. Als ‚Mischling II. Grades' mußte ich von Anfang an damit rechnen, zur Universität nicht zugelassen zu werden. (…) So wollte ich wenigstens auf das Abitur nicht verzichten und nahm daher die Mitgliedschaft im BDM in Kauf. Ich bin als letzte meiner Klasse in den BDM eingetreten und habe den Dienst nur im Rahmen des absolut unvermeidlichen Minimums versehen. In der letzten Zeit beschränkte sich meine Teilnahme auf Faustballspiele. Als ich schließlich immer seltener zum Dienst erschien, drohte man mir mit Hinauswurf. Nachdem ich im März 1940 das Abitur mit Auszeichnung bestanden hatte, bin ich dann bald darauf aus dem BDM wieder ausgetreten. Einen Rang habe ich selbstverständlich nicht bekleidet."[731]

Sie wies weiter darauf hin, daß fünf Mitglieder ihrer Familie in den Konzentrationslagern Sachsenhausen und Auschwitz ermordet worden waren und ihre Mutter als „halbjüdische" Sängerin mit Berufsverbot belegt war.[732] Befürwortete diese Mutter den Eintritt in den BDM, so erhoben andere Eltern Einspruch, wenn ihre Kinder sich freiwillig oder auf Aufforderung zur HJ meldeten.[733]

Manche kamen ohne eigenes Zutun in die uniformierten Reihen wie ein anderer „Mischling ersten Grades", der als uneheliches Kind in einer Pflegefamilie aufgewachsen war.[734] Im Zusammenhang mit seinem im KZ Groß-Rosen ermordeten jüdischen Zahlvater wurde er bereits als Jugendlicher mehrfach von der Gestapo verhört, seine Abstammung war also aktenkundig. 1943 erhielt er die Einberufung zu einem Schnellkommando der Hamburger Polizei. Aus dieser wurde er dann in die Waffen-SS gepreßt.[735]

Zusammenfassend kann konstatiert werden, daß sich die „Kollaboration" der „Mischlinge" und „jüdisch Versippten" mit den Nationalsozialisten zahlenmäßig auf einer eher bedeutungslosen Ebene abspielte: Eintrittsgesuche in die NSDAP oder ihre Unterorganisationen wurden nur in geringer Zahl gestellt. Auffällig ist jedoch, daß ein Teil der „Mischlinge" nach den Kriterien der Nationalsozialisten als „alte Kämpfer" anzusehen ist, d.h. ihre zum Teil lange vor 1933 datierten Eintrittserklärungen weisen darauf hin, daß die Parteimitgliedschaft der politischen Überzeugung entsprach. Demgegenüber fällt auf, daß die Verlobten oder Ehemänner von Frauen, die als „Mischlinge ersten Grades" eingestuft waren, oft erst später in die Partei eingetreten waren. Dies kann darauf zurückzuführen sein, daß sie – wie ihre Arbeitskollegen, Vereinskameraden oder Nachbarn auch – die Erwartungen der Machthaber erfüllten, oder aber der Parteieintritt geschah in der Hoffnung, so eher eine Ehegenehmigung zu erhalten oder keine beruflichen Nachteile wegen der Liebesbeziehung zu erleiden. Selbst wenn es um die Zugehörigkeit zur Eliteorganisation SS ging, wird bei näherer Betrachtung weniger der Wunsch, als vielmehr der Druck offensichtlich. Einzig ein Fall unter den erwähnten deutet auf die Bereitschaft hin, politisch Andersdenkenden oder Ausgegrenzten auch Schaden zufügen zu wollen: So leistete ein in Mischehe lebender Jude, Parteimitglied seit 1932, Spitzeldienste für die Gestapo. 1939 emigrierte er mit seiner Familie nach Shanghai, ließ sich 1943 scheiden und verschwand dann für immer aus dem Gesichtsfeld seines Sohnes, dem Parteizugehörigkeit und Tätigkeit des Vaters noch jahrelang in der Nachkriegszeit anhafteten, als er versuchte, den Ausbildungsschaden beim Wiedergutmachungsamt geltend zu machen.[736]

Die Selbstgerechtigkeit und Unnachsichtigkeit, die nach dem Krieg Beamte oder auch politisch Verfolgte diesem Personenkreis gegenüber an den Tag legten, versetzt spätere Leser der Korrespondenz in Erstaunen: Weder wurde das eigene Verhalten problematisiert, das sicher auch nicht von zwölfjährigem Widerstand gekennzeichnet gewesen war, noch ein Vergleich zu anderen gesellschaftlichen Gruppierungen gezogen, beispielsweise mit den von Rudolf Petersen so pauschal exkulpierten Großkaufleuten, die für ihre Parteieintritte wie selbstverständlich von Verantwortung freigesprochen wurden.

Zwischenresümee

Die Verfolgungsmaßnahmen zwischen 1933 und 1945, ergänzt durch den gesellschaftlichen Druck und die Bedingungen der Kriegsgesellschaft, bewirkten in den Lebensbereichen der „Mischlinge ersten Grades" weitreichende und vielschichtige Veränderungen, die ein sehr gemischtes Bild ergeben: Hatten sich die Verfechter einer konsequenten „Rassentrennung" bei der Beratung der Nürnberger Gesetze nicht eindeutig durchsetzen können, so gelang es ihnen doch, in der Praxis der Ehegenehmigungsverfahren eine durchgängig ablehnende Haltung auf allen Entscheidungsebenen durchzusetzen. Die heiratswilligen „Mischlinge" waren darauf angewiesen, illegale Wege des Zusammenlebens zu suchen, wollten sie nicht eine der in den Nürnberger Gesetzen zugelassenen Möglichkeiten wählen. Während so ein Großteil der „Mischlinge" die verbotenen Liebesbeziehungen fortsetzte und ins Visier der staatlichen Verfolgungsorgane geriet, einschüchternde Verhöre, Auflagen oder gar Inhaftierungen hinnehmen mußte, „wählte" ein kleinerer Teil notgedrungen und der Vernunft gehorchend zugelassene Auswege, von denen sich manche als nicht gangbar erwiesen und andere kein persönliches Glück brachten. War mit den konsequenten Eheverboten eine künftige „Rassentrennung" gewährleistet, so versagten aus der Sicht der nationalsozialistischen Machthaber die Bemühungen, auch die bestehenden Beziehungen zu lösen. Der Druck auf die „Mischlingsehen" blieb weitgehend wirkungslos: Nur wenige Partner sagten sich aus „rassischen" Gründen los, und die Zivljustiz entwickelte keine rassistisch radikalisierte Scheidungspraxis wie im Fall der Mischehen.

Die Einschränkungen, die öffentlich Bedienstete hinnehmen mußten, wenn sie einen „nichtarischen" Partner wählten oder mit einem solchen verheiratet waren, erwiesen sich hingegen aus Sicht der nationalsozialistischen Machthaber als sehr wirkungsvoll. Die Entscheidung zwischen Arbeitsplatz und Verlobung fiel in der Regel zugunsten der Erwerbstätigkeit aus. Die Nationalsozialisten hatten bei ihrer Machtübernahme keinen Zweifel daran gelassen, daß sie „Nichtarier" im öffentlichen Dienst nicht dulden würden. Doppelt betroffen waren die Frauen, denen kaum Sondergenehmigungen zur weiteren Berufsausübung erteilt wurden. Die Kompromißpraxis der Ausnahmegenehmigungen ermöglichte es einem kleinen Teil der vorher dort beschäftigten Männer, in ihren angestammten Berufen zu verbleiben. Doch diese Genehmigungen standen immer wieder zur Disposition. In den zeitaufwendigen Verwaltungsverfahren, die sie durchlaufen mußten, wurden die Differenzen zwischen NSDAP und Ministerialbürokratie, vor allem im Innen-, Außen- und Erziehungsministerium, und die Kompetenzverlagerung in Richtung Partei immer deutlicher. Hans Mommsen konstatierte an einem Fallbeispiel eine Fülle verdeckter Akte der Resistenz durch Beamte, die das Unrecht begrenzen wollten, letztlich jedoch eine ambivalente Wirkung erzeugten:

> „Sie verschleierte einen Teil der Unrechtmäßigkeit des Regimes und seines inhumen Charakters. Der Bürogehilfe K.B. ist ein Beispiel dafür, wie sehr der Schein die Wirklichkeit verdrängte; er zweifelte nie daran, daß der Führer selbst ihm Gerechtigkeit würde widerfahren lassen, und ihm kam nie der Gedanke, sich auf die Seite der Verfolgten zu schlagen, die bei gleichen Voraussetzungen ihre Existenzgrundlage einbüßten, und von denen nicht wenige Opfer der Genocidpolitik geworden sind."[737]

Die von den Nationalsozialisten als unantastbar hervorgehobene „freie wirtschaftliche Betätigung" lenkte die Berufsausübung in den kaufmännischen, teilweise auch in den technischen Bereich. Zugangsbeschränkungen zum Studium, Einschränkungen der schulischen Bildung bis hin zu Relegationen von weiterführenden Schulen, kombiniert mit selbstherrlich verfügten Ausbildungsverboten der Arbeitsamtsmitarbeiter minimierten allerdings die Berufschancen in diesen Bereichen. Zulassungsverbote zu Meisterprüfungen, verweigerte Kontingente, Konzessionen oder Teilhaberschaften engten sie weiter ein. Doch die „Mischlinge" glichen diese Beschränkungen oft durch Anpassungsfähigkeit, Arbeitswilligkeit und Streben nach Qualifikationen aus. Hatten die Einberufungen der „Mischlinge" zur Wehrmacht 1939 noch Hoffnungen auf Reintegration in die deutsche Gesellschaft ausgelöst, so zerschlugen sich diese schnell. Während ein geringerer Teil in der Armee verbleiben oder nach dem Wehrdienst mit einer der Ausnahmegenehmigungen studieren konnte, kehrte der andere in das „zivile" Arbeitsleben zurück. Die Erfahrungen klafften nun sehr weit auseinander: Während etliche „Mischlinge", jetzt endgültig beruflich deklassiert, in Rüstungsbetriebe zu körperlichen Arbeiten dienstverpflichtet wurden, besetzten andere angesichts des allgemeinen Arbeitskräftemangels Schlüsselpositionen in kriegswichtigen Betrieben. Sie füllten die Lücken aus, die durch die Einberufungen „deutschblütiger" Angestellter entstanden waren. So hatte sich für einen Teil der „Mischlinge" die antisemitische Stoßrichtung der Wehrmachtsentlassung in der Praxis des Arbeitslebens in ihr Gegenteil verkehrt: Während sie nicht für Deutschland kämpfen durften, leiteten etliche von ihnen auf betrieblichen Ebenen die Rüstungsproduktion. Dort und bei der Zwangsarbeit war die Überlebenschance der männlichen „Mischlinge" sehr viel größer als an der Front.

Die Einberufung zur Zwangsarbeit riß sie aus den Arbeitszusammenhängen wieder heraus. Die abweichende Hamburger Praxis des Einsatzes in der Heimatstadt minderte zwar die mit diesem Arbeitseinsatz verbundene Angst keineswegs, entlastete die Betroffenen jedoch durch die Möglichkeit des Zusammenseins mit der Familie, wenn eine solche noch existierte. Wenn auch die Internierungspläne von den regional Verantwortlichen nie aufgegeben wurden, so konnten sie doch nicht mehr in die Tat umgesetzt werden. Dennoch hielten die durch vielerlei Gerüchte verstärkten Befürchtungen, die „Mischehen" und „Mischlinge" würden noch deportiert, bis zum Kriegsende an.

Waren „Mischlinge" vor der nationalsozialistischen Machtübernahme in Linksparteien politisch organisiert, so gerieten sie nach 1933 in die Verfolgungsmaßnahmen gegen die organisierte Arbeiterbewegung. Während einige dabei in doppelter Hinsicht, als „Halbjuden" und Kommunisten, das Augenmerk der Verfolgungsorgane auf sich zogen, trat bei anderen die Abstammung in den Hintergrund. Sie wurden als politische Gegner erfaßt, nicht aber als „Mischlinge". Ab 1942 konnte die jüdische Abstammung, sofern „Mischlinge" in Konzentrationslagern inhaftiert waren, zum Todesurteil werden, auch wenn die deutschen „Mischlinge" sonst nicht in die Vernichtungspolitik einbezogen wurden. Allerdings wurde der entsprechende Erlaß nicht konsequent umgesetzt, zumal die Häftlinge oft bereits anderen Kategorien zugeordnet waren und die entsprechenden Winkel trugen.

In den Reihen der Verfolger, das heißt in der NSDAP und ihren Unterorganisationen, waren nur wenige „Mischlinge" zu finden, auch wenn die Rassenideologen entsprechende Unterwanderungsphantasien plagten. Die meisten von ihnen wurden entdeckt und ausgeschlossen. Nur einer verschwindenden Minderheit gelang die Tarnung der Herkunft bis zum Kriegsende, bzw. der „Führer" ermöglichte es ihnen auf dem „Gnadenweg", in der NSDAP zu verbleiben. Die Motive der sich zum Nationalsozialismus Bekennenden reichen von weltanschaulicher Überzeugung über den Schutz der Familie bis hin zur Absicherung gegen eigene Diskriminierung – im Vergleich mit den Exkulpationsstrategien anderer Parteimitglieder weitgefächerte Beweggründe.

Vierter Teil
Der Verfolgungsprozeß und seine Auswirkungen im Spiegel lebensgeschichtlicher Interviews

Methodische Vorüberlegungen

Im Gegensatz zur angloamerikanischen Tradition ist die oral history als Methode der Geschichtswissenschaft in der Bundesrepublik Deutschland relativ neu und fand vor allem in Rahmen der Alltagsgeschichte und der regionalen NS-Geschichte verstärkt Anwendung.[1] Entstanden in außeruniversitärer Forschung, wurde sie von den Historikern um Lutz Niethammer und Alexander von Plato im interdisziplinären Austausch zu einer Methode zeitgeschichtlicher Forschung erweitert, die mittlerweile ihre Existenzberechtigung nicht mehr nachweisen muß. Die oral history gibt Einblick in die „Erfahrungsgeschichte des Volkes" (Niethammer). Niethammer ordnet sie als konsequenten letzten Schritt von einer Sozial- und Organisationsgeschichte hin zur Subjektseite der Geschichte ein, betont allerdings dabei, daß auch Interviews immer nur Annäherungen an die Lebensgeschichte sein können und sich deshalb als „Suchbewegungen" verstehen sollten.[2]

Lückenlose, unverzerrte Darstellungen historischer Ereignisse sind generell von Zeitzeugen nicht zu erwarten: Zum einen arbeitet das menschliche Gedächtnis bezogen auf Daten und Zahlen zu ungenau[3], zum anderen wissen Betroffene zumeist nicht um die Hintergründe von Ereignissen und Prozessen. Sie füllen ihre Wissenslücken mit eigenen Erklärungen und Angelesenem oder verallgemeinern die individuelle Perspektive. Dennoch haben empirische Untersuchungen ergeben, daß – obwohl Einzelheiten zumeist unklar oder unrichtig erinnert oder hinzuerfunden wurden – der Kern der Erinnerung in der Regel recht getreu erhalten bleibt.[4]

Was kann oral history also leisten? Alexander von Plato faßte Stärken und Schwächen dieses – wie er ihn nennt – erfahrungswissenschaftlichen Ansatzes zusammen:

> „Erfahrungsgeschichte unter Nutzung der mündlichen Quellen hat dabei (…) in folgenden Bereichen besonderes Gewicht: Zunächst, wenn auch begrenzt, in der Rekonstruktion von Ereignissen und Abläufen, sofern keine bzw. nur mangelhafte andere Quellen vorliegen; oder – hier liegen ihre wichtigeren Felder – wenn es um die Konsens- oder Dissenselemente einer Gesellschaft geht, um die Bedeutung von Vorerfahrungen für weitere historische Abschnitte, wenn die ‚Innenansichten' bestimmter sozialer Gruppen bearbeitet werden, wenn die Dynamik innerhalb von Biographien oder deren Selbstkonstruktionen untersucht werden sollen."[5]

Die Perspektive des Interviewten – ganz gleich, wie einzelne Textpassagen formuliert sind und welche Aussagekraft sie beanspruchen – ist immer die des Subjektes. Gleichwohl sind in diese Perspektive eine Vielzahl gruppenspezifischer und gesellschaftlicher Diskurse – und damit andere Perspektiven – eingeflossen. „Die soziale Wirklichkeit existiert nicht unabhängig von den Perspektiven, sondern sie ist die ‚Gesamtheit der Perspektiven in ihren Wechselbeziehungen zueinander'."[6]

Die Lebensgeschichte liegt nicht im Langzeitgedächtnis einer Person wie auf einer Videokassette abgespeichert[7], sondern sie wird bei jedem Erzählen neu gestaltet. Sie muß also in der Auswertung von Interviews als (Re-)Konstruktion behandelt werden, die immer im Hinblick auf die in der Gegenwart existierende und von der heute bestehenden Gruppen- und Milieuzugehörigkeit abhängende Deutungsvariante des Interviewten entsteht.[8] Sie ist zudem auf verschiedenen Zeitebenen angesiedelt:

in der Vergangenheit, der Gegenwart und einer Vorstellung von der Zukunft.[9] „Die biographische Gesamtsicht in der Gegenwart des Erzählens determiniert, was das Subjekt in der Rekonstruktion seiner Biographie als biographisch relevant begreift, wie es die einzelnen Erfahrungen thematisch und temporal miteinander verknüpft und inwiefern Vergangenheit und antizipierte Zukunft die Deutung seines Lebens bestimmten."[10]

Welche Form die Rekonstruktion der Vergangenheit in der Erzählung annimmt, hängt auch mit der spezifischen Interaktion mit dem Befrager zusammen, das heißt, Momente von Sympathie oder Antipathie fließen ebenso wie die Fähigkeit des Interviewers ein, sich auf gerade diesen Zeitzeugen einzustellen oder adäquat mit problematischen Situationen umzugehen.[11]

Wenn Interviews mit Personen aus Verfolgtengruppen geführt werden, muß der Interviewer besondere Rücksicht auf die Dynamik psychischer Prozesse nehmen, die sich während des Interviews entwickeln oder später, durch den Erinnerungsprozeß ausgelöst, auftreten können:

> „Denn in diesen Fällen wird das halböffentliche Arrangement eines Erinnerungsinterviews dadurch überschritten, daß zum Gegenstand des Gesprächs die Historizität einer persönlichen Verletzung gemacht wird, deren Entwürdigung oder existentielle Herausforderung oft so tief ging, daß mancher, der ihr ausgesetzt war, nur zu einer Lebenspraxis als Subjekt zurückfinden konnte, wenn es ihm gelang, diese Erfahrung extremer Objektivierung in seinem Gedächtnis gewissermaßen einzukapseln. Ob und unter welcher Voraussetzung ein solcher Vernarbungsprozeß gestört werden kann und darf, entzieht sich der Kompetenz des Historikers, der im Erinnerungsinterview ja insoweit zur Produktion einer öffentlichen Überlieferung mit dem Befragten kooperiert, als dieser ein auskunftswilliges Subjekt ist."[12]

Die Auskunftswilligkeit allein garantiert keine „richtigen" Aussagen über Abläufe, Ereignisse oder Sachverhalte.[13] Durchlebte oder antizipierte Gefahrensituationen in einer Lebensgeschichte können manchmal nur bewältigt werden, indem die Erinnerungen an sie verdrängt oder abgespalten werden, d.h. der traumatisierte Zeitzeuge leugnet Begebenheiten, verlegt sie in andere Personen, intellektualisiert oder rationalisiert sie, weil sie andernfalls das psychische Gleichgewicht stören würden.[14] Sie sind dem Interviewten wie dem Interviewer – wenn überhaupt – oft nur indirekt über Inszenierungen, Übertragungen oder Textinterpretationen erschließbar.[15] Daher muß die Interaktion vor, während oder nach dem Interview in die Analyse desselben mit einbezogen werden, wenn sie wichtige Hinweise auf derartige Erfahrungen gibt.

Die meisten der als „Mischlinge" verfolgten Personen hatten vor dem Interview keine zusammenhängenden Darstellungen des eigenen Verfolgungsschicksals außerhalb des familiären Kontextes gegeben und erzählten deshalb auch keine sprachlich vorgeformten, geronnenen Erinnerungen. Bei den „Mischlingen" ist keine kollektive Geschichte entstanden, der die einzelnen dann ihre Erinnerung angeglichen hätten. Dafür tauchten Gedächtnislücken, Verdrängungen, nicht bewältigte Erfahrungen in den Gesprächen ebenso auf wie „hinzuerfundene" Erinnerungen, die Wissens- und Erklärungsdefizite überbrücken sollten.

Welches Verfolgungsschicksal ein Zeitzeuge erlitt, hing einerseits vom „rassischen Status", andererseits aber auch stark von der Lebensphase ab, in der Ausgrenzung und Diskriminierung erfahren wurde. Über Integration oder Ausschluß aus der Mehrheitsgesellschaft entschied bei den jüngeren „Mischlingen" nicht die Generationszugehörigkeit, sondern der Geburtsjahrgang, als die Ausgrenzungsmaßnahmen ab 1942 immer schneller aufeinander folgten. Darüber hinaus variieren die Umgangsstrategien mit diesen Erfahrungen nicht nur nach sozialer Herkunft oder Geschlecht, sondern entwickelten sich im Rahmen der altersbedingten Möglichkeiten der Betroffenen.

Wenn ich im folgenden Lebensläufe analysiere, sind außer der Forschungsliteratur und Archivmaterialien, die Aufschluß über Verfolgungsmaßnahmen geben, so weit dies möglich war, personenbezogene Aktenbestände zur Rekonstruktion bzw. Dekonstruktion der Geschehnisse hinzugezogen worden. Sie kontrastieren oder ergänzen die retrospektive Darstellung der Zeitzeugen.

Die Interpretationen der Lebensgeschichten entwickele ich ausgehend von Schlüsselstellen der autobiographischen Konstruktionen.[16] In einem zweiten Schritt werden die so dargestellten und interpretierten Interviews altersgleicher Zeitzeugen auch unter geschlechtsspezifischen Aspekten verglichen, um schließlich in einem dritten Arbeitsgang durch Querverweise auf hier nicht analysierte Lebensläufe herauszuarbeiten, welche Erfahrungen und Umgangsstrategien mit Verfolgung und Ausgrenzung eher typisch oder welche eben doch sehr individuell sind. Ein Anspruch auf Repräsentativität wird damit nicht erhoben, dazu ist die Bandbreite der Erfahrungen zu groß, doch geht es um Ähnlichkeiten und Tendenzen, wie sie sich in zahlreichen Lebensläufen von „Mischlingen" gleichermaßen widerspiegeln.

Zeitzeugen, die während der NS-Zeit als „Mischlinge" verfolgt wurden, sind nicht unbedingt leicht als Interviewpartner zu gewinnen. Nur wenige hatten zuvor außerhalb des Familienkreises von den Erlebnissen erzählt. Die Angst, zuviel von sich preiszugeben, hat sich in den Jahren zwischen 1933 und 1945 tief eingegraben und prägt das Verhalten bis heute. Die Furcht, nachgeborene Interviewer könnten die hinter dem Verfolgungsschicksal jüdischer Verwandter oder Elternteile verblassenden Erfahrungen „unangemessen" dramatisieren, führt oft zu Zurückhaltung. Andererseits haben aber auch diejenigen, die in der Zeit nationalsozialistischer Herrschaft Kinder oder Jugendliche waren, inzwischen das Rentenalter erreicht und in dieser Lebensphase ein Bedürfnis entwickelt, sich im Gespräch den lange beiseite geschobenen belastenden Erfahrungen zu nähern, wenn die Vertrauenswürdigkeit des Interviewers aus ihrer Sicht gewährleistet ist. So kam der privaten Vermittlung durch bereits Befragte besondere Bedeutung zu, weil dann die „Eingangsprüfung" als bestanden galt.

So entstanden im Laufe der Jahre schließlich 61 lebensgeschichtliche Interviews, die meisten zwischen 1990 und 1995 im Rahmen des Forschungsprojektes „Hamburger Lebensläufe – Werkstatt der Erinnerung".[17] 51 Befragte davon waren von den Nationalsozialisten als „Mischlinge ersten Grades", sechs als „Geltungsjuden" und zwei als „Mischlinge zweiten Grades" eingestuft worden. Bei zweien handelte es sich um Ehepartner von „Mischlingen ersten Grades". Von den 51 „Mischlingen ersten Grades" gehörten achtzehn den Geburtsjahrgängen 1904 bis 1919 an. Sie erlebten Ausgrenzung und Diskriminierung als junge Erwachsene. 33 waren während der NS-Zeit Kinder oder Jugendliche, von dieser Personengruppe wurden 25 zwischen 1920 und 1929, acht zwischen 1930 und 1938 geboren.

36 Interviewte hatten Väter jüdischer Herkunft, 15 stammten von einer Mutter jüdischer Herkunft ab.[18] Die meisten Elternteile jüdischer Herkunft waren evangelisch getauft, ein kleinerer Teil betrachtete sich als Dissidenten und gehörte keiner Kultusgemeinschaft an, wenige Väter waren Mitglieder der DIGH geblieben. Die Familien gehörten überwiegend der mittleren und oberen Mittelschicht an: Vor 1933 arbeiteten 38 der Väter als Selbständige (Kaufleute, Ärzte, Rechtsanwälte) oder Akademiker im Staatsdienst (Richter, Lehrer), während lediglich sechs als mittlere oder kleine Angestellte, fünf als Arbeiter und zwei als Künstler beschäftigt waren.[19] Die nichtjüdischen Mütter gingen zumeist erst nach 1933 einer Erwerbstätigkeit nach, nur eine geschiedene Frau arbeitete im Büro.

In den ersten sechs Jahren nach der nationalsozialistischen Machtübernahme erwogen zwar viele Familien mit jüdischem Ernährer die Emigration, doch setzten nur zwei Familien unter den Interviewpartnern diese Absicht in die Tat um. Zwei andere jüdische Väter emigrierten allein und ließen ihre Familienangehörigen in Deutschland zurück. Die nicht ausgewanderten Mischehefamilien behielten Hamburg als Wohnsitz meist bei, weil ihnen die Großstadt gegenüber ländlichen Gebieten Schutz durch Anonymität bot. Hier fanden sie leichter Arbeitsplätze oder Wohnungen, konnte der einzelne in der Masse untertauchen. Dennoch verschlechterte sich die materielle Situation der meisten Familien zwischen 1933 und 1938 rapide. Die Interviews geben aus der Perspektive der Kinder Auskunft über veränderte innerfamiliäre Beziehungen und Versuche der Frauen, die materielle Reproduktion der Familie zu gewährleisten. Die Interviewten berichten auch über Streit, Depressionen und Selbstmordversuche als „Begleiterscheinungen" des Verfolgungsprozesses und über Verhaftungen der Väter.

Die Interviewpartner stammten – bis auf die „Geltungsjuden" – alle aus „privilegierten" Familien. Dennoch lebten sie in ständiger Angst, in die „Evakuierungen", wie die Deportationen euphemistisch genannt wurden, einbezogen zu werden. War der jüdische Elternteil wegen eines vermeintlichen oder tatsächlichen Vergehens verhaftet, so drohte die Einlieferung ins KZ. Eine solche Inhaftierung von Vater oder Mutter erlebten vier der Interviewpartner.

Bestand die Familie vor 1933 aufgrund von Tod oder Scheidung ohnehin nur noch aus Mutter und Kind(ern), war für die Einbeziehung der „Mischlinge" in die Verfolgungsmaßnahmen entscheidend, ob die Mutter oder der nicht mehr (bei ihnen) lebende Vater jüdischer Herkunft war. Hier differieren die Verfolgungsschicksale selbst gleicher Jahrgänge von „Mischlingen ersten Grades" erheblich. Während sich die einen im „deutschblütigen" Umfeld weitgehend „unsichtbar machen" konnten, waren die anderen erhöhter Aufmerksamkeit ausgesetzt. Verstrickten sich „Mischlinge" in Straftaten, wirkte ihr Status strafverschärfend. Zwei männliche Interviewpartner hatten eine mehrjährige KZ-Haft überlebt.

I. „Mischling zweiten Grades"

„Du darfst nicht darüber sprechen" – Ada Köhlermann

Ada Köhlermann willigte auf die Anfrage der Interviewerin sofort ein, ihre Lebensgeschichte zu erzählen. Schwieriger war es dann, eine passende Zeit und einen ruhigen Ort zu finden, an dem dies geschehen konnte. Denn die freundliche Frau ist als Ordensschwester fast stets im Dienst, in der Freizeit bewohnt sie keinen privaten Raum. Das gemeinsame Wohnzimmer der Diakonissen ist ganz offensichtlich kein Ort, an dem sich diese in gemütlicher Runde längere Zeit aufhalten. Die Schlüsselgewalt darüber besitzt der Hausmeister.

Als Ada Köhlermann 1951 als Achtzehnjährige die Schule beendete, fühlte sie sich von Gott berufen, dem Ordensverband beizutreten. Damit verzichtete sie auf Eheschließung und Nachkommen, auf materiellen Verdienst sowie jegliches privates Eigentum. Kleidung stellt der Orden, der ebenso für Unterkunft, Erholung und Lebensabend sorgt und sorgen wird. Welche Erfahrungen mögen eine junge Frau zu einem so entscheidenden Schritt bewogen haben?

Ada Köhlermann wurde 1933 in Hamburg geboren.[20] Ihr jüdischer Großvater Moritz stammte aus Lemberg. Er war als junger Mann nach einer kaufmännischen Lehre „auf Wanderschaft" gegangen und nach Hamburg gekommen. Hier fand er im Missionshaus der Jerusalem-Kirche Unterkunft und geistliche Betreuung. Die irisch-presbyterianische Glaubensgemeinschaft bekehrte in dieser Einrichtung gezielt durchreisende junge jüdische Männer.[21] Moritz Köhlermann ließ sich 1903 taufen und heiratete 1904 eine Hamburgerin. Er arbeitete fortan als Glasschildermonteur, nahm 1922 die deutsche Staatsbürgerschaft an und ließ seinen Namen eindeutschen. Adas Vater Karl war der älteste Sohn von insgesamt vier Kindern, die alle streng christlich erzogen wurden. Er hatte eine Buchbinderlehre absolviert und fand einen Arbeitsplatz beim Zigarettenkonzern Reemtsma, den er auch während der NS-Zeit nicht verlor. 1928 heiratete er eine Mecklenburgerin, mit der er drei Kinder bekam. Ada wurde 1933 als mittleres geboren. Sie wuchs in einer Siedlung am damaligen Hamburger Stadtrand auf:

> „Wir haben in Osdorf gelebt, d.h. ab '34. Wir hatten da ein Siedlungshaus. Und das Kuriose war eben, daß das auch eine Einrichtung von Adolf Hitler war. Der wollte beweisen, daß seine Arbeiter sich ein eigenes Haus leisten konnten. Das war so eine Reichsheimstätte. Die hat er also gekriegt. Da haben wir gelebt. In der schwierigen Zeit war es nicht ganz so einfach. Durch angrenzende Nachbarn, die sich dann äußerten von ‚Judenschweinen' usw.
> M: War das bekannt in der Nachbarschaft?
> K: Ja, ich weiß nicht, wodurch. Aber irgendwie war es bekannt. Also wir hatten ein Doppelhaus, die eine Hälfte. Der Nachbar war, ich würde sagen, eigentlich nur von den anderen angesteckt. Der wäre an sich nicht so gewesen, aber der andere war sehr hochprozentig Nazi. Und da man ja Gärten hatte, konnte man hinten so einiges durch die Gärten rufen. Bis dann, daß er auch in die Schulen gegangen ist und dafür gesorgt hat, daß mein Bruder nicht zur Oberschule kam. Und als ich da nachher hin sollte,

dann hieß es: ‚Du darfst nicht darüber sprechen. Das darf der nicht wissen.' Das ist für Kinder unheimlich belastend."[22]

„Reichsheimstätten" waren keine genuin nationalsozialistische Einrichtung, wie Ada Köhlermann aus der Perspektive ihrer Lebenserfahrung glaubt. Kleinsiedlungen für Erwerbslose und Kurzarbeiter waren vorwiegend in den 20er Jahren überall an den Rändern (nicht nur) der Stadt Hamburg entstanden.[23] Die Grundidee war, diesen Familien die Möglichkeit des Wohnens in gesunder Umgebung mit Kleintierzucht und Gartenanbau zu ermöglichen. Die Häuser wurden teilweise in Eigenarbeit errichtet. „Heimstätten" waren „Siedlerstellen", die über Erbbaurecht besonders abgesichert waren.[24] Als die Nationalsozialisten nach ihrer Machtübernahme dieses Programm fortführten und bezüglich seiner Adressaten modifizierten, hatte es seinen Höhepunkt bereits überschritten.[25] Waren vor 1933 (potentielle) Arbeitslose Nutznießer des Programms, so sollte es nun der „Vergreisung" des Volkes vorbeugen und vor allem Kinderreichen und jungen Familien zugute kommen.[26] Deshalb wurde bei der Auswahl der Bewerber Wert auf die gesundheitliche Verfassung der künftigen Bewohner gelegt. Es sollten junge Familien bevorzugt werden, die ihre „Zeugungs- und Gebärfähigkeit" bereits nachgewiesen hatten: entweder mit mindestens drei Kindern oder einer Geburtszahl von einem Kind auf zwei Ehejahre.[27] Letzeres konnten die Eltern der Zeitzeugin aufweisen, als der Vater sich 1933 um die Doppelhaushälfte bemühte, die die Familie 1934 bezog. Offensichtlich spielte der Status als „Nichtarier" bei der Vergabe noch keine Rolle.

Adas frühe Erinnerungen, die ab 1937/38 datierten, enthalten bereits antisemitische Vorfälle und Angriffe auf die Familie, die schließlich in der Denunziation des Bruders, der 1941 zum Gymnasium wechseln sollte, ihren Höhepunkt erreichen. Obwohl es sich hier nicht um eine nationalsozialistische Mustersiedlung handelte, hatte das enge Zusammenleben und die damit verbundene umfassende Sozialkontrolle die Familie Köhlermann zu stigmatisierten Außenseitern werden lassen. Ein Vorreiter, möglicherweise der Blockwart, prägte das antisemitische Klima, indem er den Ton angab, andere – wie die direkten Nachbarn in der Doppelhaushälfte – folgten. Ada berichtet auch von Bespitzelungen, beispielsweise daß unter ihrem Wohnzimmerfenster gelauscht wurde.[28] Obwohl der Vater vom Status her „Mischling ersten Grades" war, wurden die Familienmitglieder mangels anderer „Nichtarier" in der Siedlung zu „Juden" schlechthin. Als der Bruder die Aufnahmeprüfung zur höheren Schule ablegte, fiel er nach der massiven Intervention des Rädelsführers gegen die Anwesenheit des „Judenkindes" durch. Als „Mischling zweiten Grades" hätten ihm rein rechtlich die weiterführenden Schulen ebenso offengestanden wie seiner Schwester, die 1944 zum Gymnasium wechselte. Der Ausschluß war nicht gesetzlich abgesichert, sondern folgte dem gesellschaftlichen Druck, den ein einzelner (Amtsinhaber?) im Namen der „Volksgemeinschaft" ausüben konnte. Vorsichtig mahnten die Eltern Ada drei Jahre später zur Verschwiegenheit über ihren Schulwechsel, um keine Wiederholung zu provozieren. An anderer Stelle im Interview berichtet Ada Köhlermann ausführlicher über Einzelheiten dieses Vorfalls:

„Also in der Volksschule wußten sie es [den ‚rassischen Status' des Vaters, B.M.], aber da wußten die Leute das von Nachbarn. Das weiß ich, die haben sich Hacke und Zehe danach abgerannt, daß mein Bruder, der zur Prüfung als Bester entlassen wurde, als

einziger durchfiel. Und wenn sie noch ein bißchen schlauer gewesen wären, hätten sie ihn nicht gerade in Rechnen durchfallen lassen, denn das war sein bestes Fach und Lieblingsfach. Aber das war so gemacht.
M: Was meinen Sie, was trieb diese Nachbarn?
K: Ich weiß es nicht, ob es nun Neid war, daß ihre Kinder nicht die höhere Schule besuchten. Aber wahrscheinlich nur, man muß die Juden ausrotten. Das war der Hauptgrund meines Erachtens.
M: Und die Lehrer haben da mitgespielt?
K: Nicht alle. Der Klassenlehrer von meinem Bruder, der war sehr, sehr unglücklich, der hat sich eingesetzt. Wir konnten zuletzt nichts mehr machen.
M: Wissen Sie noch, in welchem Jahr das war?
K: (...) Das muß '41/42 gewesen sein. Ich bin '44 umgeschult. Da haben also die Nachbarn das nicht mitgekriegt, und ich bin dann tatsächlich umgeschult. Und '45 war es dann zu Ende."[29]

Auffällig an dieser ausführlicheren Schilderung ist einerseits, daß „sie" und „die" sowohl Mitschüler als auch Lehrer und Nachbarn umschließt, als hätten die Nachbarn persönlich die Eignungsprüfung in Mathematik abgenommen. Der Klassenlehrer versuchte, dem Bruder beizustehen, mußte aber vor dieser Übermacht und – in Adas kindlicher Perspektive – zum monolithischen Block zusammengeschmolzenen Widersachern kapitulieren. Die Eltern, die sonst „so viel wie möglich von den Kindern ferngehalten" hatten[30], durchbrachen hier im Interesse des Betroffenen, aber auch seiner Schwester, ihr Prinzip des Schweigens und Verschweigens und erklärten den Geschwistern die aktive Rolle der Nachbarn. Vor allem aber trösteten sie den Bruder, der sich eigenes Versagen anlastete.[31]

Als Ada später die höhere Schule besuchte, legte sie täglich einen langen Fußweg nach Othmarschen zurück. Sie hielt sich an die Auflage der Eltern und sprach nicht über die Herkunft. Fast war sie froh darüber, daß die Mitschülerinnen nicht aus „rassischen" Gründen, sondern wegen ihrer Herkunft aus Osdorf auf sie herabsahen. Freundinnen fand sie in der Schule nicht, Klassenschranken und Verschwiegenes verstellten die Möglichkeit, intensivere Beziehungen einzugehen. In der Siedlung waren sie und ihre Geschwister ohnehin aus der Kindergemeinschaft ausgeschlossen.

Es ist evident, daß die Bemühungen der Eltern, Belastendes von den Kindern fernzuhalten, angesichts der Anstrengungen des nächsten Umfeldes, die Familie immer wieder gerade damit zu konfrontieren, vergebens waren. Ada bemerkte früh, daß die Eltern, ohnehin tief religiös, angesichts der bedrückenden Situation Halt im christlichen Glauben fanden. Lange besuchte die Familie sonntags gemeinsam die Kirche in Lurup. Der Vater hatte sich mit dem dortigen Pastor befreundet. Zu anderen Kirchgängern jedoch hatte die Familie keinen Kontakt. Auch der „jüdische" Großvater war fest in seinem christlichen Glauben verwurzelt.

Im Interview entstanden mehrfach Unklarheiten, wer denn nun als „Jude" verfolgt wurde – der Vater, der Großvater oder die Kinder.[32] Angesichts der pauschalen, undifferenzierten Zuschreibung der äußeren Umgebung, die mit „Judenschweinen" die gesamte Familie meinte, und der festen Verbindung aller Familienmitglieder zum Christentum muß die Verwirrung der Kinder groß gewesen sein. Sie kannten keine Juden, rechneten nicht in Prozenten der „Blutsmischung" und wußten nichts von

Verordnungen, die definierten, wer welchen Status hatte. Aus ihrer Sicht traf die Verfolgung sie alle, in der Reihenfolge zunächst den Großvater, dann den Vater und irgendwann würden sie an der Reihe sein, die „Juden sollten ausgerottet" werden. Diese Verwirrung der Zeitzeugin floß in das Interview ein und spiegelte sich als Verwirrung der Interviewerin über den „rassischen Status" der einzelnen Familienmitglieder.

Während die mütterliche Familie in Mecklenburg ihre unterstützende Haltung gegenüber Schwiegersohn und Enkeln nicht veränderte, gingen die Mitglieder der väterlichen Herkunftsfamilie sehr unterschiedlich mit der Verfolgungssituation um: Die Großeltern fanden Solidarität und Unterstützung in ihrem Wohn- und Arbeitsumfeld im Hamburger Stadtteil Eimsbüttel.[33] Ein Bruder des Vaters jedoch brach den Kontakt zu seiner Familie brüsk ab. Er hatte den eigenen Kindern die Abstammung verschwiegen und fürchtete, diese könnten über Cousins, Cousinen oder andere Verwandte davon erfahren. Die Schwester des Vaters emigrierte nach Shanghai. Der Großvater hingegen besuchte seinen ältesten Sohn und die Enkelkinder jeden Samstag, solange es sein Gesundheitszustand erlaubte. Er machte sich schwere Vorwürfe, daß seine Herkunft alle belastete und daß der jüngste Sohn aufgrund der Ehebestimmungen nicht heiraten konnte:

> „Der machte sich eben immer die Vorwürfe: ,Ich habe Schuld, daß er nicht heiraten kann, weil ich Jude bin.' Er sprach auch sonst wenig über solche Sachen. Er war ein sehr ruhiger Mensch und fraß alles sehr in sich hinein. Derselbe Typ ist mein Vater, der eben auch nicht so viel sagte. Nicht nur das, allgemein spricht er wenig. Es kommt dann mal irgendwann spontan ein Satz, aber sonst, Dinge, die ihn beschäftigten und die ihm schwer waren, darüber hat er kaum gesprochen."[34]

Auch Ada Köhlermann reihte sich in die Reihe der Schweiger ein, was vielleicht nicht ihrem Naturell entsprochen haben mag, sondern durch die Dauerangst bedingt war: „Ich würde sagen, daß ich vielleicht – im Grunde war ich ein ruhiges Kind – durch dieses ständige ,man darf hier nicht drüber sprechen. Man darf das nicht erzählen', nachher sehr gehemmt war."[35]

Die Bombenangriffe auf Hamburg betrafen die Stadtrandsiedlung wenig. Die Familienmitglieder konnten ihren in Eigenbau errichteten Keller aufsuchen, kamen also nicht in Konflikte mit der Bunkergemeinschaft. Wohl registrierten sie schadenfroh, daß die „guten Nazis" ein von einer Brandbombe getroffenes Haus tatenlos abbrennen ließen – und neiderfüllt, daß diese alle Verluste ersetzt bekamen.[36] Während im Kern Hamburgs der Schulunterricht längst ausfiel, konnte Ada am Stadtrand 1944 weiter zum Gymnasium gehen. Dem Schulwechsel folgten zwei Ereignisse, die zeitlich fast zusammenfielen: Die Einberufung des Vaters als „Mischling ersten Grades" zur Zwangsarbeit und die Deportation des Großvaters.[37] Dieser war inzwischen krank geworden, hochgradig verwirrt, litt er unter Bewußtseinsstörungen.

> „M: Als '41 die ersten Juden deportiert wurden, können Sie sich erinnern, daß Sie davon was gehört haben?
> K: Das haben meine Eltern uns nie erzählt. Es wurde uns dann nur … Die haben auch, als mein Großvater nachher wegkam, nur gesagt: ,Er kommt in ein Arbeitslager nach Theresienstadt.' Aber man wußte instinktiv, das war etwas Furchtbares, also wir hin-

> gen wie die Kletten an meinem Großvater. Wir hätten fast Tag und Nacht heulen können, daß er weg war. Und wir waren uns irgendwo sicher, wir sehen ihn nicht wieder. Obwohl wir uns unter Theresienstadt im Grunde ja nichts vorstellen konnten. Es hieß Arbeitslager, da kann man sich auch nicht viel darunter vorstellen als Kind, ich war damals zwölf. Aber man wußte instinktiv, das ist was Furchtbares. Meine Großmutter hatte natürlich dann auch erzählt, in unserer Gegenwart erzählt, wie sie meinen Großvater hingebracht hatte, wie die reagiert haben. Der eine Gestapobeamte hat gesagt: ‚Lassen Sie diesen Mann doch hier. Sie sehen, wie krank der ist.' Und der andere: ‚Der muß weg.' So unterschiedlich waren eben auch Gestapomänner."[38]

Ada Köhlermann bezeichnet in der Interviewpassage ihre Angst bei der Deportation des Großvaters als „instinktiv". Ohne von den Erwachsenen eingeweiht zu sein – die ihrerseits die vollständige Wahrheit über die Lager auch nicht wußten – ahnte sie, daß die Deportation todbringend sein würde, zumal sie wußte, daß der Großvater sich allein nirgendwo zurechtfinden würde. Einmal hatte er sich sogar auf dem vertrauten Weg zu ihnen verirrt, und die Familie hatte ihn stundenlang gesucht. Die Übertragung dieser Situation auf ein unbekanntes „Arbeitslager" vermochte sie durchaus zu leisten. Aus der Erzählung der Großmutter erfuhr sie, daß anonyme „Gestapomänner" für den Transport verantwortlich waren bzw. daß es in deren Macht hätte liegen können, den Großvater „hierzulassen". Ähnlich wie bei der Beschreibung der antisemitisch aufgeladenen Nachbarn tauchen auch bei der Einordnung der Gestapomänner zwei Verhaltensvarianten auf, die in Adas Schilderungen der Verfolgungssituationen zusammengehören: Einer gab den Ton an, und ein anderer gab zu erkennen, er würde vielleicht anders handeln, hätte er denn einen Freiraum. Diese Konstellation ermöglicht es Ada Köhlermann im Nachhinein, sich in Beziehung zur bedrohlichen Welt ihrer Kindheit zu setzen: Es gab einige feindlich gesonnene Rädelsführer, die das Klima vergifteten und unmenschliche Anweisungen erteilten, andererseits viele „Verführte" oder Machtlose, aber doch innerlich Einsichtige, die unter anderen Umständen vielleicht geholfen hätten.

Daß Ada Köhlermann die Deportation des Großvaters mit der Einberufung des Vaters zur Zwangsarbeit in einen Zusammenhang bringt, wird aus ihrer Schilderung deutlich:

> „K: Eigentlich konnten wir uns gar nicht viel vorstellen. Man hatte nur das Gefühl, das ist etwas ganz Finsteres. Er muß weg, und wir sehen ihn nicht wieder. Das hatten wir irgendwo im Gespür. Mein Vater – das war ja der erste Schock – der wurde im Dezember '44 eingezogen. Also da haben wir auch solange geheult, bis keine Tränen mehr kamen. Wir sehen uns noch an der Gartenpforte stehen und winken solange, bis er weg war. Und er hatte eben vorher auch alles geordnet. Er hatte meiner Mutter den Trauspruch auf Holz geschnitzt und war noch nicht ganz fertig geworden. Den übergab er mir zu treuen Händen. Den sollte ich Mutter zu Weihnachten geben, denn er müßte ja jetzt weg. Er wüßte nicht, ob er wiederkäme. So kriegte jeder – mein kleinster Bruder nicht – aber wir beiden größeren kriegten unsere Aufträge, ja, eben auch unsere Geheimnisse. Da wußte man, es ist irgendwas. Es war irgendwo eine Erlösung, er kam wieder. Aber man bangte jeden Abend: Kommt er, kommt er nicht? Man wußte es ja nicht. Als Kind ist man da irgendwo – ich würde sagen – sorgloser, wenn

nur eine Weile geht, jeden Abend kommt er, dann hakt man es fast ab und sagt: ‚Er kommt ja jeden Abend.'"³⁹

Der Vater verabschiedete sich von der Familie, als sei es ein Abschied für immer. Wie aus anderen Zeitzeugeninterviews hervorgeht, rechneten die Zwangsarbeiter täglich damit, „kaserniert" zu werden. Er verteilte seine familiären Aufgaben auf die beiden älteren Kinder. Offensichtlich sollten diese in die Sorge um die Mutter und den kleinen Bruder eingebunden werden. Es ist sicher nicht zufällig, daß das Weihnachtsgeschenk für seine Frau der Trauspruch war, ein Hinweis, daß sie auch im schlimmsten Fall Trost im christlichen Glauben suchen sollte.

Da alle Familienmitglieder bei den Nachbarn als „Judenschweine" galten, verschaffte ihnen die Einberufung des Vaters und die daraus resultierende Abwesenheit des „Halbjuden" keine Erleichterung, sondern bedeutete zusätzliche Schutzlosigkeit. Ähnlich erging es dem Vater, der täglich auf dem Weg zu seinem Einsatzort ins Ungewisse fuhr und nicht wußte, ob er zurückkehren würde. Er erzählte wenig vom Arbeitseinsatz. Ada sah an seinen Händen, daß er Erdarbeiten verrichten mußte. Das Ausmaß der väterlichen Angst erkannte sie erst 25 Jahre danach:

> „Sehr viel später, als meine Mutter schon nicht mehr lebte, machten wir an der Palmaille einen Besuch bei einem irischen Pastor, der da wohnte. Dann stand mein Vater, der eigentlich nie etwas von sich und seinem Erleben erzählt hat, am Fenster und sagte nach einer Zeit der Ruhe: ‚Da drüben habe ich mal mein Grab geschaufelt. Es ist nur nicht ganz fertig geworden.' Bei der Palmaille ist doch dieser kleine kurze Park, wo man zur Elbe runter kann, und da haben sie also eine Grube zum Kalklöschen ausheben müssen. Die war nicht ganz fertig geworden im Mai, als die Engländer kamen."⁴⁰

Ebenso wie andere „Mischlinge ersten Grades" hatte der Vater offensichtlich befürchtet, bei Kriegsende erschossen zu werden und selbst das Massengrab ausheben zu müssen. Ein unausgesprochener, 25 Jahre andauernder Schweigepakt wurde kurzzeitig durchbrochen.

Wie sehr Ada Köhlermann in ihrer Erzählung das Schicksal des Großvaters und des Vaters verknüpft, geht aus der folgenden Interviewpassage hervor:

> „M: Wie ist Ihr Vater damit [mit der Verfolgung, B.M.] umgegangen? Ist er böse geworden, ist er depressiv geworden?
>
> K: Nein, mein Vater nicht. Mein Großvater hat ja den Verstand verloren. Der wußte nicht mehr, wo er war. Und in dem Zustand ist er ja weggekommen. Ja, gut, er hat natürlich gelitten. Und er wurde daraufhin mit 53 pensioniert, ist in Rente gegangen wegen seines Herzens. Aber durch seinen Glauben hat er eigentlich das wirklich gut überstanden und im Nachhinein gut verkraftet. Er wäre auch nie irgendwie nach Kriegsende gegangen und hätte jemanden angezeigt. Das hätte er nicht getan.
>
> M: Auch diesen Nachbarn nicht?
>
> K: Nein, der hat dann vor unserem Haus einen Herzschlag gekriegt und ist tot umgefallen vor lauter Angst, mein Vater würde ihn irgendwie anzeigen, was mein Vater nie getan hätte. Er sagt immer: ‚Gott sagt: Mein ist die Rache. Ich will vergelten. Das ist nicht meine Sache, da diesen Mann zur Rechenschaft zu schicken, Gleiches mit Gleichem zu vergelten.'"⁴¹

In der Erzählung mischen sich die Schicksale: „Weggekommen" war der Großvater, „natürlich gelitten" hatte der Vater. Wieder betont Ada Köhlermann die stärkende Kraft des Glaubens und hebt den Verzicht auf Rache hervor – wobei es der Familie eine Genugtuung gewesen sein muß, wenn dieser Nachbar tatsächlich vor ihrem Haus einen Herzschlag bekam. Für die zwölfjährige Ada wurde der Herzschlag zum Synonym der göttlichen Strafe für die Schuld, die der Mann auf sich geladen hatte. Auch beim Vater diagnostizierte der Arzt nach dem Krieg Herzbeschwerden, aufgrund derer er invalidisiert wurde. Hatte er ebenfalls eine Schuld auf sich geladen? Die Erzählung Ada Köhlermanns über das Lebensende des Großvaters läßt es vermuten:

> „Mein Großvater war ja praktisch vermißt. Er war auf dem Rücktransport von Theresienstadt, und die hatten – ich meine, es ist Merseburg gewesen – Zwangsaufenthalt. Ich weiß nicht, zwei Tage oder was. Sie durften rausgehen aus ihren Wagen. Da mein Großvater orientierungslos war, ist er natürlich auch nicht wieder erschienen, und es hat ihn auch wohl keiner vermißt in diesem Durcheinander. Da sind sie sehr, sehr viel unterwegs gewesen, mein Vater und sein zweiter Bruder, und suchten. Mein Onkel hat die ganzen schriftlichen Arbeiten gemacht, mein Vater hat die Zeitung studiert. Wenn wieder Transporte ankamen, ist er los, er hat Leute befragt usw. Meine Großmutter kriegte ja auch keine Rente, weil sie nicht nachweisen konnte, daß mein Großvater tot war! (…) Und wir haben dann mitgekriegt, daß mein Großvater zwar mitgekommen … [zeigt Unterlagen] … Eines Tages im Herbst, Oktober '45, stand eine Annonce in der Zeitung: ‚Ein Mann in Ochsenzoll eingeliefert…' Und dann wurde er so beschrieben. Man wußte keinen Namen, man wußte keine Herkunft. Man wußte nichts. Das hatte mein Vater gelesen und sagte zu meiner Mutter: ‚Das hört sich an, als wenn das Opa ist.' Da waren zwei Sachen, die nicht übereinstimmten, aber er hat gesagt: ‚Gucken wollen wir doch auf jeden Fall.' Warum er sich nicht selber freigenommen hat, weiß ich nicht. Er hat seiner Mutter Bescheid gegeben: ‚Fahr' doch mal hin nach Ochsenzoll und guck' dir diesen Mann an.' Meine Großmutter … – Ich nehme das rückwirkend an, daß sie Angst gehabt hat: ‚Wenn er das nun wirklich ist, was mach' ich mit ihm. Ich kann ihn nicht wieder nehmen', hätte sie auch gar nicht müssen und auch gar nicht gekonnt! – hat ihre Schwester geschickt. Die ist also hingefahren, und die beiden hatten soviel Ähnlichkeit. Dann kam sie zurück und sagte zu ihrer Schwester: ‚Das war Fritz nicht.' Damit war für uns dieser Fall erledigt. Und die Suchaktion ging weiter. Im Januar oder Februar hat sie es nicht mehr ausgehalten, hat zu ihrer Schwester gesagt: ‚Du, ich muß es dir doch sagen, ich halte es nicht aus. Er war es doch.' Dann hat, glaube ich, mein Onkel das in die Hand genommen. Er hat, glaube ich, geschrieben. Es war damals ja mit den Bahnen alles noch so schwierig. Er hat ein Bild hingeschickt. Ja, er wäre es gewesen, aber er wäre verlegt nach Rickling. Dann hat er wieder nach Rickling geschrieben mit Bild und allen möglichen Beschreibungen usw. Dann schrieb die Leitung von dort zurück, sie hätten mit dem Pfleger gesprochen, er wäre es gewesen, aber sie müßten uns die traurige Mitteilung machen, daß er am 16. März '46 eingeschlafen sei und dort beerdigt. Dann hat mein Onkel noch versucht, ob man ihn überführen könnte. Das ging nicht, weil er ohne Sarg beerdigt ist."[42]

Die Tatsache, daß die Transporte von Theresienstadt nach Auschwitz ab Ende 1944 eingestellt worden waren und der Aufenthalt in dem „Altersghetto" nur von kurzer

Dauer war, hatte dem Großvater das Leben gerettet. Die geistige Verwirrung aber war geblieben, so daß er sich auf dem Rücktransport verirrte. Die vorher – zumindest aus der Perspektive der Zeitzeugin – eher verstreute und kommunikationslose Familie stand plötzlich bei der Suche nach dem Großvater wieder zusammen. Dennoch mutet die Erzählung wie ein unausgesprochenes (und sicher auch nicht bewußtes) Komplott an, die Suche nach dem Großvater ohne Ergebnis enden zu lassen, obwohl auf einer bewußten Ebene alle Anstrengungen unternommen wurden, die angesichts der zerstörten Transportwege und des Informationsmangels getätigt werden konnten. Als endlich eine erfolgversprechende Spur gefunden war, gaben die Familienmitglieder die Aufgabe der Identifizierung des Unbekannten aneinander weiter: Der Vater nahm sich nicht arbeitsfrei, die Großmutter bat ihre Schwester, in die Psychiatrie zu fahren. Ada vermutet, daß sie befürchtet hatte, den kranken Mann wieder aufnehmen und versorgen zu müssen. Aus diesem Grund belog die Schwester nach ihrem Krankenhausbesuch die Großmutter und die Familie. Nun hätte das Krankenhaus die Familie sicher nicht gezwungen, einen Schwerkranken privat zu pflegen. Diesen weitgehenden und die tatsächlichen Kräfte überfordernden Anspruch stellte das christliche Glaubensbekenntnis an die Betroffenen.

Wenn Ada Köhlermann auf die starke Ähnlichkeit zwischen Großmutter und ihrer Schwester hinweist, bezieht sich dies auf die Perspektive des Großvaters: Er mußte denken, seine Frau stünde an seinem Bett und nähme ihn nicht wieder mit nach Hause. Diese Schuld nahm die Schwester der Großmutter so lange ab, bis der Großvater verstorben war. Als sie dann ihre Lüge beichtete, war es zu spät. Der Großvater war in einer der Holzbaracken der Ricklinger Anstalt verstorben und ohne Sarg beerdigt worden, fast als hätte er den Tod im Lager gefunden: fernab der Familie. Diese wiederum blieb ohne den Trost eines christlichen Begräbnisses, dem sie hätte beiwohnen können. Schamhaft schweigen die Familienmitglieder später über ihr Versäumnis. Adas Vater beschrieb den Tod seines Vaters später so: „Nach der Befreiung durch die Alliierten wurde auch Vater, der schon vor der Deportation durch die ganzen politischen Verhältnisse den Verstand verloren hatte, mit zurückgeführt. Er ging aber während des Transportes verloren und wir hörten nie wieder von ihm. Aber wir wissen den, der seinen Heiland bis zuletzt liebte und Ihm treu diente in Abrahams Schoß."[43] Nur Ada Köhlermann, das jüngste Familienmitglied, nahm die Schuld der Familie auf sich, sie ist auch die einzige, die sie formuliert.

Ada Köhlermann und ihre Familie kehrten nach dem Krieg nicht in die Luruper Kirchengemeinde zurück, sondern wandten sich der Jerusalem-Gemeinde zu. Hier war der Großvater getauft worden, hier hatte der Vater als Kind die Sonntagsschule besucht. Nur Adas Generation war aufgrund der NS-Verfolgung nicht in dieser Tradition aufgewachsen.

> „Ich bin nach dem Krieg hier wieder zum Gottesdienst gegangen, ich bin in den Jugendkreis hier gegangen. Und durch das ganze innere Wachstum und auch durch die Zeugnisse von Schwestern war mir das eigentlich klar, daß Gott mich hier haben wollte. Das war eigentlich schon, als ich noch zur Schule ging. (…)
> M: Diese Berufung ist damit verbunden, nicht zu heiraten?
> K: Ja, im Grunde schon. Es sei denn, es gibt natürlich auch manche, die in einem Überschwang meinen, es ist ihr Weg. Aber solche halten sich nicht, die treten dann

wieder aus. (...) Man muß schon wirklich wissen, daß es der Weg ist, den Gott uns gestellt hat.
M: Für Sie war das sehr schnell klar nach der Schule?
K: Ja. Ich muß sagen, daß ich auch ein ganzes Jahr irgendwo gezweifelt habe. ‚Ist es der Weg Gottes für mich, ist er es nicht?' Ich habe sehr viel drüber gebetet. Ich wollte nicht gehen, wenn es nur meine eigene Begeisterung ist, sondern ich wollte dann nur gehen, wenn es auch wirklich Gottes Weg für mich ist. (...) Es sind ja immer überall Menschen, und man ist nicht immer mit allem einverstanden. Wenn man wirklich seiner Berufung gewiß ist, dann gibt es sicher Zeiten, wo man durch Tiefen geht oder Probleme hat, aber man weiß: ‚Es ist mein Platz.'
M: Und Ihre Eltern waren damit auch einverstanden?
K: Die waren einverstanden. Meine Mutter sagte nur: ‚Wenn du es wirklich weißt, daß es der Weg Gottes für dich ist, dann freuen wir uns.'"[44]

Ada Köhlermann kehrte an den Ort zurück, an dem aus ihrer familiären Erfahrung heraus die „Liebe zu den Juden" ihren Platz hat, in der Jerusalem-Gemeinde. Im „Dienst an Israel", wie die Fortführung der „Missionsarbeit" an den christianisierten Juden in ihrer Gemeinschaft genannt wird, kann sie die Schuld ihrer Familie abtragen, indem sie Kranken und Alten hilft. Dort fand sie eine Gemeinschaft, in der sie nicht stigmatisiert wurde, sondern in der ihre Abstammung sogar eher eine Auszeichnung darstellte. Im Glauben fand ihre Familie schon immer Halt, wenn jeder einzelne Todesangst hegte. Was für die Eltern ein geistiger Schutzraum war, wurde für Ada Köhlermann in der Fortsetzung zum Lebensraum.

Ada Köhlermann war in den zwölf Jahren der NS-Herrschaft von keiner antijüdischen Maßnahme oder Sonderrechtsbestimmung betroffen, wie erwachsene „Mischlinge zweiten Grades" es waren, die beispielsweise ihren Arbeitsplatz im öffentlichen Dienst verloren. Selbst ihr Vater konnte als „Mischling ersten Grades" die Siedlerstelle ebenso halten wie seinen Arbeitsplatz bei der Firma Reemtsma. Seine Wehrmachtsentlassung aus „rassischen" Gründen hatte ihn nicht betrübt, er war im Gegenteil froh über die Rückkehr zur Familie. Kurzzeitig wurde er zwar in einen anderen Betrieb dienstverpflichtet, weil er aus „rassischen" Gründen nicht in einem NS-Musterbetrieb tätig sein sollte. Aber auch dort arbeitete er in seinem Beruf. Als dieses Unternehmen ausgebombt wurde, konnte er zu Reemtsma zurückkehren, bis er im Dezember 1944 zur Zwangsarbeit einberufen und damit in die Maßnahmen gegen „Mischlinge" einbezogen wurde. Obwohl die Familienmitglieder staatlichen Repressionen also nur im geringen Maße ausgesetzt waren, entfaltete der gesellschaftliche Druck eine so nachhaltige Wirkung, als wäre Ada im Feindesland aufgewachsen. Dies ist drei Gründen geschuldet: Zum ersten unterschied sich das engmaschige Netz der Sozialkontrolle in der Siedlung sowohl von der tendenziellen Anonymität großstädtischer Straßenzüge wie auch von der dort möglichen Solidarität erheblich. Zum anderen verformt die damalige Perspektive des Kindes heute die Erinnerung. Ada Köhlermann hatte aufgrund ihres Lebensalters noch keine gefestigte Identität entwickeln können, die es ihr erlaubt hätte, Anfeindungen zurückzuweisen, Sachverhalte oder Machtpotentiale zu beurteilen oder die Gefahrenträchtigkeit von Situationen abzuwägen. Zum dritten aber – und dies korrespondierte fatal mit dem zweiten Grund – boten die Eltern nur sehr partiell Schutz oder Erklärungen. Ihr Schweigen konnte Ada nicht entlasten. Wie auch die lebensgeschichtlichen Erfahrungen von „Mischlingen ersten Grades" oder „Geltungsjuden" zeigen werden, die als Kinder von der nationalsozialistischen Verfolgung betroffen waren, hatte die wohlmeinende Umgangsstrategie der Schonung durch (Ver)Schweigen in fast allen Fällen den gegenteiligen Effekt: Sie steigerte diffuse Angst und bewirkte, daß auch die Kinder über diese Belastungen nicht sprachen.

II. „Mischlinge ersten Grades"

1. „Die Angst werde ich nie wieder los" – Nachkriegsemigrantin Erika Fülster

Erika Fülster wurde 1915 in Schlesien geboren. Ihre in Mischehe lebenden Eltern verstarben noch während ihrer Kindheit. Sie zog zur Großmutter und einer Tante nach Mecklenburg, die beide Jüdinnen waren. Die Frauen betrieben eine gutgehende Pension in Fürstenberg. Erika besuchte dort bis 1932 die örtliche Schule. Durch die „mosaischen" Verwandten wuchs sie in deren religiös geprägte Bezüge hinein. 1935 ging sie nach Berlin, um im Jüdischen Krankenhaus eine Schwesternausbildung zu beginnen. Als sie keine Lehrstelle bekam, arbeitete sie statt dessen im jüdischen Altersheim. Wieder nach Fürstenberg zurückgekehrt, fand sie ein deutlich verändertes Klima in der Stadt vor. SA-Aufmärsche und antisemitische Pöbeleien der Nachbarn waren an der Tagesordnung. In der Nähe wurde der Bau des Konzentrationslagers Ravensbrück geplant.[45] Die drei Frauen beschlossen, nach Hamburg zu ziehen und verkauften das Anwesen – glücklicherweise wenige Tage vor der Pogromnacht, so daß nicht sie, sondern die Stadt Fürstenberg dem neuen Eigentümer die in der „Kristallnacht" entstandenen Schäden erstatten mußte.

Im Januar 1939 fanden die Frauen eine Wohnung im Hamburger Stadtteil Eppendorf, die sie gemeinsam bezogen. Hatten vorher Großmutter und Tante für Erika gesorgt, so waren diese als „Volljüdinnen" nun darauf angewiesen, daß Erika entsprechende Aufgaben übernahm. „Da ich ‚Halbjüdin' war, habe ich die Wohnung gemietet", erinnert sich Erika Fülster.[46] Sie hatte das Glück, eine freundliche Vermieterin zu finden, in deren Haus auch andere jüdische Mieter wohnten. Die Atmosphäre im Wohnblock war allerdings nicht ausschließlich von Toleranz gekennzeichnet:

> „Da war eine Verwalterin (...), die war sehr judenfreundlich, war keine Jüdin, aber sehr judenfreundlich. Wie gesagt, da haben noch zwei [jüdische, B.M.] Parteien außer uns gewohnt, über uns und noch im 3. Stock. Aber die sind alle weggekommen.
> M: Wie war das Verhältnis zu den anderen Nachbarn?
> F: Die Nachbarn haben wir nicht so gekannt, aber im Haus unten im Souterrain haben Leute gewohnt. Und wir hatten so 'nen hübschen Balkon, und da ist mal ein kleiner Blumentopf runtergefallen. Die sind dann raufgekommen, haben raufgeschrien: ‚Lassen Sie Ihren Judendreck oben!'.(...) Dann im Parterre waren noch Leute, die waren antisemitisch. Furchtbar. Und haben einen oft angepöbelt.
> M: Gab es da einen Blockwart in dem Haus?
> F: Als der Krieg ausbrach. Im Parterre wohnten Juden auf der einen Seite, auf der anderen waren Nichtjuden. Und da hat man gesagt, da könnten wir, wenn Alarm ist, reingehen. Da waren wir nur einmal drin. Also Juden durften nicht unten in den Keller! (...) Als der ganz große Angriff war, war ja meine Familie schon weg [deportiert, B.M.]. Da war natürlich alles durcheinander. Und da war keine Frage mehr, wer Jude ist und wer nicht Jude ist. Und da bin ich den einen Abend auch in den Keller reingegangen. Aber sonst bin ich gar nicht mehr runtergegangen."[47]

In dieser Passage stellt Erika Fülster dar, wie sie die Nachbarschaftsbeziehungen der nichtjüdischen zu den jüdischen Mietern empfunden hat: Die jüdischen Mieter waren bei Kriegsausbruch bereits streng von den anderen separiert. Das galt offensichtlich sowohl für die Neuankömmlinge wie auch für die jüdischen Altmieter. Jeder Nachbarschaftskonflikt drohte in eine prinzipielle Auseinandersetzung über die Rechte jüdischer Mieter umzuschlagen. Ein versehentlicher Verstoß gegen die Hausordnung wurde als absichtliche Handlung gewertet. Auch mußten sich die jüdischen Mieter im Hausflur anpöbeln lassen. Der Probealarm zog dann die Trennlinie noch einmal schärfer: Den (vermeintlich) schützenden Keller durften nur „Arier" aufsuchen, Juden konnten allenfalls in der Parterrewohnung Sicherheit suchen. Als die Luftangriffe später zum Hamburger Alltag gehörten, waren die jüdischen Mieter, einschließlich Großmutter und Tante, bereits deportiert und Erika Fülster schon so eingeschüchtert, daß sie es nur noch ein einziges Mal wagte, sich zu den anderen Mietern zu setzen. Nur bei den Großangriffen auf Hamburg im Juli 1943 suchte sie den schützenden Ort auf, obwohl sie als „Mischling ersten Grades" von den Vorschriften her nicht vom Besuch des Luftschutzkellers ausgeschlossen war.

Während Großmutter und Tante von den nicht unbeträchtlichen Ersparnissen und dem Verkaufserlös aus der Pension lebten, fand Erika schnell einen Arbeitsplatz als Helferin eines niedergelassenen Arztes in Altona:

„Er mochte mich. Er hatte so viele Bewerbungen. Und ich bin dahin zum Interview[48], und da hat er mich in zehn Minuten genommen. (…) Als er mich interviewt hat, hat er seine Frau gerufen, und die hat dann auch… Ich war nachher auch noch mit ihnen befreundet, nachdem ich schon lange aus Deutschland weg war. Aber der war anständig. Das muß ich sagen. Ich war bei ihm, bis ich nach England ausgewandert bin. (…) Wenn jemand kam, mußte ich ‚Heil Hitler' sagen, was ich versucht habe, nicht zu tun. Er war sehr beliebt als Arzt und hatte viele Patienten. Ich glaube, wenn er nicht in die Partei gegangen wäre, hätte er auch zu tun gehabt. Aber warum, das kann ich Ihnen nicht mehr sagen. Aber er hat mich nie…
M: Hat er sich denn auch ein bißchen gekümmert oder war ein bißchen teilnahmsvoll, was bei Ihnen zu Hause passiert?
F: Er hat mich genommen, und vierzehn Tage später bin ich acht Stunden bei der Gestapo [vorgeladen, B.M.]. Ich meine, ein anderer… Als ich dann abends nach Hause kam, da hat meine Familie gleich gesagt: ‚Na, Erika, die Stellung bist du los.' Aber er war wirklich anständig. Er hätte mich ja sofort entlassen können. Er hat gesagt, die Gestapo hätte ein paarmal angerufen. Das kann ich nicht sagen, ob das stimmt. Das hat er mir erst gesagt, als der ganze Schlamassel vorbei war."[49]

Eingestellt hatte sie der Arzt, „weil er sie mochte". Hier weist Erika Fülster auf einen Aspekt hin, der in den Überlebensstrategien der „Mischlinge" zentral war: Sie konnten nicht auf die Wirkung von guten Zeugnissen oder Berufserfahrung vertrauen, auch Empfehlungen galten in ihrer Lage oft nichts, wenn der künftige Arbeitgeber überzeugter Antisemit war. Einzig die persönliche Ausstrahlung von Freundlichkeit, Rechtschaffenheit, Zuverlässigkeit, Bescheidenheit und Arbeitsbereitschaft konnten einen bis dahin Unbekannten dazu bewegen, die Aussicht auf tatkräftige und anpassungsbereite Angestellte höher zu bewerten als eventuell zu erwartende Unannehmlichkeiten. Insofern war die sympathiegewinnende Art der

Kontaktaufnahme auch eine (nicht immer bewußte) Strategie, mit Arbeitgebern, Amtspersonen oder auch Parteigenossen umzugehen. Nachdem der Arzt sich bei seiner Frau rückversichert hatte, stellte er Erika ein. Daß sie Anpassungsleistungen wie den Hitler-Gruß erbringen mußte und keine irritierenden Fragen stellen durfte, war selbstverständlich. Den eigentlichen Preis erwähnt sie erst an anderer Stelle im Interview: Sie arbeitete von morgens um 8 Uhr bis abends um 22 Uhr. Sie erklärt den extrem langen Arbeitstag mit den Erfordernissen der Kriegswirtschaft und stellt selbst den Zusammenhang nicht her, daß die Ausbeutung ihrer Arbeitskraft ein maßgeblicher Grund für ihre Einstellung gewesen sein könnte. Anteilnahme konnte sie am Arbeitsplatz nicht erwarten, es war schon viel, „wenn er sie nie ..", wobei offenbleibt, wozu er sie über den Hitler-Gruß hinaus hätte zwingen können. Der nicht zu Ende geführte Satz läßt ahnen, daß sie sich dem Arbeitgeber ausgeliefert fühlte, auch wenn er von seiner Machtposition ihr gegenüber weniger Gebrauch machte, als er es in ihrer Phantasie hätte tun können.

Der Arbeitgeber gibt ihr bis heute Rätsel auf. Ob er „Pg." hätte sein müssen? Hätte er andernfalls weniger Patienten gehabt? War er wirklich von der Gestapo und – wie sie an anderer Stelle im Interview sagt[50] – von der Ärztekammer aufgefordert worden, sie zu entlassen? Oder hatte er dies nach dem Zusammenbruch des NS-Regimes erfunden, um das eigene Verhalten der „Anständigkeit" herauszustreichen, das sie ihm im übrigen sofort nach Kriegsende mit einem „Persilschein" attestierte? Immerhin arbeitete sie bis 1947 in seiner Praxis. Nach ihrer Darstellung war sie diesem Mann nah und hat ihm viel zu verdanken. Sie spricht sogar von Freundschaft, um das Verhältnis zu charakterisieren. Doch wie auch andere Personen, von denen sie nichts zu befürchten hatte, blieb er ihr letztlich ein Rätsel. Die Beziehung war von Dankbarkeit ihrerseits wie von Wertschätzung seinerseits gekennzeichnet. Doch es gab keinen Austausch über sein Selbstverständnis als NSDAP-Mitglied oder darüber, wie er Rassismus und Arbeitsalltag in Einklang brachte, und erst recht keine Gespräche über die Probleme, die ihr Status als „Mischling" für sie aufwarf. Ähnlich beschreibt sie auch das Verhältnis zu anderen Personen, die ihr nicht feindlich gegenüberstanden: Die Beziehungen verblieben auf einer äußerlichen Ebene. Wie sich Haltungen und Handlungsmotivationen entwickelt hatten, blieb ihr unerklärlich. Als Fremde und mit dem Stigma „Mischling" versehen, erhielt sie keinen Einblick in das Innenleben ihrer „Freunde". Gleichzeitig schützte die Distanz sie vor Emotionen.

Erika war zu dieser Zeit mit einem „Deutschblütigen" verlobt. In der entsprechenden Interviewpassage berichtet sie nichts über den Verlobten, nichts über gemeinsame Erlebnisse, sondern verknüpft die Erwähnung ihrer Verlobung mit einer Vorladung zur Gestapo, die sie kurz nach Arbeitsantritt bei dem Arzt erhielt. Acht Stunden wurde sie von der Gestapo verhört. Die Wirtin des Verlobten hatte das Paar wegen „Rassenschande" angezeigt. Nun galt zwar das Heiratsverbot, nicht aber ein gesetzliches Verbot sexueller Beziehungen zwischen „Mischlingen" und „Ariern".

> „Die Gestapo konnte nicht sagen ‚Rassenschande', weil ich ‚Halbjüdin' war. Haben mich verhört und haben gesagt, es ist ‚Rassenunehre'. Ich war von 13.00 bis 21.00 Uhr auf der Gestapo. (...)

M: Und worauf sollte das hinauslaufen? Haben Sie was unterschreiben müssen?
F: Nein, das habe ich nicht. Sie konnten mich ja nicht festnageln mit ‚Rassenschande', weil ich ja nicht ‚Volljüdin' war. Aber sie haben mich verwarnt und haben gesagt, es ist ‚Rassenunehre'.
M: Und was ist mit Ihrem Verlobten geschehen?
F: Der ist gefallen drei Wochen vor Ende des Krieges.
M: Der ist gar nicht vorgeladen worden?
F: Ja. Das ist alles schon so lange her. Als die Wirtin mich angezeigt hat, hat die Firma, wo er angestellt war, ihn vorgeladen, hat gesagt: ‚Entweder Sie kriegen ein Disziplinarverfahren, oder Sie melden sich freiwillig zur Wehrmacht.' Und da ist er zur Wehrmacht gegangen. Und da ist er auch Offizier geworden. Die konnten ihm ja weiter nichts mehr anhaben. Ich war ja nicht mit ihm verheiratet.
M: Hat er was erzählt, ob er noch mal mit seiner Wirtin darüber gesprochen hat?
F: Nein. Aber ich bin nach dem Krieg – mein Schwiegervater lebte noch – und da bin ich hingefahren (...) und wollte die Frau zur Rechenschaft ziehen. Und die einzige Bombe, die dort gefallen ist, hat das Haus getroffen, wo Fräulein Nickelsen wohnte. Und ich bin hingefahren!"[51]

War das Verhör selbst bereits ein Schock, so bedeutete die Denunziation in der Konsequenz die Trennung von ihrem Verlobten. Daß ein Ehegenehmigungsantrag mit einer langwierigen, entwürdigenden Prozedur verbunden war, ohne Aussicht auf Erfolg zu haben, hatte sie gerüchteweise gehört. Nun wurde sie auch ohne einen solchen von der Gestapo vorgeladen. Von diesem Zeitpunkt an „stand sie auf der Liste"[52] und wurde zeitweise regelmäßig vorgeladen. Durch Einschüchterung und Überwachung sollte auch der „arische" Teil der Verlobten „überzeugt" werden, sich in „rassisch" erwünschter ehelicher Verbindung fortzupflanzen. In Erikas Fall hatte der Verlobte die „Wahl" zwischen Disziplinarverfahren und „Heldentod", bemerkenswerterweise als Offizier. Vielleicht hatte er erhofft, bei Auszeichnungen für Tapferkeit vor dem Feind doch die ersehnte Heiratserlaubnis – nun auf dem Weg über das Oberkommando der Wehrmacht – zu erhalten. Wie auch immer – Erika konnte ihn erst ehelichen, als er bereits tot war, und nicht einmal diese „Leichentrauung" stand ihr wie anderen Soldatenbräuten noch während der Kriegszeit zu.[53] Erst nach dem Zusammenbruch des Hitler-Regimes konnte sie beantragen, ihre Verbindung zu legalisieren, als das Gesetz über die „Anerkennung freier Ehen rassisch und politisch Verfolgter" vom 23. Juni 1950 es gestattete. Erika Fülsters Zorn über die durch die Denunziantin herbeigeführte Trennung kam auch darin zum Ausdruck, daß sie nach dem Krieg die Reise zum Wohnort dieser Frau unternahm. Doch sie wurde selbst um diese Aussprache betrogen, da die Frau vermutlich einem Luftangriff zum Opfer gefallen war. Ihr „und ich bin hingefahren" zeigt das Nachkriegsgefühl an, ins Leere zu laufen, wenn sie Verantwortliche suchte. Selbst die namentlich bekannte Denunziantin war verschwunden.

Die Gestapovorladungen hatten noch einen weiteren Grund: Ihre jüdische Großmutter und Tante versuchten, als die Hamburger Juden die Deportationsbefehle erhielten, im Dezember 1941 in die Schweiz zu flüchten, wurden aber gefaßt und nach Hamburg zurückgebracht. Die Tante saß bis zu ihrer Deportation im Juli 1942 im Polizeigefängnis Fuhlsbüttel ein.

„Meine Tante war in Schutzhaft gekommen, bevor sie nach Auschwitz kam. Und da bin ich mit meiner Großmutter sie besuchen gegangen einmal im Monat oder so. Ich brauchte ja keinen Stern zu tragen, aber meine Großmutter. Und als wir rausgingen aus Fuhlsbüttel – meine Tante war, bevor sie nach Auschwitz kam, dort – und da war ja auch Gestapo, hat einer zu meiner Großmutter gesagt: ‚Du, Sara, heb' das Papier dort auf.' Da habe ich mich gebückt, und da hat er mich mit seinen Stiefeln in die Nieren getreten. Und vor drei Jahren in Vancouver ist festgestellt worden, daß bei mir nur eine Niere arbeitet. Das konnte man nur nicht mehr... Und den habe ich auf meiner Liste gehabt, Herrn Schilling. Ein Biest. Und der war an die Ostfront gekommen. (...) Außer daß mich der eine in die Nieren getreten hat, habe ich keine körperlichen Schäden gehabt."[54]

In der Erzählung des Vorfalls kurz vor der Deportation der Tante wird noch einmal deutlich, daß Erika sich entscheiden mußte: Wenn sie, die nicht „Sara" hieß und keinen Stern trug, der Großmutter die Demütigung abnahm, das Papier aufzuheben, und Zugehörigkeit zu ihr demonstrierte, wurde sie dafür mit einem Fußtritt gewarnt, der bleibende Folgen hatte. Die Warnung erreichte ihr Ziel. Erika Fülster setzte fortan alles daran, auf der nichtjüdischen Seite zu stehen.

In dieser Interviewpassage wird noch einmal deutlich, wie aussichtslos Erika Fülsters Nachkriegsbemühungen waren, Verantwortliche dingfest zu machen. Analog zur Gestapo führte auch sie eine – innerliche – Liste. Doch ebenso wie die erwähnte Denunziantin war der Gestapobeamte ein Opfer des Krieges geworden, verschollen an der Ostfront. Jedenfalls gab Erika Fülster sich mit diesen Auskünften zufrieden. Vielleicht hatte die Nachbarin im Bunker überlebt, und der Soldat konnte von der Ostfront zurückgekehrt sein. Daß die Zeitzeugin, die doch mehr als andere über den Verbleib ihrer Peiniger geforscht hatte, keine weiteren Erkundigungen einzog, deutet auf ihre Erleichterung hin, daß „das Schicksal" ihr die Rache abgenommen hatte und sie diese nicht selbst vollziehen mußte.

Die Nierenverletzung wurde Erika Fülster kurz vor der endgültigen Trennung von ihren Verwandten beigebracht. Sie zu begleiten, habe sie nicht erwogen, antwortet sie auf eine Frage, die eigentlich nicht die Deportation, sondern das Fluchtziel Schweiz meinte. Doch das ihr im einzelnen unbekannte Schicksal der beiden bereitet ihr bis heute Kopfzerbrechen. Immer wieder kommt sie im Interview auf eine fehlerhafte Eintragung im ersten Gedenkbuch für die jüdischen Opfer in Hamburg zurück, die ihre Tante als Selbstmörderin noch vor dem Fluchtversuch ausweist. Sie fragt die Interviewerin fassungslos, ob es denn keine Dokumente gebe, die die Vorgänge belegten, und auch diese kann nur zusagen, auf den Fehler aufmerksam zu machen, nicht aber, ihn aufzuklären. Ausgehend von der falschen Eintragung überlegt Erika Fülster, ob die Tante dann wohl in Auschwitz den Freitod gewählt habe.[55] Die Gedanken drehen sich im Kreis. Niemand kann Aufschluß geben, niemand schien vom Schicksal der Frauen Notiz genommen zu haben, die am 19. Juli 1942 den Deportationszug bestiegen. Das grauenhafte Geschehen war ausgelagert, fand fernab vom Hamburger Alltag in den besetzten Ostgebieten statt, ohne standesamtliche Registrierungen, Sterbeurkunden, Beisetzungen und Trauerrituale, die den Tod eines Menschen zu begreifen helfen und Trauerarbeit ermöglichen.

Erika Fülster war ohne die jüdischen Mitbewohnerinnen weniger exponiert. Wohl vermißte sie den Verlobten, die Großmutter wie auch die nur wenig ältere Tante, mit der sie gelegentlich heimlich ins Kino oder zum Tanzen gegangen war. Dies hätte sie nun, ohne sich zu verstecken, tun können, wenn ihre Arbeitszeiten es zugelassen hätten. Sie hatte mit diesen drei Personen alle vertrauten Menschen verloren. Einzig eine Freundin, die sie bis heute regelmäßig besucht, und ihr in Mischehe lebender jüdischer Onkel waren ihr geblieben. Als sie diesen Ende 1942 in ihre Wohnung aufnahm, verlangte die Gestapo die Kennzeichnung der Wohnungstür mit einem Judenstern: „Geweigert habe ich mich, als die Gestapo verlangte, ich sollte einen Stern an der Außentür anmachen. Ich habe mich eigentlich nie... Ich hab' immer schreckliche Angst gehabt, aber ich hab' mich nicht unterkriegen lassen. ‚Aber einen Stern‘, hab ich gesagt, ‚einen Stern mache ich nicht an die Tür.'"[56] Nach der schmerzhaften Lehre, die ihr der Gestapobeamte mit dem Tritt in die Niere erteilt hatte, kämpfte sie erfolgreich – vielleicht mit dem Mut der Verzweiflung – für ihren nichtjüdischen Status, ohne allerdings dem jüdischen Onkel die Solidarität zu verweigern oder ihn vor die Tür zu setzen. Dieser wurde im Frühjahr 1943 verhaftet, konnte aber fliehen und überlebte versteckt.

Im Sommer 1943 erhielt sie nach den Luftangriffen auf Hamburg Ausgebombte zur Einquartierung zugewiesen. Dank ihrer zurückhaltenden, bescheidenen Art kam sie mit ihnen ohne Konflikte aus, weil sie nicht auf ihre Vorrechte als Wohnungsmieterin pochte. Es blieb ihr auch nichts anderes übrig. Trotz der Angst bei Bombenalarm empfand sie die Angriffe als Hoffnungszeichen: „Die Luftangriffe waren ja für uns alle, die von den Nazis betroffen waren, für uns war das ja ein Glück. Das klingt komisch, aber..."[57] Bei Jahresbeginn 1945 war sie zur wöchentlichen Meldung bei der Gestapo verpflichtet. Doch das Vorrücken der britischen Truppen ermutigte sie, diesen Befehlen nicht mehr zu folgen. Als der Krieg endlich zu Ende war, so erzählt sie,

> „da habe ich die letzte Flasche Sekt, die ich noch hatte, aufgemacht.
> M: Für Sie ganz allein?
> F: Ja, da war ich allein. Aber ich muß Ihnen ehrlich sagen, ich war nie... Angst, habe ich natürlich, haben wir alle furchtbar gehabt, daß die Gestapo... Ich hab' heute noch, mit Klingeln und so, das werde ich nie wieder los. Ich weiß ja, das kann nicht die Gestapo sein, aber das ist ja ein Trauma, das man niemals los wird."[58]

Die nicht zu Ende gesprochenen Sätze weisen auch auf Gedanken und Befürchtungen hin, die sie nie zu Ende denken mochte. Die Jahrzehnte über das Kriegsende hinaus immer noch latent vorhandene Angst begleitet sie selbst im fernen Kanada, wohin sie emigriert ist. Fast als wollte sie ans Ende der Welt fliehen, um diesen Ängsten zu entkommen.

Nach der Kapitulation Deutschlands änderten Erika Fülsters Zeitgenossen unversehens ihr Verhalten. Zwar verwandelten sich Feindseligkeit oder Gleichgültigkeit nicht in Anteilnahme oder Interesse, aber immerhin zeigten beispielsweise Nachbarn – mehr oder weniger berechnend – daß sie sehr wohl um das Unrecht wußten, das den jüdischen Verfolgten angetan worden war:

„Aber die andere [Nachbarin, B.M.], die auch ziemlich, ziemlich?, sehr feindlich gesinnt war, die ist 'raufgekommen zu mir nach dem Krieg, und hat gesagt: ‚Sie wissen doch, ich war…' das Übliche.
M: Aber kein Wort der Entschuldigung, des Bedauerns?
F: Ooooh…
M: Die hat aber keinen Persilschein verlangt?
F: Den hätte ich ihr auch nicht gegeben. Ich hab' nur den einen Brief an Dr. W., wie ich Ihnen schon sagte, der war anständig, so habe ich das gemacht… Der hat aber auch nicht gelitten, sein Konto wurde wieder aufgemacht."[59]

Es ist Erika Fülster wichtig, darauf hinzuweisen, daß sie sorgfältig ausgewählt hat, wem sie einen der begehrten „Persilscheine" ausstellte. Ihrem Arbeitgeber wollte und konnte sie helfen. Sie ist stolz darauf, daß der ehemalige „Pg." nicht leiden mußte, ein Hinweis darauf, wie weit sie sich trotz der Ausgrenzung mit der Mehrheitsbevölkerung identifizierte. Dennoch mochte sie nicht weiter zusammen mit diesen Menschen leben. Nachdem sie ihren gefallenen Verlobten zurückdatiert geheiratet hatte, ging sie nach England und arbeitete mehrere Jahre als Hausangestellte, bis sie die britische Staatsbürgerschaft beantragen konnte. Von dort aus beauftragte sie einen deutschen Rechtsanwalt, die Witwenrente einzuklagen, die ihr aufgrund der nachträglichen Eheschließung zustand. Der deutsche Staat verweigerte ihr diese mit dem Hinweis darauf, daß sie keine Staatsbürgerin mehr sei. „Die hätten mir eine Million bieten können, ich wär' nie wieder Deutsche geworden"[60], weist sie auch heute die damals formulierte Zumutung zurück und verzichtete auf das Geld.

2. „Ich habe immer versucht, das Beste draus zu machen" – Verbandsfunktionär Gert Wildenhahn

Noch der Danziger Urgroßvater des interviewten Gert Wildenhahn hatte den jüdischen Vornamen Pesach getragen. Der Großvater hieß bereits Hermann, er war Mitglied der jüdischen Gemeinde in Danzig. Der Vater schließlich, 1881 geboren, „ist aus dem Judentum herausgewachsen oder herausgebrochen. Er gehörte zu den Menschen, die sehr stark das Bedürfnis nach Assimilation hatten", skizziert Gert Wildenhahn zu Beginn des Interviews das gewandelte Verhältnis seiner Vorväter zur Religion.[61] Sehr zum Ärger der Familie heiratete dieser Vater eine nichtjüdische Frau und ließ sich Anfang der zwanziger Jahre taufen. Die beiden Kinder des Paares wurden christlich erzogen. Von der jüdischen Herkunft erfuhr der Sohn Gert Ende der zwanziger Jahre eher zufällig: Die Großmutter hatte bei einem Besuch das jüdische Gemeindeblatt liegenlassen.

Der Vater, im Ersten Weltkrieg Frontkämpfer und politisch deutschnational orientiert, hatte als leitender Angestellter der AEG eine wirtschaftliche Position, die es ihm erlaubte, Mutter und Schwiegermutter zu unterstützen, bis er selbst im Zuge der Wirtschaftskrise seine Stellung verlor. Sein Sohn Gert, ein guter Schüler, besuchte ab 1927 das Gymnasium. Der nationalsozialistischen Machtübernahme stand der Fünfzehnjährige ebenso wie seine Eltern zwiespältig gegenüber:

„Unheimlich war uns das. Aber mehr kann man nicht sagen. Wir haben auch mit gemischten Gefühlen die weitere Entwicklung [verfolgt, B.M.]. Wir vermochten uns nicht auszuschließen aus der Gemeinschaft des Volkes sozusagen. Und deswegen, wenn geflaggt wurde, flaggten wir auch mit einer schwarz-weiß-roten Fahne. Das war ja damals so üblich. Wir hatten große Manschetten vor der Hitlersituation. Man wußte nicht, wie es weiterging."[62]

Gert Wildenhahns Selbstverständnis – wie auch das seiner Eltern – war durch die subjektive Zugehörigkeit zum „Deutschtum" und zur deutschen Bevölkerung geprägt: „Ich bin immer ein selbstverständlich sogar ziemlich nationaler Deutscher gewesen, nicht übertrieben, aber ich denke schon, nationaler Deutscher und was den Glauben anbelangt, ein mehr oder minder ein bißchen engagierter Christ. Und insofern stand ich immer in gewisser Weise auf einer Seite. Ich war natürlich nie ein Nazi, aber ich konnte mich nicht aus dieser Gemeinschaft der Deutschen ausschließen."[63]

Angesichts des väterlichen Arbeitsplatzverlustes, der allgemeinen Verelendung und der zunehmenden sozialen wie politischen Unruhen erschien dieser Familie der Machtantritt Hitlers zwar bedrohlich, mochte aber vielleicht doch die Chance enthalten, die Krise des wirtschaftlichen und politischen Systems der Weimarer Republik zu überwinden. Gert Wildenhahns Einstellung unterschied sich nicht sonderlich von der seiner Umgebung. Die „Gemeinschaft des Volkes", zu der er sich rechnete, war bürgerlich-konservativ. So erinnert er auch die Atmosphäre an der Schule. Die meisten Schüler gehörten dem Großdeutschen Jugendbund an.[64] Gert hätte gern dazugehört, erfüllte aber aufgrund seiner Unsportlichkeit die Aufnahmebedingungen nicht. Stattdessen trat er dem Verein „Marinejugend Vaterland" bei, der nach 1934/35 in der Marine-HJ aufging. Beim Übertritt unterschrieb Gert auf Anraten der Vereinsfreunde, daß er „deutschblütig" sei. Doch schon bald fühlte er sich fremd in der vertrauten Umgebung:

„Ich merkte doch, daß meine Haltung ... Ich wußte auch nicht recht, was ich machen sollte. Da wurde ja keine Politik gemacht. Das war eine reine Jugendorganisation, 'ne ganz normale bündische Organisation. In diesen Einheiten, da waren wir dieselben Leute, die da immer gewesen waren. Dann merkte ich aber doch, ich konnte denen meine Haltung nicht plausibel machen. Und da bin ich auch da ausgetreten nach einem Dreivierteljahr oder Jahr.
M: Weil von den Kameraden ...
W: Weil ich den Eindruck hatte – die waren alle freundlich, da hatte ich gar keine Schwierigkeiten – aber ich unterhielt mich dann mit meinem Führer über dieses Thema. Der hat Verständnis gehabt. Und da ich sowieso unsicher war und mir sagte: ‚Wenn das nun auch noch kommt, daß ich denen, die es gut mit mir meinen – da war gar kein Zweifel – denen auch noch wieder klarmachen muß, warum ich es nötig habe, hier in diesem Verein zu sein', da habe ich gedacht, es hat keinen Sinn, bin ich ausgetreten."[65]

Wohl waren die HJ-Angehörigen die alten Freunde, dennoch hatte sich etwas geändert. Vom integrierten Vereinsmitglied und Freund war Gert zu einem Außenseiter geworden, der seine Zugehörigkeit unaufgefordert rechtfertigen mußte. Er hatte die Jugendgruppe immer als politikfreien Raum begriffen und erfuhr nun, daß es einen solchen nicht mehr gab. Bereits 1934 hatte sich sein bürgerlich-konservatives Umfeld so weit den nationalsozialistischen Vorgaben angepaßt, daß „Mischlinge" nicht mehr wie selbstverständlich dazugehörten. Wenn auch niemand seinen Austritt verlangte, so wollte er doch diese Legitimationsleistung nicht länger erbringen. Daß er diesen Prozeß als seine veränderte „Haltung" bezeichnet, während sie eigentlich eine Reaktion auf die veränderte Haltung der Freunde war, verweist darauf, daß er die Zuschreibungen bereits ein Stück weit verinnerlicht hatte. Als bedrohlich erlebte er den Schritt zum Außenseitertum jedoch noch nicht. Auch sein Schuldirektor schien ihm ein „harmloser Nazi" zu sein, der zwar stets in SA-Uniform gekleidet war, aber nichts Furchterregendes ausstrahlte. In den Interviewpassagen wird deutlich, wie wichtig Gert Wildenhahn die Unterscheidung des nationalen, konservativen Milieus seiner Umgebung von den später durch den nationalsozialistischen Antisemitismus geprägten Verhältnissen ist. Antisemitismus glaubte er nur als „normal deutschen Vorbehalt" gegenüber Juden zu spüren.[66] Shulamit Volkov hat für dieses „vertraute Bündel von Auffassungen und Einstellungen", das vom Kaiserreich in die Erste-Weltkriegs- und Nachkriegsgesellschaft hinein tradiert wurde, den Begriff des „Antisemitismus als kulturellen Code" geprägt.[67] Sie wies darauf hin, daß – während Millionen Deutsche sich in der Sicherheit des vertrauten Codes wähnten, der auf der Ebene der Vorbehalte verblieb – die Nationalsozialisten die Begriffe längst mit anderen Zielsetzungen gefüllt hatten, von denen das weitere Leben der Juden in Deutschland bestimmt wurde. Wenn Wildenhahn im Interview auf diesen Unterschied hinweist, pocht er auf Differenzierungen, die ihm trotz antisemitischer Erfahrungen eine nachträgliche Verortung in der deutschen Gesellschaft vor 1933 und im Übergang zur NS-Zeit ermöglichen.

1936 legte Gert Wildenhahn das Abitur ab. „Dann war es ja auch so, daß meine Berufswahl überschattet wurde dadurch, daß ich ja nur noch hätte das werden können, was ich dann wurde, nämlich Kaufmann."[68] Fast alle anderen Möglichkeiten waren versperrt.[69] Mit dieser Erklärung beschreibt Gert Wildenhahn nicht nur die „Wahl" seiner späteren Tätigkeit, sondern auch seine Umgangsstrategie mit versperrten Chancen: Er orientierte sich stets am Möglichen und verschwendete weder Zeit noch Energie auf den Versuch, über Ausnahmeregelungen oder auf Sonderwegen Wünsche zu verwirklichen. Er sondierte den besten der noch offenen Wege und eruierte, wie er diesen beschreiten konnte. Im Fall seiner Berufsausbildung wandte er sich an den alten Tanzstundenfreund seiner Mutter, den Kaufmann und späteren Nachkriegsbürgermeister Hamburgs, Rudolf Petersen, der – selbst „Mischling ersten Grades"[70] – ihn als Lehrling einzustellen bereit war. 1936 übersiedelte Gert Wildenhahn nach Hamburg.

Seinem Vater, der nach nationalsozialistischer Terminologie als „Volljude" galt, standen keine erfolgversprechenden Wege zum Aufbau einer neuen beruflichen Existenz zur Verfügung. Die Eltern emigrierten 1937 nach England, die Schwester folgte ihnen 1939.

> „Das war der schwerste Schicksalsschlag, der mich damals getroffen hat, die Trennung von meinen Eltern. Es war so eine heile Familie. Und die Trennung von meinen Eltern war ein schrecklicher Bruch.
> M: Warum haben Ihre Eltern Sie nicht mitgenommen?

W: Weil mein Vater die Vorstellung hatte, er könne da noch was machen, aber es wurde ja Deutschen nicht leicht gemacht, ins Ausland zu gehen. Und ich dachte: ‚Ach hier kann mir nicht so viel passieren.' Ich war auch ein bißchen schwerfällig, ein bißchen ängstlich vielleicht. Legal hätte ich das nicht gekonnt."[71]

Gert Wildenhahn hatte zwar mit 19 Jahren das Elternhaus bereits verlassen, empfand aber die Trennung trotzdem als sehr schmerzhaft. Dennoch kam es für ihn aufgrund seiner Sozialisation nicht in Frage, Wege außerhalb der Legalität zu suchen, um zur Familie zu gelangen. Andererseits mochte die Auswanderung der Eltern uneingestanden auch eine Befreiung gewesen sein: Weder mußte er weiter um ihre Sicherheit fürchten, noch wurde er in seinem Umfeld fortwährend in Bezug zum jüdischen Vater gesetzt. Außerdem war es zu dieser Zeit noch möglich, die Eltern in London zu besuchen. Wenn ihn dort Engländer nach der Situation in Deutschland befragten, erklärte er: „Das können Sie sich überhaupt nicht vorstellen. Es ist einerseits viel harmloser, als Sie sich das vorstellen und andererseits viel gefährlicher, denn da wird nicht um die Straßenecken geschossen. So dachten die. Da wird nicht um die Straßenecken geschossen. Das ist ganz ruhig, da fällt Ihnen gar nichts auf. Aber im Hintergrund ist es anders, unheimlich."[72]

Dennoch glaubte er sich als „Mischling ersten Grades" nach Erlaß der Nürnberger Gesetze geschützt, da nun aus seiner Sicht eine klare Scheidelinie zu den „Volljuden" gezogen war. So erlebte er auch die Pogromnacht am 9./10. November 1938 nicht als persönliche Bedrohung, sondern als Signal für die Juden:

„Ich habe versucht, das alles zu verdrängen. So kann ich am besten die Situation schildern. Es war so – man muß das menschlich verstehen, auch wenn man es vielleicht nicht gut findet – ich hatte begriffen, daß die Nürnberger Gesetze die rassisch Verfolgten in zwei Gruppen einteilten, in eine Gruppe von hoffnungslosen Fällen und eine Gruppe von weniger hoffnungslosen Fällen. Ich gehörte zu den weniger hoffnungslosen Fällen. Ich habe mich nicht distanziert von den anderen, aber ich fühlte mich da nicht mehr ganz so bedroht. Vielleicht kann man das so formulieren. Insofern betraf es mich persönlich nicht so. Politisch fand ich das natürlich schrecklich. Aber man war ja schon einiges gewohnt.
M: Es war für Sie nicht ein Einschnitt der offenen Brutalisierung der Politik gegen Juden, die dann auch Sie und Ihre Gruppe erfassen würde?
W: Nein, nicht so stark unmittelbar betroffen. Im übrigen gab es ja, also habe ich es doch mehr als eine Stufe der Eskalation verstanden, nicht als einen markanten Einschnitt, sondern mehr als eine Stufe."[73]

Während sich Gert Wildenhahn 1934/35 beim Austritt aus der Marine-HJ als einzelner empfunden hatte, der – zum Außenseiter geworden – doch eigentlich dem Verein angehören sollte, definiert er sich in der Rückschau auf jene Zeit drei Jahre später als Mitglied einer Gruppe: der „Gruppe der weniger hoffnungslosen Fälle rassisch Verfolgter", der „Mischlinge ersten Grades". In welchen Schritten hat er diese von den nationalsozialistischen Machthabern zwangsweise verordnete Identität angenommen? Die Aufregung im jüdischen Elternhaus des Vaters über die Hochzeit mit dem „Christenmädchen" hatte sich während seiner Kindheit längst gelegt, die Aufklärung über die Religionszugehörigkeit der Großmutter keine Bedeutung erlangt; in den ersten Jahren der NS-Herrschaft hatte Gert Wildenhahn mit Unbehagen realisiert, wie er, der sich selbst in der Mitte der Gesellschaft verortete, ohne Veränderungen seinerseits unmerklich zum Außenseiter wurde; in den Jahren des Erwachsenwerdens 1937/38 aber nahm er die Zwangsidentität an, die der NS-Staat ihm verordnete, und versuchte, das Beste daraus zu machen:

> „Und in der Tat hat die Verfolgung dann auch zweimal eine Rolle gespielt, einmal, als ich mich bedrängt fühlte durch die Ereignisse. Das muß gewesen sein '38, ich weiß aber nicht genau. Dann habe ich mir ein Taxi genommen, bin zu einem Vetter gefahren, ein sehr entfernter Vetter (…) Es hat sich dann ergeben, daß wir unsere Freundschaft verengt haben. Dann habe ich später auch (…) Kontakt gewonnen zu jemandem, der in der gleichen Situation war. Wir wurden ja etwas aufeinander … Dann kam – wie hieß der denn – Werner, glaube ich (…) und sagte: ‚Mein Bruder studiert doch an der Universität (…). Und da ist so eine, die ist wie du. Und die ist so unglücklich. Um die müßtest du dich mal kümmern.' (…) Dadurch haben sich Kontakte ergeben, so daß ich also schon auf diese Weise viel Kontakte zu Menschen gewann, die sich in der gleichen Situation befanden und aufeinander angewiesen waren. Und schließlich habe ich ja dann auch diese Jugendgruppe übernommen, 1938 muß das gewesen sein, '37/38.
> M: Wie sind Sie dazu gekommen? Das muß man ja erstmal wissen, daß es sowas gibt.
> W: Ich bin Konformist. Und ich tue, was man so tun muß. Und deswegen habe ich gesagt 1937 oder '36, irgendwann, schon relativ früh, da gibt es einen Verein, da müßte ich eigentlich auch reingehen. Der hieß damals noch Paulusbund, glaube ich. (…) Ich war aber unsicher, auch vielleicht, weil ich nicht so viel Kontakt hatte, bin ich immer hingegangen zu denen, zu deren Geschäftsstelle am Neuen Wall, habe da mit der Geschäftsführerin (…) gesprochen. Bin denn da eingetreten. Und damals schon hat die zu mir gesagt: ‚Wir haben da so eine Jugendgruppe, die ist verwaist. Können Sie sich derer mal annehmen?' ‚Ja, warum denn nicht.', habe ich gesagt und habe die Jugendgruppe übernommen."[74]

Auf der Suche nach Kontakten wandte Gert Wildenhahn sich in Hamburg an den Paulus-Bund, einen Zusammenschluß „nichtarischer Christen", der am 20. Juli 1933 als „Reichsverband christlich-deutscher Staatsbürger nichtarischer oder nicht rein arischer Abstammung e.V." gegründet worden war.[75] Der Verein wollte ein Interessenverband für Menschen sein, die jüdischer Herkunft waren, sich aber hatten taufen lassen oder die als „Halbjuden" nun zu den „Nichtariern" gezählt wurden. Dieser Gruppe fehlte im NS-Staat sowohl ein Sprachrohr wie auch eine Stelle, die Initiativen und den Informationsfluß koordinierte. Zudem wollten die überwiegend konservativen Vereinsgründer die Machthaber auch von ihrer politischen Loyalität überzeugen. Der Verband mußte sich im Laufe seiner kurzen Geschichte bis zur zwangsweisen Auflösung 1939 mehrfach umbenennen. 1937 war ihm aufgegeben worden, die „volljüdischen" Mitglieder zu entfernen, er bestand danach vorwiegend aus „Mischlingen". Zu diesem Zeitpunkt nahm Gert Wildenhahn den Kontakt zur Geschäftsstelle auf. Die Jugendgruppe war verwaist, weil der vorherige Leiter nach einer Verhaftung Selbstmord begangen hatte. Damit entfiel für die jugendlichen „Mischlinge" eine der wenigen Möglichkeiten, mit Gleichaltrigen zusammenzukommen oder etwas zu unternehmen. Gert Wildenhahn sah die Möglichkeit, gleichzeitig selbst Kontakte zu knüpfen und auch ein offensichtliches Bedürfnis anderer zu erfüllen und sagte zu. Am sonstigen Vereinsleben nahm er kaum teil. Die in dieser Zeit heftigen Auseinandersetzungen zwischen dem Vorsitzenden und Mitgliedern bezeichnet er als „Querelen". Er brachte seine Kompetenz in die Jugendarbeit ein. Mit den Marinejugenderfahrungen im Hintergrund gestaltete er das Gruppenleben „eher diktatorisch". Immerhin trafen sich Mädchen und Jungen nun zu Heimabenden, gingen auf Fahrt oder paddelten auf der Alster.

> „Ich war etwas älter als die, die da drin waren. Die waren zwischen vierzehn und siebzehn. Die Mitgliedschaft schwankte sehr, sowohl was die Zahl, auch was die Zusammensetzung anbelangte. Es waren immer Jungen und Mädchen. Und wir haben ein so typisch bündisches Leben dort gemacht. Wir haben einmal in der Woche einen Heimabend gehabt, etwas notdürftig in der Geschäftsstelle am Neuen Wall und haben dann so alle vier Wochen eine Fahrt gemacht. Da hatten wir auch einen Führerausweis vom Deutschen Jugendherbergsverband zu kriegen. Und da waren wir in Jugendherbergen und haben auch öfter dort gezeltet. Und die Beteiligung schwankte zwischen zehn und zwanzig, auch mal weniger. (...) Das schwankte, weil mal wieder einer dazukam und einer emigrierte, oder er mochte nicht mehr, oder die Eltern sagten: ‚In den Verein gehst du nicht mehr.'
> M: Das gab es auch?
> W: Ja, es gab natürlich viele Leute, die zu dem Kreis gehörten, die sagten: ‚Muß man sich denn so exponieren? Muß man sich denn bei denen da auf eine Liste setzen lassen? Muß man es denen so leicht machen, einen zu erfassen?' Besser ist doch, man taucht unter."[76]

Untergetaucht wäre Gert Wildenhahn vielleicht selbst am liebsten. In der Lehrfirma beispielsweise unterhielt er sich mit den anderen Lehrlingen und Angestellten nicht über seine Situation, selbst wenn diese ebenfalls „Mischlinge ersten Grades" waren. Selten freundete er sich mit „arischen" Mädchen an, sondern meist mit solchen, die ebenfalls „Mischlinge" waren. „Wir haben das Beste daraus gemacht. Wir haben in den uns gezogenen Grenzen unsere Jugend gemacht"[77], blickt er nüchtern zurück, und für ihn stimmt das auch: Den Rest Handlungskompetenz, den jemand wie er besaß, nutzte er tatkräftig, um für sich und andere Freiräume zu schaffen. Nach dem Verbot des Paulus-Bundes brach der Kontakt ab, die Jugendlichen und ihr Leiter wagten nicht, ihn illegal fortzusetzen, dazu waren sie einerseits zu sehr auf legales Vorgehen fixiert, andererseits hatten sie das Beispiel des vorherigen Leiters drohend vor Augen.

Im Sommer 1939 schloß Gert Wildenhahn seine Lehre ab und wurde als Angestellter übernommen, bis er Ende desselben Jahres zur Wehrmacht eingezogen wurde. Der Einberufungsbefehl verband sich mit der Hoffnung, nun „wieder dazuzugehören".[78] Bereits als seine Eltern emigrierten, hatte er sich damit getröstet, daß es letztlich immer noch den Weg des Dienstes für das Vaterland für ihn gäbe:

> „Ich habe damals sinngemäß gesagt: ‚Entweder die Nazis gehen vorüber, dann ist es ja gut, oder es kommt ein Krieg. Dann werde ich Soldat, und dann wird sich das auch wieder beruhigen für mich persönlich.' So in etwa.
> M: Womit Sie dann wieder Teil der ‚Volksgemeinschaft' sind?
> W: Sozusagen, ja."[79]

Der Traum, den schon sein Vater geträumt hatte, über den Wehrdienst Zugang zur deutschen Gesellschaft zu bekommen, zerschlug sich für Gert Wildenhahn innerhalb weniger Monate, weil er Asthma bekam. Eine psychosomatische Reaktion auf seine Situation? Er wäre ohnehin laut Erlaß des OKW vom 8. April 1940 aufgrund seiner Abstammung entlassen worden.

Ein neues Problem stellte die Stellensuche dar: Der kriegsbedingte Rückgang des Exportgeschäftes hatte auch die Firma Rudolf Petersen betroffen. Gert Wildenhahn mußte sich bei anderen Unternehmen bewerben. Die Drägerwerke in Lübeck lehnten ihn aufgrund seiner Abstammung ab. Die Firma Siemens in Berlin hingegen stellte ihn trotz Kenntnis seiner „Mischlingseigenschaft" nicht nur ein, sondern einer der Werksleiter sagte ihm bei Arbeitsantritt überraschend, daß Herr Siemens ihn persönlich decken werde, falls es Probleme gäbe. Auf dieses Angebot kam Gert Wildenhahn zurück, als er im Herbst 1944 die Einberufung zur Zwangsarbeit erhielt. Auf Siemens' Vermittlung wurde er dann umgehend ins „Protektorat" versetzt.

Zuvor erreichte ihn aber noch eine Vorladung der Gestapo: Der Nachbar einer Hamburger Bekannten hatte diese angezeigt, sie höre Feindsender und habe einen jüdischen Freund. Die junge Frau wurde kurzzeitig im Gefängnis Fuhlsbüttel inhaftiert, Gert Wildenhahn kam mit einem Verhör in der Berliner Gestapostelle davon, an dessen Ende er unterschreiben mußte, künftig keine intimen Beziehungen zu „arischen" Mädchen einzugehen – was er ohnehin nicht tat. Doch Isolation, so seine retrospektive Einschätzung, habe er in dieser Zeit nicht empfunden, aber die seiner Gruppe zugeschriebene Minderwertigkeit machte ihm zu schaffen:

> „Isolation – die war nicht so stark, aber die Angst und die Deklassierung, die Abstempelung als minderwertig, die ist an mir nicht spurlos vorübergegangen. Ich weiß noch, gelegentlich – das war so eine Reaktion – wenn ich so durch die Straßen ging irgendwo, und das Volk war ja z.T. schlichter als ich, sagte ich mir: ‚Und die sind nun alle ‚arisch'.' Das war Ironie natürlich. Als ein Mensch minderen Ranges, minderer Würde, irgendwie allgemein angesehen zu werden, war schon nicht so einfach, aber diese Isolierung ... ja, wenn ich Ihnen die Geschichte erzählt habe von der Taxe, mit der ich zu einem Verwandten fuhr, der auch ‚halbjüdisch' war, da spielte das vielleicht eine Rolle, daß ich irgendwie einen brauchte, der in meiner Situation war. Ich weiß es nicht genau. Ich hatte aber immer Freunde und immer Menschen, mit denen ich Kontakt hatte. (...) Bedrückt hat mich eben diese Diskriminierung, bedrückt hat mich das Schicksal meiner Eltern, bedrückt hat mich natürlich auch das Schicksal der übrigen Verwandten, denn ich habe erlebt, wie die deportiert wurden. Und das Schicksal meiner Großmutter, die noch im Altersheim gestorben ist 87jährig, jüdische Großmutter. Es gab genug Anlaß zum Deprimiertsein, aber ich habe immer versucht, das Beste daraus zu machen. Und ich war auch kein Held. Ich habe weder im geringsten daran gedacht, Widerstand zu leisten noch irgendwas dergleichen zu machen. Insofern haben die Nazis wieder Recht oder haben sie Recht behalten: Ich bin ‚halb', ich bin Verfolger und Verfolgter. Ich kann als Deutscher mich nicht davon freimachen, zum Verfolger zu gehören.
> M: Haben Sie dieses Gefühl gehabt, als Sie in diesem ‚arisierten' Betrieb arbeiteten in der Tschechoslowakei?
> W: Stärker war ein anderes Gefühl, das Unrecht, das den Tschechen da geschah im Betrieb, das ging mir gegen den Strich. Ich konnte wenig tun, sehr wenig. Nur einmal

habe ich mich mit meinem damaligen Vorgesetzten angelegt, als er ein ‚halbjüdisches' Mädchen schikanierte, da ging mir das über die Hutschnur, bin aber gut rausgekommen dabei. Aber sonst mich geduckt, auch mal verleugnet und mitgemacht beim Volkssturm noch am Schluß."[80]

Durch die Versetzung dem Zugriffsbereich der Berliner Gestapo entronnen, fand er sich als Buchhaltungsleiter in einem „arisierten" Betrieb im damaligen „Protektorat" wieder. Kaum ein Interviewpartner formuliert die zwiespältigen Gefühle eines „Halben", der als Verfolger und Verfolgter agierte, so trefflich wie Gert Wildenhahn, der „Politisches" oder „Weltanschauliches" eigentlich gar nicht auf den Begriff bringen will. Sein Credo der Beschränkung auf das Faktische erlaubt die schnörkellose Beschreibung der Situation in ihrer Widersprüchlichkeit: Das Bedürfnis zu leben, Spaß zu haben, „das Beste draus zu machen" erforderte durchaus Tatkräftigkeit und Handlungskompetenz. Die Gefahrenabwehr hingegen lag auch in der Vermeidung von Konflikten, in der vorauseilenden Selbstisolation und Selbstbeschränkung. Hinzu kam das Gefühl der Ohnmacht, als Deutscher – um sich selbst vor Zwangsmaßnahmen zu retten – am Unrecht gegen die Tschechen beteiligt zu sein. Seine Position auf Verfolgerseite wagte er nur einmal zu durchbrechen. Daß dies geschah, als ein „halbjüdisches Mädchen" besonders schikaniert wurde, ist sicher kein Zufall. Kennzeichnend für das Ausmaß der verinnerlichten Angst ist auch, daß die Interviewerin über den Ausgang seines Streits mit dem Vorgesetzten wegen dieses Mädchens nichts erfährt – außer daß ihm dadurch keine Schwierigkeiten entstanden sind!

Während er vorher als wehrunwürdig galt, so stellte sich 1944/45 gar nicht erst die Frage, ob er beim Volkssturm mitmachen durfte.

„Wir kriegten da so Uniformen verpaßt. Wir haben großes Glück gehabt, daß wir den Krieg überlebt haben. Ich sah immer den Nazi, den Tschechen und den Russen ankommen. Denn, wenn ich da nicht rausgekommen wäre (...), hätten entweder die Russen mich umgebracht, an der Panzersperre wahrscheinlich, oder die Tschechen – als Deutschen. (...)
M: Was dachten Sie? Dachten Sie, Sie würden die Panzer aufhalten?
W: Ich hätte vermutlich das getan, was die anderen taten, ich hätte es probiert. Insofern war ich eben auf der anderen Seite. Die Bedrohung galt mir ja genau wie den anderen. Es hätte mir auch gar nichts genützt, ich wäre auch gar nicht auf den Gedanken gekommen, dem russischen Panzer mit erhobenen Händen entgegenzulaufen und zu rufen: ‚Ich bin selbst Verfolgter!'
M: Das ist richtig, aber das Kriegsende selbst hat ja auch Ihre Befreiung bedeutet.
W: Ja, aber was für eine Konsequenz hätte ich daraus ziehen sollen?
M: Es gab ja viele in Ihrer Situation, die keine Konsequenz gezogen haben, sondern die immer sehr gespalten waren bei jeder Bombe, die auf Hamburg fiel.
W: Das war ich auch.
M: Die Angst hatten, sie werden selbst getroffen, andererseits aber wußten, das ist das Ende.
W: Das habe ich auch so gesehen.
M: Dieser Zwiespalt war auch da?
W: Ja. Das hängt mit den Punkten zusammen, was ich bei dem ‚halb' sagte. Die Nazis

behaupten ja, das sind ‚Halbe', das ist Quatsch, aber wir kamen in diese Situation dieser Halbierung, viele von uns."[81]

Gert Wildenhahn standen bei Kriegsende Nazis, die ihn als „Halbjuden" vielleicht noch würden töten wollen, Russen, die als Kriegsgegner beim Einmarsch Rache nahmen und Tschechen, die als besetztes, unterdrücktes Volk viel Unrecht erfahren hatten, gleichermaßen als Gefahr gegenüber. Er konnte sich keiner Seite zuwenden, um Sicherheit zu finden. Für die einen gehörte er zu den „Unter-", für die anderen zu den „Herrenmenschen". Andererseits tat er auch hier, was er tun mußte. Wie Ende der dreißiger Jahre hätte er auf illegalem Weg keine Gefahrensituation beendet. Inneren Abstand, beispielsweise Hoffnung auf die anrückenden Amerikaner oder die Kapitulation Deutschlands, kann er nicht selbst formulieren. Wenn er auch der Interviewerin zustimmt, als diese die Gefühle anderer Zeitzeugen beschreibt, die ebenfalls zwiespältig waren, so erlebte er doch die Zerrissenheit stärker aus der Sicht des besiegten Deutschen als aus der des befreiten Verfolgten. Wichtig ist ihm der Hinweis, daß diese Haltung der „Halbjuden" nicht genetisch bedingt, sondern Produkt der Zwangssituation während der NS-Zeit war.

Nach dem Krieg wandte Wildenhahn sich wieder an Rudolf Petersen, der am 14. Mai 1945 von der britischen Militärregierung zum Bürgermeister Hamburgs ernannt worden war. Dieser empfahl dem ehemaligen Angestellten, der beim Wiederaufbau Deutschlands helfen wollte, in der „Deutschen Hilfsgemeinschaft"[82] mitzuarbeiten. Im Büro dieses Vereins übernahm Wildenhahn Organisationaufgaben, die ihn aber nicht befriedigten. Ende 1945 kam er in Kontakt mit der gerade gegründeten „Notgemeinschaft der durch die Nürnberger Gesetze Betroffenen", die sich um die „rassisch" Verfolgten kümmerte, die weder bei der Jüdischen Gemeinde noch bei den Organisationen der politisch Verfolgten betreut wurden, in der Mehrzahl getaufte Juden oder „Mischlinge".[83] 1947/48 wechselte er in deren Büro. Wieder verlegte er sich auf die praktische Tätigkeit, die „Abteilung Weltanschauung" (Wildenhahn) überließ er anderen. Aus seiner Abgrenzung klingt gleichwohl keine Abwertung des „Politischen", sondern nur die Feststellung, daß darin nicht seine Stärke lag. Denn er hatte die Macht des „Politischen" in den letzten zwölf Jahren dort verspürt, wo sie seiner Meinung nach nicht hingehörte: im Jugendverein, bei der Stellensuche oder im Bereich der Liebesbeziehungen. Er hatte vor allem erlebt, wie „das Politische" die gesellschaftliche Hierarchie aufhob, von der er geglaubt hatte, sie gründe sich auf Herkunft, Bildung und persönliche Verdienste.

Aus der Tätigkeit in der Notgemeinschaft erwuchs sein Interesse an juristischen Kenntnissen. 1948 nahm er das Jurastudium auf, ohne die Arbeit für die Selbsthilfeorganisation aufzugeben, für die er später hohe Auszeichnungen erhielt. Seine Eltern, die jahrelang in Großbritannien interniert waren, kehrten ebenso wie seine Schwester nach Deutschland zurück. Er selbst heiratete eine nichtjüdische Hamburgerin, trat später einer konservativen Partei bei, eine Reminiszenz an das „Politische", ohne daß er in Parteiloyalitäten zu denken begann. Bis ins hohe Alter engagierte er sich für Verfolgte und übersprang dabei mancherlei unsichtbare, von Herkunft und früher Erziehung gezogene Grenzen, weil er die eigene Erfahrung ernst nahm und die anderer nachzuvollziehen versuchte. Selbst mit beiden Beinen im Leben stehend, weiß er auch, daß andere durch die zwölf Jahre NS-Herrschaft für immer aus der Bahn geworfen wurden. Damit meint er nicht nur die Verfolgten, für die er sich engagiert, sondern – ganz im Sinne seiner elterlichen Erziehung – auch die ehemaligen „Volksgenossen", an die sich sein versöhnlicher Appell richtet:

> „Mich hat es damals doch bedrückt, als Mensch zweiter Klasse zu gelten. Trotzdem glaube ich, daß sich das inzwischen gegeben hat. (...) Es gibt ja eine ganze Anzahl von ehemals Verfolgten, die um sich herum heute Nazis sehen. ... Da sind wir alle ja auch in verschiedenen Lebenssituationen betroffen worden, aus denen wir uns mehr oder weniger wieder heraushelfen konnten. Wenn ich denke, es gibt sehr viele, die sind in die Emigration getrieben worden, .. sei es aus wirtschaftlichen Gründen, sei es, weil ihre Kinder da waren. Sie hatten keine Wahl, wären vielleicht gern wieder zurückgekehrt. Andere fühlten sich hier fremd. Und es hat ein Stück Abbruch in ihrem Leben gegeben, so meine ich es. Nur ich möchte auch versuchen, die anderen Menschen, die Umwelt zu sehen. Man muß natürlich sagen, daß es andere Gruppen der Bevölkerung gegeben hat, die in ganz anderer Weise von Zeitumständen betroffen waren, deren Rückgrat gebrochen wurde."[84]

3. Typisches und Individuelles – die Interviews im Vergleich

Im Vergleich zu anderen Lebensläufen von „Mischlingen ersten Grades", die vor 1918 geboren sind, weisen Erika Fülsters wie Gert Wildenhahns im Interview geschilderten Erfahrungen sowohl typische als auch abweichende Momente auf: Was Wildenhahn als Assimilationsprozeß seiner jüdischen Familie über drei Generationen kurz skizziert, haben auch viele andere Zeitzeugen erlebt: Ihre Vorfahren wechselten von traditionellen jüdischen Vornamen zu betont „deutschen", ließen sich taufen und schlossen Ehen mit Nichtjüdinnen. Andere Familien beantragten, ihre Nachnamen zu ändern, wenn diese auf die jüdische Herkunft verwiesen.[85] So wurde aus dem als jüdisch bekannten „Kohn" ein „deutscher" Kohl. Erika Fülster hingegen trug vor ihrer Heirat einen Namen, der die antisemitisch sensibilisierte Umgebung deutlich auf die jüdische Herkunft hinwies. Ihre Restfamilie vollzog die Angleichung nicht.

Häufig versuchten die assimilierten jüdischen Männer, in der Armee oder im Staatsdienst aufzusteigen.[86] Dies war bei Wildenhahn nicht der Fall, da der Vater als Angestellter eines Großkonzerns arbeitete. Seine Position verlor er nach 1933 nicht, weil er Jude war, wie es vielen anderen Vätern erging, sondern bereits in der Weltwirtschaftskrise zuvor. Daß die Eltern – wie ein kleinerer Teil der Mischehen – emigrierten, entlastete Wildenhahns Leben in Deutschland, wenngleich die Trennung schwer zu verkraften war. Dies ging auch anderen so, die dann während des Krieges „nur" noch der Stigmatisierung als „Mischlinge" ausgesetzt waren, nicht aber zusätzlich um Vermögen, Gesundheit und Leben des jüdischen Elternteils fürchten mußten.[87]

Typisch ist Wildenhahns und Fülsters Herkunft aus der bürgerlichen Mittelschicht. Während Erika Fülster über die politische Einstellung ihrer Verwandten kein Wort verlor, wies Gert Wildenhahn sofort auf die deutschnationale Orientierung der Eltern hin, die er selbst übernommen hatte. Diese Identifikation mit dem

„Vaterland" bewirkte eine Trennung des „Politischen" vom Lebensalltag: Als Deutscher sorgte er sich um die künftige Entwicklung des krisengeschüttelten Landes gegen Ende der Weimarer Republik, als „Halbjude" bemerkte er die Politisierung von sehr privaten Lebensbereichen, die ihn tendenziell aus der „Volksgemeinschaft" ausschloß. Andererseits war die Familiengeschichte vom Aufstiegswillen und der Tatkraft der Vätergeneration geprägt. Davon hatte auch Gert profitiert, was sich bereits in seiner Jugendzeit als Handlungswille und -kompetenz äußerte. Barrieren, so vermutlich die Schlußfolgerung aus der Familiengeschichte, mußten und konnten überwunden werden. Dabei hatte es sich „lediglich" um Vorurteile oder Vorbehalte gegenüber Juden gehandelt. Die nationalsozialistische Judenpolitik war ungleich bedrohlicher, ließ aber den Jahrgängen, denen Wildenhahn angehörte, noch einige Spielräume. So konnte er das Abitur ablegen, während ihm das Studium verwehrt war. Deshalb wählte er wie die meisten seiner Altersgenossen eine berufliche Tätigkeit in der Privatwirtschaft.[88] Dabei konnte er auf alte Beziehungen seiner Familie zurückgreifen. Später Geborene hatten sehr viel größere Schwierigkeiten, eine Lehrstelle zu finden. Erika Fülster, aufgrund der engen Familienbindungen auf jüdische Institutionen orientiert, scheiterte dagegen bei der Erfüllung ihres Berufswunsches. Offen blieb im Interview, ob das jüdische Krankenhaus nicht alle Bewerberinnen einstellen konnte, ob geeignetere junge Frauen ausgesucht wurden oder ob ihre Abweisung auf ihren Status als „Mischling ersten Grades" zurückzuführen war, weil viele jüdische Arbeitgeber bewußt jüdische Jugendliche bevorzugten, die es ungleich schwerer hatten, Lehrstellen zu finden.

Allen „Mischlingen" gemeinsam ist das Bemühen, sich im Arbeitsalltag durch unauffälliges, korrektes Verhalten auszuzeichnen, weder den Neid noch den Unmut der Kollegen auf sich zu ziehen noch den Vorwurf, sich vorzudrängen. So waren sie in der Regel gutangesehene Angestellte und Kollegen, die gewissenhaft Kalkulationen aufstellten, die Buchhaltung führten oder den Wareneinkauf beaufsichtigten. Die Firmen ließen solche arbeitswilligen und anpassungsbereiten Angestellten – auch angesichts des Arbeitskräftemangels während des Krieges – nur ungern ziehen. Wenn nicht die Gestapo auf die Entlassung des „Mischlings" drängte, versuchten die Unternehmen, sie so lange wie möglich zu halten. Gert Wildenhahns abweichende Erfahrungen hängen mit seiner Einberufung zur Wehrmacht, die ihn ohnehin aus der Firma riß, und dem Rückgang des Exportgeschäftes bei Kriegsausbruch zusammen. Die Firma Siemens hingegen, die von der Eroberung der besetzten östlichen Gebiete profitierte, benötigte Arbeitskräfte. Daß Werksleiter und Firmenchef – ohne offensichtlich einen besonderen Grund dafür zu haben – Protektion versicherten, weist darüber hinaus auf eine partielle Mißbilligung der unkontrollierten Ausdehnung des Judenbegriffes hin. Auch der Arzt, der Erika Fülster beschäftigte, begriff sich offensichtlich weniger als Parteigenosse denn als Arbeitgeber. Gerade im medizinischen Bereich wollten die Nationalsozialisten eigentlich keine „Juden" – und hier war der Begriff sehr weit gefaßt – mehr sehen. Dennoch hielt er an seiner Arzthelferin fest, er muß ihre Unabkömmlichkeit auch dem Arbeitsamt mitgeteilt haben, als dieses versuchte, die weiblichen „Mischlinge" in die Rüstungsindustrie zu verpflichten. Die gute Erfahrung der Arbeitgeber mit ihren „halbjüdischen" Arbeitskräften war für diese Haltung von wichtiger Bedeutung.

Stabilisierten sich Wildenhahn und Fülster über die berufliche Integration, so erinnerten Gestapovorladungen sie an die Vorläufigkeit und Fragilität dieses Zustandes. Während Erika Fülster nicht nur wegen ihrer Beziehung zu einem „Arier" auf der Liste der Gestapo stand, konnte Wildenhahn es bis auf eine Vorladung vermeiden, mit der gefürchteten Institution in Kontakt zu kommen. Daß beide wegen des Verhältnisses zu einem „arischen" Partner vorgeladen wurden, war keine Ausnahme.[89] Wie ausgeführt, bestand zwar ein gesetzliches Heirats-, nicht aber ein Beziehungsverbot für „Mischlinge ersten Grades".[90] Wer Ehegenehmigungen beantragte und auf wohlwollende Prüfung vertraute, wurde stattdessen der Gestapo gemeldet, überwacht, vorgeladen und mit KZ-Einweisung bedroht. Doch Liebesgefühle folgen selten Verboten oder rationalen Kriterien. So konnten die nationalsozialistischen Machthaber kaum verhindern, daß überall dort, wo „Mischlinge" auf andere Menschen trafen, gefühlsmäßige oder auch sexuelle Bindungen entstanden. Selbst wenn es vernünftiger war, solche nur mit einem „Mischling ersten Grades" einzugehen[91], handelten die meisten Interviewpartner anders, zumal für Jugendliche und junge Erwachsene Liebesbeziehungen oft die einzige Möglichkeit darstellten, den bedrückenden Verhältnissen wenigstens gedanklich zu entfliehen. Allerdings litten insbesondere die jungen Frauen unter dem Heiratsverbot. Die Ablehnung eines Ehegenehmigungsantrages oder die Vorladung zur Gestapo hatten oft zur Folge, daß sie sich um die letzte Möglichkeit, glücklich zu werden, betrogen sahen.[92] Wenn auch die Mehrzahl der interviewten Männer ähnlich empfand, so begriffen doch einige von ihnen das Heiratsverbot als Entlastung von eventuellen Verpflichtungen.[93]

Der Abiturient Wildenhahn verstand sich als Individuum, das – geprägt von Familiengeschichte und Aufstiegswillen – seinen Platz in der deutschen Gesellschaft suchen und finden würde. Die Zuschreibung als „Mischling ersten Grades" war ihm zunächst einfach nur fremd. Als er merkte, wie weit ihn die Herkunft – die keine positive Identifikationsmöglichkeit anbot – von den gesellschaftlichen Gruppen ausschloß, denen er sich eigentlich zugehörig fühlte, nahm er sukzessive die Zwangsidentität an, die ihm verordnet wurde, weil er sah, daß allein sie ihm legale Spielräume und Gestaltungsmöglichkeiten bieten konnte. Erika Fülster wäre umgekehrt sicherlich in die jüdische Gemeinschaft hineingewachsen, der Großmutter und Tante angehörten, und hätte ihre Identität aus dieser Zugehörigkeit bezogen. Die Bedrohung durch die Judenverfolgung aber ließ ihr nur dann eine Überlebenschance, wenn sie sich von dieser abwandte. Sie mußte ähnliche Fähigkeiten und Verhaltensweisen wie Wildenhahn entwickeln, die ihr in der Mehrheitsgesellschaft zugute kommen konnten, zusätzlich aber auch Konfliktbewältigungsstrategien erlernen, da sie – solange jüdische Verwandtschaft bei ihr lebte – nicht alle Auseinandersetzungen mit Nachbarn oder Gestapo umgehen konnte. Als sie dann allein für sich verantwortlich war, vermied sie sich abzeichnende Konflikte weitgehend. So war beispielsweise das reibungslose Zusammenleben mit den Einquartierten darauf zurückzuführen, daß sie nicht auf ihre Vorrechte als Wohnungsmieterin pochte. Im Interview mit Erika Fülster kommt aber auch für diese Zeitspanne zwischen 1943 und 1945 ihre Entschlossenheit zum Ausdruck, sich nicht (wieder) zur jüdischen Seite schieben zu lassen. Unter geschlechtsspezifischen Aspekten handelte sie hier zwar typisch für alleinstehende erwachsene Frauen mit jüdischer Verwandtschaft, nicht aber für die Gruppe der betroffenen Frauen, die als „Mischlinge ersten Grades" eingestuft waren. Diese neigte eher dazu, in der Privatheit unterzutauchen, wenn das von der Familienkonstellation her möglich war. So wohnte eine Frau beispielsweise nicht nur bei ihren Eltern, sondern arbeitete auch in der Anwaltspraxis ihres nichtjüdischen Vaters, der dadurch gleichzeitig ihr Vorgesetzter war.[94] Auf diese Weise minimierte sie die Anzahl der konfliktträchtigen Situationen mit der Außenwelt.

Wildenhahn wie Fülster verinnerlichten Verhaltensweisen, die unter den Bedingungen nationalsozialistischer Herrschaft unauffälliges Überleben ermöglichen: Sie suchten Spielräume, erahnten und vermieden Konflikte, paßten sich an die Erfordernisse der Arbeitswelt an, zeigten durchgängig Zurückhaltung und Bescheidenheit. Viele „Mischlinge" waren wie Wildenhahn durch Herkunft und Erziehung den traditionellen bürgerlichen Moral- und Legalitätsprinzipien verpflichtet, die sie auch dann nicht durchbrachen, wenn die nationalsozialistischen Machthaber sich längst von ihnen verabschiedet hatten.

Als die Nationalsozialisten 1933 die Macht übernahmen, waren sowohl bei Fülster wie bei Wildenhahn grundlegende Prozesse der Persönlichkeitsentwicklung und der Identitätsbildung weitgehend abgeschlossen. Der mehrdeutige Begriff der Identität, definiert als „etwas im Kern des Individuums Angelegtem und einem wesentlichen Aspekt des inneren Zusammenhalts der Gruppe"[95], kennzeichnet den innerpsychischen Prozeß, der aus der wechselseitigen Interaktion zwischen der Einzelperson und dem über die Familie hinausgehenden Umfeld resultiert. Dieser Prozeß hatte das Selbstbild der jungen Erwachsenen bereits vor der NS-Zeit geprägt. Die vom nationalsozialistischen Staat verordnete Zwangsidentität, die als „Mischlingseigenschaft" überall angegeben werden mußte, traf sie in einer Lebensphase, in der aus psychoanalytischer Sicht neue Anforderungen zur Bewältigung anstanden: das Eingehen körperlicher Intimität mit einem Menschen, mit dem eine dauerhafte Bindung angestrebt wird, die endgültige Berufswahl, das Durchsetzenkönnen und Sich-Behaupten im Berufsleben und eine psychosoziale Selbstdefinition.[96] Die Erfüllung dieser Anforderungen war für „Mischlinge ersten Grades" kaum möglich und mußte auf die Nachkriegszeit verschoben werden. Ihr Selbstwertgefühl erlitt durch die Verfolgung erheblichen Schaden, führte bei einigen zum Gefühl des völligen Ausgeliefertseins oder auch zum psychischen Zusammenbruch.[97] In fast allen Fällen aber mußte von Plänen und Lebensentwürfen Abschied genommen werden, deren Verwirklichung sich unter den Bedingungen der Verfolgung als unmöglich herausstellte.[98]

Hatten die „Mischlinge" in ihrer Kindheit und Jugendzeit eine gefestigte Identität entwickelt, zeigten die Umgangsstrategien mit der Verfolgung aktivere, selbsterhaltende Tendenzen. Indem Wildenhahn beispielsweise anderen jungen „Mischlingen" Kontakte und Freizeitmöglichkeiten verschaffte, organisierte er diese auch für sich selbst. Wenn er sich für die „halbjüdische" Angestellte einsetzte, tat er ebenso etwas für die eigene Würde. Dieses Prinzip, durch Hilfe für andere die eigene Person zu stabilisieren, setzte er nach dem Krieg in der „Notgemeinschaft der durch die Nürnberger Gesetzen Betroffenen" fort. Als Verbandsfunktionär konnte er etwas für Individuen bewirken und als Parteimitglied und Bürgerschaftsabgeordneter Verhältnisse – im begrenzten Rahmen – so verändern, daß sie für Ausgegrenzte, Stigmatisierte und beschädigte Menschen erträglich wurden. Darin unterscheidet er sich deutlich von anderen als „Mischlingen" Verfolgten, die diese Handlungsräume entweder nicht erkannten oder nicht ausfüllen konnten. Es ist aber immerhin erstaunlich, daß er etliche seiner ehemaligen Jugendgruppenmitglieder dazu gebracht hat, nach dem Tod der Gründungsväter des Verbandes nun in den 1990er Jahren Verantwortung für denselben zu übernehmen.

Erika Fülster zog genau die gegenteilige Konsequenz aus ihren Erfahrungen im nationalsozialistischen Deutschland: Sie wollte nichts verändern, gestalten oder nachholen, sondern emigrierte, sobald dies möglich war, und löste auch die letzten äußeren Bindungen zu der Umgebung, in der sie als einzige ihrer engeren Familie überlebt hatte.

Gert Wildenhahns kurzes Wehrmachtsintermezzo, das er mit großen Hoffnungen auf eine vollständige Integration verbunden hatte, endete mit desillusionierendem Ergebnis. Andere „Mischlinge" wurden laut OKW-Befehl entlassen. Junge Männer aus Offiziersfamilien bewerteten diesen Akt eindeutig negativer als Söhne sozialdemokratischer Familien.[99] Auf jeden Fall aber war der Ausschluß aus der Wehrmacht geeignet, Zweifel an der eigenen Männlichkeit aufkommen zu lassen, war diese doch stark mit Soldatischem, Kampf, Heldentum und ähnlichen Vorstellungen verknüpft, die nach dem Ersten Weltkrieg das Weltbild vieler Jugendlicher bestimmt hatte. Erst später entwickelte sich ein Bewußtsein dafür, wenigstens hier zeitweise geschützt gewesen zu sein, denn während die ehemalige Schulkameraden und Kollegen an der Front fielen, konnten sie ihrer Arbeit in Hamburg nachgehen.

Die Hamburger Zwangsarbeiter des „Sonderkommandos J" wurden in ihrer Heimatstadt benötigt und nicht kaserniert. Gert Wildenhahn jedoch mußte in Berlin begründete Angst haben, in eine der Arbeitskolonnen nach Frankreich oder in andere Regionen verbracht zu werden und künftig Lagerinsasse zu sein.[100] Auch hatte die Dienstverpflichtung der Hamburger Betroffenen den unbeabsichtigten Effekt, daß sie, die zuvor meist vereinzelt und isoliert waren, zahlreiche andere Schicksalsgenossen kennenlernten, Diskussionen führen, Informationen über das Vorrücken der Alliierten austauschen und Pläne für die Zeit nach dem Krieg schmieden konnten, aus denen dann der Plan zur Gründung der „Notgemeinschaft" hervorging. In Ansätzen entstand aus den gemeinsamen Erfahrungen ein Gruppenbewußtsein. Diese Möglichkeit hatte Gert Wildenhahn als Vereinzelter im Protektoratsgebiet nicht. Er mußte im Gegenteil befürchten, gerade in den letzten Kriegstagen zwischen allen Fronten sein Leben zu verlieren, bis er sich nach Hamburg durchgeschlagen hatte. Später konnte er die alten Hamburger Kontakte nutzen und sich in die neu aufgebauten Zusammenhänge einfügen, diese zunehmend mitbestimmen und sie schließlich lenken. Die Zeit nach dem Kriegsende bedeutete für ihn wie für die Leidensgenossen eine Aufbruchphase, in der Lebensplanung möglich war. Daß Eltern und Schwester zurückkehrten, was nur bei einem kleineren Teil der Emigranten so war, ermöglichte ihm sicher die dauerhafte Integration in die bundesdeutsche Gesellschaft. Er war jung genug, nun eine Berufsausbildung nach eigener Wahl zu beginnen, zu heiraten und eine Familie zu gründen. Älteren Verfolgten dieser Gruppe gelang dies nicht immer problemlos, viele hatten ihre körperliche Gesundheit bei der Zwangsarbeit, andere die psychische Gesundheit eingebüßt. Die Ermordung ihrer Verwandten und die jahrelange eigene Diskriminierung hatten zu psychosomatischen Schäden geführt. Wildenhahn konnte die Zwangsidentität positiv wenden und in sein Nachkriegsleben integrieren, indem er die eigenen Erfahrungen nicht leugnete – auch wenn er im Interview immer wieder den Begriff der Verdrängung benutzt – sondern sie zum Inhalt seines beruflichen und politischen Engagements machte. Darin stellt er eine Ausnahme dar.

Waren Gert Wildenhahn und Erika Fülster an der Schwelle zum Erwachsenenleben mit der „rassischen" Verfolgung konfrontiert, so wuchsen jüngere „Mischlinge" mit dieser auf. Ihr Familienleben veränderte sich unter dem äußeren Druck, ihre Eltern konnten ihnen immer weniger Schutz bieten. In ihren außerfamiliären kindlichen und jugendlichen Lebensbereichen, sei es auf dem Spielplatz, in der Schule oder auf der Straße, erfuhren sie Ausgrenzungen und Diskriminierungen, auf die sie reagieren mußten.[101] Die lebensgeschichtlichen Erinnerungen Dennis Berends und Lydia Schieles sollen exemplarische Einblicke in den Verfolgungsprozeß und die kindlichen/jugendlichen Umgangsstrategien ermöglichen.

4. „Kein Blutsbruder" – Dennis Berend

Der heutige US-Bürger Dennis Berend unternahm 1993 eine Reise nach Auschwitz und Hamburg, um Aufklärung über das Schicksal seines Vater zu suchen. Gerade in den beruflichen Ruhestand gewechselt, hatte er begonnen, die Verfolgungsgeschichte seiner Familie niederzuschreiben, deren sichtbarster Ausdruck die Ermordung seines Vaters im KZ Auschwitz war. Der Vater wurde 1943 von der Gestapo zusammen mit anderen Hamburger Juden, die ebenfalls in „privilegierten" Mischehen lebten, mehrere Monate im Hamburger Polizeigefängnis Fuhlsbüttel inhaftiert und schließlich in das Vernichtungslager transportiert. Bis auf zwei Häftlinge wurden diese Männer ermordet.[102] Berend suchte nun in den Archiven Aufklärung über das damalige Geschehen. Durch Zufall wurde er kurz vor Ende seines bis dahin nicht sehr erfolgreichen Aufenthaltes an die Interviewerin vermittelt, die die Akten eben jener Verhaftungsaktion eingesehen, Verwandte anderer Betroffener interviewt hatte und sich auch mit der Biographie des verantwortlichen Nationalsozialisten befaßte, der den Vater auf die Deportationsliste gesetzt hatte. So traf er in der Interviewerin unvermutet auf eine Person, die mit den Vorkommnissen vertraut war und nutzte das Interview als Möglichkeit, vor dem Hintergrund der fünfzig Jahre zurückliegenden Ereignisse nun Erinnerungen, Gefühle und Erlebnisse in der Rekonstruktion von Kindheit und Jugendzeit zusammenzuführen.

Zentrale Bezugsperson seiner Biographie ist der jüdische Vater, den der Zeitzeuge mit sechzehn Jahren verlor. Dieser bestimmte das Schicksal der Familie, ihm wünschte der Junge nahe zu sein, gegen seine Autorität opponierte er gerade, als der Vater gewaltsam aus der Familie gerissen wurde. Ihn wollte er bei Kriegende rächen. Kein Wunder also, daß er das Interview, in dem er die Fäden seiner Geschichte zusammenfügte, so empfand, als hätte ihn der „Vater bei der Hand genommen und Dich dahin geführt, wo die richtigen Menschen schon lange auf Dich warteten."[103]

Dennis Berend wurde 1927 geboren, war bei der nationalsozialistischen Machtübernahme also fünf Jahre alt. Seine frühen Erinnerungen sind geprägt von antisemitischen Diskriminierungen in der Nachbarschaft aufgrund des „jüdischen Aussehens" seines Vaters, denen dann regelmäßig ein Umzug folgte. Die Familie zog von Altona nach Horn, von dort nach Hamm und wechselte auch mehrfach innerhalb des Stadtteils die Unterkunft:

„Wir hatten da eine Wohnung im Parterre. Und gegenüber war ein Bäcker, eine kleine Bäckerei. Und das ausgerechnet war der Blockleiter der SA. Und haben die uns das Leben schwergemacht. Das dauerte dann so 'ne Woche oder zwei, bis man rausfindet, da wohnt ja ein Jude.
M: Woran war das rauszufinden?
B: Mein Vater sah stark jüdisch aus, z.B. zu der Zeit war es noch nicht Gesetz, daß man die Fahne raushängen mußte usw. Und natürlich waren wir nie dabei, wenn die Nazis sammelten oder auf der Straße schrien ‚Heil Hitler!' und alles. Und wir waren nie dabei. Wir waren zu Hause. So langsam fällt das auf. Obwohl mein Vater ganz vorsichtig war, sich überhaupt politisch nicht zu äußern, nicht zu beteiligen usw. Er wollte das solange vermeiden, wie es möglich ist. Trotzdem es hat nie lange gedauert, bis man rausgefunden hat, wer wir waren. Und dann ging natürlich der Krach wieder los."[104]

Die einzelnen Ortswechsel vermischen sich in der Erinnerung. Sie fanden ein Ende, als ein italienischer Hausbesitzer gefunden war. Wenn Dennis Berend die Staatszugehörigkeit des Vermieters hervorhebt und betont, daß erst ein Ausländer ungefährdetes Wohnen ermöglichte, weist dies auch darauf hin, wie allumfassend und gesellschaftsdurchdringend ihm das nationalsozialistische System erschienen sein muß.

Zur Wohnungsproblematik gesellte sich zunehmend die Schwierigkeit, den Unterhalt der Familie zu sichern. Der Vater arbeitete, solange dies möglich war, für eine Hamburger Firma, die eine Art Branchenbuch herausgab:

„Diese Firma Sachse hat das irgendwie geschafft – sie durften ihn doch schließlich gar nicht mehr anstellen – dann haben sie es so eingerichtet, daß er selbständig wurde. Und natürlich der Firma Sachse die Annoncen zuschob. Und an sich hat sich überhaupt nichts geändert. Das hat alles auf Papier stattgefunden. Und als er auch das dann nicht mehr durfte, dann hat er den Ausweg gefunden, seine eigene, sollen wir sagen Firma, es war ja keine Firma, es war ein selbständiges Geschäft, einfach meiner Mutter zu übertragen, weil sie ja nicht Jüdin war. Das ging auch. (…) Irgendwie hat jemand ein Auge zugemacht. Und das ging so weiter. Und mein Vater wurde dann der Angestellte meiner Mutter. Auch alles nur auf Papier, außer daß mein Vater keine Kunden mehr besuchen durfte. Telefonisch ja. (…) Ein Fachmann muß doch hingehen und das besprechen. Das durfte er dann nicht mehr. Das mußte meine Mutter machen. Und die verstand nur was vom Kochen. Aber wir wußten z.B., daß mein Vater beobachtet wurde. Ob das jetzt schon was mit Schallert zu tun hat, das weiß ich nicht. Jedenfalls man achtete darauf. Dann ging mein Vater aus dem Haus, und wo geht er hin? Und wann geht meine Mutter aus dem Haus? Und wo geht sie hin? Ich weiß nicht, die waren ganz schlau dabei die beiden. Meine Mutter ist dann zur Firma soundso gegangen und in die Tür rein, zehn Minuten da geblieben und aus der Tür wieder rausgekommen. Und dann hat man natürlich gedacht, sie hat da das Geschäft gemacht, und alles ist in Ordnung. Das ist eine ganze Zeit gut gegangen. Vielleicht ein Jahr."[105]

Die elterliche Rollenverteilung veränderte sich also: Die eigentliche Arbeit der Anzeigenaquisition, das heißt die Kontaktaufnahme mit Kunden und die Gestaltung der Annoncen, wurde weiterhin vom Vater geleistet. Die Mutter konnte die Tätigkeiten nicht auch tatsächlich übernehmen. Auf Dauer erforderte dieser Ausweg ein ausgekügeltes Tarn- und Täuschsystem, dessen Aufrechterhaltung von der stetigen

Angst, entdeckt zu werden, begleitet wurde. Wenn Berend in diesem Zusammenhang die Person Schallerts nennt, verleiht er der Bedrohung einen Namen. Er verweist auf den gefürchteten „Judenkommissar" Willibald Schallert, der den Arbeitseinsatz für Juden in Hamburg leitete.[106] Dieser war aber im gemeinten Zeitraum (1938/39/40) nicht in Hamburg, sondern übernahm die Dienststelle des Arbeitsamtes am 1. Januar 1941. Erst danach avancierte er in dieser unkontrollierten Position zur Inkarnation des Schreckens nicht nur für die von der Zwangsarbeit betroffenen Juden, sondern ebenso für ihre Familien. Auffällig ist, daß sich – wie schon bezogen auf die Wohnungswechsel – in der Erinnerung Berends auch hier frühe und spätere Bedrohung mischen.

Die illegale Erwerbstätigkeit wurde der Mutter schließlich von unerwarteter Seite zum Verhängnis: Weil die Familie gleichzeitig Familienunterhalt für den älteren Sohn, der bei der Wehrmacht war, und den Verdienst aus der „mütterlichen" Firma bezog, wurde die Mutter als die Erwerbstätige zu einem halben Jahr Gefängnis verurteilt. Diese Vorstrafe ließ sie im übrigen nach dem Krieg nicht tilgen, sondern wies einen entsprechenden Vorschlag ihres Anwalts zurück: „Nein, ich bleibe vorbestraft, bis ich sterbe. Das ist eine Ehre gewesen."[107]

Trotz der elterlichen Versuche, die materielle Reproduktion zu sichern oder dem Verfolgungsdruck gemeinsam standzuhalten, wirkten sich staatliche Repressionen und soziale Ächtung auch innerfamiliär aus. Vor 1933 hatte der unternehmerische Elan des Vaters zu einem gewissen Wohlstand geführt, der ein gutbürgerliches Leben und die Unterstützung der mütterlichen Verwandten ermöglichte. Angesichts des sozialen Abstiegs verkehrten sich seine kleinen Erfolge in Mißstimmung und Streit, wie Dennis Berend als Kind registrierte:

> „Die Moral der Familie brach so langsam zusammen. (…) Und meine Mutter verstand sowieso von solchen Sachen nichts. Sie stand natürlich auf der Seite meines Vaters. Gar keine Frage. Und doch, der Druck von außen, die – jetzt fehlt mir wieder das Wort – der Druck, der über den Menschen lag, die unter diesen Umständen leben mußten, machte auch selbst das Familienleben schwer. Ein falsches Wort irgendwo kann zu Krach führen. Ich habe das auch damals schon bemerkt. Ich war ja, sagen wir, schon ein junger Mann. Und es ging zwischen den Eltern nicht mehr so friedlich, wie man es gewöhnt war. Geld wurde knapp. Schließlich wurden Lebensmittel knapp. Und noch knapper, als der Vater keine vollen Rationen mehr bekam. Und mein Vater hat z.B. – das ist ein gutes Beispiel – er war, da er so beschäftigt war, kannte er natürlich alle Händler in Hamburg. Zumindest hat er mit ihnen gesprochen, auch, wenn er nicht Annoncen verkauft hat. Er hat sie wenigstens angesprochen. Und alle kannten sie ihn. Und so hat er auch noch lange Zeit doch mal das Extraviertelpfund Butter gekriegt, ja, auch mal eine Gans oder ein Hühnchen (…), oder eine Dose von diesem oder jenem, was überhaupt nicht mehr erhaltbar war. Und dann kam er nach Hause und war stolz auf seinen Einkauf, und meine Mutter hat sich gefreut, und jetzt gab es was Schönes zu essen. Und beim Frühstück gab es noch die Brötchen, Kaiserbrötchen. Dann hat er eins aufgeschnitten und dann so dick die Butter draufgelegt. Butter bekamen wir ein achtel Pfund die Woche oder. Das hatte er auf *ein* Brötchen gemacht! Und meiner Mutter kam so'n kleines Klicken (Schnalzen) von der Zunge. Schon war es aus. ‚Du gönnst mir jetzt nicht das bißchen Extrabutter… (…) weil ich ein bißchen zuviel Butter draufschmiere.'

Nur war es nicht ein bißchen zuviel, es war viel zuviel.
M: Ja. Seine Freude war weg?
B: Ja. Und meine Mutter andererseits sagte dann: ‚Ja, ich bin aber verantwortlich. Wenn du übermorgen keine Butter aufs Brötchen hast, dann fragst du mich: ‚Wo ist die Butter?' Und so bricht es langsam zusammen. Obwohl es natürlich ... so schlimm war es ja gar nicht. Sie kamen immer miteinander aus. Wenn sie sich stritten, dann haben sie sich auch wieder vertragen. Aber da war viel Unruhe, die eigentlich mit der Familie gar nichts zu tun hatte. Die kam eben durch den Druck von außen."[108]

Der Vater, ein „autoritärer Mann", war es gewohnt, daß sein erfolgreicher Einsatz auch Genuß nach sich zog, der zunächst einmal ihm, im weiteren der Familie zugute kam. Mit der Rationierung der Lebensmittel im Krieg und der Einschränkung der Zuteilungen für Juden wirkte ein solcher Genuß egoistisch und verantwortungslos. Hier übernahm die Mutter eine reglementierende Funktion, die nicht nur das väterliche Erfolg-Genuß-Schema in Frage stellte, sondern auch die väterliche Autorität vor den Kindern.

Verstärkt wurde der äußere Druck dadurch, daß die „arische" Großmutter bekennende Nationalsozialistin war, die ihrer Gesinnung mit einem überdimensionalen Führerbild im Wohnzimmer und einem stolz zur Schau getragenen Mutterkreuz Ausdruck gab. Der jüdische Schwiegersohn, der sie vordem materiell unterstützt hatte, brach den Kontakt ab. Verbrachte der Enkel ab und zu ein Wochenende bei der Großmutter, mußte er mit der Mißbilligung des Vaters rechnen. Dies wog um so schwerer, als der Aufenthalt dort ihm im Gegensatz zur oft angespannten Situation zu Hause unbeschwerte Stunden ermöglichte, zumal die Familie kaum noch Kontakte zu Nichtfamilienmitgliedern hatte. Der Vater traf seine Freunde ausschließlich im jüdischen Gemeindehaus, und von der nichtjüdischen Umgebung war die Elterngeneration isoliert, was für die Mutter den Verlust aller nichtfamiliären sozialen Beziehungen bedeutete. Wenn Berend die Metapher wählt, die Familie „wurde eine Insel", so meint er damit keine Rettungsinsel, sondern einen winzigen Flecken Land in einem weiten Ozean der Feindseligkeit. Versuchte er aber, die Diskriminierung durch die Umgebung solidarisch mit dem Vater zu teilen, indem er in dessen Gegenwart den Hitlergruß verweigerte, verwies dieser ihn auf Höflichkeit und Anstandsregeln zurück:

„Da kam ich mit ihm die Treppe hoch im Treppenhaus (...). Und eine Dame von oben kam runter (...), ist an uns so vorbei, ohne überhaupt zu bemerken, daß wir da sind, wollte meinem Vater nicht ‚Guten Tag' sagen. Wenn sie gegrüßt hätte, dann hätte ich ‚Heil Hitler' sagen müssen. Und das ist mir ein bißchen komisch gewesen und unbequem. Und als sie vorbei war, und wir in unserer Wohnung waren, da hat mein Vater mich zur Seite genommen und hat mich angeschnauzt: ‚Was immer auch die Politik ist... Du bist nur eine Rotznase! Und du hast die Damen in diesem Hause zu grüßen!'"[109]

Als Kind konnte er nicht erkennen, daß für seinen Vater das Pochen auf Konventionen ein Stück Festhalten an einer verlorenen Lebenswelt war. Er mußte den Anraunzer als Zurückweisung erleben, als Ausschluß aus der Gemeinschaft. Als einen solchen begriff er auch das Verhalten der Eltern, ihm ihre Überlegungen, Sorgen oder bedrückende Neuigkeiten zu verschweigen. Die Eltern wollten ihn vermutlich einerseits nicht belasten, andererseits nicht Gefahr laufen, daß er in der Schule oder auf der Straße unbedacht wiedergab, was zu Hause Thema gewesen war. So handelten die Erwachsenen nach der Devise, daß nicht die Wände, sondern „der Junge Ohren hatte."[110] Nun spürte Dennis – wie die meisten Kinder – sehr wohl, welche Gefühle die Eltern bewegten, wenn ihm auch der konkrete Inhalt unbekannt blieb. Gleichzeitig kränkte es ihn, daß er ausgeschlossen und offensichtlich als Unsicherheitsfaktor eingeschätzt wurde.

Dennis Berend wuchs in dieser sich verändernden Familiensituation auf, die mit Diskriminierung und gesellschaftlichem Abstieg einherging. Vom fünften bis zum fünfzehnten Lebensjahr war seine Kindheit bzw. Jugendzeit davon geprägt, daß der jüdische Vater sukzessive an Ansehen und Autorität verlor, ein Prozeß, der nicht nur außerhalb der Familie stattfand, sondern die Konstellationen innerhalb der Gemeinschaft nachhaltig und einschneidend bestimmte. Die Orientierung an mütterlicher und väterlicher Autorität fiel unter diesen Umständen schwer. Konnte dieser Vater noch ein Vorbild sein, der die Butter allein aß und die Mutter dazu trieb, aus Ärger über dieses Verhalten Streit zu initiieren? Konnte ein als Jude verfemter Vater den Jungen außerhalb der Familie schützen? Was galt seine Autorität noch, als er Auswanderungspläne gegen die Mutter, die ihre Wohnungseinrichtung nicht verlassen mochte, nicht durchsetzen konnte? Durfte dieser Vater wegen seines Verhaltens angegriffen werden, oder war er wegen der Last seiner gesellschaftlichen Diskriminierung nicht sakrosankt?

Waren bereits die innerfamiliären Prozesse belastend, so kamen auch die eigenen sozialen Erfahrungen hinzu, die der Junge verarbeiten mußte. 1934 eingeschult, genoß er auf der Volksschule noch einen Schonraum. Der Wechsel zur höheren Schule konfrontierte ihn hingegen massiv mit der nationalsozialistischen Rassentheorie:

> „Also die Juden sind schlimm, und die Schwarzen sind schlimm, aber das Schlimmste sind die Mestizen, die Mischlinge. Eine reine Rasse ist eine reine Rasse, ob sie schwarz ist oder jüdisch, aber sie sind wenigstens rein. Aber die Mischung, das ist, wo die Idioten herkommen. Das haben wir gelernt in der Schule. Und ich sitz' da mit 'nem weißen Gesicht, und hinter mir und um mich rum sitzen meine Freunde, die alle wissen, wer ich bin, wer mein Vater ist, und kichern. Auch ein ‚schönes' Gefühl. Das fing schon damals an, als ich zehn war. (…) Also ich war immer das Zentrum der Diskussion. Bei jeder Geschichtsstunde und Geographiestunde usw. kam irgendwie das Thema Juden. Und wir hatten sogar einen Lehrer – ob der das jetzt wußte oder nicht, kann ich nicht sagen – aber der hatte diese Fixation auf Mischlinge. Es scheint mir jetzt, als wenn er wochenlang von Mischlingen geredet hat. Leider muß ich zugeben, ich war ein entsetzlicher Schüler, (…) Ich habe auch dazu [bei]getragen, weil ich nicht lernen wollte, faul war, mein homework, meine Hausaufgaben nicht gemacht habe. Ich war unlustig.
> M: Wie sind Sie damit umgegangen? Gab es jemanden, zu dem Sie gehen konnten und sagen konnten: ‚Der hat das und das erzählt… Wie ist das? Stimmt das?'
> B: Gute Frage. Außer dem Lehrer gab es noch einen Lehrer, der zu meinem Vater gegangen ist. Und meinem Vater gesagt hat: ‚Der Wolfgang…' – das war damals mein Name – ist ein intelligenter Junge. Daß er nicht lernen will usw., das hat nur damit zu tun, daß er im gewissen Sinne verfolgt wird, daß er unglücklich ist hier. Einfach wegen der Sachen, die er hier hört.' Obwohl ich persönlich nie angegriffen worden bin. Kei-

ner hat auf mich gezeigt. Das wurde gelehrt, ob ich jetzt da war oder nicht. Also es war nicht auf mich gerichtet, das wollte ich damit sagen. (...)
M: Haben Sie sich für sich selber damit auseinandergesetzt, was es heißt, ‚Mischling' zu sein?
B: Ja, aber sehr begrenzt. Das Verständnis fehlte. (...) Trotzdem war ich ja erst zehn Jahre alt, verstand von Politik nichts und hatte auch kein genaues Gefühl dafür: Was ist eigentlich ein Jude? Ich wußte, daß mein Vater im Gesicht jedenfalls etwas anders aussah als die meisten anderen Leute. Und daß diese besondere Menschengruppe verfolgt wurde, daß man sie nicht mag. Aber genau aus welchem Grunde, habe ich nicht verstanden. Habe auch nicht verstanden, daß da vielleicht ein Unterschied wäre, wenn meine Mutter auch jüdisch wäre. Oder wenn mein Vater z.B. ‚Arier' wäre oder meine Mutter jüdisch. ‚Mischling', selbst der Ausdruck hat zu der Zeit noch nicht viel bedeutet. Vielleicht wäre es sogar leichter gewesen, wenn er was bedeutet hätte, wenn ich es alles verstanden hätte. So wurde man dauernd verwirrt. Wissen Sie? Man konnte einfach nicht verstehen, warum zeigen die auf mich? Ich sehe genauso aus wie ihr, habe keine schwarzen Haare. Das war schwer zu verstehen. Und man fühlte sich, ich habe das gerade beschrieben, man fühlte sich irgendwie kleiner und vielleicht sogar häßlicher als die anderen. Im Vergleich zu den anderen bin ich nicht ganz so gut. Zuletzt natürlich war ich dann ein ‚Schwein', und der andere war ein ‚Riese'. So am Ende hat man gesagt: ‚Du Judenschwein!' Aber zu der Zeit noch nicht. Und ich bin damit auch nie richtig fertig geworden zu der Zeit. Ich habe das nie richtig entwickeln können. Der Zustand muß zwei, drei Jahre gedauert haben. Dann wurde ich natürlich älter, und dann habe ich es verstanden, richtig verstanden."[111]

Wieder fällt auf, daß die Erinnerung an den besonders belastenden Teil des Unterrichts, die Rassenlehre, sich über alle anderen Schulerfahrungen legt, die dagegen verblassen. Dennis wurde einerseits mit dem „Rassenmodell" und seinen Wertungen, andererseits aber auch in besonders drastischer Weise mit dem eigenen Stellenwert konfrontiert, der in der Auslegung dieses Lehrers noch weit unter dem des Juden rangierte. Zwar verdankte Dennis es innenpolitischen Rücksichtnahmen der Nationalsozialisten, daß er überhaupt noch in dieser Schulklasse saß. Doch im rassekundlichen Unterricht galten taktische Bedenken nicht, die das Handeln im öffentlichen Raum bestimmten. Hier ging es darum, den Schülern möglichst eindrucksvoll und nachhaltig die Vererbungslehre einschließlich der „Mischlingsforschung", die Prinzipien der Erb- und Rassenpflege in der Bevölkerungspolitik und die „Gefahren der Rassenmischung" nahezubringen.[112] In der Unterrichtsstunde des Hamburger Gymnasiums wurde der „Mischling" zum „erbkranken Idioten", zum „Rasseunreinen", der noch unter den „Untermenschen" stand. Einer derart übermächtigen „Lehre" konnte Dennis nichts entgegensetzen. Kognitiv war das Problem nicht zu bewältigen: Er wußte kaum etwas über Juden und erst recht nichts über „Mischlinge". Der jüdische Traditionsstrang war während des Assimilationsprozesses abgerissen. Es lebten auch keine väterlichen Verwandten mehr, die ihn hätten repräsentieren können. Dennis' einziger Anhaltspunkt blieb das andersartige Aussehen seines Vaters. Aber er selbst unterschied sich mit seinen blauen Augen und blonden Haaren äußerlich nicht von den Mitschülern. So war er verwirrt. Ohne Orientierung vom Elternhaus „bewältigte" er die Problematik emotional, indem er die Zuschreibung der Minderwertigkeit verinnerlichte. Er reagierte – eher untypisch für „Mischlinge" dieser Jahrgänge, die sehr auf Unauffälligkeit bedacht waren – mit Leistungsverweigerung. Dadurch zog er Aufmerksamkeit auf sich. Der indirekte Hilfeschrei hatte Erfolg, denn er mobilisierte das pädagogische Gewissen eines anderen Lehrers, der den Vater über Hintergründe von Dennis' Verhalten in Kenntnis setzte und ihn damit wenigstens vor häuslichen Sanktionen rettete. Älterwerden hieß danach, sich an die „rassische" Diskriminierung bis hin zu offenen Beschimpfungen zu gewöhnen. Als Dennis 1942 die Schule nicht weiter besuchen durfte, überraschte ihn die Relegation kaum noch.

Die vom Lehrerpult ausgehende Stigmatisierung hatte jedoch nicht zur Folge, daß Dennis im Kreise seiner Schulfreunde völlig isoliert wurde. Ihr Kichern drückte zwar kindliche Schadenfreude darüber aus, daß er im Mittelpunkt der Lehrerbemühungen um die Rassenkunde stand, doch außerhalb der Schule spielten die Jungen noch jahrelang zusammen. Die Jungvolkzugehörigkeit der Mitschüler schien dabei keine Rolle zu spielen. Sie nahmen die Lehre von der Reinheit des Blutes als etwas Gegebenes, ja offensichtlich wissenschaftlich Bewiesenes hin, ohne den „Mischling" auszugrenzen. Nur als es darum ging, Blutsbrüderschaft zu schließen, erhielt die angebliche Tatsache seiner „Blutsmischung" Relevanz: Dennis wurde ausgeschlossen.

> „Da gab es die Karl-May-Bücher über die Indianer, Winnetou, Old Shatterhand und so. Und ganz oft in diesen Büchern kam die Blutsbrüderschaft vor. Und die Indianer haben das so gemacht, dem Buche nach. Das stimmt aber allerdings gar nicht. Hier mit den Fingern ein bißchen Blut und mit dem anderen zusammen, und dann ist man Blutsbruder. Wir haben Indianer gespielt genau wie all die anderen. Und wir waren zwölf, dreizehn Jahre alt und haben auch das gespielt. Da durfte ich nicht dabei sein. Da haben meine Freunde... Die haben das geglaubt diese Blutsbrüderschaft, daß das Blut sich tatsächlich mischt. Da haben sie gesagt: ‚Das geht nicht.' Da haben sie mich ausgeschlossen. Ist das interessant?
> M: Ja.
> B: Das ist das einzige Mal, das ich erinnere, wo ich nicht dabei war. Und sie haben mir das erklärt und sich ein bißchen dabei geschämt. Aber blieben dabei. Soviel hatten sie schon gelernt bzw. nicht gelernt.
> M: Waren Sie da traurig oder wütend?
> B: Ja.
> M: Traurig?
> B: Ja. Das war wie eine Ohrfeige. Ich wußte es auch nicht besser, daß das eigentlich überhaupt nichts ist. Das Blut mischt sich nicht. So geht das nicht. Ich habe genauso gedacht wie die. Dann ist man eben Blutsbruder. Und ‚Mein Blut ist nicht so gut wie deines.' Aber das hatten die schon gelernt ‚Dein Blut ist nicht so gut wie unseres.'"[113]

Der amerikanische Staatsbürger Berend kennt inzwischen die Gebräuche der Indianer besser als die Hammer Schuljungen Ende der dreißiger Jahre. Doch dieses Wissen lindert die schmerzliche Ausgrenzungserfahrung nicht. Wenn er betont, daß das Blut sich nicht wirklich mische, schwingt unausgesprochen mit, daß er in diesem Fall doch – für die anderen gefahrlos – hätte dabeisein können. Vor allem aber weist dieser Satz versteckt darauf hin, wie weit Dennis Berend in seiner Identitätsbildung die negative Zuschreibung der nationalsozialistischen Machthaber verinnerlicht hat. Er betont zwar als Erwachsener, daß sein Blut so gut wie das der anderen gewesen sei, und die Freunde gegenteilig indoktriniert gewesen wären, die Beweisführung der Nichtvermischung belegt hingegen die anhaltende verborgene Anerkennung des ihm zugeschriebenen, minderwertigen Status.

Doch trotz Kicherns und verweigerter Blutsbruderschaft war Dennis im Gegensatz zu seinen Eltern nicht völlig aus der nichtjüdischen Umgebung ausgegrenzt. Er spielte sogar regelmäßig mit seinen Freunden zusammen Tennis in einem Verein, eine Betätigung, die ihm mit nach der Pubertät, als er sich langsam für Mädchen zu interessieren begann, auch aus anderen Gründen wichtig war und ihn wenigstens dort seine jüdische Herkunft vergessen ließ.[114]

> „Das war schön. Dann waren auch die Mädchen dabei. Man war ja nun schon vierzehn, fünfzehn und lernte Mädchen kennen. Und die waren hübsch. Und die kurzen Röckchen. Das war alles wunderbar. Und wir natürlich in schneeweiß und so. Und plötzlich wurde mir im Verein gesagt – ich weiß noch wer es war – ‚Es tut uns ja furchtbar leid. Wir können dich nicht mehr im Verein behalten, mein Junge.' ‚Mein Junge', also es war nett. Und plötzlich gehörte ich nicht mehr dazu. Das war schwer, das war schwer. Denn das hatte auch natürlich sofort die Folge, daß das bekannt wurde und unter unseren Nachbarn und Bekanntenkreisen, die ja immer weiterbestehen und es also jetzt offensichtlich war, daß mit Berend, ob das jetzt der Mann oder der Junge ist oder sogar die Frau, vielleicht müßte man sich etwas weiter zurückziehen, es wird ja offenbar gefährlich. Also noch mehr isoliert wurde man dadurch. Das war nicht nur die Sache, daß ich jetzt nicht mehr Tennis spielen konnte. Und natürlich tat es weh."[115]

1942 fanden die „Endlösungs"-Konferenzen statt, in denen um die Einbeziehung der Mischehen und „Mischlinge" in die Vernichtungspolitik diskutiert wurde. Eine Auswirkung waren neue Anordnungen, die „Mischlinge" aus zahlreichen Lebensbereichen ausgrenzten. Andere „Halbjuden" hatten die bittere Erfahrung des Ausschlusses aus Sportvereinen bereits sehr viel früher als Berend machen müssen. Doch 1942 schien es offensichtlich auch den nicht ganz so rigiden Funktionären seines Vereins angebracht, die Trennungslinie zwischen „Ariern" und „Juden" stellvertretend zu ziehen. So entfiel für Dennis Berend nicht nur die Freizeitbetätigung, sondern auch eine der wenigen unauffälligen Möglichkeiten, noch in aller Unschuld („schneeweiß") Freundschaftsbeziehungen zum anderen Geschlecht anzuknüpfen. Zudem empfand er diesen Hinauswurf als Signal für seine Umgebung, sich von ihm und der Familie zurückzuziehen wegen der erhöhten Gefahr, die allen, die zu ihnen in Kontakt standen, drohte. Zu dieser Zeit waren die jüdischen Freunde des Vaters bereits deportiert.

Daß die Gefahr für die in „privilegierten" Mischehen lebenden Juden tatsächlich gestiegen war, machte die Verhaftung des Vaters Ende Februar 1943 deutlich.[116] Als Dennis Berend an jenem Tag nach Hause kam, lag dort nur ein Zettel der Mutter auf dem Küchentisch, dessen Text er so erinnert: „Vati ist abgeholt worden. Ich bin hinterhergefahren. Ich komme wieder, sobald ich kann."[117] Der bereits erwähnte Leiter des Arbeitseinsatzes für Juden, Willibald Schallert, hatte Anweisung bekommen, eine Verhaftungsliste zusammenzustellen und den Vater darauf plaziert.[118]

Während die Mutter den väterlichen Aufenthaltsort ausmachte und ihn zu sprechen versuchte, stand Dennis allein in der Wohnung. „Ich war doch nur eine halbe Stunde, höchstens eine Dreiviertelstunde weg", klagt er noch heute, und es hört sich an, als hätte er, der Sechzehnjährige, die Verhaftung verhindern können. Hinzu kam, daß das elterliche Prinzip, ihm die Fakten nicht mitzuteilen, auch in dieser Situation aufrechterhalten wurde: „Aber genau wann und was da vorgegangen ist, das weiß ich nicht. Hat sie mir auch nicht gesagt. Ich war immer noch ein Außenseiter.
M: Immer noch das Kind.
B: Immer noch das Kind."[119]

Während er einerseits weiterhin wie ein Kind geschont oder – wie er es empfand – außen vor gelassen wurde, zog die Mutter ihn andererseits gleichwohl zu ihrer Entlastung heran, indem sie ihm die wöchentlichen Botengänge ins Polizeigefängnis Fuhlsbüttel übertrug, um dem Vater saubere Wäsche zukommen zu lassen:

> „Das erste Mal ist meine Mutter hingegangen mit einem Koffer mit Wäsche. (...) Meine Mutter hat dabei so viel Angst gekriegt, daß sie es einfach nicht konnte. Sie war ja schon in Fuhlsbüttel [in Haft, B.M.] gewesen. Man hat sie dort auch beschimpft usw., als sie das erste Mal da war. Und sie hat mich gehen lassen. Ich war jung und frech. Und ich habe es dann gemacht. Es war, ich weiß nicht mehr, welcher Tag, sagen wir, mittwochs. Und Gott, hat man mich da mißhandelt! Das war ein kleiner Raum direkt am Gittereingang. (...) In der Bude, da standen diese riesigen SS-Männer in ihrer schwarzen Uniform mit den großen Stiefeln usw. Also man hat mich nicht angefaßt, aber ich mußte... ‚Ach, hier kommt wieder so'n Judenlümmel.' und ‚Steh' mal stramm. Melde dich mal richtig. Murmel nicht so.' Und alles, was man machte, war falsch. Dann mußte man es noch mal machen und noch mal machen. Inzwischen macht man sich in die Hose. Man ist doch kein Held. Und diese Hünen stehen da und machten sich offensichtlich über dich lustig! Dann der Austausch der Wäsche (...). Und beim Abschied sozusagen dann strammstehen, ‚Heil Hitler' sagen, der Arm ist nicht gerade genug, nicht hoch genug, zu hoch. Die Schikanen und die Freude, die diese Männer offensichtlich daran hatten, so einen wie mich so richtig mal durch die Mühle zu drehen! Und zuerst hat man die schreckliche Angst, und dann denkt man nur an Rache. Ich möchte mal, daß es umgekehrt wäre, daß ich euch mal... Trotzdem bin ich jede Woche hin, und jede Woche gab's dasselbe. Es waren immer neue [SS-Männer, B.M.]. Es waren niemals dieselben, soweit ich weiß. Und auf eine Art oder die andere haben sie alle dasselbe gemacht. Und dann eines Tages (...) wurde mir ganz kurz gesagt: ‚Der Jude ist nicht mehr hier.' Und damit war es zu Ende."[120]

In der rückblickenden Sicht auf die Botengänge wird die zwiespältige Situation Berends sehr deutlich: Auf der sprachlichen Ebene wechselt er vom „ich" zum objektivierenden „man" und nimmt kurzzeitig sogar die Perspektive seiner Gegenüber ein, wenn er von sich als „dich" spricht. Noch war er Kind genug, um die SS-Leute – die ja tatsächlich eine bestimmte Körpergröße aufweisen mußten – als „riesig" zu empfinden, das heißt sich selbst als sehr klein. Entsprechend entwickelte er Rachephantasien, die sich auf eine Zukunft bezogen, in der es „umgekehrt" wäre, er riesig und sie klein. Dabei wurde er von den SS-Leuten behandelt – was er nicht wußte und was ihm in der Situation auch nicht geholfen hätte – wie erwachsene Juden auch. Seine eigene unkontrollierbare Reaktion der Inkontinenz war für ihn ein öffentlicher, demütigender Beweis seiner Infantilität, er galt nicht nur als „Rotznase", sondern auch als „Hosenscheißer". Alt genug, seiner Mutter die Aufgabe abzunehmen, die ihn jede Woche wieder zum Kleinkind werden ließ, erfuhr er doch nichts über die Hintergründe, in die sein älterer Bruder sehr wohl eingeweiht wurde. Die Nachricht vom Abtransport des Vaters mußte ihm – so schrecklich sie in der Konsequenz auch war – insgeheim auch entlastend erschienen sein, befreite sie ihn doch von der wiederkehrenden Demütigung durch SS-Männer, die in seiner Erinnerung zu einem einzigen Riesen zusammenflossen. Der Vater wurde am 22. April 1943 nach Auschwitz deportiert, laut Todesurkunde dort am 15. Mai 1943 ermordet.[121]

Dennis Berends weite Reise 1993 nach Hamburg war dem Bedürfnis geschuldet, nun – als 66jähriger – aus den Akten Aufklärung über das damalige Geschehen zu erfahren. Denn „das Kind" erfuhr auch nach dem Krieg nie, was 1943 verschwiegen wurde. Weder im Gespräch mit der Mutter noch mit dem Bruder wurde diese Thematik je wieder berührt. Daß in den umfangreichen Ermittlungen gegen Schallert und dessen Vernehmungen ein Grund für die Verhaftung des Vaters nicht herausgefunden werden konnte, mit dem die Restfamilie sich hätte auseinandersetzen können, konnte das Schweigen auch nicht brechen.

Dennis und sein Bruder, der inzwischen aus der Wehrmacht entlassen worden war, wurden in einen Rüstungsbetrieb dienstverpflichtet. Den Übergang zwischen „normaler" Dienstverpflichtung und dem Beginn der Zwangsarbeit bemerkten sie im Gegensatz zu anderen Betroffenen, die aus ihren bisher ausgeübten Berufen herausgerissen wurden, gar nicht. Erst Gerüchte über bevorstehende Lagereinweisungen schreckten sie auf:

„Kurz vor Kriegsende kam hier ein Gerücht: Jetzt sind wir dran. (...) Dann war plötzlich die Rede davon: Jetzt kommen wir ins Lager. Wir müssen jetzt zu den Italienern und Franzosen, mit denen wir arbeiten, jetzt kommen wir ins Lager. Innerhalb von zwei Tagen werden wir das im Radio hören. Wir sind geflüchtet. Die Engländer waren wenige Kilometer südlich von Hamburg. Auf dem Fahrrad bin ich nach Bendestorf [in der Nordheide, B.M.] gefahren. Und als ich in Bendestorf ankam, ich kam den Berg runter, und gegenüber im Tal kamen die englischen Panzer. Ich bin umgekehrt, nach Hamburg zurück, zu meinem Bruder gesagt: ‚Horst, die Engländer kommen. Die sind schon da. Wir gehen nach Bendestorf. Morgen sind sie schon zehn Kilometer weiter. Und wir lassen uns einfach überlaufen. Dann sind wir sicher. Wir gehen nicht ins Lager. Wir gehen nicht auf die Barrikaden, falls sie hier Barrikaden bauen. Wir wollen hier nicht in den letzten Tagen des Krieges noch für die Nazis sterben. Das fehlt uns noch.' Und wir haben das gemacht. Allerdings haben die Engländer uns nicht überlaufen. Wir konnten sie sehen, und sie sind stillgestanden. (...) Und mein Bruder und ich haben gedacht, wenn die Engländer nicht zu uns kommen, dann gehen wir eben zu ihnen. (...) Hinter den Bäumen auf der anderen Seite der Lichtung stehen zwei SS-Männer. Mensch, so eine Angst, das kann man sich gar nicht vorstellen. ‚Papiere'. Die suchten natürlich nach ...
M: Deserteuren.
B: Fahnenflüchtigen. Den ganzen Krieg habe ich versucht, das Ding zu verstecken, wo ‚n.z.V.' draufstand, ‚nicht zur Verwendung'. Naja, wir mußten die Papiere zeigen, und die beiden mit gezogenen Pistolen hinter uns, die Pistolen an den Kopf. (...) Wir wa-

ren so gut wie tot. Junge, Junge. Das war wohl die größte Angst, die ich je gehabt habe. Und dann plötzlich gab es furchtbares Brausen in der Luft. Die Engländer hatten uns anscheinend gesehen, als wir die Lichtung durchliefen, und haben geschossen mit diesen Mörsern. (...) Natürlich haben wir alle vier, die beiden SS-Leute und wir, uns auf den Boden geworfen. Und mein Bruder hat die Geistesgegenwärtigkeit gehabt, er sagte nur ein Wort: ‚Los!' Aufgesprungen und durch das Feuer durch, und ich hinter ihm her. Und die beiden anderen lagen noch auf dem Boden, haben was gerufen, ich weiß nicht, was. Es war so ein Lärm von den Mörsern. Und wir sind durch das Feuer durchgelaufen. Nichts hat uns getroffen. Und wir waren weg."[122]

Nach der Ermordung des Vaters trieb die drohende „Kasernierung" die Brüder zu rettenden Schritten. Sie waren bereit, das Risiko der „Feindberührung" einzugehen, um endlich in Sicherheit zu sein.[123] Statt dessen trafen sie in den SS-Leuten auf die treuesten Anhänger des NS-Staates, die für Dennis nach seinen traumatischen Erlebnissen am Tor in Fuhlsbüttel ohnehin gleichbedeutend für eigene Demütigung und den Tod des Vaters waren. Auch hier verkörperten sie Todesgefahr, die die Brüder aktiv dadurch überwanden, indem sie „durch das Feuer liefen". Es half ihnen, daß sie jung, sportlich und aufeinander eingespielt waren. Andernfalls hätten vielleicht ein paar Tote mehr in diesem Wald gelegen. Nach Hause zurückgekehrt, erlebten sie das Kriegsende – ohne überzulaufen – ganz unspektakulär in Hamburg.

Doch zur Tagesordnung übergehen wollten sie nicht, zu frisch waren Demütigungen, Ausschlüsse, Entlassungen und Verhaftungen: Die Mutter hatte wegen zuviel gezahlten Familienunterhalts eine halbjährige Gefängnisstrafe erhalten, der Bruder kurzzeitig eingesessen, weil er ein Swing-Lied gesungen hatte, und schließlich war der Vater ermordet worden. Dennis und sein Bruder wollten wenigstens einen Verantwortlichen symbolisch bestrafen. Ihre Rachegedanken richteten sich nicht auf die „riesigen" SS-Männer, die Gestapo-Leute oder den für die Deportation des Vaters verantwortlichen Schallert, sondern auf den Blockwart ihres Miethauses. Auf ihn, den im Vergleich weniger Gefährlichen, konzentrierten sie stellvertretend alle Wut-, Haß- und Rachegefühle:

„Diese Gefühle, so nach Jahren, die Gefühle, die man so aufspeichert, die sind schrecklich. Ich denke noch heute oft so im Halbschlaf an Rache. Das darf man nicht, man sollte es nicht. Und trotzdem, es ist schwer, dem zu entkommen. Dieser Blockwart (...) war SA-Mann. Was der uns zugesetzt hat in den Jahren, wie der uns traktiert hat, schikaniert hat, ist kaum zu glauben. Und nach dem Krieg, wenige Tage nach dem Krieg, ich muß das auch zugeben, sind mein Bruder und ich ... Wir wußten, wo er arbeitet, beim Gericht (...) war er beschäftigt. Ich weiß nicht, was er machte. Er war kein Richter, er war Angestellter oder so. Da saß er an seinem Schreibtisch. Leider waren jetzt in dem selben Raum fünf oder sechs andere Männer am Schreibtisch. Also wir konnten nichts machen, als ihn zu beschimpfen. Und mein Bruder wurde laut: ‚Die Nazis sitzen hier also noch...'. Wir wußten aber dann, wo er wohnt. Und er wohnte auf seinem Schrebergarten außerhalb Hamburgs Richtung Bergedorf. Wir haben uns einen Strick genommen, einen schönen dicken Strick und verschiedene kleinere. Und wir sind hingegangen, um ihn abzuwarten und ihn aufzuhängen. Das war wenige Tage nach dem Krieg. Man fand die Toten auf der Straße. Für eine Zigarette wurdest du umgebracht. Da hätte sich keiner drum gekümmert. Den hätten sie erst sechs Wochen später gefunden. Haben wir uns genau überlegt. Wir sind hingegangen und haben ihn beobachtet, ein paar Tage lang. Abends um diese Zeit kommt er nach Hause mit seinem Fahrrad zum Schrebergarten. Und jetzt wußten wir, wann er ankommt, wo er ankommt. Und da haben wir gedacht, so wie er drin ist, gehen wir rein, und dann ist es soweit. Den hätten wir aufgehängt. An dem Abend, wo es losging, da kam er nicht. Da hat er Glück gehabt. Man war soweit getrieben, daß man sagte: ‚Ich ermorde den.' Der hat ja jahrelang meinen Vater, Gott oh Gott, beschimpft."[124]

Der Wunsch, die eigenen Verletzungen und den ermordeten Vater zu rächen, mag auch davon bestimmt gewesen sein, sich selbst von Schuldgefühlen zu befreien und die Schuld wieder jenen zuzuschieben, die das nationalsozialistische Regime den Verfolgten gegenüber tagtäglich repräsentiert hatten. Die Brüder waren zu jung und während der NS-Zeit zu isoliert von Leidensgenossen, um ihre Rachewünsche in die Mitarbeit in einer Organisation umzulenken, die ehemalige Nationalsozialisten dingfest machte, oder um eine Klage bei Gericht einzureichen – wobei es eine Ironie des Schicksals zu sein scheint, daß ihr Racheobjekt gerade dort arbeitete. Doch wie die spektakulären Fluchtpläne bei Kriegsende, so scheiterten auch die Rachepläne an banalen Widrigkeiten wie den Arbeitskollegen oder einer Verspätung und lösten sich ins Nichts auf. Während die Mutter als Zeugin im Prozeß gegen Willibald Schallert aussagte, emigrierten die Brüder in die USA, um sich ein Leben ohne rassistische Diskriminierung, staatlichen Terror und flugs zu Demokraten gewendeten Nationalsozialisten aufzubauen. Daß Dennis nicht wie sein Vater Kaufmann wurde, sondern Mitarbeiter bei einem der mächtigsten Geheimdienste der Welt, dem CIA, weist lebensgeschichtlich auf das tiefsitzende Bedürfnis hin, Geheimnisse zu erfahren, zu analysieren und einschätzen zu lernen. Daß er bei diesem Geheimdienst in die Öffentlichkeitsarbeit gegangen ist, könnte darüber hinaus zeigen, daß es ihm auch darauf ankommt, den Wissensvorsprung – in wohldosierter Form – an die Öffentlichkeit weiterzugeben (womit keine generelle Aussage über die CIA-Öffentlichkeitsarbeit getroffen werden soll, die sicher anderen Zielsetzungen folgt), Aufklärung zu leisten und vielleicht Menschen aufzurütteln. Auf jeden Fall aber sicherte und schützte ihn die berufliche Orientierung: Er gehörte nun zu einem Machtapparat, der sich weltweit als handlungsfähig und schlagkräftig präsentiert hatte und vor dem Umsturz mißliebiger Regime nicht scheute. Als er die Organisation verlassen hatte, drängte es ihn, die verschwiegenen Vorgänge von 1943 aufzuklären, die abgerissenen Fäden seiner Vergangenheit aufzunehmen und sich vielleicht so von Rachegefühlen im Halbschlaf zu befreien. Doch allein mit dem Aufspüren der Fakten ist es nicht getan. Sich der Vergangenheit zu stellen, ist ein schwieriger, schmerzhafter und vielleicht gesundheitsgefährdender Prozeß, wie Dennis Berend erfahren mußte, als er nach seiner Rückkehr in die USA einen leichten Schlaganfall erlitt.[125]

5. „Positiv Denken" – Lydia Schiele

Lydia Schieles Kindheit fiel wie die Dennis Berends in die ersten Jahre der NS-Herrschaft. Auch ihr „rassischer Status" lautete „Mischling ersten Grades". Allerdings unterschied sich die Ausgangssituation der beiden in wesentlichen Aspekten: Lydia war vier Jahre jünger, sie war ein Mädchen und bei ihr stammte die Mutter aus einer jüdischen Familie.[126] Diese Faktoren führten zu einem anderen Ablauf des Verfolgungsprozesses, beeinflußten die Umgangsstrategien mit ihm und zeitigten unterschiedliche langfristige Auswirkungen.

Lydia wurde 1931 geboren. Sie hat – wie ihre 1929 geborene Schwester – keine bewußten Erinnerungen an die Zeit der Weimarer Republik und damit keine Erinnerung an ein von „rassischer" Diskriminierung unbelastetes Familienleben. Ihre Eltern waren nicht religiös. Schon der Großvater gehörte der jüdischen Gemeinde nicht mehr an. Als die Mutter sich 1935 taufen ließ, geschah dies allerdings weniger als Bekenntnis zum Christentum, sondern in der (irrtümlichen) Hoffnung, damit die Diskriminierung der Familie abschwächen zu können.

Wie bei Berend war auch Lydia Schieles Kindheit von zahlreichen Umzügen beeinträchtigt, die das Kind immer wieder aus seiner Umgebung rissen. Die Familie wohnte zunächst bei den Großeltern, die nach Definition der Nationalsozialisten „Volljuden" waren. Als deren Eigenheim verkauft werden mußte, zog Familie Schiele in ein Barmbeker Mietshaus. Hier lebte sie fünf Jahre im guten Einvernehmen mit Vermieter und Nachbarn. 1942 wechselte sie nach Eppendorf, wo sie im Sommer 1943 ausgebombt wurde. Das nächste halbe Jahr verbrachten Mutter und Töchter in Weimar und Bamberg, bis sie 1944 nach Hamburg zurückkehrten, wo sie zunächst in Othmarschen Unterkunft fanden. Aufgrund familiärer Konflikte, in die Schieles hineingezogen wurden, denunzierte der Hauptmieter sie beim Hausbesitzer als Juden, was die sofortige Kündigung zur Folge hatte. Kurzzeitig fanden die Ausquartierten in Quickborn Unterkunft und bezogen dann in Altona ein möbliertes Zimmer. Als hier die Abstammung der Mutter bekannt wurde, kündigte auch dieser Vermieter. Vermutlich vermittelte dann die RVJD eine neue Wohnmöglichkeit bei einer Mischehenfamilie in Hamburg-Eimsbüttel, wo die Familie wiederum einige Monate bleiben konnte, bis die Reichsvereinigung sie aufgrund neuer Raumbewirtschaftungspläne in ein „Judenhaus" für Mischehen in die Dillstraße 16 einwies.[127] In den zwölf Jahren der nationalsozialistischen Herrschaft wohnte Lydia also in zehn verschiedenen Wohnungen. Stabile Freundschaften zu anderen Kindern oder Schulkameradinnen konnte sie aufgrund der häufigen Wechsel kaum aufbauen. So verwundert es nicht, daß sie als Kind und Jugendliche eine sehr enge Beziehung zu ihrer Schwester entwickelte und auf den Familienverband orientiert war. Sprachlicher Ausdruck dieser emotionalen Fixierung im Interview ist eine äußerst spärliche Verwendung des Wortes „ich" zugunsten eines „wir", das manchmal die Schwestern, weitaus häufiger aber Mutter, (Vater) und Kinder meint. Dieses „wir" spiegelt sich auch in dieser Darstellung und Interpretation des Lebensweges, weil das invidividuelle Erleben in vielen Interviewpassagen kaum zu extrahieren ist.

Der als Lehrer verbeamtete Vater verlor seine Arbeitsstelle nach dem Gesetz zur Wiederherstellung des Berufsbeamtentums als „jüdisch Versippter" 1937[128] und fand kurz darauf einen neuen Arbeitsplatz als kaufmännischer Angestellter. Die

Mutter war nicht erwerbstätig. Der soziale Abstieg machte sich offensichtlich nicht so stark wie bei anderen Familien bemerkbar, zumal das Ruhegehalt bzw. später der Wehrsold des Vaters das Einkommen der Familie aufbesserten. Auch die soziale Isolierung spürte die Familie weniger als andere, denn das gemeinsame Interesse an Musik führte die Eltern weiter mit alten Freunden zusammen:

> „Meine Mutter hat kein Instrument gespielt. Mein Vater spielte Geige, meine Schwester Cello. Aber zu der Zeit natürlich noch nicht, da waren wir zu klein. Mein Vater hatte immer Kammermusikvereinigungen, Quartett oder Quintett. Damit sind wir aufgewachsen, was sehr schön war, und was vor allen Dingen sehr schön war, daß das immer aufrechterhalten werden konnte. Also die sind alle weiterhin gekommen, da hat es niemals Probleme gegeben."[129]

Die Musiknachmittage oder -abende beugten der äußeren Isolation der Familie – zumindest in Vorkriegsjahren – vor. Zudem schufen sie innerfamiliär enge Bindungen, in die die Töchter hineinwachsen konnten. Auch wurde für die Mutter das Verbot, kulturelle Veranstaltungen zu besuchen, partiell unwirksam, fanden diese doch in ihrem Wohnzimmer statt. Daß die Barmbeker Nachbarn die Zusammenkünfte nicht denunzierten, erzeugt bis heute bei der Interviewten Dankbarkeit, denn Erinnerungen an andere Versuche, als Familie gemeinsam etwas zu unternehmen, sind Erinnerungen an Anspannung, Angst und Streß:

> „Meine Eltern haben immer versucht, uns zu schonen, obwohl meine Mutter natürlich in mancher Beziehung sehr aufgeregt war – auch zum Beispiel besinne ich mich drauf, daß wir sie mal überredet haben ins Kino zu gehen, wir alle zusammen; das haben wir einmal gemacht und nie wieder, denn sie konnte kaum wieder rauskommen vor Angst. Das war nicht so, daß wir uns davon so haben kaputt machen lassen. Das war nicht der Fall. (...) Mein Vater hatte einmal in der Woche Quartett-Abend, und das war etwas Wunderbares (...), in unserem Fall besonders, weil man da so verschiedenes vergaß."[130]

Die Hausmusik bot die Möglichkeit, selbst einen Ausgleich für Verbote zu schaffen und einen inneren Abstand zu der bedrückenden äußeren Wirklichkeit einzuhalten. Lydia weist in dieser Interviewpassage außerdem darauf hin, daß die Eltern ihre Töchter „schonen" wollten. In dieser Absicht gingen sie so weit, sie nicht wissen zu lassen, in welcher Beziehung sie zu der in der politischen Propaganda des NS-Regimes verleumdeten „jüdischen Rasse" standen. Die Mädchen erfuhren dies auf der Straße:

> „Wir haben niemals etwas davon erfahren, bis zu einem Tage, und das werde ich nie vergessen, meine Schwester auch nicht... Meine Großeltern wohnten auch in Barmbek (...). Sie sind übrigens '39 ausgewandert. Dies muß gewesen sein so '38, glaube ich: Meine Schwester und ich haben sie oft besucht, und wir haben hin und wieder unten gespielt. Ich weiß, daß wir da eines Tages mit anderen Kindern spielten, dann wohl ins Haus gehen wollten, und da sagten die: ‚Da oben wohnen Juden!' Davon hatten wir noch nie etwas gehört. Und dann haben wir wohl gefragt: ‚Ja, wer denn da? Wo denn?' – ‚Ja, T. heißen die.' Das waren unsere Großeltern. Ich weiß wie heute, daß wir raufgingen und sagten: ‚Die Kinder da unten haben gesagt, ihr seid Juden!' Ich weiß, daß meine Großmutter nur ein Wort sagen konnte und das war: ‚Nebbich.'[131] Das werde ich nie vergessen.

> M: (Lachen) Kannten Sie das Wort?
> S: Wir standen in der Tür. Ja, das kannten wir. Das kannten wir, meine Mutter benutzte das Wort auch ziemlich häufig. Das war eine ganz merkwürdige Erinnerung. Nur dieses eine Wort. Ich besinne mich nicht darauf, ob sie dann gesagt hatte: Ja, das stimmt, oder: Nein, das stimmt nicht. Das wissen wir beide nicht mehr. Meine Schwester und ich.
> M: Haben Sie dann Ihre Mutter zu Hause gefragt?
> S: Auch das weiß ich nicht."[132]

Die Eltern wollten die Töchter nicht mit dem Wissen um die Abstammung belasten. So erfuhren diese, sieben und neun Jahre alt, die bedeutsame Tatsache, die Ursache für Umzüge und die Entlassung des Vaters als Lehrer war, auf der Straße. Als Anekdote nicht ohne Witz, weist die kurze Antwort mit einem jiddischen Wort, das in die Familientradition eingegangen war, tatsächlich auf die Abstammung ausgerechnet in dem Moment hin, in dem diese geleugnet wurde. Lydia Schiele hat den Moment der Aufklärung auf diese Weise erzählbar gemacht – und ihn von anderen Gefühlen gereinigt, die sie auf der Barmbeker Straße noch beherrscht haben mochten. Die Erinnerung existiert als Anekdote, um diese herum herrscht ein doppelt abgesicherter Erinnerungsverlust. Die Mädchen sollten nicht um die Abstammung wissen, also haben sie alle unerwünschten Emotionen, Phantasien, Gespräche untereinander und mit den Erwachsenen verdrängt. In dieser Episode kommt die Umgangsstrategie der Familie Schiele mit der Verfolgung sehr deutlich zum Ausdruck: Der Anschein von Normalität wurde in einem Alltag aufrechterhalten, der alles andere als normal war. Die Töchter sollten nichts von den Bedrückungen wissen, um nicht belastet zu sein. Hatten sie doch etwas erfahren, wurde es von den Erwachsenen in seiner Bedeutung heruntergespielt. Mit dieser Haltung aufgewachsen, reproduzierten die Töchter dieselbe: Sie versuchten, nicht an Belastendes zu denken, Diskriminierungen, Angst und Unsicherheit zu verniedlichen, zu vergessen und zu verdrängen. Lydia Schiele faßt ihre Haltung in einem der wenigen Ich-Sätze zusammen: „Ich war immer irgendwie positiv denkend."[133] Dazu gehörte auch, gute Erfahrungen in den Vordergrund zu rücken, sie stärker als die negativen zu betonen und vor allem die Ausgrenzungserfahrungen anderer Personen eher zu erinnern als die eigenen. In den Negativerfahrungen der anderen leben die eigenen weiter, erscheinen aber weniger bedrohlich. Die familieninterne Verständigung lautete folgerichtig: „Wir haben wieder unser berühmtes Glück gehabt."[134]

Dennoch schützte diese Strategie die Töchter nicht vor Ausgrenzung und Diskriminierung, so wie Lydias ältere Schwester sie beispielsweise im BDM erfuhr:

> „Wir haben eine merkwürdige Erfahrung gemacht: Meine Schwester ist anderthalb Jahre älter als ich und war im BDM, was übrigens viele ‚Halbjuden' waren. Das habe ich später von verschiedenen gehört, und zwar gerne! Wir wollten irgendwie nicht anders sein als andere. Ich weiß auch gar nicht, ob meine Mutter es gesagt hat, sicher nicht. Ich besinne mich nur auf einen Tag, da kam eben diese entsprechende BDM-Führerin, die sehr nett war, zu meiner Mutter. Meine Schwester und ich waren bei diesem Gespräch dabei. Das muß wohl '41/'42 gewesen sein. Sie sagte, es täte ihr unendlich leid, und sie möge meine Schwester schrecklich gerne, und es wäre immer eine Bereicherung gewesen, aber sie dürfte nun nicht mehr kommen.

M: Ihre Schwester hatte das [die Abstammung, B.M.] angegeben?
S: Das weiß ich nicht. Das glaube ich nicht. Aber vielleicht war es eben bekannt geworden. Vielleicht hatte es ja auch irgendeiner bekannt gemacht, von dem wir es nicht wissen? (...) Sie ging gerne hin, weil wahrscheinlich eben diese sogenannte BDM-Führerin sicherlich die Sache sehr nett aufgezogen hatte. Denn dieses Gespräch, das erinnere ich sehr genau – ich weiß genau wie sie aussah – war außerordentlich sympathisch eigentlich.
M: Wie hat Ihre Schwester darauf reagiert?
S: Ich glaube, sie fand es sehr schade. Aber es wird sie nicht umgeworfen haben, aber das war zum ersten Mal vielleicht dieses Ausgeschlossensein von irgendetwas.
M: Bei Ihren Eltern hatten Sie nicht gemerkt, daß die ein bißchen skeptisch waren gegenüber dieser Mitgliedschaft?
S: Nein. Ich nehme an, daß meine Eltern wohl alles versucht haben, um uns so wenig wie möglich ausgeschlossen zu sehen."[135]

Die „sympathische" BDM-Führerin verkörperte die (Volks)Gemeinschaft, aus der die Mädchen ausgeschlossen wurden. Auch ohne Angabe über die „rassische Abstammung" hatte die Information ihren Adressaten gefunden und zerstörte den Traum der älteren Schwester von der Integration in die Gruppe Gleichaltriger, der ja von den Eltern nicht in Frage gestellt worden war. Daß der Rausschmiß so moderat verlief, war wieder ein „Glücksfall": Er tat allen „unendlich leid", war aber doch „nicht so dramatisch" und hat sie „nicht umgeworfen".

Kurz darauf hatte Lydia die Aufnahmeprüfung für die höhere Schule bestanden. Doch sie konnte den Schulwechsel nicht vollziehen, weil der Erlaß, der „Mischlinge" von deren Besuch ausschloß, bereits in Kraft getreten war. Ihre Schwester mußte das Gymnasium verlassen. Um eine Rückkehr in die alten Schulen zu vermeiden, meldeten die Eltern beide zusammen in einer neuen Schule an: „Auch da war es ganz toll."[136] Diese Aussage steht allerdings im Gegensatz zu der an anderer Stelle im Interview, daß beide „nicht ganz glücklich in der Schule" waren.[137] Diese Bewertung spricht die Interviewte aus, um herauszustreichen, daß die Trauer um den zerstörten Berufswunsch, Pharmazie zu studieren, sich in Grenzen hielt, weil die belastenden Schulerfahrungen so nicht länger anhielten. Eine doppelte Absicherung gegen das Gefühl, um Lebenschancen betrogen worden zu sein, kam auch in der späteren Überlegung zum Ausdruck, daß sie den Beruf der Apothekerin in der Nachkriegszeit ohnehin hätte aufgeben müssen, um ihre kranke Mutter zu pflegen.

Ein Jahr konnte Lydia die neue Schule besuchen, dann legten die alliierten Luftangriffe das schulische Leben in der Hansestadt lahm. Andere Schüler fuhren in die KLV, „Mischlinge" waren davon ausgeschlossen. Kurzzeitig organisierten die Eltern Privatstunden, dann entfiel auch diese Möglichkeit. Erst zwei Jahre später konnte sie nach dem Krieg in einem Sonderförderkursus an den Unterrichtsstoff vom Sommer 1943 anknüpfen.[138]

Obgleich die den Alltag begleitende Angst in der Familie nicht thematisiert wurde, bestimmte sie doch alle Wege der Familienmitglieder, die aus der sicheren Wohnung hinausführten. Die Mutter, voll Angst und Sorge um das eigene und das Schicksal ihrer Kinder, schränkte den Aktionsradius der Töchter extrem ein. Selbst der Gang zum nahegelegenen Spielplatz schien ein Ausflug ins Ungewisse:

„Wir hatten in der Nähe einen Spielplatz, und da gingen wir schrecklich gerne hin, was nicht erlaubt war. Ich glaube, es war für Juden und Halbjuden verboten. Bestimmt für Juden, aber ich meine, wohl auch für Halbjuden. Jedenfalls war es dann immer so, daß wir eine Zeit mitbekamen – nicht immer, aber sehr häufig so – und damals hatte kein Mensch eine Armbanduhr, wir schon gar nicht, und dann kam es vor, daß wir zu spät kamen, so statt um sechs um zehn nach oder Viertel nach sechs. Wir wußten das eigentlich ziemlich genau, deswegen war es immer sehr unangenehm für uns, daß meine Mutter dann die Tür aufmachte und neben der Tür einen Ausklopfer hatte, und damit wurden wir verhauen. Wir haben das irgendwie nie verstanden eigentlich; waren auch sehr böse darüber. Aber später ist uns das klar geworden – sie hat das auch dann geäußert: Das war so ein Abreagieren, daß wir nun Gott sei Dank wiedergekommen waren. Das wirkte sich dann so aus."[139]

Daß „Halbjuden" der Besuch von Spielplätzen verboten war, ist ein Irrtum, wahrscheinlich aber eine Projektion, die den mütterlichen Strafen eine scheinbar objektive Begründung verleiht. Allerdings waren die Kinder natürlich nicht davor gefeit, von Nachbarn oder Vorbeikommenden davongejagt zu werden. Doch es ging weniger um diese Diskriminierung, als um die angstauslösende Trennung von Mutter und Kindern. Offensichtlich erzeugte diese bei der Mutter eine kaum auszuhaltende Spannung, die sie aggressiv abreagierte, was die Töchter zwar als Erwachsene, nicht aber als Kinder zu erkennen vermochten. Als solche mußten sie aus diesem Verhalten lernen, daß sie sich besser im Hause in der Nähe der Mutter aufhielten, sei es zu deren oder ihrem Besten. Wer dabei wen schützen sollte, bleibt in der Erzählung entsprechender Interviewpassagen unklar und wird noch unklarer, wenn angstauslösende Situationen wie Besuche beim bereits erwähnten Leiter des Arbeitseinsatzes für Juden, Willibald Schallert geschildert werden:

„Sie mußte sich ja von Zeit zu Zeit bei der Gestapo vorstellen. Das war ein Herr Schallert, der relativ nett war. Vielleicht mochte er sie leiden, ich weiß es nicht. Wir waren immer mit. Meine Schwester und ich waren bei den Besuchen immer dabei. Sie hat niemals darauf verzichtet, uns mitzunehmen, oder sie hat eben großen Wert darauf gelegt, daß wir mitgehen. Es war immer eine freundliche Atmosphäre, was übrigens viele bestätigt haben. Aber wir haben niemals eine schlimme Situation erlebt.
M: Sind Sie mit drinnen gewesen im Zimmer?
S: Wir sind immer dabei gewesen. Immer. Ich weiß das ganz genau, daß wir immer dabei waren.
M: Haben Sie da nicht Angst gehabt? Ich meine, Gestapo, das war ja nun das Schrecklichste, was es gab in der Zeit.
S: Meine Mutter hat bestimmt fürchterliche Ängste ausgestanden. Meine Schwester und ich ... Ich weiß es nicht; ich nicht so. Ich war immer irgendwie positiv denkend. (...)
M: Können Sie mir einen oder mehrere von diesen Gestapo-Besuchen schildern? Wie lief das ab? Sie saßen wahrscheinlich erst im Vorzimmer...
S: Ja, das nehme ich an. Ich glaube nicht, daß meine Mutter lange drin war, oder wir zusammen lange drinnen waren, ich besinne mich eigentlich nur auf das Gespräch, als er ihr dann sagte, sie sei jetzt zwangsverpflichtet, und er könnte ihr zwei Dinge anbieten, entweder in der Fischfabrik oder in der Küche im Jüdischen Krankenhaus zu arbeiten. Ich weiß, daß sie sofort sagte: ‚Nein, dann gehe ich natürlich in das Kran-

kenhaus.' Das ging alles immer vollkommen harmlos ab. Sehr merkwürdig. Aber das haben mehrere gesagt: Er konnte freundlich sein, ganz human ohne irgendeine Problematik. Es war ganz merkwürdig."[140]

Die Zuordnung Schallerts zur Gestapo ist faktisch zwar falsch, überrascht aber nicht, da die Gestapo die gefürchtetste Verfolgungsinstitution und Schallert der berüchtigste Amtsinhaber war. Es verwundert die Tatsache, daß die Mutter die Töchter zu diesen Besuchen mitnahm. Da Schallert dafür bekannt war, Frauen sexuell zu bedrängen, gewinnt die Information eine andere Qualität. Schallert suchte zu den ihm unterstellten jüdischen Zwangsarbeiterinnen und -arbeitern stets engen Kontakt, um sie in der „freundlichen Atmosphäre" zu erpressen. Die Mutter schützte sich offensichtlich durch die Anwesenheit der Kinder, wobei im Interview offen bleibt, ob diese tatsächlich bei den Besprechungen – wie einmal dezidiert behauptet – anwesend waren oder ob „Mutter drin war", wie Lydia Schiele später ausführte. Zumindest hoffte die Mutter offensichtlich, angesichts der im Vorzimmer wartenden Mädchen unbelästigt zu bleiben. Über die Gestapo-Assoziation hinaus deutet die von Lydia wahrgenommene Angst der Mutter auf die Bedrohlichkeit der Situation hin. In einer „freundlichen" und „harmlosen" Atmosphäre hätte diese nicht aufkommen müssen. Auch ihr Gedächtnisverlust bezogen auf die tatsächlichen Besuchsabläufe weist eher auf eine unausgesprochene Gefahr hin, die über diesen Besuchen lag. Die Tatsache der Begleitung war einerseits „merkwürdig", andererseits so angstbesetzt, daß sie über die Fakten hinaus alles „vergessen" hat.

Mit dreizehn bzw. fünfzehn Jahren suchten die Schwestern nach Orientierung und Vorbildern außerhalb des Elternhauses. Doch ihre Auswahlmöglichkeiten waren begrenzt. Lydias Schwester fand schließlich Zugang zum Katholizismus:

„Das kam dadurch, daß wir damals in einer Gegend wohnten, wo eine katholische Kirche nebenan war. Das war noch im Krieg. Das war 1944, und der Pastor kam dann zu meinen Eltern und sagte, es würde ihr doch in dieser Situation, in der wir seien, sehr helfen. Dann ist sie eben konvertiert. Es ist nicht so, daß sie nun zum Judentum überhaupt kein Verhältnis hat, aber in einer anderen Form als ich. Vielleicht mehr von außen, aber nicht so von innen, würde ich sagen."[141]

Lydia selbst suchte die emotionale und inhaltliche Annäherung an die jüdischen Menschen in ihrer Umgebung, was ihr um so leichter fiel, als die Mutter – um der Zwangsarbeit zu entgehen – in der Küche des Jüdischen Krankenhauses arbeitete. Die Töchter fanden sich dort jeden Nachmittag ein. Inzwischen wohnten Mutter und Töchter im „Judenhaus" in der Dillstraße 16 und hatten dort ebenfalls in Mischehe lebende jüdische Nachbarn. Vor allem nahm Lydia mit den in der Nähe amtierenden Vertretern der RVJD Kontakt auf:

„M: Was hat Sie fasziniert?
S: Weiß ich bis heute nicht. Das ist intuitiv. Ich weiß, daß mein Onkel, der Bruder meiner Mutter (...) das auch nie fassen konnte, weil ich auch später immer einen sehr engen Kontakt zu allem Jüdischen hatte. Auch heute mehr denn je. Ich weiß, daß er einmal zu mir sagte: ‚Ja, das finde ich einfach toll! Wenigstens haben wir doch einen Renommier-Juden in der Familie.' Die waren alle jüdisch, aber ohne diesen engen Bezug.
M: Sie haben sich dann mit einzelnen unterhalten?

> S: Ja. Ich weiß, daß ich eben häufig (...) aufkreuzte, und die sich auch furchtbar nett mit mir unterhalten haben. Herr Elias zum Beispiel hatte es mir angetan. Ich weiß nicht, dann haben sie mir mal ein Bonbon gegeben oder so, und dann zog ich wieder nach Hause. Diesen engen Kontakt hatte ich unheimlich lang.
> M: Haben Sie ein bißchen etwas mitbekommen von dem, was die da arbeiteten?
> S: Nein. Davon habe ich nichts mitbekommen. Sie sind sicher alle vorsichtig gewesen. Nein, davon weiß ich nichts."[142]

Die Tochter einer assimilierten Jüdin entwickelte unter der Verfolgung eine ebenso enge Bindung zur Religion ihrer Vorväter wie ihre Schwester zum in Hamburg nun nicht gerade weitverbreiteten Katholizismus. In beiden Fällen öffneten Personen den Zugang, die väterliche Verhaltensweisen zeigten: Der sorgende und im Elternhaus klärend wirkende Pfarrer ebenso wie die bonbonverteilenden Repräsentanten der Reichsvereinigung. Lydia und ihre Schwester fanden über diese Mittler in den Religionen einen Orientierungsrahmen, der lebensprägend wurde. Die Männer schienen den suchenden Jugendlichen in ihrer Identität gefestigt, sie lebten in Übereinstimmung von Glauben und Taten, halfen anderen und fanden in schweren Zeiten Trost in ihren Gemeinschaften. All dies vermißten die beiden jungen Mädchen im eigenen Leben, zumal ihr Vater in dieser Zeit mehr ab- als anwesend war: Als Soldat kämpfte er an der Front, bis er 1943 um Entlassung ersuchte. Nach einer kurzen Beschäftigung in Hamburg erreichte ihn im Oktober 1944 die Einberufung zur Zwangsarbeit. Im Gegensatz zu den meisten Hamburger Zwangsarbeitern in der „Sonderaktion J" wurde er in ein Lager auf dem Ohlsdorfer Friedhof einquartiert, in dem 67 „jüdisch versippte" und „halbjüdische" Männer in Baracken wohnen mußten.[143]

> „S: Das ist die Sache auf dem Ohlsdorfer Friedhof, was dann war ab November '44 bis zum Schluß. Da waren alle jüdisch verheirateten Männer und alle Halbjuden zwangsverpflichtet. Die hatten verschiedene Tätigkeiten zu machen. Mein Vater war damals in Ohlsdorf bei der Kapelle 13. Das war eine schreckliche Tätigkeit, denn da mußten sie umgebrachte Polen vergraben. Das hat ihn sehr beeindruckt, muß ich sagen.
> M: Mußte Ihr Vater in dem Lager dort auf dem Friedhof leben?
> S: Nein, er kam nach Hause."[144]

Trotz – oder wegen – dieser einschneidenden, bedrohlichen Veränderung hat Lydia Schiele keinerlei Erinnerung an die „Kasernierung" des Vaters, sie weiß lediglich noch um dessen Tätigkeit als Leichenbestatter. Sie hat die Tatsache „behalten", daß die anderen, die Polen, ermordet worden waren, und gleichzeitig „vergessen", daß ihr kasernierter Vater in der täglichen Erwartung lebte, deportiert zu werden. Auf diese Weise schützte sie sich als Jugendliche vor dem Gefühl, daß ihrem Vater Todesgefahr drohte und bewahrte doch die Erinnerung daran in verwandelter Form.

Die Familie überlebte den Krieg, ohne zu zerbrechen. Sie bezog noch im Sommer 1945 eine neue Wohnung, der Vater kehrte in den Schuldienst zurück. Die Töchter schlossen ihre Wissenslücken in Sonderförderkursen, bevor sie wieder in ihre alten Schulklassen gingen. Erstmalig trafen sie hier mit anderen Jugendlichen zusammen, die vergleichbare Verfolgungsschicksale erlitten hatten:

> „Der Kursus hat uns doch sehr geholfen, muß ich sagen. Was geholfen hat, war überhaupt dieser Kontakt zu Gleichaltrigen und Gleichgesinnten. Denn das war dann in

> der Schule zu Beginn sehr problematisch, das muß ich sagen. Man hatte doch sehr stark den Eindruck, daß die alle doch noch antisemitisch waren. Sie äußerten sich nicht antisemitisch, aber sie waren eben doch noch in dem anderen Dreh drin.
> M: Ja, das kam aus der KLV.
> S: Auch die Lehrerinnen, das war häufig sehr schwierig, und wir fühlten uns zuerst nicht sehr glücklich, bis meine Mutter sagte, sie bittet darum, daß die Kinder informiert werden darüber. So war es dann auch, aber die Lehrerin selbst war auch nicht frei von überflüssigen Äußerungen."[145]

Die antisemitischen Einstellungen der Mitschüler und Lehrer hatten sich nicht über Nacht verflüchtigt, sondern beherrschten das Verhalten gegenüber Lydia nach wie vor. Lydia holte eine akademische Berufsausbildung nicht nach, sie wurde Töpferin. 1949 entschlossen die Eltern sich zur Auswanderung, nach Lydia Schieles Einschätzung weniger aufgrund der hinter ihnen liegenden Erfahrungen, sondern um mit den emigrierten Verwandten zusammenzuleben. Der Schritt scheiterte, weil der Vater 1945 Mitglied der VVN geworden war. Diese Vereinigung galt als kommunistische Organisation, als ihr Angehöriger durfte Paul Schiele nicht in die USA einreisen. Als die Familie diese Nachricht erhielt, hatte sie bereits die Wohnung aufgegeben und lebte im DP-Camp. Resigniert wurden die Koffer wieder ausgepackt. Der Versuch des Neubeginns war gescheitert. Der Vater ging ein drittes Mal in den Schuldienst zurück. Lydia heiratete früh.

Beide Elternteile erkrankten nach dem Krieg psychisch und psychosomatisch und waren pflegebedürftig:

> „M: Wie ging das mit Ihrem Vater weiter? Sie sagten, er ist später psychisch krank geworden.
> S: Ja.
> M: Ist das schon in diesen ersten Nachkriegsjahren gewesen?
> S: Das kann ich nicht genau sagen, aber es war wohl doch ziemlich bald. Doch, das glaube ich. Er war dann stationär zwei, drei Monate in einer Privatklinik in psychiatrischer Behandlung. (...) Das war wirklich problematisch, das muß ich sagen. Er hatte dann später eigentlich über viele Jahre eine Psychotherapeutin. (...) Im Nachhinein denke ich, hatte es vielleicht auch wirklich damit zu tun, daß er wenig darüber sprach, daß er immer versuchte, das alles zu verbergen oder nicht so tragisch zu nehmen."[146]

Über die Mutter berichtet sie:

> „S: Sie war immer nervlich sehr belastet. Sie war eigentlich immer schon (...) sehr nervös und unruhig, und das hatte sich natürlich dann sehr gesteigert bis hin zu fürchterlichen Anfällen eigentlich nach '45. Mit großen Ängsten auch immer: Wenn mein Vater dann zehn Minuten später aus der Schule kam, dann war sie vollkommen fassungslos und dachte, es müßte etwas passiert sein. Wissen Sie, so eine allgemeine Lebensangst. Es war immer dasselbe, was sicherlich immer vorhanden war, diese Ängste, die sich aber dann natürlich nachher sehr gesteigert haben. Sie war dann eigentlich nicht mehr sehr gesund, das kann man nicht sagen. Es wurde dann immer schlimmer."[147]

Die Eltern hatten die Töchter und einander während der Verfolgungszeit schonen wollen, indem sie möglichst wenig von ihrer Furcht vor weiteren Repressionen, von ihrer Scham aufgrund der Diskriminierungen, vom Ohmachtsgefühl gegenüber Amtsinhabern und schließlich auch der Todesangst angesichts „Kasernierung" des Vaters und der Deportationen im Januar und Februar 1945 sprachen. Doch die Ängste verflüchtigten sich nach Kriegsende nicht, sondern fanden Eingang in den Nachkriegsalltag. Hatte die Mutter während der NS-Zeit die Töchter immer nah bei sich haben wollen, so bangte sie jetzt um den Vater, wenn dieser sich verspätete. Der familiäre Schweigepakt erwies sich langfristig als tückische „Lösung": Beide Eltern verloren ihr psychisches Gleichgewicht, mußten betreut und gepflegt werden. Diese Aufgabe übernahm Lydia, solange kein Heimaufenthalt notwendig war. Obwohl sie selbst inzwischen eine Familie gegründet hatte, blieb sie eng an ihre Eltern gebunden. Ihre Faszination für die jüdische Religion hielt ebenfalls lebenslang an. Sie selbst glaubt, die Jahre als „Mischling" im Gegensatz zu ihrer „sehr labilen" Schwester durch ihr „positives Denken" und die Focussierung der Erinnerung auf die auch erfahrene Unterstützung recht gut verkraftet zu haben: „Ich habe eigentlich immer das Gefühl gehabt, du mußt dich überall bedanken, daß die Leute so zu einem gestanden haben. Da gab es ja auch ganz, ganz andere Fälle."[148]

6. Typisches und Individuelles – die Interviews im Vergleich

Die Familien Berend und Schiele mußten einen sozialen Abstieg hinnehmen, wobei dieser bei Familie Schiele weniger drastisch ausfiel, weil der relativ junge Vater – selbst nicht „rassisch" belastet – auf andere Erwerbstätigkeiten ausweichen konnte. Der jüdische Vater Dennis Berends hingegen konnte die Deklassierung nur vorübergehend mit der Hilfe seiner Ehefrau aufhalten. Als er im Rahmen einer Gestapo-Aktion verhaftet wurde, wurde er vollends rechtlos. Mit der sozialen Deklassierung und ihrer Auswirkung auf das Alltagsleben wurden fast alle Interviewten konfrontiert.[149] Wie die Familien Berend und Schiele verloren etliche Mischehen ihre Wohnungen aufgrund von Geldmangel oder wegen antisemitischer Einstellung der Vermieter, oft verbunden mit Denunziationen. Wie Berend oder Schiele wurden alle, die den entsprechenden Altersgruppen angehörten, unterschiedslos spätestens 1942/43 wegen ihrer Abstammung von der Schule gewiesen. Mitgliedschaften in Gruppen oder Vereinen waren „Mischlingen" nur begrenzte Zeit möglich. Kein Interviewter erwähnt einen Verein, dem er unbehelligt bis Kriegsende angehören konnte.[150]

Die Verwandtschaft der Familien Berend und Schiele zeigte sich gespalten: Ein Teil sympathisierte mit den Nationalsozialisten (Berends Großmutter), ein anderer entzog aus anderen Gründen die Unterstützung, wie Schieles Verwandten, die die ausgebombte Familie nicht aufnahmen. Dieser Riß durch die Familie wird auch von anderen Interviewten thematisiert: „Deutschblütige" Verwandte brachen den Kontakt zu den Mischehefamilien oder den „Mischlingen" ab, oder diese kamen ihnen zuvor. Die Kinder und Jugendlichen erlebten die Abkehr der nichtjüdischen Verwandtschaft als besonders belastend, verloren sie damit doch Großeltern, Onkeln oder Tanten. Sie liebten diese und konnten nicht begreifen, daß ihr Gefühl plötzlich hinter weltanschaulichen Prinzipien zurückstehen sollte. In einigen Fällen pflegten Verwandte Verbindungen heimlich weiter, schickten beispielsweise ohne Wissen ihres Ehepartners Pakete.[151] Ein Teil verweigerte „nur" den Kontakt zum angeheirateten jüdischen Verwandten, manche wandten sich ganz ab. Wieder andere kümmerten sich wenigstens um das Enkelkind in prekären Situationen wie beispielsweise während der alliierten Luftangriffe.[152] Dieser politisch begründete Riß durch die Familien wurde nach dem Krieg nur zum Teil gekittet[153], bei anderen wirkt er bis in die Gegenwart fort.[154]

Dennis Berends wie Lydia Schieles Eltern waren in höchst bedrohliche Verfolgungsmaßnahmen einbezogen, die die Kinder hautnah erlebten. Der Gang zum KZ Fuhlsbüttel (Berend) wie das Warten im Vorzimmer Schallerts (Schiele) brachte sie in direkten Kontakt zu den Verfolgern. Während Berends Vater – ohne seine Familie einzubeziehen – eine engere Verbindung zur jüdischen Gemeinschaft suchte, wurde Familie Schiele durch die Probleme, eine Wohnmöglichkeit zu finden, vollständig in diese integriert: Sie wohnten im „Judenhaus", die Mutter arbeitete im Jüdischen Krankenhaus und die Tochter verbrachte einen Teil ihrer Freizeit im Büro der Reichsvereinigung. Diese Lebensbezüge stellten zugleich Ghetto und Schutzraum dar.

Wie fast alle anderen Familien wollten auch diese beiden ihre Kinder vor Diskriminierungserfahrungen möglichst abschirmen. Dazu gehörte, viele belastende Momente durch (Ver-)Schweigen von ihnen fernzuhalten. Sie weihten ihre Kinder weder ein, wenn sie nach Wegen suchten, Maßnahmen zu umgehen, noch erklärten sie ihnen die Bedrohlichkeit von Situationen, in denen sie sich selbst befanden. Selbst von ihrer jüdischen Herkunft erfuhren die meisten jüngeren „Mischlinge" erst dann, wenn entsprechende Angaben in der Schule verlangt wurden oder fremde Personen sie darauf ansprachen.[155] Diese Eröffnung war meist ein Schock und verunsicherte die Betroffenen nachhaltig. Unbewußt aber nahmen sowohl Dennis Berend und Lydia Schiele wie auch andere betroffene Kinder die Angst der Eltern wahr. Es ist sicher kein Zufall, daß nicht nur Dennis Berend und Lydia Schiele den Namen „Schallert" als Synonym für Bedrohung erinnern.[156] Das häusliche Schweigen ging in einigen Familien so weit, selbst eine vollzogene Scheidung der Eltern nicht mitzuteilen[157] oder die Verhaftung des Vaters nicht zu erwähnen.[158]

Das Verschweigen und Schweigen hielt oft weit über das Kriegsende hinaus an. Der Psychologe Dan Bar-On spricht von einer „doppelten Mauer" des Schweigens in vielen Überlebendenfamilien: Die Eltern errichteten eine Art Mauer zwischen den Erlebnissen der Vergangenheit und der Nachkriegszeit und wollten nicht sprechen. Die Kinder, mit feinem Gespür für diese Hemmungen ausgestattet, bauten ihrerseits eine Mauer des Nichtfragens. Sobald eine Seite Bereitschaft zeigte, ein „Fenster" in der Mauer zu öffnen, blickte sie auf den Verteidigungswall der anderen Seite. Nur selten öffneten sich die „Fenster" auf beiden Seiten gleichzeitig.[159]

Der äußere Druck zeitigte sehr unterschiedliche innerfamiliäre Veränderungen Die weitaus stärkere Repression auf die Familie Berends bewirkte – in Dennis Berends Worten – einen „Verfall der Moral", der sich in Streit unter den Eltern und Zurechtweisungen des Sohnes ausdrückte. Der Familie Schiele hingegen mag äußerlich kaum etwas anzumerken gewesen sein. Die Gemeinschaft wurde geradezu beschworen und auf gemeinsamen Musikabenden zelebriert. Innerlich aber fand ein Prozeß der Vereinzelung statt, in dem Mutter, Vater und die Kinder ihre Belastungen allein trugen. Einzig die Töchter konnten sich zusammenschließen.[160]

Während Berends Mutter den Aktionsradius des Sohnes in Krisenzeiten durch Übertragung von Aufgaben ausdehnte – und den Jugendlichen dabei tendenziell überforderte, indem sie den bisher Geschonten existentiellen Verfolgungserfahrungen aussetzte – handelte Lydia Schieles Mutter genau umgekehrt. Sie schränkte diesen auf ein Minimum ein und sanktionierte Übertretungen mit Schlägen. Hier kamen traditionelle geschlechtsspezifische Momente der Mädchenerziehung[161] in einer sehr besonderen äußeren Situation zum Tragen: Zogen bereits der nationalsozialistische Staat und eine ebensolche Gesellschaft enge Grenzen für die Freiräume jugendlicher „Mischlinge", so beschnitt die Mutter diese zusätzlich. Die Individuation der Töchter als notwendiger Schritt zur Entwicklung einer eigenen Identität wurde damit tendenziell verhindert. Beide Verhaltensweisen der Eltern finden sich auch in anderen Familien.

Waren die Ehen bereits vor 1933 durch Tod oder Scheidung aufgelöst, bestand die „Privilegierung" durch nichtjüdische Kinder weiter. So kam diesen – insbesondere wenn sie beim jüdischen Elternteil lebten – ein besonderer Stellenwert zu, waren sie doch der Schutz vor der Deportation. Andererseits trugen diese Kinder oder Jugendlichen alle emotionalen Belastungen, denen (Scheidungs-)Waisen unabhängig von politischen Verhältnissen ausgesetzt sind. In dieser Kombination wirkten sich die Jahre der nationalsozialistischen Verfolgung als psychisch besonders belastend aus, was oft erst in der Nachkriegszeit in Phobien oder psychosomatischen Störungen zum Ausdruck kam.[162]

Unter diesen äußeren und innerfamiliären Bedingungen fand die Persönlichkeitsentwicklung der Interviewten statt. Weder jüdische noch nichtjüdische Elternteile konnten ihnen in der Kindheit Schutz vor Ausgrenzung und Diskriminierung bieten. Auch als Identifikationsfiguren waren sie kaum geeignet. Macht und Stärke verkörperten demgegenüber die „riesigen" SS-Männer und der über Leben und Tod gebietende Amtsinhaber Schallert, die den NS-Staat repräsentierten. Eine Identifizierung mit ihnen hätte bedeutet, sich gegen die Eltern zu richten.[163] Dennis Berend, Lydia Schiele und andere Interviewpartner haben es unter diesen Umständen den Geschwisterbeziehungen zu verdanken, daß sie Kontaktfähigkeit und Handlungskompetenz entwickeln konnten.

Mehr noch als die bereits erwachsenen Personen wurden Kinder und Jugendliche zu Grenzgängern zwischen der vom Kriegsalltag geprägten Welt der nichtverfolgten Deutschen und der zusätzlich von einer radikalisierten Vernichtungspolitik gegen Juden geprägten Lebenswelt der „Mischehen". Sie waren die Verbindungsglieder ihrer jüdischen Elternteile zur Mehrheitsbevölkerung. Auf ihnen lastete ein Teil der Verantwortung für die Familie, während gleichzeitig das für sie geltende Sonderrecht die eigenen Lebensentwürfe zerstörte. Bereits erwachsene Betroffene erlitten berufliche Nachteile und konnten oftmals private Lebensplanungen wie die Familiengründung nicht verwirklichen. Etliche gerieten in Identitätskrisen, einige brachen psychisch zusammen. Kindern und Jugendlichen wurde der Prozeß des Hineinwachsens in die Gesellschaft als Teil ihrer Persönlichkeitsentwicklung verwehrt. Allen gemeinsam ist, daß sie bezogen auf ihre mitmenschlichen Bezüge und Kontakte verunsichert wurden, und so ein Stück Vertrauen in „die" Welt verlorenging oder gar nicht erst aufgebaut werden konnte.

Ob die Schule als Residuum pädagogischer Bemühungen oder als Ort der Demütigung empfunden wurde, variierte je nach Verhalten der Lehrer. Die Interviews zeigen hier die gesamte Bandbreite der Erfahrungen von der öffentlichen Denunziation wie bei Berend bis hin zum demonstrativen Schutz der Schüler bei anderen.[164] Die Persönlichkeitsentwicklung, insbesondere der Prozeß der Identitätsbildung fast aller Interviewten, die die eigene und elterliche Verfolgung erlebten, ist von dieser nachhaltig beeinflußt worden. In welchem Umfang dies geschah, war auch davon abhängig, welche Gegengewichte gebildet werden konnten, ob es kontinuierliche Zuwendung gab, Vertrauen aufgebaut werden konnte, ob die oder der Betroffene Schutzräume fand. Einige „Mischlinge" fanden in loyalen Familienmitgliedern, der Schule oder am Arbeitsplatz einen solchen Schutzraum, einige andere im „Paulus-Bund", manche in der Jerusalem-Gemeinde, wenige in der katholischen Kirche oder einer Sekte.[165]

Berend wie die Schiele-Töchter wurden auf der Straße und in der Schule zu Außenseitern. Die Unwissenheit über die Ursachen nährte Selbstzweifel und förderte die Verinnerlichung von Minderwertigkeitsgefühlen: Es mußte an ihnen liegen, wenn die anderen, die in der HJ, im BDM oder in anderen Gruppen waren, dies genießen konnten und sie ausgeschlossen wurden. So führte die Ausgrenzung dazu, nicht nur gefährlichen, sondern auch vielen alltäglichen Situationen auszuweichen. Dieses Vermeidungsverhalten schützte sie selbst und indirekt die Eltern. Lydia orientierte sich zeitweise an „vertrauenswürdigen" Erwachsenen, die sich im Musikkreis ihrer Eltern oder später im jüdischen Umfeld der Mutter aufhielten. Aufgrund der häufigen Ortswechsel und dieser Orientierung auf von den Eltern „geprüfte" Erwachsene hatte sie kaum Kontakt zu Gleichaltrigen. Bei Dennis Berend war dies umgekehrt. Von beiden wurde bereits frühzeitig Verschwiegenheit und vorsichtiges, erwachsenes Handeln gefordert.[166] Kindliches Verhalten wie vertrauensselige Wiedergabe häuslicher Gespräche gegenüber Lehrern oder Nachbarn konnte zur tödlichen Gefahr für die Familie werden. Die Strategie der Eltern, durch Verschweigen keinen Anlaß für Erzählungen zu bieten, erfuhren viele Kinder als Zurückweisung.

Als Dennis Berends Vater verhaftet wurde, befand sich der Sohn gerade in einer heftigen pubertären Auseinandersetzung mit ihm, die so nie zu einem Abschluß kam. Die Suche nach dem verlorenen Vater, die Aggressivität ihm gegenüber und die Liebe zu ihm, der Haß auf die Täter und die Rachegelüste blieben. Emigration und Berufswahl sind bei ihm wie bei anderen oftmals Rückversicherungen, ähnlichen Erfahrungen nie wieder ausgesetzt zu sein. Lydia, etwas jünger als Berend, zeigte diese heftigen Gefühlswallungen nicht. In einer Familie, in der drei Menschen sichtbare psychische Schäden erlitten hatten, mußte sie die „Stabile" bleiben, die sich um die anderen kümmerte. Die räumliche Entfernung, die dem Sohn gestattet wurde, und die exponierte Berufswahl standen für die Tochter nie zur Debatte.

Trotz aller belastender Erfahrungen integrierte sich die Mehrheit der Interviewpartner als unauffällige Bürger in die Nachkriegsgesellschaft.[167] Sie verspürten keinen Wunsch nach Abrechnung, wie er bei Dennis Berend oder Erika Fülster kurzzeitig zum Ausdruck gekommen war. Sie wollten ihre Familien gründen, arbeiten und sehnten sich nach einer „Normalität", die sie in den vorangegangenen Jahren nie erlebt hatten. Hier trafen sich ihre Interessen mit denen der Mehrheitsbevölkerung. Vielleicht hat dieses gleichgerichtete Bedürfnis die „geräuschlose" Re-Integration der „Mischlinge" erleichtert. Hinzu kam, daß trotz Zwangsidentität nur ein Teil der „Mischlinge" zu einem Gruppenverständnis gefunden hatte. Die meisten verstreuten sich, als sie keine erzwungenen Kontakte mehr pflegen mußten.

III. „Geltungsjuden"

Ungefähr 10% aller „Halbjuden", von den Interviewten – wie erwähnt – insgesamt sechs Personen, wurden aufgrund der eigenen konfessionellen Zugehörigkeit, der elterlichen Konversion zur jüdischen Gemeinde oder aufgrund eines Geburtsdatums, das nach dem 1. Juli 1936 lag, als „Geltungsjuden" eingestuft.[168] Sie unterlagen allen Bestimmungen, die gegen „Volljuden" erlassen wurden und teilten in der Regel das Verfolgungsschicksal ihrer jüdischen Eltern und Verwandten. Wenn Interviewpartner, die als „Geltungsjuden" eingestuft waren, die NS-Zeit überlebten, dann entweder als Emigranten, als KZ-Häftlinge oder verdeckt und getarnt in Deutschland. Im folgenden sollen drei Lebensläufe vorgestellt werden: Der einer Emigrantin, der eines KZ-Überlebenden und der eines unentdeckt Gebliebenen.

1. Mit dem Kindertransport in Sicherheit – Cathrin Smith

Konnte oder wollte eine Familie nicht gemeinsam emigrieren, bemühten sich viele Eltern spätestens nach der Pogromnacht im November 1938, ihre minderjährigen Kinder als Teilnehmer eines „Kindertransports" in Sicherheit zu bringen. Oft bedeutete die Ausreise des Kindes ein Abschied für immer, zumindest aber leitete sie jahrelange Trennungen und Entfremdungen ein, wie dies am Beispiel des Lebensweges der Interviewpartnerin Cathrin Smith verdeutlicht werden soll, die heute in der Nähe Londons lebt, britische Staatsbürgerin und mit einem Engländer verheiratet ist. Sie spricht Deutsch mit deutlich englischer Satzstruktur und schreibt seit einigen Jahren Gedichte in englischer Sprache. Das Interview war zwar nicht ihr erstes, doch eines, in dem sie sich näher an die traumatischen Stationen ihres Lebensweges wagte als zuvor.

Cathrin Smith wurde 1926 als Katharina Weiß in Harburg bei Hamburg geboren.[169] Knapp acht Jahre Schonraum blieben ihr, bis die Repressionen des NS-Staates ihre kindliche Lebenswelt grundlegend zerstörten.

Ihr Vater hatte ein Kaufhaus geerbt. Als er Anfang der zwanziger Jahre Heiratspläne schmiedete, bestand seine jüdische Familie darauf, daß die künftige Schwiegertochter zur „mosaischen" Religion übertrat, um Kindern und Kindeskindern die Mitgliedschaft in der Deutsch-Israelitischen Gemeinde oder einem der Kultusverbände zu ermöglichen.[170] Den christlichen Eltern der Braut war die Konversion suspekt. Katharina hat es bis heute nicht gewagt, ihre hochbetagte Mutter nach den Gründen, Modalitäten und Problemen des damaligen Handelns zu fragen. Sie hat Angst, ihr wehzutun und fürchtet, an diese Frage könnte sich eine Erörterung des späteren Austritts aus der Gemeinde anschließen.

> „Von einem Teil der Familie meines Vaters ist sie [die Mutter, B.M.] nie ganz anerkannt worden als Jüdin. Von anderen ja. Also mein Großvater hat sie gern gemocht und viele andere auch, aber das ist ja immer so 'ne Sache. Von Muttis Familie aus war da auch mindestens eine Schwester, die nicht sehr gut gesonnen war gegen meinen Vater und die nachher, soviel ich weiß, der Partei [der NSDAP, B.M.] angehörte. Sie ist nicht gerade meine Lieblingstante gewesen."[171]

Im alltäglichen Leben der Familie spielten die Ressentiments zunächst noch eine untergeordnete Rolle. Katharina und ihr älterer Bruder wuchsen in einer Umgebung auf, in der sie die einzigen jüdischen Kinder waren. Da für sie Religion keine alltagspraktische Bedeutung hatte und schon gar nicht äußerlich kenntlich war, vergaßen die Spielkameraden sie genauso wie die beiden Betroffenen. Erst Jahre später trugen jüdische wie nichtjüdische Umwelt massive Erwartungen an sie heran: Einerseits bemühte sich die Deutsch-Israelitische Gemeinde darum, religionszugehörige Kinder aus Familien, in denen keine Traditionen gepflegt wurden, mit den Glaubensgesetzen vertraut zu machen. Andererseits gewann für Katharina die Religionszugehörigkeit um 1933 Bedeutung, als ihr Eintritt in eine staatliche Schule sie mit christlichen Riten konfrontierte. Auch fiel die Einschulung mit der nationalsozialistischen Machtübernahme zusammen:

„M: Welche Bedeutung hatte die Religion in Ihrer Familie?
S: Also an und für sich fast keine. Mein Vater war ein unerhört guter Mensch, aber kein religiöser Mensch. Er wußte sehr wenig über das Judentum. Ich kann mich erinnern – ich glaube, das war mein erstes Jahr in der Schule – daß ich so gern einen Engel spielen wollte beim Weihnachtsspiel. Da sagte meine Mutter: ‚Ja, welche Religion möchtest du haben? Jüdisch oder christlich?‘ Da habe ich gesagt: ‚Ich möchte gern einen Engel spielen.‘ Und irgendwie hing das zusammen, aber ich glaube, sie dachten damals schon daran, ob man irgendwie die Religion wechseln sollte, aber sie haben es dann nicht getan. Oder vielleicht konnte man es nicht.
M: Also Ihre Mutter auch nicht? Ihre Mutter hätte ja wieder rekonvertieren können.
S: Ja, aber damals hat sie es nicht getan, und wir dann auch nicht. Vielleicht, weil wir so wenig kannten von der jüdischen Religion, weil mein Vater nicht religiös war, kriegten wir auf einmal eine Einladung. Ich war dann zu Pessach bei Carlebachs. Das war damals, bevor er nach Hamburg kam als Hauptrabbiner. Es war in Altona. So war ich über Pessach bei ihm. Mein Bruder war irgendwoanders, entweder in Hamburg oder auch in Altona. Ich bin nicht ganz sicher. Es kam mir so vor, als ob das vielleicht war, um jüdischen Kindern ein bißchen mehr bewußt zu machen, was die Religion ist. Für mich war das eine enorm interessante Sache in dieser Riesenfamilie, und all diese Sachen, die man dann nicht essen durfte, was ich überhaupt nicht kannte."[172]

Nicht durch die eigene Familie, sondern über die Vermittlung der Deutsch-Israelitischen Gemeinde und dem Familienleben des Rabbiners Carlebach näherte sich Katharina der jüdischen Religion. Sie war fasziniert, ein Grundstock für ihr bewußtes jüdisches Religionsbekenntnis als Erwachsene war gelegt, ohne daß es zunächst eine Veränderung ihres Lebens bedeutet hätte. Ihr Alltag wurde zunehmend von NS-Gesetzen und Verordnungen gegen die Juden bestimmt.

„Ich war noch auf der Grundschule und hatte einen sehr netten Lehrer. Dann kam die Anweisung, daß Juden allein sitzen sollten. Das hat er nicht getan. Also er hat gesagt: ‚Ich sollte das tun, aber ich möchte das nicht.‘ Als meine Eltern hörten, welche Sachen dann schon vorgingen, sind wir dann umgezogen nach Hamburg und sind da in die jüdische Schule gegangen in der Johnsallee. (…)
M: Können Sie sonst noch was aus dieser Zeit (…) erinnern, z. B. wie sich andere Kinder verhalten haben? Haben Sie ganz normal mit denen gespielt?

> S: Ja, zuerst ja, aber als diese Geschichte kam mit dem Alleine-sitzen-sollen usw., da kamen auch einige Kinder und haben gesagt: ‚Du bist jüdisch, mit dir wollen wir nicht spielen.' Dabei hatte ich ziemliches Glück, denn ich hatte eine Freundin, die eine der beliebtesten in der Klasse war. Die hat gesagt: ‚Wenn ihr mit ihr nicht spielen wollt, dann spielt ihr mit mir auch nicht.' So haben sie sich das überlegt, und da hatte ich Glück. Aber die Sachen tun weh."[173]

Katharina fand also den Beistand eines Lehrers, der bestehende Anweisungen ignorierte, und eine „beste Freundin", die sie beschützte. Auch die Nachbarn im Wohnhaus waren der Familie freundschaftlich verbunden. Eine schwerwiegende Störung dieses fragilen Gleichgewichts zwischen Diskriminierung und Solidarität, das immer neu austariert wurde, brachte dagegen der Verlust des väterlichen Geschäftes. Wären die Vorgänge um den finanziellen Ruin mit dem Begriff „Arisierung" zu beschreiben, hätte es eindeutige Täter und Opfer bei diesem Vorgang gegeben, könnte Cathrin Smith heute vermutlich anders zurückblicken. So ist nur die diffuse Erinnerung geblieben, daß der Vater um 1933 einem Betrüger aufgesessen war. Die Folgen des sozialen Abstiegs und ihre kindliche Reaktion hingegen sind präsent:

> „Also es kann sein, daß er nicht der schlaueste Geschäftsmann war. Ich weiß es nicht. Das ist so lange her. Man weiß nur, daß irgendwie sowas war. Für meinen Vater und meine Mutter muß das eine Änderung gewesen sein. Als Kind habe ich es nicht verstanden, habe ich mich mal geweigert, irgendwas zu essen, ich hatte keinen guten Appetit. Irgendwas kam da auf den Tisch. ‚Esse ich nicht', habe ich gesagt und habe mich geweigert. Ich kann mich erinnern, daß mein Vater ganz wütend wurde, was er sonst nie war. Ich wünschte, meine Eltern hätten gesagt: ‚Wir haben einfach nicht das Geld.' Das kann man eher als Kind akzeptieren, als wenn so fast getan wird, als ob alles normal ist, wenn es gar nicht mehr normal ist. Das ist für ein Kind manchmal schlimmer. Man versuchte immer noch, die hübsche Kleidung zu beschaffen und dies und jenes."[174]

Der Schein bürgerlicher Lebensverhältnisse wurde kurzzeitig und unter großen Mühen nicht nur nach außen, sondern auch den Kindern gegenüber erhalten. Dennoch ließ sich nicht verheimlichen, daß die wohlsituierte Familie auf einen Schlag ihr Vermögen verloren hatte. Sie verließ Harburg und zog 1936/37 – Katharina war zu jung, um sich genaue Daten zu merken – in das Grindelgebiet, das Hauptwohngebiet der jüdischen Bevölkerung Hamburgs. Dieser Umzug war für alle Familienmitglieder schwer zu verkraften: „Als wir klein waren, hatten wir, soviel ich erinnern kann, eine schöne große Wohnung, ein schönes Leben. Als wir dann umzogen, änderte sich ziemlich alles. Mein Vater hatte dann keine Position mehr und kein Einkommen"[175], beschreibt Frau Smith diese erste Zäsur. Das Mädchen Katharina erfaßte zwar die Bedeutung des sozialen Abstiegs, interpretierte den Umzug aber als Reaktion auf ihre Diskriminierungen in der Schule. In ihrer kindlichen Weltsicht vermutete sie, die Eltern seien in das jüdische Wohnviertel gezogen, um sie und den Bruder vor Isolation zu retten. Die Eltern korrigierten diese Interpretation nicht.

Der veränderte eigene soziale Status wurde von der neuen Umgebung noch einmal gespiegelt, die sich ebenfalls im rasanten Prozeß der Verarmung befand. Die einzelnen Familienmitglieder mußten bis dahin nicht benötigte Fähigkeiten und

Überlebensstrategien entwickeln. Dies war noch am einfachsten für die Kinder: Sie wohnten zwar in beengten Verhältnissen, hatten einen vergleichsweise langen Schulweg zu bewältigen und besuchten jetzt als „Geltungsjuden" jüdische Schulen. Für Katharina aber zählte mehr, daß sie nun von Mädchen umgeben war, deren Situation der ihren ähnelte. Sie lebte sich schnell in die neue Umgebung ein und schloß Freundschaften mit jüdischen Mädchen in der Schule und der Nachbarschaft. Währenddessen suchten die Eltern Arbeit. Doch alle potentiellen Arbeitgeber winkten ab, wenn sie ihre Religionszugehörigkeit angaben. Der Vater versuchte schließlich, mit Monatsmagazinen zu handeln. Ausgestattet mit der Ausbildung „Kaufhausbesitzer", bat er im Alter von 45 Jahren an Haustüren um Pfennigbeträge. Die Lage muß ihm ausweglos erschienen sein. Die Hoffnung auf ein bescheidenes Leben oder gar eine bessere Zukunft, die er vielleicht mit dem Umzug verbunden hatte, erwies sich innerhalb kürzester Zeit als Illusion.

> „Da machte mein Vater einen Selbstmordversuch. Wir kamen von der Schule nach Hause, so erinnere ich es, standen vor der Tür. Keiner war da. Dann kam jemand und sagte: ,Vater ist im Krankenhaus.' Dort kamen wir nicht rein. Das muß ein staatliches Krankenhaus gewesen sein, kein jüdisches. Danach kamen wir ins jüdische Waisenhaus. Dann ließen sich meine Eltern scheiden.
> M: Wo war Ihre Mutter, als Sie nach Hause kamen?
> S: Ich nehme an, sie war bei meinem Vater. Ich bin nicht ganz sicher. Soviel ich weiß, kam das [die Scheidung, B.M.], weil sie einfach keine Arbeit finden konnten. Beiden ist von verschiedenen Seiten gesagt worden, wie ich es damals gehört habe, ,Laß deine christliche Frau arbeiten', und von der christlichen Seite: ,Laß deinen jüdischen Mann arbeiten', was ja nicht ganz so leicht war. Ich glaube, deshalb unternahm mein Vater den Selbstmordversuch. Die Scheidung muß dann von beiden Seiten gekommen sein. Es war nicht so, daß meine Mutter meinen Vater lossein wollte oder mein Vater meine Mutter lossein wollte, sondern weil sie einfach keine Arbeit finden konnten.
> M: Sie denken nicht, daß die Ehe zerrüttet war?
> S: Nein, ich glaube nicht. Denn wir mußten im Waisenhaus bleiben. Meine Eltern hatte beide ein Zimmer genommen. Wenn wir dann am Wochenende nach Hause kamen, waren wir alle zusammen und so. Mir schien, die Scheidung hatte nur den Grund, arbeiten zu können."[176]

Vage erinnert Katharina einen zweiten Selbstmordversuch, den sie sich damit erklärt, daß der Vater wohl die Hoffnung gehegt habe, seine Lebensversicherung würde dann der Familie ausgezahlt. Waren der Umzug ins Grindelgebiet und das dort verbrachte Jahr trotz der täglichen Bedrückung noch einigermaßen erträglich gewesen, brach nach dem Selbstmordversuch des Vaters der Rest an Stabilität von Katharinas Lebenswelt zusammen: Nichtsahnend kam sie aus der Schule, die Eltern waren fort, die Wohnung verschlossen, das Krankenhaus durfte sie nicht betreten. Sie wurde zudem von ihrem Bruder getrennt und in ein ihr außerordentlich bedrohlich erscheinendes Heim und kurz darauf in ein zweites verfrachtet. Sind schon diese äußeren Umstände geeignet, ein Kind in Panik zu versetzen, so erst recht die Erklärung, der Vater hätte einen Selbstmordversuch unternommen. Denn Vater und Mutter waren nicht nur primäre Bezugspersonen, sondern außerdem die einzigen stabilen Faktoren ihrer Lebenswelt nach dem Verlust der sozialen Bezüge in Nachbarschaft und Schule.

Hinzu kam, daß das im Heim untergebrachte Kind nicht etwa getröstet wurde, sondern die Mitteilung, die Eltern ließen sich scheiden, verarbeiten mußte.

> „M: Und in diesem ersten, staatlichen Heim, wie lange waren Sie da?
> S: Das kann nur ein paar Tage gewesen sein, höchstens eine Woche. Ich glaube, noch nicht mal so lange, zwei, drei Tage. Das war ziemlich scheußlich. Die ganze Umstellung war enorm schwierig: von zu Hause auf einmal in diese Zimmer mit zehn, zwölf oder sechzehn anderen Kindern, es war schrecklich, Badezimmer mit ungefähr vier Badewannen und sowas.
> M: Dann waren Sie im Laufgraben?
> S: Ja, im Paulinen-Stift, das jüdische Waisenhaus.
> M: War das ein bißchen netter?
> S: Nicht sehr. Das ist ein Schreck sowas, wenn man es überhaupt nicht gewohnt ist, von zu Hause so richtig weg zu sein. Eine kleine Bestrafung war üblich, wenn man nicht mehr sprechen sollte, das Essen nicht aufaß und dann sitzen mußte, bis man es aufgegessen hatte, auch wenn man es nicht mochte, weil es mit meinem Appetit damals schwierig war.
> M: Haben Sie sich dort geweigert zu essen?
> S: Nicht geweigert. Einmal konnte ich einfach nicht. Ich glaube, ich habe anderthalb Stunden sitzen müssen, bis ich aufstehen durfte. Also ich konnte es einfach nicht runterkriegen. (…) Das sind so Kleinigkeiten, ich war wahrscheinlich ein bißchen verwöhnter als andere. Wenn man einen so kleinen Appetit hat, tun die Eltern meistens sehr viel, damit man etwas ißt. Aber wenn man davor sitzt [sitzenbleiben muß, B.M.], dann ist das sehr schwierig.
> M: Was hat man Ihnen dann gesagt, wie lange Sie dort bleiben sollten. Nur vorübergehend?
> S: Es schien: für immer, weil meine Eltern nur jeder ein kleines Zimmer hatten. Dann war das sehr schwer."[177]

Das Kind verweigerte eine reibungslose Eingliederung in das Heim mit der Strategie, die bereits in Krisenzeiten zu Hause die Erfüllung des Wunsches nach Zuwendung befördert hatte: Es aß wenig oder nichts. Hatten die Eltern darauf mit Besorgnis, Aufmerksamkeit und besonderen Anstrengungen reagiert, so störte im Heim dieses Verhalten den Tagesablauf und wurde mit Strenge geahndet. Daß sich hier kindliche Not ihren Ausdruck suchte, sahen die ausgebildeten Erzieherinnen offensichtlich nicht, die 1938 ein jüdisches Mädchen-Waisenheim unter außerordentlichen Belastungen funktionsfähig zu erhalten versuchen. Ihre diskreditierende Zuschreibung „verwöhnt" hat Katharina sich zu eigen gemacht, vielleicht weil in ihr wenigstens der Rest elterlichen Bemühens um sie mitklingt.

Die christlichen Verwandten holten die Kinder ab und zu für einen Wochenendbesuch zu sich, aber diese Unterstützung ist in der Erinnerung verblaßt, sie scheint kein Gegengewicht gebildet zu haben. Warum Eltern und Verwandte keine andere Lösung für die Kinder gesucht haben oder, wenn sie es getan haben, woran eine solche gescheitert ist, stellt sich erst heute als Frage, die von der Interviewerin formuliert wird. Aus der Perspektive des Kindes Katharina mußten die Veränderungen trauernd, mit Verweigerung, vielleicht auch mit unterdrückter trotziger Wut, aber immer als gegeben hingenommen werden.

Ihre Mutter hatte sich nach 15jähriger Ehe scheiden lassen und war rekonvertiert.[178] Nun fand sie Arbeit als Verkäuferin und ein Zimmer zur Untermiete. Die Kinder durften sie am Wochenende besuchen, und gelegentlich traf Katharina auch den Vater dort an. Nach der damaligen Rechtslage hätten die Eltern diesen familiären Verkehr nach der Scheidung nicht mehr pflegen dürfen. Sie gingen ein hohes Risiko ein, um den Kindern einen auf ein oder zwei Tage in der Woche begrenzten Familienzusammenhalt zu bieten. Im Interview weint die Zeitzeugin, wenn sie von diesen Monaten des Jahres 1938 spricht.

> „M: Haben Sie von den anderen Kindern im Paulinen-Stift mitbekommen, warum die da waren?
> S: Es ist komisch, man hat wenig danach gefragt, oder vielleicht hat man es einfach so akzeptiert, wie es war. Ich hatte da einige Freundinnen, aber jetzt kann ich kaum was über sie erinnern. Über die Jahre hat man es ganz tief eingeschlossen, alles, was man auch nicht erinnern wollte. Da geht natürlich einiges verloren."[179]

Das Leben im Heim zwang sie zur Annäherung an die jüdische Religion. War sie schon vorher durch die Einladungen der jüdischen Gemeinde mit deren Riten punktuell vertraut gemacht worden, so bestimmten jetzt religiöse Regeln ihren Tagesablauf, zumal sie kurz vor dem Suizidversuch des Vaters die Eingangsprüfung zur Israelitischen Töchterschule bestanden hatte und nun dort unterrichtet wurde. „Auf einmal wurde ich ganz jüdisch"[180], erinnert sie sich. Sie ging morgens in die Synagoge, turnte im jüdischen Sportverein „Schild" und freundete sich zaghaft mit einigen Mädchen im Heim an. Die Wärme, die sie in dieser Zeit in der Rabbinerfamilie Carlebach fand, klingt noch heute in ihrer Stimme durch, wenn sie sich erinnert, daß Joseph Carlebach von ihr sagte, „Das ist unser zehntes Kind."[181] Nach ein paar Monaten hatte sich Katharina so weit mit der Situation arrangiert, daß sie mit den Freundinnen zusammen sogar mutig wurde:

> „Wir haben uns manchmal einen Spaß daraus gemacht, weil wir nicht jüdisch aussahen, Sachen zu tun, die wir nicht tun durften.
> B: Zum Beispiel?
> S: Zum Beispiel uns einfach umzudrehen und in 'nen Laden zu gucken, wenn man ‚Heil Hitler' sagen sollte, wenn welche marschierten. Oder wenn wir da standen und den Arm gehoben haben, was wir auch nicht durften und so kleine Sachen. Oder mit meiner Mutter in ein Restaurant zu gehen, was an und für sich auch verboten war. Schwimmen war uns auch leider verboten. Ich hatte gerade einmal [das Schwimmbecken, B.M.] quergeschwommen, als der Erlaß kam, daß wir nicht mehr ins Schwimmbad gehen durften. Ich habe es später nie gelernt."[182]

Katharina war dabei, mit kindlicher Energie – sie war jetzt zwölf Jahre alt – die zweite schwere Zäsur in ihrem Leben zu überwinden, als die Ereignisse um die Pogromnacht im November 1938 eine dritte Zäsur zur Folge hatten. Zur damaligen Zeit erholte sie sich von einer Blinddarm-Operation im jüdischen Krankenhaus. Während ihr Vater sich tagelang versteckte, erlebte sie im Krankenhaus Angst und Panik der jüdischen Patienten mit. Als die Eltern – inzwischen geschieden – sie wieder besuchten, hatten sie ihr einen Listenplatz für einen Kindertransport nach England gesichert. Schon fünf Tage später trat sie die große Reise an. Noch realisierte sie die endgültige Trennung von den Eltern nicht. Sie freute sich schlicht auf das Abenteuer:

> „Ich kann nur erinnern, daß ich meinen Paß holen mußte, daß ich ganz stolz darauf war (...), es mußten noch ein paar Sachen gekauft werden. Wir konnten ja sowieso wenig mitnehmen. Und dann ging es los. Man hatte kaum Zeit zu denken: ‚Was passiert nun?' Man kommt raus für eine Weile, tat so, als wären Ferien. So'n Gefühl: Irgendwas Schönes kommt wie ein adventure. (...) Also ich habe nur noch die Erinnerung vom Bahnhof, und daß meine Mutter mir eine Kette gab und mein Vater so einen kleines Anhängsel, einen Glückspfennig. Und dann ging es los. Irgendwie dachte man nicht, daß das dann so zu Ende geht."[183]

Über Hoek van Holland ging der Kindertransport am 1. Dezember 1938 nach Dovercourt in England.[184] Die betroffenen Kinder hatten die Trennung von den Eltern meist noch gar nicht realisiert, sie kannten weder einander noch ihre Betreuer und fanden sich nun unversehens in einem Holiday-Camp wieder. Hilfsbereite englische Ehepaare waren angereist, um ein Kind auszusuchen, dem sie ein Zuhause bieten wollten. Katharina und ihr Bruder klammerten sich aneinander, hofften, im anderen ein Stück Zuhause erhalten zu können und lehnten Pflegefamilien ab, wenn sie getrennt werden sollten. Zudem erkannten die nun Dreizehnjährige und der Fünfzehnjährige die Tragweite eines Lächelns zum richtigen Zeitpunkt nicht, das Pflegeeltern gewinnen und damit ausschlaggebend für ihre Zukunft sein konnte. So kam Katharina in ein Heim, bis der Bruder zwei Familien fand, die in London nahe beieinander wohnten.

Die wohlhabende jüdische Familie, die Katharina aufnahm, fühlte sich durch die äußere Ähnlichkeit des deutschen Mädchens an ihre verstorbene Tochter erinnert. Sie solle, so signalisierten die Pflegeeltern Katharina, die nun zu Cathrin wurde, den Platz der Toten einnehmen. Dienstmädchen umsorgten sie, sie konnte sich ganz auf die Schule konzentrieren. Die englischen Klassenkameradinnen waren freundlich zu dem Flüchtlingskind, und sprachlich kam sie einigermaßen zurecht. Der Kontakt zu ihrem Bruder blieb erhalten. Es ließ sich also gut an: Es gab wieder (Ersatz-)Vater, (Ersatz-)Mutter, eine schöne Wohnung, Dienstboten, einen Rückhalt in der Schulklasse – fast wie in ihrer Kindheit.

Allerdings erhielt sie in dieser Zeit beunruhigende Briefe vom Vater. Dieser berichtete vom Selbstmord eines Cousins oder teilte mit, daß er wieder heiraten wolle. Und immer wieder beschwor er die Tochter: „Nun bitte ich Dich nochmals, sei recht lieb & brav zur Familie W., erkenne alles an, was sie für Dich tun. Sei es schon für mich. Schmuse und bettele und bitte bei Herrn W. für mich, daß er sich für mich einsetzt und was tut, daß ich nach dort rüberkomme. (...) Ich muß raus und fort, halte es nicht mehr aus."[185]

Doch Cathrin konnte dem Vater nicht helfen. Auch nahm sie ihm seine Heiratspläne übel und verweigerte demonstrativ den brieflichen, später den persönlichen Kontakt zur Braut. Andererseits genoß sie die Privilegien, die ein wohlsituiertes Leben ihr bot. Einige Monate lebte sie in diesem Zwiespalt.

> „S: Dann fing es auf einmal an, zu Hause etwas anders zu werden. Ich merkte, daß die Dienstmädchen nicht mehr ganz so gut gelaunt waren. Eines Tages sagte Mrs. W. zu

mir: ‚Du könntest doch ein bißchen helfen.' Da ich das nicht richtig fand, habe ich gesagt: ‚Ich dachte doch, ich sollte wie Ihre Tochter sein. Die tut das auch nicht.' Und am nächsten Tag war ich raus.
M: Was heißt das? Die haben Sie dann irgendwoanders hingebracht?
S: Ja, bin ich in ein Hostel gekommen.
M: Und was haben die Ihnen erklärt?
S: ‚So sollte man nicht sprechen.'
B: Zu ungehorsam?
S: Ja. Es war damals viel mehr. Aber Kinder können nicht immer dankbar sein. Das ist fast unmöglich. Man kann ja nicht sein ganzes Leben ... kein Kind kann das, nie etwas Freches zu sagen. Es war ja sogar was Wahres."[186]

Bei der Erinnerung an das abrupte Ende dieses „glücklicheren" Zeitabschnitts, der vier Monate dauerte, weint Cathrin Smith und bittet noch heute um Verständnis für ihr „Versäumnis" der Undankbarkeit, das weder die Pflegefamilie noch ihre Eltern akzeptieren konnten:

„M: Haben Sie in der Zeit brieflichen Kontakt mit Ihren Eltern gehabt?
S: Mit meinen Eltern, ja. Also von Mutti habe ich die Briefe nachher fast alle weggeworfen, weil ich dachte, man braucht Platz. Die von meinem Vater habe ich natürlich aufgehoben. Aber selbst die Eltern haben irgendwie gesagt: ‚Seid immer dankbar.' Man hat so innerlich gedacht: ‚Ich kann das nicht immer tun', und hab' gedacht: ‚Wenn ihr bloß mehr verstehen würdet.' Irgendwie war das noch schwerer dann dieses Nichtverstehen. Als ich dann rausgeflogen bin, kam der Rat, ich sollte doch hingehen und mich entschuldigen.
M: Haben die vom Hostel gesagt?
S: Meine Eltern auch. Das hat mir nicht geholfen. Da konnte ich noch nicht mal meinen Eltern ehrlich schreiben, weil ich gedacht habe: ‚Mach' ich nicht. Ich werde nicht daran denken, mich zu entschuldigen.' Es tat mir natürlich leid, daß wir uns nicht mehr verstanden oder daß ich da rausgeflogen bin. Aber ich bin im Hostel dann ewig bestraft worden von der Vorgesetzten. Ich hätte da gegen alle gesündigt, so ungefähr, den ganzen Refugees einen schlechten Namen gegeben, weil ich mich so schlecht benommen habe. Wenn Ausflüge waren oder irgendwie was, durfte ich nicht dabei sein.
M: Das heißt, das wieder so'ne Art Waisenhaus, wo Sie dann hinkamen?
S: Das Hostel gehörte B'nai B'rith (...). W. war einer von dem Komitee und hat mit eigenen Händen geholfen, das Haus fertigzustellen für Refugees."[187]

Daß Cathrin die mütterlichen Briefe fortgeworfen hat, deutet auf Aggressionen der Mutter gegenüber hin, der sie vermutlich unbewußt die Trennung vom Vater, aber auch die eigene Situation anlastete. Aggressive Gefühle gegen den Vater zu richten, schien angesichts seiner bedrückenden Situation nicht opportun.

Der Eklat im Hause W. hatte sie zwar aus ihrer zwiespältigen Situation befreit, ihr aber auch die angenehmen Seiten des Exils genommen. Hinzu kam, daß der Umzug sie nicht von dem Vorwurf der Undankbarkeit befreite. Da der Pflegevater ihre Unbotmäßigkeit im neuen Heim verbreitete, haftete ihr die Zuschreibung an, die Hilfe nicht genügend schätzen zu können und – noch schlimmer – damit die Flüchtlinge in

Verruf zu bringen. Besonders schwer erträglich aber waren die Vorwürfe des Vaters, der schrieb:

> „Kind, Du hast es dort so gut gehabt und W.s waren so lieb und gut zu Dir, Du hast doch dort den Himmel auf Erden gehabt. Hast Du Dich wenigstens entschuldigt und um Verzeihung gebeten, wenn noch nicht geschehen, tue es bitte sofort, es ist in Deinem Interesse. (...) Ich war die Tage ganz krank hierüber, ebenfalls Mutti. Kind, bereite uns nicht wieder solchen Kummer und lasse es Dir eine Lehre sein. Du mußt in allem vernünftig und nicht unüberlegt handeln."[188]

Der Vater beschwor Cathrin, zur Strategie der Anpassung zurückzufinden, ihre Autonomie bewertete er als aggressiv und krankmachend. Dabei bediente er sich des nach wie vor aufrechterhaltenen Bildes des Ehepaares, das in seiner Einschätzung übereinstimmte.

Während die deutschen Luftangriffe auf London erfolgten und der Briefkontakt zum Vater, der nach Kriegsausbruch auf Umwegen weitergeführt worden war, im Juli 1941 abriß, unterrichtete Cathrin auf dem Lande kleinere Kinder in der englischen Sprache. Nach zwei Jahren kehrte sie nach London zurück, um Arbeit zu suchen. Die Fünfzehnjährige fand Aufnahme in einem Hostel, in dem junge Frauen lebten, und Arbeit in einem Büro. Ihr Gehalt mußte sie für die Unterkunft abgeben. Eine Gehaltserhöhung „unterschlug" sie, um ein wenig Geld für eigene Bedürfnisse zur Verfügung zu haben.

> „M: Wie lange haben Sie da gearbeitet in dem Büro?
> S: Sehr lange. Ich glaube, ich war da ungefähr ein Jahr. Dann fand ich, ich sollte irgendwas für den Krieg tun. Also im Büro war wirklich nicht sehr viel zu tun. Inzwischen hatte ich abends auch einen Club gefunden, der ziemlich politisch war damals, obwohl ich nicht so sehr politisch eingestellt war, damals die Freie Deutsche Jugend. Irgendwie kriegte man doch die Idee, man sollte ein bißchen mehr tun.
> M: Wurde der auch von Emigranten geleitet, von deutschen Kommunisten?
> S: Es waren Kommunisten dabei. Aber ich glaube, das war ziemlich gemischt. Das von Refugees und von anderen. Ich weiß nicht ganz, wie sich das zusammengefunden hat. Eine meiner Freundinnen hatte ihren Weg dahin gefunden und hat gefragt: ‚Möchtest du mitkommen?' Das war natürlich schön, aus dem Hostel rauszukommen, also abends was anderes vorzuhaben."[189]

Cathrin wagte es, Schritt für Schritt ihr Leben selbst zu bestimmen. Was mit der stillschweigenden Verfügung über die Gehaltserhöhung begann, setzte sie mit dem Besuch des Freizeitclubs fort. Ihre Politisierung war in erster Linie dem Bedürfnis nach Geselligkeit geschuldet. Im Kreise gleichaltriger deutscher Jungen und Mädchen blühte sie auf. Über den Kriegsverlauf und wie sie ihn zugunsten der Alliierten beeinflussen könnten, gab es viele Diskussionen. Offensichtlich hatte Cathrin erstmalig das Gefühl, ihre Umwelt aktiv beeinflussen zu können, als sie beschloß, eine Kurzausbildung zur Präzisions-Einstellung von Maschinen in der Rüstungsproduktion zu absolvieren:

> „Ich wollte nicht, daß Deutschland gewinnt. Es war für mich wichtig, daß England oder die Alliierten gewinnen. Für mich war Hitler was, was einfach nicht mehr sein

durfte. Ich konnte mir nicht vorstellen, daß wir nicht gewinnen würden. Aber ich wollte selber was dazu tun, soviel wie möglich. Dann habe ich mich zum Training für Fabrikarbeit gemeldet, damit ich lernen konnte, wie man Maschinen einstellt. Dort war ich ungefähr drei Monate (...) Das hat Spaß gemacht, das war auch interessant. So wurde ich trainiert. Ich hatte eine Menge da gelernt, konnte die Sache gut machen, aber ich war zu jung, daß andere unter mir arbeiten konnten. Besonders, weil ich da noch nicht englisch war. Das war dann wieder ein Problem. Als ich damit fertig war, mußte ich dann doch an und für sich einfache Fabrikarbeit machen, so Stundenarbeit.
M: Haben Sie es denn probiert?
S: Ich wurde zu verschiedenen Fabriken hingeschickt, wo ich hätte bessere Positionen einnehmen sollen. Die Leute sagten dann: ‚Ja, Sie haben das Wissen, aber Sie sind zu jung. Wir haben da englische Leute, die älter sind, die unter Ihnen arbeiten müssen. Das geht nicht.'"[190]

Cathrin Smith erinnert sich – anders als andere deutsche Immigranten – nicht daran, in England einer Diskriminierung als Deutsche oder als Jüdin ausgesetzt gewesen zu sein. Im konkreten Fall der Hierarchie am Arbeitsplatz aber zählten weder die gute Ausbildung noch der Wille, am Sieg mitzuarbeiten, sondern Alter und Staatsangehörigkeit. Während die deutsche Luftwaffe London weiterhin bombardierte, montierte Cathrin Bombenteile, die deutsche Städte in Schutt und Asche legen würden. Mit der Mutter korrespondierte sie über Rote-Kreuz-Briefe, in denen alle wichtigen Nachrichten ausgespart blieben, so unter anderem die Bedeutung der Nachricht von der Deportation des Vaters, der inzwischen wieder geheiratet hatte. Dieser war am 8. November 1941 mit seiner zweiten Frau deportiert und in Minsk ermordet worden.[191] Auch später konnte Katharina nie mit ihrer Mutter darüber sprechen:

„S: Doch, mein Vater ist nach Minsk verschickt worden. Das wußte sie. Deshalb denke ich doch, sie muß gewußt haben. Sie hat es damals wahrscheinlich gewußt, wie es in Deutschland war. Ich mochte mit ihr nicht darüber sprechen. Ich konnte es einfach nicht.
M: Sie waren also zu dieser Zeit hier in London und kriegten langsam dieses, wie Sie sagten, zwiespältige Gefühl?
S: Ja, ich kriegte nachts oft ... – wachte auf mit ganz schlimmen Träumen. Also eine Zeitlang fertigte ich Sachen, die unten an Bomben angeschraubt wurden. Ich kann mich an einen Traum noch erinnern, wo ich meine Eltern auf einer Seite der Straße sah, ich war auf der anderen. Und diese Bombe liegt inmitten der Straße, als ob sie uns nachrennt."[192]

Im Traum werden die ambivalenten Gefühle deutlich: Die Eltern standen ungeachtet der Scheidung, der Wiederheirat des Vaters und seiner Deportation zusammen, sie bildeten eine Einheit, die in der Realität nicht mehr existierte. Nicht sie hatten die Tochter (zu deren Rettung) weggeschickt, sondern diese hatte zwischen sich und die Eltern eine (selbstgebaute) Bombe gelegt. Der Bombe kann nicht ausgewichen werden, weil sie ein Eigenleben führt, sie trennt Länder und Menschen, zwingt sie, auf der einen oder der anderen Seite zu stehen und droht gleichzeitig, sie zu verfolgen, wenn sie ihren Standort verlassen. Scheinbar ist sie nicht beherrschbar, so wie der Luftkrieg von den einzelnen als nicht beeinflußbar erfahren wurde. Die Bombe, die als reale Waffe Hitler besiegen sollte, symbolisiert aber auch die Wut auf die Eltern, die sich nicht anders Luft verschaffen konnte, weil diese selbst Opfer des Nationalsozialismus waren und doch alles getan hatten, die Geschwister zu retten. Diese nicht eingestandenen Aggressionen rannten ihr nach – ein Leben lang. Obwohl sie bald darauf mit Freundinnen zusammen in den von der Freien Deutschen Jugend (FDJ) gegründeten Club zog, litt sie unter den Alpträumen:

> „Manchmal bin ich, wenn ich diese Träume kriegte, nachts aufgeblieben, damit ich nicht schlafen brauchte, damit ich nicht träumen würde. (…) Aber ich mußte dann auch öfter zum Arzt. Ich weiß, mit sechzehn gaben sie mir schon Sachen für die Nerven. Und dann hat er mich weggeschickt [zur Erholung, B.M.]. Als ich dann in Nord-England war und einfache Flugzeuge hörte, da wartete ich immer, daß der Motor ausschaltet. Dann konnte man so ungefähr zählen, bis das auf einen runterkrachte. Da merkte man erst, wie sehr man das auch gefühlt hatte. [Frau Smith weint] Dann hatte ich Angst, nach London zurückzukommen (…) Aber ich mußte natürlich wieder zurück zur Arbeit."[193]

Während sie ihre äußere Welt parallel zum Erwachsenwerden gestalten konnte, mit Freundinnen zusammenzog, Freiheit erlebte, Gleichsinnte fand und einen eigenen Beitrag leistete, den Krieg zu beenden, blieb die innere Lebenswelt von der Angst vor der Bombe bestimmt, die sich im Traum offenbarte. Der Bruder war Fallschirmspringer geworden und hatte sich wie andere junge Männer aus ihrem Freundeskreis für waghalsige Aktionen gemeldet.[194] Trotz der Angst herrschte aufgeregte Aufbruchstimmung, bis der Krieg endlich vorbei war. Dann erhielt sie Kenntnis, daß ihr Vater deportiert und ermordet worden war. Schuldgefühle belasteten sie, denn sie hatte sich so unangemessen reiselustig am 1. Dezember 1938 von ihm verabschiedet und seine brieflichen Bitten um Hilfe bei der Auswanderung nach England nicht erfüllen können. Gleichzeitig zerbrachen ihre Londoner Freundschaften:

> „Als der Krieg zu Ende war, änderte sich einiges, auch mit der FDJ. Da sprachen Leute über Nach-Deutschland-Zurückgehen und Sachen, die nie wieder passieren sollten. Ich glaube, daß nur die Russen damals die deutschen Refugees zurückgelassen haben zu der Zeit. Ich wollte damals nach Deutschland, damit ich meine Mutter wiedersehen konnte. Es ist mir nicht gelungen, als Dolmetscherin oder irgendwas rüberzugehen. Ich habe es durch englische Kreise und auch durch Amerikaner versucht. Die haben mich nicht aufgenommen. (…) [Ich] denke, vielleicht wäre die Geschichte anders gewesen, wenn damals die Freie Deutsche Jugend, wie immer sie eingestellt war, wenn sie nicht so sehr zu einer Seite rübergegangen wäre.
> M: Für die politischen Flüchtlinge ist doch eigentlich immer klar gewesen, daß sie nach Kriegsende zurückgehen?
> S: Das kann sein. Also so viele habe ich davon nicht gekannt. Man hat an und für sich damals nicht besonders darüber gesprochen, ob man politischer Flüchtling war oder ob sie jüdisch waren, so daß alles für uns sehr gemischt war. Es kann sein, daß die, die politisch eingestellt waren, darüber gesprochen haben. Es war nur zuletzt, also in dem letzten halben Jahr, wo ich in dem FDJ-Haus gewohnt habe, daß ein paar Versuche gemacht wurden, mit mir sehr politisch zu sprechen. Das habe ich nicht zugelassen,

ich habe gesagt: ‚Wenn ihr denkt, ihr müßt mich irgendwie überreden, das will ich nicht. (...) Nein, ich habe eine ganze Menge Freunde. Und manche davon sind Kommunisten, und manche sind es nicht. Mehr will ich auch nicht.' Ich fühle mich nicht dazu berufen."[195]

Die Angst, vereinnahmt zu werden, verleidete ihr die FDJ. Zudem mußte sie erkennen, daß politische und jüdische Emigranten unterschiedliche Vorstellungen von der Nach-NS-Zeit hatten. Die scheinbare Einheit der letzten Kriegsjahre zerbröselte. Ihre Freundinnen, die Deutschland aus politischen Gründen verlassen hatten, gingen zum Teil in die sowjetisch besetzte Zone, die jüdischen Emigrantinnen bemühten sich um Visa für die USA. Wieder stand sie allein da:

> „Das war für mich wieder ein Aufhören. Ich hatte auf einmal wieder alle meine Freundinnen verloren (...) Und FDJ, weiß ich nicht mehr, was mit denen geschehen ist, weil ich nicht mehr hingging. (...) Ja, ich war ziemlich verzweifelt, allein da zu sitzen. Mein Bruder war noch in der Armee. Ich wußte nicht, wohin. Damals war ich neunzehn, und man hatte nichts. Man hatte keine Familie. Und man hatte kein Zuhause. Und ich hatte auf einmal keinen Club mehr. Ich fühlte mich so getrennt."[196]

Wie im Wechsel vom „ich" zum verobjektivierenden „man" bereits auf der sprachlichen Ebene deutlich wird, formuliert sie das Gefühl der Trennung: vom Freundinnenkreis, der in den letzten Jahren Heimat geworden war, wie von Mutter und Bruder, die beide in Deutschland waren. War es ein Zufall, daß sie sich in dieser Situation in einen Besatzungssoldaten verliebte, der die erste Verbindung, nämlich die zu ihrer Mutter, wiederherstellte? Sie wurden ein Paar, zwei Jahre später gebar sie ihre Tochter und entschied sich, in England zu bleiben. Ihr Bruder kehrte nach Hamburg zurück.

> „Ich wäre nicht nach Deutschland zurückgegangen. Ich hätte es nicht können. Als ich das erste Mal meine Mutter besuchte, das war '49 (...). Es war so'n komisches Gefühl, in Deutschland zu sein. Ich habe Leute angeguckt und gedacht: ‚Was denkt ihr? Was wart ihr?' Ich hätte da nicht wieder so leicht leben können, obwohl unser Leben ... – ich meine, wir hatten damals so wenig, mein Mann und ich. (...) Aber ich glaube, das hätten meine Nerven nicht ertragen können damals. Das wäre zuviel gewesen. Eltern denken natürlich, daß sie nur zu sagen brauchen, komm zurück, und dann kommt man wieder zurück."[197]

Cathrins Mutter hatte offensichtlich damit gerechnet, daß sie zurückkäme, so wie sie auch fortgegangen war, als die Eltern dies wünschten. Doch hier verweigerte sich die Tochter. Trotzdem fiel ihr das Verbleiben in England nicht leicht. Schwierige Jahre folgten. Aus der kleinen Katharina war die erwachsene Cathrin geworden. Die fehlende Schul- und Berufsausbildung machte sich bemerkbar. Sie arbeitete in untergeordneten Positionen, erzog die Tochter und den kleinen Sohn. Cathrin kränkelte, hatte mehrere schwere Operationen. Dann schlug ihr Mann vor, nach Neuseeland zu übersiedeln. Dort merkte Cathrin, daß sie inzwischen eine Heimat gefunden hatte, ohne dies wahrzunehmen: das ferne England. „Und da setzte auf einmal das Heimweh ein. Oh Gott! Also das war schlimmer, als damals, als ich von Deutschland wegkam."[198] Im Unterschied zur gefühlsmäßig unmöglichen Rückkehr nach Deutschland konnte sie nach England zurückkehren, ihr Mann folgte. Nach der Abreise aus Deutschland hatte sie zu keinem Erwachsenen mehr dauerhafte Beziehungen geknüpft. Alle stabilisierenden Kontakte bestanden zu Gleichaltrigen oder leicht älteren Mädchen. Jetzt aber fühlte sie sich heimisch, schrieb Gedichte und wurde aktives Mitglied der Liberalen Partei. 1988 nahm sie an einer „Reunion" für die Teilnehmer von „the Kindertransport" teil und begann in der Folge, sich mit ihrer Vergangenheit zu befassen, leistete viel Trauerarbeit, nahm alte Verbindungsfäden wieder auf, begann zu fragen, zu forschen und zu schreiben. Sie fand emigrierte Freundinnen in fernen Ländern wieder, in ihrer Hamburger Schule traf sie frühere Klassenkameradinnen, im alten Hamburger Stadtteil half sie, die Geschichte der Juden aufzuarbeiten.

Der Psychoanalytiker Hans Keilson, der sich intensiv mit dem Schicksal jüdischer Kinder befaßte, die in Konzentrationslagern und Verstecken überlebt hatten, hat für die Erfahrungen dieser Personengruppe den Begriff der „sequentiellen Traumatisierung geprägt".[199] Damit erweiterte er den zuvor auf ein einziges, äußeres Ereignis hin definierten Begriff, nachdem bereits Masud Khan von einem gestörten Verlauf frühkindlicher Beziehungserfahrungen als „kumulativer" Traumatisierung gesprochen hatte.[200] Keilson unterschied nun traumatisierende Sequenzen, d.h. er setzt mehrere Lebensphasen in Bezug zueinander, in denen traumatisierende und heilende bzw. das Trauma verstärkende Erfahrungen gesammelt werden. Nach seinem Verständnis ist die Langzeitwirkung einer Traumatisierung nicht nur abhängig von der extremen Belastungssituation selbst, sondern auch davon, in welcher Altersstufe sie erfahren wurde und welche Möglichkeiten zur Verarbeitung in den darauf folgenden Altersstufen zur Verfügung standen.[201]

Für die von ihm untersuchten jüdischen Kinder in den Niederlanden unterschied Keilson drei traumatische Sequenzen: Die erste war die feindliche Besetzung der Niederlande mit beginnendem Terror gegen die jüdische Minderheit; die zweite die direkte Verfolgung, verstecktes Leben oder Lageraufenthalt; die dritte die Nachkriegsperiode.[202]

Analog zu diesem Modell können für Cathrin Smith ebenfalls drei traumatische Sequenzen festgestellt werden:

– Die erste traumatische Sequenz begann mit den kindlichen Diskriminierungserfahrungen, spätestens mit dem Umzug ins jüdische Wohngebiet 1936, dem Schulwechsel zur jüdischen Schule und der damit verbundenen Ausgrenzung. Der väterliche Suizidversuch steigerte diese extreme Belastung, die nach dem Verlust des Elternhauses durch die Scheidung und folgende Heimunterbringung noch verstärkt wurde, die sie zudem vom Bruder trennte. Diese Veränderungen bewirkten zusammengenommen den Verlust aller sozialer Beziehungen und der vertrauten Umgebung.

– Die zweite traumatische Sequenz umfaßt die Ankunft im englischen Holiday Camp, in dem sie den Verlust der Eltern realisierte, und schloß auch den Hinauswurf aus der Familie, in der sie die Tochterstelle hätte annehmen sollen, und die folgenden Heimaufenthalte ein. Höhepunkt dieser Phase dürfte der Gewissenskonflikt gewesen sein, durch die Arbeit in der Rüstungsproduktion eventuell zum Tod der Eltern beizutragen.

– Die dritte traumatisierende Sequenz bestand in der Auflösung aller noch Stabilität verleihenden Beziehungen nach dem Krieg.

Cathrin Smiths Traumatisierungen fielen in die Altersphasen Vorpubertät, Pubertät und Adoleszenz. Den tiefgreifenden psychischen Folgen der Trennung von Mutter und Vater kann hier nicht weiter nachgegangen werden. Im Unterschied zu Keilsons Untersuchungsgruppe war Cathrin Smiths Trennungsschicksal allerdings auch dadurch gekennzeichnet, daß sie sich vom Kinderheim in Hamburg bis hin zum FDJ-Heim in London immer in Gleichaltrigen-Gruppen bewegte. So hatte sie die Chance, zeitweise durchaus überlebenswichtige Beziehungen aufzubauen. Vielleicht gab dieses Moment ihr die Stärke, nach Jahren psychosomatischen Leidens mit ihrer Familie zusammen Entwurzelung und Heimatlosigkeit dadurch zu überwinden, daß sie den Ort wählte, an dem sie leben wollte und dort heimisch wurde – unter anderem auch dadurch, daß sie von diesem Ort aus die Fäden der eigenen Geschichte wieder aufnahm.

2. „Ich bin da eigentlich gewachsen" – KZ-Überlebender Günther Levy

Der Wahl-Hamburger Günther Levy kam in den 1960er Jahren aus beruflichen Gründen in die Hansestadt, als seine Tätigkeit als hauptamtlicher Gewerkschaftsfunktionär dies verlangte. Geboren wurde er 1933 in Frankfurt, aufgewachsen ist er dort, in Theresienstadt und Bremerhaven. Die Interviewerin lernte ihn als Tischnachbarn bei einem Treffen von ehemaligen Mitgliedern der Sozialistischen Arbeiterjugend (SAJ) kennen, an dem er als einer der wenigen „jüngeren" Interessierten teilnahm. Die Idee, ihn um ein Interview zu bitten, entstand aber erst später, als ihr Teile des Pausengesprächs immer wieder durch den Kopf gingen. Ohne Hinweis auf seine Identität, mußte sie den Organisator des SAJ-Treffens bitten, anhand ihrer Personenbeschreibung Namen und Adresse ausfindig zu machen, was auch gelang. Dieser Vorgang, so banal und zufällig er während der Kontaktaufnahme schien, erklärt, warum von Seiten des Zeitzeugen ohne längere Annäherungsphasen ein sehr intensives, vertrauensvolles Gespräch stattfinden konnte[203]: Es hatte jemand die Anstrengung der Suche nach ihm auf sich genommen und ihn schließlich gefunden – vor dem Hintergrund seiner Kindheit während der NS-Zeit und seiner zweijährigen Konzentrationslagerhaft begreiflicherweise ein lebenslanger Wunsch.

Günther Levys Eltern hatten 1931 geheiratet. Der Vater war Mitglied der Frankfurter jüdischen Gemeinde, die Mutter offensichtlich konvertiert, denn die beiden 1933 und 1937 geborenen Söhne wurden während der NS-Zeit als „Geltungsjuden" eingestuft. Religion hatte keine alltagspraktische Bedeutung in der Familie. Vermutlich gehörte die formale Mitgliedschaft zu den Erwartungen, die die jüdische Gemeinde an ihren Obergärtner richtete. Die Mutter Günther Levys stammte aus gewerkschaftlich orientiertem, sozialdemokratischen Elternhaus, während der Vater als unehelicher Sohn einer Jüdin zur Adoption freigegeben worden und bei einer wohlhabenden jüdischen Familie aufgewachsen war. Diese Familie war kurz nach der nationalsozialistischen Machtübernahme nach Brasilien emigriert, der Kontakt ging verloren. Günther Levys Vater Alfred war nach Erinnerung seines Sohnes „unpolitisch wie viele Menschen", aber immerhin sozialdemokratisch orientiert, Mitglied im Reichsbanner und der Eisernen Front[204], was doch von einem größeren

Problembewußtsein zeugt, als „viele Menschen" es zeigten. Seinen Arbeitsplatz behielt er als Gemeindeangestellter auch nach 1933. Sein Aufgabenbereich, die Verantwortung für den jüdischen Friedhof, wurde ausgeweitet: Er bildete nun Juden zu Gärtnern im Rahmen der Berufsumschichtung (Hachschara) aus[205], damit sie nach Palästina emigrieren konnten. Der Zeitzeuge selbst war ein lebhaftes, neugieriges, eigenwilliges Kind, was die Eltern offensichtlich tolerierten, solange diese Eigenschaften nicht zu einer Gefahr für die Familie wurden. So enthält die früheste Kindheitserinnerung des Zeitzeugen komprimiert eine Fülle beängstigender Fakten und widersprüchlicher Gefühle. Während er sie erzählt, verweist er immer wieder auf Dokumente:

> „Und dann kam '38 – und da setzt an sich so meine intensive Erinnerung ein – die Reichskristallnacht, weil ich da als Kind erlebt habe, wie mein Vater abgeholt wurde. Da wurde er nach Buchenwald gebracht. Meine Mutter war natürlich total aufgelöst. Er kam nach sechs Wochen wieder. Ich habe ein Bild, wenn Sie das mal interessiert, zeige ich Ihnen das mal. Als Fünfjähriger hatte ich so 'ne Karte umgehängt bekommen, und da bin von Frankfurt am Main alleine nach Bremerhaven gefahren zu meinen Großeltern. Damals mußte man in Hannover umsteigen, aber ich hatte es geschafft. Ich kam in Bremerhaven an. Mein Bruder war ja noch sehr klein, der hat von all diesen Dingen nichts mitbekommen. Und dann ist mein Vater nach sechs Wochen zurückgekommen, da zeigte mir meine Großmutter noch in Bremerhaven ein Bild, da habe ich ihn nicht wiedererkannt.
> M: Also Sie sollten in Bremerhaven in Sicherheit sein?
> L: Ja, ich war auch ein sehr lebhaftes Kind. Und meine Mutter hatte… Bin auch oft weggelaufen, weil ich sehr neugierig war. Und wie gesagt, mein Vater war weg. Und es gab ja auch keine Informationen. … Eine Meldung von meinem Vater, da heißt es: ‚Ich habe bis auf weiteres Postsperre, darf weder Briefe, Karten und Pakete empfangen. Anfragen an die Kommandantur des Lagers sind verboten und verlängern das Schreibverbot. Alfred L.' (…) Es war am Abend –, das muß der 8. November gewesen sein, oder war es abends der 9. November? Jedenfalls es war abends. Meine Eltern hatten fürchterliche Angst, und ich spürte das. Früh morgens hatte es dann bei uns geklingelt in Frankfurt am Main. (…) Da haben sie ihn dann abgeholt und mit vielen anderen nach Buchenwald gebracht.
> M: Sie sagen, Sie hatten Angst, d. h. Sie wußten, daß da was los ist?
> L: Das habe ich sehr wohl gewußt, ja. Da habe ich erstmal bewußt das Wort ‚Jude' gehört. Das werde ich nie vergessen, da habe ich meine Eltern gefragt: ‚Was ist das überhaupt?' Ich wußte ja gar nicht, was das ist. Ich habe mich nie darum gekümmert. Und dann sagte man: ‚Ja, dein Vater ist Jude.' Und ich war völlig entsetzt, konnte da aber überhaupt nichts mit anfangen. Ich erinnere noch, daß ich das gefragt habe, weil das in diesen Gesprächen – es war eine sehr unruhige Zeit. Da ist der Herr Hinger; das war der Hausmeister (…), dann sind wir nach unten gegangen. Da waren in den Straßen immer Vorgärten, und an diesen Gittergärten hingen dann die Briefkästen. Und da hat er unseren Briefkasten schwarz angestrichen, so daß damit vorgetäuscht werden sollte, wir seien ausgezogen. Aber das waren natürlich … Die Gestapo ist natürlich gekommen und hat ihn trotzdem abgeholt. Aber das erinnere ich noch. Das sind so Erinnerungsinseln aus meiner frühen Kindheit.

M: Also das haben Sie als Unterstützung im Kopf behalten?
L: Das habe ich unauslöschlich, ist das haftengeblieben, dieser Vorabend zur Reichskristallnacht. Und ich weiß noch, da bin ich am nächsten Morgen, meine Mutter war natürlich aufgelöst, mein Vater war weg, und da sagt sie: ‚Lauf' mir ja nicht weg.' Und ich bin dann doch weggelaufen, und zwar in der Nähe war irgendein Kinderheim, und da soll was gewesen sein. Und da war meine Mutter natürlich entsetzt. Und alles, was ich tat.., und wenn dann rauskam, es wurde also viel schlimmer angelastet als jedem anderen. Und deswegen hat meine Mutter auch gemeint, daß ich zu meinen Großeltern sollte, wie gesagt, Karte gekauft, und ich bin dann alleine mit so 'nem Schild um, wo meine Daten drauf standen, nach Bremerhaven. Und zu der Zeit hatte ich auch vom rein Äußeren her... das verschaffte mir Spielraum, ich war blond und sah nicht so aus, wie die Juden im ‚Stürmer' dargestellt wurden. Genau das war an sich ... Das hat mir auch später viel Freiraum verschafft, weil keiner glaubte, daß ich Jude sei, in ihrer Vorstellung sah ein Jude ganz anders aus. Das hat ihnen ja der Stürmer vorgemalt auf diesen Karikaturen, wie der eigentlich aussieht."[206]

Die „Erinnerungsinsel" – wie Levy sie mehrfach nennt – weist auf glücklichere Zeiten hin, in denen es eine Familie gegeben hatte, die aus Vater, Mutter, einem Säugling und ihm bestand, die in einer Umgebung lebte, in der sie sich aufgehoben fühlen konnte und auch in Gefahrenzeiten Solidarität erfuhr, was die Verhaftung jedoch nicht abwenden konnte. Dieses unbeeinträchtigte Familienleben sollte es nie wieder geben, es wurde in den Novembertagen 1938 endgültig zerstört. Weitaus größeren Raum aber nimmt die bedrohliche Erinnerung an die Angst der Eltern vor der Pogromnacht und bei der Verhaftung des Vaters ein. In der angespannten Situation versuchte die Mutter, den Jungen zu disziplinieren. Dennoch lief dieser weg und verursachte so weitere Aufregung. Was er nun tatsächlich bei dem Kinderheim getan haben mag, bleibt offen. Aus seiner retrospektiven Sicht gefährdete er die Familie zusätzlich „mit allem, was ich tat". Die in der Rekonstruktion der Erinnerung enge Verknüpfung zur väterlichen Verhaftung weist darauf hin, daß er sich diese teilweise selbst anlastete und entsprechende Schuldgefühle entwickelte. Die „Verbannung" nach Bremerhaven zu den Großeltern schien ihm diese Version – bis heute – zu bestätigen. Wahrscheinlicher ist, daß die Mutter in der Streßsituation nach der Verhaftung mit der Versorgung des Säuglings, den Nachforschungen nach dem Vater und schließlich den Bemühungen um dessen Freilassung zu belastet war, um ein lebhaftes Kind adäquat betreuen zu können. Die dem Zeitzeugen im Nachhinein so familiengefährdend erscheinenden kindlichen Eigenschaften halfen ihm jedoch, die weite Reise nach Bremerhaven allein zu absolvieren. Ein leiser Stolz klingt in der Stimme mit, wenn er davon berichtet: Er war schon groß, während der Bruder noch so klein war, daß er gar nichts begriff. Gleichzeitig hatte er in diesen traumatisierenden Tagen von seiner jüdischen Abstammung erfahren. Die bewußte Kenntnis der Zuschreibung „Jude" und die Verhaftung des Vaters fielen zusammen, kein Wunder, daß er entsetzt war. Als Sohn eines Gemeindeangestellten kannte er zwar den jüdischen Friedhof und die Juden, die sein Vater beruflich ausbildete. Aber auf sich selbst bezog er den Begriff erstmals. Später realisierte er, daß seine nichtjüdische Umwelt ein von der Propaganda geprägtes Aussehen von Juden erwartete, dem er als blonder Junge nicht entsprach.

Auch ein anderes wichtiges Moment wird in dieser Interviewpassage erstmalig deutlich: Günther Levy hat als Erwachsener dokumentarische Spuren seiner zerstörten Familie zusammengetragen und einen dicken Aktenordner angelegt. Teilweise kann er Passagen aus Papieren, die Ereignisse belegen, die in seiner Abwesenheit geschahen, auswendig hersagen. Günther Levy hat in seiner Herkunftsfamilie die ersten 5 1/2 Jahre gelebt, war dann ungefähr ein halbes Jahr bei den Großeltern, danach knapp zwei unruhige Jahre wieder bei den Eltern, dann abermals zwei Jahre bei den Großeltern, bis er zwei Jahre im Konzentrationslager Theresienstadt verbringen mußte. Während dieser Zeit wurde sein Vater in Auschwitz oder auf einem Todesmarsch ermordet, seine Mutter überlebte eine Haftzeit im KZ Ravensbrück. Auf ihren Antrag hin erfolgte in dieser Zeit die Scheidung.[207] Als Günther Levy aus dem Lager zurückgekehrt war, nahmen die Großeltern ihn wieder auf. Fast alles, was zwischenzeitlich mit den Eltern geschah, erfuhr er aus Briefen, die die Großmutter verwahrt hatte, und amtlichen Dokumenten, die er in Archiven fand. Immer wieder muß er sie gelesen haben, bis er ihren Inhalt seiner erlebten Geschichte hinzufügen konnte. Der umfangreiche Ordner lag während des Interviews stets in Reichweite, zeitweise auf dem Schoß des Erzählers, meist hielt er ihn fest. Die weit über einen Belegcharakter hinausweisende Bedeutung der Akte wurde bereits in dieser Gestik deutlich. In ihr hatte Günther Levy die Splitter der Familiengeschichte und seines Lebens zusammengetragen, um sich seiner selbst vergewissern zu können. Die lebensgeschichtliche Relevanz war so groß, daß sich die Interviewerin – im Gegensatz zum sonstigen Verhalten – scheute, den Zeitzeugen zu bitten, die Dokumente einsehen, geschweige denn mitnehmen und kopieren zu dürfen.[208]

Woran die Emigrationsüberlegungen der Eltern scheiterten, entzieht sich der Kenntnis des Zeitzeugen. Aber bis heute ist er angesichts der bösen Ironie des Schicksals fassungslos, daß ein ausgebildeter Gärtner, der bei entsprechenden Bemühungen vermutlich problemlos ein Visum nach Palästina bekommen hätte, alle anderen, die seine Fertigkeiten nicht besaßen, dazu befähigte, sich in den Besitz des Zertifikats zu bringen, das die Einreise erlaubte. Die zweite verpaßte Chance scheint ihm die Emigration der Adoptiveltern des Vaters zu sein, die er nie kennengelernt hat. Sie hatten den Vater mitnehmen wollen und zeigten sich auch nach Günther als Baby „ganz verrückt".[209] Die Auswanderung der Hachschara-Teilnehmer und der reichen Adoptivfamilie nennt er in einer Interviewpassage, und es wird deutlich, daß er rückblickend mit beiden unbekannten Gruppen hadert, nicht nachdrücklich darauf bestanden zu haben, daß der Vater mitging.

Als Günther Levy schulpflichtig wurde, holten ihn die Eltern nach Frankfurt zurück. Er meint sich zu erinnern, ein halbes Jahr eine jüdische Schule und, als diese geschlossen wurde, eine staatliche besucht zu haben. Warum ihm dies Ende 1939 – immerhin ein Jahr nach dem Ausschluß jüdischer Schüler aus dem öffentlichen Schulen – gestattet wurde, entzieht sich seinem Wissen.

Von den Eltern berichtet er aus dieser Zeitspanne gar nichts, wohl aber von der zwischenzeitlich veränderten Atmosphäre in der Umgebung. So erinnert er sich beispielsweise, die Vermieterin habe vor Dritten geäußert, es sei eine Zumutung, mit Juden unter einem Dach leben zu müssen.[210] Günther reagierte auf die Veränderungen mit ständigem Kränkeln. Nur in der kurzen Zeit auf der staatlichen Schule fühlte er sich wohl, wurde dort nicht diskriminiert und konnte Erfolgserlebnisse verzeichnen:

„Ich weiß nur, ich war ganz gut im Deklamieren. Und da war damals immer der Tag der Wehrmacht. Wir mußten auf dem Schulhof stehen, und da wurde das Deutschlandlied gesungen. Jede Klasse mußte auch was vortragen, und ich konnte von unserer Klasse ganz gut vortragen. So bin ich sogar ausgesucht worden. Also es war im Grunde ein Wahnsinn.
M: Aber das haben Sie als Kind noch nicht so begriffen?
L: Nein. Ich weiß auch noch genau das Gedicht, Langemarck: ‚Ich weiß ein Grab in Flandern, da wohnt der große Tod, darinnen sind begraben die besten deutschen Knaben, so jung so rosenrot.'"[211]

Im Nachhinein scheint es fast, als wäre das weitere Schicksal Günther Levys in diesem schwülstigen Gedicht zusammengefaßt, nur daß ihm der Tod nicht auf dem Schlachtfeld, sondern im Konzentrationslager zugedacht war.

Für den Jungen unvermittelt und unerklärbar trafen die Eltern die Entscheidung, die Söhne nach Bremerhaven zu den Großeltern zu schicken, „gegen meinen Willen", wie Günther Levy betont.[212] Dort meldete die Großmutter Günther in der staatlichen Schule an und verhinderte, daß Angaben über die Abstammung der Jungen den Schulkameraden und Freunden bekannt wurden. Trotz seines anfänglichen Widerstandes, sich von den Eltern zu trennen, erlebte er hier seine „schönsten Jahre".[213] Doch die Sicherheit war trügerisch: Die Gestapo hatte sehr wohl Kenntnis vom Aufenthaltsort der Kinder. Die RVJD Bremen drängte auf Abschulung. Die Tatsachen verschleiernd, schlug sie 1943 (!) vor:

„Anfang Juni geht von Hamburg ein jüdischer Abwanderungstransport nach Theresienstadt (Protektorat). Diese jüdische Siedlung in Theresienstadt, die vollkommen unter jüdischer Leitung steht, bietet den Kindern die Möglichkeit, eine Schule zu besuchen und später eine Lehre durchzumachen. Da die Kinder Kennzeichenträger sind, kommt ein Besuch öffentlicher Schulen in Wesermünde und auch eine sonstige weitere Ausbildung nicht in Betracht."[214]

Die Großmutter übernahm erforderliche Fahrten nach Bremen, um diesen „Ratschlag" abzuwenden. Der Großvater als bekannter Sozialdemokrat sollte möglichst wenig mit offiziellen Stellen zu tun haben, zumal er zu impulsiven Handlungen und Wutausbrüchen ohne Rücksicht auf die Gefahr neigte, die er damit heraufbeschwören konnte. Die Familie hatte dies bereits mehrfach miterlebt: Als die Gestapo die Kennzeichnung der Wohnung mit einem „Judenstern" verlangte, verweigerte er dies empört. Die Jungen trugen auf seine Anweisung hin keinen Stern, obwohl sie dazu verpflichtet gewesen wären. Einen Schwiegersohn, der stolz in der SA-Uniform zu Besuch kam, warf er die Treppen hinunter, und die Familie fürchtete wochenlang, dieser würde ihn denunzieren. Günthers Großeltern hatten fünf Töchter, die verheiratet oder verlobt waren. Unter ihren Männern befanden sich aktive Nationalsozialisten, die Verstöße gegen die antijüdischen Vorschriften genau registrierten. Wie in anderen Mischehen ging auch hier der Riß durch die Familie: Er trennte zum einen den gewerkschaftlich-sozialdemokratischen Teil vom nationalsozialistischen, und zum anderen den „jüdischen" vom „arischen". Dennoch hat Günther Levy sich „da immer geborgen gefühlt"[215], denn die Großeltern ließen keinen Zweifel daran, daß sie die Jungen liebten und für sie sorgen würden.

Was in der Zwischenzeit in Frankfurt geschah, bleibt im Interview offen. Hier bildet sich die Unwissenheit Günthers Levys über die Vorgänge ab. Er weiß nur, daß beide Eltern von der Gestapo verhaftet wurden. Die Mutter kam – unter welchem Vorwand auch immer – ins Frauen-KZ Ravensbrück, der Vater nach Auschwitz. Günther vermutet, sie hätten eine Widerstandsgruppe unterstützt, was ihm – gleichgültig ob dies Realität oder Phantasie entspringt – sicher zu einem Bild der Eltern verholfen hat, das von Aktivität und Mut gekennzeichnet war und von seinen frühen Beschreibungen der „unpolitischen" oder „naiven" Personen abwich. Unklar bleibt auch, ob der KZ-Aufenthalt der Eltern Auslöser für den Deportationsbefehl war, den die Großmutter im Frühsommer 1943 für ihre Enkel erhielt und – wenig feinfühlig – voll böser Ahnungen so kommentierte: „Kinners, ich würd euch lieber auf den Friedhof bringen, dann wüßte ich, wo ihr seid."[216] Es gelang ihr, die „Verschickung" der Brüder zu verzögern[217], doch dann begleitete sie die zehn- und sechsjährigen Jungen nach Hamburg, wo sie in den Zug nach Theresienstadt stiegen.[218]

> „Da kamen wir da an, und es war dunkel und Scheinwerfer, da standen Gendarmen und SS mit Schäferhunden, es war so ein martialisches, erschreckendes Bild für mich. Und dann sagte die SS: ‚Wenn einer das und das und das bei sich hat, was verboten ist, der geht mit dem nächsten Transport wieder weg!' Da sagte ich mir: ‚Mein Gott, sind das…?' Wir sind doch jetzt erst hier. Wieso mit dem nächsten Transport?' Da konnte ich nichts mit anfangen. Und dann weiß ich noch, da war ein Mann – meine Großmutter und meine Tanten, die hatten alles für uns vorbereitet, mit Wäschetinte unsere Namen in jedem Stück, und wir hatten Rucksäcke, wo alles drin war, was wir so gebrauchen und mitnehmen konnten – und da war ein älterer Herr, und der sagte: ‚Na, euch Kinder werden sie nicht durchsuchen. Ich steck mal meine Zigaretten hier ein.' Er hat er sie mir einfach in den Rucksack reingesteckt. Nun hörte ich diese Rede und war erschreckt und sagte: ‚Nehmen Sie bitte die Zigaretten wieder raus', nachdem ich das gehört hatte. Er meinte: ‚Euch tun sie ja nichts.' Ich sag: ‚Nehmen Sie sie wieder raus.' Nachher mußten wir das ablegen! Dann kamen wir in die …, ich glaube, das war die Jägerkaserne, so dunkle Kasematten. Da wurden wir durchgeschleust, so hieß das, eine Schleuse. Dort sind wir zuerst gewesen. Dann wurden wir am nächsten Tag erst ins Lager reingebracht. Da habe ich das Entsetzen…, ich war so empfindsam, es stank nach allen ‚Gerüchen Arabiens', so verfaulte Kartoffeln und so etwas Verbranntes. Es war ein mir widerlich erscheinender Geruch. Dann kamen wir in diese Hamburger Kaserne, die mir auch – aus der Perspektive eines Zwerges erscheint Ihnen das Gras ja immer sehr hoch – so hoch erschien und so dunkle Gewölbe. Dann kamen wir so einen Gewölbsaal, wo die Tschechen waren. Ich weiß nur …, ich habe so den Eindruck, als ob wir mehrere Tage geschlafen hätten und krank gewesen sind. Als ich aufwachte, steht da vor meinem Bett eine Tschechin, und die hatte einen deutschen Namen (…) und machte ein sehr sorgenvolles Gesicht. Und dann merkte ich um mich herum Tschechen, die guckten runter. Wir lagen unten im Bett. Man wird dann ja angeguckt als Neuankömmling. Da hörte ich zum erstenmal so die tschechische Sprache."[219]

Die KZ-Forschung hat den Eintritt ins Lager als Schock beschrieben, „der mit normalen Streßerlebnissen des Menschen nicht zu vergleichen ist."[220] Zwei Momente waren für die Anpassung an die neue Situation lebensrettend: Unempfindlich zu werden und einen „Engel" zu finden, „d.h. einen Menschen oder eine Gruppe, die ihn noch als Mensch behandelten und mit deren Hilfe es ihm gelingen konnte, diesen Rest der früheren Welt zu bewahren."[221] Der emotionale Zusammenhalt der Häftlinge wirkte, psychoanalytisch gesehen, wie eine Geste der Mutter. Als die Brüder Levy ankamen, trugen sie die handfesten Beweise einer sorgenden (Groß-)Mutter in Gestalt bestickter Wäschestücke noch bei sich. Doch in der nächtlichen, angsteinflößenden Ankunftssituation mußte Günther bereits eine Risikoabwägung vornehmen und eine Entscheidung treffen. Instinktiv erkannte er, daß es in Theresienstadt keinen Schonraum für Kinder gab, wovon der erwachsene Raucher noch ausging. Nach der Anstrengung, dessen Anliegen sehr bestimmt zurückzuweisen, machte sich bei ihm der oben beschriebene Schock bemerkbar. Er reagierte mit einem vertrauten Verhaltensmuster, indem er krank wurde. Dieses Muster war bei Mutter und Großmutter geeignet gewesen, Aufmerksamkeit und Fürsorge zu erringen. Im Konzentrationslager war nicht davon auszugehen, daß gerade Krankheit die Voraussetzung für Überleben sein könnte. Dennoch – Günther Levy erregte die Aufmerksamkeit und Besorgnis eines „Engels", einer älteren Tschechin, die sich mütterlich um ihn bemühte und ihn „wie einen Menschen" behandelte. Dies ermöglichte es Günther Levy, gesund zu werden und seine neue Umgebung in Augenschein zu nehmen. Er war nun nicht mehr einer, der apathisch auf dem Bett lag, sondern ein Neuankömmling, der seinen Platz in der Gemeinschaft finden bzw. erkämpfen mußte. Darüber hinaus wuchs ihm die Aufgabe zu, für den kleinen Bruder zu sorgen. Beides erforderte seine ganze Kraft und die Aktivierung aller Fähigkeiten, die ihm als Kleinkind den Ruf eingetragen hatten, eigenwillig zu sein. Günther Levy mußte sich in Theresienstadt in einer Häftlingsgesellschaft behaupten, in der er als Deutscher den Haß der tschechischen Mithäftlinge auf sich zog, in der er als Kind um Lebenschancen mit Erwachsenen konkurrieren und in der er, vom Selbstverständnis Nichtjude, einen Platz unter den Christen finden mußte. Gegenüber dem Wachpersonal und der Lagerleitung hingegen galt es, möglichst unauffällig zu bleiben. Sehr schnell merkte er, daß in bestimmten Situationen nur körperliche Kräfte entschieden:

„Das war ein Raum, da war ich nur zusammen mit Tschechen. Dort fing das [Nationalitätenproblem im KZ, B.M.] dann aber schon an – verstehen Sie das nicht falsch – nicht alle, es gab immer einige, die haben dann ... Für die waren wir Deutsche. Die haben dann ihren Haß, den sie auf die Deutschen hatten, den konnten sie ja nicht bei der SS lassen, aber bei uns konnten sie ihn lassen, und das werde ich nie vergessen. Mit einem Tschechen, der meinen Bruder so drangsaliert hatte, habe ich mich fürchterlich geprügelt. So habe ich mir Respekt verschafft. Ich mußte mich da oft schlagen. Ich mußte mich dann durchbeißen."[222]

Aus der deutschen Gesellschaft als „Geltungsjude" ausgegrenzt, sahen ihn die Mithäftlinge in Theresienstadt als „Nazi": „Es gab einige, die bezeichneten mich als Nazi, allein, weil ich blond war, weil ich mich, ja, ich mußte mich mit einigen prügeln. Entweder sie gingen unter oder ich. Und da war ich wohl rabiat, und da sagte sie [ein Mithäftling, B.M.]: ‚Wie ein Nazi.'"[223] Mit Rücksicht konnte er nicht überleben, er wurde zum Schläger, wenn es ihm notwendig erschien. Aber er setzte auch seine Fähigkeiten ein, Kontakte zu schließen. So fand er eine christliche Gruppe, die sich abends auf dem Dachboden traf. In der Schusterei, in der er arbeiten sollte,

„organisierte" er Leder zum Tausch gegen Brot. In seiner zweiten Unterkunft freundete er sich mit Gleichaltrigen an und schuf sich so ein Netz von Beziehungen. Allerdings wurden die Brüder nach Altersgruppen getrennt untergebracht. Günther mußte versuchen, den Sechsjährigen, der die neue Lebenssituation allein nicht meistern konnte, aus der Ferne zu beschützen. Nach und nach lernte Günther Levy, auch in gefährlichen Momenten nicht nur auf die akute Bedrohung zu reagieren, sondern das langfristige Überleben im Auge zu haben:

> „Ich mußte dann in einer Schusterei arbeiten. Und das war fürchterlich. Eine große Baracke, und ich hatte überhaupt keine Ahnung, wie man Schuhe besohlt. (...) Und dann weiß ich, plötzlich brennt die Baracke ab. Und da mußten wir alle antreten, das habe ich noch in Erinnerung. Das waren ja alles Männer. Ich war ja wohl der Kleinste da und auch der Jüngste. Und dann stehe ich da, und dann kommt der Kommandant und schreit uns da an, auf diese paar Flammen hätten wir uns draufschmeißen müssen. Auf jeden Fall die Baracke ist ganz abgebrannt usw. Aber es war nicht alles verbrannt. Nun sind Gummidinger übriggeblieben und so ein Dreifuß (...) haben wir natürlich gewußt, daß so Gummidinger und so ein Dreifuß und so'n Hammer, das ist Geld wert. Schuhzeug zu kaufen gab es ja nicht. Man nannte das organisieren. (...) Das war sehr viel, wie wir das alles da weggeschleppt haben. Das haben wir dann irgendwo versteckt in dem Heim. (...) Dabei hat man uns natürlich beobachtet. Und dann wurden wir vor die Lagerverwaltung, aber vor die jüdische, zitiert. Und dann hieß es: ,Wenn das zuviel ist, dann müßt ihr vor die SS-Kommandantur.' Hat man uns schlimme Strafen angedroht. Und dann haben wir den ganzen Scheiß, den wir da organisiert haben, wieder zurückschleppen müssen. Aber alles haben wir gar nicht zurückgeschleppt. Ich würde heute noch den Dreifuß finden, wo ich den versteckt habe. Weiß ich noch so genau. Alles haben wir also nicht wieder zurückgebracht."[224]

Der Diebstahl hätte ihn das Leben kosten können, der Tausch der gestohlenen Gegenstände hingegen ermöglichte sein und des Bruders Überleben. Er selbst bezeichnet sich retrospektiv als verwahrlost. Auch eine Portion Frechheit legte er sich zu: Als ihn beispielsweise ein für seine Gewalttätigkeit berüchtigter SS-Scharführer mit einer ertauschten Zigarette in der Hand überraschte, fragte er ihn geistesgegenwärtig nach Feuer. Im Gegensatz zu dessen sonstigem Verhalten, das durch spontane Brutalität gekennzeichnet war, bestrafte er diesmal den Elfjährigen nicht.

Während Günther Levy seine hier kurz skizzierten Überlebensstrategien entwikkelte, erstarrte sein Bruder in Angst:

> „M: Sie sagten vorhin, daß Ihr kleiner Bruder gar nicht mehr ansprechbar war?
> L: Ja.
> M: Und total verängstigt?
> L: Ja.
> M: Wie lange hat das gedauert, bis er sich davon wieder erholt hatte?
> L: Oh, das hat einige Jahre gedauert. Also jetzt hat er sich ganz prima rausgemacht. Er lebt heute in Göttingen. Aber da [in Theresienstadt, B.M.] war ich die einzige Bezugsperson für ihn, denn es gab natürlich auch viele Rohheiten. Ich sagte ja, man war verwahrlost. Ich weiß noch, wie das Lager so entleert war nach diesen Transporten 1944, da war er dann in einem anderen Haus. Ich war Rathausstr. 9, nannte sich das

nachher. Und da waren denn große tschechische Jungs, und die haben den heiligen Geist gespielt und ihn fürchterlich erschreckt. Ach, und dann habe ich ihn mal zu mir geholt. Dann wurde ich vom Heimleiter zur Rechenschaft gezogen, daß es verboten sei. Weil er einfach so verängstigt war. Die Frau, von der ich Ihnen das Bild gezeigt hatte, die gehörte zu den Prominenten. Die hatte unterm Dach so eine kleine Kammer. Da habe ich ihn da mal hingebracht. Und da hat sie mit mir geschimpft, das ist verboten und so, und das dürfe man nicht und sowas. Ich wollte ihn einfach da [aus seinem Heim, B.M.] weg haben, aber ich konnte ihm auch …, ja helfen, aber ich konnte nicht immer bei ihm sein, weil es einfach Vorschrift war, du bist in dem Heim, und er war da untergebracht. Aber da waren nun viele, die ihm schwer zugesetzt haben. Und da versuchte ich dann, ihm zu helfen."[225]

Bis heute bereitet es dem Zeitzeugen Schuldgefühle, daß er dem Bruder nur punktuell helfen konnte, indem er ihm Schutzräume bot, ruhige Plätze, an denen keine Gefahr drohte. Doch die Vorschriften belegten dies mit Strafe oder Verantwortliche schritten ein. Dem elfjährigen Günther Levy, der stahl, um zu überleben, wäre es nie in den Sinn gekommen, seinen Bruder um den Lebensmittelanteil der großelterlichen Pakete zu betrügen. „Verwahrlosung" und hochentwickeltes Verantwortungsgefühl existierten nebeneinander. Er bildete eine hohe Ambivalenztoleranz heraus, die sich auch im Verhalten gegenüber der Gleichaltrigengruppe bemerkbar machte. Soweit die Verhältnisse des Konzentrationslagers es zuließen, baute er stabile Freundschaftsbeziehungen auf, die allerdings nur allzu oft durch gewaltsame Eingriffe von außen zerstört wurden. Während die Erwachsenen, die die Kinder unterrichteten oder beaufsichtigten, in Levys Erzählung weitgehend farblos bleiben[226], schildert er sehr genau die gleichaltrigen Freunde, alles Hamburger. Ein Mädchen hatte es ihm besonders angetan:

„Irmgard war ein hübsches Mädchen. Sie war schon entwickelt. Ich war überhaupt noch nicht sexuell ansprechbar, ich war einfach noch zu jung, aber ich wußte schon, sie war sehr schön. Mir gefiel die Irmgard so gut. Obwohl ich überhaupt noch nicht so weit war, mit einem Mädchen zusammensein zu können. Aber ich mochte sie leiden. Und da hat sie mir mal einen Brief geschrieben in Spiegelschrift, da konnte ich überhaupt nichts mit anfangen. (…) Sag ich: ‚Was soll ich damit?' Sagte sie: ‚Mußt du einen Spiegel gegenhalten.' Und da halte ich dagegen, und da stand: ‚Ich liebe Dich von Herzen mit Schmerzen. Irmgard.'"[227]

Die Liebeserklärung bewahrte einen Rest von menschlicher Wärme und Zuneigung, selbst wenn allen Beteiligten bewußt war, daß keine Beziehung im Konzentrationslager von Dauer sein konnte. Jeder neue Tag barg die Möglichkeit in sich, daß ein Gruppenmitglied auf der Transportliste nach Auschwitz stand. Die Anzahl der Transporte nahm 1944 zu, als der Besuch der Delegation des Internationalen Roten Kreuzes vorbereitet wurde, um Platz in der Festungsstadt zu schaffen. Für Günther Levy und einige seiner Freunde brach damit unverhofft eine Zeit an, in der sie scheinbar wieder Kinder werden und spielen durften. Sie waren als „vorzeigbare" Kinder ausersehen, den lebenden Hintergrund für den Besuch darzustellen und später in dem Film „Der Führer schenkt den Juden eine Stadt" als Statisten mitzuspielen:

„Wir waren vorzeigbar! Da haben wir Fußballspielen können. Das haben wir damals als wunderbar empfunden, aber daß das Ganze nur zu Propagandazwecken diente, das haben wir damals gar nicht mitbekommen. (...) Sowie das mit dem Roten Kreuz vorbei war, wurde es hinterher um so schlimmer, und dann setzten wieder die Transporte ein. Dann mußten die Lagerstraßen gesäubert werden. Und dann wurde ein Pavillon gebaut. Das war dann, wo die SS-Kommandatur war, da wurde ein Blumenbeet angelegt. Und da wurde eine Kapelle installiert. Und in diesem Pavillon spielten die Musik, wir spielten Fußball. Und das sah dann alles sehr schön aus, äußerlich.
M: Haben Sie die Gruppe gesehen, die das inspiziert hat?
L: Ich habe Leute da gesehen, ja, aber ich habe mit keinem gesprochen. Da war SS dabei und Zivilisten dabei. Aber wissen Sie, ich war einfach auch zu klein, um politische Hintergründe schon verstehen zu können."[228]

Günther Levy spricht von der Filmvorbereitung heute noch in der damaligen Terminologie, die auch in der Literatur auftaucht, nämlich von „Verschönerung".[229] Bei den Kindern weckten die Vorbereitungen Hoffnung auf Änderungen, die dann für kurze Zeit scheinbar auch eintraten. Kostete das unverhoffte Stück Kindheit andere das Leben, so bedeutete es doch für die, die mitmachen durften, eine Auszeichnung und ein Stück Freiheit. Wenn er darauf hinweist, daß er zu „klein" war, die Hintergründe zu verstehen, so distanziert er sich heute als Erwachsener von der kindlichen Freude am trügerischen Spiel und entschuldigt sich, kein Delegationsmitglied angesprochen und die Wahrheit über das Lager erzählt zu haben. Dies wäre ihm ebenso wenig möglich gewesen wie den Erwachsenen. Auch diesen fiel es nicht leicht, die Farce der „Inspektion" und des Films zu erkennen. Hans-Günther Adler, ehemaliger Häftling und späterer Chronist des Lagers, schrieb verbittert über die „Verschönerung":

„Über die Mehrheit der Gefangenen kam eine euphorische Stimmung, der sich nur wenige zu entziehen wußten. Die Menge war gedankenlos und spielte die Komödie nur zu leichtsinnig oder zynisch mit. Andererseits machen es die langen Entbehrungen erklärlich, daß jede Verbesserung des erbärmlichen Lebensstandards dankbar empfunden wurde. Gerade diese Politik der SS glich unfreiwillig die Opfer weitgehend an die Verfolger an. (...) Das bittere Nachspiel bald darauf mußte sich um so ärger auswirken. (...) Wohnte nicht das Elend dicht genug neben ihnen, kaum durch schalldichte Wände getrennt? War nicht weiter Hunger und Grauen rund um den unbekümmerten Übermut fühlbar ausgebreitet? Waren nicht die Verwandten und Freunde einem namenlosen Schicksal entgegengefahren?"[230]

Als die Dreharbeiten abgeschlossen waren, stieg die Anzahl der Transporte erneut.[231] Die Filmdarsteller, die Führungsgruppe des Lagers und fast alle Kinder wurden nach Auschwitz deportiert. Günther Levy konnte das Wort „Transport" inzwischen mit Inhalten füllen. „Es gab sehr oft Transporte [nach Auschwitz, B.M.], aber die schlimmste Zeit war '44, wo diese Transporte zusammengestellt wurden. War das ganze Lager in Aufregung. Das Wort ‚Transport' hatte einen fürchterlichen Klang. Die meisten ahnten wohl schon, was bevorstand. Aber wissen tat es keiner."[232] Standen Transporte an, „war das Lager wie aufgescheucht"[233], Malunterricht oder Veranstaltungen fielen aus, die Brüchigkeit der „Programme" wurde deutlich. Eine Jugendliche, mit der Günther Levy in Dauerfehde lag, hatte ihn „aufgeklärt", daß in Auschwitz „vergast" würde. So „wußte" Günther Levy einerseits und konnte sich andererseits doch nicht vorstellen, was dort geschah.[234] Nach den Sommerereignissen 1944 standen die Brüder zusammen mit anderen Kindern auf der Liste. Doch während diese den Zug bestiegen, wurden sie zurückgestellt. Günther Levy vermutet, daß ein inzwischen von seiner haftentlassenen Mutter eingetroffener Brief der Grund war. Seine Freundin Irmgard und ihr Bruder hingegen kamen nach Auschwitz. Günther nahm dies als gegeben hin, für Trauer oder Verlustgefühle war im KZ-Alltag kein Platz, sie wurden ausgeblendet und auf spätere Zeiten vertagt, in denen nicht alle Energie zum Überleben notwendig war. Als er nach Kriegsende auf dem Rücktransport in Hamburg Zwischenstation machte, stieß er auf die Mutter der ermordeten Freunde. Diese Begegnung berichtet er im Interview zweimal:

> „Und dann kamen wir nach Hamburg. (…) Dann, werde ich nie vergessen, fragte jemand: ‚Kennt jemand die Geschwister L., Irmgard und Arnold L.?' Ich wußte inzwischen ja, das haben wir auch erfahren, was aus diesen Transporten geworden ist in Theresienstadt. Man war ja auch verroht. Mich hat auch keiner gelehrt, wie man sowas taktvoll vorbringt. Und die Frau fragte: ‚Wo sind Irmgard und Arnold?' Das war die Mutter dieser beiden, und ich sag: ‚Die sind vergast.' Die fällt um und schreit und so. Mehr weiß ich eigentlich auch nicht." [235]

Günther Levy hatte in Theresienstadt täglich Hunger zu erleiden, war Schikanen ausgesetzt, er mußte überleben. Für Trauer blieb in dieser Situation kein Platz, nur momentane Traurigkeit über die Trennung konnte er empfinden. Dritten konnte dies gefühllos erscheinen. Der nach außen sichtbare Schmerz von Irmgards Mutter unterschied sich fundamental von Günther Levys Umgang mit nicht erträglichen Gefühlen. Seine spätere Trauer um Irmgard äußerte sich anders: Er hatte mehr als 20 Jahre später dem Museum in Prag Kinderzeichnungen aus Theresienstadt geschenkt, um öffentliches Gedenken zu unterstützen – und bereute diese großzügige Geste bitter, als ihm bewußt wurde, wie sehr er die Erinnerungsstücke vermißte. Unter anderem war in dieser Mappe eine Zeichnung Irmgards, alles, was ihm von ihr geblieben war.

Umgekehrt reagierte er mit Freude, als er Jahre später einen Mithäftling wiedertraf, der in „seiner" KZ-Fußballmannschaft „Condor" gespielt hatte:

> „Ich habe ihn mal vor vielen Jahren gesucht. Da (…) hieß es: ‚Ja, der ist ausgewandert.' Und das war er auch in der Tat. Dann habe ich nichts mehr davon gehört. Eines Tages, das ist, glaube ich, vor fünf oder sechs Jahren gewesen, da ruft hier jemand an und fragt telefonisch, ob mir der Name Condor was sagt. Er wollte erst testen, ob ich der bin. Da hat er mich gefunden. Ich weiß gar nicht, wie er mich gefunden hat. Und erzählte. Ich sag: ‚Mensch, bist du Hans B.' ‚Ja', sagte er, ‚Wir haben zusammen in Theresienstadt Fußball gespielt in Condor, in dieser Fußballmannschaft.' Dieser Hans B. (…) war mit seiner Mutter in Theresienstadt, der hat überlebt. (…) Der war insofern ein bißchen besser dran, weil er eine Mutter hatte, irgendeine Bezugsperson, die man da schon gebraucht hat. Ich hatte auch eine Bezugsperson, aber die war dann ganz schnell wieder weg, die sich so freiwillig angeboten hatten. Durch diese Transporte waren die wieder weg." [236]

Die ehemaligen Fußballer hatten einander über Jahre gegenseitig gesucht und schließlich gefunden, wie Günther Levy zweimal im Interview betont. Leiser Neid spricht aus dem Hinweis, daß Hans B. im Gegensatz zu ihm dort eine Mutter hatte, die seine Betreuung nicht als Auftrag begriff und zudem nicht wie Günthers Bezugspersonen deportiert wurde. War oben bereits von dem Aktenordner die Rede, den der Zeitzeuge angelegt hatte, so wird in dem gegenseitigen Suchen eine andere Form der Bewältigung der NS-Verfolgung sichtbar: Wenn es irgend möglich ist, nimmt er Kontakte zu Überlebenden auf. Er liest Literatur, verfolgt Fernsehberichte zum Thema, geht in die Archive und sieht Deportationslisten ein.

Noch vor Kriegsende gelang es dem Internationalen Roten Kreuz, Lagerinsassen freizubekommen. Fassungslos sah Günther Levy zu, wie diese in Bussen das Konzentrationslager verließen. Für ihn und seinen Bruder setzte sich niemand ein, keiner holte ihn aus dieser Hölle. Kurz vor Kriegsende brachten dagegen Transporte aus Vernichtungslagern tausende Neuankömmlinge nach Theresienstadt.

> „Das Schlimmste, was ich dann noch in Erinnerung habe, ist, also ich hatte einen Schutzengel, das weiß ich jetzt nicht mehr, das war schon '45, da kamen plötzlich Transporte zu uns ins Lager. Also sowas haben Sie noch nicht gesehen. Die Waggons waren vollgestopft von Menschen und die gierten nach Wasser und was zu essen. Ich weiß noch, die ragten da raus. Es hieß: ‚Die kommen von Auschwitz.' ‚Mensch!' sag ich, ‚da muß mein Vater dabei sein.' Die sind dann in Quarantäne gekommen. Ich habe mein letztes Brot geholt und habe das dem [einem Unbekannten, B.M.] gegeben. Dann habe ich mich in diese Quarantäne begeben und habe nach meinem Vater gesucht. Ich treffe einen Herrn Baldrian aus Frankfurt am Main, den ich kannte, (…), der sagt: ‚Ja, dein Vater muß hier irgendwo sein.' Und ich bin zwischen diesen Menschen… Adler schildert sie so: Da hätte auch die SS dazwischenschießen können, das waren keine Menschen mehr. Dazwischen habe ich mich bewegt. Die waren krank. Nachher war ja auch im Lager Flecktyphus und Typhus. Natürlich habe ich meinen Vater nicht gefunden. Aber es haben sich da fürchterliche Szenen abgespielt. Dort habe ich auch zum erstenmal Berge von Leichen gesehen, als die Waggons entleert wurden. Von denen selbst sind auch viele gestorben. Einmal haben wir einen Kette bilden müssen, da wurde fürchterlich geredet. Das waren dann Urnen. Da haben wir die Asche in die Eger werfen müssen. Es wurde dann gesagt: ‚Guck' mal, das ist Tante Else, und das ist…' Ich wußte ja gar nicht, was das war, da stand ich mit in der Reihe, und da wurden dann so Urnen weitergegeben. Das sind alles so Erinnerungsinseln, wissen Sie."[237]

Nach wie vor glaubte Günther Levy, sein Vater sei noch am Leben, was aus dem kindlichen Glauben, die Eltern seien unversehrbar und unsterblich, herrühren mag. Ohne selbst in Auschwitz gewesen zu sein, erlebte er an diesem Tag die Realität des Vernichtungslagers beim Anblick der Leichenberge. Nur durch die zynische Distanzierung gelang es ihm wie anderen später, diesen Anblick zu bewältigen. Daß er einem Unbekannten ein Stück Brot gab, weist auf die immense Bedeutung hin, die die Hoffnung, den Vater zu finden, für den nunmehr Zwölfjährigen hatte. Dafür begab er sich bewußt in Lebensgefahr, denn die Auswirkungen der Seuchen waren ihm aus dem Lageralltag bekannt. Später erfuhr er von einem anderen Mithäftling des Vaters, dieser habe Auschwitz bis zum Ende überlebt und sei dann in einen

Todesmarsch eingereiht worden. Ob der Vater nach Buchenwald zurückgeführt wurde, wie es das Frankfurter Gedenkbuch angibt[238], oder auf einem Todesmarsch starb, ist bis heute unklar. Günther konnte kein Grab besuchen, auf dem der väterliche Name stand, aber er schuf sich Ersatz:

> „Auf dem Hauptfriedhof in Frankfurt am Main ist ein Stein, da steht: ‚Zur mahnenden Erinnerung an tausende Frankfurter Bürger, die der nationalsozialistischen Gewaltherrschaft von 1933 – 1945 zum Opfer gefallen sind und deren Ruhestätten unbekannt sind.' Dort gehe ich immer in Abständen hin, da habe ich auch dafür gesorgt, daß es zumindest irgendwie eine Erinnerung an meinen Vater gibt, sonst wäre er völlig vergessen. Das sind alles Namen von Menschen, deren Ruhestätten unbekannt sind. Das habe ich dann noch durchgesetzt…"[239]

Als nach dem Kriegsende die Quarantäne aufgehoben wurde, drängte Günther auf schnelle Heimkehr. Die Tschechen wollten die Brüder nicht fahren lassen, weil sie vermuteten, diese seien inzwischen Waisenkinder. Auch hatten sie erfahren, daß eine Bombe ausgerechnet im Wohnviertel der Großeltern in Bremerhaven alle Mietshäuser zerstört hatte. Die Brüder sollten in ein tschechisches Waisenheim. Doch Günther ließ sich nicht umstimmen, er wollte zu den Großeltern. „Das war für mich so das, was man Geborgenheit nannte und nennt."[240] Der Begriff der Geborgenheit war einer der wenigen, die im Lager nicht umgewertet worden oder verlorengegangen waren. Günther Levy betont dies durch die Verwendung des Imperfekt wie des Präsens.

Nach einigen Tagen Fahrt trafen sie in Bremerhaven ein und fanden Mutter und Großeltern wieder. Nun außer Gefahr, trennten sich die Brüder. Günther zog zu den Großeltern, der Bruder zur Mutter. Während der inzwischen achtjährige Bruder lange brauchte, um sich zu erholen, bis er dann erstmals in seinem Leben eine Schule besuchte, wurde Günther wieder in seine alte Klasse eingeschult. Seine Mitschüler waren wegen Unterrichtsausfall und KLV ebenfalls im Lernstoff zurückgeblieben, so daß seine Wissenslücken nicht weiter auffielen. Darüber, wie er die letzten Jahre verbracht hatte, sprach er in der Schule und unter Freunden nicht. Zu Hause allerdings thematisierte die Familie die Hafterfahrungen. So erfuhr Günther Levy, wie es der Mutter im KZ Ravensbrück ergangen war, wo sie dank ihres guten Aussehens „Glück im Unglück" gehabt und viel Solidarität erfahren habe.

In der Familie übernahm der sozialdemokratische Großvater das Kommando. Er befahl der Mutter beispielsweise, aus der VVN auszutreten, was diese befolgte. Für Günther Levy war es besonders in den folgenden Jahren der Pubertät sehr wichtig, sich an diesem starken Großvater orientieren zu können. Das half ihm auch über die Krise hinweg, die die zweite Heirat seiner Mutter auslöste. Günther Levy, der seinen Vater so lange gesucht hatte, konnte diesen Schritt lange nicht akzeptieren. Als er 1948 die Schule abschloß, begann er eine Tischlerlehre. Der Großvater sorgte dafür, daß er sich sofort gewerkschaftlich organisierte. Vor diesem Hintergrund ist die weitere Laufbahn zum Gewerkschaftssekretär nicht verwunderlich. Günther Levy setzte die politische Tradition seines Großvaters in seiner Berufswahl fort. Nur einmal schlug er einen Rat des Großvaters aus: Als dieser ihm zu überlegen aufgab, ob er nicht den „jüdischen" Namen ändern wolle. Hier entschied er sich für die Erinnerung an den Vater.

Über gewerkschaftliche Bildungsreisen konnte er sich dann später seinem jüdischen Ursprung und seiner Haftzeit wieder nähern: Er besuchte Israel und hielt unter großer Anstrengung eine Rede in Yad Vashem. Er nahm auch an einer Reise nach Theresienstadt teil und klärte die anderen Teilnehmer darüber auf, daß dort keineswegs – wie die Reiseleitung erklärte – ausschließlich Kommunisten, sondern überwiegend Juden gefangengehalten wurden – auch wenn er selbst Mitglied der evangelischen Kirche ist.

Aus Theresienstadt waren von 15.000 Kindern nur 150 zurückgekehrt, alle anderen waren in die Vernichtungslager transportiert worden oder Seuchen zum Opfer gefallen.[241] Günther Levy und sein Bruder waren unter diesen wenigen. Ein Weitertransport nach Auschwitz hätte ihren sicheren Tod bedeutet. Daß Günther Levy das KZ Theresienstadt überlebte, ist vermutlich seinen kindlichen Fähigkeiten zu verdanken, die seine Eltern in den Jahren zuvor toleriert hatten: Neugier, Mut, Kontaktfreudigkeit und Eigenwilligkeit. Auf dieser Grundlage konnte er in dem Lager, in dem kleine Handlungsspielräume möglich waren, die oben benannten Verhaltensstrategien entwickeln. Außerdem fand er in der Zeit, bevor er ins Konzentrationslager eingewiesen wurde, bei den Großeltern die Stabilität, die ihm nicht nur die KZ-Haft zu überstehen half und das Verantwortungsgefühl für den Bruder begründete – das gleichzeitig immer wieder Ansporn war, für das eigene Überleben zu sorgen. Die von den Großeltern ausgehende emotionale Sicherheit stellte die einzige Kontinuität in der Kindheit Günther Levys dar. Sie ermöglichte ihm nach den traumatischen Jahren auch die Eingliederung in die Nachkriegsgesellschaft. So kann er heute resümieren: „Auf seltsame Weise, ich weiß nicht, da wuchsen mir neue Kräfte".[242]

Im sozialdemokratischen und gewerkschaftlichen Bereich, der sich selbst als traditionell antinationalsozialistisch begreift, konnte er beruflich erfolgreich tätig sein und sich gleichzeitig vor Zusammenstößen mit den Verfolgern von gestern schützen. Die private aufwendige Spurensuche und -sicherung hilft ihm, um die „Erinnerungsinseln" herum ein wenig Landgewinnung zu betreiben, wenngleich jedes Wissen gleichzeitig auch belastet: „Begraben kann ich das auch nicht, das will ich auch nicht. Nicht, daß Sie denken, ich bin darüber so wehleidig. Es gibt natürlich Phasen, wo man depressiv ist, das kommt schon noch vor, besonders, wenn so Schlimmes passiert oder diese Novembertage, wenn ich so erinnert werde, weil ich das so unauslöschlich in mir habe, die ‚Reichskristallnacht', obwohl ich erst fünf Jahre alt war."[243]

3. Verdeckt überlebt – Freimut Duve

Freimut Duve wurde am 26. November 1936 unehelich geboren. Wäre er vor dem 31. Juli 1936 zur Welt gekommen, hätte er den Status eines „Mischlings ersten Grades" erhalten. So aber überschritt er den in den Nürnberger Gesetzen festgelegten Stichtag und wäre nach der Gesetzeslage als „Geltungsjude" eingestuft worden.

Freimut Duve war bei Kriegsende knapp zehn Jahre alt.[244] Er hätte diese zehn Jahre in Hamburg kaum überlebt, wenn er nicht – aus ganz anderen Gründen – verdeckt gelebt hätte. Diese anderen Gründe bestanden im wesentlichen im Emanzipationsstreben und Aufstiegswillen seiner alleinerziehenden Mutter, die ihren Sohn bereits als Säugling in Pflegestellen und später in Heime gab, und in den chaotischen

Verhältnissen der Endkriegsphase, die es den Behörden unmöglich machte, der Herkunft jedes einzelnen unehelichen Kindes nachzuspüren.

Freimut Duves Mutter stammte aus einer mittelständischen Unternehmerfamilie aus Altona. Ihre Eltern waren überzeugte Nationalsozialisten. Der Interviewte ordnet den Großvater dem Strasser-Flügel der NSDAP zu und erinnert sich, daß die Großmutter in der NS-Frauenschaft aktiv war. Ob der Großvater tatsächlich ein Anhänger Gregor Strassers und seines nationalrevolutionären Flügels der NSDAP war, oder ob der Zeitzeuge dies aus dem verständlichen Wunsch heraus vermutet, die Verwandten mögen von idealistischen Motiven bewegt gewesen sein, kann nicht geklärt werden. Freimut Duves Mutter hatte sich bereits frühzeitig vom Elternhaus gelöst und einige Zeit in England verbracht. Sie verweigerte die Vorbereitung auf hausfrauliche Tätigkeiten und wollte einen interessanten Beruf ergreifen. In England kam sie mit anthroposophischem Gedankengut in Berührung und wurde schließlich überzeugte Anhängerin der Steinerschen Lehre. Zurück in Hamburg, arbeitete sie als Sekretärin und besuchte Abendschulen und Kurse, um sich weiterzuqualifizieren. Den Vater ihres Kindes lernte sie 1935 in einer Buchhandlung kennen, in der Anthroposophen verkehrten. Auch er interessierte sich für Theosophie[245] und Esoterik. Er stammte aus der weitverzweigten Familie Theodor Herzls, des Begründers des politischen Zionismus, aus der Nähe des damaligen Agram, dem heutigen Zagreb. Zur jüdischen Religion hatte Duves Vater keinen Bezug. Über die kurze Liebesbeziehung der Eltern weiß der Interviewte wenig. Er hat den Vater nie kennengelernt. Dieser verließ Deutschland und wurde in seiner Heimat Opfer der nationalsozialistischen Judenverfolgung. Freimut Duve kann sich nur an Briefe mit bunten, fremden Marken erinnern, die ihn als Kind magisch anzogen.

Als seine Mutter mit ihm schwanger war, suchte sie keine Unterstützung bei ihren Eltern, sondern wandte sich an eine Tante, die ebenfalls ein uneheliches Kind geboren hatte. Diese empfahl eine Hebamme im fernen Würzburg, wo die Mutter Freimut dann zur Welt brachte. Wie unvorbereitet die Mutter auf ein Leben mit einem Säugling war, verrät die Tatsache, daß sie bei der Geburt keinen Namen für das Neugeborene wußte. Schließlich wählte sie einen programmatischen Vornamen: Freimut. Eine der wenigen Erzählungen der Mutter über die frühe Kindheit Freimuts ist die von der Rückreise nach Hamburg:

„Sie war immer sehr verschlossen in diesen Fragen. Aber es war sowieso natürlich schwierig, weil ich ja fast nie zu Hause gelebt habe, sondern ... nur am Wochenende, so daß so eine Stimmung auch nicht entstand, in der sie sich hätte öffnen können. (...) Sie hat immer dramatisch erzählt von dieser Eisenbahnfahrt. Wie fährt man sozusagen geheim mitten im Winter – ich glaube, ich war vier Wochen alt – von Würzburg nach Hamburg?! Sie hatte kein eh, kein eh, keine Milch mit. Sie (...) selber konnte nicht stillen, weil sie sehr nervös war. Und es war also sozusagen schon ein kleines Drama. Und sie hat, immer nur das Äußerste dann erzählt, nämlich das Drama, daß dies Kind keine Ernährung kriegte zwischen Würzburg und Hamburg. Das war sozusagen die Anekdote.
M: Ja.
D: Die reduzierte Anekdote einer schwierigen Geschichte."[246]

Wenn der Zeitzeuge die Erzählung mit der „reduzierten Anekdote einer schwierigen Geschichte" zusammenfaßt, dann schließt dies – ohne Schuldzuschreibungen – die Schwierigkeiten beider Beteiligten an diesem komplizierten Mutter-Kind-Verhältnis ein. Die Rückfahrtserzählung beschreibt tatsächlich symbolisch das weitere Verhältnis: Die Mutter nahm das Kind durchaus mit auf einen gemeinsamen Weg. Sie hatte es weder abgetrieben noch zur Adoption freigegeben. Aber sie wollte und konnte es persönlich nicht versorgen.

Beim Standesamt hatte die Mutter „Vater unbekannt" eintragen lassen. Wieder in Hamburg, gab sie den Jungen als „arisches" Kind zu einer Nachbarsfamilie, dann in eine Pflegestelle und schließlich, als er vier Jahre alt war, in das erste von etlichen Kinderheimen, die noch folgen sollten. Dort wuchs Freimut ohne Ahnung von der Gefährdung durch den Makel der Abkunft auf.

> „Das wechselte immer. Also ganz am Anfang war ich in einer Art von Pflege in der Nachbarschaft, das war in Barmbek. Dann war ich in einer Pflege auch in der Nachbarschaft (...). Das war eine fabelhafte Familie. Das heißt, da schlief ich auch, meine Mutter (...) arbeitete sehr hart, und machte gleichzeitig weiter Kurse. Sie hat weiter sich ausgebildet, ist dann später Steuerberaterin geworden, und kam häufig, weil sie dann auch schon Mandanten hatte oder zwischendurch dann Handelsschulkurse machte, später nach Hause. Aber selbst wenn sie die Kurse nicht gemacht hätte, war einfach (...) das Hin- und Herfahren zu einem Platz, wo sie das Kind hätte abholen können, und dann zum Arbeitsplatz, das ging immer um 7 Uhr 30 los, auch Sonnabendsarbeit, so daß eine Organisation nicht möglich war."[247]

Wie aus dieser Interviewpassage hervorgeht, hat Freimut Duve die Perspektive seiner Mutter bis heute übernommen. Der Säugling und später das Kleinkind paßten in den Alltag einer „sachehrgeizigen" (Duve) Frau nicht hinein. Sie zahlte dafür, daß er in anderen Familien und vom vierten Lebensjahr an in Kinderheimen aufwuchs. Bemerkte sie, daß das Kind nicht gut untergebracht war oder Mangel litt, bemühte sie sich um eine neue Unterbringungsmöglichkeit:

> „Da hab' ich mal furchtbar geheult, (...) weil die Frau geschlagen hat. (...) Also ich sagte das nicht direkt, aber meine Mutter hat das wohl gemerkt und sich furchtbar aufgeregt und ... Nein, nein, sie hat schon ihr ganzes Leben um die Versorgung und Umsorgung dieses Kindes organisiert, aber eben auch immer gewußt: ,Wenn ich nicht weiterkomme beruflich, wenn ich nicht diese Sonderkurse in der Gewerbeschule mache, wenn ich nicht nachts noch Kurse mache, ...' – sie war dann am Anfang Sekretärin und hat sich dann in so einem Steuerberatungsbüro hochgearbeitet und machte dann das Steuerberaterexamen – dann hat sie im Grunde genommen keine Chance. Also diese Vorstellung, daß man (...) um des Kindes willen und dessen finanziellen und sonstigen Ansprüchen später, (...) nicht einfach auf der Stelle treten darf beruflich, die hatte sie ganz stark. Sie (...) wäre zwanzig Jahre später oder zehn Jahre früher eine Feministin geworden."[248]

Freimut Duve klärte seine Mutter nicht über die Schläge auf, um sie nicht zu belasten. Um so dankbarer ist er ihr bis heute, daß sie ihn trotzdem aus dieser Pflegestelle herausholte, obwohl die Suche nach einer anderen sie die wenige Freizeit kostete. Er, der sonst sprachlich sehr klar formuliert, gerät ins Stocken, wenn er versucht, die

Einstellung seiner Mutter nicht nur im Bezug auf ihr Emanzipationsstreben, sondern im Bezug auf das spätere Wohl des Kindes – formuliert nicht als „Ich", sondern in der Dritten Person – zu definieren.

Die Wochenenden durfte der Junge bei seiner Mutter verbringen. Dankbar erinnert er sich an die Höhepunkte dieses Zusammenseins: Ausflüge nach Wedel, wo die Mutter eine Hütte gemietet hatte: „Sie hatte bis Sonnabendmittags gearbeitet, dann sind wir Sonnabendnachmittags raus und haben in dieser Hütte geschlafen und Montagnacht dann so um 4 [Uhr] wieder zurück. Weil sie mich dann jeweils [ins Heim] hinbringen mußte. Das war aber auch schon ein Anzeichen für Energie dieser Mutter, daß sie so was dann machte."[249]

Die Großeltern, mißtrauisch geworden, engagierten einen Detektiv, der den Vater des Kindes ermittelte:

> „Denn sie war wohl, das hat sie mir sehr viel später gesagt, ziemlich empört darüber, daß mein Großvater ein Detektivbüro beauftragt hatte – oder meine Großmutter, die auch sehr engagierte Nazi war in dieser Frauenbewegung – um herauszubekommen, wer denn dieser Mensch ist. Den Namen hatten sie wohl irgendwie herausbekommen, und dann haben sie das wohl meiner Mutter vorgeworfen, daß sie sich mit einem Juden eingelassen … Aber nicht sehr dramatisch. Obwohl er ein sehr leidenschaftlicher Nazi war, glaube ich nicht, daß sie von der Familie richtig schlecht behandelt wurde."[250]

Was ein Privatermittler herausfinden konnte, wäre Behörden sicherlich nicht verborgen geblieben. Immerhin war das Familienrecht entsprechend geändert worden, so daß der Oberstaatsanwalt befugt war, Vaterschaften anzuzweifeln bzw. die Gerichte Abstammungsgutachten einholen konnten. „Vater unbekannt" sicherte im NS-Staat noch keine „rassisch einwandfreie" Abstammung.[251] Auch ein dezenter Hinweis der Familie (oder Dritter) konnte Ermittlungen in Gang setzen. Doch davon nahmen die Großeltern Abstand. Sie mißbilligten die Existenz des unehelichen Kindes, das sie fortan „Zigeunerkind" nannten, fanden sich aber mit dieser ab.

> „M: Und die Großeltern, die ‚Zigeunerjunge' zu Ihnen sagten, haben Sie die mal nach dem Vater gefragt?
> D: Das weiß ich nicht.
> M: Warum …
> D: Glaube nicht.
> M: … Warum sagten die nicht ‚Judenkind'?
> D: Das, glaube ich, hätten die nie gesagt. Das Wort ‚Jude' ist in meiner Gegenwart in dieser Familie nie gefallen. Auch nach '45 nicht. (Stimme wird leise) Ich glaube, daß die psychisch-physische Schmerzen haben, das Wort auszusprechen. Ich glaube nicht, daß mein Großvater Nazi war als Antisemit, also er fand die Franzosen viel schrecklicher als, als Juden. (…) Meine Großmutter wahrscheinlich schon eher."[252]

Der Makel der jüdischen Abstammung wurde für den Familiengebrauch in den der „zigeunerischen" abgemildert, die – oberflächlich betrachtet – auf das Äußere des dunkelhaarigen Jungen gemünzt war, der nicht wie die anderen Familienmitglieder „wie aus dem Ei gepellt" aussah, wenn er die Großeltern gelegentlich am Wochenende besuchen durfte. Freimut Duve beschreibt die Pole seiner Kindheit als Dreieck:

„Also es gab eine sehr starke Bindung zu meiner Mutter. Auch eine durchaus starke Bindung zu den Großeltern, so daß ich eigentlich sagen muß, ich habe in einem Dreieck gelebt. Also, in dieser Wohnung meiner Großeltern konnte ich zwar nicht einfach auftauchen, aber da war ich hin und wieder. Und ich war bei meiner Mutter am Wochenende, nicht immer, aber doch relativ häufig. Nicht jedes Wochenende, aber doch so, daß ich immer noch besser dran war als die Kinder in den Kinderheimen, die das nicht hatten. Also wir kriegten dann ab '44 in dem Kinderheim in Langenhorn (…) plötzlich Flüchtlingskinder, die Waisenkinder waren, die ihre Eltern verloren hatten. Und die waren in einer (…) viel, viel unglücklicheren Lage.
M: Das haben Sie auch damals schon so stark empfunden?
D: (…) Ich habe es jedenfalls wahrgenommen, nicht? (…) Es war objektiv eine schlechte Zeit. Subjektiv hab' ich vieles gar nicht so empfunden, aber natürlich galt ich in der …, bei meiner Mutter und bei ihren Geschwistern als der Obermelancholiker. Also es war schon ein depressives Kind, nicht? Oder wirkte so. Aber es gab dann sicher auch Phasen, wo ich mit andern Kindern auch sehr viel spielen konnte.
M: Mh.
D: Das Hauptproblem für solche Kinder, die in Heimen sind, ist, daß an dem Wohnort, wo (…) ihre Eltern leben und ihre Mutter lebt, daß sie da nichts aufbauen können. (…)
M: Ja. Und hatten Sie im Heim dann längere Freundschaften mit anderen Kindern?
D: Nein. Dazu war das immer zu kurz. Eigentlich die Kinderfreundschaften fingen erst an, als ich nicht mehr im Heim war, und das war '46."[253]

Das „Dreieck" zwischen Heim, Großeltern und Mutter sprachlich auf den Begriff der Familie zu bringen, scheut sich der Zeitzeuge. Mag er auch heimlich gehofft haben, jedes Wochenende oder gar die ganze Woche bei Mutter oder Großeltern verbringen zu dürfen, so registrierte er andererseits bereits als Kind, daß er mit den Wochenendbesuchen und dem Rückhalt bei der Mutter in Problemsituationen bessergestellt war als andere Heimkinder. Sein Vergleichsmaßstab waren keine Kinder, die in ihren Familien aufwuchsen, sondern solche, die Vater und Mutter verloren hatten. Er beschreibt sich selbst aus der Perspektive der mütterlichen Familie, was aus dem „es" statt „ich" deutlich wird: Er war ein „Obermelancholiker". Diese Zuschreibung läßt auf eine Attitüde schließen, nicht aber darauf, daß Gedämpftheit und Traurigkeit vielleicht ein kindlicher Ausdruck für nicht formulierbare Sehnsüchte waren. Die unerfüllten Träume richteten sich einerseits darauf, nicht mehr ständig die Unterkunft wechseln zu müssen, sondern dauerhafte Beziehungen zu anderen Kindern entwickeln zu können, andererseits auf ein kontinuierliches Familienleben. Er reproduziert beispielsweise die mütterliche Erzählung, die gleichzeitig sein Wunschtraum war, daß sie ihn eigentlich in England hätte gebären und aufziehen wollen. Dann wären sie zusammen und er in Sicherheit gewesen. Aber dorthin hätte sie nur 10 Reichsmark mitnehmen dürfen. Daran sei das Vorhaben gescheitert. Nur war dies die Summe, die jüdischen Emigranten mitzunehmen gestattet war! 1936 galten diese Regelungen nicht und für reisende nichtjüdische deutsche Staatsbürger schon gar nicht. Hier verquicken sich unerfüllte Wünsche mit jüdischer Verfolgung, von denen zwar er, nicht aber die Mutter bei Entdeckung betroffen gewesen wäre.

Sein abwesender Vater gab ihm Rätsel auf, zumal die Mutter mit Informationen geizte: „Meine Mutter beantwortete diese Frage nicht. Und so ostentativ nicht, daß ich wahrscheinlich irgendwann aufgehört habe, sie zu fragen, aber dann hab' ich eben Fremde gefragt."[254] Freimut war ein neugieriges, angstfreies und kontaktfreudiges Kind.

> „M: Was haben Sie denn bis '45 über Ihren Vater phantasiert?
> D: Ich dachte, der sitzt irgendwo. Ich bin also im, in der S-Bahn manchmal auf Leute zugegangen: ‚Bist du mein Papi?'
> M: Mh.
> D: Das also fand meine Mutter immer besonders ... Manchmal unangenehm, manchmal lustig, aber jedenfalls hat sie das später immer auch wieder erzählt."[255]

Eine Zeitlang vermutete er, das Bild des Begründers der Anthroposophie, Rudolf Steiner, im Wohnzimmer seiner Mutter sei ein Porträt seines Vaters. Später unterließ er Nachforschungen, die sich auf einzelne Männer in der näheren Umgebung richteten, sondern suchte den Vater unter Fremden.

Vom Fenster des Kinderheims aus sah er eines Tages eine Gruppe KZ-Häftlinge, ausgemergelt und müde, die Chaussee herunterziehen. Trotz des Verbotes der Heimleiterin rannte er zu der Kolonne, die von SS-Männern mit entsicherten Gewehren bewacht wurde und fragte, was diese Männer getan hätten. Ähnlich mutig rannte er wenig später auch auf die einmarschierenden britischen Soldaten zu:

> „Ich war immer das Kind, was neugierig war und immer auf Einzelausflüge ging. Das heißt, als diese KZ-Häftlinge da die Straße runterkamen – und es war eine endlose Schlange – bin ich sofort hingelaufen. Ich bin aber auch hingelaufen, als die Engländer [kamen], als völliges Ausgehverbot war. (...) Die Heimleiterin hatte gesagt, keiner darf raus, und wer rausgeht, wird erschossen, wenn die Engländer kommen. Es war eben also drei, vier Wochen oder später nach dieser KZ-Geschichte. (...) Hitler hatte sich, wie die uns sagte, (...) erschossen. Da wurde das ganze Heim zusammengerufen im Treppenhaus, (...) es waren vielleicht 20 Kinder (...). ‚Ihr dürft morgen überhaupt nicht rausgehen. Das Radio hat gesagt, man darf nicht auf die Straße.' Und dann kamen diese Panzer, die englischen, und dann bin ich auf die Straße. Weil ich ja wußte, da kann mich keiner zurückholen. Denn die durften ja nicht auf die Straße. Und es kam auch ein Jeep aus der Kolonne und fuhr auf mich zu. Und die dachten drinnen, ich würde erschossen. Ich sehe noch immer ihre plattgedrückten Nasen an den Fenstern, das ganze Heim war an den Fenstern und guckte, was, wie ich jetzt draußen erschossen werde. (lacht leicht). (...) Die waren wahnsinnig nett, diese beiden Engländer und zeigten mir eine Landkarte und redeten auf mich ein. Ich war stolz wie Bolle. Hinterher habe ich dann fürchterliche Ausschimpfe, wie das hieß, bekommen, daß ich draußen war. Aber die trauten sich nicht so richtig doll zu schimpfen, denn nun war ja irgendwie ein neuer Machtzustand entstanden. Also in ähnlicher Neugier [wie auf die KZ-Häftlinge, B.M.] bin ich da wohl auf diese Leute zugerannt, das mache ich ja bis heute, also das ist sozusagen ein ..., das hat auch was mit meiner Herkunft überhaupt nichts zu tun, sondern das ist wahrscheinlich irgendein Tick."[256]

Die Formulierung, daß dieses Verhalten „was" und gleichzeitig „überhaupt nichts" mit der Herkunft zu tun habe, gibt dem Satz eine widersprüchliche Bedeutung. Es ging nicht um bewußtes, sondern um unbewußtes Verhalten, das keiner geplanten, zielgerichteten Absicht folgte. Freimut Duve, der als Junge neugierig auf Unbekanntes zulief, näherte sich beide Male nicht einem Gegenstand, der im allgemeinen Anziehungskraft auf Kinder ausübte, sondern bewaffneten Männern, die – so zumindest wurde es ihm gesagt, und dies nahm er durchaus ernst – bereit waren zu töten. Er tat dies nicht heimlich, sondern unter den Augen einer sensationslüsternen Umwelt. Beide Näherungsversuche fanden einen glücklichen Ausgang. Er überwand die Todesgefahr, in die er sich begeben hatte. Dies könnte unbewußt durchaus mit seiner Herkunft zu tun haben: Aufgrund seines nicht bekanntgewordenen Status „Geltungsjude" drohte ihm die Deportation in ein Konzentrationslager, vor der ihn niemand hätte retten können. Er lebte in tödlicher Bedrohung, die sein Unterbewußtsein sehr wohl registriert hatte, und er überlebte. Sein kindlich-symbolisches Überwinden der Todesgefahr setzte er als Erwachsener fort: Er scheute keine Gefahr, reiste in Krisen- und Kriegsgebiete oder versuchte zwischen feindlichen Parteien zu vermitteln. Er teilte die Ängste seiner israelischen Verwandtschaft während des Golfkrieges vor Ort. Daß er bei seinen Aktionen von weniger Mutigen beobachtet wird, stört oder irritiert ihn nicht, sondern diese Abwartenden sind Zuschauer und Zielgruppe seines Handelns zugleich. Sie sollen die Überwindung der tödlichen Bedrohung sehen, selbst die Angst verlieren und vielleicht Handlungsbereitschaft entwickeln, und ihn dann wieder gleichberechtigt in ihre Mitte aufnehmen. Dann hat sich am „Machtzustand" etwas geändert.

Nach dem Kriegsende eröffnete ihm seine Mutter, daß der Vater Jude sei und stellte Nachforschungen über dessen Verbleib an. Freimuts Phantasie assoziierte einen amerikanischen Offizier in Uniform, der im Jeep vorfahren würde, vermutlich der positiv gewendete Einfluß der Goebbelsschen Propaganda. Über den Vater hinaus erträumte er eine „Phantomfamilie", die aus zahlreichen Onkels und Tanten bestand, deren individuelles Aussehen er sich ausmalte. Es dauerte noch einige Monate, bis der Bescheid von der Ermordung des Vaters eintraf, und bis dahin hatte der „amerikanische Offizier" auch eher Gestalt und Gesichtszüge der durch Langenhorn marschierenden KZ-Häftlinge angenommen. Die Mutter korrespondierte mit einem überlebenden Onkel Freimuts und erfuhr, daß sechzehn Mitglieder der Familie getötet worden waren. Dieser Onkel war über die Existenz Freimuts informiert, brach den Briefwechsel aber nach einiger Zeit ab:

> „Später hat er mir erzählt, warum er abgebrochen hatte: Er hatte Angst, daß er eigentlich für mich Verantwortung übernehmen müsse, und daß er das nicht könne, er hatte kein Geld, er ist dann nach Israel gegangen. Er hat da große Probleme gehabt. (…)
> M: Meinen Sie, daß es auch eine Rolle gespielt hat, daß Sie eben kein jüdisches Kind waren?
> D: Als ein deutsches Kind?
> M: Ja.
> D: Und in Deutschland [lebte]! Er wollte nicht nach Deutschland. Ich habe ihn dann ja durch … , durch also …, durch mich selber wiedergefunden, sehr viel später. 1968. Da war er eigentlich sehr positiv überrascht.
> M: Ja, da spielte diese Verantwortung auch nicht mehr die Rolle. Da waren Sie ja erwachsen.

D: Ja. Ja, er hätte dieser Verantwortung gar nicht genüge tun können. Er hatte eine Frau in Israel geheiratet (...), und er sich wieder getrennt. (...) Er ist dann von Israel nach New York ausgewandert. (...) Also es ging ihm nie gut finanziell. Er hat wahrscheinlich immer Angst gehabt, daß er irgendwelchen Anforderungen nicht entsprechen könnte. Die von meiner Mutter keinem Mann gegenüber gekommen wären!"[257]

Die Verantwortung hatten andere für Freimut Duve auch nicht übernommen, diese Befürchtung war ihm nicht fremd, sondern scheint eine akzeptable Erklärung für den Rückzug des ersten jüdischen Verwandten zu sein, von dem er erfuhr. Daß er diesen Mann später in New York suchte und fand, weist auf eine weitere Bewältigungsstrategie hin, die er neben der wiederholten Überwindung der Todesgefahr entwickelte: seine intensive Spurensuche. Diese entstand sicher nicht nur aus der jüdischen Herkunft, sondern zeigt sich auch in der Wißbegierde anderer unehelich Geborener. Dieser doppelte Antrieb hat im Laufe der Jahre viele Erfolge gezeitigt. So hat Freimut Duve beispielsweise nicht nur zahlreiche Fotos aus der väterlichen Familie zusammentragen können, die er in seinem Arbeitszimmer aufgehängt hat. Er fand nicht nur Verwandte, sondern auch Augenzeugen, die die Verfolgung jüdischer Vorfahren schildern konnten. Seine Spurensuche verlief nicht gradlinig. Während er vor dem Zerfall Jugoslawiens um das Land einen Bogen gemacht hatte, folgte er politischen Hilferufen, als die bewaffneten Auseinandersetzungen begannen.[258] Trotz seiner Reisen in das Krisengebiet mied er aber die Geburtsstadt und den Deportationsort seiner väterlichen Familie noch jahrelang, bis er auch diese Näherung vollzog:

„Ich war letzte Woche in der merkwürdigen Situation, daß ich das Haus in Osijek fand, in dem meine jüdische Großmutter abgeholt wurde. Nie hätte ich gedacht – diese sechzig Jahre, die ich lebe – daß ich eine Frau sprechen würde, die das gesehen hat. Wir dachten nicht, daß noch irgend jemand lebt. Ich habe mit dieser Frau gesprochen. Sie hat mir genau beschrieben, wie das passiert ist: unter dem Schutz auch deutscher Soldaten. Aber es waren kroatische Ustaschas, die die alte Frau, die beinbehindert war, auf einen Lastwagen geschmissen haben. Wir wissen nicht, ob sie in Auschwitz oder in einem anderen Lager umgekommen ist..."[259]

Das Kriegsende brachte auch andere Veränderungen für Freimut Duve mit sich: Er durfte das Heim verlassen. Ein halbes Jahr wohnte er bei der Mutter, eine Zeitlang bei den Großeltern, bis er in ein anthroposophisches Internat geschickt wurde. Im großelterlichen Haus beobachtete er, wie der Großvater die ersten Zeitungsfotos von KZ-Häftlingen sah und weinte. Der Junge war irritiert, bis er begriff, daß der überzeugte Nationalsozialist nicht um die Verfolgten des NS-Regimes weinte, sondern um sich selbst als Opfer, als betrogenen Anhänger Hitlers. In den acht Jahren, die der Großvater nach dem Krieg noch lebte, war er „völlig gelähmt und kaputt".[260]

„Also ein lebensgefährlicher Romantizismus in bezug auf diese Person [Hitler, B.M.], so daß er nach dem Krieg völlig zusammengebrochen war, denn der wollte auch nicht Demokrat werden, sondern seine Welt war zusammengebrochen.
M: Ja.
D: Seine Welt war zusammengebrochen, auch seine Bildungswelt. Ich habe noch seine Goethe-Ausgabe. (...) Also der totale Zusammenbruch war das. Deshalb war das

keine Person, mit der ich dann mit 15 oder 16 hätte diskutieren können, selbst wenn er weitergelebt hätte. (...)
M: Weil er kein Gegenpart mehr war, sondern weil er ... eben ein Häufchen Elend war?
D: Ja. (...) Ich habe dann auch nicht mehr soviel Kontakt gehabt. Das einzige, was ich erlebt hatte: Die waren wahnsinnig stolz drauf, daß ich ähnlich wie (...) er [der Großvater, B.M.] früher, an jedem Weihnachten so große Balladen aufsagen konnte und eine flammende Stimme hatte. (...) Ich war natürlich auch so ein Bildungsbürger, der ununterbrochen Gedichte lernte, Theaterstücke lernte, und sie waren immer mächtig stolz dann. Also sie waren eigentlich auf diesen Jungen dann, der nach dem Krieg da war, eher stolz. Nicht mehr distanziert. Nur diese ganze jüdische Geschichte ..., das haben die überhaupt ..., also meine Kusine, (...) die sagt, das hätt' sie eigentlich jetzt erst realisiert."[261]

Der Großvater trat schließlich zusammen mit seinem Sohn einer christlichen Sekte bei. Aus dem gebieterischen Nationalsozialisten, der seine Überzeugungen demonstrierte, war ein gebrochener Mann geworden, was Freimut sehr wohl registrierte, wenn auch das Selbstmitleid und die Egozentrik sein jugendliches Gerechtigkeitsempfinden stören mochte. Mit dem Verlust der Weltanschauung aber öffnete sich der Blick des Großvaters für den Enkel. Indem er ihn jetzt als ein Familienmitglied ansah, das Traditionen fortsetzte und sogar an ihn selbst in seiner Jugend erinnerte, nahm er ihn – um Jahre verspätet – in die Familie auf. Allerdings blieb seine jüdische Herkunft weiterhin ausgespart.

Vielleicht hat die Erkenntnis, daß nach dem Zusammenbruch eines Regimes auch die ehemaligen Protagonisten der Macht leiden und über dieses Leiden zu sehr menschlichem Verhalten finden konnten, dazu beigetragen, daß dem Zeitzeugen die Versöhnung von Personen, Gedanken oder Weltanschauungen, die sich scheinbar konträr gegenüberstehen, ein Anliegen ist, das er beruflich wie privat verfolgt. So führte er beide Stränge seiner Herkunft zusammen, stellte Kontakte zu abgespaltenen und zerstrittenen Zweigen seiner mütterlichen Familie wieder her und befaßte sich in seiner publizistischen Tätigkeit mit den Problemen des Zusammenlebens von ethnisch differenten Gruppen.[262] Seine politische Arbeit ist ebenfalls vom Bemühen um Versöhnung geprägt, sei es, daß es um eine gemeinsame Gedenktafel vor dem Bundeshaus für Opfer des NS-Terrors und die Leiden der deutschen Bevölkerung im Kriegsalltag geht, sei es, daß er als erster Abgeordneter in das Kriegsgebiet um Tusla, Srebrenica und Mostar fuhr und damit Zeichen setzte.

4. Vergleich der Interviews mit „Geltungsjuden"

Die insgesamt sechs mit „Geltungsjuden" geführten Interviews erlauben kaum Aussagen, wie „typisch" oder abweichend die drei dargestellten und interpretierten Lebensgeschichten sind. Die mit diesem Status Versehenen konnten nur überleben, wenn sie emigrierten, die KZ-Zeit überstanden oder sich erfolgreich tarnten. Die drei vorgestellten Zeitzeugen brachten ausgesprochen günstige persönliche Voraussetzungen mit, die ihnen halfen, die Brüche in ihrer Lebenskontinuität und die traumatischen Erfahrungen in einer Weise zu bewältigen, daß sie weder chronisch krank noch unfähig geworden sind, später neue Lebensentwürfe zu entwickeln. Alle drei bemühen sich sehr um die Integration der Verfolgungserfahrungen in ihren Nachkriegsalltag, alle betreiben Spurensuche und knüpfen an damals zerbrochene familiäre oder freundschaftliche Beziehungen wieder an. Alle drei sind in unterschiedlicher Weise politisch aktiv. Es fällt in den dargestellten Interviews auf, daß Cathrin Smith und Günther Levy sich schnell und gut in Gleichaltrigengruppen einfügen und so dem Verlust der Eltern selbstgeschaffene Beziehungen entgegensetzen konnten. Freimut Duve wiederum ersetzte die fehlenden Kinderfreundschaften durch stabile Beziehungen zu Erwachsenen. Er tauchte im Chaos der Endkriegszeit unter, als er von einem Kinderheim ins andere gebracht wurde und unter den Flüchtlings- oder Waisenkindern nicht auffiel. Erwachsene „Geltungsjuden", die ihre Abstammung tarnten, hatten ungleich größere Probleme zu bewältigen: Als Erwerbstätige, Wohnungsmieter, DAF- oder NSV-Mitglieder, Krankenversicherte oder Vereinsmitglieder waren ihre Daten registriert. Über ihre jüdischen Elternteile hatte die Gestapo Akten angelegt. Die Betroffenen konnten nur hoffen, daß kein Datenabgleich stattfand, der die Aufmerksamkeit auf sie zog.

Einblicke in die Problematik des verdeckten Überlebens in der deutschen Gesellschaft gibt ein Interview, das hier nicht ausführlich dargestellt und analysiert werden kann. Diese Zeitzeugin umging alle Situationen, in denen sie hätte registriert werden können und sich ausweisen müssen.[263] Dies war für die berufstätige Frau nicht gerade einfach. Ihre Lage wurde dadurch erleichtert, daß sie bei der geschiedenen „deutschblütigen" Mutter lebte und so von der Wohnungsanmietung entbunden war. Es gelang ihr tatsächlich bis Ende 1944, durch strikte Kontaktvermeidung mit Behörden und mit Hilfe eines Postausweises, den sie anstelle des Personalausweises vorlegte, getarnt zu überleben. Erst als sie ein uneheliches Kind bekam, das einen nichtjüdischen Vater hatte, geriet sie durch das Zusammenspiel von Fürsorge, Standesamt und Gestapo in die Gefahr, mit ihrem Kind deportiert zu werden. Das herannahende Kriegsende rettete sie.

Das fünfte, hier ebenfalls nicht dargestellte Interview mit einer Frau, die als Jugendliche das KZ Theresienstadt überlebte, kann nicht als Vergleich zu dem Verfolgungsschicksal Günther Levys herangezogen werden. Dazu waren die Voraussetzungen vor der Einweisung in das KZ und während der Lagerzeit zu unterschiedlich. Diese Zeitzeugin stammte aus einer armen, kinderreichen Familie und war das Ergebnis eines inzestuösen Verhältnisses.[264] Sie lebte im Waisenhaus und wurde von dort mit den anderen Kindern deportiert. Im Konzentrationslager traf sie ihre Mutter wieder. Diese Zeitzeugin hat das Lager überlebt, mußte sich nach dem Krieg aber mehrfach in längere psychiatrische Behandlung begeben und bis heute ständig sedierende Medikamente einnehmen.

Die als „Geltungsjuden" verfolgten Zeitzeugen haben das Schicksal ihrer jüdischen Verwandten hautnah miterlebt bzw. geteilt. Die meisten von ihnen hatten keine engen Bindungen zur jüdischen Religion. Als Christen (Levy) oder als Deutsche (Smith, Levy) hatten sie im Konzentrationslager oder in der Emigration einen Sonderstatus, den manche als Erwachsene dann freiwillig auf Dauer wählten: Zwei Kindertransportteilnehmer wurden britische Staatsbürger; zwei „Geltungsjuden" traten als Erwachsene jüdischen Gemeinden bei, sind aber mit Nichtjuden verheiratet. Einer ist Mitglied der evangelischen Gemeinde, zwei sind Atheisten.

Zwischenresümee

Die psychologische und psychoanalytische Literatur, die sich mit den Spätfolgen bzw. den lebensgeschichtlichen Auswirkungen der nationalsozialistischen Gewaltherrschaft auf die Verfolgten befaßt, bezieht sich mehrheitlich auf die Gruppe derer, die im Konzentrationslager oder im Versteck überlebt haben.[265] Auch wenn die Weitergabe der Verfolgungserfahrungen an die zweite oder dritte Generation analysiert wird, und die Verfolgungserfahrungen als transgenerationelle Prozesse ins Blickfeld geraten, beziehen sich die fallanalytischen oder klinischen Forschungen fast immer auf die Kinder oder Enkel der „Überlebenden" (survivors).[266] Die im Rahmen dieser Arbeit ausgewerteten Lebensgeschichten der „Mischlinge zweiten Grades" oder „ersten Grades" fallen aus dieser Beschreibung heraus, auch wenn ein Teil der Merkmale, die als Verfolgungssituationen in der Literatur beschrieben werden, auf sie zutrifft.[267] So definierte beispielsweise der Psychiater Baeyer die Kategorie „Diffamierung" als einen Verfolgungstatbestand, den er beschrieb als „mehr oder weniger ernsthafte Diskriminierung und Verfolgung, oft resultierend in Flucht oder Emigration des Opfers, wobei aber wenigstens die Gesetze gewahrt blieben."[268] Damit kann allerdings die Verfolgung der „Halbjuden" wohl kaum erschöpfend beschrieben werden. William G. Niederland faßte seinen Kriterienkatalog für „verfolgungsbedingte Umstände" weiter:

> „1. Leben in einer Atmosphäre der ständigen Bedrohung und eines anfänglich unverstandenen, namenlosen, dann immer näher rückenden Verhängnisses;
> 2. hiermit einhergehende leiblich-seelische Zermürbung des Personenganzen;
> 3. häufige akute Todesgefahr oder Todesangst;
> 4. Verunsicherung aller mitmenschlichen Bezüge und Kontakte;
> 5. schutzloses Dasein in einem Dauerzustand völliger oder nahezu völliger Rechtlosigkeit;
> 6. Überflutung des geistigen Ich-Gefüges durch den unaufhörlichen Ansturm von öffentlichen und persönlichen Beschimpfungen, Verdächtigungen, Verleumdungen und Anschuldigungen, wiederum ohne Möglichkeit einer Zufluchtnahme zum behördlichen Rechtsschutz."[269]

Niederlands Auflistung zeigt, daß das Verfolgungsschicksal der „Mischlinge" dem der Juden glich, in entscheidenden Aspekten jedoch davon abwich. Die Punkte 1 und 2 sowie 4 und 6 treffen auf die meisten hier vorgestellten Personen zu. In den Interviews wird deutlich, wie die Berichtenden mit der Tatsache ihrer Stigmatisierung konfrontiert wurden, wie die zunächst unbekannte und unverständliche Tatsache ihrer Abstammung zunehmend äußere und innere Bedeutung gewann, bis sie – bei den Kindern und Jugendlichen – Teil des Selbstbildes geworden war. Für Heranwachsende psychologisch besonders gravierend war die gleichzeitige Abwertung ihrer Eltern, die ihnen weder Schutz geben noch Orientierung bieten konnten. Im Gegenteil versuchten die Kinder, die Eltern zu schützen, ihnen gefährliche Pflichten abzunehmen und sie psychisch zu stabilisieren, während sie den eigenen Status in der Mehrheitsgesellschaft durch Wohlverhalten und Leistungsbereitschaft absicherten. Die Familien waren oftmals zerrissen, weil sich nichtjüdische Verwandte abgewendet hatten und jüdische Verwandte emigriert waren. Akute Todesgefahr (Punkt 3) hingegen erfuhren nur diejenigen, die als Insassen eines Konzentrationslagers ständig befürchten mußten, dort nicht zu überleben oder auf die Transportliste zu einem Vernichtungslager gesetzt zu werden. Die „Mischlinge ersten Grades" aber waren in der Regel keine Lagerhäftlinge. Selbst auf die Biographien der als „Geltungsjuden" Verfolgten treffen die Merkmalskriterien nur zum Teil zu. Andererseits fürchteten die zur Zwangsarbeit einberufenen Männer täglich, inhaftiert oder Richtung Osten abtransportiert zu werden. Die „Mischlinge" hatten erlebt, daß jüdische Elternteile und vor allem jüdische Verwandte den Deportationsbefehl erhielten, auf den oft sehr schnell die Todesnachricht folgte. Der ferne Tod im Lager angesichts des eigenen Überlebens zu Hause verursachte ihnen diffuse Schuldgefühle, die sie bewältigen mußten.

Die an den Erfahrungen jüdischer Überlebender ausgerichtete Forschung kann vor allem aber nicht erfassen, welche lebensgeschichtliche Bedeutung die Zwitterposition zwischen rassistischer Ausgrenzung mit potentieller Lebensgefährdung und Verbleib in der Mehrheitsgesellschaft für die Individuen erlangte, die nur mittels Anpassung und Verleugnung aggressiver Gefühle bewältigt werden konnte. In ihren mitmenschlichen Bezügen wurden die „Halbjuden" vor allem dadurch verunsichert, daß überzeugte Anhänger einer „Weltanschauung", die ihre Vernichtung zum Ziel hatte, in fast allen Familien zu finden waren. Sie aber hatten diese „deutschblütigen" Personen zuvor als nette Onkels oder Großmütter kennen- und lieben gelernt. Zum Status der netten Verwandten kehrten diese dann nach dem Krieg – ebenso wie die anderen ehemaligen „Volksgenossen" – zurück, zumeist ohne Auseinandersetzung mit den verfolgten Familienmitgliedern über ihr Verhalten und die daraus resultierenden Verletzungen während der NS-Zeit. Wie wirkte diese Umkehr auf die „Mischlinge", die in ihrer Mehrheit nach dem Krieg nicht emigrierten, sondern weiter mit jenen lebten, die sie von ihrer anderen Seite kennengelernt hatten? Die Interviews lassen vermuten, daß sie zwar einerseits Vertrauen in diese Personen zurückgewannen – ebenso wie zu Vorgesetzten, Nachbarn, Lehrern und anderen, von denen sie abhängig waren – aber auf einer tieferen Ebene nach wie vor Angst und Mißtrauen unauslöschlich verankert und überaus schnell wieder reaktivierbar sind.

Die psychoanalytische Forschung hat sich besonders in den letzten zehn Jahren den Traumata zugewendet, die an die zweite und dritte Generation weitergereicht wurden. Die Nachgeborenen agieren aus, was sie selbst nicht materiell erlebten, sondern indirekt aus den psychischen Auswirkungen auf ihre Eltern erfuhren. Die Psychoanalytikerin Judith Kestenberg konstatierte für „holocaustüberlebende Eltern" (Kestenberg), daß sie ungeachtet ihrer individuellen Persönlichkeitsstruktur drei besondere Merkmale aufwiesen, die den Umgang mit den eigenen Kindern beeinträchtigten: Zum ersten die Zurücksetzung ihrer sozialen Gruppe und den damit verbundenen Verlust an Ansehen, aus dem wiederum mangelndes Selbstwertgefühl und Selbsthaß resultieren; zum anderen den Verlust der integrativen Funktionen, wenn ein Überlebender die „Trauer um seine Eltern, seine Altersgenossen und sein eigenes Selbst, so wie es vor der Verfolgungszeit war, nicht erfolgreich abschließen"[270] konnte; drittens konnten die realen Erfahrungen innerhalb eines psychotischen Systems (das KZ) sado-masochistische Phantasien befördern, die die psychische Struktur zerstörten.[271]

Für die als „Mischlinge" Verfolgten dürften sich die Gemeinsamkeiten gruppenspezifischer Traumata anders darstellen, vor allem weil der persönlichen Abwertung in den meisten Fällen phasenweise Anerkennung am Arbeitsplatz, in Liebesbeziehungen und eine partielle Integration in die Mehrheitsgesellschaft gegenüberstanden. Die Abwertung der „sozialen Gruppe" hingegen wurde mangels Gruppenmerkmalen und -bewußtsein nur auf die eigene Person bezogen. Das änderte sich erst nach dem Krieg, zumindest für jenen Teil, der sich in der Notgemeinschaft der durch die Nürnberger Gesetze Betroffenen als Gruppe begriff und gegen Diskriminierung opponierte. Andererseits neigten auch und gerade die „Mischlinge" dazu, ihren Kindern gegenüber zu schweigen, ebenso wie ihre Eltern ihnen gegenüber geschwiegen hatten. Insofern gaben auch sie erlittene Traumata an die zweite und dritte Generation weiter. Dieser transgenerationelle Schweigepakt ähnelt den Prozessen in Überlebendenfamilien. Ein Teil der „Mischlinge", die ab Ende der 30er Jahre geboren wurden, war zudem erste und zweite Generation zugleich: Sie wurden bereits im Kindesalter stigmatisiert, die Eltern benötigten sie als Schutzschild für die „privilegierte" Mischehe und fürchteten zugleich, mit den Kindern deportiert zu werden. Für die Kinder hieß das oftmals, Zweifel an ihrem Wert als eigenständige Personen zu entwickeln und die Selbstdefinition aus der Schutzfunktion für andere herzuleiten, während sie die eigene extreme Schutzlosigkeit frühzeitig erfuhren, weil die Eltern kein „Bollwerk" gegen äußere Bedrohungen darstellten, sondern diesen hilflos ausgeliefert waren. Gleichzeitig sollten die Kinder „nichts merken" und wurden oft in die Sicherheit von Heimen gebracht. Dies aber bedeutete wiederum eine Trennung von den Eltern im Kleinkindalter, die – altersentsprechend – besonders furchterregend war, zumal sie Versagensgefühle produzierte, weil die Schutzfunktion nicht mehr ausgeübt wurde. Es wäre zu wünschen, daß das Interesse an den (transgenerationellen) Auswirkungen der Verfolgung bei Psychologen und Analytikern sich auch auf die in Deutschland aufgewachsenen und dort verbliebenen Nachkommen dieser Verfolgtengruppe richtet.

Ausblick: Die Situation der als „Mischlinge" Verfolgten nach 1945

Jahrelang hatten die „Mischlinge" als fest umrissene Gruppe nur in den Köpfen der nationalsozialistischen Machthaber existiert, die in ihnen eine Gefahr für die „deutsche Volksgemeinschaft" oder das „deutsche Blut" sahen. Erst die Zusammenfassung in Zwangsarbeitergruppen oder Bataillonen der OT Ende 1944 forcierte tatsächlich – in Maßen – eine Gruppenbildung, die bis dahin allein als ideologische Projektion der Partei-Kanzlei oder des RSHA existiert hatte.[1] Nach dem Krieg schuf ein Teil der männlichen Betroffenen einen Gruppenzusammenhang, definierte Gruppenmerkmale aus der gemeinsamen Verfolgung und formulierte eigene Interessen. Als eine der ersten Selbsthilfeorganisationen entstand noch im Mai 1945 die Hamburger Notgemeinschaft der durch die Nürnberger Gesetze Betroffenen. Ähnliche Gründungen erfolgten in Bayern, Berlin, Nordrhein-Westfalen, Niedersachsen und Schleswig-Holstein. Die Initiatoren wollten „nach Aufhebung dieser unmenschlichen Gesetze mit(...)wirken, den Betroffenen – soweit sie das furchtbare Geschehen überlebt haben – und ihren Angehörigen die Rückkehr in menschlich und wirtschaftlich geordnete Verhältnisse (zu) ermöglichen."[2] Konrad Hoffmann, einer der Hamburger Begründer, beschrieb später die Situation der nichtjüdischen, von der Rassegesetzgebung aber gleichwohl Betroffenen: Sie hatten eine Fülle von Verfolgungstatbeständen erlebt, die „von den geduldeten oder durch die verschiedenen NS-Organe gedeckten individuellen Übergriffen bis zur effektiven Menschenjagd [reichte, B.M.]. Ein schweres seelisches Trauma war bei fast jedem aus dieser Gruppe auch nach dem Zusammenbruch des NS-Staates noch festzustellen und ist bei vielen – wenn auch überdeckt – bis heute geblieben."[3]

Diesen Auswirkungen der Verfolgung Rechnung tragend, sollten zunächst nur „Angehörige des gleichen Erlebniskreises" in der neuen Vereinigung tätig werden.[4] Die Beiratsmitglieder von 1945 waren sorgfältig nach dem Verfolgtenstatus zusammengesetzt, den sie in der NS-Zeit gehabt hatten: Es waren „Juden, die Sternträger waren, Juden aus privilegierten Mischehen, Arier aus Mischehen und Mischlinge ersten Grades", wobei die Notgemeinschaft diese Begrifflichkeiten einerseits öffentlich bekämpfte, andererseits zur Beschreibung des Verfolgungsschicksals weiter verwendete.[5] Die Gründung einer eigenen Interessenorganisation, so notwendig sie den Initiatoren schien, sollte auf keinen Fall die jahrelange „Absonderung" (Hoffmann) der Betroffenen fortsetzen, sondern ihr aktiv entgegenwirken.[6] Die britische Militärregierung hatte der Gründung der Vereinigung unter der Auflage zugestimmt, daß maximal zwölf Personen an Sitzungen teilnehmen durften.[7] Die „Schicksalsgemeinschaft" benannte einen vorläufigen, aus zwölf Mitgliedern und sieben Stellvertretern bestehenden Ausschuß[8]: Ihm gehörten Walter Bauer, Fritz Gradenwitz, Franz Grzimek, Max Heesch, Konrad Hoffmann, Erwin Horwitz, Hans Isenbart, Paul Joseph, Walter Koppel, Edgar Pantaenius, Martin Tobar und Engelbert Wichelhausen an. Stellvertreter waren Erik Blumenfeld, Gerhard Bucerius, Georg Claussen, Rudolf Meersmann, Arthur Pfeiffer, Kurt Umlauff und Gustav Witt. Abgesehen von der rein männlichen Zusammensetzung fällt auch die berufsspezifische

Homogenität auf: Elf Mitglieder bezeichneten sich als Kaufleute (einer als kaufmännischer Angestellter), die übrigen gaben den Beruf des Rechtsanwalts (zwei), Apothekers, Pianisten und Pastors an. Die Wieder-Zugehörigkeit zu den bürgerlichen Mittelschichten wurde durch diese Berufsbezeichnungen demonstriert, denn noch wenige Tage zuvor waren sie überwiegend „Bauhelfer" gewesen. Die erlernten Berufe wieder auszuüben, war Ziel für die Nachkriegszeit, jedoch noch keine Realität.⁹ Die Gremienzusammensetzung sechzehn Jahre später zeigt, daß dieses Ziel erreicht wurde. In Vorstand und Beirat – bei großer personeller Kontinuität zusammen nun 30 Personen – waren nun 13 Kaufleute, sieben hohe Beamte, zwei Rechtsanwälte, je ein Redakteur, Kunst- u. Literaturhistoriker, Pastor, Pianist und zwei Behördenangestellte vertreten. Kleine und mittlere Angestellte waren in der Minderzahl, Handwerker oder Arbeiter befanden sich nicht unter den Gremienmitgliedern. Je eine Frau war inzwischen in den Vorstand (Emilie Glaser) und in den Beirat (Elisabeth Winter) eingerückt.¹⁰

Gründungsmitglieder der Notgemeinschaft sprachen noch im Mai 1945 beim Nachkriegsbürgermeister Rudolf Petersen vor und forderten eine staatliche Stelle, bei der Wiedergutmachungsansprüche aller während der NS-Zeit verfolgter Gruppen registriert und gesammelt werden sollten, auch wenn noch keine Vorstellungen über spätere Entschädigungsregelungen existierten. Aufgrund dieser Initiative wurde in Hamburg die „Beratungsstelle für Wiedergutmachung" als Senatsamt geschaffen, der erste bundesdeutsche Vorläufer für ein Wiedergutmachungsamt.¹¹

Die Notgemeinschaft arbeitete von Beginn an mit staatlichen Stellen und dem „Welfare-Department" der britischen Militärregierung zusammen. Am 29. Mai 1945 eröffnete sie eine Geschäftsstelle und nahm die Beratungstätigkeit auf.¹² Vordringlich war zunächst materielle Hilfe. So mußten Ausweispapiere beschafft, Wohnungs- und Berufsangelegenheiten geregelt, vor allem die Rückführung Theresienstadt-Überlebender, deren Zahl zunächst auf 250 bis 500 geschätzt wurde, vorbereitet werden.¹³ Den Heimtransport von schließlich 600 ehemaligen KZ-Insassen verbanden die Helfer der Notgemeinschaft mit der Rückführung tschechischer Zwangsarbeiter.¹⁴

Die von der Organisation ausgegebenen Verfolgtenausweise waren wichtige Legitimationspapiere gegenüber deutschen Behördenstellen oder der britischen Militärregierung. Die Verantwortlichen der Notgemeinschaft erhoben ihre in den vergangenen Jahren – auch und gerade in Abgrenzung zu den nationalsozialistischen Funktionsträgern – praktizierte strikte Legalitätstreue zum Maßstab ihres Handelns: Sie überprüften alle Antragsteller sehr streng, ob sie sich krimineller Handlungen oder der Zusammenarbeit mit Nationalsozialisten schuldig gemacht hatten, denn

> „Nachlässigkeiten und Versehen [würden] den Wert der umlaufenden Ausweise beeinträchtigen (...), zumal in dem Kreise der Betreuten ein Stamm von im heutigen Sinn politisch zuverlässigen Personen zu sehen ist, der allerdings auch jeder diesbezüglichen Nachprüfung standhalten muß. Wir haben es deshalb in unseren internen Richtlinien zur Voraussetzung gemacht, daß neben allen anderen Vorbedingungen der den Ausweis Beantragende durch uns würdig sein muß, d.h. daß er in der Vergangenheit keinerlei Beziehungen zum Nationalsozialismus gepflogen oder aufrechterhalten hat."¹⁵

Dieser Grundsatz bestimmte die Arbeit der Notgemeinschaft auch in den Folgejahren: Erteilte sie Ausweise oder übernahm die Rechtsvertretung Verfolgter, bürgte sie sozusagen für deren wahrheitsgemäße Angaben, die sie einer gründlichen Vorprüfung unterzogen hatte. Stellte sich heraus, daß die Antragsteller Falschaussagen gemacht oder mit den Nationalsozialisten zusammengearbeitet hatten, entzog ihnen die Notgemeinschaft die Ausweise oder legte die Vertretung nieder.[16] Aus zeitlichem Abstand erhebt sich allerdings die Frage, ob dieser Maßstab nicht oftmals zu streng für diejenigen war, die nicht in festgefügten Normen und Weltbildern den entscheidenden inneren Halt gefunden hatten, um zwölf Jahre NS-Herrschaft zu überstehen.

Wollte die Notgemeinschaft so einerseits die „schwarzen Schafe" aus den eigenen Reihen entfernen, ging es andererseits aber auch darum, jene abzuwehren, die unrechtmäßig Papiere und Leistungen beantragten. Eine mehrköpfige Prüfkommission stellte gerade in den ersten Monaten nach Kriegsende fest, daß Kriminelle oder ehemalige Nationalsozialisten versuchten, sich mit gefälschten Papieren „in den Schutz einer Menschengruppe zu begeben, deren erklärte Feinde sie gewesen waren."[17] Durch die sichtenden, gründlichen Vorarbeiten erlangte die Notgemeinschaft bei Ämtern und Behörden hohes Ansehen, weil ihre Anträge fundiert und sachkundig waren.

In den folgenden drei Jahren befaßte sie sich mit entzogenen Vermögenswerten, verteilte einige hundert Care-Pakete an Bedürftige unter den 9.000, später 10.000 Hamburger Betreuten, bemühte sich um Brennmaterial und Bezugsscheine, um die Vermittlung von Adoptiveltern ebenso wie um praktische Hinweise zur Entfernung von KZ-Tätowierungen.[18] Sie half bei Anträgen für Toterklärungen oder stellte Beispiele von Rentenberechnungen auf.[19] Von den 10.000 Betreuten waren 1.700 „Volljuden" im Sinne der Nürnberger Gesetze gewesen, der Rest verteilte sich überwiegend auf „Mischlinge ersten Grades" und Ehegatten.[20] Ab 1948 gab die Notgemeinschaft ein Mitteilungsblatt heraus, indem sie fortan materiellen Wiedergutmachungsregelungen sehr breiten Raum widmete. So wurden beispielsweise die juristisch oft komplizierten Sachverhalte erläutert, ob der betreute Personenkreis Haftentschädigung beanspruchen konnte, wie die Sonderhilfsrentenregelungen[21] aussahen oder ob erzwungenermaßen ledig Gebliebene rückwirkend Steuererleichterungen beantragen konnten. Darüber hinaus nahmen die Mitteilungsblätter zu aktuellen politischen Entwicklungen wie beispielsweise antisemitischen Tendenzen Stellung. Sie berichteten über antisemitische Vorfälle, gaben Empfehlungen, welche Lektüre geeignet war, über Verfolgung „aufklärend und zuverlässig darstellend zu wirken"[22] und warnten vor Filmen, die vermeintlich Antisemitismus befördern konnten wie „Oliver Twist", der 1949 in die deutschen Kinos kommen sollte:

> „Während einem von liberalen Geiste erfüllten Volk, dessen Seele nicht durch den Nationalsozialismus vergiftet wurde, ein solcher Film vielleicht ohne großen Schaden gezeigt werden kann, besteht für das deutsche Publikum die Gefahr eines ernsten Rückfalls in antisemitische Neigungen, wenn ihm durch Zeigen einer häßlichen Einzelerscheinung wie Fagin in ‚Oliver Twist' die Möglichkeit zu tendenziösen Verallgemeinerungen geboten wird."[23]

Leitartikel des Mitteilungsblattes erinnerten an Verfolgungsereignisse wie den Boykott vom 1. April 1933[24], die Nürnberger Gesetze[25] oder den 9. November 1938.[26]

Das Blatt forderte die Leser auf, Material gegen „Mitarbeiter von Gestapo, Wachmannschaften, Rassenschande-Dezernat, Arisierungsstelle, Arbeitsverpflichtung"[27] einzureichen, um polizeiliche Ermittlungen zu erleichtern. Während über Gerichtsverfahren wegen antisemitischer Äußerungen[28] oder den Eichmann-Prozeß berichtet wurde[29], schwieg das Blatt jedoch über laufende NS-Prozesse gegen Hamburger Beschuldigte wie Schallert, Helms oder andere. Über die Gründe können nur Vermutungen angestellt werden, vielleicht wollte die Notgemeinschaft keine belastenden Erinnerungen ihrer Mitglieder wachrufen, vielleicht den Nachkriegskonsens der Stadt Hamburg nicht in Frage stellen.

Der langjährige Vorsitzende der Notgemeinschaft, Konrad Hoffmann, Jahrgang 1904, hatte mit seiner jüdischen Ehefrau in „privilegierter" Mischehe gelebt.[30] Nach 1945 war er nicht nur Gründungsmitglied der Selbsthilfeorganisation, sondern bemühte sich in zahllosen Aktivitäten darum, dem Anliegen der Organisation zu einer Breitenwirkung zu verhelfen. So war er Mitglied der ernannten Bürgerschaft, sieben Jahre Deputierter der Behörde für Wirtschaft und Verkehr sowie mehrerer Verwaltungs- und Sonderauschüsse. Er gehörte Zusammenschlüssen und Dachorganisationen von Verfolgtenverbänden an, saß im Hamburger Hochschulbeirat, fungierte als ehrenamtliches Mitglied des Oberverwaltungsgerichtes, wurde in die Freiwillige Selbstkontrolle der Deutschen Filmwirtschaft berufen und arbeitete in verschiedenen karitativen und kulturellen Gesellschaften mit, die er teilweise – wie die Gesellschaft für christlich-jüdische Zusammenarbeit – mit gegründet hatte.[31] Hoffmann wurde für seine Arbeit mit dem Bundesverdienstkreuz erster Klasse ausgezeichnet.[32]

Die Notgemeinschaft arbeitete mit anderen Hamburger Verfolgtenorganisationen im Arbeitsausschuß der Organisationen ehemals Verfolgter zusammen und innerhalb der britischen und amerikanischen Zone mit den Schwesterorganisationen.[33] 1952 gründete sie mit den Selbsthilfeorganisationen der anderen Bundesländer den „Zentralverband der durch die Nürnberger Gesetze Betroffenen nicht jüdischen Glaubens".[34] Diese Dachorganisation sollte einen „einheitlichen Rahmen" und vor allem eine „zentrale Repräsentanz" gewährleisten, denn die Vereinigungsfunktionäre befürchteten angesichts der Verhandlungen der Bundesregierung mit Israel und „ausländischen jüdischen Weltorganisationen", daß sich in der Öffentlichkeit die Meinung verfestigen würde, damit seien die Wiedergutmachungsansprüche aller „rassisch" Verfolgten geregelt und die Ansprüche ihrer Klientel nicht länger gerechtfertigt.[35] Wesentliche Erfolge der Notgemeinschaft in Wiedergutmachungsfragen waren die Durchsetzung der Haftentschädigung für die Zwangsarbeiter des „Sonderkommandos J", das Gesetz zur Anerkennung freier Ehen für rassisch und politisch Verfolgte und 1956 die Bereitstellung eines 50 Millionen DM umfassenden Hilfsfonds, der nichtjüdischen „rassisch" Verfolgten zugute kam.[36]

Die Betreuten nutzten die Sachkenntnis der Mitarbeiter der Organisation, um Wiedergutmachungsansprüche prüfen und einreichen zu lassen. Der Notgemeinschaft verbundene Anwälte erfochten diese dann teilweise auf gerichtlichem Wege. Die Nutznießer unterstützten die Vereinigung mit Spenden. Für viele hatte die Organisation darüber hinaus keine Bedeutung, wenn nicht in späteren Jahren neue Fragen im Zusammenhang mit Sozialversicherung und Rentenregelungen auftauchten. Ende der vierziger Jahre war es indes vordringlich, das eigene Leben zu reorganisieren und Familien zu gründen. Für andere Betreute, die während des Nationalsozialismus unter starker Isolation gelitten hatten, fungierte die Notgemeinschaft vor allem als Anlaufstelle, der sie erstmals schriftlich oder mündlich vom eigenen Verfolgungsschicksal berichten konnten und bei der sie Verständnis fanden, weil die Mitarbeiterinnen und Mitarbeiter die besondere Ausprägung der Verfolgungssituation der Mischehen und „Mischlinge" aus eigener Erfahrung kannten. Für alleinstehende Klienten ohne andere soziale Bindungen erlangte die Notgemeinschaft die Stellung eines Familienersatzes.[37]

Die faktischen Heiratsverbote für „Mischlinge ersten Grades" hatten eine besondere Belastung für junge Erwachsene bedeutet, weil sie die Betroffenen in moralische Dilemmata stürzten und sie zwangen, gegen Konventionen zu verstoßen. Viele nutzten bereits im Mai 1945 die Chance, ihre Verbindung zu legalisieren.[38] Betroffene, deren Kinder gezwungenermaßen unehelich zur Welt gekommen waren, setzten sich sehr aktiv für ein Eheanerkennungsgesetz ein, das diese Kindschaftsverhältnisse revidieren sollte. So berichtet der ehemals als „Mischling ersten Grades" verfolgte Helmut Krüger, er habe dem Hamburger Bürgermeister im August 1948 einen Entwurf zugeleitet[39], den jedoch die Landesjustizverwaltung mit der Begründung nicht weiter verfolgt habe, daß kein allgemeines Interesse daran bestehe. Erst nachdem in der amerikanischen Zone entsprechende Regelungen gefunden waren, mündeten die Bemühungen ehemals Verfolgter und ihrer Organisationen in das am 23. Juni 1950 erlassene Gesetz über die Anerkennung freier Ehen rassisch und politisch Verfolgter, das erste Wiedergutmachungsgesetz des Bundes.[40]

Dieses sogenannte Eheanerkennungsgesetz sah vor, daß neben dem Personenkreis der Geschiedenen aus Mischehen, die zudem auch Aufhebungs- oder Scheidungsurteile annullieren lassen konnten, die Bestimmungen Unverheirateten zugute kommen sollten, denen die Eheschließung während der nationalsozialistischen Herrschaft verboten war oder die sich als illegal Lebende nicht hatten an Behörden wenden können.[41] Bezogen auf den Bundesdurchschnitt (Tabelle 26) wies die Stadt Hamburg die zweithöchste Zahl der Eheanerkennungsverfahren auf, weil die Zahl der Mischehen und „Mischlinge" hier vor und während der NS-Herrschaft überdurchschnittlich hoch gewesen war.[42]

Hatten beide Partner die nationalsozialistische Herrschaft und den Krieg überlebt und auch ihre Liebesbeziehung dem Druck von außen standgehalten, stellten sie die Anträge meist im Interesse ihrer unehelich geborenen Kinder, die dann im Nachhinein für ehelich erklärt wurden, so beispielsweise im Falle von Helmut Krüger, der mit seiner Verlobten nach Schweden geflüchtet war, wo sie am 9.1.1945 geheiratet hatten. In Hamburg ließ das Ehepaar die Heirat auf den 9.1.1939 rückdatieren, damit die gemeinsame Tochter als ehelich galt.[43] Vielen Antragstellern ging es im nächsten Schritt darum, Wiedergutmachungsansprüche bezogen auf Steuererleichterungen für Verheiratete, das verweigerte Kindergeld oder ähnliche Leistungen geltend zu machen. War ein Partner als Soldat gefallen, so versuchten die überlebenden Frauen, den Status der Kriegerwitwe mit Versorgungsbezügen für sich und gemeinsame Kinder zu erlangen. Hatten beide Partner überlebt, konnten sie zumeist ohne Probleme Zeugen oder Dokumente beibringen, daß ihre Beziehung trotz der Repressionen existiert hatte. Komplizierter lagen Entscheidungsfälle, wenn ein verstorbener Partner andere Bindungen eingegangen war, wie ein „Mischling ersten Grades", der zwischen 1936 und seinem Tod 1943 mit drei Frauen je ein Kind gezeugt hatte.[44]

Die Antragsteller, die zwar als „Mischlinge ersten Grades" eingestuft waren, deren Eheschließung dessen ungeachtet jedoch nicht wegen der Abstammung, sondern nach dem Erbgesundheitsgesetz verboten worden war, wurden mit ihren Anträgen abgewiesen. Kamen die einzelnen Landesjustizverwaltungen zum Ergebnis, „daß die Verhinderung der Eheschließungen, gegen die ärztliche Bedenken bestehen, im Interesse der Volksgesundheit gelegen"[45] hatten, so wurde keine nachträgliche Eheschließung vorgenommen. Noch 1954 gingen die Justizbehörden im Regelfall davon aus, daß die Eheverbote zu Recht ergangen waren, wenn kein Mißbrauch des Erbgesundheitsgesetzes vorlag.[46] Auch Antragsteller, deren Partner nicht durch den Krieg oder staatliche Maßnahmen zu Tode gekommen, sondern von nationalsozialistischen Schlägertrupps ermordet worden waren, fanden kein Gehör.[47]

Für die Mehrheit der antragstellenden Paare jedoch bot das Eheanerkennungsgesetz die Möglichkeit, über die nach Kriegsende erlangte Freiheit zur Eheschließung hinaus langgehegte Wünsche rückwirkend zu realisieren und ihren Kindern den öffentlich wie auch erbrechtlich bedeutsamen Status der Ehelichkeit zu geben. Allerdings liegen die knapp 2.000 Verfahren (bundesweit und inklusive Scheidungsannullierung der Mischehen) weit unter der Zahl der abgelehnten Ehegenehmigungsanträge, die Lösener allein für die „Mischlinge ersten Grades" mit einigen Tausend beziffert hatte. Vermutlich waren trotz aller beschriebenen Anstrengungen, auch in der Illegalität zusammenzubleiben, viele Beziehungen am äußeren Druck zerbrochen. Anderen Betroffenen mochte die Nachkriegseheschließung ausreichen.

Mit dem politisch bedingten Riß durch die Familien gingen die Betroffenen sehr unterschiedlich um: Die ehemaligen Mitläufer oder überzeugten Nationalsozialisten mieden häufig ebenso wie die als Mischehepartner oder „Mischlinge" Verfolgten ein Zusammentreffen. Ein Interviewter gibt Einblick in die vielfältige Problemlage, vor der die „Mischlinge" und die zerrissenen Familien standen:

> „Die schlimmste Geschichte ist für mich eigentlich bis heute die Tatsache, daß sich die Eltern meiner [nichtjüdischen, B.M.] Mutter und ein Teil ihrer Geschwister von uns rigoros getrennt haben. Meine Großmutter ist dann in den 30er Jahren gestorben, mein Großvater entweder kurz vor oder nach dem Krieg. Ich habe mich nicht darum gekümmert, das Todesdatum zu erfahren. Meine Mutter weiß es. Ich wollte es nicht wissen. Ich bin nicht zu den Gräbern hingegangen. Ich habe auch die Stadt nie wieder betreten, in der sie gelebt haben. Mit den Geschwistern, also meiner Tante und meinem Onkel, hat später eine Aussprache stattgefunden. (...) Sie können sich mit jemandem aussprechen und können dazu kommen, daß sie sagen: ‚Ja, ich habe es nicht verstanden, aber es ist gewesen, und wir fangen neu an!' Aber einem Toten kann man nicht verzeihen. Ich habe das bis heute nicht vergessen."[48]

Über die emigrierten jüdischen Familienmitglieder sagte er: „Ein Großteil meiner Verwandten hat natürlich sehr, sehr lange Deutschland nicht wieder betreten. Wenn sie in die Schweiz flogen, und sie mußten in Frankfurt das Flugzeug wechseln, sind sie nicht aus dem Flughafen gegangen, aber sie sind dann später eigentlich fast alle zurückgekommen, weil sie auch zu den Gräbern [der jüdischen Verwandten, B.M.] wollten."[49] Die im ersten Zitat beschriebene „Aussöhnung" mit den nichtjüdischen Verwandten fand bezeichnenderweise am Rande einer „bibliophilen" Tagung statt, an der die literaturbegeisterte Familie teilnahm.⁵⁰ Das Treffen initiierten die in Mischehe lebenden Eltern, die bei mehreren Gelegenheiten die zerrissene Familie zusammenführten. Außenstehenden gegenüber hatten sie den Riß durch die Familie konsequent verborgen.⁵¹ Das zweite Zitat zeigt, daß nicht nur das Verhältnis zu den nichtjüdischen, sondern in vielen Fällen auch das zu den jüdischen Verwandten belastet war, lebten diejenigen, die in Deutschland geblieben waren, doch in den Augen der Emigranten inmitten der Täter, die die Juden vertrieben und ermordet hatten. Mißtrauen und Unterstellungen von Komplizenschaft mußten erst einmal überwunden werden, wenn auch die Fronten in den Familien selten so scharf verliefen wie sie Helmut Krüger erfuhr, als er auf die ersten amerikanischen Soldaten traf. Ein jüdischer Emigrant aus Deutschland hielt ihm vor: „Du lebst, also warst du Nazi!"⁵²

Die Erwachsenen unter den „Mischlingen" waren beliebte Adressaten für die Bitte um „Persilscheine", entlastende Leumundszeugnisse, die die ehemaligen „Volksgenossen" den Entnazifizierungsausschüssen einreichten. Die Angesprochenen genossen die ungewohnte Machtstellung und prüften – nach eigenem Empfinden – in der Regel sorgfältig, wem sie eines der begehrten Schreiben ausstellen oder verweigern wollten. Unter den Verfolgten des NS-Regimes waren sie besonders geeignete „Persilscheingeber", da sie oft bereits dankbar waren, wenn jemand sie gegrüßt oder auf einer Behördendienststelle freundlich behandelt hatte. So glaubten sie, vielen verpflichtet zu sein. Ihr Verfolgtenstatus garantierte, daß der Bescheinigung ein entsprechender Wert beigemessen wurde. Vom Nachkriegsbürgermeister Rudolf Petersen bis hin zu den interviewten Zeitzeugen verweigerte kaum ein Angesprochener die Hilfe, zumal die ehemals Verfolgten mit dieser Beflissenheit gleichzeitig ihre Versöhnungsbereitschaft nach der Zerschlagung der nationalsozialistischen Diktatur zeigen konnten. Vom Gaupersonalamtsleiter⁵³ über den Präsidenten des Oberlandesgerichtes bis hin zum kleinen Gestapobeamten sammelten die Vertreter der NSDAP oder staatlicher Institutionen schriftliche Bestätigungen von den Überlebenden der „rassischen" Verfolgung, daß sie nie Nationalsozialisten, sondern immer nur „anständige" Bürger gewesen waren.

Je nach Altersgruppen standen die als „Mischlinge" Verfolgten nach dem Krieg vor dem Problem, beruflich wieder Fuß zu fassen, auf dem Wege der Wiedergutmachung Vermögens-, Gesundheits- und Schäden im beruflichen Fortkommen zu beantragen oder Ausbildungs- und Schulabschlüsse nachzuholen. Erwachsene mußten angesichts häufiger verfolgungsbedingter Arbeitslosigkeit während der NS-Zeit und der Unterbrechung der Berufstätigkeit wegen der Zwangsarbeit versuchen, wieder feste Arbeitsverhältnisse zu finden. Nur wenige konnten – wie ein bei den Triton-Werken beschäftigter kaufmännischer Angestellter – auf eine dreißigjährige Tätigkeit zurückblicken, die während der „Dienstverpflichtung" kurzzeitig unterbrochen und dann nach dem Krieg wieder aufgenommen wurde.⁵⁴ Andere, die gehofft hatten, nach Beendigung der NS-Herrschaft ihre qualifizierten Arbeitsplätze wieder einnehmen zu können, wurden enttäuscht, wie eine Diplom-Meteorologin, die sich nun vergeblich wieder bei der Deutschen Seewarte bewarb.⁵⁵ Ein größerer, aber nicht genau bestimmbarer Teil der ehemals als „Mischlinge" Verfolgten blieb längere Zeit arbeitslos.⁵⁶ Wollten sie sich selbständig machen, so konnten sie in Hamburg Existenzgründungsdarlehen bei der Beratungsstelle für Wiedergutmachungsfragen beantragen. Doch etliche Neu- Unternehmer scheiterten sehr schnell an den äußeren Verhältnissen der Nachkriegszeit, am geringen Selbstvertrauen oder der mangelnden Praxis in selbständiger Arbeit.[57] Eine ebenfalls nicht quantifizierbare Zahl junger Erwachsener bemühte sich um die Auswanderung in die USA, sobald diese möglich war.[58]

Viele Erwachsene hatten durch Verfolgung und Zwangsarbeit körperliche, psychische oder psychosomatische Schäden davongetragen. Die Anerkennung verfolgungsbedingter Leiden in Wiedergutmachungsverfahren war aber besonders schwierig zu erlangen – zumindest in der Höhe von 30% (später 25% Erwerbsminderung), die für Wiedergutmachungsansprüche attestiert sein mußte. Bei nicht eindeutig – beispielsweise auf einen Arbeitsunfall bei der Zwangsarbeit – rückführbaren Leiden mußten die Ärzte „verfolgungsbedingte" und „nicht verfolgungsbedingte" Anteile in Prozenten feststellen und bei bereits vor der Verfolgungszeit existierenden Krankheiten die Verschlimmerung als „abgrenzbare" oder „richtungsgebende" kategorisieren, d.h. es ging darum, ob eine bereits vorhandene Krankheit sich nur partiell verstärkt hatte oder ob durch die Verfolgung ein völlig anderer Krankheitsverlauf anzunehmen war.[59] Auch mußten die Mediziner Verfolgungsschäden von Alters- oder Abnutzungserscheinungen abgrenzen.

Die Antragsteller stießen bei ärztlichen Untersuchungen oft genug auf Gutachter, die von allzu vertrautem, nur oberflächlich gewandeltem „Grundlagenwissen" ausgingen. Während sich bei Psychiatern ab Ende der 1950er Jahre langsam ein Wandel der Lehrmeinungen anbahnte[60], der durch ausländische Kollegen vorangetrieben wurde, konnte davon bei anderen Fachrichtungen der Schulmedizin nicht die Rede sein. So bescheinigte ein Arzt einem Verfolgten noch 1953:

> „Es liegt bei Herrn B. zweifellos ein (…) kompensierter grüner Star vor. Wir wissen einmal, daß die jüdische Rasse zum Eintritt von grünem Star ganz allgemein disponiert ist, andererseits aber auch, daß Aufregungen und seelische Erschütterungen sich sehr ungünstig in allen Fällen auswirken, die einen grünen Star haben (…) Es ist also anzunehmen, daß die Anlage zum Eintritt eines grünen Stars rassenmäßig gegeben war, daß aber durch die nationalsozialistische Verfolgung und schweren Bedrückungen, denen B. ausgesetzt war, die Anlage erst manifest geworden ist."[61]

Dieser Arzt war zwar willig, verfolgungsbedingte Verschlechterungen zu attestieren, ging aber nach wie vor von einem rassenbiologischen Menschen- und Körperbild aus, das den Juden höhere Anfälligkeiten für bestimmte Krankheiten zuwies.[62] Über einen anderen Antragsteller, der ein Schädeltrauma aus der KZ-Haftzeit geltend machte, gutachtete der gerichtsärztliche Dienst: „W. ist völlig fixiert geblieben an das ihm zugefügte Unrecht, kultiviert seine Beschwerden und nimmt eine fordernde, querulatorische Märtyrer- und Protesthaltung ein, die ihn zu seinen zahlreichen Konflikten und Fehleinstellungen auch innerhalb seiner verschiedenen in der Nachkriegszeit gehabten Arbeitsverhältnisse hat kommen lassen."[63]

Wurde schon bei körperlichen Schäden die verfolgungsbedingte Entstehung oder Verstärkung angezweifelt, so bei psychischen und psychosomatischen Erkrankungen erst recht. Die versäumte psychiatrische bzw. psychoanalytische Beschäftigung mit der besonderen Ausprägung des Verfolgungsschicksals der „Mischlinge"[64] wirkte sich nicht nur negativ auf die Behandlung der Folgeschäden, sondern auch entschädigungs- und rentenmindernd aus. Die deutschen Gutachter ignorierten bis in die 1960er Jahre hinein selbst bei KZ-Überlebenden Krankheitsbilder, die später unter dem Begriff „KZ-Syndrom" zusammengefaßt wurden.[65] Gesundheitliche Folgeschäden bei den „Mischlingen" wurden – und das in der Regel auch erst in den 1960er Jahren – am Krankheitsbild überlebender Juden und KZ-Häftlingen gemessen, obwohl psychische und physische Schäden aufgrund einer Verfolgungssituation keineswegs an eine Lagerhaft gebunden sein mußten. Auch für die „Mischlinge" „bedeutete die jahrelange Ächtung, Entwürdigung und Entwurzelung einen einschneidenden Bruch in die Lebenslinie, der eine echte und zum Teil unwiderrufliche Umprägung der Persönlichkeit zur Folge hatte, die zu überwinden nicht allen gelungen ist."[66] So faßte der Psychiater Venzlaff – einer der Pioniere des Lehrmeinungswechsels Ende der 1950er Jahre – die Auswirkungen der Verfolgung auf „Labilere, Differenziertere, Ältere, biologisch nicht mehr Rüstige"[67] zusammen, wobei er sich ebenfalls auf den engeren Kreis der KZ-Überlebenden bezog. Selbst wenn die Antragsteller nicht an rassistischen Kategorien gemessen oder lapidar abgespeist, sondern mit ihrem Anliegen ernst genommen wurden, ähnelte die Kommunikation mit den Ämtern der in einer gestörten Familie, wie der ehemalige Präsident des Bayerischen Entschädigungsamtes es beschrieb: „Die eine Seite ist verletzt, verbittert, deprimiert, manchmal aggressiv; die andere versteht gar nicht warum, sie hat doch stets nur das Beste gewollt, war immer korrekt und geduldig. Was auf der verbalen Ebene geschieht, ist eben nicht das Entscheidende: es sind die alten Wunden, die noch bluten."[68]

Als sich fünfzehn Jahre nach Kriegsende die Gutachterpraxis langsam änderte, waren viele Antragsteller bereits in Armut verstorben. Dazwischen lagen Jahre teilweise demütigender Begutachtungen, die bei Gutachterstreitigkeiten[69] oder Rentenzahlungen wiederholt wurden. Ausdruck dieser Problematik waren die hohen Ablehnungsquoten von Anträgen, die gesundheitliche Schäden geltend machten: Mit der Ablehnung von 33% lag Hamburg hinter Baden-Württemberg (66%), Schleswig-Holstein (54%), Rheinland-Pfalz und Bayern (je 42%), Niedersachsen (40%) und Nordrhein-Westfalen (34%) an sechster Stelle im Bundesgebiet.[70] Die Kehrseite der Ablehnungen betraf oftmals die Ehefrauen oder Töchter, die die Versorgung Kranker privat bewältigen mußten.[71]

Nicht nur bei Ärzten und Psychiatern trafen die Antragsteller auf Vorbehalte, auch bei anderen als gesundheitlichen Schäden war es für viele unverständlich, warum ihren Aussagen nicht geglaubt wurde und die Beweislast zunächst immer bei ihnen lag.[72] Besonders diejenigen, deren Strategie es während der NS-Zeit gewesen war, ihre Herkunft zu tarnen, hatten keine Belege gesammelt, aus denen ihr Verfolgtenstatus hervorging. Sie hatten diesen tunlichst ihrer Umwelt verschwiegen und sollten nun die jüdische Herkunft nachweisen. Auch die bürokratischen Anforderungen waren für die Antragsteller oft nicht nachzuvollziehen. Als ein ehemaliger Zwangsarbeiter außer der Bescheinigung des Aufräumungsamtes Zeugen beibringen sollte, schrieb er empört: „Um ‚wieder gut zu machen' sind Sie eingesetzt worden. Oder nicht? Sie aber tun das Gegenteil! Sie versuchen auf jede Art, auch auf unfaire Art, der Gruppe von Menschen, welcher Sie helfen sollen, so viele Schwierigkeiten zu machen, wie sie sich nur ausdenken können. (…) Sie haben von mir zwei Unterlagen in Händen, die amtlich sind (…), glauben Sie, diese Unterlagen seien von mir gefälscht?!"[73]

Für Jugendliche oder Kinder, die als „Mischlinge ersten Grades" wegen der nationalsozialistischen Schulpolitik keine Abschlüsse hatten erwerben können, wurde die Notgemeinschaft bereits im Mai 1945 tätig: Sie bewog den Hamburger Schulsenator Landahl, auf den zuständigen Vertreter der britischen Militärregierung, Major Shelton, einzuwirken, Sonderförderkurse für abgeschulte „jüdische Mischlinge" bereits vor Wiederaufnahme des allgemeinen Unterrichts zu ermöglichen.[74] So wurden „Zubringerkurse" für alle Klassen der Höheren Schulen, ein Lehrgang für angehende Abiturienten sowie Sonderkurse für den Eintritt in die Oberbauklassen der Volksschulen eingerichtet.[75] Wenn auch die 23 Lehrer unter den „Unbelasteten" ausgesucht wurden, so war für die Teilnehmer der Besuch doch nicht immer ungetrübt, wie ein Vorfall zeigt, der die Schüler eines Kurses im Oktober 1945 beunruhigte, als der allgemeine Schulunterricht gerade wieder begonnen hatte. Ihr Lehrer berichtete später der Schulverwaltung:

> „Als ich mich (...) in meinen Unterricht bei der Klasse b begab, sah ich vor der Tür eine Anzahl Schüler stehen, die mich mit erwartungsvollen Augen ansahen. Ich dachte zuerst an einen Scherz in der Klasse, merkte dann aber sofort, an dem Schweigen und den verletzten Blicken der Schüler und Schülerinnen, daß sich etwas Unerfreuliches ereignet habe. Die Tafel war mit Hakenkreuzen bemalt, und in der Mitte stand: Hinaus mit dem Judenpack! Ich stehe mich mit dieser angenehmen und hochanständigen Klasse besonders freundschaftlich und sah nun, daß sie in ihrer Empörung über diese Lümmelei das Bedürfnis hatte, sich mit mir auszusprechen. Ich fand es unter diesen Umständen für geraten, sofort die Tafel zu säubern und nicht erst den Kursusleiter zu benachrichten. Ich hatte keinen Anlaß, meine eigene Entrüstung und Scham, daß so etwas möglich sein konnte, zu verbergen, und reichte ihnen die Hand und sprach mein Bedauern und das meiner Schule aus, daß man ihre Gefühle derartig verletzt habe; ich machte ihnen dann aber verständlich, daß in drei Tagen nach Schulbeginn die Lehrer selbstverständlich die Schüler nach langer Zeit der Verwilderung noch nicht so in der Hand und beeinflußt haben konnten, daß dergleichen nicht vorkomme (...). Ich erfuhr dann auch zu meiner Freude, (...) daß die an sich selbstverständlich berechtigte Anzeige nicht von einem Schüler (...) gemacht wurde."[76]

Wenn der Lehrer hier von den ehemals als „Mischlingen" Verfolgten Geduld und Einsicht verlangte, andererseits die Reminiszenz an nationalsozialistische Symbole als „Lümmelei" verharmloste, handelte er ähnlich wie andere Personen im Umfeld der Jugendlichen: Auf der Tagesordnung stand nicht der Blick zurück, sondern das gemeinsame Vorwärtsgehen in eine andere Zukunft.

Knapp siebzig Schülerinnen und Schüler besuchten die „Zubringerkurse" bis Herbst 1945, dann wurden sie „probeweise" in ihre alten Schulklassen eingegliedert, deren Unterricht nun wieder begann.[77] Wie bereits im Interview mit Lydia Schiele deutlich wurde, deren Mutter bei der Lehrerin intervenierte, verlief die Wiedereingliederung nicht immer reibungslos. Zwar war für die nicht aus „rassischen" Gründen ausgegrenzten Schüler ebenfalls der Unterricht aus kriegsbedingten Gründen ausgefallen, aber sie waren in der KLV oder als Flak-Helfer meist zusammengeblieben. „Mischlinge", die Privatunterricht erhalten hatten, mochten ihnen vom Stoff her vielleicht sogar überlegen sein, aber sie waren nicht mehr Teil einer Klassengemeinschaft. Oft genug belasteten sie auch die vor 1942/1943 in der Schulklasse erfahrenen Diskriminierungen zu sehr, um unbefangen den Platz auf der alten Schulbank wiedereinzunehmen. Andererseits hatten Flüchtlings- und Vertriebenenkinder die Klassen aufgefüllt, die wieder andere Erfahrungen mitbrachten. Für die dennoch weitgehend geräuschlose Eingliederung der ehemaligen „Mischlinge" war letztendlich der allgemeine Konsens entscheidend, den Neuanfang nicht mit den Belastungen der zurückliegenden Jahre zu befrachten. Gerade die Jugendlichen zeigten als skeptische, desillusionierte Generation kein Interesse an einer Aufarbeitung der vergangenen Jahre – ebenso wenig wie ihre Lehrer eine solche beabsichtigten, wie aus dem oben zitierten Bericht deutlich wurde. So verbanden sich Vermeidungsverhalten und Desillusionierung zu einem stillen Pakt: Ideologiefrei, pragmatisch und nach vorn gerichtet sollte es zugehen. Dabei hätte es genug Anlässe zu Diskussionen gegeben. So drückten beispielsweise ein ehemals als „Mischling" Eingestufter, zudem Sohn eines aus politischen Gründen jahrelang inhaftierten Vaters, die Tochter des gerade mit seiner Familie aus der Emigration zurückgekehrten „jüdischen" Richters Fritz Valentin und der Sohn des ehemaligen KZ-Kommandanten Ellerhusen gemeinsam die Schulbank. Eben zu dieser Zeit leitete Valentin als Kammervorsitzender das Verfahren gegen Ellerhusen. Der Erstgenannte berichtete: „Es hat Diskussionen gegeben. Sehr heiß waren sie nicht. Eigentlich versuchte diese Generation nach dem Krieg, sich nicht allzu weh zu tun. Man hatte (...) schon genügend Schmerzen erfahren, (so) daß man versuchte, es möglichst nicht weiterzumachen."[78] Und wenn jemand einen gutgemeinten Versuch unternahm, wie ein Lehrer, der die beiden ehemals als „Mischlinge" Verfolgten in seiner Klasse aufforderte, anläßlich eines Gedenktages über ihre familiären Erfahrungen zu berichten, so erfüllte dies alle Seiten mit Unbehagen. Nicht nur in den Familien herrschte die „doppelte Mauer des Schweigens" (Dan Bar-On). Die Schülerin:

> „Nun hatte ich davor irrsinnigen Schiß. (...) Mich da irgendwie so produzieren, das war mir ganz schrecklich die Vorstellung. Aber ich hätte mich natürlich doch zur Verfügung stellen müssen. Das war eines der wenigen Male, wo das überhaupt irgendwie offenbar wurde, daß wir beide, also der Udo Blau und ich, einen anderen Background hatten als die anderen. Und dann wurde das abgeblasen. (...) Jedenfalls hat er [der Lehrer, B.M.] Begründungen gebracht, das wäre ja genauso blödsinnig wie Muttertag, so was zu machen. Da könnte man nicht so einzelne Gedenktage abhalten. Irgendwelche verschwommenen Begründungen, jedenfalls hat das dann nicht stattgefunden."[79]

Fast alle Interviewten, die die Stigmatisierung als junge Erwachsene oder Jugendliche erlebt hatten, empfanden das Kriegsende in erster Linie als Befreiung, wenn sich auch zwiespältige Gefühle in die Freude mischten. Insbesondere die Jüngeren erhofften einen neuen Aufbruch, politische Neuordnungen, berufliche Chancen und privates Glück. Als typisch für diese Haltung kann Hans-Hermann Iversen angesehen werden, der sich – wie viele seiner Leidensgenossen – der britischen Besatzungsmacht als Dolmetscher anbot. Nachdem er während der NS-Herrschaft das Abitur nicht hatte ablegen dürfen und notgedrungen eine kaufmännische Lehre absolviert hatte, versuchte er (vergeblich), ohne Abitur zum Hochschulstudium zugelassen zu werden, schrieb sich dann für ein Gesangsstudium ein und qualifizierte sich im Bereich Operette. Nach etlichen Auftritten auf improvisierten Bühnen vor kulturhungrigem Publikum beendete die Währungsreform schließlich seine Bemühungen abrupt. Er realisierte, daß der künstlerische Beruf ihn nicht ernähren konnte und ging zurück in den kaufmännischen Beruf.[80] Doch der Aufbruchswunsch muß lebendig geblieben sein: Als Rentner schrieb er sich wieder als Gaststudent an der Musikhochschule ein.

Kinder hingegen, die Ende der dreißiger oder in den vierziger Jahren geboren wurden, zeigten noch lange nach Kriegsende Nachwirkungen der belasteten familiären Situation. Unehelich geboren, waren sie entweder lebende Zeugnisse einer Liebesbeziehung, die von den Nationalsozialisten als „Rassenunehre" angesehen worden war, oder waren doch zumindest aus Partnerschaften hervorgegangen, die nicht legalisiert werden durften und heimlich und unter Androhung von KZ-Haft geführt wurden. Auch in den Familien, die vor Inkrafttreten der Nürnberger Gesetze gegründet waren, wuchsen die nach 1935 geborenen Kinder in einem Klima der Angst auf. In Mischehen fungierten sie als minderjähriger, nichtjüdischer Nachwuchs als Schutzschild des jüdischen Elternteils vor der Deportation. Ihre frühe Kindheit war von Kriegsereignissen, Verfolgung der Eltern und Trennungserlebnissen bestimmt, ohne daß diese Vorgänge emotional oder kognitiv bewältigt werden konnten. Sie blieben diffus, wirkten sich jedoch in der psychischen und körperlichen Entwicklung der Kinder massiv aus. Gertrud Meyer-Plock beschrieb 1947 das Verhalten der kindlichen „Halbjuden" in einem Kinderheim:

> „L. ist verwahrlost, traut sich nichts zu, läßt sich ohne Klagen und Widerstand hänseln und verachten. Dann sind da diejenigen, die von einem Heim ins andere wandern, von einer Familie in die andere, dauernd von den Ihren getrennt sind, vor Heimweh nicht zur Ruhe kommen. Oft werden gerade diese erschreckend anpassungsfähig, oberflächlich, altklug und geradezu raffiniert. Und H.P., der, als er mit dem Stabilbaukasten spielte, leise sagte: ‚Du, ich gehöre auch zu denen, aber du darfst es niemandem sagen.' Auf Lottis [der Erzieherin, B.M.] fragenden Blick antwortete er: ‚Weißt Du, zu den Halbjuden.' Dabei guckte er ängstlich zur Tür. Oder ein anderer, der nicht lesen und schreiben kann und traurig sagt: ‚Sie haben mich in der Schule immer mit Steinen geworfen, weil ich Halbjude bin, da bin ich nicht mehr hingegangen.'"[81]

Die Verfolgtenverbände und kirchliche Stellen[82] organisierten nach dem Krieg längere Erholungsaufenthalte für diese Kinder. Die Geschwister-Scholl-Stiftung beispielsweise stellte ihre Plätze den verschiedenen Organisationen zur Verfügung. Die Personalbögen der von der Notgemeinschaft vorgeschlagenen Kinder[83] geben einen Einblick in die Auswirkungen langjähriger Verfolgungsprozesse, denen diese Kinder als „Mischlinge ersten und zweiten Grades" ausgesetzt waren. Diese litten häufig an der Abwesenheit eines Elternteils (KZ-Haft, Arbeitslager, Trennung des Paares o.ä.) und waren in materieller Not aufgewachsen. Die 137 Kinder, die auf Vorschlag der Notgemeinschaft zwischen 1951 und 1953 „Kinder-Kuren" besuchten, wohnten zu Hause meist extrem beengt: Fünf Personen in zwei Zimmern oder einer Behelfsheimunterkunft waren keine Seltenheit.[84] Ein Großteil der Mütter war mit Heiratsverbot belegt gewesen, ein Großteil der Väter hatte Zwangsarbeit verrichten müssen. Über die Mütter heißt es unter anderem: „Mutter in Auschwitz und Ravensbrück gewesen", „Aufenthalt unbekannt" oder „in Theresienstadt gewesen"[85]. Über die Väter: „Vater hingerichtet", „im KZ Ebensee umgekommen", „Mauthausen", „in Dachau ermordet", "vermißt", "Freitod", "gefallen", "in Glasmoor gewesen", "im KZ Fuhlsbüttel gewesen", "letzte Nachricht aus dem KZ Drancy", "im KZ Kowno umgekommen"[86]. Das Kriegsende schaffte diese Vergangenheit nicht schlagartig aus der Welt. In etlichen Familien, die unter dem äußeren Druck zusammengeblieben waren, brachen sich zudem Aggressionen und Verzweiflung erst jetzt Bahn – und schufen neue Belastungen für die Kinder. So schrieb ein Lehrer über eine Fünfzehnjährige: „Da der Vater im Jahre 1949 durch Freitod aus dem Leben schied, hat Renate viel Schweres miterlebt; da der Vater auch während der NS-Zeit als Zwangsarbeiter und später in Theresienstadt unter den Verfolgungen viel erlitten hat, ist die Kindheit Renates belastet gewesen."[87] Renate sei wenig konzentrationsfähig, bemühe sich aber darum, diese Schwäche zu bekämpfen, sei eine gute Schülerin, vernünftig und umsichtig, zuverlässig, in der Gemeinschaft ausgelassen und oft rücksichtslos gegen andere, dann aber einsichtig, versöhnlich, vertrauensvoll und dankbar.[88] Ähnliche Verhaltensmuster – mit Abweichungen im Detail – zeigten die Kinder nach den Berichten ihrer Lehrer kollektiv – immerhin noch Anfang der fünfziger Jahre! Fast alle ehemals als „Mischlinge ersten oder zweiten Grades" eingestuften Kinder waren hochgradig nervös, „zappelig", litten unter „innerer Unruhe", hatten Konzentrationsschwächen, waren verunsichert, gehemmt, hatten Probleme einzuschlafen, wirkten teilweise „viel zu erwachsen" oder litten unter Minderwertigkeitskomplexen. Einige waren zudem phlegmatisch, appetitlos oder Bettnässer. Andere zeigten die aggressiveren Verhaltensvarianten: Sie waren leicht reizbar, galten als „Störenfriede" im Unterricht oder „brauchten eine starke Autorität über sich."[89] Dennoch waren sie trotz dieser Probleme in ihrer Mehrheit gute Schüler, fügten sich schnell und gern in Gemeinschaften ein, waren gewissenhaft, hilfsbereit, freundlich, bescheiden, sensibel, leicht zu lenken, fleißig und aufmerksam. Nur wenige versagten leistungsmäßig im Unterricht. Dieser Teil ihres Verhaltens erinnert stark an die Anpassungs- und Vermeidungsstrategien ihrer Eltern während der nationalsozialistischen Herrschaft, die ebenfalls mit Leistungsbereitschaft und Arbeitswilligkeit gepaart waren. In ihrer bedrohlichen Situation hatten sie ihren Kindern notgedrungen diese Überlebensstrategien anerzogen bzw. die Kinder hatten sie übernommen, um die eigene Diskriminierung abzuschwächen.

Für die meisten 6- bis 15jährigen Kinder waren die mehrwöchigen Kuraufenthalte ausgesprochen heilsam: In der Gleichaltrigengemeinschaft (aus der sie vor 1945 tendenziell ausgeschlossen waren) konnten sie spielen, am Meer oder im Wald herumtoben (im Gegensatz zu der Verantwortung und Arbeit, die ihnen in den Familien aufgebürdet wurde), bekamen Zuwendung, Lob und ausreichend zu essen. Für die Erzieherinnen war die Arbeit mit dieser Gruppe von Kindern eine Verkehrung ihrer sonstigen Tätigkeit: „Es ist oft schwer, sie aus ihrer beängstigenden Bravheit herauszuholen. Oft heißt es dann ‚Komm, laß Dir nicht alles gefallen, hau wieder!' Wir sind glücklich, wenn wir solche ‚Musterkinder' später beim unrechtmäßigen Toben und einer echten Unart antreffen."[90]

Die hier nur kurz skizzierten Probleme, vor denen die ehemals als „Mischlinge" Verfolgten in den ersten Jahren nach Kriegsende standen, geben einen Eindruck davon wieder, welche Integrationsleistungen diese Gruppe in den nächsten Jahrzehnten vollbrachte, die zwar nie vollständig aus der deutschen Gesellschaft ausgeschlossen gewesen war, ihr aber bei Kriegsende dennoch längst nicht mehr angehörte.

Zusammenfassung

Der Versuch, eine Erfahrungsgeschichte der „Mischlinge" während des „Dritten Reiches" zu schreiben, steht vor der Schwierigkeit, das Verfolgtenschicksal eines Personenkreises zu analysieren, der sich subjektiv nicht als Gruppe verstand. Die äußeren Zuschreibungen der Nationalsozialisten gingen – zumindest bis Ende 1944 – nicht mit der Entstehung eines Gruppenbewußtseins einher. So kann diese Erfahrungsgeschichte weder als Gruppengeschichte geschrieben noch auf einzelne symbolische Ereignisse hin zentriert werden, die alle Verfolgten mit diesem Status gleichermaßen betrafen. Im Gegenteil zeigen die mündlichen und schriftlichen Quellen eine große Bandbreite von Erfahrungen, so daß die Betroffenen keine kollektive Geschichte entwickelt und fortgeschrieben haben, wie etwa Angehörige politischer Gruppen. Dennoch lassen sich Gemeinsamkeiten feststellen, die auf große Teile der so eingestuften Verfolgten zutrafen:

Die Verfolgung der „Mischlinge ersten Grades" fand zeitgleich mit der Verfolgung ihrer Elterngeneration statt. Der Druck auf die Mischehen bezog die „Mischlinge" einerseits mit ein, andererseits deutete die Behandlung des jüdischen Elternteils ihnen zukünftige Verfolgungsmaßnahmen an. Im Hintergrund drohte das noch bedrückendere Schicksal der jüdischen Verwandten, die – wenn sie nicht emigriert waren – in die Vernichtungslager deportiert wurden. Die „Mischlinge" konnten nicht darauf vertrauen, daß „das deutsche Blut" in ihren Adern oder die deutsche Staatsbürgerschaft ihnen eine andere Behandlung garantieren würde als den in den Holocaust einbezogenen „Mischlingen" in den besetzten Ostgebieten. Sie mußten nach den Gerüchten, die im „Altreich" über Massenmorde im Osten kursierten, befürchten, die NS-Herrschaft nicht lebend zu überstehen. In fast allen Berichten von Personen, die als „Mischlinge" verfolgt wurden, kommt zum Ausdruck, daß ihnen die latente Todesgefahr – zumindest in zugespitzten Situationen – bewußt war. Daß die „Mischlinge" aber dennoch nicht in großer Zahl emigrierten, flohen, untertauchten oder sich widersetzten, hat verschiedene Gründe:

1. Zum einen waren sie emotional an die Normen und Werte der bürgerlichen Mittelschicht gebunden, der sie zumeist entstammten. Sie vertrauten darauf, mit guter Ausbildung, Kompetenz, entsprechenden Umgangsformen und Leistungsbereitschaft als einzelne ihren Platz in der „Volksgemeinschaft" einnehmen zu können. Durch weitgehende Vermeidung konfliktträchtiger Situationen, ausgeprägte Kommunikations- und Kontakfähigkeit, die Selbstverpflichtung zur Unauffälligkeit in Arbeits- und Freizeitzusammenhängen gelang es den meisten von ihnen auch, diesen Platz zumindest zeitweise einzunehmen.

Forderten entlassene „Mischlinge" in den ersten beiden Jahren der NS-Herrschaft noch vehement ihre Rechte ein, so mußten sie sich angesichts der antisemitischen Entlassungswelle zwischen 1933 und 1935 fortan mit der bloßen Duldung vor allem im Arbeitsleben zufriedengeben. In den Folgejahren orientierten sich die „Mischlinge" in Berufsausbildung und -ausübung zunehmend an der erlaubten Betätigung in der „freien Wirtschaft", wobei ein Teil von ihnen einen beruflichen Abstieg hinnehmen oder berufsfremd arbeiten mußte, ein anderer mittlere Angestelltenpositionen einnahm. Einigen wenigen Hochqualifizierten ermöglichte die rüstungsbedingte Konjunktur und mehr noch die Rüstungsproduktion in den Kriegsjahren sogar einen beruflichen Aufstieg in die Leitungsebene von Unternehmen. Dies galt allerdings nur für die männlichen Arbeitnehmer. Die weiblichen „verschwanden" in der Regel in untergeordneten kaufmännischen oder gewerblichen Berufen. Ein Teil der Selbständigen konnte die Unternehmen weiter führen. Andere scheiterten an den Umstrukturierungen, die Kontingent- und Devisenzuteilungen mit sich brachten. Die vom Reichswirtschaftsministerium mit Rücksicht auf das Ausland behauptete Freiheit der wirtschaftlichen Betätigung wurde zwar in vielerlei Hinsicht durch Verordnungen oder willkürliche Auslegungen vorhandener oder nur vermeintlich existierender Bestimmungen beschnitten, stellte aber prinzipiell bis Herbst 1944 einen Freiraum dar, innerhalb dessen die „Mischlinge" ihr Schicksal individuell gestalten konnten – wenn nicht „weltanschauliche Prinzipien" dem entgegenstanden. Erst der Primat der Weltanschauung, der 1944 mit der Einberufung zur Zwangsarbeit wieder konsequent in der „Mischlingspolitik" etabliert wurde, nahm ihnen diesen Handlungsraum.

2. Der zweite Grund lag in der strikten Legalitätstreue und extremen Anpassungsbereitschaft der meisten „Mischlinge", die sich mit immer neuen Anordnungen und Einschränkungen arrangierten. So waren sie trotz aller Diskriminierungen und Ausgrenzungsmaßnahmen nicht nur gute Schüler, fleißige Studenten, geschätzte Arbeiter, Angestellte oder Beamte, sondern auch tapfere Soldaten, die danach strebten, unter Todesgefahr Auszeichnungen in Kampfhandlungen zu erwerben. Selbst nach der Einberufung zur Zwangsarbeit erwiesen sie sich bei der Organisation Todt als gewissenhaft und gut einsetzbar. Sie mußten nicht bewacht und angetrieben, sondern konnten sogar zeitweise selbst mit der Beaufsichtigung ausländischer Zwangsarbeiter betraut werden. Mit der Wehrmachtsbinde am Arm beaufsichtigten sie, selbst aus „rassischen" Gründen aus der Armee entlassen, polnische Kriegsgefangene, mit denen zusammen sie Trümmer räumten und Leichen bargen. Bis auf wenige Ausnahmen flüchteten sie weder illegal über die deutsche Staatsgrenze noch desertierten sie als Soldaten oder tauchten unter, als die Einberufung zur Zwangsarbeit sie erreichte und ihre „Kasernierung" scheinbar bevorstand. Auch mit dem Bürgerlichen Gesetzbuch gerieten sie allem Anschein nach selten in Konflikt.

Nur in zweierlei Hinsicht kollidierte ihre Verwurzelung in bürgerlichen Konventionen mit antijüdischen Vorschriften und führte dazu, daß sie andere als die legalen Umgangsstrategien entwickelten: So beantragten viele „Mischlinge" beispielsweise die im „Blutschutzgesetz" vorgeschriebene amtliche Ehegenehmigung, die sie zur Heirat mit einer oder einem „Deutschblütigen" benötigten. Doch die Eheverbote erwiesen sich in der Praxis als viel rigider, als der Gesetzeswortlaut dies hatte vermuten lassen. Die Ablehnungsschreiben zerstörten die Hoffnung auf ein privates Glück, das angesichts des gesellschaftlichen Rückzuges einen noch größeren Stellenwert erlangt hatte. An diesem Punkt durchbrachen die „Mischlinge" das strikte Legalitätsprinzip: Sie führten „wilde Ehen", zogen notgedrungen uneheliche Kinder auf, wechselten den Wohnort, heirateten im Ausland oder gaben sich einfach als verheiratet aus und verschwiegen die jüdische Abstammung. Der zweite Punkt, an dem die Legalitätstreue mit den Vorschriften kollidierte, war, daß die Offenlegung der jüdischen Abstammung oftmals den Verlust des Arbeitsplatzes bedeutete, weil Kollegen,

Vorgesetzte, Behörden oder andere Instanzen intervenierten. „Mischlinge" die davon betroffen waren, merkten sehr schnell, daß sie – je häufiger sie den Arbeitgeber wechselten – immer wieder denselben Negativerfahrungen ausgesetzt waren. Um einen Arbeitsplatz zu bekommen bzw. zu behalten, waren sie bereit, die Abstammung zu verschweigen und damit der Anordnung zuwider zu handeln, ihre „Mischlingseigenschaft" überall und unaufgefordert anzugeben. Einige gingen noch einen Schritt weiter, indem sie unwahre Angaben machten oder gar Urkunden fälschten. Diese „Vergehen" der „Rassenunehre" und der „Tarnung" waren der Hauptgrund, warum „Mischlinge" bei der Gestapo vorgeladen und verhört wurden, Meldeauflagen bekamen oder in Einzelfällen sogar in Konzentrationslager eingewiesen wurden. Der Kontakt zum staatlichen Verfolgungsapparat hatte zumeist nachhaltig einschüchternde Wirkungen – die allerdings nicht unbedingt dazu führten, ein Verlobungsversprechen zu brechen oder die Bemühungen um einen der Berufsausbildung angemessenen Arbeitsplatz aufzugeben.

3. Drittens hegten die männlichen „Mischlinge" nach der sukzessiven Ausgrenzung in den ersten sechs Jahren nationalsozialistischer Herrschaft mit Kriegsausbruch die Hoffnung, durch die Einberufung zur Wehrmacht wieder in die „Volksgemeinschaft" – oder doch zumindest in die Männergemeinschaft – integriert zu werden. Nicht nur sie hingen der Vorstellung an, daß staatsbürgerliche Rechte und staatsbürgerliche Pflichten nicht voneinander abgekoppelt werden könnten. So glaubten sie, als Soldaten heiraten, studieren und nach dem Wehrdienst wieder qualifiziert arbeiten zu können. Als eine Entscheidung des „Führers" klarstellte, daß es keine Revision des Ausgrenzungsprozesses geben würde, und ein neuer Erlaß die „Mischlinge" auch aus der Wehrmacht ausschloß, konzentrierten sie ihre Anstrengungen darauf, sich durch militärische Leistungen auszuzeichnen, um mit Ausnahmegenehmigung im „Schutzraum" Wehrmacht verbleiben bzw. nach einer ehrenvollen Entlassung doch andere Vorteile wie eine Studienerlaubnis erlangen zu können.

4. Der vierte und vermutlich wichtigste Grund aber war, daß über zwölf Jahre nationalsozialistischer Herrschaft fast alle Einschränkungen und Verbote mit expliziten oder faktischen Ausnahmeregelungen verbunden waren, die bei den Vereinzelten Hoffnungen weckten, aufgrund *ihrer* Familiengeschichte, *ihrer* besonderen persönlichen Verdienste, *ihrer* beruflichen oder soldatischen Leistungen oder aber über Protektion das erreichen zu können, was anderen Personen mit gleichem Status verwehrt war. So stellten die „Mischlinge" Tausende von Anträgen: Sie begehrten „Befreiung von den Vorschriften zum Reichsbürgergesetz", um den Status des „vorläufigen Reichsbürgers" ablegen zu können und die Gleichstellung mit „Deutschblütigen" zu erlangen. Ihre ausnahmsweise Beförderung im öffentlichen Dienst, selbst wenn sie „Mischlinge zweiten Grades" waren, durchlief etliche Instanzen, die zustimmen mußten. Ihre Genehmigungsanträge zur Eheschließung zwischen 1936 und 1942 beschäftigten regionale Institutionen und Reichsbehörden. Hunderte von Anträgen auf Studienerlaubnis gingen beim Erziehungsministerium ein, mit denen „Mischlinge" unter Berufung auf militärische, schulische oder berufliche Leistungen den Zugang zu Hochschulen erbaten. NSDAP-Mitglieder ersuchten den „Führer" persönlich, auf dem „Gnadenwege" in der Partei belassen zu werden, was gleichzeitig zumeist auch bedeutete, von antijüdischen Vorschriften im Berufs- und

Privatleben befreit zu sein. Um die Gleichstellung mit „Deutschblütigen" – im Volksmund „Ehrenariererklärung" genannt – zu erhalten und damit der Verfolgung partiell oder ganz zu entkommen, beschritten die „Mischlinge" mehrere Wege: Neben den Befreiungen von den Vorschriften des Reichbürgergesetzes konnten sie sogenannte Vaterschaftsfeststellungsverfahren anstrengen, in denen sie (bzw. der Staatsanwalt) die jüdische Herkunft anzweifelten. Etliche versuchten über Verwandtschafts- und andere Beziehungen, die Protektion eines hochrangigen Nationalsozialisten zu erlangen, um in dessen Schutz unbehelligt leben zu können. Selbst wenn formelle Ausnahmeregelungen nicht vorgesehen oder bereits abgeschafft waren – so lernten die „Mischlinge" schnell – bedeutete dies nicht, daß keine Möglichkeiten mehr existierten oder nicht geschaffen werden konnten. Schlugen alle Versuche fehl, beschritten viele „Mischlinge" den – oft vergeblichen – Weg, sich an den örtlichen Reichsstatthalter oder den „Führer" Adolf Hitler als Appellationsinstanz zu wenden und auf dessen Machtwort oder Entscheidung zu hoffen.

Die Gesamtzahl der Anträge ist nicht bekannt. Sie wurden mit unterschiedlichem Erfolg gestellt: „Mischlinge" verblieben in geringerer Zahl im öffentlichen Dienst und bei der Wehrmacht, sie konnten ausnahmsweise studieren, „Mischlinge zweiten Grades" wurden befördert, „Geltungsjuden" mit „Mischlingen ersten Grades" gleichgestellt, bei NSDAP-Mitgliedern der Makel der jüdischen Herkunft „dritten oder vierten Grades" getilgt. Die Anträge auf Befreiung von den Vorschriften des Reichsbürgergesetzes und die Ehegenehmigungsanträge hingegen wurden weder von regionalen noch von Reichsbehörden im nennenswerten Umfang genehmigt. Die tatsächlichen und die nur scheinbaren Möglichkeiten der Ausnahmeregelungen und Gleichstellungen verstellten den „Mischlingen" jedoch gleichermaßen den Blick auf die Radikalisierung der antisemitischen Politik und damit auf die Gefahr, die ihnen drohte, bevor die konkurrierenden Machtblöcke innerhalb des nationalsozialistischen Herrschaftssystems in der „Mischlingspolitik" 1942/43 Einigung über weitere Schritte erzielen konnten.

5. Die Rassentheorie, einmal vom NS-Staat zum verbindlichen Bezugssystem erhoben, wurde zur Richtschnur für die Einordnung einzelner Personen in die Verfolgtenkategorien „Volljude", „Geltungsjude" bis hin zu „Mischlingen" verschiedener Grade. Doch „die" Rassentheorie lieferte keinen widerspruchsfreien Handlungsmaßstab. Es existierten unterschiedliche theoretische Ansätze nebeneinander, die immanente Widersprüche enthielten, mit jeweils unterschiedlichen pseudowissenschaftlichen Kategorien arbeiteten und zueinander in Konkurrenz standen. Für die „Mischlinge", die rassenbiologischen Untersuchungen ausgesetzt waren, beinhaltete dies sowohl Gefahren wie auch Chancen, wenn nach eingehender Untersuchung und Vermessung einzelner Körperteile sowie der Beurteilung des Gesamteindrucks ein Sachverständiger in einem „wissenschaftlich" abgesicherten Verfahren die Wahrscheinlichkeit oder Unwahrscheinlichkeit einer jüdischen Abstammung feststellte. Fand eine solche Untersuchung im Rahmen eines Strafverfahrens statt, beispielsweise wenn ein Mann der „Rassenschande" angeklagt wurde, trug das rassenbiologische Gutachten entscheidend zu seiner Verurteilung oder zu einem Freispruch bei und entschied damit unter Umständen über Leben und Tod. Diejenigen, die im Hamburger Gesundheitsamt als öffentlich Bedienstete begutachtet wurden oder andere, die für ihre Ehegenehmigungsanträge die entsprechenden

Beurteilungen benötigten, hatten ebenfalls kaum Aussichten auf Unterstützung ihres Anliegens, denn die Untersuchungen dienten im Verständnis der Ausführenden dazu, Ablehnungsgründe für gestellte Ausnahmeanträge zu finden. Im Gegensatz dazu boten die rassenbiologischen Untersuchungen in zivilrechtlichen Gerichtsverfahren durchaus Chancen zur Verbesserung des Status oder gar der Befreiung vom Makel der bisherigen Abstammung. Vor allem „Mischlinge ersten Grades" nutzten die Möglichkeit, ihren jüdischen Vater „wegzuklagen" und einen „arischen" Erzeuger in die Abstammungspapiere eintragen zu lassen. Die rassenbiologischen Gutachten der in der Regel unbescholtenen „Mischlinge", die Arbeitsplätze behalten oder in der Wehrmacht verbleiben wollten, unterstützten in ihrer Mehrheit deren Argumentation. Auch die Zivilrichter urteilten hier zumeist zugunsten der Klagenden. Von den Betroffenen forderte der „Ausstieg" aus der Verfolgung mittels Vaterschaftsfeststellung allerdings einen hohen emotionalen und moralischen Preis, der die so Geretteten oftmals bis an ihr Lebensende belastete.

Das Leben der „Mischlinge ersten Grades" in der Mehrheitsgesellschaft, die Inanspruchnahme von Ausnahmeregelungen oder gar die Gleichstellung mit „Deutschblütigen" hatte immer auch Auswirkungen auf das Verhältnis zur Elterngeneration: Teilweise waren die „Mischlinge" der Schutzschild ihrer Eltern, weil allein ihre Existenz und ihr Verbleib in Deutschland deren „Privilegierung" sicherte, teilweise waren sie als Grenzgänger auch die Mittler zwischen den vollständig ausgegrenzten Mischehen und der Mehrheitsbevölkerung oder die Retter des Familienvermögens. Oft aber erforderten ihre Versuche der (Re)-Integration in die Mehrheitsgesellschaft oder der vielleicht angestrebte „Ausstieg" aus der Verfolgung die konsequente verbale, räumliche und auch rechtliche Trennung von Eltern und Verwandten. Beide Tendenzen führten zu einer lange über die NS-Herrschaft hinaus wirksamen innerfamiliären Dynamik, zu Schuldgefühlen bei den „Mischlingen" und zu langanhaltendem Mißtrauen von seiten derer, die als „Volljuden" die NS-Zeit überlebten. Der Riß durch die Familien beschränkte sich jedoch nicht nur auf die jüdische, sondern erstreckte sich auch auf die „deutschblütige" Herkunftsfamilie. Aus weltanschaulicher Überzeugung, Angst oder Gleichgültigkeit wandte sich diese oft ab, als ihre jüdischen Verwandten ihre Hilfe und Solidarität dringend benötigt hätten. Auch diese Konflikte belasteten die familiären Beziehungen bis in die Nachkriegszeit.

Die Erfahrungen der „Mischlinge" mit Amtsinhabern, Beamten, Nachbarn, Vorgesetzten oder Arbeitskollegen klaffen extrem auseinander: Die Quellen enthalten für die Zeit vor Kriegsbeginn Hinweise auf Begebenheiten und Entscheidungen, bei denen „Mischlinge" und „Volljuden" unterschiedslos diskriminiert wurden, andere weisen auf partielle, abgestufte Stigmatisierungen hin, die durchaus auch Mitleid oder Sympathie einschlossen, während es einem Teil der „Mischlinge" dank günstiger Umstände gelang, weitgehend unbehelligt weiterzuleben. Deutlich wird aus den Selbstzeugnissen allerdings auch, daß sich während der Kriegszeit Veränderungen bemerkbar machten, die – ohne daß die „Mischlinge" mit ihrem Verhalten darauf Einfluß nehmen konnten – aus gewandelten Einstellungen der Mehrheitsbevölkerung resultierten. Nachdem die in Deutschland verbliebenen Juden 1941/42 größtenteils deportiert worden waren, rückten für viele antisemitisch eingestellte „Volksgenossen" die „Halbjuden" an deren Stelle. Sie wurden zu „Ersatzjuden", um deren Enttarnung und Entfernung aus Betrieben, der Nachbarschaft oder dem Verein sich mancher antisemitische Aktivist bemühte und den „Mischlingen" damit die Lebensbedingungen in der zweiten Kriegshälfte erheblich erschwerte. Anderen NSDAP-Parteimitgliedern oder auch nur überzeugten Antisemiten schien zur ungehinderten weiteren Propagierung ihres Feindbildes vor allem die Abwesenheit von Personen notwendig, die das verzerrte Bild „des Juden" durch ihr Verhalten, Aussehen oder positive Eigenschaften korrigieren konnten. Ein weiterer Teil der „Volksgenossen" hatte sich daran gewöhnt, mit freundlichen, hilfsbereiten, verängstigten „Mischlingen" zusammenzuleben und zu arbeiten und daraus seinen Nutzen zu ziehen. Die meisten „Volksgenossen" aber waren von antisemitischer Propaganda zunehmend nicht mehr erreichbar und initiierten schon gar keine eigenen Kampagnen gegen „Halbjuden", sondern konzentrierten sich in den letzten beiden Kriegsjahren auf die Bewältigung des Kriegsalltages. Dieser Prozeß wurde spätestens mit der Niederlage bei Stalingrad am Jahresanfang 1943 und der darauf folgenden Ausrufung des „totalen Krieges" eingeleitet. In einem rasanten Tempo zerfiel die Glaubwürdigkeit des NS-Regimes in dem Maße, wie der Krieg Opfer forderte und per Luftbombardement in die deutschen Städte zurückkehrte, wo er Trümmer- und Leichenberge hinterließ.[1] Der Rückzug auf die eigene Person, die Arbeit und die Familie mündete nicht in eine erkennbare Distanz zum NS-Staat, vielmehr wahrten die „Volksgenossen" die Form bis zur Kapitulation, verfolgten parallel jedoch unauffällig vornehmlich die eigenen Interessen. Den „Mischlingen" gegenüber demonstrierten sie Gleichgültigkeit – ein Verhalten, für das diese dankbar waren. David Bankier führt dieses Paradoxon einer „im Grunde antisemitisch eingestellten Bevölkerung", die in den letzten Kriegsjahren der antijüdischen Propaganda nicht mehr zugänglich war, nach Analyse von Lage- und Stimmungsberichten des Sicherheitsdienstes der SS und anderen Beobachtern der „öffentlichen Meinung" nicht auf den apathischen Rückzug zur Bewältigung des persönlichen Alltags zurück, sondern darauf, daß die Mitläufer vor Scham- und Schuldgefühlen flohen, weil sie Rache und Vergeltung fürchteten.[2] Aus den am Ende dieser Zusammenfassung kurz skizzierten Nachkriegserfahrungen der „Mischlinge" wird deutlich, daß beide Haltungen, die – thetisch zugespitzt als Gleichgültigkeit und Schuldgefühl – unvereinbar erscheinen, durchaus nebeneinander existierten.

In dieser Arbeit wurden ausgewählte Akteure der regionalen „Mischlingspolitik" porträtiert oder – wenn dies aufgrund der Quellenlage nicht möglich war – doch wenigstens mit biographischen Daten vorgestellt. Diese Männer, so unterschiedlich sie auf den ersten Blick sind, vereint eines: Sie gestalteten die Judenpolitik oder „Mischlingspolitik" nicht konzeptionell, waren keine hochrangigen Amtsinhaber, sondern setzten Anordnungen „nur" in ihrem begrenzten Tätigkeitsbereich um. Gemeinsam ist ihnen, daß sie als handelnde Personen in den Erinnerungen der „Mischlinge" lebendig geblieben sind – sei es im guten wie im bösen. Dabei handelt es sich um einen Arbeitsamts-Dienststellenleiter, einen Gerichtsmediziner, einen Rassenanthropologen, einen Arbeitsvermittler und einen Gestapobeamten. Alle verfügten qua Amt über Handlungs- und Ermessensspielräume. Nur zwei dieser Akteure waren überzeugte Antisemiten, von den drei anderen hingegen sind Äußerungen, aus denen Judenfeindschaft oder -haß hervorgeht, nicht überliefert, wenngleich eine rassistische Hierarchisierung der Bevölkerung ihr Denken bestimmte.

Bei ihnen werden andere Motive deutlich, für deren ungehinderte Verwirklichung allerdings ein allgemeines Klima des Antisemitismus die Voraussetzung war. Die Motive reichten vom psychischen und sexuellen Mißbrauch über persönliche Bereicherungen bis zur Verwirklichung wissenschaftlichen Ehrgeizes. Diese Beweggründe sind nationalsozialistischer Weltanschauung nicht inhärent, können aber in einem Herrschaftssystem, in dem Teile der Bevölkerung rechtlos geworden sind und in latenter Todesangst leben, ungehindert in die jeweilige Berufsausübung einfließen bzw. diese bestimmen und – je nach persönlicher Präferenz – Leben retten oder vernichten. Waren die Akteure für die von ihnen Abhängigen scheinbar auf einer Beziehungsebene ansprechbar oder behandelten sie scheinbar „von gleich zu gleich", entstand ein trügerischer Eindruck von der Aushandelbarkeit der antisemitischen Maßnahmen, der nicht nur schnell zerstob, sondern auch bei den Betroffenen Grenzen verwischte. Diese „kleinen Täter" waren nach 1945 keine anderen Personen als vor 1933, sie hatten bis auf zwei, die angeklagt wurden, ihre Funktionen nach dem Krieg behalten, jedoch die damit verbundene Machtposition verloren und unterstanden nun Kontrollinstanzen und einer sich langsam entwickelnden kritischen Öffentlichkeit.

In die regionale Umsetzung und Ausgestaltung der „Mischlingspolitik" waren alle Behörden involviert. Die Auswertung der Selbstzeugnisse, Interviews und Wiedergutmachungsunterlagen gibt keine Hinweise auf eine besondere regionale Ausprägung dieser Politik – ebensowenig wie in Hamburg ein regionales Verfolgungsprofil bezogen auf die Juden herausgebildet wurde, wenn auch Bestimmungen – abweichend von der Reichspolitik oder anderen Regionen – mal rigider, mal freizügiger ausgelegt wurden. In der Regel fand dann aber nach einem Vereinheitlichungsschritt auf Reichsebene die regionale Angleichung statt. Bei den Mischehen betraf dies beispielsweise die Sicherungsanordnungen, die in Hamburg zunächst restriktiver gehandhabt und später den allgemeinen Regelungen angepaßt worden waren, oder die Lebensmittelzuteilung für „privilegierte" Mischehen, die sich nicht – wie andernorts – von der der Mehrheitsbevölkerung unterschied.

Wenn auch die regionalen Behörden keine dezidierten Vorschriften zur Behandlung von „Mischlingen" erließen, so zeigt die Auswertung der verschiedenen Fallbeispiele doch, daß die einzelnen Ressorts die Vorgaben in sehr unterschiedlicher Weise umsetzten und daß sich diese Handhabungen im Laufe der zwölf Jahre NS-Herrschaft veränderten.

Einzelne Ressorts, die von überzeugten Nationalsozialisten geleitet wurden, wie in Hamburg beispielsweise die Innenbehörde – bearbeiteten von Beginn der NS-Zeit an alle „Mischlingsangelegenheiten", indem sie deren Anträge abwiesen, wenn dies nur irgend möglich war. Als Hitler sich bei der Verabschiedung der Nürnberger Gesetze gegen ein ausdrückliches Eheverbot für „Mischlinge" und „Deutschblütige" entschied, oblag es den regionalen Behörden, die Ehegenehmigungsanträge in erster Instanz zu bearbeiten. Der höherere SA-Führer und Hamburger Innensenator Richter jedoch konnte aus weltanschaulichen Gründen diese „Rassenmischung" nicht befürworten. Seine Behörde praktizierte nun auf regionaler Ebene das rigide Verbot, das gesetzlich nicht festgelegt war. Andere Behörden hingegen richteten sich nach den jeweiligen Ausführungsverordnungen und Anordnungen der Vorgesetzten oder fragten bei den Reichsbehörden an, ob neue Regelungen zu erwarten waren. Da aber oftmals nicht bekannt war, wie weit antijüdische Maßnahmen auch auf „Mischlinge" zutrafen, ob neue Regelungen erarbeitet oder alte ausgesetzt wurden, standen die Beamten oft vor dem Dilemma, die unübersichtliche „Rechtslage" nicht genau zu kennen und doch Entscheidungen treffen zu müssen. Am sichersten – so stellte sich im Laufe der Zeit heraus – waren die radikalsten Auslegungen zu Lasten der „Mischlinge", denn wenn auch der Beamte auf die Rechtslage nicht vertrauen konnte, so stand doch der rassistische Konsens der Beteiligten außer Frage. Selbst wenn dann eine Entscheidung gegen Anordnungen der nächsthöheren Instanz verstieß, konnte auf dieser Ebene immer noch Einigung erzielt werden. Sagte zum Beispiel der Reichsstatthalter einem Beamtenanwärter die Einstellung zu, und die Schulbehörde verweigerte sie aus „rassisch-weltanschaulichen" Gründen, so einigten sich die Institutionen dennoch. Das Nachsehen hatte der Betroffene, der nicht eingestellt wurde.

Als sich die Teilnehmer der Wannsee-Konferenz und der Folgetreffen nicht auf die weitere „Mischlingspolitik" hatten einigen können, fiel ein Teil der regionalen Behörden in altes Verwaltungshandeln zurück, das sich strikt an Vorschriften orientierte, während andere ihr Verhalten gegenüber „Mischlingen" in bisher ungekannter Form radikalisierten. Als die „Mischlinge" zur Zwangsarbeit eingezogen worden waren, überwies beispielsweise die Hamburger Justizverwaltung den als „Bauhelfern" bezahlten Männern – wie bei Abordnungen in andere Tätigkeitsbereiche vorgeschrieben – den Ausgleich zwischen dem Beamtensalär und dem Hilfsarbeiterlohn, damit ihnen kein materieller Schaden entstünde – was mit dem Primat der Rassenpolitik nicht, wohl aber mit dem Beamtenrecht vereinbar war. Radikal antisemitisch gebärdete sich hingegen die vor dem Krieg (bis auf einzelne „Ausreißer") eher unverdächtige Schulbehörde, die nach der kriegsbedingten Einstellung der Tätigkeit des Reichssippenamtes plötzlich deren Abstammungsschnüffelei fortsetzte, um noch den letzten „Mischling" aus einer höheren Schule entfernen zu können.

Während von einem einheitlichen Verfolgungsprofil nicht gesprochen werden kann, bildeten sich – ebenso wie bei der Politik gegenüber Mischehen – in einem Stadtstaat wie Hamburg mit zentralisierter Verwaltung einige Besonderheiten heraus. Der Wohnraum der „Mischlinge" war trotz gegenteiliger Überlegungen nicht wie der der Mischehen zur Manövriermasse regionaler Sozialpolitik geworden. Ihre Arbeitskraft jedoch wurde zur Aufrechterhaltung der regionalen Infrastruktur benötigt. Sehr zu ihrem Vorteil – verglichen mit „Mischlingen" aus anderen „Gauen" – konnten sie die Zwangsarbeit in der Heimatstadt verrichten und entgingen der „Kasernierung" weitgehend. Reichsstatthalter, Bauverwaltung und Betroffene stimmten hier vorübergehend in ihren Interessen überein.

Die Diskussionen um die Ausdehnung des Judenbegriffs auf die „Mischlinge ersten Grades" verliefen auf der Reichsebene – wie diese Untersuchung gezeigt hat – nicht immer geradlinig und bauten auch nicht unbedingt aufeinander auf. Sie konzentrierten sich nicht nur auf Kernfragen nationalsozialistischer Politik, sondern brachen in den zwölf Jahren der NS-Herrschaft an jedem Nebenaspekt ebenso auf wie bei zentralen Weichenstellungen der Judenpolitik. Auch die Wortführer wechselten: Vorreiter für Maßnahmen, die „Mischlinge" aus der deutschen Bevölkerung ausgrenzen sollten, waren in wechselnder Reihenfolge die Reichsärzteführer, Vertreter des Rassenpolitisches Amtes der NSDAP, die SS, der SD, das Reichssicherheitshauptamt, das Propagandaministerium, der StdF bzw. die Partei-Kanzlei. Ihre

Gegenspieler waren hauptsächlich die Ministerialbeamten aus dem Innenministerium, die punktuelle Unterstützung aus dem Außen-, Wirtschafts-, Justiz- und Propagandaministerium oder der Wehrmacht erhielten. Doch manche radikalen Vorschläge wurden auch von Beamten der Ressorts eingebracht, die als Beschützer der „Mischlinge" gelten, wie die 1942 diskutierte Idee der Zwangssterilisierung der „Mischlinge", die der Staatssekretär des Innenministeriums, Wilhelm Stuckart, propagierte. Federführende Ministerien in der Juden- und „Mischlingspolitik" wie das Innenministerium büßten ihre Position im Laufe der Jahre ein, andere Stellen wie der StdF eroberten sich Mitspracherechte und Machtpositionen. Entscheidungsinstanzen wie das Erziehungsministerium, das als besonders rigider Verfechter eines antisemitischen Kurses im Hinblick auf die Studiengenehmigungen von „Mischlingen" angetreten war, wurden von dem Tempo der antijüdischen Maßnahmen überholt und fanden sich als abwägende Zögerer wieder, während die Partei-Kanzlei längst alle Ausnahmeanträge abschlägig beschied und dies dem Erziehungsministerium bündig mitteilte.

Im Laufe der zwölf Jahre nationalsozialistischer Herrschaft griff Hitler häufig in die Entscheidungsfindung über die „Mischlingspolitik" ein, sei es, daß er unter mehreren Vorschlägen, die eine neue Radikalisierungsstufe einleiteten, denjenigen auswählte, der voraussichtlich am widerspruchslosesten zu verwirklichen war, sei es, daß er selbst den Anstoß zu einem neuen Radikalisierungsschritt durch scheinbar beiläufige Äußerungen gab. Die Entscheidung über „Deutschblütigkeitserklärungen" behielt er sich persönlich vor und befaßte sich mit Tausenden von Anträgen. Wenn ich in der Einleitung darauf verwiesen habe, daß eine Erklärungslücke zwischen Hitlers radikaler rassenideologischer Weltanschauung und seinen Einzelfallentscheidungen bleibt, so können m.E. die in dieser Arbeit ausgewerteten Fälle, die bis zu Hitler gelangten oder zu denen seine Entscheidung eingeholt wurde, einen möglichen klärenden Hinweis geben: Die Gemengelage aus ideologischer Überzeugung und Rücksichtnahmen auf Eliten, in die viele „Mischlinge" verwandtschaftlich oder beruflich eingebunden waren, vor allem aber die zeit- und arbeitsintensive Entscheidungspraxis, wenn Hitler unzählige Einzelfälle prüfte, modifizierte partiell die ideologische Überzeugung. Es fand eine unterschwellige empirische Falsifikation des Rassenantisemitismus statt, insbesondere angesichts der Vielzahl tapferer Soldaten unter den „Mischlingen". Die rassenideologischen Positionen wurden dadurch „aufgeweicht", jedoch nicht aufgehoben. Immerhin haben die Betroffenen auf diese Weise indirekt Einfluß auf ihr Verfolgungsschicksal genommen. Wenn Stuckart auf Hitlers Gleichstellungen von „Geltungsjuden" zu „Mischlingen ersten Grades" hinwies, die nicht durch Einbeziehung aller „Mischlinge" in die „Endlösung" konterkariert werden sollten, war dies nicht nur ein taktischer Schachzug, sondern auch ein Hinweis darauf, daß jeder Entscheidung gründlichste Voruntersuchungen, ausgerichtet an rassentheoretischen und bevölkerungspolitischen Überlegungen, vorangegangen waren. Daß diese Einzelfallentscheidungen nicht nur von Hitler, sondern auch von anderen wie Göring, Goebbels bis hinunter zu den Reichsstatthaltern getroffen wurden, kennzeichnet den Nationalsozialismus als Herrschaftssystem der personalen Bindungen. Die Macht der höheren NS-Führer drückte sich eben nicht nur darin aus, die ideologischen Prinzipien konsequent zu exekutieren, sondern auch darin, die Ausnahme von der Regel zu definieren.

Nach dem Kriegsende legte die deutsche Mehrheitsbevölkerung den ehemals als „Mischlingen" Verfolgten keine Hindernisse in den Weg der Reintegration – vorausgesetzt, diese bewahrten Stillschweigen über ihr Verfolgungsschicksal und erhoben keine Vorwürfe gegen die ehemals begeisterten Mitläufer oder Täter. Brachen die „Mischlinge" das Schweigen, rührten sie an die Schuld, denn die Schutzbehauptung, von den fernen „KZs" – womit die Vernichtungslager gemeint waren – nicht gewußt zu haben[3], konnte gegenüber den „Mischlingen" nicht überzeugend angeführt werden: Das weit entfernte Mordgeschehen in den besetzten Ländern konnte „den Nationalsozialisten", „der" SS oder auch den rekrutierten ausländischen Mordgehilfen zugeschrieben werden. Die Verfolgung der „Mischlinge" jedoch hatte vor aller Augen inmitten der Mehrheitsgesellschaft stattgefunden. Die Akteure waren nicht nur die Gestapo oder die SS, sondern auch Hausmeister, Lehrer, Arbeitskollegen, Beamte, Arbeitsvermittler oder Nachbarn gewesen. Die Erinnerung an die Vorgänge inmitten der „Volksgenossen" hätte auch Handlungsspielräume von einzelnen und Institutionen neu thematisiert. Die Vielzahl der Denunziationen, denen unverheiratete Paare die Gestapovorladungen verdankten, die Kündigung von Arbeitsstellen und Wohnungen oder alltägliche antisemitische Beleidigungen im Treppenhaus waren dort geschehen, wo Verfolgte und „Volksgenossen" auch jetzt noch zusammentrafen. Ihre „Bewältigung" schien nur so lange möglich, wie die Betroffenen schwiegen. Versuchten sie ihre Erfahrungen mitzuteilen, stießen sie oft genug auf heftige Ablehnung, auf Versuche der Verharmlosung oder nur notdürftig kaschierte Reste antisemitischer Haltungen.

Doch nach den ersten, von Hunger und Kälte geprägten Jahren kam der wirtschaftliche Wiederaufbau und die politische Reorganisation der Bundesrepublik Deutschland den Wünschen der ehemaligen „Mischlinge" ebenso entgegen wie denen der ehemaligen „Volksgenossen". Die Ausgegrenzten und die Mehrheitsbevölkerung trafen sich in ihrem Bedürfnis nach geordneten Verhältnissen, Wohlstand und einem Staat, der in erster Linie Privatheit garantierte. Der Blick richtete sich nicht auf die vergangenen zwölf Jahre NS-Herrschaft, sondern nach vorn auf den Wiederaufbau. Bei der „Transformation der ‚Volksgenossen' zum ‚Otto-Normalverbraucher'"[4] schienen beide Gruppen dasselbe Ziel anzustreben – es sei denn, störende Zwischentöne erinnerten daran, daß es vor nicht allzu langer Zeit anders gewesen war.

Den ehemaligen Verfolgten lag viel daran, wieder vom Rand in die Mitte der Gesellschaft zurückkehren zu können. Darauf arbeiteten sie hart und zielstrebig hin. Sie pflegten die im demokratischen Staat nun wieder existierende Privatsphäre. Aber ein Teil von ihnen begreift sich mittlerweile als Gruppe, die Solidarität untereinander übt und versucht, rassistischen Tendenzen in der Gesellschaft entgegenzuwirken. Denn die latente Angst vor einem Wiederaufflackern des Antisemitismus existiert im Verborgenen fort – und sie lebt bis heute bei jedem Ereignis wieder auf, das mit der Verfolgungserfahrung in gedankliche Verbindung gebracht wird. Die immateriellen Folgen der NS-Zeit sind noch lange nicht überwunden.

Anmerkungen

Einleitung

1 Arnold Zweig, Halbjuden, in: Die Sammlung. Literarische Monatsschrift, hrsg. von Klaus Mann, 1934, I. Jahrgang, Heft 6, S.287-290, hier: S.287.
2 So handelt Benz in dem von ihm herausgegebenen umfangreichen Sammelband das Schicksal der Mischehen und „Mischlinge" auf sechs Seiten ab. Vgl. Wolfgang Benz, Zwischen „Ariern" und „Nichtariern", in: ders. (Hrsg.), Die Juden in Deutschland 1933-1945, München 1989, S.684-690.
3 So erschien 1982 der autobiographische Roman Ralph Giordanos, Die Bertinis, und 1984 Ingeborg Hechts, Als unsichtbare Mauern wuchsen. Von den Reaktionen anderer Betroffener berichtet Ingeborg Hecht in einem weiteren Buch: Von der Heilsamkeit des Erinnerns: Opfer der Nürnberger Gesetze begegnen sich, Hamburg 1991.
4 Raul Hilberg, Die Vernichtung der europäischen Juden, Berlin 1961/1982, S.294.
5 So bei Uwe Dietrich Adam, Judenpolitik im Dritten Reich, Düsseldorf 1972 und Jeremy Noakes, The Development of Nazi Policy toward the German-Jewish „Mischlinge" 1933-1945, in: Leo Baeck Institute Year Book XXXIV, London/Jerusalem/New York 1989, S.291-354.
6 Hilberg, Vernichtung, S.300.
7 In seiner neueren Arbeit wiederholt Hilberg diese Einschätzung zwar nicht, widmet den „Mischlingen" aber nur kurze Bemerkungen im Kapitel „Christliche Juden", die sich auf den Paulus-Bund und die rechtliche Lage seiner Mitglieder beziehen. Immerhin revidiert er die „vergleichsweise geringe Diskriminierung" zugunsten einer „Drangsal", die die „Mischlinge" als Einzelne überstehen mußten. Vgl. Raul Hilberg, Täter, Opfer, Zuschauer, Frankfurt 1992, S.171.
8 Albrecht Götz von Olenhusen, Die „nichtarischen" Studenten an den deutschen Hochschulen, in: VfZ 14 (1966), S.175-206, S.199.
9 Adam, Judenpolitik, S.319.
10 Ebd., S.320.
11 Ebd., S.330.
12 Ebd., S.330.
13 Vgl. John A.S.Grenville, Die „Endlösung" und die „Judenmischlinge" im Dritten Reich, in: Ursula Büttner (Hrsg.), Das Unrechtsregime, Band 2, Hamburg 1986, S.91-121, hier: S.103.
14 Grenville, „Endlösung", S.115ff.
15 Noakes, Nazi Policy, hier: S.352 ff.
16 Noakes führt zwei Beispiele an: den Widerspruch, den die Euthanasie-Aktion in der Bevölkerung hervorgerufen hatte, und die Proteste der Ehefrauen, als in Berlin Juden aus „privilegierten Mischehen" verhaftet wurden. Ebd., S.354.
17 Vgl. Gisela Bock, Zwangssterilisation im Nationalsozialismus. Studien zur Rassenpolitik und Frauenpolitik, Opladen 1986, S.435-456.
18 Neuere Forschungen zur Euthanasie gehen nicht mehr davon aus, daß der von Hitler im August 1941 verkündete Stopp in eine Phase der „wilden Euthanasie" überging, sondern betonen die zentrale Planung und Ausweitung des Krankenmordes auf weitere Personengruppen bis Kriegsende. Vgl. Michael Wunder, Die Spätzeit der Euthanasie, in: Klaus Böhme/Uwe Lohalm (Hrsg.), Wege in den Tod. Hamburgs Anstalt Langenhorn und die Euthanasie in der Zeit des Nationalsozialismus, Hamburg 1993, S.397-424, besonders S.401; siehe auch Götz Aly, Medizin gegen Unbrauchbare, in: Beiträge zur Gesundheits- und Sozialpolitik, Bd. 1, Berlin 1985, S.9-74, hier besonders S.56-70.
19 Vgl. Bruno Blau, Das Ausnahmerecht für die Juden in Deutschland 1933-1945, Düsseldorf 1965.
20 Vgl. Das Sonderrecht für die Juden im NS-Staat, herausgegeben von Joseph Walk, Karlsruhe 1981, S.XI.
21 Vgl. Aleksandar-Saša Vuletić, „Plötzlich waren wir keine Deutschen und keine Christen mehr …". Der „Reichsverband der nichtarischen Christen" und die „Vereinigung 1937". Organisierte Selbsthilfe von „nichtarischen" Christen und „Mischlingen" im Dritten Reich", Diss. phil., Darmstadt 1994; erscheint unter dem Titel „Christen jüdischer Herkunft im Dritten Reich" 1998/1999. Seitenangaben beziehen sich noch auf das Manuskript.
22 Ähnlich auch Werner Cohn, der die Geschichte dieses Verbandes nach den Amtszeiten seiner

jeweiligen Vorsitzenden strukturiert und beschreibt. Vgl. Werner Cohn, Bearers of a Common Fate? The „Non-Aryan" Christian „Fate-Comrades" of the Paulus-Bund, 1933–1939, in: LeoBaeck Institute Year Book XXXIII, London/Jerusalem/New York 1988, S.327-366.
23 Vgl. Vuletić, „Plötzlich waren wir ...", S.308f.
24 So etwa Eberhard Röhm/Jörg Thierfelder, Juden, Christen, Deutsche 1933–1945, B. I-III, Stuttgart 1990, 1992 und 1995; Hartmut Ludwig, Die Opfer unter dem Rad verbinden. Vor- und Entstehungsgeschichte, Arbeit und Mitarbeiter des „Büro Pfarrer Grüber", Diss., Berlin 1988; Sigrid Lekebusch, Not und Verfolgung der Christen jüdischer Herkunft im Rheinland, Köln 1995.
25 Vgl. Benz, Zwischen „Ariern" und „Nichtariern", S.684-690.
26 So bei Hans Günther Adler, Der verwaltete Mensch, Tübingen 1974, S.278-322 und S.697-703.
27 Vgl. Franklin A. Oberlaender, „Wir aber sind nicht Fisch und nicht Fleisch." Christliche „Nichtarier" und ihre Kinder in Deutschland, Opladen 1996; siehe dazu auch die kritische Rezension von Heinz Abels in: BIOS 2 (1997), S.296-307.
28 Vgl. Erving Goffman, Stigma. Über Techniken der Bewältigung beschädigter Identität, Frankfurt 1967; vgl. Oberlaender, Christliche „Nichtarier", S.34ff.
29 Ebd.
30 Ebd., S.329.
31 Ebd., S.333.
32 Ebd., S.338.
33 Vgl. Alf Lüdtke, Die Praxis von Herrschaft. Zur Analyse von Hinnehmen und Mitmachen im deutschen Faschismus, in: Berliner Debatte. Zeitschrift für sozialwissenschaftlichen Diskurs 5 (1993), S.23-34. Lüdtke untersucht hier das Verhalten der Funktionseliten und das der (männlichen) Arbeiter in dieser sozialen Praxis.
34 Vgl. Daniel Jonah Goldhagen, Hitlers willige Vollstrecker. Ganz gewöhnliche Deutsche und der Holocaust, Berlin 1996.
35 Während die viel umfangreichere „normale" Scheidungspraxis unberücksichtigt blieb, wurde die Praxis der gerichtlichen Anfechtung von „Rassenmischehen" zum Gegenstand einer neueren Veröffentlichung: Marius Hetzel, Die Anfechtung der Rassenmischehe in den Jahren 1933–1939, Tübingen 1997.
36 Zum Zeitpunkt der Archivrecherchen lagerten die Bestände im Bundesarchiv Potsdam und Koblenz.
37 Es wurden die Verfilmungen der Akten der Partei-Kanzlei in der Staats- u. Universitätsbibliothek Hamburg sowie Teilbestände des Berlin Document Centers (zum Zeitpunkt der Recherche in Lichterfelde, heute Teil des Bundesarchivs in Berlin) und des Zwischenarchivs Dahlwitz-Hoppegarten eingesehen.
38 Dazu wurden im Staatsarchiv Hamburg umfangreiche Aktenbestände daraufhin gesichtet, ob Entscheidungen zur Behandlung der „Mischlinge" getroffen wurden und ob sich diese in der zeitlichen Dimension veränderten. Fündig wurde ich vor allem im Bestand Staatsamt, Senatskanzlei und etlichen Einzelbehörden, wobei vor allem die Akten der Schulbehörde und der Innenbehörde Aufschluß über das Thema gaben.
39 Soweit nicht anders ausgewiesen, sind diese Interviews transkribiert und in der „Werkstatt der Erinnerung" in der Forschungsstelle für Zeitgeschichte (FZH/WdE) archiviert.
40 Zu Beginn des vierten Teils finden sich methodische Überlegungen zur Oral history, die deren Möglichkeiten, aber auch Grenzen aufzeigen.
41 Sie stammen teilweise aus dem Archiv der FZH oder FZH/WdE, teilweise sind sie Privatbesitz.
42 So der Nachlaß der Familie Petersen im Hamburger Staatsarchiv, dessen Benutzung mir die Familie freundlicherweise gestattete, oder der Nachlaß des Gerichtsmediziners Hans Koopmann.
43 Die Porträts derjenigen, die auf der Täterseite entscheidende Funktionen ausübten, entstanden ebenfalls aus einem Quellenmix von persönlichen Unterlagen, Personal- und Gerichtsakten sowie einer Auswertung ihrer Publikationen.
44 Die Namen der Betroffenen entnahm ich Listen, die die Gauwirtschaftskammer 1944 aufgestellt hatte.

45 Diese sind ebenfalls im Bestand der FZH, Notgemeinschaft, 18-1, enthalten.
46 Vgl. Victor Klemperer, LTI, Frankfurt 1975, S.200ff.
47 Vgl. Henry Friedlander, Anmerkungen zur Sprache, in: ders., Der Weg zum NS-Genozid. Von der Euthanasie zur Endlösung, Berlin 1997, S.20ff.

Erster Teil Die Verfolgung der Mischehen

1 Vgl. Baruch Zwi Ophir, Zur Geschichte der Hamburger Juden 1919–1939, in: Peter Freimark (Hrsg.), Juden in Preußen – Juden in Hamburg, Hamburg 1983, S.81-97, S.79f.
2 Vgl. Kerstin Meiring, Die Christlich-Jüdische Mischehe in Deutschland 1840–1933, Hamburg 1998, S.140. Dieser Prozeß war nicht auf das Deutsche Reich beschränkt, sondern fand von Kopenhagen bis Triest statt, das die höchste europäische Mischehenzahl im Jahre 1927 verzeichnete. Vgl. Arthur Ruppin, Die Verbreitung der Mischehe, in: Zeitschrift für Demographie und Statistik der Juden, 4 (1930), S.53-58, hier: S.53f.
3 Dietz Bering, Der Name als Stigma. Antisemitismus im deutschen Alltag 1812–1933, Stuttgart 1987, S.289, vgl. dazu insbesondere das Kapitel „Namensprobleme bei Mischehen", S.302-305. Mit der keineswegs liberaleren Änderungspraxis in Hamburg befaßt sich Hans Dieter Loose, Wünsche Hamburger Juden auf Änderung ihrer Vornamen und der staatliche Umgang damit. Ein Beitrag zur Geschichte des Antisemitismus im Hamburger Alltag 1866–1938, in: Peter Freimark/Alice Jankowski/Ina S. Lorenz (Hrsg.), Juden in Deutschland, Hamburg 1991, S.58-80.
4 Vgl. Ina Lorenz, Die Juden in Hamburg zur Zeit der Weimarer Republik, Bd. I, Hamburg 1987, S.LIII. Vgl. auch Mosche Zimmermann, Hamburgischer Patriotismus und deutscher Nationalismus. Die Emanzipation der Juden in Hamburg 1830–1865, Hamburg 1979, S.205ff.
5 Vgl. Leo Lippmann, „ ... Dass ich wie ein guter Deutscher empfinde und handele". Zur Geschichte der Deutsch-Israelitischen Gemeinde in Hamburg in der Zeit vom Herbst 1935 bis zum Ende 1942, Hamburg 1993, S.39.
6 In den Jahren 1906/1910 wurden in Hamburg bereits 25% aller Eheschließungen, an denen Jüdinnen oder Juden (Mitglieder der jüdischen Gemeinde) beteiligt waren, interkonfessionell geschlossen. Damit lag die Mischehenziffer in Hamburg weit über dem Reichsdurchschnitt (knapp 8%) und war höher als in Berlin (ca. 15%). (Vgl. ebd., S.143). 1925 kletterte sie auf 44,19% der Eheschließungen, während der An-

teil der Juden, 20.000 Gemeindemitglieder, aufgrund der vergrößerten übrigen Hamburger Bevölkerung auf 1,73% gesunken war (vgl. Lippmann, Geschichte, S.39). In Preußen datierten die ersten Mischehen aus dem Jahr 1847, als bei den Ortsgerichten Register für die Eheschließungen der Angehörigen solcher Religionsgemeinschaften eingeführt wurden, deren Geistliche keine Amtshandlungen mit zivilrechtlicher Wirkung vornehmen durften. Das Preußische Personenstandsgesetz vom 9.3.1874 führte dann die obligatorische Zivilehe ein (BAP, R 22, Reichsjustizministerium, 459, Kammergerichtspräsident Berlin an den Preußischen Justizminister vom 22.3.1934, Betrifft: Konfessionelle Mischehen zwischen Christen und Juden).

7 Zeitschrift für Demographie und Statistik der Juden, 3.u.4. (1924), (o. Verf.), S.79. Das mit den Nürnberger Gesetzen 1935 gegen die Juden erlassene Verbot der Mischeheschließung hätte – so Blau – „bei einer längeren Dauer zur inneren Stärkung ihrer Gemeinschaft beigetragen" (Bruno Blau, Die Mischehe im Nazireich, in: Judaica 4 (48), S.46-57, hier S.46).

8 Zeitschrift für Demographie und Statistik der Juden, 4-6 (1926), Die Mischehe in Deutschland, S.129.

9 Vgl. Noakes, Nazi Policy, S.291, und Ophir, Hamburger Juden, S.89ff.

10 Vgl. R. E. May, Die Entwicklung der jüdischen Mischehen und ihre Wirkung auf die jüdische Gemeinschaft, in: Lorenz, Juden, Bd. I, Dok. 15, S.63.

11 Vgl. Lorenz, Juden, S.LIV-LVII und Meiring, Mischehe, S.84.

12 Vgl. zum Hamburger Modell der Gemeinde- bzw. Kultuszugehörigkeit Ina Lorenz, Das „Hamburger System" als Organisationsmodell einer jüdischen Großgemeinde. Konzeption und Wirklichkeit, in: Robert Jütte/Abraham P. Kustermann (Hrsg.), Jüdische Gemeinden und Organisationsformen von der Antike bis zur Gegenwart, Wien/Köln/Weimar 1996, S.221-255.

13 Die Volkszählung von 1939 weist 921 „Glaubensjüdinnen" unter den „deutschblütigen" Ehefrauen aus (vgl. Statistik des Deutschen Reichs, Band 552,4, Volkszählung. Die Bevölkerung des Deutschen Reichs nach den Ergebnissen der Volkszählung 1939, Heft 4, Die Juden und jüdischen Mischlinge im Deutschen Reich, Berlin 1944, S.4/61). Aus den in der Nachkriegszeit in Hamburg eingereichten Anträgen zur nachträglichen Eheanerkennung wird deutlich, daß ehemals christliche Ehefrauen von Juden, die aus Polen oder (seltener) Ungarn oder Rumänien stammten, häufiger als andere Frauen zur jüdischen Religion übertraten.

14 Vgl. Lorenz, Juden, S.LXI.

15 Ebd., S.5 ff.

16 Die „Proselytentaufen" der Kirchengemeinden Hoheluft, Eppendorf, Harvestehude, Eimsbüttel und West-Eimsbüttel, die zum Großteil Juden betrafen, stiegen von 1 (1.1.-1.3.1932) auf 9 (1.1.-31.3.1933), 18 (1.4.-30.6.1933) an und sanken dann auf 14 (1.10.-31.3.1934), 4 (Mai 1934), 2 (Oktober 1934), keine (Dezember 1934). Archiv der Nordelbischen Landeskirche (ANLK), BX e s 2.7 3, Proselytentaufe und Übertritte 1932–1934.

17 Archiv des Instituts für die Geschichte der deutschen Juden (AIGJ), Archiv der Jüdischen Gemeinden, Beiakte zu C 6 (Mischehen), Vorlage Löffler an Lippmann v. 10.3.41, Bl. 4-7.

18 Vgl. Lexikon des Judentums, Chefredakteur J.F. Oppenheimer, Gütersloh 1967, S.514.

19 Vgl. Ursula Büttner, Die Not der Juden teilen, Hamburg 1988, S.14.

20 Statistik des Deutschen Reichs, Band 552,4, S.4/62f.

21 Vgl. Herbert A. Strauß, Jewish Emigration from Germany. Nazi Policies and Jewish Responses (I), in: Leo Baeck Yearbook XXV, 1980, S.313-358, hier: S.317. Hilberg nennt für 1939 im Reichs- und Protektoratsgebiet 30.000 Mischehen und immer noch 27.744 am 31.12.1942, vgl. Hilberg, Vernichtung, S.177.

22 Weitere Ergebnisse der Volks-, Berufs- und Betriebszählung vom 17. Mai 1939 in der Hansestadt Hamburg, in: Aus Hamburgs Verwaltung und Wirtschaft (Sondernummer 5), herausgegeben vom Statistischen Amt der Hansestadt Hamburg, Hamburg, 1.8.1941, S.20.

23 Vgl. Lippmann, Geschichte, S.41.

24 Ebd., S.74.

25 Lippmann gibt diese Zahl für „Ende 1941" an (vgl. Lippmann, Geschichte S.76); für November 1941 hatte er 1.036 Mischehen und 198 Juden aus aufgelösten Mischehen, aus denen Kinder hervorgegangen waren, aufgeführt (vgl. ebd., S.74).

26 Die Zahl von 1.262 enthält sowohl Personen, die in „privilegierter" wie in „nichtprivilegierter" Mischehe lebten. Die Bezirksstelle Nordwestdeutschland der Reichsvereinigung der Juden in Deutschland (RVJD), die die „Zahl der Juden am 31. Dezember 1942" ermittelte, wies darauf hin, daß „ständig neue Personen als Juden erfaßt" würden, während eine kleinere Zahl als Nichtjuden aus der Kartei der Reichsvereinigung ausschied (vgl. Der juedische Religionsverband Hamburg im Jahre 1942. Die Liquidation der juedischen Stiftungen und Vereine in Hamburg, in: Lippmann, Geschichte, S.119). An anderer Stelle vermerkt Lippmann, daß zum 31.12.1942 in „nichtprivilegierter" Mischehe 250, in „privilegierter" 911 und 171 Personen jüdischer Herkunft aus aufgelösten Mischehen lebten (vgl. ebd., S.93).

27 Archiv Forschungsstelle für Zeitgeschichte (ehemals Forschungsstelle für die Geschichte des Nationalsozialismus in Hamburg), FZH, 6262, Bericht über die Jüdische Gemeinde in Hamburg, undatiert (Sommer 1945), S.1 und S.3. Die New Yorker Zeitung „Aufbau" veröffentlichte Listen der Juden, die in Hamburg überlebt hatten. Vgl. Aufbau v. 20.7.1945 (Liste der Männer) und 27.7.1945 (Liste der Frauen).

28 Dieser Hinweis, später abgedruckt im Ministerial-Blatt des Reichs- u. Preußischen Ministeriums des Innern, Ausgabe 25 v. 23.6.1937, findet sich in den Überlieferungen etlicher Behörden, so beispielsweise in StaHH, 352-3, Gesundheitsbehörde, II V 7 und ebd., 361-2 VI, Oberschulbehörde VI, Lag. 1887.

29 Vgl. Cornelia Essner, Die Alchemie des Rassenbegriffs und die „Nürnberger Gesetze", in: Jahrbuch für Antisemitismusforschung 4, herausgegeben von Wolfgang Benz, Frankfurt 1995, S.201-223, hier: S.207.

30 Vgl. Peter Weingart/Jürgen Kroll/Kurt Bayertz, Rasse, Blut und Gene. Geschichte der Eugenik und Rassenhygiene in Deutschland, Frankfurt 1992, S.499f.; vgl. auch Adam, Judenpolitik, Kapitel I/A, Düsseldorf 1979, S.19-38.

31 Vgl. Lösener, Als Rassereferent im Reichsministerium des Innern, in: Dokument: Das Reichsministerium des Innern und die Judengesetzgebung, in: VfZ 9 (1961), S.261-313.

32 Vgl. Lothar Gruchmann, „Blutschutzgesetz" und Justiz, in: VfZ 31 (1983), S.418-442, hier: S.429.

33 Ebd.

34 Vgl. Essner, Rassenbegriff, S.206.

35 Achim Gercke, Grundsätzliches zur Mischlingsfrage, in: Nationalsozialistische Monatshefte, 38 (Mai 1933), S.197-202, hier: S.199.

36 Otmar Freiherr von Verschuer, „Was kann der Historiker, der Genealoge und der Statistiker zur Erforschung des biologischen Problems der Judenfrage beitragen? in: Forschungen zur Judenfrage Bd. 2, Sitzungsberichte der zweiten Arbeitstagung der Forschungsabteilung Judenfrage des Reichsinstituts für Geschichte des neuen Deutschlands v. 12. bis 14. Mai 1937, Hamburg 1937, S.216-222, hier: S.219.

37 Vgl. Alexander Paul, Jüdisch-deutsche Blutsmischung. Eine sozialbiologische Untersuchung (Veröffentl. aus dem Gebiete des Volksgesundheitsdienstes, Heft 470), Berlin 1940.

38 Ebd., S.9.

39 Vgl. ebd., S.21.

40 Seine Ausführungen zur erbgesundheitlichen Belastung sind pseudowissenschaftlich bis absurd. Sein Schichtenmodell, in dem er Begriffe wie „Kaufmannssippe" oder ähnliches verwendet, verrät auch terminologisch, daß er überzeugter Nationalsozialist war. Trotz dieser Vorbehalte und Einschränkungen verfügte Paul jedoch über so detailliertes Untersuchungsmaterial, daß seine schichtenspezifischen Untersuchungen aussagekräftig sind. Heutige Soziologen würden – mit anderer Terminologie und anderer Feindifferenzierung – zu sehr ähnlichen Ergebnissen bezogen auf die soziale Schichtung kommen.

41 Paul, Blutsmischung, S.35.

42 Ebd., S.42.

43 Ebd., S.65.

44 Ebd., S.75.
45 Ebd., S.83.
46 Ebd., S.94.
47 Vgl. Dora Weigert, Die jüdische Bevölkerung in Hamburg, in: Zeitschrift für Demographie und Statistik der Juden, Heft 5-7 (1919), S.66-112, hier: S.85.
48 Vgl. Büttner, Not, S.12f.
49 Ebd., S.7-71.
50 Vgl. Noakes, Nazi Policy, S.299.
51 Vgl. Büttner, Not, S.13f.
52 Die nationalsozialistischen Maßnahmen zur ökonomischen Existenzvernichtung der Juden in Hamburg sind Gegenstand einer Untersuchung von Frank Bajohr, „Arisierung" in Hamburg. Die Verdrängung der jüdischen Unternehmer 1933–45, Hamburg 1997. Zu den Folgeverordnungen und Ausweitungen des „Arierparagraphen" finden sich div. Unterlagen in der Akte StaHH, 131-10, Senatskanzlei I, Personalabteilung I, 1934 Ma 27.
53 Beispielsweise stieg die Zahl der Anträge im Hamburger Staatsarchiv von durchschnittlich 400 monatlich in der Zeit vor 1933 auf 1.782 im April 1934 an. Vgl. Das Staatsarchiv und die Personenforschung, herausgegeben vom Hamburgischen Staatsamt, (Reihe Arbeit der hamburgischen Verwaltung in Einzeldarstellungen Heft 3), Hamburg 1935, S.9f.
54 Gruchmann, Blutschutzgesetz, S.421.
55 RGBL I, 1938, S.414-415.
56 BAP, R 18, Reichsministerium des Innern, 343-345, Geheimer Schnellbrief des Ministerpräsidenten Generalfeldmarschall Göring, Beauftragter für den Vierjahresplan, an den RMdI u.a. v. 28.12.1938. Dieses „Angebot" war nicht neu: Bereits 1937 hatte beispielsweise der Präsident der Reichskulturkammer die angeschlossenen Kammern darauf hingewiesen, daß „Personen, die bis in die letzte Zeit hinein mit Juden verheiratet gewesen sind und deren Ehe rechtskräftig geschieden ist, (...) den übrigen Kammermitgliedern gleichzustellen (sind), wenn einwandfrei der Beweis erbracht ist, daß diese Ehescheidung nicht nur formularer Natur war." Allerdings sollten gleichzeitig eingehende Auskünfte über die politische Zuverlässigkeit dieser Personen eingeholt werden. (BAP, R 56 I, Reichskulturkammer, V/51/4 (124), Präsident der Reichskulturkammer an die Herren Präsidenten der Einzelkammern v. 31.8.1937).
57 RGBl. I, 1941, S.547, Polizeiverordnung über die Kennzeichnung der Juden vom 1. September 1941 §3; Hilberg weist darauf hin, daß auch Juden, die mit einem „Mischling zweiten Grades" verheiratet waren, zu den „privilegierten" Ehen gezählt wurden (vgl. Hilberg, Vernichtung, Bd. 2, S.436-449, hier: S.445f.). „Privilegierte" Mischehen konnten nur durch eigene, nicht durch adoptierte Kinder entstehen (StaHH, 522-1, Jüdische Gemeinden, Abl. 1993, Ordner 20, RVJD Berlin an dies. in Hamburg v. 7.5.40). Die „Privilegierung" blieb nach „Führerentscheid" auch bestehen, wenn der einzige Sohn im Krieg gefallen war (BAP, R 22, Reichsjustizministerium, 455, Reichsminister und Chef der Reichskanzlei, Lammers, an RMdI v. 4.3.1941).
58 StaHH, 314-15, Devisen- und Vermögensstelle, OFP 10, Allgemeiner Erlaß Nr. 23/40 des Reichswirtschaftsministers an die Herren Oberfinanzpräsidenten u. Devisenstellen vom 9.2.1940, S.1.
59 StaHH, 314-15, Oberfinanzdirektion, Devisen- und Vermögensverwertungsstelle, Bl. 66-73 und Bl. 74-80, Vermerk Devisenstelle/Oberfinanzpräsident v. 30.11.1939 betr.: Fragen bezogen auf Erlaß und Form von Sicherungsanordnungen, die in Berlin zu besprechen waren, Bl. 66; sowie Vermerk über die erfolgte Besprechung v. 7.12.1939.
60 Vgl. Noakes, Nazi Policy, S.331.
61 Vgl. Präsident der Reichsanstalt für Arbeitsverwaltung und Arbeitslosenversicherung an die Herren Präsidenten der Landesarbeitsämter u.a. v. 20.12.1938, abgedruckt in: Dieter Maier, Arbeitseinsatz und Deportation. Die Mitwirkung der Arbeitsverwaltung bei der nationalsozialistischen Judenverfolgung in den Jahren 1938–1945, Berlin 1994, S.30f. Vgl. auch Paul Sauer, Dokumente. Über die Verfolgung der jüdischen Bürger in Baden-Württemberg durch das nationalsozialistische Regime 1933–1945, Bd. 2, Stuttgart 1966, S.374.

62 Vgl. Büttner, Not, S.45
63 Senatskanzlei Hamburg, Senat der Hansestadt Hamburg, Aufbau und Rechtstellung, 343.00-3, Bd. 1, Hans Martin Corten, „Bericht über die Organisationen der Juden in Hamburg vor und nach dem Waffenstillstand", undatierter Bericht (vermutlich Winter 1945), S.3: „Sämtliche in Deutschland verbliebenen Juden galten von da ab (Juni 1943, B.M.) als Mitglieder der RVJD", Bl. 12ff.
64 Ebd., S.2f.
65 Vgl. AIGJ, 14.-001.1, Max Plaut, S.1f.
66 Vgl. dazu Konrad Kwiet, Nach dem Pogrom: Stufen der Ausgrenzung, in: Benz (Hrsg.), Juden, S.545-659.
67 Vgl. Büttner, Not, S.44.
68 Meiring ordnet die 103 von ihr untersuchten Ehen vier Idealtypen zu: Der jüdischen, der jüdisch-christlichen, der glaubenslosen und der christlichen Mischehe. Sie führt die jeweilige Ausprägung auf die Religionszugehörigkeit der Ehepartner, ihr Verhältnis zur Religion bzw. Ethnizität, die Rolle des Elternhauses, den sozialen Status bzw. den des Partners zurück. Vgl. Meiring, Mischehe, S.129-138.
69 StaHH, 241-2, Justizverwaltung, Personalakten B 3761, H.E. an Landesjustizverwaltung (LJV) v. 26.5.1933.
70 Ebd., LJV an H.E. v. 30.5.1933.
71 Allerdings zerbrach seine Ehe unter dieser Belastung, 1937 sprach das Landgericht Hamburg in seiner Abwesenheit die Scheidung aus. 1942 gelang ihm die Flucht vor den deutschen Truppen in die USA, wo er sich bis 1957 als Versicherungsmakler, Photograph und Spediteur durchschlug. Im Sommer 1957 kehrte er nach Hamburg zurück und beantragte die Wiederzulassung zum Landgericht und Oberlandesgericht. Doch dauerhaft mochte er nicht in Hamburg leben. In den 1960er Jahren verlegte er seinen ständigen Wohnsitz nach Paris und nahm einen französischen Namen an. (StaHH, 241-2, Justizbehörde, Personalakten B 3761, Lebenslauf H.E., Wiederzulassung am OLG v. 6.9.1957, Eintrag in die Liste der beim Landgericht zugelassenen Rechtsanwälte vom 20.9.1957 und Wohnsitz- wie Namenswechsel in H.E. an Justizbehörde v. 8.2.1972).
72 Ebd., H.G. an LJV v. 26.4.1933.
73 Ebd., Dr. Th. C. an Vorstand der Anwaltskammer v. 22.4.1933.
74 Ebd., LJV an H.G. v. 2.5.1933.
75 Ebd., Th. Burmeister an LJV v. 30.5.1933.
76 Ebd., Amtsgerichtspräsident an OLG-Präsident v. 22.8.1945.
77 StaHH, 113-5, Staatsverwaltung, B II 17, P.K. an Reichsstatthalter (über das Hamburgische Staatsamt) v. 26.5.1937.
78 Ebd., P.K. an Göring v. 18.6.1937; P.K. an Frick v. 30.8.1937; RFSS an Reichsstatthalter v. 14.3.1938; Staatsamt an RFSS vom 6.5.1938; RFSS an Reichsstatthalter v. 10.6.1938.
79 Zur Problematik der nicht eindeutig geregelten Möglichkeiten der Eigentumsübertragung innerhalb der Familie siehe auch Teil III, Kapitel III, S.209ff. dieser Arbeit; zur Berliner Praxis bei der Übereignung von Grundstücken vgl. Karl-Heinz Metzger/Monika Schmidt/Herbert Whe/Martina Wiemers, Kommunalverwaltung unterm Hakenkreuz. Berlin-Wilmersdorf 1933–1945, Berlin 1995, S.211-214.
80 Die aus der „Irisch-Presbyterianischen Missionsgesellschaft" hervorgegangene Kirchengemeinde hatte Hamburg Mitte des 19. Jahrhunderts als günstigen Standort gewählt, um durchreisende jüdische Auswanderer zu missionieren und zu taufen. Folglich befanden sich unter den Gemeindemitgliedern wie auch unter den Angestellten eine Reihe von „Judenchristen". Die Jerusalem-Gemeinde unterstützte getaufte Juden bis zur zwangsweisen Schließung 1938/39. Sie bot darüber hinaus einen schützenden Ort, an dem die Getauften ihre jüdische Herkunft nicht verleugnen mußten. Vgl. Röhm/Thierfelder, Juden-Christen-Deutsche, Bd. 1, S.303-310; auch: Beate Meyer, Exkurs: Jerusalem-Kirche, Jerusalem-Krankenhaus, Paulus-Bund, in: Sybille Baumbach/Susanne Lohmeyer/Astrid Louven/Beate Meyer/Sielke Salomon/Dagmar Wienrich, „Wo Wurzeln waren …". Juden in Hamburg-Eimsbüttel 1933 bis 1945, Hamburg 1993, S.179-185.
81 FZH/WdE, 013, Interview mit Margarethe Moser, geführt von Beate Meyer am 4.2.1991,

Transkript S.9f. Wegen gleicher Anfangsbuchstaben der Nachnamen wird die Interviewerin in den zitierten Interviewausschnitten mit I (=Interviewerin) benannt.
82 Ebd., S.19.
83 Ebd., S.10.
84 Ebd., S.8.
85 Ebd., S.13.
86 Ebd., S.12.
87 Ebd., S.17.
88 Siehe zu dieser Verhaftungsaktion der Gestapo in diesem Teil, Kapitel III, S.57ff.
89 Name geändert.
90 Privatbesitz, Gregor Eder (Name geändert), „Erinnerungen aus dem Leben von G.E.", ungedrucktes Ms., verfaßt 1935.
91 Privatbesitz, Brief E. Eder an seinen emigrierten Sohn Robert vom 14.2.1939, S.5.
92 Ebd., Brief E. Eder, S.6f.
93 Ebd., S.10.
94 Dies erwies sich später, als „jüdischer Wohnraum" zur Einquartierung von Mischehepaaren herangezogen wurde, als sehr vorausblickend: Eders Haus wurde von der Liste verfügbaren Wohnraums gestrichen. Vgl. StaHH, 522-1, Jüdische Gemeinden, Abl. 1993, Ordner 12.
95 Privatbesitz, Bericht Ernst Eder, „angefangen am 12. Dezember 1944" über die Ereignisse der Jahre 1941–1945, geschrieben für seinen emigrierten Sohn, ungedrucktes Ms.
96 Ebd., S.10f.
97 Ebd., S.11.
98 Ebd., S.14.
99 Ebd., S.15.
100 StaHH, 522-1, Jüdische Gemeinden, Abl. 1993, Ordner 36, Liste der RVJD v. 11.9.1943. Vermutlich hatte seine Ehefrau die Rückstellung erreicht, ohne ihn zu informieren, denn der Vorsitzende der RVJD, Max Plaut, schickte ihr (!) am 15.10.1943 nicht näher bezeichnete Papiere zurück. Ebd., Ordner 12.
101 Privatbesitz, Bericht Ernst Eder, S.19.
102 Ebd., S.27.
103 Ebd., S.30.
104 Ebd., S.31.
105 Tatsächlich stand auch sein Name auf der Liste der zum „auswärtigen Arbeitseinsatz" zu „Evakuierenden", wurde dann aber gestrichen. Ernst Eder wurde als „freigestellt" notiert. StaHH, 522-1, Jüdische Gemeinden, Abl. 1993, Ordner 12.
106 Diese Befürchtung äußerten auch die Repräsentanten der RVJD gegenüber den Mischehen, die Flüchtlinge aufnahmen.
107 Privatbesitz, Bericht Ernst Eder, S.32.
108 Dies kann allerdings auch daher rühren, daß der Bericht für seinen Sohn verfaßt war.
109 Ebd., S.44.
110 Ebd., S.45.
111 Ebd.
112 FZH/WdE, 109, Interview mit Martha Kadisch (Name geändert), geführt von Beate Meyer am 15.7.1991, Transkript, S.3.
113 Ebd., S.6.
114 Ebd., S.13.
115 Ebd., S.9, E. Kadisch (Name geändert) an Handelskammer Hamburg v. 11.3.1939, betr. Handelsregister-Nr. A 39 185, wörtlich verlesen von Beate Meyer.
116 Ebd., S.11.
117 Ebd., S.9. Gemeint sind mit den „Sachen im Fleet" Kleidungsstücke, die während der Pogromnacht aus den Innenstadt-Modehäusern Hirschfeld und Robinsohn entwendet und in das Fleet geworfen wurden.
118 Ebd., S.14.
119 Ebd., S.13.
120 Ebd., S.13f.
121 Ebd., S.8.
122 Ebd., S.17.
123 Ebd., S.16.
124 Ebd., S.6-8.
125 Der Sohn starb 1987 an seinem „schwachen Herzen".
126 Ebd., S.6.
127 Vgl. Ute Benz, Verführung und Verführbarkeit. NS-Ideologie und kindliche Disposition zur Radikalität, in: Ute und Wolfgang Benz (Hrsg.), Sozialisation und Traumatisierung. Kinder in der Zeit des Nationalsozialismus, Frankfurt 1992, S.25-39, hier: S.27.
128 Vgl. Hilberg, Vernichtung, S.436. Besprechungsprotokoll der Wannsee-Konferenz vom

20.1.1942, angefertigt von Adolf Eichmann nach Instruktionen Reinhard Heydrichs, abgedruckt in: Kurt Pätzold / Erika Schwarz, Tagesordnung: Judenmord. Die Wannsee-Konferenz am 30. Januar 1942, Berlin 1992, S.102-112, hier: S.108f. Siehe auch Teil II, Kapitel I, S.96ff. dieser Arbeit.
129 Vgl. Besprechungsprotokoll, in: Pätzold/Schwarz, Judenmord, S.110.
130 Vgl. ebd., S.111.
131 Vgl. Adam, Judenpolitik, S.324.
132 Vgl. Niederschrift „Besprechung über die Endlösung der Judenfrage" am 6. März 1942 im Dezernat IV B 4 des RSHA, in: Pätzold/Schwarz, Judenmord, S.116-119, hier: S.118.
133 Vgl. Staatssekretär im RJM Franz Schlegelberger an Teilnehmer der Wannsee-Konferenz v. 5.4.1942, in: ebd., S.126f.
134 Ebd.
135 Vgl. Adam, Judenpolitik, S.325.
136 Vgl. Hilberg, Vernichtung, S.449.
137 BAP, R 22, Reichsjustizministerium, 460, Schnellbrief RMdI, Frick, an RMJ v. 20.3.1943; auch: Akten der Partei-Kanzlei der NSDAP, hrsg. v. Institut für Zeitgeschichte, Teil 1 und 2, 1983–1992 (Mikrofiches), Verfilmungs-Nr. 036740. Auch die Reichskanzlei ging von einer noch ausstehenden Regelung der Zwangsscheidungen aus, wenn sie vermerkte, daß die Frage des Erbrechts soweit es die „deutschblütige" Ehefrau beträfe, dort geregelt werden müsse, denn im Falle einer Zwangsscheidung würde sie zunächst ihr gesetzliches Erbrecht verlieren. Es gab folgende Möglichkeiten der Regelung: Entweder verfiel das Vermögen wie bei anderen Juden dem Reich oder man könnte eine Vererbungsmöglichkeit an „Deutschblütige" schaffen (z.B. die Ehefrau) oder aber das Erbrecht der Kinder aufrechterhalten. BAP, R 43 II, Reichskanzlei II, 1508a, Bl. 107-109, Vermerk vom 8.(?)4.1943, hier: Bl. 108.
138 BAP, R 18, Reichsministerium des Innern, 5519, Generalbevollmächtigter für die Reichsverwaltung, Frick, an Chef der Reichskanzlei v. 19.5.1943, S.3.
139 Vgl. Adam, Judenpolitik, S.329f.
140 Ebd., S.330.
141 Vgl. Hilberg, Vernichtung, S.449.
142 Die Forschungsliteratur zur Reichsvertretung und der späteren Reichsvereinigung der Juden in Deutschland ist ausgesprochen karg. Die bisher umfassendste Arbeit, aus dem Hebräischen übersetzt, spart zudem die letzte Phase der RVJD zwischen Sommer 1943 und Mai 1945 weitgehend aus: Esriel Hildesheimer, Jüdische Selbstverwaltung unter dem NS-Regime, Tübingen 1994; angekündigt ist eine Dokumenten-Edition, von der jüngst der erste Band erschienen ist, der die Geschichte der Reichsvertretung bis zum Übergang zur Reichsvereinigung umfaßt: Deutsches Judentum unter dem Nationalsozialismus. Band 1: Dokumente zur Geschichte der Reichsvertretung der deutschen Juden 1933–1939, herausgegeben von Otto Dov Kulka (Schriftenreihe wissenschaftlicher Abhandlungen des Leo Baeck Institutes 54), Tübingen 1997; siehe auch Günter Plum, Deutsche Juden oder Juden in Deutschland?, in: Benz (Hrsg.), Juden, S.49-74. Zum Aufgabengebiet der Hamburger RVJD vgl. Ina Lorenz, Das Leben der Hamburger Juden im Zeichen der „Endlösung" 1942–1945, in: Arno Herzig /Ina Lorenz (Hrsg.), Verdrängung und Vernichtung der Juden unter dem Nationalsozialismus, Hamburg 1992, S.207-247; Ina Lorenz arbeitet derzeit an einer umfassenden Dokumentation zur Situation der Hamburger Juden und ihrer Organisationen während der NS-Zeit; siehe auch Leo Lippmann, Mein Leben und meine amtliche Tätigkeit, herausgegeben von Werner Jochmann, Hamburg 1964, S.669-702.
143 Vgl. Hildesheimer, Jüdische Selbstverwaltung, S.233f.
144 Wolfgang Benz, Überleben im Untergrund, in: Benz (Hrsg.), Juden, S.660-700, S.691.
145 Der Jüdische Religionsverband wurde der RVJD am 1.8.1942 verwaltungsmäßig und am 21.11.1942 auch in rechtlicher Hinsicht eingegliedert. Damit existierte kein jüdischer Kultusverband mehr (vgl. Lippmann, Geschichte, S.88). Die RVJD wurde formal am 10.6.1943 aufgelöst, am 3.8.1943 stellte der Reichsfinanzminister jedoch klar, daß die Vereinigung weiterbestehe. In Hamburg wurden die Konten auf

Max Heinemann übertragen und Hans Martin Corten zum Vertrauensmann der Rest-RVJD ernannt (vgl. Lorenz, Leben der Hamburger Juden, S.222f.)
146 Dr. Max Plaut, geb. 1901, war Vorsitzender des Jüdischen Religionsverbands von Groß-Hamburg von 1938 bis 1943 und der RVJD von 1939 bis 1943. Er konnte aufgrund einer Sonderregelung zusammen mit seiner Mutter 1944 nach Palästina emigrieren und kehrte nach dem Krieg nach Deutschland zurück. Eine Biographie Plauts steht bis heute aus, was um so bedauerlicher ist, als Plaut einerseits Kontinuität innerhalb der jüdischen Gemeinschaft verkörperte, in seinen Funktionen zentrale Entscheidungen für diese treffen mußte und gleichzeitig der Gestapo direkt unterstellt war und deren Befehle ausführen mußte.
147 RGBl. I, 1939, S.864.
148 Vgl. Kwiet, Nach dem Pogrom, S.631ff.; für Hamburg – mit Ausnahme der Häuser, die für die Mischehen reserviert waren – siehe Angela Schwarz, Von den Wohnstiften zu den „Judenhäusern", in: Angelika Ebbinghaus /Karsten Linne (Hrsg.), Kein abgeschlossenes Kapitel: Hamburg im „Dritten Reich", Hamburg 1997, S.232-247. Für die Stadt Hannover: Marlis Buchholz, Die hannoverschen Judenhäuser. Zur Situation der Juden in der Zeit der Ghettoisierung und Verfolgung 1941 bis 1945, Hildesheim 1987, über die Funktion des Gesetzes über die Mietverhältnisse siehe besonders die Seiten 8-16.
149 Es handelte sich um die ehemaligen Stifte Bornstr. 12, Dillstr. 15, Rutschbahn 25a, Heinrich-Barth-Str. 8 und Grindelallee 21/23.
150 Vgl. zur Wohnraumzerstörung Ursula Büttner, „Gomorrha": Hamburg im Bombenkrieg, Hamburg 1993, S.25ff.
151 StaHH, 522-1, Jüdische Gemeinden, Abl. 1993, Ordner 26, Max Plaut, Ergebnis der Besprechung v. 4.10.1943.
152 Ebd.
153 Ebd., Gestapo an RVJD (Corten) v. 22.9.43, Vermerk Max Plaut v. 22.9.1943, Betr.: Wohnraumumsiedelung von Juden innerhalb Hamburgs.

154 Das Haus Dillstr.15 war mit 32 „Partien" belegt, die 52 Personen umfaßten. Das Haus Bornstr. 22 beherbergte 45 „Partien", zu denen 64 Personen gehörten. Eine undatierte Belegungsliste weist für Herbst 1943 in 125 Wohnungen von Mischehepaaren insgesamt 554 Bewohnerinnen und Bewohner aus (ebd). Eine Wohnraumbelegungsliste vom 24.11.1944, auf der 8 Wohnungen verzeichnet waren, enthält die Namen von 78 Personen (ebd., Ordner 36).
155 StaHH, 522-1, Jüdische Gemeinden, Ordner 12, RVJD, Plaut, an G.S.v. 18.11.1943.
156 Ebd., Bericht Heimann Goldstein v. 25.9.1943.
157 Ebd., RVJD, Vertrauensmann, Heinemann, an K. und K.v.H. v. 9.2.1944.
158 Die RVJD wies diejenigen, die gegen ihre Entscheidungen opponierten und andere Stellen anrufen wollten, darauf hin, daß sie dieses Recht nicht mehr besäßen. Vgl. ebd., RVJD, Corten, an O.v.H. v. 25.1.1944.
159 So ein im Briefwechsel der RVJD Berlin mit der Bezirksstelle Nordwestdeutschland, aufgeführter Fall. Ebd., Ordner 16, RVJD Berlin an dies. Nordwestdeutschland v. 9.9.1943 und RVJD Hamburg an dies. Berlin v. 21.9.1943.
160 Ebd., Ordner 12, RVJD, Corten, an F.R. vom 18.1.1944.
161 Ebd., Ordner 36 und 20, Bericht RVJD vom 11.8.1943 sowie Bekanntmachung 10/43.
162 Ebd., Ordner 36, Vermerk Max Plaut vom 25.10.1943.
163 Ein früher Nachkriegsbericht spricht von 200 Juden, die „verschwanden". FZH, 6262, Bericht über die Jüdische Gemeinde in Hamburg.
164 Ebd., Ordner 36, div. Meldungen der RVJD v. 25.1.1944. So weist beispielsweise die Gestapokarteikarte von M.M. die Informationen auf: „1943 Haus zerstört, lt. Gestapo 14.2.1944 nicht zu ermitteln." Aber: 17.5.1945 „uns von Tochter A.L. gemeldet, daß Frau M. in S.bei Bienenbüttel lebt. Wohnt seit 9.11.1943 unter dem Namen Frau B.W.". Ebd., Ordner 41.
165 Ebd., Ordner 16, Briefwechsel zwischen RVJD Berlin und Hamburg, RVJD Berlin bedankt sich am 22.7.1944 in Hamburg bei Corten für die Zusendung von 900 ausgefüllten Fragebögen, die nicht nur Informationen über den Status und

Stand der Mischehen enthalten, sondern auch über die Zahl der Kinder und ob diese „Geltungsjuden" oder „Mischlinge" sind.
166 StaHH, 522-1, Jüdische Gemeinden, Abl. 1993, Ordner 26, Vermerk RVJD Betr.: Freimachung jüdischen Wohnraums, v. 22.3.1944.
167 Ebd., Ordner 12, M.M. an RVJD, Plaut, vom 30.9.1943.
168 Senatskanzlei Hamburg, Senat der Hansestadt Hamburg, Aufbau und Rechtstellung, 343.00-3, Bd. 1, Bl. 12ff., Bericht Corten, S.5. Vgl. dazu auch Lorenz, Leben, S.216.
169 StaHH, 522-1, Jüdische Gemeinden, Abl. 1993, Ordner 12, RVJD (Heinemann) an div. vom 28.2.1945. Siehe auch Ordner 23, diverse Einsprüche und Schreiben RVJD (Heinemann) an K.L. v. 23.2.1945.
170 Ebd., Ordner 13, Vermerk Max Heinemann vom 24.5.1945, Betr.: Jüdischen Wohnraum in Hamburg.
171 Gestapomann und Kriminalsekretär Hans Stephan, geb. 1.5.1902, erlernte von 1918 bis 1921 den Beruf des Bankbeamten, in dem er bis 1924 arbeitete. Er bewarb sich – nach einem Jahr Erwerbslosigkeit – bei einer Im- und Exportfirma, 1926 dann als Büroangestellter bei der Gewerbepolizei. Von dort wurde er am 23.5.1933 zur Staatspolizei versetzt, wo er am 9.11.1936 Beamter wurde. Er stieg vom Kriminalassistenten 1942 zum Kriminalsekretär auf und war als solcher bis zur Auflösung der Staatspolizei tätig. Am 1.5.1933 trat er in die NSDAP ein (Mitglieds-Nr. 3002669) und war Mitglied der SS. Angeblich leitete die NSDAP 1939 ein Ausschlußverfahren wegen „Interesselosigkeit" gegen ihn ein, das jedoch nicht weiter verfolgt wurde. In der SS erhielt er nach der Übernahme den Rang eines Hauptscharführers und nach seiner Beförderung den eines Sturm-Scharführers. Außerdem gehörte er der NSV an und war als Luftschutzwart tätig. Vom 13.5.1945 bis zum 17.6.1948 war er interniert. (BA, Bestand BDC, NSDAP-Mitgliedskarte und SS/RuS-Akte Stephan sowie eigene Angaben des Hans Stephan, ASLGH, Prozeß gegen Willibald Schallert, Verfahrens-Nr. (50) 35/50, 14 Ks 56/50, Vernehmung des Kriminalamtes vom 4.8.1948).
172 Alle nicht anders belegten Angaben aus: StaHH, 522-1, Jüdische Gemeinden, Abl. 1993, Ordner 13, Vermerk Max Heinemann vom 24.5.1945, Betr.: Jüdischen Wohnraum in Hamburg.
173 Vgl. zum Zwangsarbeitseinsatz Teil III, Kapitel III, S.237ff. dieser Arbeit.
174 Vgl. Franz W. Seidler, Die Organisation Todt, Koblenz 1987, S.131 ff.
175 Von den insgesamt 1.088 „Dienstverpflichteten" waren 820 „Mischlinge ersten Grades", 197 „jüdisch Versippte", 59 Vorbestrafte und 12 „Zigeuner" (StaHH, 131-5, Senatskanzlei – Verwaltungsbeschwerden, 237, Hansestadt Hamburg, Finanzbehörde, Haftentschädigungsstelle – 19 – an Senat der Hansestadt Hamburg, Senatskommission für Verwaltungsbeschwerden v. 8.11.1950).
176 Besitz VVN/BdA Hamburg, Antrag W. Sch. auf Ausstellung eines Ausweises für politisch, rassisch und religiös durch den Nazismus Verfolgte beim Komitee ehemaliger politischer Gefangener v. 8.4.1946. Ich danke dem VVN/BdA für Kopien dieser Unterlagen.
177 Ebd., Antrag A.W. auf Ausstellung eines Ausweises v. 15.4.1946.
178 Ebd., Antrag Dr. E.S. auf Ausstellung eines Ausweises v. 23.4.1946.
179 Ebd., Antrag M.B. auf Ausstellung eines Ausweises v. 23.4.1946.
180 Grundlage war der Erlaß vom 19.1.1945 – IV A 4 b – 3066/44; ausgenommen von dem Befehl waren Nichtarbeitsfähige, Eltern gefallener Söhne, solche Personen bei denen Unruhe entstehen würde und Juden (gemeint: Jüdinnen), deren Ehepartner im öffentlichen Dienst sind (vgl. Dokument 13, Schreiben des Leiters der Geheimen Staatspolizei, Staatspolizeistelle Kiel an Landräte des Bezirks, abgedruckt in: Gerhard Paul, Staatlicher Terror und gesellschaftliche Verrohung, Hamburg 1996, S.328).
181 StaHH, 522-1, Jüdische Gemeinden, Abl. 1993, Ordner 19, Bekanntmachung v. 15.2.1945.
182 Ebd., Liste RVJD, Heinemann, o.Datum.
183 Vgl. Hamburger jüdische Opfer, S.XIX; vgl. zu dieser Deportation auch Lorenz, Leben, S.238.
184 Wolf Gruner, Der geschlossene Arbeitseinsatz

deutscher Juden. Zur Zwangsarbeit als Element der Verfolgung 1938–1943, Berlin 1997, S.317f.
185 Zitiert nach ebd., S.316.
186 Vgl. auch Gernot Jochheim, Frauenprotest in der Rosenstraße, Berlin 1993.
187 Kwiet, Pogrom, S.594.
188 Vgl. Nathan Stoltzfus, Resistance of the Heart, New York/London 1996, S.261.
189 Vgl. Gruner, Arbeitseinsatz, S.319f.
190 Vgl. Christof Dipper, Schwierigkeiten mit der Resistenz, in: Geschichte und Gesellschaft 22 (1996), S.409-416.
191 Vgl. ebd., S.410ff.
192 Tagebucheintrag v. 11.3.1943, Die Tagebücher von Josef Goebbels, herausgegeben von Elke Fröhlich, München/New Providence/London/Paris 1993, Teil II, Bd. 7, S.528.
193 Archiv der Staatsanwaltschaft beim Landgericht Hamburg (ASLGH), Urteil des Landgerichts Hamburg (50) 35/50 14 Ks 56/50, S.8-11.
194 Vgl. dazu Hildesheimer, Jüdische Selbstverwaltung, S.232f. und Lorenz, Leben, S.222f.
195 Schallert argumentierte im Prozeß, er habe eine Liste der ehrenamtlichen Mitarbeiter des Jüdischen Religionsverbandes, auf der 12 oder 13 Namen gestanden hätten, lediglich weitergeleitet, ohne den Zweck der Meldung erkannt zu haben. ASLGH, Urteil, S.4.
196 Dies bestätigte der Meister (Ebd., Kriminalamt, Spez.Abt., Vernehmungsprotokoll H.B. vom 28.10.1949).
197 Ebd., Verfahren gegen Willibald Schallert, Vernehmung Rudolf Hamburger v. 21.10.1948.
198 Vgl. Dipper, Schwierigkeiten, S.411.
199 Vgl. Urteil gegen Georg Albert Dengler, 2a Ks 1/49, abgedruckt in: Justiz und NS-Verbrechen. Sammlung deutscher Strafurteile wegen nationalsozialistischer Tötungsverbrechen 1945–1966, Bd. XXII, von Irene Sage-Grande, Adelheid L. Rüter-Ehlermann, H.H. Fuchs, C.F. Rüter, Amsterdam 1981, S.658-682, hier: S.660.
200 FZH, 35363, Fuhlsbüttel, Häftlingslisten, Zu- u. Abgangslisten KL Fuhlsbüttel v. 31.12.1943 bis 8.5.1943 (danach existieren keine Listen mehr).
201 So findet sich in den Akten beispielsweise eine Karte der Ehefrau an ihren Mann in Auschwitz-Birkenau, die an den Jüdischen Religionsverband mit der Bemerkung zurückging, daß Nachrichten über Fliegerangriffe nicht ins Lager übermittelt werden dürften. StaHH, 522-1, Jüdische Gemeinden, Abl. 1993, Ordner 12, M. Plaut an B. Hirschfeld vom 6.9.43.
202 FZH/WdE, 008, Interview mit Hans Hirschfeld, geführt von Beate Meyer am 9.8.1990, vgl. Transkript, S.29. Bei der Transkription wurden leichte sprachliche Glättungen vorgenommen.
203 Ebd., S.28f.
204 Ebd., S.30f.
205 FZH/WdE, 052, Interview mit Dennis Berend, geführt von Beate Meyer am 25.5.1993, Transkript S.21. Bei der Transkription wurden leichte sprachliche Glättungen vorgenommen.
206 Nach den entsprechenden Erlassen hätte er zu diesem Zeitpunkt nicht mehr Soldat sein dürfen. Vgl. Teil III, Kapitel III dieser Arbeit.
207 FZH/WdE, 052, Transkript Berend, S.22.
208 Siehe dazu auch die Auswertung des lebensgeschichtlichen Interviews mit Dennis Berend im Teil IV, Kapitel II dieser Arbeit.
209 Transkript Moser, S.24.
210 StaHH, 522-1, Jüdische Gemeinden, Abl. 1993, Ordner 12, Plaut an M. Moser v. 23.12.1943.
211 Diese Angaben dieses Porträts beruhen – wenn nicht anders angegeben – auf der umfangreichen Ermittlungsakte und der Anklageschrift des Oberstaatsanwalts im Archiv der Staatsanwaltschaft beim Landgericht Hamburg (ASLGH, Verfahren gegen Willibald Schallert, Anklageschrift 14 Js 278/48 und Urteil, (50) 35/50, 14 Ks 56/50).
212 Ebd., Urteil, S.2, und ebd., Anklageschrift des Oberstaatsanwalts beim Landgericht Hamburg.
213 Ebd., Anlage v. 16.1.1948.
214 Ebd., Vernehmungsprotokoll (Spec. Dep.) von Willibald Schallert v. 16.12.1947.
215 BA, Bestand BDC, SA-Akte Willibald Schallert.
216 ASLGH, Verfahren gegen Willibald Schallert, 14 Js 278/48, Kriminalpolizei Hamburg, Abt. Öffentliche Sicherheit, Vernehmungsprotokoll Willibald Schallert vom 22.6.1945 (gemeint: 1947).

217 Ebd., Kriminalamt, Spez. Abt., Vernehmungsprotokoll von Schallerts Mitarbeiter F.S. vom 11.9.1948.
218 Ebd., Anklageschrift des Oberstaatsanwalts beim Landgericht Hamburg, 14 Js 278/48 v. 18.3.1950, S.2.
219 Ebd., Urteil des Landgerichts Hamburg (50) 35/50 14 Ks 56/50, S.3.
220 BA, Bestand BDC, SA-Akte Willibald Schallert.
221 ASLGH, Verfahren gegen Willibald Schallert, 14 Js 278/48, Kriminalpolizei Hamburg, Abt. Öffentliche Sicherheit, Vernehmungsprotokoll Willibald Schallert v. 22.6.1945.
222 Lt. Bekanntmachung 2/1943 forderte die RVJD alle nicht oder nicht im vollen Arbeitseinsatz stehenden Jüdinnen und Juden auf, sich zu melden. StaHH, 522-1, Jüdische Gemeinden, Abl. 1993, Ordner 20.
223 ASLGH, Verfahren gegen Willibald Schallert, 14 Js 278/48, Spec. Dep. I/1, Vernehmungsprotokoll G.Sch. v. 29.1.48.
224 StaHH, 522-1, Jüdische Gemeinden, Abl. 1993, Ordner 26, RVJD an Arbeitsamt v. 14.2.1944.
225 Ebd., Ordner 19, vgl. Schriftwechsel dazu zwischen Arbeitsamt, RVJD und div. Firmen.
226 ASLGH, Verfahren gegen Willibald Schallert, 14 Js 278/48, Kriminalamt Spez. Abt. Vernehmungsprotokoll von Schallerts Mitarbeiter F.S. v. 11.9.1948.
227 StaHH, 522-1, Jüdische Gemeinden, Abl. 1993, Ordner 19, Bekanntmachung v. 15.2.1945.
228 ASLGH, Urteil des Landgerichts Hamburg (50) 35/50 14 Ks 56/50, S.4.
229 Ebd., A. B.-W. an Polizei Hamburg, Fahndungskdo. P.S. v. 10.10.1943 und Vernehmungsprotokoll ders. v. 12.10.1949. Der Befragte war als in „privilegierter" Mischehe Lebender zur Ablieferung nicht verpflichtet, vgl. Bekanntmachung Nr. 40 v. 17.6.1942 der RVJD, StaHH, 522-1, Jüdische Gemeinden, Abl. 1993, Ordner 20.
230 Dies bestritt er im Prinzip auch den Ermittlungsbehörden gegenüber nicht, er wollte die Zuwendungen allerdings als kleine Gaben gewertet wissen, die man ihm aufgedrängt hatte, oder die er zu Recht bekommen hatte. Vgl. ASLGH, Kriminalabt., Vernehmungsprotokoll W. Schallert o.D., S.1-6.

231 FZH, 6262, Gesprächsnotizen Unterredung Dr. Schottelius (damaliger Mitarbeiter der FZH) mit Max Plaut v. 11.7.1953, S.2.
232 Ebd., Spec. Dep., Vernehmungsprotokoll K.R. v. 29.1.1948.
233 Diese Argumentation kehrt in etlichen Vernehmungen wieder, beispielsweise ebd., Kriminalamt Spez. Abt. Vernehmungsprotokoll A.M. v. 3.9.1948; auch Max Plaut wies in einem Nachkriegs-Interview darauf hin, daß Schallert diese Machtposition nicht nur innehatte, sondern dies auch gern gegenüber den Abhängigen kundtat. Vgl. AIGJ, Plaut, 14.002, Interview Max Plaut, 3. Kass., Transkript S.2.
234 ASLGH, Verfahren gegen Willibald Schallert, 14 Js 278/48, Kriminalabt. II/D, Vernehmungsprotokoll mit der Denunziantin H.M. vom 19.7.1949. Diese Frau wurde übrigens ebenso wenig belangt wie der Handwerksmeister, der Rudolf Hamburger denunziert hatte.
235 Ebd., Kriminalamt Spez. Abt. Vernehmungsprotokoll G.S. v. 17.7.1948.
236 StaHH, 522-1, Jüdische Gemeinden, Abl. 1993, Ordner 12, A. I. an die RVJD, Corten, vom 19.8.1944.
237 So wußte beispielsweise ein zur regelmäßigen Meldung Verpflichteter nicht mehr, ob er freiwillig oder auf Anordnung bei Schallert erschienen war. ASLGH, Verfahren gegen Willibald Schallert, 14 Js 278/48, Kriminalamt, Spez. Abt. Vernehmungsprotokoll H.E. v. 15.7.1948.
238 Ebd., Urteil des Landgerichts Hamburg (50) 35/50 14 Ks 56/50, S.2.
239 Dies geht aus div. Vernehmungsprotokollen hervor, wurde aber vor Gericht nicht als Bestechung verhandelt, sondern zumeist mangels Beweises eingestellt, ebd., Verfügung des Oberstaatsanwaltes beim Landgericht vom 9. März 1950.
240 Ebd., Urteil des Landgerichts Hamburg (50) 35/50 14 Ks 56/50, S.2.
241 Ebd., Verfügung Oberstaatsanwalt v. 11.2.1948.
242 Der Leiter des „Judenreferats" Claus Göttsche, hatte am 12.5.1945 Selbstmord begangen; Walter Mecklenburg suizidierte sich am 8.3.1947 in Dänemark, Walter Wohlers war zu diesem Zeitpunkt vermißt.

243 ASLGH, Verfahren gegen Willibald Schallert, 14 Js 278/48, Vermerk Spez. Abt. vom 26.10. 1948.
244 Ebd., Urteil des Landgerichts Hamburg (50) 35/50 14 Ks 56/50, S.3-11.
245 Ebd., Verfahren gegen Willibald Schallert, 14 Js 278/48, Kriminalamt, Spez. Abt., Vernehmungsprotokoll Willibald Schallert vom 29.7. 1948.
246 Ebd., Urteil des Landgerichts Hamburg (50) 35/50 14 Ks 56/50, S.11-16.
247 Lt. Auskunft aus dem Melderegister der Stadt Schenefeld an die Verfasserin v. 28.8.1996.
248 Vgl. Hans Wrobel, Die Anfechtung der Rassenmischehe, in: Kritische Justiz 16 (1983), S.349-374, hier: S.354ff. Einen groben Überblick gibt auch Ingo Müller, Furchtbare Juristen, München 1987, S.97-105. Die bereits zitierte rechtshistorische Arbeit von Marius Hetzel, Anfechtung, geht der Anfechtungspraxis erstmals auf breiterer empirischer Basis nach.
249 Vgl. Wrobel, Anfechtung, S.364.
250 Ebd., S.365. Das Reichsgericht als oberste Berufungsinstanz verhielt sich entsprechend vorsichtig: Es erkannte den Bedeutungsirrtum grundsätzlich an, forderte aber Nachweise dafür, die kaum zu erbringen waren. Auch in der Frage der Fristen sah es 1935 mit Inkrafttreten der Nürnberger Gesetze den Zeitraum für beendet an, in dem jemand seine Mischehe anfechten konnte. Im übrigen hatte es Freislers Wink verstanden und verzichtete darauf, über die Grenzen hinauszugehen, die die Gesetzgebung des Staates zogen (vgl. Auflösung bestehender Mischehen, in: Blutschutz- und Ehegesundheitsgesetz, dargestellt, medizinisch und juristisch erläutert von Arthur Gütt, Herbert Linden und Franz Maßfeller, München 1936, S.208-210, hier: S.210, und Wrobel, Anfechtung, S.367f.).
251 Hetzel, Anfechtung, S.201.
252 RGBl I 1938, S.807.
253 Zu diesem Zeitpunkt war Frank „Reichskommissar für die Gleichschaltung der Justiz in den Ländern und die Erneuerung der Rechtsordnung".
254 Zitiert nach: Dirk Blasius, Ehescheidung in Deutschland 1794–1945, Göttingen 1987, S.195.
255 Blasius, Ehescheidung, S.196; vgl. auch Bernd Rüthers, Die unbegrenzte Auslegung, Heidelberg 1988, S.407.
256 Vgl. Blasius, Ehescheidung, S.198.
257 Zu den Auseinandersetzungen ebd., S.200f.
258 Vgl. ebd., S.206
259 Gemeint waren damit Geisteskrankheiten, leichtere geistige Störungen wie „Hysterie" sowie ansteckende und „ekelerregende" Krankheiten.
260 Neu waren auch mögliche Unterhaltsregelungen bei Scheidung aus beiderseitigem Verschulden oder wegen Zerrüttung und die Entkoppelung des Sorgerechts für Kinder vom Schuldprinzip (vgl. Nachrichtendienst des Deutschen Vereins für öffentliche und private Fürsorge, 8 (1938), Das neue Eherecht, S.251-255, hier: S.258).
261 Vgl. Rüthers, Auslegung, S.402.
262 Zitiert nach ebd., S.417.
263 Ebd., S.406f.
264 Ebd., S.410.
265 Vgl. Blasius, Ehescheidung, S.211.
266 BAP, R 22, Reichsjustizministerium, 460 (347), RJM an RMdI v. 31.8.1944.
267 Rijksinstituut voor Oorlogsdocumentatie (RIOD), Generalkommissar für Verwaltung und Justiz 25/43 150 g, Auswärtiges Amt an die Missionen, Berufskonsulate, Dienststellen und Vertreter des Auswärtigen Amtes in Europa v. 18.12.1942.
268 BAP, R 22 Reichsjustizministerium, 460 (329, 330), Oberlandesgerichtspräsident Kattowitz an die Herren Landgerichtspräsidenten vom 15.2.1943.
269 Ebd.
270 Ebd., (332), RJM an den Kommandierenden General u. Befehlshaber in Serbien, Militärverwaltung v. 20.8.1943.
271 Akten der Partei-Kanzlei, Verfilmungs-Nr. 030274-80, RJM an StdF, RMdI, Reichsführer SS v. 7.2.1941.
272 Akten der Partei-Kanzlei, Verfilmungs-Nr. 030363-73, 030329-35, RJM an StdF, RMdI und Reichsführer SS v. 5.3.1941 und NSDAP, StdF an RJM v. 30.3.1941, in beiden: Entwurf

„Verordnung über deutsch-polnische Mischehen".
273 Vgl. beispielsweise Werner Johe, Die gleichgeschaltete Justiz, Frankfurt 1967.
274 Vgl. Hetzel, Anfechtung, S.202f.
275 Vgl. Reginald A. Puerschel, Trügerische Normalität. Zur Rechtsprechung der Landgerichte Hamburg und Altona in Ehe- und Familiensachen 1933–1939, in: Justizbehörde Hamburg (Hrsg.), „Für Führer, Volk und Vaterland". Hamburger Justiz im Nationalsozialismus, Hamburg 1992, S.382-431.
276 Puerschel nennt die Aktenzeichen von 32 Scheidungsfällen.
277 Vgl. Puerschel, Normalität, S.414ff.
278 Puerschel, Normalität, S.383; vgl. auch S.390.
279 Zur Zeit meiner Archivrecherchen waren nach Aussagen der zuständigen Mitarbeiter die Urteile der Zeit 1933–1936 vollständig kassiert, von 1937 existierte ein kleiner Restbestand. Die Urteile von 1938 bis 1945 hingegen waren so weit komplett vorhanden, wie sie nicht während des Krieges verlorengegangen oder verbrannt waren. Von den noch erhaltenen Urteilen der Jahre 1937 bis 1945 habe ich jedes 15. Urteil eingesehen sowie alle, die im Register mit den Zwangsnamen „Israel" und „Sara" versehen waren und solche, bei denen eine Partei mit ausländischem Wohnsitz eingetragen war. Von ca. 6.000 eingesehenen Entscheidungen waren 119 Mischehescheidungen (plus 15 Scheidungen der Ehen, bei denen ein Partner „Mischling" war). Zu diesen 119 Urteilen aus dem Archiv des Landgerichts Hamburg (ALGH) kommen 11 Entscheidungen hinzu, die ebenfalls aus diesem Zeitraum stammen, und dem Quellenbestand Eheanerkennungsgesetz der Justizbehörde (AJH) entnommen sind, so daß die folgende Analyse auf der Quellengrundlage von 130 Urteilen fußt. Dies sind nicht alle Urteile aus diesem Zeitraum, die Mischehen betreffen, aber doch ein großer Teil. Manche Akten sind aufgrund von Ausbombungen der Gerichtsgebäude oder aus anderen kriegsbedingten Gründen verlorengegangen. Vor der Einführung der Zwangsvornamen „Israel" und „Sara" war aus Registereintragungen und Urteilen nicht immer ersichtlich, daß es sich um die Scheidung einer Mischehe handelte. In den Aktenbeständen des Amtes für Wiedergutmachung und der Notgemeinschaft der durch die Nürnberger Gesetze Betroffenen, archiviert in der Forschungsstelle für Zeitgeschichte, fand ich Hinweise auf weitere Scheidungsfälle in diesen Jahren, die aber nicht in diese Analyse einbezogen wurden.
280 Ob der statistische Einbruch im Jahr 1940 auf den Kriegsbeginn im September 1939 zurückzuführen ist oder lediglich darauf, daß ich in den Registern dieses Jahres – immerhin vor der Verpflichtung, Zusatznamen zu führen, in diesem Jahr weniger Urteile gefunden habe, muß hier offen bleiben.
281 Vgl. Büttner, Not, S.298.
282 Ein Vergleich der Hamburger Scheidungsziffern mit denen des Deutschen Reiches zeigte für die Jahre 1933–1938, daß diese in Hamburg generell fast drei Mal so hoch wie im übrigen Reichsgebiet lagen. 1938 kamen auf 10.000 Hamburger Ehen 2.822 Scheidungen, mithin eine Quote von 18,7, während diese im Deutschen Reich lediglich bei 7,2 lag (vgl. Puerschel, Normalität, hier: S.391). Die Erklärung dafür liegt in den allgemeinen großstädtischen Lebensverhältnissen und der zunehmenden Entkonfessionalisierung.
283 Während insgesamt im Deutschen Reich jährlich auf 10.000 bestehende Ehen rd. 28 Scheidungen kamen, so waren es in Hamburg 130 plus X (die Zahl der zwischen 1933 und 1938 ausgesprochenen sowie der unbekannten der Jahre 1938 bis 1945) Scheidungen auf ca. 1.000 bestehende Mischehen, allerdings verteilt auf zwölf Jahre.
284 Festgestellt durch Abgleich mit den Gedenkbüchern. In einigen Fällen waren „Verschollene" amtlich für tot erklärt worden. Dies geht aus den Unterlagen zum Eheanerkennungsgesetz im Archiv der Justizverwaltung Hamburg hervor. Die genannte Zahl der Ermordeten ist eine Mindestzahl, von einigen weiteren Geschiedenen ist zu vermuten, daß sie deportiert worden sind, wahrscheinlich nach Auschwitz. Sie sind aber nicht in den Gedenkbüchern erfaßt. Vgl. Hamburger Jüdische Opfer des Nationalsozialismus und Opfer der Verfolgung der Juden

285 unter der nationalsozialistischen Gewaltherrschaft in Deutschland 1933–1945, bearbeitet vom Bundesarchiv, Koblenz, und dem Internationalen Suchdienst, Arolsen, Koblenz 1986.
285 Bei Scheidungsurteilen als Quelle ist – wie bei allen Gerichtsakten – besondere Vorsicht geboten. Zum einen wurden die Begründungen für eine Scheidungsklage vom scheidungswilligen Ehegatten immer in Absprache mit dem Anwalt getroffen, der wiederum wußte, welcher Argumentation die Richter derzeit folgten. Die angeführten Scheidungsgründe müssen also nicht den tatsächlichen entsprechen. Hatte der Anwalt bereits gefiltert, so tat dies der Richter in seinem Urteil ein zweites Mal, indem er diese Gründe nochmals zusammenfaßte. Das bedeutet, daß Scheidungsurteile nur einen sehr minimalen Einblick in die Zerrüttung einer Ehe geben können. Dennoch scheinen durch alle juristischen Filter oft echte Konflikte, Versuche gütlicher Regelungen oder politischer Opportunismus hindurch. Leider sind die Protokolle der Vorladungen und Zeugenvernehmungen, die weitere Aufschlüsse geben könnten, in der Regel kassiert worden. Da ich für diese Untersuchung insgesamt hunderte von Einzelfällen aus den regionalen Aktenbeständen des Landgerichts Hamburg (ALGH), der Justizbehörde Hamburg (AJH), des Amtes für Wiedergutmachung (A.f.W.) und der Forschungsstelle für Zeitgeschichte, hier der Bestand Notgemeinschaft (NG) der durch die Nürnberger Gesetze Betroffenen (FZH 18-12.1. und 2.2.) herangezogen habe, werde ich in den Fußnoten, um eine unnötige Aufblähung des Anmerkungsapparates zu vermeiden, lediglich das Archiv und die Aktensignatur angeben. In der Regel ergibt sich der Sachverhalt aus dem ersten Schriftstück der Akte. Bei ALGH existierte aus dieser ohnehin meist nur noch ist das Scheidungsurteil, Signaturen bzw. Seitenzahlen beziehen sich immer auf das Urteil. Bei AJH geht es um den Antrag nach dem Eheanerkennungsgesetz, bei A.f.W. um die Rubrik „Schilderung der Verfolgung" im Wiedergutmachungsantrag und FHZ, 18-1, um die briefliche Schilderung der Verfolgung. Wird aus Schriftstücken zitiert, so werden selbstverständlich die einzelnen Dokumente mit Blattnummer (soweit vorhanden), Verfasser, Adressat und Datum angegeben.
286 ALGH, 4 R 345/37.
287 Ebd., 6 R 185/37, S.2.
288 Ebd., 4 R 260/37.
289 Ebd., 11b R 313/39, Protokoll nichtöffentlicher Sitzung v. 28.11.1939, S.1.
290 Ebd., 4 R 7/39, S.3, ähnlich gelagert: ebd., 2 R 56/41.
291 Ebd., 5 R 238/39.
292 Vgl. Hans Robinsohn, Justiz als politische Verfolgung. Die Rechtsprechung in „Rasseschandefällen" beim Landgericht Hamburg 1936–1943, Stuttgart 1977. Robinsohn kommt zum Ergebnis, daß die Stadt Hamburg (verglichen mit Frankfurt und Köln) den höchsten Verfolgungskoeffizienten aufwies und schloß daraus, daß die „Verfolgungspraxis in Hamburg die weitaus schärfste war" (S.21). Aus einer Tabelle (S.18) wird deutlich, daß der Großteil der Ermittlungen in den Jahren 1937–1939 durchgeführt wurde, 1940 auf die Hälfte absank und 1941 nur noch die Hälfte des Vorjahres betrug.
293 ALGH, 11a R 401/39, S.2.
294 Ebd., 6 U 420/37, S.5 und 7.
295 So ALGH, 11a R 61/40, 5a R 131/41, 11 R 5/39.
296 Ebd., 11b R 286/41, S.3f.
297 Ebd., S.4.
298 Es gibt keine Hinweise darauf, daß ein Schuldspruch des „deutschblütigen" Ehepartners den jüdischen vor der Deportation schützte.
299 In anderen Fällen war beispielsweise der Aufenthaltsort eines 1944 Geschiedenen seit seiner Verhaftung 1940 unbekannt (ALGH, 16a R 20/44). Ein Ehemann trennte sich nach 24jähriger Ehe von seiner jüdischen Frau, die in einem „Judenhaus" lebte (Ebd., 7 R 40/39). Manchmal führte die Emigration des jüdischen Ehepartners die notwendige dreijährige Trennung herbei, die Voraussetzung für die Heranziehung des §55 war (Ebd., 16b R 46/42, 15a R 81/44).
300 Ebd., 6 R 215/38.
301 Ein aus „rassischer Abneigung" verweigerter Geschlechtsverkehr des „deutschblütigen" Ehemannes (vgl. etwa ebd., 5 R 364/38) galt ebenso

als Verstoß gegen seine Pflichten wie unbeherrschtes Verhalten des jüdischen Ehemannes, der durch „die Schmälerung seiner Erwerbsaussichten infolge der Rassengesetzgebung verstimmt sei." (ebd., 6 R 194/38). Das Gericht ging in diesem Fall sogar noch weiter und mahnte den jüdischen Ehemann, die Mischehe erlege seiner Frau schon genug Opfer auf. Schlechte Behandlung durch ihn hätte sie nicht noch obendrein verdient.

302 Ebd., 15a R 102/41, S.3f., ähnlich auch 12b R 217/40 oder 8a R 173/39, S.3 oder 3b R 245/41.
303 Vgl. zur Juni-Aktion der Kriminalpolizei: Wolfgang Ayaß, „Ein Gebot der nationalen Arbeitsdisziplin". Die Aktion „Arbeitsscheu Reich" 1938, in: Beiträge zur nationalsozialistischen Gesundheits- und Sozialpolitik 6, Feinderklärung und Prävention, Berlin 1988, S.43-74. In Hamburg wurden insgesamt 700 Männer festgenommen, davon waren nach den Einlieferungslisten des KZs Sachsenhausen weniger als 10% Juden. Vgl. Ayaß, Gebot, S.59.
304 So ALGH, 7 R 40/39, 5b R 41/40, 7 R 40/39, 3 R 94/39, 5b R 41/40.
305 Ebd., 4 R 28/42.
306 Ebd., 8 R 462/42. In einem anderen Fall ging das Gericht noch weiter und vermutete, das „Fehlverhalten" des Mannes werde vermutlich vom Polizeigefängnis in ein Konzentrationslager führen. Ebd., 2 R 382/42, S.2.
307 Ein einziger „Ausreißer" findet sich 1941: Ebd., 3b R 245/41.
308 Ebd., 4b R 223/39.
309 Ebd., 11 R 447/38.
310 Ebd., 10 R 147/39.
311 Ebd., 2a R 229/39.
312 Wie bei ebd., 9b R 234/39 und 6b R 5/40.
313 Nur in einem dieser Fälle war vom ausdrücklichen Wunsch des Ehemannes nach Rückkehr der Frau, der sie nicht Folge leistete, die Rede. Vgl. ebd., 3a R 12/40.
314 Ebd., 15a R 221/41, S.3.
315 Beispielsweise ebd., 15a R 1/42.
316 Ebd., 16a R 104/40; 15a R 1/42; 6 R 132/38; 15a R 43/42, 15a R 99/42, 15a R 131/40.
317 Ebd., 5 a R 35/42.
318 Ebd., 15a R 224/41, S.3.
319 Ebd., 12 R 354/38.
320 Das im nächsten Schritt angerufene Oberlandesgericht schied die Ehe zu Lasten des jüdischen Mannes. Dessen passives Verhalten habe als Vernachlässigung der Klägerin die Ehe zerrüttet, was durch Emigrationsabsichten noch verstärkt würde (ebd., 4 U 443/38); ähnlich gelagert: ebd., 10b R 159/39 (abgewiesene Aufhebungsklage) und ebd., 6 U 136/1940 (Urteil des OLG: Scheidung wegen Zerrüttung).
321 Ebd., 6 R 243/38, S.2 und 5f.
322 Ebd., 12 R 177/38, S.5.
323 Ebd., 5 U 82/1942, 3 b R 234/1941, S.5f.
324 Ebd., 11b R 267/42, S.4. In diesem Fall konnte die jüdische Ehefrau nachweisen, daß sie eine geradezu mustergültige deutsche Hausfrau und Mutter gewesen war, was das Gericht zu grundsätzlichen Erwägungen über die Rechte der jüdischen Ehefrau veranlaßte: „Nun ist zwar auch einer Jüdin die Berufung darauf, daß das Verlangen des Mannes auf Aufhebung der Ehe mit Rücksicht auf die bisherige Gestaltung des ehelichen Lebens sittlich nicht gerechtfertigt sei, nicht schlechthin verschlossen. Bei einer Aufhebung wegen Judentums ist jedoch insoweit ein strenger Maßstab anzulegen. Die gute Führung der Beklagten als Frau und Mutter während der langen Ehe, kann für sich allein nicht dazu führen, die Aufhebung zu versagen." Ebd., S.5.
325 Ebd., 11b R 141/41.
326 Ebd., 4 R 152/42, S.2.
327 „Das Reichsgericht hat zu der Rechtsfrage des Fristablaufs allerdings – soweit dem Gericht bekannt ist – noch keine Stellung genommen, obwohl eine einheitliche Rechtssprechung insoweit wünschenswert wäre.", so in ebd., 11b R 267/42, S.4.
328 Protokoll der Lenkungsbesprechung der Landgerichtsdirektoren am 20. Mai 1942: Landgerichtsdirektor, Landgericht HH, Zivilkammer 5 an Landgerichtspräsidenten Hamburg vom 21.5.1942 (abgedruckt in: Helge Grabitz, In vorauseilendem Gehorsam ... Die Hamburger Justiz im „Führer-Staat", in: Justizbehörde Hamburg (Hrsg.), „Für Führer...", S.21-73, hier: S.57f.). Im Protokoll einer entsprechenden Besprechung der Hamburger Amtsrichter v.

16.6.1942 wurde bekräftigt, daß die neue Anfechtungsfrist auf die Zeit nach dem Herbst 1941 (Judenstern/Evakuierungen) gelegt werde und Unterhaltsforderungen der jüdischen Ehefrauen, deren Ehe angefochten worden sei, abzulehnen wären (vgl. Puerschel, Normalität, S. 413).
329 Auf div. Urteilen finden sich Vermerke wie „Nachschau", oder Hinweise, daß sie zur Vorlage beim Landgerichtspräsidenten gewesen waren, z.B. ALGH, 16a R 20/44, 16a R 203/43, 2 R 244/42.
330 Ebd., 2 R 244/42, S.5.
331 Ebd., 11a R 275/43.
332 Ebd., 15a R 94/43, 8 R 112/43, 11b R 162/43, 15b R 82/43.
333 In diesem Sinne: Ebd., 3b R 251/1943; 3b R 130/43; 3a R 46/43; 11b R 163/43, 6 R 83/43 u.a.
334 Während in früheren Klagen oft Aufhebung und hilfsweise Zerrüttung, für die die angegebenen Gründe in der Regel ausreichten, beantragt wurden, hatte sich das Verhältnis 1943 umgedreht: Wenn die aufgelisteten Gründe für den Tatbestand der Zerrüttung nicht reichten, genügten sie für die Aufhebung nun allemal. Vgl. z.B. ebd., 2 R 131/43.
335 Im April 1942 verfügte Roland Freisler, daß die Strafvollstreckung gegen Juden, die „evakuiert" werden sollten, ausgesetzt würde. Beträfen die Deportationsdaten Untersuchungshäftlinge, so sei der Haftbefehl auszusetzen, falls nicht die Todesstrafe zu erwarten sei. Vgl. BAP, R 22, Reichsjustizministerium, 1238, 1, Dr. Freisler an den Herrn Oberreichsanwalt, die Herren OLG-Präsidenten, die Herren Generalstaatsanwälte u.a. v. 16.4.1942.
336 Vgl. Blutschutz- und Ehegesundheitsgesetz, dargestellt, medizinisch und juristisch erläutert von Gütt/Linden/Maßfeller, S.207f.
337 ALGH, 7 R 333/44.
338 Ebd., 8 R 54/44, S.1. „Von Juden" ist handschriftlich, also offensichtlich später, eingefügt.
339 Geht hervor aus StaHH, 522-1, Jüdische Gemeinden, Abl. 1993, Ordner 12, RVJD, Corten, an Gemeindeverwaltung Hamburg, Hauptwirtschaftsamt v. 20.9.1944.

340 Vgl. Die Sondereinheiten in der früheren deutschen Wehrmacht, bearbeitet im Personenstandsarchiv II des Landes Nordrhein-Westfalen (22c) Kornelimünster vom 14.11.1952, S.49, Verfügung OKW. v. 20.1.1940.
341 StaHH, 522-1, Jüdische Gemeinden, Abl. 1993, Ordner 12, Schriftwechsel RA Dr. Haas mit RVJD (Heinemann) um die Krankenhauskostenübernahme; Haas an Heinemann vom 12.6.1944 sowie Heinemann an Haas vom 24.7.1944, ders. an dens. v. 14.7.1944.
342 ALGH, 11 R 261/1944.
343 MBliV Nr. 40 v. 6.10.1943, RdErl. d. RMdI: Eheschließung von Beamten (RGBl. I 1943, S.120), Abs. 1 u. 3.
344 ALGH, 1 R 79/41.
345 Der Fall ist ausführlich dargestellt und kommentiert von Hans-Christian Lassen, Fall 17. Kriegswirtschaftsverbrechen – 1940, in: Justizbehörde Hamburg (Hrsg.), „Von Gewohnheitsverbrechern, Volksschädlingen und Asozialen...". Hamburger Strafurteile im Nationalsozialismus, Hamburg 1995, S.208-229; Lassen weist in seiner Zusammenfassung darauf hin, daß in der Regel Anklagen wegen Kriegswirtschaftsverbrechen nicht zu Todesurteilen führten und hier die Lebensmittel dem Verbrauch gar nicht entzogen wurden. „Das Urteil mobilisiert mit fast jedem Satz antijüdische Vorurteile und wird von einem geradezu fanatischen Haß auf den Angeklagten getragen", ebd., S.229.
346 BGBl. 1950, S.226.
347 Vgl. Ausblick, S.359 dieser Arbeit.
348 Die einzige jüdische Antragstellerin war eine Emigrantin, die eine Scheidung annullieren wollte. Ihr Antrag wurde abgelehnt, weil sie eine offene Ehe geführt hatte, die in den Augen der urteilenden Landesjustizbehörde nicht als „echtes Eheband" zu werten war (vgl. AJH, 346 – 1f 3/1, Bl. 65-68). Da Hamburg Rechtsstandort für Emigranten war, die keinen Wohnsitz in der Bundesrepublik Deutschland mehr nachweisen konnten, gibt der Aktenbestand der LJV einen repräsentativen Einblick in die Praxis geschiedener Mischehen. In den wenigen Fällen, in denen sich die Paare nach dem Krieg wieder zusam-

mentaten, waren die Ehefrauen nach Kriegsende in das Emigrationsland gekommen. Zumeist war dann die rentenrechtliche Versorgung der Ehefrau Grund für das Eheanerkennungsverfahren.

349 Vier Scheidungen lagen vor dem Jahr 1941; fünf im Jahr 1941, fünf im Jahr 1942 und acht im Jahr 1943.

350 In diesem Fall konnte der Anwalt nachweisen, daß der Verbandsvorsitzende der ambulanten Blumenhändler ein radikaler Antisemit war, der auch andere in Mischehe lebende Frauen unter Druck gesetzt hatte.

351 AJH, 3460/1/24 E-1, Vermerk LJV v. 13.1.1966, Bl. 100f.

352 Ebd., Vermerk LJV v. 27.10.1966, Bl. 125f.

353 Ebd., 346 E 1f 1/11, 346 E 1h 3/3, 346 E 1f 1/1, 346 E 1i 1/2, 346 E 1h 3/3.

354 Ebd., 346 E – 1f 2/10, RA Herbert Pardo an Landesverwaltungsgericht Hamburg v. 13.12.1952, S.1f. Bl. 40f.

355 Wiedergabe der Position der LJV im Urteil des Landesverwaltungsgerichts Hamburg Az IIa VG 2800/52 v. 11.2.1953, S.12 (AJH, 346 E 1b 2/10, Bl. 49).

356 Ebd., 346 E 1f 1/11, RA Walter Klass an LJV v. 27.4.1946, zitiert in: Vermerk LJV 2.12.1955, Bl. 9.

357 Ebd., 346 E 1f 4/1, Vernehmung des ehemaligen Rechtsanwaltes der Ehefrau, RA R.W. Müller vor dem Landesverwaltungsgericht vom 22.5.1953, S.3.

358 Ebd., 346 E 1h 3/3, 12.XI.(ß)1951, Bl. 10, Max Plaut an Frau Sch. (o.D.); Plaut selbst berichtete in einem Interview, daß er viel „unangenehme Arbeit" in der Nachkriegszeit gehabt hatte, um dieser und anderen Frauen bei Behörden zu ihrem Recht zu verhelfen, weil man „unerklärlicherweise (…) immer alles negativ ausgelegt hat – zu Unrecht, vollkommen zu Unrecht." (AIGJ, 14.-001.2., Max Plaut, Interview mit Christel Rieke, 1973, Transkript, S.8f.).

359 Kriminalsekretär Walter Wohlers, geb. am 5.5.1902, war vor seinem Eintritt in den Polizeidienst Landwirt. Am 10.7.1924 begann er den Dienst bei der Schutzpolizei, wo er bis zum 31.8.1933 blieb. Von dort wechselte er am 1.9.1933 zur Landespolizei Hamburg. Hier war er bis zum 31.3.1935 tätig. Vom 1.4.1935 bis 14.5.1937 diente er bei der Wehrmacht. In die NSDAP war er am 1.5.1933 eingetreten (Mitgl.-Nr. 2707967) und war auch Mitglied der SS. Außerdem erwarb er das SA-Sportabzeichen. (BA, Bestand BDC, NSDAP-Mitgliederkartei, RuS-Fragebogen, RS-Nr. 6065010300).

360 AJH, 346 E 1 i/3/5, G.W. an LJV v. 5.8.1956, S.1f.

361 StaHH, 622-1, Nachlaß Max Plaut, RA G.H.J. Scholz an Plaut v. 4.12.1943.

362 Ebd., Plaut an RA G.H.J. Scholz v. 6.12.1943.

363 AJH, 346 E – 1 g/3/1, Bl. 14, Vermerk im Strafregister einer „deutschblütigen" Ehefrau: „Durch Verfügung des Polizeipräsidenten in Hamburg vom 28.10.38 ist der (…) auf Grund des §5 der Verordnung vom 22.8.1938 der Aufenthalt im Reichsgebiet auf unbefristete Zeit verboten worden."

364 Vgl. Hamburger jüdische Opfer, S.39.

365 AJH, 346 E – 1 g/3/1, Bl. 11, O.B. an Eigenunfallsversicherung Hamburg (Abschrift aus Wiedergutmachungsakte) v. 12.8.1948.

366 Die Jüdische Gemeinde bescheinigte ihr die Mitgliedschaft ab 1948. Vgl. AJH, 346 E – 1 g/3/1, Bl. 25, dies. an LJV v. 4.9.1956.

367 Ebd., 346 E – 1 g/3/1, Bl. 9, Vermerk LJV v. 17.5.1956.

368 Ebd., Anordnung LJV v. 17.11.1956.

369 Ebd., Ihre Anwälte an LJV v. 25.4.1956, S.2.

370 Er überlebte nicht und wurde am 8.8.1947 für tot erklärt. Ebd., Bl. 9, Vermerk LJV vom 12.9.1956.

371 Ebd., Bl. 11-13, Urteil des Sondergerichts bei dem Deutschen Gericht, 4 Kls. 93/43.

372 Ebd., Bl. 10, Ärztliches Gutachten (auszugsweise Abschrift) v. 31.3.1949.

373 Ebd., Bl. 16f., Anordnung LJV v. 10.10.1956.

374 Ebd., 346 – 1g /3/3, Bl. 8f. u. 17, Eidesstattliche Erklärung G.H. v. 2.6.1956; Amtsgerichtsrat Dr. U. an RA Dr. F.v.H. v. 17.10.1956.

375 Ebd., Bl. 9, Erklärung M.A. v. 17.7.1953.

376 Ebd., Bl. 16f., Erklärung L.F. v. 16.10.1956.

377 Ebd., Bl. 23f., Anordnung LJV v. 7.11.1956.

378 Beispielsweise im Falle der geschiedenen Ehefrau G.O., AJH, 346 E – 1f/3/6, Bl. 11f., Erklä-

rung ders. v. 19.4.1956.
379 Nach dem §81 des Ehegesetzes war das „Wohl des Kindes" Kriterium für das Sorgerecht. Minderjährige Kinder wurden einem allein oder überwiegend schuldig geschiedenen Ehepartner nur dann zugesprochen, wenn besondere Gründe dafür vorlagen. Meistens waren dies die Mütter, auch die jüdischen. Ein Versuch des RJM, Übereinstimmung über neue Regelungen zu erzielen, verlief offensichtlich im Sande. Während das Justiz- und das Innenministerium dafür plädierten, bei alleiniger oder überwiegender Schuld des jüdischen Ehepartners das Sorgerecht dem „deutschblütigen" Teil zu übertragen, vertrat die NSDAP/StdF die Auffassung, daß „Mischlinge ersten Grades" („Geltungsjuden" selbstredend) grundsätzlich dem jüdischen Elternteil überlassen werden sollten. Allenfalls bei „Mischlingen zweiten Grades" könnte ein deutscher Pfleger bestellt werden. Dahinter stand kaum verborgen die alte Absicht, die „Mischlinge" den Juden zuzuschlagen. Ungeachtet dieser Diskussionen, von denen sie vermutlich nichts wußten, waren jüdische Frauen durch minderjährige Kinder – bis diese ein bestimmtes Alter erreichten, – zumindest bis Ende 1944 vor der Deportation geschützt. Vgl. zu den kurz referierten Positionen Schriftwechsel im BAP, R 22, Reichsjustizministerium, 450.
380 RIOD, Generalkommissar für Verwaltung und Justiz 25/43 150 h, Vermerk: „Am 30./31.3.1944 sind in Amsterdam und anderwärts vom SD 300 bis 400 jüdische Personen verhaftet worden, die mit Nichtjuden verheiratet waren und aus dieser Mischehe Nachwuchs (noch lebende Kinder und Kindeskinder) besitzen, der im Sinne des Gesetzes nichtjüdisch ist."
381 Vgl. Gisela Bock, Gleichheit und Differenz in der nationalsozialistischen Rassenpolitik, in: Geschichte und Gesellschaft 3 (1993), Göttingen 1993, S.277-310.
382 Ebd., S.308.
383 Zu diesem Ergebnis kommt auch Lekebusch nach einer Auswertung von Urteilen, die in rheinischen Städten gefällt wurden. Vgl. Lekebusch, Not und Verfolgung, S.40.
384 Stoltzfus, Widerstand, S.221.
385 Ebd., S.224f.
386 Ebd., S.327.
387 Vgl. Dipper, Schwierigkeiten, S.415.
388 Der Begriff ist dem Titel eines veröffentlichten Vortrages entnommen: Ursula Büttner, Bollwerk Familie. Die Rettung der Juden in „Mischehen", in: Günther B. Ginzel (Hrsg.), Mut zur Menschlichkeit, Köln 1993, S.59-77.
389 Blau, Mischehe, S.57.

Zweiter Teil Vom „Nichtarier" zum „Ehrenarier"?

1 Diesen Eindruck erweckt Christian Gerlach, Die Wannsee-Konferenz, das Schicksal der deutschen Juden und Hitlers politische Grundsatzentscheidung, alle Juden Europas zu ermorden, in: Werkstatt Geschichte 18 (1997), S.7-57, hier: S.20.
2 Vgl. Jeremy Noakes, Wohin gehören die „Judenmischlinge"? Die Entstehung der ersten Durchführungsverordnungen zu den Nürnberger Gesetzen, in: Ursula Büttner (Hrsg.), Das Unrechtsregime, Bd. 2, S.69-89; Essner, Alchemie; Lösener, Rassereferent; Günter Neliba, Wilhelm Frick. Der Legalist des Unrechtsstaates, Paderborn, München, Wien, Zürich 1992, S.199-221.
3 Vgl. BAP, R 58, Reichssicherheitshauptamt, 243, Abschrift aus Reichsverwaltungsblatt, Bd. 56, S.929-934, Bernhard Lösener, Die Hauptprobleme der Nürnberger Gesetze, S.13.
4 Vgl. Noakes, Nazi Policy, S.304f.
5 Ebd., S.14f.
6 BAP, R 22, Reichsjustizministerium, Niederschrift über die Besprechung im Reichs- und Preußischen Ministerium des Innern am 7.4.1938 zur Vorbereitung der Einführung der Nürnberger Rassengesetze im Land Österreich, S.4, Punkt V.
7 Vgl. Noakes, Nazi Policy, S.322. Siehe dort auch weitere fehlgeschlagene Versuche, die „Mischlingsfrage" auf dem Feld des Reichsbürgergesetzes zu regeln.
8 Vgl. dazu auch Peter Longerich, Hitlers Stellvertreter, München/London/New York/Paris 1992, S.221ff.
9 Ebd., S.221.
10 BAP, R18, Reichsministerium des Innern, 5519, Bernhard Lösener, Aufzeichnung betr. Gründe gegen eine weitere Verschärfung der Maßnahmen in der Frage der Halbjuden und der privilegierten Mischehen v. 4.12.1941, S.1.
11 Ebd., S.2f.
12 Ebd., S.4f.
13 Vgl. Adam, Judenpolitik, S.320.
14 Vgl. Einladungsschreiben Heydrichs und „Besprechungsprotokoll" der Wannsee-Konferenz, abgedruckt in: Pätzold/Schwarz, Judenmord, S.100f. und S.102-112.
15 Adam vermutet, daß Heydrich sich auf die Vorschläge bezog, die Lammers Hitler unterbreitet und die dieser gebilligt und zum Teil noch verschärft hatte. Vgl. Adam, Judenpolitik, S.321.
16 Adam weist unter Berufung auf eine Mitteilung von Hans Globke darauf hin, daß Stuckart diese weniger radikale Lösung vorschlug, um die Einbeziehung der „Mischlinge" in die „Endlösung" zu verhindern und sich bei Conti vergewissert hatte, daß die Sterilisationen praktisch nicht durchführbar gewesen seien. Der verschärfende Vorschlag der Zwangsscheidung von Mischehen allerdings – so Adam – sei damit nicht erklärt (vgl. Adam, Judenpolitik, S.323, Fußnote 100). Bock bezweifelt Stuckarts Aussage, er habe die Sterilisation aus rein taktischen Gründen vorgeschlagen, da Stuckart ebenso wie Maßfeller seit Jahren mit der sterilisationspolitischen Lösung sozialer Fragen vertraut gewesen sei (vgl. dazu Bock, Zwangssterilisation, S.454).
17 Vgl. Adam, S.312.
18 Vgl. ebd., S.322f.
19 Akten der Partei-Kanzlei, Verfilmungs-Nr. 024775-77, Reichsminister der Justiz, Schlegelberger, an den Leiter der Partei-Kanzlei und die anderen Konferenzteilnehmer v. 5.4.1942.
20 Der Reichsminister für die besetzten Ostgebiete ging auf Stuckarts Argument, die „Mischlingsfrage" müsse eine einheitliche Lösung in Europa finden, dahingehend ein, daß er bündig feststellte, für die besetzten Ostgebiete käme nur die Gleichbehandlung von Juden und „Mischlingen" in Frage. Vgl. ebd., Verfilmungs-Nr. 207 00269, Reichsminister für die Ostgebiete, Alfred Meyer, an Leiter der Partei-Kanzlei und die anderen Konferenzteilnehmer vom 16.7.1942, S.2.
21 Vgl. Longerich, Hitlers Stellvertreter, S.223.
22 Vgl. Gerlach, Wannsee-Konferenz, S.34ff.
23 Vgl. Niederschrift „Besprechung über die Endlösung der Judenfrage" und Aufzeichnung des Legationsrats Franz Rademacher über diese Sitzung, abgedruckt in: Pätzold/Schwarz, Judenmord, S.116ff. und 119.
24 Akten der Partei-Kanzlei, Verfilmungs-Nr. 207 00281-83, Reichsminister der Justiz an den Lei-

ter der Partei-Kanzlei und die anderen Konferenzteilnehmer v. 5.4.1942.
25 Adam, Judenpolitik, S.324. Angesichts von insgesamt nur ca. 8000 „Geltungsjuden" scheint diese Zahl aus taktischen Gründen überhöht. Vermutlich wollte Stuckart seinem Argument größeres Gewicht verleihen. Es könnte sich aber auch um einen in der Literatur fortgeschriebenen Tippfehler in der Quelle handeln, so daß nur 300 Personen gemeint waren.
26 Vgl. Geheimschreiben Stuckarts an die Teilnehmer der Wannsee-Konferenz v. 16.3.1942, abgedruckt in: Pätzold/Schwarz, Judenmord, S.121ff.
27 Vgl. Schreiben Schlegelbergers an die Teilnehmer der Wannsee-Konferenz v. 5.4.1942, abgedruckt in: Ebd., S.126f.
28 Wie wenig letztere in der Praxis differenzieren wollten, kommt in einem Briefwechsel des Gauleiters und Generalkommissars von Weißruthenien, Wilhelm Kube, und dem Leiter des RSHA, Reinhard Heydrich, zum Ausdruck. Kube hatte in einem Schreiben vom 21.3.1942 beanstandet, daß im Minsker Ghetto Personen inhaftiert seien, die nicht zum Kreis der zu Deportierenden gehörten. Offensichtlich handelte es sich dabei mehrheitlich um „Halbjuden", die als „Geltungsjuden" eingestuft waren. Heydrich wies ihn ab: „Viele der in dem dortigen Verzeichnis aufgeführten Juden sind bereits bekannt, daß sie immer wieder versuchen, ihre Zugehörigkeit zum Judentum mit allen möglichen und unmöglichen Gründen in Abrede zu stellen, wie es überhaupt in der Natur der Sache liegt, daß insbesondere Mischlinge ersten Grades bei jeder sich bietenden Gelegenheit darauf bedacht sind, ihre Zugehörigkeit zum Judentum abzuleugnen." Vgl. Dokumentation, Aus den Akten des Gauleiters Wilhelm Kube, in: VfZ 4 (1956), S.67-92, hier: S.86.
29 Adam, Judenpolitik, S.325.
30 Der Frauenarzt und Spezialist für weibliche Sexualhormone, Carl Clauberg, experimentierte mit Unterstützung Himmlers in den Konzentrationslagern Auschwitz und Ravensbrück an Jüdinnen und „Zigeunerinnen", um eine Sterilisationsmethode zu finden, die schnell, massenhaft und von den betroffenen Frauen unbemerkt angewandt werden konnte. Anvisiert waren fließbandähnliche Verfahren, in denen „ein Arzt mit vielleicht zehn Helfern mehrere hundert, wenn nicht gar 1000 [Frauen, B.M.] an einem Tage" unfruchtbar machen könnte. Glücklicherweise gelang Clauberg die rechtzeitige Entwicklung eines solchen Verfahren jedoch nicht mehr. Clauberg an Himmler v. 7.6.1943, zitiert nach: Medizin ohne Menschlichkeit. Dokumente des Nürnberger Ärzteprozesses, herausgegeben und kommentiert von Alexander Mitscherlich/Fred Mielke, Frankfurt 1960, S.245ff., siehe auch Bock, Zwangssterilisation, S.453-456.
31 So monierte das Rassen- und Siedlungshauptamt, daß bei den diversen Besprechungen die „Mischlinge zweiten Grades" auch perspektivisch den „Deutschblütigen" zugeschlagen werden sollten, und überreichte eine Stellungnahme des Chefs des Rassenamtes, der seine Dienststelle als Prüfstelle für die Einordnung jedes Einzelnen aus dieser Personengruppe vorschlug. Die Partei-Kanzlei der NSDAP versandte daraufhin ein Rundschreiben, in dem sie die Gau- und Kreisleiter aufforderte, bei Beurteilungen von „Mischlingen zweiten Grades" auf die Abstufungen „jüdischer Blutsanteile" zu achten, die Antragsteller aus diesem Personenkreis angeblich aufwiesen. Insbesondere Nachkommen aus einer Ehe, an der zwei „Mischlinge" beteiligt waren, hätten mehr als ein Viertel „jüdisches Blut". Vgl. Akten der Partei-Kanzlei, Verfilmungs-Nr. 102 00621-28, Chef des Rasse- und Siedlungshauptamtes an Reichsführer SS vom 17.2.1943, Anlage: Zur rassenbiologischen Beurteilung der Mischlinge zweiten Grades; NSDAP Partei-Kanzlei Rundschreiben Nr. 117/43 v. 27.8.1943.
32 Vgl. Adam, Judenpolitik, S.341 und 352.
33 Akten der Partei-Kanzlei, Verfilmungs-Nr. 107 00382-427, RFSS an SS-Wirtschafts-Verwaltungshauptamt v. 26.7.1944, Behandlung von Mischlingsangelegenheiten, S.17.
34 Ebd., S.5.
35 Ebd., S.30.
36 Adam, Judenpolitik, S.331f.; siehe auch Teil III, Kapitel III, Seite 230ff. dieser Arbeit.

37 Vgl. Hans Mommsen, Die Realisierung des Utopischen: Die „Endlösung" der Judenfrage im „Dritten Reich", in: Der Nationalsozialismus und die deutsche Gesellschaft, herausgegeben von Lutz Niethammer/Bernd Weisbrod, Reinbek 1991, 184-232.
38 Ebd., S.215f.
39 Akten der Partei-Kanzlei, Verfilmungs-Nr. 132 0235/6, Reichskanzlei, Lammers, an die Reichsminister u.a. v. 25.10.1937.
40 Vgl. Peter Diehl-Thiele, Partei und Staat im Dritten Reich, München 1969, S.256.
41 Dies gilt für die regionalen Behörden, im Innenministerium – darauf weist Noakes hin – wurde bereits mit dem „Mischlings-Begriff" differenziert. Vgl. Noakes, Wohin gehören..., S.71.
42 RGBl I 1933, S.195.
43 Vgl. zum Reichsbürgergesetz die Ausführungen von Diemut Majer, „Fremdvölkische" im Dritten Reich, Boppard 1981, S.199-215; siehe auch Saul Friedländer, Das Dritte Reich und die Juden, Bd. 1, München 1998, S.162-191.
44 Vgl. Friedländer, Das Dritte Reich, S.169.
45 StaHH, 134-3 I, Rechtsamt I, 168, Erlaß des RMdI vom 11.1.1939 (I e 329 – III – V/39 – 5018 e 1).
46 Ebd., 351-10I, Sozialbehörde I, Bd. 1, StW 31.22, Gemeindeverwaltung Hamburg, Hauptverwaltungsamt, Organisationsabteilung an die Herren Beigeordneten, die Ämter und Verwaltungen v. 30.10.1940. Ähnlich auch Staatsverwaltung der Hansestadt Hamburg an die Abteilungen der Staatsverwaltung und nachgeordnete Behörden v. 2.11.1940.
47 Zitiert nach Götz Aly/Karl Heinz Roth, Die restlose Erfassung, Berlin 1984, S.55.
48 Aly/Roth, Erfassung, S.68.
49 BAP, R 43 II, Reichskanzlei II, 602, RuPrMdI an Adjutantur der Wehrmacht beim Führer und Reichskanzler, Major Roßbach, v. 3.4.1935, S.3.
50 Ebd.
51 Vgl. Friedrich Burgdörfer, Die Juden in Deutschland und in der Welt. Ein statistischer Beitrag zur biologischen, beruflichen und sozialen Struktur des Judentums in Deutschland, in: Forschungen zur Judenfrage, Bd. III, Sitzungsberichte der Dritten Münchner Arbeitstagung des Reichsinstituts für die Geschichte des neuen Deutschland v. 5. bis 7. Juli 1938, Hamburg 1938, S.152-198, hier: S.177.
52 BAP, R 58, Reichssicherheitshauptamt, 276, RFSS und Chef der Deutschen Polizei im RMdI an die Höheren Verwaltungsbehörden vom 31.3.1941.
53 Ein bayrischer Betroffener beantragte gar schriftlich einen „Ehren-Arier-Paß". Ihm wurde geraten, um Gleichstellung nachzusuchen. Vgl. BAP, R 18, Reichsministerium des Innern, 5645, Bl. 265, Ministerialrat Kaibel an A.L. v. 24.4.1942.
54 Gegründet durch Verfügung des Stellvertreters des Führers (StdF) als Amt für Sippenforschung am 15.10.1934, wurde die Behördenstelle am 5.3.1935 in Reichsstelle für Sippenforschung (lt. RdErl. d. RuPrMdI v. 5.3.1935, Ministerialblatt I, S.316) und am 12.11.1940 in „Reichssippenamt" (RdErl. d. RMdI v. 12.11.1940) umbenannt.
55 Vgl. Horst Seidler/Andreas Rett, Das Reichssippenamt entscheidet. Rassenbiologie im Nationalsozialismus, Wien 1982, S.188-197. In dieser Arbeit sind auch weitere wichtige Dokumente abgedruckt – leider ohne Quellenangaben.
56 Vgl. Noakes, Nazi Policy, S.319.
57 Vgl. Longerich, Hitlers Stellvertreter, S.85ff.
58 Vgl. BAP, R 18, Reichsministerium des Innern, 5645, RMdI an die Obersten Reichsbehörden, den Preußischen Ministerpräsidenten, den Preußischen Finanzminister, das Reichsbankdirektorium und die Reichsstatthalter v. 28.7.37. Gegen die Bezeichnung „Gnadenakt" erhob der RFSS später Einspruch, da ein solcher voraussetze, daß der Begnadigte von den rechtlichen Folgen einer Verfehlung befreit würde. Eine Gleichstellung mit „Deutschblütigen" aufgrund besonderer Verdienste bezog sich aus dieser Perspektive dagegen auf einen „biologischen Tatbestand", der nicht mit Begnadigung aus der Welt zu schaffen war. Vgl. Akten der Partei-Kanzlei, Verfilmungs-Nr. 107 00382-427, S.19f.
59 Vgl. Noakes, Nazi Policy, S.336 und neuerdings eine Studie von John M. Steiner/Jobst Frhr. von Cornberg, Willkür in der Willkür. Hitler und die

Befreiungen von den antisemitischen Nürnberger Gesetzen, in: VfZ 2 (1998), S.143-187.
60 FZH/WdE, 040 G, Interview mit Ansgar Bürger (Name geändert), geführt von Beate Meyer am 26.3.1992, Transkript S.4-7.
61 RGBl. I 1935, S.1333; Erste VO zum Reichsbürgergesetz v. 14.11.35, §3.
62 Ebd., §§2 und 4.
63 Vgl. Adam, Judenpolitik, S.324 und Pätzold/Schwarz, Judenmord, S.123. Vgl. Anm. 25.
64 Vgl. Noakes, Nazi Policy, S.318f.
65 Wilhelm Stuckart/Rolf Schiedermair, Rassen- und Erbpflege in der Gesetzgebung des Dritten Reiches, zitiert nach: Seidler/Rett, Reichssippenamt, S.112ff., hier: S.116. So erhielt ein Antragsteller den Bescheid, eine Gleichstellung sei wegen seines „erheblichen jüdischen Blutsanteils" abgelehnt worden, dagegen seien ihm zugebilligt worden: „a) völlige wirtschaftliche Gleichstellung b) Schutz gegen jegliche finanzielle Schädigung und gegen alle Hemmungen meiner beruflichen Weiterentwicklung". (Amt für Wiedergutmachung in Hamburg (A.f.W.), 1801 91, Bl. 1, Prof. F. Sch. an A.f.W. vom 8.3.1948).
66 BAP, R 18, Reichsministerium des Innern, 5519 (419), RMdI an Leiter der Reichsstelle für Sippenforschung v. 22.5.1939; vgl. auch Noakes, Nazi Policy, S.319.
67 MBliV. Nr. 34, Berlin 26.8.1942, Seite 1711.
68 Vgl. Akten der Partei-Kanzlei, Verfilmungs-Nr. 107 00382-427, Behandlung von Mischlingsangelegenheiten, (Persönlicher Stab Reichsführer SS, o. Verf.), hier: S.6-8, Anlage zum Schreiben des RFSS, Persönlicher Stab an SS-Wirtschafts-Verwaltungsamt v. 26.7.1944.
69 Ebd., S.21f.
70 Vgl. Steiner/Cornberg, Willkür, S.155.
71 StaHH, 131-6, Staatsamt 34, Bd. 1-3.
72 Ebd., Bd. 1, Bl. 27.
73 Ebd., Bd. 2, Bl. 80.
74 Ebd., Bl. 84.
75 Ebd., Bl. 175f., ähnlich Bd. 3, Bl. 146f.
76 Ebd., Bd. 3, Bl. 123f.
77 Ebd., Bl. 68f.
78 Ebd., Bl. 71.
79 Ebd., Bd. 2, Bl. 207-209 und Bd. 3, Bl. 274-276.
80 Ebd., Bd. 2, Bl. 101.
81 Ebd., Bl. 27, 54, 105, 239f.
82 Ebd., Bl. 53.
83 Ebd., Bl. 54.
84 Ebd., Bd. 3, Bl. 156-160.
85 Ebd., Bl. 171-173.
86 Vgl. Steiner/Cornberg, Willkür, S.186.
87 RGBl. I 1938, S.380; VO z. Durchf. vom 23.4.1938: RGBl. I, S.417.
88 BAP, R 22, Reichsjustizministerium, 486 (467), RuPrMdI an den RJM v. 20.5.1938.
89 Ebd., RJM an den RuPrMdI v. 25.10.1937.
90 Teilreformen im Familienrecht, in: Nachrichtendienst 7 (1938), S.206-209, hier: S.207.
91 Ebd., S.206ff.
92 Die Frage, ob bei einem unehelichen Kind gegen die Mutter als „unmittelbare Statusangehörige" Klage erhoben werden könnte, den „wahren Erzeuger" anzugeben, war nicht reichseinheitlich geregelt. Das Hamburger Oberlandesgericht hatte die Frage 1940 bejaht, was allerdings in der juristischen Diskussion auf Widerspruch stieß. Denn – so Reichsgerichtsrat Günther – die Entscheidung berücksichtige nicht, daß es um zwei Rechtsverhältnisse des Kindes gehe: das zur Mutter und das zum Vater, die in keinem rechtlichen Zusammenhang stünden. (Vgl. Dr. Günther, Leipzig, in: Zeitschrift für Standesamtswesen 19 (1940); vgl. auch (o. Verf.), Feststellung der blutsmäßigen Abstammung nach dem Tode des angeblichen Erzeugers, in: Nachrichtendienst, 2 (41), S.31f.).
93 Vgl. zu den einzelnen Faktoren: Maria Küper, Die Rechtsprechung der Gerichte zur Anwendung des erbbiologischen Gutachtens für die Vaterschaftsfeststellung, in: Der Erbarzt, 11 (1938), S.140-149.
94 Vgl. Engelhard Bühler, „Offenbar unmöglich" im erbbiologischen Vaterschaftsnachweis", in: Der Erbarzt, 3 (1939), S.33-37.
95 Grundsätzlich konnte nach Ansicht der Experten die Untersuchung bei Kindern aller Altersstufen, frühestens ab dem 2. Lebensjahr, durchgeführt werden. Dennoch wollten viele erbbiologische Gutachter erst ab dem 5. oder 6. Lebensjahr vergleichende Messungen vornehmen, weil sich dann erst Gesicht und Kopfform her-

ausgebildet hätten (vgl. Bühler, „Offenbar unmöglich", S.34). Das Innenministerium schlug schließlich vor, zwei Jahre als Mindestalter festzusetzen (vgl. BAP, R 22, Reichsjustizministerium, 487 (39-40), RMdI an RJM v. 24.1.1939).

96 Vgl. „Abstammungsfeststellung bei jüdischen Mischlingen", in: Nachrichtendienst 6 (1941), S.131f., hier: S.132. Gleichlautend auch der Text der amtlichen Verordnung Nr. 197, Abstammungsfeststellung bei jüdischen Mischlingen, VO des RMdI v. 24.5.1941, in: Deutsche Justiz 22 v. 30.5.1941, S.629.

97 Richterbriefe – Mitteilungen des Reichsministers der Justiz – Nr. 5 v. 1.2.1943, 19. Abstammungsfeststellung bei Juden und jüdischen Mischlingen, in: Richterbriefe. Dokumente zur Beeinflussung der deutschen Rechtsprechung 1942–44, herausgegeben von Heinz Boberach, Boppard 1975, S.75-80, hier: S.77f.

98 Meldungen aus dem Reich 1938–1945. Die Geheimen Lageberichte des Sicherheitsdienstes der SS, herausgegeben und eingeleitet von Heinz Boberach, Bd. 7, Nr. 180 v. 22.4.1941 – Nr. 211 v. 14.8.1941, Herrsching 1984, S.2451.

99 Ebd., Bd. 11, Nr. 302 v. 23.7.1942 – Nr. 331 v. 2.11.1942, S.4058ff.

100 Ebd., Nr. 302 v. 23.7.1942 und Nr. 331 vom 2.11.1942, S.4254.

101 Vgl. Friedbert Aspetsberger, >arnolt bronnen<. Biographie, Wien, Köln/Weimar 1995. Den Fall Bronnen beleuchten auch Steiner/Cornberg, Willkür, S.163f.

102 Erhard Schütz, „Ewig in der Pubertät", Tagesspiegel v. 17.2.1996.

103 Vgl. Aspetsberger, bronnen, S.25ff.

104 Ebd., S.602.

105 Ebd., S.603ff.

106 Ebd., S.611ff.

107 Ebd., S.665ff.

108 BAP, R 43, Reichskanzlei 721 (44), RdErl des Reichs- u. Preußischen Minister des Innern (RuPrMdI) v. 6.7.1936: Inanspruchnahme der Reichsstelle für Sippenforschung bei Abstammungsprüfungen.

109 Ebd. (46), RdErl. des RuPrMdI v. 27.8.1937: Erb- und rassenkundliche Untersuchungen beim Abstammungsnachweis.

110 Ebd. (47), RdErl. des RuPrMdI v. 25.6.1938: Abstammungsbescheide der Reichsstelle für Sippenforschung.

111 Vgl. Horst Ritter, Die Rolle der Anthropologie im NS-Staat, in: Jürgen Pfeiffer (Hrsg.), Menschenverachtung und Opportunismus. Zur Medizin im Dritten Reich, Tübingen 1992, S.172-186, hier: S.181.

112 Otmar Freiherr von Verschuer, Die Vaterschaftsgutachten des Frankfurter Universitätsinstituts für Erbbiologie und Rassenhygiene, in: Der Erbarzt, Bd. 9, 2 (1941), S.25-31.

113 Ebd., S.28.

114 Ebd., (110), Chef der Sicherheitspolizei und des SD an den RJM v. 3.5.1944.

115 Ebd., (111, 112), Entwurf RJM an die Herren OLGPräs. v. 3.6.1944.

116 Zur Entwicklung, den beteiligten Personen und ausgeübten Tätigkeiten vgl. Eckart Krause/ Ludwig Hubert/Holger Fischer (Hrsg.), Hochschulalltag im „Dritten Reich". Die Hamburger Universität 1933–45, Berlin/Hamburg 1991, S.1169-1196, hier: S.1180. Hier wird unter Berufung auf Karl Heinz Roth davon ausgegangen, daß Scheidt gar keine Gutachten erstellt habe, was aber nach dem oben zitierten Schreiben unwahrscheinlich ist.

117 BAP, R 22, Reichsjustizministerium, 487 (60-61), Der Präsident des Hanseatischen Oberlandesgerichts an RJM v. 6.1.1939.

118 BAP, R 22, Reichsjustizministerium, 488 (370 u. 371), RMdI an den RJM v. 8.2.1943.

119 Vgl. dazu „Porträt Koopmann", Kapitel III, S.131ff.

120 Aus einem Schreiben des RMdI geht hervor, daß das Anthropologische Institut der Universität Kiel, Leiter: Prof. Dr. Hans Weinert, im Nachtrag zu den bereits im März 1936 benannten Instituten für die Erstellung erb- und rassenkundlicher Untersuchungen zugelassen wurde. Vgl. BAP, R 22, Reichsjustizministerium, 487 (39-40), RMdI an RJM v. 24.1.1939.

121 BAP, R 22, Reichsjustizministerium 486 (39), Beauftragter des RJM der Abteilung Nord an den RJM v. 14.3.1935.

122 Ebd., (420-22), RuPrMdI an den RJM vom 9.5.1938.

Anmerkungen S. 113–119

123 Die ausgewerteten Verfahren sind nicht mit dem Gesamtbestand der Verfahren identisch, an denen Personen jüdischer Herkunft beteiligt waren. Durch Kriegseinwirkung gingen in Hamburg oder auf dem Weg zum Reichssippenamt Akten verloren. Zudem sind die Unterlagen bis 1938 – aus diesem Jahr existiert nur noch ein Restbestand – kassiert worden. So können nur Aussagen über die nach dem neuen Familienrecht 1938 eingeleiteten Verfahren getroffen werden. In der Regel haben die Zivilkammern in Hamburg vor dem Krieg jährlich in 400 bis 600 Abstammungsverfahren entschieden, später stiegen diese Zahlen an. Der Anstieg ist aber weniger auf die aus „rassischen" Gründen geführten Zivilprozesse zurückzuführen, sondern den sexuellen und moralischen Wirren der Kriegsjahre zu verdanken.
124 ALGH, 16b R 129/42.
125 Beispielsweise ALGH, 1 R 125/40, 7 R 407/44 oder 12 R 221/43.
126 Ebd., 1a R 44/40.
127 So ebd., 3 R 55/39.
128 Ebd., 1 R 71/42 und 8 R 118/39.
129 Ein besonders eindrucksvolles Hamburger Beispiel, in dem ein Vormund sein Mündel mit einer Statusverbesserung schützen wollte, ist veröffentlicht von Irene Eckler, Die Vormundschaftsakte 1935–1958, Schwetzingen, Horneburg 1996.
130 ALGH, 1 R 73/41, 4 R 174/39.
131 Ebd., 7 R 407/44, 16b R 350/44, 7 R 407/44, 1 R 20/42, 1 R 121/41, 1 R 83/41, 1 R 125/40, 1 R 139/40, 1 R 127/40, 2 R 315/38, 1 R 146/40, 1 R 15/41.
132 Ebd., 12 R 221/43 und 2 R 40/42.
133 So war die jüdische Mutter einer Antragstellerin zum Verfahren bereits „unbekannten Aufenthalts" (vgl. ebd., 1 R 71/42); ein jüdischer Vater befand sich, während die Berufungsverhandlung stattfand, in Theresienstadt (vgl. ebd., 12 R 221/43), ein anderer wurde während des Verfahrens nach Minsk deportiert (ebd., 12 R 128/41).
134 Ebd., 9 R 223/1938, so auch 1 R 123/40, 1a R 26/40.
135 Ebd., 11 R 32/43, 12 R 269/42.
136 StaHH, 622-2, Nachlaß Hans Koopmann, 3 Bd. 1, 1939, Gutachten Koopmann v. 4.8.1939, S.7 sowie Lotte S. an Koopmann v. 28.8.1939. Interpunktion wie Original.
137 ALGH, 16b R 374/44, S.2., verkündet am 8. April 1946. Ob der jüdische Zahlvater wieder in Anspruch genommen worden ist, falls er die NS-Zeit überlebt hatte, kann leider nicht festgestellt werden.
138 Ebd., 11b R 103/41, S.4f.
139 Ebd., S.1.
140 Wahrscheinlich wurde er nach Minsk deportiert und dort ermordet. Das Gedenkbuch verzeichnet einen Isidor L. gleichen Alters. Der genaue Nachweis kann jedoch mangels Geburtsdatum und -ort des Vaters nicht geführt werden. Vgl. Gedenkbuch, S.798.
141 ALGH, 12 R 128/41, Bl. 7f., Klagschrift RA F. Einstmann an Landgericht v. 28.8.1941.
142 Ebd., Bl. 40, I.S. an Landgericht v. 17.8.1941.
143 Ebd., Bl. 37, I.S. an J.G. v. 12.3.1941.
144 Ebd., Bl. 10f., Protokoll der Öffentlichen Sitzung des Amtsgerichts Schönebeck/Elbe vom 16.10.1941.
145 I.S. wurde am 8.11.1941 nach Minsk deportiert, vgl. Hamburger jüdische Opfer, S.381.
146 ALGH, 12 R 128/41, Bl. 17, Allg. Krankenhaus Hamburg St. Georg, Serologisches Institut an Landgericht Hamburg v. 29.11.1941.
147 Ebd., Bl. 20, RA F. Einstmann an Landgericht v. 10.1.1941.
148 Ebd., Bl. 21, RA F. Einstmann an Landgericht v. 21.2.1941.
149 Ebd., Bl. 23, Der Stadtkommissar Minsk an Allg. Krankenhaus St. Georg, Bakteriologisch-Serologisches Institut, Dr. Lauer v. 13.3.1942; Bl. 23, Niederschrift über die Entnahme von Blutproben, Amtsarzt Dr. Weber v. 11.6.1942.
150 Ebd., Bl. 22 und 26, AK Hamburg St. Georg, Serologisches Institut an Landgericht Hamburg v. 24.6.1942, Begleitschein v. 11.6.1942 über „Venenblut".
151 Ebd., Bl. 22, Allg. Krankenhaus Hamburg St. Georg, Serologisches Institut an Landgericht Hamburg v. 24.6.1942.
152 Ebd., Bl. 30, Protokoll der öffentlichen Sitzung des Amtsgerichts Schönebeck/Elbe vom 14.7.1942.

153 Ebd., Bl. 35, RA F. Einstmann an Landgericht vom 18.7.1942.
154 Ebd., Bl. 40, Ladung Zivilkammer 12 an I.S. vom 30.7.1942.
155 Ebd., Bl. 36, RA F. Einstmann an Landgericht vom 25.7.1942.
156 Ebd., Bl. 45, Vermerk auf Beschluß Landgericht Hamburg, verkündet 15.9.1942.
157 Ebd.
158 Ebd., Bl. 46, Gesundheitsverwaltung, Hauptgesundheitsamt, Gerichtsärztlicher Dienst, Koopmann an Zivilkammer 12 v. 28.9.1942.
159 Ebd., Bl. 48, Frau G., Dortmund an J.G. vom 22.7.1942.
160 Ebd., Bl. 50, Deutsches Gericht, Minsk an Landgericht Hamburg v. 22.9.1942.
161 Ebd., Bl. 54, Protokoll der Öffentlichen Sitzung des Amtsgerichts Schönebeck/Elbe v. 29.9.1942.
162 Ebd., Bl. 59, 60.
163 Ebd., Bl. 68, RA F. Einstmann an Landgericht v. 17.7.1944 und Bl. 62, RA F. Einstmann an Landgericht v. 15.1.1943.
164 Unter seinem Namen weist der Vermerk „für tot erklärt" darauf hin, daß Todesdatum und -ort unbekannt sind. Vgl. Gedenkbuch, S.1372.
165 ALGH, 8 R 297/41, Beschwerde der Rechtsanwälte Utescher u.a. an Landgericht Hamburg v. 15.10.1941, S.3.
166 ALGH, 8 R 297/41, Entscheid Hanseatisches OLG 2 W 88/41 v. 11.12.1941.
167 Ebd., Auskunft Strafanstalt Fuhlsbüttel an Landgericht Hamburg v. 2.4.1942.
168 Ebd., J.M. an Landgericht v. 21.4.1941.
169 Ebd., Urteil, S.2.
170 Ebd., Erbbiologisches Gutachten Koopmann v. 25.8.1942, S.3f.
171 Ebd., S.8.
172 Ebd., Urteil, S.1.
173 ALGH, 9b R 103/40, Bl. 1, H.H.N. an Landgericht Hamburg v. 28.6.1940, S.1.
174 Ebd., Bl. 2, S.2.
175 Ebd., Bl. 2f., S.2f.
176 Ebd., Bl. 6, Dienststelle der F.P., Leutnant und Batteriechef an Landgericht Hamburg vom 30.6.1940.
177 Ebd., Bl. 9, R.N. an Landgericht v. 16.7.1940, hier: S.3.
178 Ebd., Bl. 11, S.5.
179 Ebd., Bl. 19, Schriftsatz Dr. H. Möller an Landgericht v. 21.8.1940.
180 Ebd., Bl. 33, Protokoll der nichtöffentlichen Sitzung des Landgerichts v. 1.11.1940, S.2.
181 Ebd., Bl. 22, Schriftsatz Dr. H. Möller an Landgericht v. 21.8.1940.
182 Ebd., Bl. 28, AK St. Georg, Serologisches Institut, Dr. Lauer an Landgericht Hamburg v. 23.9.1940.
183 Ebd., Bl.38 u. 39, Erbbiologisches Gutachten Gesundheitsverwaltung, Hauptgesundheitsamt, Gerichtsärztlicher Dienst, Dr. Koopmann für Landgericht Hamburg v. 25.2.1941, hier: S.2 u. 3.
184 Ebd., S.8.
185 ALGH, 1 R 129/42.
186 Ebd., 7 R 2/43, Bl. 4f., Gutachten Anthropologisches Institut der Universität Kiel vom 27.5.1943, S.1f.
187 Ebd., Bl. 6, S.3.
188 Ebd., Bl. 27f., Urteil Landgericht Hamburg, S.1 und S.2.
189 ALGH, 7 R 17/43, Gutachten des Anthropologischen Instituts der Universität Kiel vom 5.9.1943, S.3.
190 Ebd., S.3.
191 Ebd., S.4.
192 Ebd., Anthropologisches Institut der Universität Kiel an Oberstaatsanwalt bei dem Landgericht Hamburg v. 26.1.1943.
193 Ebd., Gutachten des Anthropologischen Instituts der Universität Kiel v. 5.9.1943, S.2.
194 Ebd., Gutachten der Gemeindeverwaltung der Hansestadt Hamburg, Gesundheitsverwaltung, Hauptgesundheitsamt, Dr. Koopmann v. 13.7.1942, S.1f.
195 ALGH, 1 R 37/43, Bl. 3-6, Gutachten des Anthropologischen Instituts der Universität Kiel v. 21.1.1943.
196 Ebd., Bl. 18-24, Gutachten Gemeindeverwaltung der Hansestadt Hamburg, Gesundheitsverwaltung, Hauptgesundheitsamt, Koopmann v. 24.6.1943, S.1-7, hier: S.4.
197 Ebd., Bl. 23, S.6.
198 Ebd., Bl. 22, S.5.
199 Ebd., Bl. 23, S.6.

200 Ebd., S.6f.
201 Der nichtjüdische Anwalt hatte sich übrigens eine Genehmigung der NSDAP, Gau-Stabsamt ausstellen lassen müssen, bevor er die Vertretung der Klägerin übernahm. Vgl. ebd., Bl. 14, NSDAP, Gaurechtsberater Becher an RA Max Simmonds v. 10.5.1943.
202 Ebd., Bl. 42, Anthropologisches Institut der Universität Kiel, Weinert an Landgericht v. 13.7.1943.
203 Ebd., Bl. 45, Der Direktor des Reichssippenamtes Berlin an Oberstaatsanwalt bei dem Landgericht Hamburg v. 10.12.1943.
204 Ebd., Institut für Rassenbiologie der Universität, Prof. Dr. Wolfgang Abel, Berlin an Landgericht Hamburg v. 2.3.1945.
205 Ebd., Bl. 44, Oberstaatsanwalt an Landgericht Hamburg v. 6.10.1945.
206 Ab 1942 wurden – wie siehe auch Teil III, Kapitel IV, S.248ff. dieser Arbeit – Zuchthäuser und KZs in Deutschland „judenfrei" gemacht. Die dort einsitzenden Jüdinnen und Juden wurden dann nach Auschwitz transportiert, wo sie kaum eine Überlebenschance hatten.
207 BAP, R 22, Reichsjustizministerium, 486 (344-350), Eingabe Prof. Dr. O. v. Verschuer, Direktor des Universitäts-Instituts für Erbbiologie und Rassenhygiene Frankfurt o.D. (vermutlich 1937), S.1-7, hier: S.7.
208 Fünfzehn Gutachten betrafen Männer, sechs Frauen.
209 Nur selten waren die Urteile so milde wie im Fall eines Angeklagten, der mit zwei Jüdinnen sexuelle Kontakte gehabt hatte. Er war unehelich geboren. Seine „deutschblütige" Mutter heiratete später einen Juden. Das Ehepaar unterhielt eine Pension, die jüdische Gäste aufnahm. Dort hatte der bei seinen Eltern lebende Beschuldigte die Frauen kennengelernt. Koopmann attestierte ihm, daß er zwar einen „fremdrassigen Eindruck" mache, aber doch „Arier" sei. Seine Verurteilung fiel relativ milde aus, da „er dem jüdischen Milieu verbunden war." Vgl. StaHH, 622-2, Nachlaß Hans Koopmann, Bd. 4, Urteil Landgericht Hamburg, 11 Js. 1420/39b 32/40.
210 Ebd., Gerichtsärztliches Gutachten H. Koopmann v. 7.11.1939, S.1.

211 Ebd., S.3.
212 Ebd., Gerichtsärztliches Gutachten H. Koopmann v. 26.10.1939, S.2 und 3f.
213 Ebd., Urteil Landgericht Hamburg (36) 11 Kls. 2/40b 144/39 az 11 Js.
214 Ebd., Gutachten o.D. E.R. vom 11.6.1941, 18.4.1941 und 13.11.1943.
215 StaHH, 361-6, Hochschulwesen, Personalakten, Hans Koopmann, IV 1335, , Bl. 23f., Lebenslauf Hans Koopmann o.D.
216 Ebd., 622-2, Nachlaß Hans Koopmann, Bd. 13a, Ausführungen Koopmann.
217 Vgl. auch Krause u.a. (Hrsg.), Hochschulalltag, Bd. 3, S.1266, 1278, 1281, 1479.
218 StaHH, 361-6, Hochschulwesen, Dozenten- und Personalakten, IV 541, Bl. 1, (Abschrift) Landesunterrichtsbehörde an Medizinische Fakultät, Rektor der Hansischen Universität v. 28.4.1934.
219 Ebd., Bl. 8, RuPrMWEV an Hansischen Universität v. 9.11.1935.
220 Ebd., Bl. 9, Koopmann an Medizinische Fakultät v. 2.12.1935.
221 Ebd., Bl. 12, RuPrMWEV an Koopmann v. 6.2.1936.
222 Ebd., 361-6, Hochschulwesen, Dozenten- und Personalakten, Personalakte Hans Koopmann, IV 1335, Bl. 52-54, Koopmann an Prof. Keeser v. 27.6.1937.
223 Ebd., Bl. 62 (Rücks.) u. 63, Aktenvermerk Prof. Keeser v. 13.9.1937 und Genehmigung des Reichsstatthalters (handschr. Vermerk).
224 Ebd., IV 541, Bl. 13, Notiz in der Personalakte v. 13.7.1937.
225 Ebd., Bl. 17f., Reichsstatthalter in Hamburg, Staatsverwaltung an Dekan der Medizinischen Fakultät über Rektor der Hansischen Universität v. 4.5.1938 und Medizinische Fakultät der Hansischen Universität an Rektor ders. vom 14.6.1938.
226 Ebd., Bl. 32, NSDAP an Syndikus der Hansischen Universität v. 24.3.1939.
227 Ebd., Koopmann an Dekan der Medizinischen Fakultät v. 5.9.1939.
228 Ebd., 622-2, Nachlaß Hans Koopmann, Bd. 16, Otto Hintze an Koopmann v. 20.7.1939.
229 Koopmann war lediglich ab 1934 Mitglied der

NSV und ab 1937 Mitglied des NS Altherrenbundes, wo er keine Ämter innehatte; vgl. StaHH, 361-6, Hochschulwesen, Personalakten, IV 1335, Fragebogen Military Government v. 23.6.1946.

230 Ebd., Hochschulwesen, Dozenten- und Personalakten IV 541, Bl. 36-39, Syndikus an Dozentenbundführer Prof. Anschütz v. 2.11.1939; NSDAP Dozentenbundführer an Syndikus v. 16.12.1939 und Gemeindeverwaltung der Hansestadt Hamburg, Gesundheitsverwaltung an Staatsverwaltung v. 29.12.1939.

231 Angeblich hatte Koopmann den Antrag verspätet eingereicht bzw. dieser wurde verspätet weitergeleitet. Vgl. ebd., Bl. 40 u. 43-45, Reichsminister für Wissenschaft, Erziehung und Volksbildung an Koopmann v. 7.2.1940, Staatsverwaltung, Abt. Hochschulwesen an Rektor der Hansischen Universität v. 28.5.1940 und Rektor der Hansischen Universität an Staatsverwaltung, Abt. Hochschulwesen v. 18.6.1940.

232 Ebd., 361-6, Hochschulwesen, Dozenten- und Personalakten IV 541, Bl. 48-50, Koopmann an Rektor der Hansischen Universität v. 1.7.1940.

233 Ebd., Bl. 78, Universität an Koopmann v. 8.10.1941.

234 Ebd., 622-2, Nachlaß Hans Koopmann, Bd. 10, Abhandlung Obermedizinalrat Dr. Koopmann, „Der geborene Verbrecher", in: „Aus dem gerichtsmedizinischen Dienst des Hauptgesundheitsamtes", S.13.

235 Ebd., 3 Bd. 1 (1939), Erbbiologisches Gutachten Hans Koopmann v. 18.11.1939, S.8. Die Medizinhistorikerin Rothmaler weist darauf hin, daß Koopmanns erbbiologische Gutachten in daktylographischer Tradition (Analyse von Hand- und Fußabdrücken) standen und er zum anderen vermutlich in enger Zusammenarbeit mit dem Blutgruppenforscher Alfred Lauer und dem Anatomen Heinrich Poll eigene, wissenschaftlich ausgerichtete Kriterien für Vaterschaftsnachweise entwickelte. Diese naturwissenschaftlichen Methoden trugen ihm die Kritik des „biologisch-völkisch" ausgerichteten Vorsitzenden der Hamburger Ärztekammer Holzmann ein (vgl. Christiane Rothmaler, Die Konstruktion der Wirklichkeit oder Der Arzt als Jäger, in: Karsten Linne/Thomas Wohlleben (Hrsg.), Patient Geschichte, Frankfurt 1993, S.185-206, hier: S.196ff.).

236 StaHH, 622-2, Nachlaß Hans Koopmann, 3 Bd. 1 (1939), Erbbiologisches Gutachten Hans Koopmann v. 18.11.1939, S.4.

237 Ebd., Bd. 4 (1939-1942), Gerichtsärztliches Gutachten Hans Koopmann v. 12.11.1940, S.4.

238 Ebd., 3 Bd. 1 (1939), Erbbiologisches Gutachten Hans Koopmann v. 18.11.1939, S.5.

239 Ebd., Bd. 4, Koopmann an Oberstaatsanwalt v. 23.3.1939.

240 Wolfgang Sarodnik, Psychiatrie und Todesstrafe. Gutachten über die strafrechtliche Verantwortlichkeit von Angeklagten zwischen 1939 und 1945, in: Justizbehörde Hamburg (Hrsg.),"Von Gewohnheitsverbrechern, Volksschädlingen und Asozialen ...". Hamburger Strafurteile im Nationalsozialismus, Hamburg 1995, S.420-446, hier: S.436f.

241 Vgl. Sarodnik, Psychiatrie, S.438.

242 Vgl. Rothmaler, Konstruktion, S.197.

243 Interview in der Bild-Zeitung v. 13.8.1955.

244 Ebd.

245 Zu einer ähnlichen Einschätzung kam Sarodnik: „Offensichtlich erfüllte der ehrgeizige Koopmann von seiner Einstellung für das damalige System her alle Voraussetzungen für eine berufliche Karriere, und der Aufstieg scheiterte nur an seiner Ehe." Sarodnik, Psychiatrie, S.438.

246 Vgl. Rothmaler, Konstruktion, S.197.

247 Wuttke bezieht sich hier auf den Philosophen Wolfgang Fritz Haug, Die Faschisierung des bürgerlichen Subjekts, Berlin 1986, vgl. Walter Wuttke, Ideologien der NS-Medizin, in: Pfeiffer (Hrsg.), Menschenverachtung, S.160f.

248 Ebd.

249 StaHH, 361-6, Hochschulwesen, Dozenten- und Personalakten IV 541, Bl. 53, Medizinische Fakultät der Hansischen Universität an Rektor ders. v. 20.9.1945; siehe auch ebd., IV 1335, Ernennungsurkunde.

250 Ebd., Bl. 63 f., Dekan der Medizinischen Fakultät an Rektor der Universität v. 23.2.1956; Schulbehörde, Hochschulabteilung an Rektor der Universität vom 9.8.1956; Wiedergut-

machungsbescheid Senat der Freien und Hansestadt Hamburg, Personalamt (o.p.) vom 19.7.1956.
251 So z.B. Koopmann an Prof. Dr. H. Brütt vom 31.7.1946, StaHH, 622-2, Nachlaß Hans Koopmann, Bd. 8, (o.p.).
252 Ebd., Urkunde vom Sommer 1946.
253 Bild-Zeitung v. 13.8.1955.
254 Vgl. Krause u.a. (Hrsg.), Hochschulalltag, S.1278 und 1281.
255 Im Register des Landgerichts Hamburg sind die Unterlagen über das Abstammungsverfahren als „fehlend" eingetragen. Wahrscheinlich wurden die Akten vom Reichssippenamt angefordert und von diesem nicht wieder zurückgesandt. Das Fallbeispiel beruht auf der Quellengrundlage mehrerer Interviews mit den Geschwistern Riemann sowie Dokumenten aus deren Privatbesitz, die in der FZH/WdE, 015 und 034 archiviert sind: Interview mit Hubert Riemann, geführt von Sybille Baumbach, Susanne Lohmeyer und Beate Meyer, am 9.2.1990 (im folgenden: Interview Riemann1); Video-Interview mit dems., geführt von Beate Meyer am 20.9.1990 (im folgenden: Interview Riemann2), beide FZH/WdE, 015. Interview mit Ingrid Wecker, geführt von Beate Meyer am 18.6.1992 (im folgenden: Interview Wecker1), Videointerview mit ders., geführt von Beate Meyer am 16.12.1992 (im folgenden: Interview Wecker2), FZH/WdE, 034. Zitiert wird aus den Transkripten.
256 FZH/WdE, 015A, (Kopie) Dienstleistungszeugnis über den Pol.-Leutnant F.C. Riemann, Polizeibehörde Hamburg, Abt. IV (Ordnungspolizei) v. 18.9.1930.
257 Ebd., (Kopie) Landes-Heil- und Pflegeanstalt Sonnenstein an Wilma Riemann v. 24.3.1941.
258 Ebd., 015, Transkript Wecker1, S.2.
259 FZH/WdE, 015A, von RA Gerson aufgesetzte Erklärung (Kopie) Wilma Riemanns zur Vorgeschichte v. 28.8.1942.
260 Ebd., Auflistung der Zeugen in dieser Erklärung.
261 Ebd., 015, Transkript Wecker 1, S.3.
262 Diese Haltung, solidarische Gesten „Kommunisten" zuzuschreiben, findet sich in etlichen Interviews mit „Mischlingen". Ohne über den kommunistischen Widerstand, dessen zeitlichen Rahmen oder dessen inhaltliche Ausrichtung im einzelnen informiert zu sein, genießt diese Gruppe einen symbolischen Bonus. Daraus zu schließen, diese beiden Verfolgtengruppen seien aufeinander bezogen gewesen, wäre ein Irrtum. Nur sehr selten berührten sich die Lebenswege. Bei der Zuschreibung von Zivilcourage, Mut, Widerstand und Stärke handelt es sich eher um eine Projektion als um reale Erfahrung.
263 FZH/WdE, 034A, Bezirksstelle Nordwestdeutschland der RVJD, Max Plaut, vom 20.3.1943, „Zur Vorlage bei der Steuerbehörde".
264 Alwin Gerson, geb. 24.12.1900, Sohn des Arztes Dr. Alwin C. Gerson, war selbst als „Mischling ersten Grades" eingestuft worden. Wegen seiner „nichtarischen" Abstammung drohte ihm 1933 der Verlust seiner Zulassung als Anwalt. Doch Gerson hatte dem Zeitfreiwilligen-Korps Bahrenfeld angehört, gegen „Spartakisten-Unruhen" gekämpft, war Syndikus des Grundeigentümer-Vereins und der Neubauvereinigung in Hamburg. Er behielt seine Zulassung und vertrat während der NS-Zeit etliche „Mischlinge" als Anwalt (StaHH, 241-2, Justizverwaltung, Personalakten, B 2984). Der streitbare Gerson arbeitete auch in der Hamburger Bezirksgruppe des „Reichsverbandes der nichtarischen Christen" und späteren „Vereinigung 1937" mit (Sonderarchiv Moskau, Paulusbund, 565-129, Bl. 180-190, Schriftwechsel Gerson, Bezirksgruppe Hamburg mit Heinrich Spiero, Berlin vom 31.1.1936, 28.1.1936, 25.1.1936, 22.1.1936, 20.1.36 und BAK, 75 C Ve6/8, Bl. 29).
265 FZH/WdE 034, Transkript Riemann 2, S.26.
266 Ebd.
267 Ebd., 015, Transkript Wecker 2, S.18.
268 Ebd., Transkript Wecker 1, S.4.
269 Ebd., 015A, Direktor des Reichssippenamtes an RA Gerson v. 25.3.1943.
270 Ebd., Transkript Riemann 1, S.3.
271 Ebd., 034A, Oberreichsanwalt beim Reichsgericht v. 21.1.1945 an Wilma Riemann.

272 Ebd., 015, Transkript Wecker 1, S.5.
273 Ebd., Transkript Wecker 1, S.6.
274 Ebd., S.16.
275 Ebd.
276 Ähnlich wie dieser Familie erging es auch anderen Personen, die durch Abstammungsverfahren den Status wechseln konnten. So erhielt eine Frau den Bescheid: „Aus dem Umstand [der jüdischen Abstammung, B.M.] sind ihr aber in der NS-Zeit Nachteile nicht entstanden. Wie die Antragstellerin selbst vorträgt, hat die Mutter die Person des Erzeugers verschleiern können. Es ist auch 1942 zum Zwecke der Eheschließung mit einem deutschen Soldaten ein Bescheid über die sogenannte arische Abstammung der Antragstellerin ergangen. Hieraus folgt zwingend, daß die Antragstellerin nicht als Halbjüdin angesehen worden ist." (FZH, 18-1.2.1, G.M., Bescheid der Arbeits- u. Sozialbehörde, Amt für Wiedergutmachung vom 23.2.1965). Die Mutter dieser Antragstellerin hatte nach der rassenbiologischen Untersuchung durch Weinert einen Zusammenbruch erlitten und kränkelte danach. Dies wurde ebenso wenig anerkannt wie eine begründete Flucht vor einer Verhaftung.
277 FZH/WdE, 015, Transkript Wecker 2, S.50f.
278 Ebd., S.51. Harry Goldstein, Vorsitzender der Jüdischen Gemeinde, hatte in Mischehe in Hamburg überlebt (vgl. Ursula Büttner, Rückkehr in ein normales Leben? Die Lage der Juden in Hamburg in den ersten Nachkriegsjahren, in: Arno Herzig (Hrsg.), Die Juden in Hamburg 1590 bis 1990, Hamburg 1991, S.613-632, hier: S.616; siehe auch Ina Lorenz/Jörg Berkemann, Kriegsende und Neubeginn. Zur Entstehung der neuen Jüdischen Gemeinde in Hamburg 1945–1948, in: Ebd., S.633-656, S.636ff.).
279 Ritter, Anthropologie, S.172.
280 Diese wie alle weiteren Angaben, die sich auf die Zeit bis 1935 beziehen und nicht anders belegt sind, stammen aus der Personalakte Weinerts im Schleswig-Holsteinischen Landesarchiv (SHL), Abt. 811 Acc. 89/96, Lebenslauf (ohne pag.).
281 Ebd.
282 Vgl. Weingart u.a., Rasse, S.426.
283 Hans Weinert, Die Rassen der Menschheit, Leipzig/Berlin 1935, S.2.
284 BA, Bestand BDC, NSDAP-Mitgliederkartei.
285 SHL, Abt. 811 Acc. 43/92, Personalakte Weinert, Prof. Dr. Hans, Bl. 1.
286 So im März 1939 beim Anthropologischen Institut der Universität München über Fragen der Abstammungsgutachten, wo außer ihm auch Rüdin, von Verschuer und Fischer teilnahmen. Vgl. O.Reche, Der Wert des erbbiologischen Abstammungsnachweises für die richterliche Praxis, in: Seidler/Rett, Reichssippenamt, S.175.
287 BA, Bestand BDC, NSDAP-Mitgliederkartei, Mitglieds-Nr. 5580110, Ortsgruppe Kiel. Die meisten Beamten traten nach Aufhebung der Mitgliedersperre bereits am 1.5.1937 in die NSDAP ein. Warum Weinert erst Monate später seine Aufnahme beantragte, ist den Akten nicht zu entnehmen.
288 Ebd., Ahnenerbe, B 310, Weinert an Plaßmann v. 12.3.1938, o.p.
289 Vgl. Michael H. Kater, Das „Ahnenerbe" der SS 1933–1945, Stuttgart 1974, S.106.
290 BA, Bestand BDC, Ahnenerbe, B 237, Bl. 98f., Dr. Assien Bohmers an SS-Sturmbannführer W. Sievers, Reichsgeschäftsführer des Ahnenerbes v. 12.3.1939.
291 Nach Kater pflegte Himmler Forschungshypothesen nicht anhand der Fakten zu verifizieren oder zu falsifizieren, sondern einmal akzeptierte Thesen, die seinem Weltbild entsprachen, wie ein feststehendes Axiom zu behandeln, zu dem beweiskräftige Fakten passend ausgesucht werden mußten. Andere Tatsachen oder auch Thesen wurden ignoriert oder verworfen. Vgl. Kater, Ahnenerbe, S.19.
292 BA, Bestand BDC, Ahnenerbe, B 237, Bl. 100, Sievers an Bohmers v. 14.3.1939, handschriftl. Vermerk darauf.
293 Die Personalkarteikarte des Reichserziehungsministeriums weist Reisen nach Frankreich (1935) und Italien (1938, 1940 und 1942) aus. Ebd., Personalkarteikarten des Reichserziehungsministeriums 1066 und W 66.
294 Ebd., Ahnenerbe B 310, Reichsgeschäftsführer des Ahnenerbes, W. Sievers, an Kurator des Ahnenerbes, Prof. Wüst, v. 11.3.1942.

295 Ebd., WI a 542, Weinert an Gauleiter des Gaus Hannover v. 30.7.1944.
296 Ebd., Rektor der Universität Göttingen an Kreisleiter Gengler der NSDAP v. 17.10.1944.
297 Die genaue Amtsbezeichnung Calmeyers lautete: Abteilung Innere Verwaltung im Generalkommissariat für Verwaltung und Justiz des Reichskommissars für die besetzten Gebiete.
298 Vgl. Konrad Kwiet/Helmut Eschwege, Selbstbehauptung und Widerstand. Deutsche Juden im Kampf um Existenz und Menschenwürde 1933–45, Hamburg 1984, S.175.
299 Anders als im „Altreich" existierte in den besetzten Niederlanden weder der Weg, im zivilrechtlichen Statusverfahren die Abstammung klären zu lassen, noch konnte das Reichssippenamt angerufen werden. Diese Lücke nutzte Calmeyer und schlug für „rassische" Einstufungen folgendes Verfahren vor: Wenn eine Zuordnung durch Vorprüfung des örtlichen Amtsarztes Zweifel nicht ausräumte, sollte ein deutscher Gutachter mit der Untersuchung beauftragt werden. Calmeyers Dienststelle ordnete die Betreffenden dann in eine Verfolgtenkategorie ein (Volljuden, G1 oder G2, d.h. „Mischlinge" ersten oder zweiten Grades) bzw. stellte ihnen eine Bescheinigung über die nichtjüdische Abstammung aus. Die Akten sollten dann an das Amt für Volksgesundheit sowie das Reichssippenamt weitergeleitet werden (RIOD, Generalkommissar für Verwaltung und Justiz 25/43 150 n, Erbbiologische Untersuchungen, ebd. Calmeyer an Generalkommissar für Verwaltung und Justiz, Staatssekretär Dr. Dr. Wimmer vom 3.9.1942; Direktor des Reichssippenamtes an Reichskommissariat für die besetzten Niederlande, Generalkommissar für Verwaltung und Justiz v. 1.9.1942).
300 RIOD, Generalkommissar für Verwaltung und Justiz 25/43 150 n, Erbbiologische Untersuchungen, Calmeyer an Abt. Volksgesundheit v. 28.9.1942. Weinert begründete das Honorar damit, daß er diese Untersuchungen ohne Assistenten durchführen und Reisekosten wie Hotelaufenthalt zahlen müsse.
301 Ebd., Weinert an Calmeyer v. 3.12.1942.
302 Ebd.
303 Im September 1942 waren es 4, im November 7, im Dezember 11 Fälle. Ebd., Calmeyer an Abt. Volksgesundheit v. 28.9.1942, ders. an dies. v. 12.11.1942, Weinert an Calmeyer v. 3.12.1942.
304 Ebd., vgl. Archiv Calmeyer 170.
305 Vgl. Presser, J., Ondergang. De Vervolging en Verdelging van het Nederlandse Jodendom 1940–1945, 'S-Gravenhage/Staatsuitgeverij 1965, S.61.
306 RIOD, Presser Doos 203/16, Gesprächsprotokoll mit J. van Proosdij, S.4: „Weinert maakte veel goede rapporten, want hij deed alles voor koffie."
307 Ebd., Calmeyer an Weinert v. 18.11.1943.
308 Ebd., Jode Afstammingssonderzoek Doc II-1005, Calmeyer an I.S.v. 28.4.1944 mit der Ankündigung, daß Weinert am 3.5.1944 in Den Haag Begutachtungen vornehmen würde.
309 Vgl. Kwiet/Eschwege, Selbstbehauptung, S.176.
310 Wer ist Wer? Berlin 1962, S.1675. „Die Rassen der Menschheit" ist der bereits zitierte Titel einer Weinertschen Veröffentlichung von 1935.
311 Ebd., S.3.
312 Hans Weinert, Die Frage der Abstammung des Menschen, in: Der Erbarzt, 11 (1935), S.161-165, hier: S.161.
313 Hans Weinert, Die anthropologische Bedeutung der Blutgruppen und das Problem ihrer Entstehung bei den Menschenrassen, in: Der Erbarzt, 10 (1938), S.132f.
314 Weinert, Rassen, S.5.
315 Weinert meint damit die Ureinwohner Australiens, die er in seinen div. Schriften auch als „Australier" oder „Australneger" bezeichnet.
316 Vgl. Weinert, Rassen, S.21.
317 Ebd., S.125.
318 Ebd.
319 Ebd., S.126.
320 Zitiert nach: Weingart u.a., Rasse, S.608.
321 Ebd.
322 Presser, Ondergang, S.61.
323 SHL, Abt. 811 Acc. 43/92, Personalakte Weinert, Bl. 1.
324 Ebd., Bl. 57. Auch wünschte er, eine Mitarbeiterin urinieren zu sehen, mit einer anderen wollte er die Zeichnungen ihrer Geschlechtsorgane durch-

sehen, während er im Bett lag. Ebd., Bl. 65f.
325 Ebd, Bl. 32.
326 Ebd., Bl. 155-168, Vermerk der Landesregierung, Landesminister des Innern.
327 Ebd., o.p, Landesregierung an Weinert vom 22.4.1950.
328 Kieler Nachrichten v. 14.3.1967.
329 Vgl. Frank Bajohr, Nationalsozialismus und Korruption, in: Mittelweg 36, 1 (1998), S.57-77, hier: S.61f.
330 RIOD, Generalkommissar für Verwaltung und Justiz 25/43 150 n, Erbbiologische Untersuchungen, Weinert an Calmeyer v. 15.9.1942.
331 Zitiert nach Steiner/Cornberg, Willkür, S.148.
332 Akten der Partei-Kanzlei, Verfilmungs-Nr. 030160, Erlaß des Führers v. 1.4.1944.
333 Ebd., Verfilmungs-Nr. 101 18228, StdF an Chef der Reichskanzlei, Lammers v. 30.12.1938 und Reichskanzlei an StdF v. 6.2.1939.
334 AIGJ, 14.001.2, Max Plaut, Interview mit Christel Riecke, S.11-13.
335 Vgl. Gerhard Bracke, Melitta Gräfin Stauffenberg. Das Leben einer Fliegerin, München 1990.
336 Keppler an Göring v. 18.6.1937, abgedruckt in: Aus Görings Schreibtisch, bearbeitet von T.R. Emessen, Berlin 1947, S.46-51, hier: S.47f.
337 Göring an Bouhler v. 23.7.1937 und Göring an Imhausen v. 23.7.1937, vgl. ebd., S.49f.
338 Akten der Partei-Kanzlei, Verfilmungs-Nr. 101185520, Kanzlei des Führers der NSDAP, Lammers, an Reichsleiter Bormann vom 2.11.1938.
339 Vgl. Lothar Gruchmann, Justiz im Dritten Reich, München 1988, S.253-258.
340 Ebd., S.258.
341 Vgl. Lösener, Rassereferent, S.310.
342 Vgl. Steiner/Cornberg, Willkür, S.186.
343 Akten der Partei-Kanzlei, Verfilmungs-Nr. 10107567f., Der Sekretär des Führers, Reichsleiter Martin Bormann an Chef der Reichskanzlei v. 2.11.1944.
344 Vgl. Dieter Rebentisch, Hitlers Reichskanzlei zwischen Politik und Verwaltung, in: ders./Karl Teppe (Hrsg.), Verwaltung contra Menschenführung im Staat Hitlers, Göttingen 1986, S.65-99, hier: S.78f. Rebentisch weist darauf hin, daß Lammers Killy nicht etwa aus der Reichskanzlei entließ, sondern ihn bis 31.3.1945 beurlaubte.
345 BAP, R 43 II, Reichskanzlei II, 599, Generalgouverneur in Krakau an Reichskanzlei vom 24.11.1944.
346 Ebd., Reichsarbeitsführer an Reichskanzlei v. 30.11.1944.
347 Ebd., Aufstellung der RK „Bisheriges Ergebnis", S.1.
348 Ebd., 2. Aufstellung der RK, S.6.
349 Ebd., Staatssekretär des Preuß. Staatsministeriums an Reichskanzlei v. 17.11.1944.
350 BAP, R 18, Reichsministerium des Innern, 5645, RMfVuP an RMdI v. 16.9.1942, Unterstreichung im Original.
351 BA, Bestand BDC, Reichskulturkammer, 2011, Liste o.D. o.p. (vermutlich Ende 1943).
352 Ebd., eigene Addition der Sondergenehmigungen der Reichsmusikkammer, der Reichskammer der bildenden Künste, der Reichstheaterkammer und der Reichsschriftumskammer.
353 Archiv Staatsoper Hamburg, Personalakte Hedy Gura, Hedy Gura an Strohm vom 31.5.1933.
354 Ebd., Sondergenehmigung Hedy Gura, o.D., Hedy Gura findet sich ebenfalls auf der Sondererlaubnisliste v. 13.3.1937, BA, Bestand Document Center, Reichstheaterkammer/Reichskulturkammer.
355 Archiv Staatsoper Hamburg, Personalakte Hedy Gura, Anlage zum Antrag Hedy Guras auf Genehmigung einer Geschäftsreise in die Amerikanische Zone, o.D.
356 StaHH, 363-6 I, Kulturbehörde, I C 213, H.F. an Obersenatsrat Dr. Siemssen v. 26.12.1938.
357 BA, Bestand BDC, Reichstheaterkammer/Reichskulturkammer, Sondergenehmigung o.D.
358 StaHH, 363-6 I, Kulturbehörde, I C 213, Siemssen an Eiffe v. 5.1.1939, Eiffe an Siemssen v. 11.6.1939, Vermerk 25.4.1939 sowie Liste der Beschäftigten für Britische Militärregierung v. 9.5.1945.
359 Vgl. Frank Bajohr, Hamburgs „Führer". Zur Person und Tätigkeit des Hamburger NSDAP-Gauleiters Karl Kaufmann (1900–1969), in: Frank Bajohr/Joachim Szodrzynski (Hrsg.), Hamburg in der NS-Zeit, Hamburg 1995, S.59-

91, hier: S.87.
360 Vgl. Die Sondereinheiten in der früheren Wehrmacht, S.48ff. und Rudolf Absolon, Die Wehrmacht im Dritten Reich, Schriftenreihe des Bundesarchivs, Bd. V, 1. September 1939 bis 18. Dezember 1941, Boppard 1988, S.148-151.
361 Aus einem Vermerk geht hervor, daß der RFSS die Polizei-Adjudantur beauftragte, eine Sonderkartei der für „deutschblütig" erklärten Offiziere und ihrer Angehörigen anzulegen. Die Liste dieser Gleichgestellten v. 30.8.1944 kursierte im Herbst 1944. Akten der Partei-Kanzlei, Verfilmungs-Nr. 1020030f., Reichsführer SS – Persönlicher Stab an SS; Brigadeführer Klopfer v. 5.9.1944. Vgl. auch Lekebusch, Not und Verfolgung, S.122.
362 Vgl. Die Sondereinheiten in der früheren Wehrmacht, S.49.
363 BAP, R 58, Reichssicherheitshauptamt, 276, RSHA, Bormann, in Vertr. Streckenbach, an alle Dienststellen der Sicherheitspolizei und des SD v. 24.8.1942.
364 Vgl. Die Sondereinheiten in der früheren Wehrmacht, S.50.
365 Akten der Partei-Kanzlei, Verfilmungs-Nr. 089569f. und 088984-96, Vermerk v. 7.5.1941 und der RMfWEuV an Reichskanzlei vom 2.7.1941.
366 Ebd., Verfilmungs-Nr. 005995, StdF an RMfWEuV v. 16.12.1940.
367 Ebd., Verfilmungs-Nr. 005766, RMfWEuV an die Unterrichtsverwaltungen der Länder mit Hochschulen u.a. v. 2.12.1942.
368 StaHH, 361-2 VI, Schulbehörde, Lag. 644, Veröffentlichung Reichsminister für Erziehung, Wissenschaft u. Volksbildung, Betr.: Sonderförderung der Kriegsteilnehmer, hier: Mischlinge v. 25.5.1943.
369 FZH/WdE, 037, Interview mit Herbert Simon am 1.7.1992, geführt von Beate Meyer (im folgenden: Interview Simon1).
370 Ebd., 51A, Kopie der Genehmigung Hitlers v. 21.3.1942.
371 Ebd., 051, Interview mit Richard Simon, geführt von Beate Meyer (im folgenden: Interview Simon2).
372 Ebd., S.6.
373 Steiner/Cornberg, Willkür, S.186.
374 Frank Bajohr hat in einem Aufsatz die korruptionsbegünstigenden Momente der NS-Herrschaft herausgearbeitet und nennt die aus der personalen Bindung resultierende „ausgedehnte Ämterpatronage (...) und das personale Amtsverständnis vieler Nationalsozialisten in öffentlichen Funktionen" wie auch die Selbststilisierung der „alten Kämpfer" als „Gemeinschaft der Opfer" an erster Stelle. Vgl. Bajohr, Nationalsozialismus und Korruption, S.61f.

Teil III Die nationalsozialistische „Mischlingspolitik"

1 Die 1941 veröffentlichten regionalen wie reichsweiten Zahlen weisen leichte Differenzen zu den 1944 publizierten aus. Die erste Zahl stammt aus: Aus Hamburgs Verwaltung und Wirtschaft, S.17, die zweite aus: Statistik des Deutschen Reichs, S.4/6. Wenn im folgenden Zahlenangaben von Noakes und Blau übernommen werden, stammen diese zumeist aus der 1944 veröffentlichten Statistik.
2 Vgl. Noakes, Nazi Policy, S.292.
3 Vgl. Statistik des Deutschen Reichs, S.4/56.
4 Der Erbarzt, Band 8, Heft 7, Juli 1940, Umschau, S.163.
5 So kann sich diese Arbeit auf folgende Auswertungen stützen: Noakes, Nazi Policy, S.292-298; Blau, Christen, S.272-288; auf Wirtschaftszweige bezogen: Helmut Genschel, Die Verdrängung der Juden aus der Wirtschaft im Dritten Reich, Göttingen/Berlin/Frankfurt/Zürich 1966, S.278-284; bezogen auf die jüdische Bevölkerungsstatistik siehe Benz (Hrsg.), Juden, S.734-737. Blau legte die Zahlen für das gesamte Reich zugrunde und zog die Zahlen für Wien ab. So erhielt er annähernd die Zahlen für das „Altreich", da in den übrigen Gebieten Österreichs kaum Juden und „Mischlinge" lebten, vgl. dazu Genschel, Verdrängung, S.278.
6 Aus Hamburgs Verwaltung und Wirtschaft, S.17.
7 Von den „Mischlingen ersten Grades" wohnten 56.524 und denen „zweiten Grades" 30.230 in Großstädten, d.h. in sieben Großstädten lebten 3/5 aller „Mischlinge ersten Grades" und über die Hälfte der „zweiten Grades", vgl. Aus Hamburgs Verwaltung und Wirtschaft, S.17f.
8 Aus Hamburgs Verwaltung und Wirtschaft, S.17ff. Zur Verteilung auf die Reichsgebiete siehe Statistik des Deutschen Reichs, Band 552,4, S.4/6 und 4/8.
9 Vgl. Aus Hamburgs Verwaltung und Wirtschaft, S.18.
10 60,8% von ihnen gehörten der evangelischen und 17,2% der katholischen Religion an, 6,2% bezeichneten sich als „gottgläubig", 4,6% waren glaubenslos. Von den „Mischlingen zweiten Grades" waren 71,6% evangelisch, 19,5% katholisch, 4,2% „gottgläubig" und 2,4% glaubenslos. Vgl. Blau, Christen, S.278, siehe auch Noakes, Nazi Policy, S.294.
11 Vgl. Statistik des Deutschen Reichs, Band 552,4, S.4/40-46.
12 Ebd., S.4/62f.
13 Vgl. ebd., S.290f.
14 Im Jahr 1939, so Blasius, wurden 38,3 Ehen auf 10.000 bestehende geschieden. Vgl. Blasius, Ehescheidung, S.21.
15 Vgl. Blau, Christen, S.281.
16 Statistik des Deutschen Reichs, Band 552,4, S.4/62 und 63.
17 Vgl. Blau, Christen, S.283f.
18 Vgl. Strauß, Jewish Emigration, S.319f.
19 Blau, Christen, S.283f.
20 Ebd., S.284.
21 33,4% ohne Kinder, 30,6% mit einem Kind, 19,6% mit zwei und 16,4% mit drei oder mehr Kindern. Vgl. ebd.
22 Blau hat die Zahlen der „Nichtglaubensjuden" gesondert aufgestellt. Vgl. Blau, Christen, S.286f.
23 Vgl. ebd., S.286.
24 Vgl. Noakes, Nazi Policy, S.294.
25 Vgl. Niederschrift Besprechung über die Endlösung der Judenfrage am 6.3.1942, in: Pätzold/Schwarz, Judenmord, S.116-119, hier: S.118.
26 RGBl. I 1935, S.1146, Gesetz zum Schutze des deutschen Blutes und der deutschen Ehre vom 15.9.1935, RGBl. I 1935, S.1334, Erste Verordnung zur Ausführung des Gesetzes zum Schutz des deutschen Blutes und der deutschen Ehre vom 14.11.1935. Siehe auch BAP, R 56, Reichskulturkammer, Informationsdienst Rassenpolitisches Amt der NSDAP, Reichsleitung 10.6.1938, Nr. 48, Zum Recht der jüdischen Mischlinge nach dem Stande vom Mai 1938.
27 BAP, R 22, Reichsjustizministerium, 460, RMdI an StdF und RJM v. 2.3.1937. Die mit diesen Fragen befaßten Ministerien hatten zur Durchführung des Blutschutzgesetzes eine Besprechung abgehalten, deren Ergebnisse das Innenministerium noch einmal schriftlich festhielt. Vgl. dazu auch: Akten der Partei-Kanzlei, Verfilmungs-Nr. 030601-605, Niederschrift über die am 20.2.1936 im RMdI abgehaltene Besprechung sowie ebd., Verfilmungs-Nr. 030622-

624, Niederschrift über die am 30.3.1936 abgehaltene Besprechung.
28 BAP, R 43, Reichskanzlei II, 425, Abschrift Meldungen aus dem Reich Nr. 305 o.D.
29 Zunächst gab dieser Paragraph den Betroffenen Anlaß zu Hoffnungen. So veröffentlichte das Mitteilungsblatt des Paulus-Bundes, daß – wenn der „deutschblütige" Partner bereits Beamter sei – die Bewilligung zur Eheschließung mit einem „Mischling zweiten Grades" nicht nur im Hinblick auf „dringende Rücksichten der Verwaltung" entschieden würde, sondern nun auch „Umstände, insbesondere die persönlichen Verhältnisse der Beteiligten", Berücksichtigung finden könnten. (FZH, 6238, Mitteilungsblatt des Paulus-Bundes, Nr. 3 v. März 1937, S.29) Angesichts der Genehmigungspraxis von RMdI und StdF zerschlugen sich diese Hoffnungen aber bald.
30 BAP, R 43, Reichskanzlei II, 425, RMdI an Chef der Reichskanzlei v. 17.1.1942.
31 Ebd., RMdI an die Obersten Reichsbehörden u.a. v. 11.8.1942.
32 Vgl. Verfügung des OKW v. 8.4.1940 und 16.7.1941, erläutert in: Das Personenstandsrecht im Kriege, zusammengestellt von Franz Maßfeller, Berlin 1943, S.47 und 59.
33 BAP, R 43, Reichskanzlei II, 425a, RMdI an die Herren Reichsminister u.a. v. 9.6.1943 und ebd., RdErl. d. RMdI auf Grund des Erlasses des Führers zur personalrechtlichen Vereinfachung v. 9.3.1942, RGBl. I 1942, S.120.
34 Ein Angehöriger der Waffen-SS brauchte nur die militärische Erlaubnis zur Heirat, wenn er nicht der Allgemeinen SS angehörte. Deren Mitglieder mußten die des Rasse- und Siedlungshauptamtes einholen. Die Standesbeamten hatten, wenn sie das Aufgebot entgegennahmen, jeweils eine Bescheinigung darüber anzufordern, ob die Erlaubnis der Waffen-SS vorlag bzw. erforderlich war. Vgl. BAP, R 39, Reichssippenamt, 39, Reichssippenamt an den Reichsverband der Standesbeamten Deutschlands e.V. v. 13.2.1941. Vgl. zum „Verlobungs- und Heiratsbefehl": Gudrun Schwarz, Eine Frau an seiner Seite. Ehefrauen in der SS-Sippengemeinschaft, Hamburg 1997, S.24-52; dies., Frauen in der SS: Sippenverband und Frauenkorps, in: Kirsten Heinsohn/Barbara Vogel/Ulrike Weckel (Hrsg.), Zwischen Karriere und Verfolgung, Frankfurt/New York 1997, S.223-244, hier: S.223f.
35 StaHH, 352 – 3 II, Gesundheits- u. Fürsorgebehörde, Gesundheitsfürsorge V 7, Rautenberg, an Innere Verwaltung v. 30.9.1936.
36 BAP, 15.01, Reichsministerium des Innern, 25481, Band 1, Bl. 17, NSDAP Gauleitung Hamburg an den Stellvertr. Vorsitzenden des Reichsausschusses v. 13.5.1936. Am 26.9.1936 waren 43 Anträge in Bearbeitung, StaHH, 352-3 II, Gesundheits- und Fürsorgebehörde, V7, Gesundheitsfürsorge an Innere Verwaltung v. 26.9.1936.
37 Ebd., Bl. 44.
38 Die genaue Zahl ist nicht bekannt. Lösener spricht in seinen Erinnerungen allein von ca. 1.600 Anträgen zwischen Januar und Mai 1940 und ca. 740 in den drei Monaten Januar bis März 1941. Vgl. Lösener, Rassereferent, S.285.
39 StaHH, 131-6, Staatsamt 33. Aus Datenschutzgründen werden die Namen der Antragsteller im folgenden abgekürzt. Da die Hamburger Anträge, über die 1936 im „Reichsausschuß zum Schutze des deutschen Blutes" verhandelt wurden, in den Akten des Staatsarchivs nicht enthalten sind, muß vermutet werden, daß aus dem Zeitraum 1935–1938 nur eine Auswahl der Ehegenehmigungsanträge archiviert worden ist. Vgl. BAP, 15.01, Reichsministerium des Innern, 25483, 5. Sitzung 1.9.1936, Anträge 58 und 67. Zu den Verfahren – in kürzerer Form – vgl. Beate Meyer, „Besser ist doch, man taucht unter". Zur Verfolgung der „Halbjuden" in Hamburg, in: Bajohr/Szodrzynski (Hrsg.), Hamburg, S.125-150, hier: S.132f.
40 Die Anträge anderer Personen, z.B. von Juden, sind hier nicht mitgezählt oder ausgewertet.
41 Vgl. Lösener, Rassereferent, S.284 und BAP, 15.01, Reichsministerium des Innern, 25478, Bl. 41f.
42 StaHH, 352-3 II, Gesundheitsfürsorge, V 53-100, RMdI, Gütt, an Landesregierungen u.a. vom 17.8.1936.
43 Wich aber ein Gesundheitsamt insofern von den

nicht festgelegten Kriterien ab, als es – wie das Wandsbeker Gesundheitsamt – auf knapp einer halben Seite feststellte, die Antragsteller seien „körperlich gesund", „rassisch nordisch" bzw. „ostisch" zuzuordnen und blieben „seelisch und charakterlich im Normbereich", erfolgte sofort Protest. Die NSDAP-Gauleitung und das Gauamt für Volksgesundheit der NSDAP forderten eine Angleichung an das Hamburger Vorgehen. Ebd., Gesundheitsfürsorge, V7, NSDAP-Gauleitung an Gesundheitsverwaltung Hamburg v. 5.11.1938, ebd., Stellungnahme Holzmann v. 1.11.1938.

44 StaHH, 131-6, Staatsamt 33, Ehesache W./S.
45 Ebd., Ehesache U./K.
46 Ebd., Ehesache B./W.
47 „Das deutsche Volk setzt sich aus Angehörigen verschiedener Rassen (nordische, fälische, dinarische, ostische, westische, ostbaltische) und ihren Mischungen untereinander zusammen. Das danach im deutschen Volke vorhandene Blut ist das deutsche Blut." StaHH, 353, Gesundheitsfürsorge, V 53-200, RuPrMdI an die Landesregierungen v. 3.1.1936.
48 Ebd., 131-6, Staatsamt 33, Ehesache K./G.
49 Ebd., Ehesache S./I.
50 Ebd., Ehesache K./J.
51 Ebd., Ehesache J./G.
52 Ebd., Ehesache D./H., G./S.
53 Ebd., Ehesache B./H., C./B.
54 Ebd., Ehesache M./V.
55 Ebd., Ehesache G./I. Der Antragsteller arbeitete bei der AOK.
56 Ebd., Ehesache U./K.
57 Ebd., Ehesachen S./B., G./L., C./L. In einem vertraulichen Schreiben konkretisierte das RMdI: „Wenn es sich dagegen um einen besonders rassefremden Bluteinschlag mit starker Durchschlagskraft (Neger, Hottentotten, Buschmänner, afrikanische Pygmäen, Australier, Papua, Melanesier, Mikronesier, Weddide und Negritide) handelt, sind auch Bedenken dann zu erheben, wenn der artfremde Bluteinschlag nur durch einen fremdrassigen Großelternteil vertreten ist, ebd., 352 – II, Gesundheitsfürsorge, V 7, RMdI, Pfundtner, an die Landesregierungen u.a. v. 24.2.1936.

58 Ebd., 131-6, Staatsamt 33, Ehesachen B./D., o.J.
59 Ebd., Ehesache B./D.
60 Ebd., Ehesachen K./G. , S./S.und A./E.
61 Ebd., Ehesache Z./R.
62 Ebd., Ehesache C.-S./S.
63 Ebd., Ehesache J./B.
64 Ebd., Ehesache K./S.
65 BAP, R 22, Reichsjustizministerium, 459, Geschäftsordnung für den Reichsausschuß zum Schutze des deutschen Blutes v. 17.4.1936.
66 Ebd., Deutsches Nachrichtenbüro Nr. 39, S.23 v. 8.2.1936.
67 BAP, 15.01, Reichsministerium des Innern, 25483, Niederschrift über die Sitzung vom 9.6.1936.
68 Ebd., Bl. 28.
69 Ebd., Bl. 27.
70 Ebd., Bl. 28.
71 Ebd., Bl. 90f., Niederschrift der Sitzung vom 28.7.1936.
72 Ebd., Bl. 93.
73 So setzte sich Blome vielmehr aktiv für die Entfernung des Bruders eines Antragstellers aus dem Luftfahrtministerium ein, auf den er durch das Gesuch aufmerksam geworden war. Ebd., Bl. 214, Niederschrift der 12. Sitzung vom 11.5.1937.
74 Ebd., Bl. 39, Niederschrift der Sitzung vom 9.6.1936.
75 Martin Broszat, Soziale Motivation und Führer-Bindung des Nationalsozialismus, in: VfZ 18 (1970), S.392-409, hier: 405.
76 Vgl. ebd., S.402f.
77 BAP, 15.01, Reichsministerium des Innern, 25483, Bl. 212, Niederschrift der 12. Sitzung v. 11.5.1937.
78 Ebd., Bl. 138f., Niederschrift der 8. Sitzung v. 27.10.1936.
79 Ebd., Bl. 119, Niederschrift der 5. Sitzung vom 1.9.1936 und der 11. Sitzung v. 7.4.1937, Bl. 194. Daß diese Meldungen tatsächlich bei den auf regionaler Ebene Verantwortlichen angelangten, zeigen etliche Beispiele, so FZH, 18-1.2.1, H.L., und AJH, 3460/1/22 E-1 Band 1, Bl. 14f.
80 BAP, 15.01, Reichsministerium des Innern, 25483, Bl. 89, Niederschrift der 1. Sitzung v.

9.6.1936.
81 Ebd., Bl. 89f. Stuckart zeigt sich hier als Rechenkünstler: 100.000 „Halbjuden" entsprechen bei ihm unter Anwendung der Bruchrechnung 50.000 „Volljuden".
82 Der Reichsverband kommentierte in seinen Mitteilungsblättern die Entscheidungen zwar nicht, informierte seine Mitglieder aber über den Verfahrensablauf und dessen Änderungen. Vgl. FZH, 6238, Mitteilungsblatt des Reichsverbandes der nichtarischen Christen, Nr. 2 v. Februar 1936, S.12f. und Mitteilungsblatt für den Paulus-Bund, Vereinigung nichtarischer Christen e.V., Nr. 6 v. Juni 1937, S.58.
83 BAP, 15.01, Reichsministerium des Innern, 25483, Bl. 93.
84 Ebd., Bl. 90.
85 Ebd., Bl. 39, Niederschrift der 4. Sitzung vom 18.8.1936.
86 Ebd., Bl. 117, Niederschrift der 5. Sitzung v. 1.9.1936.
87 Ebd., Bl. 119.
88 Ebd., Bl. 180, Niederschrift der 10. Sitzung v. 23.3.1937. Am 13.5.1937 war die Zahl der eingegangenen Anträge auf 804 gestiegen, von denen 187 abschließend beraten worden waren. Die Daten der Antragsteller wurden an die Reichsstelle für Sippenforschung weitergegeben, die so ihre Kartei ergänzen konnte. Vgl. ebd., 15.01, Reichsministerium des Innern, 25479, Band 1, Reichsstelle für Sippenforschung an Reichsausschuß v. 7.4.1936. Vgl. auch ebd., 25483, Bl. 214f., Niederschrift der 12. Sitzung v. 11.5.1937.
89 Ebd., Bl. 167, Niederschrift der 9. Sitzung v. 8.3.1937.
90 BAP, R 58, Reichssicherheitshauptamt, 276, Geheime Staatspolizei an alle Staatspolizeileitstellen u. a. v. 6.1.1937. Die Gestapo überwachte nicht nur die Antragsteller, sondern auch diejenigen, die das Verfahren gescheut oder eine Ahnung von seiner Aussichtslosigkeit hatten. Waren „Mischlinge ersten Grades" eine außereheliche Beziehung zu „Deutschblütigen" eingegangen, wurde ihnen die Lösung dieses „unerwünschten" Verhältnisses aufgegeben (BAP, R 56, Reichskulturkammer, 114, Informationsdienst Rassenpolitisches Amt der NSDAP, Reichsleitung vom 10.6.1938, Das Recht der jüdischen Mischlinge). Unterhielten die männlichen „Mischlinge" ein Verhältnis mit einer Soldatenfrau, so sollten sie in Schutzhaft genommen und in ein KZ eingewiesen werden (Vgl. Sauer, Dokumente, Band 2, Erlaß der Gestapo/ Staatspolizeileitstelle Stuttgart vom 21. 7.1942, S.377).
91 Akten der Partei-Kanzlei, Verfilmungs-Nr. 037653f., Vermerk v. 31.12.1936, Punkt 3.
92 Vgl. Lösener, Rassereferent, S.285.
93 Der Erlaß des RMdI v. 23.12.1935 wurde am 19.7.1937 dahingehend ergänzt, daß die höhere Verwaltungsbehörde angewiesen wurde, bei aussichtslosen Anträgen von größeren Erhebungen Abstand zu nehmen. Den abschließenden Bericht sollte sie mit einem Entscheidungsvorschlag an den RMdI, und nicht mehr an den Reichsausschuß weiterleiten. Zitiert nach: FZH, 6238, Mitteilungsblatt für den Paulus-Bund, Nr. 6 v. Juni 1937, S.71.
94 Vgl. Noakes, Nazi Policy, S.318.
95 Prof. Dr. med. Kurt Blome, geb. am 31.1.1894, war ein überzeugter Antisemit und Gewalttäter, der nach einer Zeit in Freikorps und völkischen Gruppen 1931 der SA und der NSDAP beitrat. Ihm gelang eine steile Karriere in die Führungselite des NS-Staates. So war er Stellvertreter des Reichsgesundheitsführers, stellvertretender Leiter der Reichsärztekammer, stellvertretender Leiter des Hauptamtes für Volksgesundheit der NSDAP. Die Bearbeitung von Ehegenehmigungen war nur ein Nebenaspekt seiner beruflichen Tätigkeit. Der Experte für Massenkrankheiten war Chef der biologischen Kriegsführung im NS-Staat. Im Nürnberger Ärzteprozeß wurde er am 28.8.1947 freigesprochen, am 10.6.1948 entnazifiziert (Klasse 5). Seine geplante Ausreise in die USA, wo er als Experte für biologische Kriegsführung im Rahmen der Aktion paperclip weiterarbeiten sollte, konnte er allerdings wegen schwerwiegender Einwände von amerikanischer Seite nicht antreten. So praktizierte Blome als niedergelassener Arzt in Dortmund. Dort verstarb er am 10.10.1969. Vgl. dazu die ausführliche Biographie bei Hansen, Friedrich, Bio-

logische Kriegsführung im Dritten Reich, Frankfurt/New York 1993, S.50-69 und 162-181; siehe auch Mitscherlich/Mielke (Hrsg.), Medizin, S.230ff.
96 Vgl. Lösener, Rassereferent, S.284.
97 Ebd., S.285.
98 BAP, R 18, Reichsministerium des Innern, 5519, RMdI an die Landesregierungen u.a. v. 23.1.1940.
99 Ebd., RdErl v. 3.3.1942, Betr.: Einstellung der Bearbeitung von Ehegenehmigungsanträgen nach dem Blutschutzgesetz. Vgl. auch Walk, Sonderrecht, S.365.
100 AJH, 346 E – 1 a/4/11/, M. K. an LJV vom 22.5.1951.
101 Die ausgewerteten Einzelfälle setzen sich aus Akten aus dem Bestand „Notgemeinschaft" und solchen aus dem Archiv des Amtes für Wiedergutmachung zusammen. Ohne die nach 1920 geborenen Jahrgänge, die aus Altersgründen von der Problematik der Ehegenehmigungen verschont blieben, handelt es sich um 307 Personen, 89 Frauen, 218 Männer.
102 In der Regel waren die Antragsteller Juden, die eine Mischehe eingehen wollten, „Mischlinge", die den Eheverboten unterlagen oder politisch Verfolgte, die in der Illegalität lebten und deshalb nicht heiraten konnten. Antragsteller, denen die Eheschließung aus erbgesundheitlichen Gründen verboten wurde oder die einen Partner heiraten wollten, der zwar kein Jude, aber dennoch nicht „rassisch" erwünscht war, konnten von diesem Gesetz nicht profitieren. Vgl. dazu Ausblick, S.358ff. dieser Arbeit.
103 Ebd.
104 So beispielsweise AJH, 346 E – 1 1/3/5.
105 FZH, 18-1.2.1, A.L., „Schilderung der Verfolgung", undatiert, vermutlich 1972 geschrieben, S.3. Die Interpunktion wurde leicht verändert.
106 Hier führte die Gesundheitsbehörde offensichtlich rassenbiologische Untersuchungen nach ähnlichen Kriterien wie die Gutachter in Abstammungsprozessen durch. Vgl. Teil II, Kapitel III dieser Arbeit.
107 Ein Wiedergutmachungsantrag für sie wurde abgelehnt, da „ein noch nicht geborener Mensch nicht zu den Verfolgten gehören und demnach keinen Schaden erlitten haben könne." (Ebd., S.9). Auch wenn sich später die Rechtsprechung änderte, blieb es dabei, daß nur die Möglichkeit einer Schädigung anerkannt wurde, nicht aber die Wahrscheinlichkeit. Die Tochter lebte später in einem Behindertenheim und erhielt eine Härtefall-Rente. Vgl. ebd., Zentralverband an Bundesfinanzminister vom 30.3.1973.
108 Ebd., S.4.
109 A.L. war offensichtlich nicht bekannt, daß nur dann, wenn das Kind vor Erlaß des „Blutschutzgesetzes" gezeugt worden war, eine Ehelichkeitserklärung für „Mischlinge zweiten Grades" ausgestellt wurde. BAP, R 22, Reichsjustizministerium, 460, RJM an Kammergerichtspräsidenten v. 9.10.1939.
110 FZH, 18-1.2.1, A.L., „Schilderung der Verfolgung", S.5.
111 So bestand der Reichskriegsminister Blomberg (vergeblich) darauf, daß „wer dem Staat in der Wehrmacht dienen darf, (...) Anspruch auf das Reichsbürgerrecht haben muß." Zitiert nach: Adam, Judenpolitik, S.165. Vgl. dazu auch Teil III, Kapitel III, S.230ff. dieser Arbeit.
112 FZH, 18-1.2.1, A.L., „Schilderung der Verfolgung", S.5f.
113 Ebd.
114 Ebd., S.7.
115 Akten der Partei-Kanzlei, Verfilmungs-Nr. 203 03069-75, RJM an Leiter der Partei-Kanzlei und RMdI v. 15.9.1941.
116 Da die Akten der Gestapo vernichtet sind, können die Gründe für das – so erschreckend es für A.L. gewesen sein mag – im Vergleich relativ milde Vorgehen nicht rekonstruiert werden.
117 FZH, 18-1.2.1, A.L., „Schilderung der Verfolgung", S.15.
118 Ebd., J.H. und G.S.
119 Partei-Kanzlei, Vertrauliche Informationen II B 4, 25. Sept. 1942, Folge 64, Beitrag 851. Zudem forderten Rassenhygieniker wie der bereits im Teil I, Kapitel 1 dieser Arbeit zitierte „Sozialbiologe" Alexander Paul, den nach 1935 geborenen unehelichen „Mischlingen zweiten Grades" später „besondere Ehehindernisse" in den Weg zu legen, weil sie angeblich eine Häu-

fung ungünstigster „rassischer Merkmale" und Erbanlagen aufwiesen (Vgl. Paul, Blutsmischung, S.159ff.). Zwar bewirkten derartige Forderungen (noch) keine Verschärfungen bei der Eheschließung von „Mischlingen zweiten Grades", doch bereiteten sie zweifellos den Boden für solche Maßnahmen.

120 Außer den genannten von den ausgewerteten Einzelfällen nur eines: FZH, 18-1.2.2, G.H. Dem Rassenpolitischen Amt hingegen schien es, als ob „die Zahl der Ehen zwischen Mischlingen 1. Grades und Deutschblütigen, die im Ausland geschlossen würden, ständig zunähmen, da die ablehnende Haltung des Ausschusses in weiten Kreisen bekannt geworden sei." (Akten der Partei-Kanzlei, Verfilmungs-Nr. 030681f., Vermerk über eine Besprechung des Vertreters der Partei-Kanzlei mit dem Vertreter des Rassenpolitischen Amtes am 22.1.1937). Das Amt regte bei der Partei-Kanzlei an, wenn schon nicht eine Strafandrohung als „Rassenschande" möglich sei, eine Ordnungswidrigkeit oder ein Ungehorsamsdelikt konstruiert werden könne. Doch auf Gesetzesebene wurde diese Umgehung der Eheverbote nicht geregelt.

121 A.f.W., 0409 03; FZH, 18-1.2.1, I.L.

122 Frau E.H. beispielsweise erlitt aufgrund der Vielzahl von Gestapoverhören, denen sie ausgesetzt war, psychische Schäden, die nach dem Krieg als zu 30% verfolgungsbedingt anerkannte (!) Erwerbsminderung entschädigt wurden. Ebd., 18-1.2.1, E.H.

123 So beispielsweise A.f.W., 0810 05, 031074, FHZ, 18-1.2.1, A.J., H.M., K.W., ebd., 18-1.2.2, H.W.

124 A.f.W., 0311 89, Bl. 14, F.K. an A.f.W. v. 16.11.1950.

125 FZH, 18-1.2.1, I.L., Lebenslauf I.L., Anlage zum Schreiben I.L. an NG v. 17.12.1965.

126 Ebd.

127 So beispielsweise ebd., C.E. und AJH, 346 E 1a 5/30.

128 FZH, 18-1.2.1, A.A. und I.L.

129 Vgl. Teil II, Kapitel III dieser Arbeit; auch FZH, 18-1.2.1, G.M.

130 Ebd., D.N.

131 AJH, Archiv 5, Sammelakten 346 E – 40/2/, Band 1, Botschaft der BRD, London, an LJV v. 24.8.1960.

132 Alle Angaben aus FZH, 18-1.2.1, P.W., P.W. an NG v. 3.3.1946.

133 Ebd., S.1.

134 Ebd., S.1f.

135 Ebd., S.2.

136 Der bereits erwähnte Rassenhygieniker Alexander Paul ermittelte aus den Akten des Innenministeriums, daß die meisten Paare mit einem Partner, der „Mischling" war, sich „bei Vergnügungen, beim Sport und auf der Straße", weniger im Beruf und in der Nachbarschaft kennengelernt hatten. Vgl. Paul, Blutsmischung, S.134.

137 Zur Entwicklung und Politik des Reichsverbandes vgl. die Dissertation von Vuletić, „Plötzlich waren sie ...".

138 Zum Beispiel ein „kaufmännischer Angestellter, katholisch", der eine „einfache Schicksalsgenossin" suchte. Ebd., Nr. 4 v. April 1937 oder ebd., Mitteilungsblatt der Vereinigung 1937 e.V., Nr. 3 v. März 1938, S.18.

139 So beispielsweise gleich drei Anzeigen im Mitteilungsblatt des Reichsverbandes nichtarischer Christen Nr. 12, FZH, 6238, Mitteilungsblatt Nr. 12 v. Dezember 1935, S.80, oder Mitteilungsblatt für den Paulus-Bund, Nr. 4 v. April 1937, S.45.

140 Von den hier ausgewerteten 307 Einzelfällen waren es zwei Betroffene, die einen Juden geheiratetet hatten: FZH, 18-1.2.1, U.R. und L.M.S.

141 Ebd., U.R., Notizen o.D.

142 Ebd.

143 Ebd.

144 Ebd., Regierungspräsident Köln an Zentralverband v. 9.1.1959.

145 Ebd., Bescheid Amt für Wiedergutmachung an U.R. v. 17.5.1965.

146 Um nicht nur eine „rassische", sondern auch eine erbgesundheitliche Auslese des „deutschen Volkes" zu gewährleisten, strebten die Nationalsozialisten das Ziel an, alle Deutschen, die ein Aufgebot bestellten, ärztlich auf ihre Ehefähigkeit hin untersuchen zu lassen und erst danach die Eheschließung zu genehmigen bzw. zu verbieten oder weitergehende Maßnahmen wie etwa Sterilisationen zu verhängen. Die Utopie,

die Ehetauglichkeit aller zu überprüfen, konnte nicht verwirklicht werden, wenngleich Czarnowski darauf hinweist, daß die amtsärztlichen Untersuchungen auf Veranlassung der Standesbeamten und später der Gesundheitsämter massenweise stattfanden. Vgl. Gabriele Czarnowski, Der Wert der Ehe für die Volksgemeinschaft, in: Heinsohn/Vogel/Weckel (Hrsg.), Karriere, S.78-94, hier: S.79ff.

147 AJH, 346 E – 3 i/5/20, Bl. 77, S.2, Verweis auf Allgemeine Verfügung des RJM v. 4.2.1936, Deutsche Justiz, S.208.

148 1941 regte die Partei-Kanzlei der NSDAP auch an, nicht nur die Ehefähigkeitszeugnisse von Ausländern, die deutsche „Mischlinge" heiraten wollten, der Bestätigungspflicht zu unterwerfen, sondern sogar im umgekehrten Fall die Ausstellung des Ehefähigkeitszeugnisses zu verbieten, wenn ein Deutscher einen ausländischen „Mischling" oder Juden heiraten wolle. Akten der Partei-Kanzlei, Verfilmungs-Nr. 030377f., NSDAP, Partei-Kanzlei, an RJM v. 29.5.1941.

149 AJH, 346 E – 3 i/5/20, RJM an sämtliche Oberlandesgerichtspräsidenten v. 12.9.1941.

150 FZH, 18-1.2.2, I.H.; ebd., 18-1.2.1, M.P.; AJH, 346 E – 4 0/1; ebd., 346 E – i/5/20; ebd., 346 E 3-c/426 und ebd., 346 E 1 a/4.

151 AJH, 346 E – 40/1; D.B. an Behörde für Inneres, Aufsicht über die Standesämter v. 6.6.1962.

152 FZH, 18-1.2.1, M.P., M.P. an NG vom 14.12.1965, S.1f.

153 Ebd., Bescheid A.f.W., an G.P. v. 12.1.1955. In Italien verbot die Rassengesetzgebung – ähnlich wie in Deutschland – die Schließung von Mischehen. Da die katholische Kirche, insbesondere der Papst, jedoch darauf bestanden, zwischen „Rassenmischehen" und konfessionellen Mischehen zu differenzieren, d.h. die kirchliche Trauung zwischen konfessionsgleichen Paaren weiterhin vornahm, existierten zwei Prinzipien nebeneinander: Die staatliche Anerkennung war versagt, der kirchliche Segen hingegen wurde zwei Katholiken dennoch erteilt, wenn der jüdische Partner zum Katholizismus konvertierte. Bei einer standesamtlichen Eheschließung mit ausländischem Partner mußte zudem die Zustimmung des Innenministeriums eingeholt werden. Vgl. zu den Auseinandersetzungen zwischen katholischer Kirche und Faschistischem Rat bzw. Mussolini: Guiliana, Marisa und Gabriella Cardosi, Das Problem der „Mischehen" während der Rassenverfolgung in Italien 1938-1945, Darmstadt 1985, S.1-57, hier: S.10f.

154 FZH, 18-1.2.1, M.P., M.P. an NG vom 14.12.1965, M.P. an NG v. 14.12.1965, S.2.

155 Ebd., S.3.

156 AJH, 346 E 3-c/426, Bl. 14 und 19, Amtsgerichtspräsident als Aufsichtsbehörde f.d. Standesämter an M.L. v. 19.2.1938.

157 Ebd., Antrag I.G. an OLG-Präsidenten vom 19.5.1939.

158 Ebd., Protokoll v. 24.5.1939.

159 Ebd., Bl. 5, OLG-Präsident, Letz, an RJM vom 26.5.1939.

160 Ebd., Bl. 6, RJM an OLG-Präsidenten vom 22.6.1939 u. Bl. 7, LJV an I.G. v. 5.7.1939.

161 Ebd., Vermerk v. 15.7.1939.

162 Ebd., Bl. 11f., Vermerk v. 19.7.1939.

163 Ebd., Bl. 20, Rothenberger an RJM vom 21.11.1939.

164 Ebd., RJM an OLG-Präsident v. 22.12.1939. Fast gleichlautend: BAP, R 22, Reichsjustizministerium, 455, RMdI, Lösener, an RJM vom 13.12.1939.

165 AJH, 346 E 3-c/426, Bl. 25, LJV an I.G. v. 9.1.1940 u. Bl. 22f., Vermerk v. 18.12.1939, Rothenberger an RJM v. 18.12.1939.

166 Der RJM beschwerte sich beim OLG-Präsidenten, „daß eine solche Meinungsäußerung des Führers nicht zur Kenntnis dritter Personen gebracht werden darf, am wenigstens zur Kenntnis einer Ausländerin; denn es ist zu befürchten, daß Ausländer von solchen Schriftstücken demnächst im Ausland einen unangemessenen, das Ansehen des Deutschen Reichs schädigenden Gebrauch machen." (Ebd., Bl. 26, RJM an OLG-Präsident v. 9.2.1940). Der Sachbearbeiter wurde daraufhin gerügt (ebd., Bl. 28, Rothenberger an RJM v. 15.3.1940).

167 Ebd., Bl. 29, Vermerk v. 30.4.1942.

168 Nachdem die Rückdatierung zunächst verweigert wurde (ebd., Bl. 36, W.M.L. an LJV v. 24.8.1961), entschied die LJV zwei Jahre später

nach längerem Schriftwechsel dann positiv (ebd., 346 E – 4 o/8, Bl. 48f., Anordnung der LJV v. 28.10.1963).
169 Vgl. Ernst Fraenkel, Der Doppelstaat, Frankfurt 1974.
170 Zum Vorgehen vgl. Teil I, Kapitel IV, S.72ff. dieser Arbeit. Auch unter den 307 Einzelfällen (d.h. die Personen von der 359 umfassenden Gesamtgruppe, die im heiratsfähigen Alter waren) aus den Aktenbeständen des Amtes für Wiedergutmachung und der Notgemeinschaft befinden sich nur vier, in denen von einer Scheidung berichtet wird. Vgl. A.f.W., 1407 05, FZH, 18-1.2.1, H.Z.; R.R.; G.H.
171 Anzahl der Scheidungen in den Jahren 1937–45: 1937: 2; 1938: 3; 1939: 5; 1940: 3; 1941: 1; 1942: -; 1943: 1; 1944: -; 1945: -.
172 Vgl. Teil I, Kapitel 4, S.xxxx dieser Arbeit.
173 Neun Ehemänner und sechs Ehefrauen waren als „Mischlinge ersten Grades" eingestuft.
174 ALGH, 11b R 291/39. Auch eine ersatzweise Scheidungsklage wiesen die Richter ab.
175 Kein Ehepartner war emigriert, in der Regel lebten beide Teile in Hamburg. Ein beklagter „Mischling ersten Grades" war im Polizeigefängnis Fuhlsbüttel, ein anderer im Altonaer Gefängnis inhaftiert, beide jedoch nicht im Zusammenhang mit ihrer Abstammung. Ein Ehemann befand sich als Geisteskranker in der Anstalt Friedrichsberg.
176 Scheidungen nach Dauer der Ehe: 0-5 Jahre: 2; 6-10 Jahre: 7; 11-15 Jahre: 2; 16-20 Jahre: 1; 21-25 Jahre: 2; 26-30 Jahre: 1.
177 Die restlichen fünf Scheidungen wurden nicht nach dem Schuldprinzip vorgenommen.
178 Ebd., 3 R 291/37.
179 Ebd., 3a R 153/41.
180 Ebd., 3 R 306/38.
181 Ebd., 3 R 306/38, ähnlich 7b R 38/39 und 8 R 368/43.
182 Ebd., 12 R 52/39, ähnlich 5a R 153/40.
183 Ebd., 15a AR/1940.
184 Ebd., 1 R 234/1938, S.2f.
185 Ebd., 11b R 91/39, S.2.
186 Ebd., S.3.
187 Ebd., 4b R 328/39, S.3.
188 Ebd., S.4f.
189 Ebd., Urteil des OLG, S.1f. und 5.
190 Ebd., 14 R 95/39.
191 Ebd., S.3.
192 Ebd., S.4.
193 FZH, 18-1.2.1, H.Z., RA an H.Z. vom 15.10.1945.
194 Ebd.
195 A.f.W., 1407 05, Bl. 16, Protokoll B.H. vom 16.12.1952.
196 FZH, 18-1.2.1, R.H., R.H. an NG vom 22.3.1961. Der Sohn dieser Frau unternahm 1944 einen Selbstmordversuch, 1948 gelang ihm der Suizid.
197 Ebd., 2 R 42/37.
198 Ebd., S.2.
199 Ebd., S.9f.
200 StaHH, 131-8, Senatskommission Höherer Verwaltungsdienst, G 7 c HV 1942 IV, Akte H.B., Schulverwaltung an Hauptverwaltung/Personalabteilung v. 9.1.1943.
201 Ebd.
202 Ebd.
203 Ebd.
204 Ebd., Schulverwaltung an H.B. v. 14.12.1942.
205 Ebd., H.B. an Schulverwaltung, OSR Henze v. 18.12.1942.
206 Ebd., Hauptverwaltungsamt und Büro des Reichsstatthalters an Schulverwaltung vom 2.3.1943.
207 Ebd.
208 RGBl. I 1933, S.225.
209 Ausführlich dazu siehe FZH, 6238, Reichsverband nichtarischer Christen, Heinz Lewaldt, Die Berufsbeschränkungen der deutschen Nichtarier, Berlin 1935, S.2-21.
210 StaHH, 361-2, Oberschulbehörde, Lag. 635, Erlaß RuPrMfWEV, E IIIc Nr. 185, EI, EIIe, M1 v. 5.3.1935.
211 Ebd.
212 Vgl. Wolfram Müller, Jüdische Schüler, Lehrer und Schulen unterm Hakenkreuz, in: Reiner Lehberger/Hans-Peter de Lorent (Hrsg.), „Die Fahne hoch". Schulpolitik und Schulalltag in Hamburg unterm Hakenkreuz, Hamburg 1986, S.282-290, hier: S.283f.
213 Müller, Schüler, S.285f.
214 StaHH, 361-2, Oberschulbehörde, L 1246,

Bl. 6, Landesunterrichtsbehörde an NSDAP, Gau Hamburg, Organisationsamt v. 2.3.1935.
215 Ebd., Schriftwechsel Landesunterrichtsbehörde und Leitung der Jahn-Schule v. 2.3.1935, 8.3.1935 und 12.3.1935.
216 StaHH, 131-10, Senatskanzlei, 1935, M 22, Bl. 4, Senator der inneren Verwaltung an die Vertretung Hamburgs in Berlin v. 13.4.1935. Darüber hinaus sollten Ausnahmen bei „Vierteljuden" gestattet sein, wenn die Verweigerung der Prüfung „eine besondere Härte" bedeuten würde.
217 Teilweise durften weder „Mischlinge ersten" noch solche „zweiten Grades" an VHS-Kursen teilnehmen. StaHH, 363-5, Behörde für Volkstum, Kirche und Kunst, V I a 10, Kultur- und Schulbehörde an VHS v. 23.10.1936.
218 „Nichtarier" konnten allerdings nicht mehr als externe Prüflinge zum Abitur zugelassen werden. StaHH, 361-2, Oberschulbehörde, Lag. 635, Zentralblatt für die gesamte Unterrichtsverwaltung in Preußen, Jahrgang 75, Heft 17, 5. Sept. 1933, Nr. 287.
219 FZH, 6238, Reichsverband nichtarischer Christen, Heinz Lewaldt, Die Berufsbeschränkungen der deutschen Nichtarier, Berlin 1935, S. 14ff.
220 Diese Regelung wurde durch Erlaß des RuPrMfWKV vom 9.2.1935 aufgehoben. Ebd., S. 14f.
221 Die bisher geltenden generellen Einschränkungen sollten nun nur noch in bestimmten Fällen angewendet werden. StaHH, 361-2, Oberschulbehörde, Lag. 637, Die Auswirkungen des Reichsbürgergesetzes v. 15. Sept. 1935 auf das Schulwesen. S. 1f. Siehe auch BAP, R 22, Reichsjustizministerium, 1183, Erlaß RMfWEV vom 2.7.1937 (E II e 1564b) über die Auswirkung des Reichsbürgergesetzes auf das Schulwesen, hier: Punkt I/4 und II/1.
222 Ebd.
223 StaHH, 361-2, Oberschulbehörde, F I 2 1 Bd. III, Lag. 353, Bl. 99, Oberschule für Mädchen Hamburg-Großflottbek an Schulverwaltung v. 4.5.1941.
224 Ebd., Bl. 101, NSDAP, Kreis 7, Kreisamtsleiter an Oberschule für Mädchen Hamburg-Großflottbek v. 22.4.1941.
225 Ebd., VI, Lag. 641, RMfWEV v. 6.7.1940 (E III c 2048 II) an die Herren Oberpräsidenten u.a.
226 Als die jüdischen Schulen der Kultur- und Schulbehörde die „Mischlinge" unter ihren Schülern melden sollten, gab die Israelitische Gemeindeschule Altona vier, die Talmud-Tora-Schule keinen und die Israelitische Töchterschule eine Schülerin an. (Ebd., 361-2 VI, 353, A2 F I 2 1 Bd. III, Bl. 44, 50, 51, 54, Israelitische Gemeindeschule Altona an Schulamt Altona vom 8.9.1937, Talmud-Tora-Schule an Kultur- u. Schulbehörde vom 18.1.1938, Mädchenschule der Deutsch-Israelitischen Gemeinde an dies. vom 18.1.1938, Kultur- u. Schulbehörde an RMfWEV v. 18.2.1938).
227 Die Anzahl der „Mischlinge ersten Grades", die Privatschulen besuchte, ist nicht bekannt.
228 Vgl. zur Schließung der privaten Institute: Rolf Eilers, Die nationalsozialistische Schulpolitik, Köln/Opladen 1963, S. 92-98.
229 StaHH, 361-2, Oberschulbehörde, F I 2 1 Bd. III, Lag. 353, Bl. 84-86, Schulbehörde an Hauptverwaltungsamt, Organisationsabteilung vom 28.8.1940, S. 1f.
230 Ebd.
231 Ebd., S. 4.
232 Ebd., Lag. 634, Erlaß RMfWEV (EIIc 2029, E III) vom 2.7.1942. Hier wurden auch Übergangsregelungen im Detail festgelegt, die am 9.9.1942 in Ergänzung dieses Erlasses konkretisiert wurden (vgl. auch BAP, R 22, Reichsjustizministerium, RMfWEV an die Unterrichtsverwaltungen der Länder u.a. v. 9.9.1942).
233 Beispielsweise im Hamburger Anzeiger vom 23.7.1942.
234 In diese durften sie nur noch bis spätestens 1.4.1943 gehen. StaHH, 361-2, Oberschulbehörde, VI, Lag. 643, RMfWEV an die Unterrichtsverwaltungen der Länder u.a. vom 12.12.1942.
235 Ebd., Lag. 645, Rundschreiben des RMfWEV (E Ia/14 Pers. 19/44) E II, E III, E IV, E VI) vom 5.4.1944.
236 Vgl. Noakes, Nazi Policy, S. 349.
237 Müller, Schüler, S. 286. Auch als der RMfWEuV im August 1943 einen Schnellbrief zirkulieren

ließ, in dem er aufforderte, männliche Schüler höherer und mittlerer Schulen für den auswärtigen Kriegseinsatz zu melden, ging er offensichtlich davon aus, daß immer noch „Mischlinge ersten Grades" diese Schulen besuchten: Sie sollten in der Liste besonders gekennzeichnet werden. StaHH, 361-2 VI, Oberschulbehörde VI, Lag. 644, RMfWEuV an die Unterrichtsverwaltungen der Länder u.a. v. 2.8.1943, S.1.
238 StaHH, 361-2, Oberschulbehörde, Schulverwaltung 20 – F I a 1, Schulverwaltung an Zentralbüro des Reichsstatthalters v. 1.10.1942.
239 Ebd.
240 Ebd., 361-2 VI, Lag. 645, RdErl. des RMfWEV. v. 5.4.1944 – E I a (14 per. 19/44), E II, E III, E IV, E V, E VI.
241 Vgl. Jutta Deide, Kinderlandverschickung, in: Galerie Morgenland (Hrsg.), Bunkerleben und Kinderlandverschickung, Hamburg 1992, S.166-218.
242 Vgl. Volker Böge, Schule in der zerstörten Stadt, in: ebd., S.33-39, hier: S.34.
243 Vgl. Reiner Lehberger, Kinderlandverschickung: „Fürsorgliche Aktion" oder „Formationserziehung", in: ders./Hans-Peter de Lorent (Hrsg.), Fahne, S.370-398, S.370.
244 StaHH, 361-10, KLV, 32, Feststellung jüdischer Kinder in einzelnen Lagern 1941 (Hier sind „Mischlinge" gemeint, B.M.), NSLB an Amt für Volkswohlfahrt v. 20.1.1941, dass. an NSLB v. 12.8.1941, ders. an Schulverwaltung vom 15.8.1941.
245 FZH/WdE, 172 und 088.
246 FZH, 6238, Mitteilungsblatt der Vereinigung 1937, Nr. 6, Juni 1939, S.22.
247 BAP, R 43, Reichskanzlei II, 512, Jugendführer des Deutschen Reiches an den Chef der Reichskanzlei v. 26.3.1940. Siehe auch FZH, 6238, Mitteilungsblatt Vereinigung 1937, Nr. 4, April 1939, S.13.
248 BAP, R 43, Reichskanzlei II, 512, Vertrauliche Anweisung des Jugendführer des Deutschen Reiches betr. Jugenddienstpflicht jüdischer Mischlinge vom 18. 10.1941.
249 Goebbels hatte entschieden, daß „Mischlingen" Musikunterricht erteilt werden könne, wenn sie der Pflicht-HJ angehörten. Da sie aber aus dieser mit Erlaß v. 18.10.1941 entfernt worden waren, sollte ihnen auch die Möglichkeit verwehrt werden, außerhalb der Schule (wo sie durchaus am Musikunterricht teilnahmen), privat finanzierte Stunden zu nehmen. (Akten der Partei-Kanzlei, Verfilmungs-Nr. 062059, 60, 076107-112, Notizen für Pg. Witt von 4.8.1941, für Pg. Hinkel v. 21.7.1941, PK an Pg. Tiessler v. 16.6.1942, Notiz für Pg. Tiessler v. 26.2.1942, Telegramm Tiessler an Pg. Witt v. 23.9.1941, Notiz für Pg. Witt v. 4.8.1941).
250 Gesammelt in der Akte, StaHH, 361-2, Oberschulbehörde, Lag. 354, 1 A2 F I 22.
251 Ebd.
252 Ebd., Bl. 4 (I.F.), Bl. 9 (F.K.v.B.), Bl. 17 (G.G.), Bl. 19 (P.H.), Bl. 39 (D.O.), Bl. 56 (R.G.).
253 Ebd., Bl. 44 (H.-J.A.).
254 Ebd., Bl. 4 (L.B.), Bl. 34 (U.M.); Bl. 21 (H.P.I.).
255 Ebd., Bl. 34, G.K.; Bl. 34, U.M.
256 StaHH, 361-2, Oberschulbehörde VI, A 29, Nr.21, L.L. an Kultur- u. Schulbehörde vom 5.6.1937.
257 Ebd.
258 Ebd., Az FIa1 Bd. III, Lag. 353, Dr. W. an Landesunterrichtsbehörde. v. 1.2.1938.
259 Ebd., Johanneum an Landesunterrichtsbehörde v. 24.2.1938.
260 Ebd., Oberschulbehörde II, A1, Nr. 21, Johanneum an Schulverwaltung v. 26.1.1940. Vgl. zum Verhalten der Lehrer am Johanneum den Bericht Ralph Giordanos, der das Kollegium aus seiner subjektiven Sicht porträtiert: Ralph Giordano, Rassismus und Militarismus im NS-Schulalltag, in: Schule im Dritten Reich – Erziehung zum Tod? Herausgegeben von Geert Platner, München 1983, S.72-80.
261 StaHH, 361-2, Oberschulbehörde VI, Lag. 600, E.F. an Oberschule für Jungen in Blankenese v. 31.10.1942.
262 Ebd., E.F. an Schulverwaltung v. 24.2.1943.
263 Ebd., Az FI 22, Lag. 354, Bl. 13.
264 Ebd., Lag. 600, Schriftwechsel Schulbehörde mit div. Adressaten.
265 Ebd., Oberbürgermeister der Gemeinde Stolp an Gemeindeverwaltung Hamburg vom 28.3.1944.
266 Ebd., Schulverwaltung an Standesamt Halber-

stadt v. 23.3.1944, dass. an dies. v. 28.3.1944.
267 Ebd., Genesenden-Batterie Frankfurt/Oder an Schulverwaltung v. 12.4.1944.
268 Ebd., Vermerk der Schulverwaltung vom 29.8.1944.
269 Ebd., Az FI 22, Lag. 354, Bl. 13, Schulverwaltung an Oberschule für Jungen an Schulbehörde v. 29.8.1944.
270 Ebd., 361-10, KLV, 32, Oberschule für Mädchen, Hamburg-Großflottbek an Schulverwaltung v. 4.5.1941, Abschrift v. 25.8.1941.
271 Ebd., Oberschulbehörde VI, Lag. 990, Verzeichnis von 13 Schülern verschiedener Hamburger Schulen, die wegen „staatsabträglichen Verhaltens" bestraft worden waren und teilweise abgeschult wurden wie der „Mischling" E.R. am 13.10.1941. Der Interviewpartner Herbert Simon wurde als Schüler wegen „wehrkraftzersetzender Äußerungen" 1942 ohne Verfahren in das KZ Sachsenhausen eingeliefert. Vgl. FZH/WdE, 037.
272 StaHH, 361-2, Oberschulbehörde VI, Lag. 990, Gestapo an Reichsstatthalter und Schulverwaltung v. 19.5.1942.
273 BAP, R 22, Reichsjustizministerium, 1183, Bl. 96-104, Oberregierungsrat Kümmerlein an Oberst der Polizei, SS Standartenführer Werner v. 22.7.1944.
274 Ebd., Vermerk: Behandlung jüdischer Mischlinge, S.1.
275 Ebd., S.3.
276 Ebd., S.4.
277 Siehe dazu beispielsweise Interview Köhlermann im Teil IV dieser Arbeit. Die Lektüre mancher Schulakten ruft den Verdacht hervor, daß hier – unter dem Deckmantel anderer Begründungen – gezielt „halbjüdische" Schüler betroffen waren: So erhielten sie „Warnungen", gingen wegen Krankheit ab oder weil sie nicht versetzt wurden. StaHH, 362-2/16, Oberschulbehörde, Oberrealschule in Eppendorf 1 Band 2, Eintragungen v. 26.9.25, 19.12.1936, 14.3.1938, 28.?.1939, 18.3.1940.
278 Giordano, Rassismus, S.75.
279 Vgl. Baumbach u.a., Wurzeln, S.27.
280 FZH, 18-1.2.1, R.M., NG an A.f.W. v. 29.1.1959. Ähnlich auch ebd., R.M.P.

281 Beipielsweise ebd., L.H.
282 Ebd., E.E., E.E. an NG v. 24.11.1965.
283 Olenhusen, „Nichtarische" Studenten.
284 Vgl. Noakes, Nazi Policy, S.326f.
285 Akten der Partei-Kanzlei, Verfilmungs-Nr. 018003, RuPrMfWEV an die nachgeordneten Dienststellen der Preußischen Hochschulverwaltung vom 15.4.1937.
286 Vgl. Olenhusen, „Nichtarische" Studenten, S.192. Siehe dort auch Sonderbestimmungen im medizinischen Bereich.
287 Vgl. Noakes, Nazi Policy, S.327. Siehe auch FZH, 6238, Mitteilungsblatt für den Paulus-Bund, Vereinigung nichtarischer Christen e.V., Nr. 3, März 1937, S.29.
288 BAP, R 18, Reichsministerium des Innern, 5645, Bl. 173, Lösener an Pfundtner vom 22.1.1941.
289 Ebd., S.2.
290 BAP, R 22, Reichsjustizministerium, 1183, RMfWEV an die Herren Rektoren der wissenschaftlichen Hochschulen im Deutschen Reich u.a. vom 25.10.1940. Der Minister wies darauf hin, daß er die Studienerlaubnis nur in besonderen Fällen erteilte, alle anderen Anträge sollten bereits im Vorfeld von den Rektoren abgelehnt werden. Siehe auch Akten der Partei-Kanzlei, Verfilmungs-Nr. 005995, NSDAP, StdF an RMfWEV v. 16.12.1940.
291 BAP, R 22, Reichsjustizministerium, 1183, RMfWEV v. 25.10.1940 an die Rektoren der wissenschaftlichen Hochschulen im Deutschen Reich u.a.
292 Vgl. Olenhusen, „Nichtarische" Studenten, S.194.
293 Vgl. ebd., S.195.
294 Vgl. dazu Teil II dieser Arbeit.
295 Vgl. Olenhusen, „Nichtarische" Studenten, S.195.
296 Vgl. ebd., S.196.
297 Akten der Partei-Kanzlei, Verfilmungs-Nr. 0 8961 u. 65, Polizeipräsident an D.T. vom 17.2.1941, Reichsstudentenführung, Sozialpolitisches Amt an D.T. v. 2.5.1941.
298 BAP, R 22, Reichsjustizministerium, 1183, Erlaß RMfWEV v. 22.6.1942.
299 Ebd. Ausnahmefälle: Wenn „Mischlinge ersten

Grades" wegen „besonderer Bewährung auf Grund einer Führerentscheidung" in der Wehrmacht verblieben waren; wenn sie mit militärischen Auszeichnungen bedacht worden waren oder – ohne den Status als „Mischling" – geehrt worden wären und wenn sie ohne Wehrdienst das Studium bereits 1940 abgeschlossen hätten.

300 Vgl. Olenhusen, „Nichtarische" Studenten, S.201.
301 Vgl. ebd., S.198. Auch unter den Akten der Parteikanzlei befinden sich zahlreiche Schriftwechsel um Zulassungen (vgl. u.a. Akten der Partei-Kanzlei, Verfilmungs-Nr. 010051-3, 56-8, 67-9, 009877-80, 36-8).
302 Vgl. Olenhusen, „Nichtarische" Studenten, S.202ff.
303 Akten der Partei-Kanzlei, Verfilmungs-Nr. 005980, RMfWEV an die Unterrichtsverwaltungen der Länder u.a. vom 13.5.1944.
304 Michael Grüttner, „Ein stetes Sorgenkind für Partei und Staat". Die Studentenschaft 1930 bis 1945, in: Krause u.a. (Hrsg.), Hochschulalltag, S.201-236, hier: S.212. Vgl. auch Peter Freimark, Juden an der Hamburger Universität, in: Krause u.a. (Hrsg.), Hochschulalltag, S.125-147, S.138.
305 Akten der Partei-Kanzlei, Verfilmungs-Nr. 010067, RMfWEV an Leiter der Partei-Kanzlei v. 26.2.1943.
306 Ebd., NSDAP, Partei-Kanzlei, an RMfWEV v. 17.8.1943.
307 Ebd., Verfilmungs-Nr. 0 9736-38, Major D. an RMfWEV v. 26.12.1943.
308 Ebd., RMfWEV an Major D. v. 17.3.1944.
309 Reichswirtschaftsminister am 3.8.1938, zitiert nach: FZH, 6238, Mitteilungsblatt der Vereinigung 1937, Nr. 2, Febr. 1939, S.5.
310 Ebd.
311 FZH, 6238, Reichsverband nichtarischer Christen, Heinz Lewald: Die Berufsbeschränkungen der deutschen Nichtarier, Berlin 1935; Zweiter Teil: Beschränkungen in der Berufsausübung; 2. Lieferung: Die Berufsbeschränkungen der deutschen Nichtarier, Berlin 1935; Nachtrag zur ersten Lieferung: Die Berufsbeschränkungen der deutschen Nichtarier, Juli 1935; Berufe, die deutschen Nichtariern verschlossen sind (o.D.).
312 BAP, R 22, Reichsjustizministerium, 1183, Amtliches Nachrichtenblatt der Deutschen Arbeitsfront 10. Jahrgang, Folge 1 v. 1.4.1944, DAF-Anordnung 2/44.
313 Vgl. Ausführungen über Zwangsarbeit in diesem Kapitel, S.237ff.
314 FZH, 6238, Reichsverband nichtarischer Christen, Beschränkungen in der Berufsausübung, 2. Teil, S.24.
315 Ebd.
316 Ebd., S.34-36.
317 Vgl. Adam, Judenpolitik, S.51-71; Büttner, Not, S.15-23. Auch die Ausnahmen wurden immer mehr eingeschränkt. So genügte es beispielsweise nicht, daß der Rechtsanwalt von S. den Ersten Weltkrieg an der Front mitgemacht hatte, sondern es wurde geprüft, ob seine im Kampfgebiet stationierte Truppe auch wirklich bei Gefechten eingesetzt worden war (StaHH, 241-2, Justizverwaltung-Personalakten, A 2889, E. Ritter S. von A.). Die Reichskulturkammer erkannte den Frontkämpferstatus gar nicht erst an (vgl. FZH, 6238, Mitteilungsblatt des Reichsverbandes christlich-deutscher Staatsbürger nichtarischer oder nicht rein arischer Abstammung e.V., Anlage zum Rundschreiben Nr. 3 v. 10.6.1935, Punkt g). Das Blatt weist darauf hin: „Es kann ein nichtarischer Frontkämpfer wohl hoher Beamter sein und bleiben; er ist aber, wie ein Fall in Lübeck zeigt, nicht in der Lage, auf der Straße Zeitungen zu verkaufen, da hierdurch deutsches Kulturgut verwaltet wird." (Ebd.) Über Berufs- und Ausbildungsverbote für Juden sind unzählige Studien verfaßt worden, die am Rande oft auch Regelungen für „Mischlinge ersten Grades" behandeln. Hier sei als eines von vielen Beispielen nur genannt: Tillmann Krach, Jüdische Rechtsanwälte in Preußen. Über die Bedeutung der freien Advokatur und ihre Zerstörung durch den Nationalsozialismus, München 1991.
318 Vgl. Reinhard Merker, Die bildenden Künste im Nationalsozialismus, Köln 1983, S.127.
319 BA, Bestand BDC, RFK/RKK, Liste B: Filmschaffende v. 25.7.1938, 26.7.1938, „Liste der Juden, Mischlinge und Jüdisch Versippten", IA-Kb. 5591/4626 (eigene Zählung) und ebd.,

Listen o.D. (vermutlich 1943, eigene Zählung).
320 BAP, R 43, Reichskanzlei II, 423, RMdI an Reichskanzlei v. 16.8.1937.
321 Ebd.
322 StaHH, 131-6, Staatsamt 5, Bd.1, Staatsamt an RuPr MfEuV v. 27.8.1937. Am 2.5.1938 bekräftigte Reichsstatthalter Karl Kaufmann in einem Schreiben an den StdF dann: „Im hamburgischen Staatsdienst ist unter Berücksichtigung der Anordnungen des Stellvertreters des Führers und des Reichsministers des Innern bei den Beamten, die mit einer Volljüdin verheiratet waren, keine Ausnahme zugelassen worden. Bei Angestellten ist sinngemäß verfahren worden." Akten der Partei-Kanzlei, Verfilmungs-Nr. 124 04042/43.
323 Akten der Partei-Kanzlei, Verfilmungs-Nr. 117 04837 u. 38, NSDAP, StdF, Reichsverfügungsblatt v. 5.9.1940, Ausgabe A 22/40, Anordnung 81/40 und ebd., Verfilmungs-Nr. 101 04425, RMdI an die Obersten Reichsbehörden u.a. v. 13.1.1941.
324 So wurde beispielsweise der Ehemann eines „Mischlings ersten Grades" von der Krankenkasse der Schornsteinfegerinnung als Geschäftsführer 1935 entlassen und im August 1939 im Zuge der Kriegsvorbereitungen eingesetzt, „um das neu errichtete Haupternährungs- und Hauptwirtschaftsamt zu organisieren". Er tat seine Arbeit als Dienststellenleiter zur Zufriedenheit, bis er wegen der Abstammung seiner Frau (vermutlich 1943) nach einer der angeforderten Aufstellungen über „Mischlinge" und mit ihnen Verheiratete im öffentlichen Dienst wiederum ausscheiden mußte. Vgl. FZH, 18-1.2.2, E.G. an Amt für Wiedergutmachung v. 15.12.1948.
325 Akten der Partei-Kanzlei, Verfilmungs-Nr. 103 17320, Reichsverkehrsminister an RMdI u.a. v. 31.5.1940. Dieses Beispiel soll stellvertretend für eine Fülle derartiger Beförderungsgesuche genannt werden, die sich in den Akten der Partei-Kanzlei befinden.
326 Die „Kanzlei des Führers" trug eigenes Datenmaterial über die betreffenden Personen zusammen und bat um Unterstützung vom SD, der zu diesem Zeitpunkt aber auf die bevorstehende Volkszählung verweisen mußte (vgl. BAP, R 58, Reichssicherheitshauptamt, Vermerk RSHA v. 28.3.1938). Später mußten die Behörden immer wieder Listen einreichen, so beispielsweise 1941 (vgl. Akten der Partei-Kanzlei, Verfilmungs-Nr. 053430, NSDAP, Partei-Kanzlei an RJM v. 10.10.1941) oder 1944.
327 BAP, R 43, Reichskanzlei II, 599, Bormann an Reichskanzlei v. 2.11.1944.
328 Ebd., Aufstellung, S.6. Ebd., Präsident der Deutschen Reichsbank, Liste v. 15.11.1944. Angaben aus ebd., Bl. 1-83. Einige Berichte standen aus.
329 Akten der Partei-Kanzlei, Verfilmungs-Nr. 015823, Vermerk über die Besprechung am 29.9.1936, S.1.
330 Ebd., S.6.
331 Ebd., S.8.
332 FZH, Handelskammer, 227-1, Reichs- u. Preußischen Wirtschaftsminister, gez. Staatssekretär Posse, an Reichswirtschaftskammer, nachrichtlich an den StdF, die Landesregierungen, Polizeikommandeur der Länder und Treuhänder der Arbeit.
333 So der Reichswirtschaftsminister an die Überwachungsstelle für Edelmetalle v. 10.10.1938 (Akten der Partei-Kanzlei, Verfilmungs-Nr. 000559) oder im Vortrag des Oberregierungsrats Gotthardt auf einer Sitzung der Reichswirtschaftskammer am 20.3.1939: „Der Mischling fällt nicht unter die wirtschaftlichen Judengesetze" (FZH, Handelskammer, 227-11, Vortragsmanuskript Gotthardt, S.1). In diesem Vortrag wird auch darauf hingewiesen, daß der StdF per Erlaß vom September 1939 jeder Parteistelle „auf das schärfste" verboten hatte, einem „Mischling in wirtschaftlicher Hinsicht irgendwelche Schwierigkeiten zu machen." (Ebd., S.4)
334 Ebd., S.4.
335 Vgl. Fallbeispiel in: Meyer, „Besser ist doch, man taucht unter", S.128.
336 FZH, 6238, Mitteilungsblatt der Vereinigung 1937, Nr. 12, Dezember 1937, S.103.
337 Ebd., Reichsverband nichtarischer Christen, Berufe, die deutschen Nichtariern verschlossen sind.
338 Ebd.

339 Ebd.
340 FZH, 6238, Mitteilungsblatt der Vereinigung 1937, Nr. 12, Dezember 1937, S.104.
341 Vgl. Vuletic, „Plötzlich waren wir ...", S.279.
342 FZH, 6238, Mitteilungsblatt der Vereinigung 1937, Nr. 3, März 1938, S.15.
343 Ebd., Nr. 11, Nov. 1938, S.49.
344 BAP, R 58, Reichssicherheitshauptamt, 219, Gestapo/Gestapa an Staatspolizei(leit)stelle u.a. v. 2.5.1939; ebd., Richtlinien für die Überprüfung von Arbeitskräften; ebd., Chef der Sicherheitspolizei und des SD an alle Staatspolizeileitstellen v. 24.5.1941.
345 Ebd., Richtlinien, S.3.
346 Ebd., Gestapo, Staatspolizeileitstelle Düsseldorf an die Herren Polizeipräsidenten u.a. v. 2.6.1942.
347 So beispielsweise FZH/WdE, 001.
348 A.f.W., 1009 90, W.O., Arbeitsamt Hamburg, Vermittlungsabschnitt für Metallberufe an A.f.W. v. 12.11.1959.
349 Besondere Probleme, auf die in diesem Zusammenhang nicht näher eingegangen werden kann, ergaben sich für diejenigen Ausbildungswilligen, deren jüdische Väter zwar die deutsche Staatsangehörigkeit vor 1933 erworben, sie dann aber während der NS-Zeit durch Aberkennung wieder verloren hatten. Diese „Mischlinge" wurden nicht zum Pflichtjahr zugelassen und damit in der Folge auch nicht zu einer Berufsausbildung. So beispielsweise FZH, 18-1.2.1, H.K.
350 Siehe die Interviewpartner im Teil IV dieser Arbeit.
351 Ein Jugendlicher, der eine kaufmännische Lehre beginnen wollte, mußte Bäcker werden (FZH, 18-1.2.1, D.R.), ein Nichthamburger erhielt von seinem zuständigen Arbeitsamt den Bescheid, er dürfe ausschließlich „händische Arbeiten" verrichten (FZH, 18-1.2.1, H.J.L.).
352 Akten der Partei-Kanzlei, Verfilmungs-Nr. 107 00382-427, RFSS an SS-Wirtschafts-Verwaltungshauptamt v. 26.7.1944, Behandlung von Mischlingsangelegenheiten, S.35.
353 So FZH, 18-1.2.1, K.N.; H.H.; B.K.
354 Die Berichterstatterin erfuhr von derselben Arbeitsvermittlerin 1946 wiederum „jede erdenkliche Hilfe" bei der Stellensuche. FZH, 18-1.2.1, L.S., L.S.an NG v. 8.8.1958.
355 FZH, 18-1.2.2, H.G., Arbeitsamt Hamburg an NSDAP, Kreisleitung des Kreises 4 vom 11.11.1942 und NSDAP an Arbeitsamt Hamburg v. 1.2.1943.
356 Ebd.
357 Alle Angaben aus A.f.W., 2501 06.
358 Ebd., Bl. 9, Lebenslauf o.D.
359 Ebd., Bl. 40f., S.R. an A.f.W. v. 3.5.1958.
360 Ebd.
361 Vgl. Arbeitsamt Hamburg an die Verfasserin v. 22.8.1996
362 Auskunft Staatsarchiv Hamburg an die Verf., 17.7.1996.
363 BA, Bestand BDC, NSDAP-Mitgliederkartei.
364 A.f.W., 2501 06, Arbeitsamt Hamburg an A.f.W. v. 4.8.1958.
365 Nicht in diese Statistik einbezogen wurden diejenigen, die sich nicht selbständig machen durften oder denen eine Teilhaberschaft in einem „arischen" Unternehmen verwehrt wurde.
366 Vgl. das Beispiel Hermann Iversen, der mehrfach die Lehrstelle oder Praktikumsplätze verlor, in: Beate Meyer, Mit der Erinnerung leben, in: Peter Reichel (Hrsg.), Das Gedächtnis der Stadt, S.151-166, S.158ff.
367 Der NSDAP-Gauwirtschaftsberater, dem ab 1936/1937 jedes „Arisierungsverfahren" zur Genehmigung vorgelegt werden mußte, lehnte Eigentumsübertragungen an Ehefrauen und Nachkommen ab. Vgl. Bajohr, „Arisierung", S.251ff. und S.285ff.
368 Vgl. Bajohr,"Arisierung" Kapitel II, IV, V und VI.
369 Archiv Handelskammer Hamburg, 100.A.2.4., Bl. 195, „Liste der Groß- u. Außenhandelsfirmen, deren Inhaber Halbjuden bzw. jüdisch versippt sind". Die undatierte Liste wurde vermutlich im Spätsommer 1944 erstellt. Sie enthielt 14 Betriebe (plus einen gestrichenen).
370 A.f.W., 2607 05, H.L., Anlage zum Wiedergutmachungsantrag v. 26.9.1954.
371 Ebd., Bl. 22, Antrag für Sonderhilfsausschuß v. 25.2.1946.
372 A.f.W., 2403 01 K.M., Bl. 86, Kämmerei der Hansestadt Hamburg, Steueramt Altona, an

K.M. v. 9.12.1938.
373 Ebd., Wiedergutmachungsantrag K. Müller, S.2.
374 Ebd., Bl. 125, Verband norddeutscher Briefmarkenhändler e.V. Hamburg an A.f.W. v. 26.3.1959.
375 Inzwischen reihten sich in der Familie K. Müllers tragische Ereignisse aneinander: Vater, Schwester und Mutter hatten sich das Leben genommen (Ebd., Bl. 89f., Anhang zum Antragsformular an den Sonderhilfsausschuß v. 5.3.1946), Anlaß für K. Müller, nach der Ablehnung seines Existenzgründungsdarlehens nun erbittert auch für sich eine Cyankalikapsel zu fordern. (Ebd., Bl. 34, K.M. an Senator Koch v. 17.10.1948).
376 ALGH, Archiv des Wiedergutmachungsamtes SR/4, Bl. 2, C.S.an A.f.W. v. 13.5.1949, S.2.
377 A.f.W., 0409 03, W.L., Anlage zum Antrag auf Ersatz von Vermögensschäden v. 20.3.1954.
378 Ebd., Bl. 101A, Vorlage A.f.W. v. 22.4.1965.
379 Nach einem Vermerk des A.f.W. befanden sich in der Akte der Gauwirtschaftskammer Schreiben an div. Auskunftsuchende, die wissen wollten, ob es sich um einen „jüdischen Betrieb" handele, v. 11.2.1938, 7.5.1938, 2.8.1938, 1.3.1939, 15.11.1940 und 3.6.1942 und Vermerk A.f.W. v. 16.10.1969.
380 Ebd.
381 FZH, 18-1.2.1, E.S., Bescheid A.f.W. vom 3.9.1959; ebd., Zentralverband an Regierungspräsident, Köln v. 18-1.1963.
382 Vermutlich verschwieg sie bei der polizeilichen Anmeldung die Angaben ihrer Mutter, denn diese erhielt keinen Deportationsbefehl.
383 Eine Wiedergutmachung des Schadens im beruflichen Fortkommen wurde ihr übrigens mit der Begründung verweigert, daß sie ihren Handel ja betrieben habe.
384 SHL, Sondergerichtsakten, 358/5791 M.B.
385 Ebd., Bl. 1, Strafanzeige v. 23.8.1942.
386 Ebd.
387 Ebd., Bl. 7, Amtsvorsteher als Ortspolizeibehörde an Gestapo Neumünster v. 29.8.1942.
388 Ebd., Bl. 13f., Vernehmungsprotokolle der Staatlichen Kriminalpolizei v. 21.8.1942 u. 2.9.1942.

389 Ebd., Bl. 16-18, Anzeige bei Gendarmerie Einzelposten I Rellingen v. 13.9.1942 und Bl. 25, Strafanzeige v. 16.9.1942.
390 Ebd., Bl. 28, Strafanzeige v. 16.9.1942.
391 Ebd., Bl. 19, Strafanzeige M.B. bei Kriminalpolizeileitstelle Hamburg v. 14.9.1942.
392 Ebd., Bl. 31, Amtsvorsteher als Ortspolizeibehörde an Gestapo Neumünster v. 17.9.1942.
393 Ebd., Bl. 39-49, Vernehmungsprotokolle.
394 Ebd., Bl. 50, Amtsvorsteher als Ortspolizeibehörde an Oberstaatsanwalt in Itzehoe vom 12.10.1942.
395 Ebd., Bl. 91, Vermerk v. 22.1.1943.
396 Ebd., Bl. 54, Gestapo Neumünster an Oberstaatsanwalt beim Landgericht in Itzehoe vom 20.10.1942 und Bl. 115, 145-148, Oberstaatsanwalt vom 9.3.1943; Anklageschrift vom 11.6.1943. Pikant war, daß M.B. das beanstandete Viehfutter vom Knecht des Ortsbauernführers gekauft hatte, der ganz offensichtlich seinen Arbeitgeber betrog.
397 Ebd., Bl. 208-214, Urteil 12 Son Kls 102/43.
398 Ebd., Bl. 224 und 244, Straf- und Jugendgefängnis Neumünster v. 5.10.1943 und Staatsanwaltschaft Kiel an dies. v. 8.12.1943. Vgl. zur Sonderbehandlung (nichtjüdischer) Häftlinge in Schleswig-Holstein: Paul, Staatlicher Terror, S.216-225.
399 ASLH, Sondergerichtsakten, 358/5791 M.B., Bl. 252, Kreisjugendamt, Nebenstelle Farmsen an Landgericht Kiel v. 28.7.1945 und Bl. 253, Oberstaatsanwalt beim Landgericht Hamburg v. 5.11.1945.
400 So schildert Helmut Stubbe-da Luz detailreich, aber wenig kritisch dessen Lebensweg; Werner Johe nimmt die Person Petersens in seiner fundierten Untersuchung der politischen Weichenstellungen in den ersten Nachkriegsjahren in den Blick; Michael Wildt schließlich vergleicht die Amtsführungen und darin implizierte politische Konzepte der Hamburger Nachkriegsbürgermeister Rudolf Petersen und Max Brauer. Vgl. Helmut Stubbe-da Luz, Rudolf Petersen (1878–1962), in: ders., Die Politiker Paul de Chapeaurouge, Rudolf Petersen, Kurt Sieveking (Hamburgische Lebensbilder Bd. 4), Hamburg 1990, S.31-48; Werner Johe, Bürgermei-

ster Rudolf Petersen, in: Tel Aviver Jahrbuch des Instituts für deutsche Geschichte, Bd. 3, 1974, S.379-415; Michael Wildt, Zweierlei Neubeginn: Die Politik der Bürgermeister Rudolf Petersen und Max Brauer im Vergleich, in: Ursula Büttner/Bernd Nellesen (Hrsg.), Die zweite Chance, Hamburg 1997, S.41-61. Siehe außerdem Arnold Sywottek, Hamburg seit 1945, in: Werner Jochmann (Hrsg.) Hamburg. Geschichte der Stadt und ihrer Bewohner, Band II, Hamburg 1986, S.377-466, hier: S.385-394.

401 StaHH, 622-1, Petersen, 01/1, Rudolf Petersen, Lebenserinnerungen, S.25f. Interpunktion verändert.

402 Ebd., N 15, Clara Petersen, Kindheits- und Jugenderinnerungen, S.1.

403 Ebd.

404 Ebd.

405 Clara Petersen berichtet sehr selbstverständlich von der eigenen Konfirmation, ebd., S.12.

406 Ebd., 05/UA 6, Clara an Rudolf Petersen v. 16.4.1947.

407 Clara ordnet Carl und Anna als eher prosemitisch und sich, „Guffi" und „Addi" als tendenziell auf der antisemitischen Seite ein, wobei Rudolf offensichtlich zwischen der Abneigung, wenn Juden erkennbar in der Überzahl waren, und der Anerkennung der positiven Auswirkungen der Mischehe schwankte. Ebd., 05/UA6, Clara an Rudolf Petersen v. 16.4.1947.

408 Ebd., N18, Sterbebetterinnerungen, S.21.

409 Ebd., 05 UA6, Clara an Rudolf Petersen v. 7.1.1956.

410 Vgl. Johe, Petersen, S.384.

411 Vgl. Stubbe-da Luz, Petersen, S.35.

412 StaHH, 622-1, Petersen, 01/1, Rudolf Petersen, Lebenserinnerungen S.13.

413 Ebd., S.16. So gingen Rosenthal und sein Mitarbeiter Schüller ebenso wie sein Geschäftspartner Ernst von Simson in die Emigration.

414 Cissy Behrens berichtet von emigrierten Nichten und Neffen in Buenos Aires, Paraguay etc. (ebd., 040, Bd. 1, C. Behrens an Rudolf Petersen v. 12.4.1947). Die Kinder einer anderen Verwandten emigrierten nach Cuba bzw. ein Sohn wurde im KZ inhaftiert, sein Unternehmen „arisiert" (ebd., 040, Bd. 1, Franziska Behrens an Rudolf Petersen v. 9.8.1945, RA an Rudolf Petersen v. 7.8.1946).

415 Petersens Sohn Gustav emigrierte in die USA, weil er – nach einer Information seines Bruders – die Verlobte in Deutschland nicht heiraten durfte. Daß der Bruder Erik 1934 nach Brasilien ging, wurde in der Familie als der übliche Weg eines gelernten Im- u. Exportkaufmannes gesehen, der seine erste Niederlassung im Ausland eröffnet, wie es der Vater schließlich auch getan hatte. Vgl. Gesprächsprotokoll, Telefongespräch der Verf. mit Carl-Friedrich Petersen am 9.10.1997, S.1.

416 Anna Maria Schumacher geb. Petersen emigrierte mit ihrem Ehemann, dem Wirtschaftsexperten Ernst Friedrich Schumacher, 1937 nach England. Vgl. Biographisches Handbuch der deutschsprachigen Emigration nach 1933, herausgegeben vom Institut für Zeitgeschichte in München und der Research Foundation for Jewish Immigration New York, München, New York, Paris 1980, S.675.

417 StaHH, 622-1, Petersen, 01/1, Rudolf Petersen, Lebenserinnerungen, S.17.

418 Ebd., N 18, Clara Petersen, Unterakte über Carl Petersen, S.1.

419 Ebd., S.3. Carl starb ebenso wie der Bruder „Guffi" 1933.

420 Geht aus „Persilschein" für Felix Warlimont, Leiter der Norddeutschen Affinerie, hervor. Ebd., 040, Bd. 5, v. 15.7.1946. Carl-Friedrich Petersen datiert diese Verhaftung auf 1938/39. Vgl. Gesprächsprotokoll, Telefongespräch der Verfasserin mit Carl-Friedrich Petersen am 9.10.1997, S.2.

421 Vgl. Stubbe-da Luz, Petersen, S.38. Dieser verweist auf Petersens Sympathie für die DVP.

422 Vgl. ebd.

423 Karl Ludwig Nottebohm war Präses der Handelskammer bis 1933.

424 StaHH, 622-1, Petersen, 01/1, Rudolf Petersen, Lebenserinnerungen, S.25f.

425 Fehlt bei Stubbe-da Luz, Petersen, ebenso wie bei Johe, Petersen.

426 StaHH, 622-1, Petersen, 01/1, Rudolf Petersen, Lebenserinnerungen, S.25f.

427 So eine Formulierung in einem „Persilschein",

StaHH, Petersen, 040, Bd. 2, E-He, Schreiben für Heinz von Have v. 6.3.1947.

428 Die Handelskammer stellte bei Anfragen Unbedenklichkeitsbescheinigungen aus, erinnert sich Carl-Friedrich Petersen. Vgl. Gesprächsprotokoll, Telefongespräch der Verf. mit Carl-Friedrich Petersen am 9.10.1997, S.2.

429 StaHH, Petersen, 040 Bd. 3, Korrespondenz, Rudolf Petersen an Ralph von Klemperer v. 8.6.1946. R. v. Klemperer war auf Anraten Petersens während der NS-Zeit emigriert.

430 Ebd., Senatsprotokolle, 1933, Plenum, Protokoll v. 29.11.1933. Beschluß: „Senat ist der Ansicht, daß Petersen zu entlassen ist."

431 Dies geht aus dem „Persilschein" für Albert T. hervor, der Lehrer seiner Söhne am Wilhelm-Gymnasium war. Ebd., Petersen 040, Bd. 5, v. 4.7.1946.

432 Gesprächsprotokoll, Telefongespräch der Verf. mit Carl-Friedrich Petersen am 9.10.1997, S.2.

433 Emmy Beckmann, Hamburgs erste Oberschulrätin, aktiv in der bürgerlichen Frauenbewegung und der DDP. 1933 wurde sie wegen „nationaler Unzuverlässigkeit" vom Dienst suspendiert, nach 1945 wieder als Oberschulrätin eingesetzt. Tatsächlich hatte sie mit literarischen Abenden in den Häusern von Freunden ihren Unterhalt verdient. Von 1949 bis 1957 gehörte sie für die FDP der Bürgerschaft an. Ausführlichere Informationen bei Inge Grolle/Rita Bake, „Ich habe Jonglieren mit drei Bällen geübt." Frauen in der Hamburgischen Bürgerschaft 1946 bis 1993, Hamburg 1995, S.318f. Siehe auch Rita Bake/Britta Reimers, Stadt der toten Frauen. Der Hamburger Friedhof Ohlsdorf in 127 Frauenporträts, Hamburg 1997, S.267-271.

434 Dies geht aus dem „Persilschein" für Hugo Suhr, Bürgermeister von Wentorf, hervor, dem Petersen bestätigt, er habe ihm erlaubt, in seinem Hause „unangemeldet" Vorträge z.B. von Emmy Beckmann oder Pastor Schröder anzuhören. StaHH, 622-1, Petersen, 040, Bd. 5, v. 25.9.1946.

435 Rudolf Petersen – so sein Sohn – reagierte auf die regimekritischen Gespräche mit der Bitte, darüber nicht zu sprechen, um seine Familie nicht „mit hineinzuziehen" (Gesprächsprotokoll, Telefongespräch der Verf. mit Carl-Friedrich-Petersen am 9.10.1997, S.3). Der von Carl-Friedrich Petersen genannte Peter Bielenberg und seine Frau lebten in Reinbek. Adam von Trott zu Solz lernte bei einem Besuch dort 1935 seine spätere Frau Clarita kennen. Allerdings verließen Bielenbergs Reinbek 1936 und Hamburg 1939. Daß spätere Kontakte zur Familie Petersen bestanden haben, ist aus der detaillierten Autobiographie Christabel Bielenbergs, die immer auch die Aufenthaltsorte der Freunde nennt, nicht ersichtlich (Vgl. Christabel Bielenberg, Als ich Deutsche war 1934–1945, München 1969, Nachdruck 1987, S.12-47). Wenn sich die Gespräche im Hause Petersen 1935 kritisch mit den Nationalsozialismus auseinandersetzten, dann mit der Politik in den ersten beiden Jahren, die Gefahr, in Widerstandsaktivitäten „hineingezogen" zu werden, bestand nicht.

436 StaHH, 622-1, Petersen, 022, Testament vom 21.12.1942, Nr. 4515 in der Urkundenrolle von 1942.

437 Vgl. Teil II, Kapitel I, S.96ff. dieser Arbeit.

438 So die Ehefrau seines Prokuristen im Interview. Privatbesitz Bajohr, Interview mit Frau Jestel Müller, geführt von Frank Bajohr am 14.2.1994 (nicht transkribiert).

439 StaHH, Petersen, 01/1, Rudolf Petersen, Lebenserinnerungen, S.25f.

440 Ebd.

441 Im Interview berichtet Jestel Müller, daß Petersen regelmäßig an den Wochenenden arbeitete.

442 Der Prokurist Müller hatte zu Hause berichtet, vom Obmann gerügt worden zu sein, weil er nicht in das Horst-Wessel-Lied eingestimmt und den Hitler-Gruß umgangen hatte, als anläßlich einer im Rundfunk übertragenen Führerrede eine Zusammenkunft der Beschäftigten stattfand. Vgl. Interview mit Jestel Müller.

443 Stubbe-da Luz zitiert beispielsweise Auszüge aus einer Rede, die Rudolf Petersen 1936 anläßlich eines Firmenjubiläums hielt. Petersen betonte darin, er habe sich in die „gänzlich veränderten Auffassungen der Jetztzeit" durch die gemeinsame Ablehnung des Kommunismus und das Bemühen um Arbeit und Pflichterfüllung

Anmerkungen S. 220–222

hineinfinden können. Vgl. Stubbe-da Luz, Petersen, S.39.
444 FZH/WdE, 035, Interview mit Gert Wildenhahn (Name geändert), geführt von Beate Meyer am 6.1.1992, S.13.
445 Ebd.
446 Ebd.
447 Archiv Handelskammer Hamburg, 100.A.2.4., Bl. 195, „Liste der Groß- u. Außenhandelsfirmen, deren Inhaber Halbjuden bzw. jüdisch versippt sind", undatiert, vermutlich Spätsommer 1944 und Bl. 217, NSDAP, Gauleitung Hamburg an den Präsidenten der Gauwirtschaftskammer v. 30.8.1944.
448 StaHH, 622-1, Petersen, 01/1, Rudolf Petersen, Lebenserinnerungen, S.25f.
449 Darin ähnelt sein Verhalten demjenigen, das der Kaufmann Ernst Eder in seinen Erinnerungen beschrieb. Vgl. S.36ff. dieser Arbeit.
450 Vgl. Johe, Petersen, S.386ff.
451 Ebd.
452 StaHH, 622-1, Petersen, 041, Rudolf Petersen, Lebenserinnerungen, S.1.
453 Ebd., 033, Adolph Gleue an Rudolf Petersen v. 18.5.1945.
454 So div. Briefe in ebd., 033.
455 Ebd., 01/1, Rudolf Petersen, Lebenserinnerungen, S.25f.
456 Ebd., 038, Entnazifizierung, S.1f.
457 Ebd., S.2.
458 Eine Reihe der von Petersen Protegierten oder Entlasteten hatte in Gremien der Gauwirtschaftskammer (Handelskammer) mitgearbeitet, so Hans E. B. Kruse, Willy Ganssauge oder Walter Krasemann (vgl. Handbuch der Hansestadt Hamburg, Hamburg 1939, S.338f.). Auf die aktive Rolle Willy Ganssauges, Chef der zur Reederei Laisz gehörigen Afrikanischen Frucht-Compagnie, bei den Bemühungen um eine an den hiesigen Wirtschaftsinteressen orientierte Kolonialpolitik weist Linne hin (vgl. Karsten Linne, Auf dem Weg zur Kolonialstadt Hamburg – eine spezifische Form der Standortpolitik, in: Angelika Ebbinghaus/ders. (Hrsg.), Kapitel, S.177-212.
459 So bestätigte er Otto Hugo Stinnes, ein anständiger, sparsamer und eisern pflichttreuer Mann gewesen zu sein. (StaHH, 622-1, Petersen, 040, Bd. 2, E-He, Rudolf Petersen an Fachausschuß 18e (Kohlenwirtschaft) für die Ausschaltung von Nationalsozialisten" v. 6.7.1946.) Stinnes konnte der Komplizenschaft mit den NS-Regime nicht überführt werden (Vgl. Robert Wistrich, Wer war wer im Dritten Reich, Frankfurt 1989, S.340f.).
460 In der Reihenfolge der Aufzählung: StaHH, 622-1, Petersen, 040, Bd. 2, E-He, Leumundszeugnis Rudolf Petersen für Willi Ganssauge vom 24.8.1946. Ganssauge hatte Dienste für die militärische Abwehr geleistet. Ebd., 040, Bd. 3, Leumundszeugnis für Walter Krasemann vom 10.4.1947. Ebd., Leumundszeugnis für RA Dr. Jürgen Hagedorn v. 23.9.1946. Ebd., Bd. 5, Leumundszeugnis für Herbert Amsinck vom 9.5.1946.
461 Als er sich für einen Internierten mit dem Argument einsetzte, dieser habe sich vom Nationalsozialisten zum – sogar sehr leichtsinnigen – Kritiker gewandelt, schrieb ihm der Verantwortliche für die Internierung zurück, der angeblich Geläuterte sei politisch stärker belastet, als Petersen annähme und „scheint auch ein Amt gehabt zu haben, von dem Sie nichts wußten." Ebd., 033, Leumundszeugnis o.D. für H. H. H. und ebd., 040, Bd. 1, Bürgermeister Burmeister/Lauenburg an Rudolf Petersen v. 24.10.1945.
462 Aus diesem Grund verweigerte er einen „Persilschein".
463 Dies geht aus einer Kritik der „Berliner Zeitung" an einer Stellungnahme Petersens hervor, die dieser dem „Observer" gegeben hatte. Ebd., Berliner Zeitung v. 15.11.1945.
464 So verblieb der 1937 von den Nationalsozialisten eingesetzte Handelskammerpräses Joachim de la Camp auf Petersens Wunsch im Amt; die Berufung des stellvertretenden Handelskammerpräses bis 1945, Hans Kruse, zum Senator der Verwaltung für Handel, Schiffahrt und Gewerbe war Petersens Bedingung, das Bürgermeisteramt anzunehmen. De la Camp wurde am 20.6.1945 abgesetzt, Kruse trat auf Druck der britischen Militärregierung zurück. Vgl. Johe, Petersen, S.389f.
465 Vgl. ebd., S.406f.

466 Zu Rothenberger siehe Klaus Bästlein, Vom hanseatischen Richtertum zum nationalsozialistischen Justizverbrechen. Zur Person und Tätigkeit Curt Rothenbergers 1896–1959, in: Justizbehörde Hamburg (Hrsg.), „Für Führer, Volk und Vaterland…". Hamburger Justiz im Nationalsozialismus, Hamburg 1992, S.74-145.
467 Vgl. Bästlein, Richtertum, S.98ff.
468 StaHH, 622-1, Petersen, 040 Bd. 5, Curt Rothenberger an Joachim de la Camp v. 12.5.1947.
469 Vgl. Johe, Petersen, S.391.
470 StaHH, 622-1, Petersen, 040 Bd. 1, Joachim de la Camp an Hans Kruse v. 25.5.1947.
471 Vgl. Bästlein, Richtertum, S.105ff. und S.130.
472 StaHH, 622-1, Petersen, 040, Bd. 1, RA H. Bothe an Rudolf Petersen v. 14.6.1947.
473 Ebd., Bd. 5, Rudolf Petersen an RA Wandschneider v. 11.6.1947.
474 Vgl. zur Entstehung der Sonderwegs-Legende und den Auseinandersetzungen um diese Joist Grolle, Schwierigkeiten mit der Vergangenheit. Anfänge der zeitgeschichtlichen Forschung im Hamburg der Nachkriegszeit, in: Zeitschrift des Vereins für Hamburgische Geschichte, Band 78, Hamburg 1992, S.1-65.
475 Die Bielefelder Spruchkammer belegte Krogmann am 18.8.1948 mit einer Geldstrafe von 10.000 RM, die durch die dreijährige Internierungshaft abgeglichen war. Vgl. Bernhard Röhl, Hamburgs regierter Bürgermeister, taz hamburg v. 17.8.1998, S.22.
476 Vgl. Clemens Vollnhals (Hrsg.), Entnazifizierung, Frankfurt 1991, S.30.
477 StaHH, 622-1, Petersen, 040, Bd. 3, Emerentia Krogmann an Rudolf Petersen v. 5.8.1953.
478 Ebd., Emerentia Krogmann an Rudolf Petersen v.11.8.1953.
479 Vgl. Stubbe-da Luz, Petersen, S.44.
480 Vgl. Johe, Petersen, S.392f.
481 StaHH, 622-1, Petersen, 0 12/UA 2, Briefwechsel Gustav und Rudolf Petersen v. 8.3.1955 und 21.6.1955.
482 Vgl. Biographisches Handbuch der deutschsprachigen Emigration, S.675.
483 Ebd., 038, Wilhelm Biesterfeld an Rudolf Petersen v. 30.12.1958.
484 Ebd., Handelskammer, Dr. Bielfeldt an Rudolf Petersen v. 30.12.1958.
485 Ebd., 05/UA 6, Clara an Rudolf Petersen v. 16.4.1947.
486 Ebd., div. Briefe der Geschwister, die diese Literatur austauschten.
487 Die Hamburger Nationalsozialisten behielten sich vor, den Begriff des „Juden" entweder „rassisch" oder aber religiös über die „liegende Taufe" zu definieren, wenn das Gesetz zur Wiederherstellung des Berufsbeamtentums angewendet werden sollte. So konnten sie die Mitglieder von Bürgerfamilien wie den Mumssens, Mesterns oder Petersens die juristische Laufbahn gestatten, auch wenn diese „Mischlinge zweiten Grades" waren. Vgl. Bajohr, „Arisierung", S.84.
488 Gesprächsprotokoll, Telefongespräch der Verf. mit Carl-Friedrich Petersen am 9.10.1997, S.3.
489 Die RKK kam zunächst ohne „Arierparagraphen" aus, und schloß „Nichtarier" über die o.a. §10 RKK-Gesetz aus. Als die Nürnberger Gesetze Juden und „Mischlinge" definierten, wurde in der RKK ein enger gefaßter „Mischlingsbegriff" eingeführt, mit dessen Hilfe vom „Mischling zweiten Grades" bis zum „Volljuden" und mit solchen Verheiratete ausgeschlossen werden konnten, was in mehreren „Säuberungen" (Goebbels) dann auch geschah. Vgl. Volker Dahm, Das jüdische Buch im Dritten Reich, Teil I, Die Ausschaltung der jüdischen Autoren, Verleger und Buchhändler, Frankfurt 1979; siehe auch Ralf Georg Reuth, Goebbels, München/Zürich 1991.
490 FZH, 18-1.2.1, O.S., Reichskammer der bildenden Künste an O.S.v. 21.9.1936.
491 FZH, 6238, Mitteilungsblatt der Vereinigung 1937, Nr. 12, Dez. 1937, S.103.
492 So wurde H.D. vom Arbeitsamt vorgeladen und ihm bedeutet, er könne nicht mehr als Handelsvertreter arbeiten, sondern würde als Kraftfahrer vermittelt. Vgl. FZH, 18-1.2.1, H.D., Lebenslauf und Begründung des Antrages H.D. o.D.
493 FZH, 18-1.2.1, A.T.; R.H.; W.L.; H.L.; J.B.; A.f.W., 1912 08; 0310 74.

494 FZH, 6238, Mitteilungsblatt der Vereinigung 1937, Nr. 12, Dez. 1937, S.103.
495 Ebd., 18-1.2.1, L.J., und 18-1.2.2, O.L.
496 Ebd., 18-1.2.1, U.K.
497 Ebd., H.L.
498 Ebd., W.K.
499 A.F.W., 2011 10.
500 FZH, 18-1.2.1, H.O.
501 FZH, 18-1.2.1, W.M. Die hier beispielhaft Aufgezählten erhielten allesamt keine Wiedergutmachung für den Schaden im beruflichen Fortkommen, denn ihnen waren nur die Entwicklungsmöglichkeiten, nicht aber die Berufsausübung an sich beschnitten worden.
502 Nach dem § 13 Reichserbhofgesetz war nur derjenige „bauernfähig", der bis zum 1.1.1800 zurück ausschließlich „deutschen oder stammesgleichen" Blutes war. FZH, 6238, Reichsverband der nichtarischen Christen, Die Berufsbeschränkungen der deutschen Nichtarier, Nachtrag zur ersten Lieferung, S.5.
503 FZH, 6238, Mitteilungsblatt der Vereinigung 1937, Nr. 12, Dez. 1937, S.103.
504 FZH, 18-1.2.1, T.S., und A.f.W., 1607 05.
505 A.f.w., 0810 05, Bl. 47f., Wiedergutmachungsantrag v. Juni 1953 (o.D.), Protokoll von persönlicher Vorsprache H.M. beim A.f.W. vom 23.2.1943 und Erklärung R.A. (Vorgesetzter) v. 18.6.1950.
506 FZH, 18-1.2.1, F.L., F.L. an Obersicherungsamt v. 24.2.1950.
507 FZH/WdE, 008. Vgl. auch Teil I, Kapitel III, S.60f. dieser Arbeit.
508 FZH, 18-1.2.1, I.B. und L.H.
509 Ebd., M.R.
510 Ebd., Lebenslauf L.H. o.D., S.1f.
511 Ebd., Bericht M.R. v. 21.8.1958.
512 Ebd., Genehmigung des RMdI v. 25.2.1939.
513 Ebd., Lebenslauf, S.3.
514 Schließlich wurde sie frühverrentet. In den Jahren bis zu ihrem Tod 1977 litt sie an wiederkehrenden psychosomatischen Beschwerden. Vgl. ebd., Schriftwechsel Zentralverband mit Bundesfinanzministerium 1966 bis 1976.
515 FZH, 18-1.2.1, K.N. Wegen Schlägereien aus „rassischen Differenzen" verweigerte das A.f.W. ihm dann die Entschädigung, denn offiziell hatte er den Arbeitsplatz wegen der Prügelei verloren. Deren Gründe wiederum seien unerheblich. Vgl. ebd., Bescheid A.f.W. vom 5.11.1964.
516 A.f.W., 2603 14.
517 Vgl. Teil I, Kapitel III, S.60f.
518 Privatbesitz Geerd Dahms, Anstellungs-Urkunde v. 14.8.1933. Ich danke Geerd Dahms für diesen Hinweis und die Materialien. Vgl. Bergedorfer Schloßkalender 1934, Artikel „Albrecht Dreves, der neue Bürgermeister von Bergedorf".
519 Ebd., Schloßkalender 1934.
520 Ebd., Landherrenschaft Hamburg an A. Dreves v. 6.7.1934.
521 Ebd., Dreves an den Stellvertr. Vorsitzenden des Aufsichtsrates der Hamburger Freihafen-Lagerhaus-Gesellschaft, Bürgermeister Burchard-Motz v. 2.5.1935.
522 Ebd., Selbstdarstellung Dreves, in: Zu-gleich, Werkzeitschrift der Hamburger Freihafen-Lagerhaus-Gesellschaft Nr. 1/1937, S.5.
523 Vgl. Noakes, Nazi Policy, S.328-336; Deutsche Jüdische Soldaten 1914-1945, herausgegeben vom Militärgeschichtlichen Forschungsamt, Herford/Bonn 1987. Siehe auch: Deutsche Jüdische Soldaten. Katalog zur Ausstellung des Militärgeschichtlichen Forschungsamtes in Zusammenarbeit mit dem Moses Mendelssohn Zentrum und dem Centrum Judaicum, Hamburg/Berlin/Bonn 1996; Rolf Vogel, Ein Stück von uns. Deutsche Juden in deutschen Armeen 1813-1976, Mainz 1977, S.254-269. Bryan Mark Rigg Cambridge/Freiburg verfaßt derzeit eine Arbeit über „Juden und Mischlinge in der Wehrmacht".
524 Vgl. Manfred Messerschmidt, Juden im preußisch-deutschen Heer, in: Deutsche Jüdische Soldaten 1914-1945, S.109-140, hier: S.126f.
525 Ebd., S.125ff.
526 Vgl. Die Sondereinheiten in der früheren deutschen Wehrmacht, S.49.
527 Vgl. Noakes, Nazi Policy, S.329. Dies wurde in einer Änderung des Wehrgesetzes bestätigt (RGBl. I, 1936, S.518). Das Generalkommando mußte die mit Abstammungsangelegenheiten unvertrauten Truppenteile mehrfach und

eindringlich mahnen, vor jeder Beförderung eine Überprüfung der „arischen Abstammung" vorzunehmen (vgl. Bundesarchiv-Militärarchiv, RH53-7/627, Generalkommando VII Armeekorps an div. v. 24.1.1938, abgedruckt in: Rolf Vogel, Wie deutsche Offiziere Juden und „Halbjuden" geholfen haben, in: Deutsche Jüdische Soldaten 1914–1945, S.141-156, S.145).

528 Vgl. Noakes, Nazi Policy, S.330. Dieses Recht wurde denjenigen, die trotz aller folgenden Maßnahmen mit Ausnahmegenehmigungen noch in der Wehrmacht verblieben waren, am 12. Sept. 1944 genommen. Vgl. Sauer, Dokumente, Bd. 2, Erlaß des Reichsführers SS vom 12.9.1944, S.379.

529 Vgl. Noakes, Nazi Policy, S.331.

530 Vgl. Die Sondereinheiten in der früheren deutschen Wehrmacht, S.49.

531 Vgl. Messerschmidt, Juden, S.135; Erlaß abgedruckt bei Vogel, Wie deutsche Offiziere, S.143.

532 Lt. Verfügung des O.K.W. v. 13. Aug. 1941, vgl. Die Sondereinheiten in der früheren deutschen Wehrmacht, S.50.

533 Vgl. Messerschmidt, Juden, S.135; vgl. auch: Die Sondereinheiten in der früheren deutschen Wehrmacht, S.49.

534 Vgl. Lekebusch, Not und Verfolgung, S.122. Vgl. Riggs Liste, Die ZEIT v. 4.4.1997, S.11-13, S.12; Riggs bisher lediglich aus Zeitungsartikeln bestehende Veröffentlichungen provozierten bereits heftige, teils berechtigte, teils überzogene Kritik, siehe Günter Schubert, Hitlers „jüdische" Soldaten. Ein Defizit der Holocaustforschung oder nur ein Medienereignis? In: Jahrbuch für Antisemitismus 7 (1998), S.307-321.

535 Vgl. Noakes, Nazi Policy, S.337.

536 Vgl. Die Sondereinheiten in der früheren deutschen Wehrmacht, S.49.

537 Vgl. Absolon, Wehrmacht, S.148-151.

538 So wurde beispielsweise ein Oberst Bürkner, dessen Kameraden ihn ganz offensichtlich bei den Vorgesetzten angeschwärzt hatten, aus dem Dienst entlassen. Vgl. Heinrich Walle, Deutsche Jüdische Soldaten 1914-1945, in: Deutsche Jüdische Soldaten 1914-1945, S.15-86, S.80f.

539 Vgl. Noakes, Nazi Policy, S.334.

540 Vgl. ebd., S.335

541 Akten der Partei-Kanzlei, Verfilmungs-Nr. 064248, NSDAP, Partei-Kanzlei, an den Leiter des Rassenpolitischen Amtes der NSDAP-RL v. 22.10.1942.

542 StaHH, 351-10, Sozialbehörde, I AF 92.13, RMdI an die Landesregierungen u.a. vom 6.2.1940. Die Aufhebung der Ehen mit „Nichtarierinnen" wurde allerdings dadurch erleichtert, daß Soldaten „für die Dauer des Krieges" keine Antragsfristen einhalten mußten. Vgl. Teil I, Kapitel IV, S.84f. dieser Arbeit.

543 Vgl. Walle, Deutsche Jüdische Soldaten, S.18ff. Siehe auch in diesem Kapitel „Familie Petersen", deren Söhne in den „vornehmsten Regimentern gedient" hatten (S.216).

544 So berichtet Helmut Krüger in seiner Autobiographie, daß er nach der Verleihung des EK II seine Geschwister und seine jüdische Mutter nun für alle Zeiten gerettet glaubte. Vgl. Helmut Krüger, Der halbe Stern, Berlin 1993, S.69.

545 Vgl. im Teil I, Kapitel III, S.61, das Bemühen des Berend-Sohnes um Freilassung seines Vaters.

546 Vgl. Teil I, Kapitel III, S.56 dieser Arbeit.

547 Dies erkannte jüngst auch das Kölner Landgericht an, als es ein Todesurteil gegen einen „halbjüdischen" Deserteur aufhob. Der Maschinenmaat war Ende 1944 nicht mit seiner Marine-Einheit, die er offensichtlich in Unkenntnis über seine Abstammung gelassen hatte, nach Deutschland zurückgekehrt, sondern beging Fahnenflucht. Dafür wurde er fünf Tage nach Kriegsende hingerichtet. Das Gericht billigte ihm zu, sich in einem Notstand befunden zu haben, denn die Gefahr, in Deutschland als „Halbjude" entdeckt und verhaftet zu werden, habe er nur durch die Flucht abwenden können. Vgl. Tageszeitung v. 24.12.1997, Späte Rehabilitation für einen toten Deserteur.

548 StaHH, 361-2, Oberschulbehörde 2/VI, Lag. 644, Verfügung RMfWEV (EIVa 1112, EV EI) v. 25.5.1943, betr.: Sonderförderung der Kriegsteilnehmer; hier: Mischlinge.

549 Bundesmilitärarchiv RW 16/188, Chef der Wehrmachtsfürsorge- u. Versorgungsabteilung im Oberkommando der Wehrmacht an die Kommandeure der Wehrmachtsfürsorge- u.

Versorgungsdienststellen in den Wehrkreisen u.a. v. 11.11.1940, abgedruckt in: Walle, Soldaten, S.79.
550 Allgemeine Heeresmitteilungen v. 21.8.1939, abgedruckt in: Walle, Soldaten, S.78; vgl. auch Die Sondereinheiten in der früheren deutschen Wehrmacht, S.50.
551 Vgl. Paul Sauer, Dokumente, Bd. 2, Verfügung des Präsidenten des Gauarbeitsamts Württemberg an die Leiter der Arbeitsämter nach Mitteilung durch den Generalbevollmächtigten für den Arbeitseinsatz, S.380; siehe auch: Die Sondereinheiten in der früheren deutschen Wehrmacht, S.50f.
552 Vermutlich liegt der prozentuale Anteil der Einberufenen noch höher, da zu vermuten ist, daß einige die kurze Episode ihrer Wehrmachtszugehörigkeit nicht erwähnt haben. Dies mag zum einen daran liegen, daß dieser Vorgang nicht entschädigungsrelevant war (Ausnahme: Berufsoffiziere), zum anderen, daß die Betroffenen ihn nicht als besonders diskriminierend – verglichen mit anderen Maßnahmen – empfunden haben.
553 A.f.W., 2808 98. Ähnlich auch FZH, 18-1.2.1, A. A., der – seit 1928 in der Reichsmarine – als Unteroffizier nach einem Ausbildungslehrgang auf der Marineschule am 31.8.1934 entlassen wurde.
554 Ebd., Bl. 2, O.J. an Versorgungsamt, Abt. früherer berufsmäßiger Wehrmachtsangehöriger v. 12.10.1952.
555 Ebd., Wiedergutmachungsantrag v. 11.12.1954.
556 Ebd.
557 Ebd., Bl. 8, O.J. an Bürgermeister der Stadt Hamburg v. 29.11.1955.
558 Krüger, Der halbe Stern, S.69.
559 FZH/WdE, 005.
560 Vgl. Heinz-Georg Marten, Der niedersächsische Ministersturz, Göttingen 1987, S.14-21; siehe auch Der Spiegel v. 15.6.1955, S.12-24, hier: S.13ff.
561 Nach dem Krieg holte er nach, was ihm die „rassische" Ausgrenzung verwehrt hatte: Er engagierte sich in rechtsradikalen Gruppen und trat 1951 zur Landtagsfraktion der niedersächsischen FDP über, die von Rechtsradikalen unterwandert war. Beruflich betätigte er sich als Verleger, der rechtsradikale Schriften veröffentlichte. Dies führte zu seinem Sturz als Kultusminister 1955. Wenn er in den 1950er Jahren öffentlich formulierte: „Von uns aus kann das Jahr 1933 jederzeit wiederkommen" (Marten, Ministersturz, S.18), so drückt dies auch die Hoffnung aus, diesmal besser abgesichert die damals verpaßten Chancen wahrnehmen zu können.
562 FZH, 18-1.2.1, J.L.K.
563 Ebd., K. W. Dieser Soldat diente drei Jahre bei der Wehrmacht. Im Einsatz an der Ostfront hatte er beide Vorderfüße verloren. Nach der Wehrmachtsentlassung büßte er mehrfach seine Arbeitsplätze wegen der jüdischen Abstammung ein.
564 Ebd., G.M., G.M. an NG v. 23.3.1972.
565 Ebd., 18-1.2.2, B.H.G., Erklärung B.H.G. o.D.
566 FZH/WdE, 007, Interview mit Klaas Hergert, geführt von Beate Meyer am 6.8., 13.8.1990 und 6.11.1991, Transkript S.39.
567 A.f.W., 2411 08.
568 FZH, 18-1.2.1, A.L.
569 A.f.W., 1811 05.
570 FZH, 18-1.2.1, G.F.
571 Ebd., C.S.
572 Ebd. C.S.verkraftete die Identifikation mit Verfolger- und Verfolgtenseite nicht: Psychisch verwirrt mußte er nach dem Krieg von der Svenska Israelmission ständig betreut werden.
573 Ebd., F.M.
574 Ähnlich erging es einem anderen „Mischling", der der Wehrmacht vom 1.12.1939 bis 15.6.1945 (Entlassung aus der Kriegsgefangenschaft) angehörte (Ebd., W.M.). Ein anderer mußte mehrere Jahre in russischer Kriegsgefangenschaft bis 1948 verbringen (ebd., R.H.).
575 Ebd., H.L.
576 Ebd., F.H.
577 Von Greim, ab 1942 Kommandierender General eines Fliegerkorps, von 1943–1945 Oberbefehlshaber der 6. Luftflotte an der Ostfront, wurde noch am 27.4.1945 von Hitler zum Nachfolger Görings als Oberbefehlshaber der Luftwaffe ernannt. Von Greim beging am 24.5.1945 in alliierter Gefangenschaft Selbstmord. Vgl. Wistrich, Wer war wer, S.122f.

578 FZH, 18-1.2.1, Eidesstattliche Erklärung Dr. K. T. v. 20.12.1957 und „Beruflicher Werdegang" v. 11.7.1958.
579 Ebd., Felix H. an NG v. 11.12.1968.
580 Ebd., Felix H. an NG v. 14.10.1959. Trotz dieser Klagen fand er auch in der Nachkriegszeit Personen, die ihn versorgten und sich für ihn einsetzten. Beruflich Fuß zu fassen, gelang ihm nicht. Auch war er – verstärkt durch die Vorgeschichte als uneheliches Kind, das im Heim unter geistig Behinderten aufwuchs – nicht in der Lage, die Identifikation mit Verfolger- und Verfolgtenseite psychisch zu bewältigen. Doch seine Fähigkeit, Protektion zu erlangen, sowie die Tatsache, daß er ein geradezu ideales und dankbares Objekt der Fürsorge und der Wiedergutmachung an „Juden" war, verhalfen ihm zu einem gesicherten Lebensabend bei einer Fürsorgerin, die ihn privat aufnahm.
581 Akten der Partei-Kanzlei, Verfilmungs-Nr. 066018-20, Internes Schreiben Gussmann an Hauptverbindungsamt, Spangenberg vom 10.2.1943.
582 Ebd.
583 Ebd.
584 Ebd., Chef der Sicherheitspolizei und des SD an OKW u.a. v. 3.3.1943, S.1.
585 Ebd., S.3.
586 Ebd., Aktennotiz v. 17.7.1943.
587 StaHH, 131-5, Senatskanzlei – Verwaltungsbeschwerden, 237, Finanzbehörde, Notiz v. 19.4.1950, S.1.
588 Vgl. Franz W. Seidler, Die Organisation Todt, Koblenz 1987, S.131f.
589 Politische Information Nr. 3 der OT-Einsatzgruppe West v. 20.5.1944, BA R 50 I/304, Bl. 961ff., zitiert nach Seidler, Organisation Todt, S.132.
590 Ebd.
591 Archiv Handelskammer Hamburg, 100.A.2.4., Kaltenbrunner an alle Stapo-Leitstellen vom 6.10.1944.
592 Ebd., S.2f.
593 Karl Fromm, geb. 20.6.1894 in Hannover, absolvierte, nachdem er das Gymnasium abgebrochen hatte, eine kaufmännische Lehre. Im Ersten Weltkrieg wurde er mehrfach verwundet. Nach dem Krieg wechselte er Wohnort und Anstellung etliche Male, bis er im Oktober 1933 als Angestellter der NSDAP übernommen wurde. In die Partei im Juni 1931 eingetreten, arbeitete er sich vom Zellenleiter (1931–33), zum Ortsgruppenleiter (1933–1934) und Kreisleiter (1934–1938 im Kreis Hammerbrook-St. Georg und bis Mitte 1943 im Kreis 6/Barmbek und Uhlenhorst) hinauf. 1939 war er kurzzeitig Gaupersonalamtsleiter, nach den Luftangriffen auf Hamburg wurde er „Kreisleiter für Ausgebombte" im Gau Bayreuth. Ab Juni 1944 übernahm er erneut das Gaupersonalamt und wurde dort mit Sonderaufgaben betreut, u.a. mit dem „Sondereinsatz J" der „jüdischen Mischlinge". Nach dem Krieg verurteilte ein Spruchkammergericht ihn wegen der Betätigung in der NSDAP zu zwei Jahren Gefängnishaft, die mit der Internierungszeit abgegolten war. FZH, 12F, RA H. Sander an Ankläger bei der Spruchkammer in Bielefeld v. 6.6.1947; Urteil der 15. Spruchkammer (15) 2 Sp. Ls. Nr. 280/48, S.1 und 2.
594 StaHH, 131-5, Senatskanzlei – Verwaltungsbeschwerden, 237, Finanzbehörde, Notiz vom 19.4.1950, S.2. Von den in dieser Arbeit ausgewerteten Einzelfällen aus den Aktenbeständen Notgemeinschaft und Amt für Wiedergutmachung waren dies 13 von insgesamt 144 zur Zwangsarbeit Verpflichteten.
595 Archiv Handelskammer Hamburg, 100.A.2.4., NSDAP, Gaupersonalamtsleiter an den Präsidenten der Gauwirtschaftskammer, de la Camp, v. 30.8.1944.
596 Der Betroffene war aus diesem Grund nach Absprache mit Holm bereits im Frühjahr 1944 zurückgestellt worden. Ebd., Krohn & Schober an Gauwirtschaftskammer v. 29.9.1944; ähnlich ebd., Rhein-Umschlag AG, Zweigniederlassung Hamburg an Gauwirtschaftskammer v. 22.9.1944.
597 Ebd., NSDAP, Gaupersonalamtsleiter an Gauwirtschaftskammer v. 18.9.1944.
598 So Angestellte bei den Astra-Werken, Conz Elektrizitätsgesellschaft, der Deutschen Werft, dem Motorenwerk oder Rud. Otto Meyer, Archiv Handelskammer Hamburg, 100.A.2.4., Auflistung der in geschützten Betrieben tätigen

„Mischlinge", übersandt vom Gaupersonalamtsleiter an Präsident der Gauwirtschaftskammer am 30.8.1944; ebd., Gauwirtschaftskammer, Sachdezernat Versicherung an Sachdezernat Arbeitseinsatz v. 10.10.1944.
599 Ebd., Bl. 192-4, „Liste der 50% Mischlinge und jüdisch Versippten, die auf Einspruch durch das Arbeitsamt freigegeben wurden" (o.D.).
600 Ebd.
601 Ebd., Gauwirtschaftskammer an interne Abt. Sachdezernat Verkehr v. 13.9.1944 und Sachdezernat Kredit- u. Treuhandwesen v. 21.9.1944.
602 Ebd., NSDAP Gauleitung, Gaupersonalamtsleiter an Gauwirtschaftskammer v. 4.10.1944.
603 StaHH, 361-7, Staatsverwaltung, Schul- u. Hochschulabteilung, 4002-17, RMdI an die Reichsstatthalter v. 16.11.1944.
604 Archiv Handelskammer Hamburg, 100.A.2.4., NSDAP Gauleitung, Gaupersonalamtsleiter an Gauwirtschaftskammer v. 12.10.1944. Diese Entscheidung rechnete sich der Gaupersonalleiter später als sein Verdienst an: Er habe den Gauleiter Karl Kaufmann aus humanitären Gründen bewogen, sich für den Verbleib der Arbeitsgruppen in der Hansestadt einzusetzen und deshalb langwierige Verhandlungen mit dem RFSS und dem StdF geführt. FZH, 12 F, RA H. Sander an öffentlichen Ankläger bei der Spruchkammer in Bielefeld v. 6.6.1947, S.3.
605 StaHH, 131-5, Senatskanzlei – Verwaltungsbeschwerden, 237, Herbert Sprotte, Bericht Betr.: Dienstverpflichtung für das Aufräumungsamt v. 9.11.1950.
606 StaHH, 325-1, Friedhofsverwaltung, 175, Bauverwaltung, an DAF, Hamburger Wohnungsbaugesellschaft, Aufräumungsamt, Garten- u. Friedhofsamt u.a. v. 25.10.1955.
607 Ebd., Bauverwaltung an Aufräumungsamt v. 23.10.1944.
608 Am 17.2.1945 wies das Amt für Raumbewirtschaftung der Hochbauabteilung für Lagerbau in der Bauverwaltung die Schule Wendenstraße als Lager zu. Ebd., 353-2II, Wohnungsamt II, 240, Schule Wendenstraße 268.
609 Ebd., Hochbauamt, Hochbauabteilung für Lagerbau an Amt für Raumbewirtschaftung v. 14.2.1945.
610 Ebd., vermutlich Amt für Raumbewirtschaftung (ohne Absender) an Bauverwaltung u.a. v. 20.1.1945.
611 Ebd., Aufräumungsamt an Amt für Raumbewirtschaftung v. 23.1.1945 und Aufräumungsamt, Sprotte, an Amt für Raumbewirtschaftung v. 15.1.1945.
612 Ebd., Hochbauamt, Hochbauabteilung für Lagerbau an Amt für Raumbewirtschaftung v. 14.2.1945. Die formale Zuweisung erfolgte dann am 17.2.1945.
613 A.f.W., 2102 63.
614 Dazu gehörten die Baufirmen Heinrich Paap, Hans, Ziemke, Weiß & Friedrich und Georgi.
615 So forderte ein Gartenbauinspektor vom Hauptwirtschaftsamt die Mittel, um 50 mal festes Schuhwerk für Erdarbeiten kaufen zu können. Ebd., Friedhofsverwaltung, 325-1, 185, Friedhofsverwaltung an Hauptwirtschaftsamt v. 7.11.1944.
616 StaHH, 131-5, Senatskanzlei-Verwaltungsbeschwerden, 237, Gaupersonalamtsleiter Fromm v. 1.3.1945.
617 Ebd., Präsident des Gauarbeitsamtes und Reichstreuhänder der Arbeit an Reichsstatthalter in Hamburg v. 13.3.1944, S.2.
618 StaHH, 371-15, Gauwirtschaftskammer, Protokoll Geschäftsführerbesprechung v. 25.10.1944.
619 So hatte ein Schiffszimmerer die Freistellung beantragt, weil zwei Söhne an der Front standen, von denen einer vermißt war. Dieses Gesuch wurde zur Partei-Kanzlei weitergeleitet, dort aber abschlägig beschieden. Vgl. VVN/BdA, Antrag auf Ausstellung eines Ausweises für politisch, rassisch und religiös durch den Nazismus Verfolgte (im folgenden: Antrag auf Ausstellung eines Verfolgtenausweises), Martin B. v. 23.4.1946.
620 StaHH, 131-5, Senatskanzlei – Verwaltungsbeschwerden, 237, Finanzbehörde an Senatskommission für Verwaltungsbeschwerden vom 8.11.1950, S.4f.
621 A.f.W., 0211 96, Bl. 26, M.R. an A.f.W. vom 7.8.1952.
622 FZH, 6232, Bericht H.T., Vom kriegswichtigen Einsatz, 15.6.1945, S.4.

623 Ebd., S.5.
624 A.f.W., 1502 88.
625 Ebd., 2001 90.
626 FZH, 18-1.2.1, K.L.
627 A.f.W., 1403 11.
628 A.f.W., 2606 12. Die hier aufgeführten Beispiele sind allesamt in Wiedergutmachungsverfahren anerkannte gesundheitliche Schäden. Das war nur ein sehr geringer Teil der in den Anträgen geltend gemachten Schäden für Körper und Gesundheit, die zumeist von den ärztlichen Gutachtern auf „Verschleiß" oder angeborene Defekte zurückgeführt wurden.
629 Ebd., 0409 03, Bl. 10, W.L. an A.f.W. vom 5.2.1952.
630 Ebd., Bl. 38, Protokoll v. 3.11.1953.
631 So FZH, 18-1.2.1, W.H. oder A.f.W., 2411 08, Bl. 22-24, K.K. an A.f.W. v. 14.2.1950.
632 Ebd., 2102 63, Bl. 13, W.M. an A.f.W. o.D.
633 FZH, 6232, Bericht H.T., Vom kriegswichtigen Einsatz, 15.6.1945.
634 StaHH, 731-1, Handschriftensammlung, 1647, Gert Beschütz, Gedanken zu meiner Tätigkeit als Zwangsarbeiter in der Zeit von Mai 1944 bis Mai 1945, Eintragung v. 15.5.1944.
635 FZH, 6232, Bericht H.T., Vom kriegswichtigen Einsatz, S.12.
636 A.f.W., 1409 98, Bl. 7-10, W.G. an A.f.W. v. 15.10.1951.
637 FZH, 6232, Bericht H.T., Vom kriegswichtigen Einsatz, S.12.
638 Ebd., S.13 und 29.
639 So beispielsweise FZH/WdE, 010.
640 FZH, 6232, Bericht H.T., Vom kriegswichtigen Einsatz, S.24.
641 Eine der wenigen Ausnahmen war Ralph Giordano, der in einem Interview berichtete, daß seine Arbeitsgruppe, in der sich auch sein Vater und Bruder befanden, bei der HEW-Neuhof erfolgreich Sabotage betrieben hätte. Vgl. Tageszeitung, taz Hamburg v. 25.8.1994, S.23.
642 Vgl. auch Herbert Diercks, Friedhof Ohlsdorf – Auf den Spuren von Nazi-Herrschaft und Widerstand, Hamburg 1992, siehe dort: Tarnbezeichnung „Sonderkommando ‚J'", S.80-85.
643 StaHH, 325-1, Friedhofsverwaltung, 175, Bauverwaltung u.a. an Sozialverwaltung vom 25.10.1944.
644 Die Firma Roggenbruck & Söhne durfte für ihren Aufwand 48% der Lohnsumme aufschlagen. Ebd., Friedhofsamt an Roggenbruck vom 16.11.1944.
645 Ebd., Vorläufige Lageranweisung für Sonderkommando „J", Oberbaurat Brands an Hochbauabteilung für Lagerbau v. 25.10.1944.
646 Ebd., Garten- u. Friedhofsamt an Sprotte v. 2.11.1944; dasselbe an Oberbaurat Brands v. 8.11.1944.
647 Ebd., Gesundheitsverwaltung, Amtsarzt Dr. Sieveking an Friedhofsverwaltung, DAF und Gewerbeaufsichtsamt v. 20.12.1944.
648 Ebd., Brands an Garten- u. Friedhofsamt v. 6.1.1945.
649 Die letzte Berichtsanforderung datiert vom April 1945. Ebd.
650 VVN/BdA, Antrag auf Ausstellung eines Verfolgtenausweises, Klaus B. v. 23.4.1946.
651 Ebd., Antrag auf Ausstellung eines Verfolgtenausweises, Gerhard B. v. 23.4.1946.
652 Ebd., Antrag auf Ausstellung eines Verfolgtenausweises, Heinz L. v. 23.4.1946.
653 Ebd., Antrag auf Ausstellung eines Verfolgtenausweises, Walter S. vom 8.4.1946. Auch die Ehefrauen oder Mütter anderer Insassen erhielten den Deportationsbefehl (siehe auch Adolf W. vom 15.4.1946, Karl B. v. 23.4.1946, Ernst S. vom 23.4.1946).
654 Beispielsweise Walter S., ebd.
655 FZH/WdE 005.
656 Im Unterschied zu denjenigen, die der Dienstverpflichtung gefolgt waren, erhielt er nach dem Kriege keine Haftentschädigung, denn diese „kriegsbedingte" Haft war ja nicht auf nationalsozialistische Verfolgungsmaßnahmen zurückzuführen – ungeachtet dessen, daß er vor einer solchen geflohen war. A.f.W., 0806 99.
657 Ebd., 1512 10.
658 FZH, 18-1.2.1, H.K., H.K. an A.f.W. vom 28.3.1951.
659 Ebd., R.S.
660 A.f.W., 0807 00, Bl. 15, W.F. an Sonderhilfsausschuß v. 15.7.1947.
661 Vgl. Ursel Hochmuth/Getrud Meyer, Streiflichter aus dem Hamburger Widerstand 1933–

1945, Hamburg 1980, S.232f.
662 Vgl. dazu die folgenden Ausführungen über Max Kristeller.
663 Zu den Angehörigen jüdischer Herkunft in der „Weißen Rose" siehe auch Gertrud Meyer, Nacht über Hamburg, Frankfurt 1971, S.108. Vergleiche zu den bürgerlichen Oppositionsgruppen in Hamburg auch: Alfons Kenkmann, Zwischen Tolerierung und Verfolgung – Informelle Zirkel im Hamburger Bürgertum während der NS-Zeit, in: Sybille Baumbach/Uwe Kaminski/Alfons Kenkmann/Beate Meyer, Rückblenden. Analyse lebensgeschichtlicher Interviews mit Hamburger NS-Verfolgten (erscheint Hamburg 1998).
664 Vgl. zur Swing-Jugend Michael Kater, Forbidden Fruit? Jazz in the Third Reich, in: The American Historical Review, Nr. 1 (Feburar 1989), S.11-43, hier: S.39. Kater nennt von den Hamburger „Halbjuden", die als Swing-Jugendliche in Konzentrationslagern zu Tode kamen, Kurt Hirschfeld und Hans Scharlach. Kurt Hirschfeld war der Sohn des 1943 verhafteten Benno Hirschfeld vgl. Teil I, Kapitel III, S.60f. zur Verhaftung Hamburger Gymnasiasten, die zur Swing-Jugend gehörten, siehe Teil III, Kapitel II, S.198 dieser Arbeit.
665 Die Gedenkstätte Sachsenhausen beispielsweise hat in ihrem Archiv keinerlei Unterlagen, die sich auf die Behandlung „jüdischer Mischlinge" beziehen. (Auskunft der Stiftung Brandenburgische Gedenkstätten, Gedenkstätte u. Museum Sachsenhausen an die Verf. v. 24.4.1996). Die Mahn- und Gedenkstätte Ravensbrück teilte mit, daß in den sogenannten Zugangslisten, die fragmentarisch für die Jahre 1938/39 bis 1945 erhalten sind, bei deutschen Häftlingen Zusätze oder Vermerke wie „Jüdin", „Jüdin 1. Grades" (vermutlich gemeint: „Mischling ersten Grades") oder auch „Mischling" enthalten sind. Letzteres bezeichnete Frauen, die einen farbigen Elternteil gehabt hatten. Diese Vermerke sind nicht systematisch eingetragen und würden im Laufe der Kriegsjahre immer spärlicher. (Auskunft der Mahn- u. Gedenkstätte Ravensbrück an die Verf. v. 1.12.1997 und tel. Auskunft v. 10.12.1997). Stellt schon die Behandlung der Juden und Jüdinnen in Konzentrationslagern im „Altreich" ein weitgehend unerforschtes Gebiet dar, so die der „Mischlinge" erst recht. Siehe eine erste Bestandsaufnahme für das KZ Neuengamme, die allerdings auf die „Mischlinge" nicht eingeht: Detlef Garbe/Sabine Homann, Jüdische Gefangene in Hamburger Konzentrationslagern, in: Die Juden in Hamburg 1590 bis 1990, herausgegeben von Arno Herzig, Hamburg 1991, S.545-559, hier: S.545.
666 So beispielsweise FZH, 18-1.2.1, R.V.; H.W.O.; H.M.; H.L.; A.f.W., 1009 90, 1909 09.
667 Zum Beispiel FZH, 18-1.2.1, H.W.O. In diesem Fall war der Sozialdemokrat, selbst „Mischling ersten Grades", mit einer Jüdin verheiratet. Offensichtlich war er in der Lage, die Gefahr, die von dieser Konstellation ausging, richtig einzuschätzen.
668 BAP, R 58, Reichssicherheitshauptamt, 276, Fernschreiben RSHA an alle Staatspolizei(leit)-stellen u.a. v. 5.11.1942.
669 Gedenkstätte Sachsenhausen, Dokument 32.6, SS-Wirtschafts-Verwaltungshauptamt, Amtsgruppe D – Konzentrationslager an die Kommandanten der KL v. 5.10.1942.
670 Kristeller war vom 15.5.–24.6.1933 in „Schutzhaft", vom 24.6.–12.9.1933 in U-Haft, vom 13.9.1933–24.12.1934 im Gefängnis Lübeck-Vechte, vom 24.12.1936–23.3.1936 im KZ Fuhlsbüttel. Vom 10.6.–20.8.1936 befand er sich im Gefängnis Hütten in Untersuchungshaft und vom 21.8.–ca. 30.11.1937 im KZ Fuhlsbüttel, vom 6.5.1943–6.5.1945 dann in den Konzentrationslagern Auschwitz, Melk und Ebensee. FZH, 18-1.2.1, M.K., Beschluß der Wiedergutmachungsstelle v. 15.11.1949.
671 Vgl. Klaus Bästlein, „Hitlers Niederlage ist nicht unsere Niederlage, sondern unser Sieg!" Die Bästlein-Organisation. Zum Widerstand aus der Arbeiterbewegung in Hamburg und Nordwestdeutschland während des Krieges (1939–1945), in: Beate Meyer/Joachim Szodrzynski (Hrsg.), Vom Zweifeln und Weitermachen. Fragmente der Hamburger KPD-Geschichte, Hamburg 1988, S.44-89.
672 So Max und Ada Löwe, Wilma und Hugo Hecht und Elisabeth Rosenkranz. Vgl. zur Etter-

Rose-Hampel-Gruppe: Hochmuth/Meyer, Streiflichter, S.422ff.
673 FZH, 18-1.2.1, M.K., Vergleich M.K. und A.f.W. v. 17.9.1954.
674 Vgl. Justiz und NS-Verbrechen, Urteil 147, S.755.
675 Vgl. Hochmuth/Meyer, Streiflichter, S.430ff.
676 Henry Helms, geb. 1.10.1901, war der Sohn eines Baumschulenbesitzers. Sein Vater starb 1917 im Ersten Weltkrieg. Henry Helms trat in die Unteroffiziersschule ein, wechselte nach Kriegsende vom 22.2.1919 bis 31.12.1920 zu den Freikorps „Bülow" und „Heuschkel" über, die im Baltikum eingesetzt waren. Anschließend trat er in die Reichswehr ein. Er wurde mit dem Malteser- und Baltenkreuz sowie der Kriegsverdienstmedaille von Österreich, Ungarn und Bulgarien ausgezeichnet. Vom 1.1.1921 bis 31.7.1924 gehörte er dem 6. Infantr. Reg. an. Am 26.8.1924 ging er zur Schutzpolizei in Hamburg. In die NSDAP trat er am 1.5.1933 ein (Mitglieds-Nr. 1863977), ab 1.7.1930 war er Mitglied der SA bis 5.3.1933, dann ging er zur SS (SS-Sippen-Nr. 77748) (BA, Bestand BDC, NSDAP-Mitgliederkartei und RuS-Fragebogen). Bei der Polizei diente er zunächst 12 Jahre und wurde 1931 auf Lebenszeit übernommen. 1935 lehnte er eine Versetzung zur Gestapo ab, weil er sich bei der Schutzpolizei bessere Aufstiegschancen ausrechnete, wurde aber 1936 dorthin kommandiert. Ab 1942 war er selbständiger Sachbearbeiter im Dezernat IIa. In der SS war er zu der Zeit in Angleichung SS-Sturmscharführer. Vom 15.5.1945 bis August 1947 war er interniert, ab 16.8.1947 in U-Haft. Er wurde wegen Verbrechen gegen die Menschlichkeit und einigen anderen Anklagepunkten zu neun Jahren Zuchthaus verurteilt (Justiz und NS-Verbrechen, Band IV, Amsterdam 1970, Urteil 147, S.713-808, hier: S.714).
677 Vgl. Bästlein, Hitlers Niederlage, S.80.
678 Ebd., S.74f. und S.78f. Die Liste der Spitzel, die allein für Helms arbeiteten, enthält 18 Namen, darunter Alfons Pannek, der Kristeller denunzierte und auch die Familie Ladewig aus dem Umfeld der Weißen Rose den staatlichen Verfolgungsbehörden auslieferte. BA, Bestand Zwischenarchiv Dahlwitz-Hoppegarten, ZR 786 A.6, Bl. 1, Liste der V-Leute der Gestapo und Sachbearbeiter, Deutsche Verwaltung des Innern in der sowjetischen Besatzungszone, Abt. K, an Landeskriminalamt Brandenburg vom 16.2.1948. Zu den Bereicherungen und Unterschlagungen siehe auch div. Passagen in Justiz und NS-Verbrechen, Urteil 147.
679 Zitiert nach: Justiz und NS-Verbrechen, Urteil 147, S.734.
680 Ebd., S.735.
681 BA, Bestand Zwischenarchiv Dahlwitz-Hoppegarten, ZR 773 A.2, Bl. 25f., Vorschlagsliste für die Verleihung des Kriegsverdienstkreuzes II. Klasse mit Schwertern.
682 Vgl. Hochmuth/Meyer, Streiflichter, S.432.
683 Ada Löwe, obwohl ebenfalls „Mischling ersten Grades", wurde in das Frauen-KZ Ravensbrück überstellt. Hier handelten die Verantwortlichen nicht nach dem oben zitierten Erlaß. Ob dies mit der Geschlechtszugehörigkeit zusammenhängt, muß mangels Unterlagen ungeklärt bleiben. Vgl. Geschichtswerkstatt Barmbek, Interview mit Ada Löwe (o.D.), geführt von Dieter Thiele und Reinhard Saloch, Transkript S.1ff.
684 Vgl. Hamburger Jüdische Opfer, S.152 und S.258.
685 Vgl. Justiz und NS-Verbrechen, Urteil 147, S.743f.
686 Ebd., S.746.
687 FZH, 18-1.2.1, J.K.
688 FZH/WdE, 037, Interview mit Herbert Simon, geführt von Beate Meyer am 1.7.1992.
689 Vgl. Hochmuth/Meyer, Streiflichter, S.387ff.
690 BAK, Staatsanwaltschaft Braunschweig, 406 AR-Z 81/70, Bl. 188.
691 Ebd., Verfahren gegen Kersten u.a., 406 AR-Z 52/67, darin Vernehmungen von Herbert Simon am 26.9.1960, 11.1.1961, 9.12.1969, 25.2.1964 und 2.3.1950.
692 So beispielsweise ebd., Vernehmung vom 11.1.1961, S.5. Er berichtet auch, daß sich unter diesen ein Bekannter aus Hamburg befand.
693 FZH/WdE 037, Transkript Simon, S.17.
694 Hinweise auf Sondergerichtsverurteilungen, die es auch gegeben hat, finden sich in den ausge-

Anmerkungen S. 251–256

werteten Aktenbeständen nicht.
695 A.f.W., 1006 01 und 1909 09.
696 FZH, 18-1.2.1, K.M.
697 Ebd., M.S.
698 Um diese These zu überprüfen, habe ich die Daten von 50 Interviewpartnern in das Datenbank-Projekt der Arbeitsgruppe „Hamburger Justiz im Nationalsozialismus" eingeben lassen, um festzustellen, ob gegen diese Anklagen erhoben wurden. Gegen keinen der „Mischlinge" war dies der Fall, lediglich gegen einzelne Elternteile war ermittelt worden. Für Zeit und Mühe bei dieser Überprüfung danke ich Klaus Bästlein, seinerzeit Projektleiter, recht herzlich.
699 Akten der Partei-Kanzlei, Verfilmungs-Nr. 11705982-86, Rundschreiben Oberstes Parteigericht an Reichsleiter Robert Ley, Gauleiter, Gaugerichte etc. v. 8.1.1934.
700 Ebd., S.2.
701 Ebd.
702 Ebd.
703 Ebd., S.3.
704 Akten der Partei-Kanzlei, Verfilmungs-Nr. 8010018, NSDAP, Der Führer, Verfügung 48/44 v. 20.2.1944.
705 Ebd., Verfilmungs-Nr. 13201993, NSDAP, StdF an RMdI v. 9.3.1937.
706 StaHH, 614-2/5, NSDAP/SA, B 78, SA der NSDAP, Standarte 45 an Bernstein vom 24.5.1934, Interner Vermerk v. 15.5.1934.
707 Ebd., Standarte J 9, Interne Vermerke v. 2.8., 3.8. und 8.9.1933, Standarte J 9 an Brigade Hamburg v. 9.9.1933.
708 Akten der Partei-Kanzlei, Verfilmungs-Nr. 13200587-93, Schriftwechsel Günther T. mit StdF, SA und NSDAP.
709 Vgl. Teil II, Kapitel IV, S.155f. dieser Arbeit.
710 BAP, R 43 II, Reichskanzlei, 599, Willy Bukow an Hitler v. 8.5.1934, Adolf Hitler an Bukow v. 19.6.1936.
711 So wurde der Partei-Ausschluß eines Berliner NSDAP-Mitglieds dem Betroffenen, dem Reichsschatzmeister, dem StdF, dem Gaugericht Berlin, der Gauleitung Berlin und der zuständigen Ortsgruppe mitgeteilt. (Akten der Partei-Kanzlei, Verfilmungs-Nr. 30700785f., Beschluß NSDAP, Oberstes Reichsgericht v. 10.6.1937).
712 Ebd., Verfilmungs-Nr. 076106, Mitteilung Schubert an Wetzel v. 16.6.1941.
713 So beispielsweise bei K.T., dessen Mutter nicht „rein arisch" war (ebd., Führer der Gruppe Hansa an Brigade R 11 v. 24.9.1934. siehe auch BA, Bestand BDC, SA-Karte/Warnungsbuch Kurt T.). Auch bei SA-Männern, die als „sehr diensteifrig" und „guter Kamerad" beurteilt worden waren, gab es keine Ausnahmen, so bei G.v.H., der in Mischehe lebte, am 22.3.1934 eingetreten war und am 29.3.1935 ausgeschlossen wurde (BA, Bestand BDC, SA-Stammrolle 37 v. 22.10.1934 und SA-Karte).
714 StaHH, 614-2/5, NSDAP, SA Hamburg, B 202, K. C. an Bürgermeister v. 16.6.1934.
715 Ebd., 131-5, Senatskanzlei – Verwaltungsbeschwerden, 216, Einspruchstelle an H. S. und F. G. v. 28.3.1946, betr.: Ausweisung aus der Wohnung Harnacksweg 18.
716 Ebd., 614-2/5, SA-Brigade 12, Eröffnungsbeschluß gegen Dr. C. L. v. 30.11.1934.
717 Willy R., Mitglieds-Nr. 857886, eingetreten am 1.12.1931 (BA, Bestand BDC, NSDAP-Mitgliedskartei).
718 StaHH, 353-2 II, Wohnungsamt II, 83, W.R., Memorandum v. 31.7.1945.
719 Ebd., RA Bunsen an Verwaltung der Hansestadt, Ortsamt Eppendorf v. 15.2.1946.
720 Ebd., W.R., Memorandum v. 31.7.1945.
721 Ebd., Verwaltung der Hansestadt, Ortsamt Eppendorf/Winterhude, Wohnungsabt. Winterhude an W.R. v. 11.2.1946.
722 Ebd., Einspruchstelle an RA Bunsen vom 8.4.1946.
723 Diese Vorwürfe waren durch Anfragen im damaligen Berliner Document Center verifiziert worden, da die (aktive) Mitgliedschaft in diesen Organisationen sich negativ auf die Wiedergutmachungswürdigkeit auswirkte.
724 FZH, 18-1.2.1, G. Sch.; BA Bestand Berlin Document Center, NSDAP-Mitgliederkartei, Rudolf Sch.
725 FZH, 18-1.2.2, W.G.
726 Hier beispielsweise ebd., 18-1.2.1, D.C.
727 Ebd., F.S., F.S. an NG v. 2.7.1957.
728 A.f.W., 030111, Bl. 40, RA Gottberg an A.f.W.

Anmerkungen S. 256–258

v. 27.3.1958. Sie bekamen die NSDAP-Mitglieds-Nr. 8(?)029461 und 3029462, beide wurden als „Nichtarier" im August 1935 ausgeschlossen (BA, BDC, NSDAP Mitglieder-Kartei Erich und Hans H.).
729 A.f.W., 011188, NSDAP Ortsgruppenleiter Behr an D.P. v. 16.6.1944.
730 Ebd., Bl. 15, NG an Berufungsstelle des Sonderhilfsausschusses v. 24.2.1948.
731 FZH, 18-1.2.2, D.O., D.O. an Ausschuß XI a I v. 28.2.1949.
732 Ebd.
733 Beispielsweise A.D., der seinen Sohn aus dem Jungvolk „herausholte". A.f.W., 0110 99, Bl. 31, A.D. an Oberversicherungsamt Hamburg v. 29.9.1950.
734 FZH, 18-1.2.2, W.B., Theodor B. an Deutsches Rotes Kreuz v. 3.6.1945.
735 Wegner bezieht in seiner Darstellung der SS die Schnellkommandos nicht als Rekrutierungsreserve ein. Da diese aber der Polizei unterstanden und somit ohnehin in Himmlers Machtbereich angesiedelt waren, dürften sie durchaus Zielgruppe für die Werbung zur SS gewesen sein. Vgl. Bernd Wegner, Hitlers Politische Soldaten: Die Waffen-SS 1933–1945, Paderborn 1982, hier: „Die Durchbrechung des Freiwilligkeitsprinzips", S.273-277.
736 FZH, 18-1.2.1, K.S.
737 Hans Mommsen, Die Geschichte des Chemnitzer Kanzleigehilfen K.B., in: Detlev Peukert/Jürgen Reulecke (Hrsg.), Die Reihen fast geschlossen, Wuppertal 1981, S.337-366, hier: S.346f.

Teil IV Der Verfolgungsprozeß und seine Auswirkungen

1 Hier sollen nur die bekanntesten Veröffentlichungen aus dem LUSIR-Projekt genannt und im übrigen auf die ausführliche Literaturliste in BIOS 1 (1988) verwiesen werden. Lutz Niethammer/Alexander von Plato (Hrsg.): „Die Jahre weiß man nicht, wo man die heute hinsetzen soll", Bd. 1, Berlin 1983, dies., „Hinterher merkt man ...", Bd. 2, Berlin 1983, dies., „Wir kriegen jetzt andere Zeiten", Bd. 3, Berlin 1985.
2 Vgl. Lutz Niethammer, Oral history, in: Ilko-Sascha Kowalczuk (Hrsg.), Paradigmen deutscher Geschichtswissenschaft, Berlin 1994, S.189-210.
3 Der Wissenschaftsjournalist Zimmer hat die Entwicklung der Gedächtnis- und Hirnforschung verschiedener Disziplinen in einer fünfteiligen Serie des Magazins der ZEIT aufgearbeitet und der wissenschaftlichen Literatur viele Beispiele gerade für Erinnerungs- und Gedächtnisverlust entnommen. Vgl. Dieter E. Zimmer, Das Gedächtnis. Im Kopf die ganze Welt, Teil 1-4, Magazin-Nr. 16-19 vom 10.4., 17.4., 24.4. und 1.5.1987, hier: Die Teile 1-3. Vgl. auch Frederic Vester, Denken, Lernen, Vergessen, München 1978, S.53-86.
4 Vgl. Zimmer, Gedächtnis, Teil 4, Magazin der Zeit Nr. 19 v. 1. Mai 1987.
5 Alexander von Plato, Oral history als Erfahrungswissenschaft. Zum Stand der mündlichen Geschichte in Deutschland, in: BIOS 1 (1991), S.97-119, hier: S.104.
6 So Rosenthal unter Berufung auf Mead: Gabriele Rosenthal, Geschichte in der Lebensgeschichte, BIOS 1 (1988), S.3-15, hier: S.10.
7 Vgl. zur nachgewiesenen Unhaltbarkeit der Videotape-Theorie Zimmer, Gedächtnis, Teil 4, Magazin der Zeit v. 1. Mai 1987.
8 Vgl. Gabriele Rosenthal, Erlebte und erzählte Lebensgeschichte. Gestalt und Struktur biographischer Selbstbeschreibungen, Frankfurt/New York, 1995, Kapitel 3 und 4.
9 Vgl. Rosenthal, Geschichte, S.11.
10 Vgl. ebd, S.9. Auch der Volkskundler Albrecht Lehmann, der weniger die Inhalte als die Erzählform im Auge hat, weist darauf hin, daß Interviews in erster Linie darüber Aufschluß geben, wie Menschen die Erfahrungen ihres Lebens für

sich selbst und andere (und die Öffentlichkeit, repräsentiert durch den Befrager) ordnen, bewerten und deuten; daß sie zeigen, was die Befragten glauben verschweigen zu müssen und worüber sie – ermutigt durch eine ihnen gemäße Gesprächssituation – reden können. Vgl. dazu Albrecht Lehmann, Erzählstruktur und Lebenslauf. Autobiographische Untersuchungen, Frankfurt a.M./New York 1983.

11 Empirische Untersuchungen haben ergeben, daß bereits behutsame Suggestivfragen Erinnerungen verändern. So bewirkten Begriffe wie beispielsweise „raste" statt „fuhr" bei Augenzeugen andere Einschätzungen der Geschwindigkeit eines Fahrzeugs. Vgl. Zimmer, Gedächtnis, Teil 4, Magazin der Zeit Nr. 19 v. 1. Mai 1987.

12 Lutz Niethammer, Fragen – Antworten – Fragen, in: ders./Alexander von Plato (Hrsg.), Wir kriegen jetzt andere Zeiten, S.392-445, hier: S.403.

13 Zeugenvernehmungen in NS-Prozessen ergaben, daß – waren Zeitzeugen über längere Zeit beispielsweise traumatisierender Lagerhaft ausgesetzt – einzelne Ereignisse, Zeit, Ort und die Personen ihrer uniformierten Verfolger in der Erinnerung verschmolzen. Waren sie Mitglieder eines der Lagerkomitees oder nahmen in anderen Zusammenhängen öfter an Diskussionen mit Leidensgenossen teil, wurden deren Erinnerungen in die eigenen „eingearbeitet". (Vgl. Zimmer, Gedächtnis, Teil 4, Magazin der Zeit Nr. 19 v. 1. Mai 1987) Siehe auch – schwerpunktmäßig auf sexuellen Mißbrauch bezogen, aber durchaus auch verallgemeinernd – Carol Tavris, Der Streit um die Erinnerung, in: Psychologie heute, 21. Jg., 6 (Juni 1994), S.20-30, hier: S.25.

14 Vgl. Joseph Sandler/Christopher Dare/Alex Holder, Die Grundbegriffe der psychoanalytischen Theorie, Stuttgart 1996, S.122f.

15 Vgl. dazu auch Rosenthal, Geschichte, S.9.

16 Diese Interpretation erhebt keinen Anspruch auf „Richtigkeit", die ausführliche Wiedergabe der Schlüsselstellen als Zitate soll es den Leserinnen und Lesern ermöglichen, die Interpretationen nachzuvollziehen oder aber eigene zu entwickeln.

17 Vgl. auch Beate Meyer, Projekt „Hamburger Lebensläufe – Werkstatt der Erinnerung". Eine Zwischenbilanz, in: BIOS 1 (1994), S.120-134. Der in der „Werkstatt" archivierte Bestand umfaßt inzwischen weitere Interviews mit Angehörigen dieses Personenkreises, die in diese Auswertung nicht einbezogen wurden.

18 Die restlichen Personen waren entweder „Mischlinge zweiten Grades" oder Ehepartner, bei einer Vollwaise blieb die Abstammung im Interview unklar.

19 Damit entspricht die Berufsverteilung in etwa der allgemeinen, vgl. Teil III, Kapitel I, S.162ff. und Tabellen, S.465f. dieser Arbeit, siehe auch Noakes, Nazi Policy, S.293.

20 FZH/WdE, 024, Interview mit Ada Köhlermann (Name geändert), geführt am 16.3.1992 von Beate Meyer.

21 Im Selbstverständnis der Gemeinde hatten hier „junge Israeliten, die in ihrem Familienkreis das Wort Gottes nicht hören konnten und nicht lesen durften, (...) Gelegenheit und Zeit, sich mit demselben zu beschäftigen. Hier haben sie Wohnung und Arbeit. Sie werden mehrere Stunden täglich in der Werkstatt beschäftigt und erhalten eine Stunde Bibelunterricht. Sie sind auch in diesem Hause nicht nur von jüdischen Einflüssen getrennt, sondern unter ständigem christlichen Einfluß." Aus: Judenmission in Hamburg, ohne Verf., Erscheinungsort und -jahr, S.12f.

22 FZH/WdE, 024, Transkript Köhlermann, S.1.

23 Vgl. Tilmann Harlander, Zwischen Heimstätte und Wohnmaschine. Wohnungsbau und Wohnungspolitik in der Zeit des Nationalsozialismus, Basel/Berlin/Boston, 1995, S.273.

24 „Heimstätten" waren durch das Heimstättengesetz von 1920 rechtlich abgesichert. (Vgl. Hans Harms/Dirk Schubert, Wohnen in Hamburg, Hamburg 1989, S.415). Die Nationalsozialisten regelten die Belange der Reichsheimstätten im Gesetz v. 25.11.1937 sowie der Ausführungsverordnung v. 29.2.1940 neu. Nach dem Krieg existierten die Siedlungen als „Volksheimstätten" weiter.

25 Vgl. Hamburg und seine Bauten 1929-1953,

herausgegeben vom Architekten- und Ingenieurs-Verein Hamburg e.V., Hamburg 1953, S.171.
26 Vgl. Harlander, Heimstätte, S.50. Ab 1936 wurden auch vollbeschäftigte „Gefolgschaftsmitglieder" aus gemischt-wirtschaftlichen Betrieben und „Staatsarbeiter" einbezogen, später Bewohner von Sanierungsvierteln. Vgl. Harms/ Schubert, Wohnen, S.271.
27 Vgl. Harms/ Schubert, Wohnen, S.360f.
28 FZH/WdE, 024, Transkript Köhlermann, S.1.
29 Ebd., S.3.
30 Ebd., S.2.
31 Ebd., S.4.
32 Vgl. ebd., insbesondere die Seiten 1-3 und S.5 des Transkripts Köhlermann.
33 So bescheinigte die Hausgemeinschaft im Juni 1941: „Herr Moritz Köhlermann [Name geändert, B.M.], welcher zur Haus- und Luftschutzgemeinschaft des Hauses Gabelsbergerstr. 5 gehört, war stets ruhig und zurückhaltend, bei dem Ausbau unseres behelfsmäßigen Luftschutzraumes hat er immer geholfen. Irgendwelche Äußerungen oder Taten, die sich gegen die Volksgemeinschaft richten, habe ich nicht von ihm gehört oder gesehen." (FZH/WdE, 024, Bescheinigung v. 3.6.1941). Dieses erstaunliche Dokument der Solidarität ist namentlich unterschrieben vom Luftschutzwart und zehn Hausbewohnern.
34 Ebd., S.6.
35 Ebd., S.4.
36 Auch Adas Familie wäre bei Ausbombung nach denselben Regelungen entschädigt worden wie die Nachbarn. Aufgrund der Diskriminierung ihrer Familie nahm Ada Köhlermann jedoch an, daß sie von jeder Entschädigung ausgenommen wären.
37 Der Vater wurde am 11.12.1944 zum Aufräumungsamt/Bauverwaltung „dienstverpflichtet". Vgl. FZH/WdE, 270, Gemeindeverwaltung der Hansestadt Hamburg, Bauverwaltung, Personalbogen v. 11.12.1944. Der Großvater wurde am 14.2.1945 nach Theresienstadt deportiert; vgl. Hamburger jüdische Opfer, S.216.
38 FZH/WdE, 024, Transkript Köhlermann, S.4f.
39 Ebd., S.5.
40 FZH/WdE, 024, Transkript Köhlermann, S.4.
41 Ebd., S.1f.
42 Ebd., S.10f.
43 FZH/WdE, 024, Undatierter (Nachkriegs-)Bericht Karl Köhlermanns über seinen Vater.
44 Ebd., Transkript Köhlermann, S.9.
45 Mit dem Bau der Anlage wurde 1938 begonnen, nachdem seit 1935 Grundstückskäufe von Staat, NSDAP und SS getätigt worden waren. Vgl. dazu Sigrid Jacobeit, Ravensbrück, in: Dachauer Hefte 11 (1995), S.145-159, hier: S.146.
46 FZH/WdE, 058, Interview mit Frau Erika Fülster (Name geändert), geführt am 3.7.1991 von Beate Meyer, Transkript Fülster, S.3.
47 Ebd.
48 E.F. benutzt hier den englischen Ausdruck „Interview" für Vorstellungsgespräch.
49 Ebd., S.8.
50 Ebd., S.7.
51 FZH/WdE, 058, Transkript Fülster, S.4.
52 Ebd.
53 Vgl. zu den im Krieg geschaffenen Möglichkeiten der Eheschließung, von denen „Mischlinge" ausgeschlossen waren vgl. Cornelia Essner/ Edouard Conte, „Fernehe", „Leichentrauung" und Totenscheidung. Metamorphosen des Eherechts im Dritten Reich, in: VfZ 2 (1996), S.201-227.
54 FZH/WdE, 058, Transkript Fülster, S.4f.
55 Ebd., S.8f., S.12, S.16.
56 Ebd., S.13.
57 Ebd., S.13.
58 Ebd., S.14.
59 Ebd.
60 Ebd., S.15.
61 FZH/WdE, 035, Interview mit Gert Wildenhahn (Name geändert) geführt am 1.6.1992 und 15.6.1992 von Beate Meyer, Transkript Wildenhahn, S.1.
62 Ebd., S.4.
63 Ebd., S.12.
64 Der Großdeutsche Jugendbund schloß sich 1933 mit dem Jungnationalen Bund unter Admiral von Trotha zur „Freischar junger Nation" zusammen, die enge Verbindungen zur Reichs-

wehr pflegte. Trotz der konservativen Ausrichtung wurde der Großdeutsche Jugendbund zusammen mit den anderen Verbänden am 17.6.1933 aufgelöst. Vgl. Arno Klönne, Jugend im Dritten Reich, München 1990, S.100f. und 21f.

65 FZH/WdE, 035, Transkript Wildenhahn, S.8f.
66 Ebd., S.4.
67 Vgl. Shulamit Volkov, Antisemitismus als kultureller Code, in: dies., Jüdisches Leben und Antisemitismus im 19. und 20. Jahrhundert, München 1990, S.13-36, S.36.
68 FZH/WdE, 035, Transkript Wildenhahn, S.5.
69 Vgl. Teil III, Kapitel III, S.202ff. dieser Arbeit.
70 Vgl. Teil III, Kapitel III, S.215ff. dieser Arbeit.
71 FZH/WdE, 035, Transkript Wildenhahn, S.5.
72 Ebd., S.12.
73 Ebd., S.11.
74 Ebd., S.7.
75 Vgl. zur Geschichte dieses Verbandes Vuletić, „Plötzlich waen wir …".
76 FZH/WdE, 035, Transkript Wildenhahn, S.8.
77 Ebd., S.9.
78 Vgl. Teil III, Kapitel III, S.176, 183f. und ebd., Kapitel II, S.230f. dieser Arbeit.
79 FZH/WdE, 035, Transkript Wildenhahn, S.12.
80 Ebd., S.16.
81 Ebd.
82 Vgl. zu dieser Organisation Stubbe-da Luz, Petersen, S.45.
83 Vgl. Konrad Hoffmann, Der Weg einer Notgemeinschaft, in: Neues Hamburg Band XII, Hamburg 1958, S.37-43.
84 FZH/WdE, 035, Transkript Wildenhahn, S.29.
85 So beispielsweise FZH/WdE, 010.
86 So hatten die Väter gleich dreier Zeitzeugen beispielsweise ein Richteramt inne: FZH/WdE, 010, 041 oder 002.
87 Als ähnlich entlastend empfanden auch andere Zeitzeugen die Emigration der Eltern, zumal wenn diese zuvor vertraglich für finanzielle Absicherungen gesorgt hatten. Auffällig – aber sicher nicht zufällig – ist, daß emigrierte Eltern der Interviewten nur Söhne in Deutschland zurückließen. Vgl. FZH/WdE, 027 und 244.
88 Kaufmännische Angstellte wurden überwiegend die männlichen Interviewpartner (vgl. FZH/WdE, 007, 010, 005, 072); für die weiblichen war dies bereits einer der qualifizierteren Berufe, in die nur wenige vordrangen (wie FZH/WdE, 021), andere wurden Verkäuferinnen (wie FZH/WdE, 003/004 und 296), Büroangestellte (vgl. FZH/WdE, 026) oder gingen in gewerbliche Berufe wie Blumenbinderin (FZH/WdE, 229) oder Hutmacherin (FZH/WdE, 326).
89 Vgl. FZH/WdE, 006, 003, 004 und 244.
90 Vgl. Teil III, Kapitel II, S.166ff. dieser Arbeit.
91 Diese erlaubte Beziehungskonstellation wählte von den Interviewten außer Wildenhahn noch ein Zeitzeuge (vgl. FZH/WdE, 050), dessen Ehe nach dem Krieg geschieden wurde.
92 Vgl. das Beispiel Lotte Vogels, in: Meyer, „Mischehen", S.201 f.
93 So glaubte ein Zeitzeuge, damit einen Freibrief für unkomplizierte Verhältnisse zu haben. Daß diese Einstellung naiv war, erfuhr er, als ein Bekannter, der Zugang zu Gestapoakten hatte, seinen Bruder warnte: Das Liebesleben war genau dokumentiert worden (FZH/WdE, 244). In einem anderen Fall weigerte sich der Vater des unehelichen Kindes, eine Frau, die als „Mischling ersten Grades" eingestuft war, zu heiraten. Dies wäre ihm als dänischen Staatsbürger aber sehr wohl möglich gewesen. Er zog sich auf das angebliche Verbot zurück, um keine Vaterpflichten übernehmen zu müssen (Privatbesitz Beate Meyer, Interview mit Marlies Riemer, geführt von Beate Meyer am 10.7.1996). Die Frauen, ob „Mischling" oder nicht, mußten die Folgen des Heiratsverbotes, beispielsweise wenn Kinder aus der Beziehung hervorgingen, allein tragen.
94 Vgl. FZH/WdE, 026.
95 Erik H. Erikson, Identität und Lebenszyklus, Frankfurt 1973, S.124.
96 Vgl. Wolfgang Mertens, Entwicklung der Psychosexualität und der Geschlechtsidentität, Stuttgart/Berlin/Köln 1994, Band 2, S.179ff.
97 Vgl. Lebenslauf Werner Steinberg, in: Meyer, „Mischehen", S.171-178.
98 Zu den Auswirkungen der rassischen Verfolgung auf die verschiedenen Altersgruppen vgl. auch Oberlaender, Christliche „Nichtarier",

S.313-350.
99 Siehe beispielsweise die Bewertungen des aus sozialdemokratischer Familie stammenden R.B. (FZH/WdE, 001), der froh über die Rückstellung war, und des aus einer Familie, deren Söhne traditionell Offiziere wurden, stammenden G.C. (FZH/WdE, 005), der diesen Akt als „ehrabschneidend" empfand.
100 Vgl. zur Situation der „Mischlinge" als Zwangsarbeiter Teil III, Kapitel III, S.237ff. dieser Arbeit.
101 Oberlaender, der in seiner Untersuchung zwischen den vor 1920, den bis Ende der 30er Jahre und den danach bis 1944 Geborenen differenziert, weist zu Recht darauf hin, daß die Verarbeitungs- und Bewältigungsmuster nicht eindeutig nach der Lebensphase, in der die Verfolgung erfahren wurde, voneinander abzugrenzen sind. Vielmehr finden sich Verhaltensmuster von Jungerwachsenen oftmals auch bei Jugendlichen und umgekehrt. Vgl. Oberlaender, Christliche „Nichtarier", S.332.
102 Vgl. Teil I, Kapitel III, S.57ff. dieser Arbeit.
103 FZH/WdE, 052, Dennis Berend an Beate Meyer v. 7.6.1993.
104 Ebd., Interview mit Dennis Berend, geführt von Beate Meyer am 7.6.1993, Transkript Berend, S.1. Den Vornamen Dennis nahm der Zeitzeuge in den USA an.
105 Ebd., S.3.
106 Vgl. dazu Porträt des Willibald Schallert, Teil I, Kapitel III, S.62ff. dieser Arbeit.
107 FZH/WdE, 052, Transkript Berend, S.3.
108 Ebd., S.7f.
109 Ebd., S.7.
110 Ebd., S.14.
111 Ebd., S.4f.
112 StaHH, 361-2, Oberschulbehörde, Lag. 635, RuPrMfWKuV, Ausführungen zur Vererbungslehre und Rassenkunde im Unterricht vom 15.1.1935.
113 FZH/WdE, 052, Transkript Berend, S.8f.
114 Die Mitgliedschaft von „Mischlingen" in „einigen exklusiven Sportvereinen in Hamburg" war dem RFSS schon lange ein Dorn im Auge. In Segel-, Tennis- oder Hockey-Vereinen waren vereinzelt Mitgliedschaften nicht gekündigt worden. (Sonderarchiv Moskau, Bestand 500, Findbuch 1, 290, Bl. 267-269, Briefwechsel SD-Führer des SS-Oberabschnitts Nord-West, Hamburg mit Sicherheitshauptamt Zentralabt. II v. 19.12.1938 u. 20.2.1939).
115 FZH/WdE, 052, Transkript Berend, S.11.
116 FZH, 35363, Zugangsliste des KL Fuhlsbüttel vom 1.3.1943.
117 FZH/WdE, 052, Transkript Berend, S.16.
118 Vgl. Teil I, Kapitel III, S.57ff. dieser Arbeit.
119 FZH/WdE, 052, Transkript Berend, S.17.
120 Ebd., S.19f.
121 FZH, 35363, Abgangsliste Kolafu v. 22.4.1943. So angegeben im Prozeß, der gegen Willibald Schallert nach Kriegsende geführt wurde. Vgl. ASLGH, 14 Js 278/48, Verfahren gegen Willibald Schallert, Vermerk des Oberstaatsanwalts v. 16.12.1949, S.2.
122 FZH/WdE, 052, Transkript Berend, S.18.
123 Vgl. zu den Ereignissen kurz vor dem Waffenstillstand Frank Bajohr, Hamburgs langes Kriegsende, in: Ulrich Herbert/Axel Schildt (Hrsg.), Der Zerfall der „Volksgemeinschaft". Kriegsende in Europa, Frankfurt 1998, S.318-336.
124 FZH/WdE, 052, Transkript Berend, S.22f.
125 Ebd., Dennis Berend an Beate Meyer vom 25.7.1993.
126 FZH/WdE, 022, Interview mit Lydia Schiele (Name geändert), geführt von Beate Meyer am 30.1.1992.
127 Überlegungen zur Umquartierung der „Mischehenfamilien", darunter die Familie Schiele, finden sich in StaHH, 522-1, Jüdische Gemeinden, Abl. 1993, Ordner 36. Die zahlreichen Umzüge der Familie sind auch dokumentiert auf der Karteikarte, die die RVJD für die Gestapo führen mußte, ebd., Ordner 41.
128 Vgl. Teil III, Kapitel III, S.192ff. dieser Arbeit. Paul Schiele wurde am 1.11.1937 als Dreiunddreißigjähriger in den Ruhestand versetzt und erhielt bis zu seinem Wiedereintritt in den Schuldienst am 1.10.1945 Rentenbezüge, StaHH, 361-2, Oberschulbehörde VI, Lag.-Nr. 66.
129 FZH/WdE, 022, Transkript Schiele, S.2.
130 Ebd., S.14.
131 Jiddischer Begriff, der je nach Kontext die Be-

deutung von „leider", „was macht das schon" bis hin zu „Unsinn" annehmen kann.
132 FZH/WdE, 022, Transkript Schiele, S.3.
133 Ebd., S.13.
134 Ebd., S.3.
135 FZH/WdE, 022, Transkript Schiele, S.4f.
136 Ebd., S.1.
137 Ebd., S.6.
138 Vgl. dazu Ausblick, S.359ff. dieser Arbeit.
139 FZH/WdE, 022, Transkipt Schiele, S.5.
140 Ebd., S.13.
141 Ebd., S.7.
142 Ebd., S.18.
143 Besitz der VVN/BdA, Namentliches Verzeichnis der Insassen des Lagers Ohlsdorf. Vgl.auch Teil I, Kapitel III, und Teil III, Kapitel III dieser Arbeit.
144 FZH/WdE, 022,Transkript Schiele, S.8.
145 Ebd., S.24.
146 Ebd., S.25.
147 Ebd., S.27.
148 Ebd., S.29.
149 Die Familien mit jüdischem Vater in lohnabhängigen Arbeitsverhältnissen waren davon bald nach 1933 betroffen (so u.a. FZH/WdE 001, 002, 003, 023, 033), ebenso die Familien mit nichtjüdischem Vater, der im öffentlichen Dienst oder halböffentlichen Unternehmen arbeitete (u.a. ebd., 002, 259, 010, 041). Kaufleute oder selbständige Akademiker konnten den Abstieg längere Zeit aufhalten (so u.a. ebd., 027005, 025, 244).
150 So mußte H.D. beispielsweise 1936 den HSV verlassen, ebd., 039.
151 So FZH/WdE, 015.
152 Vgl. FZH/WdE, 014. Dieser Schutz wurde abrupt entzogen, als das Wohngebiet der Großeltern ebenfalls bombardiert wurde. Hätte sich nicht eine Angestellte um das Kind gekümmert, wäre es sich selbst überlassen geblieben.
153 Vgl. FZH/WdE, 007. So trafen sich beispielsweise die Mitglieder dieser Familie an einem neutralen Ort, um über die zurückliegenden Ereignisse und Verletzungen zu sprechen und die Beziehungen wieder aufzunehmen.
154 So FZH/WdE, 015 und 034.
155 Ein Betroffener war bereits 13 Jahre alt, als er über die Abstammung „aufgeklärt" wurde, ebd., 072.
156 So auch ebd., 036.
157 Ebd., 014.
158 Ebd., 172.
159 Ausführlich dazu siehe Dan Bar-On, Fear and Hope: Three Generations of the Holocaust, Cambridge 1995.
160 Ähnlich bei FZH/WdE., 041 und 038.
161 Ursula Scheu weist darauf hin, daß – unabhängig vom Gesellschaftssystem – der weibliche Handlungs- und Bewegungsraum oft bereits in der frühen Kindheit massiv eingeschränkt und die Töchter räumlich auf ihre Mütter hin orientiert werden. Frühe Sprecherziehung kompensiert dann in der Folgezeit mangelnde Bewegungsräume. Vgl. Ursula Scheu, Wir werden nicht als Mädchen geboren, wir werden dazu gemacht, Frankfurt 1977, S.67ff.
162 So u.a. FZH/WdE, 038, 047, 014, 088.
163 Die Psychoanalytikerin Judith Kestenberg beschreibt den Entwicklungsschritt der Identifizierung und die psychischen Auswirkungen eines durch Verfolgung gestörten Prozesses wie folgt: „Für Jugendliche sind die Gewinnung einer eigenen Identität und das Verlangen, sich von den Eltern zu lösen, von herausragender Bedeutung. Entwertung und Vernichtung der eigenen Mutter oder des Vaters durch Außenstehende fördern die Identifizierung mit dem Angreifer. Die normale Regression der Adoleszenz kann sich während der Verfolgung mit Verdrängungsprozessen verbinden, so daß ihre jeweiligen Einflüsse verwischt werden und der Prozeß der adoleszenten Reorganisation des Ichs und Über-Ichs beeinträchtigt wird." Judith Kestenberg, Überlebende Eltern und ihre Kinder, in: Martin Bergmann/S. Milton/E. Jucovy/Judith Kestenberg, Kinder der Opfer – Kinder der Täter, Frankfurt 1995, S.103-126, S.113.
164 FZH/WdE, 019, 014. Beide empfanden die Schule als einen der wenigen Orte, an dem sie aktiv geschützt wurden. Beider Lehrerinnen wirkten auf die Klassen ein, die Mitschülerin nicht zu diskriminieren.
165 In der Jerusalem-Gemeinde fühlten sich mehrere Interviewpartner aufgehoben, vgl. ebd., 040,

018, 024 und 016; die Geschwister Czerny fanden bei den Baptisten Aufnahme, vgl. ebd., 033.
166 Vgl. auch die Anforderungen Martha Kadischs an ihren Sohn, Teil I, Kapitel II dieser Arbeit.
167 Die Schicksale derjenigen, die ihre Verfolgungserfahrungen nicht in ein Nachkriegsleben integrieren konnten, sondern entwurzelt oder psychisch krank zu Heiminsassen und Pflegefällen wurden, müssen aus anderen Quellen als Interviews rekonstruiert werden.
168 Vgl. Teil II, Kapitel I, S.101 dieser Arbeit.
169 FZH/WdE, 012, Interview mit Cathrin Smith/Katharina Weiß (beides Decknamen), geführt von Sybille Baumbach und Beate Meyer am 30.5.1991.
170 Nach Blau lebten 1939 im „Altreich" nur 921 Ehepaare, bei denen die Ehefrau zur jüdischen Religion konvertiert war (und bis zur Volkszählung am 17. Mai 1939 nicht wieder rekonvertiert), vgl. Blau, Christen, S.283.
171 FZH/WdE, 012, Transkript Smith, S.1.
172 Ebd., S.2.
173 Ebd., S.1f.
174 Ebd., S.3.
175 Ebd., S.1.
176 Ebd., S.3f.
177 Ebd., S.4f.
178 Der Text des Urteils bestätigt die Annahme der Zeitzeugin, daß das Ehepaar die Scheidung einvernehmlich geplant hatte und entsprechend argumentierte. Vgl. ALGH, 4 R 260/37.
179 FZH/WdE 012, Transkript Smith, S.7.
180 Ebd., S.5.
181 Ebd.
182 Ebd., S.6.
183 Ebd., S.9.
184 Mit Kindertransporten kamen zwischen Dezember 1938 und November 1939 ca. 11.000 Kinder nach Großbritannien, davon 9.353 über das Childrens Movement, 431 über Inter-aid, 1.850 über Youth-Aliyah. Zur Politik Großbritanniens gegenüber jüdischen Flüchtlingen vgl. Ronald Stent, Jewish Refugee Organisation, in: Julius Carlebach/Gerhard Hirschfeld/Aubrey Newman/Arnold Paucker/Peter Pulzer (Hrsg.), Second Chance, Tübingen 1991, S.579-598. Zu den Kindertransporten aus Sicht der damaligen Teilnehmerinnen und Teilnehmer vgl. Karen Gershon (Hrsg.), Wir kamen als Kinder: eine kollektive Autobiographie, Frankfurt 1988; Barry Turner, Kindertransport: eine beispiellose Rettungsaktion, Gerlingen 1994; Rebekka Göpfert (Hrsg.), Ich kam allein: die Rettung von zehntausend jüdischen Kindern nach England, München 1994.
185 FZH/WdE, 012A, Brief W. H. v. 28.6.1939.
186 Ebd., Transkript Smith, S.12.
187 Ebd., S.12f.
188 FZH/WdE, 012A, Brief W. H. v. 22.7.1939.
189 Ebd., Transkript Smith, S.16f.
190 Ebd., S.17f.
191 Vgl. Hamburger Jüdische Opfer, S.184.
192 FZH/WdE, 012, Transkript Smith, S.19.
193 Ebd., S.19f.
194 Vgl. zur politischen Arbeit der Freien Deutschen Jugend in Großbritannien, die unter anderem zur Arbeit in der Rüstungsproduktion und zum Eintritt in die britische Armee aufrief, Alfred Fleischhacker (Hrsg.), Das war unser Leben. Erinnerungen und Dokumente zur Geschichte der Freien Deutschen Jugend in Großbritannien 1939–1946, Berlin 1996.
195 FZH/WdE 012, Transkript Smith, S.21f.
196 Ebd., S.22f.
197 Ebd., S.25.
198 Ebd., S.27.
199 Hans Keilson, Sequentielle Traumatisierung bei Kindern, Stuttgart 1979.
200 Vgl. Masud Khan, The concept of cumulative trauma. In: ders., The Privacy of the Self, London 1963, S.42-58.
201 Vgl. Hans Keilson, Trennung und Traumatisierung, in: Ute und Wolfgang Benz (Hrsg.), Sozialisation, S.40-57, hier: S.44f.
202 Ebd., S.44.
203 FZH/WdE, 116, Interview mit Günther Levy (Name geändert), geführt von Beate Meyer am 24.11.1992. Die zitierten Interviewpassagen wurden sprachlich leicht geglättet.
204 Ebd., Transkript Levy, S.2. Die Eiserne Front war ein antifaschistischer Zusammenschluß von SPD, Reichsbanner, Allgemeiner Deutscher Gewerkschaftsbund (ADGB), Afa-Bund und Arbeitersportorganisationen, der am

16.12.1931 auf Betreiben des Reichsbanner gegründet wurde, um der „nationalen Opposition" wirksamer entgegentreten zu können. Wenngleich die Eiserne Front aufgrund ihrer sozialdemokratischen Orientierung keine überparteiliche Massenbewegung wurde, so nahm sie doch den Antisemitismus der Nationalsozialisten ernster, als die SPD es tat und arbeitete mit jüdischen Abwehrorganisationen zusammen. Vgl. Heinrich August Winkler, Der Weg in die Katastrophe, Berlin/Bonn 1987, S.514 und S.594.
205 Vgl. Willy Mainz, Gemeinde in Not 1933–1938, geschrieben 1946, in: Dokumente zur Geschichte der Frankfurter Juden 1933–1945, herausgegeben von der Kommission zur Erforschung der Geschichte der Frankfurter Juden, Frankfurt 1963, S.241. Zur Berufsausbildung, -umschichtung und Auswanderung allgemein vgl. S. Adler-Rudel, Jüdische Selbsthilfe unter dem Naziregime 1933–1939, Tübingen 1974, S.47-120.
206 FZH/WdE, 116, Transkript Levy, S.2ff.
207 Bezeichnenderweise hatte der Zeitzeuge diese Tatsache im Interview nicht erwähnt, so daß erst eine telefonische Nachfrage die Information ergab, daß die Mutter – rekonvertiert – nunmehr durch Scheidung in den „deutschen Blutsverband" zurückgetreten und aus dem KZ entlassen worden war.
208 Bei diesem Telefongespräch äußerte die Interviewerin auch die Bitte, Kopien des Briefwechsels um die Deportation der Kinder zu erhalten, die im folgenden zitiert werden.
209 FZH/WdE, 116, Transkript Levy, S.5.
210 Ebd., S.6.
211 Ebd.
212 Ebd.
213 Ebd., S.22.
214 Ebd., RVJD, Bezirksstelle Nordwestdeutschland, Verwaltungsstelle Bremen, Bruck, an H.S.v. 17.5.1943.
215 Ebd., Transkript Levy, S.28.
216 Ebd., S.7.
217 So hatte die RVJD der Großmutter mitgeteilt, daß ihre Aufsichtsbehörde, die Gestapo, angeordnet hatte, die Jungen am 2.6.1943 auf einen Transport von Hamburg nach Theresienstadt zu schicken (vgl. ebd., RVJD, Bezirksstelle Nordwestdeutschland, Verwaltungsstelle Bremen an H.S. v. 21.5.1943). Begleitet werden sollten sie (vgl. RVJD Bremen an dies. vom 25.5.1943), vom „Juden Bruck". Dagegen opponierte die Großmutter und erreichte, daß ihr erlaubt wurde, „ihre Enkelkinder transportfertig spätestens am Dienstag, d. 8. Juni 1943 in Hamburg bei der Bezirksstelle Nordwestdeutschland" abzugeben (vgl. RVJD Bremen an dies. v. 4.6.1943).
218 Zur Geschichte des Konzentrationslagers vgl. Hans-Günther Adler, Theresienstadt, Tübingen 1960 und Detlef und Wolfgang Scheffler, Theresienstadt – eine tödliche Täuschung, Berlin 1992.
219 FZH/WdE 116, Transkript Levy, S.25f.
220 Antoni Kepinski, Das sogenannte KZ-Syndrom. Versuch einer Synthese, in: Die Auschwitz-Hefte, Bd. 2, herausgegeben vom Hamburger Institut für Sozialforschung, Weinheim und Basel 1987, S.7-13, S.9. Vgl. dazu auch Ulrike Jureit/Karin Orth, Überlebensgeschichten, Gespräche mit Überlebenden des KZ-Neuengamme, Hamburg 1994, S.165f.
221 Kepinski, KZ-Syndrom, S.9.
222 FZH/WdE, 116, Transkript Levy, S.7.
223 Ebd., S.19.
224 Ebd., S.14f.
225 Ebd., S.24.
226 Als Ausnahme schildert er Dr. Hahn, der mit den Kindern modellierte. In der zu Theresienstadt aufgelisteten Literatur werden diese Bemühungen, den Kindern Bildung und kulturelle Werte zu vermitteln, sehr betont. Wenn Günther Levy eher seine Anstrengungen, den Hunger zu bewältigen und den Bruder zu versorgen, in den Mittelpunkt der Erzählungen stellt, muß dies nicht unbedingt bedeuten, daß ihn der Unterricht, an dem er teilnahm, nicht erreicht hat. Immerhin war er als Erwachsener selbst im Bildungsbereich tätig.
227 FZH/WdE, 116, Transkript Levy, S.13f.
228 Ebd., S.12f.
229 Ebd., vgl. auch Hans Günther Adler, Die verheimlichte Wahrheit. Theresienstädter Doku-

mente, Tübingen 1958, S.309ff, hier: S.311, ders., Theresienstadt, S.165ff und Käthe Starke, Der Führer schenkt den Juden eine Stadt, Berlin 1975, S.118-125.
230 Adler, Theresienstadt, S.179f.
231 Vgl. ebd., S.185ff.
232 FZH/WdE, 116, Transkript Levy, S.9.
233 Ebd., S.18.
234 Müller-Tupath berichtet in ihrer Recherche über den Lagerkommandanten von Theresienstadt, Anton Burger, daß die Kinder von den Vergasungen wußten, was sich die erwachsenen Häftlinge nicht erklären konnten. Vgl. Karla Müller-Tupath, Verschollen in Deutschland. Das heimliche Leben des Anton Burger, Lagerkommandant von Theresienstadt, Hamburg 1994, S.46.
235 FZH/WdE, 116, Transkript Levy, S.11; vgl. auch S.20.
236 Ebd., S.33.
237 Ebd., S.20f.
238 Vgl. Deportationsbuch der von Frankfurt am Main aus gewaltsam verschickten Juden in den Jahren 1941 bis 1944, herausgegeben von der Jüdischen Gemeinde Frankfurt, Redaktion Adolf Diamant, Frankfurt 1984, S.88 und Gedenkbuch, S.894.
239 FZH/WdE, 116, Transkript Levy, S.34f.
240 Ebd., S.22.
241 Vgl. Barbara Distel, Kinder in Konzentrationslagern, in: Ute und Wolfgang Benz (Hrsg.), Sozialisation, S.117-127, hier: S.122.
242 FZH/WdE, 116, Transkript Levy, S.7.
243 Ebd., S.34.
244 FZH/WdE, 300, Interview mit Freimut Duve, geführt am 1.5.1995 von Beate Meyer. In den zitierten Passagen wurden leichte sprachliche Glättungen vorgenommen, vorwiegend Wortwiederholungen reduziert.
245 Meyers Enzyklopädisches Lexikon faßt die fünf Säulen dieser Denkrichtung wie folgt zusammen: „Die Theosophie vertritt ein fünffaches Weltgesetz: das Weltgesetz der Einheit, der Kausalität, der periodischen Wiederkehr (d.h. Seelenwanderung, B.M.), der Entwicklung und der Identität aller Seelen mit dem höchsten Göttlichen." Meyers Enzyklopädisches Lexikon Bd. 23, Mannheim/Wien/Zürich 1978, S.411.
246 FZH/WdE, 300, Transkript Duve, S.4.
247 Ebd.
248 Ebd., S.6.
249 Ebd., S.9.
250 Ebd., S.3.
251 Vgl. Teil II, Kapitel III, S.109ff. dieser Arbeit.
252 FZH/WdE, 300, Transkript Duve, S.9.
253 Ebd., S.7.
254 Ebd., S.9.
255 Ebd., S.8f.
256 Ebd., S.8.
257 Ebd., S.12f.
258 Ebd., S.1f.
259 Auszug aus der Rede Freimut Duves vor dem Deutschen Bundestag am 14.3.1997 in der Debatte über die Ausstellung „Verbrechen der Wehrmacht", abgedruckt in DIE ZEIT vom 21.3.1997, S.48; siehe auch „Entdeckung in Osijek", in DIE ZEIT v. 28.3.1997, S.8.
260 FZH/WdE, 300, Transkript Duve, S.15.
261 Ebd., S.16.
262 Vgl. auch Freimut Duve, Vom Krieg in der Seele. Rücksichten eines Deutschen, Frankfurt 1994.
263 FZH/WdE, 009.
264 Ebd., 089.
265 Siehe beispielsweise Gertrud Hardtmann (Hrsg.), Spuren der Verfolgung, Gerlingen 1992, Dierk Jülich (Hrsg.), Geschichte als Trauma, Frankfurt 1991 sowie die bereits genannten Veröffentlichungen von Ute und Wolfgang Benz (Hrsg.), Sozialisation oder Hans Keilson, Sequentielle Traumatisierung.
266 Seit Ende der 1970er Jahre sind die psychologischen und psychoanalytischen Veröffentlichungen zu transgenerationellen Prozessen in Verfolgten- bzw. Mitläufer- und Täterfamilien sprunghaft angestiegen. An dieser Stelle soll beispielhaft auf die folgenden Beiträge verwiesen werden: Haydee Faimberg, Die Ineinanderrückung (Telescoping) der Generationen, in: Jahrbuch der Psychoanalyse 20 (1987), S.114-142; Anita Eckstaedt, Nationalsozialismus in der „Zweiten Generation". Psychoanalyse von Hörigkeitsverhältnissen, Frankfurt 1989; Michael B. Buchholz, Psychohistorie der Moderne: NS-Vergangenheit in der Gegenwart am Bei-

spiel therapeutischer Fallbeschreibungen, in: Hans-Joachim Busch/Alfred Krovoza (Hrsg.), Subjektivität und Geschichte, Frankfurt 1989, S.80-104; Ilse Grubrich-Simitis, Vom Konkretismus zur Metaphorik. Gedanken zur psychoanalytischen Arbeit mit Nachkommen der Holocaust-Generation, in: Psyche 38 (1984), S.1-28; Judith Kestenberg, Kinder von Überlebenden der Naziverfolgungen, in: Psyche 28 (1974), S.249-265, Bergmann u.a., Kinder der Opfer; Lutz Rosenkötter, Die Idealbildung in der Generationenfolge, in: Psyche 35 (1979), S.593-599.

267 Vgl. dazu auch den Ausblick dieser Arbeit.
268 W. Baeyer, Psychiatrie der Verfolgten, zitiert nach: Eddy de Wind, Begegnung mit dem Tod, in: Hardtmann (Hrsg.), Spuren, S.32-55, hier: S.33. Die anderen Formen der Verfolgung sind nach Baeyer „vogelfreies Leben", „Getto oder Haft" und „KZ/Vernichtungslager".
269 Vgl. William G. Niederland, Folgen der Verfolgung: Das Überlebenden-Syndrom Seelenmord, Frankfurt 1980, S.10.
270 Kestenberg, Kinder, S.263.
271 Ebd., S.262f.

Ausblick

1 Hoffmann, Weg, S.39. So auch die Notgemeinschaft in einem Brief an einen Auskunftssuchenden, der in Göttingen eine ähnlich ausgerichtete lokale Interessengemeinschaft gründen wollte. FZH, 18-1.1.12, NG an v. Wartenburg (o.D.).
2 FZH, 18-1.1.12, Flugblatt mit Gründungsnachricht v. 19.5.1945.
3 Hoffman, Weg, S.38.
4 Ebd.
5 FZH, 18-1.1.12, NG an v. Wartenburg (o.D.). Siehe auch ebd., Entwurf Rundschreiben Nr. 2 vom 4.6.1945. Diese Gruppe wollte allerdings auch die „Hilfsgemeinschaft der Juden und Halbjuden" um Max Heinemann vertreten, mit der die Notgemeinschaft in der kurzen Zeit deren Bestehens in heftiger Konkurrenz stand. Ebd., Vermerk Hoffmann v. 14.6.1945.
6 Hoffman, Weg, S.38.
7 FZH, 18-1.1.12, Polizeipräsident Georges an Edgar Pantaenius v. 30.5.1945.
8 Ebd., Flugblatt mit Gründungsnachricht vom 19.5.1945, Rückseite. Im September 1945 war der Beirat auf 24 Mitglieder erweitert worden. Jetzt arbeiteten auch die Rechtsanwälte Alwin Gerson (siehe Teil II, Kapitel III, S.137ff. dieser Arbeit) und Willi Gottberg und der Lehrer Robert Brendel (siehe Büttner, Not) dort mit. Ebd., NG 3.
9 Hoffmann weist darauf hin, daß ihnen die Berufsausübung während der NS-Zeit untersagt worden war; vgl. Hoffman, Weg, S.41.
10 Vgl. FZH, 18-1.1.3, Mitteilungsblatt der Notgemeinschaft 12/Dezember 1961, S.2, Aus der jetzigen Arbeit der Notgemeinschaft.
11 Hoffman, Weg, S.41. Vgl. zur Wiedergutmachung in Hamburg: Nils Asmussen, Der kurze Traum von der Gerechtigkeit. Wiedergutmachung und NS-Verfolgte in Hamburg nach 1945, Hamburg 1987.
12 Hoffman, Weg, S.41.
13 FZH, 18-1.1.12, Flugblatt mit Gründungsnachricht v. 19.5.1945 und NG an Polizeipräsident Georges v. 8.6.1945.
14 Ebd., Niederschrift der 5. Sitzung am 23.6. 1945; siehe auch Hoffmann, Weg, S.42.
15 Ebd., NG an v. Wartenburg (o.D.), S.3f.
16 Die Notgemeinschaft prüfte aber auch die Ein-

wände der Beschuldigten gründlich. Als W.H. zum Beispiel drei Zeugen dafür anführen konnte, daß er und seine Frau keine NS-Anhänger gewesen waren, durfte er seinen Ausweis behalten. Vgl. FZH, 18-1.2.2, W.H.
17 Hoffmann, Weg, S.40.
18 FZH, 18-1.1.3, Mitteilungsblatt Nr. 1 (1948), S.2, 3 und 4.
19 Ebd., Nr. 3 u. 4 (1948).
20 Hoffman, Weg, S.41.
21 Das Sonderhilfsrentengesetz war einer der regionalen Vorläufer des Bundesentschädigungsgesetzes (BEG). Vgl. Asmussen, Traum, S.49ff.
22 FZH, 18-1.1.3, Nr. 2 (1948).
23 Ebd., 3 (1949), S.1. Diese Erklärung vom 31.1.1949 war von diversen Verfolgtenorganisationen verfaßt und unterzeichnet worden.
24 Ebd., Nr. 4 (1958), S.1.
25 Ebd., Nr. 9 (Sept. 1955), S.1.
26 Ebd., Nr. 10/12 (1948), S.2.
27 Ebd., Nr. 4 (1949), S.4.
28 So beispielsweise in Nr. 2 (Februar. 1958) über den „Fall Zund": Zund, ein Oberstudienrat hatte sich damit gebrüstet, Juden erschlagen zu haben. In Nr. 7 (Aug. 1958), ging es um den „Fall Fernau". Fernau hatte sich antisemitisch geäußert.
29 Ebd., Nr. 6 (1961), S.5f.
30 Leider war der an das Hamburger Staatsarchiv abgelieferte umfangreiche Nachlaß Konrad Hoffmanns zum Zeitpunkt meiner Archivrecherchen noch nicht für Benutzer zugänglich.
31 Ebd., 3 (1964), Konrad Hoffmann 60 Jahre alt.
32 Ebd., 7 (1959), Bundesverdienstkreuz für Konrad Hoffmann.
33 Ebd., Nr. 2 (1948), Interzonentagung der Notgemeinschaften, S.1; siehe auch Nr. 4 (April 1949), Zu dem Namen der Notgemeinschaft, S.1.
34 Ebd., Nr. 11 (November 1952), Zentralverband gegründet, S.1.
35 Ebd.
36 Ebd., 5 (Mai 1956), Der HNG-Fonds, S.1. Die Abkürzung steht für: Hilfswerk für die von den Nürnberger Gesetzen Betroffenen nicht jüdischen Glaubens. So bedeutsam diese Erfolge für die Betroffenen in Hamburg und der Bundesrepublik auch waren, bezogen auf die Wiedergutmachungsproblematik insgesamt handelt es sich hier um Aspekte, die in der Literatur nicht einmal am Rande Erwähnung finden, weder bei Walter Schwarz, Die Wiedergutmachung nationalsozialistischen Unrechts durch die Bundesrepublik Deutschland. Ein Überblick, in: Ludolf Herbst/Constantin Goschler (Hrsg.), Wiedergutmachung in der Bundesrepublik, München 1989, S.33-54; noch bei Christian Proß, Wiedergutmachung. Der Kleinkrieg gegen die Opfer, Frankfurt 1988.
37 So etwa FZH, 18-1.1.2.1, F. H. oder ebd., W. H.
38 Von den Hamburger Anträgen nach dem ersten (!) Inkrafttreten des Eheanerkennungsgesetzes v. 1950 hatten 23 noch im Mai, 11 im Juni, 10 im Juli, 6 im August, 2 im September, 2 im Oktober, je einer im November und Dezember 1945 geheiratet. Nur ein Paar heiratete 1946, eines 1949 (hier sind nur die Paare berücksichtigt, bei denen beide Partner überlebt hatten und ein Teil als „Mischling ersten Grades" eingestuft gewesen war").
39 Vgl. Krüger, Stern, , S.117ff.
40 BGBl. 1950, S.226.
41 Die nachgeholte Eheschließung mußte vor Inkrafttreten des Eheanerkennungsgesetzes erfolgen. Antragsberechtigt waren überlebende Ehegatten bzw. Verlobte oder deren gemeinsame Kinder. Die Anträge mußten innerhalb einer Frist gestellt werden, die 1950 erstmals und 1956 noch einmal für knapp zwei Jahre eröffnet wurde. Hatten viele Interessierte zuvor nicht von diesem Gesetz erfahren, so war es für andere unmöglich gewesen, die notwendigen Formalitäten zu erfüllen, weil sie in der sowjetisch besetzten Zone lebten, von dort erst Ende der 1950er Jahre flohen oder noch in russischer Kriegsgefangenschaft gehalten wurden (AJH, 3460/2/5-1, Band 1, Fortsetzungsband 2, Bl. 1-109, Korrespondenz zum „Begriff der Abwesenheit" zwischen dem Hessischen Justizminister, der Hamburger LJV v. 21.7.1958 und anderen Bundesländern; Schreiben der Hamburger LJV an dens. v. 1.8.1958 und der Justizminister (bzw. Senator) der Länder: Berlin v. 6.8.1958, Niedersachsen v. 8.8.1958, Rhein-

land-Pfalz v. 12.8.1958, Bayern v. 22.8.1958, Nordrhein-Westfalen v. 29.8.1958, Saarland vom 3.9.1958 und Schleswig-Holstein vom 21.9.1958).
42 Vgl. ebd., 3460/2-3 Bd. 3, Fortsetzungsband 4, Bl. 3 u. 46, Tab. 1 u. Amtsgerichtsdirektor Hardt an Oberverwaltungsgerichtsrat a.D., C. Tannert v. 9.3.1967.
43 Vgl. Krüger, Stern, S.117f.
44 Die Antragstellerin, Mutter des ersten Kindes, erfuhr erst von der LJV von diesem Sachverhalt und zog ihr Gesuch zurück (ALJH, 346 E – 1a/5/29). Andere waren Nachkriegsehen eingegangen, bevor das Gesetz erlassen wurde und beantragten nun, eine erste Ehe nachträglich zu schließen und zurückzudatieren, die durch den Tod des Gatten beendet worden war (so beispielsweise ebd., 346 E – 1a/6/5). Für die Zeit bis zur zweiten (resp. dritten) Eheschließung war es dann im nächsten Schritt möglich, Versorgungsleistungen zu beantragen.
45 Zitiert nach Standesamt 8 (1952), S.183, in: ebd., 3460/2-3.2., Bl. 1, Senator für Justiz Berlin an LJV Hamburg v. 8.4.1954.
46 Aus diesem Grund hatten die Bundesländer Schleswig-Holstein und Hessen je einen Antrag und Bayern sechs Anträge abgelehnt. Die Ministerien in Niedersachsen, Baden-Württemberg und Nordrhein-Westfalen waren mit solchen Gesuchen noch nicht befaßt, teilten aber die ablehnende Einstellung. Ebd., Bl. 2,4-7, Schreiben der Justizministerien Hessen vom 23.4.1954, Schleswig-Holstein vom 6.5.1954, Bayern vom 6.5.1954, Niedersachsen v.9.5.1954, Baden-Württemberg v. 18.5.1954, Nordrhein-Westfalen v. 26.5.1954.
47 So wurde ein politisch Verfolgter zwei Monate vor der geplanten Eheschließung von HJ-Angehörigen ermordet. Die Landesjustizverwaltungen waren sich einig, daß das Gesetz auf derartige Fälle keine Anwendung finden sollte. Ebd., 3460/2-3.4., Bl. 3-11, Zustimmungen der Justizministerien der Länder.
48 FZH/WdE, 007, Interview mit Klaas Hergert, geführt am 6.8., 13.8.1990 und 11.6.1991, S.9f.
49 Ebd., S.28f.
50 Ebd., S.59f.
51 Ebd., S.60.
52 Krüger, Stern, S.109 und 9f.
53 Siehe unter anderem FZH, 12F, div. Schreiben.
54 A.f.W. 0704 90.
55 FZH, 18-1.2.1, M.v.G.
56 Die Unterlagen der Notgemeinschaft bzw. des Amtes für Wiedergutmachung geben darüber nur Auskunft, wenn Leistungen aus dem Härtefond beantragt wurden, für andere Wiedergutmachungsleistungen war diese Tatsache nicht relevant.
57 So etwa A.f.W., 1912 08 oder 1010 08; FZH, 18-1.2.1, J.S.
58 Vgl. Teil IV, Kap. II, S.319 dieser Arbeit.
59 Vgl. Proß, Wiedergutmachung, Kapitel III, Schaden an Körper und Gesundheit, S.131-184, hier: 133 ff.
60 Vgl. ebd., S.149ff und S.154ff.; vgl. auch Karl Heßdörfer, Die Entschädigungspraxis von Gesetz, Justiz und NS-Opfern, in: Herbst/Goschler, Wiedergutmachung, S.231-248, hier: S.243f.
61 A.f.W., 1007 88, Bl. 229f., Gutachten Dr. Möbius v. 30.1.1953.
62 Diese Krankheiten, für die Juden angeblich besonders anfällig waren, hatte u.a. Otmar Frhr. von Verschuer 1938 zusammengefaßt: Diabetes, Stoffwechselkrankheiten, häufige Arteriosklerose. Auch befänden sich mehr Blinde und Taubstumme unter den Juden als in der übrigen Bevölkerung. Vgl. Otmar Frhr. von Verschuer, Rassebiologie der Juden, in: Forschungen zur Judenfrage Bd. III, Sitzungsberichte der Dritten Münchner Arbeitstagung des Reichsinstituts für die Geschichte des neuen Deutschland v. 5. bis 7. Juli 1938, Hamburg 1938, S.137-151, hier: S.144-148.
63 FZH, 18-1.2.1, H.W., Gutachten Gerichtsärztlicher Dienst v. 29.12.1952.
64 Vgl. Teil IV, Zwischenresümees, S.356ff.
65 Vgl. Proß, Wiedergutmachung, S.154.
66 Ulrich Venzlaff, Grundsätzliche Betrachtungen über die Begutachtung erlebnisbedingter seelischer Störungen nach rassischer und politischer Verfolgung, in: FZH, 18-1.1.3., Mitteilungsblatt, Nr. 7 u. 8 (Juli/August 1960), S.1-4, hier: S.3.

67 Ebd.
68 Heßdörfer, Entschädigungspraxis, hier: S.238. Auch Heßdörfer erwähnt die nichtjüdischen „rassisch" Verfolgten unter den Betroffenen der Nürnberger Gesetze in seiner Aufzählung der Verfolgtengruppen nicht. Siehe ebd., S.244ff.
69 In Hamburg wurde beispielsweise der als verfolgtenfreundlich geltende Internist Wolfgang Meywald als Gutachter auf Betreiben des Amtes für Wiedergutmachung der Freien und Hansestadt nicht länger hinzugezogen. Vgl. Proß, Wiedergutmachung, S.176.
70 Vgl. ebd., Tabelle 2, Quoten der ablehnenden Entscheidungen in Gesundheitsschadenssachen seitens der verschiedenen Entschädigungsämter, Stand 31.12.1960, S.341. Diese Quoten beinhalten die Ablehnungen der Anträge aller NS-Verfolgten.
71 Vgl. Teil IV, Kapitel II; S.315f. dieser Arbeit.
72 Die Wertung der Zwangsarbeit als haftgleich erreichten sie 1951 (FZH, 18-1.1.3, Mitteilungsblatt der Notgemeinschaft, Nr. 8 (August 1951), S.1). Die „Entziehungsvermutung" bei konfisziertem oder „arisiertem" Eigentum wurde ihnen erstmals 1952 in der amerikanischen Zone zugesprochen. Das bedeutete, daß ein Antragsteller nicht länger besonders beweisen mußte, daß er während der NS-Zeit unter Zwang gehandelt hatte, wenn er beispielsweise einen Betrieb veräußert hatte (ebd., Nr. 2 (Februar 1952), S.2). Als „Gruppenverfolgte" wurden ehemals als „jüdische Mischlinge" Eingestufte erst 1957 anerkannt (ebd., Nr. 11 (Nov. 1957), S.1).
73 A.f.W., 2105 83, Bl. 22, L.M. an A.f.W. v. 23.10.1950.
74 StaHH, 361-2, Oberschulbehörde VI, F I a 1, Lag. 355, Bl. 1, Auszug aus der Niederschrift über die Besprechung mit den Schulaufsichtsbeamten und Referenten der Schulverwaltung am 13. Juni 1945.
75 Ebd., Lag. 646, Schulverwaltung der Hansestadt Hamburg, Sonderlehrgänge für die durch die Nürnberger Gesetze geschädigten Schüler und Schülerinnen (o.D.).
76 Ebd., F I 21 Lag. 353, Bl. 45, Studienrat (unleserlich) an Schulverwaltung v. 15.10.1945.

77 Ebd., AZ F I 2 1, Bl. 43, Dr. Franke an Schulverwaltung v. 8.11.1945.
78 FZH/WdE 36, Interview mit Udo Blau (Name geändert), geführt von Beate Meyer am 22.6.1992, Transkript S.23.
79 Ebd., 041, Interview mit Erika Muth (Name geändert), geführt von Beate Meyer am 9.3.1992, Transkript S.27.
80 Vgl. Meyer, Erinnerung, S.160.
81 Gertrud Meyer-Plock, Es geht um ein Kinderheim, Hamburg 1947, S.26. In dieser Broschüre werden auch einige Biographen der Kinder vorgestellt.
82 So eröffnete beispielsweise die Jerusalem-Gemeinde mit Unterstützung der „Internationalen judenchristlichen Allianz" am 8.7.1949 ein Heim für zwanzig 3-10jährige Waisenkinder in Bad Bevensen, deren Eltern „rassisch" verfolgt gewesen waren. Die Oberin Albertine von Cölln hatte zuvor unermüdlich Spenden aquiriert, um dieses Vorhaben realisieren zu können. Ein Zusammengehen mit der Notgemeinschaft scheiterte, denn die bestand auf eigener Auswahl der Bedürftigen, während die Jerusalem-Gemeinde diesen neben den materiellen auch geistliche Wohltaten zukommen lassen wollte, was ohne direkten Kontakt zu den Spendenempfängern nicht möglich war. „Damit würde aber unser Plan und Wunsch, Mission an Israel zu treiben, hinfällig sein. Wir glauben nicht, daß es Gottes Absicht für uns ist, unser Ziel uns verrücken zu lassen." (Privatbesitz, Briefwechsel Oberin A. v. Cölln und Dr. Hoffmann v. 4.2.1948). Schon ein Jahr zuvor hatte es Differenzen gegeben, als die Jerusalem-Gemeinde die Notgemeinschaft in den Verteilerkreis für Kleiderspenden einbezog, was diese begrüßte, deren Klientel aber selbst in Augenschein nehmen wollte, was die Notgemeinschaft ablehnte. Vermutlich wollte sie die missionarische Tätigkeit in den Mischehefamilien verhindern. (FZH, 18-1.2.2, NG an Theodor Silbermann v. 9.6.1947).
83 Gesammelt in FZH, 18-1.6.5.
84 So beispielsweise ebd., G.Z. u. F.K.
85 So beispielsweise ebd., M.F., P.F., M.-L.W. u. C.K.
86 In der zitierten Reihenfolge: Ebd., K.K., U. S.,

Zusammenfassung

R.J., K.H., M.B., J. S., R.A., P.P., M.S., M.B., R.B., L.B., F.K., I.C., E.v.A., G.B., M.K., I.F., P-M.W.
87 Ebd., R.B.
88 Ebd., Bericht des Lehrers von R.B.
89 Ebd., P.G.
90 Meyer-Plock, Kinderheim, S.37.

1 Vgl. dazu Joachim Szodrzynski, Das Ende der „Volksgemeinschaft? Die Hamburger Bevölkerung in der „Trümmergesellschaft" ab 1943, in: Bajohr/Szodrzynski (Hrsg.), Hamburg, S.281-305.
2 Vgl. David Bankier, Die öffentliche Meinung im Hitler-Staat. Die „Endlösung" und die Deutschen. Eine Berichtigung, Berlin 1995, S.200ff.
3 Vgl. dazu auch Barbara Keller, Rekonstruktion von Vergangenheit. Vom Umgang der „Kriegsgeneration" mit Lebenserinnerungen, Opladen 1996, S.204-212, hier: S.210f.
4 Szodrzynski, „Volksgemeinschaft", S.310f.

Tabellen

Tab. 1: *Mischehescheidungen und Aufhebungen 1937–h1945*

Jahr	Anzahl	Ehemann Jude	Ehefrau Jüdin	Mischehen in HH[1]
1937[2]	4	3	1	
1938	20	16	4	
1939	22	19	3	
1940	14	9	5	972
1941	19	15	4	1.036[3]
1942	21	17	4	1.122[4]
1943	23	20	3	
1944	6	3	3	874
1945	1	1	–	647
zusammen	130	103	27	

Tab. 2: *Scheidungsgründe*[5]

Jahr	§37	§49	§55	§47	andere
1938	1	6	1	–	1
1939	2	22	3	1	–
1940	–	8	2	4	–
1941	1	12	2	1	2
1942	5	10	6	1	1
1943	17	5	3	–	–
1944	3	1	2	1	–
zusammen	29	64	19	8	4

§37 EheG = Aufhebung/§49 EheG = Ehewidrigkeit/§55 EheG = Zerrüttung nach mindestens dreijähriger Trennung/§47 EheG = Ehebruch

Tab. 3: *Dauer der geschiedenen Ehen*

Dauer der Ehe	Anzahl der Scheidungen
0-5 Jahre	12
6-10 Jahre	38
11-15 Jahre	25
16-20 Jahre	19
21-25 Jahre	15
26-30 Jahre	12
mehr als 30 Jahre	4
ohne Angaben	5
zusammen	130

Tab. 4: *Aufenthaltsort der jüdischen Ehepartner zur Zeit der Scheidung*

- 59 wohnhaft in Hamburg oder anderenorts in Deutschland
- 28 inhaftiert im Gefängnis oder KZ
- 25 emigriert
- 6 zusammen mit nichtjüdischem Ehepartner emigriert
- 6 „Judenhaus" in Hamburg
- 2 Pflegeheim oder Hospital
- 2 zusammen mit nichtjüdischem Ehepartner in den besetzten Ostgebieten
- 2 unbekannt

Tab. 5: *Schuldverteilung*

„arische" Ehefrau	6
„arischer" Ehemann	5
jüdische Ehefrau	4
jüdischer Ehemann	45
beide schuldig	19
zusammen	79
ohne Schuldzuweisung	
Zerrüttung	18
Aufhebung	29
andere	4
zusammen	51

Tab. 6: *Ergebnisse der Abstammungsverfahren*[6]

Statusverbesserung	54
Klageabweisung	8
Zurücknahme	1
ungeklärter Ausgang	5
zusammen	68

Tab. 7: *Statusverbesserungen*

Vom „Volljuden" zum „Mischling ersten Grades"	9
vom „Volljuden" zum „Mischling zweiten Grades"	1
vom „Mischling ersten Grades" zum „Deutschblütigen"	42
vom „Mischling ersten" zum „Mischling zweiten Grades"	1
vom „Mischling zweiten Grades" zum „Deutschblütigen"	1
zusammen	54

Tab. 8: *Zeitliche Verteilung der Abstammungsverfahren*[7]

Jahr	Anzahl
1938	3[8]
1939	3
1940	12
1941	7
1942	26
1943	11
1944	4
zusammen	66

Tab. 9: *Hinzugezogene Sachverständige*

Dr. Lauer (Blutuntersuchungen)	in 13 Fällen
Dr. Koopmann (erb- u. rassebiol. Gutachten)	in 17 Fällen
Prof. Weinert (rassebiol. Gutachten), Univ. Kiel	in 14 Fällen
andere zugelassene Institute bzw. das Reichssippenamt (erb- u. rassebiologisches Gutachten)	in 6 Fällen
Dr. Hülsemann, Landesjugendamt (rassebiologisches Gutachten)	in 1 Fall
Verfahren mit hinzugezogenen Gutachtern	51

Tab. 10: *Altersgruppen bei „Mischlingen ersten Grades" und „Glaubensjuden" 1939 im „Deutschen Reich"*[9]

Altersgruppe	„Mischl. 1. Gr."	Juden
unter 6 Jahre	3.788	6.713
6-10 Jahre	4.877	6.249
10-14 Jahre	6.079	9.485
14-16 Jahre	3.396	6.407
16-18 Jahre	3.452	6.133
18-20 Jahre	3.272	4.877
21-25 Jahre	4.715	5.823
25-30 Jahre	6.995	10.720
30-35 Jahre	6.881	15.629
35-40 Jahre	5.942	21.593
40-45 Jahre	5.098	28.417
45-50 Jahre	4.059	31.340
50-55 Jahre	3.552	34.514
55-60 Jahre	2.864	36.048
60-65 Jahre	2.245	36.240
65 und älter	2.859	70.351

Tab. 11: „Mischlinge" im „Deutschen Reich"
nach Familienstand (1939)[10]

„Mischlinge 1. Grades"	absol. Zahl männlich	Verhältnis-zahl	absol. Zahl weiblich	Verhältnis-zahl
ledig	18.188	61,4	20.203	58,0
verheiratet	10.124	34,2	10.714	30,8
verwitwet	478	1,5	2.421	6,9
geschieden	867	2,9	1.471	4,3
zusammen	29.657	100	34.809	100
„Mischlinge 2. Grades"	absol. Zahl männlich	Verhältnis-zahl	absol. Zahl weiblich	Verhältnis-zahl
ledig	12.969	65,8	13.767	64,9
verheiratet	6.087	30,9	5.899	27,7
verwitwet	313	1,6	1.046	4,8
geschieden	322	1,7	563	2,6
zusammen	19.691	100	21.275	100

Tab. 12: Verteilung auf Wirtschaftsabteilungen 1933[11]

Wirtschaftsabteilung	Gesamtbevölkerung		davon Juden			davon „Mischlinge"
Spalte	1 in Tsd.	2 in %	3 in Tsd.	4 in %	5 in %	6 – 7
A. Land- u. Forstw.	9.343	24,5	4.2	1,4	0,04	unbek.
B. Ind. u. Handw	13.053	34,2	55.7	18,5	0,43	
C. Handel u. Verk.	5.932	15,6	147.3	48,9	2,48	
D. Öffentl. Dienst	2.699	7,1	30.0[12]	9,9	1,11	
E. entfällt hier						
F. Häusl. Dienst	1.270	3,3	3.4	1,1	0,27	
G. Selbst. o. Beruf	5.822	15,3	61.0	20,2	1,05	
Erwerbstätige zus.	38.118	100,0	301.4	100,0	0,79	

Tab. 13: Verteilung auf Wirtschaftsabteilungen 1939[13]

Wirtschaftsabteilung	Gesamtbevölkerung		davon Juden			davon „Mischlinge"[14]		
Spalte	1 in Tsd.	2 in %	3 in Tsd.	4 in %	5 in %	6 in Tsd.	7 in %	8 in %
A. Land- u. Forstw.	8.943	22	3.0	2,1	0,03	1	2,5	
B. Ind. u. Handw.	14.418	35,4	11.5	8,1	0,08	14,7	36,7	
C. Handel u. Verk.	6.008	14,8	6.5	4,6	0,11	1	27,5	
D. Öffentl. Dienst	3.564	8,8	8.6	6,1	0,24	3,5	8,7	
E. entfällt hier								
F. Häusl. Dienst	1.344	3,3	4.5	3,1	0,33	1,2	3	
G. Selbst. o. Beruf	6.326	15,6	107.9	76,0	15,8	9	22,5	
Erwerbstätige zus.	40.594	100	142.0	100	0,35	40	100	0,08

Tab. 14: *Abgelehnte Ehegenehmigungsanträge*[15]

Jahrgang	Hamburger	andere	Männer	Frauen
1872–1900	3	1	1	3
1901–1910	18	2	12	8
1911–1920	19	10	9	20
1921–1930	–	–	–	–
zusammen	40	13	22	31

Tab. 15: *Zerstörung der beruflichen Existenz (Selbständige und Erwerbstätige)*[16]

Jahrgang	1872–1900	1901–1910	1911–1920	1921–1930
Verlust des Geschäftes	16	18	2	–
Entlassung/Pensionierung	30	38	32	4
Kammer- u. Berufsverbändeausschluß	8	13	4	1
zusammen	54	69	38	5

Tab. 16: *Zeitlicher Ablauf der Entlassungen (Erwerbstätige)*[17]

Jahrgänge	1872–1900	1901–1910	1911–1920	1921–1930
1933–1935	16	13	15	–
1936–1938	7	2	4	–
1939–1942	4	7	–	–
1943–1945	1	4	8	4
ohne Angabe	1	11	6	–
zusammen	29	37	33	4

Tab. 17: *Einberufene Jahrgänge*[18]

Jahrgang	Gesamt	Eingezogen	Entlassen
1901–1910	70	21	17
1911–1920	60	22	21
zusammen	130	43	38

Tab. 18: *Zeitliche Verteilung der Wehrmachtsentlassungen*[19]

Jahr	Entlassungen
1938	1
1939	1
1940	15
1941	14
1942	4
1943	2
1944	1
1945	2
zusammen	40

Tab. 19: *Auswertung der Zwangsarbeiter-Personalbögen (Kreis 7)*[20]

Jahrgang	Anzahl	Verheiratete	Ledige	gesch./verw.	Mischehe
vor 1900	55	39	7	6	3
1900–1910	52	28	20	2	2
1911–1920	50	6	43	1	
1921–1928	42	–	42		
zusammen	199	73	112	9	5

Tab. 20: *Berufe der Zwangsarbeiter 1944/1945*[21]

Berufe	Zahl
Kaufmännischer Bereich	79
Arbeiter	41
Handwerker	33
Technischer Bereich	17
sonstige:	23
3 Betriebsleiter	
3 Schüler/Studenten	
2 öffentlicher Dienst	
unbekannt	10
zusammen	203

Tab. 21: *Zwangsmaßnahmen:*[22] *1. Gestapoverhöre*[23]

Jahrgang	Hamburger	andere	Männer	Frauen
1872–1900	8	4	7	5
1901–1910	10	1	7	4
1911–1920	8	3	6	5
1921–1930	1	1	1	1
zusammen	27	9	21	15

Tab. 22: *Zwangsmaßnahmen: 2. Haussuchungen*

Jahrgang	Hamburger	andere	Männer	Frauen
1872–1900	5	1	4	2
1901–1910	4	2	3	3
1911–1920	1	–	–	1
1921–1930	–	1	1	–
zusammen	10	4	8	6

Tab. 23: *Zwangsmaßnahmen: 3. Zwangsarbeit (nur Männer)*

Jahrgang	Hamburger	andere
1872–1900	49	6
1901–1910	35	4
1911–1920	28	4
1921–1930	12	6
zusammen	124	20

Tab. 24: *Zwangsmaßnahmen: 4. Gefängnis*

Jahrgang	Hamburger	andere	Männer	Frauen
1872–1900	8	1	8	1
1901–1910	6	–	6	–
1911–1920	3	1	2	2
1921–1930	–	–	–	–
zusammen	17	2	16	3

Tab. 25: *5. Konzentrationslager*

Jahrgang	Hamburger	andere	Männer	Frauen
1872–1900	5	–	4	1
1901–1910	5	1	5	1
1911–1920	5	5	7	3
1921–1930	–	3	3	–
zusammen	15	9	19	4

Tab. 26: *Eheanerkennungsverfahren in der Bundesrepublik, Stand Februar 1963*[24]

Land	Eingereichte A.	bewilligte A.	abgelehnte A.
Schleswig–H.	39	24	13
Hamburg	431	282	138
Niedersachsen	84	68	16
Bremen	23	9	
Nordrhein-W.	(212)	206	
Hessen	(91)	91	
Rheinland-Pf.	(25)	24	
Baden-W.	(74)	72	
Bayern	153	113	35
Saarland	(3)	3	
Berlin/W.	688	363	321
Bundesgebiet (m. Berlin/W.)	1.823	1.255	523

Anmerkungen Tabellen

1. Zahlen aus: Lippmann, Geschichte, S.41, 74, 76, 93 sowie Aufbau v. 20.7. und 27.7.1945.
2. Restbestand der Urteile.
3. Die bereits geschiedenen oder verwitweten Mischehepartner sind nicht mitgezählt.
4. Die bereits geschiedenen oder verwitweten Mischehepartner sind nicht mitgezählt.
5. Auswertung der 130 Hamburger Urteile (siehe Tabelle 1), o.A.: 6.
6. Auswertung der 66 im Landgericht Hamburg gefundenen Verfahren.
7. Eine Klage betraf zwei Personen, so betrafen 66 Verfahren 68 Personen.
8. Hier handelt es sich um den Restbestand der noch nicht kassierten Urteile.
9. Die Zahlen der „Mischlinge" stammen aus Statistik des Deutschen Reichs, S.4/48-55 und 4/56-59. Vgl. zur Entwicklung der jüdischen Bevölkerung Deutschlands auch Benz (Hrsg.), Jüdische Bevölkerungsstatistik, S.734.
10. Nach Blau, Christen, S.278. In diese Tabelle sind keine „Geltungsjuden" einbezogen.
11. Nach Genschel, der die Ergebnisse der Berufszählungen vom 16.6.1933 (Statistik des Deutschen Reichs Bd. 451/H.5, S.23, 25, Berlin 1936, Bd. 453/H.2, S.6, Berlin 1936) ausgewertet hat. Vgl. Genschel, Verdrängung, S.278f.
12. Genschel weist darauf hin, daß zum Zeitpunkt der Volkszählung bereits viele „Nichtarier" aus dem öffentlichen Dienst und freien Berufen entlassen worden waren. Ebd., S.278.
13. Ebd., S.279, ergänzt durch Zahlen aus: Statistik des Deutschen Reichs, S.4/74f.
14. Die Zahlen stammen aus der Statistik des Deutschen Reichs, S.4/74f.
15. Auswertung der 359 Einzelfälle aus den Aktenbeständen FZH 18-1 und A.f.W., davon diejenigen, in denen von Ehegenehmigungsanträgen berichtet wird.
16. Auswertung der 359 Einzelfälle aus den Aktenbeständen FZH 18-1 und A.f.W., davon diejenigen, in denen von Entlassungen berichtet wird.
17. Auswertung der in Tabelle 15 erfaßten Einzelfälle, wobei jeder Entlassene nur mit der ersten Entlassung erfaßt ist, ungeachtet dessen, daß etliche mehrfach den Arbeitsplatz verloren.
18. Von den insgesamt 359 Einzelfällen FZH, 18-1, und A.f.W. wurden hier nur diejenigen von Männern ausgewertet, die für den Wehrdienst weder zu alt (vor 1900 Geborene) noch zu jung (nach 1920 Geborene) waren. Dabei handelte es sich um 130 Personen.
19. Die Differenz zu Tabelle 17 entsteht daraus, daß vereinzelt jüngere Jahrgänge eingezogen wurden.
20. FZH/WdE, 270, 203 Personalbögen des Kreises 7. Vier enthielten keine Angaben zum Familienstand; die Spalten 2,3 und 4 beziehen sich vermutlich auf „Mischlinge", Spalte 5 auf in Mischehe lebende Juden.
21. Bezogen auf die in Tabelle 19 ausgewerteten Personalbögen.
22. Auswertung der 359 Einzelfälle aus den Aktenbeständen FZH, 18-1 und A.f.W.
23. Pro Person nur einmal gezählt, auch wenn mehrere – im Einzelfall bis zu 40 – Verhöre angegeben wurden.
24. AJH, 3460/2-3.1, Bl. 36, Statistisches Bundesamt an LJV v. 1.2.1963, LJV an Statistisches Bundesamt v. 11.6.1963. Differenzen zwischen eingereichten Anträgen und der Anzahl der Entscheidungen ergeben sich daraus, daß Anträge noch nicht bearbeitet waren; Zahlen in Klammern waren vom Bundesamt nicht ausgefüllt, sondern ergaben sich aus der Addition der übrigen Spalten. Lt. tel. Auskunft des Statistischen Bundesamtes v. 3.12.1997 an die Verfasserin ist diese Aufstellung nicht veröffentlicht worden.

Quellen und Literatur

Verzeichnis der Archivalien

1. *Bundesarchiv Berlin* (zur Zeit der Akteneinsicht Abteilung Potsdam):
   Reichsjustizministerium
   Reichskanzlei II
   Reichsministerium des Innern
   Reichssippenamt
   Reichskulturkammer
   Reichssicherheitshauptamt
2. *Bundesarchiv Berlin* (zur Zeit der Akteneinsicht Berlin Document Center):
   NSDAP-Mitgliederkartei, SS/RS-Akten, SA-Stammrollen, RuS-Fragebögen, Befehlsblatt Sipo/SD, Ahnenerbe, Personalkarteikarten des Reichserziehungsministeriums, Bestand Reichskulturkammer
3. *Bundesarchiv Berlin* (zur Zeit der Akteneinsicht Zwischenarchiv Dahlwitz-Hoppegarten):
   ZR 786 A.6
   ZR 773 A.2
4. *Bundesarchiv Koblenz:*
   Staatsanwaltschaft Braunschweig, 406 AR-Z 81
5. *Staatsarchiv Hamburg:*
   Behörde für Volkstum, Kirche und Kunst
   Oberfinanzpräsident
   Friedhofsverwaltung
   Gauwirtschaftskammer
   Gesundheits- u. Fürsorgebehörde
   Handschriftensammlung
   Hochschulwesen, Personalakten
   Innere Behörde (Büro Senator Richter)
   Jüdische Gemeinden
   Justizverwaltung – Personalakten
   Kulturbehörde
   Nachlaß Hans Koopmann
   Nachlaß Plaut
   Nachlaß Petersen
   NSDAP/SA
   Rechtsamt I
   Schul- u. Hochschulverwaltung
   Senatskanzlei – Verwaltungsbeschwerden
   Senatskanzlei – Personalabteilung I
   Senatskommission Höherer Verwaltungsdienst
   Sozialbehörde I und II
   Sportamt
   Staatsamt
   Staatsverwaltung
   Wohnungsamt II
6. *Archiv Forschungsstelle für Zeitgeschichte* (ehemals Forschungsstelle für die Geschichte des Nationalsozialismus in Hamburg):
   Notgemeinschaft der durch die Nürnberger Gesetze Betroffenen
   Handelskammer
   Judenverfolgung/Berichte
   KL Fuhlsbüttel 35363

Mitteilungsblatt Paulus-Bund
Personalakten
FZH/WdE: Interviews und Dokumente, Signaturen:
001, 036, 052, 027, 026, 040G, 004 ,033,005, 039, 025, 300, 048, 058, 244, 007, 072, 047, 008, 259, 010, 024, 172, 049, 023, 041, 038, 014, 050, 015, 016, 021, 022, 037, 051, 018, 034, 019, 035, 088, 089, 009, 012, 116, 013, 109.

7. *Archiv Landgericht Hamburg:*
   Scheidungsurteile 1937–1945
   Abstammungsverfahren 1937–1945
   Archiv des Wiedergutmachungsamtes
8. *Archiv der Staatsanwaltschaft bei dem Landgericht Hamburg:*
   Prozeß gegen Willibald Schallert ((50) 35/50, 14 Ks 56/50).
   Strafsache 8244/1937
9. *Archiv des Instituts für die Geschichte der deutschen Juden:*
   Lebenserinnerungen Max Plaut
   Interview Max Plaut
10. *Schleswig-Holsteinisches Landesarchiv, Schleswig:*
    Personalakten, Abt. 811 Acc. 89/96
    Sondergerichtsakten, 358/5791
11. *Archiv Handelskammer Hamburg:*
    Bestand 100.A.2.4.
12. *Archiv Justizbehörde Hamburg:*
    Archiv 5, Bestand 346 E – Eheanerkennungsverfahren
13. *Archiv der Nordelbischen Landeskirche:*
    Proselytentaufen und Übertritte 1932-1934.
14. *Amt für Wiedergutmachung:*
    Wiedergutmachungsakten
15. *VVN/BdA Hamburg:*
    Anträge auf Ausstellung eines Ausweises für politisch, rassisch und religiös durch den Nazismus Verfolgte beim Komitee ehemaliger politischer Gefangener.
16. *Senatskanzlei Hamburg:*
    Senat der Hansestadt Hamburg, Aufbau und Rechtstellung, Bericht Corten (343.00-3, Bd.1)
17. *Rijksinstituut voor Oorlogsdocumentatie/Amsterdam:*
    Generalkommissar für Verwaltung und Justiz
    Presser Doos 203/16
18. *Sonderarchiv Moskau:*
    Paulusbund (565-129)
    SD-Berichte (Bestand 500, Findbuch 1)
19. *Archiv Staatsoper Hamburg:*
    Personalakte
20. *Gedenkstätte Sachsenhausen:*
    Dokument 32.6, SS-Wirtschafts-Verwaltungshauptamt
21. *Privatbesitz:*
    „Erinnerungen aus dem Leben von Gregor Eder" (Name geändert)
    Ernst Eder, Bericht „angefangen am 12. Dezember 1944" (Name geändert)
    Interview mit Frau Jestel Müller
    Dokumente über Albrecht Dreves
    Interview mit Marlies Riemer (Name geändert)
    Gedächtnisprotokoll von Interview mit A.W.
    Briefwechsel Oberin A. v. Cölln mit Dr. Hoffmann

Vor 1945 erschienene Literatur

Aus Hamburgs Verwaltung und Wirtschaft (Sondernummer 5), herausgegeben vom Statistischen Amt der Hansestadt Hamburg, Hamburg, 1.8.1941.

Blutschutz- und Ehegesundheitsgesetz. Gesetz zum Schutze des deutschen Blutes und der deutschen Ehre und Gesetz zum Schutze der Erbgesundheit des deutschen Volkes nebst Durchführungsverordnungen sowie einschlägigen Bestimmungen, dargestellt, medizinisch und juristisch erläutert von Arthur Gütt, Herbert Linden und Franz Maßfeller, München 1936.

Bühler, Engelhard, „Offenbar unmöglich" im erbbiologischen Vaterschaftsnachweis, in: Der Erbarzt, 3 (1939), S. 33-37.

Burgdörfer, Friedrich, Die Juden in Deutschland und in der Welt. Ein statistischer Beitrag zur biologischen, beruflichen und sozialen Struktur des Judentums in Deutschland, in: Forschungen zur Judenfrage, Bd. 3, Sitzungsberichte der Dritten Münchner Arbeitstagung des Reichsinstituts für die Geschichte des neuen Deutschland v. 5. bis 7. Juli 1938, Hamburg 1938, S. 152-198.

Das Personenstandsrecht im Kriege, zusammengestellt von Franz Maßfeller, Berlin 1943.

Das Staatsarchiv und die Personenforschung, herausgegeben vom Hamburgischen Staatsamt, (Reihe Arbeit der hamburgischen Verwaltung in Einzeldarstellungen Heft 3), Hamburg 1935.

Gercke, Achim, Grundsätzliches zur Mischlingsfrage, in: Nationalsozialistische Monatshefte, Heft 38 (Mai 1933), S. 197-202.

Lewald, Heinz, Die Berufsbeschränkungen der deutschen Nichtarier, in: Reichsverband nichtarischer Christen, Die Berufsbeschränkungen der deutschen Nichtarier, Berlin 1935, S. 2-21. Ders., Zweiter Teil: Beschränkungen in der Berufsausübung; 2. Lieferung: Die Berufsbeschränkungen der deutschen Nichtarier, Berlin 1935; Nachtrag zur ersten Lieferung: Die Berufsbeschränkungen der deutschen Nichtarier, Juli 1935; Berufe, die deutschen Nichtariern verschlossen sind (o.D.).

Judenmission in Hamburg, ohne Erscheinungsort und -jahr.

Küper, Maria, Die Rechtsprechung der Gerichte zur Anwendung des erbbiologischen Gutachtens für die Vaterschaftsfeststellung, in: Der Erbarzt, 11 (1938), S. 140-149.

Lösener, Bernhard, Die Hauptprobleme der Nürnberger Gesetze, Reichsverwaltungsblatt, Bd. 56, S. 929-934.

Paul, Alexander, Jüdisch-deutsche Blutsmischung. Eine sozialbiologische Untersuchung (Veröffentl. aus dem Gebiete des Volksgesundheitsdienstes, Heft 470), Berlin 1940.

Ruppin, Arthur, Die Verbreitung der Mischehe, in: Zeitschrift für Demographie und Statistik der Juden, 4 (1930), S.53-58.

Statistik des Deutschen Reichs, Band 552,4, Volkszählung. Die Bevölkerung des Deutschen Reichs nach den Ergebnissen der Volkszählung 1939, Heft 4, Die Juden und jüdischen Mischlinge im Deutschen Reich, Berlin 1944.

Umschau, in: Der Erbarzt, Band 8, Heft 7, Juli 1940.

Verschuer, Otmar Freiherr von, „Was kann der Historiker, der Genealoge und der Statistiker zur Erforschung des biologischen Problems der Judenfrage beitragen? in: Forschungen zur Judenfrage Bd. 2, Sitzungsberichte der zweiten Arbeitstagung der Forschungsabteilung Judenfrage des Reichsinstituts für Geschichte des neuen Deutschlands vom 12. bis 14. Mai 1937, Hamburg 1937, S. 216-222.

Verschuer, Otmar Freiherr von, Die Vaterschaftsgutachten des Frankfurter Universitätsinstituts für Erbbiologie und Rassenhygiene, in: Der Erbarzt, Bd. 9, 2 (1941), S. 25-31.

Verschuer, Otmar Freiherr von, Rassebiologie der Juden, in: Forschungen zur Judenfrage Bd. 3, Sitzungsberichte der Dritten Münchner Arbeitstagung des Reichsinstituts für die Geschichte des neuen Deutschland v. 5. bis 7. Juli 1938, Hamburg 1938, S. 137-151.

Weigert, Dora, Die jüdische Bevölkerung in Hamburg, in: Zeitschrift für Demographie und

Statistik der Juden, Heft 5-7 (1919), S. 66-112.
Weinert, Hans, Die anthropologische Bedeutung der Blutgruppen und das Problem ihrer Entstehung bei den Menschenrassen, in: Der Erbarzt, 10 (1938), S. 132f.
Weinert, Hans, Die Frage der Abstammung des Menschen, in: Der Erbarzt, 11 (1935), S.161-165.
Weinert, Hans, Die Rassen der Menschheit, Leipzig/Berlin 1935.
Zweig, Arnold, Halbjuden, in: Die Sammlung. Literarische Monatsschrift, herausgegeben von Klaus Mann, 1934, I. Jahrgang, Heft 6, S. 287-290.

Periodika

Der Erbarzt
Mitteilungsblatt des Reichsverbandes nichtarischer Christen/Mitteilungsblatt des Paulus-Bundes/Mitteilungsblatt für den Paulus-Bund, Vereinigung nichtarischer Christen e.V./Mitteilungsblatt der Vereinigung 1937 e.V.
Nachrichtendienst des Deutschen Vereins für öffentliche und private Fürsorge
Nationalsozialistische Monatshefte
Partei-Kanzlei, Vertrauliche Informationen.
Zeitschrift für Demographie und Statistik der Juden
Mitteilungsblatt der Notgemeinschaft der durch die Nürnberger Gesetze Betroffenen
Einzelhefte:
Die Sammlung. Literarische Monatsschrift.
Zeitschrift für Standesamtswesen
Das Standesamt
Deutsche Justiz

Literaturverzeichnis

Abels, Heinz, Rezension: Franklin A. Oberlaender, „Wir aber sind nicht Fisch und nicht Fleisch." Christliche „Nichtarier" und ihre Kinder in Deutschland, in: BIOS 2 (1997), S.296-307.
Absolon, Rudolf, Die Wehrmacht im Dritten Reich, Schriftenreihe des Bundesarchivs Band V, 1. September 1939 bis 18. Dezember 1941, Boppard 1988.
Adam, Uwe Dietrich, Judenpolitik im Dritten Reich, Düsseldorf 1979.
Adler, Hans Günther, Der verwaltete Mensch. Studien zur Deportation der Juden aus Deutschland, Tübingen 1974.
Adler, Hans Günther, Die verheimlichte Wahrheit. Theresienstädter Dokumente, Tübingen 1958.
Adler, Hans Günther, Theresienstadt. Das Antlitz einer Zwangsgemeinschaft 1941–1945, Tübingen 1960.
Adler-Rudel, S., Jüdische Selbsthilfe unter dem Naziregime 1933–1939 im Spiegel der Berichte der Reichsvereinigung der Juden in Deutschland, Tübingen 1974.
Akten der Partei-Kanzlei der NSDAP, hrsg. v. Institut für Zeitgeschichte, Teil 1 und 2, München 1983–1992 (Mikrofiches).
Aly, Götz/Karl Heinz Roth, Die restlose Erfassung. Volkszählen, Identifizieren, Aussondern im Nationalsozialismus, Berlin 1984.
Aly, Götz, Medizin gegen Unbrauchbare, in: Beiträge zur Gesundheits- und Sozialpolitik, Bd. 1, Berlin 1985, S. 9-74.

Asmussen, Nils, Der kurze Traum von der Gerechtigkeit. Wiedergutmachung und NS-Verfolgte in Hamburg nach 1945, Hamburg 1987.

Aspetsberger, Friedbert, >arnolt bronnen<. Biographie, Wien, Köln/Weimar 1995.

Aus Görings Schreibtisch, bearbeitet von Emessen, T.R., Berlin 1947.

Ayaß, Wolfgang, „Ein Gebot der nationalen Arbeitsdisziplin". Die Aktion „Arbeitsscheu Reich" 1938, in: Beiträge zur nationalsozialistischen Gesundheits- und Sozialpolitik 6, Feinderklärung und Prävention, Berlin 1988, S. 43-74.

Bajohr, Frank, Hamburgs „Führer". Zur Person und Tätigkeit des Hamburger NSDAP-Gauleiters Karl Kaufmann (1900–1969), in: ders./Joachim Szodrzynski (Hrsg.), Hamburg in der NS-Zeit. Ergebnisse neuerer Forschungen, Hamburg 1995, S. 59-91.

Bajohr, Frank, Hamburgs langes Kriegsende, in: Ulrich Herbert/Axel Schildt, Der Zerfall der „Volksgemeinschaft". Kriegsende in Europa, Essen 1998, S.318-336.

Bajohr, Frank, Nationalsozialismus und Korruption, in: Mittelweg 36, 1 (1998), S. 57-77.

Bajohr, Frank, „Arisierung" in Hamburg. Die Verdrängung der jüdischen Unternehmer 1933–45, Hamburg 1997.

Bajohr, Frank/Joachim Szodrzynski (Hrsg.), Hamburg in der NS-Zeit. Ergebnisse neuerer Forschungen, Hamburg 1995.

Bake, Rita/Britta Reimers, Stadt der toten Frauen. Der Hamburger Friedhof Ohlsdorf in 127 Frauenporträts, Hamburg 1997.

Bankier, David, Die öffentliche Meinung im Hitler-Staat. Die „Endlösung" und die Deutschen, Berlin 1995.

Bar-On, Dan, Fear and Hope: Three Generations of the Holocaust, Cambridge 1995.

Bästlein, Klaus, „Hitlers Niederlage ist nicht unsere Niederlage, sondern unser Sieg!" Die Bästlein-Organisation. Zum Widerstand aus der Arbeiterbewegung in Hamburg und Nordwestdeutschland während des Krieges (1939–1945) in: Beate Meyer/Joachim Szodrzynski (Hrsg.), Vom Zweifeln und Weitermachen. Fragmente der Hamburger KPD-Geschichte, Hamburg 1988, S. 44-89.

Bästlein, Klaus, Vom hanseatischen Richtertum zum nationalsozialistischen Justizverbrechen. Zur Person und Tätigkeit Curt Rothenbergers 1896–1959, in: Justizbehörde Hamburg (Hrsg.), „Für Führer, Volk und Vaterland…". Hamburger Justiz im Nationalsozialismus, Hamburg 1992, S.74-145.

Baumbach, Sybille/Susanne Lohmeyer/Astrid Louven/Beate Meyer/Sielke Salomon/Dagmar Wienrich, „Wo Wurzeln waren …". Juden in Hamburg-Eimsbüttel 1933 bis 1945, Hamburg 1993.

Baumbach, Sybille/Uwe Kaminski/Alfons Kenkmann/Beate Meyer, Rückblenden, Lebensgeschichtliche Interviews mit Hamburger NS-Verfolgten, Hamburg 1998 (erscheint im Winter 1998).

Benz, Ute und Wolfgang (Hrsg.), Sozialisation und Traumatisierung. Kinder in der Zeit des Nationalsozialismus, Frankfurt 1992.

Benz, Ute, Verführung und Verführbarkeit. NS-Ideologie und kindliche Disposition zur Radikalität, in: Ute und Wolfgang Benz (Hrsg.), Sozialisation und Traumatisierung, Frankfurt 1992, S. 25-39.

Benz, Wolfgang (Hrsg.), Die Juden in Deutschland 1933–1945. Leben unter nationalsozialistischer Herrschaft, München 1988.

Benz, Wolfgang. Überleben im Untergrund, in: ders. (Hrsg.), Die Juden in Deutschland 1933–1945, München 1988, S. 660-700.

Bergmann, Martin S./Milton E. Jucovy/Judith Kestenberg, Kinder der Opfer – Kinder der Täter, Frankfurt 1995.

Bering, Dietz, Der Name als Stigma. Antisemitismus im deutschen Alltag 1812–1933, Stuttgart 1987.

Bielenberg, Christabel, Als ich Deutsche war 1934–1945, München 1969, Nachdruck 1987.

Biographisches Handbuch der deutschsprachigen Emigration nach 1933, herausgegeben vom Institut für Zeitgeschichte in München und der Research Foundation for Jewish Immigration New York, München, New York, Paris 1980.

Blasius, Dirk, Ehescheidung in Deutschland 1794–1945. Scheidung und Scheidungsrecht in historischer Perspektive, Göttingen 1987.

Blau, Bruno, Das Ausnahmerecht für die Juden in Deutschland 1933–1945, Düsseldorf 1965.

Blau, Bruno, Die Christen jüdischer und gemischter Abkunft in Deutschland und Österreich im Jahr 1939, in: Judaica 5 (1949), Zürich 1949, S. 272-288.

Blau, Bruno, Die Mischehe im Nazireich, in: Judaica 4 (1948), S. 46-57.

Bock, Gisela, Gleichheit und Differenz in der nationalsozialistischen Rassenpolitik, in: Geschichte und Gesellschaft 3 (1993), Göttingen 1993, S. 277-310.

Bock, Gisela, Zwangssterilisation im Nationalsozialismus. Studien zur Rassenpolitik und Frauenpolitik, Opladen 1986.

Böge, Volker, Schule in der zerstörten Stadt, in: Galerie Morgenland (Hrsg.), Bunkerleben und Kinderlandverschickung, Hamburg 1992, S. 33-39.

Böhme, Klaus/Uwe Lohalm (Hrsg.), Wege in den Tod. Hamburgs Anstalt Langenhorn und die Euthanasie in der Zeit des Nationalsozialismus, Hamburg 1993.

Bracke, Gerhard, Melitta Gräfin Stauffenberg. Das Leben einer Fliegerin, München 1990.

Broszat, Martin, Soziale Motivation und Führerbindung des Nationalsozialismus, in: VfZ 18 (1970), S. 392-409.

Buchholz, Marlies, Die hannoverschen Judenhäuser. Zur Situation der Juden in der Zeit der Ghettoisierung und Verfolgung 1941 bis 1945, Hildesheim 1987.

Buchholz, Michael B., Psychohistorie der Moderne: NS-Vergangenheit in der Gegenwart am Beispiel therapeutischer Fallbeschreibungen, in: Hans-Joachim Busch/Alfred Krovoza (Hrsg.), Subjektivität und Geschichte, Frankfurt 1989, S. 80-104.

Busch, Hans-Joachim/Alfred Krovoza (Hrsg.), Subjektivität und Geschichte, Frankfurt 1989.

Büttner, Ursula, „Gomorrha": Hamburg im Bombenkrieg, Hamburg 1993.

Büttner, Ursula, Die Not der Juden teilen. Christlich-jüdische Familien im Dritten Reich am Beispiel und Zeugnis des Schriftstellers Robert Brendel, Hamburg 1988.

Büttner, Ursula, Rückkehr in ein normales Leben? Die Lage der Juden in Hamburg in den ersten Nachkriegsjahren, in: Arno Herzig, (Hrsg.), Die Juden in Hamburg 1590 bis 1990, Hamburg 1991, S. 613-632.

Büttner, Ursula (Hrsg.), Das Unrechtsregime. Internationale Forschung über den Nationalsozialismus (Festschrift für Werner Jochmann zum 65. Geburtstag), Bd. 1 und 2, Hamburg 1986.

Büttner, Ursula, Bollwerk Familie. Die Rettung der Juden in „Mischehen", in: Günther B. Ginzel (Hrsg.), Mut zur Menschlichkeit, Köln 1993, S. 59-77.

Büttner, Ursula/Bernd Nellessen (Hrsg.), Die zweite Chance. Der Übergang von der Diktatur zur Demokratie in Hamburg 1933–1945, Hamburg 1997.

Cardosi, Guiliana, Marisa und Gabriella, Das Problem der „Mischehen" während der Rassenverfolgung in Italien 1938–1945, Darmstadt 1985.

Carlebach, Julius/Gerhard Hirschfeld/Aubrey Newman/Arnold Paucker/Peter Pulzer (Hrsg.), Second Chance. Two Centuries of German-speaking Jews in the United Kingdom, Tübingen 1991.

Cohn, Werner, Bearers of a Common Fate? The „Non-Aryan" Christian „Fate-Comrades" of the Paulus-Bund, 1933–1939, in: Leo Baeck Institute Year Book XXXIII, London/ Jerusalem/New York 1988, S. 327-366.

Czarnowski, Gabriele, Der Wert der Ehe für die Volksgemeinschaft, in: Kirsten Heinsohn/ Barbara Vogel/Ulrike Weckel (Hrsg.), Zwischen Karriere und Verfolgung, Frankfurt/ New York 1997, S. 78-94.

Dahm, Volker, Das jüdische Buch im Dritten Reich, Teil I, Die Ausschaltung der jüdischen Autoren, Verleger und Buchhändler, Frankfurt 1979.

Das Sonderrecht für die Juden im NS-Staat, herausgegeben von Joseph Walk, Karlsruhe 1981.

Deide, Jutta, Kinderlandverschickung, in: Galerie Morgenland (Hrsg.), Bunkerleben und Kinderlandverschickung, Hamburg 1992, S. 166-218.

Deportationsbuch der von Frankfurt am Main aus gewaltsam verschickten Juden in den Jahren 1941 bis 1944, herausgegeben von der Jüdischen Gemeinde Frankfurt, Redaktion Adolf Diamant, Frankfurt 1984.

Deutsche Jüdische Soldaten 1914–1945, herausgegeben vom Militärgeschichtlichen Forschungsamt, Herford/Bonn 1987.

Deutsche Jüdische Soldaten. Katalog zur Ausstellung des Militärgeschichtlichen Forschungsamtes in Zusammenarbeit mit dem Moses Mendelssohn Zentrum, Potsdam und Centrum Judaicum, Berlin, Hamburg/Berlin/Bonn 1996.

Deutsches Judentum unter dem Nationalsozialismus. Band 1: Dokumente zur Geschichte der Reichsvertretung der deutschen Juden 1933–1939, herausgegeben von Otto Dov Kulka (Schriftenreihe wissenschaftlicher Abhandlungen des Leo Baeck Institutes 54), Tübingen 1997.

Die Sondereinheiten in der früheren deutschen Wehrmacht, bearbeitet im Personenstandsarchiv II des Landes Nordrhein-Westfalen (22c), Kornelimünster vom 14.11.52.

Diehl-Thiele, Peter, Partei und Staat im Dritten Reich. Untersuchungen zum Verhältnis von NSDAP und allgemeiner innerer Staatsverwaltung 1933–1945, München 1969.

Diercks, Herbert, Friedhof Ohlsdorf – Auf den Spuren von Nazi-Herrschaft und Widerstand, Hamburg 1992.

Die tageszeitung v. 24.12.1997 (Späte Rehabilitation für einen Deserteur); taz-hamburg vom 17.8.1998: Bernhard Röhl, Hamburgs regierter Bürgermeister; v. 25.8.1994, Interview Ralph Giordano.

Die ZEIT v. 21.3.1997 (Rede Freimut Duves vor dem Bundestag), S. 48; v. 28.3.1997 (Entdeckung in Osijek), S.8; v. 4.4.1997 (Riggs Liste), S. 11-13.

Dipper, Christof, Schwierigkeiten mit der Resistenz, in: Geschichte und Gesellschaft 22 (1996), S. 409-416.

Distel, Barbara, Kinder in Konzentrationslagern, in: Benz, Ute und Wolfgang (Hrsg.), Sozialisation und Traumatisierung, Frankfurt 1992, S.117-127.

Dokumentation, Aus den Akten des Gauleiters Wilhelm Kube, in: VfZ 4 (1956), S. 67-92.

Duve, Freimut, Vom Krieg in der Seele. Rücksichten eines Deutschen, Frankfurt 1994.

Ebbinghaus, Angelika/Karsten Linne (Hrsg.), Kein abgeschlossenes Kapitel: Hamburg im „Dritten Reich", Hamburg 1997.

Eckler, Irene, Die Vormundschaftsakte 1935–1958. Verfolgung einer Familie wegen „Rassenschande", Schwetzingen/Horneburg 1996.

Eckstaedt, Anita, Nationalsozialismus in der „Zweiten Generation". Psychoanalyse von Hörigkeitsverhältnissen, Frankfurt 1989.

Eilers, Rolf, Die nationalsozialistische Schulpolitik, Köln/Opladen 1963.

Erikson, Erik H., Identität und Lebenszyklus, Frankfurt 1973.

Essner, Cornelia/Edouard Conte, „Fernehe", „Leichentrauung" und Totenscheidung. Metamorphosen des Eherechts im Dritten Reich, in: VfZ 2 (1996), S. 201-227.

Essner, Cornelia, Die Alchemie des Rassenbegriffs und die „Nürnberger Gesetze", in: Jahrbuch für Antisemitismusforschung 4, herausgegeben von Wolfgang Benz, Frankfurt 1995, S. 201-223.

Faimberg, Haydee, Die Ineinanderrückung (Telescoping) der Generationen, in: Jahrbuch der Psychoanalyse 20 (1987), S. 114-142.

Fleischhacker, Alfred (Hrsg.), Das war unser Leben. Erinnerungen und Dokumente zur Geschichte der Freien Deutschen Jugend in Großbritannien 1939–1946, Berlin 1996.

Freimark, Peter (Hrsg.), Juden in Preußen – Juden in Hamburg, Hamburg 1983.
Freimark, Peter, Juden an der Hamburger Universität, in Eckart Krause/Ludwig Hubert/ Holger Fischer, (Hrsg.), Hochschulalltag im „Dritten Reich". Die Hamburger Universität 1933–45, Berlin/Hamburg 1991, S. 125-147.
Freimark, Peter/Alice Jankowski/Ina S. Lorenz (Hrsg.), Juden in Deutschland. Emanzipation, Integration, Verfolgung und Vernichtung, Hamburg 1991.
Friedländer, Saul, Das Dritte Reich und die Juden, Bd. 1, München 1998.
Friedlander, Henry, Der Weg zum NS-Genozid. Von der Euthanasie zur Endlösung, Berlin 1997.
Fröhlich, Elke (Hrsg.), Die Tagebücher von Josef Goebbels, Teil II, Band 7, München/ New Providence/London/ Paris 1993.
Galerie Morgenland (Hrsg.), Bunkerleben und Kinderlandverschickung, Hamburg 1992.
Garbe, Detlef/Sabine Homann, Jüdische Gefangene in Hamburger Konzentrationslagern, in: Arno Herzig (Hrsg.), Die Juden in Hamburg 1590 bis 1990, Hamburg 1991, S. 545-559.
Gedenkbuch. Opfer der Verfolgung der Juden unter der nationalsozialistischen Gewaltherrschaft in Deutschland 1933–1945, bearbeitet vom Bundesarchiv, Koblenz und dem Internationalen Suchdienst, Arolsen, Koblenz 1986.
Genschel, Helmut, Die Verdrängung der Juden aus der Wirtschaft im Dritten Reich, Göttingen/Berlin/Frankfurt/Zürich 1966.
Gerlach, Christian, Die Wannsee-Konferenz, das Schicksal der deutschen Juden und Hitlers politische Grundsatzentscheidung, alle Juden Europas zu ermorden, in: Werkstatt Geschichte 18 (1997), S. 7-57.
Gershon, Karen (Hrsg.), Wir kamen als Kinder: eine kollektive Autobiographie, Frankfurt 1988.
Ginzel, Günther B. (Hrsg.), Mut zur Menschlichkeit. Hilfe für Verfolgte während der NS-Zeit, Köln 1993.
Giordano, Ralph, Rassismus und Militarismus im NS-Schulalltag, in: Schule im Dritten Reich – Erziehung zum Tod?, herausgegeben von Geert Platner, München 1983, S. 72-80.
Giordano, Ralph, Die Bertinis, Frankfurt 1982.
Goffmann, Erving, Stigma. Über Techniken der Bewältigung beschädigter Identität, Frankfurt 1967.
Göpfert, Rebekka (Hrsg.), Ich kam allein. Die Rettung von zehntausend jüdischen Kindern nach England 1938/39, München 1994.
Goldhagen, Daniel Jonah, Hitlers willige Vollstrecker. Ganz gewöhnliche Deutsche und der Holocaust, Berlin 1996.
Grenville, John, A.S., Die „Endlösung" und die „Judenmischlinge" im Dritten Reich, in: Ursula Büttner (Hrsg.), Das Unrechtsregime, Bd. 2, Hamburg 1986, S. 91-121.
Grolle, Inge/Rita Bake, „Ich habe Jonglieren mit drei Bällen geübt". Frauen in der Hamburgischen Bürgerschaft 1946 bis 1993, Hamburg 1995.
Grolle, Joist, Schwierigkeiten mit der Vergangenheit. Anfänge der zeitgeschichtlichen Forschung im Hamburg der Nachkriegszeit, in: Zeitschrift des Vereins für Hamburgische Geschichte, Band 78, Hamburg 1992, S. 1-65.
Grubrich-Simitis, Ilse, Vom Konkretismus zur Metaphorik. Gedanken zur psychoanalytischen Arbeit mit Nachkommen der Holocaust-Generation, in: Psyche 38 (1984), S. 1-28.
Gruchmann, Lothar, „Blutschutzgesetz" und Justiz. Zur Entstehung und Auswirkung des Nürnberger Gesetzes vom 15. September 1935, in: VfZ 31 (1983), S. 418-442.
Gruchmann, Lothar, Justiz im Dritten Reich 1933–1940. Anpassung und Unterwerfung in der Aera Gürtner, München 1988.
Gruner, Wolf, Der geschlossene Arbeitseinsatz deutscher Juden. Zwangsarbeit als Element der Verfolgung 1938–1943, Berlin 1997.

Grüttner, Michael, „Ein stetes Sorgenkind für Partei und Staat". Die Studentenschaft 1930 bis 1945, in: Eckart Krause /Ludwig Hubert/Holger Fischer, (Hrsg.), Hochschulalltag im „Dritten Reich". Die Hamburger Universität 1933–45, Berlin/Hamburg 1991, S. 201-236.

Hamburg und seine Bauten 1929–1953, herausgegeben vom Architekten- und Ingenieurs-Verein Hamburg e.V., Hamburg 1953.

Hamburger Jüdische Opfer des Nationalsozialismus, bearbeitet von Jürgen Sielemann, Staatsarchiv Hamburg, Hamburg 1995.

Hansen, Friedrich, Biologische Kriegsführung im Dritten Reich, Frankfurt/New York 1993.

Hardtmann, Gertrud (Hrsg.), Spuren der Verfolgung. Seelische Auswirkungen des Holocaust auf die Opfer und ihre Kinder, Gerlingen 1992.

Harlander, Tilmann, Zwischen Heimstätte und Wohnmaschine. Wohnungsbau und Wohnungspolitik in der Zeit des Nationalsozialismus, Basel/Berlin/Boston 1995.

Harms, Hans/Dirk Schubert, Wohnen in Hamburg, Hamburg 1989.

Hecht, Ingeborg, Als unsichtbare Mauern wuchsen. Eine deutsche Familie unter den Nürnberger Rassegesetzen, Hamburg 1987.

Hecht, Ingeborg, Von der Heilsamkeit des Erinnerns: Opfer der Nürnberger Gesetze begegnen sich, Hamburg 1991.

Heinsohn, Kirsten/Barbara Vogel/Ulrike Weckel (Hrsg.), Zwischen Karriere und Verfolgung. Handlungsräume von Frauen im nationalsozialistischen Deutschland, Frankfurt/New York 1997.

Herbert, Ulrich/Axel Schildt (Hrsg.), Der Zerfall der „Volksgemeinschaft". Kriegsende in Europa, Essen 1998.

Herbst, Ludolf/Constantin Goschler (Hrsg.), Wiedergutmachung in der Bundesrepublik, München 1989.

Arno Herzig (Hrsg.), Die Juden in Hamburg 1590 bis 1990. Wissenschaftliche Beiträge der Universität Hamburg zur Ausstellung „Vierhundert Jahre Juden in Hamburg", Hamburg 1991.

Herzig, Arno/Ina Lorenz (Hrsg.), Verdrängung und Vernichtung der Juden unter dem Nationalsozialismus, Hamburg 1992.

Heßdörfer, Karl, Die Entschädigungspraxis von Gesetz, Justiz und NS-Opfern, in: Ludolf Herbst/Constantin Goschler (Hrsg.), Wiedergutmachung in der Bundesrepublik, München 1989, S. 231-248.

Hetzel, Marius, Die Anfechtung der Rassenmischehe in den Jahren 1933–1939, Tübingen 1997.

Hilberg, Raul, Die Vernichtung der europäischen Juden, Berlin 1961/1982.

Hilberg, Raul, Täter, Opfer, Zuschauer, Frankfurt 1992.

Hildesheimer, Esriel, Jüdische Selbstverwaltung unter dem NS-Regime. Der Existenzkampf der Reichsvertretung und Reichsvereinigung der Juden in Deutschland, Tübingen 1994.

Hochmuth, Ursel/Gertrud Meyer, Streiflichter aus dem Hamburger Widerstand 1933–1945, Hamburg 1980.

Hoffmann, Konrad, Der Weg einer Notgemeinschaft, in: Neues Hamburg Band XII, Hamburg 1958, S. 37-43.

Jacobeit, Sigrid, Ravensbrück, in: Dachauer Hefte 11 (1995), S. 145-159.

Jochheim, Gernot, Frauenprotest in der Rosenstraße, Berlin 1993.

Jochmann, Werner (Hrsg.), Hamburg. Geschichte der Stadt und ihrer Bewohner, Band II, Hamburg 1986.

Johe, Werner, Bürgermeister Rudolf Petersen, in: Tel Aviver Jahrbuch des Instituts für deutsche Geschichte 3 (1974), S. 379-415.

Johe, Werner, Die gleichgeschaltete Justiz. Organisation des Rechtswesens und Politisierung der Rechtsprechung 1933–1945, dargestellt am Beispiel des Oberlandesgerichtsbezirks Hamburg, Frankfurt 1967.

Jülich, Dierk (Hrsg.), Geschichte als Trauma. Festschrift für Hans Keilson zu seinem 80. Geburtstag, Frankfurt 1991.
Jütte, Robert/Abraham P. Kustermann (Hrsg.), Jüdische Gemeinden und Organisationsformen von der Antike bis zur Gegenwart, Wien/Köln/Weimar 1996.
Jureit, Ulrike/Karin Orth, Überlebensgeschichten, Gespräche mit Überlebenden des KZ-Neuengamme, Hamburg 1994.
Justiz und NS-Verbrechen. Sammlung deutscher Strafurteile wegen nationalsozialistischer Tötungsverbrechen 1945–1966, Band IV (Amsterdam 1970) und Band XXII (Amsterdam 1981), von Sage-Grande, Irene, Adelheid L. Rüter-Ehlermann, H.H. Fuchs, C.F. Rüter, Amsterdam.
Justizbehörde Hamburg (Hrsg.), „Für Führer, Volk und Vaterland…". Hamburger Justiz im Nationalsozialismus, Hamburg 1992.
Justizbehörde Hamburg (Hrsg.), „Von Gewohnheitsverbrechern, Volksschädlingen und Asozialen…". Hamburger Strafurteile im Nationalsozialismus, Hamburg 1995.
Kater, Michael H., Das „Ahnenerbe" der SS 1933–1945. Ein Beitrag zur Kulturpolitik des Dritten Reiches, Stuttgart 1974.
Kater, Michael, Forbidden Fruit? Jazz in the Third Reich, in: The American Historical Review 1 (Februar 1989), S. 11-43.
Keilson, Hans, Sequentielle Traumatisierung bei Kindern, Stuttgart 1979.
Keilson, Hans, Trennung und Traumatisierung, in: Ute und Wolfgang Benz (Hrsg.), Sozialisation und Traumatisierung, Frankfurt 1992, S. 40-57.
Keller, Barbara, Rekonstruktion von Vergangenheit. Vom Umgang der „Kriegsgeneration" mit Lebenserinnerungen, Opladen 1996.
Kenkmann, Alfons, Zwischen Tolerierung und Verfolgung – Informelle Zirkel im Hamburger Bürgertum während der NS-Zeit, in: Sybille Baumbach/Uwe Kaminski/Alfons Kenkmann/Beate Meyer, Rückblenden. Analyse lebensgeschichtlicher Interviews mit Hamburger NS-Verfolgten (erscheint Hamburg 1998).
Kepinski, Antoni, Das sogenannte KZ-Syndrom. Versuch einer Synthese, in: Die Auschwitz-Hefte Band 2, herausgegeben vom Hamburger Institut für Sozialforschung, Weinheim und Basel 1987, S. 7-13.
Kestenberg, Judith, Kinder von Überlebenden der Naziverfolgungen, in: Psyche 28 (1974), S. 249-265.
Kestenberg, Judith, Überlebende Eltern und ihre Kinder, in: Martin S. Bergmann/Milton E. Jucovy/Judith Kestenberg, Kinder der Opfer – Kinder der Täter, Frankfurt 1995, S.103-126.
Khan, M. Masud, The concept of cumulative trauma. In: ders., The Privacy of the Self, London 1963, S. 42-58.
Klemperer, Victor, LTI. Notizbuch eines Philologen, Frankfurt 1975.
Klönne, Arno, Jugend im Dritten Reich. Die Hitler-Jugend und ihre Gegner, München 1990.
Kowalczuk, Ilko-Sascha (Hg.), Paradigmen deutscher Geschichtswissenschaft, Berlin 1994.
Krach, Tillmann, Jüdische Rechtsanwälte in Preußen. Über die Bedeutung der freien Advokatur und ihre Zerstörung durch den Nationalsozialismus, München 1991.
Krause, Eckart/Ludwig Hubert/Holger Fischer (Hrsg.), Hochschulalltag im „Dritten Reich". Die Hamburger Universität 1933–45, Berlin/Hamburg 1991.
Krüger, Helmut, Der halbe Stern. Leben als deutsch-jüdischer „Mischling" im Dritten Reich, Berlin 1993.
Kwiet, Konrad/Helmut Eschwege, Selbstbehauptung und Widerstand. Deutsche Juden im Kampf um Existenz und Menschenwürde 1933–1945, Hamburg 1984.
Kwiet, Konrad, Nach dem Pogrom, in: Wolfgang Benz (Hrsg.), Juden in Deutschland 1933–1945, München 1988, S. 545-659.
Lassen, Hans-Christian, Fall 17. Kriegswirtschaftsverbrechen – 1940, in: Justizbehörde Hamburg (Hrsg.), „Von Gewohnheitsverbrechern, Volksschädlingen und Asozialen…".

Hamburger Strafurteile im Nationalsozialismus, Hamburg 1995, S. 208-229.

Lehberger, Reiner, Kinderlandverschickung: „Fürsorgliche Aktion" oder „Formationserziehung", in: Reiner Lehberger/Hans-Peter de Lorent (Hrsg.), Die Fahne hoch, Hamburg 1986, S. 370-398.

Lehberger, Reiner/Hans-Peter de Lorent (Hrsg.), „Die Fahne hoch". Schulpolitik und Schulalltag unterm Hakenkreuz, Hamburg 1986.

Lehmann, Albrecht, Erzählstruktur und Lebenslauf. Autobiographische Untersuchungen, Frankfurt a.M./New York 1983.

Lexikon des Judentums, Chefredakteur J.F. Oppenheimer, Gütersloh 1967.

Lekebusch, Sigrid, Not und Verfolgung der Christen jüdischer Herkunft im Rheinland, Köln 1995.

Linne, Karsten, Auf dem Weg zur Kolonialstadt Hamburg – eine spezifische Form der Standortpolitik, in: Angelika Ebbinghaus/Karsten Linne (Hrsg.), Kein abgeschlossenes Kapitel: Hamburg im „Dritten Reich", Hamburg 1997, S. 177-212.

Linne, Karsten/Thomas Wohlleben (Hrsg.), Patient Geschichte, Frankfurt 1993.

Lippmann, Leo, „ ... Dass ich wie ein guter Deutscher empfinde und handele". Zur Geschichte der Deutsch-Israelitischen Gemeinde in Hamburg in der Zeit vom Herbst 1935 bis zum Ende 1942, Hamburg 1993.

Lippmann, Leo, Mein Leben und meine amtliche Tätigkeit, herausgegeben von Werner Jochmann, Hamburg 1964.

Longerich, Peter, Hitlers Stellvertreter. Führung der Partei und Kontrolle des Staatsapparates durch den Stab Hess und die Partei-Kanzlei Bormann, München/London/New York/Paris 1992.

Loose, Hans Dieter, Wünsche Hamburger Juden auf Änderung ihrer Vornamen und der staatliche Umgang damit. Ein Beitrag zur Geschichte des Antisemitismus im Hamburger Alltag 1866–1938, in: Peter Freimark/Alice Jankowski/Ina S. Lorenz (Hrsg.), Juden in Deutschland, Hamburg 1991, S. 58-80.

Lorenz, Ina/Jörg Berkemann, Kriegsende und Neubeginn. Zur Entstehung der neuen Jüdischen Gemeinde in Hamburg 1945–1948, in: Arno Herzig (Hrsg.), Die Juden in Hamburg 1590 bis 1990, Hamburg 1991, S. 633-656.

Lorenz, Ina, Das „Hamburger System" als Organisationsmodell einer jüdischen Großgemeinde. Konzeption und Wirklichkeit, in: Robert Jütte/Abraham P. Kustermann (Hrsg.), Jüdische Gemeinden und Organisationsformen von der Antike bis zur Gegenwart, Wien/Köln/Weimar 1996, S. 221-255.

Lorenz, Ina, Das Leben der Hamburger Juden im Zeichen der „Endlösung" 1942–1945, in: Arno Herzig/Ina Lorenz (Hrsg.), Verdrängung und Vernichtung der Juden unter dem Nationalsozialismus, Hamburg 1992.

Lorenz, Ina, Die Juden in Hamburg zur Zeit der Weimarer Republik. Eine Dokumentation, Bd. I und II, Hamburg 1987.

Lösener, Bernhard, Als Rassereferent im Reichsministerium des Innern, in: Dokument: Das Reichsministerium des Innern und die Judengesetzgebung, in: VfZ 9 (1961), S. 261-313.

Ludwig, Hartmut, Die Opfer unter dem Rad verbinden. Vor- und Entstehungsgeschichte, Arbeit und Mitarbeiter des „Büro Pfarrer Grüber", Diss., Berlin 1988.

Lüdtke, Alf, Die Praxis von Herrschaft. Zur Analyse von Hinnehmen und Mitmachen im deutschen Faschismus, in: Berliner Debatte. Zeitschrift für sozialwissenschaftlichen Diskurs 5 (1993), S. 23-34.

Maier, Dieter, Arbeitseinsatz und Deportation. Die Mitwirkung der Arbeitsverwaltung bei der nationalsozialistischen Judenverfolgung in den Jahren 1938–1945, Berlin 1994.

Mainz, Willy, Gemeinde in Not 1933–1938, 1946, in: Dokumente zur Geschichte der Frankfurter Juden 1933–1945, herausgegeben von der Kommission zur Erforschung der Geschichte der Frankfurter Juden, Frankfurt 1963.

Majer, Diemut, „Fremdvölkische" im Dritten Reich. Ein Beitrag zur nationalsozialistischen

Rechtsetzung und Rechtspraxis der Verwaltung und Justiz unter besonderer Berücksichtigung der eingegliederten Ostgebiete und des Generalgouvernements, Boppard 1981.

Marten, Heinz-Georg, Der niedersächsische Ministersturz. Protest und Widerstand der Georg-August-Universität Göttingen gegen den Kultusminister Schlüter im Jahre 1955, Göttingen 1987.

Meiring, Kerstin, Die Christlich-Jüdische Mischehe in Deutschland 1840 – 1933, Hamburg 1998.

Meldungen aus dem Reich 1938–1945. Die Geheimen Lageberichte des Sicherheitsdienstes der SS, herausgegeben und eingeleitet von Heinz Boberach, Band 7 und 11, Herrsching 1984.

Merker, Reinhard, Die bildenden Künste im Nationalsozialismus. Kulturideologie, Kulturpolitik, Kulturproduktion, Köln 1983.

Mertens, Wolfgang, Entwicklung der Psychosexualität und der Geschlechtsidentität, Stuttgart/Berlin/ Köln 1994.

Messerschmidt, Manfred, Juden im preußisch-deutschen Heer, in: Deutsche Jüdische Soldaten 1914–1945, herausgegeben vom Militärgeschichtlichen Forschungsamt, Herford/Bonn 1987, S. 109-140.

Metzger, Karl-Heinz/Monika Schmidt/Herbert Whe/Martina Wiemers, Kommunalverwaltung unterm Hakenkreuz. Berlin-Wilmersdorf 1933–1945, Berlin 1995.

Meyer, Beate, „Besser ist doch, man taucht unter". Zur Verfolgung der „Halbjuden" in Hamburg, in: Frank Bajohr/Joachim Szodrzynski (Hrsg.), Hamburg in der NS-Zeit. Ergebnisse neuerer Forschungen, Hamburg 1995, S. 125-150.

Meyer, Beate, Mit der Erinnerung leben, in: Peter Reichel (Hrsg.), Das Gedächtnis der Stadt, Hamburg 1997, S. 151-166.

Meyer, Beate, Projekt „Hamburger Lebensläufe – Werkstatt der Erinnerung". Eine Zwischenbilanz, in: BIOS 1 (1994), S. 120-134.

Meyer, Beate/Joachim Szodrzynski (Hrsg.), Vom Zweifeln und Weitermachen. Fragmente der Hamburger KPD-Geschichte, Hamburg 1988.

Meyer-Plock, Gertrud, Es geht um ein Kinderheim, Hamburg 1947.

Meyers Enzyklopädisches Lexikon Bd. 23, Mannheim/Wien/Zürich 1978.

Mitscherlich, Alexander/Fred Mielke (Hrsg.), Medizin ohne Menschlichkeit. Dokumente des Nürnberger Ärzteprozesses, Frankfurt 1960.

Mommsen, Hans, Die Geschichte des Chemnitzer Kanzleigehilfen K.B., in: Detlev Peukert/ Jürgen Reulecke (Hrsg.), Die Reihen fast geschlossen. Beiträge zur Geschichte des Alltags unterm Hakenkreuz, Wuppertal 1981, S. 337-366.

Mommsen, Hans, Die Realisierung des Utopischen: Die „Endlösung" der Judenfrage im „Dritten Reich", in: Lutz Niethammer/Bernd Weisbrod (Hrsg.), Der Nationalsozialismus und die deutsche Gesellschaft, Reinbek 1991, S. 184-232.

Müller, Ingo, Furchtbare Juristen. Die unbewältigte Vergangenheit unserer Justiz, München 1987.

Müller, Wolfram, Jüdische Schüler, Lehrer und Schulen unterm Hakenkreuz, in: Reiner Lehberger/Hans-Peter de Lorent (Hrsg.), „Die Fahne hoch". Schulpolitik und Schulalltag in Hamburg unterm Hakenkreuz, Hamburg 1986, S. 282-290.

Müller-Tupath, Karla, Verschollen in Deutschland. Das heimliche Leben des Anton Burger, Lagerkommandant von Theresienstadt, Hamburg 1994.

Neliba, Günter, Wilhelm Frick. Der Legalist des Unrechtsstaates, Paderborn/München/Wien/ Zürich 1992.

Niederland, William G., Folgen der Verfolgung: Das Überlebenden-Syndrom Seelenmord, Frankfurt 1980.

Niethammer, Lutz/Alexander von Plato (Hrsg.), „Die Jahre weiß man nicht, wo man die heute hinsetzen soll". Faschismuserfahrungen im Ruhrgebiet. Lebensgeschichte und Sozialkultur im Ruhrgebiet 1930 bis 1960, Bd. 1, Berlin 1983.

Niethammer, Lutz/Alexander von Plato (Hrsg.), „Hinterher merkt man ...". Nachkriegs-erfahrungen im Ruhrgebiet, Lebensgeschichte und Sozialkultur im Ruhrgebiet 1930 bis 1960, Bd. 2, Berlin 1983.

Niethammer, Lutz/Alexander von Plato (Hrsg.), „Wir kriegen jetzt andere Zeiten". Auf der Suche nach der Erfahrung des Volkes in nachfaschistischen Ländern. Lebensgeschichte und Sozialkultur im Ruhrgebiet 1930 bis 1960, Bd. 3, Berlin 1985.

Niethammer, Lutz, Oral history, in: Ilko-Sascha Kowalczuk (Hrsg.), Paradigmen deutscher Geschichtswissenschaft, Berlin 1994, S. 189-210.

Niethammer, Lutz/Bernd Weisbrod (Hrsg.), Der Nationalsozialismus und die deutsche Gesellschaft, Reinbek 1991.

Noakes, Jeremy, The Development of Nazi Policy toward the German-Jewish „Mischlinge" 1933–1945, in: Leo Baeck Institute Year Book XXXIV, London/Jerusalem/New York 1989, S. 291-354.

Noakes, Jeremy, Wohin gehören die „Judenmischlinge"? Die Entstehung der ersten Durchführungsverordnungen zu den Nürnberger Gesetzen, in: Ursula Büttner (Hrsg.), Das Unrechtsregime, Bd. 2, S. 69-89.

Oberlaender, Franklin A., „Wir aber sind nicht Fisch und nicht Fleisch." Christliche „Nichtarier" und ihre Kinder in Deutschland, Opladen 1996.

Oldenhage, Klaus, Justizverwaltung und Lenkung der Rechtsprechung im Zweiten Weltkrieg. Die Lageberichte der Oberlandesgerichtspräsidenten und Generalstaats-anwälte (1940–1945), in: Dieter Rebentisch/Karl Teppe (Hrsg.), Verwaltung contra Menschenführung im Staat Hitlers, Göttingen 1986, S. 100-120.

Olenhusen, Albrecht Götz von, Die „nichtarischen" Studenten an den deutschen Hoch-schulen, in: VfZ 14 (1966), S. 175-206.

Ophir, Baruch Zwi, Zur Geschichte der Hamburger Juden 1919–1939, in: Freimark, Peter (Hrsg.), Juden in Preußen – Juden in Hamburg, Hamburg 1983, S. 81-97.

Pätzold, Kurt/Erika Schwarz, Tagesordnung: Judenmord. Die Wannsee-Konferenz am 30. Januar 1942, Berlin 1992.

Paul, Gerhard, Staatlicher Terror und gesellschaftliche Verrohung. Die Gestapo in Schleswig-Holstein, Hamburg 1996.

Pfeiffer, Jürgen (Hrsg.), Menschenverachtung und Opportunismus. Zur Medizin im Dritten Reich, Tübingen 1992.

Peukert, Detlev/Jürgen Reulecke (Hrsg.), Die Reihen fast geschlossen. Beiträge zur Geschichte des Alltags unterm Hakenkreuz, Wuppertal 1981.

Plato, Alexander von, Oral history als Erfahrungswissenschaft. Zum Stand der mündlichen Geschichte in Deutschland, in: BIOS 1 (1991), S. 97-119.

Plum, Günter, Deutsche Juden oder Juden in Deutschland?, in: Wolfgang Benz (Hrsg.), Die Juden in Deutschland 1933–1945, München 1988, S. 49-74.

Presser, J., Ondergang. De Vervolging en Verdelging van het Nederlandse Jodendom 1940–1945, 'S-Gravenhage/Staatsuitgeverij 1965.

Proß, Christian, Wiedergutmachung. Der Kleinkrieg gegen die Opfer, Frankfurt 1988.

Puerschel, Reginald A., Trügerische Normalität. Zur Rechtsprechung der Landgerichte Hamburg und Altona in Ehe- und Familiensachen 1933–1939, in: Justizbehörde Hamburg (Hrsg.), „Für Führer, Volk und Vaterland. Hamburger Justiz im National-sozialismus, Hamburg 1992, S. 382-431.

Rebentisch, Dieter/Karl Teppe (Hrsg.), Verwaltung contra Menschenführung im Staat Hitlers, Göttingen 1986.

Rebentisch, Dieter, Hitlers Reichskanzlei zwischen Politik und Verwaltung, in: ders./Karl Teppe (Hrsg.), Verwaltung contra Menschenführung im Staat Hitlers. Studien zum politisch-administrativen System, Göttingen 1986, S. 65-99.

Reichel, Peter (Hrsg.), Das Gedächtnis der Stadt. Hamburg im Umgang mit seiner national-sozialistischen Vergangenheit, Hamburg 1997.

Reuth, Ralf Georg, Goebbels, München/Zürich 1991.
Richterbriefe. Dokumente zur Beeinflussung der deutschen Rechtsprechung 1942–44, herausgegeben von Heinz Boberach, Boppard 1975.
Ritter, Horst, Die Rolle der Anthropologie im NS-Staat, in: Jürgen Pfeiffer (Hrsg.), Menschenverachtung und Opportunismus. Zur Medizin im Dritten Reich, Tübingen 1992, S.172-186.
Robinsohn, Hans, Justiz als politische Verfolgung. Die Rechtsprechung in „Rasseschandefällen" beim Landgericht Hamburg 1936–1943, Stuttgart 1977.
Röhm, Eberhard/Jörg Thierfelder, Juden-Christen-Deutsche, Band 1-3, Stuttgart 1990, 1992 und 1995.
Rosenkötter, Lutz, Die Idealbildung in der Generationenfolge, in: Psyche 35 (1979), S.593-599.
Rosenthal, Gabriele, Erlebte und erzählte Lebensgeschichte. Gestalt und Struktur biographischer Selbstbeschreibungen, Frankfurt/New York, 1995.
Rosenthal, Gabriele, Geschichte in der Lebensgeschichte, in: BIOS 1 (1988), S. 3-15.
Rothmaler, Christiane, Die Konstruktion der Wirklichkeit oder Der Arzt als Jäger, in: Karsten Linne/Thomas Wohlleben (Hrsg.), Patient Geschichte, Frankfurt 1993, S.185-206.
Rüthers, Bernd, Die unbegrenzte Auslegung. Zum Wandel der Privatrechtsordnung im Nationalsozialismus, Heidelberg 1988.
Sandler, Joseph/Christopher Dare/Alex Holder, Die Grundbegriffe der psychoanalytischen Theorie, Stuttgart 1996.
Sarodnik, Wolfgang, Psychiatrie und Todesstrafe. Gutachten über die strafrechtliche Verantwortlichkeit von Angeklagten zwischen 1939 und 1945, in: Justizbehörde Hamburg (Hrsg.), „Von Gewohnheitsverbrechern, Volksschädlingen und Asozialen ...". Hamburger Strafurteile im Nationalsozialismus, Hamburg 1995, S. 420-446.
Sauer, Paul, Dokumente. Über die Verfolgung der jüdischen Bürger in Baden-Württemberg durch das nationalsozialistische Regime 1933–1945, Bd. 1 und 2, Stuttgart 1966.
Scheffler, D. und Wolfgang, Theresienstadt – eine tödliche Täuschung, Berlin 1992.
Scheu, Ursula, Wir werden nicht als Mädchen geboren, wir werden dazu gemacht, Frankfurt 1977.
Schubert, Günter, Hitlers „jüdische" Soldaten. Ein Defizit der Holocaustforschung oder nur ein Medienereignis? In: Jahrbuch für Antisemitismus 7 (1998), S. 307-321.
Schütz, Erhard, „Ewig in der Pubertät"?, Tagesspiegel v. 17.2.1996.
Schule im Dritten Reich – Erziehung zum Tod? Herausgegeben von Geert Platner, München 1983.
Schwarz, Angela, Von den Wohnstiften zu den „Judenhäusern", in: Angelika Ebbinghaus/Karsten Linne (Hrsg.), Kein abgeschlossenes Kapitel: Hamburg im „Dritten Reich", Hamburg 1997, S. 232-247.
Schwarz, Gudrun, Eine Frau an seiner Seite. Ehefrauen in der SS-Sippengemeinschaft, Hamburg 1997.
Schwarz, Gudrun, Frauen in der SS: Sippenverband und Frauenkorps, in: Kirsten Heinsohn/Barbara Vogel/Ulrike Weckel (Hrsg.), Zwischen Karriere und Verfolgung, Frankfurt/New York 1997, S. 223-244.
Schwarz, Walter, Die Wiedergutmachung nationalsozialistischen Unrechts durch die Bundesrepublik Deutschland. Ein Überblick, in: Ludolf Herbst/Constantin Goschler (Hrsg.), Wiedergutmachung in der Bundesrepublik, München 1989, S. 33-54.
Seidler, Franz W., Die Organisation Todt. Bauen für Staat und Wehrmacht 1938–1945, Koblenz 1987.
Seidler, Horst/Andreas Rett, Das Reichssippenamt entscheidet. Rassenbiologie im Nationalsozialismus, Wien 1982.

Seidler, Horst/Andreas Rett, Rassenhygiene. Ein Weg in den Nationalsozialismus, München 1988.

Szodrzynski, Joachim, Das Ende der „Volksgemeinschaft"? Die Hamburger Bevölkerung in der „Trümmergesellschaft" ab 1943, in: Frank Bajohr/Joachim Szodrzynski (Hrsg.), Hamburg in der NS-Zeit. Ergebnisse neuerer Forschungen, S. 281-305.

Starke, Käthe, Der Führer schenkt den Juden eine Stadt. Bilder-Impressionen-Reportagen-Dokumente, Berlin 1975.

Steiner, John M. /Jobst Frhr. von Cornberg, Willkür in der Willkür. Hitler und die Befreiungen von den antisemitischen Nürnberger Gesetzen, in: VfZ 2 (1998), S. 143-187.

Stent, Ronald, Jewish Refugee Organisation, in: Julius Carlebach/Gerhard Hirschfeld/ Aubrey Newman/Arnold Paucker/Peter Pulzer (Hrsg.), Second Chance, Tübingen 1991, S. 579-598.

Stoltzfus, Nathan, Resistance of the Heart. Intermarriage and the Rosenstrasse Protest in Nazi Germany, New York/London 1996.

Stoltzfus, Nathan, Widerstand des Herzens. Der Protest in der Rosenstraße und die deutsch-jüdische Mischehe, in: Geschichte und Gesellschaft 2 (1995), Göttingen 1994, S. 218-247.

Strauß, Herbert A., Jewish Emigration from Germany. Nazi Policies and Jewish Responses (I), in: Leo Baeck Yearbook XXV, 1980, S. 313-358.

Stubbe-da Luz, Helmut, Rudolf Petersen (1878–1962), in: ders., Die Politiker Paul de Chapeaurouge, Rudolf Petersen, Kurt Sieveking (Hamburgische Lebensbilder Bd. 4), Hamburg 1990, S. 31-48.

Sywottek, Arnold, Hamburg seit 1945, in: Werner Jochmann (Hrsg.), Hamburg. Geschichte der Stadt und ihrer Bewohner, Band II, Hamburg 1986, S. 377-466.

Tavris, Carol, Der Streit um die Erinnerung, in: Psychologie heute 6 (Juni 1994), S. 20-30.

Turner, Barry, Kindertransport: eine beispiellose Rettungsaktion, Gerlingen 1994.

Venzlaff, Ulrich, Grundsätzliche Betrachtungen über die Begutachtung erlebnisbedingter seelischer Störungen nach rassischer und politischer Verfolgung, in: Mitteilungsblatt der Notgemeinschaft 7/8 (Juli/August 1960), S. 1-4.

Vester, Frederic, Denken, Lernen, Vergessen, München 1978.

Vogel, Rolf, Wie deutsche Offiziere Juden und „Halbjuden" geholfen haben, in: Deutsche Jüdische Soldaten 1914–1945, herausgegeben vom Militärgeschichtlichen Forschungsamt, S. 141-156.

Vogel, Rolf, Ein Stück von uns. Deutsche Juden in deutschen Armeen 1813–1976, Mainz 1977.

Volkov, Shulamit, Antisemitismus als kultureller Code, in: dies., Jüdisches Leben und Antisemitismus im 19. und 20. Jahrhundert, München 1990.

Vollnhals, Clemens (Hrsg.), Entnazifizierung. Politische Säuberung und Rehabilitierung in den vier Besatzungszonen 1945–1949, Frankfurt 1991.

Aleksandar-Sasa Vuletic, „Plötzlich waren wir keine Deutschen und keine Christen mehr…". Der „Reichsverband der nichtarischen Christen" und die „Vereinigung 1937". Organisierte Selbsthilfe von „nichtarischen" Christen und „Mischlingen" im Dritten Reich", Diss. phil., Darmstadt 1994 (erscheint unter dem Titel „Christen jüdischer Herkunft im Dritten Reich", Mainz, Winter 1998).

Walle, Heinrich, Deutsche Jüdische Soldaten 1914–1945, in: Deutsche Jüdische Soldaten 1914–1945, herausgegeben vom Militärgeschichtlichen Forschungsamt, S. 15-86.

Wegner, Bernd, Hitlers Politische Soldaten: Die Waffen-SS 1933–1945, Paderborn 1982.

Weingart, Peter/Jürgen Kroll/Kurt Bayertz, Rasse, Blut und Gene. Geschichte der Eugenik und Rassenhygiene in Deutschland, Frankfurt 1988.

Wer ist Wer? Berlin 1962.

Wildt, Michael, Zweierlei Neubeginn: Die Politik der Bürgermeister Rudolf Petersen und Max Brauer im Vergleich, in: Ursula Büttner/Bernd Nellessen (Hrsg.), Die zweite Chance, Hamburg 1997, S. 41-61.
Wind, Eddy de, Begegnung mit dem Tod, in: Gertrud Hardtmann (Hrsg.), Spuren der Verfolgung, Gerlingen 1992, S. 32-55.
Winkler, Heinrich August, Der Weg in die Katastrophe. Arbeiter und Arbeiterbewegung in der Weimarer Republik 1930 bis 1933, Berlin/Bonn 1987.
Wistrich, Robert, Wer war wer im Dritten Reich, Frankfurt 1989.
Wrobel, Hans, Die Anfechtung der Rassenmischehe, in: Kritische Justiz 16 (1983), S. 349-374.
Wunder, Michael, Die Spätzeit der Euthanasie, in: Klaus Böhme/Uwe Lohalm (Hrsg.), Wege in den Tod. Hamburgs Anstalt Langenhorn und die Euthanasie in der Zeit des Nationalsozialismus, Hamburg 1993, S. 397-424.
Wuttke, Walter, Ideologien der NS-Medizin, in: Jürgen Pfeiffer (Hrsg.), Menschenverachtung und Opportunismus, Tübingen 1992, S.157-171.
Zimmer, Dieter E., Das Gedächtnis. Im Kopf die ganze Welt, in: ZEIT-Magazin, Teil 1-4, Nr. 16-19 v. 10.4., 17.4., 24.4. und 1.5.1987.
Zimmermann, Mosche, Hamburgischer Patriotismus und deutscher Nationalismus. Die Emanzipation der Juden in Hamburg 1830–1865, Hamburg 1979.

Abkürzungen

A.f.W. – Amt für Wiedergutmachung
Abl. – Ablieferung
AIGJ – Archiv des Instituts für die Geschichte der deutschen Juden
AJH – Archiv Justizbehörde Hamburg
AK – Allgemeines Krankenhaus
ALGH – Archiv Landgericht Hamburg
ANLK – Archiv der Nordelbischen Landeskirche
ASLGH – Archiv der Staatsanwaltschaft bei dem Landgericht Hamburg
BA – Bundesarchiv
BBC – British Broadcasting Corporation
BDC – Berlin Document Center
BDM – Bund deutscher Mädel
BGB – Bürgerliches Gesetzbuch
Bl. – Blattnummer
CDU – Christlich-demokratische Union
CIA – Central Intelligence Agency (US-amerikanischer Geheimdienst)
DAF – Deutsche Arbeitsfront
DDP – Deutsche Demokratische Partei
DDR – Deutsche Demokratische Republik
DIGH – Deutsch-Israelitische Gemeinde Hamburg
DVP – Deutsche Volkspartei
EA – Einzelantrag
EF – Einzelfall
EheG – Ehegesetz
EK I oder II – Eisernes Kreuz Erster oder Zweiter Klasse
FDJ – Freie Deutsche Jugend
FDP – Freie Demokatische Partei
FZH – Forschungsstelle für Zeitgeschichte
FZH/WdE – Forschungsstelle für Zeitgeschichte/Werkstatt der Erinnerung
Gestapo – Geheime Staatspolizei
GPU – Gossudarstwennoje polititscheskoje uprawlenije/Sowjetische Geheimpolizei
Hapag – Hamburg-America. Packetfahrt-Actien-Gesellschaft
HEW – Hamburger Electrizitätswerke
HJ – Hitlerjugend
HNG-Fond – Hilfsfond für die durch die Nürnberger Gesetze Betroffenen
KL – Konzentrationslager
Kolafu – Konzentrationslager Fuhlsbüttel
KPD – Kommunistische Partei Deutschlands
KZ – Konzentrationslager
Lag. – Lagerungsnummer
LJV – Landesjustizverwaltung
MiBl. – Ministerial-Blatt des Reichs- und Preußischen Ministeriums des Innern
Ms. – Manuskript
NG – Notgemeinschaft der durch die Nürnberger Gesetze Betroffenen
NSBO – Nationalsozialistische Betriebsorganisation
NSDAP – Nationalsozialistische Deutsche Arbeiterpartei
NSKK – Nationalsozialistisches Kraftfahrer Korps
NSKOV – Nationalsozialistische Kriegsopferversorgung
NSLB – Nationalsozialistischer Lehrerbund
NSRB – Nationalsozialistischer Rechtswahrerbund

NSV – Nationalsozialistische Volkswohlfahrt
OFP – Oberfinanzpräsident
OKH – Oberkommando des Heeres
OLG – Oberlandesgericht
OSR – Oberschulrat
OT- Organsation Todt
PG – Parteigenosse
PK – Partei-Kanzlei
RA – Rechtsanwalt
RAD – Reichsarbeitsdienst
RDB – Reichsbund Deutscher Beamter
RdErl. – Runderlaß
RFK – Reichsfilmkammer
RFSS – Reichsführer SS
RGBL – Reichsgesetzblatt
RIOD – Rijksinstituut voor Oorlogsdocumentatie
RJM – Reichsjustizminister(ium)
RKK – Reichskulturkammer
RM – Reichsmark
RMdI – Reichsminister(ium) des Innern
RMdJ – Reichsminister(ium) der Justiz
RMfWEV – Reichsminister(ium) für Wissenschaft, Erziehung und Volksbildung
RSHA – Reichssicherheitshauptamt
RuPrMfWEuV – Reichs- und Preußische Minister für Wissenschaft, Erziehung und Volksbildung
RuPrMfWKuV – Der Reichs- und Preußische Minister für Wissenschaft, Kunst und Volksbildung
RuS – Rasse- und Siedlungshauptamt
RVJD – Reichsvereinigung der Juden in Deutschland
SA – Sturmabteilungen der NSDAP
SAJ – Sozialistische Arbeiterjugend
SLH – Schleswig-Holsteinisches Landesarchiv
SD – Sicherheitsdienst der SS
SHD – Sicherheitsdienst
SPD – Sozialdemokratische Partei Deutschlands
SS – Schutzstaffeln der NSDAP
StaHH – Staatsarchiv Hamburg
StdF – Der Stellvertreter des Führers
TeNo – Technische Nothilfe
VfZ – Vierteljahrshefte für Zeitgeschichte
VO – Verordnung
VVN/BdA – Vereinigung der Verfolgten des NS-Regimes/Bund der Antifaschisten
ZStA Potsdam – Zentrales Staatsarchiv Potsdam

Personenregister

(ohne geänderte oder abgekürzte Namen)

Adam, Uwe Dietrich 10, 11, 14, 51, 404
Adler, Hans-Günther 342
Ahrens, Georg 106 108
Alexander, Georg 154
Allwörden, Wilhelm von 106, 108, 155
Amsinck, Herbert 435
Baeyer, W. 356
Bajohr, Frank 150, 389, 417
Baldrian (Häftling in Auschwitz) 344
Bankier, David 378
Bar-On, Dan 317, 369
Bauer, Walter 359
Becker, Hellmuth 155
Beckmann, Emmy 219, 434
Behrens, Anna Maria 215
Behrens, Cissy 433
Berend, Alfred 61 296-307, 316-319
Berend, Dennis 61 296-307, 316-319
Bering, Dietz 24
Bielenberg, Christabel 434
Bielenberg, Peter 434
Blasius, Dirk 70, 148
Blau, Bruno 12, 387, 418, 452
Blomberg, Werner von 97, 230, 422
Blome, Kurt 170-172, 174, 420-422
Blumenfeld, Erik 359
Bock, Gisela 92, 404
Bonhoeffer, Dietrich 152
Bormann, Martin 97, 205, 230, 231
Brandis, Ernst 170, 171
Brands (Oberbaudirektor) 246
Brauer, Max 224, 432
Brauneck (SA-Sanitätsgruppenführer) 170
Brendel, Robert 455

Bronnen, Arnolt 111
Broszat, Martin 159, 170, 191
Bruck (RVJD Bremen) 453
Bucerius, Gerhard 359
Bürkner (Oberst) 438
Büttner, Ursula 29
Burgdörfer, Friedrich 102
Calmeyer, Hans-Georg 146, 147, 415
Camp, de la Joachim 218, 221-223, 435
Carlebach, Joseph 321, 325
Clauberg, Carl 405
Claussen, Georg 359
Cölln, Albertine von 458
Cohn, Alfred 250
Cohn, Werner 384, 385
Conti, Leonardo 173, 404
Cornberg, Jobst Frhr. von 108, 153, 157
Corten, Hans Martin 392, 393
Dengler, Georg Albert 395
Diehl-Thiele, Peter 100
Dipper, Christof 58, 59, 93
Dohnanyi, Grete von 152
Dohnanyi, Hans von 152, 153
Dreves, Albrecht 229
Duve, Freimut 346-354, 454
Eichmann, Adolf 97
Eiffe, Peter Ernst 155
Ellerbrook, Ruth 132
Ellerhusen, Paul 369
Fernau 456
Fischer, Eugen 134, 135, 144, 150, 414
Fraenkel, Ernst 184
Frank, Hans 69, 397
Freisler, Roland 68, 397, 401
Freund, Hans 155
Frick, Wilhelm 26, 33, 51, 173, 181
Friedlander, Henry 21
Friedländer, Saul 101
Fromm, Karl 239, 440
Ganssauge, Willy 435
Genschel, Helmut 470

Gercke, Achim 27
Gerlach, Christian 404
Gerson, Alwin 138, 140, 413, 455
Giordano, Ralph 199, 384, 427, 442
Glaeser, Ernst 111
Glaser, Emilie 360
Globke, Hans 101, 404
Goebbels, Joseph 39, 57, 58, 111, 155, 159, 183, 204, 253, 381, 427, 436
Göring, Hermann 33, 152, 155, 159, 238, 381
Göttsche, Claus 54, 58, 64, 152, 209, 396
Goffman, Erving 13
Goldhagen, Daniel Jonah 14
Goldstein, Harry 143, 414
Gottberg, Willi 455
Gotthardt (Oberregierungsrat) 430
Gradenwitz, Fritz 359
Greim, Robert Ritter von 236, 237, 439
Grenville, John 11, 243
Groß, Walter 97, 98, 170
Gruner, Wolf 57
Grzimek, Franz 359
Günther (Reichsgerichtsrat) 407
Günther, Hans F.K. 144
Gürtner, Franz 69, 153
Gütt, Arthur 26, 170
Gura, Hedy 154, 155
Hagedorn, Jürgen 435
Hahn, Dr. (Häftling in Theresienstadt) 453
Hamburger, Rudolf 58, 62, 396
Have, Heinz von 435
Hecht, Hugo 250, 443
Hecht, Ingeborg 384
Hecht, Wilma 443
Heesch, Max 359
Heinemann, Max 54, 392
Helms, Henry 249, 250, 362, 444

Henckels, Paul 154
Herzl, Theodor 347
Hetzel, Marius 68, 71, 72, 385
Heydrich, Reinhard 98, 172, 404, 405
Hilberg, Raul 9, 10, 51, 384, 387, 389
Hildesheimer, Esriel 392
Himmler, Heinrich 12, 98, 140, 145, 177, 414
Hirschfeld, Benno 58, 60, 443
Hirschfeld, Betty 395
Hirschfeld, Hans 60
Hirschfeld, Kurt 443
Hitler, Adolf 10-12. 45, 51, 54, 69, 96, 98-100, 103, 105, 111, 152, 153, 157, 159, 160, 167, 170, 173, 201, 205, 230-232, 253, 266, 328, 353. 376, 381, 384, 404
Hoffmann, Konrad 359, 362, 455, 456
Holm, Heinrich 239, 440
Holthusen, Claus 224
Holzmann, Willy 172
Horwitz, Erwin 359
Hubenthal (Amt für Raumbewirtschaftung) 54
Hütz, von (Feuerwehr) 40
Imhausen, Arthur 152
Isenbarth, Hans 359
Johe, Werner 216, 221, 432
Joseph, Paul 359
Kästner, Erich 111
Kaltenbrunner, Ernst 238, 239
Kater, Michael 414, 443
Kaufmann, Karl 155, 174, 189, 208, 218, 222, 223, 430, 441
Keilson, Hans 332, 333
Keiter, Friedrich 149
Keppler, Wilhelm 152
Kestenberg, Judith 357, 451
Killy, Leo 153, 416
Klemperer, Ralph von 434

Klemperer, Victor 20
Koopmann, Hans 113, 116, 117, 121, 123, 125, 127-136, 159, 385, 411, 412
Koppel, Walter 359
Krasemann, Walter 435
Kristeller, Max 249, 250, 443, 444
Krogmann, Carl Vincent 224, 436
Krogmann, Emerentia 224
Krüger, Helmut 363, 365, 438
Kruse, Hans E.B. 223, 435
Kube, Wilhelm 405
Kwiet, Konrad 57
Ladewig, Annemarie, Rudolf jun. u. sen. 444
Lammers, Hans-Heinrich 98, 100, 205, 404, 416
Landahl, Heinrich 224, 368
Lassen, Hans-Christian 401
Lauer, Alfred 113, 119, 412
Lehmann, Albrecht 446
Lekebusch, Sigrid 403
Ley, Robert 252
Linden, Herbert 170
Lippmann, Leo 25, 388
Lösener, Bernhard 26, 96-98, 153, 173, 174, 419
Löwe, Ada 443, 444
Löwe, Max 250, 443
Lorenz, Ina 24, 387, 392
Lorenz, Max 154
Lüdtke, Alf 385
Maßfeller, Franz 404
Mecklenburg, Walter 66, 396
Meersmann, Rudolf 359
Meiring, Kerstin 390
Messerschmidt, Manfred 230
Meyer-Plock, Gertrud 370
Meywald, Wolfgang 458
Michahelles (Teilhaber bei Rudolf Petersen) 217
Milch, Erhard 152
Mößmer, Ferdinand 69
Mollison, Theodor 144

Mommsen, Hans 10, 100, 258
Moser, Alfred 33-36, 40, 48-50, 62
Moser, Hans 154
Moser, Margarethe 33-36, 48-50, 62
Müller, Jestel 434
Müller, Paul 170
Müller-Tupath, Karla 454
Niederland, William G. 19, 356
Niethammer, Lutz 262
Noakes, Jeremy 11, 12, 14, 105, 165, 384, 406, 418
Nottebohm, Karl Ludwig 433
Oberlaender, Franklin A. 13, 450
Olenhusen, Albrecht Götz von 10, 200, 201
Pannek, Alfons 444
Pantaenius, Edgar 359
Papen, Franz von 220
Paul, Alexander 28, 388, 422, 423
Petersen, Alfred 217
Petersen, Anna Maria, verh. Schumacher 217, 225, 433
Petersen, Botho 219
Petersen, Carl 216, 217, 221, 432
Petersen, Carl-Friedrich 219, 433, 434
Petersen, Clara 215, 216, 225, 433
Petersen, Edgar 219, 434
Petersen, Erik 433
Petersen, Gustav 215, 433
Petersen, Rudolf 17, 215-226, 229, 284, 288, 290, 360, 432, 434, 435
Pfeiffer, Arthur 359
Plaßmann, Josef Otto 145
Plato, Alexander von 262
Plaut, Max 52-54, 65, 66, 88-90, 138, 152, 391, 393, 396, 402
Pohl (Ministerialdirektor) 170
Poll, Heinrich 412

Prützmann, Hans Adolf 106, 108
Puerschel, Reginald 72, 398
Rebentisch, Dieter 416
Richter, Alfred 106, 108, 379
Riemann, Hubert 137-143, 413
Riemann, Ingrid 137-143, 413
Rigg, Bryan Mark 438
Robinsohn, Hans 399
Röver (Stellv. Leiter des Aufräumungsamtes) 242
Rosenberg, Alfred 111
Rosenkranz, Elisabeth 443
Rosenthal (Warburg-Mitarbeiter) 217, 433
Rothenberger, Curt 183, 184, 222, 223, 436
Rothmaler, Christiane 135, 412
Rüdin, Ernst 144, 414
Sarodnik, Wolfgang 135, 412
Sauckel, Fritz 238
Schallert, Willibald 56, 58-67, 297, 298, 303, 312, 313, 362, 395, 396
Scharlach, Hans 443
Scheidt, Walter 113, 408
Scheu, Ursula 451
Schiffer (Bürgermeister/Lauenburg) 170
Schilling (Gestapobeamter) 280
Schlegelberger, Franz 51, 98, 99
Schliz (Oberstaatsanwalt) 170
Schlüter, Leonhard 234
Schönfelder, Adolph 224
Schröder (Pastor) 434
Schüller (Warburg-Mitarbeiter) 433
Schulz, Bruno Kurt 170
Schumacher, Ernst Friedrich 433
Seeliger, Ewald 154
Seyfarth (Pastor) 39
Shelton (Major) 368
Siemssen (Obersenatsrat) 155
Sieveking, Olga 216
Simon, Herbert 250, 428

Simon, Wilhelm 156
Simson, Ernst von 433
Sommer, Walter 96, 173
Sprotte, Herbert 56, 240
Stauffenberg, Melita Gräfin Schenk von 152
Stave, Paul 208, 209
Steiner, Jonathan 108, 153, 157
Stephan, Hans 54, 56, 394
Stinnes, Otto Hugo 435
Stoltzfus, Nathan 57, 59, 93
Strohm, Heinrich K. 154
Stubbe-da Luz, Helmut 432, 434
Stuckart, Wilhelm 51, 98, 99, 101, 105, 153, 160, 170-173, 183, 381, 404, 405
Suhr, Hugo 434
Thierack, Otto 12
Tobar, Martin 359
Trott zu Solz, Adam von 434
Trott zu Solz, Clarita 434
Umlauff, Kurt 359
Valentin, Fritz 369
Venzlaff, Ulrich 367
Verschuer, Otmar Frhr. von 27, 28, 130, 414, 457
Volkmar, Erich 170
Volkov, Shulamit 284
Wagner, Gerhard 170
Walk, Joseph 12
Warburg, Fritz 37
Warburg, Max 217
Warlimont, Felix 433
Weinert, Hans 113, 125-129, 135, 138, 143-151, 159, 408, 414, 415
Wegner, Bernd 446
Wichelhausen, Engelbert 359
Wildt, Michael 432
Winter, Elisabeth 360
Witt, Gustav 359
Wohlers, Walter 66, 396, 402
Wuttke, Walter 136, 412
Zimmer, Dieter E. 446
Zund (Oberstudienrat) 456
Zweig, Arnold 9